REAL
REAL ORIGINAL

전국연합학력평가
3개년 기출 모의고사

고2 국어 [12회]

Contents

수능 모의고사 전문 출판
입시플라이

실전은 연습처럼! 연습은 실전처럼! 「리얼 오리지널」

수능 시험장에 가면 낯선 환경과 긴장감 때문에 실력을 제대로 발휘 못하는 경우가 많습니다. 실전 연습은 여러분의 실력이 됩니다.

01
실제 시험지와 똑같은 문제지

고2 국어 전국연합 모의고사는 총 12회분의 문제가 수록되어 있으며, 실전과 동일하게 학습할 수 있습니다.

❶ 리얼 오리지널 모의고사는 실제 시험지의 크기와 느낌을 그대로 살려 실전과 동일한 조건 속에서 문제를 풀어 볼 수 있습니다.

❷ 문제를 풀기 전에 먼저 학습 체크표에 학습 날짜와 시간을 기록하고, [80분] 타이머를 작동해 실전처럼 풀어 보십시오.

02
고2 학력평가 + 학교시험 대비

연 4회 [3월·6월·9월·11월] 시행되는 전국연합 학력평가와 고2 학교 내신까지 대비해 학습할 수 있습니다.

❶ 월별로 시행되는 학력평가를 대비해 12회분 문제를 풀어 보면 실제 시험에서 실력을 마음껏 발휘할 수 있습니다.

❷ 학교 시험에 학력평가 문제를 변형하거나 지문을 활용해 문제를 출제하는 학교가 많아 내신까지 대비할 수 있습니다.

03
하루 45문항 · 12회 완성

전국연합 학력평가는 국어 전 영역(화법·작문·문법·독서·문학)이 모두 포함되어 있어 필수로 풀어 봐야 합니다.

❶ 국어 영역 총 45문항을 80분 안에 풀 수 있는 연습을 해야 하며, 총 12회 학습으로 실전 감각을 키울 수 있습니다.

❷ 3월·6월·9월·11월 회차별로 구성되어 있어 일주일에 1회분씩 또는 학교 시험과 학평 시기별로 3회분씩 푸는 것도 좋습니다.

★ 모의고사를 실전과 똑같이 풀어보면
내 실력과 점수는 반드시 올라갈 수밖에 없습니다.

04

국어 문법 총정리 & 등급 컷

수능과 내신에서 필수인 국어 **핵심 문법** 총정리와 문제를
푼 후 등급을 확인 할 수 있는 등급 컷을 제공합니다.

❶ 내신과 수능에서 국어영역 1등급을 위해 **문법의 개념을 확실히**
정복할 수 있도록 문법 총정리를 부록으로 제공합니다.
❷ 문제를 푼 후 바로 자신의 실력과 모의고사에서 상대적 위치를
확인할 수 있도록 **등급 컷**을 제공합니다.

※ 문법 총정리는 오려서 휴대할 수 있으니 자투리 시간을 이용해 학습하세요.

05

입체적 해설 & 문제 해결 꿀 팁

혼자서도 학습이 충분하도록 자세한 [입체적 해설]과 함께
고난도 문제는 문제 해결 꿀~팁까지 수록을 했습니다.

❶ 선지에 왜, 정답인지? 왜, 오답인지? 입체적으로 자세한 해설을
수록해 답답함이 없는 학습이 가능합니다.
❷ 국어에서 등급을 가르는 고난도 문제는 많이 틀린 이유와 함께
문제 해결 꿀 팁까지 명쾌한 해설을 수록했습니다.

06

정답률 & SPEED 정답 체크 표

문제를 푼 후 빠르게 정답을 확인할 수 있는 정답 체크 표를
제공하며, 전회분 문항별 정답률을 제공합니다.

❶ 문항별로 정답률을 제공하므로 문제의 난이도를 파악할 수 있고
자신의 정답과 선배들의 선택을 비교할 수 있습니다.
❷ 회차별로 문제를 푼 후 빠르게 정답을 확인할 수 있는 SPEED
정답 체크 표를 제공하며, 오려서 책갈피로도 사용할 수 있습니다.

STUDY 플래너 & 등급 컷

① 문제를 풀기 전 먼저 〈학습 체크표〉에 학습 날짜와 시간을 기록하세요.

② 회분별 기출 문제는 영역별로 정해진 시간 안에 푸는 습관을 기르세요.

③ 정답 확인 후 점수와 등급을 적고 성적 변화를 체크하면서 학습 계획을 세우세요.

④ 리얼 오리지널은 실제 수능 시험과 똑같이 학습하는 교재이므로 실전을 연습하는 것처럼 문제를 풀어 보세요.

● 국어영역 | 시험 개요

문항 수	문항당 배점	문항별 점수 표기	원점수 만점	시험 시간	문항 형태
45문항	2점, 3점	• 3점 문항에 점수 표시 • 점수 표시 없는 문항 모두 2점	100점	80분	5지 선다형

● 국어영역 | 등급 컷 원점수

회분	학습 날짜	학습 시간	틀린 문제	채점 결과 점수	채점 결과 등급	1등급	2등급	3등급	4등급	5등급	6등급	7등급	8등급
01회 2024학년도 3월	월 일	시 분 ~ 시 분				77	68	59	49	38	29	22	17
02회 2023학년도 3월	월 일	시 분 ~ 시 분				79	70	61	51	39	29	22	18
03회 2022학년도 3월	월 일	시 분 ~ 시 분				95	89	79	67	53	39	26	18
04회 2024학년도 6월	월 일	시 분 ~ 시 분				87	77	65	52	39	27	20	16
05회 2023학년도 6월	월 일	시 분 ~ 시 분				86	78	68	57	43	29	21	17
06회 2022학년도 6월	월 일	시 분 ~ 시 분				91	83	73	61	46	32	21	18
07회 2024학년도 9월	월 일	시 분 ~ 시 분				89	81	70	59	45	32	23	17
08회 2023학년도 9월	월 일	시 분 ~ 시 분				85	76	66	54	41	29	21	16
09회 2022학년도 9월	월 일	시 분 ~ 시 분				85	76	65	54	41	29	22	17
10회 2023학년도 11월	월 일	시 분 ~ 시 분				85	77	67	56	43	29	20	16
11회 2022학년도 11월	월 일	시 분 ~ 시 분				90	82	71	60	46	32	24	17
12회 2021학년도 11월	월 일	시 분 ~ 시 분				96	90	81	69	52	33	22	17

※ 등급 컷 원점수는 추정치입니다. 실제와 다를 수 있으니 학습 참고용으로 활용하십시오.

SPEED 정답 체크 활용 안내

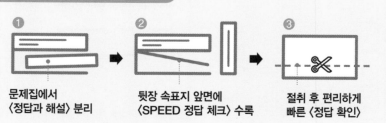

문제집에서 〈정답과 해설〉 분리 ➡ 뒷장 속표지 앞면에 〈SPEED 정답 체크〉 수록 ➡ 절취 후 편리하게 빠른 〈정답 확인〉

정답을 빨리 확인하고 채점할 수 있도록 〈SPEED 정답 체크〉를 제공합니다.

❶ 문제집에서 책속의 책 〈정답과 해설〉을 분리하세요.

❷ 뒷장 속표지 앞면에 〈SPEED 정답 체크〉가 있습니다.

❸ 절취선을 따라 자른 후 정답 확인할 때 사용하고, 책갈피처럼 사용하시면 분실을 예방할 수 있습니다.

REAL ORIGINAL

국어 문법 총정리

I. 음운 (1) 음운의 개념과 체계

❶ 음운의 개념

▶ 음운의 개념과 체계

음운
• 말의 뜻을 구별하여 주는 소리의 가장 작은 단위
• 화자의 머릿속에서 하나의 소리로 인식되는 추상적인 말소리
• 최소 대립쌍을 만들어 봄으로써 확인할 수 있음.

분절 음운(음소)	비분절 음운(운소)
• 소리마디의 경계를 그을 수 있는 음운. 음소라고도 함. 자음, 모음, 반모음이 있음.	• 소리마디의 경계가 분명히 그어지지 않는 음운. 고저, 강약, 장단이 있음. 현대 국어에는 장단(長短)이 있음.

※ 자음과 모음 : 발음할 때 공기의 흐름이 조음 기관의 방해를 많이 받으면 자음이, 발음할 때 공기의 흐름이 방해를 받지 않으면 모음이 만들어짐.

※ 반모음 : 반모음은 발음할 때 공기의 흐름이 방해를 받지 않는다는 점에서 모음에 가깝지만 모음처럼 홀로 발음되지 못하고 반드시 다른 모음에 붙어야만 발음될 수 있다는 점에서 반모음이라고 부름. 음성적으로 자음과 모음의 중간적 존재.

Dic. 문법 핵심 개념

▶ 음운 최소 대립쌍에서 차이가 나는 한 가지 요소.
  예 '달-말'에서의 'ㄷ'과 'ㅁ'

▶ 최소 대립쌍 단어를 구성하고 있는 나머지 요소는 모두 같고 오직 한 가지 요소에 의해서만 의미가 구별되는 단어의 짝. 최소 대립쌍에서 차이가 나는 한 가지 요소로 예를 들어, '달-말'에서의 'ㄷ'과 'ㅁ'을 음운이라 함.
  예 '달-말', '볼-벌', '설-섬'

❷ 국어의 자음 체계

조음 방법		조음 위치	입술소리 (순음)	잇몸소리 (치조음)	센입천장 소리 (경구개음)	여린입천장 소리 (연구개음)	목청소리 (후음)
파열음	예사소리		ㅂ	ㄷ		ㄱ	
	된소리		ㅃ	ㄸ		ㄲ	
	거센소리		ㅍ	ㅌ		ㅋ	
파찰음	예사소리				ㅈ		
	된소리				ㅉ		
	거센소리				ㅊ		
마찰음	예사소리			ㅅ			ㅎ
	된소리			ㅆ			
유음				ㄹ			
비음			ㅁ	ㄴ		ㅇ	

• 파열음 : 폐에서 나오는 공기를 막았다가 터뜨리면서 내는 소리.
• 파찰음 : 파열음과 마찰음의 두 가지 성질이 모두 있는 소리.
• 마찰음 : 입 안이나 목청 사이의 통로를 좁히고 공기를 그 좁힌 틈 사이로 내보내 마찰을 일으키면서 내는 소리.
• 비음 : 입 안의 통로를 막고 코로 공기를 내보내면서 내는 소리.
• 유음 : 혀끝을 잇몸에 가볍게 대었다가 떼거나, 잇몸에 댄 채 공기를 그 양옆으로 흘려 보내면서 내는 소리.

Dic. 문법 핵심 개념

▶ 조음 위치 · 조음 방법 자음이 만들어지면서 공기의 흐름에 장애가 일어나는 자리/방법
▶ 소리의 세기에 따른 분류 • 예사소리(평음) • 된소리(경음) • 거센소리(격음)
▶ 목청의 떨림 여부에 따른 분류 • 울림소리(유성음) • 안울림소리(무성음)

❸ 국어의 모음 체계

① 단모음 : 발음하는 동안 입 모양이 일정한 모음

혀의 앞뒤	전설 모음		후설 모음	
혀의 높이 ＼ 입술 모양	평순 모음	원순 모음	평순 모음	원순 모음
고모음	ㅣ	ㅟ	ㅡ	ㅜ
중모음	ㅔ	ㅚ	ㅓ	ㅗ
저모음	ㅐ		ㅏ	

② 이중 모음 : 발음하는 동안 입술 모양이나 혀의 위치가 달라지는 모음. 반모음 'j' 또는 'w'와 단모음이 결합하여 이루어짐.

Dic. 문법 핵심 개념어

▶ 혀의 앞뒤 위치
• 전설 모음 : 혀의 정점이 입 안의 앞쪽에 위치하여 발음되는 모음.
• 후설 모음 : 혀의 정점이 입 안의 뒤쪽에 위치하여 발음되는 모음.
▶ 혀의 높이
• 고모음(폐모음) : 입을 조금 열고, 혀의 위치를 높여서 발음하는 모음.
• 중모음 : 입을 보통으로 열고 혀의 높이를 중간으로 하여 발음하는 모음.
• 저모음(개모음) : 입을 크게 벌리고 혀의 위치를 가장 낮추어서 발음하는 모음.
▶ 입술의 모양
• 원순 모음 : 입술을 둥글게 오므려 발음하는 모음.
• 평순 모음 : 입술을 둥글게 오므리지 않고 발음하는 모음.
▶ 반모음 'j' 또는 'w' 음성의 성질로 보면 모음과 비슷하지만, 반드시 다른 모음에 붙어야 발음될 수 있다는 점에서는 자음과 비슷함.

I. 음운 (2) 음운의 변동

❶ 교체 : 한 음운이 다른 음운으로 바뀌는 현상

음절의 끝소리 규칙		▶ 음절의 끝소리 자리에 'ㄱ, ㄴ, ㄷ, ㄹ, ㅁ, ㅂ, ㅇ'의 일곱 소리 이외의 자음이 오면 이 일곱 자음 가운데 하나의 소리로만 발음되는 현상 예 낮, 낯, 낫 [낟], 부엌[부억], 앞[압], 옷[옫], 밖[박]
자음 동화	비음화	▶ 비음이 아닌 자음이 비음의 영향을 받아 비음 'ㄴ, ㅁ, ㅇ'으로 바뀌는 현상 예 십만[심만], 닫는다[단는다], 잡는다[잠는다], 받는[반는]
	유음화	▶ 유음이 아닌 자음이 유음의 영향을 받아 유음 'ㄹ'로 바뀌는 현상 예 달님[달림], 신라[실라], 칼날[칼랄], 권력[궐력]
모음 동화		▶ 모음 사이에 일어나는 동화 단어 또는 어절에 있어서, 'ㅏ, ㅓ, ㅗ, ㅜ'의 후설 모음이 다음 음절에 오는 'ㅣ'나 'ㅣ'계(系) 모음의 영향을 받아 전설 모음 'ㅐ, ㅔ, ㅚ, ㅟ'로 변하는 현상. 예 아기[애기], 어미[에미], 고기[괴기]
구개음화		▶ 끝소리가 'ㄷ, ㅌ'인 형태소가 모음 'ㅣ'나 반모음 'ㅣ[j]'로 시작하는 형식 형태소와 만나면 그것이 구개음 'ㅈ', 'ㅊ'이 되거나, 'ㄷ' 뒤에 형식 형태소 '히'가 올 때 'ㅎ'과 결합하여 이루어진 'ㅌ'이 'ㅊ'이 되는 현상. 예 굳이[구지], 같이[가치], 닫히다[다치다], 붙이다[부치다]
경음화 (된소리되기)		▶ 평음이 일정한 조건에서 경음으로 바뀌는 현상 • 받침 'ㄱ, ㄷ, ㅂ' 뒤의 경음화 예 국밥[국빱], 닫고[닫꼬], 춥고[춥꼬] • 어간 받침 'ㄴ, ㅁ' 뒤의 경음화 예 신고[신ː꼬], 감다[감ː따] • 한자어에서 'ㄹ' 받침 뒤의 경음화 예 발달[발딸], 질서[질써], 물질[물찔] • 관형사형 어미 '-(으)ㄹ' 뒤의 경음화 예 할 것을 → [할꺼슬]

Dic. 문법 핵심 개념

▶ 음운 변동 어떤 음운이 그 놓이는 환경에 따라 다른 음운으로 바뀌어 소리 나는 현상. 교체, 탈락, 첨가, 축약이 있음

❷ 탈락 : 원래 있던 음운이 없어지는 현상

자음군 단순화		▶ 음절 말의 겹받침 중 하나가 탈락하고 하나만 발음되는 현상 예 값[갑], 넋[넉], 닭[닥], 맑다[막따], 여덟[여덜], 핥다[할따]
자음 탈락	'ㄹ' 탈락	▶ 동사나 형용사의 어간 말 자음 'ㄹ'이 몇몇 어미 앞에서 탈락하는 현상 예 멀다 : 머니, 머오 / 놀다 : 논, 놉니다, 노오 둥글다 : 둥그니, 둥근, 둥그오
	'ㅎ' 탈락	▶ 동사나 형용사의 어간 말 자음 'ㅎ'이 'ㄴ'이나 모음으로 시작하는 어미 앞에서 탈락하는 현상 예 그렇다 : 그러니, 그럴, 그러면, 그러오 낳은[나은], 많아[마ː나], 싫어도[시러도]
모음 탈락	'ㅡ' 탈락	▶ 동사나 형용사의 어간 말 모음 'ㅡ'가 모음으로 시작하는 어미 앞에서 탈락하는 현상 예 끄다 : 꺼, 껐다 / 쓰다 : 써, 썼다
	동음 탈락	▶ 용언이 활용할 때 연접된 두 동음 중 뒤의 모음이 탈락하는 현상 예 가-+-아 : 가 / 켜-+-었-+-다 : 켰다

국어 문법 총정리

❸ 첨가 : 없던 음운이 생겨나는 현상

'ㄴ' 첨가	▶ 앞말이 모음으로 끝나고 뒷말이 'ㅁ, ㄴ'으로 시작될 때, 앞말의 끝소리에 'ㄴ' 소리가 첨가되는 경우 예 이+몸→잇몸[인몸] · 코+날→콧날[콘날]
	▶ 앞말의 음운과 상관없이 뒷말이 모음 'ㅣ'나 반모음 [j]로 시작될 때, 'ㄴ'이 하나 혹은 둘 첨가되는 경우 예 집안+일→집안일[지반닐] · 물+약→물약[물냑→물략] 가외+일→가외일[가왼닐] · 나무+잎→나뭇잎[나문닙]
반모음 첨가	▶ 모음으로 끝나는 형태소 뒤에 단모음으로 시작하는 형태소가 올 때 반모음 'j'가 덧붙는 현상. 반드시 일어나야 하는 현상은 아님. 예 피어 → [피어/피여], 되어 → [되어/되여]

Dic. 문법 핵심 개념

▶ 사잇소리 현상 두 개의 형태소 또는 단어가 합쳐져서 합성어가 될 때, 앞 단어의 끝소리가 울림소리이고 뒤 단어의 첫소리가 예사소리이면 뒤의 예사소리가 된소리로 변하는 현상
예 · 밤+길 → 밤길[밤낄] · 등+불 → 등불[등뿔]

❹ 축약 : 두 음운이 합쳐져서 하나의 새로운 소리가 되는 현상

자음 축약	▶ 두 형태소가 서로 만날 때, 인접한 두 자음이 하나의 음소로 줄어들어 소리 나는 현상. 'ㅂ, ㄷ, ㅈ, ㄱ'과 'ㅎ'이 서로 만나면 'ㅍ, ㅌ, ㅊ, ㅋ'(거센소리)이 되는 것 예 놓다[노타], 쌓지[싸치], 옳지[올치], 좋고→[조코]

Dic. 문법 핵심 개념

▶ 모음 축약 두 형태소가 서로 만날 때 앞뒤 형태소의 두 음절이 한 음절로 줄어드는 것
• ㅗ + ㅏ→ㅘ : 오+아서→와서
• ㅜ + ㅓ→ㅝ : 두었다→뒀다
• ㅣ + ㅓ→ㅕ : 가지+어→가져

Ⅱ. 단어와 품사 (1) 단어와 품사의 특성

▶ 품사의 개념 : 단어들을 성질이 공통된 것끼리 모아 갈래를 지어 놓은 것
▶ 품사의 분류

분류 기준	형태	기능	의미
단어	불변어	체언	명사
			대명사
			수사
		수식언	관형사
			부사
		독립언	감탄사
		관계언	조사
	가변어	용언	동사
			형용사

Dic. 문법 핵심 개념

▶ 품사 분류 기준
① 형태 기준에 따른 분류
• **불변어** : 형태가 변하지 않는 단어(체언, 수식언, 독립언, 관계언)
  예 손, 우리, 매우
• **가변어** : 형태가 변하는 단어(용언, 서술격 조사)
  예 먹다(먹고, 먹니, 먹어서, 먹는다 …), 예쁘다(예쁘고, 예쁘니, 예뻐서, 예쁩니다 …), 이다(이고, 이니, 이어서, 입니다…)
② 기능 기준에 따른 분류
• **체언** : 문장에서 주로 주어나 목적어로 쓰임.(명사, 대명사, 수사)
• **용언** : 문장에서 주로 서술어로 쓰임.(동사, 형용사)
• **수식언** : 문장에서 주로 다른 성분을 수식함.(관형사, 부사)
• **관계언** : 여러 성분 사이의 관계를 나타내 줌.(조사)
• **독립언** : 문장에서 독립적으로 쓰임.(감탄사)
③ 의미 기준에 따른 분류
• **명사** : 대상의 이름을 나타냄.
• **대명사** : 명사를 대신하여 쓰임.
• **수사** : 대상의 수량이나 차례를 나타냄.
• **동사** : 대상의 움직임을 나타냄.
• **형용사** : 대상의 성질이나 상태를 나타냄.
• **관형사** : 주로 체언을 수식함.
• **부사** : 주로 용언, 관형사, 부사 등을 수식함.
• **조사** : 주로 체언에 붙어 다른 성분과의 관계를 나타냄.
• **감탄사** : 말하는 사람의 놀람이나 느낌 등을 나타냄.

❶ 체언

문장에서 주어, 목적어, 보어 등으로 쓰임. 관형어의 수식을 받을 수 있고 조사와 결합할 수 있고 일반적으로 형태의 변화가 없음. 명사, 대명사, 수사가 체언에 해당함.

① 명사 : 사물의 이름을 나타내는 단어

사용 범위	보통 명사	▶ 명사 중 어떤 속성을 지닌 대상들에 두루 쓰이는 이름 예 땅, 하늘, 사람, 책
	고유 명사	▶ 특정한 사물이나 사람을 다른 것들과 구별하여 부르기 위하여 고유의 기호를 붙인 이름. 인명, 지역명, 상호명 등 예 안중근, 부산, 한강
자립성	자립 명사	▶ 다른 말의 도움을 받지 아니하고 단독으로 쓰일 수 있는 명사 예 사과, 구름
	의존 명사	▶ 앞에 관형어의 수식을 받아야 하는 명사 예 것, 따름, 마리, 뿐, 뻔

② 대명사 : 사람이나 사물의 이름을 대신 나타내는 말로 사용되는 단어

지시 대명사	▶ 사물을 가리키는 대명사 예 이것, 그것, 저것
	▶ 장소를 가리키는 대명사 예 여기, 거기, 저기
인칭 대명사	▶ 1인칭 : 화자가 자신을 가리키는 대명사 예 나, 저, 우리, 저희
	▶ 2인칭 : 화자가 청자를 가리키는 대명사 예 너, 자네, 그대, 당신, 너희, 여러분
	▶ 3인칭 : 화자와 청자 이외의 사람을 가리키는 대명사 예 그, 이분, 저분, 그분, 이이, 그이, 저이
미지칭	▶ 모르는 사물, 사람, 장소 등을 가리키는 대명사 예 무엇, 누구, 어디(주로 의문문에서 쓰임.)
부정칭	▶ 정해지지 않은 사람, 사물, 장소 등을 가리키는 대명사 예 무엇이든, 누구든, 어디든
재귀칭	▶ 앞에 한 번 나온 체언을 다시 가리킬 때 쓰는 대명사 예 저, 자기, 당신

③ 수사 : 사물의 수량이나 순서를 나타내는 단어

양수사	▶ 수량을 셀 때 쓰는 수사 • 고유어 계열 예 하나, 둘, 셋 • 한자어 계열 예 일, 이, 삼
서수사	▶ 순서를 나타내는 수사 • 고유어 계열 : '-째'를 붙임. 예 첫째, 둘째, 셋째 • 한자어 계열 : '제'를 붙임. 예 제일, 제이, 제삼

❷ 용언

문장에서 서술어의 기능을 하는 동사, 형용사를 통틀어 이르는 말
① 동사 : 사물의 동작이나 작용을 나타내는 단어

자동사	▶ 동사가 나타내는 동작이나 작용이 주어에만 미치는 동사 예 뛰다, 걷다, 가다, 놀다, 살다
타동사	▶ 동작의 대상인 목적어를 필요로 하는 동사 예 잡다, 누르다, 건지다, 태우다
주동사	▶ 문장의 주체가 스스로 행하는 동작을 나타내는 동사 예 먹다, 앉다
사동사	▶ 문장의 주체가 자기 스스로 행하지 않고 남에게 그 행동이나 동작을 하게 함을 나타내는 동사 예 먹이다, 앉히다
능동사	▶ 주어가 제힘으로 행하는 동작을 나타내는 동사 예 잡다, 밀다
피동사	▶ 남의 행동을 입어서 행하여지는 동작을 나타내는 동사 예 잡히다, 밀리다

② 형용사 : 주어의 성질이나 상태를 나타내는 단어

성상 형용사	▶ 사물의 성질이나 상태를 나타내는 형용사 예 검다, 달다, 예쁘다, 낮다
지시 형용사	▶ 사물의 성질, 시간, 수량 따위가 어떠하다는 것을 형식적으로 나타내는 형용사 예 이러하다, 그러하다, 저러하다,

Dic. 문법 핵심 개념

▶ 동사와 형용사의 구분
• 기본형에 현재 시제 선어말 어미 '-는-/-ㄴ-', 관형사형 어미 '-는'을 결합할 수 있으면 동사, 결합할 수 없으면 형용사
• 명령형 어미 '-어라/-아라'나 청유형 어미 '-자', 목적을 나타내는 어미 '-러'나 의도를 나타내는 어미 '-려'와 결합할 수 있으면 동사, 결합할 수 없으면 형용사

③ **용언의 활용** : 용언이 문장 속에서 사용될 때에는 용언의 어간에 여러 어미가 결합하여 다양한 형태로 나타남.

어간	▶ 용언이 활용할 때 형태가 변하지 않는 부분
어미	▶ 용언의 어간 뒤에 연결되는 다양한 형태들 • 선어말 어미 : 어말 어미의 앞자리에 들어가는 어미로 시제, 높임 등을 나타냄. 경우에 따라 있을 수도 있고 없을 수도 있으며, 둘 이상이 올 수도 있음. • 어말 어미 : 단어의 끝자리에 들어가는 어미로, 반드시 있어야 함.

Dic. 문법 핵심 개념

▶ 어말 어미의 기능에 따른 분류
- **종결 어미** : 문장의 끝을 맺어 주는 기능을 하는 어미
  - 예 한국의 가을 하늘은 맑[다. 구나. 니?]
- **연결 어미** : 앞 문장과 뒤 문장을 연결하는 기능을 하는 어미
  - 예 바람이 불[면, 어서] 우리는 연을 날렸다.
- **전성 어미** : 용언의 서술 기능을 다른 기능으로 바꾸어 주는 어미
  - 예 나는 네가 최선을 다하는 사람이 되기를 바란다. 꽃이 아름답게 피었다.

❸ **수식언**

뒤에 오는 말을 수식하거나 한정하기 위하여 첨가하는 관형사와 부사를 통틀어 이르는 말. 관형사와 부사가 수식언에 해당함.

① **관형사** : 체언 앞에 놓여서, 그 체언의 내용을 자세히 꾸며 주는 단어

성상 관형사	▶ 사람이나 사물의 모양, 상태, 성질을 나타내는 관형사 예 새 옷, 헌 책, 다른 물건
지시 관형사	▶ 특정한 대상을 지시하여 가리키는 관형사 예 이 의자, 그 사람, 저 자전거
수 관형사	▶ 사물의 수나 양을 나타내는 관형사 예 두 사람, 연필 다섯 자루, 넷째 딸, 제삼(第三) 회 대회

Dic. 문법 핵심 개념어

▶ 수량을 나타내는 단어의 품사
해당 단어의 뒤에 조사가 붙으면 수사, 그렇지 않고 체언을 꾸며 주면 관형사(수 관형사)

② **부사** : 용언이나 관형사, 부사, 문장을 꾸며주는 기능을 하는 단어

▶ 부사의 종류

부사				
성분 부사			문장 부사	
성상 부사	지시 부사	부정 부사	양태 부사	접속 부사

• **성분 부사** : 문장의 어느 한 성분만을 수식하는 부사

성상 부사	▶ 사람이나 사물의 모양, 상태, 성질을 한정하여 꾸미는 부사. '어떻게'라는 방식으로 용언을 꾸미는 부사로, 의성 부사(소리를 흉내 내는 부사)와 의태 부사(모양을 흉내 내는 부사)가 여기에 속함. 예 매우, 가장, 간절히, 깨끗이, 아삭아삭, 사뿐사뿐
지시 부사	▶ 처소나 시간을 가리켜 한정하거나 앞의 이야기에 나온 사실을 가리키는 부사. 특정 대상을 가리키는 부사 예 이리, 그리, 저리
부정 부사	▶ 용언의 앞에 놓여 그 내용을 부정하는 부사 예 못, 아니/안

• **문장 부사** : 문장 전체를 수식하는 부사

양태 부사	▶ 화자의 태도를 나타내는 문장 부사 예 다행히, 과연, 설마
접속 부사	▶ 앞의 체언이나 문장의 뜻을 뒤의 체언이나 문장에 이어 주면서 뒤의 말을 꾸며 주는 부사 예 그러나, 그리고, 따라서

Dic. 문법 핵심 개념

▶ 부사의 특성
- 형태 변화를 하지 않음.(불변어)
- 격 조사와는 결합하지 않지만, 보조사는 취할 수 있음. 예 자꾸만, 아직도
- 문장에서 주로 부사어로 쓰임.
- 문장 내에서 그 위치가 비교적 자유로움.

❹ **관계언**

문장에 쓰인 단어들의 관계를 나타내는 기능을 하는 조사. 주로 체언 뒤에 붙어서 다양한 문법적 관계를 나타내거나 의미를 추가하는 의존 형태소.

▶ **관형사** : 체언 앞에 놓여서 그 체언(주로 명사)을 수식하는 단어

격 조사	▶ 체언이나 체언 구실을 하는 말 뒤에 붙어 앞말이 다른 말에 대하여 갖는 일정한 자격을 나타내는 조사. 예 주격 조사(이/가, 께서), 목적격 조사(을/를), 관형격 조사(의), 보격 조사(이/가), 부사격 조사(에, 에게, 에서), 서술격 조사(이다), 호격 조사(아, 야)
접속 조사	▶ 둘 이상의 단어나 구 따위를 같은 자격으로 이어 주는 구실을 하는 조사. 예 와/과, 하고, (이)랑

보조사	▶ 체언, 부사, 활용 어미 등에 붙어서 어떤 특별한 의미를 더해 주는 조사 예 은/는(대조), 만, 뿐(한정, 단독, 유일), 도(역시), 요(상대 높임), 부터(시작, 먼저), 까지(도급, 미침), 조차(역시, 최종), 밖에(한계), 마저(추종, 끝)

Dic. 문법 핵심 개념

▶ 조사의 특성
- 대개 체언 뒤에 붙지만, 때로는 동사, 형용사나 부사 뒤에 붙기도 하고, 문장 뒤에 붙기도 함.
- 관형사나 감탄사 뒤에는 붙을 수 없음.
- 서술격 조사인 '이다'는 동사나 형용사처럼 활용을 함.
- 조사 결합의 제약 : 대부분의 명사는 거의 모든 조사와 결합될 수 있으나, 일부 의존 명사와 자립 명사는 격 조사와 결합할 때 제약을 받는 일이 있음.

❺ **독립언**

문장 속의 다른 문장 성분과 문법적인 관계를 맺지 않고 독립성을 갖는 단어. 감탄사가 여기에 해당. 독립언은 다른 말과 떨어져 혼자서 쓰일 수 있음.

감탄사	▶ 놀람이나 느낌, 부름, 응답 등을 나타내는 말로 쓰이면서 독립성이 있는 말 예 앗, 와, 여보, 허허, 이런, 저런, 아이고, 흥, 네

Ⅱ. 단어와 품사 (2) 단어의 짜임

❶ **형태소**

의미를 가진 것으로는 더 이상 분석할 수 없는, 최소의 의미 단위

▶ 형태소의 종류

자립성 유무에 따라	자립 형태소	▶ 앞뒤에 다른 형태소가 직접 연결되지 않아도 문장에서 혼자 쓰일 수 있는 형태소(체언, 수식언, 독립언)
	의존 형태소	▶ 앞이나 뒤에 적어도 하나의 형태소가 연결되어야만 문장에서 쓰일 수 있는 형태소(용언의 어간과 어미, 조사, 접사)
의미의 유형에 따라	실질 형태소	▶ 실질적인 의미를 가진 형태소(체언, 수식언, 독립언, 용언)
	형식 형태소	▶ 문법적인 의미만을 가진 형태소(조사, 어미, 접사)

❷ **단어**

분리하여 자립적으로 쓸 수 있는 말이나 이에 준하는 말. 또는 그 말의 뒤에 붙어서 문법적 기능을 나타내는 말. 자립하여 쓰일 수 있는 가장 작은 말의 단위.(단, 조사는 의존 형태소이지만 단어로 인정함.)

■ 단어의 구성 요소

어근	▶ 단어의 구성 요소 중 실질적인 의미를 나타내는 중심 부분 예 '풋사과'의 '사과', '맨입'의 '입', '형님'의 '형'
접사	▶ 어근에 붙어 그 뜻을 제한하는 부분. 어근 앞에 붙는 것을 '접두사', 어근 뒤에 붙는 것을 '접미사'라고 함. 예 '풋사과'의 '풋-', '맨입'의 '맨-', '형님'의 '-님'

Dic. 문법 핵심 개념

▶ 조사를 단어로 처리한 이유
- 국어의 어미와 조사 중에서 조사만을 단어로 포함하게 된 것은, 자립성의 기준에서 보아 어미 앞에 오는 어간은 자립성이 없지만 조사 앞에 오는 체언은 자립성이 있다는 것과 관련이 있음.
- 이처럼 체언이 자립성이 있으므로 조사도 최소한의 자립성을 가진다고 보는 것과, 또 조사는 어미에 비해 쉽게 앞말과 분리될 수 있다는 것이 조사를 단어로 처리한 이유임.
- 조사는 의존 형태소이지만 단어로 처리되므로 다른 의존 형태소와는 달리 일반적으로 붙임표(–)를 붙이지 않음.

❸ **단어의 형성**

단어	단일어		
	복합어	합성어	통사적 합성어
			비통사적 합성어
		파생어	

① **단일어** : 하나의 어근만으로 이루어진 단어 예 땅, 하늘, 밥

② **복합어** : 하나의 실질 형태소에 접사가 붙거나 두 개 이상의 실질 형태소가 결합된 말

㉠ **합성어** : 파생 접사 없이 어근과 어근이 합쳐져서 만들어진 단어

통사적 합성어	▶ 단어의 형성 방식이 국어의 문장이나 배열 구조(명사+명사, 관형어+명사, 주어+서술어, 부사어+용언 등)와 일치하는 방식으로 이루어진 합성어 예 쌀밥(쌀+밥 : 명사+명사) / 새해(새+해 : 관형어+명사) 본받다(본+받다 : 목적어+서술어) 뛰어가다(뛰-+-어+가다 : 용언의 어간+연결 어미+용언)
비통사적 합성어	▶ 단어의 형성 방식이 국어의 자연스러운 어순이나 결합 방식과 같지 않은 합성어 예 늦잠(늦-+잠 : 용언의 어간+명사) 높푸르다(높-+푸르다 : 용언의 어간+용언)

ⓒ 파생어 : 어근에 파생 접사가 붙어서 만들어진 단어

접두 파생어	▶ 어근의 앞에 접두사가 결합한 파생어 웹 군침(군-+침) / 새파랗다(새-+파랗다) / 치솟다(치-+솟다)
접미 파생어	▶ 어근의 뒤에 접미사가 결합한 파생어 웹 구경꾼(구경+-꾼) / 가르침(가르치-+-ㅁ : 동사→명사) 웃기다(웃-+-기-+-다 : 주동사→사동사)

Dic. 문법 핵심 개념
- ▶ 다의어(多義語) 하나의 단어에 여러 개의 의미가 결합된 단어
- ▶ 동음이의어(同音異議語) 소리는 같으나 뜻이 서로 다른 단어

Ⅱ. 단어와 품사　(3) 단어의 의미 관계와 어휘 사용

❶ 단어 의미의 유형

① 중심적 의미와 주변적 의미
- 중심적 의미 : 다의어에서 가장 기본적이고 핵심적인 의미
  ➡ 사전에 풀이된 의미들 가운데 첫 번째 의미
- 주변적 의미 : 다의어에서 중심적 의미가 확장된 의미
  ➡ 사전에 풀이된 의미들 가운데 첫 번째를 제외한 나머지들의 의미

② 사전적 의미와 함축적 의미
- 사전적 의미 : 단어가 지니고 있는 가장 기본적이고 객관적인 의미. 곧, 사전에 등재된 의미
  웹 '산'의 사전적 의미: 평지보다 높이 솟아 있는 땅의 부분
- 함축적 의미 : 사전적 의미에 덧붙여서 연상이나 관습 등에 의하여 형성되는 의미
  웹 '산'의 함축적 의미: 고향에 대한 그리움, 진취적인 기상, 삶의 고난과 역경 등

③ 그 외 단어의 의미
- 사회적 의미 : 말을 사용하는 사람의 사회적 환경과 관련되는 의미로, 여러 단어들 가운데 어떤 단어를 선택하느냐에 따라 사회적 의미가 달라질 수 있음.(사회적 환경: 출신 지역, 사회적 지위, 교양 수준 등)
- 정서적 의미 : 화자(필자)의 심리적 태도나 상대에 대한 공손함 등과 관련되어, 어조를 통해 드러나는 의미
- 주제적 의미 : 어순을 바꾸거나 특정 부분을 강조하여 발음함으로써 화자(필자)가 특별히 드러내고자 하는 의미
- 반사적 의미 : 어떤 말을 사용할 때 그 말의 원래 뜻과는 아무런 관계없이 나타나는 특정한 의미

❷ 단어 간의 의미 관계

유의 관계	▶ 말소리는 다르지만 의미가 서로 비슷한 의미를 갖고 있는 단어들의 관계. 한쪽이 다른 한쪽의 유의어가 됨. 유의 관계는 두 개 이상의 단어들이 무리를 이루고 있는 경우가 많음. 웹 가끔-종종-왕왕 / 걱정-근심 / 가난하다-빈곤(貧困)하다-궁핍(窮乏)하다
반의 관계	▶ 둘 이상의 단어에서 의미가 서로 짝을 이루어 대립하는 단어들의 관계. 한쪽이 다른 한쪽의 반의어가 됨. 웹 소년-소녀 / 위-아래
상하 관계	▶ 한쪽이 의미상 다른 쪽을 포함하거나 다른 쪽에 포함되는 의미 관계. 포함하는 단어가 상위어, 포함되는 단어가 하위어임. 웹 동물-사자 → '동물'이 상위어, '사자'가 하위어 　작가-시인 → '작가'가 상위어, '시인'이 하위어

Ⅲ. 문장과 문법 요소　(1) 문장의 성분

❶ 문장과 문법 단위

어절(語節) ➡ 구(句) ➡ 절(節) ➡ 문장(文章)

▶ 문장 성분 : 문장 안에서 일정한 문법적 기능을 하는 각 부분
- 주성분 : 문장을 이루는 데 골격이 되는 문장 성분(서술어, 주어, 목적어, 보어)
- 부속 성분 : 주로 주성분의 내용을 수식하는 문장 성분(관형어, 부사어)
- 독립 성분 : 다른 문장 성분과는 문법적 관계가 없는 문장 성분(독립어)

❷ 주성분

주어	▶ 문장에서 동작 또는 상태나 성질의 주체를 나타내는 문장 성분 • 문장을 '무엇이 어찌한다.', '무엇이 어떠하다.', '무엇이 무엇이다.'로 나타낼 때 '무엇이'에 해당하는 문장 성분. • 체언이나 체언 구실을 하는 구나 절에 주격 조사 '이/가', '께서'가 붙어서 나타남. 웹 동생이 도서관에 간다.(주격 조사 '이'가 붙음) • 주격 조사가 생략될 수도 있고 보조사가 붙을 수도 있음. 웹 동생만 집에 왔다.(보조사 '만'이 붙음)
서술어	▶ 주어의 동작, 상태, 성질 등을 나타내는 문장 성분. • '무엇이 어찌한다.', '무엇이 어떠하다.', '무엇이 무엇이다.'의 '어찌한다', '어떠하다', '무엇이다'에 해당하는 문장 성분

목적어	▶ 서술어의 동작이나 작용의 대상이 되는 문장 성분. • '무엇이 무엇을 어찌한다.'에서 '무엇을'에 해당하는 성분. • 목적격 조사 '을/를'은 생략될 수도 있고, 목적격 조사 대신에 보조사가 붙을 수 있음. 웹 철수가 (밥을 / 밥 / 밥만) 먹는다.
보어	▶ 서술어 '되다, 아니다'가 필수적으로 요구하는 문장 성분 가운데 주어가 아닌 것. • 보격 조사 '이/가'는 생략될 수도 있고 '이/가' 대신 보조사가 붙을 수도 있음. 웹 그는 대학생이 아니다. 철수는 선생님이 되었다.

Dic. 문법 핵심 개념
- ▶ 서술어의 자릿수
  서술어가 그 성격에 따라서 필요로 하는 문장 성분들의 개수
  - 한 자리 서술어 : 주어 하나만 필수적으로 요구
    웹 꽃이 피었다. 꽃이 예쁘다.
  - 두 자리 서술어 : 주어 이외에 목적어나 부사어, 또는 보어를 필수적으로 요구
    웹 나는 책을 읽는다. 물이 얼음이 되었다.
  - 세 자리 서술어 : 주어, 목적어, 부사어의 세 가지 문장 성분을 필수적으로 요구
    웹 나는 과일을 영희에게 주었다.

❸ 부속 성분

관형어	▶ 체언을 수식하는 문장 성분 ■ 관형어의 형태 ㉠ 관형사 웹 그녀가 새 옷을 입었다. ㉡ 체언+관형격 조사 '의' 웹 그녀가 동생의 옷을 입었다.(체언 뒤에 붙는 관형격 조사 '의'는 생략될 수 있음.) ㉢ 용언의 관형사형 웹 그녀는 예쁜 꽃을 샀다.
부사어	▶ 주로 용언을 수식하는 문장 성분 • 용언 외에 관형어나 다른 부사어, 문장을 수식하기도 하고, 문장이나 단어를 이어 주기도 함. ■ 부사어의 종류 • 성분 부사어(문장 성분을 수식함 : 용언 수식, 관형어 수식, 부사어 수식, 체언 수식) • 문장 부사어(문장 수식) / 접속 부사어(문장 접속, 단어 접속)

❹ 독립 성분

독립어	▶ 문장의 어느 성분과도 직접적인 관련이 없는 문장 성분 ■ 독립어의 형태 • 감탄사 웹 아, 달이 밝다. • 체언+호격 조사 웹 철수야, 지금 어디 가니?

Ⅲ. 문장과 문법 요소　(2) 문장의 짜임

❶ 홑문장과 겹문장

① 홑문장 : 주어와 서술어의 관계가 한 번만 나타나는 문장. 웹 눈이 온다.
② 겹문장 : 주어와 서술어의 관계가 두 번 이상 나타나는 문장으로 하나 이상의 절을 가짐. 안은문장과 이어진문장이 있음.

안은문장	▶ 전체 문장이 홑문장을 안고 있는 겹문장 • 종류 : 명사절/관형절/부사절/서술절/인용절을 안은 문장
이어진 문장	▶ 홑문장과 홑문장이 이어진 겹문장 • 종류 : 대등하게 이어진 문장, 종속적으로 이어진 문장

❷ 안은문장과 안긴문장

① **명사절을 안은문장** : 주어, 목적어, 부사어 등의 기능을 하는 명사절을 안고 있는 문장. 명사절은 명사형 어미 '-(으)ㅁ', '-기'가 붙어서 만들어짐.
  웹 농부들은 비가 오기를 간절히 기다린다.
② **관형절을 안은문장** : 관형어의 역할을 하는 절을 안은 문장. 관형절은 관형사형 어미 '-(으)ㄴ', '-는', '-(으)ㄹ', '-던'이 붙어서 만들어짐.
  웹 이것은 철수가 입을 옷이다. / 이것은 철수가 입던 옷이다.

Dic. 문법 핵심 개념
- ▶ 관형사형 어미에 따라 관형절이 표현하는 시제가 다름.
  - -(으)ㄴ : 과거 또는 현재
  - -는 : 현재
  - -(으)ㄹ : 미래
  - -던 : 과거

③ **부사절을 안은문장** : 부사어의 역할을 하는 절을 안은 문장. '-이', '-게', '-도록' 등이 붙어서 만들어짐.(부사절은 절 전체가 부사어의 기능을 하여 서술어를 수식함.)
  웹 철수는 내게 소리도 없이 다가왔다.
④ **서술절을 안은문장** : 서술어의 기능을 하는 서술절을 안은 문장
- 문장의 앞에 나오는 주어를 제외한 나머지 부분이 서술절에 해당함.
- 서술절을 안은 문장은 한 문장에 주어가 두 개 있는 것처럼 보임.

- 서술절은 절 표지가 따로 없음.
  - 예 영희는 얼굴이 예쁘다.

⑤ **인용절을 안은 문장** : 다른 사람의 말이나 글을 인용한 것을 절의 형식으로 안은 문장
- 직접 인용절에는 인용격 조사 '라고'가, 간접 인용절에는 인용격 조사 '고'가 붙어 만들어짐.
- 서술격 조사 '이다'로 끝난 간접 인용절에서는 '이다고'가 아니라 '이라고'로 나타남.
  - 예 철수는 영희에게 "<u>어디에 가니?</u>"라고 물었다.(직접 인용)
    철수는 영희에게 어디에 가냐고 물었다.(간접 인용)

❸ 이어진문장

① **대등하게 이어진 문장** : 앞 절과 뒤 절의 의미가 대등한 관계로 이어진 문장
- 대등하게 이어진 문장에 쓰이는 연결 어미는 '-고, -(으)며, -든지, -지만' 등이 있음.
- 대등하게 이어진 문장에서 앞 절과 뒤 절은 나열, 대조 등의 의미 관계를 가짐.
  - 예 비가 오고, 바람이 분다.(나열) / 철수는 왔지만, 영희는 오지 않았다.(대조)

② **종속적으로 이어진 문장** : 앞 절과 뒤 절의 의미가 독립적이지 못하고 종속적인 관계로 이어진 문장
- 앞 절과 뒤 절의 의미 관계에 따라 다양한 종속적 연결 어미가 사용됨.

> **Dic.** 문법 핵심 개념
> ▶ 종속적 연결 어미
> - **원인** : -(아)서, -(으)니 예 눈이 와서 길이 막힌다.
> - **조건** : -(으)면 예 눈이 많이 오면 가지 말아라.
> - **의도** : -(으)려고 예 시험 준비를 하려고 서점에 갔다.
> - **상황** : -는데 예 학교에 가는데 철수를 만났다.
> - **양보** : -(으)ㄹ지라도, -(으)ㄹ지언정 예 눈이 올지라도 계획대로 출발한다.

Ⅲ. 문장과 문법 요소 (3) 문법 요소

❶ 문장 종결 표현

① **평서문** : 화자가 청자에게 특별히 요구하는 바 없이 단순하게 전달하는 문장
- 평서형 종결 어미 '-다' 등을 사용 예 지금 비가 많이 온다.

② **의문문** : 화자가 청자에게 질문하여 대답을 요구하는 문장
- 의문형 종결 어미 '-느냐', '-냐', '-니' 등을 사용

> **Dic.** 문법 핵심 개념
> ▶ 의문문의 종류
> - **설명 의문문** : '언제, 누구, 무엇' 등의 의문사가 포함되어 듣는 이에게 구체적인 설명을 요구하는 의문문
>   예 철수는 무엇을 먹고 있니?
> - **판정 의문문** : 단순히 긍정이나 부정의 대답(예/아니요)을 요구하는 의문문
>   예 철수는 집에 갔니?
> - **수사 의문문** : 굳이 대답을 요구하지 않고 서술이나 명령의 효과를 내는 의문문
>   예 빨리 공부하지 못하겠니?(공부해라 → 명령)

③ **명령문** : 화자가 청자에게 어떤 행동을 요구하는 문장
- 명령형 종결 어미 '-(아/어)라' 등을 사용
  예 학교에서 돌아오는 대로 손을 씻어라.

④ **청유문** : 화자가 청자에게 어떤 행동을 함께 하도록 요청, 또는 제안하는 문장
- 청유형 종결 어미 '-자', '-세', '-ㅂ시다' 등을 사용
  예 우리 함께 밥을 먹자.

⑤ **감탄문** : 화자가 청자를 별로 의식하지 않고 자기의 느낌을 표현하는 문장
- 감탄형 종결 어미 '-(이)구나' 등을 사용
  예 노을이 정말 아름답구나.

❷ 높임 표현

① **상대 높임법** : 화자가 청자에 대하여 높이거나 낮추어 말하는 방법
- 상대 높임법은 종결 표현으로 나타남. 격식을 갖추었는지 여부에 따라 격식체와 비격식체로 나뉨.

		평서법	의문법	명령법	청유법	감탄법
격식체	하십시오체	합니다	합니까?	하십시오	(하시지요)	-
	하오체	하오	하오?	하오, 하구려	합시다	하는구려
	하게체	하네, 함세	하는가?, 하나?	하게	하세	하는구먼
	해라체	한다	하냐?, 하니?	해라	하자	하는구나
비격식체	해요체	해요, 하지요	해요?, 하지요?	해요, 하지요	해요, 하지요	해요, 하지요
	해체(반말)	해, 하지	해?, 하지?	해, 하지	해, 하지	해, 하지

② **주체 높임법** : 주어가 지시하는 대상, 즉 문장의 주체를 높이는 방법
- 주체 높임법의 실현 방법 : 용언의 어간+선어말 어미 '-(으)시-', 주격 조사 '께서'의 사용, 주어 명사+'-님', 높임을 나타내는 단어의 사용(계시다 등, 주무시다)

③ **객체 높임법** : 목적어나 부사어가 지시하는 대상, 즉 서술의 객체를 높이는 방법
- 객체 높임법의 실현 방법 : 특수한 어휘의 사용(뵙다, 드리다, 여쭈다/여쭙다 등), 조사 '에게' 대신 '께'의 사용
  예 철수가 선생님께 선물을 드렸다.

> **Dic.** 문법 핵심 개념
> ▶ 직접 높임과 간접 높임
> - **직접 높임** : 주체를 직접 높이는 것
>   예 선생님께서 벌써 도착하셨어.
> - **간접 높임** : 주체와 밀접하게 관련된 대상을 높임으로써 주체를 간접적으로 높이는 것
>   예 선생님의 말씀이 있으시겠습니다.

❸ 시간 표현

▶ **시제** : 어떤 동작이나 상태가 과거에 일어난 일인지, 현재 일어나고 있는 일인지, 혹은 앞으로 일어날 일인지를 언어적으로 표현하는 것

과거 시제	▶ 사건시가 발화시보다 선행하는 시제 ■ 과거 시제의 실현 : 　• 선어말 어미 '-았-/-었-', '-았었-/-었었-', '-더-'의 사용 　　예 영희는 빵을 먹었다. 철수가 저녁에 집에 가더라. 　• 관형사형 어미의 사용 　- 동사 '-(으)ㄴ' 　　예 그건 내가 먹은 빵이야. 　- 형용사, 서술격 조사 '-던' 　　예 그것은 제가 읽던 책입니다. 　- 과거 시간 부사어의 사용 　　예 어제 나는 집에 있었다.
현재 시제	▶ 발화시와 사건시가 일치하는 시제 ■ 현재 시제의 실현 　• 동사 : 선어말 어미 '-는-/-ㄴ-', 관형사형 어미 '-는'의 사용 　　예 영희가 빵을 먹는다. 　• 형용사, 서술격 조사 : 관형사형 어미 '-(으)ㄴ'의 사용 　　예 영화를 보는 학생이 많다. 　• 현재 시간 부사어의 사용 　　예 학생들이 지금 농구를 한다.
미래 시제	▶ 사건시가 발화시보다 나중인 시제 ■ 미래 시제의 실현 　• 선어말 어미 '-겠-'의 사용 　　예 저도 곧 먹겠습니다. 　• 관형사형 어미 '-(으)ㄹ'의 사용 　　예 내일 떠날 사람은 나오세요. 　• '-(으)ㄹ 것'의 사용 　　예 내일이면 택배를 받을 것입니다. 　• 미래 시간 부사어의 사용 　　예 내일 저녁까지 도착하겠습니다.

▶ **동작상(動作相)** : 발화시를 기준으로 동작이 일어나는 모습을 표현하는 것
- 동작상의 종류

진행상	• 시간의 흐름 속에서 그 동작이 진행되고 있음을 표현함. • 보조 용언 '-고 있다'나 '-어 가다', 연결 어미 '-으면서' 등을 사용 　예 영희는 밥을 먹고 있다. 영희는 밥을 먹으면서 책을 본다.
완료상	• 시간의 흐름 속에서 어떤 동작이 이미 완료되었음을 표현함. • 보조 용언 '-어 버리다'나 '-아/어 있다', 연결 어미 '-고서' 등을 사용 　예 철수는 밥을 다 먹어 버렸다. 영희는 나를 만나고서 집을 떠났다.

❹ 피동 표현

주어가 다른 주체에 의해서 동작을 당하는 것을 나타내는 표현
▶ 피동문의 실현 방법과 종류

파생적 피동문	• 피동사를 활용함. • 피동사 : 능동사의 어간+피동 접미사 '-이-, -히-, -리-, -기-, -되다' 　예 영희를 본다. → 영희가 보인다.
통사적 피동문	• '-어지다', '-게 되다'를 활용함. 　예 철수가 과거를 밝혔다. → 철수의 과거가 밝혀졌다.

❺ 사동 표현

주어가 남에게 동작을 하도록 시키는 것을 나타내는 표현
▶ 사동문의 실현 방법과 종류

파생적 사동문	• 사동사를 활용함. • 사동사 : 주동사의 어간+사동 접미사 '-이-, -히-, -리-, -기-, -우-, -구-, -추-, -시키다' 예 엄마가 아이에게 옷을 입혔다.
통사적 사동문	• '-게 하다'를 활용함. 예 엄마가 아이에게 옷을 입게 했다.

> **Dic.** 문법 핵심 개념
> ▶ 주동문과 사동문
> 주어가 행위를 직접 하는 문장을 주동문이라 하고, 주어가 다른 주체에게 행위를 하게 하는 문장을 사동문이라 한다.

❻ 부정 표현

부정의 뜻을 나타내는 것. 부정 부사 '안, 못'과 부정 용언 '아니하다, 못하다'를 사용하여 표현함.

▶ '안' 부정문과 '못' 부정문

	'안' 부정문	'못' 부정문
형식	아니(안), 아니다, -지 아니하다(않다)	못, -지 못하다
의미	• 단순 부정 : 어떤 상태나 상황이 그렇지 않음을 나타냄. • 의지 부정 : 동작을 행하는 주체의 의지에 의해 어떤 동작이 일어나지 않음을 나타냄.	• 능력 부정 : 주체의 의지가 아닌 그의 능력 부족이나 그 밖의 원인에 의한 불가능을 나타냄.
예문	• 철수는 공부를 안 한다. • 철수는 공부를 하지 않는다.(긴 부정문)	• 철수는 공부를 못 한다.(짧은 부정문) • 철수는 공부를 하지 못한다.(긴 부정문)

> **Dic.** 문법 핵심 개념
> ▶ 짧은 부정문과 긴 부정문
> • **짧은 부정문** : 부정 부사 '안, 못'을 사용한 표현.
> ◙ 철수는 공부를 안 한다. / 철수는 공부를 못 한다.
> • **긴 부정문** : 부정 용언 '아니하다, 못하다'를 사용한 표현.
> ◙ 철수는 공부를 하지 않는다. / 철수는 공부를 하지 못한다.

❼ 인용 표현

다른 사람의 말이나 글을 끌어다 쓰는 것을 나타내는 것

▶ 직접 인용과 간접 인용

	직접 인용 표현	간접 인용 표현
개념	다른 사람의 말과 글을 원래의 내용과 형식을 그대로 유지해 인용하는 방법	다른 사람의 말과 글을 원래의 형식은 유지하지 않고 내용만 가져와 자신의 관점에서 바꾸어 인용하는 방법
형식	해당 인용절에 큰따옴표(" ")를 하여 표시하고, 인용절 다음에 조사 '라고'를 씀.	• 간접 인용절 다음에 조사 '고'를 씀. • 지시 표현, 높임 표현, 시간 표현, 종결 표현 등을 상황에 맞게 적절하게 씀.

▶ **담화의 개념** : 둘 이상의 발화들이 모여서 이루어진 말의 단위
▶ **담화의 외적 구성 요소** : 화자와 청자, 장면, 발화
▶ **담화의 내적 구성 요소** : 통일성, 응집성

> **Dic.** 문법 핵심 개념
> ▶ 담화의 내적 구성 요소
> • **통일성** : 담화 내의 발화들이 담화의 주제를 향해 긴밀하게 연결되어 하나의 담화를 구성하도록 해 주는 내용적 요건. 하나의 주제에 대해서만 발화를 해야 담화가 이루어짐.
> • **응집성** : 발화들이 서로 긴밀하게 묶여 하나의 담화를 구성하도록 해 주는 형식적 요건. 담화의 응집성은 주로 지시 표현, 대용 표현, 접속 표현 등에 의해 실현됨.

■ 담화의 표현

지시 표현	실제 세계에 존재하는 것을 가리키는 표현. 담화가 이루어지는 시간적·공간적 장면이 없으면 그 의미를 정확히 이해하기 어려움. ◙ 이것, 이, 이리, 여기 / 그것, 그, 그리, 거기 / 저것, 저, 저리, 저기
대용 표현	담화나 글의 앞뒤에서 언급한 내용 대신 사용하는 표현. 앞뒤 발화의 내용을 긴밀하게 연결시켜 줌. ◙ 이, 그, 저 / 이것, 그것 / 이러하다, 그러하다
접속 표현	발화와 발화, 문장과 문장을 이어 주는 표현·접속 표현의 종류 ◙ 접속 부사 : 그리고, 그러나, 하지만, 그래서, 그래도 등 시간적 순서를 나타내는 말 : 먼저, 다음으로, 마지막으로 등 논리적 순서를 나타내는 말 : 첫째, 둘째, 셋째 등

■ 담화의 구성 요소 중 맥락

맥락	언어적 맥락	
	비언어적 맥락	상황 맥락
		사회·문화적 맥락

❶ 언어적 맥락

• 담화 안에서 어떤 발화를 둘러싼 앞뒤의 발화
• 발화의 의미는 언어적 맥락에 의해 분명해지기도 하고, 언어적 맥락에 따라 달라지기도 함.

❷ 비언어적 맥락

① **상황 맥락** : 담화의 수용이나 생산 활동에 직접 개입하는 맥락
② **사회·문화적 맥락** : 담화의 수용이나 생산 활동에 간접적으로 개입하는 맥락. ➡ 물리적 배경과 정신적 배경이 포함됨.

▶ 고대 국어 시기
• 우리말이 알타이 어족으로부터 분리된 이후 ~ 통일 신라 시대

❶ 음운

자음	예사소리(평음)와 거센소리(격음)만 있었으며, 음절 말의 자음들이 제 음가대로 발음되었을 것으로 추정(된소리 계열은 없음)
석독(釋讀)	한자의 소리를 버리고 뜻만 이용함. ◙ '水[물 수]' 자를 '물'로 읽는 경우

> **Dic.** 문법 핵심 개념
> ▶ 고대 국어 음운의 특징
> 중국의 한자음에 된소리가 있음에도 우리나라 한자음 중 된소리가 나는 것이 드묾. 그래서 한자와 한자음을 중국으로 부터 받아들였던 고대 국어 시기의 우리말에는 된소리가 없었던 것으로 추정함.

❷ 표기법 : 한자 차용 표기법

음독(音讀)	한자의 뜻을 버리고 소리만 이용함. ◙ '古[옛 고]' 자를 그 뜻과 상관없이 '고'라는 소리를 표기하기 위해 쓰는 경우
석독(釋讀)	한자의 소리를 버리고 뜻만 이용함. ◙ '水[물 수]' 자를 '물'로 읽는 경우

> **Dic.** 문법 핵심 개념
> ▶ 고대 국어 어휘의 특징
> 한자어가 유입되어 우리말 어휘 체계에서 한자어가 차지하는 비중이 커짐.
> ◙ 순우리말 지명이 한자어 지명으로 바뀜

❸ 표기

고유 명사 표기	• 우리말로 인명이나 지명, 관직명 등을 적기 위해 한자의 소리나 뜻을 빌려서 표기 (『삼국사기』나 『삼국유사』의 기록에 나타남) ◙ 赫居世(한자의 뜻, 음 이용) = 弗矩内(한자의 음만 이용) 붉을 혁, 살 거, 누리(뉘) 세 아닐 불, 곱자 구, 안 내
이두(吏讀)	• 단어를 국어의 문장 구조에 따라 배열하고 조사와 어미까지 표기하여 문장의 의미 및 문맥을 분명하게 표기하기 위한 차자 표기법 • 국어 문장 전체를 표기함. ◙ '以'는 조사 '(으)로', '旅'는 어미 '-며'를 표시하는 데 사용됨.
구결(口訣)	• 한문을 읽을 때 구절 사이사이에 조사나 어미를 표기하여 문장의 의미와 문맥을 밝혀 주는 차자 표기법 • 한문 원문을 그대로 둔 채 문법 형태소를 추가하여 표기 ◙ 'ᄒᆞ니'를 '爲尼'로 표기함. '爲'의 뜻이 'ᄒᆞ-'이고 '尼'의 소리가 '니'임.
향찰(鄕札)	• 신라의 향가를 표기하는 데 사용된 차자 표기법 • 표기 원리는 이두, 구결과 차이가 없으나, 한자 차용 표기를 이용하여 우리말을 전면적으로 표기함. ◙ '善花公主主隱'의 두 번째 '主(님 주)'는 한자의 뜻을 빌려, '隱(숨길 은)'은 한자의 음을 빌려 '선화공주님은'을 적음.

▶ 중세 국어 시기

전기	10세기 초~15세기 중엽. 고려 건국 후 개성으로 수도를 옮기면서 국어의 중심이 동남 방언에서 중부 방언으로 이동
후기	15세기 중엽~16세기 말. 한글 창제 이후 우리말을 기록할 수 있게 됨.

❶ 음운

된소리 계열 등장	된소리 계열이 생겨나면서 현대 국어에서 '예사소리-거센소리-된소리'의 대립 체계 성립
'ㅸ, ㅿ'의 등장	유성 마찰음 'ㅸ, ㅿ'은 근대 국어 시기까지 이어지지 않고 소멸
'ㆍ'의 사용과 소실	'ㆍ'는 중세 국어 후기 부터 변화되다가 근대 국어 시기에 소멸
엄격한 모음 조화 규칙	현대 국어와 달리 중세 국어는 모음 조화가 엄격하게 지켜짐.
성조의 변천	중세 국어 시기에는 성조로 단어의 뜻을 구분함. 성조는 16세기 말에 소멸됨

Dic. 문법 핵심 개념

▶ 성조
- **평성** : 낮은 소리. 글자의 왼쪽에 점 없음.
- **거성** : 높은 소리. 글자의 왼쪽에 점 하나 찍음.
- **상성** : 낮다가 높아지는 소리. 글자 왼쪽에 점 두 개 찍음.

❷ 어휘

한자의 유입	한자가 들어오면서 고유어와 한자어의 **이원 체계**를 **기본**으로 하게 됨.
한자어의 비중 확대	한자의 수용 이후 어휘 체계 안에서 고유어의 비중이 낮아지고 한자어의 비중은 높아짐.
고유어와 한자어의 대립 관계	• 고유어와 한자어의 대립 관계 형성 • 고유어는 기존의 의미 영역을 한자어에 넘겨주고 자기의 의미 영역이 축소되면서 살아남거나 완전히 소멸됨.
몽골어의 유입	• 13~14세기에 고려가 원(元)의 부마국이 되면서 몽골어가 많이 들어옴. • 주로 관직명, 말(馬), 매(鷹), 군사, 음식 등에 관한 단어가 많음 • 대부분의 몽골어는 사라졌지만, 일부가 현대 국어에까지 남음. 　⑩ '보라매(사냥에 쓰이는 매)', '수라(왕의 식사)' 등

Dic. 문법 핵심 개념

▶ 한자어의 비중 확대
- **고대 국어 시기** ⑩ 신라 '지중 마립간(智證麻立干)'이 '지증왕(智證王)'이라는 중국식 호칭으로 변함.
- **중세 국어 시기** ⑩ 고려 광종 때 과거 시험에 한자가 포함되면서 한자어의 침투와 확산이 급속하게 진행됨.

▶ 고유어의 축소와 소멸
- **의미 영역 축소** : 한자어 '여자(女子)'와 거의 같은 의미를 지니던 고유어 '계집(〈겨집)'이 여자를 낮잡아 이르는 말이 됨.
- **소멸** : ᄀ롬 → 강(江), 즈믄 → 천(千), 비숨 → 단장(丹粧), 아슴 → 친척(親戚) 등

❸ 문법

조사	• 주격 조사 중세 국어에 주격 조사 '이'만 있어 앞말의 받침과는 상관없이 '이'가 쓰임. 　⑩ '시미 기픈 므른', '불휘 기픈 남ᄀ'의 세 형태로 실현됨. '이'가 환경에 따라 '이, ㅣ, Ø(zero)'의 세 형태로 실현됨. 자음 뒤에서는 '이', 모음 'ㅣ'나 반모음 'j' 이외의 모음 뒤에서는 'ㅣ', 모음 'ㅣ'나 반모음 'j' 뒤에서는 'Ø'로 나타남. '가'는 존재하지 않았음. 　⑩ 말ᄊᆞ미(말쏨+이), 부톄(부텨+ㅣ), 불휘(불휘+Ø) • 목적격 조사 '을/를, 을/를, ㄹ'로 실현됨. 선행 체언이 자음으로 끝날 때는 '을/을', 모음으로 끝날 때는 '를/를'로 나타남. 모음으로 끝나는 체언 뒤에서 '를/를' 대신 'ㄹ'이 사용되기도 함. 　⑩ 바ᄅᆞᆯ (밥+을), 나ᄅᆞᆯ (나+ᄅᆞᆯ), ᄠᅳ들 (ᄠᅳᆮ+을), 너를 (너+를), 머릴 (머리+ㄹ) • 관형격 조사 '익/의' 계열과 'ㅅ' 계열이 존재함. 　– 익/의 : 평칭의 유정 명사 　⑩ 사ᄉᆞ믹(사슴+익) 앟, 거부븨(거붑+의) 터리 　– ㅅ 높임의 유정 명사 　⑩ 부텻(부텨+ㅅ) 모미 　– ㅅ 높임의 무정 명사 　⑩ 나못 (나모+ㅅ) 불휘 • 호격 조사 높임의 뜻을 나타내는 '하'가 있었음. 　⑩ 님금하 아ᄅᆞᆷ쇼셔
높임 표현	선어말 어미에 의해 실현됨. • 주체 높임법 : 선어말 어미 '–(으)시–'를 붙여서 나타냄. ⑩ 오샤, ᄒᆞ쇼셔 　➡ 현대 국어와 비슷 • 객체 높임법 : 선어말 어미 '–ᄉᆞᆸ–'을 붙여서 나타냄. ⑩ 노ᄉᆞᆸ고[놓고] 　➡ 현대에 와서 '–ᄉᆞᆸ–'은 거의 사라짐. • 상대 높임법 : 선어말 어미 '–(으)이–'를 붙여서 나타냄. ⑩ ᄒᆞᄂᆞ이다 　➡ 현대에 와서는 어말 어미에 의해 표현됨.
시간 표현	• 현재 시제 : 동사 어간에는 '–ᄂᆞ–'가 연결되고 형용사 어간에는 특별한 형태소가 연결되지 않음. 　⑩ '가ᄂᆞ다(간다)', '어엿브다(불쌍하다)' • 과거 시제 : 현대 국어의 '–았–/–었–'에 해당하는 선어말 어미가 발달되지 않아서 아무런 형태소의 결합 없이 표현됨. 　⑩ '가ᄂᆞ다'가 현재 시제인 것과 달리 '가다'는 과거 시제였기 때문에 '갔다' 정도의 의미로 이해됨. • 회상의 의미를 표현하는 선어말 어미 '–더–'는 중세 국어에서도 사용됨. 　⑩ 가더라 • 선어말 어미 '–더–'는 1인칭 주어와도 같이 쓰일 수 있음. • 미래 시제 : 선어말 어미 '–(으)리–' 사용 　⑩ 가리라 • 추측의 의미를 표현하는 '–겠–'은 아직 발달되지 않았지만 '–(으)리–'가 그 기능을 함.

❹ 표기법

- 세종 28년(1446) '훈민정음'이 반포되면서 우리말을 온전하게 적을 수 있는 문자가 탄생
- 한글 표기법의 원리

음소적 원리	음절적 원리
• 각 음소를 충실히 표기하는 방법. ➡ 실제 소리 나는 대로 표기하는 원리 　⑩ '꽃[花]'이라는 단어의 형태를 항상 고정된 표기하지 않고 실제 소리 나는 대로 '꼿, 고지,' 등으로 표기	• 각 음절을 표기에 정확히 반영하는 표기 방법. ➡ 음절 경계를 반영하되 이어적기를 함. 　⑩ '사롬'에 주격 조사 '이'가 연결되는 경우 '사롬이'와 같이 적지 않고 '사ᄅᆞ미'와 같이 적음.

- 받침으로 'ㄱ, ㄴ, ㄷ, ㄹ, ㅁ, ㅂ, ㅅ, ㆁ'의 8개 자음만을 적는 것이 일반적

V. 국어의 역사 (3) 근대 국어

▶ 근대 국어 시기
- 17세기 초~19세기 말
- 음운, 어휘, 문법 등 여러 측면에서 국어의 모습이 크게 변화

❶ 음운

'ㅸ, ㅿ', 'ㆍ'의 소실	• 중세 국어 시기를 거치면서 자음 'ㅸ, ㅿ' 소멸 • 모음 'ㆍ'는 16세기 말 둘째 음절 이하에서 '—'로, 18세기에 첫째 음절에서 대체로 'ㅏ'로 변함.
모음 조화의 약화	모음 조화에서 음성 모음 '—'와 대립하면서 중요한 역할을 하던 'ㆍ'가 소멸되면서 모음 조화가 지켜지지 못함. 　⑩ ᄆᆞᄉᆞᆯ → 'ㆍ'의 소멸 → 마을
구개음화	'ㄷ, ㅌ'이 'ㅣ' 앞에서 그대로 소리 내다 근대 국어 시기에 'ㅈ, ㅊ'으로 음운 변화를 일으키고 현대 국어까지 이어짐. 　⑩ 디다〉지다[落], 티다〉치다[打], 부텨〉부처[佛]

❷ 어휘

- 서양의 새로운 지식이 중국을 통해 유입되면서 많은 번역 한자어가 들어 옴.
- 중국 이외의 일본이나 서양과의 접촉을 통해 유입되는 새로운 어휘가 늘어남.
- 우리나라의 어휘 체계 : 고유어와 한자어 외에 일본과 서양의 외래어가 유입되어 증가하기 시작함.

❸ 문법

주격 조사 '가'의 등장	주격 조사 '가'가 체언의 말음이 모음 'ㅣ'인 경우와 같이 일부 제한된 환경에서 나타난 후 모음 아래에서는 '가', 자음 아래에서는 '이'가 쓰임.
과거 시제 선어말 어미	과거 시제를 표현하는 선어말 어미 '–았–/–었–'이 이 시기에 확립
선어말 어미의 변화	객체 높임법이 사용되던 선어말 어미 '–ᄉᆞᆸ–'이 상대 높임법을 나타내는 선어말 어미로 변화
명사형 어미	명사형 어미 '–기'가 널리 쓰임.

❹ 표기법

- 중세 국어 시기에 정연하게 지켜지던 표기법이 근대에 와서 잘 지켜지지 않음.
- 한 문헌 안에서 이어적기, 거듭적기, 끊어적기가 섞여서 나타남.

Dic. 문법 핵심 개념

▶ 표기법
- **이어적기(연철)** : 한 음절의 종성을 다음 자의 초성으로 내려서 적음.
　⑩ 말ᄊᆞ미(말쏨+이)
- **끊어적기(분철)** : 여러 형태소가 연결될 때 각 음절과 성분 단위로 밝혀 적음.
　⑩ 말쏨이(말쏨+이)
- **거듭적기(혼철)** : 과도기적 표기로 이어적기와 끊어적기를 혼용하여 적음.
　⑩ 말씀미(말씀+이)

VI. 국어 생활과 문화 국어 규범

❶ 표준어 규정

① 표준어 규정의 필요성
공식적인 국어 생활에서 사용되는 표준어를 사정하고 그 표준 발음을 규정하여, 지역 방언·사회 방언으로 인한 의사소통의 문제를 해소하기 위함.

② 표준어 사정 원칙
▶ 총칙 : 표준어는 교양 있는 사람들이 두루 쓰는 현대 서울말로 정함.
- 사회적 기준으로서, 표준어는 교양 있는 사람들이 쓰는 언어여야 함.
- 시대적 기준으로서, 표준어는 현대의 언어여야 함.
- 지역적 기준으로서, 표준어는 서울말이어야 함.

▶ **표준어 규정** : 우리말 단어를 대상으로 표준어를 사정

■ 발음 변화에 따른 표준어 규정
- 끄나풀(○) / 끄나불(×)
- 사글세(○) / 삭월세(×)
- 깡충깡충(○) / 깡총깡총(×)
- 의레(○) / 으레(×)
- 강낭콩(○) / 강남콩(×)
- 막동이(○) / 막둥이(×)

■ 어휘 선택의 변화에 따른 표준어 규정
- 푼돈(○) / 푼전(×)
- 설거지-하다(○) / 설겆다(×)
- 총각무(○) / 알타리무(×)
- 안절부절못하다(○) / 안절부절하다(×)
- 윗-니(○) / 웃-니(×)
- 웃어른(○) / 윗어른(×)

■ 복수 표준어
- 가뭄 – 가물
- 밑-층 – 아래-층
- 꾀다–꼬이다
- 가엽다 – 가엾다
- 차차 – 차츰
- 송이 – 송이버섯
- 신–신발
- 여쭈다 – 여쭙다
- 옥수수 – 강냉이
- 우레 – 천둥
- 나귀 – 당나귀
- 곰곰 – 곰곰-이

- **표준 발음법** : 같은 단어를 서로 다르게 발음함으로써 생길 수 있는 의사소통의 혼란을 없애기 위해 발음의 표준을 정하여 놓은 것

> **Dic. 문법 핵심 개념**
>
> ▶ **발음 변화에 따라 새로이 표준어를 정하는 방법**
> 발음이 바뀐 후의 말만 인정하는 방법(단수 표준어)과 바뀌기 전의 말과 바뀐 후의 말을 모두 인정하는 방법(복수 표준어)이다. 원칙적으로는 언어가 변화하였으면 단수 표준어로 정해야 하겠으나, 언어의 변화에는 대부분 긴 시간의 과도기가 있으므로 복수 표준어로 정하는 경우도 있음.

▶ **모음 발음**
- 'ㅢ'의 발음에 관한 규정
  자음을 첫소리로 가지고 있는 음절의 'ㅢ'는 [ㅣ]로 발음한다.
  예 띄어쓰기[띠어쓰기]
  단어의 첫음절 이외의 '의'는 [ㅣ]로, 조사 '의'는 [ㅔ]로 발음함도 허용한다.
  예 주의[주의/주이], 우리의[우리의/우리에]

> **Dic. 문법 핵심 개념**
>
> ▶ **모음 조화**
> 모음 조화란 두 음절 이상의 단어에서 뒤의 모음이 앞 모음의 영향으로 그와 가깝거나 같은 소리로 되는 언어 현상을 말함. 즉 '아', '오' 등의 양성 모음은 양성 모음끼리, 'ㅓ', 'ㅜ' 등의 음성 모음은 음성 모음끼리 어울리는 현상을 말함.

▶ **자음 발음**
- 겹받침에 관한 규정
  '밟-'은 자음 앞에서 [밥]으로 발음하고, '넓-'은 다음과 같은 경우에 [넙]으로 발음한다.
  예 밟다[밥ː따] 밟소[밥ː쏘] / 넓죽하다[넙쭈카다] 넓둥글다[넙뚱글다]

▶ **모음의 장단**
- 모음의 긴소리와 짧은소리에 관한 규정
  예 눈[眼]–눈ː[雪], 말[馬]–말ː[言], 발[足]–발ː[簾], 밤[夜]–밤ː[栗]

❷ 한글 맞춤법

① **한글 맞춤법의 개념** : 표준어를 한글로 적는 기준을 정하여 놓은 것
② **한글 맞춤법의 원칙** : 형태 음소적 원리

총칙

제1항 한글 맞춤법은 표준어를 소리대로 적되, 어법에 맞도록 함을 원칙으로 한다.

- 이 조항은 한글 맞춤법의 대원칙을 밝히고 있다. "표준어를 소리대로 적되"가 기본 원칙이라면, "어법에 맞도록 함"은 또 다른 원칙이라고 할 수 있음.

  표준어를 소리대로 적는다.
  어법에 맞도록 적는다.

- 한글 맞춤법은 이 두 가지 원칙에 따라 음성 언어인 표준어를 표음 문자인 한글로 올바르게 적는 방법임.

제2항 문장의 각 단어는 띄어 씀을 원칙으로 한다.

- 국어에서 단어를 단위로 띄어쓰기를 하는 것은 단어가 독립적으로 쓰이는 말의 최소 단위이기 때문임. '동생 밥 먹는다'에서 '동생', '밥', '먹는다'는 각각이 단어이므로 띄어쓰기의 단위가 되어 '동생 밥 먹는다'로 띄어 씀. 그런데 단어 가운데 조사는 독립성이 없어서 다른 단어와는 달리 앞말에 붙여 씀. '동생이 밥을 먹는다'에서 '이', '을'은 조사이므로 '동생', '밥'과 같이 언제나 앞말에 붙여 씀.

> **Dic. 문법 핵심 개념**
>
> ▶ **한글 맞춤법의 특징**
> - **표음주의** : 자음과 모음의 결합 형식에 의하여 표준어를 소리대로 표기함
> - **표의주의** : 각 형태소가 지닌 뜻이 분명히 드러나도록 그 본모양을 밝혀 표기함

▶ **자모**
- 사전에 올릴 때 자모 순서

자음	ㄱ ㄲ ㄴ ㄷ ㄸ ㄹ ㅁ ㅂ ㅃ ㅅ ㅆ ㅇ ㅈ ㅉ ㅊ ㅋ ㅌ ㅍ ㅎ
모음	ㅏ ㅐ ㅑ ㅒ ㅓ ㅔ ㅕ ㅖ ㅗ ㅘ ㅙ ㅚ ㅛ ㅜ ㅝ ㅞ ㅟ ㅠ ㅡ ㅢ ㅣ
받침 글자	ㄱ ㄲ ㄳ ㄴ ㄵ ㄶ ㄷ ㄹ ㄺ ㄻ ㄼ ㄽ ㄾ ㄿ ㅀ ㅁ ㅂ ㅄ ㅅ ㅆ ㅇ ㅈ ㅊ ㅋ ㅌ ㅍ ㅎ

❸ 외래어 표기법

① **외래어 표기법의 개념**

외래어를 한글로 적는 데 대한 규정으로 하나의 단어를 다양하게 쓰는 혼란을 피하려고 일정한 원칙에 따라 한 가지로 표기하도록 정한 것

② **외래어 표기법의 기본 원칙**

제1항 외래어는 국어의 현용 24 자모만으로 적는다.
- [f, v, ʃ, ʧ, ɔ, ʌ]처럼 국어에 없는 외래어 소리를 적기 위해 새로운 문자나 부호를 사용하지 않고 오직 현용 한글 자모만으로 적는다는 원칙

제2항 외래어의 1 음운은 원칙적으로 1 기호로 적는다.
- 외국어의 한 소리를 늘 일정한 한글에 대응시켜 적는다는 원칙
  예 'fighting'을 '화이팅', 'film'을 '필름'이라 하여 'f'를 'ㅎ'과 'ㅍ'으로 다르게 적지 않고 '파이팅'과 '필름'으로 적어 'f'를 일정하게 'ㅍ'으로 적도록 하는 것

제3항 받침에는 'ㄱ, ㄴ, ㄹ, ㅁ, ㅂ, ㅅ, ㅇ'만을 쓴다.
- 국어에서는 음절의 끝소리로 날 수 있는 자음에 'ㄷ'이 포함되어 있지만, 외래어 표기에서는 'ㄷ' 대신에 'ㅅ'을 씀.
  예 chocolate : 초콜릳(×) 초콜릿(○)

제4항 파열음 표기에는 된소리를 쓰지 않는 것을 원칙으로 한다.
- 파열음의 발음이 된소리에 가깝게 들리더라도 된소리로 적지 않음.
  예 Paris : 빠리(×) 파리(○), bus : 뻐스(×) 버스(○)

제5항 이미 굳어진 외래어는 관용을 존중하되, 그 범위와 용례는 따로 정한다.
- 외래어 표기법의 원칙에 따른 표기가 관용 발음과 다른 경우에는 관용대로 표기함.
  예 camera : 캐머러(×) 카메라(○), radio: 레이디오(×) 라디오(○)

> **Dic. 문법 핵심 개념**
>
> ▶ **외래어와 외국어**
> - **외래어** : 외국에서 들어왔지만 국어의 체계에 동화되어 사회적으로 사용이 허용된 단어. 고유어로 대체가 불가능한 경우 많음.
> - **외국어** : 사회적으로 아직 사용하는 것이 허용되지 않은, 외국에서 들어온 말.

❹ 국어의 로마자 표기법

① **로마자 표기법의 개념**
   우리말로 표기된 인명이나 지명 등의 고유 명사를 로마자로 어떻게 적을 것인지를 규정한 것

② **로마자 표기법의 기본 원칙**
- 국어의 로마자 표기법은 한글 철자를 그대로 로마자로 적는 것이 아니라 표준 발음법에 따라 적는 것을 원칙으로 함.
  예 신라[실라] Sinra(×) Silla(○), 종로[종노] Jongro(×) Jongno(○)
- 로마자 이외의 부호는 되도록 사용하지 않음.
  예 어깻점(')이나 반달표(˘)를 사용하지 않음.
- 같은 소리는 항상 하나의 로마자로 적음.
- 우리나라 사람들의 성과 이름을 적을 때에는 우리 식으로 성과 이름의 순서로 적고, 이름은 한 단어처럼 표기함.
  예 홍길동: 'Hong Gildong' 또는 'Hong Gil-dong'

③ **국어의 자음과 모음 로마자 표기**

ㄱ	ㄲ	ㅋ	ㄷ	ㄸ	ㅌ	ㅂ	ㅃ	ㅍ	ㅈ	ㅉ	ㅊ	ㅅ	ㅆ	ㅎ	ㄴ	ㅁ	ㅇ	ㄹ
g, k	kk	k	d, t	tt	t	b, p	pp	p	j	jj	ch	s	ss	h	n	m	ng	r, l

ㅏ	ㅓ	ㅗ	ㅜ	ㅡ	ㅣ	ㅐ	ㅔ	ㅚ	ㅟ	ㅑ	ㅕ	ㅛ	ㅠ	ㅒ	ㅖ	ㅘ	ㅙ	ㅝ	ㅞ	ㅢ
a	eo	o	u	eu	i	ae	e	oe	wi	ya	yeo	yo	yu	yae	ye	wa	wae	wo	we	ui

> **Dic. 문법 핵심 개념**
>
> ▶ **로마자 표기의 원칙**
> 로마자 표기는 외국인이 읽는다는 것을 전제로 한 것이므로 외국인이 우리말을 한국어 발음에 가장 가깝게 발음하도록 하기 위해서는 소리 나는 대로 적어야 한다.

2024학년도 3월 고2 전국연합학력평가 문제지

1

제 1 교시

국어 영역

01회

● 문항수 45개 | 배점 100점 | 제한 시간 80분

● 점수 표시가 없는 문항은 모두 2점

01회

[1 ~ 3] 다음은 학생의 발표이다. 물음에 답하시오.

안녕하세요? 일상 속 과학 원리에 대해 발표하게 된 ○○○입니다. 며칠 전 본 영화에서 주인공이 라면 국물에는 역시 갓 지은 밥보다 찬밥을 말아 먹어야 더 맛있다는 말을 하더라고요. 그 이유를 찾아보면서 알게 된 호화와 노화의 원리에 대해 발표하겠습니다.

우선 밥이 지어지는 과정에 대해 살펴보겠습니다. 쌀의 약 70%는 전분으로 이루어져 있다는 것을 아시나요? (청중의 반응을 확인하고) 전분이 무엇인지 잘 모르시는 것 같으니 그것부터 설명해야겠군요. 전분은 탄수화물의 일종으로, 쌀, 밀 등의 식물에 있습니다. (그림 1을 보여 주며) 이것은 생쌀의 전분 입자인데, 아밀로오스와 아밀로펙틴 분자가 밀집된 구조로 되어 있습니다. (그림 1에서 입자의 일부를 확대한 부분을 가리키며) 여기를 보시면 용수철처럼 생긴 아밀로오스와 갈퀴처럼 생긴 아밀로펙틴의 모양을 확인할 수 있습니다.

생쌀과 물을 함께 끓이면 어떻게 될까요? (그림 2를 보여 주며) 밀집된 분자들 사이로 수분이 침투합니다. 이로 인해 분자 사이의 간격이 커지고 분자의 모양도 흐트러져 그림처럼 전분 입자의 모양과 구조가 변합니다. (그림 1과 그림 2를 나란히 보여 주며) 이렇게 전분이 왼쪽 그림의 상태에서 오른쪽 그림의 상태로 변하는 과정을 호화라고 합니다. 호화된 쌀은 부드럽고 촉촉해서 사람들은 보통 갓 지은 밥을 선호합니다.

그런데 갓 지은 밥을 오래 두면 식으면서 밥알이 굳습니다. 이는 전분의 노화 때문입니다. (그림 3을 보여 주며) 노화는 호화된 전분의 수분이 빠져나가면서 이와 같이 일부 탄수화물 분자가 원래 상태로 돌아가고 분자 사이의 간격도 좁아지는 과정입니다. 노화는 온도가 0도에서 60도 사이이거나 전분의 수분 함량이 30%에서 60% 사이일 때 잘 일어납니다. 전분이 노화되면 밥이 딱딱해지고 맛이 떨어지기 때문에 이를 방지하기 위해 온도나 수분 함량을 조절하기도 합니다.

그렇다면 라면 국물에는 찬밥이 더 어울리는 이유로 돌아가 볼까요? 찬밥의 노화된 전분은 국물을 흡수하면서 수분을 회복해 호화된 전분의 상태로 돌아갑니다. 밥에 간도 잘 배어 맛있을 수밖에 없습니다. 이에 반해 갓 지은 밥의 경우는 어떨지 그 전분 구조를 노화된 전분과 비교해 살펴볼까요? (그림 2와 그림 3을 나란히 보여 주며) 왼쪽 그림의 호화된 전분에는 오른쪽 그림의 노화된 전분에 비해 수분이 많습니다. 따라서 전분의 수분이 국물로 이동하는 삼투압 현상이 발생해 간이 싱거워져 찬밥을 말 경우에 비해 맛이 떨어집니다.

정리하자면 라면 국물에 찬밥이 어울리는 이유는 (그림 1, 2, 3을 차례로 보여 주며) 온도와 수분의 변화에 따라 전분의 상태가 이렇게 변화하기 때문이라고 할 수 있습니다. 우리가 매일 먹는 밥에도 이러한 과학적 원리가 숨어 있습니다. 여러분도 일상 속 궁금증을 지나치지 않으면 신기한 과학의 원리를 찾을 수 있을지도 모른답니다.

1. 위 발표에 대한 설명으로 가장 적절한 것은?

① 청중과 공유하는 경험을 언급하며 발표를 시작하고 있다.
② 청중의 배경지식을 확인한 후 발표 내용을 조절하고 있다.
③ 발표 내용을 중간중간에 요약하여 청중의 이해를 돕고 있다.
④ 전문가의 말을 인용하여 발표의 핵심 내용을 강조하고 있다.
⑤ 청중에게 바라는 바와 소감을 밝히며 발표를 마무리하고 있다.

2. 다음은 발표자가 제시한 그림이다. 발표자의 그림 활용에 대한 계획 중 발표에 반영되지 <u>않은</u> 것은? [3점]

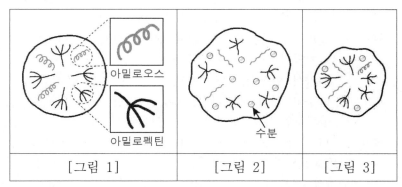

| [그림 1] | [그림 2] | [그림 3] |

① [그림 1]의 특정 부분을 가리키며 전분을 구성하는 탄수화물 분자의 모양을 상세하게 보여 주어야겠어.
② [그림 2]를 활용하여 전분의 호화 과정에서 나타나는 전분 입자의 변화를 구체적으로 보여 주어야겠어.
③ [그림 1]과 [그림 2]를 함께 제시해서 호화 이전과 이후 전분의 상태를 한눈에 비교할 수 있도록 해야겠어.
④ [그림 2]와 [그림 3]을 함께 제시해서 찬밥의 노화된 전분이 국물을 흡수하면서 생기는 변화를 설명해야겠어.
⑤ [그림 1], [그림 2], [그림 3]을 순차적으로 제시해서 라면 국물에 찬밥이 어울리는 이유를 호화 및 노화의 원리와 종합하여 이해할 수 있도록 해야겠어.

3. 다음은 위 발표를 들은 학생들의 반응이다. 학생들의 반응을 이해한 내용으로 적절하지 <u>않은</u> 것은?

○ **학생 1** : 라면 국물에도 당연히 갓 지은 밥이 어울릴 줄 알았는데 아니었구나. 매일 먹는 밥에 숨어 있는 과학적 원리를 알게 되어 유익했어.
○ **학생 2** : 먹다 남은 떡을 바로 얼리는 것도 노화를 늦추기 위해서일 것 같아. 온도와 수분 함량을 조절하는 것 외에도 노화를 늦추는 방법이 더 있는지 찾아봐야지.
○ **학생 3** : 삼투압 현상을 구체적으로 설명할 줄 알았는데 간단히 언급해서 아쉬워. 갓 지은 밥을 라면 국물에 말 때 왜 삼투압 현상이 일어나는지, 그로 인해 어떤 변화가 일어나는지 더 자세하게 알아봐야지.

① '학생 1'은 발표를 통해 새로운 정보를 알게 된 것을 긍정적으로 인식하고 있다.
② '학생 2'는 발표에서 직접 언급되지 않은 내용에 대해 추측하고 있다.
③ '학생 3'은 자신이 기대했던 것과 관련하여 발표에서 아쉬웠던 점을 드러내고 있다.
④ '학생 1'과 '학생 3' 모두 발표 내용을 바탕으로 평소 자신이 생각하던 바를 수정하고 있다.
⑤ '학생 2'와 '학생 3' 모두 발표 내용과 관련하여 추가적인 정보를 탐색하려 하고 있다.

[4 ~ 7] (가)는 학생들의 대화이고, (나)는 이를 바탕으로 '학생 1'이 작성한 건의문의 초고이다. 물음에 답하시오.

(가)

학생 1 : 이번 과제가 '공동체 문제 해결을 위한 건의문 쓰기'였지? 이왕이면 우리의 실생활과 밀접한 학교생활을 대상으로 하면 좋을 것 같아. 최근 학교생활을 하면서 아쉬웠거나 개선되었으면 하는 점은 없었어?

학생 2 : 얼마 전 자율활동 시간에 본 청소년 아르바이트 영상 기억나? 아르바이트를 하면서 겪을 수 있는 근로 계약서 미작성, 근로 시간 및 휴게 시간 문제 등을 다루고 있어 의미가 있었어. 하지만 사례 위주여서 구체적인 대처 방안은 알기 힘들었어.

학생 3 : 나도 그 영상이 유익했어. 사례 중 일부는 아르바이트를 한 대부분의 학생들이 경험하는 문제라고 신문에서 보도된 적이 있어. 그런데 영상을 시청하는 활동에만 그치고 추가적인 프로그램이 없어서 아쉬웠어.   [A]

학생 1 : 너희들의 이야기를 들으니 영상의 내용 측면에서는 우리가 겪을 수 있는 어려움을 담고 있어 유익했지만 대처 방안을 충분히 다루지 않았고, 활동 측면에서는 영상 시청 이후 이어지는 프로그램이 없어서 아쉬웠다고 정리할 수 있겠어. 이러한 문제 상황을 고려해서 자율활동 시간에 진행할 프로그램을 담임 선생님께 건의하는 내용으로 글을 써 보자. 어떤 프로그램이 있을까?

학생 3 : 퀴즈 프로그램은 어때? 영상에 언급된 사례를 활용해서 질문을 만들고 그 대처 방안을 답으로 하는 퀴즈 프로그램을 건의하면 좋을 것 같아.

학생 1 : 퀴즈 프로그램은 학생들의 참여율을 높이고 구체적인 대처 방안도 알려 줄 수 있는 좋은 방법인 것 같아. 다른 프로그램은 또 없을까?

학생 2 : 모의 근로 계약서 쓰기는 어때? 영상에서도 근로 계약서를 쓰지 않아 어려움이 생긴 사례가 있었잖아. 양식에 따라 근로 계약서를 써 보는 프로그램을 건의해 보자. 아르바이트를 하고 있거나 아르바이트에 관심이 있는 친구들에게 특히 도움이 될 거야.   [B]

학생 3 : 그래. 근로 계약서는 직업을 가질 때 의무적으로 써야 하는 것으로 근무와 관련된 주요 사항을 명시하고 있다고 들었어. 아르바이트를 할 때도 근로 계약서를 작성함으로써 어려움을 예방할 수 있다고 해.

학생 1 : 그러면 모의 근로 계약서 쓰기도 건의문에 추가할게. 그런데 두 가지 프로그램을 모두 준비하고 진행하는 건 어렵지 않을까? 건의를 받는 쪽의 부담을 줄일 방법도 생각해 보자.

학생 3 : 그러면 우리가 도우미 역할을 하겠다는 내용을 건의문에 추가하는 건 어때?

학생 1 : 좋아. 선생님의 부담을 줄이기 위해 도우미를 하겠다는 내용을 추가하면 수용 가능성이 높은 건의문을 쓸 수 있겠어. 그러면 내가 지금까지 나눈 이야기를 바탕으로 건의문의 초고를 써 볼게.

(나)

선생님, 안녕하세요? 지난 자율활동 시간에 시청한 영상에 관하여 추가적인 활동을 건의하고자 글을 쓰게 되었습니다. 영상은 청소년이 아르바이트를 할 때 겪을 수 있는 어려움을 다루어 유익했지만 대처 방안을 충분히 다루지 않았고, 영상 시청 후에 이어지는 추가 활동이 없어서 아쉬웠습니다. 그래서 두 가지 프로그램을 건의하고자 합니다.

첫째는 퀴즈 프로그램입니다. 지난번 시청한 영상의 내용을 활용해 만든 퀴즈를 풀면서 친구들은 아르바이트 중 겪을 수 있는 어려움과 대처 방안을 확인할 수 있을 것입니다. 우리 반 친구들은 퀴즈를 좋아하기에 적극적으로 참여할 것입니다. 둘째는 모의 근로 계약서 쓰기입니다. 근로 계약서를 쓰지 않을 경우 발생할 수 있는 어려움을 예방할 수 있다는 점에서, 이 활동은 아르바이트를 하는 친구들에게 실질적인 도움을 줄 수 있을 것입니다.

그런데 선생님께서 프로그램을 준비하고 운영하는 것은 힘드실 테니 저를 비롯한 몇 명이 도우미를 맡으면 어떨까요? 저희가 퀴즈 프로그램에서는 질문을 준비하거나 진행을 돕는 방식으로, 모의 근로 계약서 쓰기에서는 작성 예시를 제공하는 방식으로 선생님의 부담을 줄일 수 있을 것 같습니다.

저희의 건의가 받아들여진다면 우리 반 모두가 현실에서 겪을 수 있는 어려움에 대처하는 방법을 확인할 수 있고, 미래에 대해 진지하게 생각해 볼 수 있을 것입니다. 또한 친구들이 함께 활동에 참여함으로써 서로 더 가까워질 수 있습니다. 저희의 건의를 긍정적으로 검토해 주시기를 부탁드립니다.

4. (가)의 '학생 1'에 대한 설명으로 적절하지 않은 것은?

① 대화의 목적을 이유로 들어 대안에 관한 설명을 보완할 것을 요청하고 있다.
② 제시된 방안의 기대 효과를 들어 상대방의 발언에 동의하고 있다.
③ 예상되는 문제를 드러내어 추가적인 논의를 제안하고 있다.
④ 대화 참여자들의 발언 내용을 범주화하여 정리하고 있다.
⑤ 주어진 과제를 환기하며 논의의 범위를 한정하고 있다.

5. [A]와 [B]에 대한 이해로 가장 적절한 것은?

① [A]와 [B] 모두 '학생 2'는 기존 논의의 한계를 지적하며 추가적인 논의의 필요성을 드러내고 있다.
② [A]와 [B] 모두 '학생 2'는 질문을 통해 자신의 의견을 뒷받침할 다른 근거를 요구하고 있다.
③ [A]와 [B] 모두 '학생 3'은 상대방의 발언을 재진술하면서 자신이 이해한 내용을 확인하고 있다.
④ [A]와 [B] 모두 '학생 3'은 상대방의 말에 동의를 표한 후 자신이 알고 있던 정보를 덧붙이고 있다.
⑤ [A]와 [B] 모두 '학생 3'은 상대방의 의견을 일부 인정하면서도 상대방과 다른 자신의 입장을 밝히고 있다.

6. (가)의 대화 내용이 (나)에 반영된 양상으로 적절하지 <u>않은</u> 것은?

① (가)에서 '학생 2'가 영상에 대해 언급한 내용은 (나)의 1문단에서 영상에 대한 평가로 이어졌다.

② (가)에서 '학생 3'이 아쉬움의 이유로 언급한 내용은 (나)의 1문단에서 건의문 작성의 동기로 제시되었다.

③ (가)에서 '학생 3'이 퀴즈 프로그램의 참여도에 대해 언급한 내용은 (나)의 2문단에서 참여 대상의 특성과 함께 제시되었다.

④ (가)에서 '학생 2'가 모의 근로 계약서 쓰기를 제안하면서 고려한 내용은 (나)의 2문단에서 프로그램의 유용성에 관한 언급으로 이어졌다.

⑤ (가)에서 '학생 3'이 도우미에 대해 언급한 내용은 (나)의 3문단에서 구체적인 역할이 추가되어 제시되었다.

7. '학생 2'가 다음의 기준에 따라 (나)를 점검한다고 할 때, 그 내용으로 적절하지 <u>않은</u> 것은?

점검 기준	점검 결과 (예 / 아니요)
○ 문제 상황을 구체적으로 제시했는가?	ⓐ
○ 문제 상황에 대한 해결 방안을 제시했는가?	ⓑ
○ 건의를 수용할 경우 우려되는 점에 관하여 그 해결 가능성을 제시했는가?	ⓒ
○ 건의 내용이 다수를 위한 것임을 제시했는가?	ⓓ
○ 문제 해결을 통한 기대 효과를 제시했는가?	ⓔ

① 자율활동 때 시청한 영상의 내용이 부족하다는 점과 추가 활동이 없다고 언급한 점을 고려해 ⓐ를 '예'라고 해야지.

② 문제 상황에 대한 해결 방안으로 퀴즈 프로그램과 모의 근로 계약서 쓰기를 언급한 점을 고려해 ⓑ를 '예'라고 해야지.

③ 도우미를 통해 프로그램에 참여하는 친구들의 어려움을 줄일 수 있다고 언급한 점을 고려해 ⓒ를 '예'라고 해야지.

④ 건의 수용 시 기대되는 효과가 우리 반 모두에게 적용될 수 있다고 언급한 점을 고려해 ⓓ를 '예'라고 해야지.

⑤ 친구들이 현실의 어려움에 대처하는 방법을 확인할 수 있다고 언급한 점을 고려해 ⓔ를 '예'라고 해야지.

[8 ~ 10] 다음은 작문 상황과 이를 바탕으로 학생이 작성한 초고이다. 물음에 답하시오.

[작문 상황]
유니버설 디자인에 대해 학생들에게 알려 주는 글을 교지에 싣고자 함.

[초고]
바닥을 지상과 가깝게 만들어 출입문의 계단을 없앤 저상버스, 여러 나라의 언어로 콘텐츠를 제공하는 누리집의 공통점은 무엇일까? 더 많은 사람들이 이용할 수 있도록 설계되었다는 점이다. '유니버설 디자인'은 이처럼 시설이나 제품, 서비스를 모든 사용자가 이용할 수 있도록 설계하는 것을 말한다.

유니버설 디자인의 도입 이전에는 장애인의 접근성을 확보하기 위해 별도로 전용 시설을 설치하였다. 지하철역의 계단 옆에 설치된 휠체어 리프트가 그 예이다. 그런데 이러한 전용 시설이 장애 유무에 따라 사람들을 구분 짓는다는 문제가 제기되었다. 1980년대 들어 이를 해결하기 위해 장애와 무관하게 모두의 물리적 접근이 가능하도록 시설물을 설계하는 것을 목적으로 하는 유니버설 디자인이 도입되었다.

현재 유니버설 디자인은 그 취지가 확대되어, 장애뿐 아니라 연령, 질병, 언어 등 여러 요인에 따른 개인의 신체적·인지적 차이와 무관하게 모두가 접근할 수 있도록 설계하는 것을 의미하게 되었다. 이에 따라 유니버설 디자인을 구현하는 방법도 다양해졌다. 힘이 약해도 사용할 수 있도록 제품의 조작을 용이하게 하는 것, 조작이 서툴거나 거동이 불편해도 이용 과정에서 다치지 않도록 제품이나 환경을 안전하게 설계하는 것, 언어 능력이 부족하더라도 이해할 수 있도록 안내 표지판에 그림을 넣는 것 등이 모두 유니버설 디자인에 해당한다.

최근 우리 사회에서도 급속도로 진행되는 고령화로 인해 유니버설 디자인의 필요성이 더욱 강조되고 있다. 하지만 유니버설 디자인에 대한 사회 구성원의 관심은 아직 저조한 편이며, 새로운 시설이나 제품, 서비스의 개발과 적용은 그것에 드는 비용 때문에 경제적으로 손해라는 인식도 존재한다. 그러나 실제로 꼭 그렇지는 않다. 장기적으로는 유니버설 디자인을 통해 사회적 비용이 줄어들 수도 있기 때문이다. [A]

8. 다음은 초고를 작성하기 전에 학생이 떠올린 생각이다. 초고에 반영된 내용으로 적절한 것만을 고른 것은?

ㄱ. 묻고 답하는 방식을 활용하여 유니버설 디자인의 개념을 설명한다.
ㄴ. 유니버설 디자인의 분류 기준을 제시하고 항목별로 사례를 소개한다.
ㄷ. 유니버설 디자인의 필요성에 대한 국내와 국외의 인식을 비교하여 제시한다.
ㄹ. 유니버설 디자인의 도입 목적을 도입 이전의 문제 상황과 관련지어 밝힌다.

① ㄱ, ㄴ ② ㄱ, ㄹ ③ ㄴ, ㄷ ④ ㄴ, ㄹ ⑤ ㄷ, ㄹ

9. 다음은 초고를 읽은 교지 편집부장의 조언이다. 이를 반영하여 [A]를 작성한 내용으로 가장 적절한 것은?

　　마지막 문단에서 문제로 지적했던, 유니버설 디자인에 대한 우리 사회의 의식이 개선되어야 함을 밝히고, 그와 관련해 예상 독자가 지녀야 할 자세를 언급하며 글을 마무리하면 좋을 것 같아.

① 사회 구성원의 유니버설 디자인에 대한 저조한 관심을 높이고, 부정적인 인식을 해소해야 한다. 유니버설 디자인이 우리 모두에게 도움이 된다는 것을 인식하고 우리 학교에도 유니버설 디자인이 필요한 곳은 없는지 관심을 가져 보자.

② 유니버설 디자인이 확대되려면 시민들이 주변 환경을 설계하는 정책 수립 과정에 참여하고 학생들도 의견을 적극적으로 내야 한다. 이렇게 되면 누구나 접근할 수 있는 사회 환경을 구축할 수 있을 것이다.

③ 단기간의 손익만 계산하는 근시안적인 시각으로는 유니버설 디자인이 확대되기 어렵다. 사회적 비용을 최소화하면서 유니버설 디자인이 확대 적용될 수 있는 방법을 찾아야 한다.

④ 유니버설 디자인에 대한 시민들의 관심 제고와 인식 개선을 촉구해야 한다. 이를 위해서는 시민들을 대상으로 한 홍보와 교육을 강화하는 제도와 정책을 마련해야 한다.

⑤ 유니버설 디자인에 잠재된 경제적 가치가 간과되어서는 안 된다. 우리 학생들도 유니버설 디자인이 적용된 제품이나 서비스를 적극적으로 찾아서 이용해 보자.

10. <보기>는 초고를 보완하기 위해 추가로 수집한 자료이다. 자료 활용 방안으로 적절하지 <u>않은</u> 것은? [3점]

―――――――――< 보 기 >―――――――――

(가) 장애인 활동가 인터뷰
　휠체어 사용자가 지하철역에서 휠체어 리프트를 사용하면 다른 사람들과 동떨어져 있다는 소외감을 느끼게 됩니다. 리프트 대신 엘리베이터를 설치하면 이 문제를 해결할 수 있을 뿐만 아니라, 휠체어 사용자는 물론이고 무거운 짐을 든 사람도 편리하게 사용할 수 있습니다.

(나) 국내 통계 자료

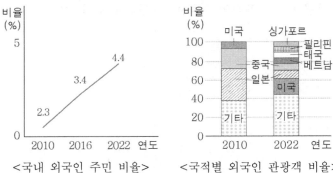

<국내 외국인 주민 비율>　　<국적별 외국인 관광객 비율>

(다) 보고서 자료
　고령 인구 비율이 높은 ○○시는 도시 환경 설계에 유니버설 디자인을 적용하고 있다. 노화에 따라 신체적 능력이 감소하는 것을 감안하여 건축물의 모든 손잡이를 위에서 누르기만 해도 작동하는 레버식 손잡이로 설계하고 바닥에는 미끄럼 방지 처리를 하였다. 이러한 조치를 전국적으로 확대한다면 노인의 부상이 감소하여 매년 1조 7천억 원 이상의 의료비가 줄어들 것으로 예상된다.

① (가) : 휠체어 사용자가 리프트를 사용할 때 소외감을 느낀다는 것을, 장애인 전용 시설이 장애 유무에 따라 사람들을 구분 짓는다는 내용을 보강하는 근거로 2문단에 제시한다.

② (가) : 엘리베이터 설치를 통해 이익을 얻는 대상을 근거로 활용하여, 유니버설 디자인이 고려해야 하는 요인에 연령, 질병, 언어가 포함된 이유를 3문단에 추가한다.

③ (나) : 국내 외국인 주민의 비율이 증가하는 추이와 외국인 관광객의 국적이 다양화된 사실을 근거로 활용하여, 유니버설 디자인의 필요성이 강조되는 언어적 측면에서의 이유를 4문단에 추가한다.

④ (다) : 레버식 손잡이와 미끄럼 방지 처리를 한 바닥을, 각각 조작이 용이한 제품과 안전하게 설계된 환경을 구체화하는 사례로 3문단에 제시한다.

⑤ (다) : 유니버설 디자인의 적용으로 예상되는 의료비 절감액을, 유니버설 디자인을 통해 사회적 비용이 줄어들 수 있다는 내용의 구체적 근거로 4문단에 제시한다.

[11 ~ 12] 다음 글을 읽고 물음에 답하시오.

'이것은 내가 읽은 책이다.'에서 '내가 읽은'은, '이것은 책이다.' 안에서 주어와 서술어를 갖춘 채로 체언을 수식하는 기능을 하므로 관형사절이라 한다. 관형사절은 관형사절 내에 생략된 문장 성분이 존재하는지에 따라 아래 (1)과 (2)의 유형으로 구별된다.

(1) 그는 우리가 학교로 돌아온 사실을 안다.
(2) 그는 이마에 흐르는 땀을 닦았다.

(1)은 '우리가 학교로 돌아왔다.'가 '그는 사실을 안다.'에 관형사절로 들어가 있는 문장이다. 이때 관형사절 '우리가 학교로 돌아온'은 서술어의 형태는 변했지만 생략된 성분 없이 문장이 필요로 하는 성분을 모두 갖추고 있다. (1)에 쓰인 유형의 관형사절은 내용을 보충해 줄 필요가 있는 '사실', '소문' 등의 체언 앞에서만 나타날 수 있다.

(2)는 '땀이 이마에 흐른다.'가 '그는 땀을 닦았다.'에 관형사절로 들어가 있는 문장이다. 이때 관형사절 '이마에 흐르는'은 수식하는 체언인 '땀'을 포함하는 문장 성분 '땀이'가 생략된 것으로, 문장이 필요로 하는 성분 중에서 하나를 갖추고 있지 않다. (2)에 쓰인 유형의 관형사절은 (1)에 쓰인 유형의 관형사절과 달리 모든 체언 앞에서 나타날 수 있다. 다만 (2)에 쓰인 유형의 관형사절을 만들 때 특정 문장 성분이 생략되면 원래 문장과 관형사절의 의미가 달라지거나 문법적으로 적절하지 않게 되는 경우가 있다.

11. 윗글을 읽고 알 수 있는 내용으로 적절하지 <u>않은</u> 것은?

① 관형사절은 문장에서 체언을 수식하는 기능을 한다.
② 문장이 필요로 하는 모든 문장 성분을 갖춘 관형사절이 있다.
③ 어떤 문장이 관형사절이 될 때 서술어의 형태가 변화할 수 있다.
④ 관형사절 뒤에는 내용을 보충해 줄 필요가 있는 체언만 올 수 있다.
⑤ 관형사절이 수식하는 체언을 포함하는 문장 성분은 관형사절에서 생략될 수 있다.

12. 윗글을 바탕으로 할 때, <보기>의 ㉠ ~ ㉤에 들어갈 내용으로 적절하지 <u>않은</u> 것은? [3점]

───── < 보 기 > ─────

[학습 과제]
다음 문장을 활용하여 관형사절에 대해 알아보자.

○ 철수가 학급 회장이 되었다.
○ 영희가 철수를 불렀다.
○ 영희가 학급 회장을 불렀다.

[학습 과정]
첫 번째 문장이 두 번째 문장에 관형사절로 들어가 있는 문장은 ㉠ 이고 이때 첫 번째 문장의 주어인 '철수가'는 생략된다. 반면 첫 번째 문장이 세 번째 문장에 관형사절로 들어가 있는 문장은 ㉡ 이고 이때 첫 번째 문장의 ㉢ 인 '학급 회장이'가 생략된다. '학급 회장이'가 생략되면서 관형사절의 '철수가' ㉣ 처럼 쓰이게 되어 문장의 의미가 달라진다.

[학습 결과]
관형사절을 만들 때 주어가 생략되면 원래 문장과 관형사절의 의미가 달라지지 않지만, ㉤ 가 생략되면 원래 문장과 관형사절의 의미가 달라진다.

① ㉠ : '영희가 학급 회장이 된 철수를 불렀다.'
② ㉡ : '영희가 철수가 된 학급 회장을 불렀다.'
③ ㉢ : 보어
④ ㉣ : 주어
⑤ ㉤ : 보어

13. <보기>의 ㉠에 해당하는 예로 적절하지 <u>않은</u> 것은?

───── < 보 기 > ─────

파생어는 어근에 접사가 붙어 이루어진 단어이다. 파생어 중에는 어근에 특정한 뜻을 더하는 접사가 붙어 이루어진 단어가 있다. 예를 들어 '풋사과'는 어근 '사과' 앞에 '아직 덜 익은'이라는 뜻을 가진 접사 '풋-'이 붙어 이루어진 단어이다. 또한 파생어 중에는 ㉠어근의 품사를 바꾸는 접사가 붙어 이루어진 단어도 있다. 예를 들어 명사 '웃음'은 동사 '웃다'의 어근 '웃-'에 접사 '-음'이 붙어 명사가 된 것이다.

① 일찍이   ② 마음껏   ③ 가리개
④ 높이다   ⑤ 슬기롭다

14. <보기>의 ⓐ~ⓒ에 들어갈 말을 바르게 짝지은 것은?

─────── < 보 기 > ───────

학생 : 선생님, '바람이 일고'의 '일고'는 [일고]로 발음되는데, '책을 읽고'의 '읽고'는 왜 [일꼬]로 발음되나요?

선생님 : '읽고'가 [일꼬]로 발음되는 현상은 자음군 단순화 및 된소리되기와 관련이 있습니다. '읽고'가 어떤 과정을 거쳐 [일꼬]로 발음되는지 자료를 토대로 탐구해 볼까요?

┌────────────────────────────┐
[자료]

㉠ 자음군 단순화 : 어말 또는 자음 앞에서 음절 종성의 두 자음 중 하나가 탈락하는 현상.

㉡ 된소리되기 : 예사소리가 일정한 환경에서 된소리로 바뀌는 현상. 종성 'ㄱ, ㄷ, ㅂ' 뒤에 연결되는 'ㄱ, ㄷ, ㅂ, ㅅ, ㅈ'은 된소리로 발음함.
└────────────────────────────┘

[탐구 과정]

1. '읽고'의 발음으로 보아 ㉠과 ㉡이 모두 일어났다.

2. ㉠이 먼저 일어난다고 가정할 때, 첫째 음절 종성의 두 자음 중 뒤의 자음이 탈락하여 음절 종성은 [ㄹ]로 발음된다. 그런데 '일고'의 발음을 참고할 때, 종성 [ㄹ] 뒤에 'ㄱ'이 연결된다는 것은 ㉡이 반드시 일어나는 ⓐ 이다.

3. ㉡이 먼저 일어난다고 가정할 때, 첫째 음절 종성의 두 자음 중 뒤의 자음인 'ㄱ'으로 인해 둘째 음절의 초성이 ⓑ 로 발음된다. 그 후 ㉠이 일어난다고 하면 '읽고'의 발음을 설명할 수 ⓒ

[탐구 결과]

'읽고'는 된소리되기 후 자음군 단순화가 일어나 [일꼬]로 발음된다.

	ⓐ	ⓑ	ⓒ
①	조건이다.	[ㄱ]	없다.
②	조건이다.	[ㄲ]	있다.
③	조건이 아니다.	[ㄱ]	있다.
④	조건이 아니다.	[ㄲ]	있다.
⑤	조건이 아니다.	[ㄲ]	없다.

15. <보기 1>의 ㉠~㉢에 따라 <보기 2>의 ⓐ~ⓔ를 바르게 분류한 것은?

─────── < 보 기 1 > ───────

중세 국어의 주격 조사는 음운 조건에 따라 다르게 실현되었다. ㉠자음 다음에는 '이'가 나타났고, ㉡모음 '이'나 반모음 'ㅣ' 다음에는 나타나지 않았다. 그리고 ㉢모음 '이'도 반모음 'ㅣ'도 아닌 모음 다음에는 'ㅣ'가 나타났다.

─────── < 보 기 2 > ───────

孟宗(맹종)이 ⓐ 모ᄉ미 至極(지극) 孝道(효도)롭더니 ⓑ 어미 늙고 病(병)ᄒ야 이셔 ⓒ 겨ᅀᅳᆯ 다ᄃᆞ라 오거늘 竹筍(죽순)을 먹고져 커늘 孟宗(맹종)이 대수페 가 운대 이슥고 竹筍(죽순) 두ᅀᅥ ⓓ 줄기 나거늘 가져다가 羹(갱) 밍ᄀᆞ라 이바ᄃᆞ니 어믜 病(병)이 됴커늘 사ᄅᆞ미 다 일ᄏᆞᆮ되 ⓔ 孝道(효도)ㅣ 至極(지극)ᄒ야 그러ᄒᆞ니라 ᄒᆞ더라

[현대어 풀이]

맹종의 마음이 지극히 효성스럽더니 어미가 늙고 병들어 있어 겨울이 다다라 오자 죽순을 먹고자 하니 맹종이 대숲에 가 우니 이윽고 죽순 두어 줄기가 나기에 가져다가 국 만들어 드리니 어미의 병이 나으니 사람들이 다 일컫기를 "효도가 지극해서 그렇다." 하더라.

	㉠	㉡	㉢
①	ⓐ	ⓒ, ⓔ	ⓑ, ⓓ
②	ⓐ, ⓒ	ⓓ	ⓑ, ⓔ
③	ⓐ, ⓒ	ⓑ, ⓓ	ⓔ
④	ⓑ, ⓔ	ⓒ, ⓓ	ⓐ
⑤	ⓔ	ⓑ, ⓓ	ⓐ, ⓒ

[16 ~ 20] 다음 글을 읽고 물음에 답하시오.

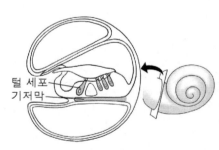

<그림>

귀 안쪽에 위치하는 달팽이관은 림프액이 차 있는 달팽이 모양의 청각 기관이다. <그림>은 달팽이관의 횡단면을 확대한 것이다. 달팽이관 안에는 관의 모양을 ⓐ따라 기저막이라는 긴 막이 존재하며, 기저막 위로는 털 세포가 배열되어 있다. 기저막과 털 세포 는 소리의 높낮이를 지각하는 데 있어서 중요한 역할을 한다.

귀 바깥에서 생겨난 소리의 파동이 달팽이관의 림프액으로 전달되면 기저막은 달팽이관의 모양을 따라 바깥쪽부터 진동하게 된다. 이때 기저막에서 최대로 진동하는 부위는 귀 바깥에서 발생한 파동의 주파수*에 따라 다르다. 기저막은 바깥쪽일수록 더 단단한 특성을 ⓑ지니는데, 단단한 부위일수록 높은 주파수의 파동에 크게 떨리기 때문이다. 즉 기저막을 진동시키는 파동의 주파수가 높을수록 기저막에서 최대로 진동하는 부위는 바깥쪽에 위치한다. 이때 귀 바깥에서 발생한 파동의 주파수가 높을수록 기저막에서 최대로 진동하는 부위의 길이는 짧다. 기저막이 진동하는 정도는 기저막의 바깥쪽에서부

터 완만하게 커지다가 기저막이 최대로 진동하는 부위를 지난 후 급격히 감소하는 경향을 ⓒ보인다.

기저막이 진동하면 털 세포가 반응하여 털이 휘어지면서 전기 신호가 발생한다. 기저막에서 최대로 진동하는 부위에 가까이 있는 털 세포일수록 털이 휘는 횟수가 많고, 기저막에서 최대로 진동하는 부위에 있는 털 세포는 기저막이 진동할 때마다 반응하므로 털이 휘는 횟수가 가장 많다. 따라서 털 세포마다 민감하게 반응하는 주파수가 다르다. ㉠결국 기저막에서 최대로 진동하는 부위에 있는 털 세포가 초당 전기 신호를 발생시키는 횟수는 기저막을 진동시킨 파동의 주파수와 일치한다. 이때 비슷한 주파수를 지닌 여러 파동이 동시에 달팽이관으로 전달되면 반응하는 털 세포가 있는 영역이 겹칠 수 있다.

전기 신호는 신경 전달 물질이 털 세포에서 방출되도록 ⓓ만들어 해당 털 세포와 연접한 신경 섬유를 흥분시킨다. 개별 신경 섬유가 초당 흥분하는 횟수는 귀 바깥에서 발생한 파동의 주파수에 일정 수준까지만 대응되는데, 이는 개별 신경 섬유가 초당 흥분할 수 있는 최대치가 제한되어 있기 때문이다.

신경 섬유의 흥분으로 생겨난 신경 신호는 신경 섬유를 따라 이동하며, 중뇌를 ⓔ거쳐 대뇌의 1차 청각 피질에 전달되어 처리된다. 1차 청각 피질은 얼굴 쪽에서 뒤통수 쪽으로 이어진 띠 형태로 생겼는데, 얼굴 쪽에 있는 부위일수록 신경 섬유를 통해 기저막의 안쪽 부위와 연결되고 뒤통수 쪽에 있는 부위일수록 기저막의 바깥쪽과 연결된다. 즉 대뇌에 이르기까지의 모든 개별 신경 섬유들은 민감하게 반응하는 주파수가 정해져 있는 것이다. 대뇌에서는 흥분한 신경 섬유가 기저막의 어떤 위치에 있는 털 세포와 연접하는지에 대한 정보, 그리고 신경 섬유가 어떤 주기로 흥분하는지에 대한 정보를 활용하여 주파수가 높은 파동일수록 높은 소리로 지각하게 된다.

* 주파수 : 파동이 1초 동안에 주기 운동을 하는 횟수. 단위로 헤르츠(Hz)를 사용한다.

16. 윗글의 내용과 일치하지 <u>않는</u> 것은?

① 달팽이관으로 전달된 파동은 기저막을 바깥쪽부터 진동시킨다.
② 기저막에서 단단한 부위일수록 더 높은 주파수의 파동에 최대로 진동한다.
③ 파동의 주파수가 낮을수록 기저막에서 최대로 진동하는 부위의 길이가 길다.
④ 중뇌와 대뇌를 연결하는 개별 신경 섬유들은 민감하게 반응하는 주파수가 정해져 있다.
⑤ 1차 청각 피질에서 얼굴 부분에 가까운 부위일수록 높은 소리로 지각되는 신경 신호를 처리한다.

17. 털 세포 에 대한 설명으로 가장 적절한 것은?

① 전기 신호를 발생시켜 털을 휘게 만든다.
② 연접한 신경 섬유를 신경 신호를 통해 흥분시킨다.
③ 털이 빠르게 휘어질수록 기저막을 많이 진동시킨다.
④ 신경 신호를 발생시키는 신경 전달 물질을 방출한다.
⑤ 민감하게 반응하는 주파수가 파동이 전달될 때마다 변한다.

18. ㉠의 이유를 추론한 내용으로 가장 적절한 것은?

① 기저막에서 최대로 진동하는 부위가 초당 떨리는 횟수는 기저막을 진동시킨 파동의 주파수와 같기 때문이다.
② 개별 신경 섬유가 초당 흥분하는 횟수는 달팽이관으로 동시에 전달된 다른 파동에 의해 제한되기 때문이다.
③ 기저막이 진동하는 정도는 신경 섬유가 초당 흥분할 수 있는 최대치에 따라 결정되기 때문이다.
④ 신경 섬유가 어떤 주기로 흥분하는지에 대한 정보가 기저막으로 전달되기 때문이다.
⑤ 림프액으로 전달된 파동의 주파수는 달팽이관에서 처리하기 어렵기 때문이다.

19. 윗글을 바탕으로 <보기>에 대해 보인 반응으로 적절하지 <u>않은</u> 것은? [3점]

< 보 기 >

파동에 의해 털 세포가 이미 반응하고 있을 때, 같은 털 세포를 반응시키는 새로운 파동이 전달되면 반응하는 털 세포가 있는 영역이 겹칠 수 있다. 이에 따라 나중에 전달된 파동을 소리로 지각하지 못하는 현상이 발생할 수 있는데, 이를 차폐 현상이라고 한다. 차폐 현상을 확인하기 위해 먼저 0 ~ 800 Hz 사이의 파동들이 지각되기 위한 최소 수준을 데시벨(dB)* 단위로 측정하였다. 그다음 A 주파수의 파동이 전달된 상태에서 각 파동들이 지각되기 위한 최소 수준을 다시 측정하였다. 다음 그래프는 첫 번째 측정값에서 두 번째 측정값이 얼마나 증가했는가를 나타낸 것이다.

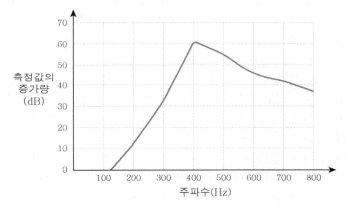

* 데시벨(dB) : 소리의 크기를 나타내는 단위.

① A 주파수의 파동이 전달된 상태에서, 주파수가 200 Hz인 파동이 10 dB로 전달되면 소리로 지각되겠군.
② 기저막에서 A 주파수의 파동에 최대로 진동하는 부위보다 안쪽 부위를 크게 떨리게 하는 파동일수록 차폐 현상이 작게 일어나겠군.
③ 그래프의 기울기가 정점을 기준으로 오른쪽으로 더 완만한 것은 기저막이 진동하는 수준이 최대치에 도달한 이후에 급격히 감소하는 것과 관련이 있겠군.
④ 100 Hz에서 측정값의 증가량이 0인 것은, A 주파수의 파동과 100 Hz의 파동이 각각 기저막에서 최대로 진동시키는 부위가 서로 멀리 떨어져 있기 때문이겠군.
⑤ 그래프의 정점에 해당하는 주파수가 400 Hz 부근인 이유는 해당 주파수의 파동에 반응하는 털 세포와 A 주파수의 파동에 반응하는 털 세포가 가장 많이 중복되기 때문이겠군.

20. 문맥상 ⓐ~ⓔ와 바꿔 쓰기에 가장 적절한 것은?

① ⓐ : 답습(踏襲)하여
② ⓑ : 담당(擔當)하는데
③ ⓒ : 제시(提示)한다
④ ⓓ : 형성(形成)하여
⑤ ⓔ : 경유(經由)하여

[21~25] 다음 글을 읽고 물음에 답하시오.

18세기 중반 등장한 신고전주의는 고대 그리스의 고전주의 양식으로 회귀하고자 한 복고주의 미술 사조이다. 르네상스 시기에 부활했던 고전주의가 다시금 등장한 것에는 계몽주의가 큰 영향을 미쳤다. 계몽주의자들은 기존의 로코코 미술에 대해 귀족들의 향락을 주제로 하고 장식적인 기교에 치중했다는 점에서 경박하고 부도덕하다고 비판했다. 그들은 근대적 시민 사회의 세계상에 걸맞은 미술에 관심을 ⓐ가졌는데, 정제된 형식미와 엄숙함을 강조하는 고전주의 미술은 그들의 관심에 부합하는 것이었다.

고전주의는 ㉠아름다움은 사물이 본래 가지고 있는 어떤 특질이라고 보는 미학적 관점을 바탕으로 한다. 이 관점에 따르면 아름다움이란 수학적으로 적절한 비례와 그것이 만들어 내는 조화와 질서 등의 객관적인 형식적 특질이다. 플라톤은 "아름다운 것 치고 비례를 갖추지 않은 것은 없다."라고 말했는데, 이러한 관점은 본질적으로 아름다운 사물이 존재한다는 생각을 내포한다. 또한 고전주의 미술은 엄격한 비례, 즉 기하학적 조형성을 갖춘 사물은 그 자체로 감상자에게 감각적 즐거움을 준다고 보았다.

신고전주의 미술의 이론적 토대를 수립한 빈켈만은 고대 그리스 미술을 참된 예술의 전범으로 삼아 당대 미술이 고대 그리스 미술의 '고귀한 단순성과 고요한 위대함'을 모방해야 한다고 역설했다. 고귀한 단순성이란 완벽한 비례에 따라 표현된 형태를, 고요한 위대함이란 격정 속에서도 내면의 평정을 잃지 않는 감정의 절제를 의미한다. 그는 육체적 아름다움과 정신적 숭고함, 즉 형식과 내용이 완벽한 일치를 이루는 고대 그리스 미술에 보편적이고 이상적인 절대미가 구현되었다고 보았다.

신고전주의 화가들은 빈켈만의 미학을 이론적 토대로 하여 고전주의 미술의 규범을 준수했다. 이에 따라 신고전주의 미술은 붓 자국 없이 매끈하게 처리된 표면, 뚜렷한 윤곽선, 균형 잡힌 안정된 구도 등의 특징을 보이며 색채보다는 형태를 강조했다. 또한 신고전주의 화가들은 계몽주의의 영향을 받아 도덕적인 시민 양성에 필요한 사회적 교훈을 미술에 담고자 하였다. 이들은 고대 그리스의 신화와 역사 속 애국적 희생을 보여 준 영웅의 이야기를 주된 주제로 삼았다. 죽음을 불사하는 영웅의 표정은 작품에서 한결같이 침착하게 표현되었는데, 이는 감정 표현을 절제함으로써 정신적 숭고함, 즉 도덕성을 드러내고자 했기 때문이다.

19세기 전반 등장한 낭만주의는 이상적인 형식미와 엄격한 도덕성을 추구했던 신고전주의 미술을 거부하고 개인의 상상력과 감정의 자유로운 표현을 중시한 미술 사조이다. 낭만주의는 헤르더가 상대주의적 관점에서 고대 그리스에 편향된 빈켈만의 예술관을 비판하면서 시작되었다. 헤르더는 각 개체란 고유한 의미를 지니는 독자적 존재로서 동등한 가치를 가진다고 보고, 빈켈만이 고대 그리스 미술을 절대적이고 보편적 이상으로 여긴 것을 문제 삼았다. 또한 그는 변화와 시간의 흐름에 주목하며, 고대 그리스 미술에 시대를 초월하는 의미를 부여하고 그것을 모방해야 한다고 주장한 빈켈만의 예술관이 시대착오적이라고 비판했다. 개체성을 강조한 헤르더의 사상은 집단과 구분되는 개별자로서의 개인의 각성을 촉발했으며, 자기표현 수단으로서의 미술이 등장하는 계기가 되었다.

폭넓은 주제와 표현 방식을 보여 준 낭만주의는 ㉡아름다움은 사물에 대해 느끼는 감각적 즐거움에서 기인하는 것이라는 미학적 관점을 토대로 한다. "사물의 아름다움은 그 사물을 관조하는 마음속에 있다."라고 말한 흄의 주장은 이러한 관점을 드러낸다. 모든 사물이 그 자체로는 아름답지도 추하지도 않다는 미학적 관점을 바탕으로, 낭만주의 미술에서는 불안, 공포와 같은 감정이나 악마, 유령처럼 비현실적이고 환상적인 존재 등 신고전주의가 관심을 보이지 않았던 영역으로 주제가 확장되었다. 또한 강렬한 채색, 거친 붓 자국, 역동적인 구도 등의 특징을 보이며 감정 표현을 위해 형태보다 색채를 강조했다. 낭만주의는 개별성과 다양성을 꽃피운 미술 사조라고 할 수 있다.

21. 윗글에 대한 설명으로 가장 적절한 것은?

① 미술을 다른 예술 갈래와 비교하며 예술사를 통시적으로 고찰하고 있다.
② 미술 사조의 등장이 예술에 대한 관점을 형성하는 데 미친 영향을 인과적으로 서술하고 있다.
③ 특정한 미술 사조에 대한 평가가 시대별로 달라진 원인을 하나의 사례를 중심으로 분석하고 있다.
④ 대립적인 성격의 두 미술 사조가 등장하게 된 배경을 각각 특정한 학자의 견해와 관련지어 설명하고 있다.
⑤ 특정 학자가 주장한 미학 이론의 변화 과정을 설명하고 그의 사상이 지닌 역사적 의의와 한계를 제시하고 있다.

22. 윗글의 내용과 일치하지 <u>않는</u> 것은?

① 로코코 미술에 대한 반발로 등장한 신고전주의는 당대 사회를 향한 교훈적 메시지를 미술에 반영하고자 했다.
② 신고전주의 미술에서는 붓질의 흔적이 보이지 않는 매끈한 표면과 명확한 윤곽선으로 사물의 형태가 강조되어 있다.
③ 신고전주의 화가들은 그리스 역사 속 죽음을 앞둔 영웅의 불안과 공포를 강렬한 색채를 통해 드러내고자 했다.
④ 낭만주의 미술이 보여 준 역동적인 구도는 신고전주의 미술이 추구한 이상적인 형식미에 부합하지 않는 것이었다.
⑤ 미술을 상상력의 표현이라고 생각한 낭만주의 화가들은 신고전주의 미술에서 다루지 않았던 비현실적이고 환상적인 주제에 관심을 보였다.

23. ㉠과 ㉡에 대한 이해로 가장 적절한 것은?

① ㉠은 ㉡과 달리 감상자가 느끼는 주관적 즐거움과 상관없이 사물의 아름다움이 이미 존재하고 있다고 보겠군.

② ㉡은 ㉠과 달리 감상자가 동일한 사물의 아름다움에 대해 내린 판단은 변화할 수 없다고 보겠군.

③ ㉠과 ㉡은 모두 모든 사람들이 공통적으로 아름답다고 생각하는 사물이 존재한다고 보겠군.

④ ㉠과 ㉡은 모두 조화와 질서를 갖추지 못한 사물이라도 감각적으로 즐거움을 줄 수 있다고 보겠군.

⑤ ㉠과 ㉡은 모두 아름다운 사물이라면 어느 것이든 반드시 수학적으로 적절한 비례를 유지하고 있다고 보겠군.

24. 윗글을 읽은 학생이 <보기>에 대해 보인 반응으로 적절하지 않은 것은? [3점]

< 보 기 >

㉮ 에피카르모스는 개는 개를 가장 아름답게 여기고, 소는 소를 가장 아름답게 여긴다고 말하며 모든 피조물에게 아름다움의 척도는 그것이 속하는 종(種)이라고 주장했다.

㉯ 소크라테스는 사물이 그 목적, 시간, 환경 등에 적합할 때 아름답다고 생각했다. 이는 어떤 사물을 아름답다고 평가한 기준이 다른 사물들에도 동일하게 적용될 수 있다고 믿었던 당대 그리스인의 미학적 관점과는 상반된다.

㉰ 스토아 학파는 감각적 미와 정신적 미를 구분하고, 감각적 미는 비례가 잘 맞는 육체의 아름다움을, 정신적 미는 도덕성을 의미한다고 주장했다. 또한 그들은 미학적 가치가 도덕적 가치에 종속되어야 한다는 믿음을 바탕으로 정신적 미를 더 높이 평가했다.

① ㉮ : 피조물의 종에 따라 아름다움의 척도가 다르다고 본 에피카르모스의 관점은, 상대주의적 관점에서 아름다움을 판단하고자 한 헤르더의 관점과 유사하군.

② ㉯ : 아름다움을 판단하는 보편적인 기준이 있다고 믿은 그리스인의 미학적 관점은, 변화와 시간의 흐름에 주목한 헤르더의 관점과 다르군.

③ ㉯ : 시간이나 환경에 대한 적합성에 따라 아름다움이 결정된다고 본 소크라테스의 관점은, 그리스 미술에 시대를 초월한 아름다움이 있다고 본 빈켈만의 관점과 다르군.

④ ㉰ : 감각적 미를 비례가 잘 맞는 육체의 아름다움이라고 본 스토아 학파의 관점은, 그리스 미술의 고귀한 단순성에 대한 빈켈만의 관점과 유사하군.

⑤ ㉰ : 감각적 미에 대한 정신적 미의 우위를 주장한 스토아 학파의 관점은, 그리스 미술이 육체적 아름다움보다 정신적 숭고함을 강조했다고 본 빈켈만의 관점과 유사하군.

25. 문맥상 ⓐ와 가장 가까운 의미로 쓰인 것은?

① 빈 깡통을 가지고 연필꽂이를 만들었다.

② 두 나라는 문화적 교류를 가지기로 합의했다.

③ 최근 그는 여러 사람과 만나는 자리를 가졌다.

④ 그는 사업체를 여럿 가진 사업가로 알려져 있다.

⑤ 사람들은 그의 사글사글한 인상에 호감을 가졌다.

[26 ~ 30] 다음 글을 읽고 물음에 답하시오.

행정 행위란 행정청이 법령에 따라 행하는 일방적 의사 표시로서, 개인의 권리나 의무를 변동시키는 효력을 갖는다. 예를 들어, 건축법상 요건을 충족하여 개인이 건축 허가를 신청한 경우, 행정청이 건축 허가라는 행정 행위를 하면 개인은 건축물을 건축할 수 있는 권리를 행사할 수 있다.

행정청은 행정 행위를 하면서 행정 목적 달성을 위해 행정 행위에 부수적인 사항을 붙일 수 있다. 이렇게 행정 행위에 붙은 종속적 규율을 부관이라고 한다. 가령 건축법상 건축 허가의 요건인 주차장 설치에 대한 계획 없이 개인이 건축 허가를 신청한 경우, 행정청은 법령상 요건이 충족되지 않은 것을 이유로 건축 허가를 거부하는 대신 주차장 설치를 전제로 건축을 허가할 수 있다. 즉 행정청이 주된 행정 행위인 건축 허가에 주차장 설치에 관한 부관을 붙일 수 있는 것이다.

부관에는 조건, 기한, 부담 등이 있다. 조건은 발생 여부가 불확실한 사실에 따라 행정 행위의 효력 발생 및 소멸이 결정되도록 하는 부관으로, 이때 조건을 구성하는 사실이 발생한 것을 조건 성취라고 한다. 조건은 조건 성취에 따라 행정 행위의 효력이 발생하는 ㉠정지 조건과, 효력이 소멸하는 ㉡해제 조건으로 나뉜다. 주차장을 설치하면 건축 허가의 효력이 발생하게 하는 부관은 정지 조건에 해당한다. 반면 주차장을 설치하지 않으면 이미 발생한 건축 허가의 효력을 소멸하게 하는 부관은 해제 조건에 해당한다. 기한은 조건과 달리 발생 여부가 확실한 사실에 따라 행정 행위의 효력 발생 및 소멸이 결정되도록 하는 부관으로, '○월 ○일'과 같은 날짜가 그 예이다. 기한은 효력이 발생하게 하는 ㉢시기와 효력이 소멸하게 하는 ㉣종기로 나뉜다.

㉤부담은 주된 행정 행위의 효력과 더불어 개인에게 별도의 의무를 부과하는 부관으로, 조건이나 기한과 달리 그 자체로 행정 행위의 성격을 갖는다. 가령 행정청이 건축을 허가하면서 공원을 조성할 의무를 부과하는 경우이다. 부담은 조건이나 기한과 마찬가지로 부관에 불과하기 때문에, 존속 여부가 주된 행정 행위의 효력에 종속된다는 점에서 일반적인 행정 행위와 다르다. 그런데 부담은 법령에서 '조건'으로 표기되는 경우가 많기 때문에 조건과의 구별이 쉽지 않다. 다만 부담인지 조건인지를 구별해야 하는 경우, 부담으로 보는 것이 개인에게 유리하다. 조건은 성취 여부에 따라 주된 행정 행위의 효력이 발생하지 않거나 소멸하지만, 부담은 이행되지 않아도 주된 행정 행위의 효력이 존속하기 때문이다.

한편, 부관이 위법한 경우 법원이 주된 행정 행위는 존속시킨 채 부관만 따로 취소할 수 있는지 견해의 대립이 있다. ⓐ첫 번째 견해는 기속 행위와 달리 재량 행위에 붙은 부관은 취소할 수 없다고 본다. 기속 행위는 법령상 요건이 충족되면 행정청이 법령상 규정된 내용대로 하여야 하는 행정 행위이며, 재량 행위는 법령상 요건이 충족되면 행정청이 그 내용을 선택할 수 있는 행정 행위이다. 이 견해는 ㉮법원이 재량 행위에 붙은 부관만 취소하면 행정청의 재량권이 침해된다고 주장한다. 헌법상 권력 분립 원칙에 따라 법원이 주된 행정 행위를 취소하여 해당 부관의 위법성을 제거해야 한다는 것이다.

ⓑ두 번째 견해는 부관이 주된 행정 행위의 본질적 요소가 아닌 경우에는 부관만 취소하는 것이 가능하다고 본다. 반면 위법한 부관이 본질적 요소인 행정 행위는 그 자체가 위법하므로, 주된 행정 행위를 취소해야 한다고 본다. 행정청이 부관 없이는 주된 행정 행위를 하지 않았을 정도로 부관이 주된 행

정 행위의 본질적 요소인 경우, 부관만 취소하는 것은 위법한 행정 행위를 용인하는 것과 다를 바 없다는 것이다.

ⓒ 세 번째 견해는 부관은 주된 행정 행위에 붙은 종속적 규율일 뿐이므로, 어느 경우든 부관만 취소할 수 있다고 본다. 이 견해는 법원이 부관만 취소하더라도 행정청의 재량권이 침해되거나 위법한 행정 행위가 용인되는 것은 아니라고 주장한다. 주된 행정 행위가 재량 행위이거나 위법한 경우에도, 행정청은 새로운 부관을 다시 붙이거나 주된 행정 행위의 효력을 스스로 소멸시킬 수 있기 때문이다.

부관은 행정청의 탄력적인 법령 집행을 가능하게 하는 효과가 있다. 하지만 행정청이 부관을 이용하여 법령상 보장된 개인의 권리를 함부로 제한할 가능성도 있으므로 이에 대한 적절한 사법적 통제를 통해 행정의 효율과 개인의 권리 보호 사이에 균형을 맞추어야 한다.

26. 윗글을 이해한 내용으로 적절하지 <u>않은</u> 것은?

① 재량 행위와 달리 기속 행위는 법령에 규정된 요건이 충족되면 그 즉시 행정 행위의 효력이 발생한다.

② 부관은 행정의 효율을 높이는 장점이 있지만 남용될 경우 개인의 권리를 제한할 위험성도 존재한다.

③ 법원이 부관만 취소하면 주된 행정 행위의 효력은 존속하는데 반해 부관의 효력은 소멸한다.

④ 부관으로 인해 주된 행정 행위의 효력과 다른 별도의 법적 의무가 부과될 수 있다.

⑤ 행정청은 부관을 통해 행정 행위의 효력 발생 시점을 결정할 수 있다.

27. ㉠ ~ ㉤에 대한 설명으로 가장 적절한 것은?

① ㉠이 성취되거나 ㉣이 도래하면, 주된 행정 행위의 효력이 소멸한다.

② ㉠과 ㉤은 모두 주된 행정 행위의 효력을 제한하는 종속적 규율이다.

③ ㉡과 달리 ㉢은 발생 여부가 불확실한 사실로 구성된다.

④ ㉡이 성취되거나 ㉤을 이행하지 않으면, 주된 행정 행위의 효력이 소멸한다.

⑤ ㉢과 ㉣이 모두 붙은 행정 행위의 경우, ㉢과 ㉣ 사이의 기간에 행정 행위의 효력이 존속한다.

28. ㉮의 전제로 가장 적절한 것은?

① 재량 행위에 부관을 붙일지 여부는 행정청의 재량에 따라 결정된다.

② 부관의 효력이 소멸되면 기속 행위와 재량 행위의 구분이 사라진다.

③ 헌법상 권력 분립 원칙에 따라 법원은 재량 행위의 효력을 존속시켜야 한다.

④ 재량 행위의 경우 법령상 요건의 충족 여부에 대한 판단권은 행정청의 고유 권한이다.

⑤ 기속 행위와 달리 재량 행위의 경우 법원은 행정 행위의 위법 여부를 판단할 수 없다.

29. ⓐ ~ ⓒ에 대해 이해한 내용으로 적절하지 <u>않은</u> 것은?

① 재량 행위에 위법한 부관이 붙은 경우, ⓐ는 위법한 부관이 붙은 재량 행위 자체를 취소해야 한다고 본다.

② 부관만 위법하고 주된 행정 행위 자체는 적법한 경우, ⓑ는 해당 부관이 주된 행정 행위의 본질적 요소가 아니므로 법원에 의해 취소될 수 있다고 본다.

③ 부관이 취소되면 주된 행정 행위가 위법해지는 경우라도, ⓒ는 법원이 해당 부관을 취소할 수 있다고 본다.

④ 재량 행위에 부관이 붙은 경우, 행정청이 부관 없이는 주된 행정 행위를 하지 않았을 것이라면 ⓐ와 ⓑ는 모두 법원이 해당 부관을 취소할 수 없다고 본다.

⑤ 기속 행위에 법령상 요건이 아닌 내용이 부관으로 붙은 경우, ⓐ와 달리 ⓒ는 법원이 해당 부관을 취소할 수 있다고 본다.

30. 윗글을 바탕으로 <보기>의 상황에 대해 판단한 내용으로 적절하지 <u>않은</u> 것은? [3점]

― < 보 기 > ―

갑은 행정청에 건축법상 재량 행위인 숙박 시설 건축 허가를 신청하였다. 행정청은 갑의 신청에 대한 허가를 하면서, 해당 건축물의 사용 승인 신청 시까지 건축물 주변에 담장을 설치하여야 한다는 부관을 붙였다. 하지만 갑은 이러한 부관이 위법하다고 생각하여 담장을 설치하지 않았다. 이후 갑은 숙박 시설이 완공되어 해당 건축물의 사용 승인을 신청하였다. 그리고 해당 부관의 위법을 이유로 해당 부관만의 취소를 구하는 소송을 제기하였고, 법원도 이를 받아들였다.

(단, 건축 허가를 받지 않고 건축물을 건축하는 행위는 위법하다.)

① 갑의 건축 행위의 위법 여부를 고려하면, <보기>의 '부관'을 조건이 아닌 부담으로 보는 것이 갑에게 유리하겠군.

② 법원은 갑의 권리를 보호하기 위해, <보기>의 '부관'에 대한 적절한 사법적 통제가 필요하다고 판단했겠군.

③ 법원은 <보기>의 '부관'의 효력은 소멸되어야 하지만, 갑이 건축한 숙박 시설에 대한 건축 허가의 효력은 존속되어야 한다고 판단했겠군.

④ <보기>의 '부관'이 법원에 의해 취소되었으므로, 갑이 건축한 숙박 시설에 대한 사용 승인의 효력이 발생하겠군.

⑤ 행정청이 소송 중 건축 허가의 효력을 스스로 소멸시켰다면, 법원이 <보기>의 '부관'을 취소하기 이전이라도 갑의 담장 설치 의무가 사라졌겠군.

[31 ~ 33] 다음 글을 읽고 물음에 답하시오.

세상이 브린 몸이 밭이랑의 늘거 가니
바깥일 내 모르고 흐는 일 무스 일인고
이 중의 우국성심은 년풍을 원호노라
<제1수 - 원풍>

새벽 밝아 오자 **지빠귀**가 소리 흐다
일어나거라 아희들아 ㉠밭 보러 가자꾸나
밤 스이 이슬 긔운에 얼마나 기런는고 흐노라
<제6수 - 신>

보리밥 지어 담고 **풀로 끓인 국**을 흐여
빈골는 ㉡농부들을 **제때에** 먹이자꾸나
아희야 흔 그릇 올려라 **친히 맛보아 보내리라**
<제7수 - 오>

서산에 히 지고 풀 끝에 이슬 난다
호미를 둘러 메고 돌 등에 지고 가자꾸나
이 중의 즐거운 뜻을 닐러 무엇 흐리오
<제8수 - 석>

– 이휘일, 「전가팔곡」 –

31. 윗글에 대한 설명으로 가장 적절한 것은?

① 반어적인 표현을 사용하여 시적 상황을 부각하고 있다.
② 색채어를 활용하여 시적 대상을 감각적으로 표현하고 있다.
③ 자연물을 의인화하여 화자의 정서를 우회적으로 제시하고 있다.
④ 계절감이 드러난 소재를 나열하여 시적 분위기를 조성하고 있다.
⑤ 권유의 의미를 나타내는 표현을 반복하여 화자의 태도를 강조하고 있다.

32. ㉠과 ㉡의 공통점에 대한 설명으로 가장 적절한 것은?

① 외부와의 교감을 이끌어 내며 화자가 속세에 관심을 갖게 하는 대상이다.
② 생명력을 회복하는 모습을 보여 주어 화자에게 깨달음을 주는 대상이다.
③ 풍요로운 농촌의 모습을 기대하며 화자가 정성을 기울여 살피는 대상이다.
④ 농촌에서의 삶의 기반을 이루며 화자가 내면에 몰입할 수 있도록 돕는 대상이다.
⑤ 자신의 한계를 극복하며 변화하는 상황에 적응할 수 있어 화자가 본받고자 하는 대상이다.

33. <보기>를 참고하여 윗글을 이해한 내용으로 적절하지 **않은** 것은? [3점]

─── < 보 기 > ───
이 작품은 총 8개의 수로 이루어진 연시조이다. 제1수에서 기원되는 '풍요로운 한 해'의 시간은 제6수부터 제8수에서 '새벽 – 낮 – 저녁'의 시간인 '신 – 오 – 석'으로 세분화된다. 각 수에서는 이에 대응되는 농가의 일상이 제시된다. 작품 속 시간에 자연 및 인간이 함께 조응되는 모습은, 농가의 일상이 시간의 흐름과 순환이라는 자연의 순리에 따르는 것임을 드러낸다. 또한 이는 시구가 특징적으로 배치된 구조와 맞물려, 풍년에 대한 기원과 농경 생활에 대한 만족감이라는 주제 의식을 효과적으로 구현한다.

① 제6수에서 '새벽'이 밝자 '소리' 내며 지저귀는 '지빠귀'와 제8수에서 '서산에' 지는 '히'는 자연물의 모습이 특정 시간대의 도래에 대응하고 있음을 드러낸다.
② 제7수에서 '보리밥'과 '풀로 끓인 국'을 '제때에' 맞추어 '친히 맛보아 보내'겠다는 화자의 모습은 해당 수의 시간인 낮에 대응되는 농가의 일상을 드러낸다.
③ 제8수에서 하루를 마치고 '호미를 둘러 메고 돌 등에 지고 가'는 화자의 모습은 세분화된 시간을 아우르는 자연물과 자신을 동일시하고 있음을 드러낸다.
④ 제8수에서 저녁에 '풀 끝에' 난 '이슬'은 제6수의 '밤 스이 이슬'과 연속선상에 있다는 점에서 작품 속 시간이 자연의 순환에 조응하고 있음을 암시한다.
⑤ 제1수와 제8수에서 종장 첫 부분의 '이 중의'는 각각 '우국성심'과 '즐거운 뜻'에 함축된 작품의 주제 의식에 대한 주목을 유도한다.

[34 ~ 38] 다음 글을 읽고 물음에 답하시오.

(가)
산아. 우뚝 솟은 **푸른 산**아. 철철철 흐르듯 짙푸른 산아. 숳한 나무들, 무성히 무성히 우거진 산마루에, 금빛 기름진 햇살은 내려오고, 둥둥 산을 넘어, 흰 구름 건넌 자리 씻기는 하늘. 사슴도 안 오고 바람도 안 불고, 넘엇 골 골짜기서 울어 오는 뻐꾸기……

산아. 푸른 산아. 네 가슴 향기로운 풀밭에 엎드리면, **나는** 가슴이 울어라. 흐르는 골짜기 스머드는 물소리에, 내사 줄줄줄 가슴이 울어라. 아득히 가 버린 것 잊어버린 하늘과, 아른아른 오지 않는 보고 싶은 하늘에, 어쩌면 만나도질 **볼이 고운 사람**이, 난 혼자 그리워라. 가슴으로 그리워라.

티끌 부는 세상에도 **벌레 같은 세상**에도 눈 맑은, 가슴 맑은, 보고지운 나의 사람. 달밤이나 새벽녘, 홀로 서서 눈물 어릴 볼이 고운 나의 사람. 달 가고, 밤 가고, 눈물도 가고, 틔어 올 밝은 하늘 빛난 아침 이르면, 향기로운 이슬밭 푸른 언덕을, 총총총 달려도 와 줄 볼이 고운 나의 사람.

푸른 산 한나절 구름은 가고, 골 넘어, 골 넘어, 뻐꾸기는 우는데, 눈에 어려 흘러가는 물결 같은 사람 속, 아우성쳐 흘러가는 물결 같은 사람 속에, 난 그리노라. 너만 그리노라. 혼자서 철도 없이 난 너만 그리노라.

— 박두진, 「청산도」 —

(나)

　저녁 노을이 지면
　신들의 상점엔 하나둘 불이 켜지고
　농부들은 작은 당나귀들과 함께
　성 안으로 사라지는 것이었다
　성벽은 **울창한 숲**으로 된 것이어서
　누구나 사원을 통과하는 **구름** 혹은
　조용한 **공기**들이 되지 않으면
　한걸음도 들어갈 수 없는 아름답고
　신비로운 그 성

　어느 **골동품 상인**이 그 숲을 찾아와
　⊙ 몇 개 큰 나무들을 잘라내고 들어갔다
　그곳에는…… **아무것도 없었다**, 그가 본 것은
　쓰러진 나무들뿐, 잠시 후
　그는 그 **공터**를 떠났다

　농부들은 아직도 그 **평화로운 성**에 살고 있다
　물론 그 작은 당나귀들 역시

　　　　　— 기형도, 「숲으로 된 성벽」 —

(다)

"이른바, 지지(止止) 라는 것은 능히 그 그칠 곳을 알아서 그치는 것이니, 그 그칠 곳이 아닌 데에 그치면, 그 그침은 그칠 곳에 그친 것이 아니다.

　또 **호랑이와 표범, 고라니와 사슴, 교룡***은 늪과 못이나 굴에 있어야 그 그칠 곳을 알아서 그치는 것인데, 가령 본고장을 떠나서 혼잡한 **성시(城市)** 가운데에 그친다면 **사람들**이 재앙으로 여기고 따라서 해칠 것은 필연한 일이다.

　나는 세상에 있어서 거만스러워 남과 합하는 일이 적으니, 길들여진 물건이 아니다. 만일 다른 사람들과 함께 나가고 나란히 달려서 **명리***의 지경에 그치게 된다면, 이는 호랑이와 표범, 고라니와 사슴, 교룡이 성시에 그친 것과 무엇이 다르겠는가? 이것은 내가 그 그칠 곳을 구하여 그치는 것이다. **그렇지 않으면 사람들이 재앙으로 여기고 따라서 해치는** 자가 이를 것이다."

하였더니, **어떤 이**가 말하기를,

"자네의 말과 같이 한다면 산림이나 궁곡에 처하여 다른 사람들과 복잡하게 한곳에 있지 않은 연후에야 그칠 곳에 그쳤다고 할 수가 있다. 이제 자네가 그친 곳은 곧 성시의 가운데인데, 오히려 그칠 곳에 그쳤다고 하여, 호랑이와 표범, 고라니와 사슴, 교룡이 늪과 못이나 굴에 처하는 것에 비유하는 것은 무엇인가?"

하기에, 이렇게 대답하였다.

"벌레와 **짐승**이 늪과 못이나 굴에 처하는 것과 사람이 성시에 처하는 것은 역시 각각 그 그침의 **떳떳한 것**이다. 가령 사람이 늪과 못에 엎드리고 굴에 들어간다면, 역시 호랑이와 표범, 고라니와 사슴, 교룡이 성시에 들어간 것과 같으니,

독충이나 맹수가 또한 반드시 재앙으로 여기고 떼를 지어 해칠 것이다. 사람이 사람을 피하여 벌레와 짐승에게 해를 당하는 일을 나는 차마 하지 못한다.

　또 사람이 사람을 꺼리어 해치기를 꾀하는 것은, 성시가 좁아서 같이 처하는 것에 인색해서가 아니라, 그 구하는 것과 그 이익을 다투기 때문이다. 진실로 사람들과 다투지 아니하여, 비록 대낮에 ⓛ 내 상자를 훔쳐가는 자가 있더라도 피하고 보지 않는다면, 사람이 성시에 처하는 것이 또한 호랑이와 표범, 고라니와 사슴, 교룡이 늪과 못이나 굴에 처하는 것과 같은데, **어찌 해칠 자가 있겠는가? 내가 거처를 이렇게 이름한 것은** 대개 이러한 뜻이다."

정묘년 3월 10일에 기(記)한다.

　　　　　— 이규보, 「지지헌기」 —

* 교룡 : 뱀을 닮은 상상 속 동물.
* 명리 : 명예와 이익.

34. (가)와 (나)에 대한 설명으로 가장 적절한 것은?

① (가)는 (나)와 달리 일부 연을 명사로 마무리하며 여운을 강화하고 있다.
② (가)는 (나)와 달리 반복적 호명을 통해 중심 대상으로 초점을 모으고 있다.
③ (나)는 (가)와 달리 근경에서 원경으로 시선을 이동하며 풍경을 묘사하고 있다.
④ (가)와 (나)는 모두 표면에 드러난 화자가 상황을 가정하며 시상을 전개하고 있다.
⑤ (가)와 (나)는 모두 말줄임표를 통해 시적 대상 사이의 대립 상황을 제시하고 있다.

35. (가)에 대한 이해로 적절하지 **않은** 것은?

① 1연의 '철철철'은 '숱한 나무들'과 '무성히 우거진 산마루'로 이루어진 '짙푸른 산'의 모습을 부각한다.
② 1연의 '둥둥'은 '기름진 햇살'로부터 벗어나 '씻기는 하늘'로 향하려는 '흰 구름'의 움직임을 부각한다.
③ 2연의 '줄줄줄'은 '골짜기'의 '물소리'와 '나'의 '가슴' 속을 조응시키며 '나'의 고조된 감정을 부각한다.
④ 2연의 '아른아른'은 '보고 싶은 하늘'이 '오지 않는' 상황에서 '나'가 느끼는 그리움을 부각한다.
⑤ 3연의 '총총총'은 '나의 사람'이 '나'와의 만남을 위해 기꺼이 '와 줄' 것이라는 '나'의 기대를 부각한다.

36. ⊙과 ⓒ에 대한 이해로 가장 적절한 것은?

① '그'는 ⊙을 목적 추구에 방해가 되는 대상으로, '나'는 ⓒ을 추구하는 뜻에 방해가 되지 않는 대상으로 인식한다.

② '그'는 ⊙으로 인해 자신의 행동에 의구심을 갖게 되고, '나'는 ⓒ으로 인해 자신의 선택에 만족감을 갖게 된다.

③ ⊙은 '그'가 상생의 관계를 포기하게 되는 계기로, ⓒ은 '사람들'이 서로에 대한 신뢰를 저버리는 계기로 작용한다.

④ ⊙은 '그'의 문제 해결 과정에서 희생되는, ⓒ은 '나'의 문제 해결을 위한 실마리를 제공하는 대상이다.

⑤ ⊙은 '그'의 내적 갈등을 유발하는 자연물이고, ⓒ은 '사람들' 사이의 의견 충돌을 유발하는 인공물이다.

37. <보기>를 바탕으로 (가) ~ (다)를 감상한 내용으로 적절하지 않은 것은? [3점]

> ─────── < 보 기 > ───────
>
> 문학 작품 속 공간의 특성은 해당 공간을 인식하고 경험하는 인물을 통해 드러난다. 동일한 공간이라도 인물에 따라 서로 다른 의미가 부여될 수 있고, 인물에 따라 공간 자체의 모습이 달리 나타나기도 한다. 후자의 경우, 대개 공간에 어울리는 인물만이 그 공간의 온전한 모습을 경험할 수 있는 자격을 지닌다.

① (가)에서 '나'가 '푸른 산'에서 '볼이 고운 사람'을 그리는 것으로 보아, '푸른 산'은 '벌레 같은 세상'의 현실과 대비되는 미래에 대한 '나'의 기다림이 드러나는 공간이군.

② (나)에서 '농부들'이 '울창한 숲'을 통과해 '성 안'으로 사라진다는 것은, 이들이 '구름'이나 '공기들'과 같은 속성을 지님으로써 '성'을 온전히 경험할 자격을 갖추었음을 보여 주는군.

③ (나)에서 '농부들'에게는 '평화로운 성'이 '골동품 상인'에게는 '아무것도 없'는 '공터'로 보인다는 것은, 인물에 따라 동일한 공간이 모습을 달리하여 나타나는 양상을 보여 주는군.

④ (다)에서 '나'가 '명리의 지경'에 그치는 것을 '짐승'이 '성시'에 그치는 것과 같다고 언급한 것으로 보아, '나'에게 '명리의 지경'은 자신이 그쳐서는 안 될 공간처럼 인식되는군.

⑤ (다)에서 '나'가 '성시'에 자리하여 다른 사람을 피하는 것이 '떳떳한 것'이라고 말한 것을 '어떤 이'가 비판한 것으로 보아, '어떤 이'에게 '성시'는 '명리의 지경'과 동일시되는 공간이군.

38. (다)의 구절과 관련지어 지지(止止)에 대해 설명한 내용으로 가장 적절한 것은?

① '어찌 해칠 자가 있겠는가?'를 통해 위험을 감수하는 삶의 태도가 중요하다는 글쓴이의 믿음을 강조한다.

② '거처를 이렇게 이름한 것'과 관련되어 자신의 본성에 맞는 삶을 실천하고자 하는 글쓴이의 지향을 반영한다.

③ '그렇지 않으면 사람들이 재앙으로 여기고'를 통해 어쩔 수 없이 그쳐야 하는 상황에 대한 글쓴이의 두려움을 나타낸다.

④ '세상에 있어서 거만스러워 남과 합하는 일이 적으니'를 통해 아직 적절하게 그치지 못하는 자신에 대한 글쓴이의 반성을 나타낸다.

⑤ '사람들', '호랑이와 표범, 고라니와 사슴, 교룡'과 관련되어 이들 모두가 그쳐야 하는 곳에 그칠 수 있도록 노력하겠다는 글쓴이의 의지를 담아낸다.

[39 ~ 42] 다음 글을 읽고 물음에 답하시오.

> **[앞부분의 줄거리]** 한 아이가 경성에 있는 화신 백화점 진열창 앞에서 그 안을 기웃거리다가 쫓겨난다.

'저건 뭘까?'

아이의 눈은 또 쌍꺼풀이 졌다.

'과자! 과자 곽들!'

아이의 상큼한 턱 아래에서는 아직 여물지도 않은 거랭이 뼈가 몇 번이나 오르락내리락하였다.

'뭐! **사 원 이십 전**! 저것 한 곽에!'

아이는 멍청하니 서서 지전 넉 장하고 십 전짜리 두 닢을 생각해 보았다. 그리고 그 돈을 생각해 보는 마음은 이내 꿈속같이 생기를 잃은 머리에서 지저분스러운 여러 가지 추억을 일으켰다. 한 달에 팔십 전씩 석 달치 월사금* 이 원 사십 전이 변통되지 않아서 우등으로 육 학년에 올라가긴 했으나 보통학교를 고만두고 만 것, 좁쌀 값 스무 몇 냥 때문에 아버지가 장날 읍 바닥에서 상투를 끄들리고 뺨을 맞던 것, 그리고 어머니가 동생을 낳다가 후산을 못 했는데 약값 외상이 많다고 의사가 와 주지 않아서 멀쩡하게 돌아가신 것…… 아이는 눈물이 핑 어리고 말았다. 그래서 울긋불긋한 과자 곽들이 극락에 가 비단옷을 입고 있는 어머니로 보였다.

'엄마!'

아이는 마음속으로 불러 보았다.

'그래, 걱정 말아. 내가 네 옆에서 언제든지 봐줄게…… 이 돈으로 어서 뭐든지 사 뭐.'

하는 소리가 아이의 귀에는 또렷하게 들리는 것 같았다. 그래

"어디? 어머니?"

하고 둘러보면 어머니는 간데없고 요란한 전차 소리만 귀를 때린다.

아이는 저는 몰라도 남보기엔 한편 다리를 약간 절었다. 그건 발목을 삐인 때문은 아니요 힘에 부친 먼 길을 여러 날 계속해 걸어서 한편 발바닥이 부은 때문이다.

아이는 향방 없이 길 생긴 대로 따라 걸은 것이 탑동 공원까지 갔다. 그리고 가만히 보니까 팔각정이 조선어 독본에서 본 기억이 났고 공원은 아무나 들어가 쉬는 데라는 생각은 나서 여기는 기웃거리지도 않고 들어갔다.

먼저 눈에 뜨이는 건 실과 장사들이다. 광주리마다 새로 따

서 과분이 뽀얀 포도와 배와 사과들이 **수북수북 담긴** 것들이다.

아이는 '하나 먹었으면!' 하는 욕심은 미처 나지 못했다. '저게 그림이 아닌가? 진열창에 놓인 게 아닌가?' 하는 의심부터 났다. 그리고 웬 양복 한 사람이 그 옆에 돌아서서 기다랗게 껍질을 늘어뜨리며 사과를 벗기는 것과 그 밑에서 자기보다도 더 헐벗은 아이가 손을 벌리고 서서 그 껍질이 어서 떨어지기를, 그리고 땅에 떨어지기 전에 받으려 눈과 입을 뽀족하게 해 가지고 섰는 것을 보고야 모두가 꿈도, 그림도, 진열창도 아닌 것을 깨달았다. 그리고 바투 가서 양복 신사가 어석어석 먹는 입과 껍질을 질경질경 씹는 아이의 입을 보고서야 그제는 바짝 말랐던 입안에 침기가 서리고 목젖이 혼자 몇 번이나 늘름거리었다.

'쟤처럼 껍질이라도 먹었으면!'

주위를 둘러보니 배를 사서 깎는 사람이 멀지 않은 곳에 있다.

아이는 뛰는 가슴을 진정하지 못 하며 그리로 갔다. 한 걸음만 나서면 그 두껍게 벗겨지는 **배 껍질**에 손이 닿을 만한 데서 발을 멈추었다. 그러나 아이의 손은 저도 모르게 앞으로 나가는 반대로 뒷짐이 져진다. 배 껍질은 거의 거의 칼에서 떨어지려 하는데 아이의 뒷짐 져진 손은 좀처럼 떨어지지 않는다.

아이는 배를 깎는 사람을 쳐다보았다. 조선 두루마기에 빛 낡은 맥고모자를 쓴 어른인데 눈이 조그맣고 여덟팔자수염이 달린 얼굴이다.

'저이가 내가 이렇게 배가 고픈 걸 알아줬으면! 그래 그 껍질이라도 먹으라고 주었으면!'

하는데 그 **여덟팔자수염**이 한번 찡긋하면서 입이 열리더니 맑은 물방울이 뚝뚝 떨어지는 배의 한편 모서리를 덥석 물어 뗀다. 아이는 깜짝 놀래어 그 사람의 발 앞을 내려다보았다.

"저런!"

아이는 소리 지를 만치 낙망하였다. 그 두껍게 벗겨진 배 껍질이 그새 흙에 떨어졌을 뿐 아니라 그 사람은 **넓적한 구둣발로** 그것을 짓이기었고 작은 두 눈을 해끗거리며 '요걸 바라구 섰어?' 하는 듯한 멸시를 아이에게 던지는 것이다. 아이는 얼굴이 화끈하여 그 자리에서 물러선다.

'무슨 까닭일까?'

아이는 낙엽이 떨어지는 백양나무 밑으로 가서 생각해 보았다. 암만 생각해도 모를 일이었다.

'자기가 먹지 않고 버리는 건데 남두 못 먹게 할 게 무언가?'

아이는 한참 만에 까부러지려는 정신을 이상한 소리에 다시 눈을 크게 뜨고 가다듬는다. 웬 **키가 장승 같은 서양 사람** 남녀가 섰는데 남편인 듯한 사람이 벤또*만 한 새까만 가죽갑을 안고 거기 붙은 안경만 한 유리알을 저한테 향하고 손잡이를 돌리는 소리였다. 아이는 얼른 일어서 옆을 보았다. 옆에는 아까 그 아이, 저보다도 헐벗은 아이가 역시 어디선지 사과 껍질을 한 움큼 들고 와 질경거린다. 가만히 보니 그 서양 사람의 알지 못할 기계의 유리알은 자기와 그 애를 번갈아 향하면서 소리를 낸다. 아이들은 그게 활동사진 기계인 줄은, 그리고 그 서양 사람들이 본국으로 돌아가 **그들의 행복된 가족**을 모여 앉히고 놀릴 것인 줄은 알 리가 없다. 그러나 이 아이는 그 알지 못할 기계의 눈알이 자기를 쏠 때마다 왜 그런지 무섭다. 그래서 일어나 달아나려 하니까 웃기만 하고 섰던 **서양 여자**가 얼른 손에 들었던 새빨간 지갑을 열더니 은전 한 닢을 내

어던진다.

'돈!'

그때 아이는 **비수 같은 의식**이 머릿속을 스치자 나는 듯 굴러가는 돈으로 달려들었다. 그러나 오 전 한 닢에 달려든 것은 자기만은 아니었다. 그 사과 껍질을 먹고 섰던 아이는 물론, 웬 시커멓게 생긴 어른도 하나가 달려들었고 그 어른의 지까다비* 신은 발은 누구의 손보다도 먼저 그 백동전을 눌러 덮치었다. 두 아이는 힐끔하여 원망스럽게 그를 쳐다보았다. 쳐다보니 돈을 밟은 **지까다비 발의 임자**는 의외에도 돈은 얼른 집으려 하지 않고 그냥 기계만 틀고 섰는 서양 사람을 금세 달려들어 멱살이나 잡을 듯이 부릅뜬 눈을 노리는 것이었다. 그러니까 서양 사람 부부는 이내 기계를 안은 채 돌아서 다른 데로 갔고, 이 사람은 그제야 돈을 집더니 무어라고 중얼거리면서 한길 쪽으로 보이지도 않게 팔매를 쳐 버렸다. 그리고 역시 흘긴 눈으로 두 아이와 모여 선 사람들을 둘러보더니 그도 다른 데로 어청어청 가 버렸다.

'웬일일까? 웬 사람인데 심사가 그 지경일까?'

아이는 이것도 모를 일이었다. 자기가 가지지 않으면서 남도 못 집어 갖게 하는 것이 이 아이로선 터득하기 어려운 의문이다.

– 이태준, 「점경」 –

* 월사금 : 다달이 내던 수업료.
* 벤또, 지까다비 : '벤또'는 도시락, '지까다비'는 노동자의 작업용 신발을 가리키는 일본어.

39. 윗글에 대한 이해로 가장 적절한 것은?

① 서술자를 교체하여 사건을 새로운 국면으로 전환하고 있다.
② 서술자가 특정 인물의 심리와 의식에 초점을 맞추어 서사를 전개하고 있다.
③ 서술자가 간접 인용을 반복적으로 활용하여 인물의 행적을 서술하고 있다.
④ 서술자가 동시적 사건들을 병치하여 사건에 대한 서로 다른 관점을 드러내고 있다.
⑤ 서술자가 자신의 체험을 진술하며 작중 상황에 대한 자신의 판단을 드러내고 있다.

40. 윗글에서 확인할 수 있는 내용으로 적절하지 <u>않은</u> 것은?

① 우등으로 육 학년에 진학한 아이는 월사금을 구할 수 없어 보통학교를 그만두게 되었다.
② 팔각정에 대한 기억과 공원은 누구나 쉬는 곳이라는 생각 때문에 아이는 기웃거림 없이 탑동 공원으로 들어갔다.
③ '웬 양복 한 사람' 옆에서 '자기보다도 더 헐벗은 아이'가 사과 껍질을 받아 먹는 것을 본 아이는 허기를 느꼈다.
④ 아이는 '남편인 듯한' 서양 남자가 활동사진 기계의 손잡이를 돌리는 소리를 듣고서야 그것이 자신을 향하고 있음을 인식하게 되었다.
⑤ 아이는 활동사진 기계의 유리알이 자신과 '저보다도 헐벗은 아이'를 번갈아 향하는 것을 알아채고 상대방에게 경쟁심을 느꼈다.

41. '아이'와 관련지어 전차 소리 에 대해 이해한 내용으로 가장 적절한 것은?

① 어머니에 대한 회상이 시작됨을 알리는 데 기여한다.
② 그리움의 대상을 아버지로부터 어머니로 전환하게 한다.
③ 어머니의 기구한 삶의 원인을 깨닫게 하는 근거가 된다.
④ 어머니와의 추억이 어린 곳을 떠올리게 하는 계기가 된다.
⑤ 어머니가 등장하는 환상과 상반되는 현실을 절감하게 한다.

42. <보기>를 바탕으로 윗글을 감상한 내용으로 적절하지 <u>않은</u> 것은? [3점]

＜ 보 기 ＞

1930년대 경성에서 상품 진열창은 당대의 인간 군상을 상품의 향유가 가능한 부류와 그렇지 않은 부류로 구분한다. 이러한 구분이 익숙하지 않았던 아이는 도시의 곳곳을 배회하면서 이를 자연스럽게 체화하고 자신에게 부족한 것에 본능적으로 반응한다. 이 과정에서 아이가 목격한 것과 이에 대해 던지는 질문은 도시의 비인간성을 드러내는 한편, 그 이면에 숨겨진 다른 면모를 암시하기도 한다.

① '사 원 이십 전'이나 하는 과자 곽을 본 후 '수북수북 담긴' 실과들에 대한 욕심조차 내지 못하는 것으로 보아, 아이는 자신을 상품의 향유가 불가능한 부류에 포함하고 있군.
② 아이가 바라던 '배 껍질'을 '여덟팔자수염'을 한 어른이 '넓적한 구둣발로' 짓이긴 것은, 상품의 향유가 가능한 부류가 그렇지 않은 부류를 멸시하는 도시의 비인간성을 환기하는군.
③ 아이가 '키가 장승 같은 서양 사람'의 활동사진 기계를 보고도 '그들의 행복된 가족'을 떠올리지 못하는 것은, 이들 가족과 자신의 가족을 나누는 구분을 낯설게 여기기 때문이겠군.
④ '배 껍질' 앞에서 주저하던 아이가 '서양 여자'가 던진 돈에 '비수 같은 의식'을 느끼며 달려드는 것에서, 아이가 자신에게 부족한 것에 본능적으로 반응하게 된 것을 알 수 있군.
⑤ '여덟팔자수염'을 한 어른과 '지까다비 발의 임자'의 행동에 대해 아이가 제기한 각각의 질문은, 두 인물의 행동이 표면적으로는 유사하나 의도는 서로 다름을 드러내면서 도시의 비인간성과 그 이면을 암시하는군.

[43 ~ 45] 다음 글을 읽고 물음에 답하시오.

[앞부분의 줄거리] 당나라 때 한림학사가 된 장사운은 옥란과 옥계라는 두 딸이 있었는데, 이 중 옥란을 송 시랑의 아들과 정혼시킨다. 권세를 잡고 있던 환관 강환은 이를 알고도 자신의 아들과 옥란을 강제로 혼인시키려 한다.

장 학사가 강환이 권신이라 독한 마음을 먹을 것을 염려하여 외면으로 말하기를,
"하방 천한 출생에게 대황문족이 구혼하니 감히 감당하지 못하여 허락지 못하오며, 또 이전에 송 시랑과 선약하였으니 이 역시 못 할 일이옵니다."
강환이 그 말을 듣고 크게 노하여,
"저는 **서쪽의 천한 출생**이면서 천행으로 등과하였으면서 남을 환관이라고 업신여기는도다. 저의 생사 내게 맡겼거든 내 말을 어찌 멀리하리오. 소위 송 시랑을 먼저 처치하리라."
하고 즉시 탑전에 들어가 천자에게 참소하여 송 시랑을 **의금**

부의 신문에 부치니, 송 시랑이 너무 당황하여 어찌할 줄을 모르고 옥중에 내려가 장 학사에게 기별하니, 학사가 바삐 나와 손을 잡고 시랑에게 일러 말하기를,
"시랑의 죄가 아니라 나의 죄로 그러하노라."
하고 전후 사정을 말하니, 시랑이 말하기를,
"학사 요량대로 하려니와 나는 죽어도 약속을 변경할 뜻은 없다."
하고 옥으로 내려가니, 학사 시랑을 위로하며 명백한 상소를 지어 궐문에 들어갔다. 강환이 그 사연을 알고자 하여 금오랑을 분부하여 북지옥에 가두니 학사 원망스러워 하늘을 우러러 탄식하며 말하기를,
"나의 죄는 과거가 원수로다. 타향 일이 이렇게 되니 가련하다. 소인에게 잡힌 바 되어 진실을 밝힐 길 전혀 없으니 객지의 귀신이 된단 말인가? 가련하다! 옥란 형제를 세상에 없는 기이한 보물같이 길러 내어 명문거족에 구혼하려다가 천행으로 하남 땅 송 시랑과 혼인을 약속하였더니, 원수 놈 강환이 나를 깔보고 천한 출생이라 여겨 구혼하여 이 지경이 되니 내 앞으로 **옥귀신**이 될지언정 옥같은 옥란을 **환관 놈**에게 보내리오. 저 애들에게도 편지도 통할 수 없으니 갈 수 없는 기이한 변란을 어떻게 전하겠는가."
하고, 나중에도 추가로 변론할 길이 없더라.
이때에 강환이 학사의 뜻이 변치 아니할 줄 알고,
'흉계를 내어 장사운의 가짜 편지를 만들어 옥란을 데려다가 늑혼* 하리라.'
하고 사관이 나가 사운의 행장을 열어 보니 하나의 필갑과 수지가 있어 자세히 보니 그 딸 이름이라. 이별 시에 한 말과 지은 글귀가 다수 있는지라. 가지고 돌아와 그 연유를 엮어 편지하되, 슬프다! 귀옥에 갇힌 장 학사가 어찌 알리오.
강환이 사운의 편지를 만들어 황문 위졸 수십을 명하여 옥교자를 가지고 장사운 집으로 보내고자 하는 이때, 옥란 형제는 부친을 먼 황성에 보내고 주야로 소식을 기다리더라. 이때 황성에서 오는 하인 수십 명이 집으로 돌아와 편지를 전하거늘, 옥란 형제 급히 받아 뜯어보니, 편지에 이르기를,

[A]
'옥란아, 옥계야, 너희 형제 잘 있느냐? 너희 본 지 일 년이 넘어가니 침석 간이라도 잊은 적이 없다. 아비는 천행으로 이름을 금방에 참여하여 한림학사로 출석하니, 천은이 망극하다. 너의 현숙함이 경성에 자자하여 명문거족들이 구혼하는 자가 무수한데 그 중 높은 가세와 출중한 사람을 구하여 정혼하였으니 너희 사촌 영진과 함께 올라오라. 나는 자리를 비우지 못하여 못 내려가니, 부디 빨리 와서 아비를 오래 기다리게 하지 마라.'
하였더라.

옥란 형제가 편지를 본 후에 영진을 불러 길을 차려 떠나는데, 사오 일만에 하간부에 들어 어떤 곳을 정한 후에 잠을 이루었는데, 비몽사몽간에 학사가 목에 칼을 쓰고 들어오며 옥란의 손을 잡고 통곡하며,

[B]
"이 일을 어찌 알고 왔느냐? 나는 이리하여 지금 북지옥에 갇혀 죽을 날이 멀지 아니하니, 가련하다! 너희 형제를 언제 다시 볼까! 소인의 흉계로 너를 데려오니, 만일 올라오면 헤아릴 수 없는 욕을 볼 것이니 어떻게 하더라도 도피하여 강포지욕을 면하라. 와도 나를 볼 길이 없을 것이니 하남 땅 송 시랑의 집에 가서 의탁하라. 나와 매우 친한 친구의 집이라. 그 이외에는 갈 곳이 없으니 부디 찾아가라."

하거늘, 옥란이 놀라서 잠을 깨니 심신이 혼란하여 옥계와 영진을 깨워 이르되,

"괴상하도다."

"어이할까? 세 명이 도모하여 올라가 상황이나 알고, 만일 대인이 체수* 중에 계시거든 옛날 한나라 재영*의 뜻을 받아 구하여야 하되, 여기서 경성이 수천 리요. 남자 옷이 없으니 여자 옷으로 어떻게 수천 리를 가리요."

옥계가 이윽고 듣고 말하기를,

"형아, 꿈속 일이라 믿지 못하겠지만, 범상한 일이 아니라. 형아 말이 옳으니, 오라비와 옷을 바꾸어 입고 나는 연약하니, 이대로 문밖에 나가서는 각각 헤어져 가다가 경성 가서 서로 만나면, 우리 대인의 신원을 알 것이고, 만일 함께 **도주**하다가 하인에게 잡히면 다 죽음을 면치 못하리라."

옥란이 말하기를,

"너의 말이 옳다."

하고, 종남매가 옷을 바꾸어 입고 하인이 잠들 때를 엿보아 문을 가만히 열고 나갔는데, 아직 밤중이라. 성문이 닫혀 갈 길이 없었다. 이에 **성의 담**을 찾아 넘을 때 옥란이 먼저 넘고 옥계가 다음으로 넘고 영진이 나중에 넘으려 하다가 수문졸이 알고 붙들거늘, 영진이 옥란 형제가 탄로 날까 염려하여 남자라 밝히지 아니하고 잡히어 앉으니, 시간이 지나 황문 위졸이 알고 성문에 바삐 와 보니, 옥란이 혼자 있는지라. 위졸이 크게 놀라 말하기를,

"낭자, 어찌 이러는가? 우리가 장 학사의 명을 받아 왔는데 이렇게 가면 소인들은 죽을 것이다. 배웅 오실 것인데, 옥계 낭자는 어디 숨어 있는가?"

영진이 생각하니, **옥란의 종적**이 탄로 날까 하여 **옥란인 척**하며, 말소리를 유순하게 하여 말하기를,

"밤에 어떠한 신인이 와서 일행을 잡아가기에 붙잡으려 하고 나오니 간 데 없음에 방황하던 차에 수문졸에게 잡히어 이곳에 있노라."

하니, 영진의 모양이 옥란과 똑같은지라.

— 작자 미상, 「옥란전」 —

* 늑혼: 억지로 혼인을 함. 또는 그 혼인.
* 체수: 죄가 아직 결정되지 않아 오래 가두어 둠.
* 재영: 아버지에 대한 효성이 지극했던 한나라 시대의 사람.

43. 윗글에 대한 이해로 적절하지 <u>않은</u> 것은?

① 강환이 참소한 후에도 송 시랑은 장 학사에게 정혼을 유지할 뜻을 밝혔다.

② 장 학사가 상소를 짓기 전에 강환은 장 학사의 집으로 옥교자와 하인들을 보냈다.

③ 북지옥에 갇힌 장 학사는 자신에게 일어난 일을 가족에게 전달할 방법이 없을 것이라 생각했다.

④ 옥계는 각자 흩어져서 경성으로 가야 하는 이유를 옥란에게 설명했다.

⑤ 황문 위졸은 영진에게 자신이 장 학사의 명에 의해서 왔다고 말했다.

44. [A]와 [B]에 대한 설명으로 가장 적절한 것은?

① [A]를 통해 전달된 상황의 당위성은 [B]를 계기로 드러나게 된 사실로 강화된다.

② [A]를 통해 전달된 인물에 대한 평가는 [B]를 계기로 구체성을 확보하게 된다.

③ [A]를 통해 전달된 상황에 대한 정보는 [B]를 계기로 신뢰성을 의심받게 된다.

④ [A]를 통해 전달된 인물의 숨겨진 내력은 [B]를 계기로 세상에 알려지게 된다.

⑤ [A]를 통해 전달된 인물들 간의 갈등은 [B]를 계기로 심화되어 나타나게 된다.

45. <보기>를 바탕으로 윗글을 감상한 내용으로 적절하지 <u>않은</u> 것은? [3점]

< 보 기 >

「옥란전」에서 혼사는 가문 간의 결합을 통해 가문의 명망을 높이는 중요한 수단이다. 따라서 주인공 가문은 가문의 명망이 떨어질 가능성을 이유로 늑혼을 거부한다. 이 과정에서 드러난 가문의 취약성은 가문에 심각한 위기를 초래한다. 주인공과 주변 인물들은 가문 공동체의 일원으로서 위기에 적극적으로 저항한다.

① 장 학사가 '옥귀신'이 될 것을 각오하면서까지 '환관놈'인 강환과의 혼사를 거부하는 것은, 혼사가 가문의 명망을 높이는 중요한 수단이라는 전제에 기반하겠군.

② 강환이 장 학사를 '서측의 천한 출생'이라 깔보며 분노하는 것은, 주인공 가문의 취약성을 드러내어 이들이 위기에 처하게 될 가능성을 시사하는군.

③ 송 시랑이 '의금부의 신문'을 받는 신세가 된 것은, 주인공 가문에 닥칠 위기가 이들 가문과의 결합을 앞둔 다른 가문에서 먼저 현실화된 것이겠군.

④ 옥란 형제가 '도주'하다가 잡혀 죽을 수 있다는 것을 알면서도 몰래 '성의 담'을 넘은 것은, 가문의 명망을 위해 늑혼에 저항하기 위해서이겠군.

⑤ 영진이 스스로 '옥란인 척'하며 황성에 가는 '옥란의 종적'을 숨긴 것은, 가문 공동체의 일원으로서 희생을 마다하지 않는 행동이겠군.

* 확인 사항

○ 답안지의 해당란에 필요한 내용을 정확히 기입(표기)했는지 확인하시오.

국어 영역

● 문항수 45개 | 배점 100점 | 제한 시간 80분　　　　● 점수 표시가 없는 문항은 모두 2점

[1~3] 다음은 학생의 발표이다. 물음에 답하시오.

　안녕하세요. 저는 동양의 전통 문방구인 '먹'에 대해 발표하고자 합니다. 먹은 색의 농담, 번짐 등 다양한 표현이 가능하고 보존성도 뛰어나 오랫동안 우리의 문화를 기록하는 데에 사용되었습니다. (사진 1 제시) 이렇게 멋진 작품들이 먹으로 그려져 오늘날까지 보존되고 있다는 것이 흥미롭죠? 이제부터 먹의 재료와 종류별 특성을 소개한 뒤, 먹의 제조 과정에 대해 설명하겠습니다.

　먹의 주재료는 무엇일까요? (화면의 QR코드를 가리키며) 각자의 스마트 기기로 설문 페이지에 접속하여 답변을 제출해 주십시오. (잠시 기다린 후 화면 전환) 제출된 답변을 살펴보니, 정답이 있네요. 여기 그을음이라는 단어가 보이시죠? 이것이 바로 먹의 핵심 재료입니다. 그을음이 무엇으로 만들어지느냐에 따라 먹의 종류는 송연 먹과 유연 먹으로 나뉩니다. 송연 먹은 소나무의 송진을, 유연 먹은 기름을 태울 때 생기는 그을음으로 만듭니다. 송연 먹은 유연 먹에 비해 먹색이 진하지만 번짐의 정도는 적다는 특성이 있습니다. (청중의 반응을 살핀 후) 두 먹의 차이를 이해하는 게 어려우신 것 같네요. 그럼 이를 잘 드러내는 자료를 보여 드리겠습니다. (사진 2 제시) 여기 두 개의 선 중 색이 진하고 가장자리가 덜 번진 선이 송연 먹으로 그은 것입니다. 이러한 차이로 인해 송연 먹은 글씨를 쓸 때, 유연 먹은 그림을 그릴 때 주로 사용되었다고 합니다.

　먹의 제조 과정은 여러 단계로 이루어져 있는데, 주요 단계 두 가지만 소개하겠습니다. (두 장의 그림을 한 화면에 제시) 왼쪽은 그을음 채취 단계를 보여 주는 그림입니다. 송연 먹의 그을음은 송진을 가마에서 태워 만드는 반면 유연 먹의 그을음은 기름을 등잔에서 태워 만듭니다. 오른쪽 그림은 채취한 그을음과 아교를 섞은 반죽을 건조하는 단계를 보여 줍니다. 양질의 먹을 생산하기 위해서는 반죽 후에 수분이 잘 빠져나가야 합니다. 이를 위해 온도와 습도를 일정하게 유지하며 먹을 자연 건조시킵니다. (청중의 반응을 살핀 후) 먹의 제조 과정에 흥미를 느끼시는 것 같네요. 그렇다면 반죽하는 모습도 잠깐 보여 드리겠습니다. (다른 그림 제시) 이 그림은 그을음과 아교를 섞어 반죽하는 모습을 보여 주는데요. 기포를 빼기 위해 무려 수만 번 이상 손으로 치대야 한다고 합니다.

　발표 내용이 유익했나요? (화면 제시) 여기 온라인 자료실의 게시판에 발표 자료를 올려두었으니, 동료 평가를 할 때 참고해 주십시오. 이상으로 발표를 마칩니다. 감사합니다.

1. 위 발표에 대한 설명으로 가장 적절한 것은?

① 앞서 설명한 내용을 요약하며 발표를 마무리하고 있다.
② 발표 주제를 선정한 이유를 밝히며 발표를 시작하고 있다.
③ 비언어적 표현을 통해 발표 대상의 특징을 강조하고 있다.
④ 발표의 진행 순서를 제시하여 이어질 내용을 안내하고 있다.
⑤ 정보의 출처를 언급하여 발표 내용의 신뢰성을 높이고 있다.

2. 다음을 바탕으로 위 발표가 진행되었다고 할 때, 발표자가 사용한 발표 전략으로 적절하지 <u>않은</u> 것은? [3점]

발표 전 청중 특성 분석	발표 중 청중 반응 분석
㉠ 먹에 대해 관심이 적은 편임. ㉡ 스마트 기기를 활용한 수업 방식을 선호함. ㉢ 동료 평가를 작성할 때 참고할 발표 자료가 필요하다고 생각함.	㉣ 먹의 종류에 따른 특성을 잘 이해하지 못하고 있음. ㉤ 먹의 제조 과정에 대해 호기심을 보이고 있음.

① ㉠을 고려하여, 청중의 흥미를 유발하기 위해 '사진 1'을 활용하고 있다.
② ㉡을 고려하여, 청중의 참여를 유도하기 위해 화면을 보여 주며 스마트 기기로 답변을 제출할 것을 요청하고 있다.
③ ㉢을 고려하여, 청중의 동료 평가를 돕기 위해 자료를 게시한 곳을 화면으로 보여 주고 있다.
④ ㉣을 고려하여, 청중에게 설명했던 내용을 시각적으로 보여 주기 위해 '사진 2'를 활용하고 있다.
⑤ ㉤을 고려하여, 청중의 반응에 즉각적으로 대응하기 위해 앞서 제시했던 그림 중 일부를 다시 보여 주고 있다.

3. 다음은 위 발표를 들은 학생들의 반응이다. 학생의 반응을 이해한 내용으로 적절하지 <u>않은</u> 것은?

> ○ **학생 1**: 예전에 할아버지의 서예 작업을 옆에서 도울 때 먹의 은은한 향기에 놀랐던 기억이 나. 먹의 제조 과정에서 향기를 내기 위한 단계가 있을 것 같아.
> ○ **학생 2**: 먹의 종류에 대해 알 수 있어 유익했어. 특히 송연 먹은 소나무가 많은 지역의 특산품이었을 것 같아. 송연 먹으로 유명한 지역이 어디인지 찾아봐야겠어.
> ○ **학생 3**: 농담이나 선의 표현이 물의 양으로만 조절되는 것이라고 생각했는데, 먹의 종류에 따라서도 달라질 수 있다는 것을 알게 되어 좋았어.

① '학생 1'은 발표 대상과 연관된 경험을 떠올리고 있다.
② '학생 2'는 발표 내용과 관련하여 추가 활동을 계획하고 있다.
③ '학생 3'은 발표 내용이 자신의 배경지식과 일치하지 않는 이유를 확인하고 있다.
④ '학생 1'과 '학생 2' 모두 발표에서 다루지 않은 내용을 추측하고 있다.
⑤ '학생 2'와 '학생 3' 모두 발표를 통해 새로운 정보를 알게 된 것을 긍정적으로 인식하고 있다.

[4~7] (가)는 수업 중 학생 대화이고, (나)는 (가)의 활동 이후 학생 2가 작성한 독서감상문이다. 물음에 답하시오.

(가)

학생 1: ㉠ 지난 수업 시간까지 『영화도 2배속으로 보는 시대』를 같이 읽었잖아. 오늘은 느낀 점을 먼저 이야기해 볼까?

학생 2: 배속 재생이나 건너뛰기 기능을 사용해서 영화를 보는 걸 새로운 현상으로 소개한 부분이 흥미로웠어.

학생 1: ㉡ 청소년들 모두가 이미 당연하게 사용하는 방법을 새로운 현상이라고 한 것이 흥미로웠다는 말이구나.

학생 3: 우리 또래가 모두 그런 방식으로 영화를 본다는 것은 지나친 일반화 아닐까?

학생 1: ㉢ 그럴 수도 있겠다. 너희는 어때? 영화를 볼 때 배속 재생이나 건너뛰기 기능을 사용하는 편이야?

학생 2: 응. 저번 주말에도 그렇게 해서 두 시간 만에 영화 ┐
세 편을 몰아 봤는걸. 그 덕에 어제 친구들과 이야기
할 거리가 많았어. 이런 이유 때문에 요즘은 배속 재생
이나 건너뛰기 기능을 계속 사용하게 돼.

학생 3: 나는 지금은 그렇게 안 봐. 배속 재생으로 봤던 [A]
영화를 우연히 원래 속도로 보게 된 적이 있었는데
전혀 다른 영화라는 느낌이 들었어. 그 뒤로는 배속
재생 기능을 사용하지 않아. 많이 보는 것에만 집착하면
그만큼 놓치게 되는 것도 많더라고.   ┘

학생 2: 하지만 영상 구독 서비스가 도입되면서 영화를 볼 수 있는 환경이 달라졌잖아. 너도 구독 서비스를 이용하고 있으니 무제한으로 영화를 볼 수 있을 텐데, 배속 재생과 건너뛰기 기능으로 최대한 많은 영화를 보는 것이 낫지 않겠어?

학생 3: 그건 사람에 따라 다르지 않을까? 나는 한 편의 영화를 보더라도 깊이 있게 보는 것이 더 좋다고 생각해.

학생 1: ㉣ 너희 이야기를 들으니 배속 재생과 건너뛰기에 대한 태도는 목적에 따라 달라진다고 했던 책의 내용이 떠오르네. 너희들은 영화를 보는 목적이 뭐야?

학생 2: 줄거리 파악이지. 줄거리만 알면 영화 이야기에 ┐
참여할 수 있으니까. 친구들과의 어제 대화를 생각하니
현대 사회에서 영화가 사회적 교류의 수단으로 기능
한다고 했던 책의 내용을 더 잘 이해할 수 있었어.

학생 3: 줄거리를 아는 것만으로는 부족해. 책에서도 배속 [B]
재생이나 건너뛰기로는 영화에 담긴 풍부한 의미를
온전히 감상할 수 없다고 했어. 아까 배속 재생으로
봤던 영화를 원래 속도로 다시 봤다는 얘기를 했잖
아? 배속 재생으로 볼 때는 놓쳤던 장면에서 느꼈던
감동이야말로 영화에 담긴 풍부한 의미를 감상한 결과
라고 생각해.   ┘

학생 2: 너의 말을 들어보니 내가 지금까지 본 영화에서 놓친 의미가 많을 수 있겠다는 생각이 들어.

학생 1: ㉤ 이렇게 이야기하다 보니 같은 책을 읽고도 생각이 다르다는 것을 알 수 있구나. 다음에 읽을 책은 소설이지? 책을 다 읽고 나서 오늘처럼 유익한 이야기를 나눌 수 있으면 좋겠어.

(나)

영상의 수가 적어 한두 편만 시청하는 것만으로도 사람들과 시청 경험을 공유하며 교류할 수 있었던 과거와는 달리, 현대 사회에서는 수십 개의 채널과 다양한 영상 구독 서비스를 통해 수많은 영상을 시청할 수 있다. 이런 상황에서 화제가 되는 모든 영상을 시청하는 것은 거의 불가능하다. 이를 배경으로 한 책 『영화도 2배속으로 보는 시대』는 영화 한 편을 이삼십 분 만에 보는 사람들에 주목하여 '배속 재생'과 '건너뛰기' 기능을 활용한 영화 감상 문화를 소개하고 있다.

배속 재생과 건너뛰기 기능을 활용하면 짧은 시간 동안 많은 영화를 볼 수 있다. 책에 의하면 이런 기능은 젊은 세대가 특히 많이 활용하는데, 대화에 참여하고 인정받는 것을 중시하는 이들 세대는 많은 영화를 빨리 보고 그 내용을 사회적 교류의 수단으로 사용하고 싶어 한다는 것이다. 또한 원하는 부분만 선택하여 볼 수 있으므로 소비자가 영화를 주도적으로 수용할 수 있게 된다고도 언급한다.

하지만 책에서는 배속 재생과 건너뛰기 기능이 영화를 ┐
감상하는 즐거움을 반감할 수 있다는 점도 지적하고 있다.
영화의 장면들은 상호작용하며 의미를 구성하기에, 원하는
부분만 선택해서 보면 영화에 담긴 의미가 훼손될 수 있
다는 것이다. 예를 들어 등장인물이 아무 말 없이 창밖을
바라보는 장면을 대사가 없다는 이유로 배속 재생으로 보 [C]
거나 건너뛴다면, 헤어진 연인과의 추억을 회상하는 다음
장면의 의미를 제대로 파악할 수 없을 것이다. 책에서는
위의 사례를 통해 줄거리 파악에 지장이 없다고 해서 전
개가 느리거나 대사가 없는 장면을 건너뛰고 본다면 창작
자의 의도를 간과하게 된다는 것을 강조하였다.   ┘

나는 평소 배속 재생과 건너뛰기를 많이 활용하는 편이고 주말에 시간이 나면 드라마를 한꺼번에 몰아서 보는 일상에도 익숙해진 지 오래다. 그래서 책에서 이런 감상 방식을 새로운 현상으로 지칭하는 것이 흥미롭기도 했다. 하지만 책을 읽고 대화를 나누면서 나와는 다른 감상 방식을 선호하는 친구의 말을 듣고, 그동안 내가 놓친 것이 있을 수 있음을 인정하게 되었다. 또한 영화의 줄거리뿐 아니라 영화가 주는 풍부한 의미를 읽어내고 느끼게 되는 감동도 친구들과의 대화에서 좋은 화젯거리가 될 것이라는 생각도 들었다. 그리고 이제는 줄거리 파악 말고도 영화가 주는 다양한 의미까지 읽어내기 위한 감상 방법도 활용해야겠다고 생각했다.

4. (가)의 ㉠~㉤에 대한 설명으로 적절하지 **않은** 것은?

① ㉠: 공유된 상황을 환기하며 대화의 화제를 제시하고 있다.

② ㉡: 직전 발화의 의미를 보충하며 일부를 재진술하고 있다.

③ ㉢: 대화 참여자들의 입장을 재차 확인하고 이를 자신의 입장과 비교하고 있다.

④ ㉣: 함께 읽은 책의 내용을 언급하며 화제를 전환하고 있다.

⑤ ㉤: 대화에서 느낀 점을 밝히며 추후의 활동에 대한 기대를 드러내고 있다.

5. [A]와 [B]를 이해한 내용으로 가장 적절한 것은?

① [A]에서 대화 참여자들이 가지고 있던 통념은 [B]에서 일상의 경험을 상기하는 과정에서 부정되고 있다.

② [A]에서 제시된 대화 참여자들의 입장은 [B]에서 상대방의 경험에 부여한 의미를 진술하는 과정에서 변하고 있다.

③ [A]에서 제시된 대화 참여자들의 개인적 경험은 [B]에서 책의 내용과 연결되면서 독서 경험에 기여한 것으로 드러나고 있다.

④ [A]에서 대화 참여자들이 공통으로 가졌던 의문은 [B]에서 책의 내용을 되짚던 중 이를 해결할 단서를 찾음으로써 해소되고 있다.

⑤ [A]에서 언급된 대화 참여자들의 견해는 [B]에서 책에 나타난 정보의 유용성을 판단하는 기준이 되면서 책에 대한 평가로 이어지고 있다.

6. (가)의 내용이 (나)에 반영된 양상으로 적절하지 <u>않은</u> 것은?

① (가)에서 '학생 2'가 미디어 환경의 변화를 언급한 내용이 (나)의 1문단에 배속 재생과 건너뛰기 문화의 발생 배경으로 제시되었다.

② (가)에서 '학생 3'이 영화에 담긴 풍부한 의미에 대해 언급한 내용이 (나)의 4문단에 친구들과의 대화에서 화젯거리가 다양해질 수 있겠다는 생각으로 제시되었다.

③ (가)에서 '학생 2'가 그동안 영화에서 놓친 의미가 많을 수 있겠다고 언급한 내용이 (나)의 4문단에 영화를 감상하는 다른 방법도 활용하겠다는 다짐으로 제시되었다.

④ (가)에서 '학생 2'가 영화가 사회적 교류 수단으로 기능한다고 언급한 내용이 (나)의 2문단에 집단 내에서 인정받고자 하는 젊은 세대의 성향과 관련지어 제시되었다.

⑤ (가)에서 '학생 3'이 감상 방법에 따라 같은 영화라도 감상 결과가 달라질 수 있다고 언급한 내용이 (나)의 2문단에 수용자가 영화를 주도적으로 감상할 때의 효과로 제시되었다.

7. [C]가 <보기>를 고쳐 쓴 것이라고 할 때, 그 과정에서 반영된 친구의 조언으로 가장 적절한 것은?

─── < 보 기 > ───

하지만 책에서는 배속 재생과 건너뛰기 기능이 영화를 감상하는 즐거움을 반감할 수 있다는 점도 지적하고 있다. 영화를 빠르게 보면 창작자의 의도를 간과하게 된다는 것이다.

① 영화를 원래 속도로 보지 않아 줄거리를 제대로 파악하지 못한 경험을 들어 주면 어떨까

② 영화 감상의 목적에 따라 감상 방법을 달리 선택해야 한다는 저자의 견해를 직접 인용하면 어떨까?

③ 영화를 원래 속도로 감상하지 않아 창작자의 의도를 놓치게 되는 사례를 책에서 찾아 제시하면 어떨까?

④ 영화를 볼 때 줄거리 파악보다는 창작자의 의도를 파악하는 것이 더 중요하다는 책의 내용을 강조하면 어떨까?

⑤ 영화를 배속 재생으로 볼 때와 건너뛰기로 볼 때 창작자의 의도가 간과되는 양상이 다르다는 책의 내용을 추가하면 어떨까?

[8~10] 다음은 교지 편집부의 요청에 따라 학생이 쓴 글의 초고이다. 물음에 답하시오.

전 세계 의류 생산량은 경제 성장과 함께 지속적으로 증가해 왔다. 특히 저가의 의류를 짧은 주기로 대량 생산·소비하는 패스트 패션 산업의 영향으로 2015년의 전 세계 의류 생산량은 2000년 대비 약 두 배로 증가하였다. 의류는 신체를 보호하고 개성을 드러내는 수단이지만, 의류의 생산과 사용, 폐기 과정에서 환경 오염이 유발된다. 의류의 생산과 소비가 급격히 늘어나며 확대된 의류 산업은 이 문제를 심화하고 있다.

의류의 생산 과정에서 발생하는 미세 먼지와 같은 유해 물질은 대기 오염의 원인이 된다. 염색에 사용되는 다양한 염료와 표백제는 땅과 바다로 흘러 들어가 토양 오염과 수질 오염을 유발한다. 의류의 사용과 폐기 과정에서 유발되는 환경 오염도 상당하다. 세탁할 때 의류에서 나오는 미세 플라스틱은 하천과 바다를 오염시킨다. 또한 폐기되는 의류 중 겨우 13%만 재활용되고, 대부분 소각·매립되어 대기 오염과 토양 오염을 일으킨다.

따라서 의류의 생산, 사용, 폐기 과정 전반에서 환경 오염을 최소화하는 방안이 필요하다. 의류 산업으로 인한 오염 물질의 배출량을 제한하는 제도를 강화해야 한다. 또한 천연 섬유를 일정 비율 이상 사용하도록 의무화하는 제도를 시행하고, 환경에 해가 되지 않는 의류 소재의 개발을 지원해야 한다. [A]

8. 다음은 편집장이 원고를 의뢰하며 보낸 이메일이다. 초고에서 ㉠~㉢을 반영할 때 활용한 글쓰기 방법으로 적절하지 <u>않은</u> 것은?

| 답장 | 전체답장 | 전달 | ✕삭제 | 스팸신고 |

안녕하세요. 편집장입니다. '산업과 환경' 기획 연재와 관련하여 '의류 산업과 환경 오염'이라는 주제로 글을 써 주시길 부탁드립니다. ㉠<u>의류 산업이 확대된 배경</u>, ㉡<u>의류 산업으로 인한 환경 오염의 문제 상황</u>, ㉢<u>문제 상황의 해결 방안</u>을 포함해 주세요. 감사합니다.

① ㉠ : 특정한 시기를 언급하고 해당 시기 의류 생산량이 증가하는 데 영향을 준 요인을 제시했다.

② ㉡ : 환경 오염의 하위 범주들을 설정하고 오염의 정도를 비교했다.

③ ㉡ : 의류 생산 과정에서 발생하는 환경 오염과 사용, 폐기 과정에서 발생하는 환경 오염을 구별하여 제시했다.

④ ㉡ : 문제 상황을 인식할 수 있도록 의류 산업으로 인해 발생하는 환경 오염의 사례를 들었다.

⑤ ㉢ : 의류 산업으로 인한 환경 오염을 줄일 수 있는 다양한 해결 방안을 나열했다.

9. 다음은 초고를 보완하기 위해 추가로 수집한 자료이다. 자료 활용 방안으로 적절하지 **않은** 것은? [3점]

(가) 전문가 인터뷰

"옷의 유행 주기는 점점 짧아져서 한 세기에서 10년, 다시 6개월이 되었습니다. 그런데 2000년대 초반 등장한 패스트 패션 브랜드들이 1~2주 간격으로 새 제품을 출시하면서 유행 주기는 더욱 짧아지고 있습니다. 이로 인한 의류의 과잉 생산으로 많은 자원이 소모됩니다. 가령 폴리에스테르의 생산에는 매년 3억 4,200만 배럴의 기름이 필요합니다."

(나) △△ 연구팀 논문 자료

(나-1)은 전 세계 의류 판매량과 의류 1점당 폐기 전까지 착용 횟수의 변화를 나타낸 그래프이고, (나-2)는 4인 가족 1회 세탁량에 해당하는 6kg의 의류를 세탁한 뒤 나오는 미세 플라스틱의 양을 의류의 소재별로 나타낸 그래프이다.

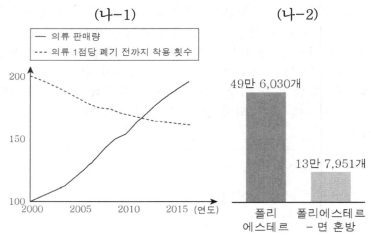

(나-1)   **(나-2)**

※ (나-1)에서 세로축의 수치는 2000년의 의류 판매량을 100으로, 의류 1점당 폐기 전까지 착용 횟수를 200으로 보았을 때의 지수임.

(다) 신문 기사

'미세 플라스틱 저감 제도 마련을 위한 토론회'에서 한 시민 단체 관계자는 "프랑스는 2025년부터 세탁기에 미세 플라스틱 필터 설치가 의무화된다. 필터 설치 의무화는 해양 오염을 방지하는 가장 효과적인 방법이다."라며 관련 법 제정을 촉구했다.

---

① (가) : 전 세계 의류 생산량이 급속하게 증가하는 원인을 구체화하기 위하여, 의류 유행 주기의 변화를 1문단에 추가한다.

② (가) : 의류 산업의 확대로 인한 문제점을 환경 오염으로 한정하기 위하여, 의류의 생산 과정에서 많은 자원이 소모된다는 내용을 2문단에 추가한다.

③ (나-1) : 의류 폐기로 인한 환경 오염과 관련하여, 예전에 비해 사람들이 의류를 많이 사서 적게 입고 버리기 때문에 이런 추세가 지속된다면 오염이 악화될 수 있다는 내용을 1문단에 추가한다.

④ (나-2) : 일정 비율 이상의 천연 섬유 사용을 의무화하는 제도의 필요성을 뒷받침하기 위하여, 생산 단계에서 천연 섬유를 혼방할 때의 효과를 3문단에 추가한다.

⑤ (다) : 의류 산업으로 인한 환경 오염을 최소화하기 위한 제도를 마련하자는 주장을 뒷받침하기 위하여, 다른 나라의 사례를 3문단에 추가한다.

10. 다음은 학생이 글을 마무리하면서 떠올린 생각이다. 이에 따라 [A]를 작성한다고 했을 때 가장 적절한 것은?

마지막 문단에는 제도적 차원의 해결 방안만 제시되어 있으니 개인이 실천할 수 있는 방안을 추가해야겠다. 그리고 방안의 실천이 시급함을 강조하면서 글을 마무리해야지.

---

① 필요한 만큼의 옷만 구입하여 의류 폐기를 최소화하려는 노력도 필요하다. 당장 시작하지 않으면, 곧 지구 전체가 의류 폐기물로 뒤덮이게 될 것이다.

② 옷의 세탁 횟수를 줄이고, 세탁을 할 때는 미세 플라스틱을 적게 배출하는 방법을 선택해야 한다. 생활 속 작은 실천이 모여 지구를 회복시킬 수 있다.

③ 친환경 소재를 사용하여 의류를 생산하는 기업에 대한 감세도 효과적일 것이다. 무조건 채찍만 휘두르기보다는 당근을 적절히 활용하는 방안을 고민할 때이다.

④ 개성의 표현이 반드시 새 옷으로만 가능한 것은 아니다. 중고 거래나 재활용 등을 통해 개성을 표현한다면 의류 산업으로 인한 환경 오염을 줄일 수 있을 것이다.

⑤ 지구는 옷에서 나온 미세 플라스틱과 넘쳐나는 의류 폐기물로 고통받고 있다. 하루빨리 옷의 사용 과정과 폐기 과정에 대한 규제를 강화하여 죽어가는 지구를 살려야 한다.

[11 ~ 12] 다음 글을 읽고 물음에 답하시오.

'ㅎ'을 포함하고 있는 음운 변동의 양상은 음운 환경에 따라 상이하다. 거센소리되기는 예사소리 'ㄱ, ㄷ, ㅂ, ㅈ'과 'ㅎ'이 만나서 각각 거센소리 'ㅋ, ㅌ, ㅍ, ㅊ'으로 바뀌는 현상으로, 음운 변동의 유형 중 두 개의 음운이 합쳐져 하나의 음운으로 바뀌는 축약에 해당한다. 거센소리되기는 'ㅎ'과 예사소리의 배열 순서에 따라 두 가지로 구분할 수 있다.

첫째, 'ㅎ'이 예사소리보다 앞에 놓인 거센소리되기이다. 표준 발음법 제12항에서는 'ㅎ(ㄶ, ㅀ)' 뒤에 'ㄱ, ㄷ, ㅈ'이 결합되는 경우에는, 'ㅎ'과 뒤 음절 첫소리가 합쳐져 'ㅋ, ㅌ, ㅊ'으로 발음 한다고 규정하고 있다. 실제의 예를 보면 '놓고[노코]', '않던 [안턴]', '닳지[달치]' 등과 같이 주로 용언 어간 뒤에 어미가 결합할 때 일어난다. 둘째, 'ㅎ'이 예사소리보다 뒤에 놓인 거센 소리되기이다. 'ㅎ'이 예사소리보다 앞에 놓인 경우에는 항상 거센소리되기가 우선적으로 적용되는 것과 달리, 'ㅎ'이 예사 소리보다 뒤에 놓일 때는 교체나 탈락과 같은 다른 음운 변동 보다 거센소리되기가 먼저 적용되기도 하고 나중에 적용되기도 한다. '꽂히다[꼬치다]', '밟히다[발피다]'처럼 어근에 'ㅎ'으로 시작하는 접미사가 결합하는 경우에는 ㉠예사소리와 'ㅎ'이 곧 바로 합쳐져 거센소리로 바뀐다. 이에 대하여 표준발음법 제 12항에서는 받침 'ㄱ(ㄺ), ㄷ, ㅂ(ㄼ), ㅈ(ㄵ)'이 뒤음절 첫소리 'ㅎ'과 결합되는 경우에는 두 음을 합쳐서 각각 'ㅋ, ㅌ, ㅍ, ㅊ'으로 발음한다고 규정하고 있다. 그러나 '빚하고[비타고]'처럼 체언에 조사가 결합하거나, '닭 한 마리[다칸마리]'처럼 둘 이 상의 단어를 이어서 한 마디로 발음하는 경우에는 ㉡다른 음운 변동이 먼저 일어난 후에 거센소리되기가 적용된다. '빚하고 [비타고]'는 받침 'ㅈ'이 'ㄷ'으로 교체되고 'ㄷ'과 'ㅎ'이 합쳐져 거센소리로 바뀐 것이고, '닭 한 마리[다칸마리]'는 겹받침 'ㄺ' 에서 'ㄹ'이 탈락하고 'ㄱ'과 'ㅎ'이 합쳐져 거센소리로 바뀐 것 이라고 할 수 있다.

'ㅎ'을 포함하고 있는 말이라도 모두 거센소리되기가 적용되는 것은 아니다. '낳은[나은]', '않아[아나]', '쌓이다[싸이다]' 등과 같이 용언 어간 말의 'ㅎ' 뒤에 모음으로 시작하는 어미나 접 미사가 결합하는 경우에는 'ㅎ'이 탈락한다. 원래 이런 환경에 서는 어간 말의 자음이 뒤 음절의 첫소리로 연음되어야 하지만 'ㅎ'은 연음되지 않고 탈락하는 것이다. 이러한 'ㅎ' 탈락은 예외 없이 일어난다.

11. 윗글을 읽고 이해한 내용으로 적절하지 <u>않은</u> 것은?

① '쌓던[싸턴]'은 교체가 축약보다 먼저 일어난 것이다.
② '잃고[일코]'는 어간 말 'ㅎ'이 어미의 첫소리 'ㄱ'과 합쳐져 발음된 것이다.
③ '끓이다[끄리다]'는 'ㅎ'이 탈락하고 'ㄹ'이 뒤 음절 첫소리로 옮겨져 발음된 것이다.
④ '칡하고[치카고]'와 '하찮은[하차는]'에서 공통적으로 일어난 음운 변동은 탈락이다.
⑤ '먹히다[머키다]'와 '끊고서[끈코서]'는 모두 음운 변동이 한 번 씩만 일어난 것이다.

12. 윗글의 ㉠, ㉡을 중심으로 <보기>의 @ ~ @를 이해한 내용으로 적절하지 <u>않은</u> 것은? [3점]

─── < 보 기 > ───

○ @낮 한때[나탄때] 내린 비로 이슬이 잔뜩 ⓑ맺힌[매친] 풀밭을 가로질러 ⓒ닭한테[다칸테] 모이를 주고 왔다.
○ ⓓ곶하고[고타고] 바다로 이어진 산책로를 ⓔ넓히는[널피는] 작업이 진행 중이다.

① @ : '낮'과 '한때'를 이어서 한 마디로 발음한 경우이므로, ㉡에 해당하겠군.
② ⓑ : 어근 '맺-' 뒤에 접미사 '-히-'가 결합한 경우이므로, ㉠에 해당하겠군.
③ ⓒ : 체언 '닭'에 조사 '한테'가 결합한 경우이므로, ㉡에 해당 하겠군.
④ ⓓ : 체언 '곶'에 조사 '하고'가 결합한 경우이므로, ㉡에 해당 하겠군.
⑤ ⓔ : 어근 '넓-' 뒤에 접미사 '-히-'가 결합한 경우이므로, ㉠에 해당하겠군.

13. <보기>의 ㉠에 해당하는 예로 적절한 것은?

─── < 보 기 > ───

셋 이상의 형태소로 이루어진 단어의 구조를 파악하기 위 해서는 먼저 그 단어를 직접 이루고 있는 두 요소를 파악해야 한다. 예컨대 '볶음밥'은 의미상 '볶음'과 '밥'으로 먼저 나뉜다. '볶음'은 다시 '볶-'과 '-음'으로 나뉜다. 따라서 '볶음밥'은 ㉠'(어근+접미사)+어근'의 구조로 된 합성어이다.

① 집안일   ② 내리막   ③ 놀이터
④ 코웃음   ⑤ 울음보

14. <보기>의 ㄱ ~ ㄹ에 대한 설명으로 적절하지 <u>않은</u> 것은?

─── < 보 기 > ───

안은문장은 한 절이 다른 절을 문장 성분의 일부로 안고 있는 문장으로, 이때 안겨 있는 절을 안긴문장이라고 한다. 안긴문장의 종류에는 명사절, 관형사절, 부사절, 서술절, 인용 절이 있다. 안긴문장은 문장의 필수 성분을 일부 갖추지 않기도 하는데, 안은문장이 만들어지는 과정에서 안긴문장과 안은문 장에 공통되는 요소는 생략되기 때문이다.

ㄱ. 여행을 가기 전에 나는 짐을 챙겼다.
ㄴ. 우리는 그녀가 착함을 아주 잘 안다.
ㄷ. 학생들은 수업이 끝나기를 기다렸다.
ㄹ. 조종사가 된 소년이 고향을 방문했다.

① ㄱ의 안긴문장에는 주어가 생략되어 있다.
② ㄴの 안긴문장의 주어는 안은문장의 주어와 다르다.
③ ㄴ과 ㄷ의 안긴문장은 조사와 결합하여 목적어로 쓰이고 있다.
④ ㄷ과 ㄹ의 안긴문장에는 필수 성분이 생략되어 있다.
⑤ ㄱ과 ㄹ의 안긴문장은 종류는 다르지만 안은문장에서의 문장 성분은 같다.

15. <보기 1>을 참고하여 <보기 2>의 ㉠~㉤을 이해한 내용으로 적절하지 **않은** 것은?

───── <보기 1> ─────

높임 표현은 높임 대상에 따라 주어의 지시 대상을 높이는 주체 높임, 목적어나 부사어의 지시 대상을 높이는 객체 높임, 청자를 높이거나 낮추는 상대 높임으로 나뉜다. 높임 표현은 크게 문법적 수단과 어휘적 수단에 의해 실현된다. 문법적 수단은 조사나 어미를, 어휘적 수단은 특수 어휘를 사용하는 것이다.

───── <보기 2> ─────

[대화 상황]

손님 : ㉠어머니께 선물로 드릴 신발을 찾는데, ㉡편하게 신으실 수 있는 제품이 있을까요?

점원 : ㉢부모님을 모시고 오시는 손님들께서 이 제품을 많이 사 가셔요. ㉣할인 중이라 가격도 저렴합니다.

손님 : 좋네요. ㉤저도 어머니를 뵙고, 함께 와야겠어요.

① ㉠ : 문법적 수단과 어휘적 수단을 통해 부사어가 지시하는 대상을 높이고 있다.

② ㉡ : 선어말 어미 '-으시-'와 조사 '요'는 같은 대상을 높이기 위해 쓰이고 있다.

③ ㉢ : 동사 '모시다'와 조사 '께서'는 서로 다른 대상을 높이기 위해 쓰이고 있다.

④ ㉣ : 문법적 수단을 통해 대화의 상대방을 높이고 있다.

⑤ ㉤ : 어휘적 수단을 통해 목적어가 지시하는 대상을 높이고 있다.

[16~20] 다음 글을 읽고 물음에 답하시오.

세포핵 속 DNA에 저장된 생물체의 유전 정보는 mRNA로 전사되어 세포질로 내보내진 후 리보솜을 통해 단백질로 합성된다. 바이러스는 단백질로 둘러싸인 DNA나 RNA를 유전 물질로 갖는 기생체로, 생물체에 침입하여 자신의 유전 물질을 mRNA로 바꾼 뒤 숙주 세포가 스스로 바이러스 단백질을 합성하게 한다. 이에 대항해 생물체는 바이러스 단백질을 항원으로 인식하고 항체를 만들어 대항하거나 기억 세포를 생성해 같은 바이러스가 침입할 경우를 대비한다. 따라서 바이러스를 인공적으로 흉내 낸 물질인 백신을 접종하여 면역 반응을 일으키면 바이러스 감염에 미리 대비할 수 있다.

mRNA 백신은 바이러스 단백질의 유전 정보를 암호화한 ⓐmRNA를 접종하는 것으로, 주입된 mRNA를 통해 바이러스 단백질을 합성하여 면역 반응을 유도한다. 바이러스를 배양하여 접종하는 기존의 백신과 달리 mRNA 백신은 바이러스가 아니기 때문에 인체가 바이러스에 감염될 위험이 없으며 체내 효소에 의해 쉽게 분해된다. 반면 이처럼 체내에서 불안정할 뿐 아니라 분자의 크기가 크고 음전하를 띠고 있어 세포에 거의 흡수되지 않는 문제가 있다. 따라서 mRNA를 보호하여 세포 내로 진입시키기 위해 지질 나노 입자를 이용한다.

지질 분자는 지방산으로 이루어져 있기 때문에 물 분자와 섞이지 않는 소수성을 갖는다. 물은 분자 내 전하가 양극으로 분리된 상태인 극성을 띠거나 분자가 전하를 띠는 물질, 즉 친수성 물질과만 섞이고 소수성 물질은 소수성 물질과만 섞이기 때문이다. 한편 ㉠생물체의 세포막은 인지질로 구성되는데, 인지질은 지방산으로 이루어진 소수성 꼬리와 음전하를 띤 ⓑ인산기 머리를 갖고 있다. 따라서 인지질은 친수성 용매나 소수성 용매 모두와 섞이는 양친매성 물질이다. 이에 따라 인지질의 친수성 머리는 세포 외부나 세포질의 수용액에 접하고 소수성 꼬리는 소수성 분자 간의 인력으로 인해 서로 몰려 있는 상태로 세포막이 구성된다. 세포막의 이러한 특징으로 인해 친수성 물질이 세포막을 투과하는 것이 차단된다.

양이온성 지질을 지질 나노 입자로 사용하면 mRNA와 세포막 사이에 전기적 반발력이 발생하는 것을 막을 수 있다. 음전하를 띤 mRNA가 양이온성 지질로 둘러싸이면 음전하를 띤 세포막의 인산기 머리와 서로 반발하지 않기 때문이다. 그런데 양이온성 지질은 실험실 환경에서는 mRNA를 세포 내로 진입 시키는 데 도움이 되지만 체내에서는 양이온성 지질에 ⓒ혈장 단백질이 흡착되어 mRNA의 세포막 투과가 제한된다.

따라서 용액의 pH*에 따라 양이온성이 달라지는 ⓓ이온화 지질을 지질 나노 입자의 재료로 사용한다. pH가 낮은 용액에서는 수소 이온 농도가 높으므로 이온화 지질이 양이온화된다. 반면 pH가 높은 용액에서는 수소 이온을 적게 받아들여 이온화 지질이 전기적으로 중성이 되므로 이온화 지질에 혈장 단백질이 흡착되지 않는다. 즉 낮은 pH에서 mRNA와 이온화 지질을 결합시킨 뒤 pH를 높이면 중성의 'mRNA – 지질 나노 입자 복합체'를 만들 수 있고, 이 복합체는 세포막의 수용체에 결합하여 내포 작용에 의해 세포 내부로 진입할 수 있다. 내포 작용이란 일종의 생화학적 싱크홀 현상으로, 세포막의 일부가 수용체에 결합한 외부 물질과 함께 세포질로 함입되는 현상이다. 내포 작용이 일어나면 세포질 안에 엔도솜 구조체가 형성된다. 세포질에서 엔도솜 내부는 산성화되는데, 이에 따라 ㉡세포막에서 유래한 엔도솜 막이 불안정해져 mRNA가 세포질로 방출된다.

그리고 방출된 mRNA가 리보솜과 결합하여 바이러스 단백질을 합성하고 기억 세포를 생성함으로써 인체가 바이러스 감염에 대비할 수 있게 된다.

> *pH : 수용액의 수소 이온 농도를 나타내는 지표. 중성 수용액의 pH는 7이며, 산성 용액에서는 7보다 낮다.

16. mRNA 백신 에 대해 이해한 내용으로 적절한 것은?

① 바이러스 대신 인체 내에서 합성된 바이러스 단백질을 항체로 이용하여 면역 반응을 유도한다.
② 바이러스에 감염되는 경우와 마찬가지로 유전 물질을 통한 세포의 단백질 합성 과정이 수반된다.
③ 기억 세포의 유전 정보를 암호화한 유전 물질을 이용하기 때문에 바이러스 감염으로부터 안전하다.
④ 세포핵 안에서 유전 정보가 전사되는 과정을 조절하여 리보솜의 단백질 합성 작용에 영향을 미친다.
⑤ 바이러스를 배양해서 접종하는 경우와 달리 유전 정보가 제거된 바이러스 단백질을 백신으로 주입한다.

17. ㉠을 설명한 내용으로 적절하지 <u>않은</u> 것은?

① 인산기가 세포 바깥쪽에, 지방산이 세포질에 접하는 형태로 구성된다.
② 수용체를 통해 특정의 세포 외부 물질을 세포 내부로 진입시킬 수 있다.
③ 내포 작용이 발생하면 일부가 세포질로 함입되어 엔도솜 구조체를 형성한다.
④ 친수성 물질 및 소수성 물질 모두와 섞일 수 있는 양친매성의 인지질로 이루어진다.
⑤ 인지질의 소수성 꼬리로 인해 세포 내외의 친수성 물질이 세포막을 투과하는 것을 제한한다.

18. ⓐ ~ ⓓ에 대한 설명으로 적절하지 <u>않은</u> 것은?

① ⓓ는 ⓐ가 체내 효소에 의해 분해되는 것을 방지하는 인공 외막으로 기능한다.
② ⓐ와 ⓑ는 모두 음전하를 띠기 때문에 둘 사이에 서로를 밀어내는 힘이 작용한다.
③ ⓐ가 리보솜에 전달되려면 세포 밖에서 ⓓ와 결합한 후 세포 안에서 ⓓ와 분리되어야 한다.
④ ⓒ는 음전하를 띠는 반면 ⓓ는 주변에 분포하는 수소 이온의 양에 따라 이온화의 정도가 변화한다.
⑤ ⓐ와 결합하면서 ⓓ가 전기적으로 중성이 되기 때문에 체내에서 ⓒ가 흡착되는 현상이 억제된다.

19. <보기>는 'mRNA – 지질 나노 입자 복합체'의 형성 과정을 나타낸 것이다. 윗글을 참고하여 <보기>를 이해한 내용으로 적절하지 <u>않은</u> 것은? [3점]

> < 보 기 >
>
> 산성 용액에 녹인 mRNA와 에탄올에 녹인 이온화 지질을 Y자 형태의 미세관에 일정한 속도로 흘려보낸다. 이렇게 혼합된 용액을 수용성 완충 용액으로 투석 처리하여 pH를 높인다. 그리고 에탄올을 제거하여 균일한 상태의 mRNA – 지질 나노 입자 복합체를 얻어낸다.
>
> (단, 이때 에탄올의 pH는 7임.)
>
>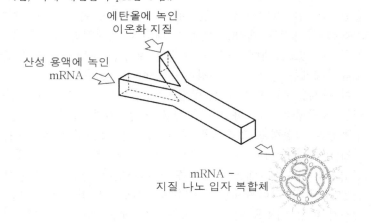

① 이온화 지질이 에탄올에 녹을 수 있는 것은 에탄올이 지질과 섞일 수 있는 소수성을 가진 물질이기 때문이겠군.
② mRNA와 이온화 지질이 녹은 각 용액의 투입 속도를 조절해 투입량을 조절하면 mRNA – 지질 나노 입자 복합체의 균일도가 유지되겠군.
③ mRNA가 녹은 산성 용액과 이온화 지질이 녹은 에탄올이 혼합되면 이온화 지질이 양전하를 띠면서 이온화 지질과 mRNA가 결합하는 현상이 나타나겠군.
④ 수용성 완충 용액으로 산성 용액을 투석 처리하면 수소 이온의 농도가 낮아져 이온화 지질이 전기적으로 중성이 되겠군.
⑤ pH가 높아지면 이온화 지질의 소수성이 약해져 소수성 분자 간의 인력이 감소하므로 더욱 미세한 크기의 mRNA – 지질 나노 입자 복합체가 형성되겠군.

20. ㉡의 이유를 추론한 내용으로 가장 적절한 것은?

① 엔도솜 내부의 pH가 낮아짐에 따라 mRNA와 지질 나노 입자 사이에 전기적인 반발력이 발생하기 때문이다.
② 엔도솜 막의 인산기와 양이온화된 지질이 서로 결합함으로써 mRNA를 둘러싼 엔도솜 막이 붕괴하기 때문이다.
③ 내포 작용으로 세포질에 함입된 세포막이 엔도솜 내부의 산성화에 따라 다시 세포 표면으로 방출되기 때문이다.
④ 엔도솜 내부가 산성화됨에 따라 mRNA가 음이온화되면서 mRNA와 리보솜 사이에 결합력이 발생하기 때문이다.
⑤ 엔도솜 내부의 pH 변화로 인해 엔도솜 막이 산성화되면서 체내 효소에 의한 엔도솜 분해 작용이 나타나기 때문이다.

[21 ~ 25] 다음 글을 읽고 물음에 답하시오.

주택 임대차는 임차인이 주택의 소유자인 임대인에게 보증금을 지급하고 합의한 기간 동안 목적물인 주택을 사용한 후, 기간이 만료되면 보증금을 반환받는 계약이다. 임대차를 체결하여 임차인에게 발생하는 권리인 ㉠임차권은 채권에 해당한다. 채권을 가진 사람은 원칙적으로 특정한 채무자에 대해서만 일정한 행위를 요구할 수 있고, 제삼자에게는 권리를 주장할 수 없다. 반면에 소유권이나 저당권, 전세권 등 물건에 대한 지배권이라 할 수 있는 물권은 누구에게나 주장할 수 있는 권리이다. 따라서 물권은 일반적으로 채권에 우선하는 효력이 인정되며, 같은 물권들 사이에서는 선순위 물권이 후순위보다 우선한다. 그래서 임차인은 계약을 맺은 임대인에 대해서만 임차권을 주장할 수 있고, 매매 등으로 주택의 소유권이 변경되면 새로운 소유자에게는 임차권을 주장하지 못할 수 있다.

이 문제를 해결하기 위한 방법으로 민법에는 ㉡전세권이 있다. 이는 보증금을 지급하고 부동산을 약정 기간 동안 이용한 후 부동산을 반환하고 보증금을 돌려받는 권리로, 임차권과 내용이 같지만 물권이라는 점에서 차이가 있다. 임차한 주택에 전세권을 설정하면 임대차 내용이 등기부에 기재된다. 등기는 부동산에 관한 물권의 권리관계를 등기부에 기재하여 공시함으로써 제삼자가 해당 내용을 알 수 있도록 하는 제도이다. 전세권을 설정하기 위해서는 임대인의 동의가 필요한데 대체로 임차인의 지위가 낮은 현실에서 임대인의 동의를 얻기는 쉽지 않다. 이러한 임차인의 지위를 보호하여 국민 주거 생활을 안정시키기 위해 제정된 특별법이 주택임대차보호법 이다. 이 법률은 임차인이 일정한 요건을 갖추었을 경우 임차권에 물권적 효력을 부여하여 임차인의 지위를 강화한다. 그 요건은 임차인이 주택을 인도받는 것과 전입 신고를 마치는 것이다. 요건을 충족한 다음 날부터 임차권은 제삼자에게도 대항력을 갖는다. 요건만 갖추면 효력이 발생하고 임대인의 동의도 필요하지 않기 때문에 임차인을 효과적으로 보호하는 것이 가능하다.

대항력을 갖는다는 것은 제삼자에게도 임차권을 주장할 수 있게 되었다는 의미이다. 예컨대 임차한 주택이 경매되면 일반적으로 임차권은 소멸하지만 주택임대차보호법에 따른 대항력을 갖춘 경우에는 그렇지 않다. 임차인은 이에 덧붙여 주민센터 등의 공공 기관에서 주택 임대차 계약서에 확정일자를 받을 수 있다. 우선변제권을 확보하기 위해서이다. 임차한 주택이 경매되었을 때 임차인은 자신의 우선변제권 성립보다 뒤에 설정된 물권에 우선하여 보증금을 변제받을 수 있다. 우선변제권의 효력은 대항력과 확정일자가 모두 갖추어진 날부터 발생한다. 또한 주택임대차보호법에서는 사회적 약자를 보호하는 취지에서, 대항력을 갖춘 소액임차인에게는 정해진 금액까지의 보증금을 선순위 물권자보다 우선하여 변제받을 수 있는 최우선변제권까지 부여한다. 소액임차인으로 인정될 수 있는 보증금의 기준과 최우선변제권으로 변제받을 수 있는 금액은 대통령령으로 정해지며 지역에 따라 다르다.

주택 임대차가 만료되었는데 임차인이 임대인으로부터 보증금을 반환받지 못하는 일이 생기기도 한다. 이 경우 임차인은 이사를 가면 자신의 권리 순위가 상실될 수 있다는 우려를 하게 된다. 이런 문제 때문에 주택임대차보호법에는 임차권등기 명령 제도가 포함되어 있다. 이는 종료된 임차권을 법원의 명령으로 등기부에 공시할 수 있도록 하는 것이다. 임대차가 종료된 후 보증금이 반환되지 않은 경우 임차인은 관할 법원에 임차권등

기명령을 신청할 수 있고, 법원이 이를 심리하여 결정한다. 이때 임대인의 동의는 필요하지 않고, 전입 신고를 하지 않았거나 확정일자를 받지 않았던 임차인도 임차권등기를 하게 되면 대항력과 우선변제권을 취득하게 된다. 한편 ㉢임차권이 등기된 뒤에 해당 주택에 새로 임대차를 체결한 다른 소액임차인은 보증금의 최우선변제를 받을 수 없도록 하였다. 임차권등기를 한 임차인이 예상하지 못한 손해를 입을 수 있기 때문이다.

21. 윗글의 내용과 일치하지 <u>않는</u> 것은?

① 주택임대차보호법은 일정한 요건을 갖춘 임차인의 지위를 강화한다.

② 주택 임대차가 체결되면 관할 법원은 임대차 내용을 등기부에 기재해야 한다.

③ 주택 임대차가 만료되면 임차인은 임대인에게 임대차의 목적물을 반환해야 한다.

④ 최우선변제권이 있는 소액임차인이더라도 보증금의 전부를 반환받지 못할 수 있다.

⑤ 어떤 물건에 대한 지배권을 모든 사람에게 주장하려면 해당 물건에 대한 물권이 필요하다.

22. ㉠, ㉡을 이해한 내용으로 적절하지 <u>않은</u> 것은?

① ㉠을 가진 사람은 원칙적으로는 임대인에게만 계약 내용에 따른 행위를 요구할 수 있다.

② ㉡을 설정하기 위해서는 임대인의 동의가 필요하다.

③ ㉡을 가진 임차인은 임대차 기간 동안 목적물이 되는 주택의 소유권을 가지게 된다.

④ ㉠이나 ㉡을 가진 사람은 계약상의 주택에 대한 자신의 권리를 주장할 수 있다.

⑤ 일반적으로 ㉡은 ㉠에 우선하는 효력이 인정된다.

23. 주택임대차보호법 을 이해한 내용으로 적절하지 <u>않은</u> 것은?

① 임차인이 대항력을 갖추면 임차한 주택이 경매되더라도 임차권이 유지될 수 있도록 한다.

② 임차인이 전입 신고를 하지 않으면 확정일자를 받더라도 계약기간 동안 우선변제권이 생기지 않는다.

③ 대항력을 갖춘 임차인이 주택 임대차 계약서에 확정일자를 받으면 다음 날부터 우선변제권의 효력이 발생한다.

④ 소액임차인이 다른 지역에서 새로운 임대차를 체결하면 그 지역에서는 최우선변제권을 부여받지 못할 수도 있다.

⑤ 임차한 주택을 인도받고 전입 신고를 한 날에 주택에 다른 물권이 성립되면 임차권은 새로운 물권보다 후순위가 된다.

24. 윗글을 바탕으로 <보기>를 이해한 내용으로 적절한 것은? [3점]

> **< 보 기 >**
>
> 을이 갑에게 2억 원의 보증금을 지급하고 갑 소유의 A 주택을 2021년 2월 5일부터 2년간 임대하기로 하는 임대차가 갑과 을 사이에 체결되었다. 을은 2021년 2월 5일에 A 주택으로 이사하고 전입 신고를 하였지만 계약 기간 내내 확정일자는 받지 않았다. A 주택에 거주해 오던 을은 임대차 만료를 앞두고 이사 갈 집을 구하여 새로운 임대차를 체결하였고, 2022년 12월 4일에 갑에게 기존의 임대차를 연장하지 않겠다는 의사를 밝혔다. 갑은 사정이 생겨 보증금을 제때 돌려주지 못한다고 통보하였다. 갑은 임대차가 만료된 현재까지 보증금을 돌려주지 않고 있다.

① 을은 2022년 12월 4일부터 임차권등기명령을 신청할 수 있다.
② 을은 임차권등기명령을 신청하는 즉시 갑에게 보증금을 돌려받을 수 있다.
③ 을은 기존의 우선변제권이 유지되도록 임차권등기명령 제도를 이용할 수 있다.
④ 을의 신청으로 임차권등기명령이 내려지면 갑은 A 주택을 다른 사람에게 매도할 수 없다.
⑤ 을의 신청으로 임차권등기명령이 내려지면 을이 이사를 가더라도 을이 가지고 있던 임차권은 등기부에 기재된다.

25. ㉢의 이유를 추론한 것으로 가장 적절한 것은?

① 최우선변제권은 사회적 약자를 보호하는 취지에서 인정되는 것이기 때문에
② 소액임차인이 임대차를 체결할 때 등기부에 기재된 임차권을 알 수 없기 때문에
③ 최우선변제권이 생기면 원래의 임차인이 가지고 있던 우선변제권이 사라지기 때문에
④ 소액임차인의 최우선변제권이 인정되면 등기부상의 선순위 물권보다도 우선 변제되기 때문에
⑤ 원래의 임차인과 달리 새로 입주한 소액임차인은 주택의 인도라는 요건이 필요하지 않기 때문에

[26 ~ 30] 다음 글을 읽고 물음에 답하시오.

　출퇴근에 대한 관념은 근대 이후에 형성되었다. 집과 일터의 경계가 뚜렷하지 않았던 전근대 사회와 달리 19세기 이후의 도시적 삶에서는 주거를 위한 사적 공간과 노동을 위한 공적 공간이 분리되었다. 여가를 즐길 수 있는 곳은 사적 공간으로, 경제적 활동을 하는 곳은 공적 공간으로 인식되었으며 이 둘의 관계는 내부와 외부, 실내와 거리의 관계에 대응된다.
　게오르크 짐멜은 대표적인 사적 공간인 실내의 공간적 의미를 도시의 삶과 관련지어 분석하였다. 짐멜은 도시에서 살아가는 개인이 외적 자극의 과잉으로 인해 신경과민에 ⓐ빠지게 되는데,

이에 대응하는 전형적인 방식이 내면으로의 침잠이라고 설명하였다. 외부와 차단된 실내는 내면을 지키기에 가장 유리한 공간이라는 것이다. 또한 짐멜은 개인이 개성을 실현할 수 있는 공간이라는 의미를 실내에 부여하였다. 19세기에는 실내를 가구와 공예품으로 빈틈없이 장식하는 것이 유행했는데, 그는 다양한 양식을 지닌 사물을 취향에 따라 조합함으로써 일상에서 개성을 드러낼 수 있다는 점에서 이를 긍정적으로 평가하였다. 또 양식이라는 보편적인 표현 형태를 매개로 하는 공예품은 평온함과 안정감을 줄 수 있다고 덧붙였다. ㉠실내에 대한 짐멜의 설명은 도시적 삶이 가져오는 불안과 몰개성을 사적 공간에서 해소하려는 개인의 욕망에 부응한다. 실내가 개인의 은신처이자 일상의 심미화를 추구할 수 있는 공간으로 자리매김함에 따라, 거주자를 외부로부터 보호하고 자유로운 개성 표현을 보장하는 실내의 설계가 당시 건축의 주요한 구성 원리로 등장하였다.
　발터 베냐민은 실내 장식에 집착한 19세기의 주거 문화를 '주거 중독증'으로 표현하면서 이는 도시의 공적 공간에서 개인적 흔적을 남길 수 없는 데 대한 보상 심리에서 기인한 것이라고 설명하였다. 베냐민은 실내가 사회적 세계와의 연관성을 잃어가면서 점점 더 인위적인 공간이 되었으며 그곳에서의 은둔은 공적 공간으로부터의 도피를 의미한다고 보았다. 그는 신화나 자연에서 모티프를 딴 가구와 공예품들의 조합을 통해 몽환적 분위기를 조성했던 19세기의 실내 풍경을 예로 들면서, 이러한 실내는 거주자를 환상에 빠지게 함으로써 도피에 대한 욕망을 충족시킬 뿐이라고 주장하였다.
　실내에 대한 베냐민의 비판적 고찰은 사적 공간과 공적 공간의 괴리를 문제 삼는 데로 이어지는데, 이때 베냐민이 주목한 것은 파리의 '파사주'이다. 파사주는 몇 채의 건물을 잇는 통로 형태의 상가로, 베냐민에 따르면 유행의 리듬이 지배하는 최초의 자본주의적 소비 공간이다. 유행은 새로운 것을 부단히 연출함으로써 상품을 향한 욕망을 재생산한다. 서로 마주 보는 상점들이 늘어선 구조는 오가는 이들의 시선을 붙잡아 소비를 부추겼다. 또한 파사주는 건축학적으로 거리와 실내 사이에 위치하는 '사이공간'이다. 베냐민은 그렇기 때문에 파사주에서는 외부와 내부가 혼동되는 경험이 가능하다고 보았다. 전적으로 공적이지도 않고 사적이지도 않은 중간 영역의 존재는 경계 해체의 단초를 제공한다.
　사적 공간과 공적 공간의 분리를 신봉하는 낡은 개념을 대신할 새로운 주거 개념을 탐색하면서, 베냐민은 신건축과의 관계에서 파사주의 의미를 다시 조명하였다. 1920년대에 등장한 신건축은 산업 기술의 발전에도 불구하고 건축의 미학화 경향이 지속되는 상황에 대한 반론의 성격을 띤다. 베냐민은 공간의 이분법을 극복하려는 사유의 연장선상에서 신건축의 구성 원리를 탐구하였다. 신건축에서는 철골을 재료로 사용하면서 벽을 제거하는 설계가 가능해져 내부와 외부의 경계를 완화할 수 있게 되었다. 또 빛이 투과하는 유리 사용의 확대는 내부와 외부의 통합을 공간적으로 구현할 수 있게 했다. 이에 비해 파사주는 새로운 재료를 사용하면서도 과거의 건축 양식들이 절충적으로 혼합되어 지어졌다는 점에서 기술의 발전에 부합하는 건축 양식으로 이어지지 못했다는 것이 베냐민의 설명이다. 이처럼 베냐민은 파사주의 한계를 지적하면서도, 외부로부터 차단된 '그릇 속에서의 삶'이 지배했던 19세기에서 '관계와 투과'의 원리가 지배하는 20세기로 넘어가는 문지방의 의미를 파사주에서 발견하였다.

26. 윗글에 대한 설명으로 가장 적절한 것은?

① 건축 재료의 발달 과정을 중심으로 건축사를 단계별로 설명하고 있다.

② 주거 문화에 대한 관점이 기술의 발전에 미친 영향을 인과적으로 밝히고 있다.

③ 특정 도시의 다양한 사회상을 제시하고 이를 시대적 기준에 따라 분류하고 있다.

④ 사적 공간과 공적 공간을 대비하고 이들 공간의 긍정적 측면과 부정적 측면을 각각 분석하고 있다.

⑤ 실내에 대한 학자들의 견해를 제시하면서 그러한 견해의 형성 배경 및 견해 간의 차이를 드러내고 있다.

27. ㉠을 이해한 내용으로 적절하지 <u>않은</u> 것은?

① 주거와 여가를 구분하면 일상의 심미화가 가능하다고 보았다.

② 신경과민 상태의 개인이 내면을 보호하려는 자구책이라고 보았다.

③ 양식화된 공예품의 조합에 따라 개인의 개성이 표현된다고 보았다.

④ 양식의 보편성을 매개로 평온함과 안정감을 얻을 수 있다고 보았다.

⑤ 도시적 삶에서 오는 자극에 대응하기 위하여 내면으로의 침잠이 나타나게 된다고 보았다.

28. 윗글의 베냐민의 관점에서 본 '파사주'에 대한 이해로 적절하지 <u>않은</u> 것은?

① 유행의 교체를 통해 욕망을 끊임없이 자아내는 공간이다.

② 소비 심리를 자극하는 방식으로 상점들이 배치된 공간이다.

③ 거리와 실내의 경계가 모호해지는 경험을 가능하게 하는 공간이다.

④ 최신 기술과 소재에 부합하는 새로운 건축 양식을 사용하여 지어진 공간이다.

⑤ 사적 공간에서 칩거하는 시대에서 사적 공간과 공적 공간의 통합을 지향하는 시대로 이행 중임을 보여 주는 공간이다.

29. 윗글을 바탕으로 <보기>를 이해한 내용으로 적절하지 <u>않은</u> 것은? [3점]

< 보 기 >

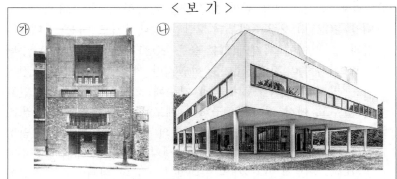

㉮는 오스트리아의 건축가 로스가 지은 '차라 하우스'이다. 거주자의 취향에 따라 가구, 공예품 등을 배치하기 좋도록 건물의 내벽이나 천장, 바닥 등은 장식 없이 간결하게 마감되어 있다. 건물의 한쪽 면에만 배치된 창을 통해 외부를 차단하고, 채광을 조절하여 은신처의 아늑한 느낌을 유지한다. ㉯는 프랑스의 건축가 르 코르뷔지에가 지은 '빌라 사보아'로, 신건축을 대표하는 주택이다. 철골 기둥만으로 건물 본체를 지탱하는 구조로 설계되어 건물이 공중에 떠 있는 듯한 느낌을 준다. 수평으로 넓게 퍼진 창은 내부를 넘어 외부 풍경으로 열려 있는 공간을 구현하였다.

① 채광을 조절하여 아늑한 느낌이 유지되도록 설계된 ㉮에 대해, 베냐민은 외부로부터 도피하기 위한 공간이라고 생각하겠군.

② 건물의 한쪽 면에만 창을 배치하여 외부와 차단되도록 설계된 ㉮에 대해, 짐멜은 거주자가 내면을 지키기에 적합한 공간이라고 생각하겠군.

③ 장식 없이 간결하게 마감되어 거주자가 취향에 따라 꾸밀 수 있도록 설계된 ㉮에 대해, 짐멜은 개성을 표현할 수 있는 공간이라고 생각하겠군.

④ 수평으로 넓게 퍼진 창을 통해 외부를 향해 개방되도록 설계된 ㉯에 대해, 베냐민은 내부와 외부의 통합을 추구하는 공간이라고 생각하겠군.

⑤ 기둥만으로 건물을 떠받치는 구조를 통해 공중에 떠 있는 느낌이 들도록 설계된 ㉯에 대해, 짐멜은 도시적 삶을 추구하는 개인의 욕망에 부응하는 공간이라고 생각하겠군.

30. ⓐ와 문맥상 의미가 가장 가까운 것은?

① 나는 물에 <u>빠진</u> 생쥐 꼴이 되고 말았다.

② 어디서 묻었는지 얼룩이 잘 <u>빠지지</u> 않았다.

③ 중요한 회의니까 오늘은 절대 <u>빠지면</u> 안 된다.

④ 그동안 잘 진행되던 협상이 교착 상태에 <u>빠졌다.</u>

⑤ 아무리 찾아보아도 그의 지원 서류가 <u>빠지고</u> 없었다.

[31~34] 다음 글을 읽고 물음에 답하시오.

(가)

지팡이 짚고 바람 쐬며 좌우를 돌아보니
누대의 맑은 경치 아마도 깨끗하구나.
㉠ 물도 하늘 같고 하늘도 물 같으니
푸른 물과 긴 하늘이 한빛이 되었거든
물가에 갈매기는 오는 듯 가는 듯 그칠 줄을 모르네.
㉡ 바위 위 산꽃은 수놓은 병풍 되었고
시냇가 버들은 초록 장막 되었는데,
좋은 날 좋은 경치 나 혼자 거느리고
㉢ 꽃피는 시절 허송하지 말리라 하고
아이 불러 하는 말, 이 깊은 산속에서 해산물을 볼쏘냐.
㉣ 살진 고사리, 향기로운 당귀를 돼지고기, 사슴고기 섞어서
크나큰 바구니에 흡족히 담아두고
붕어회에다 눌어, 꿩 섞어 먹음직하게 구워지거든
술동이의 맑은 술을 술잔에 가득 부어
한잔, 또 한잔 취토록 먹은 후에,
㉤ 복숭아꽃 붉은 비 되어 취한 낮에 뿌리는데
낚시터 넓은 돌을 높이 베고 누우니
무회씨 때 사람인가, **갈천씨 때 백성***인가.
태평성대를 다시 보는가 생각노라.
이 힘이 누구 힘인가, 성은이 아니신가.
강호에 물러난들 임금 걱정이야 어느 때에 잊을까.
때때로 머리 들어 북극성 바라보고
남모르는 눈물을 하늘 끝에서 흘리도다.
평생에 품은 뜻을 빕니다, 하느님이시여.
마르고 닳도록 우리 임금 만세를 누리소서.
태평한 세상에 삼대일월* 비추소서.
영원무궁토록 전란을 없애소서.
밭 갈고 샘 파서 격양가*를 부르게 하소서.
이 몸은 이 강산풍월에 늙을 줄을 모르도다.

‒ 박인로, 「노계가」 ‒

* 무회씨 때 사람, 갈천씨 때 백성 : 중국 상고시대 전설상의 제왕인
  무회씨와 갈천씨 때의 태평성대의 사람.
* 삼대일월 : 중국에서 왕도 정치가 행해졌던 하·은·주 시대.
* 격양가 : 중국 요 임금 때 늙은 농부가 배를 두드리고 땅을 치면서
  천하가 태평하다며 불렀다는 노래.

(나)

 자연은 왜 존재해 있나? 모른다. 그것은 영원한 신비다.
 자연은 왜 아름다운가? 모른다. 그것도 영원한 불가사의다.
 자연은 왜 말이 없는가? 그것도 모른다. 그것도 영원한 그의
침묵, 그의 성격이다.
 우리는 자연의 모든 것을 모른다. 우리는 영원히 그의 신원도,
이력도 캐어낼 수 없을 것이다. 오직 그의 신성한 존재 앞에
백지와 같은 마음으로 경건한 직감이 있을 뿐이다. 직감 이상
으로 자연의 정체를 볼 수 없고 들을 수 없을 것이다. 자연에
대한 우리 인류의 최고 능력은 직감일 것이다.
 한 사람이라도 좋다. 자연에 대한 솔직한 감각을 표현하라.
금강산에 어떠한 **문헌**이 있든지 말든지, 백두산에서 어떠한 인
간의 때 묻은 내력이 있든지 없든지, 조금도 그따위에 관심할
것이 없어 산이면 산대로, 물이면 물대로 보고 느끼고 노래하는
시인은 없는가? 경승지에 가려면 문헌부터 뒤지는, 극히 독자

(獨自)의 감각력엔 자신이 없는 사람은 예술가는 아니다. 조그만
학문과 고고의 사무가일 뿐, 빛나는 생명의 예술가 는 아니다.
 금강산은 금강산이라 이름 붙여지기 훨씬 전부터, 태고 때부터
엄연히 존재해 있는 것이다. **옥녀봉**이니 **명경대**니 하는 이름과
전설은 가장 최근의 일이다. 본래의 금강산과는 아무런 관계도
없는 그야말로 무근지설이다. **소문거리의 '모델'**로서의 금강산,
일만 이천 봉이니 열두 폭이니 하고 **계산된 삽화**로서의 금강산을
보지 못해 애쓸 필요야 무엇인가. 금강산이나 백두산이나 무슨
산이나 간에 그들은 태고 때부터 항구히 살아 가지고 있는 것이
다. 물은 지금도 흐르고 꽃과 단풍은 지금도 그들의 품에서
피고 지거늘 문헌과 전설이 무슨 상관인가. 고완품이나 고적이
라면 모르거니와 죽을 줄 모르는 생명의 덩어리인 자연에게
있어 문헌이란 별무가치인 것이다.
 흔히 시인들은 자연을 대상으로 한 시편에서나 기행문에서는
너무들 문헌에 수족이 묶인다. 고완품을 보는 것 같고 자연을
보는 것 같지 않은 것이 흔히 독자에게 주는 불유쾌다.
 문헌은 학자들에게 던져두라. 예술가에게는 언제, 어디든지
가 신대륙, 신세계여야 할 것이다.

‒ 이태준, 「자연과 문헌」 ‒

31. (가)와 (나)에 대한 설명으로 가장 적절한 것은?

① (가)와 (나)는 모두 명령형 어미를 통해 주제 의식을 드러내고
 있다.
② (가)와 (나)는 모두 문답의 방식을 통해 현실에 대한 비판을
 드러내고 있다.
③ (가)와 (나)는 모두 대조의 방식을 활용하여 태도의 변화를
 드러내고 있다.
④ (가)와 달리 (나)는 시선의 이동을 통해 계절적 배경을 다채
 롭게 드러내고 있다.
⑤ (나)와 달리 (가)는 초월적 공간을 설정하여 고조된 감정을
 드러내고 있다.

32. ㉠~㉤에 대한 이해로 적절하지 않은 것은?

① ㉠ : 유사한 문장 구조를 반복하여 자연물 간의 경계가 사라진
 풍광을 묘사하고 있다.
② ㉡ : 일상의 사물에 빗대어 화자를 둘러싼 자연의 모습을 표현
 하고 있다.
③ ㉢ : 의지적인 어조를 활용하여 학문 수양을 게을리하지 않으
 려는 자세를 드러내고 있다.
④ ㉣ : 자연에서 얻을 수 있는 재료를 나열하여 상황에 대한 만족
 감을 표현하고 있다.
⑤ ㉤ : 자연물의 색채 이미지를 활용하여 화자의 취흥을 강조하고
 있다.

33. <보기>를 읽고 (가), (나)를 감상한 내용으로 적절하지 <u>않은</u> 것은? [3점]

> ─────── < 보 기 > ───────
>
> (가)의 작가는 전란을 체험한 후 강호에 은거하며 태평성 대를 추구하고, (나)의 작가는 자연의 본질에 대한 통찰을 촉구 한다. 이들은 일관되고 영속적인 가치를 지향한다. 비록 작가의 지향을 방해하는 일시적인 요소가 있더라도, 이 지향은 과거 에서 현재로, 다시 미래로 지속성을 갖고 이어진다.

① (가)의 '물가에 갈매기'가 '오는 듯 가는 듯 그칠 줄을 모르 네'라는 구절에서 어울림에 영속성을 부여하고 이를 지향하는 작가의 태도를 확인할 수 있군.

② (가)에서 작가가 자신을 '무회씨 때 사람', '갈천씨 때 백성'과 동일시하여 과거와 현재를 잇는 것은 시간이 흘러도 영속되는 가치에 대한 작가의 인식을 드러낸 것으로 볼 수 있군.

③ (가)의 '영원무궁토록 전란을 없애소서'라는 구절에서 전란이 라는 일시적인 요소가 '태평한 세상'이라는 영속적인 가치를 방해하지 않기를 바라는 작가의 인식을 확인할 수 있군.

④ (나)에서 '옥녀봉', '명경대'와 같은 이름으로 자연을 규정하는 것은 자연의 일관성과 지속성에 대한 통찰의 결과라는 작가의 인식을 확인할 수 있군.

⑤ (나)에서 '문헌'은 '소문거리의 '모델'', '계산된 삽화'를 양산 함으로써 자연의 영속적인 본질에 대한 접근을 방해하는 요소가 된다는 작가의 인식을 확인할 수 있군.

34. (나)의 빛나는 생명의 예술가 가 갖추어야 할 태도로 가장 적절한 것은?

① 자연의 모든 것을 알아낼 수 있다는 확신으로 탐구에 임해야 한다.

② 직관을 통해 자연에 대한 솔직한 감각을 드러낼 수 있어야 한다.

③ 여러 기록을 참고하며 자연의 새로운 경지를 소개할 수 있어야 한다.

④ 경승지를 보고 이를 대상으로 한 시편을 인용하여 작품을 창작 할 수 있어야 한다.

⑤ 자연과 관련된 인간의 내력을 소재로 삼아 자신의 예술성을 표현할 수 있어야 한다.

[35 ~ 38] 다음 글을 읽고 물음에 답하시오.

> **[앞부분의 내용]** 단역 전문 배우인 '그'는 일요일에도 촬영장에 나가 주인공인 신장균에 맞서는 악역 고독성의 졸개 역할을 맡아 촬영의 마지막 장면을 기다린다.

그리하여 마지막 대회전, 오늘의 주인공인 신장균과 고독성 의 최후의 결판을 위해 장소가 어느 이름을 알 수 없는 왕릉

으로 옮겨졌을 때 가을 햇빛은 이미 서서히 기울기 시작하고 있었다. 그리고 그는 이미 기진맥진해 있었다. 어느 임금의 능 인지는 알 수 없으되 그 거대한 규모의 무덤 앞에는 그 임금의 생전의 위용을 말해주는 번듯하고 널따란 잔디밭이 마련되어 있었고, 그 잔디밭은 이제 한여름의 푸름을 잃고 시들어져 누 른빛을 띠고 있었다. ㉠ 가을 햇빛은 그리고 그 빛을 서서히 거둬들임으로써 잔디의 누른빛을 회갈색으로 바꿔 가고 있었다. 그는 수십 명의 다른 포졸들과 함께 신장균을 세 겹으로 호위 하고 있었다. 고독성은 뒷전에서 독전만 하고 있을 뿐, 아직 앞에 나서지는 않고 있었고, 포졸들은 신장균과 근접한 순서로 한꺼번에 서너 명씩 죽어 나가기 시작했다.

언제 어디서 번쩍할는지 알 수 없는 신장균의 검광은 제 주 인의 신변을 보호하기 위해 화려하고도 날카로운 곡선을 그려, ㉡ 의상 아닌 넝마를 걸친, 한 목숨당 3백 원짜리 포졸들을 풀 베듯 베어 나갔다. 그는 맨 뒷열에서 싸움의 중심을 향해 다가 들고 있었으므로 아직 차례가 오지 않았으나 거의 죽은 몸이나 다름없었다. 배가 등과 달라붙어서 제 주인의 무능함을 수군거 리고 있었고, 언제부터인지 옆구리가 뜨끔뜨끔 결리기 시작했다. ㉢ 늑막염이 재발하려나, 하고 그는 생각했다. 그때 차례가 왔다. 그는 칼을 높이 치켜들고, 온몸을 신장균의 칼에 내맡기기 위 하여 드러내 놓은 채 달려들었다. 신장균의 칼이 번쩍! 했다고 생각했다.

다음 순간, 그는 왼쪽 옆구리에 격렬한 동통을 느끼고 쓰러 졌다. 베는 시늉만 하도록 되어 있는 것인데 신장균이 실수했 음에 틀림없었다. 진검이 아니라 나무를 깎아 만든 칼에다 은 분을 바른 것이었으므로 외상은 대수롭지 않을 것이었으나 옆 구리로부터 가슴께까지 저려드는 듯한 동통은 참을 수 없는 것이었다. 그러나 그 한 사람으로 말미암아 촬영을 중단할 수는 없다. 그는 참아야 했다. 먼저 **쓰러진 포졸의 시체 위에 덧걸쳐 엎드려서** 그는 이를 악물었다. 그러자 동통은 더욱 무겁게 저 려드는 듯했다.

촬영은 아무 일도 없다는 듯 계속되었다. 마침내 신장균과 고독성의 최후의 결전이 벌어진 모양으로, ㉣ 이제 두 사람의 고함 소리와 나무칼 부딪치는 소리만이 단조롭게 들려 오기 시작했다. 촬영기의 저 타르르 하는 가냘프고 둔탁한 음향과 함께……. 그리고 그는 **자기의 목구멍**에서 차츰 **죽은 사람의 냄새**가 나기 시작한다고 생각했다. 무언가 심하게 썩는 듯한 냄새와 썩고 있는 물체가 발산하는 열기가 목구멍 안에 있다고 느꼈다.

어디선가 **3백 년 전의 포졸**이 낯선 듯도 하고 낯익은 듯도 한 목소리로 속삭이고 있는 것 같았다. '그렇지, 자네도 별수 없이 죽어 자빠졌군. 보게, 임금도 죽고 말았거든.' 하고. 그는 하마터면 벌떡 일어날 뻔했으나 그러지 못했다. 우선 그의 의식 속에서 아내의 희뿌연 시선이, 그러지 말라고, 그래선 안된다고 말하고 있었을 뿐만 아니라 그는 이미 일어날 기운조차 없이 지경으로 탈진해 있었기 때문이다.

최씨가 오늘의 첫 번째 **3백 원**을 쥐여 주면서 그의 창백한 얼굴을 한번 힐끔 쳐다보고는 야간 촬영이 있는데 나갈 수 있 겠느냐고 물었을 때, 그는 이미 손가락 하나 움직일 수 없는 지경이었으나 따라나섰다. 라면 한 그릇 사 먹을 겨를도 없 이……. 그리하여 최씨가 그의 손에 오늘의 두 번째 3백 원을 쥐여 준 것은 밤 11시가 넘은 시간이었다. 주연 배우가 무슨 까닭에서인지 나오지 않았으므로(빵꾸를 냈다고 일컫는다.) 보 통이면 밤을 꼬박 새워야 할 일이 일찍 끝난 셈이다. 그러나

그는 그때, 바로 눈앞의 사물을 판단할 수 없을 정도로 흐리멍덩한 의식 속에 있었다. 지금도 그것은 마찬가지다. ⑩단지 자기는 지금 집으로 향하는 버스에 타고 앉아 있다는 사실과 이 버스가 아마 막차라는 사실, 그리고 몇몇 승객의 피곤한 얼굴과 졸고 앉아 있는 차장의 가여운 모습이 먼 풍경처럼 망막에 비쳐들고 있다는 흐릿한 의식뿐……

그리고 참, 자기의 주머니는 지금 차장에게 10원을 지불하고 남은 일금 5백 90원이 들어 있다는 사실, 이 사실은 하늘에서 별을 따왔다는 사람이 있다면 그 사람과 한번 나란히 서 보고 싶을 정도의 굉장한 재수라기보다도 행운이라는 점……. 그는 단지 아직 죽지 않은 근육과 뼈의 무게만으로 그렇게 달리는 버스에 앉아 있었다. 몇몇 승객이 자기를 바라보고 있는 것 같다고 느꼈으나 그것도 분명치는 않았다. 의식이 가물가물 꺼져 가는 것 같은 느낌도 들었으나 그것 역시 분명치가 않았다. 그러한 그의 의식이 선명하게 되살아나기 시작한 것은 버스가 종점에 닿아 그가 마악 오른발로 땅을 내려디디려는 순간이었다. 선뜻! 했다. 그의 오른발은 맨발이었던 것이다. 발이 땅에 닿은 순간 냉습한 어떤 줄기 같은 것이 다리를 통해 전신으로 쭉 끼쳐 올라왔다. 그리고 그것은 머리끝에서 차가운 분열을 일으켰다. 머릿속이 물벼락을 맞은 듯 선명해졌으나 구두가 어느 사이에 달아나 버렸는지 생각해 낼 수가 없었다. 다만 오른쪽 다리가 갑자기 뻣뻣해지는 것을 느끼고, 지금 그 다리는 차고 습기 낀, 죽음의 외각을 딛고 있다는 생각만이 선명했다. 그는 걷기 시작했다. 오른쪽 다리가 경직이라도 일으킨 듯 뻣뻣하고 불편했으나 그는 안간힘을 써서 걸었다. 골목의 가게들은 아직도 불을 켜놓은 채 손님을 기다리고 있었다. 그러나 그에게는 그것이 마치 죽은 사람을 전송하기 위한 **장의의 불빛**처럼 보였다. 어느 나라에서는, 맨발은 바로 **입관 직전의 사자(死者)**를 뜻한다던가? 그는 생각했다. 하긴, 어디 나만이 죽은 것이랴. 세상의 모든 사람이 커다란 소멸의 흐름 속에 던져진 채 있다. 시간까지도…… **누구나 매일매일 조금씩은 죽어 가면서 살고 있다.** 어린아이들조차 그러하다. 아내의 뱃속에서 자라고 있을 **태아도** 이를테면 **죽음의 싹**이다. 아내는 죽음을 배고, 그것을 키우고 있다. 언제부터인가 다시 옆구리가 뜨끔뜨끔 결리기 시작했다. 늑막염이 재발하려나 하고 막연히 생각하며 그는 **구두가 신겨져 있지 않은 발과 신겨져 있는 발**을 부자연스럽게 번갈아 움직여서 계속 걸었다. 마치 **죽음의 발과 생명의 발**을 하나씩 가지고 있는, 어느 나라 전설 속에 있을 법한, 이상한 그림자처럼……. 그러다가 그는 자기의 왼쪽 발에는 아직 구두가 신겨져 있다는 깨달음과 만났다. 그리고 그는 놀랐다.

나는 아직 한쪽은 신고 있구나 — 하는, 이 아무렇지도 않을 수 있는 깨달음은 그를 놀라게 했을 뿐만 아니라 그의 마음을 어떤 신선한 감명으로 떨게까지 했다. 아, 나의 또 하나의 발은 아직도 살아 있었구나! 이 발은 그리고 따뜻하고 편안하구나! 이것은 튼튼하구나! 마치 반석과도 같군! 아내의 둥근 배가 머리에 떠올랐다. 그녀 뱃속에 태아가 하고 있을 몸짓이 상상돼 왔다. 그래, 그건 죽음의 싹이 아니다. 그렇게 불러선 안돼. 그는 걸음을 빨리했다. 아내에게는 지금 단백질이 필요하리라고 생각했다. 주머니에는 지금 일금 5백 90원이 들어 있다. 그래, 쇠고기를 한 근 사자. 식육점의 문이 닫히기 전에…… 저 앞에, 펄펄한 소를 때려잡아서 피가 뚝뚝 듣는 싱싱한 고기를 팔고 있을 듯한 **식육점의 불그레한 불빛**이 보이기 시작했다.

- 조해일, 「매일 죽는 사람」 -

35. 윗글에 대한 설명으로 가장 적절한 것은?

① 내적 독백을 직접 제시하여 내면 의식의 변화를 보여 주고 있다.

② 시간의 순서를 뒤바꾸어 이야기의 인과 관계를 재구성하고 있다.

③ 여러 인물의 회상을 교차하여 서사 전개에 입체성을 부여하고 있다.

④ 전해 들은 이야기를 전달하는 방식으로 인물의 내력을 제시하고 있다.

⑤ 액자식 구성을 통해 상이한 이야기가 갖는 유사한 의미를 강조하고 있다.

36. 윗글의 내용에 대한 이해로 적절하지 않은 것은?

① 신장균 역을 맡은 배우는 베는 시늉만 하기로 되어 있었지만 '그'는 실제로 가격 당했다고 느꼈다.

② '그'는 매우 지친 상태였음에도 불구하고 최씨의 야간 촬영 제안을 받아들였다.

③ 두 번째 촬영에서 주연 배우가 나타나지 않아 '그'는 예상보다 일찍 귀가하게 되었다.

④ 촬영을 마치고 집으로 돌아가는 '그'의 수중에는 만족할 만한 수준의 현금이 있었다.

⑤ 버스에 오른 '그'는 몇몇 승객의 시선을 의식하고 불편함을 느꼈다.

37. ㉠~㉤에 대한 이해로 적절하지 않은 것은?

① ㉠ : 시간의 변화를 드러내는 표현을 통해 주변 배경의 분위기를 드러내고 있다.

② ㉡ : 인물들에 대한 처우를 나타내는 표현을 통해 이들이 맡은 배역이 보잘것없는 것임을 보여 주고 있다.

③ ㉢ : 신체 상태를 고려하지 않고 배역을 수행하는 모습을 통해 인물의 절박한 처지를 암시하고 있다.

④ ㉣ : 상황을 제한적으로 인지하는 모습을 제시하여 인물이 느끼는 초조함을 드러내고 있다.

⑤ ㉤ : 의식한 내용을 나열하여 인물의 피로감을 부각하고 있다.

38. <보기>를 바탕으로 윗글을 감상한 내용으로 적절하지 <u>않은</u> 것은? [3점]

> < 보 기 >
>
> 　삶과 죽음은 명확한 경계로 구분되지 않으며 항상 우리 곁에 동시에 존재한다. 삶은 죽어가는 과정으로 볼 수 있으며 죽음 또한 삶의 과정이 있어야 존재할 수 있다. 그래서 죽음을 느낀다는 것은 역설적으로 살아 있다는 것이며 생(生)에 대한 감각과 의지는 죽음을 가까이할수록 강해진다. 「매일 죽는 사람」은 살기 위해 매일 죽음을 연기해야 하는 인물을 통해 삶과 죽음이 혼재하는 상황을 보여 주고 있다.

① '3백 원'을 받으려 '쓰러진 포졸의 시체 위에 덧걸쳐 엎드려'야 하는 '그'의 모습은 단역 전문 배우로서 죽는 역할을 맡아야 삶을 유지할 수 있는 상황을 역설적으로 보여 주는군.

② 죽은 척하고 쓰러진 '자기의 목구멍'에서 '죽은 사람의 냄새'를 느끼고 '3백 년 전의 포졸'의 속삭임을 듣는 '그'의 모습은 삶의 과정이 끝나야 죽음이 찾아온다는 것을 암시하는군.

③ '입관 직전의 사자'를 떠올리며 '누구나 매일매일 조금씩은 죽어 가면서 살고 있'다는 인식에 이르는 것은 '그'가 삶을 죽어가는 과정으로 바라보게 되었음을 시사하는군.

④ '구두가 신겨져 있지 않은 발과 신겨져 있는 발'로 걸으며 '죽음의 발과 생명의 발'을 모두 가지고 있다고 여기는 '그'의 모습은 삶과 죽음이 동시에 존재한다는 인식을 드러내는군.

⑤ '장의의 불빛' 같던 불 중에서 '식육점의 불그레한 불빛'에 주목하게 된 것은, '태아'를 '죽음의 싹'으로 단정짓는 인식에서 벗어나 생의 감각을 더 가까이 느끼게 된 것에 대응하는군.

[39 ~ 42] 다음 글을 읽고 물음에 답하시오.

> 　어느 날 이생이 최씨에게 말했다.
> 　"**옛 성인의 말씀**에 '어버이가 계시면 나가 놀더라도 반드시 가는 곳을 고해야 한다.'라고 했소. 그런데 지금 나는 부모님께 아침저녁 문안 인사를 드리지 못한 채 벌써 사흘이나 보냈구려. 분명 부모님께서는 문간에 기대어 나를 기다리실 것이니 이 어찌 **자식된 도리**라 하겠소."
> 　최씨는 서운해하면서도 고개를 끄덕였다. 그러고는 이생이 **담을 넘어 돌아가게** 해 주었다.
> 　이생은 그 뒤부터 ㉠<u>밤마다</u> 최씨를 찾아가지 않는 날이 없었다. 어느 날 저녁에 이생의 아버지가 아들에게 물었다.
> 　"네가 아침에 집을 나갔다가 저녁에 돌아오는 것은 옛 성인이 남기신 인의의 가르침을 배우려는 것이다. 그런데 요즘은 황혼녘에 나갔다가 ㉡<u>새벽에야</u> 돌아오니 이게 어찌 된 일이냐? 분명 **경박한 놈들의 행실**을 배워 남의 집 담장을 넘어가서 누구네 집 규수와 정을 통하고 다니는 것일 테지. 이 일이 탄로 나면 **남들**은 모두 내가 자식을 엄하게 가르치지 못한 탓이라고 **책망**할 것이다. 또 만일 그 규수가 지체 높은 집안의 딸이라면 필시 네 미친 짓 때문에 가문을 더럽히고 남의 집에 누를 끼치게 될 것이야. 이 일은 작은 일이 아니로다. 너는 ㉢<u>지금 당장</u> 영남으로 가서 종들을 거느리고 농사나 감독하여라. 그리고 **다시 돌아오지 말아라**."
> 　이생은 그 이튿날 울주로 보내졌다.
> 　최씨는 ㉣<u>매일 저녁</u> 화원에서 이생을 기다렸다. 그러나

㉤<u>몇 달이 지나도록</u> 그는 돌아오지 않았다. 최씨는 이생이 병에 걸렸나 보다고 생각하여 향아를 시켜 이생의 이웃들에게 몰래 물어보게 하였다. 이웃집 사람은 이렇게 말하였다.

"이 도령이 그 부친에게 죄를 지어 영남으로 내려간 지 이미 여러 달이 되었다오."

최씨는 그 말을 전해 듣고 병이 나서 자리에 눕게 되었다. 몸만 이리 뒤척 저리 뒤척 할 뿐 일어나지도 못하고, 물조차도 삼키기 어려운 지경에 이르렀다. 말도 두서가 없어지고, 얼굴도 초췌해졌다.

최씨의 부모가 이상히 여겨 병의 증상을 물어보아도 최씨는 입을 다물고 **아무 말도** 하지 않았다. 그러던 중 최씨의 부모가 딸의 글 상자를 들추어 보다가 전에 이생이 최씨에게 화답한 시를 발견하게 되었다. 그들은 그제야 깜짝 놀라며 말하였다.

"하마터면 우리 딸을 잃을 뻔했구나."

그러고는 딸에게 물었다.

"이생이 누구냐"

일이 이렇게 되자 최씨도 더 이상 숨길 수가 없었다. 그녀는 목구멍에서 겨우 나오는 작은 목소리로 부모님께 사실을 아뢰었다.

"아버님, 어머님. 길러 주신 은혜가 깊으니 감히 숨기질 못하겠습니다. 혼자 가만히 생각해 보니 남녀가 서로 사랑을 느끼는 것은 **인간의 정리로서 지극히 중요한** 일이옵니다. 그러므로 매실이 떨어지는 것을 보고 **혼기**를 놓치지 말라고 『시경』의 「주남」편에서 노래하였고, 여자가 정조를 지키지 못하면 흉하다는 말을 『주역』에서 경계하였습니다. 저는 버들처럼 가녀린 몸으로 뽕나무 잎이 시들기 전에 시집가야 한다는 말을 유념치 못하고 길가 이슬에 옷을 적셔 주위 사람들의 비웃음을 받게 되었습니다. 덩굴이 다른 나무에 의지해서 살듯 벌써 위당 처녀의 행실을 하고 말았으니 죄가 이미 넘쳐 가문에 누를 끼치게 되었습니다. 그러나 저 신의 없는 도련님이 한 번 가씨 집안의 향을 훔친 뒤로 원망이 천 갈래로 생겨났습니다. 여리디여린 몸으로 서러운 고독을 견디다 보니 그리운 정은 나날이 깊어 가고 큰 병은 나날이 더해 가서 거의 죽을 지경에 이르렀습니다. 장차 한 맺힌 귀신이 될 듯합니다. 부모님께서 저의 **소원**을 들어주신다면 제 남은 목숨을 보존하게 될 것이고, 만약 간곡한 청을 거절하신다면 그저 **죽음만이 있을 뿐**입니다. 이생과 저승에서 함께 노닐지언정 맹세코 **다른 가문으로 시집가지**는 않겠습니다."

이에 최씨의 부모도 그녀의 뜻을 알게 되었으므로 다시 병의 증세를 묻지 않았다. 그저 한편으로는 경계하고 한편으로는 달래가면서 딸의 마음을 누그러뜨리려고 노력하였다. 그러고는 중매의 예를 갖추어 이생의 집에 혼인 의사를 물었다.

이생의 아버지는 최씨 가문의 문벌이 어떤지를 물은 후 말하였다.

[A] ┌ "우리 집 아이가 비록 나이가 어려 잠시 바람이 나긴 했지만 학문에 정통하고 풍모도 남부럽지 않으니 바라는 바는 앞으로 장원급제하여 훗날 세상에 이름을 떨치는 것이오. 서둘러 혼처를 구하고 싶지 않소."

중매쟁이가 돌아와 최씨 부친에게 이 말을 아뢰니 최씨 집안에서 다시 이씨 집안에 이러한 말을 전했다.

[B] ┌ "한 시대의 벗들이 모두 그 댁 아드님의 재주가 뛰어나다고 칭찬들을 하더이다. 지금은 웅크리고 있지만 어찌 끝내 연못 속에만 머물러 있겠습니까? 속히 좋은 날을 정해 두 가문의 즐거움을 합하는 것이 좋을 듯합니다."

중매쟁이가 또 가서 그 말을 이생의 부친에게 고하니 그 부친이 말하였다.

"나 역시 젊어서부터 책을 잡고 경전을 공부했지만 늙도록 성공하지 못했소. 노비들은 도망가 흩어지고, 친척들의 도움도 적어 생활이 어렵고 살림도 궁색하다오. 그러니 문벌 좋고 번성한 집에서 어찌 한갓 한미한 선비를 사위로 삼으려 하신단 말이오? 이는 반드시 일 만들기 좋아하는 사람들이 우리 집안을 과도하게 칭찬해서 귀댁을 속인 것일 겁니다."

중매쟁이가 다시 최씨 가문에 고하자 최씨 부친이 말하였다.

"납채의 예와 의복에 관한 일은 제가 모두 알아서 하겠습니다. 좋은 날을 가려서 화촉을 밝힐 날짜만 정해 주시면 좋겠습니다."

중매쟁이가 또 돌아가서 고하였다.

이씨 집안에서는 일이 여기에 이르자 마음을 돌려 곧 이생을 불러다 그의 의사를 물었다. 이생은 기쁨을 이기지 못하였다.

― 김시습, 「이생규장전」 ―

39. 윗글의 내용에 대한 이해로 적절하지 <u>않은</u> 것은?

① 이생은 집안에서 최씨와의 혼인 의사를 묻자 기뻐한다.
② 향아는 이생이 영남으로 떠났다는 사실을 최씨에게 알린다.
③ 이생 부친은 자신의 가문에 비해 최씨 가문이 한미하다고 인식한다.
④ 최씨는 이생과의 만남을 부모에게 숨기다가 끝내 사실대로 고백한다.
⑤ 최씨 부친은 최씨의 청을 들어주기 위해 중매쟁이를 이생 집에 보낸다.

40. ㉠ ~ ㉤에 대한 이해로 적절하지 <u>않은</u> 것은?

① ㉠은 이생과 최씨의 만남이 반복됨을 드러내는 한편, 이생이 집에서 쫓겨나는 사건에 개연성을 부여한다.
② ㉡은 이생이 집에 돌아오는 시점을 특정하면서, 이생이 부친의 뜻과는 다르게 행동하고 있음을 드러낸다.
③ ㉢은 이생 부친의 단호함을 함축하는 한편, 이생과 최씨가 새로운 국면을 맞이하게 될 것을 암시한다.
④ ㉣은 최씨가 초췌해지는 과정을 요약적으로 드러내면서, 최씨의 심경에 변화가 일어났음을 암시한다.
⑤ ㉤은 이생과 최씨의 이별이 오랫동안 지속되었음을 드러내면서, 최씨가 느끼는 그리움의 깊이를 함축한다.

41. [A]와 [B]에 대한 설명으로 가장 적절한 것은?

① [A]와 [B]는 모두 이생이 겪은 구체적인 사건을 언급하며 상대를 회유하고 있다.
② [A]와 [B]는 모두 이생의 앞날에 대한 긍정적 기대를 드러내며 자신의 의중을 전달하고 있다.
③ [A]는 자신에게 시간이 더 필요하다며, [B]는 서두를 것을 요청하며 상대의 태도 변화를 촉구하고 있다.
④ [A]는 자신이 입게 될 손해를 우려하며, [B]는 이생이 얻게 될 이익을 강조하며 자신의 입장을 고수하고 있다.
⑤ [A]는 이생에 대한 긍정적 평판을 내세우며, [B]는 상대에 대한 신뢰를 드러내며 제안에 응할 것을 요청하고 있다.

42. <보기>를 바탕으로 윗글을 감상한 내용으로 적절하지 <u>않은</u> 것은? [3점]

― < 보 기 > ―

이 작품에서 사랑을 이루기 위해 물리적 경계인 담장을 넘어선 주인공들은 규범적 질서가 구축한 또 다른 담장의 존재를 의식하게 된다. 이들의 사랑은 이 담장의 외부에 위치하여, 주변 인물이나 옛말 등으로 구현된 규범적 질서로부터 옹호받지 못하는 취약함을 드러낸다. 이들은 담장의 제약에 일차적으로 순응하지만, 최씨는 자신들을 막아선 담장의 내부로 들어가겠다는 강력한 의지를 드러냄으로써 상황을 타개한다.

① 이생이 '옛 성인의 말씀'과 '자식된 도리'를 언급하며 다시 '담을 넘어 돌아가'는 것은, 최씨와의 사랑이 규범적 질서의 옹호를 받지 못한다는 점을 의식했기 때문이겠군.
② 아들의 행동을 '경박한 놈들의 행실'로 간주하고 이로 인한 '남들'의 '책망'을 걱정하는 이생 부친은, 규범적 질서가 구현된 주변 인물이라고 할 수 있겠군.
③ '다시 돌아오지 말'라는 부친의 지시에 저항하지 못하는 이생의 모습과 병의 증상을 묻는 부모에게 '아무 말'도 하지 못하는 최씨의 모습은, 규범적 질서의 제약을 넘어서지 못한 사랑의 취약함을 드러내는 것이겠군.
④ 최씨가 남녀의 사랑을 '인간의 정리로서 지극히 중요한 일'로 규정하며 '혼기'와 관련된 옛말을 언급한 것은, 규범적 질서가 구축한 담장의 외부에서 자신의 사랑을 유지할 수 있다는 가능성을 간파했기 때문이겠군.
⑤ 최씨가 '소원'이 이루어지지 못하면 '죽음만이 있을 뿐'이라며 '다른 가문으로 시집가'는 것을 거부하는 것은, 둘의 사랑을 규범적 질서가 용인하는 범위 내로 진입시키겠다는 강력한 의지의 표현으로 볼 수 있겠군.

[43 ~ 45] 다음 글을 읽고 물음에 답하시오.

(가)

　　여기저기서 단풍잎 같은 슬픈 가을이 뚝뚝 떨어진다. 단풍잎 떨어져 나온 자리마다 봄을 마련해 놓고 나뭇가지 위에 하늘이 펼쳐 있다. 가만히 **하늘**을 **들여다** 보려면 **눈썹**에 **파란 물감**이 든다. 두 손으로 **따뜻한 볼**을 쓸어* 보면 **손바닥**에도 **파란 물감**이 묻어 난다. 다시 손바닥을 들여다 본다. **손금**에는 **맑은 강물**이 흐르고, 맑은 강물이 흐르고, **강물 속**에는 사랑처럼 슬픈 얼굴─**아름다운 순이의 얼굴이 어린다.** 소년은 **황홀히 눈을** 감아 본다. 그래도 맑은 강물은 흘러 사랑처럼 슬픈 얼굴─아름다운 **순이의 얼굴은 어린다.**

　　　　　　　　　　　　　　　　　　　　　　　─ 윤동주, 「소년」 ─

* 쓸어 : 씻어.

(나)

[A] ┌ 할머니들이 아파트 앞에 모여 **햇볕을 쪼이**고 있다.
　　│ 굵은 주름 잔주름 하나도 놓치지 않고
　　│ **꼼꼼하게 햇볕을 채워넣**고 있다.
　　│ 겨우내 얼었던 뼈와 관절들 다 녹도록
　　└ 온몸을 노곤노곤하게 지지고 있다.

[B] ┌ 마른버짐 사이로 **아지랑이** 피어오를 것 같고
　　└ **잘만 하면** 한순간 **뽀얀 젖살**도 오를 것 같다.

[C] ┌ 할머니들은 마음을 저수지마냥 넓게 벌려
　　│ 한철 폭우처럼 **쏟아지는 빛**을 양껏 받는다.
　　│ **미처 몸에 스며들지 못한 빛**이 흘러넘쳐
　　└ 할머니들 모두 눈부시다.

[D] ┌ 아침부터 끈질기게 추근거리던 봄볕에 못 이겨
　　│ 나무마다 **푸른 망울들**이 터지고
　　│ 할머니들은 사방으로 바삐 눈을 흘긴다.
　　└ 할머니 **주름살들이 일제히 웃**는다.

[E] ┌ 오오, 얼마 만에 환해져보는가.
　　│ 일생에 이렇게 **환한 날**이 며칠이나 되겠는가.
　　│ 눈앞에는 햇빛이 종일 반짝거리며 떠다니고
　　│ **환한 빛에 한나절 한눈을 팔**다가
　　│ 깜빡 졸았던가? 한평생이 그새 또 지나갔던가?
　　└ 할머니들은 **가끔 눈을 비빈**다.

　　　　　　　　　　　　　　　　　　　　　　　─ 김기택, 「봄날」 ─

43. (가)와 (나)의 공통점으로 가장 적절한 것은?

① 현재 시제를 활용하여 시적 상황을 제시하고 있다.
② 연쇄법을 활용하여 역동적인 분위기를 형성하고 있다.
③ 다양한 음성 상징어를 사용하여 대상을 묘사하고 있다.
④ 말을 건네는 방식을 통해 대상과의 친밀감을 높이고 있다.
⑤ 지시어의 연속적 배치로 대상에 대한 주목을 유도하고 있다.

44. <보기>를 바탕으로 (가)에 대해 이해한 내용으로 적절하지 않은 것은? [3점]

──────── < 보 기 > ────────

　　(가)에 제시된 자연물들은 서로 간의 유사성을 바탕으로 연결되고 변용된다. 또한 이 과정을 거쳐 맞닿은 주체의 신체적 변화를 유발하고 내면의 정서를 표면화하는 것으로 제시된다. 이때 주체의 변화는 자연물의 속성에 조응하는 것으로 그려진다.

① '하늘'을 '들여다 보'려는 소년의 '눈썹'에 든 '파란 물감'은 자연물의 속성이 주체에 영향을 주었음을 드러낸다.
② '따뜻한 볼'을 만지는 소년의 행동은 '하늘'과 연결되어 자연과의 합일을 이룬 소년의 '황홀'함을 환기한다.
③ '손바닥'에 묻어난 '파란 물감'은 '손금'으로 스며들면서 '맑은 강물'로 변용되어 제시된다.
④ '강물'에 '순이의 얼굴이 어리'는 것은 소년이 '강물'의 '맑은' 속성에 조응해 '아름다운 순이'를 떠올린 것임을 드러낸다.
⑤ 소년이 '황홀히 눈을 감'아도 '순이의 얼굴은 어린다'는 것은 '순이'가 소년의 내면에 자리 잡은 대상임을 드러낸다.

45. [A]~[E]에 대한 감상으로 적절하지 않은 것은?

① [A]에서 화자는 '햇볕을 쪼이'고 있는 할머니들의 행동을 '꼼꼼하게 햇볕을 채워넣'는 것으로 구체화하면서 할머니들의 모습에 능동성을 부여하고 있군.
② [B]의 '잘만 하면'이라는 시구는 '아지랑이'뿐만 아니라 '뽀얀 젖살'까지 상상하게 되었음을 부각하여 할머니들의 변화에 대한 화자의 기대를 드러내고 있군.
③ [C]에서 화자는 '쏟아지는 빛'이 할머니들을 '모두 눈부신' 존재로 만들고 있다고 표현하여 '미처 몸에 스며들지 못한 빛'마저 담고자 하는 할머니들의 의지를 부각하고 있군.
④ [D]의 화자는 '푸른 망울들'이 터지는 것을 보고 '주름살들이 일제히 웃'는 할머니들에 주목하여 봄의 생명력에 기뻐하는 할머니들에 대한 정감 어린 시선을 드러내고 있군.
⑤ [E]에서 할머니들이 '가끔 눈을 비비'는 것을 보고 화자는 이를 '한나절 한눈을 팔'던 '환한 빛'으로 인해 '환한 날'을 떠올렸기 때문이라고 여기고 있군.

┌─────────────────────────────┐
│ **＊ 확인 사항** │
│ ○ 답안지의 해당란에 필요한 내용을 정확히 기입(표기) │
│ 　했는지 확인하시오. │
└─────────────────────────────┘

2022학년도 3월 고2 전국연합학력평가 문제지

1

제 1 교시

국어 영역

03회

03회

● 문항수 45개 | 배점 100점 | 제한 시간 80분

● 점수 표시가 없는 문항은 모두 2점

[1 ~ 3] 다음은 온라인 수업에서 이루어진 학생의 발표이다. 물음에 답하시오.

안녕하세요. (손동작하며) 제가 한 동작이 무엇인지 아시나요? (채팅 창의 반응을 보고) 네, 맞습니다. (자료 제시) 지금 화면에 공유하고 있는 동작인데요, '안녕하세요.'라는 의미의 수어 인사입니다. 수어는 '수화 언어'의 준말인데요, 최근에 비접촉 인사법으로 수어를 사용하자는 캠페인이 있었습니다. 그 캠페인을 보고 수어에 대한 관심이 생겨 발표 주제로 정하게 되었습니다. 그럼 지금부터 수어에 대해 발표하겠습니다.

수어에서 의미를 만들어 내는 요소로는 수지 기호와 비수지 기호가 있습니다. 그중 수지 기호는 손의 모양, 위치, 움직임 등을 통해 의미를 나타냅니다. 가령, 보고 계신 화면처럼 오른손으로 왼팔을 쓸어내린 다음, 두 주먹을 가슴 앞에서 아래로 내리면 '안녕하세요.' 혹은 '안녕히 계세요.'를 의미하는 수어 인사가 됩니다. 수지 기호에 따라 전달하려는 의미가 달라지는데요, 다음 화면에서 이를 확인할 수 있습니다. (자료 제시) 이렇게 오른손을 펴서 엄지를 이마에 대고 나머지 손가락을 좌우로 흔들면 '닭'을 의미합니다. 그런데 엄지는 이마에 댄 채로 검지, 중지만 펴서 흔들면 '경찰'을 나타냅니다. 손 모양의 차이로 의미가 달라지는 것입니다. 그럼 우리 이름과 같은 고유 명사는 어떻게 표현할까요? 이때는 한글 자모나 숫자, 알파벳 등을 나타내기 위한 손 모양인 지화를 사용합니다.

다음으로 비수지 기호는 손이 아닌 눈, 코, 입, 머리 등의 움직임을 말하는데요, 이를 통해 의미를 나타내거나 문장 형식을 결정하기도 합니다. 다음 화면을 보시죠. (자료 제시) 손으로 턱을 쓰다듬어 내리는 '행복'이라는 수어 동작을 할 때 행복한 표정을 지으면 행복하다는 의미입니다. (시범을 보이며) 반대로 이렇게 불쾌한 표정을 지으며 손동작을 하면 무슨 의미일까요? (채팅 창을 보며) 네, 맞습니다. 그다지 행복하지 않다는 의미입니다. 이처럼 비수지 기호에 따라 의미가 달라지는 것을 알 수 있습니다. 비수지 기호는 문장 형식을 결정하는 기능을 하기도 하는데요, 화면에서와 같이 '행복'을 의미하는 손동작과 함께 눈썹을 올리며 눈을 크게 뜨고 턱을 당기면 '행복하니?'라는 의문문이 됩니다. (천천히 시범을 보이며) 다 함께 따라 해 봅시다.

지금까지 수어의 수지 기호와 비수지 기호에 대해 살펴보았는데요, 수어에 대해 더 알고 싶은 분은 제가 참고한 국립국어원 누리집과 수어 통역사 ○○의 인터넷 수어 강의를 보시면 도움을 받을 수 있습니다. 다 같이 수어 인사를 하며 마칠까요? (채팅 창을 보고) 어떻게 인사를 하냐는 질문이 올라왔는데요, 제가 처음에 알려 드린 수어 인사를 하면 됩니다. (수어 인사를 하고) 이상 발표를 마치겠습니다.

1. 위 발표에 대한 설명으로 적절하지 않은 것은?

① 발표를 시작하며 발표 순서와 방법을 안내하고 있다.
② 발표 매체의 특성을 활용하여 청중과 상호작용하고 있다.
③ 발표자의 경험을 언급하며 주제 선정 이유를 밝히고 있다.
④ 시범을 보이며 발표를 진행하여 청중의 이해를 돕고 있다.
⑤ 발표를 마무리하며 추가 정보의 확인 방법을 안내하고 있다.

2. 다음은 발표자가 제시한 자료이다. 발표자의 자료 활용에 대한 설명으로 적절하지 않은 것은?

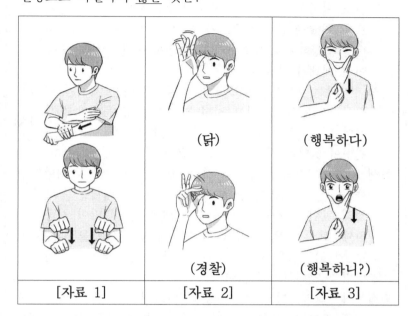

	(닭)	(행복하다)
(경찰)		(행복하니?)
[자료 1]	[자료 2]	[자료 3]

① [자료 1]을 활용하여 수어 인사에 대한 소개로 발표를 시작하고 있다.
② [자료 1]을 활용하여 수어의 의미를 나타내는 수지 기호의 요소를 소개하고 있다.
③ [자료 2]를 활용하여 수지 기호에 따라 수어의 의미가 달라질 수 있음을 알려 주고 있다.
④ [자료 3]을 활용하여 비수지 기호만으로 '행복하니?'라는 의문문을 만드는 방법을 설명하고 있다.
⑤ [자료 3]을 활용하여 청중들이 수어 동작을 직접 따라 해 보도록 제안하고 있다.

3. 다음은 위 발표를 들은 학생들의 반응이다. 학생의 반응을 이해한 내용으로 가장 적절한 것은?

학생 1 : 축제 공연을 준비하면서 안무를 어떻게 구성할지 고민이 많았는데, 수어 인사를 넣어야겠어. '사랑'을 뜻하는 수어를 넣고 싶은데, 국립국어원 누리집을 찾아봐야겠어.
학생 2 : 방송에서 보았던 수어 통역사가 코로나 19 상황임에도 마스크를 쓰지 않았던 이유가 궁금했는데, 수어에서 표정이 의미 전달에 중요한 역할을 하기 때문이었군!

① 학생 1은 배경지식을 바탕으로 발표 내용의 정확성을 점검하고 있다.
② 학생 2는 발표에서 들은 내용을 활용하여 자신이 궁금했던 점을 해소하고 있다.
③ 학생 1은 학생 2와 달리 발표 내용에 포함된 정보가 부족한 점을 지적하며 비판하고 있다.
④ 학생 2는 학생 1과 달리 발표 내용과 관련하여 나타날 수 있는 여러 가지 문제점을 예측하고 있다.
⑤ 학생 1과 학생 2는 모두 발표 내용을 바탕으로 평소 자신이 잘못 알고 있었던 정보를 수정하고 있다.

[4 ~ 7] (가)는 교지 편집부 학생들의 회의이고, (나)는 회의에 참가한 학생들이 작성한 초고이다. 물음에 답하시오.

(가)

편집부장: 지난 회의에서 결정한 대로 교지 특집 기사의 제재에 대한 학생 선호도 조사를 실시했는데 '디지털 탄소 발자국 줄이기'와 '코로나 19 예방을 위한 슬기로운 학교생활'이 선호도가 높았어. 오늘은 이 중 하나를 선정하고 기사로 구성할 내용에 대해 협의해 보자. 어떤 제재가 좋을까?

학생 1: 나는 '디지털 탄소 발자국 줄이기'라는 제재가 더 좋아. 많은 학생들이 디지털 기기는 환경 문제와 무관하다고 생각하는데 디지털 기기 사용과 지구 온난화가 관련이 있다는 사실을 접하면 큰 관심을 보일 것 같아.

학생 2: 나도 그렇게 생각해. 사실 '코로나 19 예방을 위한 슬기로운 학교생활'은 평소 우리가 여러 매체를 통해 접해 왔어. 오히려 코로나 19 상황에서 더 많이 사용하게 된 디지털 기기가 환경에 부정적 영향을 미칠 수 있다는 점을 알리고 디지털 탄소 발자국을 줄이는 방법을 안내하면 좋겠어. [A]

편집부장: 그래, 나도 같은 생각이야. 디지털 탄소 발자국에 대해 모르는 학생들도 많고 환경 문제 개선에도 도움이 될 수 있으니 유익한 기사가 될 것 같아. 그럼 어떤 내용들로 기사를 구성하면 좋을까?

학생 1: 먼저 디지털 탄소 발자국의 개념부터 설명하면 좋겠어. 학생들에게 생소한 개념일 거야.

학생 2: 맞아. 그리고 탄소 발자국 중 디지털 탄소 발자국의 비중이 늘어나고 있다는 점을 언급하면 학생들의 관심을 끌 수 있을 것 같아.

편집부장: 좋은 생각이야. 그런데 학생들은 디지털 기기 사용이 지구 온난화를 가속화하는 이유를 잘 이해하지 못할 것 같아. 그래서 말인데 디지털 기기 사용이 이산화 탄소를 발생시키는 이유를 글의 내용으로 구성하면 어떨까? [B]

학생 2: 동의해. 나도 디지털 탄소 발자국과 관련하여 가장 궁금했던 내용이거든. 막연히 디지털 기기 사용이 지구 온난화를 앞당긴다는 내용보다는 그 이유를 설명하면 학생들의 이해를 도울 수 있을 것 같아.

학생 1: 좋아. 그리고 디지털 탄소 발자국을 줄이는 방법도 소개해 주면 좋을 것 같아.

편집부장: 그럼, 디지털 탄소 발자국을 줄이는 방법에는 어떤 것이 있을지 말해 보자. 내가 본 다큐멘터리에서는 디지털 탄소 발자국을 줄이는 방법의 핵심은 데이터 센터에 저장되거나 송수신되는 정보의 양을 줄이는 것이라고 했어.

학생 2: 그러면 불필요한 이메일이나 메시지를 주고받는 것만 줄여도 디지털 탄소 발자국을 줄이는 데 도움이 되겠네.

학생 1: 맞아. 또 누리 소통망이나 인터넷에 불필요한 상업 광고나 게시물 탑재를 제한하는 것도 효과가 있겠지.

편집부장: 좋은 생각이야. 하지만 상업 광고나 게시물 탑재를 제한하는 것은 학생이 할 수 있는 일이 아니니까 학생들이 자신의 메일함이나 블로그에서 이를 수시로 삭제하도록 안내하는 것이 더 적절한 것 같아.

학생 1, 2: 그게 좋겠다.

편집부장: 자, 그러면 지금까지의 회의 내용을 바탕으로 초고를 작성해 보자.

(나)

지구 온난화를 가속화하는 디지털 탄소 발자국

우리는 흔히 화석 연료를 사용하는 공장이나 자동차 등을 지구 온난화의 주범이라고 생각해 왔다. 지구 온난화를 가속화하는 이산화 탄소의 주요 배출원이 공장이나 자동차였기 때문이다. 그리고 지구 온난화 문제의 심각성을 알리기 위해 '탄소 발자국'이라는 지표를 사용해 왔는데, 탄소 발자국이란 인간의 활동이나 인간이 사용하는 상품의 생산과 소비 과정에서 발생하는 이산화 탄소의 양을 의미한다.

최근 '디지털 탄소 발자국'이 주목을 받고 있다. '디지털 탄소 발자국'은 컴퓨터, 스마트폰, 태블릿 PC와 같은 디지털 기기를 사용할 때 발생하는 이산화 탄소의 양을 의미한다. 국제 환경 단체의 연구 결과에 따르면 스마트폰의 보급 이후 디지털 탄소 발자국이 보급 이전에 비해 3배 이상 증가했다. 그리고 전체 탄소 발자국 중 디지털 탄소 발자국이 차지하는 비중이 현재 2% 정도에서 2040년에는 14%를 넘어설 것이라고 전망되고 있다.

그런데 디지털 기기 사용이 어떻게 이산화 탄소 배출을 늘리는 것일까. 일반적으로 디지털 기기는 와이파이나 LTE, 5G와 같은 네트워크를 사용하는데, 이때 사용되는 다양한 유형의 디지털 정보는 모두 데이터 센터라는 곳에 저장된다. 그리고 데이터 센터에 저장된 정보를 처리할 때 발생하는 열을 냉각하거나 네트워크를 통해 정보를 송수신할 때 많은 전력이 소비된다. 이때 데이터 센터에 필요한 전기를 생산하는 과정에서 이산화 탄소가 배출되는 것이다.

그러면 학생인 우리가 디지털 탄소 발자국을 줄이기 위해 실천할 수 있는 방법은 무엇일까. 가장 핵심적인 방법은 데이터 센터에 저장되는 정보의 양과 데이터 센터를 통해 송수신되는 정보의 양을 줄이는 것이다. 이를 위해 이메일 계정이나 포털 사이트에 저장되어 있는 불필요한 이메일, 인터넷 게시물, 동영상 자료를 삭제하는 것이 바람직하다. 또 불필요한 전화 통화, 이메일이나 메시지의 송수신, 인터넷 검색 등을 줄여 네트워크 사용량을 감소시키는 것도 도움이 될 수 있다. 그리고 이러한 방법들의 실천을 생활화하여 환경을 고려한 디지털 기기 이용 습관을 형성한다면 디지털 탄소 발자국으로 인한 지구 온난화 문제를 개선하는 데 기여할 수 있을 것이다.

4. (가)의 '편집부장'에 대한 설명으로 적절하지 <u>않은</u> 것은?

① 지난 회의 내용과 관련하여 협의해야 할 내용을 밝히고 있다.
② 상대 의견에 대한 공감을 드러내며 그 이유를 설명하고 있다.
③ 회의 중간중간에 상대가 했던 말을 요약하며 정리하고 있다.
④ 물음의 형식을 통해 자신의 의견을 상대에게 제안하고 있다.
⑤ 상대 의견의 실현 가능성을 언급하며 대안을 제시하고 있다.

5. [A], [B]에 대한 설명으로 가장 적절한 것은?

① [A]는 상대와의 의견 차이를 좁히기 위한 대화이고, [B]는 상대의 의견을 수용하는 대화이다.

② [A]는 기사 작성의 방법을 협의하는 대화이고, [B]는 기사에 포함될 정보를 선정하는 대화이다.

③ [A]는 기사의 제재를 선정하기 위한 대화이고, [B]는 기사에 담을 내용 요소를 생성하는 대화이다.

④ [A]는 회의 방법과 절차를 협의하는 대화이고, [B]는 회의 참가자의 다양한 생각을 공유하는 대화이다.

⑤ [A]는 기사의 필요성에 대해 공감하는 대화이고, [B]는 기사 내용에 대해 상반된 견해를 제시하는 대화이다.

6. (가)의 내용이 (나)에 반영된 양상으로 적절하지 <u>않은</u> 것은?

① (가)에서 언급된 디지털 탄소 발자국의 주요 배출원을, (나)의 1문단에서 예를 들어 설명하고 있다.

② (가)에서 디지털 탄소 발자국의 개념을 설명하자는 의견을 반영하여, (나)의 2문단에서 그 개념을 구체적으로 소개하고 있다.

③ (가)에서 탄소 발자국 중 디지털 탄소 발자국의 비중이 늘어나고 있다는 점을 언급하자는 의견을, (나)의 2문단에서 자료를 활용하여 반영하고 있다.

④ (가)에서 디지털 기기 사용이 이산화 탄소를 발생시키는 이유를 설명하자는 의견에 따라, (나)의 3문단에서 그 이유를 데이터 센터와 관련지어 서술하고 있다.

⑤ (가)에서 학생들이 디지털 탄소 발자국을 줄일 수 있는 방법을 소개하자는 의견에 따라, (나)의 4문단에서 다양한 방법을 열거하고 있다.

7. <보기>는 학생들이 '초고'를 보완하기 위해 추가로 수집한 자료이다. 자료 활용 방안으로 적절하지 <u>않은</u> 것은? [3점]

< 보 기 >

ㄱ. **환경부 자료**

구분	이메일	전화	데이터	종이컵	승용차
이산화 탄소 배출량	4g (1통)	3.6g (1분)	11g (1mb)	11g (1개)	14g (100m)

ㄴ. **신문 기사**

2010년 112개였던 국내 데이터 센터는 코로나 19 유행 이전인 2019년까지 158개로 완만한 증가 추이를 보였다. 그러나 코로나 19 유행이 지속되며, 데이터 센터에 대한 수요가 급증하면서 2023년까지 47개소가 늘어난 205개의 데이터 센터가 가동될 것으로 전망되고 있다. 이렇게 데이터 센터가 늘어나면 디지털 탄소 발자국이 증가하여 지구 온난화를 가속화하기 때문에 사회적 문제가 되고 있다.

ㄷ. **전문가 인터뷰**

코로나 19 유행으로 집에 머무르는 시간이 늘어나면서, 스트리밍 서비스와 클라우드 서비스 이용량이 급증하고 있습니다. 그런데 이러한 서비스들은 모두 디지털 기기를 이용하여 대용량의 자료를 빈번하게 송수신하기 때문에 네트워크 사용량을 증가시켜 데이터 센터의 전력 소비를 증가시키는 주된 원인이 되고 있습니다.

① ㄱ을 활용하여, 지구 온난화의 원인이 되는 이산화 탄소가 일회용품이나 자동차뿐 아니라 디지털 기기를 사용할 때도 배출되고 있다는 것을 뒷받침해야겠어.

② ㄴ을 활용하여, 디지털 탄소 발자국이 늘어남에 따라 지구 온난화가 가속화되는 현상이 사회적 문제로 대두되고 있다는 내용을 언급해야겠어.

③ ㄷ을 활용하여, 디지털 탄소 발자국을 줄이기 위해 스트리밍이나 클라우드 서비스를 이용할 때, 대용량 자료의 송수신을 줄이자는 내용을 추가해야겠어.

④ ㄱ, ㄴ을 활용하여, 지구 온난화를 가속화하는 요인이 다양화되고 있으므로 디지털 탄소 발자국을 줄이기 위한 제도적 장치를 마련해야 한다는 주장을 뒷받침해야겠어.

⑤ ㄴ, ㄷ을 활용하여, 급격하게 늘어난 데이터 센터의 수와 디지털 기기 사용 양상을 언급하며 코로나 19 유행 이후 디지털 탄소 발자국이 급증하였다는 내용을 추가해야겠어.

[8 ~ 10] 다음은 작문 상황과 이를 바탕으로 학생이 작성한 초고이다. 물음에 답하시오.

[작문 상황]
* 일상의 경험에서 발견한 가치를 담은 글을 쓴다.
* 문학 동아리 합평회의 의견을 반영하여 글을 수정한다.

[초고]

　앞집 담장 위로 고개를 내민 산수유가 노란 꽃망울을 터트렸다. 봄이다. 이런 봄날의 산책은 숲길이 제격이다. 집을 나서자마자 수성동 계곡에서 시인의 언덕까지 오늘 산책길을 마음에 그렸다.

　수성동 계곡까지는 골목 오르막길을 따라 잠깐 걸으면 된다. 봄비가 엊그제 내려서 제법 물소리가 또랑또랑하게 흐른다. 수성동 계곡은 인왕산 동쪽에서 우리 동네 쪽으로 흐르는 계곡인데, 흰 암반 사이를 흐르는 물소리가 커서 붙여진 이름이다. 이곳을 지날 때마다 은근히 가슴이 뿌듯하다. 조선 후기의 화가인 겸재 정선의 그림에도 등장할 만큼 아름답기 때문이다.

　해맞이 동산 숲길에는 싱그러운 봄의 정취가 가득하다. 산들바람에 꽃눈을 매단 조팝나무 가지가 한들거린다. 산들바람이 지나는 길을 따라 풀들이 파릇파릇 잎을 내밀고, 개나리랑 진달래도 벌써 환하게 꽃물이 돈다. 겨울이 지나가고 바로 그 자리에 새봄이 돋아나고 있다.

　가온다리를 건너다 보니 길이는 짧지만 우쭐우쭐하게 출렁거린다. '가온'은 '중간의'라는 의미의 순우리말이다. 흔들리는 다리 가운데에서 마음의 중심을 잘 잡아 보라는 뜻인가 보다. 가온다리를 지나면 두꺼비 바위와 이빨 바위를 만날 수 있다. 무심코 지나치면 그 형상을 볼 수 없지만 안내 표지를 확인하고 잠시 멈춰 바라보면 절로 웃음이 난다. 두꺼비 바위는 얼굴 생김새가 정말 두꺼비 같고, 이빨 바위는 딱딱 소리를 낼 것 같다.

　이제 시인의 언덕이 멀지 않다. 수성동 계곡에서 시인의 언덕으로 오르는 숲길은 가파르지는 않지만, 나무 계단이 많은 오르막의 연속이다. 오르막을 오를 때 나는 서두르지 않고 천천히 걷는다. 남들의 속도를 의식하지 않고 내 호흡과 발걸음에 맞춰 걷는 것이 중요하다고 생각한다. 다리가 뻐근하고 조금 숨이 차지만 왠지 마음이 달콤하다. 연희전문학교 재학 시절 윤동주 시인은 이 시인의 언덕에 올라 시심을 다듬었다고 한다. 언덕 곁에는 윤동주 문학관이 서 있다. 이곳은 수도 가압장과 물탱크를 개조하여 만들었다. 느려지는 물살에 압력을 가해 다시 힘차게 흐르게 하는 수도 가압장을 문학관으로 꾸민 것이다. 언제부터인지는 모르지만, 난 지치고 힘들 때 이곳에 오르면 내 영혼의 가압을 느낀다.

8. '초고'에서 활용한 글쓰기 방법으로 적절하지 않은 것은?

① 자문자답을 통해 글쓴이의 생각을 강조하고 있다.
② 현재형 표현을 사용하여 현장감을 드러내고 있다.
③ 감각적인 표현을 활용하여 계절감을 나타내고 있다.
④ 묘사를 통해 글쓴이가 바라본 정경을 표현하고 있다.
⑤ 지명의 유래를 소개하여 장소에 대한 이해를 돕고 있다.

9. 다음은 글을 쓰기 전 학생이 구상한 내용이다. '초고'에 반영되지 않은 것은?

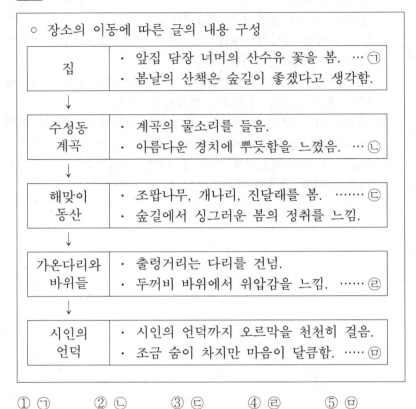

집	· 앞집 담장 너머의 산수유 꽃을 봄. …… ㉠ · 봄날의 산책은 숲길이 좋겠다고 생각함.
수성동 계곡	· 계곡의 물소리를 들음. · 아름다운 경치에 뿌듯함을 느꼈음. … ㉡
해맞이 동산	· 조팝나무, 개나리, 진달래를 봄. …… ㉢ · 숲길에서 싱그러운 봄의 정취를 느낌.
가온다리와 바위들	· 출렁거리는 다리를 건넘. · 두꺼비 바위에서 위압감을 느낌. …… ㉣
시인의 언덕	· 시인의 언덕까지 오르막을 천천히 걸음. · 조금 숨이 차지만 마음이 달콤함. … ㉤

① ㉠　　② ㉡　　③ ㉢　　④ ㉣　　⑤ ㉤

10. <보기>의 합평회 의견을 반영하여 '초고'의 마지막에 추가할 내용을 구성한 것으로 가장 적절한 것은? [3점]

── < 보 기 > ──
부원 1 : '영혼의 가압'이라는 표현이 참신하게 느껴져. 시인의 언덕으로의 산책이 너에게 주는 의미를 비유적으로 나타내면 더 좋을 것 같아.
부원 2 : 너와 함께 산책하는 기분이 들어 좋았어. 글을 마무리할 때 산책을 끝내고 집에 돌아온 후의 느낌을 드러내면 더 좋겠어.

① 시인의 언덕에 오르니 마음의 근육에 힘줄이 선다. 집에 돌아오니 마음의 뜨락에 봄의 생기가 넘친다.
② 시인의 언덕에 올 때마다 마음이 순수해진다. 시인의 '서시' 한 구절을 읊조리며 산책을 마치고 집에 들어선다.
③ 수도 가압장에서 우러러본 하늘이 매우 파랗다. 시인의 언덕은 재충전의 기회와 용기를 주는 영혼의 가압장이다.
④ 시인의 언덕에 서서 불어오는 바람을 맞으니 기분이 상쾌해진다. 윤동주 문학관에서 집으로 다시 산책을 이어 간다.
⑤ 시인의 언덕은 나에게 세상과 소통하는 길을 보여 준다. 나는 수도 가압장에서 내 영혼이 세차게 흐르는 것을 느낀다.

[11 ~ 12] 다음 글을 읽고 물음에 답하시오.

높임 표현은 높임의 대상에 따라 주체 높임, 객체 높임, 상대 높임으로 나뉜다. 주체 높임은 서술의 주체, 곧 문장의 주어가 지시하는 대상을 높이는 것이다. 현대 국어의 주체 높임은 선어말 어미 '-(으)시-'나 주격 조사 '께서', 특수 어휘 '잡수다', '계시다' 등을 통해 실현된다. 중세 국어의 주체 높임도 선어말 어미 '-(ㅇ/으)시-'로 실현되었으며, 이는 '-(ㅇ/으)샤-'로도 나타났다. 또한 '좌시다', '겨시다' 등의 높임을 나타내는 특수 어휘도 존재하였다.

[A] ┌ 주체 높임은 일반적으로 주체의 나이가 화자보다 많거나 사회적 지위 등이 화자보다 높을 때 실현된다. 하지만 주체와 청자의 관계, 담화 상황 등을 고려하여 주체가 높임의 대상이라도 높이지 않거나, 주체가 높임의 대상이 아니라도 높이기도 한다. 가령 방송과 같은 공적 담화에서는 객관성을 고려하여 주체를 높이지 않는 경우가 있다. 또한 주체의 신체 일부, 소유물 등 주체와 밀접한 관련이 있는 대상을 높임으로써 주체를 간접적으로 높일 수도 있는데, 이를 간접 └ 높임이라고 한다.

객체 높임은 서술의 객체인, 문장의 목적어나 부사어가 지시하는 대상을 높이는 것이다. 현대 국어의 객체 높임은 부사격 조사 '께'나 '모시다', '여쭙다' 등의 특수 어휘를 통해서만 실현된다. 중세 국어의 객체 높임은 부사격 조사 '씌'나 '뫼시다(모시다)', '엳줍다' 등의 특수 어휘뿐만 아니라, 객체 높임의 선어말 어미 '-ᄉᆞᆸ-, -ᄉᆞᆸ-, -ᄌᆞᆸ-' 등으로도 실현되었다.

상대 높임은 화자가 대화의 상대인 청자를 높이거나 낮추는 것으로 현대 국어의 상대 높임은 주로 '-습니다', '-아라/-어라' 등의 종결 어미로 실현된다. 중세 국어의 상대 높임 또한 현대 국어와 마찬가지로 주로 종결 어미로 실현되었지만, 현대 국어와 달리 상대 높임의 선어말 어미 '-이-', '-잇-'이 존재했다. 선어말 어미 '-이-'는 평서형에서, '-잇-'은 의문형에서 각각 나타나며 상대를 아주 높일 때 사용되었다.

---

11. [A]를 바탕으로, <보기>를 이해한 내용으로 적절하지 **않은** 것은?

─── < 보 기 > ───

ㄱ. (아버지께) 선생님께서는 책이 많으십니다.
ㄴ. (방송에서) 세종대왕이 한글을 창제했습니다.
ㄷ. (수업에서 선생님이) 발표할 어린이는 손 드시면 됩니다.
ㄹ. (어린 손자에게) 너희 엄마는 언제 출근하셨니?
ㅁ. (할아버지께) 아버지는 아직 병원에 가지 않았습니다.

① ㄱ에서는 '선생님'의 소유물인 '책'을 높임으로써 '선생님'을 간접적으로 높이고 있다.
② ㄴ에서는 담화의 객관성을 고려해 '세종대왕'을 높이지 않고 있다.
③ ㄷ에서는 수업이라는 담화 상황을 고려해 '어린이'를 높이고 있다.
④ ㄹ에서는 주체인 '엄마'와 청자인 '손자'의 관계를 고려해 '엄마'를 높이고 있다.
⑤ ㅁ에서는 주체인 '아버지'와 화자의 관계를 고려해 '아버지'를 높이고 있다.

---

12. 윗글을 바탕으로, <보기>의 a ~ c를 탐구한 내용으로 적절하지 **않은** 것은? [3점]

─── < 보 기 > ───

a. [중세 국어] 大師(대사) ᄒᆞ샨 일 아니면 뉘 혼 거시잇고
   [현대 국어] 대사가 하신 일이 아니면 누가 한 것입니까?
b. [중세 국어] 이 도ᄂᆞᆯ 가져가 어마니ᄆᆞᆯ 供養(공양) ᄒᆞᅀᆞᆸ고
   [현대 국어] 이 돈을 가져가 어머님을 공양하고
c. [중세 국어] 太子(태자)ᄅᆞᆯ 안ᅀᅡ바 부인ᄭᅴ 뫼셔 오니
   [현대 국어] 태자를 싸 안아 부인께 모셔 오니

① a : 중세 국어에서는 '-샤-'를, 현대 국어에서는 '-시-'를 사용하여 주체인 '대사'를 높이고 있다.
② a : 중세 국어에서는 현대 국어에 없는 '-잇-'을 사용하여 대화의 상대인 청자를 높이고 있다.
③ b : 중세 국어에서는 현대 국어에 없는 '-ᅀᆞᆸ-'을 사용하여 객체인 '어마님'을 높이고 있다.
④ c : 중세 국어에서는 'ᄭᅴ'를, 현대 국어에서는 '께'를 사용하여 객체인 '부인'을 높이고 있다.
⑤ c : 중세 국어에서는 '뫼셔'를, 현대 국어에서는 '모셔'를 사용하여 주체인 '태자'를 높이고 있다.

---

13. <보기>의 ㉮, ㉯에 들어갈 예로 적절한 것은?

─── < 보 기 > ───

'ㅎ'은 다양한 음운 변동이 일어나기 때문에 표준 발음법에 별도의 규정을 두고 있다. 'ㅎ'의 음운 변동에는 'ㅎ'이 다른 음운으로 바뀌는 교체, 'ㅎ'이 다른 음운과 합쳐져 새로운 음운이 되는 축약, 'ㅎ'이 없어져 발음되지 않는 탈락이 있다. 가령 '놓친[녿친]'은 'ㅎ'이 'ㄷ'으로 바뀌어 발음되므로 교체의 예에 해당한다.

유형	'ㅎ'의 음운 변동		
	교체	축약	탈락
예	놓친[녿친]	㉮	㉯

	㉮	㉯
①	좋고[조:코]	닿아[다아]
②	좋고[조:코]	쌓네[싼네]
③	넣는[넌:는]	닿아[다아]
④	넣는[넌:는]	쌓네[싼네]
⑤	좁힌[조핀]	닳지[달치]

14. <보기>에서 선생님이 제시한 과제를 수행한 결과로 적절하지 <u>않은</u> 것은?

───── < 보 기 > ─────

선생님 : 아래의 예문을 봅시다.

┌─────────────────────────────┐
│ ㉠ 외국에 있는 친구가 어제 전화로 나에게 "**네**가 **오늘** │
│ 말한 책이 **여기** 있**어**."라고 말했다. │
└─────────────────────────────┘
        ↓
┌─────────────────────────────┐
│ ㉡ 외국에 있는 친구가 어제 전화로 나에게 **내**가 **어제** │
│ 말한 책이 **거기** 있**다고** 말했다. │
└─────────────────────────────┘

  ㉠은 친구의 말을 그대로 전한 직접 인용이고, ㉡은 친구의 말을 인용하는 화자의 관점으로 바꾸어 표현한 간접 인용입니다. ㉠이 ㉡으로 바뀌면서 인칭 대명사, 시간 표현, 지시 표현이 '나', '어제', '거기'로 바뀌었습니다. 또한 종결 어미 '-어'가 '-다'로, 직접 인용의 조사 '라고'가 간접 인용의 조사 '고'로 바뀌었습니다. 이를 바탕으로 [자료]의 직접 인용을 간접 인용으로 바르게 바꿨는지 분석해 볼까요?

[자료]

┌──────┬──────────────────────────┐
│ 직접 │ 외국에 있는 형이 어제 전화로 "**나**는 **내일** **이곳**에 │
│ 인용 │ 서 볼 시험 때문에 걱정이 많**아**."라고 말했다. │
└──────┴──────────────────────────┘
        ↓
┌──────┬──────────────────────────┐
│ 간접 │ 외국에 있는 형이 어제 전화로 **자기**는 **오늘** **그곳** │
│ 인용 │ 에서 볼 시험 때문에 걱정이 많**다**라고 말했다. │
└──────┴──────────────────────────┘

① '나'는 앞서 언급한 형을 다시 가리키므로 인칭 대명사 '자기'로 바르게 바꿨군.
② '내일'은 인용을 하는 화자가 말한 시점을 기준으로 할 때, '오늘'이 아닌 '어제'로 바꿔야겠군.
③ '이곳'은 인용을 하는 화자의 관점에서 형이 있는 곳을 가리키므로 '그곳'으로 바르게 바꿨군.
④ 직접 인용에 쓰인 종결 어미 '-아'를 간접 인용에서 종결 어미 '-다'로 바르게 바꿨군.
⑤ '라고'는 직접 인용에 쓰이는 조사이므로 간접 인용에 쓰이는 조사 '고'로 바꿔야겠군.

15. <보기>의 ㉠에 해당하는 예로 가장 적절한 것은?

───── < 보 기 > ─────

  부정 표현 '-지 않다'는 줄여서 '-잖다'로 적을 수 있다. '시답다'에 '-지 않다'가 결합하여 '시답잖다'로 줄어든 것이 그 예이다. 그런데 '-잖다'는 특정한 상황에서 부정을 표현하는 것이 아닌, ㉠ <u>사실을 확인하는 의미</u>로 사용되기도 한다.

① 사촌 동생의 지나친 장난은 <u>달갑잖아</u>.
② 그때 거기 소나무 한 그루가 <u>있었잖아</u>.
③ 당신을 믿기에 이번 도전도 <u>두렵잖아요</u>.
④ 작지만 소소한 행복이 있다면 <u>남부럽잖아</u>.
⑤ 힘들었지만 배운 게 많아 성과가 <u>적잖아요</u>.

[16 ~ 19] 다음 글을 읽고 물음에 답하시오.

(가)

  한 손에 막대 잡고 또 한 손에 가시 쥐고
  늙는 길 가시로 막고 오는 백발 막대로 치려터니
  백발이 제 먼저 알고 지름길로 오더라.

                       - 우탁 -

(나)

  임이 오마 하거늘 저녁밥을 일찍 지어 먹고
  중문(中門) 나서 대문(大門) 나가 지방 위에 올라가 앉아 손을 이마에 대고 오는가 가는가 건넌 산 바라보니 거머희뜩* 서 있거늘 저것이 임이로구나. 버선을 벗어 품에 품고 신 벗어 손에 쥐고 곰비임비* 임비곰비 천방지방* 지방천방 진 데 마른 데를 가리지 말고 워렁퉁탕 건너가서 정(情)엣말 하려 하고 곁눈으로 흘깃 보니 작년 칠월 사흗날 껍질 벗긴 주추리 삼대*가 살뜰히도 날 속였구나.
  모쳐라 ㉠ 밤이기에 망정이지 행여나 낮이런들 남 웃길 뻔하였어라.

                      - 작자 미상 -

* 거머희뜩 : 검은빛과 흰빛이 뒤섞인 모양.
* 곰비임비 : 거듭거듭 앞뒤로 계속하여.
* 천방지방 : 몹시 급하게 허둥대는 모양.
* 삼대 : 삼[麻]의 줄기.

(다)

  고개를 넘어, 산허리를 돌아내렸다. 산 밑이 바로 들, 들은 그저 논뿐의 연속이다. 두렁풀을 말끔히 깎았다. 논배미마다 수북수북 담긴 벼가 연하여 백리금파(百里金波)*를 이루었다.
  여기저기 논들을 돌아다니는 더벅머리 떼가 있다. '우여, 우여' 소리를 친다. 혹 '꽝꽝' 석유통을 두드리기도 한다. 참새들을 쫓는 것이다.
  참새들은 자리를 못 붙여 한다. 우선 내 옆에 있는 더벅머리 떼가 '우여' 소리를 쳤다. 참새 떼가 와르르 날아갔다. 천 마리는 될 것 같다. 날아간 참새들은 원을 그리며 저편 논배미에 앉아 본다. 저편 애놈들은 날아 앉은 새 떼를 보았다. 깨어져라 하고 석유통을 두들긴다. 일제히,
  "우여!"
  소리를 친다. 이 아우성을 질타할 만한 담력이 참새의 작은 심장에 있을 수가 없다. 참새들은 앉기가 무섭게 다시 **피곤한 나래**를 쳐야 한다. 어디를 가도 '우여 우여'가 있다. '꽝꽝'이 있다. 참새들은 쌀알 하나 넘겨 보지 못하고 **흑사병 같은** '우여, 우여', '꽝꽝' 속을 헤매는 비운아들이다. 사실 **애놈들도 고달플 것이다**.
  나와 내 당나귀는 이 광경을 한참 바라보고 있다.
  나는 나귀 등에서 짐을 내려놓고 그 속에서 오뚝이 하나를 냈다.
  "애들아, 너들 이리 와 이것 좀 봐라."
  하고, 나는 '오뚝이'를 내 들고 애놈들을 불렀다.
  애놈들이 모여들었다.
  "애들아, 이놈의 대가리를 요렇게 꼭 누르고 있으면 요 모양으로 누운 채 있단 말이다. 그렇지만 한 번 이놈을 쑥 놓기만 하면 요것 봐라, 요렇게 발딱 일어선단 말이야."
  나는 두서너 번 오뚝이를 눕혔다 일으켰다 하였다.
  "이것을 너들에게 줄 테다. 한데 **씨름들을 해라**. 씨름에 이긴 사람에게 이것을 상으로 주마."

　　애놈들은 날래 수줍음을 버리지 못한다. 어찌어찌 두 놈을 붙여 놓았다. 한 놈이 아낭기*에 걸려 떨어졌다. 관중은 그동안에 열이 올랐다. 허리띠를 고쳐 매고 자원하는 놈이 있다. 사오 승부가 끝났다. 아직 하지 못한 애놈들은 주먹을 쥐고 제 차례 오기를 기다렸다. 승부를 좋아하는 **저급한 정열**은 인류의 맹장 같은 운명이다.

　　결국 마지막 한 놈이 이겼다. 나는 씨름의 폐회를 선언하고 우승자에게 오뚝이를 주었다. 참새들은 그동안에 배가 불렀을 것이다.

　　이리하여, 나는 천석꾼이의 벼 두 되를 횡령하고 재산의 칠 전 가량을 손(損)하였다. 천 마리의 참새들은 ⓛ오늘 밤 오래간만에 배부른 꿈을 꿀 것이다.

　　　　　　　　　　　　　　　　　－ 김상용, 「백리금파에서」 －

* 백리금파: 백 리에 걸친 금빛 물결.
* 아낭기 : 씨름 기술인 '안다리 걸기'의 평안도 사투리.

16. (가)~(다)에 대한 설명으로 가장 적절한 것은?

① (가)는 추상적 관념을 구체적 대상으로 표현하여 부조리한 사회 현실을 고발하고 있다.
② (나)는 대구의 방식을 활용하여 시적 대상이 갖고 있는 긍정적인 속성을 예찬하고 있다.
③ (다)는 특정 대상과 대화를 주고받는 방식을 통해 지나온 삶을 성찰하고 있다.
④ (가)와 (나)는 화자의 공간 이동에 따른 정서 변화의 추이를 중심으로 시상을 전개하고 있다.
⑤ (나)와 (다)는 음성 상징어를 활용하여 작중 상황을 생동감 있게 나타내고 있다.

17. ㉠, ㉡에 대한 이해로 가장 적절한 것은?

① ㉠은 임을 만나게 된 설렘을, ㉡은 수확을 끝낸 희열을 느끼는 시간이다.
② ㉠은 부재하는 임에 대한 원망을, ㉡은 공동체에 대한 소속감을 느끼는 시간이다.
③ ㉠은 자신의 행동에 대한 자부심을, ㉡은 자신의 행동에 대한 자괴감을 느끼는 시간이다.
④ ㉠은 내적 갈등에서 벗어난 평온함을, ㉡은 내적 갈등으로 인한 괴로움을 느끼는 시간이다.
⑤ ㉠은 자신의 행동이 감추어진 것에 대한 안도감을, ㉡은 자신이 행동한 결과에 대한 만족감을 느끼는 시간이다.

18. (다)의 글쓴이에 대한 이해로 적절하지 <u>않은</u> 것은?

① '피곤한 나래'를 통해 아이들의 훼방으로 인해 앉을 자리를 찾아 헤매며 힘겨워하는 참새들의 모습을 표현하고 있다.
② '흑사병 같다'는 것을 통해 참새를 내쫓는 소리가 참새들에게는 위협이 되고 있음을 표현하고 있다.
③ '애놈들도 고달플 것이다'에서 쌀알 하나 못 먹게 참새를 쫓아야 하는 더벅머리 떼의 처지를 측은하게 바라보고 있다.
④ '씨름들을 해라'라 하며 상으로 내건 오뚝이를 통해 고난을 딛고 일어서는 의지의 중요성을 아이들에게 강조하고 있다.
⑤ '저급한 정열'이라 표현한 것에서 인간의 본능적인 승부욕에 대한 부정적인 인식을 보여 주고 있다.

19. <보기>를 바탕으로 (가)~(다)를 감상한 내용으로 적절하지 <u>않은</u> 것은? [3점]

< 보 기 >
　　해학은 제시된 사건이나 상황이 주는 메시지를 평가하고, 그것이 웃음으로 이어지는 과정을 포괄하는 인지적 경험이라 할 수 있다. 해학을 유발하는 요소에는 상황적 요소와 언어적 요소가 있다. 상황적 요소는 상황의 반전, 상황의 부조화, 상황의 전이 등을 통해, 언어적 요소는 과장과 희화화, 재치 있는 표현을 통해 웃음을 머금게 하는 것을 말한다.

① (가)에서 거스를 수 없는 '백발'을 '가시'와 '막대'로 막으려는 상황이 부조화를 이루며 웃음이 유발된다고 할 수 있겠군.
② (나)에서 '임'으로 확신했던 것이 '주추리 삼대'로 밝혀지며 상황이 반전되는 것에서 웃음이 유발된다고 할 수 있겠군.
③ (다)에서 아이들이 '참새'를 쫓는 것에 관심을 두던 상황이 '오뚝이'를 쟁취하기 위한 씨름에 몰두하는 상황으로 전이되며 웃음이 유발된다고 할 수 있겠군.
④ (가)에서 늙음이 오히려 빠르게 다가온다는 것을 '지름길로 오더라'로, (다)에서 '참새'에게 쌀알을 배불리 먹게 해 준 일을 '벼 두 되를 횡령'한 것으로 재치 있게 표현한 것에서 웃음이 유발된다고 할 수 있겠군.
⑤ (나)에서 임을 만나기 위해 '버선'과 '신'을 신지 않고 허둥대는 모습을, (다)에서 '우승자'가 오뚝이를 상으로 받고 기뻐하는 모습을 과장하여 희화화한 것에서 웃음이 유발된다고 할 수 있겠군.

[20 ~ 25] 다음 글을 읽고 물음에 답하시오.

(가)

16 ~ 18세기 유럽의 계몽주의는 구시대의 권위에 반대하여 합리적 이성을 통해 인류의 진보를 꾀하려 한 이념이다. 이는 17세기 과학 혁명과 함께 근대의 시작을 알리며, 중세의 어둠에서 벗어난 서구인들에게 이성에 기초한 사회야말로 인류에게 자유와 풍요를 선사할 것이라는 희망을 안겨 주었다. 그러나 아도르노는 "완전히 계몽된 지구에는 재앙의 ⓐ징후만이 빛나고 있다."라고 하며 계몽에 대해 다른 입장을 제시하였다.

아도르노는 계몽의 전개를, '자연에 대한 지배'와 '인간에 대한 지배'에서, '인간의 내적 자연에 대한 지배'로 이어지는 과정으로 설명하였다. 첫 번째 단계인 자연에 대한 지배는 인간이 자연의 위협에서 벗어나 자기 보존을 꾀하기 위해 자연을 지배하는 것이다. 뉴턴에 의해 완성된 근대 과학 혁명은 사람들로 하여금 미신과 환상에서 벗어나 자연에 대한 합리적이고 경험적인 지식을 갖게 하였다. 이를 무기로 인간은 지배와 피지배라는 사회적 관계를 공고히 하여 자연에 맞서는 집단적 힘을 키움으로써 자연을 지배할 수 있게 되었다.

그런데 사회적 지배 양식이 강화되면서 계몽의 두 번째 단계인 인간에 대한 지배로 이어진다. 이 과정에서 이성은 사물의 본질을 인식하는 본연의 기능에서 벗어나, 인간과 자연을 지배하기 위한 도구적 이성으로 변질된다. 이는 합리성이라는 ⓑ미명 아래 오로지 목적 달성을 위한 도구로 사용되는 이성이라 할 수 있다. 사회 전체가 도구적 이성에 의해 총체적으로 관리되면서, 개인은 자율성과 비판적 사유 능력을 상실한 채 목적 달성을 위한 수단으로 전락하였다. 그 결과 사회는 점차 전체를 위해 개인의 자유와 권리를 억압하는 전체주의적 경향을 띠게 되었다.

자연과 인간 사회의 지배자가 된 인간은, 계몽의 마지막 단계로 인간의 내적 자연마저 지배하게 된다. 내적 자연이란, 감정이나 욕망과 같이 인간의 내면에 있는 자연적 요소를 말한다. 이는 비합리적일 뿐만 아니라 목적 달성의 방해 요소라고 여겨졌으므로 사회적으로 통제 가능한 합리적 주체가 되기 위해 인간은 스스로 내적 자연을 억압해야만 했다. 역설적이게도 자연에 대한 폭력적 지배가 인간 스스로에 대한 폭력적 지배로 ⓒ귀결된 것이다. 그로 인해 인간은 존재의 허무감이나 자기 소외로 인한 불안과 절망을 감당해야 했다. 아도르노는 『오디세이아』에 나오는 세이렌의 일화를 계몽의 전개 과정이 집약적으로 드러난 알레고리*로 보고 그 과정을 설명하였다.

이처럼 아도르노는 근대 문명이 파국으로 치닫게 된 원인을 계몽의 전개 과정, 즉 인간의 자기 보존에서 시작되어 자연에 대한 지배와 인간의 내적 자연에 대한 지배로까지 이어진 결과로 보았다. 특히 인간의 자율성을 억압하는 전체주의, 히틀러에 의한 나치즘과 유대인 학살은, 지배 논리로 전화(轉化)*된 근대 이성이 얼마나 폭력적이고 비합리적일 수 있는지 단적으로 보여 준다. 이러한 관점에서 아도르노는 ㉠"이성의 차가운 빛 아래 새로운 야만의 싹이 자라난다."라며 애도하였다.

* 알레고리 : A를 말하기 위해 B를 사용하여 그 유사성을 적절히 암시하면서 A를 상징적으로 나타내는 방법.

* 전화 : 질적으로 바뀌어서 달리 됨.

(나)

고대의 신화, 그리고 중세의 신 중심의 사고에서 벗어난 근대 서구인들에게 이성은 인류를 구원할 빛이자 진리였다. 그러나 이성을 ⓓ맹신한 결과 전쟁의 비극과 물질문명의 병폐를 경험한 유럽인들은, 이성에 대한 깊은 회의감과 함께 인간의 실존 문제에 관심을 갖게 되었다. 특히 전쟁의 소용돌이 한가운데 있던 독일의 젊은 예술가들은 사회·정치적 긴장 상태에 항거하며, 그동안 근대 이성의 그늘에 가려 소외되어 왔던 인간의 내면을 회화를 통해 분출하고자 하였는데, 이러한 예술 운동을 표현주의라고 부른다.

표현주의는 한 마디로 '감정을 표현한다.'라는 의미이다. 기존의 사실주의 회화가 대상을 있는 그대로 표현하려고 한 반면, 표현주의 회화는 눈에 보이는 대상의 모습이 아닌 작가의 감정이나 내면 등을 표현하려고 하였다. 표현주의 화가인 마티스는 『화가 노트』에서 "회화는 결국 표현이다."라고 주장하면서, 표현이 눈으로 본 것을 눈에 전달하는 것이 아니라 마음으로 느낀 것을 마음에 전달하는 수단임을 강조하였다. 이는 회화의 기본 목적이 대상을 사실적으로 재현하는 것이라는 전통적 규범을 거부하였다는 점에서 아방가르드* 운동의 일종이라 할 수 있다.

표현주의는 화가의 감정을 표현하는 데 중점을 두기 때문에 대상의 색이나 형태가 왜곡되어 나타난다는 특징이 있다. 특히 색의 경우, 각각의 색감이 주는 주관적 느낌을 통해 작가가 느끼는 감정이나 감각을 표현하려 하였다. 따라서 표현주의 작품에서는 사물이 갖는 고유한 색은 무시된 채 내면을 드러내기 위해 작가가 자의적으로 선택한 색이 사용되었다. 또한 순간적으로 분출되는 강렬한 감정을 포착하는 과정에서, 다소 과장되고 거친 붓놀림이 특징적으로 나타났다. 이러한 방법을 통해 표현주의는 전쟁 이후 사회의 불안감이나 인간의 근원적 고통을 화폭에 담아내었다.

표현주의는 ⓔ도외시되어 온 인간의 감정을 표현하려 했다는 점에서, 회화의 영역을 대상의 외면에 국한하지 않고 인간의 내면까지 확장시킨 운동으로 평가받았다. 이는 훗날 선이나 형, 색 등의 조형 요소를 통해 작가의 감정을 표현하는 현대 추상 미술이 등장하는 기반이 되었다.

* 아방가르드 : 기성의 예술 관념이나 형식을 부정하고 혁신적 예술을 주장한 예술 운동.

20. (가)와 (나)의 공통점으로 가장 적절한 것은?

① 근대 사회에 내재된 여러 문제와 이의 해결 방안을 분석하고 있다.

② 근대 사회가 발전하게 된 과정을 예술적 관점에서 고찰하고 있다.

③ 근대 사회의 부정적인 측면에 대한 비판적인 입장을 제시하고 있다.

④ 근대 사회의 특성을 상반된 관점에서 분석한 두 이론을 소개하고 있다.

⑤ 근대 사회의 과학 혁명을 이어 가기 위한 당시 사람들의 노력을 설명하고 있다.

21. ㉠과 같이 말한 의도로 가장 적절한 것은?

① 계몽에 대한 반작용으로 다시 자연으로 회귀하려는 사회적 움직임을 옹호하고 있다.
② 인류의 진보를 지향했던 계몽주의가 인류의 자율성을 억압하는 방향으로 역행한 것을 경고하고 있다.
③ 신화적 상상력을 기반으로 인간이 자연을 지배하는 과정에서 이성의 힘이 약화되는 것을 우려하고 있다.
④ 인간 소외 문제를 해결해야 한다는 사회적 요구를 반영하여 인간의 집단적 힘이 필요함을 제안하고 있다.
⑤ 근대 문명의 추악한 현실을 극복하기 위해 인간의 자기 보존에 대한 욕망을 회복해야 함을 강조하고 있다.

22. (가)의 내용을 고려할 때 <보기>의 ⓐ, ⓑ에 해당하는 단계로 가장 적절한 것은?

─── < 보 기 > ───

아도르노는 인간을 유혹해 제물로 삼는 세이렌을 자연의 위협으로 보고, 오디세우스가 여기에서 벗어나는 과정을 계몽의 전개 과정과 연계하여 설명하였다.

ⅠⅠ세이렌의 일화ⅠⅠ

바다 요정 세이렌은 섬을 지나는 사람들을 아름다운 노랫소리로 유혹해 제물로 삼는다. 세이렌의 유혹에 빠지지 않고 섬을 지나기 위해 ⓐ오디세우스는 부하들의 귀를 밀랍으로 막아 아무 소리도 듣지 못하게 만들고, 노를 저어 섬을 지나갈 것을 지시한다. 그리고 ⓑ아름다운 노랫소리의 유혹에 빠지려는 욕망을 스스로 억압하기 위해 돛대에 자신의 몸을 묶어 움직이지 못하게 한다. 세이렌의 섬을 지날 때 노랫소리가 들려오자 오디세우스는 이성을 잃고 풀어 달라고 애원하지만, 부하들은 아무 소리도 듣지 못한 채 힘차게 노를 저어 무사히 섬을 지나간다.

	ⓐ	ⓑ
①	인간에 대한 지배	자연에 대한 지배
②	인간에 대한 지배	내적 자연에 대한 지배
③	내적 자연에 대한 지배	인간에 대한 지배
④	내적 자연에 대한 지배	자연에 대한 지배
⑤	자연에 대한 지배	인간에 대한 지배

23. (나)에서 알 수 있는 내용으로 적절하지 않은 것은?

① 근대 이성에 회의를 느낀 유럽인들은 인간 실존의 문제에 관심을 갖게 되었다.
② 표현주의는 전쟁을 경험한 독일의 젊은 예술가들을 중심으로 등장한 예술 운동이다.
③ 마티스에 의하면 표현의 의미는 눈으로 본 것을 눈에 전달하는 수단이라 할 수 있다.
④ 표현주의는 대상의 외면에만 국한하지 않고 인간의 감정까지 다루었다는 평가를 받는다.
⑤ 표현주의는 대상을 사실적으로 재현하지 않았다는 점에서 당시 혁신적인 예술 운동이었다.

24. (가)의 '아도르노'와 (나)의 '표현주의'의 관점에서 <보기>의 작품을 감상한 내용으로 적절하지 않은 것은? [3점]

─── < 보 기 > ───

표현주의 작가인 뭉크의 작품 「절규」에서는, 해골의 형상을 한 남자가 공포에 가득 찬 표정으로 귀를 틀어막으며 비명을 지르고 있다. 그 뒤로 핏빛으로 물든 하늘과 검은색 강물을 꿈틀거리듯 왜곡하여 표현함으로써 존재의 허무감에서 오는 불안과 고통을 감상자들이 그대로 느낄 수 있도록 하였다.

뭉크, 「절규」

① (가) : 작가가 표현하려고 한 감정은 근대 이성에 의해 억눌려 온 인간의 내적 자연으로 볼 수 있겠군.
② (가) : 작가가 전달하는 불안과 고통은 이성이 팽배했던 근대 사회에서 한 개인이 느꼈던 존재의 허무감과 관련이 있다고 볼 수 있겠군.
③ (나) : 해골 형상과 꿈틀거리는 강물은 작가가 느끼는 공포를 표현하기 위해 의도적으로 형태를 왜곡한 것이라고 볼 수 있겠군.
④ (나) : 비명을 지르는 남자의 모습을 회화적 전통에 따라 표현함으로써 감상자도 그 고통을 그대로 느끼게 한 것으로 볼 수 있겠군.
⑤ (나) : 강물의 검은색은 실제 색이라기보다는 작가가 느끼는 고통을 효과적으로 표현하기 위해 자의적으로 선택한 색이 사용된 것으로 볼 수 있겠군.

25. ⓐ ~ ⓔ의 사전적 의미로 적절하지 않은 것은?

① ⓐ : 겉으로 나타나는 낌새.
② ⓑ : 어떤 사실을 자세히 따져서 바로 밝힘.
③ ⓒ : 어떤 결말이나 결과에 이름.
④ ⓓ : 옳고 그름을 가리지 않고 덮어놓고 믿는 일.
⑤ ⓔ : 상관하지 아니하거나 무시함.

[26 ~ 29] 다음 글을 읽고 물음에 답하시오.

적어도 그 다락 속에는 어머니의 은밀한 움직임에 명분을 줄 만한 물건들을 찾아볼 수 없었다. 그러나 나는 곧 그것을 발견했고 해답도 얻어 낼 수 있었다. 그것은 무심코 지독*의 뚜껑을 열어 봤을 때였다. 지독의 뚜껑을 열어제치는 순간, 나는 굳어 버린 듯 그 자리에서 꼼짝할 수 없었다. 나는 못 볼 것을 본 것처럼 소스라쳐 지독의 뚜껑을 닫고 문 쪽으로 기어나갔다. 이불이 깔려 있는 방은 조용했고 툇마루에서는 옹알이를 하고 있는 아우의 기척이 들려 왔다. 나는 다시 안쪽으로 들어가서 지독의 뚜껑을 벗겼다. 놀랍게도 그 지독엔 가녘까지 넘쳐 내릴 것 같은 곡식이 가득 채워져 있었다. 그것은 도정까지 마친 하얀 멥쌀이었고 옆에 있는 지독엔 보리쌀이 반 넘어나 채워져 있었다. 채워 놓은 곡식에서 풍기는 특유의 비릿한 누린내가 코로 스며들었다. 문득 지독 속으로 손을 집어넣고 싶은 충동을 느꼈다. 그러나 그럴 수 없었다. 평두가 되게 손등으로 꼭꼭 다져 놓은 곡식 사래 위에는 ⓐ다섯 손가락의 형용이 너무나 선명한 손도장이 찍혀 있었기 때문이었다. 다식판에 요형(凹形)으로 파놓은 음각 무늬처럼 선명한 어머니의 손자국을 보는 순간 나는 섬짓한 긴장을 느꼈다. 그것은 함부로 범접할 수 없는 장군의 견장과 같은 것이었다. 내가 만일 그 쌀독 속을 헤적여 놓게 되면 어머니는 당장 다른 사람의 범접을 눈치 채게 될 것이었다. 어머니가 곡식을 다루는 꼼꼼한 경계심이 그 손자국에는 선명하게 드러나 있었다. 어머니는 심란해질 때, 그리고 우리들의 모습에서 찢어지는 가난을 목도했을 때 이 다락으로 올라와서 지독의 뚜껑을 열어 보곤 했을 것이었다. 그리고 어떤 때는 우리 형제들을 밖으로 내몰고 몰래 지독의 곡식을 채워 왔을 것이었다. 나는 오랫동안 지독을 물끄러미 바라보며 앉아 있었다. 이 많은 곡식을 다락 위에다 채워 두고도 우리 세 식구는 속절없이 배를 주려 왔던 것이었다. 나는 어머니 스스로 파 놓고 있는 함정의 모순을 어떻게 삭여 내야 할지 전혀 궁리가 닿지 않았다. 그때처럼 어머니를 미워했었던 적은 없었다. 단 한 톨의 손상인들 결코 용납하지 않겠다는 어머니의 섬짓한 의지를 손자국에서 발견하는 순간, 나는 사냥꾼에게 불을 맞고 죽을 때를 기다리는 짐승처럼 처절한 기분이었다. 곡식들이 지독 가녘으로 넘쳐 날 것 같이 채워질 동안 어머니는 얼마나 많은 손자국으로 채워지는 곡식을 가늠해 왔을까. 그리고 굶주림 속에서도 어머니 스스로 만든 위안 속에서 살아온 것이었다. 그 곡식이 밥이나 죽으로 둔갑하지 않는 한 그것은 언제까지나 어머니의 곡식일 뿐 우리 세 식구의 곡식은 될 수 없었다. 그러나 바로 그때였다. ⓑ마루로부터 와락 뛰어든 아우의 다급한 말소리가 들려왔다.

"히야, 엄마 온다."

[중략 부분 줄거리] 다락에 숨어 있다가 어머니에게 발각된 그날 밤 어머니는 우리를 혼내는 대신 쌀밥을 해 주셨다.

어머니가 우리들의 자존심을 부추기고 나온 결정적인 사건이 있었다. 그것은 갑자기 너무 많은 양의 밥을 먹고 난 뒤 설사에 부대끼느라고 밤잠을 설쳐야 했던 **그날 밤** 이후로 어머니는 고미다락의 문을 채우지 않았다는 것이다. 다락에 대해서는 각별한 경계심을 갖고 채워 두기를 게을리하지 않던 어머니가 채워 둔다는 수칙을 스스로 깨뜨려 버린 것이었다. 어머니가 왜 그랬는지 그 내심을 알 수 없었다. 한동안이 지난 뒤에야 그것을 발견했던 우리는, 채워진 다락에 대해서 가졌던 강력한 호기심보다 더욱 강력하게 다락의 일에 빨려 들고 말았다. 어느

날 아우는 다락이 채워지지 않았다는 것을 어머니에게 일깨워 준 적이 있었다. 그러나 어머니는 코대답만 할 뿐 화들짝 놀라서 단속하려 들지 않았다. 그렇다고 어머니가 다락 출입을 중지해 버린 것도 아니었다. 옛날과 다른 점이 있다면, 우리가 바라보는 앞에서 그곳을 출입하기 시작했다는 것과 조마조마하고 비밀스런 발자국 소리도, 우리들 몰래 길게 몰아쉬던 숨소리도 그 뒤로는 들을 수 없게 되었다는 점이었다. 어머니는 자주 허리가 저리다는 둥, 청소를 해야겠다는 둥 혼잣소리로 다락 출입의 고초를 늘어놓곤 하였다. 지극히 일상적인 그런 말들이 우리들로 하여금 다락에 대한 신비감을 반감시키는 단서가 됐을지도 몰랐다. 그렇다 해서 다락에 대한 원천적인 호기심이 희석되진 않았다. 다만 호기심의 방향이 바뀌어진 셈이었다. 그 다락에 자물쇠가 채워져 있는 동안 그것은 오직 어머니의 것이었다. 그런데 다락문이 개방된 이후로 그것은 우리 세 사람 모두의 것이 되었다. 아우와 나 사이에 은연중에 지켜진 관행에 따른다면, 내가 학교에서 생활하는 시간을 제외한 모든 시간을 아우와 짝이 되어 보낸다는 점이었다. 심지어 측간을 가는 일조차 행동 통일이 되어야 직성이 풀렸다. 그런데 어느 날이었다. 그날 우리는 한길에 있을 아이들을 찾아서 무심코 고샅길을 벗어나고 있었다. 그때 아우는 걸음을 딱 멈추었다.

"히야?"

"……?"

"집 비워 두고 우리 둘 다 나가면 안 된다."

ⓒ아우의 반란은 의외였다. 우리는 어머니가 돌아온다는 보장이 없는 시각이라면 종일토록 줄곧 집을 비워 두고 쏘다녔었기 때문이었다. 그것이 어머니에게도 그랬었겠지만 우리들에게도 편했다.

"니는 가기 싫어졌나?"

"아니다, 가고 싶다."

"그런데 왜 앙탈이고?"

"히야는 다락문이 열려 있는 거 모르나, 누가 들어와서 다락문 열면 우짤락꼬."

그랬다. 그제서야 나도 뒤통수가 찡했다. 우리는 한길로 진출하려던 속셈을 바꾸어야 했다. 다락문을 예전처럼 다시 채워 놓는다면 우리들 나들이에 꺼림칙함을 지워 버릴 수도 있었다. 그러나 우리들 능력으로는 그것이 손쉬운 일이 아니었고, 또 ⓓ어머니가 열쇠를 지니고 있는 것인지도 의문이었다. 그것이 난감했다. 나는 공연히 아우에게 쏘아붙였다.

"그러면 우짤래? 니 혼자서 집 지키고 있을래?"

아우는 아무런 갈등도 보이지 않고 고개를 주억거렸다. 고개만 주억거렸을 뿐만 아니라 그때까진 좀처럼 내뱉은 적이 없던 한마디를 서슴없이 덧붙였다.

"히야 혼자 갔다 오느라."

그러한 ⓔ아우의 대견함은 낯설고 놀라운 것이었다.

　　　　　　　　　　　　　　　　　－ 김주영, 「고기잡이는 갈대를 꺾지 않는다」 －

* 지독 : 종이를 삶아 짓찧어서 만든 독.

26. 윗글의 서술상 특징으로 가장 적절한 것은?

① 회상을 통해 주인공이 직접 경험한 사건을 전달하고 있다.
② 반복되는 사건을 통해 인물 간의 갈등을 심화시키고 있다.
③ 장면의 빈번한 전환을 통해 사건의 이면을 폭로하고 있다.
④ 동시에 발생한 사건의 병치를 통해 긴장감을 조성하고 있다.
⑤ 공간적 배경에 대한 묘사를 통해 미래의 일을 암시하고 있다.

27. 함정의 모순 에 대한 이해로 가장 적절한 것은?

① 곡식을 많이 모았지만 정작 모은 곡식을 숨겨 가족이 굶주리게 한 것을 의미하는군.

② 명분이 있을 만한 물건들이 없었음에도 어머니가 다락을 소중히 여겼던 것을 의미하는군.

③ 다락에 채워 놓은 자물쇠가 도난의 위험을 근본적으로 막을 수 없었다는 것을 의미하는군.

④ 쌀로 채워져 있을 것이라는 생각과 달리 보리쌀로만 채워진 지독을 발견한 것을 의미하는군.

⑤ 곡식을 온전히 보관하기 위해 지독을 이용했지만 곡식의 누린 내를 막을 수 없었던 것을 의미하는군.

28. ㉠ ~ ㉤에 대한 설명으로 적절하지 않은 것은?

① ㉠ : 누구도 범접할 수 없게 하기 위한 어머니의 의지를 나타내고 있다.

② ㉡ : 어머니가 허용하지 않은 공간에 출입한 것을 들킬까 염려하는 마음이 담겨 있다.

③ ㉢ : 행동 통일이 되어 왔던 관행을 '나'가 깨뜨리려 한 일에 대한 아우의 불만을 표현하고 있다.

④ ㉣ : 아이들과 함께 놀고 싶은 생각에 제동이 걸리는 이유 중 하나로 작용하고 있다.

⑤ ㉤ : 혼자서라도 다락을 지키겠다는 아우의 언행이 뜻밖이었음을 드러내고 있다.

29. <보기>의 선생님의 질문에 대한 대답으로 적절하지 않은 것은? [3점]

─── < 보 기 > ───

선생님 : 이 작품을 감상할 때는 '그날 밤'을 전후로 달라지는 인물의 행동과 심리, 사건의 전개 양상에 주목하는 것이 중요합니다. 작품에 나타난 시간의 흐름을 아래와 같이 정리할 때, 그날 밤 이전과 이후에 변화된 것이 무엇인지를 파악해 볼까요?

| Ⓐ 이전 | ── | 그날 밤 | ── | Ⓑ 이후 |

① Ⓐ에서 다락에 대해 품었던 '나'의 원천적인 호기심이, Ⓑ에서 모두 희석되었음을 알 수 있습니다.

② Ⓐ에서 다락의 곡식에 대해 가졌던 어머니의 꼼꼼한 경계심이, Ⓑ에서 느슨해지고 있음을 알 수 있습니다.

③ Ⓐ에서 다락의 곡식에 대해 어머니가 가졌던 애착을, Ⓑ에서 '나'와 아우도 가지게 되었음을 알 수 있습니다.

④ Ⓐ에서 어머니만 짊어졌던 다락에 대한 책임감이, Ⓑ에서 '나'와 아우에게도 부여되고 있음을 알 수 있습니다.

⑤ Ⓐ에서 몰래 다락방에 출입했던 어머니가, Ⓑ에서 '나'와 아우가 바라보는 앞에서도 출입하고 있음을 알 수 있습니다.

[30 ~ 34] 다음 글을 읽고 물음에 답하시오.

[A]
　　정보 통신 기술의 발달로 개인에 대한 정보가 데이터베이스화되면서 개인정보 유출로 인한 피해가 증가하고 있다. 이에 따라 최근 개인정보를 보호해야 한다는 사회적 인식이 커지고 있다. 개인은 자신에 관한 정보가 언제, 누구에게, 어느 범위까지 알려지고 이용될 것인지를 스스로 결정할 수 있는 권리를 가지는데, 이러한 권리를 '개인정보자기결정권'이라고 한다. 이는 타인에 의해 개인정보가 함부로 공개되지 않도록 보장받을 권리와 개인정보에 대해 열람, 삭제, 정정 등의 행위를 요구할 수 있는 권리 등을 포함한다. 우리나라는 헌법 제17조에 명시된 사생활의 비밀과 자유가 보장되어야 한다는 내용을 주된 근거로 개인정보자기결정권이 기본권 중 하나임을 인정하고 있다.

　이러한 개인정보자기결정권을 보호하기 위해 제정된 법률이 개인정보보호법이다. ⓐ개인정보보호법에서 규정하는 개인정보는 살아 있는 개인에 관한 정보이다. 사망자에 관한 정보나 단체 혹은 법인에 관한 정보는 개인정보에 포함되지 않는다. 또한 성명, 주민등록번호, 사진이나 동영상 등과 같이 개인을 알아볼 수 있는 정보여야 한다. 그리고 주어진 정보만으로 특정 개인을 알아볼 수 없더라도 다른 정보와 쉽게 결합하여 알아볼 수 있다면 이 역시 법적 보호 대상으로서의 개인정보에 포함된다. 가령 휴대 전화 번호의 뒷자리 숫자를 집 전화번호와 같은 다른 정보와 결합하여 사용자를 식별할 수 있다면 개인정보에 해당한다.

　개인정보보호법에 따른 사전 동의 제도는 정보 주체인 개인이 개인정보에 대한 자기 결정을 표현할 수 있다는 점에서 개인정보자기결정권을 보호하는 중요한 수단이다. 개인정보를 처리하는 개인이나 단체를 의미하는 개인정보 처리자는, 정보 주체의 동의를 구할 때 정보 수집·이용의 목적, 수집 항목, 보유 및 이용 기간 등을 고지해야 한다. 또한 동의를 거부할 권리가 있다는 사실과, 동의 거부에 따른 불이익이 있는 경우 그 불이익의 내용 역시 알려야 한다.

　수집·이용하려는 개인정보 중 고유 식별 정보와 민감 정보는 별도로 동의를 받아야 한다. 고유 식별 정보는 여권 번호와 같이 개인을 고유하게 구별하기 위해 부여된 정보이며, 민감 정보는 건강 정보나 정치적 견해와 같이 주체의 사생활을 현저히 침해할 우려가 있는 정보이다. 이때 정보 주체가 알아보기 쉽도록 수집하려는 고유 식별 정보와 민감 정보의 항목을 밑줄이나 큰 글씨로 강조해야 한다.

　개인정보보호법에서는 개인이 수집·이용에 동의했더라도 개인정보가 무분별하게 이용되어 개인의 권리가 침해되는 것을 막기 위해 수집 목적을 달성할 수 있는 한에서 개인정보를 ㉠익명 정보로 처리하여 보존하거나 이용하도록 하고 있다. 익명 정보란 다른 정보를 사용하더라도 더 이상 개인을 알아볼 수 없는 정보를 의미한다. 익명 정보는 시간이나 비용, 현재의 기술 수준이나 충분히 예견될 수 있는 기술의 발전 등을 고려했을 때 원래의 개인정보로 복원되는 것이 불가능하다고 판단되는 정보로, 익명 처리를 마친 정보는 수집 목적 이외의 분야에서 활용하기 어렵다는 제약이 있다.

　최근 정보 활용의 중요성이 커지면서 개인정보 활용의 유연성을 높여야 한다는 주장이 대두되었다. 이에 개인정보보호법에서는 개인정보를 익명 정보가 아닌 가명 정보로 가공하여 활용할 수 있도록 하는 방안을 마련하였다. ㉡가명 정보는 개인정보의 일부를 삭제 혹은 대체한 것으로, 추가 정보와 비교적 쉽게 결합하여 개인을 식별할 수 있으므로 개인정보보호법의 보호 대상이 된다. 이러한 가명 정보는 통계 작성, 과학적 연구, 공익적 기록 보존 등을 위해 정보 주체의 동의 없이 이용·제공될 수 있다. 단, 가명 정보는 익명 정보와 달리 개인정보와 일대일 대응이 가능하기 때문에 가명 정보를 제3자에게 제공하는 경우 특정 개인을 알아보는 데 사용될 수 있는 정보를 포함해서는 안 된다.

30. 윗글에서 알 수 있는 내용으로 적절하지 <u>않은</u> 것은?

① 개인정보자기결정권의 개념
② 개인정보를 익명 처리하는 과정
③ 개인정보보호법을 제정하게 된 목적
④ 개인정보 활용의 유연성을 높이는 방안
⑤ 개인정보 보호에 대한 인식이 확산된 배경

31. ㉠과 ㉡에 대한 설명으로 적절한 것은?

① ㉠은 익명 처리되기 전의 개인정보와 일대일로 대응한다.
② ㉡은 이용 목적에 상관없이 정보 주체의 동의가 필수적이다.
③ ㉠은 ㉡과 달리 개인정보보호법의 보호 대상이 아니다.
④ ㉡은 ㉠과 달리 수집 목적 이외의 분야에서 활용되기 어렵다.
⑤ ㉠과 ㉡은 모두 개인정보 처리자가 제3자에게 제공할 수 없다.

32. [A]를 참고할 때, <보기>의 빈칸에 들어갈 내용으로 가장 적절한 것은?

< 보 기 >

헌법 제17조에서는 타인에 의해 자유를 제한받지 않을 권리를 보장하는데, 이러한 권리는 일반적으로 소극적 성격의 권리로 해석된다. 이는 적극적으로 타인에게 일정한 행위를 요구할 수 있는 청구권적 성격을 포괄하기 어려워, 헌법 제17조만으로는 개인정보자기결정권을 보장하는 근거가 불충분하다는 견해가 있다. 그것은 개인정보자기결정권이 (   ) 하기 때문이다.

① 공익을 목적으로 타인의 개인정보를 자유롭게 이용할 수 있는 권리에 해당
② 특정 대상에 대한 개인적 견해와 같은 사적인 정보를 보호받을 권리를 포함
③ 개인정보가 정보 주체의 동의가 없더라도 개인정보 처리자에게 제공되도록 허용
④ 정보 주체의 이익보다 개인정보의 활용으로 인한 사회적 이익을 우선하여 보장
⑤ 개인정보에 대한 열람, 삭제, 정정 등을 적극적으로 요구할 수 있는 권리를 포함

33. ⓐ의 사례에 해당하지 <u>않는</u> 것은?

① 학교 홈페이지에 담임을 맡은 학급과 함께 게시된, '김○우'라는 교사의 이름
② 국가에서 설립한 기관에서 장(長)의 직책을 맡고 있는 사람의 휴대 전화 번호
③ 의사자를 추모하기 위한 행사에서 추도사를 읽는 유족의 얼굴을 촬영한 동영상
④ 원격 수업에 참여한 학생들의 얼굴을 모두 확인할 수 있도록 컴퓨터 화면을 캡처한 이미지
⑤ 생전에 모은 재산 전액을 기증한 '이부자'를 기리기 위해 만들어진 '이부자 장학 재단'이라는 명칭

34. 윗글을 바탕으로 인터넷 사이트에서 회원 가입 시 제시하는 다음 동의서를 이해한 내용으로 적절하지 <u>않은</u> 것은? [3점]

가. 개인정보 수집 및 이용 동의

주식회사 ○○(이하 '회사')는 ○○ 서비스 회원(이하 '회원')의 권리를 적극적으로 보장합니다.

　　1. 수집 항목 : 아이디, 비밀번호
　　　　⋮
　　4. 개인정보 수집 및 이용 동의를 거부할 권리
　　　　4-1. 회원은 개인정보의 수집 및 이용 동의를 거부할 권리가 있습니다.
　　　　4-2. 수집 및 이용 동의를 거부할 경우, 서비스 이용이 제한됩니다.

　□ 개인정보를 수집하고 이용하는 것에 동의합니다.

나. 건강 정보 수집 및 이용 동의

1. 수집 항목 : **건강 정보**
　　⋮
　□ 건강 정보를 수집하고 이용하는 것에 동의합니다.

---

① '가'에서 '회사'는 개인정보 처리자, '회원'은 개인정보의 주체에 해당하겠군.
② '가'의 4-2는 정보 제공 동의를 거부할 경우 정보 주체가 받을 수 있는 불이익에 해당하겠군.
③ '가'에서 '회원'의 동의 여부를 확인하는 것은 '회원'의 개인정보자기결정권을 보호하기 위한 수단이겠군.
④ '나'의 1은 개인의 건강 정보가 고유 식별 정보에 해당하기 때문에 수집 항목을 강조하여 표시한 것이겠군.
⑤ '나'는 정보 주체의 사생활이 현저히 침해되는 것을 방지하는 차원에서 '가'와 별도로 동의를 받는 것이겠군.

[35 ~ 37] 다음 글을 읽고 물음에 답하시오.

(가)

너무도 여러 겹의 마음을 가진
그 복숭아나무 곁으로
나는 왠지 가까이 가고 싶지 않았습니다
흰꽃과 분홍꽃을 나란히 피우고 서 있는 그 나무는 아마
사람이 앉지 못할 그늘을 가졌을 거라고
멀리로 ㉠멀리로만 지나쳤을 뿐입니다
흰꽃과 분홍꽃 사이에 수천의 빛깔이 있다는 것을
나는 그 나무를 보고 멀리서 알았습니다
눈부셔 눈부셔 알았습니다
피우고 싶은 꽃빛이 너무 많은 그 나무는
그래서 외로웠을 것이지만 **외로운 줄도 몰랐을 것입니다**
그 여러 겹의 마음을 읽는 데 참 오래 걸렸습니다

흩어진 꽃잎들 어디 먼 데 닿았을 무렵
조금은 심심한 얼굴을 하고 있는 그 **복숭아나무 그늘에서**
가만히 들었습니다 저녁이 오는 소리를

　　　　　　　　　　　　　　– 나희덕, 「그 복숭아나무 곁으로」 –

(나)

천변 잔디밭을 밟고
사람들이 걷기 운동을 하자
잔디밭에 외줄기 길이 생겼다
어쩌나 잔디가 밟혀죽을 텐데
내 걱정 아랑곳없이
가르마길이 나고 그 자리만 **잔디가 모두 죽었다**
오늘 새벽에도 사람들이 그 길을 걷는데
㉡멀리서도 보였다
죽은 잔디싹들이 사람의 몸 속에 푸른 길을 내고 살아 있는 것이
푸른 잔디의 것이 아니라면
저 사람들의 말소리가 저렇게 청량하랴
걷는 사람들의 웃음소리 얘기소리에서
싱싱한 풀꽃 냄새가 난다
그제서야 나는 **잔디가 죽은 것이 아니라**
사람들에게 길을 내어주고 비켜서 있거나
아예 **사람 속에서 꽃피고 있음을** 안다
그렇듯 **언젠가는 사람들도**
잔디에게 자리를 내어준다는 것도 알겠다

　　　　　　　　　　　　　　– 복효근, 「잔디에게 덜 미안한 날」 –

35. (가)와 (나)의 표현상 공통점으로 가장 적절한 것은?

① 색채어를 활용하여 대상의 모습을 구체화하고 있다.
② 설의적 표현을 사용하여 화자의 확신을 드러내고 있다.
③ 경어체를 활용하여 화자의 내적 정서를 고백하고 있다.
④ 후각적 심상을 활용하여 대상의 속성을 부각하고 있다.
⑤ 상승과 하강의 이미지를 반복하여 주제를 강조하고 있다.

36. ㉠, ㉡에 대한 설명으로 가장 적절한 것은?

① ㉠은 대상에 대한 동경을, ㉡은 연민을 나타낸다.
② ㉠은 대상에 대한 기대감을, ㉡은 친밀감을 나타낸다.
③ ㉠은 대상에 대한 이질감을, ㉡은 일체감을 나타낸다.
④ ㉠은 대상에 대한 상실감을, ㉡은 실망감을 나타낸다.
⑤ ㉠은 대상에 대한 심리적 거리감을, ㉡은 관심을 나타낸다.

37. 다음은 (가), (나)에 대한 '엮어 읽기 과제 수행록'이다. 과제를 수행한 결과로 적절하지 <u>않은</u> 것은? [3점]

○ 공통점 : 인식의 변화 과정을 담고 있음.
○ 시적 대상(의미)
　　(가) : 복숭아나무(타인), (나) : 잔디(자연물)
○ 시상의 흐름에 따른 감상

(가)	시상	(나)
'사람이 앉지 못할 그늘을 가졌을 거'에서 타인에 대한 선입견이 나타남. …………………a	피상적 인식	'잔디가 모두 죽었다'에서 자연물에 대한 단편적 인식이 나타남.
'흰꽃과 분홍꽃 사이에 수천의 빛깔이 있다'에서 타인의 본모습을 발견함.	새로운 발견	'푸른 잔디의 것이 아니라면 저 사람들의 말소리가 저렇게 청량하랴'에서 자연물과 사람들의 관계를 발견함. …………b
'외로운 줄도 몰랐을 것'에서 욕심을 버리고 다른 사람을 위해 자신을 희생하는 타인의 모습을 인식하게 됨. …………c	인식의 변화	'잔디가 죽은 것이 아니라' '사람 속에서 꽃피고 있음'에서 자연물이 사람들에게 생명력을 전해 준다고 인식하게 됨.
'복숭아나무 그늘에서 가만히 들었습니다'에서 타인을 진정으로 이해하고 교감함. …………d	결과	'언젠가는 사람들도 잔디에게 자리를 내어준다'에서 죽음이 생명으로 이어지는 자연의 순환적 원리를 깨달음. …………e

① a　　　② b　　　③ c　　　④ d　　　⑤ e

[38 ~ 41] 다음 글을 읽고 물음에 답하시오.

최근 스마트폰이나 자동차 등에서 인공지능 음성 언어 비서 시스템이 사용되고 있다. 이 시스템이 제대로 작동하기 위해서는 사용자의 음성이 올바르게 인식되어야 한다. 그런데 불분명하게 발음하거나 여러 단어를 쉼 없이 발음하는 경우 시스템이 어떻게 이를 올바른 문장으로 인식할 수 있을까? 이럴 때는 입력된 음성 언어를 문자 언어로 변환한 다음, 통계 데이터를 활용하여 단어나 문장의 오류를 보정하는 자연어 처리 기술이 사용된다. 이러한 기술에는 철자 오류 보정 방식과 띄어 쓰기 오류 보정 방식이 있다.

[A]

철자 오류 보정 방식은 교정 사전과 어휘별 통계 데이터를 ㉠기반으로 잘못된 문자열*을 올바른 문자열로 바꿔 주는 방식이다. 철자 오류 보정은 '전처리, 오류 문자열 판단, 교정 후보 집합 생성, 최종 교정 문자열 탐색' 과정을 거친다. 먼저 '전처리'는 입력 문장에서 사용자의 발음이 불분명하게 입력되어 시스템에서 처리가 불가능한 문자열을 처리가 가능한 문자열로 바꿔 주는 과정이다. 가령, '실크'가 '싥'으로 인식될 경우, '싥'이라는 음절이 국어에 쓰이지 않으므로 '실크'로 바꿔 준다. 이렇게 전처리가 끝나면 다음 단계인 '오류 문자열 판단' 단계로 넘어간다. 이 단계에서는 입력된 문장을 어절 단위의 문자열로 ㉡구분하여, 각 문자열이 교정 사전의 오류 문자열에 존재하는지 여부를 확인한다. 교정 사전이란 오류 문자열과 이를 수정한 교정 문자열이 쌍을 이루어 구축되어 있는 사전이다. 예를 들어 사람들이 자주 틀리는 어휘인 '할려고'의 경우, 교정 사전의 오류 문자열에 '할려고', 이를 수정한 교정 문자열에 '하려고'가 들어가 있다.

처리된 문자열이 교정 사전의 오류 문자열에 존재하지 않을 경우 바로 결과 문장으로 도출되지만, 존재할 경우 '교정 후보 집합 생성' 단계로 넘어간다. 이 단계에서는 오류 문자열과 교정 문자열 모두를 교정 후보로 하는 교정 후보 집합을 ㉢생성한다. 예컨대 처리된 문자열이 '할려고'일 경우, '할려고'와 '하려고' 모두를 교정 후보로 하는 교정 후보 집합을 생성한다. 그런 다음 '최종 교정 문자열 탐색' 단계로 넘어간다. 여기서는 철자 오류가 거의 없는 교과서나 신문 기사와 같은 자료에서 어휘들의 사용 빈도를 추출한 어휘별 통계 데이터를 활용하여, 교정 후보 중 사용 빈도가 높은 문자열을 최종 교정 문자열로 선택하여 결과 문장을 도출한다. 만일 통계 데이터에서 '할려고'의 사용 빈도가 1회, '하려고'의 사용 빈도가 100회라면 '하려고'를 최종 교정 문자열로 선택하는 것이다.

띄어쓰기 오류 보정 방식은 잘못된 띄어쓰기를 통계 데이터와 비교하여 올바른 띄어쓰기로 바꿔 주는 방식이다. 이를 위해서는 입력된 문장의 띄어쓰기를 시스템에서 처리할 수 있도록 이진법으로 변환하는 과정이 요구된다. 이 과정에서 음절의 좌나 우, 혹은 음절의 사이에 공백이 있을 때 1, 공백이 없을 때 0으로 표기한다. 가령 '동생이 밥 을 먹었다'라는 문장에서 '밥'은 음절의 좌, 우에 모두 공백이 있으므로 이를 이진법으로 나타내 '1밥1'이 되는데, 이를 편의상 '밥(11)'로 나타낸다. 같은 방법으로 '밥 을'은 두 음절의 좌, 사이, 우에 모두 공백이 있으므로 '밥을(111)'이 되고, '밥 을 먹'은 '밥을먹(1110)'이 된다. 이때 문장의 처음과 끝은 공백이 있는 것으로 처리한다. 이렇게 띄어쓰기를 이진법으로 변환한 다음, 올바르게 띄어쓰기가 구현된

문장에서 ㉣추출한 통계 데이터와 비교한다. 그 결과 빈도수가 높은 띄어쓰기 결과에 맞춰 띄어쓰기 오류를 보정한다. 만약 통계 데이터에서 '밥을(111)'의 빈도수가 낮고 '밥을(101)'의 빈도수가 높을 경우, 이에 따라 '밥 을'은 '밥을'로 띄어쓰기가 보정된다.

이러한 방법들은 모두 올바른 단어나 문장에서 추출된 통계 데이터를 기반으로 보정이 이루어진다는 공통점이 있다. 보정의 정확도를 ㉤향상시키기 위해서는 통계 데이터의 양을 늘리는 것이 요구되지만, 이 경우 데이터 처리 속도가 감소하게 된다는 단점이 있다. 이러한 문제점을 해결하기 위해 최근 보정의 정확도와 데이터의 처리 속도를 모두 향상시키기 위한 방안이 지속적으로 연구되고 있다.

* 문자열 : 데이터로 다루는 일련의 문자.

38. 윗글에서 알 수 있는 내용으로 적절하지 않은 것은?

① 잘못 입력된 문장이 보정되지 않으면 음성 언어 비서 시스템이 제 기능을 발휘하지 못한다.
② 음성 인식 오류를 보정할 때는 사용자의 음성 언어를 문자 언어로 변환하는 과정이 선행된다.
③ 철자 오류 보정 방식은 각 단계마다 입력된 문장을 음절 단위로 구분하여 데이터를 처리한다.
④ 띄어쓰기 오류 보정 방식에서 입력된 문장의 처음과 끝은 공백이 있는 것으로 처리된다.
⑤ 통계 데이터에 포함된 데이터의 양을 늘리면 보정의 정확도는 증가하지만 처리 속도는 감소한다.

39. [A]를 참고하여 <보기>의 ㉮ ~ ㉱를 설명한 내용으로 적절하지 않은 것은? [3점]

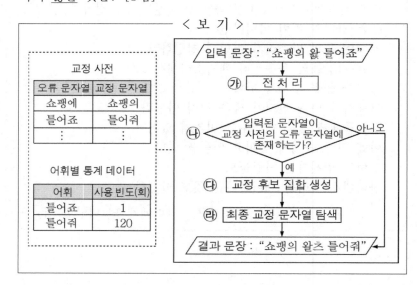

< 보 기 >

① ㉮ : '왏'를 '왈츠'로 교정하여 처리가 가능한 문자열로 바꿔 준다.
② ㉯ : '쇼팽의'를 교정 사전에서 확인한 결과 오류 문자열에 해당하지 않으므로 결과 문장으로 바로 보낸다.
③ ㉯ : '틀어죠'를 교정 사전에서 확인한 결과 오류 문자열에 해당하므로 '교정 후보 집합 생성' 단계로 보낸다.
④ ㉰ : '틀어죠'가 교정 사전의 오류 문자열에 있으므로 '틀어줘'만을 교정 후보로 하는 교정 후보 집합을 생성한다.
⑤ ㉱ : 어휘별 통계 데이터를 적용하여 사용 빈도가 높은 '틀어줘'를 최종 교정 문자열로 선택한다.

[해설편 p.028]

40. 윗글을 바탕으로 할 때, ㄱ~ㅁ에서 <보기>의 띄어쓰기 오류 보정이 일어난 이유로 가장 적절한 것은?

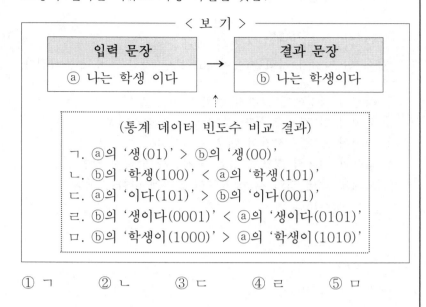

< 보기 >

입력 문장	→	결과 문장
ⓐ 나는 학생 이다		ⓑ 나는 학생이다

(통계 데이터 빈도수 비교 결과)

ㄱ. ⓐ의 '생(01)' > ⓑ의 '생(00)'
ㄴ. ⓑ의 '학생(100)' < ⓐ의 '학생(101)'
ㄷ. ⓐ의 '이다(101)' > ⓑ의 '이다(001)'
ㄹ. ⓑ의 '생이다(0001)' < ⓐ의 '생이다(0101)'
ㅁ. ⓑ의 '학생이(1000)' > ⓐ의 '학생이(1010)'

① ㄱ   ② ㄴ   ③ ㄷ   ④ ㄹ   ⑤ ㅁ

41. 문맥에 맞게 ㉠~㉤을 바꿔 쓴 것으로 적절하지 <u>않은</u> 것은?

① ㉠: 바탕으로
② ㉡: 나누어
③ ㉢: 만든다
④ ㉣: 고친
⑤ ㉤: 높이기

[42 ~ 45] 다음 글을 읽고 물음에 답하시오.

[앞 부분 줄거리] 선녀였던 월영은 호원의 딸로 태어나 최 상서 아들 희성과 정혼하고 월귀탄 귀걸이를 징표로 준다. 모해로 부모를 잃은 월영은 상을 치르려고 소주에 이르는데, 월영의 현숙함을 듣고 소주 자사 위현은 차인을 보내 혼인하려는 뜻을 전한다.

"낭자의 말씀이 그른지라. 이제 낭자의 부모 친척이 없고 천리 원정에 최생 소식을 통할 길이 없거늘, 헛되이 신의를 지키고 평생을 그르게 하니 어찌 아깝지 아니하리오. 또한 위 자사는 청춘에 부귀영화 일국에 진동하니 이제 낭자 결혼하여 빛난 가문에 아름다운 부인이 되어 생남생녀하시며 부귀영화 누리다가 백년해로하시고 위로 부모의 제사를 받들고 아래로 평생을 온전케 할 것이니 어찌 즐겁지 아니하리오. 사생을 돌아보지 아니하고 쓸데없는 최생을 따르고져 하시나이까. 낭자는 깊이 생각하소서. 불연즉 도리어 큰 화가 있을지라. 후회하여도 미치지 못하리라."
하거늘 낭자 변색 대로 왈,
"비록 규중에 있어 배운 것은 없으나 인륜대절은 아나니, 어찌 불측한 말로 감히 욕되게 하느뇨? 그대는 자사의 형세를 자세히 알거니와 나도 사대부 여자로 도리가 있거늘, 비례를 행하라 희롱하니 어찌 방자치 않으리오."
즉시 노복을 불러 등을 내치니 차인이 무료하여 돌아와 낭자의 화용월태며 수작하던 말을 자세히 고한대, 자사 듣기를 다하고 차탄 왈,

"이 여자는 짐짓 군자호구(君子好逑)라. 천만금이라도 달라지 못하거니와, 내 만일 이 여자를 구치 못하면 맹세하고 이 세상에 살지 못할지라."
하고 한 꾀를 내어 일봉 서간을 만들고 봉채를 차려 시비를 주며 왈,
"호부에 가서 ㉠여차여차하라." 하고 보내니라.
각설, 낭자가 차인을 보내고 울울한 마음과 혈혈한 일신을 진정치 못하여 차탄함을 마지아니하더니, 시비 들어와 고하되,
"경성 최 상서 댁 노복이 서간을 드리나이다."
하고 서간과 금함을 드리거늘, 낭자 시비를 명하여 함을 열고 보니 명주 십여 필과 황금 채단이 들었는지라. 낭자 미소하고 시비로 하여금 서간을 보라 하니, 그 서간에 왈,
"경성 최생은 두 번 절하고 호 낭자 좌하에 올리옵나니 슬프다. 세월이 여류하여 벌써 상공의 삼년상을 지낸 지 오랜지라. 전일 언약을 굳게 지키어 지금까지 실가를 정하지 아니함은 이유 없도다. 낭자를 저버리지 아니함이니, 이제 십여 노복과 조그마한 보배를 보내나니, 이것이 소소하나 행장을 차리어 전일 정한 언약을 이룸이 또한 아름답지 아니하리오. 낭자는 빨리 돌아와 고대하옵는 마음을 저버리지 마옵소서. 허다한 말씀을 다 못하나이다." 하였더라.
낭자 듣기를 다하매 위 자사가 보낸 줄 알고 냉소하기를 이윽히 하더니, 시비 등을 불러 왈,
"최생의 서간을 보시고 냉소하시니 어쩐 일이시오니까."

[A]
"봉서를 보니 의심이 많도다. 최생이 나를 데려가려 할진대, 천리 원정에 노복만 보내지 아니할 것이요, 또한 서간의 말씀이 심히 허소하니*, 의심이 두 가지요, 최생의 글씨는 사람마다 칭찬하는 바이나 글씨 이같이 무식하니, 의심이 세 가지요, 나의 월귀탄은 보내지 아니하였으니 의심이 네 가지요. 최 상서는 본대 정직한 군자라, 어찌 원로(遠路)에 이렇듯 보배를 보내리오. 의심이 다섯 가지라. 이는 위 자사가 나를 반드시 속이고져 하는 일이라. 어찌 경솔히 발행하리오."

유모와 시비 등이 이 말을 듣고 탄복함을 마지아니하더라.
낭자 즉시 봉서를 담아 그 노복으로 금백 채단을 도로 금함에 넣어 보내니 그 노복 하직하고 가는지라.
각설, 이때 자사 묘한 계교를 내어 보내고 내념에 생각하되,
'내 비밀한 계교는 유식한 남자라도 속을진대, 또한 어린 여자가 어찌 의심할 바가 있으리오.'
하고 기다리더니, 문득 노복이 헛되이 옴을 듣고 대경하여 발을 구르며 문 왈,
"네 어찌 헛되었는가"
노복이 가로되,
"㉡여차여차하옵기로 봉서와 금함을 도로 올리나이다."

(중략)

"우리 등은 위 자사의 명을 받아 낭자를 모시려 왔사오니 낭자는 바삐 가시면 좋거니와 불연즉 이 비수 아래 놀란 혼백이 될 것이니, 어찌 청춘이 아깝지 아니하리오. 후회하여도 미치지 못하리니 낭자는 길이 생각하소서."
낭자가 정색 대 왈,
"내 비록 여자나 너희 등 비수는 두렵지 아니하나, 어찌 죽기를 저어하리오마는 지금까지 목숨을 보전하기는 이유 없도다. 부모의 유언도 있을뿐더러 후사를 근심함일러니, 이제 너희 등의 핍박을 보니 어찌 소소한 일을 생각하고 잔명을 구차히 살아 무엇에 쓰리오. 또한 내 벌써 죽어 너희 자사의

더러운 욕을 씻고져 하였더니 이제 너희 등 손에 죽느니 차라리 내 먼저 자결하여 더러운 욕을 면하리라.”

하고 언파에 비수를 빼어 우선 자객 삼 인을 베니, 관군 오십 인 등이 수각이 황란하여 손을 놀리지 못하고 각각 몸을 빼쳐 도망하더라.

규중에 조그마한 처자로 어찌 자객 삼사인을 베리오마는 이는 반드시 범인이 아니요. 조화가 무궁한 연고로 이러함이라. 관군 등이 낭자를 해치지 못하고 도망함은 목숨을 아낌이라. 낭자 관군 등을 물리치고 인하여 자결하는 체하니, 관군 등이 몸을 감추어 그 낭자 하는 거동을 보고 자사에게 돌아오니라.

이때 낭자 계교로써 관군을 물리치고 노복을 불러 자객의 주검을 자사 부중에 버리고 오너라 하거늘, 노복 등이 그 경상을 보고 대경 왈,

“이 어찐 신체오며 낭자는 어찌하여 살아 계시이까.”

낭자 소 왈, “지금 ⓒ여차여차하였노라.” 하거늘 노복 등이 낭자의 의견과 담대함을 하례하더라.

이때 관군 등이 돌아가 자사를 보고 전후 수말을 고한대, 자사 듣기를 다하매 오래 침음하다가 또 흉계를 내어 친히 와서 해치려 하더라. 낭자는 본대 지혜 용맹 있는 여자라. 자사의 흉계를 짐작하고 일변 남복(男服)을 짓고 상복을 지으며, 초상을 치르게 준비한 후에 거짓말을 내어 왈,

“호 낭자 병이 깊이 들어 만분 위중타 하니라.”

이때 자사 듣고 허실을 탐지하더라.

낭자 가만히 유모와 시비 사인을 데리고 금안이라 하는 골로 가서 부모의 친구를 찾아 의지코져 할새, 노복을 불러 왈,

“오래지 않아 자사 올 것이니 ⓔ여차여차하면 너희 등은 화를 면하리라”

하고 각각 이별 후 낭자 남복을 개착하고 월야를 타서 금안으로 달아나니라.

                  – 작자 미상, 「월영낭자전」 –

* 허소: 허술하거나 허전함.

42. 윗글에 대한 설명으로 가장 적절한 것은?

① 꿈과 현실이 교차되면서 낭만적인 분위기가 조성되고 있다.
② 서술자가 사건과 인물에 대한 주관적 평가를 드러내고 있다.
③ 우의적 기법으로 대상에 대한 풍자적 태도를 드러내고 있다.
④ 액자식 구성을 통해 사건의 전모를 구체적으로 밝히고 있다.
⑤ 섬세하고 치밀한 묘사로 인물의 외양과 행동을 부각하고 있다.

43. ㉠ ~ ㉣에 대한 설명으로 가장 적절한 것은?

① ㉠은 인물 간의 내재된 갈등을 직접 언급하여 사건 전개의 방향을 뚜렷하게 한다.
② ㉡은 여러 사건에 대한 인물들의 다양한 입장을 예상하게 하여 인물 간의 관계를 추론하게 한다.
③ ㉣은 인물의 성격이 변화됨을 암시하여 그에 따른 행동에 대한 독자의 호기심을 이끌게 한다.
④ ㉡, ㉢은 앞에서 일어났던 사건의 주요 내용을 생략하여 반복적 진술을 피하게 한다.
⑤ ㉢, ㉣은 인물이 앞으로 취할 행동을 알려 주어 독자들이 인물의 성격을 짐작하게 한다.

44. <보기>의 빈칸에 들어갈 말을 [A]에서 찾아 정리한 내용으로 적절하지 <u>않은</u> 것은?

< 보 기 >

낭자는 시비에게서 서간의 내용을 듣고 (   )을 들어 위 자사가 자신을 속이려고 보낸 것임을 바로 눈치챈다.

① 최생이 자신에게 그간의 안위를 묻지 않음
② 최생이 먼 길에 노복만 보낸 일이 의심스러움
③ 최생이 썼다는 서간의 내용이 허술하고 빈약함
④ 최생과 정혼의 징표로 삼은 물건을 전달하지 않음
⑤ 보배를 보낸 것이 최 상서의 인물됨에 반하는 행동임

45. <보기>를 바탕으로 윗글을 감상한 내용으로 적절하지 <u>않은</u> 것은? [3점]

< 보 기 >

「월영낭자전」은 주인공의 결연 과정에서 혼사를 어렵게 만드는 혼사 장애 모티프를 바탕으로 이야기가 전개되고 있다. 반동 인물이 지위, 재물 등을 이용해 주인공과 강제 결혼을 시도하는 과정에서 권력의 폭력성이 드러나고 대립이 심화된다. 한편 반동 인물에게 용기 있게 맞서는 데서 주인공의 윤리적 가치관, 비범함과 지략이 부각되며 흥미가 더욱 고조되는 서사적 특징을 보인다. 고난을 주체적으로 극복해 나가는 주인공의 모습이 당대 여성 독자들의 호응을 얻었고, 근대적 여성상을 제시한 작품으로 평가받고 있다.

① 부귀영화를 누리는 위 자사가 지위와 재물을 이용하여 강제 결혼을 하려는 모습에서 혼사 장애 모티프가 드러나 있군.
② 무기를 든 관군들이 위 자사의 명령에 따라 낭자를 납치하려는 데서 권력의 폭력성이 자행되는 모습이 드러나 있군.
③ 사대부 여자의 도리를 들며 위 자사의 위력에 저항하는 모습에서 인륜을 중시하는 주인공의 가치관이 드러나 있군.
④ 부모의 유언을 따르고 후사를 잇기 위해 목숨을 보전하려는 데서 근대적 여성으로서 주인공의 면모가 드러나 있군.
⑤ 병이 위중하다고 꾸민 후 남복으로 갈아입고 금안으로 떠나며 위기를 벗어나는 데서 주인공의 지략이 드러나 있군.

★ 확인 사항

◦ 답안지의 해당란에 필요한 내용을 정확히 기입(표기)했는지 확인하시오.

[1 ~ 3] 다음은 학생이 수업 시간에 한 발표이다. 물음에 답하시오.

아이스티와 밀크티. 이들의 공통점은 뭘까요? (대답을 듣고) 네, 차(茶) 맞습니다. 정확히는 홍차를 주재료로 한 차입니다. 자주 접하지만 제대로 몰랐던 홍차의 이모저모를 알려드리기 위해, '홍차, 알고 마셔 보자!'를 주제로 발표하게 되었습니다.

먼저, 차는 차나무에서 딴 잎을 가공하여 만든 음료를 말합니다. 흔히들 녹차 나무, 홍차 나무가 있을 것이라 생각하기 쉽습니다. 하지만 차는 카멜리아 시넨시스라 불리는 차나무의 잎을 어떻게 가공하느냐에 따라 녹차, 홍차 등으로 구분됩니다. 잎을 산화시키지 않는 녹차와 달리 홍차는 가공 과정에서 잎을 충분히 산화시켜 만드는데, 이 과정에서 녹색의 찻잎이 암갈색으로 변하면서 고유의 맛, 향, 색을 가진 홍차가 됩니다. 충분히 산화된 찻잎을 우려내면 붉은빛의 찻물이 만들어지는데, 홍차라는 이름은 여기에서 유래되었습니다.

홍차를 즐기는 기본적인 방법은 찻잎을 직접 우려 마시는 것입니다. 찻잎을 우릴 때 홍차의 맛과 향을 좌우하는 포인트가 하나 있는데요, 동영상을 함께 보시겠습니다. (동영상을 보며) 찻주전자에 100℃까지 끓인 물을 세차게 붓자, 찻잎이 위로 떠올랐다가 천천히 가라앉는 모습을 보실 수 있습니다. 이러한 찻잎의 움직임을 '점핑'이라고 합니다. 점핑은 물의 낙차를 이용해 찻잎이 대류 운동을 하도록 만들어 주는 것인데, 점핑이 잘 되면 찻잎의 성분이 충분히 우러나게 됩니다.

홍차는 조리법이나 첨가물을 달리하여 취향에 맞게 즐길 수도 있습니다. 차갑게 우려내는 아이스티, 설탕과 우유를 넣어 부드러운 맛을 내는 밀크티가 대표적입니다. 또 꽃잎이나 과일 조각, 향신료 등을 더하기도 하는데, 그중 감귤류의 향을 입힌 얼그레이가 인기가 높습니다.

홍차에는 건강에 좋은 성분들이 많습니다. 특히 산화 과정에서 생성된 테아플라빈 성분은 강력한 항산화 작용을 하며 면역력 증진에 효과가 있습니다. 또한 홍차를 마시면 마음이 차분해지고 집중력 향상에 도움이 되는데, 이는 바로 테아닌 성분 때문입니다. 알고 보니 매력 많은 홍차, 이제부터 집중력 향상에 도움이 되는 홍차 한 잔 어떠신지요.

1. 위 발표자의 말하기 방식으로 가장 적절한 것은?

① 발표 순서를 먼저 알려주고 이에 따라 발표를 진행하고 있다.
② 발표 중간중간 청중에게 질문하며 발표 상황을 점검하고 있다.
③ 관련된 일화를 나열하는 방식으로 중심 화제를 소개하고 있다.
④ 청중과 공유했던 경험을 환기하여 주제 선정의 동기를 제시하고 있다.
⑤ 다른 대상과의 차이점을 드러내어 중심 화제의 특성을 설명하고 있다.

2. 다음은 발표자가 발표를 계획하며 메모한 것이다. 발표에 반영되지 않은 것은?

• 발표 내용에 흥미를 갖도록 학생들의 관심을 유발해야겠어. 도입부에서 학생들이 알 만한 음료를 제시해서 홍차에 대한 이야기로 이어지도록 해야지. ·········· ㉠
• 학생들은 차에 대한 배경지식이 적을 것 같아. 차의 개념과 차를 구분하는 기준을 알려줘야지. ·········· ㉡
• 찻잎을 우릴 때의 포인트를 학생들이 쉽게 이해할 수 있도록 해야겠어. 동영상을 활용해서 찻잎의 점핑을 설명해야지. ·········· ㉢
• 홍차를 다양하게 즐길 수 있는 방법을 알려주는 것이 학생들에게 유용할 것 같아. 취향에 맞게 첨가물의 양을 조절하는 방법을 알려줘야지. ·········· ㉣
• 발표 주제와 관련해 발표를 마무리해야겠어. 홍차의 효능을 알리고 홍차를 마시자고 제안해야지. ·········· ㉤

① ㉠   ② ㉡   ③ ㉢   ④ ㉣   ⑤ ㉤

3. 발표 내용을 바탕으로 할 때, <보기>에 나타난 청중의 반응에 대한 이해로 적절하지 않은 것은?

─── <보 기> ───

청중 1: 밀크티가 홍차를 주재료로 한다는 걸 알게 되어 좋았어. 발표를 들으니 홍차 고유의 맛과 향이 궁금해져서 발표자가 알려준 대로 홍차를 우려서 마셔 보려 해.
청중 2: 홍차 이름이 찻물의 색 때문이라는 점이 흥미로웠어. 그런데 서양에선 홍차를 블랙티라 부르던데. 찻잎이 산화되면서 암갈색으로 변한다고 했으니, 이것 때문이 아닐까?
청중 3: 홍차에 면역력 증진, 집중력 향상의 효능이 있다는 걸 알게 돼 유익했어. 차에는 카페인이 있다고 알고 있는데 그로 인한 부작용은 없는지 알려주지 않아 아쉬웠어.

① 청중 1은 발표를 통해 얻은 정보를 직접 이용해 보려 하는군.
② 청중 2는 발표 내용을 바탕으로 새로운 내용을 추론하고 있군.
③ 청중 3은 발표 내용과 관련하여 자신의 배경지식을 떠올리고 있군.
④ 청중 1과 청중 3은 새롭게 알게 된 정보에 대해 긍정적으로 생각하고 있군.
⑤ 청중 2와 청중 3은 발표자가 다루지 않은 내용을 지적하며 아쉬워하고 있군.

[4 ~ 7] (가)는 토론의 일부이고, (나)는 토론에 청중으로 참여한 학생이 '토론 후 과제'에 따라 작성한 초고이다. 물음에 답하시오.

(가)

사회자: 이번 시간에는 '인공지능 판사를 도입해야 한다.'라는 논제로 토론을 진행하겠습니다. 먼저 찬성 측이 입론한 후 반대 측에서 반대 신문해 주십시오.

찬성 1: 인공지능 판사는 인간의 학습 능력과 지각 능력을 인공적으로 구현한 인공지능이 법적 분쟁에 대한 법리적 해석을 통해 판결하는 것을 말합니다. 저희는 인공지능 판사를 도입해야 한다고 생각합니다. 첫째, 판사의 수는 법으로 제한되어 있는 반면, 법적 분쟁은 늘고 있습니다. 대법관 1인이 연간 처리해야 하는 사건이 1,000건이 넘는 탓에 대법원 판결까지 수 년이 걸리는 경우도 있습니다. 인공지능 판사는 관련 자료를 신속히 조사하여 판결을 내리므로 시간과 비용을 절약할 수 있습니다. 둘째, 인공지능 판사는 특정한 이해 관계에 얽히지 않습니다. 그래서 뇌물 수수 등의 비윤리적인 문제가 발생할 가능성이 없습니다. 셋째, 인공지능 판사는 방대한 법전과 판례를 참고하여 판결합니다. 전문지식을 갖추고 있으면서 감정에 흔들릴 여지가 없어서 이른바 '고무줄 판결'을 방지할 수 있습니다. 인공지능 판사를 도입하는 것은 4차 산업혁명 사회의 시대적 흐름이라 할 수 있습니다.

반대 2: 인공지능 판사의 도입이 시대적 흐름이라고 하셨는데요, 그렇게 말씀하신 근거를 제시해 주시겠습니까?　┐

찬성 1: 이미 미국, 중국, 호주 등에서 인공지능 판사를 도입하거나 재판에서 인공지능을 활용하고 있습니다. 또한 에스토니아에서는 2019년부터 인공지능 판사가 소액 사건을 전담하여 사법 처리 효율성이 향상되었다고 합니다.　┘ [A]

반대 2: ○○연구소의 보고서에 따르면, 기술적 발전에도 자율 주행 자동차의 도입이 어려운 것은 윤리적 딜레마를 극복하지 못했기 때문이라고 합니다. 인공지능 판사도 그 딜레마의 영역을 벗어나지 못하는 것은 아닐까요?　┐ [B]

찬성 1: 반대 측 의견은 충분히 수긍합니다. 하지만 사람 판사도 윤리적 딜레마에 빠져 쉽게 결정을 내릴 수 없는 경우가 있습니다. 그렇기에 그런 문제에 앞서 누가 더 합리적 판결을 할 수 있는지를 물어야 합니다.　┘

사회자: 이번에는 반대 측이 입론한 후에 찬성 측에서 반대 신문해 주십시오.

반대 1: 저희는 인공지능 판사의 도입을 반대합니다. 기본적으로 인공지능 판사는 기존의 법전과 판례에 대한 학습을 토대로 판결을 내립니다. 그렇기 때문에 과거에 없었거나 사실 관계가 복잡한 사건에 대해서는 불완전한 판단을 할 수밖에 없습니다. 이런 경우에는 올바른 판결을 위해서 사람 판사가 다시 확인하고 보완하는 과정을 거쳐야 하므로, 처음부터 사람 판사가 진행한 재판에 비해 효율성이 떨어집니다. 또한 인공지능의 알고리즘을 설계하는 것은 인간이므로, 인공지능 판사 역시 인간이 지닐 수 있는 문제에서 자유로울 수 없습니다. 인종차별과 같은 비윤리적 발언을 쏟아내는 바람에 서비스가 중단된 인공지능의 사례에서 이를 확인할 수 있습니다. 끝으로, 인공지능 판사는 기존 판결이 가지는 불공정 문제를 답습할 수밖에 없습니다. 즉, 인공지능 판사가 학습한

과거 판례에 따라 술에 취해 범죄를 저지른 사람은 형을 감경받고, 생계를 위해 음식을 훔친 사람은 실형을 선고받는 문제는 반복됩니다. 인공지능이 사건과 관련된 복잡한 양상을 제대로 이해하지 못한다는 점에서 인공지능 판사의 도입에 대한 우려가 적지 않습니다.

찬성 2: □□대학교에서 판결문을 분석한 보고서에 따르면, 대형 범죄일수록, 피고의 직위가 높을수록 더 쉽게 집행유예를 선고받았다고 합니다. 판사가 사람이기 때문에 국민 법 감정에 어긋난 판결이 내려져 사법 불신을 초래한다고 생각하지 않으십니까?　┐ [C]

반대 1: 물론 그런 경우도 있습니다. 그러나 국민들의 기대에 부합하는 판결을 할 수 없는 더 큰 이유는 우리나라의 양형 기준에 제한이 있기 때문이며, 이것은 사법부가 아니라 입법부에 그 책임이 있습니다.　┘

> **토론 후 과제**: 인공지능 판사 도입과 관련한 사회적 현안에 대해 비평하는 글 쓰기

(나)

알파고의 등장 이후 인공지능은 크게 발전하여 인간의 일을 점점 더 많이 대신하고 있다. 이에 공정하고 엄밀한 판단이 요구되는 판사도 인공지능으로 대체하자는 요구가 있다. 국민의 법 감정과 동떨어진 재판 결과에 대한 불신이 반영된 것이다.

인공지능 판사가 도입되면 자료 조사 시간이나 비용을 절감할 수 있어 '신속한 재판을 받을 권리'가 보장된다. 실제로 2019년부터 소액 사건을 인공지능 판사에게 맡긴 에스토니아에서는 사법 처리 효율성이 향상되었다고 한다.

하지만 인공지능 판사의 도입을 우려하는 목소리도 적지 않다. 기존 판례를 학습한 인공지능은 급속한 시대 변화를 따라가기 어렵다. 또한 인공지능 판사는 피의자와 피해자의 관계, 감정 등 본질적으로 재량이 필요한 영역이나 도덕적 가치 판단이 이루어지는 업무를 수행하는 데 한계를 지닌다.

사법 시스템에 인공지능 기술을 도입하는 것은 이제 시대적 흐름일 수 있다. 단, 인공지능 판사의 도입에 대한 사회적 우려를 고려하여, 우선은 판사 업무의 보조적 수단으로 인공지능을 받아들이는 것이 바람직할 것이다.

---

4. (가)의 입론을 쟁점별로 정리한 내용으로 적절하지 <u>않은</u> 것은?

[쟁점 1] 인공지능 판사는 사람 판사보다 효율적인가?	
찬성 : 인공지능 판사는 관련 자료를 빠르게 처리하므로 보다 신속한 판결에 기여한다.	**반대** : 인공지능 판사의 판결에는 사람 판사의 검토가 항상 요구되므로 그 절차가 비효율적이다. ·········· ①

[쟁점 2] 인공지능 판사는 사람 판사보다 윤리적인가?	
찬성 : 인공지능 판사는 특정한 이해 관계에 얽히지 않아 비윤리적인 문제를 일으키지 않는다. ·········· ②	**반대** : 인공지능 판사는 인간에 의한 설계 과정에서 비윤리적인 관점을 갖게 될 수 있다. ·········· ③

[쟁점 3] 인공지능 판사는 사람 판사보다 공정한가?	
찬성 : 인공지능 판사는 감정에 휘둘리지 않고 전문지식에 근거하여 판결한다. ·········· ④	**반대** : 인공지능 판사는 기존 판례에 따르므로 불공정한 판결을 할 수 있다. ·········· ⑤

5. [A] ~ [C]에 대한 설명으로 가장 적절한 것은?

① [A]의 '반대 2'는 [B]의 '반대 2'와 달리, 상대측의 발언 일부를 재진술한 후 그 내용의 공정성을 검증하고 있다.

② [A]의 '찬성 1'은 [B]의 '찬성 1'과 달리, 통계 자료를 활용하여 상대측의 발언에 논리적 오류가 있음을 지적하고 있다.

③ [A]의 '반대 2'와 [C]의 '찬성 2'는 모두, 상대측 발언 내용에 의문을 제기하며 추가 자료를 요청하고 있다.

④ [B]의 '찬성 1'과 [C]의 '반대 1'은 모두, 상대측의 문제 제기를 일부 인정하면서 자신의 의견과 절충하고 있다.

⑤ [B]의 '반대 2'와 [C]의 '찬성 2'는 모두, 연구 결과를 활용하여 질문함으로써 상대측을 압박하고 있다.

6. (가)의 토론 내용이 (나)에 반영된 양상으로 적절하지 <u>않은</u> 것은? [3점]

① '찬성 2'의 반대 신문을 반영하여, 1문단에서 인공지능 판사의 도입과 관련된 사회적 배경을 제시하고 있다.

② '찬성 1'의 입론을 반영하여, 2문단에서 인공지능 판사 도입의 긍정적 측면을 제시하고 있다.

③ '찬성 1'의 답변을 반영하여, 2문단에서 인공지능 판사가 도입된 사례를 제시하고 있다.

④ '반대 1'의 입론을 반영하여, 3문단에서 인공지능 판사 도입으로 발생한 부작용을 제시하고 있다.

⑤ '찬성 1'과 '반대 1'의 입론을 반영하여, 4문단에서 인공지능 판사의 도입에 대한 작성자의 견해를 제시하고 있다.

7. 다음은 (나)의 마지막 문단을 고쳐 쓴 것이다. 그 과정에서 반영된 수정 계획으로 가장 적절한 것은?

사법 시스템에 인공지능 기술을 도입하는 것은 이제 시대적 흐름이다. 단, 인공지능 판사의 도입에 대한 우려를 고려하여, 사법 절차의 효율성을 높이는 수단으로 인공지능을 활용하는 것이 바람직하다. 주요 쟁점, 기존 판례, 학계 의견 등에 대한 분석·종합을 인공지능이 담당하게 되면, 분쟁 해결의 속도를 높일 수 있고, 판사는 복잡한 분쟁에 집중하게 되어 사법 판단의 질도 높아질 것이다.

① 인공지능 판사의 도입에 대한 사회적 요구를 분석적으로 드러내야겠군.

② 인공지능 판사의 도입에 대한 상반된 입장을 평가하는 내용을 추가해야겠군.

③ 인공지능 기술이 사법 시스템에서 수행할 수 있는 역할을 구체적으로 밝혀야겠군.

④ 인공지능 기술의 사법 시스템 도입에 대한 전망을 완곡한 표현으로 수정해야겠군.

⑤ 인공지능 기술을 사법 시스템에 활용하는 것이 지니는 장단점을 나란히 서술해야겠군.

[8 ~ 10] 다음은 작문 상황과 이를 바탕으로 학생이 작성한 초고이다. 물음에 답하시오.

[작문 상황]

학교 신문 기고란에 손쉽게 기부할 수 있는 방법을 소개하고, 기부에 참여하도록 유도함.

[학생의 초고]

우리 사회 곳곳에는 타인의 도움이 필요한 사람들이 많이 있다. 소외된 이웃에게 따뜻한 손길을 건네는 기부의 필요성에 대해 공감하는 사람들이 많지만 이러한 인식이 실제 기부로 이어지는 경우는 적다. 기부 참여가 적은 이유로 기부 참여 방법의 어려움, 기부 금액에 대한 부담감 등이 있다.

디지털 기술 발전과 미디어 환경의 변화로 손쉽게 기부에 참여할 수 있는 방법들이 등장하고 있는데, 그중 누리소통망(SNS)을 활용한 기부를 '소셜 기부'라고 한다. 소셜 기부에는 누리소통망 이벤트나 게시글을 통해 '좋아요'를 눌러 기부에 참여하는 콘텐츠 공감형 기부, 누리소통망 내에서 다음 기부자를 지목하여 미션 수행 및 기부를 유도하는 릴레이형 기부가 있다. 또 온라인 플랫폼을 통한 소액 기부나 포인트 기부 방식도 있다.

물론 소셜 기부가 기부자의 선한 의도와 달리 악용될 가능성도 있다. 하지만 휴대전화를 이용하여 언제 어디서나 기부할 수 있고, 기부 참여 방법이 어렵다고 여기는 사람도 누리소통망을 통해 쉽게 기부에 참여할 수 있다. 그리고 소셜 기부는 다른 사람과 기부 활동을 공유하며 기부를 함께 즐길 수 있고, 소액 또는 포인트로 기부할 수도 있기 때문에 부담이 적다.

나 한 사람의 기부 참여는 또 다른 사람의 기부로 이어져 우리 사회에 긍정적 영향을 미칠 수 있다. [A]

8. 초고를 쓰기 위해 떠올린 생각 중 글에 반영된 것은?

① 소셜 기부의 개념을 설명하여 독자의 이해를 도와야겠어.

② 소셜 기부의 변화 과정을 설명하여 글의 목적을 강조해야겠어.

③ 소셜 기부를 통한 모금 현황을 밝혀 독자의 참여를 유도해야겠어.

④ 소셜 기부로 인한 피해 사례를 들어 문제의 심각성을 강조해야겠어.

⑤ 소셜 기부와 관련된 법적 제도를 언급하여 제재 선정의 이유를 밝혀야겠어.

9. <보기>를 활용하여 초고를 보완하고자 한다. 자료 활용 방안으로 적절하지 <u>않은</u> 것은? [3점]

<보 기>

ㄱ. 설문 자료(대상 : ○○시민 1,000명)

ㄱ-1. 기부 경험이 있는가?

있다 24%	없다 76%

ㄱ-2. (ㄱ-1에서 '없다'라고 답한 응답자를 대상으로) 기부 경험이 없는 이유는?

기부 금액이 부담스러워서 38%	기부 방법이 어려워서 31%	관심이 없어서 19%	기타 12%

ㄴ. 전문가 인터뷰

"소셜 기부 문화가 확대되어 단체가 주도하지 않는 개인적인 모금 활동이 늘어나고 있는데, 기부금을 여가나 문화생활을 위한 개인적 비용으로 지출하여 사회적으로 논란이 되기도 합니다. 특히 소액 기부의 경우는 기부자들이 직접 요구하지 않는 이상, 기관에서 기부금의 사용 내역 등을 밝히라고 할 수 없기 때문에 기부자들이 기부금의 사용 계획과 사용처, 사용 금액 등을 정확히 확인할 필요가 있습니다."

ㄷ. 신문 기사

최근 자연재해로 어려움을 겪은 지역을 위한 온라인 기부 캠페인이 진행되고 있다. 한 고등학생은 "기부 인증 게시글을 보고, 저도 '좋아요'를 누르는 방법으로 손쉽게 기부하게 되었습니다."라고 말했다. 이러한 누리소통망을 통한 기부는 도움이 필요한 사람들에게 실질적인 도움을 줄 수 있다. 또 사회 현안에 대한 관심을 모으고 공론의 장을 형성해 사회 문제를 해결하는 데 기여할 수 있다.

① ㄱ-1을 활용하여, 우리 사회의 기부 참여가 저조하다는 것을 뒷받침한다.
② ㄴ을 활용하여, 기부금이 기부자의 의도와 다르게 사적 용도로 유용될 수 있다는 내용으로 소셜 기부가 악용될 가능성을 구체화한다.
③ ㄷ을 활용하여, 소셜 기부가 사회 문제 해결에 기여할 수 있다는 내용을 기부 참여의 긍정적 영향으로 추가한다.
④ ㄱ-2와 ㄴ을 활용하여, 소액 또는 포인트 기부 방식을 기부 금액에 부담감을 느끼는 사람들이 손쉽게 기부에 참여할 수 있는 방법으로 추가한다.
⑤ ㄱ-2와 ㄷ을 활용하여, 기부 참여 방법이 어려워 기부에 참여하지 못했던 사람들도 소셜 기부를 통해 쉽게 참여할 수 있음을 보여 주는 예로 제시한다.

10. <조건>에 따라 [A]에 들어갈 내용으로 가장 적절한 것은?

<조 건>

○ 작문 상황과 글의 흐름을 고려할 것.
○ 비유적 표현을 사용하고 청유문으로 마무리할 것.

① 나의 작은 움직임 하나로 큰 물결을 만들어 낼 수 있는 기부에 함께하자.
② 기부는 공동체 화합의 꽃이므로 소셜 기부에 대한 부담감을 버리고 다양한 기부에 동참하자.
③ 이 사회의 구성원으로서 책임을 다하려면 기부의 목적을 이해하고 소셜 기부를 실천해 보자.
④ 나의 관심이 우리가 살아가는 이 세상에 선물이 됨을 알고 기부 문화 확산에 관심을 가져야 한다.
⑤ 티끌 모아 태산이라고 작은 기부가 누군가에게는 큰 도움이 될 수 있으니 기부를 생활화하는 것이 어떨까?

[11 ~ 12] 다음 글을 읽고 물음에 답하시오.

어근과 접사는 단어를 구성하는 요소이다. 어근은 단어에서 실질적인 의미를 나타내는 중심 부분이며, 접사는 의미를 더하거나 제한하는 주변 부분이다. 접사는 어근에 덧붙어 새로운 단어를 만든다는 점에서 파생 접사라고 부른다. '헛수고'와 '일꾼'의 '수고'와 '일'은 어근이며, '헛-'과 '-꾼'은 접사이다.

어근은 단어의 중심을 이루는 구성 요소이므로 단어는 하나 이상의 어근을 포함한다. 구성 요소가 2개인 경우로 한정하면 우리말 단어는 '어근+어근', '어근+접사', '접사+어근' 중 어느 하나에 해당한다.

어근은 규칙 어근과 불규칙 어근으로 나눌 수 있는데, 규칙 어근은 품사가 분명하고 다른 말과 자유롭게 결합할 수 있는 어근이다. 반면에 불규칙 어근은 품사가 분명하지 않고 다른 말과의 결합에도 제약이 따르는 어근으로, '아름답다'의 '아름-'이나 '깨끗하다'의 '깨끗-' 등이 해당한다.

접사는 어근에 결합하는 위치에 따라 어근의 앞에 붙는 접두사와 어근의 뒤에 붙는 접미사로 나눌 수 있다. '풋사과'의 '풋-'은 접두사, '덮개'의 '-개'는 접미사에 해당한다. 접두사와 접미사는 어근과의 위치가 상대적으로 차이가 나며 문법적 기능 면에서도 차이가 있다. 접두사는 의미를 더하거나 제한할 뿐 파생되는 단어의 품사에는 영향을 끼치지 않는다. '헛-'이 명사 '고생, 수고'에 붙어 파생된 단어는 모두 명사이며, 동사 '살다, 보다'에 붙어 파생된 단어는 모두 동사이다. 접미사는 접두사와 마찬가지로 의미를 더하거나 제한하는 기능을 할 뿐만 아니라 파생되는 단어의 품사를 바꾸기도 한다. '-이'가 동사 '먹다, 벌다'에 붙어 만들어진 단어는 모두 명사이다.

11. 윗글을 통해 알 수 있는 내용으로 적절하지 <u>않은</u> 것은?
① '쌓다'와 '쌓이다'의 어근은 동일하다.
② '군살'은 두 개의 어근으로 구성된다.
③ '헛발질'에는 접두사와 접미사가 모두 있다.
④ '맨손'의 어근은 다른 말과 자유롭게 결합할 수 있다.
⑤ '따뜻하다'의 어근은 품사가 불분명한 불규칙 어근이다.

12. 윗글을 바탕으로 <학습 활동>의 ⓐ와 ⓑ에 들어갈 자료를 바르게 짝지은 것은? [3점]

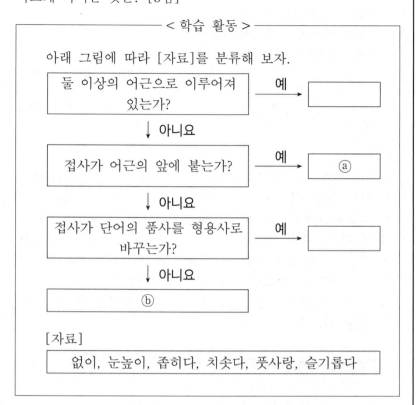

―< 학습 활동 >―

아래 그림에 따라 [자료]를 분류해 보자.

둘 이상의 어근으로 이루어져 있는가? → 예 → ☐
↓ 아니요
접사가 어근의 앞에 붙는가? → 예 → ⓐ
↓ 아니요
접사가 단어의 품사를 형용사로 바꾸는가? → 예 → ☐
↓ 아니요
ⓑ

[자료]

없이, 눈높이, 좁히다, 치솟다, 풋사랑, 슬기롭다

	ⓐ	ⓑ
①	눈높이, 치솟다	풋사랑, 슬기롭다
②	눈높이, 슬기롭다	없이, 좁히다
③	좁히다, 슬기롭다	없이, 풋사랑
④	치솟다, 풋사랑	좁히다, 슬기롭다
⑤	치솟다, 풋사랑	없이, 좁히다

13. <보기>의 ㉠에 들어갈 내용으로 적절한 것은?

―< 보 기 >―

선생님 : 아래의 단어들을 음운 변동 양상에 따라 두 부류로 분류해 볼까요?

맏형, 짧다, 불나방, 붙이다, 색연필

학생 : 네. _____㉠_____에 따라 '맏형[마텽], 짧다[짤따], 색연필[생년필]'과 '불나방[불라방], 붙이다[부치다]'로 나눌 수 있습니다.

① 음운 변동이 두 번 일어났는가
② 음운 변동의 결과가 표기에 반영되었는가
③ 모음의 영향을 받는 음운 변동이 일어났는가
④ 음운 변동의 결과로 음운 개수가 달라졌는가
⑤ 음운 변동의 결과로 인접한 두 음운이 완전히 같아졌는가

14. <보기>의 설명을 참고할 때, ㉠을 분석한 내용으로 적절하지 **않은** 것은?

―< 보 기 >―

부사어는 서술어, 관형어, 다른 부사어 등을 수식한다. 또한 절이나 문장 전체를 수식하는 역할을 하거나 문장과 문장을 연결하는 역할을 한다. 부사어는 부사 단독으로 쓰이거나 체언에 조사가 결합된 형태, 용언의 활용형으로 나타난다.

㉠그는 **처음과** 같은 **마음으로** 공부를 했다. **그래서 아주 쉽게** 원하는 대학에 합격했다.

① '처음과'는 체언에 조사가 결합된 형태로 관형어를 수식한다.
② '마음으로'는 체언에 조사가 결합된 형태로 서술어를 수식한다.
③ '그래서'는 부사 단독으로 문장과 문장을 연결한다.
④ '아주'는 부사 단독으로 다른 부사어를 수식한다.
⑤ '쉽게'는 용언의 활용형으로 관형어를 수식한다.

15. <보기>의 ㉠~㉤에서 알 수 있는 중세 국어의 특징으로 적절하지 **않은** 것은?

―< 보 기 >―

그 ㉠쁴 世尊이 즉자히 化人을 보내샤 [化人은 ㉡世尊ㅅ 神力으로 드외의 ᄒᆞ샨 ㉢사ᄅᆞ미라] 虛空애셔 耶輸ᄭᅴ ㉣니르샤ᄃᆡ 네 디나건 네 녯 時節에 盟誓 發願ᄒᆞᆫ 이를 혜ᄂᆞ다 ㉤모ᄅᆞᄂᆞ다

– 『석보상절』 –

[현대어 풀이] 그때에 세존이 즉시 화인을 보내시어 [화인은 세존의 신력으로 되게 하신 사람이다.] 허공에서 야수께 이르시되 "네가 지난 옛날 세상의 시절에 맹세하고 발원한 일을 생각하느냐 모르느냐?"

① ㉠을 보니, 어두자음군이 사용되었음을 알 수 있군.
② ㉡을 보니, 'ㅅ'이 관형격 조사로 사용되었음을 알 수 있군.
③ ㉢을 보니, 이어적기가 사용되었음을 알 수 있군.
④ ㉣을 보니, 객체 높임 선어말 어미가 사용되었음을 알 수 있군.
⑤ ㉤을 보니, '-ㄴ다'가 의문형 어미로 사용되었음을 알 수 있군.

[16 ~ 20] 다음 글을 읽고 물음에 답하시오.

(가)

어버이 낳으시고 임금이 먹이시니
낳은 덕 먹인 은을 다 갚고자 하였더니
숙연히 칠십이 넘으니 할 일 없어 하노라　　　　　　　　　<제1수>

연하에 깊이 곤 병 약이 효험 없어
강호에 버려언져 십 년 밖이 되었어라
그러나 이제 다 못 죽음도 그 성은인가 하노라　　　　　　<제3수>

달 밝고 바람 자니 물결이 비단일다
단정*을 비겨 놓아 오락가락 하는 흥을
ⓐ백구야 하 즐겨 말고려 세상 알까 하노라　　　　　　　<제5수>

피 소주 무우저리* 우습다 어른 대접
남은셔 이른 말이 초초타* 하건마는
두어라 이도 내 분이니 분내사*인가 하노라　　　　　　　<제8수>
　　　　　　　　　　　　　　　　　　　　– 나위소, 「강호구가」 –

*단정 : 작은 배.
*피 소주 무우저리 : 풀로 만든 소주와 무절임.
*초초타 : 보잘것없이 초라하다.
*분내사 : 분수에 맞는 일.

(나)

들은 지 오래더니 보았구나 백상루
야속하다 강산이 날 기다리고 있었던가
처음으로 만나보고 예전 본 듯 반기니
유정한 너인가 인연 있는 나이던가
고려 옛터를 어느 해에 고쳤기에　　　　　　　　┐
웅장한 누각이 어제 세운 듯하구나　　　　　　　┘[A]
처마가 높이 솟아 공중에 들렸으니
금빛 푸른빛 밝게 빛나 그림자가 물가에 뻗쳤네
높은 난간 비껴 앉아 취하여 돌아보니
좌우 현판의 옛사람들 지은 시는　　　　　　　　┐
풍경이 보채어 조화를 얻었으니　　　　　　　　　[B]
생각이 막혀 보탤 것이 전혀 없다　　　　　　　　┘
수많은 푸른 산 흰 구름 사이에 솟아나　　　　　┐
높으니 낮으니 넓으니 좁으니 흩어져 있는 것은　[C]
묘향산이 마주보여 푸른 병풍을 둘렀도다　　　　┘
높다란 성곽이 산허리를 에둘러　　　　　　　　　┐
굽거니 펴거니 숨거니 뵈거니　　　　　　　　　　[D]
변방의 방비는 철옹성에 가깝도다　　　　　　　　┘
약산동대에 늦은 구름 다 걷히고
향로봉 어깨에 자줏빛 노을 비꼈을 때
창문을 열어젖히고 베개에 기대니
번잡한 마음에 눈까지도 겨를 없다
두 갈래로 내린 물이 누각 앞에 와 모아져
세 갈래 물줄기 되어 섞여 도로 감도니
쌍룡이 뒤틀며 여의주를 다투다가
산성을 가로 풀어 갈라 나온 모양이로다
　　　　　　　(중략)
여울에 썰물 되어 물가가 열어졌으니

마름 캐는 동자와 빨래하는 아녀자는
갯벌을 만나서 웃으며 가는가
아침 물결 잔잔하여 수면이 맑으니　　　　　　　┐
눈앞이 어른어른 정신이 표연하니　　　　　　　　[E]
열자*가 바람을 타고 공중에 떠 있는 듯　　　　　┘
　　　　　　　　　　　　　　　　　　　– 이현, 「백상루별곡」 –

*열자 : 중국 전국시대의 사상가로, 바람을 타고서 속세의 시비를 떠났다가 15일이 지난 후에 돌아왔다는 이야기가 전해짐.

(다)

　나의 고향은 저 강원도 산골이다. 춘천읍에서 한 20리가량 산을 끼고 꼬불꼬불 돌아 들어가면 내닫는 조그마한 마을이다. 앞뒤 좌우에 굵직굵직한 산들이 삑 둘러섰고 그 속에 묻힌 아늑한 마을이다. 그 속에 묻힌 모양이 마치 움푹한 떡시루 같다고 해서 동명을 '실레'라고 부른다. 집이라야 대부분 쓰러질 듯한 헌 초가요, 그나마도 50여 호밖에 안 되는 말하자면 아주 빈약한 촌락이다. 그러나 산천의 풍경으로 따지면 하나 흠잡을 데 없는 귀여운 전원이다.

　　　　　　　(중략)

　산골에는 초목의 냄새까지도 특수하다. 더욱이 새로 난 잎이 한창 흐드러질 임시하야 바람에 풍기는 그 향취는 일필로 형용하기 어렵다. 말하자면 개운한 그리고 졸음을 청하는 듯한 그런 나른한 향기다. 일종의 선정적 매력을 느끼게 하는 짙은 향기다. ⓑ뻐꾸기도 이 냄새에는 민감한 모양이다. 이때부터 하나둘 울기 시작하기 때문이다. 한 해 만에 뻐꾸기 울음을 처음 들을 때처럼 반가운 일은 없다. 우울하고 구슬픈 그 울음을 들으면 가뜩이나 한적한 마을이 더욱 느러지게 보인다.

　다른 곳은 논이나 밭을 갈 때 노래가 없다고 한다. 그러나 산골에는 소 모는 노래가 따로 있어 논밭 일에 소를 부릴 때면 으레 그 노래를 부른다. 소들도 세련이 되어 주인이 부르는 그 노래를 잘 이해하고 있다. 그래서 노래대로 좌우로 방향을 바꾸기도 하고, 또는 보조 속도를 느리고 주리고 순종하기도 한다. 먼 발치에서 소를 몰며 처량히 부르는 그 노래도 좋다. 이것이 모두 산골이 홀로 가질 수 있는 성스러운 음악이다.

　산골의 음악으로 치면 물소리도 뺄 수 없으리라. 쫄쫄 내솟는 샘물 소리도 좋고, 촐랑촐랑 흘러내리는 시내도 좋다. 그러나 세차게 콸콸 쏠려 내리는 큰 내를 대하면 정신이 번쩍 든다.

　논에 모를 내는 것도 이맘때다. 시골에서는 모를 낼 때면 새로운 희망으로 가득하다. 그들은 즐거운 노래를 불러가며 한 포기 모를 심고 가을의 수확을 연상한다. 농군에게 있어 모는 그야말로 자식과 같이 귀중한 물건이다. 모를 내고 나면 그들은 그것만으로도 한 해의 농사를 다 지은 듯싶다.
　　　　　　　　　　　　　　　　　　　– 김유정, 「오월의 산골짜기」 –

16. (가)~(다)에 대한 설명으로 가장 적절한 것은?

① (가)는 색채어의 대비를 통해 대상을 생생하게 제시하고 있다.
② (나)는 명령형 어미를 통해 시적 긴장감을 조성하고 있다.
③ (다)는 자문자답의 방식으로 화자의 태도를 강조하고 있다.
④ (가)와 (다)는 비유적 표현을 통해 대상의 속성을 드러내고 있다.
⑤ (나)와 (다)는 과거와 현재를 대비하여 주제 의식을 부각하고 있다.

17. [A]～[E]에 대한 설명으로 적절하지 <u>않은</u> 것은?

① [A] : 누각의 모습을 보며 왕조의 번영을 기원하고 있다.

② [B] : 옛사람들이 지은 시를 긍정적으로 평가하고 있다.

③ [C] : 구름과 어우러진 산의 모습에 대한 인상을 드러내고 있다.

④ [D] : 성곽의 모습을 보고 변방 수비가 든든하다고 판단하고 있다.

⑤ [E] : 아침 풍경을 보는 화자의 내면을 열자와 연관 지어 표현하고 있다.

18. <보기>를 참고하여 (가), (나)를 감상한 내용으로 적절하지 <u>않은</u> 것은? [3점]

<보 기>

(가)와 (나)에서 자연은 화자의 상황에 따라 서로 다른 의미로 나타난다. (가)에서 자연은 만년에 관직에서 물러난 화자가 머물렀던 노후의 안식처이자 자족의 공간이며 임금에 대한 충성심이 유지되는 공간이다. (나)에서 자연은 화자가 백상루에 올라 바라보며 감흥을 느끼는 대상으로, 아름다운 풍광을 품고 있으며 사람들의 소박한 생활이 드러나는 공간이다.

① (가)에서 '먹인 은을 다 갚고자' 했던 화자가 '이제 다 못 죽음'을 '성은'으로 여기는 것에서, 자연에서도 임금에 대한 충성심을 지니고 있다고 볼 수 있겠군.

② (가)에서 '칠십이 넘'은 화자가 '강호'에서 '십 년' 넘게 살았다는 것에서, 자연을 노후의 안식처로 여기는 것으로 볼 수 있겠군.

③ (가)에서 남이 '초초타 하'는 것을 '내 분'으로 여긴다는 것에서, 화자가 은퇴 후 자연에서의 삶에 만족하는 것으로 볼 수 있겠군.

④ (나)에서 '향로봉'에 노을이 질 때 '창문을 열'고 '베개에 기대'는 것에서, 화자의 번잡한 마음이 아름다운 자연 풍광을 통해 해소되었다고 볼 수 있겠군.

⑤ (나)에서 '동자'가 '마름 캐'고 '아녀자'가 '빨래하는' 것에서, 화자가 바라보는 자연은 사람들의 소박한 생활이 이루어지는 공간이라고 볼 수 있겠군.

19. ⓐ와 ⓑ에 대한 설명으로 가장 적절한 것은?

① ⓐ는 화자의 즐거움이 투영된, ⓑ는 글쓴이의 반가움을 유발하는 대상이다.

② ⓐ는 화자의 내적 성찰을 일으키는, ⓑ는 글쓴이의 경험을 환기하는 대상이다.

③ ⓐ는 화자에게 세월의 흐름을, ⓑ는 글쓴이에게 계절의 변화를 인식하게 하는 대상이다.

④ ⓐ는 화자의 한가로운 삶의 태도를, ⓑ는 글쓴이의 현실 도피적인 삶의 태도를 드러낸다.

⑤ ⓐ는 세상에 대한 화자의 비판적 태도를, ⓑ는 산골에 대한 글쓴이의 우호적 태도를 보여 준다.

20. <보기>를 참고하여 (다)를 감상한 내용으로 적절하지 <u>않은</u> 것은?

<보 기>

1930년대의 문학 작품에서 향토는 현실적 삶을 배제한 낭만적인 전원으로 그려지는 경우가 많았다. (다)에서 글쓴이는 이러한 경향을 받아들이되, 산골 사람들의 생활 모습까지 그려냄으로써 일상이 깃들어 있는 산골의 모습을 보여 주고 있다. 특히 산골의 자연은 세밀한 묘사를 통해 구체성을 획득하며 생동감 있게 그려지고 있다.

① 집 대부분이 '쓰러질 듯한 헌 초가'라는 것에서 산골 사람들의 궁핍한 삶의 모습이 짐작되는군.

② '산천의 풍경'을 '하나 흠잡을 데 없는 귀여운 전원'이라고 한 것은 산골을 낭만적인 전원으로 제시한 것이군.

③ '논밭 일에 소를 부릴 때면 으레 그 노래를 부'르는 것에서 현실적 삶을 배제한 산골의 모습이 드러나는군.

④ '샘물', '시내', '큰 내'의 물소리를 하나하나 묘사한 것에서 산골의 자연이 생동감 있게 드러나는군.

⑤ 농군이 '즐거운 노래를' 부르며 '논에 모를 내는 것'에서 산골 사람들의 건강한 생활이 확인되는군.

[21 ~ 25] 다음 글을 읽고 물음에 답하시오.

세금은 국가 또는 지방 자치 단체가 각종 행정 서비스 등에 필요한 경비를 마련하기 위해 어떤 대가를 지급하지 않고 납세 의무자로부터 징수하는 금전 또는 재물로서, 조세 채권의 안정적인 확보와 보전을 위해 법률에 따라 강제적으로 징수한다. 조세 채권 이행을 이해하기 위해서는 납세 의무의 성립, 확정, 소멸의 과정을 알아야 한다.

납세 의무는 과세 요건을 만족하면 법률상 자동으로 성립하는데, 과세 요건은 세금을 낼 의무가 있는 납세 의무자, 세금의 대상이 되는 물건이나 행위인 과세 물건, 과세 물건의 수량이나 금액인 과세 표준, 과세 표준에 대한 세금의 법정 비율인 세율로 이루어져 있다. 납세 의무의 성립 시기는 세금별로 다른데, 1년 단위를 과세 기간으로 하는 소득세는 해당 과세 기간이 끝나는 때에, 상속세는 피상속인의 사망으로 상속이 개시되는 때에 납세 의무가 성립한다. 납세 의무의 성립 시기는 법의 적용 기준이 되는 것으로, 만약 세법이 개정된 후 시행되면서 별도의 경과 규정을 두지 않았다면 납세 의무가 성립한 당시의 법령이 적용된다. 납세 의무 성립 단계에서는 ㉠납세 의무가 아직 추상적인 상태이므로 과세 관청이 과세권을 행사할 수 없다.

납세 의무가 성립되었다면 납세 의무를 확정해야 세금을 징수할 수 있는데, 납부할 세액과 납부 기한 등이 정해지는 것을 납세 의무의 확정이라고 ⓐ한다. 이때 '확정'은 변경이 허용되는 잠정적인 확정을 의미한다. 납세 의무는 원칙적으로 절차에 따라 확정해야 하지만, 예외적으로 특정한 절차 없이 납세 의무 성립과 동시에 세액 등이 정해지는 방식이 있는데 이를 ㉠자동 확정 방식이라고 한다. 국가는 이 방식을 통해 세금 수입을 조기에 확보할 수 있다.

절차에 따른 확정 방식에는 신고 납세 방식과 부과 과세 방식이 있다. 이 두 방식은 납세 의무자가 과세 표준 신고서를 제출하는, 즉 신고를 한다는 점에서 동일하나 이후의 절차는 다르다. ㉡신고 납세 방식은 납세 의무자 스스로 해당 세금의 세액을 계산하여 신고함으로써 납세 의무를 확정하는 것이다. 프리랜서나 개인사업자의 소득세 신고가 대표적이다. 이 방식은 납세 의무자 스스로 납세 의무를 확정하기 때문에 국민의 재정권 행사라는 측면에서 본다면 다른 방식보다 더 민주적인 방식으로 여겨진다. 신고 납세 방식의 1차적인 확정권은 납세 의무자에게 있다. 하지만 납세 의무자가 미신고하거나 자진 신고했으나 법률을 위반한 경우 등이 발견되면 세무조사를 거쳐 과세 관청에서 세액을 결정한 때에 2차적으로 납세 의무가 확정되고, 1차적으로 확정된 납세 의무는 효력을 상실한다.

㉢부과 과세 방식은 납세 의무 확정권을 과세 관청에만 부여하는 것으로, 납세 의무자의 신고를 토대로 이상이 없으면 과세 관청이 확정한다. 만약 신고에 탈루의 정황이 발견되면 과세 관청이 추가 조사해서 세액을 확정한다. 이 방식에서 납세 의무자의 신고는 협력 의무로서 확정 효력은 가지지 못한다. 과세 관청은 세액을 결정하여 납세 의무자에게 통지하고, 그 납세 고지서가 납세 의무자에게 도달했을 때 납세 의무의 확정 효력이 발생한다. 증여세, 상속세는 탈루의 위험이 높기 때문에 이 방식으로 납세 의무를 확정한다.

그런데 신고 의무가 있는 납세 의무 확정 방식에서 신고해야 할 세액보다 적게 신고한 경우에는 수정 신고를 해서 이를

바로잡으면 되는데, 과세 표준 신고서의 법정 신고 기한으로부터 2년이 지나기 전에 하면 과소 신고 가산세를 감면받을 수 있다. 반대로 신고해야 할 세액보다 많이 신고했다면 과세 관청을 상대로 경정*을 청구할 수 있다. 경정 청구는 수정 신고와 마찬가지로 원칙적으로 과세 표준 신고서를 법정 신고 기한까지 과세 관청에 제출한 경우에 한해서 과세 관청의 경정 통지가 있기 전까지만 가능하고, 과세 표준 신고서의 법정 신고 기한으로부터 5년이 지나기 전에 해야 한다.

확정 효력이 발생된 세금은 누구든지 납부하기만 하면 납세 의무가 소멸한다. 비록 납부하지 못했다 하더라도 다른 세금에서 환급금이 발생하는 경우에는 과세 관청의 직권으로 미납 세금에 먼저 충당함으로써 납세 의무가 소멸하기도 한다.

---

* 경정 : 과세 표준과 세액에 오류 또는 탈루가 있는 경우에 이미 확정된 세액을 과세 관청이 변경하는 것.

---

21. 윗글의 내용과 일치하는 것은?

① 증여세와 상속세는 납세 의무자가 탈루할 가능성이 없다.
② 세금의 대상이 되는 물건의 법정 비율을 과세 표준이라고 한다.
③ 과세 관청은 납세 의무자의 환급금을 미납 세금에 충당할 수 있다.
④ 납세 의무자의 납세 의무는 납세 의무자가 아닌 타인이 세금을 납부한 경우에는 소멸하지 않는다.
⑤ 국가는 납세 의무자에게 대가를 지급하고 그에 상응하게 세금을 징수하여 각종 행정 서비스의 경비로 사용한다.

22. 문맥을 고려할 때 ㉠의 의미로 가장 적절한 것은?

① 국가가 조세 채권을 납세 의무자로부터 징수한 상황을 가리킨다.
② 국가가 세금 수입을 조기에 확보할 수 있는 상황을 가리킨다.
③ 과세 관청이 의무적으로 세무조사를 해야 하는 상황을 가리킨다.
④ 납세 의무자의 납부 세액과 납부 기한 등이 정해지지 않은 상황을 가리킨다.
⑤ 과세 요건 충족으로 과세 관청의 과세권이 자동적으로 성립한 상황을 가리킨다.

23. ㉠ ~ ㉢에 대해 이해한 것으로 가장 적절한 것은?

① ㉠은 ㉡과 달리 납세 의무자가 직접 재정권을 행사할 수 있다.
② ㉢은 ㉡과 달리 절차에 따라 납세 의무가 확정되기 때문에 더 민주적인 방식이다.
③ ㉡과 ㉢ 모두 납세 의무자의 신고는 협력 의무로서 강제성이 없다.
④ ㉠에 따라 납세 의무자가 신고했으나 세액에 미달하게 신고한 경우, 미달 신고액은 ㉡으로 확정된다.
⑤ ㉠은 납세 의무가 성립할 때, ㉢은 납세 고지서가 납세 의무자에게 도달할 때 납세 의무의 확정 효력이 생긴다.

24. 윗글을 참고하여 <보기>를 이해한 것으로 적절하지 <u>않은</u> 것은? [3점]

─────<보 기>─────

　갑은 현재 ○○ 회사에 프리랜서로 근무 중이다. 갑은 소득세를 납부하기 위해 2023년 1월 1일부터 12월 31일까지 회사로부터 받은 소득을 계산하여 과세 표준 신고서를 작성하고 과세 관청에 제출하였다. 그런데 다음 날 갑은 회사로부터 받은 소득의 일부를 빠뜨리고 신고한 사실을 알게 되었다.

　한편 을은 2024년 4월 30일에 피상속인의 사망으로 상속이 개시되어 재산을 물려받게 되었다. 을은 상속세를 계산하여 과세 표준 신고서를 작성해서 과세 관청에 제출했다.

　(단, 갑과 을은 모두 수정 신고와 경정 청구를 할 수 있는 기간이 남아 있는 상황이다.)

① 갑이 법정 신고 기한을 넘긴 후에 소득세를 신고했다면 소득을 일부 누락한 사실을 알았더라도 갑은 원칙적으로 수정 신고를 할 수 없겠군.

② 을이 상속세를 신고할 때 신고해야 할 세액보다 적게 기재한 과세 표준 신고서를 과세 관청에 제출한 후 수정 신고를 하지 않았다면 과소 신고 가산세가 부과될 수 있겠군.

③ 을이 신고해야 할 세액보다 많이 신고하고 과세 관청의 납세 고지서를 받았다면 과세 표준 신고서의 법정 신고 기한으로부터 5년이 지나기 전에 경정 청구를 할 수 있겠군.

④ 갑과 을이 법정 신고 기한 내에 과세 표준 신고서를 과세 관청에 제출한 시점에서는 갑과 달리 을은 납세 의무가 확정되지는 않았겠군.

⑤ 개정된 세법이 2024년 5월 1일에 시행되면서 별도의 경과 규정을 두지 않았다면 갑과 을은 개정 이후의 세법을 적용하여 세액을 신고하고 납부해야겠군.

25. 문맥상 ⓐ의 의미와 가장 가까운 것은?

① 저 꽃을 금강초롱이라고 <u>하지</u>.
② 김 노인은 올해 벼 수십 섬을 <u>했다</u>.
③ 우리는 내일 다시 만나기로 <u>하고</u> 헤어졌다.
④ 그는 시내에서 조그만 음식점을 하나 <u>하고</u> 있다.
⑤ 수학여행이라고 <u>하면</u> 제주도가 제일 먼저 생각난다.

[26 ~ 28] 다음 글을 읽고 물음에 답하시오.

　어머니는 동물적 본능에 가까울 정도로 **생에 대한 집착**이 강했다. 조금만 아프거나 배고픈 것도 참지 못했다. 노인정에서 점심 먹은 것이 조금 부실한 날은 해가 떨어지기도 전에 허기진 모습으로 집에 돌아와서 숟가락을 들고 밥통부터 찾곤 했다. 이 때문에 우리 **집** 전기밥통에는 언제나 밥이 준비되어 있게 마련이다. **밥이 없으면** 아무렇지 않은 일에도 **까탈을 부리며** 심하게 며느리를 닦달했다. 어머니한테 밥은 곧 생명이며 에너지원이다. 어머니는 또 몸의 컨디션이 조금만 나빠도 아이들처럼 엄살을 떨며 당장 병원에 찾아가 주사 맞는 것을 좋아했다. ㉠노인네들이 항생제 주사를 많이 맞는 것이 좋지 않다는 말을 해도 듣지 않았다. 우리 가족들 중에서 해마다 가장 먼저 독감 예방주사를 맞는 것도 어머니다.

　어머니가 젊었을 적에는 그렇지가 않았다. 배고픈 것도 잘 참았고 아무리 아파도 자리보전하거나 약을 먹지도 않았다. ㉡몸살이 나서 꿍꿍 앓으면서도 휘청거리며 호미를 들고 밭에 나가는 모습을 자주 보았다. 젊었을 적 어머니는 자신의 몸을 전혀 돌보지 않았다. 아무리 배가 고파도 먹을 것이 있으면 자식들 입에 먼저 넣어주는 것으로 행복해하였다. 자신보다 가족을 위해서 희생하는 것을 삶의 보람으로 생각하는 것 같았다. **어머니의 삶은 궁핍과 땀과 희생과 인종**의 그것이었다. 한창 젊은 시절에는 아버지한테 소박을 당해 눈물 대신 땀을 흘리는 것으로 외로움을 참았다. 첩질이나 하면서 세월을 보냈던 반거충이 아버지가 세상을 뜨자, 어머니는 남은 식구들의 생계를 떠맡았다. 계속된 궁핍의 고통 속에서도 우리 식구가 살아남을 수 있었던 것은 순전히 어머니의 희생 때문이었다. 우리 식구의 생명줄을 머리에 이고 버둥거렸던 어머니의 모습은 내 가슴속에, 이 세상에서 가장 아름답고 강한 존재로 살아 있었다.

　그러던 어머니가 달라진 것이다. 곰곰이 생각해 보니 나이가 들고 자식들이 저마다 앞가림하고 살게 되자, **특유한 어머니의 냄새**를 피우기 시작한 것 같다. 더 정확히 따져보면 도시로 나와 아들 며느리와 함께 살기 시작하면서부터인지도 모른다. 따로 살 때는 그렇지 않았는데 함께 살면서부터 고부 사이가 서서히 버그러지기 시작했다. 아내의 짜증섞인 투정질에서 그것을 느낄 수가 있었다. ㉢그 무렵부터 말로 형언할 수 없는 어머니의 냄새가 솔솔 풍기기 시작했다. 내 코에 어머니의 냄새는 오래된 신 김치에서 나는 군내 같기도 하고, 쿠리한 된장 냄새, 시지근한 땀 냄새, 퀴퀴한 곰팡이 냄새, 고리고리한 멸치젓 냄새, 꿀꿀한 두엄 썩는 냄새, 짭조름한 오줌버캐 지린내, 고리착지근한 발가락 고린내, 생고등어 비린내, 시금털털, 고리탑탑, 쓰고 시고 짜고 매운 냄새 등이 적당한 비율로 뒤섞여 있는 것 같았다.

　나는 **어머니의 냄새가 역겹다고 느껴질** 때마다 젊었을 때의 어머니를 떠올리곤 한다. 젊은 시절 어머니의 냄새는 풀잎 향기보다 상큼했다. 아내가 외출할 때 몸에 뿌리는 불란서 향수보다 더 향기로웠다. 어머니의 냄새가 너무 좋아 잠시도 떨어져 있기가 싫었다. 친구들과 싸움질을 하다 얻어맞고 분이 머리끝까지 치솟아 있을 때도 어머니 냄새를 맡고 있으면 마음이 차분하게 가라앉으면서 스르르 잠이 들곤 했다.

[중략 부분 줄거리] 어머니의 냄새를 이유로 집을 나간 아내에게 '나'는 당분간 어머니를 동생이 모시도록 하겠다고 약속하고 아내를 집으로 돌아오게 했다.

예상했던 대로 어머니는 가시 돋친 목소리로 한바탕 쏘아댔다. 아내는 얼굴이 창백해지더니 현기증을 일으키며 흐물흐물 쓰러지고 말았다. 가까스로 안방으로 기어 들어가서는 이불을 뒤집어쓰고 누워버렸다.

"냄새 때문에 숨을 쉴 수가 없어요."

아내가 이불을 뒤집어쓴 채 물기 젖은 목소리로 힘없이 말했다. 나는 그런 아내를 탓할 수가 없었다. 온종일 누워 있어도 좋으니 집에 있어주는 것만으로 만족해야만 했다. 나는 우선 창문부터 열고 코끝이 아리도록 안방에 라벤더 향수를 듬뿍 뿌려댔다. ㉣아내가 누워 있는 사이 어머니는 기세 좋게 주방에서 달그락거리며 저녁을 준비하고 있었다. 예상했던 대로 아내는 주방에 나와보지 않았고 저녁을 먹지도 않았다.

"네 처 또 아프냐?"

식탁에 마주 앉아 저녁을 먹던 어머니가 마뜩찮은 표정으로 뚜벅 물었다.

"어머니 목욕은 자주 하세요?"

나는 대답 대신 밥그릇에 시선을 박은 채 생뚱맞게 물었다.

"왜? 에미헌테서 냄새날까 싶어서?"

"어머니는 우리 집에서 아무 냄새도 못 맡으세요?"

"냄새? 사람 사는 집에서 사람 냄새가 나겠제잉. 그러고 살림살이 냄새도 날 것이고. 아무 냄새도 안 나면 워디 사람 사는 집이간듸, 그것이사 귀신이 사는 집이제잉."

"어머니한테서 나는 냄새는 무슨 냄새지요?"

"나헌테서 냄새가 나냐?"

"모르셨어요?"

"나헌테서 무신 냄새가 난다고 그려."

"아주 심해요."

"어떤 냄새?"

"모르겠어요."

어머니는 고개를 좌우로 돌려가며 자신의 몸에서 나는 냄새를 맡느라 연신 코를 벌름거리며 킁킁거렸다.

"아무 냄새도 안 나는듸. **절대로 내 몸에서 나는 냄새가 아녀.**"

어머니는 '절대로'라는 말에 힘을 주어 단호하게 부인했다.

"자, 어디, 한번 맡어봐."

그러면서 어머니는 상반신을 내 앞으로 바짝 꺾으며 재촉했다. 나는 더 할 말이 없어 부지런히 숟가락질만 해댔다.

"이놈아, 에미한테서 나는 냄새는 에미가 자식 놈들을 위해서 알탕갈탕 살아온, 길고도 쓰디쓴 세월의 냄샌겨."

어머니는 깊은 한숨을 섞어가며 말했다. ㉤쓰디쓴 세월의 냄새라는 어머니의 말이 명치끝을 후벼 팠다. 길고도 쓰디쓴 세월의 냄새라니······.

– 문순태, 「늙으신 어머니의 향기」 –

26. 윗글의 서술상 특징으로 가장 적절한 것은?

① 동시에 진행되는 두 개의 사건을 교차하여 제시하고 있다.

② 특정 인물의 시선으로 한 인물의 삶의 모습을 보여 주고 있다.

③ 과거의 사건을 현재 시제로 서술하여 긴박한 분위기를 조성하고 있다.

④ 장면에 따라 서술자를 전환하여 사건의 다양한 면모를 제시하고 있다.

⑤ 공간적 배경을 구체적으로 묘사하여 작중 상황의 현장감을 부각하고 있다.

27. ㉠~㉤에 대한 설명으로 적절하지 <u>않은</u> 것은?

① ㉠: 다른 사람의 말을 듣지 않는 어머니의 완고한 모습이 드러나 있다.

② ㉡: 자신을 돌보기보다 가족을 위해 헌신했던 어머니의 모습이 드러나 있다.

③ ㉢: 어머니의 냄새가 좋은지 나쁜지 판단하기 어려워하는 '나'의 모습이 드러나 있다.

④ ㉣: 아내의 상황에 아랑곳하지 않는 어머니의 모습이 드러나 있다.

⑤ ㉤: 어머니가 한 말에 아픔을 느끼는 '나'의 모습이 드러나 있다.

28. <보기>를 바탕으로 윗글을 감상한 것으로 적절하지 <u>않은</u> 것은? [3점]

<보 기>

소설은 감각적 소재를 활용하여 현실의 문제를 드러내기도 한다. 이 작품은 자식이 어머니의 인생을 이해하지 못한 채 그 기본적 삶의 욕구를 부정적으로 여기고 냄새를 문제시하는 모습을 그리고 있다. 특히 작가는 냄새에 대한 각기 다른 인식으로 형성된 갈등을 통해 부모 세대에 대한 그릇된 관념을 지적한다.

① '집'에 '밥이 없으면' '까탈을 부리'는 어머니의 모습을 '나'가 '생에 대한 집착'이라 생각하는 것에는 부모 세대에 대한 그릇된 관념이 드러나 있군.

② '어머니의 삶'을 '궁핍과 땀과 희생과 인종'으로 보는 것에는 어머니의 인생을 부정적으로 여기는 '나'의 모습이 드러나 있군.

③ '특유한 어머니의 냄새'는 현실의 문제를 드러내는 소재로 사용되고 있군.

④ '어머니의 냄새'를 '역겹다고 느'끼는 '나'와 '냄새 때문에 숨을 쉴 수가 없'다는 아내의 말에서 어머니의 냄새를 문제시하는 자식의 모습이 드러나 있군.

⑤ '아주 심해요'라는 '나'의 말과 '절대로 내 몸에서 나는 냄새가 아녀'라는 어머니의 말에서 냄새에 대한 각기 다른 인식으로 형성된 갈등이 표출되고 있군.

[29 ~ 33] 다음 글을 읽고 물음에 답하시오.

프랑스의 철학자 리쾨르는 텍스트, 즉 이야기를 해석하는 과정을 통해 자기를 이해할 수 있다는 자기 해석학을 주장하였다. 그는 플라톤 과 아리스토텔레스 로부터 시작되는 미메시스의 개념을 확장하여 '미메시스의 삼중 구조'를 제시하고 이를 바탕으로 독서를 통한 독자의 자기 해석 과정을 설명하였다.

미메시스란 예술에서 현실을 모방 또는 재현하는 것을 ⓐ가리키는 용어이다. 세계를 이상과 현실의 이원적 구조로 본 플라톤은 현실을 이상 세계인 이데아를 모방한 것으로 보았는데, 미메시스로서의 예술은 그 현실을 또 다시 모방한 것으로 보았다. 그는 감각 세계인 현실을 모방한 예술은 인간을 이데아로부터 멀어지게 하는 부정적인 대상이라고 인식하였다. 플라톤에 따르면 예술은 그 갈래마다 모방의 양태가 다르다. 연극은 서술자의 개입 없이 등장 인물이 직접 현실을 모방하고, 서사시는 서술자에 의해 간접적으로 현실을 모방한다. 한편 아리스토텔레스는 예술이 인간의 행동을 그대로 모방하는 것이 아니라 개연성이 있는 일을 필연성에 따라 조직한 것이기 때문에 창조적 모방이며, 인간의 감정을 정화하고 인간이 쾌감을 느끼게 한다고 보았다. 이러한 아리스토텔레스의 관점을 ⓑ받아들여 리쾨르는 미메시스를 인간의 행동을 줄거리로 구성하고 이를 언어로 표현한 것으로 보고, 이것을 더 발전시켜 미메시스로서의 문학을 현실 세계에 존재하는 독자의 삶으로까지 연결하고자 하였다.

리쾨르는 미메시스를 전형상화 단계인 미메시스Ⅰ, 형상화 단계인 미메시스Ⅱ, 재형상화 단계인 미메시스Ⅲ의 삼중 구조로 설정하였다. 미메시스Ⅰ은 작가가 인간의 행동을 이야기화하기 전 단계를 말한다. 이 단계에서 작가는 행동의 의미를 이해하고자 하며 말하고자 하는 행동의 의미를 독자 또한 이해할 수 있다고 전제한다. 미메시스Ⅱ는 미메시스Ⅰ에서의 행동이 서사적 흐름 속에서 ㉠줄거리로 구성되는 단계이다. 이 단계에서 작가는 인간의 다양하고 이질적인 행동 중에서 자신이 의미 있다고 판단하는 행동만을 ⓒ골라 인과 관계에 따라 배치한다. 이때 형상화된 세계는 현실 세계를 바탕으로 한 허구의 세계이다. 미메시스Ⅲ은 문학과 현실 세계를 ⓓ잇고자 했던 리쾨르에게 있어 가장 핵심적인 단계이다. 이 단계에서 독자는 독서를 통해 허구적 인물의 행동이 지닌 의미를 분석하고 이를 현실에 비추어 본다. 이를 바탕으로 자신의 삶을 분석하고 사건을 선택하여 ㉡줄거리를 만들어 보며 현실 세계에서의 삶을 반성하게 된다.

이러한 과정을 통해 미메시스Ⅲ에서는 독자의 자기 이해가 이루어지는데, 리쾨르는 이를 '이야기 정체성'이라는 개념을 통해 설명하였다. 이야기 정체성은 이야기를 매개로 파악되는 인물의 정체성으로, 이야기 속에서 시간의 흐름과 함께 변화하는 인물의 면모가 하나의 인격으로 통합된 것이다. 리쾨르에 따르면 독자는 인물의 이야기 정체성을 자신의 삶에 ⓔ비추어 독자 자신의 고유한 이야기 정체성을 형성해 나가는데, 이것이 바로 이야기 해석을 통한 자기 이해 과정이다. 리쾨르는 서사적 흐름 속에서 인물의 이야기 정체성이 형상화되며 이야기가 결말을 향해 나아가는 것처럼 독자도 자기 삶을 이야기하는 과정을 통해 자기가 누구인지를 이해하고 삶의 목적을 향해 나아간다고 보았다.

29. 윗글을 이해한 내용으로 적절하지 않은 것은?

① 미메시스Ⅰ과 미메시스Ⅲ은 미메시스Ⅱ를 매개로 연결된다.

② 인물의 이야기 정체성은 미메시스Ⅲ에서 작가에 의해 형상화된다.

③ 리쾨르의 미메시스는 아리스토텔레스의 견해를 발전시킨 개념이다.

④ 독자가 이야기 해석을 통한 자기 이해에 이르는 과정은 미메시스의 삼중 구조를 따른다.

⑤ 작가는 미메시스Ⅱ에 나타난 행동의 의미를 미메시스Ⅲ의 독자가 이해할 것으로 여긴다.

30. '예술'에 대한 플라톤 과 아리스토텔레스 의 견해로 적절하지 않은 것은?

① 플라톤 : 서사시와 연극은 감각 세계를 모방한 양태가 다르다고 보았다.

② 플라톤 : 모방된 대상을 다시 모방함으로써 세계를 이상과 현실로 나눈다고 보았다.

③ 플라톤 : 인간을 이상 세계로부터 멀어지게 한다는 점에서 부정적인 대상으로 보았다.

④ 아리스토텔레스 : 인간의 감정을 정화하고 인간이 쾌감을 느끼도록 한다고 보았다.

⑤ 아리스토텔레스 : 있을 법한 일을 필연성에 따라 조직했다는 점에서 현실 세계의 창조적 모방이라고 보았다.

31. ㉠과 ㉡에 대한 설명으로 가장 적절한 것은?

① ㉠은 현실을 직접 모방한 것이고, ㉡은 현실을 간접 모방한 것이다.

② ㉠은 작가가 구성한 인물의 이야기를, ㉡은 독자가 구성한 자신의 이야기를 의미한다.

③ ㉠은 미메시스의 전형상화 단계에 해당하고, ㉡은 미메시스의 재형상화 단계에 해당한다.

④ ㉠은 ㉡과 달리 언어로 표현되기 전의 이야기이다.

⑤ ㉡은 ㉠과 달리 인물의 행동에 의해 의미가 결정된다.

32. 리쾨르의 관점에서 <보기>를 이해한 내용으로 적절하지 <u>않은</u> 것은? [3점]

<보 기>

타인을 대하는 태도에 관심이 많은 A는 의사의 삶을 다룬 소설을 읽었다. 소설에는 의사로서의 B의 삶이 다양한 에피소드를 통해 제시되어 있었다. 특히 B의 따뜻한 보살핌으로 건강을 회복한 어린 환자가 성인이 되어 B를 찾아왔고, 예전보다 몹시 바빠진 상황에서도 환자 한 명 한 명을 진심으로 대하는 B에게 어린 시절에 대한 고마움을 전달하는 에피소드를 A는 감명 깊게 읽었다.

① 작가는 소설을 쓰기 전에 의사의 행동이 어떤 의미를 지니는지 이해하고자 했겠군.

② B가 어린 환자를 돌보는 행동은 작가가 의미 있다고 판단하여 고른 것이겠군.

③ 소설 속 에피소드는 인간에게 공통적으로 나타나는 행동을 인과 관계에 따라 배치한 것이겠군.

④ A는 환자를 진심으로 대하는 B의 에피소드를 읽으며 사람들을 대하는 자신의 태도를 돌아보았겠군.

⑤ A는 소설을 읽고 B의 이야기 정체성을 따뜻한 내면을 지닌 인물로 파악할 수 있겠군.

33. ⓐ ~ ⓔ와 바꾸어 쓸 수 <u>없는</u> 말은?

① ⓐ : 지칭하는
② ⓑ : 수용하여
③ ⓒ : 선택하여
④ ⓓ : 계승하고자
⑤ ⓔ : 투사하여

[34 ~ 37] 다음 글을 읽고 물음에 답하시오.

황운이 집에 내려와 본즉 화염을 좇아 아니 탄 것이 없고 가속 삼십여 명이 죽었고, 동네 사람이 겁내어 다 도망하였는지라.

황운이 하늘을 우러러 일장 통곡한 후 헤아리기를,

'이는 진권의 소행이니 이곳에 있다가는 남은 재앙을 면치 못할 것이매, 장차 사명산을 찾아 가려니와, 종적이 없이 가면 설 소저가 나의 존몰을 몰라 반드시 몸을 보전치 못하리니, 생사를 알게 하고 가리라.'

하여 ⓐ절구 십여 수를 지어, 설연의 집 후원에 들이치고, 이날 사경(四更)에 떠나 사명산으로 향할 새, 몇 달 만에 한 곳에 다다르니 한 사람이 사자를 타고 산중으로 들어가더라. 황운이 노인을 따라 수 리를 들어가더니, 높은 벼랑 아래 이르러는 그 노인이 채를 들어 사자를 친즉, 사자가 두어 번 뛰놀며 벼랑 위에 올라가는지라.

황운이 능히 오르지 못하여 벼랑 아래서 방황하더니, 문득 본즉 벼랑 사이에 큰 길이 있거늘 황운이 길을 좇아 들어가며 살펴본즉 수십 장 벼랑 위에 백수 노인이 앉아 청의 동자에게 옥피리를 불게 하거늘, 황운이 섬돌 아래로 나아가 재배(再拜)하니, 노인이 문득 동자를 명하여 산령을 부르라 하더니 산 위에서 좇아 큰 사자가 내려와 노인 앞에 굴복하는지라.

노인이 꾸짖기를,

"㉠네 이미 이 산을 지킬진대, 진토 미생으로 하여금 이같이 출입하게 함이 옳을쏘냐?"

하니 그 사자가 듣기를 다하매, 화가 난 마음이 등등하여 주홍 같은 입을 벌리고 소리를 지르며 달려들거늘, 황운이 급히 몸을 날려 벼랑 위에 올라 앉아 꾸짖기를,

"㉡아무리 속인(俗人)이라 해도 어찌 명산에 출입지 못하리오. 내 비록 용렬하나 너 같은 짐승을 곤충으로 아노라."

하고 몸을 날려 내려가며 손을 들어 사자의 머리를 치니, 사자가 휘파람을 길게 하고 간 데 없는지라. 그제야 황운이 도사의 술법인 줄 알고, 다시 노인 앞에 나아가 이르되,

"㉢소자는 가긍한 사람으로 사명산 도인을 찾아 가다가 길을 그릇 들었사오니, 바라건대 존군(尊君)은 아득한 인생을 인도하소서."

노인 이르기를,

"무슨 일로 사명산을 찾아가느뇨?"

황운이 이르기를,

"사명산 도인을 찾아 제자가 되어 술법을 배우고자 하나이다."

노인 이르기를,

"㉣그대 재주를 보니 그만하여도 세상이 용납할 것이요, 이제 시절이 태평하거늘 술법을 배워 무엇 하려느뇨?"

황운이 이르기를,

"㉤헌원씨도 치우의 난을 만나고, 주나라 문왕도 훈족의 침입을 당하여 계시니, 비록 태평시절이라도 위태함을 잊지 아니함이 옳으니이다."

노인 웃으며 이르기를,

"그러할진대 나를 따라 오라."

하거늘, 그제야 황운이 **사명산 도인**인 줄 알고, 노인을 따라 한 곳에 이르러는 **팔문둔갑과 진법과 검술을 배우니라.**

[중략 부분의 줄거리] 설연은 양철 등의 횡액을 피해 달아나다 태항산에서 도술을 배운다. 진권과 그 형제인 진형, 진걸은 반역을 꾀하고, 이에 황제는 설연을 원수에, 황운을 부원수에 명하여 이들을 토벌케 한다.

원수가 조서를 읽어 장졸 등을 다 알게 한 후 진형을 죽인 연유를 황제께 전하고, 진권을 잡을 계교를 생각할새, ⓑ<u>천서 옥갑경</u>을 보다가 문득 일계를 생각하고 군중에 전령하여 이르기를,

"팔십만 병이 각각 부대* 하나씩 대령하되, 오월 이십이일 술시(戌時)에 웅주를 파하리라."

하니 여러 장졸이 그 곡절을 모르고 다만 명령을 주의 깊게 듣고 물러나니라.

이때는 오월 이십이일이라. 진걸이 진권에게 이르기를,

"금일은 을사일이니 만일 기묘시(己卯時)에 큰비 시작하면, 술시까지 올 것이매, 성 안의 수도(水道)를 신칙*하라."

하더니 과연 묘시 말에 큰비가 시작하는지라. 이날 인시(寅時)에 원수가 일시 제군을 재촉하여 조반을 먹이고, 각각 부대에 모래를 담아 대령하였더니, 술시 되매 연하여 큰비가 내려 평야에 다 물이 불어 넘치는지라. 성 안의 큰 냇물이 미처 나오지 못하여, 원수가 영을 내리매 팔십만 병이 일시에 모래 넣은 부대로써 수도를 곳곳에서 막으니, 물이 흐르지 못하여 성을 넘는지라.

진권이 대경하여 성곽 위에 올라 물을 피하나, 어두운 밤에 당하매 정신을 차리지 못하여 다만 하늘을 우러러 탄식하더니, 문득 전선장(戰船將) 양달이 진권의 위급함을 보고 전선 십여 척을 성곽 아래에 대거늘, 진권이 진걸과 더불어 겨우 장사 오십여 원을 데리고 동쪽을 바라고 달아나니라.

이때 원수가 진권의 달아남을 보고 군사를 분부하여 막은 물을 트고, 성 안에 들어 성상에 청도기를 세워 백성을 두루 살펴 위로하고, **정병 십만을 모**아 급히 진권을 쫓아가니라.

진권이 동오(東吳)에 다다라 청홍성에 웅거하였더니, 문득 군사가 보고하되, 설연이 이미 성 아래에 결진하였다 하거늘, 진권이 어찌할 줄 모르는지라. 원수가 진권이 청홍성에 듦을 보고 **동오 지도**를 들어본 후,

"중장(重將)을 각각 분발하여 **십 면에 매복하**여 여차여차하라."

하고 스스로 대군을 거느려 **오주에 진을 치**고 싸움을 돋우되, 진권이 마침내 나지 아니하더니 이십여 일 만에 식량과 말을 먹일 풀이 부족해져 군마와 백성이 다 죽게 되었는지라.

이에 진권이 배수(背水) 일전을 생각하고, 즉일에 진걸로 선봉을 삼고 양철로 후군장을 삼아 잔병 오만을 거느리고 성문을 열고 나와 **싸움을 청**하거늘, 원수가 하령하기를,

"병법에 **궁구막추***라 하니 도적에 길을 열어 주고 뒤를 쫓음이 가하리라."

하니 여러 장수들이 명령을 주의 깊게 듣고 군사를 거두어 길을 열어 주니, 진권이 의심하여 싸우지 아니하고 급히 오주로 달아나는지라. 원수가 그제야 각 진에 호령하여 **기고(旗鼓)를 세워 급습**하니, 진권이 황망 분주할 즈음에 서하규와 우시춘 등이 일시에 힘차게 돌진하여 나아가 진걸과 진권과 양철 부자 등을 다 산 채로 잡았거늘, 원수가 진걸을 효수하고 진권 등을 함거에 넣어 경사로 보내고 원수는 뒤를 좇아 회군하니라.

― 작자 미상, 「황운전」 ―

----

*부대: 종이, 피륙, 가죽 따위로 만든 큰 자루.
*신칙: 단단히 타일러서 경계함.
*궁구막추: 피할 곳 없는 도적을 쫓지 말라는 뜻.

34. 윗글에 대한 설명으로 적절한 것은?

① 진걸은 웅주에 머무르다 원수에게 사로잡힌다.
② 진권은 성이 물에 잠겨 성을 버리고 달아난다.
③ 원수는 큰비가 올 것을 예측하고 백성들과 함께 대피한다.
④ 양달은 자신의 안위를 위해 진권에게 닥친 어려움을 외면한다.
⑤ 황운은 청의 동자의 도움으로 벼랑에서 사명산 도인을 만난다.

35. ㉠~㉤에 대한 이해로 적절하지 <u>않은</u> 것은?

① ㉠: 노인은 자신의 역할을 다하지 못한 사자를 책망하고 있다.
② ㉡: 황운은 사자를 꾸짖음으로써 앞선 노인의 말에 대해 반감을 드러내고 있다.
③ ㉢: 황운은 자신과 대화하는 노인이 사명산 도인임을 깨닫고 자신의 요구사항을 직접 드러내고 있다.
④ ㉣: 노인은 황운의 능력이 충분함에도 황운이 술법을 배우고자 하는 이유를 묻고 있다.
⑤ ㉤: 황운은 고사를 활용하여 태평한 시절에도 위태로움에 대비하는 것이 필요함을 언급하고 있다.

36. ⓐ, ⓑ에 대한 설명으로 가장 적절한 것은?

① ⓐ는 황운이 설연에게 자신의 안부를 알리기 위한 수단이다.
② ⓑ는 원수가 진권에게 자신의 의도를 숨기는 역할을 한다.
③ ⓐ는 황운이 설연에게, ⓑ는 원수가 황운에게 상대방과 한 약속을 일깨워 주는 역할을 한다.
④ ⓐ는 황운이 설연에게 자신의 상황을, ⓑ는 원수가 장졸에게 자신의 경험을 알려주는 역할을 한다.
⑤ ⓐ와 ⓑ는 각각 황운과 원수에게 앞으로 일어날 일에 대한 위험을 알려주는 기능을 한다.

37. <보기>를 참고하여 윗글을 감상한 내용으로 적절하지 <u>않은</u> 것은? [3점]

──────<보 기>──────

영웅소설에서 주인공은 조력자의 도움을 받거나 초월적인 능력을 발휘하는 것으로 영웅성을 부각한다. 이 작품에서는 영웅소설의 일반적 특징뿐만 아니라 병법을 활용하거나 날씨, 지형 등의 지리적 요소를 활용해 문제를 해결하는 주인공의 모습이 부각되어 흥미가 더욱 고조되는 특징을 보인다. 또한 적대자를 궁지로 몰아가는 과정에서 서사적 긴장감도 드러나고 있다.

① 황운이 '사명산 도인'에게 '팔문둔갑과 진법과 검술을 배우'는 것에서, 주인공이 조력자의 도움을 받는 영웅소설의 일반적 특징이 드러나는군.

② 원수가 '정병 십만을 모'으고 '기고를 세워 급습하'는 것에서, 초월적인 능력을 발휘하는 주인공의 영웅성이 드러나는군.

③ 원수가 '동오 지도'를 보고 '십 면에 매복하'라고 지시하는 것에서, 지리적 요소를 활용해 문제를 해결하는 주인공의 비범함이 드러나는군.

④ '싸움을 청'한 진권에게 원수가 '궁구막추'라는 병법으로 대응하는 것에서, 주인공의 지략이 부각되어 독자의 흥미가 고조되는군.

⑤ '웅주'에서부터 '오주'까지 이어진 원수와 진권의 전투에서, 주인공과 적대자 간의 서사적 긴장감이 드러나는군.

[38 ~ 42] 다음 글을 읽고 물음에 답하시오.

에너지 공급 분야의 혁신 기술 중 하나로 각광받고 있는 태양전지는 태양광 에너지를 전기 에너지로 변환하는 반도체 소자 또는 그들의 집합체를 말한다. 현재 가장 많이 사용되고 있는 태양전지인 실리콘 태양전지는 무기 반도체 소재로 만들어진 것으로, 광전 변환 효율이 높고 사용 수명이 길지만 가격이 고가이고 가공성이 떨어진다. 유기 물질을 재료로 사용하는 유기 태양전지는 가격은 저렴하고 가공성이 뛰어나지만 광전 변환 효율이 낮고 사용 수명이 짧다. 이에 따라 저가로 제작이 가능하고 광전 변환 효율이 높은 유-무기 하이브리드 태양전지인 페로브스카이트 태양전지가 주목받고 있다.

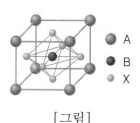

[그림]

페로브스카이트는 [그림]과 같이 정육면체의 꼭짓점에 크기가 큰 양이온(A)이 있고, 가운데에 작은 양이온(B)이, 각 면 중앙에 음이온(X)이 존재하는, 큐빅 구조의 결정을 가진 물질들을 가리킨다. 페로브스카이트는 이온 간 결합 에너지가 작아 약한 에너지 자극

에도 반응이 활발하며, 빛에 의해 전하, 즉 전자(⊖)와 정공(⊕)을 생성하는 성능이 뛰어나다. 화학적 합성이 가능한 여러 이온들이 A, B, X 자리에 올 수 있어 다양한 종류의 페로브스카이트가 형성된다. 그중 ㉠ 태양전지에 사용되는 페로브스카이트는 A에 유기 양이온이, B에 무기 금속 양이온이, X에는 음이온이 온다. 이온의 종류에 따라 결정 구조가 달라질 수 있고, 결정 구조가 달라지면 전하의 생성량에 영향을 미친다. A, B, X 자리에 두 개 이상의 원자가 결합된 이온이 올 경우에는 광전 변환 효율이 높아질 수 있다.

[A]
페로브스카이트 태양전지는 광전 변환을 위해 협력하는 여러 층으로 구성되어 있다. 투명 전도성 산화물(TCO)층은 페로브스카이트 태양전지의 전면 전극 역할을 하는 것으로, 전류가 잘 흐르고 빛이 잘 투과하는 산화물 유리 기판*을 사용한다. 전자 수송층은 페로브스카이트층에서 만들어진 전자를 TCO층에 전달하는 역할을 하는 층으로, 두 층의 직접적인 접촉을 막아 광전 변환 효율을 높인다. 전자 수송층에는 무기 반도체 금속 산화물인 이산화 타이타늄이 사용되고 있다. 이산화 타이타늄은 내부에 나노 크기의 공기 구멍을 가진 다공질 구조로 되어 있어 전자 수송에 용이하고, 페로브스카이트층과의 흡착력을 높여 태양광 입자가 최대한 흡수되도록 한다. 태양광이 TCO층과 전자 수송층을 지나 중심부인 페로브스카이트층에 도달하여 흡수되면 전자가 높은 에너지를 갖게 되어 본래의 자리를 이탈하게 된다. 전자가 있던 자리에는 정공이 만들어지고, 이들은 각각 반대 방향으로 이동한다. 정공 수송층은 페로브스카이트층에서 생성된 정공을 후면 전극으로 수송하는 층이다. 열에 안정적이고 합성이 간단한 유기 반도체 소재가 사용되는데, 이는 전도성을 높이고 정공이 효율적으로 이동할 수 있도록 하기 위해서이다. 후면 전극은 전기화학적으로 안정적인 금이나 알루미늄 등으로 만들어 광전 변환 효율을 높인다. 페로브스카이트층에서 생성된 전자와 정공은 각각의 수송층을 통하여 양쪽 전극에 도달한다. 이에 따라 음극에서 양극으로의 전자 이동이 가능한 외부 회로가 형성되고 전류의 흐름이 가능해진다.

페로브스카이트 태양전지는 곡면 형태로도 제작이 가능하며, 빛 투과도나 색채도 조절할 수 있어 다양한 분야에 사용이 가능하다. 다만, 상용화를 위해서는 실리콘 태양전지보다 낮은 에너지 변환 효율, 짧은 사용 수명, 친환경적이지 않은 소재 사용 등의 문제들이 해결되어야 한다. 이를 위해 관련 연구가 활발하게 진행되고 있다.

* 기판: 전기 회로가 편성되어 있는 판.

38. 윗글의 내용 전개 방식으로 가장 적절한 것은?

① 대상을 요소별로 분석하여 기능을 설명하고 있다.
② 묻고 답하는 방식으로 대상의 개념을 설명하고 있다.
③ 대상의 변화 양상을 시대별로 구분하여 서술하고 있다.
④ 대상이 지닌 문제점과 해결 과정을 단계별로 제시하고 있다.
⑤ 대상과 관련된 현상의 원인을 다양한 측면에서 제시하고 있다.

39. 윗글의 내용과 일치하는 것은?

① 페로브스카이트 태양전지는 형태나 색채 조절이 불가능하다.
② 산화물 유리 기판은 전류가 잘 흐르지만 빛의 투과율이 낮다.
③ 태양전지의 반도체 소자는 태양광 에너지를 전기 에너지로 변환한다.
④ 페로브스카이트 태양전지는 사용 수명은 짧지만, 친환경적인 소재를 사용한다.
⑤ 현재 가장 많이 사용하고 있는 유-무기 하이브리드 태양전지는 실리콘 태양전지이다.

40. ㉠에 대한 이해로 적절하지 <u>않은</u> 것은?

① 빛에 의해 전하를 생성하는 성능이 뛰어나다.
② 이온 간 결합 에너지가 작아 외부 자극에 대한 반응성이 낮다.
③ 이온의 종류에 따라 결정 구조가 달라져 생성되는 전하의 양에 영향을 줄 수 있다.
④ 유기 이온과 무기 이온 등으로 구성되어 유-무기 하이브리드 태양전지의 핵심이 된다.
⑤ A, B, X 자리에 오는 이온이 두 개 이상의 원자가 결합된 이온인지의 여부에 따라 광전 변환 효율이 달라질 수 있다.

41. [A]를 바탕으로 <보기>의 ⓐ~ⓔ를 설명한 내용으로 적절하지 <u>않은</u> 것은? [3점]

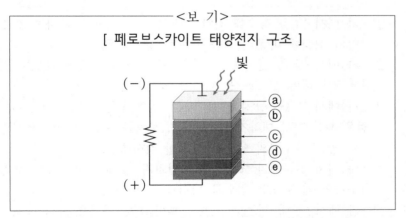

─── <보 기> ───
[페로브스카이트 태양전지 구조]

① ⓐ는 태양전지의 전면 전극으로 ⓒ에서 생성된 전자를 전달받는다.
② ⓑ는 ⓐ와 ⓒ의 직접 접촉을 막아 태양전지의 광전 변환 효율을 높인다.
③ ⓑ와 ⓓ는 모두 전하를 효과적으로 수송할 수 있도록 전도성과 안정성이 확보된 무기 반도체 소재를 사용한다.
④ ⓒ가 ⓐ, ⓑ를 통과한 빛을 흡수하여 전자와 정공을 생성하면, 이들은 각각 반대 방향으로 이동한다.
⑤ 전자와 정공이 각각 ⓑ와 ⓓ를 통해 ⓐ와 ⓔ에 도달하면 외부 회로가 형성되어 전류가 흐를 수 있게 된다.

42. <보기>를 참고하여 윗글에 대해 보일 수 있는 반응으로 적절하지 <u>않은</u> 것은?

─── <보 기> ───

가. 유기 태양전지는 실리콘 태양전지에 비해 빛을 흡수하는 정도인 흡광 계수가 1,000배 이상 높아 매우 얇은 두께에서도 빛의 흡수를 극대화하여 다량의 전하를 생성할 수 있다. 그럼에도 광전 변환 효율이 실리콘 태양전지의 절반에도 미치지 못하는 이유는 빛의 흡수로 생성된 전자의 이동 거리가 짧고, 이동 속도가 느려 소량의 전자만이 전극에 도달하고 전극에 도달하지 못한 나머지 전자들은 에너지를 잃어 정공과 다시 결합하기 때문이다.

나. 탄소는 다른 원소 특히 수소, 산소, 질소 등과 쉽게 결합할 수 있으며, 다양한 화합물을 형성할 수 있는 특성을 지니고 있다. 이러한 탄소가 주요 성분이 되는 유기 물질은 공기 중의 산소나 수분과 화학 반응을 일으켜 부식되거나 연소되기도 한다.

① 페로브스카이트 태양전지의 광전 변환 효율을 더 높이기 위해서는 전자의 이동 속도를 고려할 필요가 있겠군.
② 광전 변환 효율이 높은 유기 태양전지를 제작하기 위해서는 흡광 계수가 높은 소재를 사용하는 것이 핵심이겠군.
③ 유기 태양전지의 사용 수명이 짧은 이유는 재료로 사용되는 유기 물질의 특성에 그 원인이 있다고 볼 수 있겠군.
④ 페로브스카이트 태양전지가 가진 문제를 해결하기 위해서는 내부 물질과 외부 환경과의 반응을 고려하는 것도 필요하겠군.
⑤ 유기 태양전지가 실리콘 태양전지보다 광전 변환 효율이 낮은 것은 생성된 전하 대비 전극에 도달한 전자의 비율이 낮기 때문이겠군.

[43 ~ 45] 다음 글을 읽고 물음에 답하시오.

(가)

멀리 있어도 나는 당신을 압니다
귀먹고 눈먼 당신은 추운 땅속을 헤매다
㉠누군가의 입가에서 잔잔한 웃음이 되려 하셨지요

부르지 않아도 당신은 옵니다
생각지 않아도, 꿈꾸지 않아도 당신은 옵니다
당신이 올 때면 먼발치 마른 흙더미도 고개를 듭니다

당신은 지금 내 안에 있습니다
㉡당신은 나를 알지 못하고
나를 벗고 싶어 몸부림하지만

내게서 당신이 떠나갈 때면
내 목은 갈라지고 실핏줄 터지고
내 눈, 내 귀, 거덜 난 몸뚱이 갈가리 찢어지고

㉢나는 울고 싶고, 웃고 싶고, 토하고 싶고
벌컥벌컥 물사발 들이켜고 싶고 길길이 날뛰며
절편보다 희고 고운 당신을 잎잎이, 뽑아낼 테지만

㉣부서지고 무너지며 당신을 보낼 일 아득합니다
굳은 살가죽에 불 댕길 일 막막합니다
불탄 살가죽 뚫고 다시 태어날 일 꿈같습니다

지금 당신은 내 안에 있지만
나는 당신을 어떻게 보내드려야 할지 모르겠습니다
㉤조막만 한 손으로 뻣센 내 가슴 쥐어뜯으며 발 구르는 당신
　　　　　　　　　　　　　　－ 이성복, 「꽃피는 시절」 －

(나)

자기 안에 발 담그는 것들을
물에 젖게 하는 법이 없다

모난 돌멩이라고
모난 파문으로 대답하지 않는다
검은 돌멩이라고
검은 파문으로 대답하지 않는다

산이고 구름이고
물가에 늘어선 나무며 나는 새까지
겹쳐서 들어가도
어느 것 하나 상처입지 않는다

바람은
쉴 새 없이 넘어가는
수면 위의 줄글을 다 읽기는 하는 건지

하늘이 들어와도 넘치지 않는다
바닥이 깊고도
높다
　　　　　　　　　　　　　　－ 권정우, 「저수지」 －

43. (가)와 (나)의 공통점으로 가장 적절한 것은?

① 명사로 시상을 마무리하여 여운을 남기고 있다.
② 구체적인 청자를 설정하여 시상을 전개하고 있다.
③ 반어적 표현을 활용하여 주제 의식을 드러내고 있다.
④ 하강적 이미지를 사용하여 시적 분위기를 조성하고 있다.
⑤ 유사한 통사 구조를 반복하여 시적 상황을 강조하고 있다.

44. 나와 당신의 관계를 바탕으로 ㉠~㉤을 이해한 내용으로 적절하지 **않은** 것은?

① ㉠에는 '나'가 '당신'을 긍정적인 존재로 인식하고 있음이 드러나 있다.
② ㉡에는 '나'를 인지하지 못하는 상황에 대한 '당신'의 안타까움이 드러나 있다.
③ ㉢에는 '나'가 '당신' 때문에 느껴야 하는 다양한 심정이 드러나 있다.
④ ㉣에는 '당신'을 보낼 일에 대한 '나'의 막연함이 드러나 있다.
⑤ ㉤에는 '나'에게서 벗어나려 애쓰는 '당신'의 모습이 드러나 있다.

45. <보기>를 참고하여 (가), (나)를 감상한 내용으로 적절하지 **않은** 것은? [3점]

─────── < 보 기 > ───────
　(가)와 (나)는 모두 자연 현상을 관찰하여 얻은 삶의 깨달음을 노래하고 있다. (가)는 자연의 섭리에 따른 개화의 과정을 바탕으로 인고와 희생이라는 가치를 드러내고 있고, (나)는 자신에게 상처를 주는 존재마저 사랑으로 품어내는 저수지의 모습을 통해 포용이라는 가치를 드러내고 있다.

① (가)에서 '추운 땅속을 헤매다'가 '부르지 않아도' 온다는 것은, 자연의 섭리에 따른 희생을 표현한 것이겠군.
② (가)에서 '굳은 살가죽에 불'을 '댕길 일'은, 꽃을 피우는 순간에 감당해야 할 고통을 나타낸 것이겠군.
③ (나)에서 '모난 돌멩이'나 '검은 돌멩이'를 '모난 파문'이나 '검은 파문으로' 대하지 않는 것은, 상처를 주는 존재마저 사랑으로 품는 저수지의 모습을 표현한 것이겠군.
④ (나)에서 저수지가 '하늘'까지 '넘치지 않'게 받아들이는 것은, 저수지의 넓은 포용 범위를 나타낸 것이겠군.
⑤ (가)에서는 '내 안'에서 꽃을 '뽑아'내는 과정을, (나)에서는 '자기 안'으로 주변의 존재가 '들어가'는 모습을 관찰하여 얻은 삶의 깨달음을 드러내고 있군.

┌─────────────────────────────
│ * 확인 사항
│ ◦ 답안지의 해당란에 필요한 내용을 정확히 기입(표기)했는지 확인하시오.
└─────────────────────────────

2023학년도 6월 고2 전국연합학력평가 문제지

1

제 1 교시

국어 영역

05회

● 문항수 45개 | 배점 100점 | 제한 시간 80분

● 점수 표시가 없는 문항은 모두 2점

05회

[1 ~ 3] 다음은 식물원을 방문한 학생들을 대상으로 한 강연이다. 물음에 답하시오.

안녕하세요. 저는 식물학자 ○○○입니다. 오늘 우리 식물원을 방문해 주셔서 감사합니다. 화면을 먼저 보실까요? ('*Hibiscus syriacus* L.[히비스커스 시리아커스 엘]'이라 적힌 자료를 보여 주며) 이 식물은 무엇일까요? (청중의 반응을 확인한 후) 대답하기 쉽지 않죠? 정답은 여러분이 잘 알고 있는 무궁화입니다. 그런데 어떻게 무궁화가 이 이름으로 불리게 된 것일까요? 오늘은 그 해답을 찾는 과정을 통해, 식물에 학명(學名)을 붙이는 방법을 알아볼까 합니다.

여러분, 만약 특정 식물을 지칭하는 표준 이름이 없다면 어떻게 될까요? 학술적으로 식물 분류 체계가 엉망이 될 수밖에 없습니다. 그래서 국제식물학회에서는 식물명명규약을 만들어, 세계적으로 공인된 단 하나의 이름인 학명을 쓰기로 약속했습니다. 여러분이 지금 보고 있는 '*Hibiscus syriacus* L.'은 바로 무궁화의 학명인 것이죠.

학명은 흔히 '이명법(二名法)'으로 짓는데, 이는 두 이름을 나열하는 방법입니다. 여기서 두 이름은 '속명'과 '종소명'인데, '*Hibiscus*'는 속명에, '*syriacus*'는 종소명에 해당합니다. 속명과 종소명에는 특정 의미가 담겨 있는 경우가 많은데, 일반적으로 속명에는 식물의 생태적·형태적 특성 등이, 종소명에는 식물의 자생지나 처음 발견된 곳 등이 반영되어 있습니다. '*Hibiscus*'는 '아욱과 식물'을 뜻하는데, '이집트의 여신 히비스를 닮은 꽃'이라는 의미가 담겨 있습니다. 그리고 '*syriacus*'는 '시리아'라는 나라 이름을 뜻하죠. 그러니까 무궁화의 학명은, '이집트의 여신 히비스를 닮은, 시리아에서 발견한 꽃' 정도로 풀이할 수 있습니다.

한편 속명과 종소명은 라틴어로 기울여 쓰는 것이 원칙인데, 속명의 첫 글자는 대문자로, 종소명의 첫 글자는 소문자로 써야 합니다. 그리고 학명의 끝에 있는 'L.'은 명명자로, 해당 식물에 이름을 부여한 사람에게서 따옵니다. 예를 들어, 무궁화의 학명에서 'L.'은 린네(Linné)라는 식물학자의 이름을 약자로 표기한 것이죠. 이때 명명자는 생략할 수도 있습니다. 다만 표기를 한다면, 기울여 쓰지 않는 것이 원칙입니다.

지금까지 무궁화를 예로 들어 식물에 학명을 붙이는 방법을 살펴보았는데요. 오늘 이곳에서 학명이 궁금한 식물이 있다면, 인터넷 검색으로 그 의미를 찾아보면서 관람하면 좋겠습니다. 아마 식물을 감상하는 재미가 더해질 겁니다. 이상 강연을 마치겠습니다.

1. 위 강연자의 말하기 방식으로 가장 적절한 것은?

① 강연을 하게 된 소감을 밝히며 강연을 시작하고 있다.
② 전문가의 견해를 인용하여 강연 내용을 설명하고 있다.
③ 청중의 요청에 따라 강연 내용의 수준을 조정하고 있다.
④ 청중의 질문에 답을 하며 청중의 궁금증을 해소하고 있다.
⑤ 청중에게 바라는 바를 언급하며 강연을 마무리하고 있다.

2. 다음은 강연을 준비하기 위한 청중 분석과 강연 계획이다. 강연 내용에 반영되지 **않은** 것은?

청중 분석		강연 계획
① 식물에 관심이 적을 것임.	→	청중에게 익숙한 소재를 예로 들어야지.
② 강연의 목적을 궁금해 할 것임.	→	식물에 학명을 붙이는 방법을 알려 주는 것이 강연의 목적임을 밝혀야지.
③ 이명법에 대한 배경지식이 부족할 것임.	→	이명법의 개념을 제시하고 그와 관련된 정보를 제공해야지.
④ 학명과 명명자 사이의 관계를 모를 것임.	→	학명에 명명자 이름을 표기하는 기준을 언급해야지.
⑤ 라틴어 발음에 익숙하지 않을 것임.	→	라틴어로 표기된 학명에 우리말 발음을 덧붙여 시각 자료로 제시해야지.

3. 다음은 학생이 강연을 들으면서 작성한 메모이다. 이를 바탕으로 학생의 듣기 과정을 이해한 내용으로 적절하지 **않은** 것은?

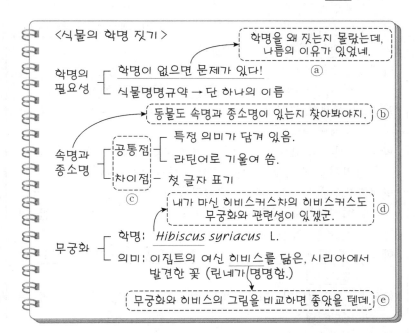

① ⓐ: 학명의 필요성을 인지한 것으로 보아, 강연 내용을 바탕으로 새로운 지식을 수용하며 들었겠군.
② ⓑ: 강연 이후 조사할 내용을 작성한 것으로 보아, 강연 내용과 관련하여 더 알고 싶은 점을 떠올리며 들었겠군.
③ ⓒ: 강연 내용의 일부를 공통점과 차이점으로 나누어 정리한 것으로 보아, 세부 정보들의 관계를 확인하며 들었겠군.
④ ⓓ: 히비스커스차와 무궁화의 연관성을 추측한 것으로 보아, 강연 내용을 자기 경험과 관련지으며 들었겠군.
⑤ ⓔ: 강연 자료의 준비 부족을 언급한 것으로 보아, 강연 내용의 신뢰성 여부를 따지며 들었겠군.

[4 ~ 7] (가)는 교내 신문의 학생 기사문이고, (나)는 (가)의 보도 이후에 열린 회의이다. 물음에 답하시오.

(가)

학생 자치의 꽃, 학생자치실이 달라진다
– 학생 회의를 통해 학생자치실 활용 방안 논의 예정 –

우리 학교는 학생 자치활동 활성화를 위해 지난 3월부터 교육청 지원으로 학생 참여형 학생자치실 구축 사업을 진행 중이며 학생 회의를 열어 학생자치실 활용 방안에 대해 논의할 예정이다.

그동안 우리 학교는 학생회실이라는 공간이 있었지만, 학생회에서 회의를 할 때만 사용하여 학생회실에 대해 잘 모르는 학생들이 많았다. 또한 공간이 협소하여 전교생을 대상으로 하는 학생회 행사를 진행하기에 어려움이 있었다.

따라서 학교는 기존 학생회실과 그 옆에 비어 있는 교실을 합쳐서 학생자치실을 구축하기로 결정했다. 현재는 위치만 정해진 상태로, 학생자치실의 활용 방안에 대해 학생회에서 회의를 개최하여 논의할 예정이다.

회의는 6월 9일에 학생회실에서 열린다. 6월 2일까지 학교 누리집과 누리소통망(SNS)을 통해 학생들을 대상으로 학생자치실의 활용 방안에 대한 설문 조사를 실시할 계획이다. 회의를 참관하려는 학생은 학생회에서 별도 신청을 받는다. 우리가 만들어갈 공간, 학생자치실에 대한 학생들의 많은 관심과 적극적인 참여가 필요한 상황이다.

(나)

학생회장 : 지금부터 회의를 시작하겠습니다. 학생자치실의 활용 방안에 대해 의견을 말씀해 주세요.

학생 1 : ㉠사전 조사 결과를 살펴보면 사용 대상을 확대하면 좋겠다는 의견이 가장 많습니다.

학생 2 : 맞습니다. ㉡현재 학생회 임원으로 한정된 사용 대상을 학급, 동아리, 소모임 단위로 확대하면 좋겠습니다.

학생 1 : 학생회 임원이 아닌 학생들이 회의나 모임을 할 때도 사용하면 좋겠네요.

학생 3 : 네, 하지만 학생들이 사용하려는 기간이 겹치면, 학생자치실 관리에 어려움이 생길 수도 있습니다.

학생회장 : 네, 학교 행사나 수행평가 시기에 사용하려는 학생들이 몰릴 수 있을 것 같습니다. 어떻게 하면 이 문제를 해결할 수 있을까요?

학생 1 : ㉢학생자치실 사용을 사전에 예약할 수 있도록 하면 좋겠습니다.

학생 3 : 동의합니다. 학생회에서 예약 관리 담당자를 정하여 운영합시다.

학생회장 : 네, 좋습니다. 학생자치실을 학생들의 모임 공간으로 활용하되 예약제로 운영하도록 하겠습니다. 또 다른 활용 방안은 없을까요? 〔A〕

학생 2 : 학생자치실에서 학생회 행사를 실시하면 좋겠다는 의견이 많습니다.

학생 3 : 좋은 의견입니다. 학생회 행사 장소가 자주 바뀌다 보니 행사를 준비하는 데도 어려움이 있었고, 학생들이 장소를 잘못 찾아가는 혼란도 있었습니다.

학생 2 : 맞습니다. 나눔 마켓, 교복 물려주기, 우산 대여와 같은 학생회 활동을 모두 학생자치실에서 진행하면 좋겠습니다.

학생회장 : 네, 학생자치실을 학생회 행사를 준비하고 진행하는 장소로 활용하도록 하겠습니다. 또 다른 의견 있으신가요?

학생 3 : ㉣그런데 학생자치실에서 회의나 모임, 학생회 행사를 하기 위해서는 공간 구성에 대한 고민이 필요하지 않을까요?

학생회장 : 네, 활용 방안을 제안하기 위해서는 그에 적합한 공간 구성도 함께 논의해야겠네요.

학생 1 : 학생들이 참여할 수 있는 방안이 있으면 좋겠습니다.

학생 2 : 그렇다면 우리 학교 동아리의 도움을 받으면 어떨까요?

학생회장 : 좋은 생각입니다. 구체적으로 어떤 동아리 학생들에게, 어떻게 도움을 받으면 좋을까요? 〔B〕

학생 2 : ㉤우리 학교에는 건축 디자인 동아리가 있습니다. 동아리 학생들에게 활용 방안에 맞는 공간 구성 방향을 제안해 달라고 요청하는 겁니다.

학생 1 : 해당 동아리 학생들은 공간 디자인 공모전에 참여한 경험이 있으니, 이번 학생자치실 공간 구성에 대해 의견을 받으면 도움이 될 것 같아요.

학생회장 : 네, 그럼 동아리 학생들에게 해당 내용을 전달하도록 하겠습니다. 다음 회의 때는 건축 디자인 동아리 학생들의 의견을 참고하여 학생자치실 공간 구성에 대해 논의하도록 하겠습니다. 오늘 회의에 참여해 주셔서 감사합니다.

4. (가)를 쓰기 위해 세운 글쓰기 계획 중, 글에 반영된 것만을 고른 것은?

> ㄱ. 학생자치실 구축 사업을 실시하는 목적을 제시해야겠군.
> ㄴ. 학생자치실 활용과 관련된 회의를 개최하는 주체를 밝혀야겠군.
> ㄷ. 학생자치실을 구축하며 발생할 수 있는 문제에 대한 해결 방안을 제시해야겠군.
> ㄹ. 학생자치실 활용과 관련된 회의의 결과를 언급하며 후속 회의의 주제를 알려야겠군.

① ㄱ, ㄴ ② ㄱ, ㄷ ③ ㄴ, ㄷ ④ ㄴ, ㄹ ⑤ ㄷ, ㄹ

5. (나)의 〔A〕, 〔B〕에 드러난 '학생회장'의 말하기에 대한 이해로 가장 적절한 것은?

① 〔A〕에서는 〔B〕와 달리 상대의 발언 내용에 긍정적으로 반응하고 있다.

② 〔A〕에서는 〔B〕와 달리 상대의 발언 내용을 되물으며 발언의 정확한 의도를 확인하고 있다.

③ 〔B〕에서는 〔A〕와 달리 상대의 발언 내용에 대한 추가 설명을 요구하고 있다.

④ 〔B〕에서는 〔A〕와 달리 상대의 발언 취지를 확인하며 논점을 명확하게 제시하고 있다.

⑤ 〔A〕와 〔B〕에서는 모두 상대의 발언 내용을 요약하여 정리하고 있다.

6. (가)와 (나)의 맥락을 고려할 때, (가)를 읽고 (나)를 참관한 학생이 보인 반응으로 적절하지 <u>않은</u> 것은? [3점]

① ㉠을 들으니, 회의에서 언급한 조사 결과는 학교 누리집과 누리소통망(SNS)을 통해 취합한 것이겠군.

② ㉡을 들으니, 평소 학생회실을 학생회 임원만 이용해서 학생회실에 대해 학생들이 잘 몰랐겠군.

③ ㉢을 들으니, 학생자치실 사용을 예약제로 운영하자는 것은 학생자치실의 위치를 고려한 의견이겠군.

④ ㉣을 들으니, 학생자치실의 공간 구성 방안은 회의 전에는 계획되지 않은 내용이겠군.

⑤ ㉤을 들으니, 학생자치실 공간 구성에 동아리 학생들의 도움을 받자는 것은 학생 참여를 지향하는 사업 방향에 맞는 제안이겠군.

7. 다음은 (나) 이후 작성한 기사문의 일부이다. 기사문을 작성할 때 독자를 고려한 내용으로 적절하지 <u>않은</u> 것은?

> 학생회 임원들은 지난 회의에서 학생자치실 활용 방안에 대해 논의하였다. 회의 결과, 학생자치실은 학생들의 회의와 모임, 학생회 주최 행사 등에 활용될 예정이다.
>
> 학생회 측은 활용 방안에 따른 공간 구성에 대해 도움을 얻고자 회의 이후 건축 디자인 동아리 학생들에게 해당 내용을 전달하였고, 동아리 학생들은 공간의 다양한 활용을 위해 접이식 가벽 설치, 이동형 수납장 배치 등을 제안하였다.
>
> 회의를 참관한 ○○○ 학생은 "학생자치실을 만드는 데 학생들의 의견이 반영되어서 좋았어요. 회의에서 열의도 느껴졌어요."라고 말했다.
>
> 6월 20일에 열릴 회의에서는 학생회와 사업 담당 선생님이 함께 공간 구성에 대해 논의할 예정이다.

① 다음 회의에 대한 정보를 인지할 수 있도록 한다.

② 지난 회의에서 논의된 내용을 파악할 수 있도록 한다.

③ 동아리 학생들이 제안한 내용을 확인할 수 있도록 한다.

④ 필자의 의견을 통해 학생 참여가 중요하다는 것을 알 수 있도록 한다.

⑤ 기사문에 인용된 발언을 통해 지난 회의의 분위기를 짐작할 수 있도록 한다.

[8~10] 다음은 작문 상황과 이를 바탕으로 작성한 학생의 초고이다. 물음에 답하시오.

> **(가) 작문 상황**
>
> ○ 목적 : 바람직한 소비 생활을 위한 가치 소비 소개
>
> ○ 예상 독자 : 우리 학교 학생들
>
> **(나) 학생의 초고**
>
> 최근 '가치 소비'가 사회적으로 관심을 받고 있다. 가치 소비에 대한 우리 학교 학생들의 설문 조사 결과를 살펴보면, 가치 소비라는 말을 들어본 학생이 증가하고 있음을 알 수 있다. 그러나 가치 소비가 무엇인지 제대로 아는 학생은 많지 않다. 이에 가치 소비의 개념과 실천 사례, 그 의의에 대해 소개하고자 한다.
>
> 가치 소비란 소비자가 본인의 가치 판단을 우선시하여 소비하는 방식을 말한다. 소비자 본인이 가치를 부여하는 제품에 대해서는 비용이 더 들더라도 과감하게 소비하되, 그렇지 않은 제품에 대해서는 저렴하거나 실속 있는 것을 선호하는 것이다. 가치 소비에는 타인이 부러워할 만한 고가의 제품을 구매함으로써 개인적인 만족감을 얻는 소비도 있지만, 다소 비싸더라도 사회적·윤리적 의미를 실현하고자 하는 소비도 있다. 소비가 기부로 연결되는 제품이나 동물 실험을 거치지 않은 제품을 구매하는 것이 후자에 해당한다. 이처럼 사회적·윤리적 의미를 추구하는 가치 소비는 사회적으로 긍정적인 영향을 끼칠 수 있다는 점에서 주목받고 있다.
>
> 가치 소비를 적극적으로 표현하는 방법으로 '미닝 아웃(meaning out)'이 있다. 미닝 아웃은 '신념'을 뜻하는 '미닝(meaning)'과 '벽장 속에서 나오다'라는 뜻을 지닌 '커밍 아웃(coming out)'을 결합한 단어로, 소비 행위 등을 통해 개인의 사회적 신념이나 가치관을 표출하는 것을 말한다. 자신이 지향하는 가치를 실현할 수 있는 소비를 한 후 이를 누리소통망(SNS)에 게시함으로써 자신이 어떤 신념을 지니고 있는지를 드러내는 것이 미닝 아웃의 하나이다. 또한 선행을 실천한 가게의 제품 구매를 유도하거나 부도덕한 기업의 제품에 대한 불매 의사를 표현함으로써, 많은 사람의 동참에 영향을 주는 형태도 있다.
>
> 사회적·윤리적 가치를 구매 기준으로 삼는 소비자의 움직임에 발맞추어 기업에서도 사회적 책임이나 윤리적 가치를 추구하는 행보를 보이고 있다. 따라서 소비자의 바람직한 가치 소비가 장기적으로 계속된다면 사회에 선한 영향력을 미칠 것이라 생각한다. [A]

8. 초고를 쓰기 위해 떠올린 생각 중 (나)에 반영되지 <u>않은</u> 것은?

① 특정 용어를 분석하여 독자가 그 의미를 쉽게 받아들이도록 해야겠어.

② 가치 소비를 접한 경험을 언급하여 독자가 가치 소비에 흥미를 느끼도록 해야겠어.

③ 미닝 아웃의 여러 형태를 제시하여 독자가 글을 이해하는 데 도움이 되도록 해야겠어.

④ 가치 소비에 대해 다룰 내용을 제시하여 독자가 뒤에 이어질 내용을 추측하도록 해야겠어.

⑤ 가치 소비의 의의를 언급하여 독자가 가치 소비에 지속적으로 관심을 가지도록 해야겠어.

9. <보기>를 활용하여 (나)를 보완하고자 한다. 자료 활용 방안으로 적절하지 **않은** 것은? [3점]

─────────< 보 기 >─────────

[자료 1] 우리 학교 학생들의 설문 조사 결과

　　　가치소비에 대해 얼마나 알고 있나요?

| 2020년 | 9.3 | 14.2 | 76.5 |
| 2022년 | 21.5 | 46.7 | 31.8 |

(단위: %)

■ 들어본 적 있고 잘 알고 있음
▨ 들어본 적 있지만 잘 모름
□ 들어본 적 없음

[자료 2] 신문 기사

　다른 제품에 비해 비싸더라도 환경보호를 실천하는 기업의 제품에 지갑을 여는 소비자가 늘고 있다. 이에 따라 제품의 생산 과정에서 폐기물을 줄이거나 포장재를 최소화하려고 노력하는 기업 역시 증가하고 있다. 건강한 지구를 미래 세대에게 물려주자는 소비자가 많아질수록 우리의 환경은 더욱 좋아질 것이다.

[자료 3] 전문가 인터뷰

　"미닝 아웃으로 판매자에 대한 잘못된 정보가 전파되거나 불매 운동이 권유가 아닌 강요로 변질된다면, 타인의 권리를 침해할 수 있습니다. 그럼에도 불구하고 미닝 아웃은 윤리적 소비와 연결되어 사회, 환경 등에 긍정적인 영향을 끼칠 수 있기 때문에 우리가 지향해야 할 소비 현상이라 할 수 있습니다."

① [자료 1]을 활용하여, 가치 소비에 대한 우리 학교 학생들의 인지도를 구체적 수치로 제시해야겠군.
② [자료 2]를 활용하여, 가치 소비를 지향하는 사람들을 고려하여 기업이 실천하고 있는 사례를 보충해야겠군.
③ [자료 3]을 활용하여, 미닝 아웃으로 불매 의사를 표현할 때 발생할 수 있는 부작용도 다루어야겠군.
④ [자료 1]과 [자료 2]를 활용하여, 가치 소비에 대한 관심이 높아지는 현상을 소비자와 기업의 상호 의존적인 관계로 설명해야겠군.
⑤ [자료 2]와 [자료 3]을 활용하여, 가치 소비가 바람직하게 전개되었을 때 얻을 수 있는 효과를 언급해야겠군.

10. <조건>에 따라 [A]에 들어갈 내용으로 가장 적절한 것은?

─────< 조 건 >─────

○ 글의 흐름을 고려할 것.
○ 설의법과 비유법을 모두 사용할 것.

① 시냇물이 모여 강물이 되듯이 내가 실천한 올바른 가치 소비가 사회의 큰 흐름을 만들 수 있지 않을까?
② 당신의 소비가 나를 위한 사치인지 남을 위한 가치인지 생각하며 현명하게 소비해야 하지 않겠는가?
③ 물방울이 바위를 뚫듯이 소비자들의 착한 가치 소비가 계속되면 더 나은 사회를 만들 수 있을 것이다.
④ 내가 소비한 물건을 마음의 거울에 비춰보면 내가 어디에 가치를 두는지 알 수 있지 않을까?
⑤ 나의 소비가 부메랑처럼 돌아올 것을 생각하며, 우리 함께 바람직한 가치 소비를 하자.

[11 ~ 12] 다음 글을 읽고 물음에 답하시오.

　'품사'는 공통된 성질이 있는 단어끼리 묶어서 분류해 놓은 갈래를 뜻하고, '문장 성분'은 문장 안에서 일정한 문법적 기능을 하는 구성 요소를 뜻한다. 관형사는 체언인 명사, 대명사, 수사 앞에서 해당 체언을 꾸며 주는 품사이고, 관형어는 체언을 꾸며 주는 문장 성분이므로, 서로 문법 단위가 다르다. 그런데 관형사나 관형어는 이름과 그 기능이 서로 유사하여, 둘을 구별하기가 쉽지 않다.

　관형사는 단어의 성질 자체가 체언의 수식에 있고, 문장 성분으로는 관형어의 기능을 한다. 하지만 관형어는 관형사로만 실현되는 것은 아니다. 관형사 이외에도 체언과 관형격 조사의 결합, 용언의 어간과 관형사형 어미의 결합, 체언 자체로도 관형어로 쓰일 수 있다.

(가) **헌** 집이지만 나는 **고향** 집이 정겹다.
(나) **할아버지의** 집을 고쳐서 **예쁜** 집으로 만들었다.

　(가)의 '헌'은 '집'을 꾸며 주는 관형사이다. 이때 '헌'은 조사와 결합하지 않으며, '헌'이라는 고정된 형태로만 쓰인다. 즉 '헌 책, 헌 구두'와 같이 관형사는 언제나 체언을 꾸며 주는 관형어로만 쓰인다. 또한 '고향'은 명사이지만, 뒤에 오는 체언 '집'을 꾸며 주는 기능을 한다. 이처럼 체언이 나란히 올 경우 앞의 체언은 뒤의 체언을 꾸며 주는 관형어로 쓰일 수 있다.

　(나)의 '할아버지'는 관형격 조사 '의'와 결합하여 '집'을 수식하는 관형어로 쓰인다. 또한 '예쁜'은 형용사인데, 어간 '예쁘-'에 관형사형 어미 '-(으)ㄴ'이 결합하여 '집'을 꾸미는 관형어로 쓰인다. 마찬가지로 '살던 집', '구경하는 집'처럼 동사의 어간에 관형사형 어미가 결합하여 관형어로 쓰일 수 있다.

11. 윗글을 읽고 보인 반응으로 적절하지 <u>않은</u> 것은?

① 관형사는 그 형태가 변하지 않는군.
② 관형사와 관형어는 모두 체언을 꾸며 주는군.
③ 관형어가 항상 관형사를 통해 실현되는 것은 아니군.
④ 두 명사가 나란히 올 때 앞 명사는 관형사가 될 수 있군.
⑤ 형용사는 관형사형 어미가 결합하더라도 관형사가 될 수 없군.

12. 윗글을 바탕으로 <보기>의 문장을 탐구하여 정리한 내용으로 적절한 것은? [3점]

─── < 보 기 > ───
ㄱ. 새 가구는 어머니의 자랑거리이다.
ㄴ. 모든 아이들이 달리는 사자를 구경했다.
ㄷ. 그들은 오랫동안 친한 친구로 지내고 있다.
ㄹ. 우리 가족은 가던 걸음을 멈추고 뒤돌아보았다.
ㅁ. 대부분의 학생이 여름 바다를 간절하게 그리워했다.

문장		탐구 정리 내용	
	관형어 개수	관형어	품사
① ㄱ	1	어머니의	명사 + 조사
② ㄴ	2	모든	관형사
		달리는	동사
③ ㄷ	1	친한	관형사
④ ㄹ	1	가던	동사
⑤ ㅁ	2	여름	명사
		간절하게	형용사

13. <보기>는 음운 변동에 대한 수업의 한 장면이다. 학생들의 활동 결과로 적절한 것은?

─── < 보 기 > ───
선생님: 음운 변동은 한 음운이 다른 음운으로 바뀌는 '교체', 원래 있던 음운이 없어지는 '탈락', 새로운 음운이 생기는 '첨가', 두 음운이 하나의 음운으로 합쳐지는 '축약'이 있습니다. 음운의 변동이 일어날 때 음운 개수가 변하기도 하는데요. 제시된 단어들에서 일어나는 음운 변동을 있는 대로 모두 찾고 음운 개수의 변화를 정리해 볼까요?

	단어	음운 변동 종류	음운 개수의 변화
①	국밥[국빱]	첨가	하나가 늘어남.
②	뚫는[뚤른]	교체, 탈락	하나가 줄어듦.
③	막내[망내]	교체, 축약	하나가 줄어듦.
④	물약[물략]	첨가	하나가 늘어남.
⑤	밟힌[발핀]	축약	변화 없음.

14. <보기>는 '사전 활용하기' 학습 활동을 위한 자료이다. 이에 대해 탐구한 내용으로 적절하지 <u>않은</u> 것은?

─── < 보 기 > ───
가늘다 〔형〕 ① 물체의 지름이 보통의 경우에 미치지 못하고 짧다.
　　　　　 ② 소리의 울림이 보통에 미치지 못하고 약하다.

굵다 〔형〕 ① 물체의 지름이 보통의 경우를 넘어 길다.
　　　　　 ¶ 나뭇가지가 굵다.
　　　　　 ② 밤, 대추, 알 따위가 보통의 것보다 부피가 크다.

두껍다 〔형〕 ① 두께가 보통의 정도보다 크다.
　　　　　 ¶ 두꺼운 종이
　　　　　 ② 층을 이루는 사물의 높이나 집단의 규모가 보통의 정도보다 크다.

① '가늘다', '굵다', '두껍다'는 모두 다의어이다.
② '가늘다②'의 용례로 '열차의 기적 소리가 가늘게 들려왔다.'를 추가할 수 있다.
③ '두껍다②'의 용례로 '그 책은 수요층이 두껍다.'를 들 수 있다.
④ '굵다①'의 용례에서 '굵다'를 '가늘다'로 바꾸면 '가늘다①'의 용례가 될 수 있다.
⑤ '굵다①'과 '두껍다①'의 의미에 의하면 '굵은 손가락'은 '두꺼운 손가락'으로 쓰는 것이 적절하다.

15. <보기>의 ㉠~㉤에 나타나는 중세 국어의 특징을 탐구한 내용으로 적절하지 <u>않은</u> 것은?

─── < 보 기 > ───
[중세 국어] 자내 날 ㉠향ᄒᆡ ᄆᆞᄋᆞ믈 엇디 가지며 나는 자내 향ᄒᆡ ᄆᆞᄋᆞ믈 엇디 가지던고 ᄆᆡ양 자내드려 ㉡내 닐오ᄃᆡ 호ᄃᆡ 누어셔 이 보소 ᄂᆞᆷ도 우리ᄀᆞ티 서ᄅᆞ 에엿쎄 녀겨 ᄉᆞ랑ᄒᆞ리 ᄂᆞᆷ도 우리 ㉢ᄀᆞᄐᆞᆫ가 ᄒᆞ야 자내드려 ㉣니ᄅᆞ더니 엇디 그런 이ᄅᆞᆯ ㉤싱각디 아녀 나ᄅᆞᆯ ᄇᆞ리고 몬져 가시ᄂᆞᆫ고
　　　　　　 – 이응태 부인이 쓴 언간에서 –

[현대어 풀이] 당신이 나를 향하여 마음을 어찌 가지며, 나는 당신을 향하여 마음을 어찌 가지던가? 늘 당신에게 내가 이르되, 함께 누워서, "이 보소, 남도 우리같이 서로 예쁘게 여겨서 사랑하리? 남도 우리 같은가?" 하여 당신에게 이르더니, 어찌 그런 일을 생각지 아니하여 나를 버리고 먼저 가시는가?

① ㉠에서 현대 국어에 쓰이지 않는 모음이 사용되었음을 알 수 있군.
② ㉡에서 주격조사가 생략되었음을 알 수 있군.
③ ㉢에서 이어적기가 사용되었음을 알 수 있군.
④ ㉣에서 두음법칙이 적용되지 않았음을 알 수 있군.
⑤ ㉤에서 구개음화가 일어나지 않았음을 알 수 있군.

[16 ~ 20] 다음 글을 읽고 물음에 답하시오.

(가)

헌 누더기 입은 무리가 남자인지 여자인지
어린 자식 등에 업고 자란 자식 손에 끌고
울면서 눈물 씻고 엎어지며 오는 모양
차마 보지 못할너라 나직이 묻는 말씀
어디로서 좇아오며 어디로 가려는고
주려들 가는 사람인가 가게 되면 얻어 먹나
아무 데도 한가지라 날 따라 도로 가면
자네 원님 가서 보고 **안접(安接)***하게 하여줌세
겨우겨우 대답하되 우리 곳은 당진(唐津)이라
여러 해 흉년들어 살길이 없는 중에
도망한 자 신구환(新舊還)*을 있는 자에 물리니
제 것도 못 바치며 남의 곡식 어찌할꼬
못 바치면 매 맞으니 매 맞고 더욱 살까
정처 없이 가게 되면 죽을 줄 알건마는
아니 가고 어찌하리 굶고 맞고 죽을 지경
차라리 구렁*에나 염려 없이 뭇치이면
도리어 편할지라 이런 고로 가노메라
급히 급히 넘어가자 이 백성들 살려보세
둘째 령(嶺)을 올라서서 고을 지경 바라보니
열 집에 일곱 집은 휑그러니 비었더라
읍중(邑中)으로 들어가니 남은 집의 ㉠곡성(哭聲)이라
전년의 이천여 호 금년의 칠백 호라
미혹한 유부사(柳府使)*와 답답한 이도호(李都護)*는
국곡(國穀)도 중커니와 인명인들 아니 볼까
백성 없는 곡식 바다 그 무엇에 쓰려하노
출도한 후 전령하여 니징(里徵)* 족징(族徵)* 없이 하고
허두(虛頭)잡이 호역들을 태반이나 덜어 주고
신구환 칠만 석은 탕감하자 아뢰겠네

            – 구강, 「북새곡(北塞曲)」 –

*안접 : 편안히 마음을 먹고 머물러 삶.
*신구환 : 올해 세금과 지난해 세금.
*구렁 : 무덤.
*부사, 도호 : 조선시대 관직의 이름.
*니징, 족징 : 세금을 내지 못하는 사람이 있을 때 다른 사람이나 일가
족에게 대신 물리던 일.

(나)

십 년 종사(從仕) 후에 고향으로 도라오니
산천의구(山川依舊)ᄒ되 인사(人事)는 달나셰라
아마다 세간존몰(世間存沒)*을 못내 슬허 ᄒ노라   <1수>

강산아 나 왓노라 백구(白鷗)야 반갑고야
청풍명월(淸風明月)도 기두려 줄 알건마는
성은(聖恩)이 ᄒ 지중(至重)ᄒ시니 자연지체(自然遲滯)*ᄒ여라
                               <2수>

산화(山花)는 믈의 픠고 물식는 산의 운다
일신이 한가ᄒ야 산수간(山水間)의 누어시니
세상의 어즈러운 긔별을 나는 몰라 ᄒ노라   <4수>

거믄고 빗기 들고 산수(山水)을 희롱ᄒ니
청풍(淸風)은 건듯 불고 명월(明月)도 도라 온다
ᄒ물며 유신(有信)ᄒ 믈여기*는 오명가명 ᄒ느니   <5수>

산수(山水)의 병(病)이 되고 금가(琴歌)*의 벽(癖)이 이셔
산수(山水) 죠흔 곳의 ㉡금가(琴歌)로 노니노라
두어라 초로인생(草露人生)*이 아이 놀고 어이 ᄒ랴   <8수>
                      – 신교, 「귀산음(歸山吟)」 –

*세간존몰 : 세상의 존속과 멸망.
*자연지체 : 저절로 늦어 머뭇거림.
*믈여기 : 갈매기.
*금가 : 거문고에 맞추어 부르는 노래.
*초로인생 : 풀 끝에 달린 이슬처럼 덧없는 인생.

(다)

    기다리는 엿장수는 오지 않았다. 벌써 보름째 나타나지 않는 엿장수의 리어카를 기다리느라 조바심이 난 아이들은 오리처럼 목이 길어졌다. 마당에서 자치기를 하다가도 담 너머로 슬쩍슬쩍 눈을 돌렸고, 꼴을 베다가도 동구 밖을 자주 힐끔거렸다. 여름날, 대청마루에서 낮잠을 자고 있노라면 꿈속에서도 엿장수의 가위 소리가 귓전을 울리곤 했다.
    엿장수의 그 넓적한 가위는 엿을 알맞게 나누는 도구인 동시에 그 소리로 엿장수 자신의 존재를 알리는 훌륭한 홍보 수단이었다. 노련한 엿장수일수록 엿가위에 신명 난 장단을 넣어 아이들의 귀를 길쭉하게 만들었다.
    고요한 마을에 엿장수의 ㉢가위 소리가 멀리서 찰칵거리기 시작하면 아이들은 너나 할 것 없이 가위 소리가 나는 쪽을 향해 뛰었다. 한쪽 발에만 신을 꿰어 신고 뛰어가는 아이도 있었다. 신발을 손에 들고 뛰는 아이도 있었다. 아예 맨발로 뛰는 아이도 있었다. 바지가 흘러내리는 줄도 모르고, 가랑이가 찢어지는 줄도 모르고 아이들은 뛰었다.
    엿으로 바꿔 먹을 만한 물건이 없나, 하고 아이들은 이미 마루 밑이며 헛간을 수도 없이 뒤진 터였다. 아이들은 고철이나 함석 조각을 챙겨 들고 달렸다. 칠성사이다를 마시고 남은 빈 병을 쥐고 달렸다. 뒤축이 닳아 구멍이 난 흰 고무신을 품고 달렸다. 1원짜리 동전 하나를 달랑 손에 움켜쥐고 달렸다. 어른들의 서릿발 같은 꾸중을 각오하고 멀쩡한 양은 냄비나 숟가락을 들고 달리는 용감한 아이도 있었다.

                 (중략)

    하지만 이제 우리나라 어디를 가더라도 그 옛날의 엿장수는 없다. 엿장수의 가위 소리도 없고, 그 소리에 넋을 놓고 뛰어가던 아이들도 없다. 이어폰만 귀에 꽂으면 엿장수의 단조로운 가위 소리보다 더 빠르고 변화가 심한 매력적인 음악을 들을 수 있고, 엿가락보다 더 달콤한 군것질거리가 지천에 널려 있다.
    누군가 우스개처럼 말했던 게 생각난다. 엿장수는 외국 자본에 기대지 않고 순수하게 민족 자본으로 성장했던 마지막 기업이었다고. 그렇지 않더라도 엿장수, 넝마주이, 고물상이라는 이름들 앞에 우리는 좀 더 겸손해져야 하지 않을까. 그들은 이 땅에서 쓰레기 분리수거를 제일 먼저 실천했던 선각자들이라고 말이다. 그들이 아니었다면 삼천리 금수강산은 삼천리 유리 파편 강산이 되었을지도 모르는 일이다. 안 그런가?

                         – 안도현, 「엿장수 생각」 –

16. (가)와 (나)의 표현상 특징에 대한 설명으로 가장 적절한 것은?

① (가)는 (나)와 달리 문답 구조를 통해 시상을 전개하고 있다.

② (가)는 (나)와 달리 공간을 대비하여 지향하는 가치를 드러내고 있다.

③ (나)는 (가)와 달리 유사한 통사 구조를 반복하여 운율을 형성하고 있다.

④ (나)는 (가)와 달리 구체적인 수치를 활용하여 상황의 변화를 드러내고 있다.

⑤ (가)와 (나)는 모두 계절감이 드러나는 시어를 사용하여 시간의 경과를 보여 주고 있다.

17. <보기>를 바탕으로 (가)를 감상한 내용으로 적절하지 <u>않은</u> 것은? [3점]

> ─── < 보 기 > ───
>
> (가)는 구강이 암행어사로 겨울에 북관을 지나면서 경험한 일을 바탕으로 쓴 가사이다. 어사로서 임무를 수행하며 백성들의 피폐한 삶과 지방 관리들의 폭정을 대면하고 이를 해결하기 위해 노력하는 과정에서의 감상이 드러나 있다. 이는 위정자로서의 책임감과 함께 인간에 대한 구강의 연민의 정이 표출된 것이다.

① '차마 보지 못할너라'에서 어려운 상황에 처한 백성들에게 연민의 정을 느끼는 작자의 모습을 발견할 수 있어.

② '안접하게 하여줌세'에서 고향으로 돌아가려는 백성들을 도우려는 위정자로서의 책임감을 느낄 수 있어.

③ '도망한 자 신구환을 있는 자에 물리니'에서 불합리하게 부과된 세금으로 고통받는 백성들의 현실을 짐작할 수 있어.

④ '급히 급히 넘어가자 이 백성들 살려보세'에서 암행어사로서 임무에 최선을 다하려는 마음가짐을 엿볼 수 있어.

⑤ '백성 없는 곡식 바다 그 무엇에 쓰려하노'에서 백성들을 수탈하는 지방 관리들에 대한 부정적 인식을 확인할 수 있어.

18. (나)에 대한 설명으로 적절하지 <u>않은</u> 것은?

① <1수> : 돌아온 고향에서 변해 버린 인사(人事)에 대한 슬픔을 나타내고 있다.

② <2수> : 강산을 즐기느라 임금에게 가지 못하는 상황에 대한 미안함을 드러내고 있다.

③ <4수> : 세속의 어지러운 소식을 모른 체하며 살고 싶은 심정을 표현하고 있다.

④ <5수> : 자연과 어우러지는 모습을 통해 자연에 대한 친근감을 드러내고 있다.

⑤ <8수> : 인생이 덧없다고 느끼기에 산수(山水)와 노래를 즐기며 살기를 희망하고 있다.

19. <보기>를 바탕으로 (다)를 이해한 내용으로 적절하지 <u>않은</u> 것은?

> ─── < 보 기 > ───
>
> (다)에서 글쓴이는 '엿장수'에 대한 생각과 느낌을 드러내고 있다. 엿장수를 기다리던 모습, 엿장수가 마을에 나타났을 때의 반응, 엿으로 바꿔 먹었던 다양한 물건 등 엿장수와 관련된 추억을 언급하고, 이제는 사라져 버린 대상에 대한 안타까움과 그 가치에 대해 이야기하고 있다.

① 아이들이 엿장수를 기다리던 모습을 묘사하면서 그들의 애타는 심정을 효과적으로 드러내고 있다.

② 엿장수를 향해 정신없이 뛰어가던 아이들의 모습을 생동감 있게 그려내고 있다.

③ 아이들이 엿으로 바꿔 먹기 위해 들고 갔던 다양한 물건을 언급하고 있다.

④ 엿장수가 사라진 이후 변화를 받아들이지 못하는 기존 세대에 대한 안타까운 심정을 토로하고 있다.

⑤ 엿장수가 했던 일에 가치를 부여하여 그 의미를 독자들이 생각해 보도록 하고 있다.

20. ㉠ ~ ㉢에 대한 설명으로 가장 적절한 것은?

① ㉠은 현재 상황에 대한 슬픔을 드러내는 화자의 소리이고, ㉡은 현재 상황에 대한 만족감을 드러내는 화자의 소리이다.

② ㉠은 현실에 대한 울분을 드러내는 백성들의 소리이고, ㉢은 현실에 대한 불만을 드러내는 엿장수의 소리이다.

③ ㉡은 주변 경관을 감상하며 즐기는 소리이고, ㉢은 주변의 분위기를 분주하게 변화시키는 소리이다.

④ ㉠과 ㉡은 모두 화자의 과거 경험을 떠올리게 하는 소리이다.

⑤ ㉡과 ㉢은 모두 긍정적인 상황에서 부정적인 상황으로의 반전을 유발하는 소리이다.

[21 ~ 25] 다음 글을 읽고 물음에 답하시오.

소크라테스 이후의 전통 형이상학에서는 현실 세계를 불완전하고 거짓된 세계로 간주하고, 보편적 진리로 이루어진 현실 너머의 세계를 참된 세계라고 여겼다. 그들은 삶의 목적이 현실 너머에 있는 초월적 가치의 추구에 있다고 보았으며, 이성적 사유를 통해 이를 발견하고자 하였다. 이것은 삶의 외부에 있는 절대적 가치를 토대로 삶의 의미를 찾고자 하는 사유 방식이었다. 바로 이 점에 반기를 든 철학자가 니체이다.

니체에 따르면, 삶은 삶을 둘러싼 가치들의 근원이며, 가치 평가의 출발점이다. 그리고 가치는 삶에 유용한가, 즉 그것이 삶을 더 강하게 만들어 주는가에 따라 평가된다. 그런데 전통 형이상학은 ⊙'도덕적 선'이라는 절대적 가치를 삶의 궁극적인 목적으로 여기고, 이에 따라 개별적 삶을 재단하려 하였다. 이에 따르면 삶의 본능적 욕망은 억압되어야 하는 것이며, 현실적인 삶은 개선되어야 하는 부정적인 것이다. 따라서 현실적인 삶을 긍정하고 그 속에서 끊임없이 발전하고자 하는 태도는 '도덕적 선'에 부합하지 않는, 무가치한 현실적 욕구들을 충족하려는 태도에 지나지 않게 된다. 결국 현실적인 삶 자체도 무의미한 것이 되고 만다. 니체는 그 자체로 목적이어야 할 삶을 초월적 가치 실현의 수단으로 간주하는 전도된 사유 방식에 전적으로 반대하였다.

니체는 전통 형이상학의 도덕 가치를 좇으며 '노예'로 살아가는 대신 각자가 '주인'으로서 스스로의 삶을 살아갈 것을 강조했다. 그러기 위해서는 끊임없이 무언가를 넘어서고 더 높은 것으로 나아가고자 하는 욕망, 즉 ⒜'힘에의 의지'가 필요하다고 보았다. 이것은 자신 내면의 힘과 능력을 더 높은 차원으로 발휘하고자 하는 의지이기도 하다. 하나의 '힘에의 의지'가 다른 '힘에의 의지'를 이겨도 또 다른 '힘에의 의지'가 수시로 나타나므로, 이것은 창조와 생산이 무한히 이루어지게 하는 의지이다. 니체는 '힘에의 의지'를 자연스러운 것으로 수용할 때 현재의 자신을 극복하고 새로운 가치를 창조할 수 있다고 보았다.

니체에 따르면, 삶을 긍정하고 상승시키고자 하는 '강자'들은 삶에 유용한 가치들을 끊임없이 추구한다. 각각의 삶이 자신의 상승을 위해 '힘에의 의지'를 중심으로 경합하기도 하는데, 이때 필요한 것이 '아곤(Agon)', 즉 경쟁이다. 이것은 자신과 동등하거나 자신보다 뛰어난 사람을 넘어서려고 하는 것으로, 자신이 가진 힘의 크기를 확인하고 더 상승시키기 위해 필요한 과정이다. 그렇기에 아곤의 궁극적 목적은 경쟁자의 제압이 아니라 자신의 성장에 있다. 자신이 뛰어넘고자 하는 강자는 자신을 자극하고 발전시키는 선의의 파트너가 된다. 상대를 이기고자 하는 데서 오는 고통이 클수록 상대가 강하다는 뜻이며, 이때 고통은 오히려 성장의 원동력이 된다. 물론 강자들 사이에서도 힘의 차이에 따르는 위계는 존재한다. 그러나 이때의 위계는 일방적 계급 질서가 아니다. 승패는 존재하지만, 비교를 통해서 자신의 힘을 평가하고 좀 더 성장하고자 노력하였음을 서로 인정하므로, 강자와 상대적 약자 간의 힘의 위계는 지배적 형태가 아니라 상호 존중의 형태로 드러난다. 즉, 니체의 아곤은 자신의 삶을 긍정하고 자신의 성장을 위해 타자를 존중하는 태도라고 할 수 있다.

니체는 삶을 긍정한다는 것은 삶이 마주하는 어려움을 잘 극복하고 성장하고자 하는 태도를 의미한다고 보았다. '강자를 넘어서려고 하는 의지'를 옹호한 니체의 철학은, 현실을 살아가는 우리 자신의 삶을 그 자체로 긍정할 수 있는 철학적 토대를 마련하였다는 점에서 의미가 있다.

21. 다음은 윗글을 읽고 학생이 수행한 활동지의 일부이다. 학생의 응답으로 적절하지 <u>않은</u> 것은?

	질문	학생의 응답	
		예	아니요
①	니체 철학의 등장 배경을 전통 형이상학과 관련지어 제시하였는가?	✔	
②	니체 철학과 전통 형이상학의 공통점과 차이점을 밝혔는가?		✔
③	니체 철학의 변천 과정을 통시적인 관점에서 드러내었는가?		✔
④	니체 철학의 핵심 개념을 사례를 들어 설명하였는가?	✔	
⑤	니체 철학이 지닌 의의를 밝히며 마무리하였는가?	✔	

22. 윗글의 내용과 일치하지 <u>않는</u> 것은?

① 전통 형이상학에서는 현실 세계와 별개로 참된 세계가 존재한다고 생각하였다.

② 전통 형이상학에서는 절대적 가치를 발견하는 방법으로 이성적 사유를 제시하였다.

③ 니체는 무가치한 현실적 욕구를 충족하려는 태도도 삶을 개선하는 데 기여한다고 보았다.

④ 니체는 사람들이 자신보다 우월한 사람을 넘어서고자 하는 의지를 긍정적으로 평가하였다.

⑤ 니체는 삶에서 오는 어려움을 극복하고 성장하고자 하는 것이 삶을 긍정하는 태도라고 여겼다.

23. 니체의 입장을 고려하여 ⊙의 의미를 파악한 내용으로 가장 적절한 것은?

① 개별적 삶을 바탕으로 절대적 가치가 지닌 유용성을 판단하였다.

② 개별적 삶에 절대적 가치를 실현하여 삶이 무의미하다는 점을 밝혀내었다.

③ 절대적 가치에 부합하는 현실적 욕구들을 바탕으로 개별적 삶을 규정하였다.

④ 절대적 가치를 추구하는 것만으로는 삶을 더욱 완전하게 만들 수 없다고 보았다.

⑤ 가치 평가의 기준이어야 할 삶을 삶 외부의 절대적 가치를 기준으로 평가하였다.

24. 윗글의 ⒜와 <보기>의 ⒝를 비교한 내용으로 가장 적절한 것은?

> ─── < 보 기 > ───
>
> 쇼펜하우어는 살고자 하는 맹목적 욕망, 즉 ⒝'삶에의 의지'가 인간의 행위와 인식을 지배한다고 보았다. 욕망이 충족되면 행복을 느끼지만, 이것은 금방 권태로 변하여 또 다른 욕망을 낳는다. 이 의지는 결핍과 권태 사이를 왔다 갔다 하면서 영원히 고통을 발생시키며, 이 의지가 격렬할수록 고통도 커지게 된다. 따라서 고통의 굴레에서 벗어나려면 예술과 명상, 금욕을 통해 이를 다스려야 하며, 참된 행복을 위해서는 이 의지를 완전히 버리는 것이 필요하다고 단언하였다.

① 니체는 ⒜를 창조적인 삶을 이끄는 힘으로, 쇼펜하우어는 ⒝를 안정적인 삶을 유지하는 힘으로 보았다.
② 니체는 ⒜를 더 강해지고자 하는 내적 동기로, 쇼펜하우어는 ⒝를 더 행복해지게 만드는 외적 동기로 보았다.
③ 니체는 ⒜를 타인의 존재와 무관한 욕망으로, 쇼펜하우어는 ⒝를 타인과의 비교를 전제로 한 욕망으로 보았다.
④ 니체는 ⒜를 자연스럽게 받아들이는 것이, 쇼펜하우어는 ⒝를 포기하는 것이 더 나은 삶을 만들 수 있다고 보았다.
⑤ 니체는 ⒜를 최소한으로 가짐으로써, 쇼펜하우어는 ⒝를 최대한으로 추구함으로써 삶의 고통에서 벗어날 수 있다고 보았다.

25. 윗글을 읽은 학생이 <보기>에 대해 보인 반응으로 적절하지 않은 것은? [3점]

> ─── < 보 기 > ───
>
> 기록 경기인 △△ 종목에서 늘 1, 2위를 다투는 '갑'과 '을'의 라이벌전이 ○○ 올림픽에서 펼쳐졌다. 먼저 출전한 '을'이 신기록을 달성하자 관중들이 열광하였는데, 이때 '을'은 뒤이어 출전하는 '갑'을 위해 관중에게 자제를 요청하였다. 결국 경기는 '을' 1위, '갑' 2위로 종료되었다. 각각 은메달과 금메달을 목에 건 '갑'과 '을'은 서로에게 박수를 보냈으며, 어깨를 감싸 안은 채 경기장을 돌며 관중들에게 답례하였다.

① '늘 1, 2위를 다투는' '갑'과 '을'은 서로에게 끊임없이 자극을 제공하고 성장을 돕는, 선의의 파트너로 볼 수 있군.
② '○○ 올림픽'은 각자의 삶을 상승시키고자 하는 '갑'과 '을'의 힘에의 의지가 맞서 겨루는 장이 된 것으로 볼 수 있군.
③ '신기록'을 세운 뒤 '갑'의 경기를 배려하는 '을'의 모습은 동등한 조건에서 힘의 크기를 비교하여 상대의 능력을 확인하려는 것으로 볼 수 있군.
④ 경기 종료 후 '갑'에게 '은메달'이, '을'에게 '금메달'이 주어진 것은 힘의 차이에 따른 위계를 반영한 것으로 볼 수 있군.
⑤ '갑'과 '을'이 '서로에게 박수를 보'낸 모습은 강자와 상대적 약자 간에 상호 존중의 형태로 힘의 위계가 드러난 것으로 볼 수 있군.

[26 ~ 28] 다음 글을 읽고 물음에 답하시오.

> **[앞부분의 줄거리]** 어머니는 마름집 하인들에게 억울한 일을 당하자, 아들들에게 아버지의 억울한 죽음이 마름집과 관련되어 있다고 이야기한다. 이에 막내아들이 격분하여 마름집을 턴다. 이후 막내아들은 도피 생활을 하던 중 다른 사건에 연루되어 감옥에 갇히게 되고, 어머니에게 복역 중이라는 편지가 전달된다.

발만 동동 구르고 있을 수만은 없어, 도짓소* 내어 준 것을 팔아, 그래도 제깐에는 세상 물정에 귀가 뚫렸다 하는 작은아들 이현이를 광주로 보냈던 것이었는데, 거길 갔다 온 그놈의 말이, 국회의원에 입후보한 독립투사였던 사람을 암살한 범인이기 때문에 징역을 산다더라고 하던 것이었다. 한데, 또 그렇게도 답답할 수가 없던 것은, 언제까지 산다더냐 해도, 언제 나오게 될 것이라더냐 하여도, 이현이 대꾸를 하지 않고 고개를 푹 숙이고 있기만 하던 것이었다.

"먼 일이란가, 먼 일이여?"

그게 무슨 벼락맞을 소리냐고, 우리 막동이는 그럴 아이가 아니라고, 그건 옆의 사람이 지어 붙여 뒤집어씌운 것일 거라고 펄펄 뛰어 보는 것도 마냥 쓸데없는 일이었고, 이때부터, 열흘 걸러 한 번씩 허위허위 보성으로 달려가서 기차를 타고, 광주 땅에 내리기가 바쁘게 동명동 형무소 면회 창구에 면회 신청을 하여, 두 손을 묶이어 나오는 푸르스름한 죄수복의 막동이, 그놈의 허옇고 부석부석한 얼굴을 보면서, 쓰라린 마음을 달래곤 했었다. 그러면서, 그놈에게 늙은 어머니는 누가 너에게 그런 죄를 씌웠느냐고 울며불며 물어보고 했던 것이었지만, 그놈은 멀거니 이 어미의 얼굴을 건너다볼 뿐, 입을 꼭 다물고만 있곤 할 뿐이던 것이었다. 그놈의 그런 태도를 미루어, 그놈의 심중에는 어느 누구한테도 말하지 못할 어떤 사정인가가 있기는 있는 모양이지만, 그걸 무슨 말로 어떻게 해서 비춰 주게 할 것인지 알 수가 없는 것이었다.

늙은 어머니는, 그 막동이를 그렇게 만들어 놓은 게 모두 소갈머리 없는 **자기 때문이라** 하며, 혀를 깨물고 칵 죽어야 한다고 생각해 보지 않은 게 아니었지만, 마룻장 위에서 울골골 떨고 있는 그 막동이를 그대로 둔 채 **눈을 감을 수란** 도저히 없는 일이므로, 일일마다가 마냥 답답하고 기막히다 할지라도, 이미 그놈한테 내리 덮인 죄, 그 **죄를 어떻게 벗겨 줄 길이란** 없는 일이니, 이젠 그놈이 벗어 나오는 날까지, 이렇게 면회를 가면 **얼굴이라도 보도록 해 주는 것만도 고맙게 여기**면서, 부지런히 면회를 다니는 길밖에 없다 했다.

한데, 그 면회나 자주 다닐 수 있었으면 하련마는, 그놈이 집에 있을 때 품들어 받아들인 쌀 판 돈으로 마련한 송아지 도짓소로 준 것, 그것을 팔아 젖혀 면회를 다니며 써 버린 뒤로는, 왔다 갔다 할 차비 이천 원에 먹고 잘 돈 오백 원, 면회하면서 그놈에게 먹고 마시게 할 돈 천 원…… 하여 모두 **삼천오백 원** 돈, 그걸 마련 못해 주겠다고 앙탈을 하는 **큰아들들의 소행**들이 못내 섭섭하고 **노여워**, 늙은 어머니는 그 저수지 둑 밑에 주저앉아 다리를 쭉 뻗고 통곡이라도 해 버렸으면 시원할 것 같은 심사를 억누르고, 부지런히 활갯짓을 하면서 오른손에 든 지팡이를 옮겨 놓는 것이었다.

(중략)

'아니, 어짠 일이란가?'

맨 먼저 접수를 시켰으니 응당

"윤 소님 씨!"

하고 늙은 어머니의 이름을 더 먼저 불러들여야 할 일인데도, 이미 늙은 어머니보다 훨씬 늦게 접수한 사람들을 무려 여섯 사람이나 면회장 안으로 불러들이고 있으면서, 그 늙은 어머니를 불러 넣어 주지는 않는 것이었다.

'멋 땀시 그란단가?'

혹시 그놈이 아파서 못 나오는 것은 아닌가, 아니, 어디 다른 델 보내 버렸을까, 하며 조급해진 늙은 어머니의 생각에, 꼭 열두 번째의 사람을 면회장 안으로 불러들였다고 느껴지는 순간,

"윤 소님 씨!"

하는 소리가 들려, 휘이, 이제야 데리고 나왔는가 보다 하며, 난로 위의 뜨거운 **쇠고깃국 냄비**를 뜨거운 것도 **의식하지 못한 채** 덥썩 들어 안고 면회장 안으로 들어서려는데, 입구를 지키던 교도관이

"할머니!"

하고 늙은 어머니를 세우더니, 손에 든 ⊙종이쪽지를 옆에 서 있는 다른 교도관에게 보이며 무슨 말인가를 속닥거렸다. 그러더니 눈살을 잔뜩 찌푸리며 쓴 입맛을 다시고,

"이막동이가 아들이요?"

하고 물었다.

"야."

가슴이 후들거리고, 기침이 목구멍 너머에서 자꾸 근질거리며 튀어나오려는 것을 이를 악물어 억누르는데,

"이막동말고 아들 또 있소?"

하고 다시 물었다. 둘이나 있다고 하자, 그 교도관은 옆에 있는 교도관하고 말을 주고받은 뒤 고개를 주억거리다가,

"이막동 씨 어제 옮겨 갔어요."

하는 것이었다.

"야?"

무슨 뜻이냐고 묻자, 교도관이 예쁘장하게 생긴 얼굴을 다시 한번 일그러뜨리고, 문밖으로 멀리 갔다는 손짓을 곁들여, 퉁명스런 목소리로

"목포로 갔단 말이요, 어제. 빨리 그리로 가 보시오."

늙은 어머니는 자기의 귀를 의심했다.

"목포로 윙게라우?"

교도관은 고개를 깊이 주억거려 주고, 잠시 동안 천장을 멀거니 쳐다보다가 다음 사람을 불렀다.

"어따 어메, 어째사 쓰꼬!"

하고 허둥허둥 나서다가, 쿨룩쿠울룩 터져 나오는 기침 때문에 배창자를 긁어 쥐느라고 쪼그려 앉은 늙은 **어머니의 품** 속에서 **우유병** 하나가 떨어져 하얗게 박살이 나고 있었는데, 옆에 섰던 한 남자가 안되었다는 듯 끌끌 혀를 차는 것이, 그 늙은 어머니의 귀에 들어갔을 까닭 없던 것이었다.

– 한승원, 「어머니」 –

*도짓소: 한 해 동안 곡식을 얼마씩 내기로 하고 빌려 부리는 소.

26. 윗글의 서술상 특징으로 가장 적절한 것은?

① 공간적 배경에 대한 묘사를 통해 미래의 일을 암시하고 있다.
② 인물 간 성격의 대비를 통해 사건이 반전되는 양상을 부각하고 있다.
③ 시간의 흐름에 따라 서술자를 달리하여 사건을 입체적으로 조명하고 있다.
④ 다른 공간에서 동시에 일어난 사건을 병치하여 이야기의 흐름을 지연시키고 있다.
⑤ 외부의 서술자가 특정 인물에 초점을 두고 사건을 서술하여 인물의 내면을 드러내고 있다.

27. <보기>를 참고하여 윗글을 감상한 내용으로 적절하지 <u>않은</u> 것은? [3점]

─── < 보 기 > ───

이 작품은 아들의 감옥살이를 자신의 탓이라고 여기는 어머니의 한과 자식을 향한 사랑을 그리고 있다. 어머니는 몸도 쇠약하고 경제적으로도 힘들지만, 아들을 만나러 다니는 것을 위안으로 삼는다. 그렇기에 고대하던 아들과의 만남이 무산된 비극적 상황은 어머니의 한이 심화될 것임을 암시한다.

① '막동이를 그렇게 만들어 놓은' 것이 '자기 때문이라'고 하며 '눈을 감을 수' 없다고 생각하는 장면을 통해 아들의 처지에 대한 어머니의 자책감을 짐작할 수 있겠군.
② '죄를 어떻게 벗겨 줄 길이' 없지만 '얼굴이라도 보도록 해 주는 것만도 고맙게 여기'는 장면을 통해 어머니가 자식을 보러 가는 것을 위안으로 삼고 있음을 짐작할 수 있겠군.
③ '삼천오백 원'을 마련해 주지 않은 '큰아들들의 소행'을 '노여워'하는 장면을 통해 어머니가 경제적 어려움을 자식들 탓으로 여기고 있음을 짐작할 수 있겠군.
④ '쇠고깃국 냄비'의 뜨거움도 '의식하지 못한 채' 들고 가는 장면을 통해 아들을 향한 어머니의 사랑을 짐작할 수 있겠군.
⑤ '어머니의 품'에 있던 '우유병'이 깨지는 장면을 통해 비극적 상황에 처한 어머니의 절망감을 짐작할 수 있겠군.

28. ⊙과 관련하여 윗글을 이해한 내용으로 가장 적절한 것은?

① '어머니'는 ⊙을 통해 자신의 마음을 아들에게 전달하고자 했다.
② '어머니'는 ⊙ 때문에 면회가 늦어진 것을 알고 '교도관'에게 항의했다.
③ '교도관'들은 ⊙으로 '어머니'와 '아들' 사이의 갈등을 해소하려고 하였다.
④ '교도관'들은 ⊙을 '어머니'에게 보여 주며 '아들'과 아는 사이임을 드러내었다.
⑤ '교도관'들은 ⊙과 관련하여 알고 있는 사실을 '어머니'에게 전달하기를 불편해 하였다.

[29 ~ 32] 다음 글을 읽고 물음에 답하시오.

과학수사에서 'DNA 분석'은 범인을 ⓐ추정하거나 피해자의 신분 등을 확인할 때 중요한 수단으로 사용된다. DNA 분석이란 혈흔이나 모발 같은 샘플로부터 DNA를 ⓑ채취하여 동일인 여부를 확인하는 방법으로, 현재 'STR 분석법'이 가장 많이 사용되고 있다. 'STR(Short tandem repeat)'은 '짧은 연쇄 반복'이라는 뜻으로, 'STR 분석법'은 DNA의 특정 구간에서 짧은 염기 서열이 연쇄적으로 반복하여 나타나는 부분을 분석하는 방법이다.

STR 분석법의 원리를 알기 위해서는 상동 염색체, DNA, 염기 서열에 대한 이해가 필요하다. 체세포의 핵에는 모양과 크기가 동일한 염색체가 2개씩 쌍으로 존재하는데, 이들 염색체를 '상동 염색체'라 한다. 상동 염색체는 부계(父系)와 모계(母系)에서 각각 하나씩 물려받는다. 이 상동 염색체를 구성하는 가장 중요한 물질이 유전자를 포함하고 있는 DNA이다. DNA는 아데닌(A), 구아닌(G), 사이토신(C), 타이민(T)이라는 네 종류의 염기 약 30억 개로 구성되는데, 이 염기들이 'AGGCTA…'와 같은 형태로 이어져 있다. 이것을 DNA의 염기 서열이라고 한다.

상동 염색체 내 특정 위치의 DNA 염기 서열을 분석해 보면 짧은 염기 서열이 연속적으로 반복해서 나타나는 특정 구간이 있다. 그리고 사람마다 반복되는 횟수가 다르다는 특징이 있다. STR 분석법은 바로 이 점에 ⓒ착안하여 샘플 간 비교를 통해 동일인 여부를 확인한다.

STR 분석을 하기 위해서는 먼저, 분석하려는 염색체 내의 위치가 ⓓ특정되어야 하는데, 이때 그 위치를 '좌위'라고 한다.

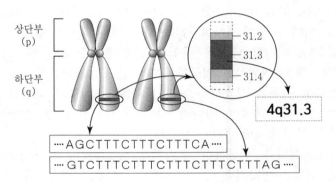

'갑'이라는 사람의 어떤 좌위가 <그림>과 같이 '4q31.3'일 때, 이 좌위의 '4'는 염색체 번호를, 'q'는 염색체 하단부를, '31.3'은 염색대* 번호를 가리킨다. 이 좌위에는 염기 서열 'CTTT'가 반복되고 있는데, 왼쪽 염색체에서는 세 번, 오른쪽 염색체에서는 다섯 번 반복되고 있다. 이 경우 분석된 결과를 왼쪽부터 표시하여 '3-5' 형태로 나타낼 수 있다. 즉, '갑'은 4번 염색체 하단부(q)의 31.3번 염색대 위치에 'CTTT'가 '3-5'인 유전형을 가지고 있는 것이다. 이렇게 상동 염색체의 특정 위치에 나타나는 STR을 분석하여 '3-5'와 같은 결괏값으로 표기하는 것을 'DNA 프로필'이라고 한다.

현재 우리나라를 비롯한 여러 나라에서는 20개의 좌위를 표준으로 하여 과학수사에 동일하게 활용하고 있다. 비교 샘플의 DNA 프로필이 20개 좌위에서 모두 동일하다면, 비교 샘플이 동일인의 것일 확률이 100%에 가깝다. 이런 이유로 STR 분석법은 과학수사에서 큰 성과를 거두고 있으며, 관련 기술이 발전할수록 좌위의 개수도 늘어나 더 ⓔ정밀한 분석이 가능할 것이다.

* 염색대 : 염색체를 염색할 때 발생하는 띠 모양.

29. 윗글에 대한 이해로 가장 적절한 것은?

① 사람마다 DNA를 구성하는 염기 종류가 다르다.
② 상동 염색체는 서로 다른 모양을 가진 한 쌍으로 존재한다.
③ STR 분석을 위해서는 먼저 염색체의 개수를 파악해야 한다.
④ 20개의 표준 좌위에서는 염기 서열의 STR이 나타나지 않는다.
⑤ STR 분석법은 DNA에 있는 30억 개 염기 중 일부를 대상으로 한다.

30. 윗글을 읽고 추론한 내용으로 가장 적절한 것은?

① DNA에는 염기 서열이 연쇄적으로 반복하지 않아 STR 분석법에서 사용하기 힘든 구간도 존재하겠군.
② 상동 염색체의 동일한 위치에서는 부계와 모계에서 받은 염색체의 염색대 번호가 서로 다르겠군.
③ 동일인에서 채취한 서로 다른 샘플에서는 같은 좌위라도 염기 서열의 반복 횟수가 다르겠군.
④ STR 분석법은 네 종류의 염기가 모두 반복되는 특정 구간을 분석 대상으로 하겠군.
⑤ 국가 간에 공통적으로 사용하는 좌위가 없어 분석 결과를 공유하기 힘들겠군.

31. 윗글을 바탕으로 <보기>를 이해한 내용으로 적절하지 <u>않은</u> 것은? [3점]

< 보 기 >

보석 가게에 도난 사건이 발생하였다. 출동한 경찰은 범죄 현장에서 범인의 손톱을 발견하고 DNA를 분석하였다. 다음 날 목격자의 제보에 따라 '을'을 용의자로 지목한 후, '을'의 모발로 DNA 분석을 의뢰하였다.

<범인 손톱의 DNA 프로필과 좌위 정보>

DNA 프로필		좌위 정보	
좌위	결괏값	위치	반복되는 염기 서열
1	5-3	5q33.1	AGAT
2	6-6	13q31.1	TATC
3	2-7	5q23.2	AGAT
⋮	⋮	⋮	⋮
20	8-4	7q21.11	GATA

(단, 좌위는 임의로 4개의 정보만 제시함.)

① 범인은 7번 염색체의 하단부 특정 염색대에 'GATA' 배열이 네 번 반복되는 DNA를 가지고 있군.
② 범인은 부계와 모계에서 받은 염색체의 STR 반복 횟수가 동일하게 나오는 좌위를 하나 이상 가지고 있군.
③ '을'의 'DNA 프로필'을 만들기 위해서는 '을'의 5번 염색체가 두 번 이상 분석에 활용되겠군.
④ '을'이 범인이라면 1과 3에서 모계에서 받은 염색체의 'AGAT' 반복 횟수의 합이 12보다 클 수 없겠군.
⑤ '을'의 분석 결과가 2에서 '4-8', 20에서 '8-4'로 나온다면 20의 결괏값만으로도 '을'을 범인으로 확정할 수 있겠군.

32. ⓐ~ⓔ의 사전적 의미로 적절하지 <u>않은</u> 것은?

① ⓐ : 어떤 일에 대한 의견이나 느낌.
② ⓑ : 연구나 조사에 필요한 것을 찾거나 받아서 얻음.
③ ⓒ : 어떤 문제를 해결하기 위한 실마리를 잡음.
④ ⓓ : 특별히 지정함.
⑤ ⓔ : 아주 정교하고 치밀하여 빈틈이 없고 자세함.

[33 ~ 38] 다음 글을 읽고 물음에 답하시오.

(가)

　㉠'완전경쟁시장'은 많은 수의 수요자와 공급자 사이에 동질적인 상품이 거래되는 시장으로, 다른 기업의 시장 진입을 막는 진입장벽이 없어 누구나 들어와 경쟁할 수 있는 시장구조를 말한다. 이에 반해 ㉡'독점시장'은 비슷한 대체재가 없는 재화를 한 기업이 독점적으로 공급하는 극단적인 시장으로, 자원의 희소성이나 기술적 우월성 등으로 인해 진입장벽이 존재하는 시장구조를 말한다.

　완전경쟁시장에서는 경쟁자가 다수이기 때문에 개별 공급자와 수요자가 가격에 영향을 미치기 어렵다. 이때 기업은 '가격 수용자'로서 시장에서 결정된 가격을 그대로 받아들일 수밖에 없고, 시장가격으로 원하는 물량을 얼마든지 판매할 수 있다. 또한 제품을 한 단위 더 판매함으로써 추가로 얻게 되는 한계수입은 일정하며, 가격과 거래량도 수요와 공급이 일치하는 지점에서 결정된다. 반면에 독점시장에서 기업은 '가격결정자'로서 시장가격을 조정할 힘을 가지며, 이를 통해 이윤을 극대화할 수 있다. 따라서 독점기업은 더 높은 가격을 받으면서 더 적은 제품을 생산할 수 있는 시장지배력을 가진다. 그렇다면, 독점기업은 이윤 극대화를 위한 가격과 생산량을 어떻게 결정할까?

[A]
　시장의 유일한 공급자인 독점기업이 생산량을 줄이면 시장가격이 상승하고, 반대의 경우 시장가격이 하락한다. 가령 독점기업이 생산한 제품 한 단위를 100만 원에 판매할 경우, 생산량을 한 단위 더 늘려 두 단위를 판매한다면 가격을 이전보다 낮춰야 다 팔 수 있다. 이때의 가격을 90만 원이라 한다면 총수입은 180만 원이 되고, 제품을 한 단위 더 판매했을 때 추가로 얻는 한계수입은 80만 원이 된다. 즉, 독점기업이 생산량을 늘리면 종전 판매 가격도 함께 낮춰야 하기 때문에, 독점기업의 한계수입은 가격보다 항상 낮다. 이때 독점기업은 이윤 극대화를 위해 한계수입과 더불어 한계비용을 고려한다. 한계비용은 제품을 한 단위 더 생산할 때 추가로 드는 비용을 말한다. 만일 한계수입이 한계비용보다 높으면 생산량을 증가시키고, 반대의 경우 생산량을 감소시킴으로써 한계수입과 한계비용이 일치하는 지점에서 최적 생산량을 결정한다. 이후 독점기업은 이윤 극대화를 위해 수요자들의 최대 지불 용의를 고려하여 최적 생산량을 판매할 수 있는 최고가격을 찾아낸다. 즉, 해당 생산량에서 수요자가 최대로 지불할 수 있는 금액이 최종 시장가격으로 결정되는 것이다. 이처럼 독점시장에서 기업은 시장가격의 상승을 유발하여 수요자에게 부정적 영향을 끼치고, 시장의 비효율성을 유발할 수 있다.

(나)

　공정거래법이라고도 불리는 '독점규제 및 공정거래에 관한 법률'에서는 사업자의 독과점 자체를 금지하지는 않으나, 시장 지배적 지위 남용과 부당한 공동행위 등 경쟁 제한 행위로 인하여 일정한 폐해가 초래되는 경우에는 이를 규제하는 '폐해규제주의'를 ⓐ취하고 있다.

　시장 지배적 지위 남용은 거래 상대방으로부터 독점적 이익을 과도하게 얻어내는 '착취 남용'과 현실적·잠재적 경쟁사업자의 사업 활동을 방해하거나 배제하는 '방해 남용'으로 ⓑ나눌 수 있다. 먼저, 착취 남용은 정당한 이유 없이 상품 가격이나 용역 대가를 변경하거나, 출고량 조절로 시장가격의 상승이나 하락에 중대한 영향을 끼친 경우를 ⓒ말한다. 다음으로 방해 남용은 시장 지배적 사업자와 경쟁 관계에 있는 다른 사업자의 사업 활동을 부당하게 방해하거나, 신규 경쟁사업자의 시장 진입을 배제하여 경쟁 제한의 폐해를 초래하는 것이다. 대표적으로는 '약탈적 가격 설정'과 '배타조건부 거래'가 있다. 약탈적 가격 설정은 상품 또는 용역을 통상적인 가격에 비하여 부당하게 낮은 대가로 공급하거나 높은 대가로 구매하여 경쟁사업자를 배제하는 것이다. 그리고 배타조건부 거래는 다른 경쟁사업자와 거래하지 않는 조건으로 거래 상대방과 거래하는 행위를 말한다. 이 경우 시장 지배적 사업자의 일방적, 강제적 요구뿐만 아니라 거래 상대방과 합의하여 결정한 경우도 모두 포함된다.

　공정거래법에서는 사업자의 부당한 공동행위 또한 제한하고 있다. 흔히 '카르텔'이라고 ⓓ불리는 부당한 공동행위는 동일 업종의 복수 사업자가 경쟁의 제한을 목적으로 가격, 생산량, 거래조건, 입찰 내용 등을 합의하여 형성하는 독과점 형태를 말한다. 이때 합의는 명시적 합의뿐만 아니라 묵시적 합의 모두를 포함한다. 이러한 담합*은 사업자 간에 은밀하게 ⓔ이루어지는 경향이 많아 위법성을 입증하기가 어렵다. 따라서 입증 부담을 경감하고 규제의 실효성을 높이기 위해 둘 이상의 사업자 간에 경쟁 제한적인 합의만 있다면, 비록 그것이 실행되지 않았다 하더라도 부당한 공동행위가 성립한 것으로 본다.

　공정거래법을 위반하면 공정거래위원회는 해당 사업자에게 시정 조치를 명하거나, 금전적 제재 수단으로 과징금을 부과할 수 있다. 이를 통해 과도한 경제력의 집중을 방지하고, 국민 경제의 균형 있는 발전을 도모하고 있다.

* 담합 : 서로 의논해서 합의함.

33. (가)와 (나)에 대한 설명으로 가장 적절한 것은?

① (가)는 시장구조를 바라보는 다양한 관점을 제시하고 있고, (나)는 공정거래법에 대한 상반된 관점을 제시하고 있다.
② (가)는 시장에서 독점이 필요한 이유를 밝히고 있고, (나)는 부당한 독점 행위를 해결하기 위한 사례를 서술하고 있다.
③ (가)는 균등한 소득 분배를 위한 경제학적 대책을 제안하고 있고, (나)는 경쟁을 제한하기 위한 대책을 제시하고 있다.
④ (가)는 독점기업의 이윤 추구 방법을 설명하고 있고, (나)는 공정한 거래를 저해하는 행위들을 유형별로 제시하고 있다.
⑤ (가)는 독점이 시장에 끼치는 부정적 영향을 언급하고 있고, (나)는 독점 행위를 규제하는 제도의 문제점을 서술하고 있다.

05회

34. ㉠, ㉡에 대한 이해로 적절하지 <u>않은</u> 것은?

① ㉠에서 개별 기업은 가격수용자로서 시장에서 결정된 가격에 따라 제품을 판매한다.

② ㉡에서 기업이 제품의 생산량을 늘려 나가는 과정에서 얻게 되는 한계수입은 가격보다 낮아진다.

③ ㉡에서 독점기업은 시장의 유일한 공급자로서 독점기업이 판매량을 늘리려면 가격을 낮춰야 한다.

④ ㉠에는 진입장벽이 존재하지 않으므로, ㉡에 비해 개별 기업들의 시장 진입이 자유롭다.

⑤ ㉠에는 많은 수의 공급자와 수요자가 존재하므로, ㉡보다 기업이 시장을 지배하는 힘이 크다.

35. [A]를 바탕으로 <보기>를 이해한 내용으로 적절하지 <u>않은</u> 것은? [3점]

< 보 기 >

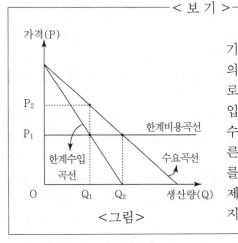

<그림>

<그림>은 가상의 독점 기업 '갑'이 생산하는 제품의 가격과 생산량을 그래프로 나타낸 것이다. 한계수입곡선과 한계비용곡선은 수량 한 단위의 변화에 따른 총수입과 총비용의 변화를 보여 주고, 수요곡선은 제품에 대한 수요자의 최대 지불 용의를 나타낸다.

① '갑'은 이윤을 최대로 높이기 위한 최적 생산량 수준을, 한계수입곡선과 한계비용곡선이 교차하는 Q_1 지점으로 결정할 것이다.

② '갑'이 생산량을 Q_1에서 Q_2로 늘리면서 제품의 가격을 P_2에서 P_1으로 낮춰 공급하더라도, 독점으로 얻고 있던 이윤은 유지될 것이다.

③ '갑'의 생산량이 Q_1보다 적으면 한계수입이 한계비용보다 높으므로, 이윤을 높이려면 생산량을 Q_1 수준까지 증가시켜야 할 것이다.

④ '갑'의 생산량이 Q_1이고 공급할 제품의 가격이 P_2라면, 해당 기업이 제품을 판매할 때 얻게 되는 단위당 이윤은 P_2-P_1이 될 것이다.

⑤ '갑'은 이윤 극대화를 위해 수요자의 최대 지불 용의 수준을 고려하여 공급할 제품의 최종 시장가격을 P_1이 아닌 P_2로 결정할 것이다.

36. (가)와 (나)를 참고할 때, Ⓐ ~ Ⓒ에 들어갈 말을 바르게 짝지은 것은?

독점기업이 제품의 가격을 한계비용보다 (Ⓐ) 설정하면, 한계비용보다 지불 용의가 낮은 수요자들의 (Ⓑ)가 일어나 결과적으로 상호 이득이 될 수 있었던 거래의 기회가 줄어들게 된다. 이에 공정거래법에서는 시장 진입 제한을 막고, 기업 간 경쟁을 (Ⓒ)하여 독점으로 인한 경제적 손실을 해소하고자 한다.

	Ⓐ	Ⓑ	Ⓒ
①	높게	소비 감소	촉진
②	높게	소비 감소	억제
③	높게	소비 증가	억제
④	낮게	소비 감소	억제
⑤	낮게	소비 증가	촉진

37. (나)를 바탕으로 <보기>를 이해한 내용으로 적절하지 <u>않은</u> 것은?

< 보 기 >

[사례 1] 반도체 판매 1위인 A사는 국내 PC 제조업체들에게 경쟁업체 B사의 반도체를 구매하지 않겠다는 약속의 대가로, 상호 합의를 거쳐 반도체 대금으로 받은 금액 일부를 되돌려주었다. 이에 대해 공정거래위원회는 A사에 과징금을 부과하였다.

[사례 2] 국내 건설업체 C사는 신축 공사 입찰에서 평소 친분이 있는 건설업체 D사가 낙찰받을 수 있도록 입찰 가격을 묵시적으로 합의하고, D사의 입찰 예정 금액보다 높은 금액을 입찰 가격으로 제시하였다. 그 결과 D사가 최종 사업체로 선정되었지만, 공정거래위원회는 시정 조치를 명하였다.

① [사례 1]에서 공정거래위원회는 A사가 시장 지배적 지위 남용을 통해 경쟁사업자인 B사의 사업 활동을 부당하게 배제하였다고 보았겠군.

② [사례 1]에서 공정거래위원회는 A사와 국내 PC 제조업체들의 상호 합의에 의해 방해 남용인 배타조건부 거래가 발생했다고 판단했겠군.

③ [사례 2]에서 C사와 D사의 합의가 명시적인 형태가 아니라 묵시적인 형태로 이루어졌다고 할지라도, 경쟁 제한 행위의 위법성은 인정될 수 있겠군.

④ [사례 2]에서 C사가 만약 D사와의 입찰 담합을 약속하고도 실제 입찰 과정에서 이를 실행하지 않았다면, 부당한 공동행위는 없었던 것이 되겠군.

⑤ 사업자의 독과점 추구 자체는 금지되어 있지 않지만, [사례 1]과 [사례 2]에서 확인되는 A사와 C사의 행위는 경쟁 제한의 폐해를 초래했기 때문에 규제 대상이 되었겠군.

38. 문맥상 ⓐ~ⓔ의 단어와 가장 가까운 의미로 쓰인 것은?

① ⓐ : 그 문제에 대해 강경한 태도를 <u>취했다</u>.
② ⓑ : 나는 그녀와 슬픔을 <u>나누는</u> 친근한 사이이다.
③ ⓒ : 그를 나쁘게 <u>말하는</u> 사람은 별로 없다.
④ ⓓ : 반 아이들의 이름이 하나하나 <u>불렸다</u>.
⑤ ⓔ : 교향악단은 최정상급의 연주자들로 <u>이루어졌다</u>.

[39 ~ 42] 다음 글을 읽고 물음에 답하시오.

[앞부분의 줄거리] 중국 명나라 소 승상의 아들 소 학사는 황주 자사로 부임하던 중 해적인 서준의 공격을 받아, 임신한 아내 이씨와 헤어진다. 가까스로 살아남은 이씨가 낳은 아들은 길에 버려진 후 서준의 부하에게 구조되어 서준의 아들 '계도'로 양육된다. 장성한 계도는 과거를 보러 가던 중, 소 학사의 어머니가 사는 집에 우연히 들른다.

부인이 아들 형제를 생각하고 슬픈 마음을 진정하지 못하여 잠자리에 누웠다가 비몽사몽간에 승상이 들어와 부인을 대하여 말하기를,
"오늘 부인의 **손자가 올 것이니 보소서**."
라고 하므로 놀라 깨어 보니 한바탕 꿈이었다. 부인이 더욱 마음이 편안하던 차에 비자*가 하는 말을 들으니 어린 듯 취한 듯 반가우면서도 괴이하여 곧 외당에 나가 문틈으로 공자의 상을 보았는데 영락없는 학사였다. 부인이 생각하기를,
'꿈에 승상이 하시던 말이 맞도다.'
라고 하면서 공자의 얼굴을 보고 더욱 학사 생각이 나서 안으로 들어가 노비에게 명령하여 외당에 온 공자에게 말로 전갈하라고 하였다.
㉠"남녀가 다르나 내 나이가 칠십이고 공자를 대하여 물을 말이 있으므로 염치없기를 무릅쓰고 청하노니, 늙은이의 말을 허물치 말고 중당으로 행보하소서.'라고 하라."
시비가 외당에 나가 부인의 말씀을 공자에게 전하니 계도가 부인의 전할 말씀을 듣고 노비를 따라 중당에 이르러 부인에게 절하고 물었다.
"무슨 말씀을 묻고자 하시나이까?"
부인이 공자에게 말하였다.
"누구 집 공자며, 어디를 가느뇨?"
계도가 대답하였다.

[A]
"소자는 황천탑에 사는 서준의 아들 계도인데, 황성으로 과거를 보러 가는 길이옵던 차 마침 부인 댁 문전을 지나가다가 잠깐 쉬어가고자 하였습니다. 부인께옵서 청하옵시기로 내당에 들어왔사오니 미안하고 황송하여이다."

부인이 공자의 말을 듣고 대답하기를,
"나는 소 승상의 부인일러니, 승상은 돌아가시고 아들 형제를 두었는데 **큰아들** 학사 운이 황주 자사로 내려간 지 **여러 해 동안 소식이 영 끊**어졌다네. 둘째 아들 위가 제 형을 찾아 나간 지 또한 여러 해에 역시 소식이 없으므로, 슬픔을 견디지 못하여 나날이 서산에 지는 해와 동쪽 바다에 돋는 달을 대하여 아들 형제를 생각하고 집에 돌아오기를 고대하고 있었다네. ㉡이러던 차에 오늘 공자를 보매 나의 아들 학사의 외모와 같기로 청하였으니 노인의 망령됨을 허물치 말라."
라고 하고는 슬프게 통곡하였다. 계도가 부인의 말씀을 듣고 또한 눈물을 흘리니 부인이 계도의 손을 잡고 말하기를,
"네 얼굴을 보니 아들 학사의 모양이구나."
라고 하면서 **슬픔을 그치지 않**으므로 계도가 미안하게 여겨 부인에게 아뢰었다.
"세상에 혹 **같은 사람도 있**사온즉 너무 슬퍼 마옵소서."
하고 **위로하니**, 부인이 말하기를,
"내 집 뒤뜰에 천도화 나무가 하나 있으되, 본래 나의 시아버지께서 도학이 비범하시어 신선과 매일 즐기시다가 신선에게 얻기를 청하여 심은 나무라네. 증험하는* 일이 많아 집에 경사스러운 일이 일어나려 하면 엄동설한이라도 꽃과 잎이 피었다가 사흘 후에 꽃이 지고, 집에 경사스러운 일이 없으면 봄이 되어 화창한 시절이라도 꽃과 잎이 피지 않는데, 오늘은 천도화가 피었으니 이상하도다. 만약 삼 일 후 꽃이 지면 이는 필시 공자를 위함이로다."
라고 하면서 눈물을 흘리니 계도가 듣고 부인에 아뢰었다.
"그러하오면 한번 구경하사이다."
부인이 계도를 데리고 후원에 올라가 **천도화를** 보이니 과연 꽃이 피었으므로, 계도가 보고 신기하게 여겨 말하였다.
㉢"내 이곳에서 머물러 증험을 보리라."
라고 하고는 외당에 머물렀다가 **삼 일 후에** 다시 후원에 올라가 보니 낙화가 지는 것이었다. 계도가 보고 의심하였다.
'월봉산에서 노인의 말씀이, 정성이 지극하면 잃어버린 부모를 찾으리라고 하시고, 또 이곳에 오면 반가운 일을 보리라고 하시더니 과연 이상하고 수상하도다. 내가 **서준에게 길러짐**을 생각하면 정녕 서준이 나의 부친인데, 월봉산 노인의 말씀과 이곳 부인의 말씀이며 천도화를 보니 이상하도다.'
슬픈 마음이 저절로 일어나서 행장을 열어 거문고를 내어 줄을 골라 한 곡조를 탔다. 맑고 맑은 소리가 공중에 솟으니, 이때 부인이 슬픔에 싸여 있던 차에 거문고 소리가 남을 듣고 괴이하여 자세히 들은즉 예전에 학사가 가지고 놀던 거문고 소리였다. 이에 부인이 급히 외당에 나아가 보니, 공자가 거문고를 타고 있었다. 자세히 보니 과연 학사의 거문고이므로 부인이 달려들어 거문고를 붙들고 대성통곡하면서 말하기를,
"이 거문고는 어디에서 났느뇨? 이 거문고는 나의 승상이 손수 만들어 사랑하시다가 돌아가신 후 아들 학사가 황주로 내려갈 때 가지고 간 기물인데, ㉣학사는 오지 않고 거문고는 집을 찾아왔으니 너의 임자는 어디 가고 너만 홀로 왔느냐."
라고 하며 계속 통곡하였다. 계도가 기가 막혀 생각하기를,
'부인이 나를 보고 학사 같다고 하며 의심하는 차에 공교롭게 거문고를 보고 또 붙들고 슬퍼하시니 이런 어이없는 일이 어디에 있으리오!'
라고 하고는 부인에게 여쭈었다.

"이 거문고는 소생의 집에 대대로 전해 오는 기물이로소이다. 부인은 정신을 진정하시고 자세히 보옵소서."

부인이 눈물을 거두고 대답하였다.

[B] ┌ "내 집의 기물을 어찌 모르리오. 이 거문고는 승상이 살아 계실 적에 서촉 지방의 사신에게 부탁하여 동정호 절벽강 산에서 수천 년 묵은 벽오동을 구하여 만들었으매, 소리가 기이하여 슬픈 사람이 타면 소리가 슬프게 나고 아무라도 심정이 편안한 사람이 타면 소리가 웅장하고 씩씩하게 나네. 이러하므로 신기한 거문고라 일컬었음이니 내 어찌 모 └ 르리오."

계도가 부인에게 아뢰었다.

ⓜ "이 거문고는 진실로 소생의 집안에서 대대로 전해 오는 기물이오니 조금도 염려 마옵소서."

라고 하니 부인이 말하기를,

"그러하면 승상이 만드실 때 거문고 복판에 '청성고'라고 써서 새겼으니 공자가 자세히 보라."

라고 하시므로 계도가 보니 복판에 '청성고'라고 새겨 있었다.

– 작자 미상, 「소학사전」 –

* 비자 : 여자 종.
* 증험하다 : 증거로 삼을 만한 경험을 하다.

39. 윗글에 대한 이해로 적절하지 <u>않은</u> 것은?

① 소 승상의 아버지는 신선에게 얻은 나무를 뒤뜰에 심었다.

② 계도는 부인에게 거문고에 새겨진 글자를 확인하자고 제안하였다.

③ 부인은 비자의 말을 들은 후에 몰래 계도의 생김새를 살펴보았다.

④ 소 학사의 동생이 형을 찾기 위해 집을 떠난 후 여러 해가 지났다.

⑤ 계도는 반가운 일을 볼 것이라고 한 월봉산 노인의 말을 부인 집 후원에서 떠올렸다.

40. ㉠ ~ ⓜ에 대해 이해한 내용으로 가장 적절한 것은?

① ㉠ : 남녀 간의 윤리 규범을 인정하면서도 계도를 만나 보고 싶어하는 부인의 마음이 드러난다.

② ㉡ : 자신의 기대를 저버린 계도에 대한 부인의 서운함이 드러난다.

③ ㉢ : 부인이 예고한 일이 실제로 일어나지 않을 것이라는 계도의 생각이 드러난다.

④ ㉣ : 학사의 물건을 가지고 있는 계도에 대한 부인의 반감이 드러난다.

⑤ ⓜ : 자기 가문의 기물을 아들의 것이라 주장하는 부인에 대한 계도의 분노가 드러난다.

41. [A]와 [B]에 대한 설명으로 가장 적절한 것은?

① [A]는 [B]와 달리 심정을 직접 드러내어 상대의 행동을 유도하고 있다.

② [A]는 [B]와 달리 과거에 있었던 일을 제시하여 상대에게 자신의 입장을 설명하고 있다.

③ [B]는 [A]와 달리 사물의 내력을 근거로 들어 상대의 말을 반박하고 있다.

④ [B]는 [A]와 달리 자신에 대한 정보를 제공하며 상대의 협조를 요청하고 있다.

⑤ [A]와 [B]는 모두 상대의 특정한 행동을 언급하며 상대의 입장을 이해하고 있다.

42. <보기>를 참고하여 윗글을 감상한 내용으로 적절하지 <u>않은</u> 것은? [3점]

─────────< 보 기 >─────────

이 소설은 가족이 외부의 시련으로 헤어졌다가 다시 만나는 과정을 담고 있다. 주인공의 아들이 적대자에게 양육된다거나 상대가 혈육임을 인물이 쉽게 알아차리지 못한다는 설정은 서사적 긴장감을 유발한다. 또한 등장인물이 앞일을 예언하거나 신이한 자연물을 통해 인물 간의 관계를 암시하는 장면은 독자들의 흥미를 극대화한다.

① 부인의 꿈에서 승상이 '손자가 올 것'이라고 말하는 것은 부인과 아들이 손자를 통해 만나게 됨을 예언한 것이겠군.

② 부인의 '큰아들'이 '여러 해 동안 소식이 영 끊어'진 것에서 가족이 헤어진 상황을 확인할 수 있겠군.

③ '슬픔을 그치지 않'는 부인에게 '같은 사람도 있'다고 '위로하'는 것에서 계도는 부인이 혈육임을 알아차리지 못했다고 볼 수 있겠군.

④ 계도가 부인 집에 들른 날에 '천도화'가 피었다가 '삼 일 후에' 진 것은 그와 부인의 관계에 대한 신이한 자연물의 암시로 볼 수 있겠군.

⑤ 계도가 친아버지의 적대자인 '서준에게 길러'졌다는 데서 서사적 긴장감이 유발된다고 볼 수 있겠군.

[43~45] 다음 글을 읽고 물음에 답하시오.

(가)

세 끼 밥벌이 고단할 때면 이봐
수시로 늘어나는 **현 조율**이나 하자구
우린 서로 다른 소리를 내지만
어차피 **한 악기**에 정박한 두 현
내가 저 위태로운 낙엽들의 잎맥 소리를 내면
어이, 가장 낮은 흙의 소리를 내줘
내가 팽팽히 조여진 **비명을 노래**할 테니
어이, 가장 따뜻한 두엄의 **속삭임**으로 받아줘
세상과 화음 할 수 없을 때 우리
마주 앉아 **내공에 힘쓰**자구
내공이 깊을수록 **아름다운 소리**를 낸다지
모든 현들은
어미집 같은 한없는 **구멍 속**에서
제 소리를 일군다지
그 구멍 속에서 **마음 놓고** 운다지

― 정끝별, 「현 위의 인생」 ―

(나)

한때 나는 **뿌리의 신도**였지만
이제는 뿌리보다 줄기를 믿는 편이다

줄기보다는 가지를,
가지보다는 가지에 매달린 잎을,
잎보다는 하염없이 지는 **꽃잎을 믿는** 편이다

희박해진다는 것
언제라도 **흩날릴 준비가 되어 있다는 것**

뿌리로부터 멀어질수록
가지 끝의 이파리가 위태롭게 파닥이고
당신에게로 가는 **길이 조금씩 보**이기 시작한다

당신은 뿌리로부터 달아나는 데 얼마나 걸렸는지?

뿌리로부터 달아나려는 정신의 행방을
정확히 알 수는 없지만
허공의 손을 잡고 **어딘가를 향해** 가고 있다

뿌리 대신 뿔이라는 말은 어떤가

가늘고 뾰족해지는 감각의 촉수를 밀어 올리면
감히 바람을 찢을 수 있을 것 같은데
무소의 뿔처럼 가벼워질 수 있을 것 같은데

우리는 **뿌리로부터 온 존재들**,
그러나 뿌리로부터 부단히 도망치는 발걸음들
오늘의 일용할 잎과 꽃이
천천히 시들고 마침내 입을 다무는 시간

한때 나는 뿌리의 신도였지만
이미 허공에서 길을 잃어버린 지 오래된 사람

― 나희덕, 「뿌리로부터」 ―

43. (가)와 (나)의 공통점으로 가장 적절한 것은?

① 공간의 이동에 따른 정서의 변화를 나타내고 있다.
② 동일한 시어를 반복하여 주제 의식을 강조하고 있다.
③ 명사로 시를 마무리하여 시적 상황을 부각하고 있다.
④ 청유형 종결 어미를 활용하여 화자의 태도를 나타내고 있다.
⑤ 색채어를 통해 대상이 지닌 속성을 감각적으로 드러내고 있다.

44. (가)를 감상한 내용으로 적절하지 <u>않은</u> 것은?

① 화자는 '현'을 '조율'하면서 고단함을 달래려 하겠군.
② 화자는 청자를 '한 악기'에서 함께 소리를 내는 동반자로 인식하겠군.
③ 화자는 청자의 '속삭임'을 통해 '비명을 노래'하는 자신의 삶을 반성하겠군.
④ 화자가 '내공에 힘쓰'려고 하는 이유는 '아름다운 소리'를 내기 위해서겠군.
⑤ 화자는 '구멍 속'이 '마음 놓고' 소리를 낼 수 있는 공간이라고 생각하겠군.

45. <보기>를 참고하여 (나)를 감상한 내용으로 적절하지 <u>않은</u> 것은? [3점]

─ < 보 기 > ─
　(나)의 화자는 뿌리에 의지하는 삶을 살다가 심경에 변화가 생겨 뿌리로부터 벗어나기를 원한다. 불안정하고 예측 불가능하지만 새로운 길을 찾아 나선 것이다. 이는 화자가 한 단계 성장하기 위한 과정으로, 존재의 근원인 뿌리로부터 벗어날수록 스스로 존재할 수 있다는 역설적 인식이 바탕에 깔려 있다.

① '뿌리의 신도'였다가 '꽃잎을 믿는' 것에서 화자의 심경에 변화가 생겼음을 확인할 수 있군.
② '흩날릴 준비가 되어 있다는 것'에서 예측 불가능한 상황으로 나아가려는 마음을 확인할 수 있군.
③ '뿌리로부터 멀어질수록' 오히려 '길이 조금씩 보'인다는 것에서 역설적 인식을 확인할 수 있군.
④ '어딘가를 향해' 간다는 것에서 화자는 불안정함을 감수하면서도 스스로 존재하려 함을 확인할 수 있군.
⑤ '뿌리로부터 온 존재'라고 인정하는 것에서 화자가 새로운 길을 찾는 과정을 통해 한 단계 성장하였음을 확인할 수 있군.

─────────────
* 확인 사항
○ 답안지의 해당란에 필요한 내용을 정확히 기입(표기)했는지 확인하시오.

2022학년도 6월 고2 전국연합학력평가 문제지   1

제 1 교시

국어 영역

06회

● 문항수 45개 | 배점 100점 | 제한 시간 80분   ● 점수 표시가 없는 문항은 모두 2점

06회

[1 ~ 3] 다음은 수업 중 학생의 발표이다. 물음에 답하시오.

(㉠동영상을 보여준 후) 여러분도 이 학생처럼 스마트폰을 수시로 만지작거리거나 스마트폰 없이 5분을 못 버티나요? 만약 그렇다면 '노모포비아'를 의심해 볼 필요가 있습니다. 노모포비아란 'No mobile-phone phobia'의 줄임말로, 스마트폰을 가지고 있지 않으면 불안을 느끼는 증상입니다. 일종의 스마트폰 과의존 현상인데요, 요즘 이 문제로 어려움을 겪는 청소년이 많다고 합니다. 그래서 저는 오늘 청소년의 스마트폰 과의존 현황, 그에 따른 문제점과 예방법 등에 대해 발표하고자 합니다.

(㉡도표를 보여주며) 통계청 자료에 따르면 스마트폰 의존도는 매년 증가하고 있는데, 특히 10대 청소년의 스마트폰 과의존 위험군은 30.2%로 전 연령대에서 가장 높습니다. 공부를 할 때도 스마트폰으로 동영상을 시청하고, 여가 시간을 보낼 때도 스마트폰으로 인터넷 검색이나 게임 등을 하다 보니, 청소년들의 스마트폰 의존 정도가 높은 것으로 보입니다.

그렇다면 스마트폰 과의존 현상으로 인해 일어날 수 있는 문제로는 어떤 것들이 있을까요? 우선 신체적 문제를 들 수 있습니다. 장시간의 스마트폰 사용은 시력 저하, 수면 장애, 거북목 증후군 등을 유발하여 신체적 기능을 떨어뜨립니다. 또한 정신적 문제도 들 수 있습니다. 스마트폰에 지나치게 의존하다 보니 대인 관계의 단절, 강박이나 우울증과 같은 정신적 어려움을 겪게 될 수도 있습니다. 끝으로 안전사고에 노출될 위험성도 있습니다. (㉢신문 기사를 보여주며) 이 기사의 내용에 따르면, 스마트폰에 주의를 빼앗겨 주변 상황을 살피지 못해 안전사고가 일어날 수 있습니다.

그러면 이런 문제점들을 예방하기 위해서 우리는 어떤 노력을 해야 할까요? 스마트폰의 사용 시간을 줄이고, 꼭 필요할 때만 쓰는 습관을 기르는 것이 무엇보다 중요합니다. 이때 스마트폰 사용 시간 관리 앱을 활용하거나, 불필요한 알림 기능을 중지해 두면 도움이 됩니다. 그리고 스마트폰을 사용하는 대신에 독서나 운동 같은 다른 취미 활동을 한다면, 스마트폰 의존 정도를 줄일 수 있을 뿐만 아니라 몸과 마음도 건강해질 수 있는 일석이조(一石二鳥)의 효과를 얻을 수 있습니다.

서로의 안전을 위해 사회적 거리 두기가 필요할 때가 있듯이 지금은 나의 건강을 위해 스마트폰 거리 두기가 필요합니다. 이상 발표를 마치겠습니다.

1. 발표에 반영된 학생의 발표 계획으로 적절하지 않은 것은?

① 발표 내용을 미리 제시하여 청중이 그 내용을 예측하며 듣도록 해야겠어.

② 발표 내용을 선정한 동기를 밝혀 청중이 문제의식을 가지도록 해야겠어.

③ 발표 내용과 관련된 용어의 개념을 설명하여 청중의 이해를 도와야겠어.

④ 발표 중간에 질문을 던져 발표 내용에 대한 청중의 주의를 환기해야겠어.

⑤ 발표 내용을 다른 상황에 빗대어 청중이 잘못 알고 있는 부분을 바로잡아야겠어.

2. 학생이 ㉠~㉢을 활용한 방식에 대한 설명으로 가장 적절한 것은?

① 스마트폰 과의존 현상의 원인을 밝히기 위해 ㉠에 스마트폰을 손에서 놓지 못하는 학생의 동영상을 제시하였다.

② 성별에 따른 스마트폰 의존도의 차이를 보여 주기 위해 ㉡에 구체적인 수치를 도표로 제시하였다.

③ 스마트폰을 현명하게 사용하는 방법을 알려 주기 위해 ㉡에 연령대별 스마트폰 의존도를 도표로 제시하였다.

④ 스마트폰 과의존의 문제점을 분석하기 위해 ㉢에 정신적 문제를 겪는 사람들의 실태를 다룬 신문 기사를 제시하였다.

⑤ 스마트폰에 지나치게 몰입하여 생기는 위험성을 알려 주기 위해 ㉢에 안전사고 발생 사례를 다룬 신문 기사를 제시하였다.

3. <보기>는 발표를 들은 청중들의 반응이다. <보기>에 대한 이해로 적절하지 않은 것은?

— <보 기> —

청중 1 : 노모포비아를 스스로 판단할 수 있는 점검표가 있지 않을까? 노모포비아에 대해 설명할 때 이 내용을 제시했더라면 더 좋았을 것 같아. 나중에 인터넷으로 노모포비아와 관련된 자료를 살펴봐야겠어.

청중 2 : 노모포비아라는 개념을 알게 되어 유익했어. 며칠 전 복도에서 스마트폰을 보며 걷다가 친구와 부딪친 적이 있었는데, 발표자의 말처럼 안전사고가 날 수도 있으니까 걸을 때는 스마트폰을 보지 말아야겠어.

청중 3 : 나도 사회 탐구 과제를 할 때 통계청의 자료를 활용한 적이 있었는데, 믿을 수 있는 기관의 자료를 인용하면 신뢰성을 줄 수 있어. 그리고 스마트폰을 지나치게 사용할 때의 문제점을 새롭게 알게 되어서 좋았어.

① 청중 1은 발표 제재와 관련하여 발표자가 언급하지 않은 내용을 궁금하게 여겼군.

② 청중 2는 발표 내용을 수용하면서 자신의 태도를 바꿀 것을 다짐하였군.

③ 청중 3은 발표에서 언급한 인용 출처와 관련하여 자신의 경험을 떠올렸군.

④ 청중 1과 청중 2 모두 발표 내용을 더 알아보기 위해 추가 정보를 찾아야겠다고 생각하였군.

⑤ 청중 2와 청중 3 모두 발표를 통해 이전에 몰랐던 정보를 알게 된 점을 긍정적으로 평가하였군.

[4 ~ 7] (가)는 모둠 학생들과 전문가의 면담이고, (나)는 이를 바탕으로 '학생 1'이 쓴 초고이다. 물음에 답하시오.

(가)

학생 1 : 안녕하세요. 생활 공간을 쾌적하게 가꾸는 방법에 대한 사회적 관심이 커지면서 주변 정리 정돈에 관심을 가지는 사람들이 많아졌습니다. 이와 관련하여 학생들에게 도움이 될 만한 말씀을 듣고 싶어 이렇게 찾아왔습니다. 면담에 응해 주셔서 감사합니다.

전문가 : 반가워요. 제 이야기가 도움이 된다면 좋겠네요.

학생 1 : 우선 기본적인 질문을 드리고 싶어요. 정리 정돈을 잘하라는 말을 자주 들어서 그런지 저희는 '정리 정돈'이라는 말이 익숙한데, 이 분야의 전문가들은 '정리'나 '수납'이라는 용어를 많이 쓰시더라고요. 이유가 있을까요?

전문가 : ㉠그렇지 않아도 설명을 하려 했는데, 먼저 질문해 주셔서 고마워요. 정리 정돈에는 '정리', '수납', '청소' 세 단계가 포함되어 있어요. 필요 없는 걸 버리는 게 정리, 필요한 걸 적절한 위치에 두는 게 수납, 더러워진 부분을 쓸고 닦는 게 청소랍니다. 시간을 들여 치웠는데 티가 별로 나지 않는 사람들은, 세 단계의 작업을 동시에 하려고 하는 경우가 많죠. 정리부터 시작해서 수납, 청소로 나아가야 해요. 이 점을 이해하고 정리 정돈이란 말을 쓰면 좋을 것 같아요.

학생 2 : ㉡제가 세 단계의 작업을 동시에 하려고 해서 그동안 정리 정돈이 잘 되지 않았군요. 저는 책상이 늘 어질러져 있는데, 선생님께서 말씀해 주신 내용을 책상 정리 정돈에 어떻게 적용할 수 있을까요?

전문가 : ㉢앞서 말한 단계대로 '정리'부터 살펴보겠습니다. 한 번에 정리할 범위를 좁히는 방법을 써 보세요. 책상이라면 '서랍 하나', '필기구함'처럼 범위를 좁혀서 버릴 것을 찾는 거예요. '수납' 단계에서는 '1분야 1수납함' 방법을 써 보세요. 책상 위라면 적절한 폭의 파일꽂이들을 마련해 라벨을 붙인 다음, 책, 전선이나 케이블 등 성격이 같은 것끼리 모으는 겁니다. 마지막엔 '청소'로 뒷정리를 하면 됩니다.

학생 1 : 학교 사물함 안이 어질러진 경우도 많은데, 말씀하신 수납 방법을 쓰면 효율적일 것 같아요.

학생 3 : 학습지와 같은 유인물도 정리 정돈이 늘 어렵습니다. 좋은 방법이 있을까요?

전문가 : '정리'부터 말씀드리자면, '5초 안에 결정하기' 방법을 써 보세요. 유인물을 모두 꺼내 놓고 꼭 필요한지를 5초 안에 판단해 보관할 것과 버릴 것을 구분하는 것이지요. ㉣만약 5초 안에 판단이 안 되는 것이 있다면 따로 분류해 두세요. 그리고 보관할 것을 '수납'할 때는, 앞서 말한 파일꽂이를 활용하면 됩니다. 이때 유인물을 하위 분류하고 싶다면 클리어파일을 활용하여 겉면에 제목을 써서 파일꽂이에 보관하면 됩니다.

학생 3 : ㉤책상이 이렇게 정리 정돈이 된다면 학생들이 공부하고 싶어질 것 같아요. 마지막으로 정리 정돈과 관련해서 학생들에게 당부하고 싶은 말씀은 없으신가요?

전문가 : '주 1회 15분 정리 정돈'을 당부하고 싶어요. 주말 오전처럼 여유 있는 시간을 정해 알람을 맞춰 두고 정리 정돈을 하는 겁니다. 생활 공간의 효율적인 관리는 질서

있는 삶으로 이어질 수 있다는 것이 정리 정돈의 효용입니다. 생활 공간을 잘 가꿔 지금과는 다른 생활을 해 나가길 바랍니다.

학생 2 : 좋은 말씀 많이 해 주셔서 정말 감사합니다.

(나)

여러 물건들로 어지러운 책상, 아무렇게나 널브러져 있는 유인물들. 친구들을 보면 귀찮아서 정리 정돈을 하지 않는 경우도 있지만, 마음이 있어도 정리 정돈 방법을 몰라 이런 상황에서 벗어나지 못하는 경우가 많다. 이에 우리 모둠은 학생들에게 도움이 될 만한 정리 정돈의 단계를 소개하고, 구체적인 방법을 제안하고자 한다.

시간을 들여 치우는데 치운 티가 나지 않는 사람들이 많다. 무엇이 문제일까? 정리 수납 분야 전문가에 따르면, 정리 정돈에는 정리, 수납, 청소라는 세 단계가 있는데, 앞서 말한 사람들은 이 단계를 구분하지 않아서 어려움을 겪는다는 것이다. 정리는 필요 없는 것을 버리는 것, 수납은 필요한 것을 적절한 위치에 두는 것, 청소는 더러워진 부분을 깨끗하게 하는 것인데, 전문가는 이 단계를 차례대로 실행해야 함을 강조한다.

먼저 '정리'부터 살펴보자. 한 번에 정리해야 할 범위를 좁히는 방법, 필요와 불필요를 5초 안에 판단하는 방법을 활용할 수 있다. 이를 책상 정리에 적용해 보면, 서랍 하나 혹은 필기구함 정도를 한 번에 정리할 범위로 정하고, 꼭 필요한 물건을 5초 안에 판단하여 정리하면 된다는 것이다.

다음으로 '수납'을 살펴보자. 수납에는 '1분야 1수납함' 방법을 활용할 수 있다. 책상 위에 라벨을 붙인 파일꽂이를 수납함으로 두고 책은 책끼리, 유인물은 유인물끼리 모으는 식이다. 만약 파일꽂이에 모은 유인물을 하위 분류하고 싶다면, 클리어파일에 '학습지', '각종 안내문', '버리기 애매한 것'과 같은 제목을 붙여 모으면 된다. 마지막으로 '청소'는 정리와 수납 후 더러운 곳을 쓸고 닦는 것이다.

주 1회 15분의 시간을 정해 정리 정돈을 해 나가면 어떨까? 정리 정돈은 생활 공간의 변화를 가져오고 이는 생활 전반이 잘 정돈된 질서 있는 삶으로 이어지게 한다. 제안한 내용들을 잘 살펴 실천함으로써 새로운 생활을 가꿔 나갈 수 있기를 기대한다.

4. 대화의 흐름을 고려할 때, ㉠ ~ ㉤에 대한 이해로 적절하지 <u>않은</u> 것은?

① ㉠ : 자신이 말하려던 내용을 먼저 언급해 준 점에 대해 호의적으로 반응하고 있다.

② ㉡ : 상대가 한 발화의 핵심 내용을 요약하고 자신이 이해한 내용을 점검하고 있다.

③ ㉢ : 앞선 자신의 발화 내용을 적용해 설명하겠다는 의사를 표현하고 있다.

④ ㉣ : 자신의 발화 내용이 포괄하지 못하는 상황을 언급하고 대응 방법을 소개하고 있다.

⑤ ㉤ : 상대의 발화 내용을 수용하였을 때 일어나는 긍정적 결과를 예상하고 있다.

06회

5. 다음은 (가)를 진행하기 위한 사전 회의이다. (가)에서 확인할 수 <u>없는</u> 것은?

> **학생 1**: 면담에서 어떤 이야기를 할지 떠올려 보자. ㉮우선 방문한 목적과 함께 감사의 인사말을 전해야겠지?
>
> **학생 3**: 그래, 좋아. ㉯나는 유인물을 어떻게 처리해야 하는지 모르겠더라. 좋은 방법이 있는지 여쭤보고 싶어.
>
> **학생 2**: 제일 문제가 되는 게 학교에서는 사물함, 집에서는 책상 아닐까? ㉰나는 사물함과 책상 정리 정돈 방법에 관해 질문하고 싶어.
>
> **학생 1**: ㉱우리는 '정리 정돈'이라는 말을 쓰는데 이 분야의 전문가들은 '정리', '수납'이라는 말을 많이 쓰는 것 같아. 이유가 있는지 여쭤봐야겠어.
>
> **학생 3**: 그래. ㉲정리 정돈과 관련하여 학생들에게 당부하고 싶은 말씀은 없는지도 여쭤보자.
>
> **학생 2**: 좋아. 지금까지 메모해 둔 내용을 문서로 정리해서 보내줄게.

① ㉮　　② ㉯　　③ ㉰　　④ ㉱　　⑤ ㉲

6. (가)를 바탕으로 (나)를 설명한 내용으로 적절하지 <u>않은</u> 것은? [3점]

① (가)에서 정리 정돈의 대상이 될 만한 것을 학생들이 언급했는데, (나)의 1문단에서 이를 서두에 제시하여 글을 시작하고 있다.

② (가)에서 전문가는 정리 정돈의 단계를 구분하지 않은 사례를 언급했는데, (나)의 2문단에서 이를 제시하고 질문을 던져 관심을 유도하였다.

③ (가)에서 전문가는 정리의 방법 두 가지를 서로 다른 대상에 각각 적용하여 언급했는데, (나)의 3문단에서는 한데 묶어 책상 정리에 적용하였다.

④ (가)에서 전문가는 수납함 안 유인물의 하위 분류 방법을 언급했는데, (나)의 4문단에서는 예를 들어 구체적으로 설명하였다.

⑤ (가)에서 전문가는 정리 정돈을 위한 실천 방안을 당부하였는데, (나)의 5문단에서는 여기에 글쓴이가 제안하는 실천 방안을 추가하였다.

7. <조건>에 따라 (나)에 제목을 붙인다고 할 때 가장 적절한 것은?

> ── <조 건> ──
>
> ○ 글에서 다룬 정리 정돈의 단계 중 두 가지를 포함할 것.
> ○ 비유적 표현을 활용하여 정리 정돈의 효용을 밝힐 것.

① 제대로 된 정리와 수납으로 질서 있는 삶의 디딤판 놓기
② 책상용 수납함을 구입하여 도서관 같은 분위기 연출하기
③ 물건을 제자리에 두는 작은 실천으로 혼돈 상태 벗어나기
④ 잘 버리고 제 위치에 두어 깨끗한 일상생활 공간 창출하기
⑤ 책상 정리와 유인물 수납을 통해 새로운 삶의 모습 만들어가기

[8 ~ 10] 다음은 작문 상황과 이를 바탕으로 작성한 학생의 글이다. 물음에 답하시오.

○ **작문 상황**

우리나라 전통 음식인 '떡'을 소개하는 글을 써서 교지에 싣고자 한다.

○ **학생의 글**

간식으로 먹는 떡볶이의 떡부터 명절에 먹는 송편까지, 떡은 대표적인 전통 음식이다. 우리 민족은 예로부터 '음식이 곧 약'이라고 생각하였고, 절기에 따라 떡을 먹으며 자신의 건강뿐만 아니라 공동체의 안녕을 빌었다.

[A] ┌ 떡의 기원을 정확히 알 수는 없지만, 쌀농사가 본격화된 삼국 시대에 이르러 떡이 널리 만들어진 것으로 보인다. 이후 조선 시대에 와서는 과일, 꽃, 약재 등 갖가지 재료를 추가하여 맛과 색깔, 모양이 다른 여러 종류의 떡이 만들어졌고, 서울 남산 북쪽에 떡을 만들어 파는 가게가 거리를 └ 이룰 정도로 떡이 인기를 끌었다.

조선 시대의 문헌 자료를 보면, 떡은 만드는 방법에 따라 크게 증병, 도병, 경단 등으로 나뉜다. 증병(甑餅)은 시루에 찌는 떡으로 시루떡과 백설기 등이 있고, 도병(搗餅)은 시루에 찐 떡을 절구에 다시 친 것으로 인절미가 대표적이다. 경단(瓊團)은 둥글게 빚어 삶아 고물을 묻힌 떡으로 수수경단이 대표적이다.

제조 방법이 다소 까다롭고 보관이 어려웠던 떡은 현대로 접어들면서 서구화의 물결과 간편식의 발달로 자연스레 사람들의 관심에서 멀어졌다. 명절이나 돌잔치 같은 행사 외에는 떡을 접할 기회가 줄어든 것이다. 하지만 최근 제조와 보관 기술의 발달과 제품 개발로 대중의 관심이 증가하면서 떡의 판매량이 늘어나고 있다.

떡은 주재료인 쌀과 찹쌀에 필수아미노산, 폴리페놀이 풍부하고, 견과류, 제철 채소와 과일 등 추가 재료에 따라 비타민과 무기질을 보충할 수 있어 건강식으로 주목받고 있다. 게다가 떡의 온라인 판매 시장이 확장되면서 국내 시장 규모는 지속적인 성장세를 보이고 있다.

다양한 한류 콘텐츠나 한식의 인기에 힘입어 떡에 대한 세계인의 관심도 점점 높아지고 있다. 여기에 세계인의 입맛에 맞는 떡의 연구 개발이 이루어진다면, 세계인이 떡을 즐기는 날도 머지않을 것이다.

8. 학생이 글을 쓰기 전에 떠올린 생각 중 글에 반영된 것은?

> ㉠ 떡을 만드는 방법과 그에 따른 예를 제시해야겠어.
> ㉡ 떡에 사용되는 재료의 시대별 특징을 설명해야겠어.
> ㉢ 떡이 사람들의 관심에서 멀어졌던 이유를 언급해야겠어.
> ㉣ 떡의 주재료와 추가 재료를 구분하는 기준을 언급해야겠어.

① ㉠, ㉡　　　② ㉠, ㉢　　　③ ㉡, ㉢
④ ㉡, ㉣　　　⑤ ㉢, ㉣

9. <보기>는 '학생의 글'을 보완하기 위해 추가로 수집한 자료이다. 자료 활용 방안으로 적절하지 <u>않은</u> 것은? [3점]

━━━━━━ <보 기> ━━━━━━

ㄱ. 논문 자료

조선 시대에 지어진 『규합총서』에는 떡을 만드는 방법에 따라 증병, 도병, 경단 등으로 나누어 제시하고 있으며, 『동국세시기』에는 단오의 쑥절편, 동지의 골무떡 등 주요 절기에 먹는 떡이 기록되어 있다.

ㄴ. 신문 기사

떡류 수출액이 해마다 증가하여 매년 50% 내외의 상승률을 보이고 있다. 그 이유 중 하나는 레토르트 기술을 떡에 적용하여 맛과 질감의 변화 없이 떡을 오래 보관할 수 있게 되었기 때문이다.

떡류 수출액(단위 : 달러)

ㄷ. 전문가 인터뷰

"트렌드와 건강에 민감한 세대의 취향을 고려하여 떡이 변하고 있습니다. 크림떡, 떡 샌드위치와 같이 빵 대신 떡을 활용한 디저트가 개발되고 있는데요, 그 결과 떡에 대한 사람들의 수요가 증가하고 있습니다. 또한 떡은 빵과 달리 글루텐 제외(Gluten-free) 식품이라 글루텐 민감증이 있는 사람들도 안심하고 먹을 수 있어 더 인기를 끌고 있습니다."

① ㄱ을 활용하여, 1문단에 조상들이 절기에 따라 먹었던 떡의 예를 제시해야겠어.
② ㄱ을 활용하여, 3문단에 떡을 만드는 방법을 소개한 문헌 자료가 무엇인지를 언급해야겠어.
③ ㄴ을 활용하여, 6문단에 떡에 대한 세계인의 관심이 증가하고 있다는 내용을 뒷받침하는 근거로 추가해야겠어.
④ ㄱ과 ㄷ을 활용하여, 5문단에 떡이 건강식으로 주목받고 있다는 내용에 추가하는 자료로 제시해야겠어.
⑤ ㄴ과 ㄷ을 활용하여, 4문단에 떡의 보관 기술의 발달과 새로운 제품 개발이 떡의 판매량에 긍정적인 영향을 미쳤음을 보여 주는 자료로 제시해야겠어.

10. <보기>는 [A]의 초고이다. <보기>를 [A]로 고쳐 쓸 때 반영한 내용으로 적절하지 <u>않은</u> 것은?

━━━━━━ <보 기> ━━━━━━

삼국 시대에 이르러 떡이 널리 만들어진 것으로 보인다. 이후 조선 시대에 와서는 갖가지 재료를 추가하여 맛과 색깔, 모양이 다른 여러 종류의 떡이 만들어지며, 인기를 끌었다.

① 떡의 기원과 관련된 내용을 언급하면 어떨까?
② 조선 시대에 만들어진 떡의 종류를 나열하면 어떨까?
③ 조선 시대 떡의 인기를 보여 주는 사례를 언급하면 어떨까?
④ 조선 시대에 떡을 만들 때 추가한 재료를 제시하면 어떨까?
⑤ 삼국 시대부터 떡의 제조가 활성화된 배경을 밝히면 어떨까?

[11 ~ 12] 다음 글을 읽고 물음에 답하시오.

조사는 일반적으로 체언 뒤에 붙어서 문법적인 관계를 나타내거나 의미를 추가하는 의존 형태소로서, 기능과 의미에 따라 격 조사, 접속 조사, 보조사로 나눌 수 있다.

격 조사는 체언이 문장 안에서 일정한 자격을 가지게 해 주는 조사로서, 주격, 목적격, 관형격, 부사격, 서술격, 보격, 호격 조사로 나눌 수 있다. 주격 조사는 '이/가, 에서' 등으로, 체언이 주어의 자격을 가지게 하며, 목적격 조사는 '을/를'로, 체언이 목적어의 자격을 가지게 한다. 관형격 조사는 '의'로, 체언이 관형어의 자격을 가지게 하며, 부사격 조사는 '에, 에게, 에서, (으)로, 와/과' 등으로, 체언이 부사어의 자격을 가지게 한다. 보격 조사는 '이/가'로, 서술어 '되다, 아니다' 앞에 오는 체언이 보어의 자격을 가지게 한다. 서술격 조사는 '이다'로 체언이 서술어의 자격을 가지게 하고, 호격 조사는 '아/야, (이)시여' 등으로 체언이 호칭어가 되게 하는 조사이다.

접속 조사는 두 단어를 같은 자격으로 이어 주는 조사로 '와/과'가 대표적이며 '하고, (이)며' 등이 여기에 속한다. 보조사는 특별한 의미를 덧붙여 주는 조사로 '도, 만, 까지, 요' 등이 속한다. 보조사는 체언 뒤는 물론이고, 여러 문장 성분 뒤에도 나타날 수 있다.

조사는 서로 겹쳐 쓰기도 하는데, 이를 조사의 중첩이라 한다. 그러나 겹쳐 쓸 때 순서가 있다. 주격 조사, 목적격 조사, 보격 조사, 관형격 조사는 서로 겹쳐 쓸 수 없으나 보조사와는 겹쳐 쓸 수 있는데, 대체로 보조사의 뒤에 쓴다. 부사격 조사는 부사격 조사끼리 겹쳐 쓸 수 있고 다른 격 조사나 보조사와도 겹쳐 쓸 수 있는데, 일반적으로 다른 격 조사나 보조사의 앞에 쓴다. 보조사는 보조사끼리 겹쳐 쓸 수 있고 순서도 자유로운 편이지만, 의미가 모순되는 보조사끼리는 겹쳐 쓰기 어렵다.

11. 윗글을 바탕으로 밑줄 친 부분을 분석한 내용으로 적절하지 <u>않은</u> 것은?

① '비가 오는데 바람<u>까지</u> 분다.'의 '까지'는 다시 그 위에 더한다는 의미를 가진 보조사이다.
② '나는 아버지보다 어머니<u>와</u> 닮았다.'의 '와'는 '어머니'와 '닮았다'를 이어 주는 접속 조사이다.
③ '우리 동아리<u>에서</u> 학교 축제에 참가하였다.'의 '에서'는 단체 명사 뒤에 쓰이는 주격 조사이다.
④ '신<u>이시여</u>, 우리를 보살피소서.'의 '이시여'는 어떤 대상을 정중하게 부를 때 쓰는 호격 조사이다.
⑤ '철수는<u>요</u> 밥을<u>요</u> 먹어야 하거든<u>요</u>.'의 '요'는 다양한 문장 성분의 뒤에 쓰여 청자에게 존대의 뜻을 나타내는 보조사이다.

12. ㉠~㉤을 통해 조사의 중첩을 이해한 내용으로 적절하지 않은 것은? [3점]

> ㉠ 길을 걷다가 철수가를* 만났다.
> ㉡ 그 말을 한 것이 당신만이(당신이만*) 아니다.
> ㉢ 그녀는 전원에서의(전원의에서*) 여유로운 삶을 꿈꾼다.
> ㉣ 모든 관심이 나에게로(나로에게*) 쏟아졌다.
> ㉤ 빵만도* 먹었다.
>
> *는 비문 표시임.

① ㉠에서는 주격 조사와 목적격 조사는 겹쳐 쓸 수 없음을 확인할 수 있군.

② ㉡에서는 보조사와 보격 조사가 결합할 때 보격 조사가 뒤에 쓰였군.

③ ㉢에서는 부사격 조사와 관형격 조사가 결합할 때 관형격 조사가 뒤에 쓰였군.

④ ㉣에서는 부사격 조사와 보조사가 결합할 때 부사격 조사가 보조사 앞에 쓰였군.

⑤ ㉤에서는 유일함을 뜻하는 '만'과 더함을 뜻하는 '도'의 의미가 모순되어 겹쳐 쓰기 어렵군.

13. <보기>는 표준 발음법 중 '받침 'ㅎ'의 발음'의 일부이다. 이를 바탕으로 표준 발음을 이해한 내용으로 적절하지 않은 것은?

> ─── <보 기> ───
> ㉠ 'ㅎ(ㄶ, ㅀ)' 뒤에 'ㄱ, ㄷ, ㅈ'이 결합되는 경우에는, 뒤 음절 첫소리와 합쳐서 [ㅋ, ㅌ, ㅊ]으로 발음한다.
> ㉡ 'ㅎ' 뒤에 'ㄴ'이 결합되는 경우에는, [ㄴ]으로 발음한다.
> ㉢ 'ㅎ(ㄶ, ㅀ)' 뒤에 모음으로 시작된 어미나 접미사가 결합되는 경우에는, 'ㅎ'을 발음하지 않는다.

① '물이 끓고 있다.'의 '끓고'는 ㉠에 따라 [끌코]로 발음한다.

② '벽돌을 쌓지 마라.'의 '쌓지'는 ㉠에 따라 [싸치]로 발음한다.

③ '배가 항구에 닿네.'의 '닿네'는 ㉡에 따라 [단네]로 발음한다.

④ '마음이 놓여.'의 '놓여'는 ㉢에 따라 [노여]로 발음한다.

⑤ '이유를 묻지 않다.'의 '않다'는 ㉢에 따라 [안타]로 발음한다.

14. <보기>의 ㉡, ㉢이 모두 ㉠을 실현하고 있는 문장으로 적절한 것은?

> ─── <보 기> ───
> 선생님 : 국어의 시제는 화자가 말하는 시점인 발화시와 동작이나 상태가 나타나는 시점인 사건시를 기준으로, ㉠발화시보다 사건시가 앞서는 경우, 발화시와 사건시가 일치하는 경우, 발화시보다 사건시가 나중인 경우로 나뉩니다. 이때 시제는 ㉡선어말 어미, ㉢관형사형 어미, 시간 부사어 등을 통해 실현됩니다.

① 지난번에 먹은 귤이 맛있었다.

② 이것은 내일 내가 읽을 책이다.

③ 이미 한 시간 전에 집에 도착했다.

④ 작년에는 겨울에 함박눈이 왔었다.

⑤ 친구는 지금 독서실에서 공부를 한다.

15. <보기>의 ㉠~㉤에 나타나는 중세 국어의 특징을 탐구한 내용으로 적절하지 않은 것은?

> ─── <보 기> ───
> [중세 국어] 녯 마리 ㉠닐오딕 어딘 일 ㉡조초미 노픈 딕 올옴 곧고
> [현대 국어] 옛말에 이르되 어진 일 좇음이 높은 데 오름 같고
>
> [중세 국어] 善쎤慧퟇ ㉢對됭答답ᄒ샤딕 부텻긔 받ᄌ보리라
> [현대 국어] 선혜가 대답하시되 "부처께 바치리라."
>
> [중세 국어] 烽火ㅣ ㉣석ᄃᆞᆯ ㉤니세시니
> [현대 국어] 봉화가 석 달을 이어지니

① ㉠에서 두음 법칙이 적용되지 않았음을 알 수 있군.

② ㉡에서 이어 적기가 사용되었음을 알 수 있군.

③ ㉢에서 객체를 높이는 선어말 어미가 사용되었음을 알 수 있군.

④ ㉣에서 체언에 조사가 결합할 때 모음 조화가 지켜지고 있음을 알 수 있군.

⑤ ㉤에서 현대 국어에서 쓰이지 않는 자음이 사용되었음을 알 수 있군.

[16 ~ 20] 다음 글을 읽고 물음에 답하시오.

식물의 품종이란 같은 종류의 식물을 고유한 특징에 따라 나눈 것을 말한다. 예를 들어 딸기의 품종에는 과실이 단단하고 저장성이 좋은 매향, 수확기가 이르고 키우기 쉬운 설향, 당도가 높고 기형 과실의 발생이 적은 죽향 등이 있다. 품종의 개량은 이전 품종이 가진 단점을 보완하거나 장점을 더욱 ⓐ부각하는 방향으로 이루어지는데, 품종의 개량이 판매 증대로 이어지면 큰 부가가치를 창출할 수 있다.

그러나 오랜 노력과 경제적 비용을 들여 품종을 개량했는데, 다른 사람이 이를 무단으로 사용한다면 육성자*에게 적절한 보상이 이루어지지 않게 된다. 따라서 육성자의 지식 재산권을 보호하는 제도가 필요하다. 우리나라는 식물 신품종에 대한 지식 재산권을 보호하고, 육성자의 식물 품종 개량을 촉진하며, 우리나라 종자 산업의 발전을 ⓑ도모하기 위하여 '식물 신품종 보호법'을 실시하고 있다. 이 법에 따르면 열매의 수확을 목적으로 하는 과수, 산림 조성을 목적으로 하는 임목, 꽃의 관상을 목적으로 하는 화훼 등 모든 식물이 품종보호의 대상이 된다.

만약 육성자가 자신이 개량한 식물의 품종보호권을 얻고 싶다면 먼저 해당 품종이 품종보호 요건을 ⓒ충족하고 있는지를 검토하여야 하는데, 그 요건에는 크게 신규성, 구별성, 안정성 등이 있다. '신규성'은 해당 품종이 품종보호 출원일 이전의 일정 기간에 상업적 이용이 없을 때만 인정된다. 과수나 임목의 종자나 수확물은 국내에서 1년 이상 국외에서 6년 이상일 경우에 인정되며, 그 이외의 식물의 종자나 수확물은 국내에서 1년 이상 국외에서 4년 이상일 경우에 인정된다. '구별성'은 기존에 품종 보호권이 설정된 품종이나 현재 시중에 유통 중인 품종과 확연하게 구별되는 점이 있을 경우에 인정된다. '안정성'은 반복적으로 증식된 후에도 품종의 특성이 변하지 아니할 경우에 인정된다.

해당 품종이 품종보호 요건을 모두 충족한다고 판단하였다면, 육성자는 품종의 명칭, 품종의 육성 과정에 대한 설명, 품종의 종자 시료 등을 포함한 출원 서류를 작성하여 담당 기관에 제출하여야 한다. 재외자(在外者)*가 품종을 개량하고 자신이 거주하고 있는 나라와 우리나라 모두에서 품종보호권을 얻고 싶다면 두 나라에 각각 품종보호를 출원해야 한다. 재외자인 육성자가 자신이 거주하는 나라에 최초로 품종보호를 출원한 다음 날부터 1년 이내에 우리나라에 품종보호를 출원하는 경우, 품종보호 출원일의 적용은 우리나라에 출원한 날이 아니라 최초의 출원일을 품종보호 출원일로 인정한다.

품종보호 출원이 접수되면 담당 기관은 접수된 출원 내용을 일반인이 볼 수 있도록 품종보호 공보*로 홈페이지 등에 일정 기간 공개한다. 출원품종이 품종보호 요건을 위반하고 있음을 발견한 이라면 누구든지 이 기간에 이의신청을 할 수 있다. 이의 신청이 없다면, 법률에서 정한 자격을 가진 심사관이 출원품종이 품종보호 요건을 충족하는지 ⓓ심사하게 된다. 이때 신규성의 충족 여부는 서류 심사로, 구별성과 안정성의 충족 여부는 재배 심사로 확인한다. 재배 심사는 출원 서류에 포함된 종자 시료를 직접 재배하여 심사하므로 심사에 1년에서 2년의 기간이 소요된다. 심사관이 심사 과정에서 품종보호 출원에 대해 거절 이유를 발견할 수 없다면 품종보호를 결정하게 되고, 육성자가 담당 기관에 첫 품종보호료를 납부하면 품종보호권이 설정된다.

품종보호권자가 보호품종을 독점적으로 실시*할 수 있는 기

간인 품종보호권의 존속 기간은 과수나 임목은 품종보호권의 설정 등록일로부터 25년으로, 그 이외의 식물은 20년으로 설정하고 있다. 이때 품종보호권자가 품종보호권을 유지하려면 품종보호권의 존속 기간 동안 품종보호료를 매년 납부하여야 한다. 품종보호권이 설정된 품종을 실시하고자 하는 자는 품종 보호권자에게 품종실시료를 지불해야 한다. 단, 새로운 품종의 육성을 위한 연구를 목적으로 실시하는 경우 등에는 품종실시료를 지불하지 않아도 된다. 품종실시료의 기준은 법률적으로 정해져 있지 않으므로 시장의 수요와 공급에 따른 권리자와 사용자 간의 계약에 따라 결정된다. 품종보호권의 존속 기간이 ⓔ경과하거나, 품종보호권의 존속 기간 중일지라도 품종보호권자가 정해진 기한까지 품종보호료를 납부하지 않은 경우에는 품종보호권이 소멸한다. 그러면 품종실시료의 지불 없이 누구나 해당 품종을 자유로이 실시할 수 있게 된다.

* 육성자: 어떤 식물이나 동물의 종을 개량하거나 새로운 품종을 개량하여 이용 가치를 더 높인 사람.
* 재외자: 외국에 살고 있는 우리나라 또는 외국 국적의 사람.
* 공보: 관공서에서 발행하는 문서.
* 실시: 보호품종의 종자나 수확물을 증식·생산·판매하는 등의 행위.

16. 윗글에 대한 설명으로 가장 적절한 것은?

① 품종보호권의 발전 과정을 단계적으로 설명하고 향후 전망을 제시하고 있다.
② 품종보호권에 대한 대립적인 입장을 소개하고 각각의 장단점을 비교하고 있다.
③ 식물 신품종 보호법이 제정된 배경을 밝히고 그 법이 가진 한계를 분석하고 있다.
④ 식물 신품종 보호법의 필요성을 밝히고 품종보호권의 설정 과정을 설명하고 있다.
⑤ 품종보호권에 관한 사회 문제를 언급하고 이를 해결할 수 있는 다양한 방안을 소개하고 있다.

17. 윗글에 대한 이해로 가장 적절한 것은?

① 품종보호권의 존속 기간이 경과하더라도 품종보호료를 납부하면 품종보호권이 유지된다.

② 식물 신품종 보호법에서 품종보호의 대상은 열매의 수확을 목적으로 하는 식물만 가능하다.

③ 품종보호권이 소멸되지 않은 품종에 대한 실시료는 시장의 수요와 공급을 바탕으로 계약에 따라 그 금액이 결정된다.

④ 신규성의 충족 여부를 심사할 때 국외에서 해당 품종의 상업적 이용이 없어야 하는 기간은 과수보다 화훼가 더 길다.

⑤ 재외자가 품종을 개량하여 거주하는 나라에 품종보호권을 설정하면 우리나라에 품종보호권을 신청하지 않아도 우리나라에서 그 권리가 인정된다.

18. 윗글을 바탕으로 품종보호권 설정을 위한 절차를 <보기>와 같이 정리하였다. 이에 대한 이해로 적절하지 <u>않은</u> 것은?

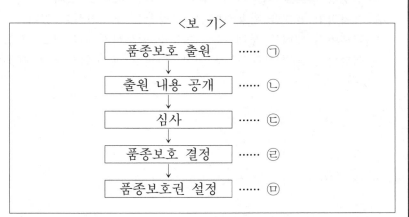

① ㉠ : 품종보호권의 설정을 원하는 육성자는 출원 서류를 작성하여 담당 기관에 접수하여야 한다.

② ㉡ : 출원품종이 품종보호 요건을 어긴다는 사실을 발견한 사람이라면 누구든지 이의신청을 할 수 있다.

③ ㉢ : 출원품종이 타 품종과 구별되는지, 반복 증식 후에도 특성이 변화하지 않는지는 재배 심사로 확인한다.

④ ㉣ : 심사관이 품종보호 출원에 대한 거절 이유를 발견할 수 없을 경우에 품종보호가 결정된다.

⑤ ㉤ : 품종보호가 결정된 품종에 대한 품종보호권은 품종보호료의 납부 여부와 상관없이 자동적으로 설정된다.

19. 윗글을 바탕으로 <보기>를 이해한 내용으로 적절하지 <u>않은</u> 것은? [3점]

───── <보 기> ─────

[사례 1] 외국에 살고 있는 '갑'은 장미꽃의 품종 중 하나를 A로 개량하였다. '갑'은 A에 대한 최초의 품종보호를 자신이 거주하는 나라에 2020년 1월 1일에 출원하였고, 우리나라에는 2020년 5월 1일에 출원하였다. 우리나라에서 A의 품종보호권은 '갑'이 2022년 1월부터 현재까지 유지하고 있다.

[사례 2] 포도나무의 품종 중 하나인 B는 당도가 높지만 병충해에 약하다. 우리나라에서 B의 품종보호권은 '을'이 2020년부터 현재까지 유지하고 있다. '병'은 신품종 육성을 목적으로 B를 재배하면서 연구하였는데, 당도도 높고 병충해에 강한 C로 개량하여 우리나라에 품종보호를 출원하였다.

① [사례 1]에서 '갑'은 2020년 5월 1일에 우리나라에 품종보호 출원을 하였지만, A의 품종보호 출원일은 2020년 1월 1일로 인정되겠군.

② [사례 2]에서 '병'의 연구로 개량된 C는 기존 품종인 B가 가진 단점이 보완된 품종이겠군.

③ [사례 2]에서 '병'은 B의 재배로 인한 품종실시료를 B의 품종보호권을 가진 '을'에게 지불하지 않아도 되겠군.

④ 심사관의 서류 심사를 통해 [사례 1]의 A와 [사례 2]의 B가 모두 신규성을 충족하고 있음이 인정되었겠군.

⑤ 품종보호료를 앞으로도 매년 납부한다고 할 때 품종보호권자가 보호품종을 독점적으로 실시할 수 있는 기간은 [사례 1]의 A가 [사례 2]의 B보다 더 길겠군.

20. ⓐ ~ ⓔ의 사전적 의미로 적절하지 <u>않은</u> 것은?

① ⓐ : 어떤 사물을 특징지어 두드러지게 함.

② ⓑ : 어떤 일을 이루기 위하여 대책과 방법을 세움.

③ ⓒ : 일정한 분량을 채워 모자람이 없게 함.

④ ⓓ : 자세하게 조사하여 당락 따위를 결정함.

⑤ ⓔ : 어떤 곳을 거쳐 지남.

[21 ~ 25] 다음 글을 읽고 물음에 답하시오.

(가)

昨過永明寺	어제 영명사를 지나다가
暫登浮碧樓	잠시 부벽루*에 올랐네
城空月一片	**텅 빈 성**엔 조각달 떠 있고
石老雲千秋	천년의 **구름** 아래 **바위**는 늙었네
麟馬去不返	기린마*는 떠나간 뒤 돌아오지 않으니
天孫何處遊	**천손**은 지금 어느 곳에서 노니는가
長嘯倚風磴	**돌다리**에 기대어 길게 **휘파람** 부노라
山靑江自流	**산**은 오늘도 푸르고 **강**은 절로 흐르네

- 이색, 「부벽루(浮碧樓)」-

* 부벽루: 고구려의 수도였던 평양에 있는 누각.
* 기린마: 고구려 동명왕이 타고 하늘로 올라갔다고 전해지는 상상의 말.
* 천손 : 고구려의 시조인 동명왕을 가리킴.

(나)

와룡산(臥龍山) 나린 아래 반무당(半畝塘)*을 새로 여니
티끌 없는 거울에 산영(山影)이 잠겼구나
이 내의 경영(經營)하는 뜻은 그를 보려 하노라
　　　　　　　　　　　　　　　　　　　〈제1수〉

도원(桃源)이 있다 하여도 예 듣고 못 봤더니
홍하(紅霞)*이 만동(滿洞)하니 이 진짓 거기로다
이 몸이 또 어떠하뇨 ⓐ무릉인(武陵人)인가 하노라
　　　　　　　　　　　　　　　　　　　〈제14수〉

내 빈천(貧賤)을 보내려 한들 이 빈천 뉘게 가며
남의 부귀(富貴) 오라고 한들 저 부귀 내게 오랴
보내지도 청하지도 말오 내 분대로 하리라
　　　　　　　　　　　　　　　　　　　〈제20수〉

다만 **한 간 초옥(草屋)**에 세간도 많기도 많구나
나하고 **책**하고 **벼루 붓**은 무슨 일인고
이 초옥 이 세간 가지고 아니 즐기고 어찌하리
　　　　　　　　　　　　　　　　　　　〈제34수〉

어와 벗님네야 모두 모두 죄 오시니
이 **산정(山亭)** 이 **늙은이** 오늘날 더 즐겁다
비록 임심노흑(林深路黑)*하나 마나 자주 자주 오소서
　　　　　　　　　　　　　　　　　　　〈제48수〉

- 김득연, 「산중잡곡(山中雜曲)」-

* 반무당: 조그만 연못.
* 홍하 : 해 주위에 보이는 붉은 노을.
* 임심노흑 : 숲이 우거져 햇볕이 들지 않아 길이 어둑어둑함.

(다)

　달관한 사람에게는 괴이한 것이 없으나 ⓑ속인(俗人)들에게는 의심스러운 것이 많다. 이른바 '본 것이 적으면 괴이하게 여기는 것이 많다.'는 것이다. 그러나 어찌 달관한 사람이라 해서 사물들을 일일이 찾아 눈으로 직접 보았겠는가. 한 가지를 들으면 열 가지를 눈앞에 그려보고, 열 가지를 보면 백 가지를 마음속으로 상상해 보았을 뿐이다. 천만 가지 괴기한 것들이란 도리어 사물에 잠시 붙은 것이고, 자기 자신과는 아무런 상관이 없는 것이다. 따라서 마음이 한가롭게 여유가 있으며, 사물에 응수함이 무궁무진하다.

　반면 본 것이 적은 자는 해오라기를 기준으로 까마귀가 검

다고 비웃고, 오리를 기준으로 학의 다리가 길다고 위태롭다고 여긴다. 그 사물 자체는 본디 괴이할 것이 없는데 저 혼자 화를 내고, **한 가지 일**이라도 제 생각과 같지 않으면 **만물**을 모조리 모함하려 든다.

　아! 저 까마귀를 보라. 그 깃털보다 더 검은 것이 없건만, 홀연 옅은 황금빛이 번지기도 하고 다시 연한 녹색을 발하기도 한다. 해가 비치면 자주색이 튀어 올라, 눈에 어른거리다가 비취색으로 바뀐다. 그렇다면 내가 그 새를 **푸른 까마귀**라 불러도 될 것이고, **붉은 까마귀**라 불러도 될 것이다. 그 새에게는 본래 **일정한 색이 없**는데도, 내가 **눈**으로 먼저 그 색깔을 정한 것이다. 어찌 단지 눈으로만 정했으리오. 보지도 않고서 먼저 **마음속**으로 정해 버린 것이다.

　아! 까마귀를 검은색에 가두어 두는 것만으로 충분하거늘, 다시 까마귀를 기준으로 이 세상의 모든 색을 가두어 두려는구나. 까마귀가 과연 검기는 하지만, 앞서 말한 푸른색과 붉은색이 까마귀의 검은색 중에 들어 있는 빛인 줄 누가 또 알겠는가. **검은색을 일러 어둡다고 하는 것**은 비단 까마귀만 알지 못하는 것이 아니라 검은색이 무엇인지조차도 모르는 것이다. 왜냐하면 물은 검기 때문에 사물을 비출 수가 있고, **옻칠도 검기** 때문에 능히 거울이 될 수 있기 때문이다. 이런 까닭에 색이 있는 것치고 빛이 있지 않은 것이 없으며, 형체가 있는 것치고 맵시가 있지 않은 것이 없다.

(중략)

　세상에는 **달관한 사람**은 적고 속인들만 많으니, 내가 **입을 다물**고 말하지 않는 것이 좋을 것이다. 그럼에도 **쉬지 않고 말을 하**게 되는 것은 무슨 까닭인가? 아, 연암 노인이 연상각(烟湘閣)에서 쓰노라.

- 박지원, 「능양시집서(菱洋詩集序)」-

21. (가)의 표현상의 특징에 대한 설명으로 가장 적절한 것은?

① 문답 구조를 활용하여 시적 의미를 드러내고 있다.
② 명령형 어조를 활용하여 시적 긴장감을 높이고 있다.
③ 반어적인 표현을 활용하여 시적 상황을 구체화하고 있다.
④ 색채어의 대비를 통해 시적 대상을 생생하게 드러내고 있다.
⑤ 세월의 흐름을 시각적으로 형상화하여 시적 분위기를 조성하고 있다.

22. (나)에 대한 설명으로 적절하지 <u>않은</u> 것은?

① <제1수> : 화자는 대상이 지닌 속성을 활용하여 자신이 지향하는 가치를 드러내고 있다.

② <제14수> : 화자는 아름다운 경치에서 이상 세계의 면모를 발견하고 있다.

③ <제20수> : 화자는 세속적 가치에 집착하지 않고 자신의 분수를 지키려 하고 있다.

④ <제34수> : 화자는 자신이 소유한 것을 쓰며 즐기는 삶을 부정적으로 인식하고 있다.

⑤ <제48수> : 화자는 자신이 거처하는 곳에 사람들이 자주 오기를 희망하고 있다.

23. <보기>를 바탕으로 (가)와 (나)를 감상한 것으로 적절하지 <u>않은</u> 것은? [3점]

> ─── <보 기> ───
>
> 문학 작품 속 공간은 단순한 배경을 넘어 현실에 대한 인식을 드러내는 장치로 사용되기도 한다. (가)에서 부벽루는 자연과 인간사를 대비하는 퇴락한 공간으로, 역사적 전환기를 맞는 지식인이 역사의 유한함에 대해 무상감을 느끼는 장소이다. (나)에서 산중은 화자가 만족감을 누리는 공간으로, 자연 속에서 삶을 즐기며 늙어가는 장소이다.

① (가)의 '텅 빈 성'에서 인간 역사의 유한함을 느낀 화자는 '구름'과 '바위'를 바라보며 감회에 젖어 있군.

② (가)의 '돌다리'에서 '휘파람'을 부는 화자는 역사적 전환기의 지식인인 '천손'을 떠올리며 쓸쓸함을 느끼고 있군.

③ (가)의 '산'과 '강'의 변함없는 모습은 퇴락한 역사적 공간과 대비되어 화자가 느끼는 무상감을 더욱 부각하고 있군.

④ (나)의 '한 간 초옥'에서 화자는 '책', '벼루 붓'과 함께하는 생활에 만족감을 느끼고 있군.

⑤ (나)의 '산정'에 있는 화자는 스스로를 '늙은이'라 칭하며 자연 속에서 삶을 즐기고 있음을 드러내고 있군.

24. <보기>를 바탕으로 (다)를 감상한 것으로 적절하지 <u>않은</u> 것은?

> ─── <보 기> ───
>
> 글쓴이는 고정 관념에 사로잡혀 사물의 다양한 현상을 제대로 살피지 못하는 태도를 비판하고 있다. 대상의 외양에 얽매이지 않고 본질적 속성을 파악해야 대상의 참모습을 인식하고 있다고 본 것이다. 이를 통해 관습적인 태도에서 벗어나 열린 사고를 지향하는 글쓴이의 통찰을 드러내고 있다.

① 자기 생각과 '한 가지 일'이라도 다르면 '만물'을 모함하려는 것은 다양성을 인정하지 못하는 태도로 볼 수 있겠군.

② 까마귀를 '푸른 까마귀'나 '붉은 까마귀'로 부르는 것이 모두 옳다고 여기는 것은 대상의 참모습을 파악하려는 태도로 볼 수 있겠군.

③ 까마귀의 '일정한 색이 없'다는 인식은 '눈'으로 정한 대상의 외양보다는 '마음속'으로 정한 본질적 속성에 주목해야 함을 강조한 것으로 볼 수 있겠군.

④ '검은색을 일러 어둡다고 하는 것'은 '물'과 '옻칠'에서 사물을 비출 수 있다는 속성을 발견하지 못하고 관습적인 태도에 머물러 있는 모습으로 볼 수 있겠군.

⑤ '달관한 사람'이 적은 현실에서 '입을 다물'기보다 '쉬지 않고 말을 하'는 것은 사물의 본질을 파악하지 못한 어리석은 사람을 깨우치려는 의도로 볼 수 있겠군.

25. ⓐ와 ⓑ를 비교하여 이해한 것으로 가장 적절한 것은?

① ⓐ는 화자에게 과거에 대한 후회를, ⓑ는 글쓴이에게 미래에 대한 기대를 유발한다.

② ⓐ는 화자가 누리는 삶에 대한 자부심을, ⓑ는 글쓴이가 경계하는 삶의 태도를 드러낸다.

③ ⓐ는 화자에게 삶에 대한 인식의 전환을, ⓑ는 글쓴이에게 구체적 행동의 변화를 가져온다.

④ ⓐ는 화자가 동경하는 세계에 대한 예찬을, ⓑ는 글쓴이가 지향하는 세계에 대한 체념을 드러낸다.

⑤ ⓐ는 화자가 인식한 현실과 이상의 괴리감을, ⓑ는 글쓴이가 발견한 사물에 대한 경외감을 드러낸다.

[26 ~ 30] 다음 글을 읽고 물음에 답하시오.

심리치료는 심리학적 지식을 바탕으로 심리적 고통과 부적응 문제를 해결하고자 한다. 이에 대부분의 심리치료는 상처, 결핍, 장애 등의 신경증에 초점을 맞추고, 이들이 제거되어 고통에서 벗어난 일상을 지향한다. 그러나 아우슈비츠 수용소에서 살아남은 빅터 프랭클은 삶의 고통은 인간 실존의 일반적 구성 요소이며, 삶의 일부로 받아들여야 한다고 보았다. 그러므로 심리치료는 고통을 제거하는 것이 아니라 고통 속에서도 견뎌내는 힘을 길러주는 것이어야 한다고 주장하였다. 프랭클은 현대인이 자신의 존재가 목적도 없고 이유도 없다고 느끼는 감정, 즉 실존적 공허감을 겪고 있다고 보아 인간 존재의 본질에 대한 해답을 찾고자 하였다. 그는 프로이트와 아들러로 대표되는 기존의 심리학을 비판적으로 수용하면서 자신의 이론을 펼쳤다.

프로이트의 심리학은 인간의 무의식을 발견하고 그 중요성에 주목했다는 점에서 프랭클에게 큰 영향을 미쳤다. 프로이트는 인간이 심리적 고통과 부적응을 겪는 원인을 밝히는 데 주력하였다. 그 결과 그는 무의식 속에 억압되어 있는 인간의 원초적 욕구를 원인으로 지목하였다. 프로이트에 따르면 인간은 성적 본능, 공격성 등과 같은 쾌락 의지를 원초적 욕구로 갖는데, 어린 시절에 이러한 쾌락 의지가 좌절되어 무의식 속에 억압되어 있다가 이후 신경증을 유발한다. 프로이트는 사람의 행동, 사상, 정서를 결정하는 원인을 오직 쾌락 의지라고 보았다. 따라서 그의 심리치료는 잠재된 무의식 속 성적 본능, 공격성 등을 의식의 영역으로 끌어오는 것을 통해 이루어진다.

프랭클은 프로이트가 인간을 단순히 성적 본능이나 공격성 등에 따라 행동하는 존재로 파악하는 점에 한계가 있다고 보았다. 프랭클은 무의식이 인간의 본질을 규명하는 중요한 요소라는 점에 동의하면서도 인간은 본능과 충동의 차원을 넘어선 영적 존재라고 생각하였다. 이에 인간의 무의식 속에는 본능과 충동만 있는 것이 아니라 보다 중요한 책임감, 양심 등이 감추어져 있다고 보았다. 프랭클은 이를 영적 무의식이라 명명하고, 현대인의 심리적 고통과 부적응은 영적 존재로서 인간의 본질을 잃어버렸기 때문이라고 설명한다.

아들러의 심리학은 프랭클이 자유와 책임을 인간 존재의 본질로 파악하는 밑거름이 되었다. 아들러는 인간의 원초적 욕구를 타인보다 우월하고 싶은 권력 의지로 보았다. 그런데 인간의 타고난 기질적 불완전성 때문에 우월성에 대한 추구는 자동적으로 열등감을 발생시키고, 그 결과 인간은 누구나 열등감을 갖게 된다. 이에 인간은 열등감을 극복하고 권력 의지의 욕구를 충족하기 위해 끊임없이 노력하는데, 열등감을 극복하기 위해 어떤 행동을 선택하느냐는 개인의 자유이다. 이 과정에서 삶의 목적을 부적절하게 설정하거나 부적응적 행동을 선택하게 되면 신경증이 발생한다. 따라서 그의 심리치료는 자신의 삶에 책임감을 가지고 올바른 목적을 설정하여 부적절한 동기와 행동을 변화시키는 데 초점을 맞춘다.

프랭클은 아들러가 인간을 자기 결정권과 자유의지를 지닌 존재로 보았다는 점에서 긍정적으로 평가하였지만, 원초적 욕구를 인간 행동을 설명하는 결정적 요소로 보는 한계가 있다고 지적했다. ㉠프랭클은 인간이 원초적 욕구에 따라 행동하는 존재이기는 하지만, 원초적 욕구가 인간의 본질이 될 수는 없다고 보았다. 이처럼 프로이트와 아들러의 심리학을 비판적으로 수용한 프랭클은 자유의지를 지닌 영적 존재로서 인간의 본질을

파악하였다. 그는 실존적 공허감에서 벗어날 수 있는 심리치료 기법으로 의미 치료를 제시하였다. 의미 치료는 삶에 대한 책임 의식을 바탕으로 자신의 인생에 긍정적이고 가치 있는 의미를 부여하여 삶의 목적을 찾는 것을 핵심으로 한다.

프랭클은 삶의 의미를 찾은 사람은 더 이상 상황에 의해 결정되는 존재가 아니라고 보았다. 그는 힘겨운 상황 속에서도 어떤 태도를 보이느냐 하는 것은 개인의 선택에 달려 있다는 것을 강조했다. 아무리 부정적이고 나아질 수 없는 상황이라 할지라도, 고통에 좌절하지 않고 대항할 수 있는 자유가 그에게 있기 때문이다. 이처럼 인간이 주어진 상황과 조건들에 맞설 수 있는 자유를 가지고 있다고 본 점은 프랭클 심리학의 중요한 특징이라고 할 수 있다.

26. 윗글에 대한 설명으로 가장 적절한 것은?

① 중심 화제의 특징을 다른 이론들과의 관계 속에서 설명하고 있다.
② 중심 화제의 개념을 정의하고 이를 바탕으로 장단점을 설명하고 있다.
③ 중심 화제의 문제점과 해결 방안을 구체적 사례를 들어 제시하고 있다.
④ 중심 화제의 변화 과정을 바탕으로 앞으로의 전개 방향을 예측하고 있다.
⑤ 중심 화제의 등장 배경을 제시한 후 다양한 분야에 미친 영향을 소개하고 있다.

27. 윗글을 이해한 내용으로 적절하지 <u>않은</u> 것은?

① 프로이트는 사람의 행동이 성적 본능이나 공격성에 따라 결정된다고 보았다.
② 아들러는 열등감은 누구나 갖는 것으로 그 자체는 신경증이 아니라고 보았다.
③ 아들러는 열등감으로 인해 타인보다 우월해지고 싶은 욕구가 생긴다고 보았다.
④ 프랭클은 인간을 본능과 충동의 차원을 넘어선 영적 존재로 보았다.
⑤ 프랭클은 무의식이 인간의 본질을 규명하는 중요한 요소라고 보았다.

28. ㉠의 이유로 가장 적절한 것은?

① 인간의 고통은 원초적 욕구에 따라 행동하는 과정에서 나타난 것이기 때문에
② 원초적 욕구로는 인간이 존재하는 목적과 이유를 파악할 수 없기 때문에
③ 심리학자에 따라 원초적 욕구가 무엇인지 다르게 보았기 때문에
④ 인간은 원초적 욕구를 극복하고자 끊임없이 노력하기 때문에
⑤ 원초적 욕구가 인간에게만 존재하는 것이 아니기 때문에

[해설편 p.052]

29. '프랭클'의 관점에서 <보기>에 대해 반응한 내용으로 가장 적절한 것은? [3점]

───── < 보 기 > ─────

　아우슈비츠 수용소의 극한 상황에서 유대인 수용자들이 보인 태도는 다양하였다. 자신의 상황을 비관하여 자포자기하는 사람들도 있었지만, 아픈 몸으로 노약자를 보살펴 주거나 독가스실로 끌려가면서 승리의 노래를 부르는 사람들도 있었다.

① 극한 상황에 처한 수용자들을 통해 고통은 인간 실존의 일반적 구성 요소가 아님을 확인할 수 있다.
② 독가스실에 끌려가면서도 승리의 노래를 부르는 사람은 자신이 처한 상황에 좌절한 존재라고 할 수 있다.
③ 아픈 몸으로 노약자를 보살펴 주는 사람은 고통을 제거하기 위해 긍정적 삶의 의미를 찾는 존재라고 할 수 있다.
④ 자신의 상황을 비관하여 자포자기하는 사람은 삶에 대한 책임 의식을 바탕으로 자유롭고자 하는 존재라고 할 수 있다.
⑤ 수용자들이 보인 다양한 반응을 통해 힘겨운 상황 속에서도 어떤 태도를 보이느냐는 것은 개인의 선택에 달려 있음을 확인할 수 있다.

30. 윗글을 읽고 <보기>를 이해한 내용으로 적절하지 <u>않은</u> 것은?

───── < 보 기 > ─────

　A는 형과 비교당하며 어린 시절을 보냈다. 형은 건강하고 활달한 모범생이었으나, A는 병치레로 학교에 제대로 다니지 못했다. 이후 신체적 병은 나았지만, A는 여전히 자신이 무가치한 존재라는 생각에 괴로워하며 매사 자신감 없이 행동한다.

① 프로이트의 심리치료는 A의 어린 시절에 주목하여 당시에 억압된 쾌락 의지가 있다고 전제한다.
② 프로이트의 심리치료는 A가 겪는 괴로움의 원인을 의식의 영역으로 끌어오는 것을 통해 이루어진다.
③ 아들러의 심리치료는 A가 올바른 목적을 설정하여 자신감 없는 행동을 변화시킬 수 있다고 전제한다.
④ 아들러의 심리치료는 A가 학교에 제대로 다니지 못했던 것이 권력 의지가 좌절된 원인임을 밝히는 데 초점을 둔다.
⑤ 프랭클의 심리치료는 A가 자신을 무가치한 존재로 여기는 실존적 공허감에서 벗어나 인생에 의미를 부여하도록 돕는다.

[31 ~ 34] 다음 글을 읽고 물음에 답하시오.

[앞부분의 줄거리] 명나라의 진성운은 순경, 호원, 학록을 만나 연을 맺고 문무의 재주를 익힌다. 적군이 침략하여 천자가 동관으로 피란하자 성운은 적을 무찌르고 천자를 구하여 대원수가 된다. 그러나 금인국 장수 중행달과 맹호원이 쳐들어와 천자와 그 가족은 다시 위험에 처한다.

　원수가 생각하기를, '중행달은 천하 명장이라. 조용히 잡지 못할 것이니 다른 술법으로 잡으리라.'고 하였다.
　그리하여 밤이 깊은 후에 원수는 갑옷과 투구를 벗어 놓고 초의를 입고 갈건을 쓰고 청려장을 짚고 중행달의 침소로 갔다. 이때 중행달이 잠이 깊이 들어 있는 것을 보고는 그 곁에 앉아 행달을 깨웠다. 행달이 놀라 일어나자 원수가 천연히 위로하며 말하기를,

[A] ┌ "그대는 놀라지 말지어다. 나는 금인국 백화산의 신령이라. 세상을 둘러보니 중국이 어진 천자를 얻지 못하여 백성이 도탄 중에 들었으니, 하늘이 노하시어 장군으로 천하를 평정하게 하였다. 그러나 대명 대원수 진성운은 천하의 명장이라, 그대가 조용히 잡지는 못할 것이다. 내일 아침에 태풍이 일어날 것이니, 장군은 배를 낱낱이 육지로 흩어 놓으라. 바람이 일어나면 배가 풍비박산할 것이니, 모든 배를 한데 잡아매도록 하라." └

하고는 몸을 날려 공중으로 솟아오르며 사라졌다. 이에 중행달이 크게 기뻐하며 말하기를,
　"귀신이 나를 도우니 이제는 무슨 염려 있겠느냐?"
하고는 그 말대로 배를 낱낱이 한데 잡아매었다.
　원수가 본진에 돌아가 제장과 의논하기를,
　"적진이 분명히 배를 한데 잡아맬 것이니, 제장은 적진의 사면에서 불을 준비하고 있다가, 방포 일성*에 들어가 배에 불을 질러라." 하고, 순경과 학록에게 말하기를
　"정병 오천씩 거느리고 적진 좌우에 매복하였다가 불이 일어남을 보고 또 군사를 놓아 쳐라." 하고는 때를 기다렸다.
　밤이 밝아오자, 원수가 장대*에 올라 진풍경*을 외우니 난데없는 바람이 서북에서 일어나며 먼지가 천지에 자욱하였다. 중행달은 바람이 일어남을 보고 즐겨 말하기를,
　"어젯밤 신령의 말이 옳구나!" 하고 즐거워하였다.
　뜻밖에 불이 일어나더니 배가 모두 불탔다. ㉠배를 한 곳에 잡아매었으니 따로 떨어질 수도 없었고, 모진 바람이 급하게 부니 불꽃을 잡을 길이 없었다. 그 와중에 사면에서 순경과 학록이 군사로 급히 몰아쳤다. 고각 함성이 천지를 진동하고 바람 소리 또한 천지를 진동했다. 이렇게 뜻하지 못한 화를 만나자 장수와 장졸이 각각 도망하다가 서로 밟혀 죽는 것이 부지기수로 만여 명이 되었다. 중행달이 수백만 군사를 강 가운데서 잃고, 탄식하며 도망하여 녹림산으로 갔다.
　원수가 적국을 파하고 승전고를 울리며 동관성에 들어갔다. 모든 신하와 천자가 원수의 손을 잡고 못내 칭찬하니, 여러 충신 등이 다 태평가를 부르며 천자께서도 대장수라 외쳤다. 원수가 군사를 거느리고 천자와 백관과 더불어 장안에 도달하였다.
　이때 금인국 장수 맹호원이 십만 대병을 거느리고 녹림산으로 급하게 달려왔다. 과연 황후와 태자와 공주 세 자매가 녹림산에 피란을 와 있었는데, 불의에 맹호원이 나타나 군사로 녹림산을 둘러쌌다. 그리고는 황후와 태자와 공주 세 자매를 데려다가 진중에 두고 기다리는데, 중행달이 대군을 패하고 녹림산으로 들어왔다. 맹호원이 황후, 태자, 공주 세 자매를 데려다가 군중에

두니 중행달이 말하기를,

"이제 천자가 항복하는 것은 어렵지 아니할 것이다."

하고, 동관에 들어가 군사를 웅거하게 하였다. 또한 성중에 지하 감옥을 만들어 황후, 태자, 공주 세 자매를 그곳에 가두고 장안으로 격서*를 전하여 말하기를,

"만일 천자가 항복하지 아니하면 황후, 태자, 공주 세 자매를 죽이리라." 하기에, 천자가 격서를 보시고 크게 근심하여,

"이 일을 어찌할까?" 하시니, 진성운이 대답하기를,

"폐하는 너무 근심 마십시오. 소장이 군사를 거느리고 나가 보겠습니다." 하였다.

성운이 정병 백만을 거느리고 순경과 호원과 학녹을 데리고 녹림산으로 나갔다. 성 밖에 진을 치고 이삼 일을 유진*하였는데, 중행달이 종시 나오지 아니하고 성문을 굳게 닫고 있었다.

성운이 순경에게,

"그대가 접전하되, 만일 적이 성문을 열고 나오면 내가 군사를 거느리고 싸우다가 달아날 것이니, 그때 재빨리 성에 들어가 황후와 태자와 공주 세 자매를 뫼시고 급히 나오도록 하라."

하고, 군사 대여섯 명에게 적병의 옷을 입혀 진문 밖에 세우고는 군사가 좌우에서 옹위하게 하였다.

그리고 성운이 성 위에 올라 외치며 말하기를,

[B] "적장은 나의 재주를 모르느냐? 아느냐? 어젯밤에 내가 이미 너의 진중에 들어가서 황후와 태자와 공주 세 자매를 모셔다가 진문 밖에 계시게끔 하였다. 네가 이제는 성중에 천년을 있어도 쓸데없을 것이니 급히 나와 승부를 결단하자."

중행달이 그 말을 듣고 성운의 진을 바라보니, 과연 금인의 옷을 입은 사람 대여섯이 그 진중에서 군사들의 옹위를 받고 있었다. 이에 중행달이 탄식하며,

"진성운의 재주는 과연 귀신 같구나! 어느 사이에 들어와 데리고 갔는가?"

하고, 마침내 군사를 재촉하여 성문을 열고 접전하였다. 성운이 군사를 몰아 크게 싸우다가 급히 도망하니, 중행달이 승승장구하여 쫓아오면서 말하기를,

"계속 접전하였으면 진성운의 머리를 베었을 것이다."

하며 계속 뒤쫓아왔다.

이때 순경과 학녹과 호원이 군사를 거느리고 급히 성을 넘어가 보니, 과연 지하 감옥에 황후와 태자와 공주 세 자매가 갇혀 있었다. 순경이 급히 모시고 나와서 학녹에게 군사 사천을 주어,

"황후와 태자와 공주 세 자매를 모시고 장안으로 가라."

하고, 순경과 호원은 중행달을 쫓아 군사를 재촉하였다.

이때 성운이 도망치기를 멈추고, 군사를 몰아 중행달의 군사를 앞뒤로 둘러싸니, 천하 명장인들 이에서 어찌 벗어나겠는가?

그중에 순경과 호원이 장창단검으로 적진 중에 들어가 좌우를 치고 죽이니, 중행달이 스스로 벗어날 길이 없을 줄 알고는 칼을 빼어 자결하고, 맹호원은 남은 군졸과 함께 항복하였다.

원수가 적장을 장대 아래에 꿇리고 죄를 물은 후에 대군을 거느리고 승전곡과 태평가를 부르며 들어오니, 천자가 남문 밖에 나와 원수를 맞아들이고 크게 칭찬하였다.

– 작자 미상, 「진성운전」 –

---

* 방포 일성: 군중의 호령으로 총을 한 번 쏘아 소리를 냄.
* 장대 : 장수가 올라서서 명령·지휘하던 대.
* 진풍경: 먼지 섞인 바람을 일으키게 하는 경전의 일종.
* 격서 : 군병을 모집하거나, 적군을 달래거나 꾸짖기 위한 글.
* 유진 : 군사들이 머물러 있음.

---

31. 윗글에 대한 이해로 적절한 것은?

① 학녹은 순경과 함께 적진 근처에 매복해 있다가 불을 보고 적을 공격하였다.

② 맹호원은 군대를 이끌고 녹림산으로 달려와 천자와 그 가족을 사로잡았다.

③ 중행달은 성운과 다시 맞붙고 싶다는 내용을 담은 격서를 장안으로 보냈다.

④ 성운은 순경에게 적병의 옷을 입히고 진문 밖에 세워 군사가 좌우에서 옹위하게 하였다.

⑤ 순경은 성운이 중행달과 싸우다가 달아난 것을 알지 못하고 군사를 몰아 중행달의 뒤를 쫓았다.

32. [A]와 [B]에 대한 설명으로 가장 적절한 것은?

① [A]는 [B]와 달리 자신이 상대의 편이라고 속여 자신의 목적을 달성하려 하고 있다.

② [A]는 [B]와 달리 상대가 처한 무력한 상황을 언급하여 자신의 능력을 과시하고 있다.

③ [B]는 [A]와 달리 상대의 환심을 사기 위해 자신이 초월적 존재라는 것을 밝히고 있다.

④ [B]는 [A]와 달리 자신의 예지 능력을 근거로 들어 상대의 행동 변화를 촉구하고 있다.

⑤ [A]와 [B]는 모두 위기에 처한 백성을 위해 상대가 수행할 임무를 일깨우고 있다.

33. <보기>를 참고하여 윗글을 감상한 내용으로 적절하지 <u>않은</u> 것은? [3점]

> ─── <보 기> ───
>
> 이 작품은 진성운을 비롯한 복수(複數)의 영웅이 등장하여 활약하는 내용을 담은 영웅 군담 소설이다. 영웅들은 자신들이 지향하는 세계 질서를 위협하는 무리를 적으로 규정하고 바람직한 질서를 회복하기 위해 노력한다. 영웅이 전기(傳奇)적 능력을 드러낼 뿐만 아니라 현실적 차원에서 기지를 발휘하고 전략을 세우는 점이 이 작품의 흥미로운 요소로 꼽는다.

① 중행달이 천자에게 항복을 종용한 것은 영웅들이 중행달을 적으로 규정한 이유로 볼 수 있군.

② 성운이 배에 불을 지르기 위해 배를 묶게 한 것은 전략을 세워 활약하는 영웅의 모습으로 볼 수 있군.

③ 성운이 천자의 가족이 탈출한 것처럼 중행달의 눈을 속인 것은 영웅이 전기적 능력을 발휘한 모습으로 볼 수 있군.

④ 순경과 학녹 등이 천가의 가족을 구하기 위해 함께 힘을 합친 것은 복수의 영웅이 활약하는 모습으로 볼 수 있군.

⑤ 성운이 적군을 파하고 난 후 승전곡을 부르며 돌아온 것은 영웅들이 지향하는 세계 질서가 회복된 모습으로 볼 수 있군.

34. ㉠의 상황을 나타낸 말로 가장 적절한 것은?

① 진퇴양난(進退兩難)
② 자가당착(自家撞着)
③ 이심전심(以心傳心)
④ 다다익선(多多益善)
⑤ 기사회생(起死回生)

[35 ~ 37] 다음 글을 읽고 물음에 답하시오.

하루 또 하루가 갔다. 인간 시계로 이 년, 개들 시력(時歷)으로 십 년이 흘렀다. 찬성과 에반은 어느새 서로 가장 의지하는 존재가 됐다. 비록 움직임이 굼뜨고 귀가 어두웠지만 에반은 여느 개처럼 공놀이와 산책을 좋아했다. 찬성이 보푸라기 인 테니스공을 멀리 던지면 에반은 찬성의 눈앞에서 사라졌다 반드시 공과 함께 다시 나타났다. 무언가 제자리에 도로 갖고 오는 건 에반이 잘하는 일 중 하나였다. 찬성은 때로 에반이 자기에게 물어다 주는 게 공이 아닌 다른 것처럼 느껴졌다. 그리고 공인 동시에 공이 아닌 그 무언가가 자신을 변화시켰다는 걸 알았다. 그런데 에반이 요즘 좀 이상했다.

할머니는 밤 열 시 넘어 집에 들어왔다. 한 손에 검은 비닐봉지를 들고서였다.

—전자레인지에 돌려 먹어.

찬성이 봉지 안을 들여다봤다. 은박지 사이로 설탕 입힌 통감자가 보였다. ㉠찬성이 퇴근한 할머니 뒤를 졸졸 쫓았다.

—할머니, 에반이 좀 이상해.

—지금 안 먹을 거면 냉장고에 넣어 두든가.

할머니가 평소 휴대품을 넣고 다니는 손가방을 안방 바닥에 던지듯 내려놓았다.

—할머니, 에반이 밥을 안 먹어.

—늙어서 그래, 늙어서.

—있지, 내가 공을 던져도 움직이지 않아. 걷다 자주 주저앉고.

—늙어서 그렇다니까.

할머니는 모든 게 성가신 듯 팔을 휘저었다. 그러곤 끄응 소리를 내며 바닥에 이부자리를 폈다.

—저거 봐, 저렇게 자기 다리를 자꾸 핥아. 하루 종일 저래. 아까는 내가 다리를 만졌더니 갑자기 나를 물려고 했어.

㉡할머니가 요 위에 누우려다 말고 상체를 들어 찬성을 봤다.

—아니, 진짜로 문 건 아니고 무는 시늉만 했어.

할머니가 눈을 감은 채 이마에 팔을 얹었다.

—할머니, 에반 데리고 병원 가 봐야 되는 거 아닐까?

—쓸데없는 소리 말고 가서 자. 사방에 불 켜 두지 말고.

할머니의 반팔 소매에 엷은 김칫국물이 묻어 있었다. 찬성이 할머니 옆에 앉지도 서지도 못한 채 주춤거렸다.

—할머니, 에반 병원 데려가야 할 것 같다고.

할머니가 버럭 소리를 질렀다.

—무슨 개를 병원에 데리고 가. 사람도 못 가는 걸. 그러니까 내가 개새끼 도로 갖다 놓으라 했어 안 했어? 할머니 화병 나기 전에 얼른 가서 자. 개장수한테 백구 팔아 버리기 전에. 얼른!

—백구 아니야!

㉢찬성이 전에 없이 큰소리를 냈다.

—뭐?

그러곤 이내 말끝을 흐리며 소심하게 답했다.

—에반이야.

[중간 부분의 줄거리] 에반을 데리고 동물 병원에 간 찬성은 고통받는 에반을 위해 할 수 있는 것이 안락사뿐이라는 생각을 한다. 찬성은 안락사 비용 십만 원을 모으기 위해 힘들게 전단지 아르바이트를 한다. 그러나 찬성은 이전에 할머니가 얻어온 휴대 전화의 유심칩을 사는 데 모은 돈의 일부를 쓰게 되고, 휴대 전화에 집중하느라 점차 에반과 보내는 시간이 줄어든다.

오랜 궁리 끝에 찬성이 지갑에서 동물 병원 명함을 꺼내 들었다. 상중(喪中)이라 주말까지 쉰다는 말이 생각났지만 찬성은 괜히 한번 병원 전화번호를 눌러 보았다.

'어쩌면 문을 열었을지도 몰라. 누가 받으면 뭐라고 하지?'

휴대 전화 너머로 익숙한 연결음이 들렸다. 찬성은 잘못한 것도 없는데 가슴이 뛰었다. ㉣몇 차례 긴 연결음이 이어졌지만 전화를 받는 사람은 없었다. 찬성은 동물 병원 쪽에서 전화를 받지 않았다는 사실에 다시 한번 이상한 안도를 느꼈다. 찬성이 지갑 안에 명함을 넣으며 남은 돈을 세어 보았다. 십만 삼천 원. 에반을 병원에 데려가기에 부족하지 않은 액수였다. 오늘만 지나면, 그러면 꼭…… 다짐하며 일어서는데 찬성 무릎 위의 휴대 전화가 아스팔트 보도 위로 툭 떨어졌다. 찬성이 창백해진 얼굴로 황급히 휴대 전화를 주워 들었다. 그러곤 실금 간 왼쪽 모서리부터 확인했다. 찬성이 거미줄 모양 실금에 손가락을 대고 천천히 문질렀다. 아주 고운 유리 가루 입자가 손끝에 묻어났다. 찬성의 눈동자가 심하게 흔들렸다.

㉤집으로 가는 길, 찬성은 한 손을 길게 뻗어 휴대 전화를 좌우로 틀며 햇빛에 비춰 봤다. 검은 액정 표면에 닿은 빛이 물에 뜬 기름처럼 매끈하게 일렁였다. 더불어 찬성의 가슴에도 작은 만족감이 일었다. 액정에 보호 필름을 붙이니 왠지 기계도 새것처럼 보이고, 모서리 쪽 상처도 눈에 덜 띄는 것 같았다. 스스로에게 조금 실망스러운 기분이 들었지만 '어쩔 수 없는' 상황이었다고 변명했다. 찬성은 '구경이나 해 볼 마음'으로 휴게소 전자용품 매장에 들렀다 액세서리 용품 진열대 앞에 한참 머물렀다. 그러곤 티끌 하나 없이 투명한 보호 필름을 만지며 자기도 모르게 "사흘……"하고 중얼댔다. 그러니까 사흘 정도는…… 에반이 기다려 주지 않을까 하고. 지금껏 잘 견뎌 준 것처럼. 더도 말고 덜도 말고 딱 사흘만 참아 주면 안 될까. 당장 가진 돈과 앞으로 모을 돈을 셈하는 사이 찬성은 어느새 계산대 앞에 서 있었다. 정신을 차리고 보니 지갑 안의 돈이 어느새 구만 오천 원으로 줄어 있었다.

— 김애란, 「노찬성과 에반」 —

35. 윗글의 서술상의 특징으로 가장 적절한 것은?

① 인물 간의 대화를 통해 갈등의 양상이 드러나고 있다.
② 두 사건을 병치하여 이야기의 흐름을 지연시키고 있다.
③ 공간적 배경을 묘사하여 시대적 상황을 구체화하고 있다.
④ 서술자를 교체하여 사건을 새로운 국면으로 전환하고 있다.
⑤ 과거와 현재를 교차하여 사건 전개에 입체감을 부여하고 있다.

36. ㉠ ~ ㉤에 대한 이해로 적절하지 <u>않은</u> 것은?

① ㉠ : 할머니를 자꾸 따라다니는 모습으로, 할머니에게 할 이야기가 있음을 드러내고 있다.

② ㉡ : 찬성이 물리지는 않았는지 확인하려는 모습으로, 찬성을 염려하고 있음을 드러내고 있다.

③ ㉢ : 평소와 다른 찬성의 모습으로, 에반이 찬성에게 특별한 의미를 가진 존재임을 드러내고 있다.

④ ㉣ : 동물 병원에 전화를 건 모습으로, 동물 병원이 쉰다는 사실을 모르고 있음을 드러내고 있다.

⑤ ㉤ : 휴대 전화를 살피는 모습으로, 상처 난 부분이 잘 가려졌는지 확인하려는 의도를 드러내고 있다.

37. <보기>를 바탕으로 윗글을 감상한 내용으로 적절하지 <u>않은</u> 것은? [3점]

―――――― <보 기> ――――――

이 작품은 초등학생 찬성이 유기견을 키우며 겪는 일들을 보여 준다. 에반에게 친밀감과 책임감을 느끼던 찬성은 갖고 싶었던 물건이 생긴 후, 보호자로서의 역할에 점차 소홀해진다. 자신의 행동에 실망감을 느끼기도 하지만 곧 이를 합리화하는 찬성을 통해 '책임'의 의미를 생각해 보게 한다.

① 에반과 공놀이를 하는 찬성의 모습은 찬성과 에반이 친밀감을 느끼는 것을 드러내는군.

② 아픈 에반을 병원에 데려가고자 하는 모습은 찬성이 에반에 대한 책임감을 느끼고 있음을 드러내는군.

③ 땅에 떨어진 휴대 전화를 보며 찬성의 눈동자가 흔들리는 모습은 그것을 갖고 싶어 한 자신에게 실망감을 느꼈음을 드러내는군.

④ 에반을 위해 모은 돈으로 휴대 전화의 보호 필름을 사는 것은 찬성이 보호자로서의 역할에 점차 소홀해지고 있음을 드러내는군.

⑤ 액세서리 용품 진열대 앞에서 사흘 정도는 에반이 기다려 주리라 생각하는 것은 찬성이 자신의 행동을 합리화하고 있음을 드러내는군.

[38 ~ 42] 다음 글을 읽고 물음에 답하시오.

시각기관인 눈은 시각을 감지하는 데에 관여하는 안구, 안구를 움직이는 근육이나 안구를 보호하는 눈꺼풀과 같은 부속기관으로 이루어져 있다. 이 중 안구는 두개골의 오목한 부위인 안와에 들어있는 공 모양의 구조물이다.

<그림>의 안구를 보면, 안구벽은 세 층으로 되어 있다. 바깥층은 공막인데, 검은자위 부분에서 투명하게 변형되어 ㉠각막을 이룬다. 각막은 빛을 통과시켜 망막에 상을 맺게 해 준다. 중간층은 ㉡맥락막, 섬모체 등으로 구성된다.

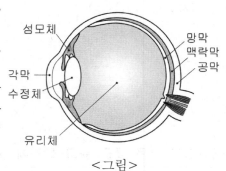

<그림>

맥락막에는 안구의 각 부분에 영양분을 공급하는 혈관 중 다수가 밀집해 있어 빛의 통과를 막아, 빛이 공막으로 분산되지 않도록 하여 상이 잘 맺히도록 한다. 섬모체는 수정체와 가느다란 실로 연결되어 있어, 수정체가 물체의 원근에 따라 초점을 조절하는 것을 돕는다. 안쪽층은 빛을 감지하는 ㉢망막이다. 안구벽 안쪽에는 유리체가 넓은 부위를 차지하고 있고, 유리체의 앞쪽에는 수정체가 자리 잡고 있다.

그런데 이러한 안구는 단단하지 않다. 단단하지 않은 물체가 기압에 저항해 원래의 모양을 유지하기란 쉽지 않다. 내부 기압이 외부 기압보다 낮으면 물체는 찌그러지며, 반대의 경우에는 부풀어 오를 수 있다. 빛을 수용하고 상을 맺게 하는 눈의 특성상, 약간의 모양 변화로도 빛의 방향이 ⓐ틀어져 초점이 달라지기 때문에 정확한 안구 형태를 유지하는 것은 매우 중요하다.

이를 일차적으로 담당하는 것은 유리체이다. 안구 내부에서 가장 많은 면적을 채우고 있는 유리체는 투명한 젤 형태의 물질이다. 유리체는 안구 내압을 적정하게 유지함으로써 맥락막에 대하여 망막을 지지해 주고, 안구벽의 붕괴를 방지함으로써 안구의 형태를 유지하는 역할을 한다. 하지만 눈은 단순한 구조가 아니기에, 이것만으로는 안구 전체뿐 아니라 안구를 구성하는 각 부분을 정확한 형태로 유지하기 어렵다.

이 경우 가장 문제가 되는 것이 각막과 수정체 사이의 '안방'이라는 공간이다. 만약 이 공간이 비어 있다면 외부에서 누르는 기압과 이에 대응하기 위해 유리체가 밀어내는 압력 때문에 각막과 수정체는 서로 달라붙거나 찌그러질 가능성이 높다. 그러면 수정체가 원활하게 움직이기가 어려워진다. 따라서 눈은 수정체와 각막 사이의 공간에 채워진 방수로 적절한 내부 압력을 유지한다.

'방에 든 물'을 뜻하는 방수(房水)는 투명한 약알칼리성 액체로, 눈물과는 구별된다. 방수는 안방에 들어차 각막의 형태를 유지하고, 혈관 분포가 없어 투명한 구조인 각막이나 수정체에 영양분을 공급하고 노폐물을 배출하는 역할을 한다. 단순히 공간을 채우는 것만이 아니라 영양분을 공급한다는 것은 방수가 순환되는 물이라는 전제를 포함한다. 섬모체에서 만들어진 방수는 안방을 채우고 섬유주라는 조직을 통해 배출된 후 슐렘관으로 흡수되어 심장으로 들어가 혈액에 합류된다.

눈의 구조와 시력 유지를 위해 꼭 필요한 방수는 적정량이 제대로 흘러야 한다. 제 역할을 다한 방수는 흘러나가야 하는데,

[해설편 p.054]

섬유주의 구조 변화나 슐렘관에 이상이 생기는 등의 이유로 이 과정이 원활하지 않으면 문제가 발생한다. 방수의 배출 여부와 관계없이 섬모체는 계속 방수를 만들어내기 때문에 결국 과도한 방수로 안압이 높아진다. 그 결과 안구의 모든 조직에 압력이 가해져 문제가 생기는데, 그중 특히 약한 조직인 시신경이 먼저 심하게 손상을 받게 된다.

38. 윗글에 대한 이해로 적절하지 <u>않은</u> 것은?

① 각막은 공막과 달리 투명하다.
② 수정체는 빛이 통과할 수 있는 구조이다.
③ 유리체는 맥락막에 대하여 망막을 지지해 준다.
④ 섬모체는 수정체와 연결되어 물체의 원근을 감지한다.
⑤ 방수는 슐렘관을 거쳐 심장으로 들어가 혈액에 합쳐진다.

39. 윗글을 참고할 때, <보기>의 ㉮~㉰에 들어갈 말로 적절한 것은?

─── <보 기> ───

안방이 비어 있다면, 외부에서 누르는 기압에 대응하기 위해 유리체가 (㉮)는 압력 때문에 안방이 찌그러질 가능성이 높다. 따라서 방수가 이 공간을 채우는데, 만약 방수의 공급량에 비해 배출량이 (㉯)지게 되면 안압이 (㉰)하여 시신경이 손상된다.

	㉮	㉯	㉰
①	밀어내	적어	상승
②	밀어내	적어	하강
③	밀어내	많아	상승
④	당기	많아	하강
⑤	당기	많아	상승

40. ㉠~㉢에 대한 이해로 적절한 것은?

① ㉠에는 영양분을 공급하는 혈관이 다수 밀집되어 있다.
② ㉢은 수정체가 초점을 조절하는 것을 돕는다.
③ ㉠과 ㉡은 안구를 보호하는 데 필요한 부속 기관이다.
④ ㉡은 빛의 분산을 막아 ㉢에서 상을 맺는 것을 돕는다.
⑤ ㉢을 통과한 빛이 ㉠에서 감지된다.

41. 윗글의 방수 와 <보기>의 눈물 을 비교한 내용으로 적절하지 <u>않은</u> 것은? [3점]

─── <보 기> ───

눈물 은 윗눈꺼풀 안쪽의 누선에서 분비된다. 눈을 깜박일 때마다 눈물은 안구 표면 전체를 적시는데, 특히 각막을 고르게 덮어준다. 이때 눈물은 각막에 습기를 지속적으로 공급하고, 안구의 운동을 원활하게 한다. 또한 먼지나 병균을 씻어내어 안구를 청결하게 유지한다. 제 역할을 다한 눈물은 안쪽 눈구석에 있는 누점을 통해 누관을 타고 콧속으로 배출된다. 정상적인 눈물은 분비와 배출의 비율이 일정 수준으로 유지되어야 한다.

① 방수는 섬유주를 통해, 눈물은 누점을 통해 배출된다.
② 방수는 각막에 영양분을, 눈물은 각막에 습기를 공급한다.
③ 방수는 안구의 형태를 유지하는 데, 눈물은 안구의 청결 상태를 유지하는 데 기여한다.
④ 방수와 눈물은 모두 적정한 양이 유지되어야 정상적인 상태라고 볼 수 있다.
⑤ 방수와 눈물은 모두 안구 표면을 적셔 안구가 원활하게 움직일 수 있도록 한다.

42. ⓐ와 문맥적 의미가 가장 유사한 것은?

① 날아가던 공이 오른쪽으로 <u>틀어졌다</u>.
② 늦잠을 자는 바람에 계획이 <u>틀어졌다</u>.
③ 햇볕에 오래 두었더니 목재가 <u>틀어졌다</u>.
④ 마음이 <u>틀어져서</u> 아무 말도 하지 않았다.
⑤ 초등학교 때부터 사귀던 친구와 <u>틀어졌다</u>.

[43 ~ 45] 다음 글을 읽고 물음에 답하시오.

(가)

거울속에는소리가없소
저렇게까지조용한세상은참없을것이오 [A]

거울속에도내게귀가있소
내말을못알아듣는딱한귀가두개나있소 [B]

거울속의나는왼손잡이오
내악수(握手)를받을줄모르는—악수(握手)를모르는왼손잡이오 [C]

거울때문에나는거울속의나를만져보지를못하는구료마는
거울이아니었던들내가어찌거울속의나를만나보기만이라도 [D]
했겠소

나는지금(至今)거울을안가졌소마는거울속에는늘거울속의내
가있소
잘은모르지만외로된사업(事業)에골몰할게요

거울속의나는참나와는반대(反對)요마는
또꽤닮았소 [E]
나는거울속의나를근심하고진찰(診察)할수없으니퍽섭섭하오
— 이상, 「거울」 —

(나)

누가 내 속에 **가시나무**를 심어놓았다
그 위를 **말벌**이 날아다닌다
몸 어딘가, 쏘인 듯 아프다
생(生)이 벌겋게 부어오른다 잉잉거린다
이건 **지독한 노역(勞役)***이다
나는 놀라서 멈칫거린다
지상에서 생긴 일을 나는 많이 몰랐다
모르다니! 이젠 **가시밭길**이 끔찍해졌다
이 길, 지나가면 다시는 안 돌아오리라
돌아가지 않으리라
가시나무에 기대 다짐하는 나여
이게 오늘 나의 희망이니
가시나무는 얼마나 **많은 가시**를
감추고 있어서 가시나무인가
나는 또 얼마나 **많은 나**를
감추고 있어서 나인가
가시나무는 가시가 있고
나에게는 가시나무가 있다
— 천양희, 「가시나무」—

* 노역 : 괴롭고 힘든 노동.

43. (가)와 (나)에 대한 설명으로 가장 적절한 것은?

① (가)는 명사형으로 시상을 마무리하여 시적 여운을 주고 있다.
② (나)는 유사한 통사 구조를 반복하여 시적 의미를 강조하고 있다.
③ (가)는 (나)와 달리 공간의 이동에 따라 화자의 태도 변화를 드러내고 있다.
④ (나)는 (가)와 달리 수미상관 방식을 통해 구조적 안정감을 드러내고 있다.
⑤ (가)는 음성 상징어를 활용하여, (나)는 청각적 이미지를 활용하여 대상의 속성을 나타내고 있다.

44. (가)의 [A] ~ [E]를 이해한 내용으로 적절하지 않은 것은?

① [A]에서 화자는 거울 밖과 구분되는 '거울속' 세상이 존재함을 인식하고 있다.
② [B]에서 화자는 '거울속'의 '귀'에 대한 정서적 반응을 표출하고 있다.
③ [C]에서 화자는 '거울속의나'와 소통하고 있지만 지속적일 수 없음을 인식하고 있다.
④ [D]에서 화자는 '거울속의나'를 '만져보지를못하'게 하지만 '만나보'게 해준 거울의 이중적 속성을 파악하고 있다.
⑤ [E]에서 화자는 '거울속의나'와 '나'가 반대이면서도 닮았다는 모순적 상황을 파악하고 있다.

45. <보기>를 바탕으로 (나)를 감상한 내용으로 적절하지 않은 것은? [3점]

<보 기>

이 작품은 고통을 상징하는 '가시'의 이미지를 바탕으로 화자의 내면 풍경과 삶의 과정을 성찰하고 있다. 삶의 고난이 화자를 고통스럽게 만들기에 화자는 그것을 벗어나고 싶어 하지만, 그런 생각조차 '가시나무에 기대'어 하는 모습에서 화자가 결국 고통을 인정하고 있음을 드러낸다. 화자는 고통이 존재의 본질임을 깨닫고 고통과 함께하는 삶을 수용하게 된다.

① 고통받는 화자의 내면 풍경을 '가시나무'와 '말벌'을 이용하여 드러냈다고 할 수 있군.
② 화자의 순탄하지 않았던 삶의 과정을 '가시밭길'이라는 표현으로 드러냈다고 할 수 있군.
③ 고통에서 벗어나려는 화자의 행위를 '지독한 노역'에서 확인할 수 있군.
④ '가시나무'와 '많은 가시', '나'와 '많은 나'의 대응 관계를 통해 존재의 본질을 인식했다고 볼 수 있군.
⑤ 고통과 함께하는 삶을 수용하는 화자의 인식을 '나에게는 가시나무가 있다'로 표현했다고 할 수 있군.

※ 확인 사항

답안지의 해당란에 필요한 내용을 정확히 기입(표기)했는지 확인하시오.

[1~3] 다음은 학생들을 대상으로 한 강연이다. 물음에 답하시오.

안녕하세요? 식품 위생 연구원 ○○○입니다. 여러분, 식중독은 주로 어느 계절에 발생할까요? (대답을 듣고) 대부분 여름이라고 알고 계시네요. (자료 제시) 그러나 지금 보시는 계절별 평균 식중독 발생 건수 통계에 나타난 것처럼, 식중독은 계절에 상관없이 꾸준히 발생하고 있는데요, 이러한 현상이 나타나는 가장 큰 원인은 잘못된 식품 관리 때문입니다. 그래서 오늘은 올바른 식품 위생 관리를 통한 식중독 예방법을 알려 드리겠습니다.

식중독에는 다양한 종류가 있는데 세균성 식중독이 가장 대표적으로, 달걀에 묻어 있던 살모넬라균에 의해 발생하는 식중독이 이에 해당합니다. 살모넬라균은 완전히 없애기는 어렵지만, 열에 약해 충분히 가열한다면 식중독을 예방할 수 있습니다. 다만 달걀을 만진 손을 씻지 않고 음식을 조리하면 다른 식재료에 균이 묻어 교차 오염이 발생할 수 있으므로 각별한 주의가 필요합니다. 또한 달걀을 구매할 때는 금이 가 있거나 깨진 것을 피하고, 다른 식재료와 구분하여 냉장 보관해야 합니다.

채소류 역시 세균성 식중독을 일으키는 대표적인 식품입니다. 채소류는 물로만 씻은 뒤 상온에 보관했다가 가열이나 조리 없이 날것으로 먹는 경우가 많은데, 세척 과정에서 미세한 흠집이 생기면 식중독균이 서식하기 좋은 조건이 됩니다. 따라서 채소류는 식초액 등 소독액에 담갔다가 깨끗한 물에 3회 이상 세척해야 하고, 바로 먹지 않는 경우 꼭 냉장 보관해야 합니다.

그렇다면 여러분, 견과류는 어떻게 보관하시나요? (대답을 듣고) 네, 구매한 상태 그대로 상온에 보관한다는 답변이 대부분이네요. 그러나 견과류는 다량의 지방을 함유하고 있어 상온에 보관하면 산패될 위험이 높습니다. 산패란 지방이 변질되는 현상으로, (자료 제시) 그림에서 보시는 바와 같이 지방질이 공기 중에 노출되면 지방질의 사슬 구조가 끊어지면서 유해 성분이 만들어집니다. 이 과정에서 곰팡이 독소가 생기면 곰팡이 독 식중독이 발생하는데, 견과류가 산패될 때 발생하는 아플라톡신에 의한 식중독이 대표적입니다. 이 독소는 열에 강해 식품을 익히거나 튀겨도 사라지지 않아 더욱 주의해야 합니다. 따라서 견과류는 껍데기가 있는 생견과류를 소량으로 구매하는 것이 좋으며, 밀봉한 상태로 냉장 보관해야 합니다.

지금까지 식중독 예방을 위한 올바른 식품 위생 관리 방법을 알아봤는데요, 이에 대한 더 자세한 안내 사항은 식품의약품안전처 누리집에서 확인하실 수 있습니다. 이번 강연이 여러분의 건강하고 안전한 식생활 실천에 도움이 되기를 바랍니다. 고맙습니다.

1. 위 강연자의 말하기 방식으로 가장 적절한 것은?

① 용어의 개념을 설명하며 청중의 이해를 돕고 있다.
② 청중의 요청에 따라 관련된 정보를 추가하고 있다.
③ 자신의 경험을 사례로 들어 청중의 흥미를 유발하고 있다.
④ 강연 순서를 제시하여 청중이 내용을 예측하도록 돕고 있다.
⑤ 강연 내용에 대한 청중의 이해를 확인하며 강연을 마무리하고 있다.

2. 다음은 교사가 강연자에게 보낸 전자 우편이다. 이를 바탕으로 세운 강연자의 계획 중 강연에 반영되지 <u>않은</u> 것은?

> 답장 | 전체 답장 | 전달 | 삭제 | 스팸 신고
>
> 안녕하세요. □□고등학교 영양 교사입니다. 식중독 예방을 위해 학생들이 실천할 수 있는 식품 위생 관리 방법에 대한 강연을 부탁드립니다. 사전 설문 조사 결과 학생들은 식중독이 여름에만 발생한다고 알고 있는 경우가 많으며, 식중독 발생 원인과 식품별 식중독 예방법에 대해 알고 싶어합니다. 학생들이 어려워할 수 있는 내용은 쉽게 이해할 수 있도록 자료 활용을 부탁드립니다. 감사합니다.

① 청중이 강연에서 알게 된 내용을 실천해야 하므로 일상생활에 적용할 수 있는 구체적인 방법을 제시한다.
② 식중독에 대한 청중의 잘못된 이해를 바로잡아야 하므로 계절별 식중독 발생 현황을 통계 자료로 제시한다.
③ 청중이 식중독의 발생 이유를 궁금해하므로 식중독의 종류에 따라 식중독 발생률이 달라질 수 있음을 설명한다.
④ 청중이 식품별 식중독 예방법을 알고자 하므로 식중독을 일으키는 식품들을 소개하며 식품의 관리 방법을 설명한다.
⑤ 어려운 내용을 설명할 때에는 자료를 활용해야 하므로 지방의 산패로 인한 유해 성분의 생성 과정을 그림 자료로 제시한다.

3. 다음은 학생이 강연을 들으면서 작성한 메모이다. 이를 바탕으로 학생의 듣기 과정을 이해한 내용으로 적절하지 <u>않은</u> 것은?

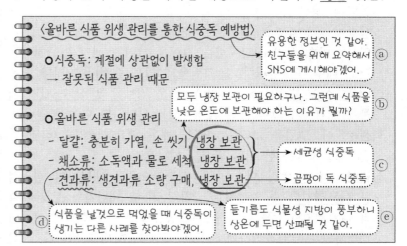

① ⓐ: 강연 내용을 주변에 알릴 것을 계획한 것으로 보아, 강연 내용의 가치를 판단하며 들었겠군.
② ⓑ: 강연 내용에 의문을 제기한 것으로 보아, 강연 내용의 신뢰성을 판단하며 들었겠군.
③ ⓒ: 식중독을 일으키는 식품을 식중독 종류에 따라 묶은 것으로 보아, 정보들 사이의 관계를 파악하며 들었겠군.
④ ⓓ: 강연 이후의 조사 계획을 작성한 것으로 보아, 강연 내용과 관련하여 더 알고 싶은 점을 떠올리며 들었겠군.
⑤ ⓔ: 산패가 일어날 수 있는 다른 식품을 떠올린 것으로 보아, 자신의 배경지식을 활용하며 들었겠군.

[4~7] (가)는 학생들이 '직업 소개'를 글감으로 하여 교지에 실을 글을 작성하기 위해 실시한 인터뷰이고, (나)는 이를 참고하여 '학생 1'이 작성한 글의 초고이다. 물음에 답하시오.

(가)

학생 1: 안녕하세요? 인터뷰에 응해 주셔서 감사합니다. 먼저 미술 심리 상담사가 어떤 일을 하는지에 대해 말씀해 주시겠어요?

상담사: 미술 심리 상담사는 심리적 문제를 겪고 있는 내담자가 미술 활동을 통해 자신의 내면에 있는 문제를 발견하고 상담을 통해 안정을 찾게 도와주는 일을 합니다.

학생 2: 그렇다면 일반적인 심리 상담과 미술 심리 상담은 어떠한 차이가 있나요?

상담사: 일반적인 심리 상담이 내담자와의 대화를 중심으로 이루어진다면, 미술 심리 상담은 미술 활동을 통해 심리적 문제의 원인과 해결책을 찾는다는 점에서 차이가 있습니다. 그런 점에서 미술 심리 상담은 어린아이를 비롯한 언어적 표현 능력이 발달하지 않은 내담자에게도 유용하다고 할 수 있습니다.

학생 1: 미술 심리 상담이 미술 활동을 바탕으로 한다면 그림 실력이 중요하다고 생각되는데요, 맞는 건가요?

상담사: ㉠그렇지 않습니다. 중요한 것은 그림을 잘 그리는 것이 아니라 내담자가 그림을 그리면서 자신의 마음을 드러내고, 그것에 대해 상담사와 같이 이야기하며 내면의 안정을 찾는 것입니다.

학생 2: 저도 한번 상담을 받아 보고 싶네요. ㉡제가 미술 심리 상담에 대해 조사해 보니 다양한 상담 방법이 있던데요, 대표적인 미술 심리 상담 방법을 소개해 주실 수 있나요?

상담사: 대표적인 상담 방법으로는 '집-나무-사람 검사'가 있습니다. 이 검사에서는 내담자가 종이에 집과 나무 그리고 사람의 모습을 그리는데요, 그림을 통해 내담자의 성장 과정뿐만 아니라 현재의 심리 상태나 고민 등도 파악할 수 있습니다.

학생 2: ㉢그림을 통해 내담자의 성장 과정까지도 파악할 수 있다니 정말 신기하군요. 혹시 집에서 그려 온 그림으로도 상담이 가능할까요?

상담사: 미술 심리 상담에서는 그림을 그리는 과정을 관찰하는 것도 매우 중요합니다. ㉣그림을 그리는 순서나 그리다 지운 내용, 소요 시간 등을 통해서도 많은 정보를 얻을 수 있기 때문에 내담자가 그림을 그리는 과정을 관찰하면 더욱 좋습니다.

학생 1: 아, 그림을 그리는 과정도 매우 중요하군요. 그러면 미술 심리 상담은 한 번만 받아도 되나요?

상담사: ㉤한 번의 미술 심리 상담만으로도 내담자의 심리적 문제를 해결할 수 있는지 궁금하신 거죠? 내담자의 상황에 따라 다르겠지만, 꾸준한 상담으로 상담사에 대한 신뢰가 쌓이면 내담자가 좀 더 솔직하게 자신을 표현할 수 있게 됩니다. 그러면 상담사는 내담자의 상황을 더 정확하게 파악하여 내담자의 심리적인 어려움을 해결하는 데 큰 도움을 줄 수 있습니다.

학생 2: 그렇군요. 끝으로 미술 심리 상담사를 꿈꾸는 학생들에게 조언 한마디 부탁드립니다.

상담사: 미술 심리 상담사는 전문성이 요구되기 때문에 관련 자격증을 취득해야 할 뿐만 아니라 상담과 미술에 대한 전문적인 지식도 갖춰야 합니다. 또, 다양한 내담자를 돕는 일을 하기 때문에 타인을 배려하고 존중하는 태도를 지녀야 합니다.

학생 1: 말씀을 듣고 보니 왜 미술 심리 상담이 사람들에게 관심을 받는지 알겠네요. 인터뷰에 응해 주셔서 감사합니다.

(나)

미술 심리 상담사는 심리적 문제를 겪고 있는 사람들이 미술 활동을 통해 문제의 원인과 해결 방법을 찾을 수 있도록 도움을 주는 전문가이다. 미술 심리 상담은 대화를 중심으로 하는 일반적인 상담과 달리 미술 활동이 중심이 되므로 어린아이를 비롯한 언어적 표현 능력이 발달하지 않은 사람에게도 유용한 상담 방법이다.

미술 심리 상담 방법에는 집과 나무, 사람을 그리는 '집-나무-사람 검사', 강과 산, 길, 꽃 등을 그리는 '풍경 구성법', 원의 중심에 부모와 자신을 그리는 '동그라미 가족화' 등이 있다. 이러한 방법을 통해 내담자의 성장 과정뿐만 아니라 현재의 심리 상태나 고민 등 내담자의 특성을 파악할 수 있다. 특히 그림을 그리는 과정에서 내담자에 대한 많은 정보를 얻을 수 있어 효과적인 상담을 할 수 있기 때문에 내담자가 그린 그림뿐 아니라 그림을 그리는 과정을 관찰하는 것도 매우 중요하다.

미술 심리 상담사가 되기 위해서는 미술 심리 상담사 자격증을 취득해야 한다. 또한 미술 심리 상담사는 상담과 미술에 대한 전문 지식을 갖추어야 하기 때문에 자격증을 취득한 이후에도 전문성 계발을 위해 꾸준히 노력할 필요가 있다.

현대 사회에서 미술 심리 상담사의 역할이 더욱 중요해지고 있다. 그러나 미술에 애정이 있고 친구들의 이야기를 잘 들어주는 태도를 가진 학생이라면 미술 심리 상담사라는 직업에 관심을 가져 보는 것을 추천한다.

4. 대화의 흐름을 고려할 때, ㉠~㉤에 대한 설명으로 적절하지 <u>않은</u> 것은?

① ㉠: 질문에 답변하며 상대방이 잘못 이해하고 있는 부분을 바로잡고 있다.

② ㉡: 상대방에게 자신이 조사한 내용을 언급하며 이와 관련된 답변을 요청하고 있다.

③ ㉢: 상대방 답변의 일부를 재진술하며 새롭게 알게 된 정보에 대해 자신의 느낌을 언급하고 있다.

④ ㉣: 상대방의 의견에 동의하며 새로운 정보를 추가로 제공하고 있다.

⑤ ㉤: 물음의 방식을 사용하며 자신이 파악한 상대방의 의도를 확인하고 있다.

5. 다음은 (가)의 인터뷰를 진행하기 위해 '학생 1'과 '학생 2'가 작성한 인터뷰 계획이다. (가)에 반영되지 <u>않은</u> 것은?

- 미술 심리 상담사가 어떤 일을 하는 직업인지에 대한 설명을 부탁하며 인터뷰를 시작해야겠어. ···································· ①
- 미술 심리 상담이 일반적인 심리 상담과는 어떻게 다른지 설명해 달라고 해야겠어. ·· ②
- 미술 심리 상담은 어떤 심리적 문제가 있는 사람들에게 필요한지 알려 달라고 해야겠어. ······························ ③
- 미술 심리 상담에서 사용하는 대표적인 상담 방법에는 어떤 것이 있는지 물어봐야겠어. ······························ ④
- 미술 심리 상담사를 희망하는 학생들을 위한 조언을 부탁하며 인터뷰를 마무리해야겠어. ···························· ⑤

6. (가)를 참고할 때, (나)에서 활용한 글쓰기 방식으로 가장 적절한 것은?

① 1문단에는 미술 심리 상담사의 개념을 비교의 방식으로 서술하였다.

② 1문단에는 미술 심리 상담이 어린아이에게 유용한 이유를 비유의 방식으로 서술하였다.

③ 2문단에는 미술 심리 상담사들이 사용하는 상담 방법을 나열의 방식으로 서술하였다.

④ 2문단에는 미술 심리 상담에서 그림을 그리는 과정을 시간 순서에 따라 제시하는 방식으로 서술하였다.

⑤ 3문단에는 미술 심리 상담사가 갖춰야 할 자격을 묻고 답하는 방식으로 서술하였다.

7. 다음은 (나)의 마지막 문단을 고쳐 쓴 것이다. 그 과정에서 반영된 수정 계획으로 가장 적절한 것은? [3점]

> 현대 사회에서 심리적으로 불안정한 사람이 늘어나고 정서적 건강에 대한 관심이 높아짐에 따라 미술 심리 상담사의 역할이 더욱 중요해지고 있다. 따라서 미술에 애정이 있고 친구들의 이야기를 잘 들어주는 태도를 가진 학생이라면 미술 심리 상담사라는 직업에 관심을 가져 보는 것을 추천한다.

① 미술 심리 상담사의 직업적 의의는 이미 다루고 있는 내용이므로 삭제해야겠군.

② 미술 심리 상담사의 사회적 책임이 나타나지 않으므로 관련 내용을 추가해야겠군.

③ 미술 심리 상담사가 내담자를 대하는 태도가 나타나지 않으므로 관련 내용을 추가해야겠군.

④ 미술 심리 상담사의 역할이 중요해지는 이유가 나타나지 않으므로 관련 내용을 추가해야겠군.

⑤ 미술 심리 상담사라는 직업의 전문성을 강조하기 위해 사용한 접속 표현이 적절하지 않으므로 수정해야겠군.

[8~10] 다음은 작문 상황과 이를 바탕으로 작성한 학생의 초고이다. 물음에 답하시오.

[작문 상황]

학교 신문에 청소년들의 구독 경제 이용에 대한 글을 써서 실으려 함.

[학생의 초고]

구독 경제란 구독료를 지불한 소비자에게 일정 기간 동안 상품이나 서비스를 제공하는 경제 활동 방식이다. 구독 경제는 매달 자동으로 결제되는 시스템을 갖춰 구독료 지불이 편리하면서도 비용의 측면에서 혜택을 얻을 수 있다는 이점 때문에 청소년들도 많이 이용하고 있다. 그러나 구독 경제의 과도한 이용은 여러 문제를 유발할 수 있으므로, 구독 경제를 이용하는 청소년들의 주의가 필요하다.

첫째, 여러 개의 구독 서비스를 함께 이용하게 되면 구독료가 과도하게 지출될 수 있다는 문제가 발생한다. 청소년들은 한 개의 구독 서비스만을 이용하기보다는 여러 개의 구독 서비스를 함께 이용하는 경우가 많다. 음악을 듣기 위해서는 음원 스트리밍 서비스를, 다양한 웹툰을 보기 위해서는 웹툰 멤버십을, 드라마나 영화를 시청하기 위해서는 온라인 동영상 서비스를 구독하는 식이다. 각각의 구독 서비스는 소액으로 느껴져 쉽게 구독을 결정하지만, 이용하는 구독 서비스의 개수가 증가하면 지출해야 할 구독료의 총액이 커지는 것이다.

둘째, 구독 서비스에서 제공하는 콘텐츠를 장시간 이용하게 되면 뇌 건강에 문제가 발생할 수 있다. 청소년들이 이용하는 구독 서비스는 주로 디지털 콘텐츠를 이용하기 위한 플랫폼에 편중되어 있다. 콘텐츠를 이용하기 위해서는 디지털 기기 사용이 필수적이기에, 구독 서비스에서 제공하는 콘텐츠를 장시간 이용하는 것은 곧 디지털 기기 사용 시간의 증가로도 이어진다. 그런데 디지털 기기를 통해 자극적인 콘텐츠에 뇌가 지속적으로 노출되면 뇌 기능이 저하될 수 있다.

이러한 문제를 예방하기 위해서는 구독 경제를 올바르게 이용하는 태도를 지녀야 한다. 자신의 구독 경제 이용 현황을 정기적으로 점검하여 불필요한 구독 서비스까지 이용하고 있지 않은지 확인해야 한다. 또한 자극적인 디지털 콘텐츠를 장시간 이용하는 것을 삼가기 위해 정해둔 시간만큼만 콘텐츠를 이용하는 습관을 들여 뇌가 쉴 수 있는 시간을 마련해주는 것이 중요하다.

[A]

8. '작문 상황'을 고려하여 구상한 글쓰기 내용으로, 학생의 초고에 반영되지 <u>않은</u> 것은?

① 구독 경제를 이용할 때의 장점

② 구독 경제의 과도한 이용으로 인한 문제점

③ 구독 경제의 이용 시간과 뇌 건강의 관련성

④ 구독 경제를 이용할 때 지녀야 할 올바른 태도

⑤ 구독 경제의 이용이 특정 플랫폼에 편중된 이유

9. <보기>는 초고를 보완하기 위해 추가로 수집한 자료이다. 자료의 활용 방안으로 적절하지 <u>않은</u> 것은? [3점]

───────── <보 기> ─────────

ㄱ. 구독 경제 이용 관련 설문 조사 자료

(대상 : 우리 학교 학생 300명)

ㄱ-1. 이용 현황 　　ㄱ-2. 이용 분야 (복수 응답)
　　　　　　　　　　(구독 경제를 이용 중인 학생 270명 응답)

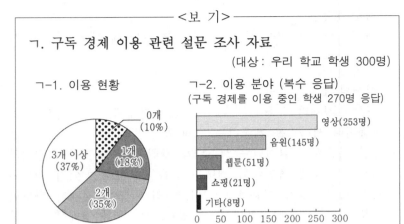

ㄴ. 신문 기사

　□□ 경제 연구소의 분석 결과 최근 구독 경제 시장이 빠르게 성장할 수 있었던 원인은 저렴한 가격을 내세운 마케팅 전략 때문인 것으로 나타났다. 그러나 구독 경제 시장이 확대됨에 따라, 1인당 결제 대금이 급증하여 과도한 구독료 지출에 따른 문제가 발생하고 있다.

ㄷ. 전문가 인터뷰

　"도파민은 뇌에서 분비되는 쾌락과 보상을 조절하는 신경 전달 물질입니다. 디지털 기기를 장시간 이용하여 도파민이 과도하게 분비되면 자기 조절력과 집중력이 떨어지는 등 뇌 기능 저하가 나타날 수 있습니다. 이를 예방하기 위한 방법으로 디지털 디톡스가 있습니다. 디지털 디톡스는 각종 디지털 기기에 대한 중독으로부터 벗어나 심신을 치유하는 것으로, 대중교통 이용 시 스마트폰 사용 대신 독서하기, 잠자리에 들기 30분 전부터 디지털 기기 사용 중단하기와 같은 방법을 통해 실천할 수 있습니다."

① ㄱ-2를 활용하여, 구독 경제의 이용 분야가 디지털 콘텐츠에 편중되어 있다는 것을, 구독 서비스 콘텐츠의 장시간 이용이 디지털 기기 사용 시간의 증가로 이어질 수 있다는 것의 근거로 3문단에 보강해야겠어.

② ㄴ을 활용하여, 1인당 결제 대금이 급증하고 있다는 것을, 여러 개의 구독 경제를 이용하는 것이 구독료의 과도한 지출로 이어질 수 있다는 것의 근거로 2문단에 보강해야겠어.

③ ㄷ을 활용하여, 디지털 디톡스의 실천 방법을, 디지털 기기 사용 시간을 줄임으로써 청소년들의 뇌 건강 문제를 예방할 수 있는 방법으로 4문단에 추가해야겠어.

④ ㄱ-1과 ㄴ을 활용하여, 저렴한 가격으로 인해 여러 개의 구독 경제를 이용하고 있는 것을, 청소년들이 구독 경제를 많이 이용하고 있는 현황으로 1문단에 보강해야겠어.

⑤ ㄱ-2와 ㄷ을 활용하여, 디지털 기기 사용 시간의 증가가 과도한 도파민 분비로 이어진다는 것을, 청소년이 다양한 형태의 구독 경제를 이용해야 하는 이유로 3문단에 추가해야겠어.

10. <보기>는 초고를 읽은 교사의 조언이다. 이를 반영하여 [A]를 작성한다고 할 때, 가장 적절한 것은?

───────── <보 기> ─────────

　"구독 경제를 과도하게 이용할 때의 문제점을 비유적으로 표현하고, 4문단에서 제시한 구독 경제를 올바르게 이용하는 방법을 모두 언급하며 글을 마무리하는 것이 좋겠습니다."

① 과도한 구독 경제 이용은 뇌 건강을 해치는 지름길이다. 디지털 콘텐츠 이용 시간을 줄여 뇌가 충분히 쉴 수 있게 해야 한다.

② 구독 경제를 지나치게 이용하는 것은 바람직하지 않다. 올바른 태도로 구독 경제를 이용하는 것이 우리에게 필요한 자세이다.

③ 무분별한 구독 경제 이용은 독이 될 수 있다. 자신에게 필요한 구독 경제만을 선택하고 정해둔 시간만큼 디지털 콘텐츠를 이용하는 태도가 필요하다.

④ 구독 경제는 어떻게 이용하느냐에 따라 양날의 검이 될 수 있다. 청소년들이 합리적으로 구독 경제를 이용할 수 있도록 정부의 적절한 규제가 필요하다.

⑤ 구독 경제는 소비자에게 편리함을 제공하지만, 지나친 이용은 과소비를 유발한다. 구독 경제 이용 개수를 최소화하는 것이 구독 경제를 올바르게 이용하는 태도이다.

[11~12] 다음 글을 읽고 물음에 답하시오.

　국어의 어휘를 구성하고 있는 단어들은 의미를 중심으로 여러 관계를 맺고 있다. 먼저, 의미의 계층상 단어의 한쪽이 다른 쪽을 포함하거나 다른 쪽에 포함되는 관계를 상하 관계라고 하며 이에 따라 다른 단어의 의미를 포함하는 단어를 상의어, 다른 단어에 포함되는 단어를 하의어라 한다. 상의어와 하의어는 의미 성분의 수에 차이가 있는데, 예를 들어 '소년'은 아직 완전히 성숙하지 않은 어린 남자아이를, '총각'은 결혼하지 않은 성년 남자를 의미한다는 점에서 '남자'보다 의미 성분의 수가 많다는 것을 알 수 있다. 이처럼 하의어일수록 의미 성분의 수가 더 많아지고, 그 의미가 구체적으로 한정되어 그 단어가 지시하는 지시 대상의 범위가 좁아진다. 또한, '남자'는 '인간'에 대해서는 하의어이지만 '소년'이나 '총각'에 대해서는 상의어인 것처럼 상의어와 하의어의 관계는 단어에 따라 상대적이라는 특징이 있다.

　다음으로, 유사한 의미를 지닌 둘 이상의 단어들끼리 맺고 있는 의미 관계를 유의 관계라고 하며, 이러한 관계에 있는 단어들을 유의어라 한다. '남자'와 '남성', '사내'와 같은 단어들은 의미가 비슷하여 대개 문장에서 서로의 자리에 바꾸어 들어갈 수 있는 유의어들이다. 하지만 그 의미가 완전히 똑같지는 않으므로 어느 경우에나 바꿔 쓸 수 있는 것은 아니다.

　마지막으로, 서로 대립되는 의미를 가진 단어들간의 관계를 반의 관계라고 하며, 이 관계에 속하는 단어들을 반의어라고 한다. 반의어는 모든 의미 성분이 대립되는 단어가 아니라 나머지 의미 성분을 공유하고 단 하나의 의미 성분에 대해서만 차이를 가지는 단어이다. 예를 들어, '남자'와 '여자'는 다른 의미 성분은 모두 같지만 '성별'이라는 의미 성분에서만 차이가 있기 때문에 반의 관계에 있다. 하지만 '할아버지'와 '소녀'는 '성별' 외에 '연령'이라는 의미 성분도 다르기 때문에 반의 관계가 아니다. ⊙한 단어가 둘 이상의 반의어를 가질 수도 있는데, 이는 어떤 단어가 여러 의미를 갖는 다의어일 때, 각각의 의미에 따라 반의어가 달라질 수 있는 경우가 있기 때문이다.

이러한 단어들의 관계를 한 단어를 중심으로 하는 어휘 지도를 통해 표현할 수도 있는데, '조류'와 '아버지'라는 단어는 아래의 어휘 지도를 통해 그 의미 관계를 파악할 수 있다.

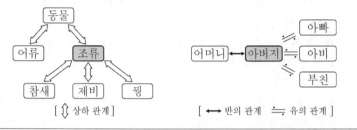

11. 윗글의 어휘 지도를 이해한 내용으로 적절하지 <u>않은</u> 것은?

① '동물'은 '어류'에 비해 단어가 지시하는 지시 대상의 범위가 넓다.
② '조류'는 '참새', '제비', '꿩'보다 가지고 있는 의미 성분의 수가 많다.
③ '아버지'와 '아비'는 의미가 유사하지만 문장에 따라 바꾸어 쓸 수 없는 경우도 있다.
④ '아버지'와 '어머니'는 '성별'이라는 의미 성분을 제외한 나머지 의미 성분을 공유하고 있다.
⑤ '조류'는 '동물'에 대해서는 하의어이지만 '제비'에 대해서는 상의어이므로 상하 관계의 상대성이 드러난다.

12. 윗글의 ⊙을 참조하여 <보기>의 빈칸을 채울 때, [A]~[C]에 들어갈 말을 바르게 배열한 것은?

─────── <보 기> ───────

단어	예문		반의어
	벽에 그림을 <u>걸고</u> 있었다.	↔	[A]
걸다	지금 친구에게 전화를 <u>걸어야</u> 한다.	↔	받다
	[B]	↔	열다
	자동차의 시동을 <u>걸었다</u>.	↔	[C]

	[A]	[B]	[C]
①	떼다	대문에 빗장을 <u>걸었다</u>.	끄다
②	떼다	솥을 가장자리에 <u>걸었다</u>.	끄다
③	떼다	문에 자물쇠를 <u>걸지</u> 않았다.	내리다
④	빼다	명예를 <u>걸고</u> 임해야 할 것이다.	내리다
⑤	빼다	큰 상금이 <u>걸려</u> 있는 대회이다.	풀다

13. <보기>의 ⊙~©에 들어갈 말로 적절한 것은?

─────── <보 기> ───────

중세 국어에서 목적격 조사는 여러 가지 형태로 실현되었다. 먼저, 앞말에 받침이 있는 경우에 '올'이나 '을'이, 받침이 없는 경우에는 '룰'이나 '를'이 실현되었는데, 앞말에 받침이 있을 때에는 앞말의 받침을 뒤의 '올'이나 '을'에 이어 적기한 형태로 나타나기도 하였다. 또한, 앞말의 모음이 양성 모음일 때에는 '올'이나 '룰'이, 음성 모음일 때에는 '을'이나 '를'이 실현되었다. 중세 국어의 목적격 조사가 실현되는 예는 아래와 같다.

○ (⊙) 손소 자보샤
　[손을 손수 잡으시어]
○ 世尊ㅅ긔 내 (©) 펴아 술ᄫᅵ쇼셔
　[세존께 내 뜻을 펴 아뢰십시오.]
○ 王이 (©) 請ᄒᆞᄉᆞᄫᅵ쇼셔
　[왕이 부처를 청하십시오.]

	⊙	©	©
①	소늘	ᄠᅳ들	부텨를
②	소늘	ᄠᅳ들	부텨를
③	소늘	ᄠᅳ들	부텨룰
④	소늘	ᄠᅳ들	부텨룰
⑤	소늘	ᄠᅳ들	부텨를

14. <보기>에 대한 이해로 적절하지 <u>않은</u> 것은? [3점]

─────── <보 기> ───────

⊙ 닭장[닥짱]　　© 끓는[끌른]　　© 홑이불[혼니불]

① ⊙, ©에는 음절 끝에 둘 이상의 자음이 오지 못하기 때문에 일어나는 음운 변동이 있군.
② ©, ©에서는 앞의 자음이 뒤의 자음에 동화되는 음운 변동이 일어났군.
③ ⊙에서 탈락된 음운과 ©에서 첨가된 음운은 서로 다르군.
④ ©에서는 ⊙, ©과 달리 음운 변동의 결과 음운 개수가 하나 늘었군.
⑤ ©, ©에서는 ⊙과 달리 인접한 자음과 조음 방법이 같아지는 음운 변동이 일어났군.

15. <보기>의 ㉠~㉤에 대한 설명으로 적절하지 <u>않은</u> 것은?

─────── <보 기> ───────

㉠ 그는 영수가 집에 간다고 했다.
㉡ 이것은 어제 그녀가 산 책이다.
㉢ 개나리꽃이 흐드러지게 피었다.
㉣ 영철이는 마음씨가 매우 착하다.
㉤ 나는 아이들이 행복하기를 바란다.

① ㉠은 인용절을 가진 안은문장으로, 안긴문장의 주어가 생략되어 있다.

② ㉡은 관형사절을 가진 안은문장으로, 안은문장의 주어는 '이것은'이고 안긴문장의 주어는 '그녀가'이다.

③ ㉢은 부사절을 가진 안은문장으로, 안긴문장의 주어가 생략되어 있다.

④ ㉣은 서술절을 가진 안은문장으로, 안은문장의 주어는 '영철이는'이고 안긴문장의 주어는 '마음씨가'이다.

⑤ ㉤은 명사절을 가진 안은문장으로, 안은문장의 주어는 '나는'이고 안긴문장의 주어는 '아이들이'이다.

[16~19] 다음 글을 읽고 물음에 답하시오.

[앞부분의 줄거리] 불우이웃을 돕기 위한 물품을 기증하기 위해 우체국에 들른 '그'는 주차하는 도중 노인의 승용차 범퍼를 살짝 긁고, 노인과 시비 끝에 경찰관의 중재로 보험 처리를 하기로 한다.

"글쎄 그건 누구를 속이거나 남의 걸 빼앗는 게 아니고 자기 권리를 찾는 거라니까요. 그렇게 오랫동안 무사고 운전을 하셨으면 보험회사한테 얼마나 갖다 바친 거예요. 그동안 사소한 사고를 내고도 몇백 몇천씩 뜯어먹은 운전자들이 또 얼마나 많겠어요. 이제는 사장님 밥상을 찾아 먹을 때도 됐죠."

본업인 '차량 경정비'보다는 '덴트' '보험 처리'라는 글자를 훨씬 더 크고 화려하게 유리문에 붙여놓은 정비업체 사장은 몸집이 자그마했다. ㉠안경 너머에서 눈이 반짝거렸고 작은 입술은 빠르고 매끄럽게 움직였다. 그는 매끈하게 치장해놓은 가게 안 공간에 어울리지 않게 크고 둔중해 보이는 자신의 차에 몸을 기댔다.

"글쎄, 보험회사 직원도 그런 말을 하긴 했어요. 쉽게 해결하는 방법이 있다고. 그래도 우리같이 순진한 사람이 그런 걸 할 수 있을까 싶은데."

그와 나이가 비슷해 보이는 사장은 말을 하면서도 눈과 귀, 손과 발을 쉬는 법이 없었다. 순식간에 그의 차에 새겨진 세월과 부주의의 흔적이 드러났다.

"여기 크게 박은 게 두 군데고 작은 건 네 군데네요. 범퍼는 쌔끈하게 칠해드리고…… 이거 다 합치면 한 칠팔십 되겠는데요. 제가 보험 할증 안 붙게 오십 안짝으로 맞춰드릴 테니까 사장님은 보험회사에 전화해서 주차장에 가만히 세워놓은 차를 누가 박고 갔다고 하세요. 차 어딨냐고 하면 우리 가게 전화번호 알려주시고 담당 직원 정해지면 전화하라고 제 번호 가르쳐주세요. 그다음에 사장님은 싹 빠지시면 됩니다. 나머지는 우리가 다 알아서 합니다. 프로니까요. 척하면 서로 알아보는 거죠."

차를 맡긴 그는 최대한 천천히 걸어서 십여 분 만에 자신의

거처인 오피스텔로 돌아왔다. **접촉 사고** 이후 보험회사 직원의 예견대로 노인은 **정비 공장을 찾아가서 범퍼 전체**를 교환했고, 아슬아슬하게 보험료 할증이 없는 상태로 사태는 마무리되었다. 그는 노인과 시비를 벌이는 와중에 **화풀이로 차를 발로 차고 주먹질을 한** 뒤 생긴 흔적을 포함해 차에 생긴 크고 작은 상처를 손볼까 싶어서 차량 정비와 외장 수리를 전문으로 한다는 오피스텔 앞 정비업체를 찾았던 것이었다.

보험회사에 전화를 걸자 전과 마찬가지로 "친절하게 모시겠습니다. 파러웨이자동차보험 상담원 김민영입니다. 무엇을 도와드릴까요?" 하는, 기계음을 닮은 여자의 목소리가 들려왔다. 그는 알레르기 증상이라도 있는 것처럼 기침을 했다.

"제 차를요. 주차장에 놔뒀는데요. 어떤 놈이 살짝 박고 도망을 간 거 같아서요."

"예, 고객님, 정말 상심이 크시겠습니다. 그럼 먼저 고객님의 신원부터 확인하고 도와드리도록 하겠습니다. 전화번호가 공일팔 이삼하나 구일칠삼 맞으시나요? 고객님 성함은 박 자, 정 자, 국 자, 맞으시죠?"

㉡신원을 확인하고 난 뒤 상담원은 차를 언제, 어디에, 어떻게 세워두었느냐고 물었다. 그가 오피스텔 주차장이라고 대답하자 주차장 몇 층 가운데 몇 층인지, 출입구에서 어느 정도 되는 위치인가도 물었다. 그는 허둥대는 와중에도 혹시 시시티브이가 작동했을지도 모른다고 생각해 주차장 바깥 건물 벽에 붙여서 세워두었다고 둘러댔다.

"그럼, 몇 월 며칠 몇 시부터 몇 시까지 차를 거기다 세워두셨습니까?"

대화가 진행되면서 상대의 목소리에서 처음의 기계 같던 느낌은 많이 사라졌다. 이십대 중반쯤이나 되었을까 싶게 앳되고 맑은 목소리에 그는 문득 수치심을 느꼈다.

(중략)

그의 차 뒷부분은 거대한 강철 손으로 움켜잡아 찌그러뜨린 듯했다. 원래 그가 세웠던 자리에서 받힌 충격으로 오십 센티미터쯤 움직여 기둥을 들이받은 터라 **오른쪽 뒷문이 완전히 으스러진 채였다.** 그는 나에게도 이런 **행운이 찾아올 때도 있구나** 싶어 가슴이 떨렸다. 그는 기쁨을 억제하며 일부러 크게 소리를 질렀다.

"아이고, 이거 새로 덴트 하고 코팅까지 한 게 일주일도 안 됐는데. 돈 처바른 게 흔적도 없네."

두꺼운 뿔테 안경을 쓰고 양복 정장을 입은 중년 남자가 다가왔다. 남자는 일단 고개를 깊이 숙였다.

"선생님, 이거 정말 죄송하게 됐습니다. 좋은 차를 잘 타시고 계신데 제가 실수를 해서 이렇게 되었네요. 지금 자동차 보험회사에 연락했습니다. 제 차는 벌써 정비 공장에서 차가 와가지고 견인을 해갔는데 같은 보험회사에서 고쳐도 좋을지, 선생님 의향이 어떠신지 몰라서 먼저 전화를 드렸습니다. 죄송합니다. 주무시는데 깨워서 또 죄송합니다. 얼마나 놀라셨습니까."

그는 두 손을 모아 **공손히 답례라도 하고 싶은 심정**이었다.

"별말씀 다 하십니다. 다 같이 운전하는 입장에서 보면 서로 이해할 수 있지요. 그런데 어쩌다가?"

㉢목욕탕 천장의 환기 시설이 고장 났을 때 수리를 해주러 왔던, 팬을 사오면 갈아주겠다고 하던 젊은 기사가 나섰다.

"가해자 차주가 여기 사시는 분 맞고요. 삼이공오 넘버 확인했어요. 전화번호도 땄어요. 우리도 자다가 소리가 꽝, 하고 나서 나와 봤는데요. 정말 폭탄 터지는 거 같았어요. 사장님 차는 앞에 있던 차가 커버를 해줘서 상황이 좀 나은

거예요. 그 차 완전 개박살났어요. 차주 분이 **폐차해야 되겠다**고 하더라고요. 출고 십 년 된 코란돈데요. 그 차주 분 되게 좋아하시면서……"

그는 말을 끊었다.

"아, 나도 칠 년 된 찬데. 그런데 나 차 바꿀라다가 계약금으로 목돈 들어가지, 등록비에 세금 무섭고 해서 좀 더 타자고 바로 얼마 전에 이백만 원 주고 싹 도색하고 내부 고쳐서 타던 거예요. **그 돈 들인 게 일주일도 안** 됐어요."

ⓐ안쪽에 서 있던 여자들 중 하나가 기침을 했다. 그는 말을 멈추었다. 역시 공기가 안 좋아. 예민한 사람들은 오래 있으면 좋지 않지.

"어떻게 하시겠습니까. 같은 정비 공장에다 견인차를 또 오라고 전화할까요?"

투 버튼 회색 정장에 물방울무늬 넥타이를 맨 중년 남자가 정중하게 그에게 물었다. 그는 이럴 때는 어떻게 하는 게 좋을지 물어볼 사람이 있는지 생각해보았다. 그가 아는 한 주변에 같은 일을 겪은, 아니 그런 행운을 맞이해본 사람은 없었다. ⓜ시간이야 어떻든 간에, 전화를 받은 사람은 아침부터 재수가 없다고 할지도 모른다. 이 세계에는 행운의 총량이 정해져 있는데, 한 사람이 행운을 많이 가져가면 남은 것을 나눠 가져야 하는 사람들의 몫이 줄어든다. 자신의 몫이 줄어드는 것을 '재수가 없다'고 표현한다.

– 성석제, 「론도」 –

16. 윗글의 인물에 대한 이해로 가장 적절한 것은?

① 정비업체 사장은 사고를 내고도 보험 처리를 하지 않는 운전자들을 비난하였다.

② '그'는 보험회사 직원이 말한 방법을 자신이 실행할 수 있을지 의구심을 가졌다.

③ 정비업체 사장은 수리해야 하는 부분을 언급하며 '그'의 부주의함을 지적하였다.

④ 중년 남자는 '그'에게 자신과 같은 보험회사에서 차를 수리할 것을 요구하였다.

⑤ 젊은 기사는 중년 남자가 사고를 내는 순간에 목격한 내용을 '그'에게 전달하였다.

17. 대화에 대한 설명으로 가장 적절한 것은?

① 공통의 관심사를 확인하는 과정에서 인물들의 동질감이 드러난다.

② 문답의 과정을 거치며 부끄러움을 느끼게 되는 인물의 모습이 드러난다.

③ 목적을 달성하기 위해 계획을 치밀하게 준비한 인물들의 모습이 드러난다.

④ 상반된 견해를 가진 인물에 대한 일방적인 강요가 갈등의 원인임이 드러난다.

⑤ 난처한 상황에 직면한 인물의 솔직함이 사건을 해결하는 실마리가 됨이 드러난다.

18. ㉠~㉤에 대한 이해로 적절하지 <u>않은</u> 것은?

① ㉠ : '눈이 반짝거렸고'와 '작은 입술은 빠르고 매끄럽게 움직였다'를 보면, 서술자가 외양 묘사를 통해 인물의 특징을 드러내고 있음을 알 수 있다.

② ㉡ : 서술자가 인물 간의 대화를 인용 부호 없이 서술하며 인물이 처한 상황을 드러내고 있음을 알 수 있다.

③ ㉢ : '수리를 해주러 왔던'과 '갈아주겠다고 하던'을 보면, 서술자가 과거의 사건을 바탕으로 인물에 대한 정보를 제공하고 있음을 알 수 있다.

④ ㉣ : 누가 한 말인지 서술의 주체가 분명하지 않은 것을 보면, 공간적 배경에 따라 서술자가 달라지고 있음을 알 수 있다.

⑤ ㉤ : '재수가 없다고 할지도 모른다'를 보면, 특정 상황에서 보일 수 있는 반응을 서술자가 확정적으로 진술하지 않고 추측하여 서술하고 있음을 알 수 있다.

19. <보기>를 바탕으로 윗글을 감상한 내용으로 적절하지 <u>않은</u> 것은? [3점]

<보 기>

'론도'는 주제 선율이 반복되는 사이에 주제 선율과 차이를 지닌 선율이 삽입되어 주제 선율을 부각하는 음악 형식이다. '론도'라는 음악 형식을 차용한 이 작품에서 주인공은 교통사고를 두 번 겪는데, 각각의 사건에서 가해자와 피해자로서 주인공의 입장은 달라지고 이에 따라 다른 태도를 보인다. 또한 주인공 이외의 인물들도 자신이 겪은 교통사고에서 자신의 입장에 따른 이해관계를 생각하며 행동하는 모습을 보인다. 작가는 이러한 인물들의 모습을 통해 현대 사회의 이해타산적 세태를 드러내고 있다.

① '그'가 노인의 승용차 범퍼를 긁은 것과, 중년 남자가 '그'의 차를 '찌그러뜨린' 것은 모두 교통사고에 해당하는데, 이는 '론도'라는 음악 형식을 차용하여 주인공이 겪는 사건을 보여 주는 것이라 할 수 있겠군.

② 노인이 '정비 공장을 찾아가서 범퍼 전체'를 교체하는 것과 코란도 차주가 '폐차해야 되겠다'고 말하며 좋아하는 모습에서 이해타산적 세태를 확인할 수 있겠군.

③ 노인과 시비를 벌이며 '화풀이로 차를 발로 차고 주먹질을 한' '그'가 중년 남자와의 사고를 '행운이 찾아'온 것이라 여기는 것은 자신의 입장에 따른 이해관계를 생각하며 행동하는 인물의 모습에 해당하겠군.

④ '그 돈 들인 게 일주일도 안' 되었다는 '그'와 '공손히 답례라도 하고 싶은 심정'이라고 생각하는 '그'의 모습은 입장에 따라 다른 태도를 보이는 인물의 모습에 해당하겠군.

⑤ '접촉 사고'의 상황과 '오른쪽 뒷문이 완전히 으스러진' 사고의 상황을 통해 사건에 따라 주인공의 입장이 달라진다는 점을 확인할 수 있겠군.

[20~24] 다음 글을 읽고 물음에 답하시오.

전통적으로 철학자들은 인간이 대상에 대해 가진 생각과 느낌을 바탕으로 형성된 인식이 언어의 의미를 구성한다고 보았다. 이렇게 언어의 의미가 인간의 의식에 내재된 생각과 느낌에 기반한다고 보는 관점을 의미 내재주의라고 한다. 이 관점에 따르면 우리는 대상에 대해 각자 가지고 있는 인식의 일부를 언어의 의미로 제시한다. 예를 들어 우리는 '레몬'에 대해 '노란색의 둥근 열매', '신맛이 나는 과일'과 같이 설명하는데, 레몬이라는 단어가 지시하는 대상을 '지시체', 지시체에 대한 인식을 기술한 설명을 '기술구'라고 한다. 의미 내재주의에 따르면 언어의 의미는 기술구에 의해 결정되고, 의미를 안다는 것은 곧 기술구를 아는 것이 된다.

그러나 분석 철학자 퍼트넘은 기술구가 결정하는 의미가 객관적이지 않다고 비판하며, 의미는 우리를 둘러싼 객관적인 외부 세계에 의해 결정된다는 관점에서 의미 외재주의를 주장하였다. 그는 인간의 생각이나 느낌이 아니라 외부 세계를 구성하는 대상으로서의 지시체, 그 자체가 의미를 결정한다는 것을 논증하고자 '쌍둥이 지구 사고 실험'을 제시하였다.

지구와 모든 것이 똑같다고 인식되는 쌍둥이 지구가 존재한다고 가정해 보자. 화학이 고도로 발전하기 전에 두 지구에는 모두 '물'이라고 부르는 무색무취의 액체가 있어 사람들은 물을 마시고, 수영이나 목욕 등 동일한 용도로 물을 사용한다. 그러므로 두 지구의 사람들이 물에 대해 가진 생각과 느낌은 동일하다. 그런데 화학식이 H_2O인 지구의 물과 달리, 쌍둥이 지구에서 물이라 불리는 대상은 화학식이 XYZ인 물질이라고 밝혀졌다면, 물에 대해 사람들이 제시하는 기술구는 동일할 수 있지만 ㉠두 지구의 '물'의 의미는 같지 않다. 퍼트넘은 사고 실험을 통해 어떤 대상에 대한 사람들의 생각과 느낌이 동일해도 대상 자체가 다를 수 있음을 보여 주어, 의미는 인간의 인식이 아닌 외부 세계를 구성하는 대상에 의해 결정된다는 것을 증명하려 하였다.

[A] 퍼트넘은 한 단어의 의미는 관습적 사고가 아닌 단어가 지시하는 외부 세계의 대상이 가진 '실제적 본성'에 의해 결정된다고 생각했다. 실제적 본성은 대상 속에 숨겨진 본질적 구조로 과학적 발견을 통해 알려진다. 예를 들어 어떤 금속이 노랗고 반짝거리는 속성을 @지닌다고 해도 실제적 본성이 금으로 밝혀져야 금이라고 부를 수 있다. 그는 물, 금, 알루미늄과 같이 자연에서 발견되는 대상을 나타내는 단어인 '자연종 명사'를 근거로, 의미는 외부 세계의 대상이 가지는 실제적 본성에 의해 결정된다는 자신의 생각을 뒷받침하였다. 또한 금에 대해 잘 알지 못하는 일반인은 금의 실제적 본성을 잘 아는 감별사나 금의 원소를 밝힐 수 있는 과학자 등과 같은 전문가의 안내에 의존한다. 즉 금을 구별하는 일은 소수의 전문가들이 담당하고 일반인들은 전문가의 지식에 따라 금이라는 단어를 사용하게 되는 것이다. 퍼트넘은 언어 사용을 위해 언어 공동체에서 일상적으로 이루어지는 언어적 협업을 '언어적 노동 분업'이라고 불렀다.

이러한 퍼트넘의 주장에 대해 다양한 비판적 시각이 존재한다. 하지만 언어의 의미에 대한 기존의 관점과 달리 그의 주장은 대상을 기반으로 한 객관적 의미를 찾으려 했다는 점에서 언어를 바라보는 새로운 관점을 제시했다는 평가를 받는다.

20. 윗글에서 알 수 있는 내용으로 적절하지 <u>않은</u> 것은?

① 의미 내재주의에 의하면 의미는 지시체에 대한 기술구에 따라 결정된다.
② 의미에 대한 전통적 관점에 의하면 대상에 대한 인간의 인식이 의미를 구성한다.
③ 의미 외재주의에 의하면 의미는 우리가 살고 있는 객관적인 외부 세계에 의해 결정된다.
④ 의미 내재주의자와 퍼트넘 모두 개인이 부여한 의미의 주관성이 중요하다고 생각했다.
⑤ 퍼트넘은 의미 내재주의자와 달리 외부 세계를 구성하는 지시체가 의미를 결정한다고 주장했다.

21. 윗글을 참고할 때, ㉠의 이유로 가장 적절한 것은?

① 두 지구의 물이 같은 물질이더라도 두 지구의 사람들이 이를 서로 다른 화학식으로 표현하고 있기 때문이다.
② 두 지구의 사람들이 물에 대해 가진 인식이 같더라도 두 지구의 물은 서로 다른 지시체이기 때문이다.
③ 두 지구의 사람들이 물에 대해 가진 생각과 느낌이 물의 의미를 결정하기 때문이다.
④ 두 지구의 물이 다른 물질이더라도 기술구가 같으면 같은 물질이기 때문이다.
⑤ 두 지구의 사람들이 가진 물에 대한 인식에 차이가 있기 때문이다.

22. [A]를 읽은 학생이 <보기>에 대해 보인 반응으로 적절하지 <u>않은</u> 것은? [3점]

<보 기>

냄비를 만드는 재료로 사용되는 몰리브데넘은 자연에 존재하는 금속으로 알루미늄과 속성 및 용도가 매우 유사하다. 그러나 몰리브데넘의 원소 기호는 Mo로 Al인 알루미늄과는 다른 물질이다. 일반인들은 몰리브데넘 냄비와 알루미늄 냄비를 구별할 수 없으나 전문가들은 테스트를 통해 이를 간단히 구별한다.

① 몰리브데넘과 알루미늄의 속성이 비슷하더라도 실제적 본성에는 차이가 있겠군.
② 두 금속의 원소를 밝혀낸 과학적 발견을 통해 몰리브데넘과 알루미늄의 본질적 구조가 드러났겠군.
③ 몰리브데넘과 알루미늄을 구별할 수 있는 소수의 전문가는 단어가 의미하는 대상의 차이를 인지하며 단어를 사용하겠군.
④ 자연 상태에 있던 몰리브데넘과 알루미늄이 발견되면 두 금속의 의미를 결정하기 위해서 언어 공동체의 협업이 필요하겠군.
⑤ 전문가의 안내에 따라 일반인들이 몰리브데넘과 알루미늄이라는 단어를 구별하여 사용하게 된다면 언어적 노동 분업이 이루어진 것이겠군.

23. <보기>의 관점에서 퍼트넘의 주장을 비판한 것으로 가장 적절한 것은?

<보기>

　외부 세계를 구성하는 어떤 대상이 단어의 의미를 결정한다면, '레몬'이라는 대상이 그 단어의 의미를 결정한다는 것은 당연하다고 볼 수 있다. 그러나 '도깨비'와 같이 외부 세계에서 존재하지 않는 대상을 지시하는 단어도 분명히 그 단어만의 의미를 지닌다.

① 단어의 의미를 구별할 때 외부 세계에 대한 관습적 사고에서 벗어나지 못했다.
② 대상의 본질이 달라지면 그 대상을 나타내는 단어의 의미 역시 달라진다는 점을 간과했다.
③ 단어의 의미를 아는 데 있어 외부 세계에 실재하는 대상의 본질을 밝히는 것을 도외시했다.
④ 대상에 대해 사람들이 부여한 의미보다 대상 그 자체를 아는 것이 단어의 의미 결정에 중요하다.
⑤ 외부 세계가 의미 결정에 필수적이라면 인간의 상상으로 만들어진 단어들의 의미는 설명할 수가 없다.

24. ⓐ와 문맥상 의미가 가장 가까운 것은?

① 그는 착한 성품을 <u>지닌</u> 사람이다.
② 어릴 때 모습을 그대로 <u>지니고</u> 있다.
③ 그가 <u>지닌</u> 목걸이는 친구에게 선물로 받은 것이다.
④ 일을 성사시킬 책임을 <u>지니고</u> 해외로 출장을 갔다.
⑤ 첫사랑의 추억을 평생 동안 가슴속에 <u>지니고</u> 살았다.

[25~27] 다음 글을 읽고 물음에 답하시오.

[앞부분의 줄거리] 영웅적 면모를 지녔으나 먹고 자기만 하며 허송세월을 보내던 이생은 장인이 죽자 장모에 의해 쫓겨나고, 이생의 부인 양 소저는 시부모의 제사를 지내면서 이생을 기다린다. 한편 집을 나온 이생은 곤경에 빠진 사람에게 자신이 가진 삼백 냥의 돈을 다 내어 준 후 어떤 노인의 도움을 받게 된다.

"그대 오늘 큰 적선을 하였으니 깊이 감격하노라."
이생이 이렇듯 노인의 신기함을 보고 평범한 인물이 아니리라 생각하며 의아해 마지않았다.
"존옹의 물으심이 무슨 일이니이꼬? 저는 적선한 일이 없소이다."
노인 말하기를,
"대인은 사람 속이기를 아니하나니라."
이에 또 말하기를,
"그대 저리 먹는 양에 양식도 없이 어찌 살아가려 하느뇨?"
이생이 답하기를,
"이처럼 얻어먹으면 아니 살아가리이까?"
노인이 크게 웃으며 말하였다.
"㉠소년의 말이 사리에 어둡도다. 그러나 나는 그대를 알거니와 그대는 나를 모르리라. 다만 그대에게 붙일 말이 있나니, 깊고 자세히 알려 하지 말라. 마땅히 평안히 지내며 학문을

넓힐 곳이 있거늘 도로에서 방황함이 무익하지 않겠느냐?"
이생이 대답하였다.
"소자는 아득하여 깨닫지 못하오니, 대인은 밝게 가르치소서."
노인이 말하였다.
"낙양 땅 청운사가 매우 부유하고 그 절의 승려가 의기가 많으니 족히 안거하여 공부를 착실하게 할 수 있을지라. 내가 적은 돈을 보태리라."
이생이 고마움을 표현하되 노인이 말하였다.
"삼백 냥 은자를 통째로 주고도 사례하는 것에 대해 기뻐하지 않더니, 이제 도리어 네다섯 냥을 받고 사례하려고 하느냐?"
그리고 이어서 말하였다.
"가는 길이 피곤할 것이오. 본디 잠이 많으니 그만하여 자고 내일 나를 찾지 말라."
이생이 고하였다.
㉡"존공을 찾지 말라는 말씀이 어디에 있으심이뇨? 진실하지 못할까 하나이다."
노인이 말하였다.
"진실한 일이 있으니 의심하지 말고 즐기는 잠이나 자라."
이생이 깊이 의혹스러우나 여러 날 고생하여 몸이 고단하고 잠이 더욱 왔다. 누웠는데 동방이 밝는 줄도 깨닫지 못하였다. 문득 몸이 서늘하므로 일어나 보니, 웅장한 누각과 노인은 없고 은자와 글을 쓴 종이 한 장, 그리고 노란 주머니 한 개, 차 한 그릇이 놓여 있었다. 바야흐로 신선이 한 일인 줄 알았다.
이생이 놀랍고 두려워 글을 쓴 종이를 펴 보니
'내가 세상을 뜨니 네 몸이 늘 괴롭도다. 표연히 길을 떠나, 단지 하나 부인이 준 돈뿐인데 이를 적선하여 남을 도와주었도다. 수삼 일 길을 가되 조금도 돈을 아까워하지 않으니 그 도량이 넓고 덕이 크도다. 황천이 감동하여 복을 내리오사 나로 하여금 너의 피곤한 것을 구하고 비서(祕書)를 주나니 가르친 말을 어기지 말라. 이 차를 마시면 천리를 갈 것이니라.'
라고 하였다.
이생이 보기를 다한데 끝에 또 썼으되,
'장인 양자윤은 사랑하는 사위 이경작에게 부치노라.'라고 하였다.
이생이 가슴에 사무쳐 눈물 두어 줄을 흘리고 주머니 속의 글을 수습하고 또 차를 마시니 정신이 상쾌하였다. 몸을 일으켜 장인의 전후 은혜를 생각하니 아름다움이 넓고 밝으므로 굳고 단단한 마음이 생겨 저절로 눈물이 마구 흘렀다.
(중략)
양 소저는 시부모님을 처음으로 뵈니 반갑고 슬픔이 뒤얽히어 눈물을 흘리면서 일어나 재배하고 말하였다.
"제가 능력도 없고, 재주가 없어 이름 있는 집안을 우러러 사모한 지 십 년이라. ㉢덕이 적고 사람으로서 해야 할 일이 사리에 어두워 제사를 정성으로 받들지 못하와 한 번 이렇듯 끝이 없는 죄를 지옵고 지아비 집을 나간 지 육 년에 이르러 소식을 알 길이 없으니 마땅히 지켜야 할 바를 지키지 못한 죄인입니다. 제가 긴 시간 마음에 품은 정이 더할 수 없이 슬프고, 시부모님의 산소 아래에 이르러서는 얼굴을 뵙지 못하온 한이 있어 소리가 나는 것을 깨닫지 못하였으나 시부모께서 들으셨으니 죄가 만 번 죽어도 섭섭함이 없습니다."

이 공이 근심하여 말하였다.

"우리 부부는 인간 세상에서는 그렇게 빈곤했는데 여기에 이르러서는 마음이 넓고 비범한 작위를 받아 이렇게 화려하게 안거하니 사람이 사납지 아닐지언정 어찌 부귀하지 못할까 근심하리오."

부인이 소저의 고운 손을 잡고 머리를 어루만지면서 눈물을 흘리며 말하기를,

"현부는 슬퍼하는 것을 그치어라."

라고 하므로 소저가 다시 엎드려 말하였다.

"제가 이 씨 가문에 의탁하온 지 십여 년에 일찍 얼굴을 뵈옵지 못하였더니 금일 얼굴을 뵈어 가르침을 듣고, 저의 심정을 말씀드리고 싶습니다. 원하옵나니 저의 넋을 인도하여 슬하에서 뫼시기를 원하옵니다."

이 공이 말하였다.

ⓔ"오래 살고 일찍 죽을 때가 있나니 현부는 말을 가볍게 하지 말라. 비록 한때 곤궁하나 장래에 복록이 헤아릴 수 없이 많을 것이니 어찌 우리의 자취를 밟아 따르리오?"

부인이 슬퍼하면서 말하였다.

"가련하다, 나의 현부여. 자취가 이렇듯 슬프뇨."

이 공이 부인의 시녀를 명하여 말하였다.

"현부가 온 지 오래니 차를 마시도록 하라."

시녀가 명령을 받아 차를 드리니 양 씨가 받아 마시고는 혼혼한 정신이 상쾌해졌다. 이 공이 명하여 말하기를,

"현부는 온 지 오래되었으니 빨리 돌아갈지어다."

소저가 일어나 하직할 때 슬픔을 멈추지 않으므로 공이 재삼 위로하고 사랑하여 그 손을 잡고 어서 가기를 허락하였는데, 궁전에서 내리려 하되 대궐 안의 섬돌이 매우 높은지라 무엇에 걸려 깨어나니 베갯머리를 스치고 간 하나의 꿈이었다. 소저가 황홀함을 이기지 못하여 베개를 밀치고 꿈속의 일을 생각하니 시부모의 깨끗한 기상이 거목과 같았으므로 다시 어찌 미치리오. 가을바람이 소슬하고 기러기 슬프게 우니 속절없이 단장하여 매우 구슬프고 애달플 뿐이었다.

– 작자 미상, 「낙성비룡」 –

25. 윗글의 인물에 대한 이해로 적절하지 <u>않은</u> 것은?

① 이 공의 부인은 눈물을 흘리며 양 소저를 위로하였다.

② 노인은 이생이 가진 돈을 모두 적선한 것을 알고 있었다.

③ 양 소저는 이 공 부부를 모시며 그들과 함께 지내고 싶어했다.

④ 이생은 천리를 가는 능력이 있어 노인에게 비서를 받을 수 있었다.

⑤ 이 공은 살아 있을 때와 달리 죽어서는 편안한 삶을 살고 있다고 말했다.

26. ⊙~ⓔ에 대한 설명으로 가장 적절한 것은?

① ⊙에서는 당위를 내세워 상대를 설득하고, ⓛ에서는 감정에 호소하여 상대의 동의를 이끌어 내고 있다.

② ⊙에서는 상대보다 우월한 신분을 통해, ⓔ에서는 상대에 대한 배려를 통해 상대의 태도 변화를 촉구하고 있다.

③ ⓛ과 ⓒ에서는 모두 자신이 처한 상황을 언급하며 상대에게 자신의 잘못을 드러내고 있다.

④ ⓛ과 ⓔ에서는 모두 상대의 안위를 걱정하며 상대의 제안을 거절하고 있다.

⑤ ⓒ에서는 과거의 일을 근거로 자책하고 있고, ⓔ에서는 미래의 일을 예측하며 상대를 만류하고 있다.

27. <보기>를 참고하여 윗글을 감상한 내용으로 적절하지 <u>않은</u> 것은? [3점]

<보 기>

「낙성비룡」에는 시련을 겪던 남녀 주인공인 이생과 양 소저가 각각 안내자를 만나 정보를 획득하는 장면이 있다. 각각의 장면에서 안내자는 주인공에 대한 정보를 언급하고, 주인공은 안내자와의 만남을 통해 시련을 극복할 수 있는 방안에 대한 정보를 획득한다. 이때 주인공과 안내자와의 관계는 주인공이 안내자가 제공하는 정보를 신뢰하는 이유가 된다. 주인공이 안내자로부터 정보를 획득하는 과정은 다음과 같이 도식화할 수 있다.

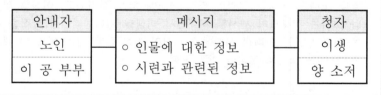

안내자	메시지	청자
노인	○ 인물에 대한 정보	이생
이 공 부부	○ 시련과 관련된 정보	양 소저

① 노인이 이생의 잠이 많다는 점과 식사량에 대해 말하는 것은 안내자가 주인공에 대한 정보를 언급하는 것에 해당하겠군.

② 이생과 노인의 관계, 양 소저와 이 공 부부의 관계가 가족이라는 점은 남녀 주인공이 안내자를 통해 알게 된 정보를 신뢰하는 이유에 해당하겠군.

③ 이생이 집에서 쫓겨나 고생을 한 것과 양 소저가 남편의 소식조차 알지 못하고 지낸 것은 안내자를 만나기 전 남녀 주인공이 겪은 시련이라 볼 수 있겠군.

④ 양 소저가 현실로 돌아가기 전에 이 공 부부가 준 차를 마시는 장면은 주인공이 안내자로부터 시련 극복 방법에 대한 정보를 획득하는 과정에 해당하겠군.

⑤ 노인이 이생에게 평안히 지내면서 공부를 할 수 있는 공간을 소개하는 것은 안내자가 주인공에게 시련 극복 방법에 대한 정보를 제공하는 것에 해당하겠군.

[28~31] 다음 글을 읽고 물음에 답하시오.

　공동 소유란 하나의 물건을 두 명 이상이 공동으로 소유하는 것을 말하며, 그 물건을 공유물이라고 한다. 공유물을 소유하는 공유자는 자신의 지분에 대해 권리를 갖는다. 지분이란 공유물에 대해 가지는 소유의 비율을 의미하며, 공유자는 자신의 지분은 본인의 의사에 따라 자유로이 처분할 수 있지만 공유물을 처분하기 위해서는 공유자 전원의 동의가 필요하다.

　공유자는 법률의 규정이나 별도의 특약이 있는 경우를 제외하고는 자신이 원하면 언제든지 공유물 분할을 요청할 수 있다. 공유물 분할이란 공유물을 지분에 따라 나누어 공유 관계를 종료하는 것을 말한다. 원칙적으로 공유물 분할은 당사자 전원이 참여한 협의를 통해 진행되나 공유자 중 일부가 분할에 협력하지 않아 ㉠협의에 의한 분할이 이루어지기 어려운 경우에는 ㉡재판에 의한 분할을 받을 수 있다. 공유물 분할 청구 소송은 공유자 전원이 소송 당사자가 되는 필수적 공동 소송으로, 분할을 희망하는 공유자가 나머지 공유자들을 상대로 법원에 소송을 제기하여 분할을 청구하는 것이다.

　협의 또는 재판에 의해 공유물을 분할하는 방법에는 현물 분할, 대금 분할, 가격 배상이 있다. 협의로 분할이 이루어진다면 그 방법을 공유자들이 임의로 선택할 수 있으나 재판에 의하여 공유물을 분할하는 경우에는 현물 분할의 방법에 의함이 원칙이다. 현물 분할은 공유물 그 자체를 분량적으로 나누는 방법이다. 토지를 분할하는 경우 원칙적으로는 면적이 그 공유 지분의 비율과 같도록 분할해야 하나, 토지의 형상이나 위치 등으로 인해 경제적 가치가 균등하지 않을 때에는 경제적 가치가 지분 비율에 상응하도록 현물 분할하는 것도 허용된다. 또한 세 명 이상이 공유하는 물건을 현물 분할하는 경우에는 분할 청구자의 지분 한도 내에서 현물 분할을 하고 분할을 원하지 않는 나머지 공유자들은 공유 관계로 남는 것도 허용된다.

　현물 분할의 예외 사유에 해당하면 대금 분할을 한다. 공유물의 성질이나 위치, 공유물 분할 후 사용 가치 등에 비추어 현물 분할이 곤란하거나 부적절한 경우와 공유자 중 한 사람이라도 현물 분할 후 단독 소유하게 될 부분의 가치가 분할 전 소유 지분의 가치보다 현저히 줄어들 염려가 있는 경우에 법원은 공유물의 경매를 명하여 그 대금을 분할하게 할 수 있다.

　마지막으로 특별한 사정이 있는 경우에는 가격 배상이 허용된다. 가격 배상은 법원이 공유물 전체를 특정인이 소유하도록 허용하여, 소유하게 되는 자로 하여금 다른 공유자에게 지분의 합리적인 가격을 배상하게 하는 것이다.

　법원은 세 가지 방법 중 분할 청구자가 원하는 방법에 구애받지 않고 재량에 따라 합리적인 방법으로 분할을 명할 수 있다. 공유 관계의 복잡한 상황을 고려하여 내린 법원의 공정한 판단은 공유 관계의 원만한 해소를 도모한다는 의의가 있다.

28. 윗글에 대한 설명으로 가장 적절한 것은?

① 공유물 분할의 장단점을 제시한 후 그 의의를 밝히고 있다.
② 공유물 분할의 개념을 정의하고 분할 사례를 열거하고 있다.
③ 공유물 분할 방법의 한계를 검토한 후 대안을 제시하고 있다.
④ 공유물 분할 방법을 구분한 후 각각의 특징을 설명하고 있다.
⑤ 공유물 분할의 절차를 단계별로 제시한 후 각 단계에서의 유의점을 밝히고 있다.

29. 윗글을 이해한 내용으로 적절하지 <u>않은</u> 것은?

① 공유자는 보유한 공유물의 지분을 나머지 공유자들의 동의를 구하지 않고 처분할 수 있다.
② 공유자 전원이 대금을 나눠 갖는 분할 방법은 법원이 개입하지 않으면 공유자들이 선택할 수 없다.
③ 공유자는 공유물 분할을 제한하는 법률의 규정이나 별도의 특약이 없는 경우에 공유 관계 종료를 요청할 수 있다.
④ 공유자가 세 명 이상인 경우에 현물 분할을 원하지 않는 공유자들은 법원의 판단에 따라 공유 관계로 남을 수 있다.
⑤ 공유자 중 특정인이 법원의 판단에 따라 공유물 전체를 소유하게 될 경우 다른 공유자에게 지분의 가격을 배상해야 한다.

30. ㉠과 ㉡에 대한 이해로 적절하지 <u>않은</u> 것은?

① ㉠과 ㉡은 모두 공동 소유 관계에 있는 모든 이가 당사자로 참여한다.
② ㉠은 ㉡과 달리 분할 방법을 선택할 수 있는 권한이 공유자에게 있다.
③ ㉠은 ㉡과 달리 공유물을 분량적으로 나누는 방법으로 공유물을 분할할 수 있다.
④ ㉡은 ㉠과 달리 공유물 분할을 희망하는 자가 제기한 소송을 전제로 한다.
⑤ ㉡은 ㉠과 달리 공유자 중 일부가 분할에 협력하지 않을 경우에 이루어진다.

31. 윗글을 바탕으로 <보기>를 이해한 내용으로 적절하지 <u>않은</u> 것은? [3점]

<보 기>

　갑은 을과 병을 상대로 공유물 분할 청구 소송을 제기하였다. 갑은 토지 중 일부가 고압선 아래에 위치하여 해당 부분의 토지를 분할받는 자의 경우 분할 이전보다 손해를 보게 된다는 점을 이유로 대금 분할을 요청하였으며, 을과 병은 현물 분할을 희망하고 있다. 이 사건에 대해 법원은 토지의 경제적 가치 차이를 고려하여 분할 면적을 조정함으로써 공평하고 합리적인 분할이 가능하다고 보아 현물 분할을 하도록 판결을 내렸다.

① 갑은 분할받을 현물의 가치가 크게 줄어들어 손해 볼 것을 염려하여 경매를 통한 분할을 원하는 것이군.
② 을과 병이 희망하는 분할 방법은 재판에 의한 분할 시 원칙이 되는 분할 방법이군.
③ 법원은 분할 청구자인 갑이 요청하는 방법에 구애받지 않고 재량에 따라 판단을 내린 것이겠군.
④ 법원은 경제적 가치가 지분 비율에 상응하도록 토지를 분할하는 것이 가능하다고 본 것이겠군.
⑤ 법원은 공유자들의 지분을 조정함으로써 공유 관계의 원만한 해소가 가능하다고 보아 현물 분할을 명한 것이겠군.

[32~37] 다음 글을 읽고 물음에 답하시오.

(가)

촉각을 통해 가상 환경의 물체와 사용자를 연결하는 기계 장치를 햅틱 장치라고 하며, 이 장치는 주로 사용자의 손을 통해 가상 물체에 관한 정보를 전달한다. 사용자가 햅틱 장치를 통해 가상 물체를 만지면 가상 환경 시스템은 물리적 신호에 해당하는 '포스 피드백'을 사용자에게 전달하고, 사용자는 이 포스 피드백에 의해 가상 물체를 만지고 있다고 인지하게 된다.

진동 촉감은 물리적 신호에 해당하는 대표적인 포스 피드백으로, 압전 소자를 활용한 압전 구동 장치를 통해 진동 촉감을 만드는 방법이 널리 활용된다. 압전 소자의 내부에는 한쪽에 양전기를, 반대쪽에 음전기를 ⓐ띠는 쌍극자들이 수없이 존재한다. 압전 소자에서 양전기를 띠는 쪽에 음극을 연결하고 음전기를 띠는 쪽에 양극을 연결한 후 전압을 가하면, 쌍극자들이 음극과 양극으로 각각 ⓑ끌려가 전체적으로 압전 소자가 늘어나는 인장 현상이 일어난다. 이와 반대로 연결하면, 쌍극자들은 연결된 음극과 양극에서 각각 멀어지기 때문에 압전 소자가 줄어드는 수축 현상이 일어난다. 이때 압전 소자의 인장과 수축이 빠르게 반복되면 진동이 발생하고, 압전 소자의 인장과 수축 정도는 가해지는 전압이 클수록 커진다. 따라서 전압의 조절만으로 압전 소자의 진동수와 진폭을 조절할 수 있으며, 특히 인간이 쉽게 인지할 수 있는 200~300 Hz의 진동을 만들 수 있다는 점에서 이 방법은 널리 활용되고 있다.

한편 햅틱 장치로 물체 표면의 거칠기에 대한 포스 피드백을 전달하면 사용자는 자신이 만지는 가상 물체의 종류를 파악할 수 있는데, 거칠기에 대한 포스 피드백은 '스퀴즈 필름'을 활용하여 만들 수 있다. 초음파 진동수로 진동하는 물체의 표면에 손가락을 가까이 가져가면 진동 표면과 손가락 사이의 공기압이 주변의 공기압보다 높아져서 접촉면 사이에 압축된 얇은 공기층이 형성되어 진동 표면의 마찰 계수가 감소하여 마찰력이 작아진다. 이때 진동 표면과 손가락 사이에 형성된 공기층을 '스퀴즈 필름', 스퀴즈 필름에 작용하는 공기 유체의 힘을 '스퀴즈 힘'이라고 한다. 진동 표면과 손가락 사이의 거리를 h라고 할 때, 스퀴즈 필름은 진동 표면의 진동 진폭이 $1 \mu m$ 이상이고, 손가락 접촉면의 반지름이 h보다 클 때 형성된다. 또한 진동 진폭이나 손가락 접촉면의 반지름을 h로 나눈 값이 클수록 스퀴즈 힘이 커지는데, 스퀴즈 힘이 클수록 마찰 계수는 작아진다. 인간은 마찰 계수가 큰 물체를 만질 때에는 거친 촉감을, 작은 물체를 만질 때에는 부드러운 촉감을 느끼며, 마찰 계수가 일정하지 않을 때에는 울퉁불퉁한 느낌을 받는다. 따라서 ⊙사용자가 가상 물체를 만질 때, 가상 환경 시스템이 햅틱 장치의 초음파 진동을 제어하면 사용자는 물체 표면의 거칠기를 알 수 있어 가상 물체의 종류를 파악할 수 있다.

(나)

'햅틱'이라는 단어는 '촉각의', '만지는'이라는 뜻을 지닌 말로, 인간의 촉각과 관련된 일련의 지각 과정과 가상 환경에서 가상의 촉감을 만들어 내는 기술을 연구하는 분야를 햅틱스라고 한다. 햅틱스에서는 현실과 ⓒ가까운 가상의 촉감을 만들 수 있는 햅틱 장치를 개발하기 위해 노력하고 있는데, 이를 위해서는 인간의 촉각 인지 과정을 파악하는 것이 중요하다.

외부의 특정 자극이 피부에 닿으면 피부에 있는 수용체가 활성화되어 전기적 신호가 발생하고, 이 신호가 촉감을 담당하는 뇌의 체감각 피질로 전달되어 인간은 외부 자극을 자각하게 된다. 이때 수용체에서 발생하는 전기적 신호는 자극이 강해질수록 커지며, 체감각 피질에서 넓은 영역을 차지하는 신체의 피부일수록 자극에 민감하게 반응하는데, 인간의 손은 체감각 피질의 영역이 다른 신체 부위보다 넓기 때문에 손에 가해지는 자극에 민감하게 반응할 수 있다.

기계 수용체는 물리적 자극에 반응하는 수용체로, 피부에 일정한 자극을 지속적으로 가할 때 나타나는 수용체의 반응인 감각 순응의 속도에 따라 빠른 순응 수용체와 느린 순응 수용체로 분류할 수 있다. 빠른 순응 수용체에서는 자극이 가해지거나 ⓓ사라지는 때에만 전기적 신호가 발생하고 자극의 세기가 변하지 않으면 전기적 신호가 발생하지 않는다. 이와 달리 느린 순응 수용체에서는 자극이 가해지는 동안에는 계속해서 전기적 신호가 발생한다. 또한 기계 수용체는 감각 수용장의 넓이에 따라 그 지름이 2~8 ㎜인 타입Ⅰ 수용체와 지름이 10~1,000 ㎜인 타입Ⅱ 수용체로 나눌 수 있다. 감각 수용장이란 수용체가 자극을 받아들일 수 있는 영역으로, 수용체의 지름이 클수록 하나의 수용체가 담당하는 영역은 넓어지지만 지각의 정확도는 떨어진다. 타입Ⅰ 수용체가 많을수록 약한 자극에도 민감하게 반응할 수 있는데, 다른 기계 수용체와 달리 타입Ⅰ 수용체는 손가락 끝에 집중되어 있고 손목에서 팔 방향으로 올라갈수록 점진적으로 수가 줄어든다. 피부 전체에서 타입Ⅰ 수용체는 타입Ⅱ 수용체보다 그 수가 많다.

한편 우리가 손으로 물체를 만질 때 피부는 물리적으로 자극을 받기 때문에 물체와 접촉하는 모든 종류의 기계 수용체가 반응하지만, 자극의 종류에 따라 결정적 역할을 하는 기계 수용체의 종류가 달라진다. 예를 들어 손으로 물체를 서서히 문지르는 경우 물체의 형태에 따라 거칠기가 달라지고 이는 손에 미세한 압력 변화를 일으켜 기계 수용체의 활성화 정도에 영향을 주기 때문에 인간은 물체의 종류를 파악할 수 있는데, 이때에는 느린 순응 타입Ⅰ 수용체가 높은 민감도를 갖는다.

또한 기계 수용체에 따라 민감하게 반응하는 주파수 영역이 ⓔ다른데, 느린 순응 타입Ⅰ 수용체는 1 Hz 이하의 저주파 영역에서 민감하게 반응하는 반면, 빠른 순응 타입Ⅰ 수용체와 빠른 순응 타입Ⅱ 수용체는 각각 30~40 Hz와 200~300 Hz 영역의 자극에 민감하게 반응한다. 빠른 순응 타입Ⅱ 수용체는 기계 수용체 중에서 역치가 가장 낮아 해당 영역 주파수의 미세한 자극 변화를 감지하는 역할을 한다.

---

32. (가)를 읽고 가질 수 있는 의문 중에서 (나)를 통해 해결할 수 있는 내용으로 적절하지 않은 것은?

① 가상 환경 사용자는 왜 200~300 Hz의 진동을 쉽게 인지할 수 있을까?

② 햅틱 장치에서 진동 촉감이 물리적 포스 피드백을 대표하는 이유는 무엇일까?

③ 사용자가 포스 피드백에 의해 물체를 만지고 있다고 인지하게 되는 과정은 어떻게 될까?

④ 촉각을 통해 물체를 인지할 수 있는 가상 환경 기계 장치를 햅틱 장치라고 부르는 이유는 무엇일까?

⑤ 촉각을 통해 가상 환경의 물체를 인지할 때 주로 사용자의 손을 통해 정보를 전달하는 이유는 무엇일까?

33. (가), (나)에서 확인할 수 있는 내용으로 적절하지 <u>않은</u> 것은?

① 신체 부위에 따라 타입 I 수용체의 분포 정도가 다르다.

② 피부에 닿는 외부 자극이 강해질수록 활성화되는 체감각 피질의 영역이 넓어진다.

③ 떨어진 물건을 손으로 줍는 경우 물건과 접촉하는 모든 종류의 기계 수용체가 반응한다.

④ 압전 소자의 인장과 수축 현상은 압전 소자 내부의 쌍극자들이 이동하기 때문에 나타난다.

⑤ 물리적 신호에 해당하는 포스 피드백이 특정 신체 부위에 계속해서 가해지면 느린 순응 수용체가 활성화된다.

34. (가)를 바탕으로 <보기>를 이해한 내용으로 적절하지 <u>않은</u> 것은? [3점]

─ <보 기> ─

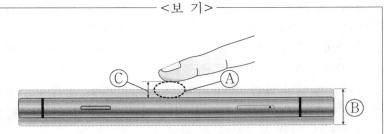

　그림은 압전 구동 장치를 활용한 햅틱 장치와 손가락 사이에 스퀴즈 필름이 형성된 모습을 도식화한 것이다. ⒶⒶ는 햅틱 장치의 진동 표면과 손가락 사이에 형성된 공기층을, Ⓑ는 진동 표면의 진동 진폭을, Ⓒ는 진동 표면과 손가락 사이의 거리를 나타낸 것이다.

① Ⓐ는 주변의 공기보다 압력이 높아 진동 표면의 마찰 계수를 감소시키는 역할을 한다.

② Ⓑ가 일정한 상태에서 진동 표면에 손가락을 가까이 가져가면 진동 표면의 마찰력이 감소한다.

③ Ⓑ를 $1\,\mu\mathrm{m}$ 이상 유지한 상태와 0인 상태가 반복되는 진동 표면을 만지게 되면 울퉁불퉁한 느낌을 받게 된다.

④ Ⓒ가 일정한 상태에서 손가락 접촉면의 반지름이 커지면 스퀴즈 힘이 커져서 진동 표면의 마찰력이 감소한다.

⑤ 손가락을 그대로 유지한 상태에서 전압을 높이면 Ⓑ를 Ⓒ로 나눈 값이 커져서 원래보다 거친 느낌을 줄 수 있다.

35. 윗글을 참고할 때, ㉠의 이유로 가장 적절한 것은?

① 스퀴즈 필름이 발생하면서 스퀴즈 힘의 크기가 증가하여 햅틱 장치의 마찰력이 없어지기 때문에

② 포스 피드백의 발생 유무에 따라 스퀴즈 힘의 크기가 달라져 햅틱 장치에서 스퀴즈 필름이 만들어지기 때문에

③ 진동 진폭의 변화가 스퀴즈 필름 발생 유무나 스퀴즈 힘의 크기에 영향을 주어 햅틱 장치의 마찰력이 달라지기 때문에

④ 진동 진폭이 증가하여 스퀴즈 필름이 발생하면 스퀴즈 힘의 크기가 감소하여 햅틱 장치의 마찰력이 작아지기 때문에

⑤ 진동이 발생하여 스퀴즈 힘의 크기가 0이 되면 스퀴즈 필름이 형성되지 않아 햅틱 장치의 마찰력이 최대가 되기 때문에

36. (나)를 바탕으로 <보기>의 ㄱ~ㄷ을 이해한 내용으로 적절하지 <u>않은</u> 것은?

─ <보 기> ─

ㄱ. 실험 결과 안경을 착용하는 사람이 자신이 안경을 착용하고 있다는 사실을 인지한 대부분의 경우는 안경을 착용할 때나 자신이 착용한 안경을 벗을 때였다.

ㄴ. 손가락 몇 개를 피실험자의 아랫입술과 등 부위에 접촉하면서 몇 개가 접촉되었는지 맞히게 하였더니, 아랫입술에 접촉한 손가락 개수만 정확하게 맞히었고, 등 부위는 손가락이 닿은 것도 모르는 경우가 있었다.

ㄷ. 100명의 피실험자에게 $1\,\mathrm{Hz}$, $10\,\mathrm{Hz}$, $40\,\mathrm{Hz}$, $100\,\mathrm{Hz}$, $300\,\mathrm{Hz}$, $500\,\mathrm{Hz}$로 진동하는 물체를 문질러 보게 하였더니 거의 모든 사용자는 $1\,\mathrm{Hz}$, $10\,\mathrm{Hz}$의 진동은 부드러운 촉감으로, $40\,\mathrm{Hz}$, $100\,\mathrm{Hz}$의 진동은 약간 거친 촉감으로, $300\,\mathrm{Hz}$, $500\,\mathrm{Hz}$ 진동은 다소 거친 촉감으로 분류하였으며, 모든 피실험자는 $10\,\mathrm{Hz}$, $100\,\mathrm{Hz}$, $500\,\mathrm{Hz}$ 진동의 거칠기도 감지할 수 있었다.

① ㄱ : 빠른 순응 수용체에서 안경을 착용하고 벗을 때에만 전기적 신호가 발생했음을 보여 준다.

② ㄴ : 아랫입술에 분포한 타입 I 수용체의 수가 등 부위보다 많다는 것을 보여 준다.

③ ㄴ : 체감각 피질에서 아랫입술에 해당하는 영역의 넓이가 등 부위에 해당하는 영역보다 넓다는 것을 보여 준다.

④ ㄷ : 물체의 부드러운 촉감과 거친 촉감의 구별은 감각 수용장의 넓이에 따라 결정된다는 것을 보여 준다.

⑤ ㄷ : 기계 수용체가 민감하게 반응하는 주파수 범위 이외의 진동 자극도 감지할 수 있다는 것을 보여 준다.

37. 문맥상 ⓐ~ⓔ와 바꿔 쓰기에 가장 적절한 것은?

① ⓐ : 조성(造成)하는

② ⓑ : 유발(誘發)되어

③ ⓒ : 유사(類似)한

④ ⓓ : 변형(變形)되는

⑤ ⓔ : 차별(差別)되는데

[38~42] 다음 글을 읽고 물음에 답하시오.

(가)

어와 저 낭자야 내 말씀 들어보소 ─┐
속세에 묻혔다고 오랜 인연 잊을쏘냐 [A]
낙포선녀* 보랴 하면 전생에 네 아닌가
남관* 포의(布衣) 백면서생도 신선(神仙)인 줄 뉘 알리오
요지의 잔치에서 **복숭아**를 훔친 사람 너이건만
주고받은 같은 죄라 너와 내가 **귀양** 왔네
넓고 아득한 천하에 동서로 나누이니 ─┐
넓고 넓은 푸른 바다 은하수가 되어 있다 [B]
너도 나를 보랴 하면 여덟 고개 첩첩(疊疊)하고
나도 너를 보랴 하면 한라산이 아득하다
평생에 한이 되고 자나깨나 원하더니
옥황상제 감동한지 선관(仙官)이 두둔한지
태을선(太乙仙)의 연잎 배에 돛을 높이 달아
자라 수염에 배를 매고 **제주 땅**에 들어오니
아름다운 꽃과 나무 선계의 경치로다
풍경도 좋거니와 좋은 인연 더욱 좋다
연꽃 얼굴 버들눈썹 **전생 모습 그대로**요
검은 머리 흰 피부는 세속 모습 전혀 없다
　　　　　　(중략)
꽃다운 맹세도 뜬구름이요 사랑도 덧없도다
성안 한 걸음 밖에 ㉠삼천리 약수(弱水) 망망하네
고운 눈썹 가는 허리 누구에게 자랑하며
금 비녀에 옥가락지 끼고 어디에서 노니는고
청조(靑鳥)는 오지 않고 두견이 슬피 울 제
여관 불빛 적막한데 온 가슴에 불이 난다
이 불을 누가 끄리오 임 아니면 할 수 없네 ─┐
이 병을 누가 고치리오 임이 바로 편작이라 [C]
맺힌 마음 외사랑이 나는 점점 깊어지건마는
무심한 이 임은 허랑하고 박정하다
삼경에 못 든 잠을 사경에 겨우 들어 ─┐
나비를 말로 삼아 높이 달려 옛길을 찾아가서 [D]
꽃 같은 얼굴을 반갑게 만나보고
온갖 수심을 낱낱이 풀려고 하였더니
오동잎에 비 떨어지는 소리에 꿈에서 깨어나니 ─┐
어스레한 새벽 달빛에 작은 별뿐이로다 [E]
어와 내 일이야 진실로 우습도다
너도 생각하면 뉘우침이 있으리라
황옥경에 올라가서 **상제**께 아뢰올 때
이 말씀 다 아뢰면 네 **죄**가 무거우리라
다시금 생각하여 마음을 돌이켜서
삼생(三生)의 오랜 인연 저버리지 말게 하라
　　　　　　　　　　　　－ 민우룡, 「금루사」 －

* 낙포선녀: 낙수의 여신으로 복희씨의 딸이라 함.
* 남관: 마천령의 남쪽 지방. 함경남도 일대.

(나)

　내 외손녀 이 씨를 애도하니 아깝고도 슬프고 또 그리워할 만하다. 빼어난 슬기와 고운 성품으로 안과 밖이 해맑았다. 어찌 옥처럼 빛나는 규방에서 임하(林下)의 풍기*를 아우른 사람이 아니겠는가? 비록 아직은 여계(女誡)*를 읽고 글 속의 내용을

본뜨지는 못했지만 효성스럽고 우애로우며 유순한 근본만큼은 은연중에 부합하였다. 홀로 한글로 된 책 속에서 충신과 열사 중에 절개와 행실이 본받을 만한 이를 보게 되면 그들을 위해 말채찍이라도 잡으려 했고*, 향초(香草)나 진주는 티끌처럼 여겼다. 의젓하고 노숙한 뜻과 태도가 있어 선대 조정에서 탕약을 올릴 적에는 어른보다 근심이 심해 하루에도 어떠한지를 세 차례씩 물었고 돌아가신 뒤에는 여러 날 고기를 먹지 않았으니 천고의 칠실녀(漆室女)*를 다시 보는 듯하였다.

　아! 이처럼 신명(神明)한 뜻과 행함을 보이고 이처럼 정숙하고 밝은 성품과 행실을 지니고도 규방 속에 간직되어 있다가 마침내 한 조각 무명천에 거두어지고 흰 배에 실려 여울을 거슬러 올라가 황량한 언덕 아래 묻혀 마침내 가리어져 없어지리니, 누가 불쌍히 여기고 누가 세상에 알리겠는가? 오히려 평범한 사람과 함께 썩는 것이 달갑지 않아 빛나고도 환하게 우주의 사이에 정신을 남겨 두리라.

　평생 너를 아꼈던 일흔 살 먹은 늙은이는 병으로 죽을 날이 가까운지라 온갖 정성을 다하지 못하고 겨우 몇 줄의 짧은 글을 무덤 앞에 보내 넣게 하니 너의 넋이 이를 알 것인가 모를 것인가? 지난해 여름 내가 화음동에서 나와 **종남산의 정자**에서 만났었지. 노인이라 몹시 지친 나는 큰 평상의 시원한 대자리 위에 몸을 뉘었고 그때 너는 내 곁에서 등불을 밝혀 **옛글**을 쉬지 않고 읽었다. 매번 기이한 이야기로 무릎을 칠 만한 곳에 이르면 문득 일어나 찬 오이를 먹고 녹즙을 마시며 답답함을 풀어내곤 했지. 이때 인경 소리도 그치고 인적도 드물어 숲과 동산이 맑고도 울창해졌고, 주렴 위로 떨어지는 소낙비나 평상 머리에 내리는 조용한 비로 쇄락했던 뜻이 다시 힘을 얻곤 했었다. 이제 와 생각해 보니 이승과 저승이 경계가 됨이 아니라 신선과 보통 사람의 영원한 이별이었구나.

　내가 일찍이 너를 데리고 **화음동 골짜기**로 들어가 바위와 샘물로 너를 즐겁게 하고 시(詩)와 서(書)로 네 식견을 넓히려 했다. 너는 비녀나 귀고리에 악착을 부리는 미운 습성과는 비교할 수 없는 신령한 마음과 고아한 운치를 지녀서 그윽함과 담박함을 함께할 만했기 때문이다. 여러 번 그 **약속**을 했는데 끝내 함께 가 보지 못했구나. 이는 진실로 네가 깊이 한스러워한 것이니 내가 어찌 차마 이를 잊겠는가? 생각이 미치매 눈물이 떨어지는구나. 그러나 너와 나는 ㉡묶여 이어진 양 끝이니 넋이 이를 모르지 않을 것이다.

　　　　　　　　　　　　　－ 김창흡, 「그리운 외손녀」 －

* 임하의 풍기: 고상하고 품위 있는 취미를 가진 여인.
* 여계: 반소가 지은 여자의 행실에 대해 논한 책.
* 말채찍이라도 잡으려 했고: 아무리 천한 일이라도 마다하지 않았고.
* 칠실녀: 나랏일을 근심했던 칠실 땅의 여인. 어린 외손녀가 임금의 병환을 근심했던 것을 보고 떠올린 것.

38. (가)와 (나)의 공통점으로 가장 적절한 것은?

① 영탄적 표현을 활용하여 자신의 심정을 강조하고 있다.
② 인물 간의 차이를 밝혀 대상이 지닌 장점을 예찬하고 있다.
③ 명령형 어조를 사용하여 대상의 태도 변화를 요구하고 있다.
④ 반어적 표현을 활용하여 대상에 대한 부정적 평가를 부각하고 있다.
⑤ 고사 속 인물을 언급하여 자신의 삶을 성찰하는 태도를 드러내고 있다.

39. [A]~[E]에 대한 설명으로 적절하지 <u>않은</u> 것은?

① [A] : 설의적 표현을 사용하여 임을 잊지 못한 채 살아온 화자의 심정을 보여 주고 있다.
② [B] : 특정 시어를 반복하여 화자와 임과의 거리감을 강조하고 있다.
③ [C] : 대구적 표현을 사용하여 이별의 한을 풀어 줄 사람이 임밖에 없음을 부각하고 있다.
④ [D] : 비현실적인 상황을 설정하여 임을 만나고 싶어하는 화자의 마음을 드러내고 있다.
⑤ [E] : 자연물을 활용하여 임에게 마음을 전하기 위한 화자의 노력을 드러내고 있다.

40. (나)에 대한 이해로 적절하지 <u>않은</u> 것은?

① '나'는 사람들이 '외손녀'에 대해 아는 것을 바라지 않았다.
② '나'는 '외손녀'에게 자신의 마음을 전하고 싶어 글을 썼다.
③ '나'는 '외손녀'가 밝은 성품과 슬기로움을 지녔다고 생각했다.
④ '외손녀'는 여인의 장신구를 중요하게 여기지 않았다.
⑤ '외손녀'는 책 속 인물들의 절개와 행실을 높이 평가했다.

41. ㉠과 ㉡에 대한 이해로 가장 적절한 것은?

① ㉠은 화자가 임과 함께 지냈던 공간을, ㉡은 글쓴이가 외손녀와 함께 지냈던 시간을 의미한다.
② ㉠은 화자와 임의 만남이, ㉡은 글쓴이와 외손녀의 만남이 이루어질 수 있다는 희망을 보여 준다.
③ ㉠은 화자가 만족하며 살았던, ㉡은 글쓴이가 만족하지 못하며 살았던 이유에 대해 생각하게 한다.
④ ㉠은 화자가 임을 만나기 위해 넘어야 할, ㉡은 글쓴이가 슬픔을 잊기 위해 끊어 내야 할 대상이다.
⑤ ㉠은 화자의 마음이 임에게 전해질 수 없는, ㉡은 글쓴이의 마음이 외손녀에게 전해질 수 있는 이유이다.

42. <보기>를 참고하여 (가), (나)를 감상한 내용으로 적절하지 <u>않은</u> 것은? [3점]

> ─────── <보 기> ───────
>
> 만남과 이별은 문학 작품의 오랜 소재로 다양한 방식을 통해 작품에서 형상화되고 있다. (가)는 인물들이 천상에서 지상으로 쫓겨나는 적강 화소를 차용하여 화자와 임의 운명적인 사랑과 이별을, (나)는 글쓴이와 외손녀 사이의 일화를 통해 사별한 외손녀에 대한 애틋한 사랑과 이별의 정한을 보여 주고 있다.

① (가)에서 화자와 임이 선계에서 훔친 '복숭아'를 '주고받은' 죄를 지어 인간 세상에 '귀양' 왔다는 것을 통해 적강 화소를 차용했음을 알 수 있군.
② (가)에서 화자가 '제주 땅'에서 '전생 모습 그대로'인 임을 만나게 되었다는 것을 통해 천상에서 맺은 임과의 인연이 지상에서도 이어지고 있음을 알 수 있군.
③ (가)에서 화자가 천상으로 돌아가 '상제'에게 자신의 정을 저버린 임의 '죄'를 알리고 싶어하는 모습은 임과의 이별을 운명으로 받아들이려는 화자의 태도를 드러내고 있군.
④ (나)에서 글쓴이와 '종남산의 정자'에서 만난 외손녀가 글쓴이의 곁에서 '옛글'을 읽었던 일화를 통해 외손녀에 대한 애틋한 사랑과 추억을 드러내고 있군.
⑤ (나)에서 글쓴이가 '화음동 골짜기'에서 함께 하기로 했던 외손녀와의 '약속'을 지키지 못한 것을 애통해 하는 모습을 통해 외손녀와의 사별의 정한을 드러내고 있군.

[43~45] 다음 글을 읽고 물음에 답하시오.

(가)

그 마을 사람들은 바다를 **주머니에 넣고** 다닌다
㉠설마? 하고 물어보면 불쑥 주머니 속의 바다를 꺼내 보여
준다
놀라지 마라, 그것은 마을의 아주 어린 꼬마 녀석도 할 수
있는 일이다
제법 사랑을 아는 나이가 된 친구들은
사랑으로 외롭거나 쓸쓸할 때에는
손바닥 위에 바다를 **올려놓고** 휘파람을 분다
아무래도 마을 어른들은 한 수 위다
흰 **손수건**인가 싶어 보면 어느새 하얀 **갈치 떼**로 변하고
손금 위로 바다를 흐르게 하고 흐르는 바다 위에 섬을 띄운다
아주 오래전 그 섬을 찾아가 돌아오지 않는 사람들의 안부
까지 전해 준다
떠나오던 날 마을 사람들이 주섬주섬 챙겨 선물로 건네주던
바다
읽다 만 시집 속에 ㉡곱게 접어 온 바다
삶에 지칠 때, 누군가가 아득히 그리울 때
나는 손바닥에 그 바다를 올려놓고 엽서를 쓴다
아침이면 **사람과 함께 눈뜨**는 바다
저녁이면 사람과 함께 **잠드**는 바다
사람과 한 몸이 되어 살아가는 바다를 나는 알고 있으니
— 정일근, 「주머니 속의 바다」 —

(나)

가파른 비탈만이
순결한 싸움터라고 여겨온 **나**에게
속리산은 순하디순한 **길을 열어 보**였다
산다는 일은
더 높이 오르는 게 아니라
더 깊이 들어가는 것이라는 듯
평평한 길은 가도 가도 제자리 같았다
㉢아직 높이에 대한 선망을 가진 나에게
세속을 벗어나도
세속의 습관은 남아 있는 나에게
산은 **어깨를 낮추며** 이렇게 **속삭**였다
산을 오르고 있지만
내가 넘는 건 정작 산이 아니라
산 속에 갇힌 시간일 거라고,
㉣오히려 산 아래서 밥을 끓여 먹고 살던
그 하루하루가
더 가파른 고비였을 거라고,
속리산은
㉤단숨에 오를 수도 있는 높이를
길게 길게 늘여서 내 앞에 펼쳐주었다
— 나희덕, 「속리산에서」 —

43. (가), (나)의 표현상 특징에 대한 설명으로 가장 적절한 것은?

① (가)는 음성 상징어를 사용하여 생동감을 주고 있다.
② (가)는 수미상관을 사용하여 대상의 특성을 부각하고 있다.
③ (나)는 공감각적 심상을 통해 대상을 묘사하고 있다.
④ (나)는 계절의 흐름을 통해 대상의 변화 양상을 제시하고 있다.
⑤ (가)와 (나)는 모두 시선의 이동에 따라 시상을 전개하여 시
적 분위기를 고조하고 있다.

44. ㉠~㉤에 대한 이해로 적절하지 않은 것은?

① ㉠을 활용하여 바다를 대하는 마을 사람들의 행동을 믿지 못
하는 상황을 부각하고 있다.
② ㉡을 활용하여 바다를 소중히 여기는 화자의 마음을 드러내
고 있다.
③ ㉢을 활용하여 화자가 여전히 높은 곳에 도달하는 것을 중요
시하고 있음을 드러내고 있다.
④ ㉣을 활용하여 산을 오르는 것보다 산 아래서의 삶이 더 힘
겨운 것이었음을 부각하고 있다.
⑤ ㉤을 활용하여 산에서 깨달은 삶의 목표를 화자가 쉽게 이룰
수 있음을 강조하고 있다.

45. <보기>를 참고하여 (가), (나)를 감상한 내용으로 적절하지
않은 것은? [3점]

───── <보 기> ─────

시인은 대상을 바라보는 익숙한 시각을 버리고 새로운 관
점에서 대상을 형상화한다. (가)는 바다를 일반적인 상식에
서 벗어난 모습으로 다양하게 표현하며 바다에 대한 새로운
시각을 드러내고 있다. (나)는 산을 새로운 시선으로 바라보
고 산과 사람의 관계를 표현하며 산을 오르는 것과 삶의 태
도에 대한 인식 전환을 드러내고 있다.

① (가)는 바다를 '주머니에 넣'거나 '손바닥 위'에 '올려놓'을
수 있는 대상으로 표현하여 바다의 크기에 대한 새로운 시각
을 드러내고 있다.
② (가)는 흰색의 이미지를 활용하여 바다를 '손수건'과 '갈치
떼'에 비유하여 바다를 익숙한 시각에서 벗어난 모습으로 형
상화하고 있다.
③ (가)는 바다를 '사람과 함께 눈뜨'고 '잠드는' 대상으로 표현
하여 바다를 사람과 더불어 살아가는 생명이 있는 존재로 형
상화하고 있다.
④ (나)는 속리산이 '나'에게 '길을 열어 보'인다고 표현하여 속
리산을 등반의 대상이 아닌 행위의 주체로 나타내고 있다.
⑤ (나)는 속리산을 '어깨를 낮추며' '속삭'이는 대상으로 표현하
여 속리산을 타인을 위해 희생하는 존재로 형상화하고 있다.

─────────────
* 확인 사항

○ 답안지의 해당란에 필요한 내용을 정확히 기입(표기)했는지 확인
하시오.

국어 영역

● 문항수 45개 | 배점 100점 | 제한 시간 80분

● 점수 표시가 없는 문항은 모두 2점

[1~3] 다음은 수업 중 학생의 발표이다. 물음에 답하시오.

안녕하세요? 발표를 맡은 ○○○입니다. 지난 수업 시간에 우리는 조선 시대의 전통 복식에 대해 배웠는데요, 저는 전통 모자에 대한 내용이 무척 흥미로웠어요. 그래서 조선 시대 양반들이 쓰던 대표적인 모자인 흑립에 대해 발표하고자 합니다.

흑립은 우리가 흔히 '갓'이라고 부르는 검은색 전통 모자의 다른 명칭입니다. 흑립은 말의 꼬리털인 말총이나 가늘게 쪼갠 대나무를 엮어 얇은 비단으로 싼 후 검은 칠을 한 모자로, 조선 시대 양반들이 일상복을 입을 때 착용하였습니다. (⊙자료 제시) 그림 속 양반이 쓰고 있는 모자가 바로 흑립입니다. 흑립은 머리를 덮는 원통형 부분인 대우, 햇빛을 가리는 부분인 양태, 흑립을 머리에 고정하기 위한 끈인 입영으로 이루어져 있습니다. 흑립의 모양은 시기에 따라 달라졌는데, 특히 입영은 길이가 길어지고 재료가 다양해지면서 흑립의 장식적 요소로 활용되었습니다.

양반들은 자신의 개성이나 지위를 드러내기 위해 다양한 문양으로 흑립을 장식하거나 회자를 달아 흑립을 꾸미기도 했습니다. (⊙자료 제시) 이 흑립의 양태는 박쥐 문양으로 장식되어 있습니다. 당시에 박쥐 문양은 행복을 상징하였으며, 수명이 길고 번식력이 좋은 박쥐처럼 오래도록 다복한 가정을 이루고자 하는 소망을 담고 있습니다. 대우의 윗부분을 보시면 회자가 달려 있는데, 양반의 품계에 따라 회자의 재료에 차이를 두었습니다.

흑립은 양반의 신분을 상징하는 것이었으므로 양반들은 흑립을 소중히 여기고 관리했는데요, 흑립이 비나 눈에 젖거나 상하지 않도록 갈모를 사용했다고 합니다. 갈모는 기름을 먹인 한지를 접어서 만들었는데, (⊙자료 제시) 평소에는 이렇게 갈모를 접어서 허리춤에 차거나 도포의 소매 안에 항상 넣고 다니다가 비나 눈이 오면 갈모를 펼쳐서 흑립 위에 씌워 흑립을 보호했습니다.

지금까지 조선 시대의 흑립에 대해 말씀드렸습니다. 흑립은 조선 시대에 양반들이 즐겨 쓰던 모자로 우리나라를 대표하는 전통 모자라는 점에서 의미가 크다고 할 수 있습니다. 제가 준비한 내용은 여기까지입니다. 발표 내용과 관련하여 궁금한 점이 있으면 질문해 주세요.

1. 위 발표자의 말하기 방식으로 가장 적절한 것은?

① 화제와 관련한 질문을 던지며 청중과 상호 작용하고 있다.
② 화제에 대한 청중의 관심을 요청하며 발표를 마무리하고 있다.
③ 화제를 친숙한 소재에 빗대어 표현하여 청중의 이해를 돕고 있다.
④ 발표 순서를 안내하여 청중이 발표 내용을 예측하며 듣도록 하고 있다.
⑤ 청중과 공유하고 있는 경험을 환기하며 화제를 선정한 이유를 밝히고 있다.

2. 다음은 발표자가 제시한 자료이다. 발표자의 자료 활용에 대한 설명으로 적절하지 **않은** 것은?

[자료 1] [자료 2] [자료 3]

① 입영에 사용되는 다양한 재료를 설명하기 위해 ⊙에 [자료 1]을 활용하였다.
② 흑립을 구성하는 각 요소의 명칭과 기능을 설명하기 위해 ⊙에 [자료 1]을 활용하였다.
③ 회자의 위치를 보여 주기 위해 ⓒ에 [자료 2]를 활용하였다.
④ 양태를 장식한 문양을 보여 주기 위해 ⓒ에 [자료 2]를 활용하였다.
⑤ 갈모를 사용하는 방법을 설명하기 위해 ⓒ에 [자료 3]을 활용하였다.

3. <보기>는 청자와 발표자가 나눈 질의응답의 일부이다. [A]에 들어갈 청자의 질문으로 적절하지 **않은** 것은? [3점]

━━━━━ <보 기> ━━━━━
청자 : 발표 잘 들었습니다. 그런데 듣고 나서 궁금한 점이 생겨서 질문드립니다. [A]
발표자 : 그 내용은 발표에 없었네요. 추가로 말씀드리겠습니다.

① 양반들이 갈모를 항상 가지고 다녔다고 말씀하셨는데, 그 이유가 무엇인가요?
② 품계에 따라 회자의 재료가 달랐다고 말씀하셨는데, 품계별로 어떤 재료를 사용했나요?
③ 박쥐 문양으로 흑립을 장식한다고 말씀하셨는데, 또 다른 문양에는 어떤 것이 있나요?
④ 흑립은 일상복을 입을 때 착용했다고 말씀하셨는데, 일상복이 아닌 복장일 때는 어떤 모자를 착용했나요?
⑤ 흑립은 말총이나 대나무로 만든다고 말씀하셨는데, 말총으로 만든 것과 대나무로 만든 것의 장단점은 무엇인가요?

[4~7] (가)는 교지 편집부 학생들이 나눈 대화이고, (나)는 이를 바탕으로 작성한 비평문의 초고이다. 물음에 답하시오.

(가)

학생 1: 우리가 요약 콘텐츠에 대한 비평문을 어떻게 쓸지 논의하기 위해 모였잖아. 먼저 조사한 내용부터 얘기해 보자.

학생 2: 요약 콘텐츠는 도서, 영화, 드라마와 같은 작품을 요약하거나 재가공해서 만든 영상물을 의미해. 최근 동영상 플랫폼에서 엄청난 인기를 끌고 있어.

학생 3: 맞아. 주변 친구들이 '○○ 시리즈 영화 5분 요약!' 같은 영상을 많이 시청하더라고. 나도 유명한 책을 요약한 영상을 시청해 보았는데, 원작을 요약하고 의미를 해석해 주는 콘텐츠였어.

학생 2: 단순히 요약만 하는 게 아니라 요약 콘텐츠 제작자의 해석을 덧붙이는 요약 콘텐츠가 있어?   [A]

학생 3: 응, 그런 것도 있어. 그 책은 500쪽이 넘는 분량인데 영상은 10분밖에 안 되더라고. 댓글을 보니 영상만 보고도 어려운 원작을 빠르고 쉽게 이해할 수 있어서 좋다는 반응이 많았어.

학생 1: 아, 어려운 원작을 빠르고 쉽게 이해할 수 있으니까 요약 콘텐츠를 시청하는 것이겠구나. 그렇지?

학생 2: 맞아. 내가 본 기사에서도 요약 콘텐츠를 시청하는 가장 큰 이유가 효율성이라고 했어. 또 요약 콘텐츠의 인기 배경이 대중문화 콘텐츠 시장의 성장이라고 하더라.

학생 1: 대중문화 콘텐츠 시장의 성장이 요약 콘텐츠의 인기 현상과 어떤 연관이 있는 건지 잘 이해되지 않는데, 좀 더 구체적으로 설명해 줄래?

학생 2: 최근 대중문화 콘텐츠 시장이 성장하면서 엄청난 양의 작품이 쏟아지고 있어. 이런 상황에서 요약 콘텐츠를 시청하면 많은 작품을 빠르게 접할 수 있으니까 인기가 있다는 거야.

학생 1: 그렇구나. 지금까지 요약 콘텐츠 시청을 긍정적으로 바라보는 관점을 이야기했는데, 요약 콘텐츠를 시청하는 것의 문제는 없을까?

학생 2: 나는 내가 좋아하는 영화를 요약한 콘텐츠를 시청해 보았는데, 인물의 대사도 생략되고 배경 음악도 들을 수 없어서 아쉬웠어. 그 영화의 대사랑 배경 음악이 아름다워서 감동을 느꼈었거든.

학생 3: 내가 시청한 요약 콘텐츠는 원작을 요약하고 해석하는 과정에서 원작 내용을 과장하고 비약하는 것이 문제였어.

학생 2: 그건 요약 콘텐츠 제작자의 해석의 자유라고 봐야 하지 않을까?

학생 3: 요약 콘텐츠 제작자에게 해석의 자유가 있다는 건 맞아. 하지만 그 해석의 자유 때문에 원작의 메시지가 왜곡된다는 게 문제야. 또 이렇게 원작의 메시지가 왜곡된 요약 콘텐츠를 시청하고 그 해석을 원작에 대한 유일한 해석이라고 생각하는 것이 정말 문제라고 생각해.   [B]

학생 2: 아, 그런 부분은 생각하지 못했어. 우리 학교 학생들도 요약 콘텐츠를 많이 시청하니까, 이런 문제점에 대해 생각해 보아야 하지 않을까?

학생 1: 네 말이 맞아. 그럼 요약 콘텐츠만 시청하는 것에 대해 부정적 관점으로 비평문을 써 보는 거 어때?

학생 2, 3: 좋은 생각이야.

학생 1: 그래, 그럼 내가 초고를 작성해 볼게. 모두 고마워.

(나)

최근 동영상 플랫폼에서 800만 회가 넘는 조회 수를 달성한 '○○ 시리즈 영화 5분 요약!'과 같은 콘텐츠를 시청한 적이 있는가? 이렇게 도서, 영화, 드라마와 같은 작품을 요약하거나 재가공해서 영상물로 만든 '요약 콘텐츠'가 최근 엄청난 인기를 끌고 있다.

요약 콘텐츠의 댓글에 따르면, 요약 콘텐츠 시청을 긍정적으로 생각하는 사람들은 요약 콘텐츠 시청이 효율적인 작품 감상 방법이라고 말한다. 즉 시간과 노력을 적게 들여 원작을 이해할 수 있다는 것이다. 또한 대중문화 콘텐츠 시장의 성장으로 드라마나 영화가 많이 제작되고 있는데, 요약 콘텐츠 시청을 통해 많은 작품을 빠르게 접할 수 있다는 것이 장점으로 꼽히고 있다.

하지만 요약 콘텐츠만 시청하는 것은 바람직한 작품 감상 방법이 아니다. 먼저 원작이 전하는 감동을 온전히 느낄 수 없다. 원작의 감동은 줄거리뿐만 아니라 다양한 구성 요소를 통해 전해지는데, 요약 콘텐츠를 통해서는 이러한 구성 요소를 확인할 수 없기 때문이다. 또 원작의 메시지가 왜곡될 수 있다. 원작을 요약하고 해석하는 과정에서 원작 내용을 과장하거나 비약하는 일이 많기 때문이다. 원작을 감상하지 않는다면 요약 콘텐츠의 해석이 원작에 대한 유일한 해석이라고 생각할 수 있다는 것이 심각한 문제이다.

물론 당장은 요약 콘텐츠 시청을 통해 얻을 수 있는 효율이 크다고 생각할 수 있다. 하지만 우리는 많은 작품을 빠르게 접하기 위해서 작품을 감상하는 것이 아니다. 작품을 감상하는 본질적인 이유는 작품 감상 과정에서 다른 사람의 삶을 간접 경험하거나 장면 및 구절의 의미, 창작자의 의도를 고민하고 자신만의 해석을 내리기 위해서이다. 요약 콘텐츠만 시청하는 것은 이러한 본질을 놓치는 행위이다.

대중문화 평론가 안△△는 원작을 감상하는 과정에서 주체적으로 사고하는 힘이 길러지는데, 요약 콘텐츠만 계속 시청하면 비판적인 사고 능력이 저하될 수 있다고 지적한다. 이처럼 요약 콘텐츠만 시청하는 것은 작은 것을 탐하다 큰 것을 놓치는 격이다. 작품을 감상하는 본질적인 이유를 생각해 보고, 원작을 감상하려는 노력이 필요하다.

---

4. (가)의 '학생 1'에 대한 설명으로 적절하지 <u>않은</u> 것은?

① 대화 참여자의 의견에 동의하고 그 이유를 설명하고 있다.

② 대화 목적을 제시하고 대화 참여자의 발언을 유도하고 있다.

③ 대화 중간에 대화 내용을 정리하고 대화의 흐름을 전환하고 있다.

④ 대화 참여자의 발언을 일부 재진술하고 자신의 이해 여부를 점검하고 있다.

⑤ 대화 참여자의 발언 중 이해되지 않는 부분을 언급하고 추가 설명을 요청하고 있다.

5. [A], [B]에 대한 설명으로 가장 적절한 것은?

① [A]에서 '학생 2'는 '학생 3'의 발화 내용을 요약한 후 생소한 용어에 대한 설명을 요청하고 있다.

② [A]에서 '학생 3'은 '학생 2'의 의문을 해결하며 자신의 의견에 대한 '학생 2'의 의견을 확인하고 있다.

③ [B]에서 '학생 3'은 '학생 2'의 발화 내용에 동의한 후 추가로 생각해 볼 만한 점을 제시하고 있다.

④ [B]에서 '학생 2'는 '학생 3'의 발화 내용을 비판하고 '학생 3'이 제시한 의견의 한계를 지적하고 있다.

⑤ [A]와 [B] 모두에서 '학생 2'는 '학생 3'의 발화 내용에 이의를 제기하고 잘못된 점을 바로잡고 있다.

6. '학생 1'이 (가)를 바탕으로 <보기>의 내용 전개에 따라 (나)를 작성했다고 할 때, 적절하지 <u>않은</u> 것은?

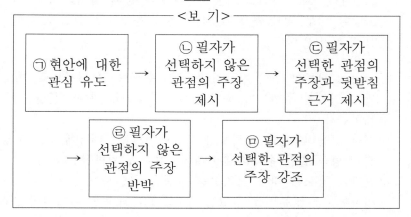

─────── < 보 기 > ───────

① ㉠: (가)에서 언급된 요약 콘텐츠의 인기에 대해 구체적인 수치를 제시하여 요약 콘텐츠와 관련된 현안에 대한 관심을 유도하고 있다.

② ㉡: (가)에서 언급된 요약 콘텐츠의 댓글 내용을 바탕으로 요약 콘텐츠 시청을 긍정적으로 바라보는 관점의 주장을 제시하고 있다.

③ ㉢: (가)에서 언급된 요약 콘텐츠 시청의 문제점을 반영하여 요약 콘텐츠 시청이 바람직한 작품 감상 방법이 아니라는 주장을 뒷받침하고 있다.

④ ㉣: (가)에서 언급되지 않은 사례를 추가하여 요약 콘텐츠 시청을 긍정적으로 바라보는 관점의 주장을 반박하고 있다.

⑤ ㉤: (가)에서 언급되지 않은 전문가의 견해를 인용하여 지속적으로 요약 콘텐츠만 시청하는 것은 문제가 된다는 주장을 강조하고 있다.

7. <조건>을 반영하여 (나)의 제목을 작성한 것으로 가장 적절한 것은?

─────── <조 건> ───────

○ (나)의 마지막 문단과 관련한 글쓴이의 문제의식을 드러낼 것.

○ 부제에서 대구와 비유적 표현을 모두 활용할 것.

① 요약 콘텐츠, 5분 요약의 허점
 – 겉으로는 번지르르, 알고 보면 속 빈 강정

② 쉽게 얻으려다 본질을 놓치는 요약 콘텐츠 시청
 – 오늘은 시간 아끼려는 지름길, 내일은 사고력 잃는 고생길

③ 요약 콘텐츠, 제작자의 시선으로 원작을 재해석하다
 – 해석의 자유인가 원작의 왜곡인가

④ 요약 콘텐츠 시청, 떠먹여 주기식 작품 감상의 한계
 – 쉽고 빠르게 먹으려다 체할 수도 있다면

⑤ 대중문화 콘텐츠 시장에 불어온 새바람, 요약 콘텐츠
 – 요약 콘텐츠의 인기 요인을 분석하다

[8~10] 다음은 학교 신문에 싣기 위해 학생이 작성한 초고이다. 물음에 답하시오.

당류의 과다 섭취가 건강 문제를 유발할 수 있다는 점이 알려지면서 대표적 당류인 설탕 대신 사용할 수 있는 다양한 식품이 소개되고 있다. 그중 올리고당은 일상에서 접할 수 있는 대표적인 설탕 대체 식품으로 많은 관심을 받고 있다.

올리고당은 설탕보다 열량이 낮고, 설탕을 섭취할 때보다 혈당을 천천히 올려 '건강한 단맛'으로 불린다. 올리고당과 설탕은 모두 탄수화물인데, 올리고당은 설탕과 달리 위에서 분해되지 않고 상대적으로 탄수화물 분자 구조가 복잡하여 설탕보다 소화와 흡수가 느리다. 탄수화물 분자 1~2개로 구성된 과당, 포도당, 설탕 등은 흡수 속도가 빨라 당류로 분류되지만, 올리고당은 당류에 포함되지 않는다.

올리고당의 종류는 여러 가지이지만, 우리가 주변에서 쉽게 제품으로 접할 수 있는 올리고당은 정제하지 않은 설탕인 원당을 가공하여 만든 프락토올리고당과, 곡물의 전분을 가공하여 만든 이소말토올리고당이 있다. 프락토올리고당은 이소말토올리고당보다 열량이 낮고 식이섬유 함량이 높지만 열에 약하기 때문에 샐러드 등 차가운 요리를 만들 때 적합하며, 이소말토올리고당은 상대적으로 열량은 다소 높고 식이섬유 함량이 낮지만 열에 강하기 때문에 조림이나 볶음과 같은 가열 요리에 적합하다. 이러한 특성을 고려하여 올리고당 제품 구입 시에는 용도에 맞는 제품인지 확인해야 한다.

올리고당 제품에 올리고당 외에도 과당, 포도당, 설탕 등 당류가 포함되어 있다는 사실은 잘 알려져 있지 않다. 올리고당의 함량이 낮은 제품을 선택하면 설탕을 비싸게 사는 꼴이 될 수 있다. 또한 올리고당은 설탕보다 단맛의 정도가 덜하기 때문에 기존의 단맛을 기대하면 많은 양의 올리고당을 사용하게 되므로 주의할 필요가 있다.

[A] ┌ 올리고당은 잘 사용하면 설탕의 섭취를 줄일 수 있는 유사한 식품이다. 올리고당 외에도 자일리톨, 알룰로스 등 설탕을 대체할 수 있는 다양한 감미료가 각광을 받고 있다. ┘

8. 다음은 초고를 작성하기 전에 학생이 떠올린 생각이다. ㉠ ~ ㉤ 중, 학생의 초고에 반영되지 <u>않은</u> 것은?

> ○ 올리고당이 주목받는 배경을 소개하며 글을 시작해야겠어. ·· ㉠
> ○ 올리고당을 설탕과 비교하며 올리고당이 가지는 장점을 제시해야겠어. ·· ㉡
> ○ 탄수화물 분자 구조를 언급하며 올리고당의 특성을 설명해야겠어. ···································· ㉢
> ○ 프락토올리고당과 이소말토올리고당이 지닌 문제점을 언급하며 그 원인을 분석해야겠어. ··············· ㉣
> ○ 잘 알려져 있지 않은 사실을 언급하며 올리고당 제품 선택 시 도움이 될 수 있는 정보를 제공해야겠어. ···· ㉤

① ㉠   ② ㉡   ③ ㉢   ④ ㉣   ⑤ ㉤

9. <보기>는 [A]를 고쳐 쓴 것이다. 그 과정에서 반영된 교사의 조언으로 가장 적절한 것은?

> ─── <보 기> ───
> 올리고당은 잘 사용하면 설탕의 섭취를 줄일 수 있는 유용한 식품이다. 올리고당 제품을 고를 때에는 용도를 고려하고 함량을 확인하여 선택하고, 요리에 활용할 때에는 적정량을 사용하여 건강하게 섭취할 수 있도록 하자.

① 중의적인 표현을 수정하고, 올리고당을 활용할 수 있는 추가적인 사례를 언급하는 게 어때?
② 중의적인 표현을 수정하고, 올리고당과 설탕을 용도에 맞게 선택하는 방법을 부각하는 게 어때?
③ 단어 선택이 잘못된 부분을 수정하고, 올리고당을 선택하고 사용할 때의 유의점을 강조하는 게 어때?
④ 단어 선택이 잘못된 부분을 수정하고, 올리고당 과잉 섭취가 유발할 수 있는 위험성을 환기하는 게 어때?
⑤ 단어 선택이 잘못된 부분을 수정하고, 올리고당과 유사한 기능을 하는 또 다른 식품을 소개하는 게 어때?

10. <보기>는 초고를 보완하기 위해 추가로 수집한 자료이다. 자료 활용 방안으로 적절하지 <u>않은</u> 것은? [3점]

> ─── <보 기> ───
>
> **(가) 전문가 인터뷰**
> "식품의약품안전처는 하루 당류 섭취량을 100g 이하로 권고하고 있습니다. 당류를 과다 섭취할 경우 비만과 고혈압의 발생률이 각각 1.39배, 1.66배 늘어난다는 연구 결과가 있습니다. 식품을 섭취할 때는 '표시사항'의 당류 함량을 확인하여 당류를 과다 섭취하고 있지는 않은지 스스로 점검해 보는 습관을 기를 필요가 있습니다."
>
> **(나) 연구 자료**
>
>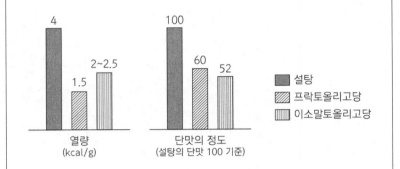
>
> **(다) 신문 기사**
> 올리고당 제품을 잘 고르려면 올리고당 제품 뒷면에 쓰인 '표시사항'에서 성분명과 함량을 확인해야 한다. 해당 제품이 쓰임새에 맞는 올리고당인지 성분명을 통해 확인하고, 올리고당이 너무 적게 들어 있지 않은지 올리고당 함량을 확인할 필요가 있다.

① (가): 당류의 과다 섭취가 유발할 수 있는 문제점으로, 비만과 고혈압의 위험도가 증가한다는 점을 제시하여 1문단을 구체화한다.
② (나): 올리고당이 설탕보다 열량이 낮다는 내용에, 올리고당과 설탕의 열량 수치를 추가하여 2문단을 뒷받침한다.
③ (다): 용도에 맞는 올리고당 제품을 확인하는 방법으로, '표시사항' 중 성분명을 참고할 수 있다는 내용을 추가하여 3문단을 보강한다.
④ (가), (다): 올리고당 제품에 당류가 포함되어 있다는 내용에, '표시사항'을 통해 당류의 함량과 올리고당의 함량을 살필 필요가 있다는 내용을 추가하여 4문단을 보강한다.
⑤ (나), (다): 기존의 단맛을 기대하면 올리고당을 많이 사용하게 될 수 있다는 내용에, 덜 달게 먹는 식습관으로 개선할 필요가 있다는 내용을 추가하여 4문단을 보강한다.

[11~12] 다음 글을 읽고 물음에 답하시오.

> 선어말 어미는 어말 어미 앞에 오는 어미이다. 단어의 끝에 오는 어말 어미는 용언의 어간과 더불어 단어를 이루므로 활용할 때 반드시 있어야 하지만, 용언의 어간과 어말 어

미 사이에 오는 선어말 어미는 ㉠쓰이지 않는 경우도 있고 ㉡하나가 오는 경우도 있으며 ㉢두 개 이상 연달아 나타나는 경우도 있다.

선어말 어미는 시제와 높임 등의 문법적 의미를 드러낸다. '선생님은 벌써 댁으로 떠나셨겠다.'의 '떠나셨겠다'에는 '-시-', '-었-', '-겠-'과 같은 선어말 어미가 쓰였다. '-시-'는 주체인 '선생님'을 높이고, '-었-'은 과거 시제를 나타내며, '-겠-'은 추측의 의미를 드러낸다. '떠나겠셨다'와 같은 표현이 어색한 데에서 알 수 있듯, 선어말 어미가 연속해서 나타날 때에는 일정한 결합 순서가 있다. 선어말 어미가 연속해서 쓰일 때는 일반적으로 주체 높임, 시제, 추측이나 회상의 순으로 배열된다.

한편, 어말 어미 앞에 위치한다고 해서 모두 선어말 어미인 것은 아니다. 가령 '문이 바람에 닫혔다.'에서 '-히-'와 '-었-'은 모두 어말 어미 '-다' 앞에 오지만, '-었-'은 선어말 어미인 반면 '-히-'는 접사이다. 접사는 새로운 단어의 형성에 참여한다는 점에서 선어말 어미와 다르다. 선어말 어미가 결합한 '닫았다'는 '닫다'의 과거형이지만, 접사가 결합한 '닫히다'는 '닫다'의 피동사로서 새로운 의미를 가진다. '닫다'가 '닫히다'가 되면 필요로 하는 문장 성분이 달라진다는 점을 보아도 새로운 단어가 형성되었다는 것을 알 수 있다. 국어사전에도 '닫다'와 '닫히다'는 표제어로 올라 있으나 '닫았다'는 그렇지 않다. 또한 선어말 어미에 비하여 접사는 결합할 때 제약이 심하다. 가령 '(구멍을) 뚫다', '(종이를) 찢다'와 같은 용언에 '-었-'은 자유롭게 결합할 수 있는 반면 '-히-'는 결합할 수 없다.

11. 윗글을 읽고 이해한 내용으로 적절하지 <u>않은</u> 것은?

① '그 사건은 아직 끝난 것이 아니다.'에서 '끝난', '아니다'를 모두 ㉠의 예로 들 수 있군.

② '시골에 계시는 할머니께 편지를 드렸다.'에서 '계시는', '드렸다'를 모두 ㉡의 예로 들 수 있군.

③ '그녀는 학교 가는 길을 잘 알았다.'에서 '가는'을 ㉠의 예로, '알았다'를 ㉡의 예로 들 수 있군.

④ '여름이 지나고 이제 가을이 왔겠군.'에서 '지나고'를 ㉠의 예로, '왔겠군'을 ㉢의 예로 들 수 있군.

⑤ '그분께서 이 글을 쓰셨을 수도 있겠다.'에서 '있겠다'를 ㉡의 예로, '쓰셨을'을 ㉢의 예로 들 수 있군.

12. 윗글을 바탕으로 <보기>의 ⓐ ~ ⓒ를 탐구한 내용으로 적절한 것은? [3점]

— <보 기> —

ㅇ 그는 쪽지를 ⓐ구겼지만 버리지는 못했다.
ㅇ 그 물건은 어제부터 책상에 ⓑ놓여 있었다.
ㅇ 우리 가족은 할머니 댁에서 김치를 ⓒ담갔다.

① ⓐ : 접사가 결합하여 피동의 의미를 나타낸다.
② ⓐ : 선어말 어미가 결합하여 추측의 의미를 드러낸다.
③ ⓑ : 선어말 어미가 결합하여 과거 시제를 나타낸다.
④ ⓑ : 접사가 결합하여 필요로 하는 문장 성분이 달라졌다.
⑤ ⓒ : 접사가 결합하여 사전에 오를 수 있는 단어가 형성되었다.

13. <보기>의 ㉠ ~ ㉢에 대한 설명으로 적절하지 <u>않은</u> 것은?

— <보 기> —

㉠ 예쁜 아이가 활짝 웃는다.
㉡ 나는 어제 새 가방을 샀다.
㉢ 지금 이곳은 동화 속 세상처럼 아름답다.
㉣ 작년에는 날씨가 추웠으나 올해에는 따뜻하다.
㉤ 설령 눈이 올지라도 우리는 어김없이 밖에 나간다.

① ㉠에는 주어가 생략된 안긴문장이 있다.
② ㉡은 주어와 서술어의 관계가 한 번 나타나는 문장이다.
③ ㉢에는 하나의 문장 성분처럼 쓰이는 안긴문장이 있다.
④ ㉣은 두 개의 홑문장이 대등하게 연결된 이어진문장이다.
⑤ ㉤은 주어와 서술어의 관계가 두 번 이상 나타나는 문장이다.

14. 다음은 수업 상황의 일부이다. ㉠에 들어갈 말로 적절하지 <u>않은</u> 것은?

학생 : 선생님, '회상하건대'를 줄이면 '회상컨대'와 '회상건대' 중 어떻게 적는 게 맞나요?

선생님 : 그럴 때는 한글 맞춤법 규정을 살펴봐야 해요.

제40항 어간의 끝음절 '하'의 'ㅏ'가 줄고 'ㅎ'이 다음 음절의 첫소리와 어울려 거센소리로 될 적에는 거센소리로 적는다.
　[붙임] 어간의 끝음절 '하'가 아주 줄 적에는 준 대로 적는다.

'하'가 줄어드는 기준은 '하' 앞에 오는 받침의 소리인데 '하' 앞의 받침의 소리가 [ㄱ, ㄷ, ㅂ]이면 '하'가 통째로 줄고, 그 외의 경우에는 'ㅎ'이 남아요. 그래서 '회상하건대'는 '하'의 'ㅏ'가 줄고 'ㅎ'이 'ㄱ'과 어울려 거센소리가 되어 '회상컨대'로 적어야 해요.

학생 : 네, 감사해요. 한글 맞춤법에도 준말 규정이 있었네요.

선생님 : 그럼 다음 자료를 규정에 맞게 준말로 바꿔 볼까요?

깨끗하지 않다	연구하도록	간편하게
생각하다 못해	답답하지 않다	

학생 : [　　　㉠　　　]
선생님 : 네, 잘했어요.

① '깨끗하지 않다'는 어간의 끝음절 '하'의 'ㅏ'가 줄기 때문에 '깨끗치 않다'로 써야 합니다.

② '연구하도록'은 어간의 끝음절 '하'의 'ㅏ'가 줄기 때문에 '연구토록'으로 써야 합니다.

③ '간편하게'는 어간의 끝음절 '하'의 'ㅏ'가 줄기 때문에 '간편케'로 써야 합니다.

④ '생각하다 못해'는 '하'가 통째로 줄기 때문에 '생각다 못해'로 써야 합니다.

⑤ '답답하지 않다'는 '하'가 통째로 줄기 때문에 '답답지 않다'로 써야 합니다.

15. <보기>를 참고하여 중세 국어를 이해한다고 할 때, ㉠과 ㉡의 사례로 바르게 짝지어진 것은?

> ───── <보 기> ─────
>
> 모음 조화는 ㉠양성 모음은 양성 모음끼리 어울리고 ㉡음성 모음은 음성 모음끼리 어울리는 현상으로, 중세 국어에서는 현대 국어보다 규칙적으로 적용되었다.

	㉠	㉡
①	ᄇᄅ매[바람에]	·ᄡᅮ·메[씀에]
②	·ᄡᅮ·메[씀에]	ᄠᅳ·들[뜻을]
③	ᄠᅳ·들[뜻을]	거부븨[거북의]
④	ᄆᆞᄉᆞᄆᆞᆯ[마음을]	바ᄂᆞᆯ롤[바늘을]
⑤	나롤[나를]	도ᄌᆞ기[도적의]

[16~19] 다음 글을 읽고 물음에 답하시오.

'부산 부두에 발을 올려 딛는 때부터 내 고향이다. 내 고향은 나에겐 편안히 쉴 자리를 줄 리가 없다. 그것을 바라고 **그것을 꾀할 나도** 아니다. 그곳에는 여러 동무들이 있을 것이다. 어서 신들메를 ᄭᅳ르지 말고 그대로 뛰어나오시오. 당신만은 온몸을 사리고 저편에 붙지 말고 용감하게 우리 속에 와 끼어 주시오. 이렇게 부르짖는 힘차고 씩씩한 친구들이 나를 맞아 줄 것이다. **오, 어서 달려가다오!**'

윤건은 차 속이 좁고 갑갑한 듯이 땀에 절은 학생복 저고리는 벗어 걸어 놓고 셔츠 바람으로 몇 번이나 승강대에 나와서 날아가는 이국의 밤경치를 내다보곤 하였다.

그 이튿날 아침, 차가 고베 플랫폼에서 쉬게 되었음에 윤건은 도시락을 사러 나왔다가 어떤 낯익은 조선 청년을 만나게 되었다. 그 청년도 윤건을 얼른 알아보고 마주 와서 손을 잡았다.

"귀국하시는 길입니까?"

"네."

"저도 이 찻간에 탔습니다."

그 청년은 윤건이 도시락 사려는 것을 보고 말렸다. 윤건은 그에게 끌려 식당차로 올라갔다. 윤건은 그 청년의 성명을 기억하지는 못하였으나 그가 W 대학 학생이었던 것과 그가 고학은 하나 자기와 같이 험한 일을 하지 않고도 어떻게 좋은 하숙에 있으며, 학비를 넉넉하게 쓰던 사람이란 것으로 그의 낯을 익혀 둔 기억만은 있었다.

"이번이 졸업이시던가요?"

그 남색 신사복을 새로 지어 입은 청년이 보이에게 조반을 시키고 윤건에게 물었다.

"네, 졸업하고 나갑니다."

"저도 이번에 아주 나가는 길이지요. 동경 길을 다시 못 다닐 것을 생각하면 퍽 섭섭해요. 돈만 모으면 얼마든지 또 올 수야 있겠지만…… 실례지만 어데 취직되셨습니까?"

"아직 못 했습니다."

"그럼, 매우 걱정되시겠군요. 놀지들은 말아야 할 터인데…… 어떤 방면을 희망하십니까?"

윤건은 얼른 대답이 나오지 않았다. 그 청년의 말이 몇 마

디 내려가지 않아서 윤건의 비위를 건드려 놓았다. 돈만 모으면 또 동경 길을 다닐 수 있다느니, 놀지들은 말아야 한다느니, 어떤 방면을 희망하느냐는 등 몹시 윤건의 귀에 거슬리는 말들이었기 때문이다. 꽤 달랑거리는 친구로구나, 하고 대뜸 멸시를 느꼈으나 윤건은 곧 그것을 후회하였다.

'길동무다! 단순하게 한차를 타고 **한 조선으로 간다는 것**보다도 더 큰 운명에 있어서 길동무가 아니냐?'

윤건은 곧 안색을 고치고 그에게 대답하였다.

"글쎄, 걱정이올시다. 아직 어떤 방면으로 나갈는지 생각 중이올시다. 노형은 어데 작정되셨습니까?"

"네. 뭐 신통한 곳은 아니에요. 그래두 여간 힘들지 않은 곳이에요. 더구나 조선 사람은 좀처럼 가 볼 생각도 못 먹는 곳인데 어떻게 **유력자 하나를 만나서 한 1년 졸랐더니 다행히 됐습니다.**"

"어딘데요?"

"○○은행 본점이오."

"㉠좋은 데 취직하셨습니다."

윤건은 속으로 아니나 다르랴, 하면서도 상대자가 상대자인만치 마음에 없는 좋은 대답을 해 주었다.

"뭘요…… 하기는 큰일을 못 할 바에야 내 한 사람이 헐벗지 않도록 하는 것도 작게 보아 **조선 사람 하나가 헐벗지 않는 것이** 되니까요……."

"㉡좋은 해석이십니다."

윤건은 또 꿀꺽 참고 마음에 없는 거짓 대답을 해 주었다.

[중략 줄거리] 청년과 헤어진 윤건은 부산행 밤배를 타러 가면서 석탄 연기에 그을린 조선 옷을 입은 사람들을 보게 된다.

'저 옷이 찬란한 문화를 가진 역사 있는 민족의 의복이라 할 수 있을까? 그러나 내일부터 조선 땅에서 보는 저 옷은 여기서 보는 것처럼 저렇게 보기 싫지는 않겠지…….'

윤건은 여러 사람의 행렬에 끼어서 배를 탔다. 여러 사람이 뛰는 바람에 윤건도 손가방을 들고 삼등실 있는 편으로 뛰어갈 때 누가 조선말로 '여보시오?'하고 부르는 이가 있었다. 양복은 입었으나 조선말을 한 것은 물론 얼굴 생김이 어디에다 갖다 놓아도 일견에 조선 사람의 모습이었다. 윤건은 반가워하였다.

"저 부르셨습니까?"

그러나 그 신사는 의외에도 불손스러웠다.

"거기 좀 섰어."

윤건은 그때 그가 무엇하는 사람인지를 알아챘다. 심히 불쾌스러웠다. 윤건은 그 형사에게 행선지가 불분명한 점으로 유다른 조사를 받았다. 갑판 위에서 손가방을 열어젖히고 책 갈피마다 열어 보인 뒤에 선실로 들어간즉 윤건을 위해서 남겨 놓은 자리는 없었다. 아무 데나 남의 발치가리에 쑤시고 누웠다. 옆에는 오사카에서 돌아온다는 조선 노동자들이 자리잡고 있었다. 그들 가운데에선 이런 말이 나왔다.

"인전 다 왔소, 이 배만 타면 조선 땅에 온 것이나 다름없소……."

윤건도 과연 그렇다 하였다. 이 배만 타면 조선이란 그립던 땅을 밟은 것이나 다름없는 반가움도 앞서거니와, 그와 반면에는 선실에 들어서기도 전부터 조선다운 울분과 불안이 앞을 막는 것도 벌써 조선 땅의 분위기라 하였다.

"돈을 많이 벌어 가지고 오시오?"

윤건은 울분한 심사를 가라앉혀 가지고 배가 떠난 지 한참 만에 옆에 누운 조선 노동자에게 말을 건넸다.

"돈이 뭐요, 벌이가 좋으면 나가겠소?"

"조선보다야 돈이 흔하지 않소?"

"그 사람네 흔한 거 상관있나요."

"그래, 노형은 무슨 일을 하셨소?"

"길에 산스이 했지요. 일본 와서 큰길에 물만 몇 달 동안 뿌려 주고 가오."

"첨에는 조선 사람도 1원 20전씩은 주었다는데 내가 갔을 때는 80전 줍디다. 그것도 요즘은 50전씩 주니 무얼 모아 보는 수가 있어야지요."

"고향은 어데시오?"

"대구 지나 김천이올시다. 우리 다 **한 고향 사람들**이지요."

"그럼, 고향에 가시면 농사하십니까?"

"농사니 농토가 있어야죠. 우리 제각기 저 한 몸만 같으면 조밥보다는 나으니 일본서 뒹굴겠지만 돈들도 못 벌 바에야 첫째 **처자식이 그리워 허턱대구** 나오지요."

윤건은 더 묻지 않았다. 배는 쿵쿵거리며 엔진 소리가 높아갔다.

– 이태준, 「고향」 –

16. 윗글의 서술상 특징으로 가장 적절한 것은?

① 외부 이야기의 서술자가 자신이 겪은 내부 이야기의 의미를 밝히고 있다.

② 서술자가 여러 인물의 내면을 서술하여 인물의 다양한 특성을 드러내고 있다.

③ 서술자가 공간의 이동에 따라 바뀌면서 인물 간의 갈등을 다각적으로 드러내고 있다.

④ 이야기 외부의 서술자가 특정 인물의 관점에서 사건과 인물의 심리를 서술하고 있다.

⑤ 이야기 내부의 서술자가 고백적 진술을 통해 자신이 처한 심리적 상황을 제시하고 있다.

17. '윤건'에 대한 설명으로 가장 적절한 것은?

① 조선의 친구들이 자신을 반겨 줄 것을 기대하고 있다.

② 오사카로 돌아가는 배에서 노동자와 이야기를 나눈다.

③ 고베 플랫폼에서 도시락을 사려는 조선 청년을 만류한다.

④ 여비가 부족하여 돈을 빌리기 위해 조선 청년을 찾아간다.

⑤ 행선지가 불분명하다는 이유로 일본인으로 보이는 형사에게 조사받는다.

18. 맥락을 고려하여 ㉠과 ㉡을 이해한 내용으로 가장 적절한 것은?

① ㉠은 상대의 성취를 축하하는 말이고, ㉡은 상대의 의견에 동조하는 말이다.

② ㉠은 상대의 우월함을 인정하는 말이고, ㉡은 자신의 열등감을 감추기 위해 한 말이다.

③ ㉠은 상대의 의심을 피하기 위해 한 말이고, ㉡은 상대의 관심을 끌기 위해 한 말이다.

④ ㉠과 ㉡은 모두 상대에 대한 진심을 드러내지 않은 말이다.

⑤ ㉠과 ㉡은 모두 상대의 태도를 변화시키고자 하는 의도로 한 말이다.

19. <보기>를 바탕으로 윗글을 감상한 내용으로 적절하지 <u>않은</u> 것은? [3점]

— <보 기> —

1931년에 발표된 「고향」은 '귀향' 모티프를 활용해 고향 사람들과 고국산천이라는 물리적 실체로서의 고향과 민족 공동체라는 정신적 의미의 고향을 형상화하였다. 이를 위해 작가는 귀향의 동기가 대립되는 '지식인'과 물리적 실체로서의 고향을 그리워하는 '노동자'를 등장시킨다. 또한 작가는 '지식인'을 '지사형'과 '속물형'으로 나누고 '지사형'은 개인의 안위보다는 조국을 우선시하는 인물로, '속물형'은 개인적 실리를 좇는 자신의 행위를 조국을 위한 것으로 포장하는 세속적 인물로 그리고 있다.

① '그것을 꾀할 나도 아니'라며 '오, 어서 달려가다오!'라고 하는 데에서, 지사형 인물의 면모를 확인할 수 있겠군.

② '한 조선으로 간다는 것', '한 고향 사람들'이라고 하는 데에서, 민족 공동체라는 정신적 의미의 고향을 확인할 수 있겠군.

③ '유력자 하나를 만나서 한 1년 졸랐더니 다행히 됐'다는 데에서, 속물형 인물의 귀향 동기를 확인할 수 있겠군.

④ '조선 사람 하나가 헐벗지 않는 것'이라고 하는 데에서, 자신의 행위를 조국을 위한 것으로 포장하는 속물형 인물의 면모를 확인할 수 있겠군.

⑤ '처자식이 그리워 허턱대구' 나온다고 하는 데에서, 물리적 실체로서의 고향을 그리워하는 노동자의 모습을 확인할 수 있겠군.

[20~25] 다음 글을 읽고 물음에 답하시오.

(가)

미국의 헌법학자 제롬 배런은 1967년 언론 매체 접근·이용권을 최초로 주장하였다. 언론 매체 접근·이용권이란 국민이 자신의 사상이나 의견을 표명하기 위하여 언론 매체에 자유로이 접근하여 이를 이용할 수 있는 권리를 말한다.

배런은 당시 미국과 영국 내 언론의 독과점으로 인해 국민의 다양한 의견을 표출할 수 있는 통로가 점점 사라지고 있음을 지적했다. 또한 그는 상업적 이익만을 추구하는 언론사가 보다 많은 시청자나 독자 등을 확보하기 위하여 사람들이 불편하게 여기는 주장이나 의견보다는 대중적인 주장이나 의견만을 전달하고 있다고 비판하였다. 언론 매체가 공론장의 역할을 하지 못해 국민의 다양하고 공정한 여론을 형성하는 기능을 수행하지 못함을 지적한 것이다. 이러한 상황에서 국민들이 언론 매체가 아닌 다른 수단을 통해 자신의 의견을 표명하려고 해도 매스미디어에 ⓐ견주면 그 전달 범위가 극히 제한적이라고 보았다. 매스미디어의 거대화, 독점화에 따라 언론의 자유가 매체를 소유하거나 지배하는 소수의 계층이나 집단의 것으로 전락하였기 때문에 시민들의 언론의 자유를 보장하기 위해 언론 매체 접근·이용권을 인정해야 함을 주장한 것이다.

법적으로 보장받는 언론 매체 접근·이용권의 대표적인 형태는 반론권이다. 이는 언론 매체에 의하여 명예 훼손·비판·공격 등으로 피해를 입은 국민이 자기와 관련이 있는 보도에 대해 반론이나 정정 또는 해명의 기회를 요구할 수 있는 권리이다. 반론권은 언론 매체에 정정 및 반론 보도, 추후 보도 등을 청구할 수 있는 권리로 구체화되어 있다. 반론권 이외에도 방송법에 언론 매체가 사회의 다양성을 해치거나 임의로 특정 의견을 차별하지 못하게 하는 조항을 마련하고 있으며, 시청자 참여 프로그램을 편성하도록 하는 조항 등을 통해 국민이 언론 매체를 이용하여 자신의 의사를 표명할 수 있도록 하고 있다.

언론 매체 접근·이용권은 국민의 언론의 자유를 보장하고 민주주의 실현에 ⓑ이바지하는 중요한 권리이다. 그러나 언론 매체 접근·이용권은 언론 매체가 신문 등의 표현 내용을 결정하는 권리인 편집권과 ⓒ맞부딪칠 수도 있다. 이에 언론 매체에 일정한 기준의 재량권을 부여하고, 만약 언론 매체가 일정한 재량권을 일탈하거나 남용할 때는 구제 수단을 활용하여 국민의 언론 매체 접근·이용권을 보호하고 있다.

(나)

언론 보도에 의해 명예나 권리를 침해받은 때에는 어떻게 해야 할까? 명예 훼손죄로 고소할 수도 있지만, 판결이 나오기까지 시간이 오래 걸린다. 따라서 언론중재법에는 언론 매체에 의해 피해를 받은 개인에게 신속하고 대등한 방어 수단을 제공하기 위해 정정 보도 청구권과 반론 보도 청구권이 규정되어 있다.

정정 보도 청구권은 진실하지 않은 언론 보도 등으로 인해 피해를 입었을 경우 보도 내용의 잘못을 바로잡는 정정 보도를 요구할 수 있는 권리이며, 반론 보도 청구권은 언론 보도 등으로 인해 피해를 입었을 경우 그 보도 내용에 관한 반론을 보도해 줄 것을 요구할 수 있는 권리이다. 정정 보도를 청구하는 피해자는 원 보도가 허위임을 입증해야 한다. 반면 반론 보도는 원 보도의 진위 여부와 상관없이 청구할 수 있다.

정정 보도 청구권과 반론 보도 청구권의 주체는 보도 내용과 개별적 연관성이 있으며 그 보도로 인해 피해를 입은 자이다. 청구권의 주체는 언론 보도의 '사실적 주장'에 대해 정정 보도와 반론 보도를 청구할 수 있는데, '사실적 주장'이라는 것은 증거에 의해서 그 존재 여부를 판단할 수 있는 사실 관계에 관한 주장을 의미한다. 따라서 단순한 의견이나 논평, 광고 등은 청구의 대상이 아니다. 피해자는 해당 언론 보도 등이 있음을 안 날로부터 3개월 이내에 정정 또는 반론 보도를 청구할 수 있는데, 해당 언론 보도 등이 있은 후 6개월이 지났을 때에는 이를 청구할 수 없다. 정정 또는 반론 보도 청구는 언론사 등의 대표자에게 서면으로 하여야 하며, 언론사가 청구를 수용한다면 청구를 받은 날부터 7일 이내에 정정 또는 반론 보도문을 방송하거나 ⓓ싣게 된다. ⓣ이때의 보도는 원 보도와 동일한 채널, 지면에서 이루어져야 하며, 방송 진행자는 보도문을 읽을 때 통상적인 속도로 읽어야 한다.

만약 언론중재법상 정정 보도를 청구할 수 있는 기간이 지났다면 민법 제764조에 의거하여 정정 보도를 청구할 수도 있다. 민법상 정정 보도 청구권에 따르면 언론 보도 등으로 명예를 훼손당한 사람은 언론 보도가 있음을 안 날로부터 3년 이내에 법원에 소를 제기할 수 있는데, 해당 언론 보도가 있은 후 10년이 지났을 때에는 불가하다. 민법상 정정 보도를 청구할 때는 언론사 등의 대표자뿐만이 아니라, 잘못된 언론 보도로 손해를 가한 기자, 편집자 등에 대해서도 공동으로 청구할 수 있다. 그런데 민법상 정정 보도 청구권이 성립하려면 언론중재법과 달리 언론사의 고의 또는 과실이 있다는 것과, 해당 보도에 위법성이 있음이 입증되어야 한다. 만약 언론 보도가 타인의 명예를 훼손했다 하더라도 해당 보도가 공공의 이익을 위한 것일 때는 위법이 아니라고 인정된다. 이처럼 민법상 정정 보도 청구권은 언론중재법상 정정 보도 청구권을 행사하는 것보다 엄격한 성립 요건을 필요로 한다.

정정 보도 청구권 및 반론 보도 청구권은 피해를 입은 개인의 입장을 제공하게 하여 개인의 피해 회복을 ⓔ돕고 우리 사회가 진실을 발견하고 올바른 여론을 형성하는 데 일조한다.

20. (가)와 (나)에 대한 설명으로 가장 적절한 것은?

① (가)는 권리의 유형을 구분하였고, (나)는 권리의 주체를 법률의 내용에 따라 분류하였다.

② (가)는 권리의 발전 과정을 소개하였고, (나)는 권리의 실행 과정에 나타나는 한계를 지적하였다.

③ (가)는 권리의 등장 배경과 실현 양상을 설명하였고, (나)는 근거한 법에 따른 권리의 성립 요건 차이를 비교하였다.

④ (가)는 시대에 따라 변화하는 권리의 의의를 평가하였고, (나)는 다른 권리와 대비하며 권리의 특성을 분석하였다.

⑤ (가)는 권리가 올바르게 실행되기 위한 조건을 제시하였고, (나)는 권리의 실행으로 인해 변화된 양상을 서술하였다.

21. (가), (나)의 내용과 일치하지 <u>않는</u> 것은?

① 언론 매체가 재량권을 남용한 경우에 국민의 언론 매체 접근 · 이용권은 보호받을 수 있다.

② 공공의 이익을 위한 보도가 타인의 명예를 훼손한 경우 민법상 정정 보도 청구권은 성립하지 않는다.

③ 민법상 정정 보도 청구권은 언론중재법상 정정 보도 청구권보다 보도를 청구할 수 있는 기한이 길다.

④ 언론중재법상 정정 보도 또는 반론 보도를 청구하려면 언론 보도로 인해 피해를 입은 사실이 있어야 한다.

⑤ 배런은 시민에게 매체를 소유할 수 있는 권리가 주어지지 않아 언론의 자유가 소수의 것으로 전락했다고 보았다.

22. ㉠의 이유를 추론한 내용으로 가장 적절한 것은?

① 원 보도와 동일한 효과를 낼 수 있는 대등한 방어 수단을 제공하기 위해서이다.

② 원 보도를 한 언론사의 대표자에게 원 보도를 진실에 맞게 수정해 달라고 요구하기 위해서이다.

③ 원 보도에 비해 신속한 전달 수단을 제공하여 언론 매체에 의한 피해를 최소화하기 위해서이다.

④ 언론 매체가 대중적인 주장과 사람들이 불편하게 여기는 주장을 차별적으로 보도하지 않도록 하기 위해서이다.

⑤ 양측의 주장을 같은 방식으로 제공하여 옳고 그름에 대한 판단을 시청자 또는 독자가 내리도록 하기 위해서이다.

23. (가)를 바탕으로 <보기>를 이해한 내용으로 적절하지 <u>않은</u> 것은? [3점]

─── <보 기> ───

ㄱ. 방송법 제6조 제9항
　방송은 정부 또는 특정 집단의 정책 등을 공표하는 경우 의견이 다른 집단에 균등한 기회가 제공되도록 노력하여야 하고, 또한 각 정치적 이해 당사자에 관한 방송 프로그램을 편성하는 경우에도 균형성이 유지되도록 하여야 한다.

ㄴ. 방송법 제6조 제2항
　방송은 성별 · 연령 · 직업 · 종교 · 신념 · 계층 · 지역 · 인종 등을 이유로 방송편성에 차별을 두어서는 아니 된다.

ㄷ. 언론중재법 제17조 제1항
　언론 등에 의하여 범죄 혐의가 있거나 형사상의 조치를 받았다고 보도 또는 공표된 자는 그에 대한 형사 절차가 무죄 판결 또는 이와 동등한 형태로 종결되었을 때에는 그 사실을 안 날부터 3개월 이내에 언론사 등에 이 사실에 관한 추후 보도의 게재를 청구할 수 있다.

① ㄱ은 언론 매체가 공정한 여론을 형성하는 공론장의 역할을 해야 한다는 인식을 반영하고 있다.

② ㄱ은 언론 매체에 의하여 비판을 당한 국민이 반론의 기회를 요구할 수 있는 권리를 보장하고 있다.

③ ㄴ은 언론 매체가 사회의 다양성을 해치지 못하도록 하고 있다.

④ ㄷ은 매스미디어를 소유하지 않아도 언론의 자유를 보장받을 수 있도록 하고 있다.

⑤ ㄷ은 언론 보도로 피해를 입은 사람이 자신의 의사를 표명할 수 있도록 하고 있다.

24. (나)를 바탕으로 <보기>를 탐구한 내용으로 적절하지 <u>않은</u> 것은?

─── <보 기> ───

　○○ 동물 병원을 운영하는 A는 △△ 신문의 기자 B가 제보 내용에 대한 별도의 취재 없이 보도한 기사로 인해 매출이 줄어드는 피해를 입었다. A는 다음의 내용으로 △△ 신문의 대표자 C 또는 기자 B에게 정정 및 반론 보도를 요청하고자 한다.

　본 신문은 2022년 9월 1일자 10면에 '○○시 소재 동물 병원, 입원한 반려견 방치하고 처방전 미발급'이라는 제목으로 ○○시에 소재한 모 동물 병원이 입원한 반려견에게 먹이를 주지 않았으며 처방전을 발급하지 않고 의약품을 투약했다고 보도하였습니다.
　그러나 해당 동물 병원의 CCTV 영상을 확인한 결과 동물 병원의 직원들이 입원한 반려견에게 적정량의 먹이를 제공한 것으로 밝혀져 이를 바로잡습니다. 또한 해당 동물 병원에서는 처방전을 발급하지 않은 것은 사실이지만, 관련 법에 근거하여 수의사가 직접 처방 대상 동물용 의약품을 투약하는 경우에는 처방전을 발급하지 않을 수 있다고 밝혀왔습니다.

① A가 별도의 취재를 하지 않은 B에게 정정 보도를 청구하려면 법원에 소를 제기해야겠군.

② A는 먹이 제공과 관련된 내용은 정정 보도를, 처방전 미발급과 관련된 내용은 반론 보도를 청구하려는 것이겠군.

③ A가 △△ 신문의 보도가 있음을 안 날이 2023년 9월 1일이라면 민법 제764조에 의거하여 권리를 행사해야겠군.

④ B의 기사 중 입원한 반려견에게 먹이를 주지 않았다는 내용은 사실적 주장에 해당하지 않겠군.

⑤ C가 언론중재법에 의거한 A의 청구를 수용한다면, 청구를 받은 날부터 일주일 이내에 A가 요청한 보도문을 △△ 신문에 싣겠군.

25. 문맥상 ⓐ ~ ⓔ와 바꾸어 쓰기에 적절하지 <u>않은</u> 것은?

① ⓐ: 비하면
② ⓑ: 기여하는
③ ⓒ: 충돌할
④ ⓓ: 게재하게
⑤ ⓔ: 증진하고

[26~30] 다음 글을 읽고 물음에 답하시오.

　우리는 냄새를 어떻게 인식할까? 냄새의 원인이 되는 기체 상태의 분자가 코로 들어온 후 몇 가지 과정을 거쳐 뇌에서 냄새를 인식하게 된다. 과학자들은 분자의 구조와 뇌가 인식하는 냄새 사이에 직접적인 관련이 있다고 추측하고 이를 밝히려고 했으나 한계에 부딪혔다. 단일 분자 물질이 농도에 따라 전혀 다른 냄새로 인식되는 경우를 설명할 수 없었기 때문이다. 이후 다른 감각들은 자극이 전기 신호로 바뀌어 인식된 것이라는 점에 착안하여 후각을 이해하려는 접근이 도입되었다. 20세기 후반에 미국의 과학자인 액설과 벅은 냄새 분자를 전기 신호로 전환하는 매개체인 후각 수용체를 발견했다. 후각 수용체를 중심으로 후각 자극의 신호 전달 과정 을 살펴보자.

　코안의 가장 윗부분에 후각 수용체가 있는 엄지손톱 크기의 후각 상피가 있다. 냄새 분자는 우리가 호흡할 때 공기에 실려 후각 상피로 가는데, 방향에 따라 정방향 경로와 역방향 경로가 있다. 전자는 숨을 들이쉴 때 신체 외부에 있던 냄새 분자가 콧속으로 유입되는 경로이고, 후자는 신체 내부에 있던 냄새 분자가 목구멍을 통해 코 뒤로 올라가 숨을 내쉴 때 후각 상피에 도달하는 경로이다. 후자를 통해 이동한 냄새 분자는 미각으로 느낀 맛을 더욱 풍부하게 할 수 있다.

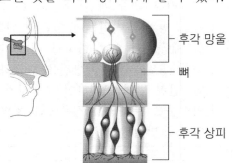

　이러한 경로를 통해 냄새 분자가 도달한 ㉠후각 상피에는 냄새를 받아들이는 후각 신경 세포 수백만 개가 밀집해 있다. 세포의 말단에는 가느다란 섬모들이 뻗어 나와 얇은 점액질층에 잠겨 있고, 섬모 표면에는 특정한 몇 종류의 분자와 선택적으로 결합하는 막단백질인 후각 수용체가 점점이 박혀 있는데 한 개의 후각 신경 세포에는 한 종류의 후각 수용체만 존재한다. 냄새 분자는 점액질층을 통과하여 후각 수용체와 결합한다. 대부분의 냄새에는 수백 종류의 분자가 포함되는데, 이 냄새 분자와 특이적으로 결합하는 후각 수용체가 동시에 활성화된다. 인간은 약 400종류의 후각 수용체로 1만여 가지의 냄새를 맡을 수 있다.

　후각 수용체가 활성화되면 후각 신경 세포의 세포막 안팎에 전압 차가 만들어지면서 후각 신경 세포에서 전기 신호가 발생한다. 이 신호는 후각 신경 세포에서 뻗어 나온 긴 돌기인 축삭을 타고 뼈의 구멍을 통해 뇌로 올라가 ㉡후각 망울에 있는 토리로 전달된다. 하나의 토리에는 동일한 종류의 후각 수용체가 활성화되어 만들어진 모든 전기 신호가 모인다. 이때 수천 개의 토리 중 신호를 전달받은 토리들이 패턴을 만드는데, 신호의 세기도 패턴에 반영된다. 냄새마다 고유한 일종의 패턴 지도가 있어 다른 냄새와 구별할 수 있는 특징이 된다. 단일 분자로 이루어진 물질이라도 농도에 따라 다른 패턴이 만들어진다면 우리는 이를 전혀 다른 냄새로 인식한다.

　후각 망울의 토리에서 만들어진 패턴은 신경 세포인 승모 세포를 통해 전기 신호가 강화되어 대뇌로 전달되고, 대뇌의 다양한 정보들과 합쳐져 최종적으로 냄새를 인식하게 된다.

　승모 세포가 연결된 대뇌의 후각 겉질에는 과거에 맡았던 냄새 정보가 저장되어 있어 새로운 냄새의 정보를 기존의 것과 비교하고, 냄새 정보를 편도체, 해마, 눈확이마 겉질 등 대뇌의 다른 영역으로 보낸다. 이 냄새 정보는 정서 반응에 관여하는 편도체 및 기억을 담당하는 해마로 즉시 전달된다. 이 때문에 어떤 냄새를 맡으면 무의식중에 즐겁거나 불쾌한 감정을 느낄 수도 있고, 순식간에 과거의 기억이 ⓐ떠오를 수도 있다. 그리고 눈확이마 겉질에서는 개인의 경험, 기대, 상황 등의 정보를 종합하여 최종적으로 어떤 냄새인지 판단하여 냄새를 인식하게 된다.

26. 윗글을 통해 답을 찾을 수 있는 질문으로 적절한 것은?

① 후각 상피에 있는 점액질층의 성분은 무엇인가?
② 후각 겉질과 눈확이마 겉질을 나누는 기준은 무엇인가?
③ 후각 수용체가 냄새 분자와 결합하는 원리는 무엇인가?
④ 냄새 분자가 정방향 경로로 들어올 때의 장점은 무엇인가?
⑤ 냄새를 맡으면 순식간에 기억이 떠오르는 이유는 무엇인가?

27. 윗글을 읽고 추론한 내용으로 적절하지 <u>않은</u> 것은?

① 두 물질의 냄새 분자가 다르다면 토리에서 만들어진 패턴이 다르겠군.
② 액설과 벅은 냄새 분자의 구조에 따라 냄새가 인식되는 방법을 발견했겠군.
③ 자극이 전기 신호로 바뀌어 인식될 것이라는 접근은 후각 이외의 감각에 먼저 도입되었겠군.
④ 어떤 냄새를 귤 냄새로 판단했다면 과거의 냄새 정보와 새로운 정보를 비교하는 과정이 있었겠군.
⑤ 코가 막혔을 때 미각으로 느낀 맛을 더욱 풍부하게 느끼지 못하는 것은 후각 상피로 가는 역방향 경로가 막혔기 때문이겠군.

28. 후각 자극의 신호 전달 과정 을 중심으로 ㉠, ㉡을 이해한 내용으로 적절하지 <u>않은</u> 것은?

① ㉠에서 냄새 분자가 섬모에 닿으려면 먼저 점액질층을 통과해야 한다.
② ㉠에서 냄새 분자와 후각 수용체가 결합하면 후각 신경 세포에서 전기 신호가 발생한다.
③ ㉡에서 만들어진 패턴은 승모 세포를 통해 전기 신호가 강해져 대뇌의 후각 겉질로 전달된다.
④ ㉠에서 서로 다른 종류의 후각 수용체가 활성화되어 발생한 전기 신호는 한 개의 축삭에 모여 ㉡으로 전달된다.
⑤ ㉠으로부터 전달된 전기 신호와 세기를 반영하여 ㉡에서는 패턴이 만들어진다.

29. 윗글과 <보기>를 이해한 내용으로 적절하지 <u>않은</u> 것은? [3점]

─── <보 기> ───

　'전자 코'는 질병 조기 진단, 식품의 신선도 측정 등에 두루 쓰인다. 최근 사람의 후각과 원리가 비슷한 6가지 나노금 입자로 구성된 전자 코가 개발돼 질병 진단을 위해 단백질을 분석할 때 쓰이고 있다. 6가지 나노 금 입자에 특정한 단백질과 결합하는 물질들이 코팅되어 있다. 나노 금 입자는 형광물질과 결합한 상태인데 단백질이 결합하면 형광물질이 분리되면서 빛을 낸다. 나노 금 입자와 단백질의 결합 여부 및 결합하는 정도에 따라 빛의 세기가 달라지고, 이러한 빛들이 만드는 빛의 분포는 단백질마다 다른 고유한 특징이다. 이러한 빛의 분포를 컴퓨터로 분석하고 기존의 데이터와 비교하여 단백질의 종류를 파악한다.

① '토리에서 만들어진 패턴'과 '빛의 분포'는 대상마다 다르게 나타나는 고유한 특징이라는 점에서 유사하다고 볼 수 있겠군.
② '후각 수용체'와 '단백질과 결합하는 물질들'은 대상과 선택적으로 결합한다는 점에서 유사하다고 볼 수 있겠군.
③ '대뇌의 후각 겉질'과 '컴퓨터'는 새로운 정보를 기존의 정보와 비교한다는 점에서 유사하다고 볼 수 있겠군.
④ '승모 세포'와 '나노 금 입자'는 대상과의 결합 여부와 정도를 알려 준다는 점에서 유사하다고 볼 수 있겠군.
⑤ '전기 신호'와 '빛'은 두 대상의 결합으로 인해 발생한다는 점에서 유사하다고 볼 수 있겠군.

30. 문맥상 ⓐ의 의미와 가장 가까운 것은?

① 바람에 날린 연이 높이 <u>떠올랐다</u>.
② 붉은 태양이 바다 위로 <u>떠올랐다</u>.
③ 어머니의 얼굴에 미소가 <u>떠올랐다</u>.
④ 그 사람의 이름이 이제야 <u>떠올랐다</u>.
⑤ 그녀는 배구계의 새 강자로 <u>떠올랐다</u>.

[31~34] 다음 글을 읽고 물음에 답하시오.

　동방이 차차 밝아 오매 마침 영릉골 관비 한 사람이 외촌에 가다가 돌아오는 길에 청수 가에 다다르니 어떤 여자가 물가에서 통곡하며 물에 빠져 죽고자 하거늘 급히 쫓아와 강 낭자를 붙들어 물가에 앉히고 이유를 물으니라. 그 후에 제 집으로 가자 하나 낭자 한사코 죽으려 하거늘 관비 여러 가지로 타일러 데리고 와서 수양딸로 정한 후에 자색과 태도를 살펴보니 천상 선녀 같은지라. 이 고을 동리마다 수청을 드리면 천금의 재산이 부럽지 않으며, 만 량 가진 태수를 원하겠느냐. 만 가지로 달래어 다른 데로 못 가게 하더라.
　각설. 이때에 유충렬이 강 승상의 집을 떠나서 서쪽 하늘을 바라보고 정처 없이 가며 신세를 생각하니, 속절없고 하릴없다. 이제는 아무것도 할 수 없구나. 산중에 들어가 삭발하고 중이 되어 훗날의 도를 닦으리라 하고 청산을 바라보고 종일토록 가더니 한 곳에 다다르더라. 앞에 ㉠큰 산이 있으되 천 개의 봉우리와 만 개의 골짜기가 하늘 높이 솟았고, 오색구름이 구리봉에 떠 있고 갖가지 화초가 만발한지라. 장차 신령한 산이라 하고 찾아 들어가니 경치가 뛰어나고 풍경이 산뜻하다. 산행 육칠 리에 들리는 물소리 잔잔하고 보이는 청산은 울창한데 푸른 숲이 더위잡는다. 석양에 올라가니 수양버들의 천만 가지들은 봄바람을 못 이기어 동네 어귀에 흐늘거려 늘어지며, 푸른 대나무와 소나무는 우거진 가지에 백조 봄의 정을 다투었다. 층층이 이루어진 꽃핀 골짜기 위에는 앵무새와 공작새가 넘나들며 노는데, 푸른 하늘에 걸린 폭포가 층암절벽 치는 소리, 한산사 쇠 북소리, 객선에 이르는 듯, 하늘에 솟은 암석과 푸른 소나무 속에 있는 거동이 산수 그림 팔 간 병풍 두른 듯하니 산중에 있는 경치 어찌 다 기록하리.
　봄바람이 언 듯하며 경쇠 소리 들리거늘 차츰차츰 들어가니 오색구름 속에 단청하고 휘황한 높고 거대한 누각이 즐비하여 일주문을 바라보니 황금 글자로 '서해 광덕산 백룡사'라 뚜렷이 붙어 있더라. 문으로 들어가니 큰스님이 한 사람 나오거늘 그 중의 거동을 보니 소소한 두 눈썹은 두 눈을 덮어 있고, 백변같이 뚜렷한 귀는 두 어깨에 늘어졌으니 맑고 빼어난 골격과 은은한 정신은 평범한 중이 아닐러라.
　백팔염주 육환장을 짚고 흑포장삼의 떨어진 송낙 쓰고 나오며, 유생을 보고 말하길,
　"소승이 나이가 많기로 유 상공 오시는 행차에 동구 밖에 나가 맞지 못하니 소승의 무례함을 용서하옵소서."
　유생이 크게 놀라 하는 말이
　"천한 인생에 팔자 기박하여 일찍 부모를 여의고 정처 없이 다니다가 우연히 이곳에 와 대사를 만나오니, 그토록 관대하시며, 소생의 성을 어찌 아나이까?"

[중략 줄거리] 충렬은 백룡사의 큰스님에게 도술을 배우고, 무기를 얻는다. 이후 정한담은 외적과 결탁하여 반란을 일으킨다.

　정한담이 크게 기뻐하여 옥관 도사의 말대로 약속을 정하고 며칠을 지낸 후에, 갑주를 갖추고 진영 문에 나서며 원수를 불러,
　"네 한갓 혈기만 믿고 우리를 대적하니 자식들이 가엾도다. 빨리 나와 자웅을 결단하라."
　이때에 원수 의기양양하여 진전에 횡행타가 부르는 소리를 듣고 웅성출마하고 한 번 겨루지도 않고 거의 잡게 되었더니, 적진이 또한 쟁을 쳐 거두거늘 이긴 김에 계속 쫓아가 바로 적진 선봉을 헤쳐 달려들 때, 장대에서 북소리 나며 난데없는 안개가 사면에 가득하고 적장이 간 데 없고 음산한 바람이 소소하며 차가운 눈이 흩날리니 지적을 모를러라. 가련하다, 유충렬이 적장 꾀에 빠져 함정에 들었으니 목숨이 경각이라. 원수가 크게 놀라 신화경을 펴 놓고 둔갑술로 몸을 감추고 안순법을 베풀어 진영 안을 살펴보니, ㉡토굴을 깊이 파고 그 가운데 장창 검극은 삼대같이 벌였으며, 사해의 신장이 나열하여 독한 안개, 모진 모래를 사면으로 뿌리면서 함성 소리 크게 질러 항복하라는 소리 천지에 진동하는지라. 원수 그제야 간계에 빠진 줄 알고 신화경을 다시 펼쳐

육정육갑을 베풀어 신장을 호령하고, 풍백을 바삐 불러 구름과 안개를 쓸어버리니, 명랑한 푸른 하늘과 밝은 해가 일광주를 희롱하고 장성검은 번개 되어 적진이 요란하다. 적진을 살펴보니 무수한 군졸이며 진영에 모든 복병이 둘러싸서 백만 겹을 에웠는데, 장대에서 북을 치며 군사를 재촉하거늘, 원수가 분노하여 일광주를 다시 만져 용린갑을 다스리고 천사마를 채찍질하여 좌우의 진영 안에서 호통하며 좌충우돌 횡행할 때, 호통 소리 지나는 곳에 번갯불이 일어나며 번갯불이 일어나는 곳에 뇌성벽력이 진동하니 군사와 장수가 넋을 잃고 모든 장수 귀가 먹고 눈이 어두워 제 군사를 제가 모른다. 서로 밟혀 분주할 때, 장성검은 동쪽 하늘에 번듯하며 오랑캐 적이 쓰러지고 서쪽 하늘에 번듯하여 전후 군사 다 죽으니 추풍낙엽 볼 만하며, 무릉도원에 붉은 물이 흐르나니 핏물이라.

선봉 중군 다 헤치고 적진 장대 달려드니 정한담이 칼을 들고 대상에 섰거늘, 호통 소리 크게 하고 장성검을 높이 들어 큰 칼에 베어 들고 후군에 달려드니, 이때 황후와 태후가 적진에 잡혀가서 토굴 속에서 소리하여 하는 말이,

"저기 가는 저 장수는 행여 명나라 장수거든 우리 고부 살려 주소."

원수가 분한 기분이 등등하여 적진에 횡행타가 슬픈 소리 나매, 천사마를 그곳으로 행하거늘 급히 가 말에서 내려 말하길,

[A] "소장은 동성문 안에 거하던 유 주부 아들 충렬이온데, 아비 원수 갚으려고 먼 길을 마다하지 않고 달려와서 정문걸을 한칼에 베고, 그 후에 최일귀와 마룡을 잡고 한담의 목을 베려 이곳에 왔사오니 소장과 함께 본진으로 가나이다."

황후와 태후가 이 말을 듣고 토굴 밖에 나와 원수의 손을 잡고 치사하여 하는 말이,

[B] "그대는 분명 유 주부의 아들인가? 어디 가 장성하여 이런 명장 되었는가? 그대 부친은 어디 있느뇨? 장군의 힘을 입어 우리 고부 살려 내어 백발이 성성한 이내 몸이 황제 아들 다시 보고, 곱고 고운 젊은 얼굴 내 며느리 황제 낭군 다시 보게 하니, 그 공로 그 은혜는 태산이 무너져서 평지가 되어도 잊을 수 없고, 천지가 변하여 푸른 바다가 될지라도 잊을 가망 전혀 없네. 머리를 베어 신을 삼고 혀를 빼어 창을 받아 백 년 삼만 육천 일에 날마다 이고서도 그 공로를 다 갚을까. 본진에 돌아가서 내 아들 어서 보세."

원수 절하고 황후와 태후를 바삐 모셔 본진에 돌아와 정한담의 목을 내어 황제 전에 바치려고 칼끝에 빼어 보니 진짜는 간데없고 허수아비의 목을 베어 왔는지라. 원수가 분노하여 다시 싸움을 돋우더라.

– 작자 미상, 「유충렬전」 –

31. ⊙, ⓒ에 대한 이해로 가장 적절한 것은?

① ⊙은 인물이 권위를 내세우는 공간이다.
② ⓒ은 인물 간의 갈등이 해소되는 공간이다.
③ ⊙은 ⓒ과 달리 인물이 긍정적으로 생각하는 공간이다.
④ ⓒ은 ⊙과 달리 인물 간의 유대감이 형성되는 공간이다.
⑤ ⊙과 ⓒ은 모두 인물이 고난을 겪는 공간이다.

32. 윗글의 인물에 대한 이해로 적절하지 <u>않은</u> 것은?

① '황후'는 유충렬의 도움으로 본진에 돌아왔다.
② '유충렬'은 정한담의 목을 베어 황제 전에 바쳤다.
③ '정한담'은 유충렬을 자극하여 싸움을 시작하고 있다.
④ '큰스님'은 백룡사에 찾아온 사람이 유충렬이라는 사실을 알고 있었다.
⑤ '영릉골 관비'는 강 낭자의 자색과 태도를 알아보고 떠나지 않도록 회유하고 있다.

33. [A]와 [B]에 대한 설명으로 가장 적절한 것은?

① [A]는 [B]와 달리 과거 사건을 근거로 들며 문제 해결을 유보하고 있다.
② [B]는 [A]와 달리 불가능한 상황을 설정하여 상대를 설득하고 있다.
③ [A]와 [B]는 모두 대상에 대한 평가를 제시하며 상대의 행동 변화를 요구하고 있다.
④ [A]와 [B]는 모두 자신의 신분을 언급함으로써 자신의 발화에 대한 상대의 의구심을 해소하고 있다.
⑤ [A]는 이전 사건에 대한 정보를 전달하고, [B]는 변화된 현재 상황에 대한 심리를 드러내고 있다.

34. <보기>를 바탕으로 윗글을 감상한 내용으로 적절하지 <u>않은</u> 것은? [3점]

─────── <보 기> ───────
「유충렬전」은 독자의 흥미를 유발하기 위해 다양한 문학적 장치를 활용하여 대중 소설로서 큰 인기를 끌었다. 그 예로는 영웅의 잠재 능력을 표출시키는 초월적 조력자, 주인공의 영웅성을 더욱 부각하는 신물(神物), 영웅과의 치열한 군담을 만드는 적대자, 위기에 처한 인물의 이야기를 중단하여 독자의 궁금증을 고조시킨 후 다른 인물의 이야기로 넘어가는 단절기법 등이 있다. 또한 일반 백성이 전란으로 겪는 수난을 소설 속 왕가(王家)를 통해 그대로 재현함으로써 독자들이 공감할 수 있게 하였다.

① 강 낭자를 중심으로 하는 서사가 '각설'을 통해 유충렬의 서사로 넘어가는 부분에서 단절기법을 확인할 수 있겠군.
② 유충렬이 백룡사의 '큰스님'을 만나는 부분에서 초월적 조력자가 영웅의 잠재 능력을 표출시키는 모습을 확인할 수 있겠군.
③ '정한담'이 유충렬을 함정에 들게 한 부분에서 영웅과의 치열한 군담을 만드는 적대자를 확인할 수 있겠군.
④ 유충렬이 '일광주'와 '장성검'을 사용하는 부분에서 주인공의 영웅성을 부각하는 신물을 확인할 수 있겠군.
⑤ '황후'와 '태후'가 토굴에서 살려 달라고 소리치는 부분에서 일반 백성이 전란으로 겪은 수난을 재현한 것을 확인할 수 있겠군.

[해설편 p.071]

[35~38] 다음 글을 읽고 물음에 답하시오.

다산 정약용이 생각하기에 당대 사람들이 인정했던 최고의 진리는 유가의 경전이다. 다산은 유가의 경전을 철저하게 연구하고 재해석함으로써 시대가 당면한 어려움을 돌파하고 세상을 바꾸려고 하였다. 새로운 시대를 열기 위해 과거로 달려갔다는 점에서 다산은 전통의 충실한 계승자이지만 단순한 계승에 그치지 않고 유가 경전을 재해석하면서 새로운 사유를 전개하였다. 경전에 대한 새로운 해석을 통해 이루어진 다산 윤리학의 특징을 살펴보자.

정약용에 따르면 인간은 선천적으로 선을 좋아하고 악을 부끄러워하는 마음이 있다. 하지만 실제 행동에 있어서는 악은 행하기가 쉽고 선은 행하기가 어렵다고 보았다. 이러한 인간에게 자유의지가 선천적으로 주어져 선과 악을 자율적으로 선택할 수 있는데 자유의지에 의한 선한 행위가 공적이 될 수 있고 악한 행동이 죄가 될 수 있다고 하였다. 즉 인간은 자유의지에 의해서 선을 선택할 수도 악을 선택할 수도 있으며 그에 따른 책임을 갖는다고 본 것이다. 다산은 사회를 선하고 정의롭게 하기 위해서 선한 의지와 지혜로운 선택이 필요하며 이러한 의지와 선택을 생활 속에서 실천해야 한다고 했다.

정약용은 인간은 자유의지로써 행동하여 인(仁)을 성취할 수 있다고 보았다. 그는 인을 사람과 사람 사이에서 각자가 상대에게 마땅한 도리를 다하는 실천을 통해서 얻어지는 덕목이라고 해석하였다. 따라서 인은 다른 사람과 함께하지 않으면 성립하지 않는다. 특히 위정자로서 정약용은 백성들의 삶을 윤택하게 하여 인을 성취하고자 하였다. 다산이 유배지에서 세상에 나갈 수 없게 된 상황을 절망으로 받아들일 수밖에 없었던 이유가 바로 여기에 있다.

그렇다면 정약용이 인을 완성할 수 있는 실천 원리로 제시한 것이 무엇일까? 서(恕)이다. 정약용이 말하는 서란 사람들 간의 관계에서 자신이 원하지 않는 것을 상대에게 하지 않는 것이다. 나아가 자신이 상대에게 바라는 것을 먼저 상대에게 해 주는 것이다. 이러한 서로써 다른 사람을 대하는 것이 도리를 다하는 것이다. 다산은 『맹자』에 나오는 만물의 이치가 모두 자신에게 있다는 뜻의 '만물개비어아(萬物皆備於我)'에 대한 해석을 다음과 같이 한다. "내가 재물을 좋아하니 백성도 재물을 좋아함을 알 수 있다. 내가 편안함을 좋아하니 백성도 편안함을 좋아함을 안다. 내가 천대하고 업신여김을 당하기 싫어하니 백성도 그러함을 안다. 다른 사람의 감정을 묻고 안색을 살핀 다음에야 그들이 나와 같다는 것을 알 수 있는 것은 아니다." 이러한 해석에서 보듯이 다산은 인간의 감정과 생각에 보편성이 있으므로 자기의 감정과 생각을 미루어서 다른 사람의 마음을 이해할 수 있다고 인식한다. 서는 타자에 대한 상호 평등성의 인정과 인격 존중에 기초하고 있으며 누구나 노력하면 실천할 수 있는 행위 원리이다.

다산은 서를 행할 수 있는 기본이 되는 자세를 신독(愼獨) 이라고 보고 신독은 '두려워하고 공경하는 자세'라고 하였다. 두려움과 공경의 대상은 바로 하늘이다. 정약용은 인간에게 선과 악을 선택할 수 있는 선천성을 부여한 존재인 하늘을 두려워하고 공경해야 선을 실천하는 마음을 유지할 수 있다고 보았다. 정약용은 당시 사대부들에게 군주와 백성의 눈은 피할 수 있어도 하늘의 눈은 피할 수 없다는 점을 강조한 것

이다. 정약용은 신독 공부를 남들이 모르는 일에도 생각과 행동을 조심하는 것이며, 자신이 했던 행동을 되돌아보고 성찰하면서 허물과 과오를 꾸짖는 내면의 목소리에 귀를 기울이는 것이라고 하였다. 또한 신독 공부를 평상시에도 할 것을 강조하며 이를 통해 경건한 태도를 몸에 익혀야 한다고 역설하였다. 신독 공부를 통해서 내면의 진실성을 유지하고 선과 악을 선택할 수 있는 상황에서 자기를 통제하는 내면의 공정성을 유지할 수 있다고 하였다. 다산 윤리학에서 신독은 인간관계에서 적극적인 윤리적 실천을 통해 선의 가치를 실현하도록 하는 힘이며 정신적 구심점이다.

다산 윤리학은 생활 속에서 선의 실천을 지향하는 생활 현장의 윤리이다. 실천하는 것과 평상시에 마음을 수양하는 것을 통해 타인에 대한 지극한 사랑이라는 최종 목적을 이루고자 한 것이다. 다산에게 중요한 것은 결국 ㉠상호 주관적 공동 세계인 것이다.

35. '다산 윤리학'의 내용으로 적절하지 <u>않은</u> 것은?

① 백성들의 삶을 윤택하게 하는 행동을 통해 인을 얻을 수 있다.
② 인간이 선과 악을 선택할 수 있는 것은 자유의지가 있기 때문이다.
③ 서(恕)로써 다른 사람을 대하는 것이 타인에게 도리를 다하는 것이다.
④ 인을 완성할 수 있는 실천 원리는 상호 평등성의 인정과 인격 존중에 기초한다.
⑤ 만물개비어아는 인간 감정의 보편성을 통해 자기의 감정을 이해할 수 있다는 것이다.

36. 윗글을 통해 알 수 있는 ㉠의 의미로 가장 적절한 것은?

① 선천적인 품성을 올바르게 바꿔가며 살아가는 사회를 말하는 것이겠군.
② 자유의지로 사람들 사이에서 선을 실천하며 사는 사회를 말하는 것이겠군.
③ 생활 속에서 누구나 노력 없이 선의 가치를 실현하며 살 수 있는 정의로운 사회를 말하는 것이겠군.
④ 인간이 타자와의 관계를 의식하지 않고 자유의지를 통해 가치를 실현하는 사회를 말하는 것이겠군.
⑤ 실천을 하지 않아도 서로의 인격을 존중하고 타인의 마음을 이해하며 사는 사회를 말하는 것이겠군.

37. 신독에 대한 이해로 적절하지 <u>않은</u> 것은?

① 자신의 행동을 성찰하면서 자신을 통제하게 하는 것이다.
② 선과 악의 선택에서 벗어나 내면의 공정성을 유지하는 것이다.
③ 잘못을 꾸짖는 내면의 목소리이며 선을 실현하게 하는 정신적 구심점이다.
④ 자신이 혼자 아는 일에도 생각과 행동을 조심하며 내면의 진실성을 유지하는 것이다.
⑤ 악을 행할 수 있는 가능성을 지닌 인간에게 하늘의 눈은 피할 수 없음을 강조하는 것이다.

38. 윗글을 바탕으로 <보기>를 이해한 내용으로 적절하지 <u>않은</u> 것은? [3점]

<보 기>

요즘 천재지변으로 해마다 흉년이 들어, ⓐ백성들이 굶주림을 면치 못하고 고통을 받으니 안타까울 따름이다. 재정부에 명령하여 나라의 곳간을 열고, 연달아 감사관을 보내 ⓑ백성의 쓰라림을 돌보지 않는 수령들을 징계한 바 있다. 슬프다. 부덕한 ⓒ나로서는 백성들이 굶어 죽는 모습들을 모두 다 알 수 없으니, 수령과 같은 백성과 가까운 관원들은 나의 이 진심 어린 뜻을 새겨, 관할 구역의 백성들이 굶주려 떠돌아다니지 않게끔 유의하라. 나는 장차 다시 ⓓ조정의 관원을 파견하여, 그에 대한 행정 상황을 조사할 것이며, 만약 한 백성이라도 굶어 죽은 자가 있다면, 수령이 교서를 위반한 것으로써 죄를 논할 것이라.

– 『세종실록』, 세종 1년(1419) –

① ⓐ를 서(恕)로써 대하는 마음이 있어야 ⓓ가 인을 성취할 수 있겠군.
② ⓑ는 ⓐ와의 관계에서 인을 성취하지 못하였군.
③ ⓒ는 ⓑ에게 한 행위를 통해 ⓐ와의 관계에서 인을 성취하였군.
④ ⓒ는 ⓓ가 서(恕)로써 ⓐ를 대하기를 바라겠군.
⑤ ⓓ의 자유의지에 따른 행위는 ⓒ에 의한 것이므로 결과에 따른 책임을 지지 않겠군.

[39~42] 다음 글을 읽고 물음에 답하시오.

(가)

苦忘亂抽書	잊기를 자주 하여 어지러이 뽑아 놓은 책들	
散漫還復整	흩어진 걸 다시 또 정리하자니	
曜靈忽西頹	해는 문득 서쪽으로 기울고	
江光搖林影	강 위에 숲 그림자 흔들린다.	
扶筇下中庭	막대 짚고 마당 가운데 내려서서	
矯首望雲嶺	고개 들어 구름 긴 고개 바라보니	
漠漠炊烟生	아득히 밥 짓는 연기가 피어나고	
蕭蕭原野冷	쓸쓸히 들판은 서늘하구나.	
田家近秋穫	농삿집 가을걷이 가까워지니	
喜色動臼井	절구질 우물가에 기쁜 빛 돌아	[A]
鴉還天機熟	갈까마귀 돌아오니 절기가 무르익고	
鷺立風標逈	해오라기 서 있는 모습 우뚝하고 흰하다.	
我生獨何爲	내 인생은 홀로 무얼 하는 것인지	
宿願久相梗	**숙원이 오래도록 풀리질 않**네.	
無人語此懷	이 **회포** 털어놓을 사람 아무도 없어	
搖琴彈夜靜	**거문고만 둥둥** 탄다, **고요한 밤**에.	

– 이황, 「만보(晚步)」 –

(나)

밤이다.

㉠하늘은 푸르다 못해 농회색으로 캄캄하나 별들만은 또렷또렷 빛난다. 침침한 어둠뿐만 아니라 오삭오삭 춥다. ㉡이 육중한 기류 가운데 자조하는 한 젊은이가 있다. 그를 나라고 불러두자.

나는 이 어둠에서 배태*되고 이 어둠에서 생장하여 아직도 이 어둠 속에 그대로 생존하나 보다. 이제 내가 갈 곳이 어딘지 몰라 허우적거리는 것이다. 하기는 나는 세기의 초점인 듯 초췌하다. 얼핏 생각하기에는 내 바닥을 반듯이 받들어 주는 것도 없고 그렇다고 내 머리를 갑박이 내려 누르는 아무것도 없는 듯하다마는 내막은 그렇지도 않다. 나는 도무지 자유스럽지 못하다. ㉢다만 나는 없는 듯 있는 하루살이처럼 허공에 부유하는 한 점에 지나지 않는다. 이것이 하루살이처럼 경쾌하다면 마침 다행할 것인데 그렇지를 못하구나!

이 점의 대칭 위치에 또 하나 다른 **밝음의 초점**이 도사리고 있는 듯 생각된다. 덥석 움키었으면 잡힐 듯도 하다.

마는 그것을 **휘잡기**에는 나 자신이 둔질*이라는 것보다 오히려 내 마음에 **아무런 준비도 배포*치 못한** 것이 아니냐. ㉣그리고 보니 행복이란 별스러운 손님을 불러들이기에도 또 다른 한 가닥 구실을 치르지 않으면 안 될까 보다.

이 밤이 나에게 있어 어릴 적처럼 한낱 공포의 장막인 것은 벌써 흘러간 전설이요, 따라서 이 밤이 향락의 도가니라는 이야기도 나의 염두에선 아직 소화시키지 못할 돌덩이다. 오로지 밤은 나의 도전의 호적(好敵)*이면 그만이다.

이것이 생생한 관념 세계에만 머무른다면 애석한 일이다. 어둠 속에 깜박깜박 졸며 다닥다닥 나란히 한 초가들이 아름다운 시의 화사가 될 수 있다는 것은 벌써 지나간 제너레이션의 이야기요, 오늘에 있어서는 다만 말 못 하는 비극의 배경이다.

㉤이제 닭이 홰를 치면서 맵짠 울음을 뽑아 밤을 쫓고 어둠을 짓내몰아 동 켠으로 훤―히 새벽이란 새로운 손님을 불

러온다 하자. 하나 경망스럽게 그리 반가워할 것은 없다. 보아라, 가령 새벽이 왔다 하더라도 이 마을은 그대로 암담하고 나도 그대로 암담하고 하여서 너나 나나 이 가랑지길*에서 주저주저 아니치 못할 존재들이 아니냐.

나무가 있다.

그는 나의 오랜 이웃이요, 벗이다. 그렇다고 그와 내가 성격이나 환경이나 생활이 공통한 데 있어서가 아니다. 말하자면 극단과 극단 사이에도 애정이 관통할 수 있다는 기적적인 교분의 한 표본에 지나지 못할 것이다.

[B]
나는 처음 그를 퍽 불행한 존재로 가소롭게 여겼다. 그의 앞에 설 때 슬퍼지고 측은한 마음이 앞을 가리곤 하였다. 마는 오늘 돌이켜 생각건대 나무처럼 행복한 생물은 다시없을 듯하다. 굳음에는 이루 비길 데 없는 바위에도 그리 탐탁지는 못할망정 자양분이 있다 하거늘 어디로 간들 생의 뿌리를 박지 못하며 어디로 간들 생활의 불평이 있을쏘냐. 칙칙하면 솔솔 솔바람이 불어오고, 심심하면 새가 와서 노래를 부르다 가고, 출출하면 한줄기 비가 오고, 밤이면 수많은 별들과 오손도손 이야기할 수 있고—보다 나무는 행동의 방향이란 거추장스러운 과제에 봉착하지 않고 인위적으로든 우연으로써든 탄생시켜 준 자리를 지켜 무진무궁한 영양소를 흡취하고 영롱한 햇빛을 받아들여 손쉽게 생활을 영위하고 오로지 하늘만 바라고 뻗어질 수 있는 것이 무엇보다 행복스럽지 않으냐.

이 밤도 **과제를 풀지 못하여 안타까**운 나의 마음에 나무의 마음이 점점 옮아오는 듯하고, 행동할 수 있는 자랑을 자랑치 못함에 뼈저리는 듯하나 나의 젊은 선배의 웅변이 왈 선배도 믿지 못할 것이라니 그러면 영리한 나무에게 나의 방향을 물어야 할 것인가.

어디로 가야 하느냐 동이 어디냐 서가 어디냐 남이 어디냐 북이 어디냐. 아라! 저 별이 번쩍 흐른다. 별똥 떨어진 데가 내가 갈 곳인가 보다. 하면 **별똥아! 꼭 떨어져야 할 곳에 떨어져야 한다.**

– 윤동주, 「별똥 떨어진 데」 –

* 배태: 아이나 새끼를 뱀.
* 둔질: 둔한 성질이나 기질.
* 배포: 머리를 써서 일을 조리 있게 계획함.
* 호적: 실력이 비슷하여 상대가 될 만한 좋은 적.
* 가랑지길: 갈림길.

39. (가)와 (나)의 공통점으로 가장 적절한 것은?

① 공간의 대비를 통해 일상의 공간에 의미를 부여하고 있다.
② 대상과의 문답을 통해 삶에 대한 깨달음을 드러내고 있다.
③ 시간적 배경의 의미를 활용하여 내적 갈등을 드러내고 있다.
④ 반어적 표현을 활용하여 현실에 대한 비관적 태도를 드러내고 있다.
⑤ 설의적 표현을 통해 추구하고자 하는 삶의 자세를 제시하고 있다.

40. ㉠ ~ ㉤에 대한 이해로 적절하지 않은 것은?

① ㉠: 음성 상징어를 통해 희망이 사라지지 않은 상황을 암시하고 있다.
② ㉡: 자신을 객관화하여 지칭하며 암담한 상황에서 자신을 비웃는 모습을 보여 주고 있다.
③ ㉢: 자신과 유사한 처지의 대상을 통해 방황하는 모습을 드러내고 있다.
④ ㉣: 대상을 의인화하여 자신이 원하는 바를 얻기 위해 노력이 필요함을 드러내고 있다.
⑤ ㉤: 가정적 진술을 활용하여 긍정적인 미래에 대한 확신을 드러내고 있다.

41. [A]와 [B]에 대한 설명으로 가장 적절한 것은?

① [A]는 [B]와 달리 자연물에 감정을 이입하여 심리적 변화를 우회적으로 드러내고 있다.
② [B]는 [A]와 달리 자연물에 대한 변화된 인식을 제시하고 있다.
③ [A]와 [B]는 모두 계절감을 드러내는 자연물을 통해 결실에 대한 기쁨을 나타내고 있다.
④ [A]의 자연물에는 과거에 대한 상실감이, [B]의 자연물에는 미래에 대한 기대감이 반영되어 있다.
⑤ [A]에서는 시선의 이동에 따라, [B]에서는 공간의 이동에 따라 변화하는 자연물의 모습을 보여 주고 있다.

42. <보기>를 바탕으로 (가), (나)를 감상한 내용으로 적절하지 않은 것은? [3점]

<보 기>

어떤 상황에 문제가 있을 때, 그 이유를 자기에게서 돌이켜 찾는 것이 반구저기(反求諸己)의 태도이다. 이 과정에서 느끼는 감정은 자신이 그 상황에 책임이 있다는 주체적 각성으로, 수동적이고 비관적인 감정이 아니라 문제를 해결하기 위해 성찰하는 능동적이고 긍정적인 감정이다. (가)의 화자는 학자로서 목표한 학문적 경지에 도달하지 못했다고 여기는 개인적 상황에서 생각에 잠기고, (나)의 글쓴이는 식민지 현실이라는 공동체의 상황에서 자신이 추구하는 삶에 대한 방향을 찾지 못하는 데에서 부끄러움을 느끼고 있다.

① (가)의 '숙원이 오래도록 풀리질 않'은 '회포'는 화자가 학문적 경지에 도달하지 못했다고 여기는 것에서 느끼는 심정이겠군.
② (가)의 '고요한 밤'에 '거문고만 둥둥' 타는 것은 화자가 주체적으로 각성하게 되는 원인이겠군.
③ (나)의 '아무런 준비도 배포치 못'해 '밝음의 초점'을 '휘잡'지 못한다는 것에서 글쓴이의 반구저기의 태도가 드러나는군.
④ (나)의 '과제를 풀지 못하여 안타까'워하는 것은 식민지 현실이라는 공동체의 상황에서 글쓴이가 느끼는 부끄러움이겠군.
⑤ (나)의 '별똥'이 '꼭 떨어져야 할 곳에 떨어져야 한다'는 것에서 자신이 추구하는 삶에 대한 방향을 찾고 싶은 글쓴이의 소망이 드러나는군.

[43~45] 다음 글을 읽고 물음에 답하시오.

(가)

해바라기 씨를 ㉠심자.
담모퉁이 참새 눈 숨기고
해바라기 씨를 심자.

누나가 손으로 ㉡다지고 나면
바둑이가 앞발로 다지고
괭이가 꼬리로 다진다.

우리가 눈 감고 한밤 자고 나면
이슬이 내려와 같이 자고 가고,

우리가 이웃에 간 동안에
햇빛이 입 맞추고 가고,

해바라기는 첫 시악시인데
㉢사흘이 지나도 부끄러워
고개를 아니 든다.

가만히 엿보러 왔다가
소리를 꽥! 지르고 간 놈이
오오, 사철나무 잎에 숨은
청개구리 고놈이다.

         — 정지용, 「해바라기 씨」 —

(나)

낙타를 타고 가리라, 저승길은
㉣별과 달과 해와
모래밖에 본 일이 없는 **낙타**를 타고.
세상사 물으면 짐짓, 아무것도 못 본 체
손 저어 대답하면서,
슬픔도 아픔도 까맣게 잊었다는 듯.
누군가 있어 **다시 세상에 나가**란다면
낙타가 되어 가겠다 대답하리라.
별과 달과 해와
모래만 보고 살다가,
돌아올 때는 세상에서 ㉤**가장**
어리석은 사람 하나 **등에 업고 오겠**노라고.
무슨 재미로 세상을 살았는지도 모르는
가장 가엾은 사람 하나 골라
길동무 되어서.

         — 신경림, 「낙타」 —

43. (가)와 (나)의 공통점으로 가장 적절한 것은?

① 도치의 방식을 사용하여 시적 상황을 부각하고 있다.
② 공감각적 심상을 활용하여 대상에 입체감을 부여하고 있다.
③ 자연물에 상징적 의미를 부여하여 주제 의식을 드러내고 있다.
④ 영탄적 표현을 활용하여 시간의 급박한 흐름을 보여 주고 있다.
⑤ 대조적인 소재를 사용하여 화자의 달라진 처지를 강조하고 있다.

44. ㉠ ~ ㉤의 시적 기능에 대한 설명으로 적절하지 <u>않은</u> 것은?

① ㉠의 청유형을 반복하여 '해바라기 씨'를 심는 행위를 의미 있게 생각하는 인식을 드러내고 있다.
② ㉡의 행위를 반복하여 '해바라기' 꽃을 피우기 위해 여럿의 노력이 필요하다는 인식을 드러내고 있다.
③ ㉢에서 시간의 경과를 제시하여 '해바라기'가 '고개를' 들기까지 기다리지 못해 단념하는 '우리'의 상황을 드러내고 있다.
④ ㉣에서 유사한 속성의 시어를 나열하여 '저승길'을 '낙타'와 동행하고 싶은 이유를 부각하고 있다.
⑤ ㉤을 수식어로 반복하여 '길동무'로 삼고 싶은 사람의 특징을 강조하려는 의도를 드러내고 있다.

45. <보기>를 바탕으로 (나)를 감상한 내용으로 적절하지 <u>않은</u> 것은? [3점]

        ──────── < 보 기 > ────────
「낙타」의 화자는 자연 현상인 죽음을 부정하지 않고 담담하게 받아들이면서, 죽음과 삶 사이의 경계를 초월하여 회귀의 구조로 삶과 죽음을 바라본다. 이 과정에서 화자는 이승에서의 자기 삶을 돌아보고, 자기 삶의 모습이 자신이 추구하는 모습과 다름을 인식한다. 또한 화자 자신이 닮고자 하는 대상처럼 살아온 사람에 대한 긍정적 인식을 바탕으로 그 사람과 함께하고 싶은 마음을 드러내기도 한다.

① '손 저어 대답'하는 것에는 자연 현상인 죽음을 담담하게 수용하라는 '누군가'의 말을 외면하려는 마음이 담겨 있군.
② '다시 세상에 나'간다는 것에는 죽음과 삶 사이의 경계를 초월하여 죽음과 삶을 보는 시각이 전제되어 있군.
③ '낙타가 되어 가겠'다는 것은 삶의 세계로의, '돌아'온다는 것은 죽음의 세계로의 회귀를 나타내는군.
④ '별과 달과 해와 / 모래만 보고 살'겠다는 것에는 '슬픔도 아픔도' 있었던 이승에서의 삶과 다르게 살고 싶은 바람이 드러나 있군.
⑤ '등에 업고 오겠'다는 것에는 '낙타'처럼 살아온 사람에 대한 긍정적 인식이 반영되어 있군.

┌─────────────────────────────┐
* 확인 사항

○ 답안지의 해당란에 필요한 내용을 정확히 기입(표기)했는지 확인하시오.
└─────────────────────────────┘

2022학년도 9월 고2 전국연합학력평가 문제지

1

제 1 교시

국어 영역

09회

● 문항수 45개 | 배점 100점 | 제한 시간 80분

● 점수 표시가 없는 문항은 모두 2점

[1~3] 다음은 학생의 발표이다. 물음에 답하시오.

　안녕하세요? 오늘 발표를 맡은 ○○○입니다. 저는 얼마 전 신문 기사에서 우리의 민속놀이가 세계인들에게 많은 관심을 받고 있다는 내용을 접했습니다. 그래서 오늘의 발표 주제를 '일곱 조각으로 만드는 즐거움, 칠교놀이'로 정했는데요, 혹시 칠교놀이에 대해 들어본 적이 있으신가요? (청중의 반응을 보고) 예상대로 많지 않네요.

　칠교놀이는 칠교라고 불리는 일곱 개의 나무 조각으로 인물, 동물, 식물, 건축물 등의 모형을 그려 놓은 칠교도에 맞게 다양한 형태를 만드는 놀이입니다. (일곱 조각의 칠교를 보여 주며) 제가 손에 들고 있는 것이 칠교인데요, 칠교는 10cm쯤 되는 작은 정사각형 모양의 나무판을 크기가 각기 다른 직각 삼각형 5개, 정사각형 1개, 평행 사변형 1개 이렇게 총 일곱 조각으로 나눈 것입니다. 칠교놀이의 방법을 그림으로 풀이한 『칠교해』라는 책까지 만들어졌다는 점에서 우리 조상들이 오래전부터 칠교놀이를 즐겨했음을 알 수 있습니다.

　먼저 칠교놀이 방법에 대한 동영상을 시청한 후 발표를 이어 가겠습니다. (동영상을 시청하고) 방금 보신 동영상에서 칠교 놀이의 중요한 규칙 한 가지를 확인할 수 있는데요, 혹시 발견 하신 분이 있을까요? (청중의 대답을 듣고) 네, 많은 분들이 다양한 대답을 해 주셨는데요, 말씀해 주신 여러 규칙 가운데 가장 중요한 규칙은 일곱 조각을 모두 사용해야 한다는 것입니다.

　칠교놀이는 혼자 할 수도 있고 여럿이 할 수도 있는데요, (시계를 본 후) 발표 시간을 고려하여 오늘은 여럿이 칠교놀이를 하는 방법만 소개하려고 합니다. 보통 여러 명이 칠교놀이를 할 때에는 편을 나눠 상대편이 칠교도에서 지정한 모형을 협동해 만듭니다. 칠교도는 문제도와 해답도로 구분되어 있는데, 예를 들어 상대편에서 '토끼 만들기'를 제시하면 문제도에서 토끼 모형을 찾아 만들고, 만든 모형이 해답도와 같은지를 확인 합니다. 만약 제한된 시간 내에 모형을 맞추면 1점을 얻고, 그 렇지 않을 때에는 점수를 얻지 못합니다. 이와 같은 방법으로 몇 차례 놀이를 진행해 두 편 중 먼저 목표 점수에 도달한 쪽이 놀이에서 이기게 됩니다.

　지금까지 칠교놀이에 대해 소개해 드렸는데요, 오늘 제 발표는 국립민속박물관에서 발간한 『한국민속예술사전』의 민속놀이 편을 참고했습니다. 그럼 여기서 발표를 마치겠습니다. 감사합니다.

1. 위 발표에 대한 설명으로 가장 적절한 것은?

① 발표를 시작할 때 발표 진행 순서를 안내하고 있다.
② 구체적인 예를 들어 칠교놀이의 방법을 소개하고 있다.
③ 칠교놀이에 대한 관심을 촉구하며 발표를 마무리하고 있다.
④ 전문가의 견해를 인용해 칠교놀이의 가치를 설명하고 있다.
⑤ 칠교놀이의 특징을 부각하기 위해 다른 대상과 비교하고 있다.

2. 다음은 발표자가 위 발표를 준비하면서 작성한 메모이다. ㉠~㉤을 바탕으로 하여 발표에서 사용한 발표 전략으로 적절하지 않은 것은?

〈상황 분석〉
● 수업 시간에 이루어지는 정보 전달 목적의 발표임. ⋯ ㉠
● 발표 장소는 동영상 시청이 가능한 교실임. ⋯⋯⋯ ㉡
● 청중이 칠교놀이에 대해 잘 알지 못할 것임. ⋯⋯⋯ ㉢
● 제한된 시간 안에 발표를 해야 함. ⋯⋯⋯⋯⋯⋯⋯⋯ ㉣

〈실행 계획〉
● 청중과 상호 작용을 하며 발표를 진행함. ⋯⋯⋯⋯⋯ ㉤

① ㉠ : 청중이 발표 내용에 대해 신뢰할 수 있도록 발표를 위해 참고한 문헌을 밝힌다.
② ㉡ : 청중이 칠교놀이 방법에 대해 쉽게 이해할 수 있도록 동 영상을 제시하며 설명한다.
③ ㉢ : 칠교놀이에 대한 청중의 이해를 돕기 위해 칠교의 실물을 보여 준다.
④ ㉣ : 정해진 시간에 맞게 발표할 내용의 분량을 조절한다.
⑤ ㉤ : 청중의 요청에 따라 칠교놀이에 대한 정보를 추가로 소개 한다.

3. 〈보기〉는 위 발표를 들은 학생들의 반응이다. 〈보기〉에 드러난 학생들의 듣기 방식에 대한 설명으로 가장 적절한 것은?

〈보 기〉
학생 1 : 칠교놀이 외에 선조들이 즐겨 행했던 민속놀이에는 또 무엇이 있는지 발표자가 언급한 책을 찾아봐야겠어.
학생 2 : 칠교놀이 방법을 보니 상대편을 이기기 위해서는 해당 모형의 문제도를 빨리 찾는 것이 우선인 것 같아.
학생 3 : 칠교의 크기가 작았다고 하는 걸 보니 소지하기가 편해 어디에서든 칠교놀이를 할 수 있었겠네.

① 학생 1은 학생 2와 달리 새롭게 알게 된 정보를 통해 자신이 평소 생각하던 바를 수정하며 들었다.
② 학생 2는 학생 1과 달리 발표에서 언급된 내용을 평가하며 들 었다.
③ 학생 3은 학생 2와 달리 발표를 들으며 갖게 된 의문에 대한 해결 방안을 생각하며 들었다.
④ 학생 1과 학생 3은 모두 발표 이후 자신이 해야 할 일을 떠올 리며 들었다.
⑤ 학생 2와 학생 3은 모두 발표자가 직접적으로 언급하지 않은 내용을 추론하며 들었다.

[4~7] (가)는 반대 신문식 토론의 일부이고, (나)는 토론에 청중으로 참여한 학생이 토론 내용을 바탕으로 학교 신문에 실은 글이다. 물음에 답하시오.

(가)

사회자 : 지금부터 '공직자 선거에 온라인투표를 도입해야 한다.' 라는 논제로 토론을 시작하겠습니다. 먼저 찬성 측 첫 번째 토론자 입론해 주신 후 반대 측에서 반대 신문해 주십시오.

찬성 1 : 저희는 공직자 선거에 '온라인투표'를 도입해야 한다고 생각합니다. 현재의 '종이투표' 방식은 시간과 공간의 제약이 커서 이동이 어려운 계층이나 감염병으로 인해 외출 자체가 제한된 사람의 투표권을 보장하지 못합니다. 이러한 불편을 해소하고 투표권을 보장하기 위해 PC나 모바일 기기를 활용하여 투표에 참여하는 온라인투표를 도입할 필요가 있습니다. 실제 ○○국의 경우 해킹이 원천 **[A]** 적으로 불가능한 기술이 적용된 온라인투표 시스템을 활용하여 공직자 선거를 실시하고 있습니다. 온라인투표를 통해 투표권을 보장한 결과 투표 참여율도 예전에 비해 증가했다고 합니다. 또한 종이투표 대신 온라인투표를 실시할 경우 종이투표 과정에서 발생하는 각종 자원이나 인력의 낭비를 줄일 수 있습니다.

반대 2 : 저희가 미리 조사한 자료에 따르면 사례로 든 ○○국의 경우 인구 약 130만 명의 매우 작은 나라로 알고 있습니다. 인구로만 따졌을 때 약 40배나 더 큰 규모인 우리나라에 ○○국의 온라인투표 사례를 동일하게 적용하는 것이 가능할까요?

찬성 1 : 네. 가능하다고 생각합니다. 인구 규모가 달라진다고 하더라도 보안이 강화된 기술을 적용하는 온라인투표의 원리는 동일합니다. ○○국의 공직자 선거에서 온라인투표가 성공적으로 시행되었듯이 우리나라의 공직자 선거에서도 온라인투표를 얼마든지 도입할 수 있을 것입니다.

사회자 : 이번에는 반대 측 첫 번째 토론자 입론해 주신 후 찬성 측에서 반대 신문해 주십시오.

반대 1 : 저희는 공직자 선거에 온라인투표를 도입하는 것은 시기상조라고 생각합니다. 현재 투표일은 임시 공휴일로 지정되어 있고, 사전 투표 제도 또한 시행되고 있어 투표를 원하는 유권자의 대부분이 투표권을 보장받고 있는 상황입니다. 최근 공직자 선거 투표에 참여하지 않은 사람들을 대상으로 한 설문 조사 결과에 따르면 시간과 공간의 제약으로 투표를 하지 못한 비율은 약 1.1%로 매우 낮습니다. 온라인투표가 종이투표에 비해 투표권 보장에 더 유리한 측면이 있지만 실제 투표율에는 큰 차이가 없을 **[B]** 것입니다. 오히려 온라인투표 시스템을 무리하게 도입할 경우 대리 투표와 같은 부정 투표의 가능성을 원천적으로 막을 수 없어서 선거의 중요한 원칙인 직접 선거와 비밀 선거의 원칙에 위배되는 심각한 상황이 발생할 수 있습니다. 또한 투표일에 투표소 접근이 어려운 사람들을 위해 온라인투표를 위한 시스템을 별도로 구축할 경우 오히려 선거 관리 비용이 추가로 지출될 수 있어 경제적이지도 않습니다.

찬성 1 : 종이투표의 경우도 타인의 압박이나 회유, 인지 능력이 부족한 사람들에 대한 강제 등으로 인해 선거의 원칙에 위배되는 상황이 얼마든지 발생할 수 있지 않나요?

반대 1 : 어떠한 투표 방식이든 타인의 압박이나 회유가 발생한다면 선거의 원칙에 위배될 가능성은 있다고 생각합니다. 하지만 접속 권한만 가지면 투표권을 행사할 수 있는 온라인투표가 선거의 원칙을 위배할 가능성이 더 높다고 생각합니다.

(나)

공직자 선거에 온라인투표를 도입해야 할까?

최근 보안 기술의 발달로 투표권 보장을 위한 온라인투표 도입에 대한 논의가 활발하다. 온라인투표를 도입할 경우 거동이 어려운 노약자나 장애인, 투표 당일에 투표가 어려운 직업군의 사람들뿐만 아니라 일반인들도 시간과 장소에 구애받지 않고 투표에 참여할 수 있어 투표권을 최대한 보장할 수 있다. 실제로 총학생회장 선거에 온라인투표를 도입한 ○○대학교의 경우 투표율이 46%에서 80%로 상승했고, 인근 △△대학교의 경우도 54%에서 81%로 투표율이 크게 상승했다고 한다. 또한 공직자 선거에서 종이투표 방식을 온라인투표로 대체할 경우 1인당 선거 관리 비용이 약 5,000원에서 약 400원으로 줄어들어 공직자 선거에 투입되는 예산을 절감할 수 있다.

하지만 온라인투표에 보안이 강화된 기술을 적용하더라도 대리 투표를 원천적으로 막을 수 없다는 점에서 반대 의견도 제시되고 있다. 대리 투표의 경우 직접 선거와 비밀 선거라는 선거의 기본 원칙을 훼손할 수 있다는 점에서 문제를 지니고 있다. 온라인투표는 온라인 접속 권한만 갖게 되면 타인이 투표권을 대신 행사할 수 있으며, 유권자의 투표 과정이 타인에게 노출될 가능성이 크기 때문이다. 하지만 이러한 문제는 온라인 접속 권한에 대한 철저한 보안과 성숙한 국민 의식을 통해 어느 정도 개선할 수 있다고 생각한다.

따라서 현재의 종이투표 방식을 지속하되, 온라인투표를 공직자 선거에 부분적으로 도입하는 것이 바람직하다. 공직자 선거에 두 방식을 병행하여 운영한다면 투표의 기본 원칙이 훼손될 가능성을 최소화하면서도, 투표에서 소외되는 사람의 투표권을 최대한 보장할 수 있을 것이다. 물론 두 가지 방식을 모두 운영하게 되면 선거 관리 비용은 상승하겠지만 대의민주주의 체제의 대표성을 인정받는 과정에 의미를 둔다면 추가로 예산을 투입할 가치가 충분할 것이다.

---

4. [A], [B]에 대한 설명으로 적절하지 <u>않은</u> 것은?

① [A]는 공직자 선거에 온라인투표를 실시하고 있는 국가의 사례를 통해 온라인투표의 시행 가능성을 보여 주고 있다.

② [A]는 종이투표 방식의 한계를 지적하며 현재의 투표 방식이 투표권을 제대로 보장하지 못한다는 점에 대해 문제를 제기하고 있다.

③ [B]는 최근 실시된 공직자 선거의 투표율을 근거로 공직자 선거 투표에 참여를 희망하는 사람의 비율이 낮다고 주장하고 있다.

④ [B]는 이미 시행되고 있는 제도의 효과를 언급하며 온라인투표 도입으로 인한 투표율 상승 효과에 대해 부정적으로 평가하고 있다.

⑤ [A]와 [B]는 모두 종이투표의 대안으로 제시된 온라인투표가 투표권 보장에 더 유리하다는 점에 동의하고 있다.

5. <보기>를 고려할 때, (가)의 반대 신문 과정을 평가한 내용으로 가장 적절한 것은? [3점]

<보 기>

토론에서 반대 신문은 진리 검증의 협력적 의사소통 과정으로, 상대방의 입론을 예측하여 준비한 내용을 질문하기도 하고 상대방의 입론을 경청한 후 발언 내용에 대한 적절성을 질문하기도 한다. 이때, 질문자는 자신의 주장이 아닌 상대방의 발언 범위 내에서 질문해야 하며, 답변을 제한하는 폐쇄형 질문을 통해 상대방 발언의 오류를 검증해야 한다. 또한 답변자는 상대방이 질문한 내용에 대해 적절하게 답변해야 하며, 필요에 따라 답변을 보충할 수 있다.

① 반대 2는 찬성 1에 대한 반대 신문에서 답변을 제한하는 폐쇄형 질문을 통해 찬성 측이 제시한 자료의 적절성을 검증하고 있다.
② 반대 2는 찬성 1에 대한 반대 신문에서 입론 내용을 예측하여 찬성 측이 제시한 사례가 담긴 자료의 출처를 요구하고 있다.
③ 찬성 1은 반대 2의 반대 신문에 대한 답변에서 찬성 측 의견의 오류를 검증하는 질문에 대해 구체적 수치 자료를 들어 답변을 보충하고 있다.
④ 찬성 1은 반대 1에 대한 반대 신문에서 찬성 측의 의견을 반복하여 주장하며 반대 1이 언급하지 않은 내용에 대해 질문하고 있다.
⑤ 반대 1은 찬성 1의 반대 신문에 대한 답변에서 찬성 1의 질문과 무관한 답변을 하여 찬성 측과의 협력적 의사소통에 실패하고 있다.

6. (나)의 작문 맥락을 파악한 내용으로 가장 적절한 것은?

① 온라인투표 도입으로 인한 긍정적 효과를 근거로 제시하여 주장을 설득력 있게 전달하는 것을 작문 목적으로 설정했다.
② 공직자 선거 투표에 참여를 원하지 않는 사람들을 위한 대안이 필요하다는 관점에서 주제를 선정했다.
③ 온라인투표 도입에 대한 의견을 다양하게 수용하기 위해 실시간 의사소통이 가능한 매체를 선택했다.
④ 현재의 투표 제도와 관련된 문제를 인식하고 투표 방식과 절차를 안내하는 글의 유형을 선택했다.
⑤ 온라인투표의 도입을 결정할 수 있는 실질적 권한을 가진 기관을 특정하여 예상 독자로 설정했다.

7. (가)의 토론 내용이 (나)에 반영된 양상으로 적절하지 않은 것은?

① 토론에서 언급된 두 입장 중 온라인투표 도입에 찬성하는 입장의 발언 내용을 글의 첫 문단에 반영하고 있다.
② 토론에서 언급되지 않은 두 대학교의 투표율 변화 사례를 추가하여 온라인투표 도입으로 인한 효과를 강조하고 있다.
③ 토론에서 언급된 두 입장을 모두 고려하여 온라인투표를 부분적으로 도입해야 하는 이유에 대해 언급하며 주장에 대한 설득력을 높이고 있다.
④ 토론에서 언급된 두 입장 중 온라인투표 도입에 반대하는 입장의 발언 내용을 반영하여 온라인투표 도입에 따라 발생할 수 있는 문제를 인정하고 있다.
⑤ 토론에서 선거 관리 비용과 관련해 언급되지 않은 자료를 추가하여 온라인투표를 부분적으로 도입할 경우 얻을 수 있는 경제적 이익을 구체화하고 있다.

[8~10] 다음은 교지 편집부의 요청에 따라 학생이 쓴 글의 초고이다. 물음에 답하시오.

안녕하세요. 편집장입니다. '우리가 만드는 미래 사회' 기획 연재와 관련하여 '공유 경제'를 소개하는 글을 쓰면서 ㉠공유 경제의 개념, ㉡공유 경제의 현황, ㉢공유 경제의 의의와 전망을 포함해 주세요. 감사합니다.

[초고]

공유 경제란 생산된 제품이나 서비스를 개인이 소유하는 것이 아니라, 여러 사람이 공유해 쓰는 협력적 소비 활동을 의미한다. 중고 물품을 나눠 쓰는 것도 공유 경제에 해당한다. 우리나라에서도 공유 경제가 널리 확산되고 있다.

공유 경제에서 자원을 공유하는 주체는 개인, 기업, 지방 자치 단체 등 매우 다양하다. 또한 자동차, 빈방, 옷, 전자기기 등의 유형 자원뿐만 아니라 재능 및 지적 재산 등의 무형 자원까지 공유 경제의 분야가 확대되고 있어 공유 경제의 규모는 매년 성장하는 추세이다. 그러나 공유 경제는 급속히 성장하는 과정에서 지나치게 상업화되고 있다는 비판을 받기도 하며, 공유 경제 활동에서 발생하는 이용자 간의 법적 분쟁을 해소할 수 있는 법률도 미비한 상황이다.

공유 경제를 통해 소유자는 이용하지 않는 자원을 활용하여 수익을 얻을 수 있고 구매자는 저렴한 가격에 상품을 이용할 수 있다. 또한 공유 경제는 자원을 절약하고 자원 생산 과정에서 발생하는 환경 문제를 줄여 사회 전체의 발전에 기여할 수 있다. 따라서 법적 제도를 보완하고 이용자 간 신뢰를 형성하기 위한 사회적 노력을 기울인다면 친환경적이고 협력적인 공유 경제를 통해 보다 밝은 미래 사회를 만들 수 있을 것이다.

8. 초고에서 ㉠~㉢을 작성할 때 활용한 글쓰기 방법으로 가장 적절한 것은?

① ㉠ : 공유 경제의 어원을 밝히면서 그 개념을 제시했다.
② ㉡ : 공유 경제에서 공유되고 있는 자원의 종류를 제시했다.
③ ㉡ : 공유 경제의 이용 현황을 자원을 공유하는 주체별로 제시했다.
④ ㉢ : 공유 경제의 분야별로 긍정적 전망을 제시했다.
⑤ ㉢ : 공유 경제의 효용을 보여 주는 연구 자료를 제시했다.

9. 다음은 초고를 쓴 학생이 교지 편집부에 보낸 이메일의 일부이다. ⓐ에 들어갈 내용으로 가장 적절한 것은?

초고에 대한 검토 의견 중 (ⓐ) 요청에 따라 첫 문단을 아래와 같이 수정했습니다.

공유 경제란 한번 생산된 제품이나 서비스를 개인이 소유하는 것이 아니라, 여러 사람이 공유해 쓰는 협력적 소비 활동을 의미한다. 우리나라에서도 이용자 간의 신뢰를 기반으로 한 모바일 플랫폼의 발달, 환경과 사회 문제를 고려하는 소비문화와 맞물려 공유 경제가 널리 확산되고 있다.

① 공유 경제의 사례 삭제, 공유 경제의 범위 추가
② 공유 경제의 사례 삭제, 공유 경제의 필요성 추가
③ 공유 경제의 사례 삭제, 공유 경제의 확산 배경 추가
④ 자원 공유 목적 삭제, 공유 경제의 필요성 추가
⑤ 자원 공유 목적 삭제, 공유 경제의 확산 배경 추가

10. <보기>는 학생이 초고를 보완하기 위해 추가로 수집한 자료이다. 자료의 활용 방안으로 적절하지 <u>않은</u> 것은? [3점]

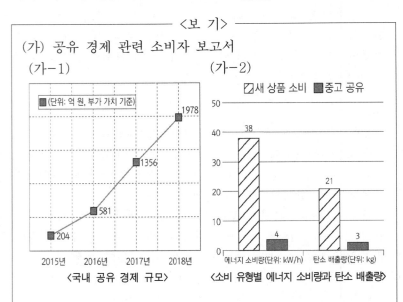

─────────── <보 기> ───────────
(가) 공유 경제 관련 소비자 보고서

(가-1)　　　　　　　　　　(가-2)

〈국내 공유 경제 규모〉　　〈소비 유형별 에너지 소비량과 탄소 배출량〉

(나) ○○신문 기사 자료

　□□시에서는 지난 2015년부터 지역 예산을 활용한 공공 자전거 무인 대여소를 운영하고 있다. 모바일 플랫폼을 통해 회원 가입을 하면, □□ 시민들은 누구나 버스 정류장 및 지하철역, 그리고 관공서 주변의 자전거 무인 대여소에서 자전거를 공유할 수 있다. 이 정책은 환경 개선과 시민의 건강한 삶의 질 향상이라는 공익을 실현한다는 점에서 시민들로부터 높은 평가를 받고 있다.

(다) △△대학교 경제학과 교수 인터뷰 자료

　"공유 경제는 공급자와 이용자의 협력을 기반으로 모든 자원을 낭비 없이 활용하여 환경을 보호하는 지속 가능한 발전을 지향합니다. 하지만 지속 가능성과 친환경성을 표방한 공유 경제 플랫폼이 점점 상업화되면서 오히려 과소비를 조장하거나, 대형 플랫폼을 선점한 공유 경제 기업이 시장을 독점하는 부작용이 나타나기도 합니다. 또한 이용자 간에 거래 약속을 지키지 않아 계약이 성사되지 않거나, 공유 플랫폼을 이용하다 사고가 났을 경우 보험을 비롯한 법적 책임에 대한 규정이 명확하지 않다는 점 등 이를 보완할 수 있는 법안이나 제도가 마땅치 않다는 문제점도 있습니다."

① (가-1)을 활용하여, 공유 경제 규모의 성장 추세에 대해, 공유 경제 활동이 창출하는 부가 가치가 증가하고 있다는 내용으로 2문단을 뒷받침한다.

② (가-2)를 활용하여, 공유 경제의 효과에 대해, 새 상품을 소비하는 것보다 공유 경제 활동에 참여할 때 에너지를 절약하고 탄소 배출을 줄일 수 있다는 내용으로 3문단을 뒷받침한다.

③ (나)를 활용하여, 자원을 공유하는 주체의 다양화에 대해, 개인 간 공유보다 지방 자치 단체가 주도하는 공유 경제의 경제적 가치가 더 크다는 내용으로 2문단을 구체화한다.

④ (다)를 활용하여, 공유 경제의 급속한 성장 과정에서 발생하는 문제에 대해, 공유 경제의 상업화가 비합리적 소비나 시장 독점 같은 부작용을 유발한다는 내용으로 2문단을 구체화한다.

⑤ (다)를 활용하여, 협력적인 공유 경제 구축을 위한 법적 제도 보완에 대해, 이용자 사이의 법적 다툼을 해결하기 위한 법적 장치의 보완이 필요하다는 내용으로 3문단을 구체화한다.

[11~12] 다음 글을 읽고 물음에 답하시오.

　주어가 스스로 동작이나 행위를 하는 것을 능동이라 하고, 주어가 다른 대상에 의해 동작이나 행위를 당하게 되는 것을 피동이라 한다. 능동문이 피동문으로 바뀔 때 능동문의 주어는 피동문의 부사어가 되고, 능동문의 목적어는 피동문의 주어가 된다.

　피동은 크게 피동사 피동과 '-아/-어지다' 피동으로 나뉜다. 피동사 피동은 파생어인 피동사에 의한다고 하여 파생적 피동이라고 부르기도 하는데, 피동사는 능동사 어간을 어근으로 하여 피동 접미사 '-이-, -히-, -리-, -기-'가 붙어 만들어진다. 이때 '(건반을) 누르다'가 '눌리다'로 바뀌는 것처럼 동사의 불규칙 활용 형태로 나타나는 경우도 있다.

　그러나 모든 능동사가 피동사로 파생될 수 있는 것은 아니다. '던지다, 지키다'와 같이 어간이 'ㅣ' 모음으로 끝나는 동사의 경우에는 피동 접미사가 결합하기 어렵고, '만나다'나 '싸우다'와 같이 대칭되는 대상이 필요한 동사, '알다'나 '배우다'와 같이 주체의 지각과 관련된 동사 등은 피동사로 파생되지 않는다.

　'-아/-어지다' 피동은 동사의 어간에 보조적 연결 어미 '-아/-어'에 보조 동사 '지다'가 결합한 '-아/-어지다'가 붙어서 이루어지는데, 이를 통사적 피동이라고도 부른다. 동사에 '-아/-어지다'가 결합되면 피동의 의미를 나타내지만, 형용사에 '-아/-어지다'가 결합되면 동사화되어 상태의 변화를 나타낼 뿐 피동의 의미를 나타내지 않는다.

　15세기 국어에서도 피동 표현이 사용되었다. 파생적 피동은 능동사 어간을 어근으로 하여 피동 접미사 '-이-, -히-, -기-'가 붙어 만들어졌는데, 이때 'ㄹ'로 끝나는 어간에 피동 접미사 '-이-'가 결합하면 이어적지 않고 분철하여 표기하였다. 통사적 피동은 보조적 연결 어미 '-아/-어'와 보조 동사 '디다'가 결합한 '-아/-어디다'가 사용되었다. 한편, 15세기 국어에는 피동 접미사와 결합하지 않고도 피동의 의미를 나타내는 동사가 현대 국어보다 많이 존재했다.

11. 윗글을 이해한 내용으로 적절하지 <u>않은</u> 것은?

① '(물건이) 실리다'는 피동사 파생이 동사의 불규칙 활용 형태로 나타난 것이다.

② '(소리가) 작아지다'는 용언의 어간에 '-아지다'가 결합하여 피동의 의미를 나타낸다.

③ '(줄이) 꼬이다'는 동사 어간 '꼬-'에 피동 접미사 '-이-'가 결합하여 피동사로 파생되었다.

④ '경찰이 도둑을 잡다.'가 피동문으로 바뀔 때에는 능동문의 목적어가 피동문의 주어로 바뀐다.

⑤ '(아버지와) 닮다'는 대칭되는 대상이 필요한 동사로 피동 접미사와 결합하지 않고 파생되지 않는다.

12. 윗글을 바탕으로 <보기>의 ⓐ~ⓓ를 탐구한 내용으로 적절하지 <u>않은</u> 것은? [3점]

──── <보 기> ────

- 風輪에 ⓐ담겨(담-+-기-+-어)
  [풍륜에 담겨]
- 뫼해 살이 ⓑ박거늘(박-+-거늘)
  [산에 화살이 박히거늘]
- 옥문이 절로 ⓒ열이고(열-+-이-+-고)
  [옥문이 절로 열리고]
- 드트리 두외이 ⓓ붓아디거늘(붓-+-아디-+-거늘)
  [티끌이 되어 부수어지거늘]

① ⓐ는 능동사 어간에 접미사 '-기-'가 결합하여 피동사가 되었군.
② ⓑ는 파생적 피동이 일어난 단어가 아님에도 피동의 의미를 나타내고 있군.
③ ⓒ는 'ㄹ'로 끝나는 어간에 접미사 '-이-'가 결합한 후 분철되어 표기되었군.
④ ⓓ는 동사 어간 '붓-'에 '-아디-'가 붙어 피동의 의미를 나타내고 있군.
⑤ ⓑ와 ⓓ는 모두 피동 접미사를 사용하지 않았으므로 통사적 피동에 해당하는군.

13. <보기>의 ㉠, ㉡에 해당하는 사례를 바르게 짝지은 것은?

──── <보 기> ────

국어의 음절 종성에서는 자음을 두 개 발음할 수 없다. 따라서 겹받침으로 끝나는 형태소와 다른 형태소가 결합하면 자음군 단순화와 더불어 다른 음운 변동이 함께 적용되는 경우가 많다. 예를 들어 '닭만[당만]'은 ㉠<u>자음군 단순화와 비음화가 함께 적용된</u> 경우에 해당하고, '맑지[막찌]'는 ㉡<u>자음군 단순화와 된소리되기가 함께 적용된</u> 경우에 해당한다.

	㉠	㉡
①	값만[감만]	흙과[흑꽈]
②	잃는[일른]	읊고[읍꼬]
③	덮지[덥찌]	밝혀[발켜]
④	밟는[밤ː는]	닦다[닥따]
⑤	젊어[절머]	짧지[짤찌]

14. <보기 1>의 ㉠에 해당하는 것만을 <보기 2>에서 있는 대로 고른 것은?

──── <보기 1> ────

합성어는 명사와 명사의 결합, 용언의 관형사형과 명사의 결합, 부사와 용언의 결합처럼 어근과 어근의 연결이 우리말의 어순이나 단어 배열법과 일치하는 ㉠<u>통사적 합성어</u>와 용언의 어간과 명사의 결합, 용언의 어간에 용언의 어간이 직접 결합한 것처럼 우리말의 어순이나 단어 배열법과 일치하지 않는 비통사적 합성어로 나눌 수 있다.

──── <보기 2> ────

덮밥, 돌다리, 하얀색, 높푸르다, 잘생기다

① 돌다리, 높푸르다
② 덮밥, 돌다리, 하얀색
③ 덮밥, 하얀색, 높푸르다
④ 돌다리, 하얀색, 잘생기다
⑤ 돌다리, 하얀색, 높푸르다, 잘생기다

15. <보기>는 '사전 활용하기 학습 자료'의 일부이다. <보기>를 참고할 때, 밑줄 친 부분의 띄어쓰기가 적절하지 <u>않은</u> 것은?

──── <보 기> ────

데¹ 「의존 명사」
「1」 '곳'이나 '장소'의 뜻을 나타내는 말.
「2」 '일'이나 '것'의 뜻을 나타내는 말.

-데² 「어미」
('이다'의 어간, 용언의 어간 또는 어미 '-으시-', '-었-', '-겠-' 뒤에 붙어) 해할 자리에 쓰여, 과거 어느 때에 직접 경험하여 알게 된 사실을 현재의 말하는 장면에 그대로 옮겨 와서 말함을 나타내는 종결 어미.

-는데 「어미」
('있다', '없다', '계시다'의 어간, 동사 어간 또는 어미 '-으시-', '-었-', '-겠-' 뒤에 붙어) 뒤 절에서 어떤 일을 설명하거나 묻거나 시키거나 제안하기 위하여 그 대상과 상관되는 상황을 미리 말할 때에 쓰는 연결 어미.

①	밥	은		있	는데		반	찬	이		없	소	.
②	지	금		가	는		데	가		어	디	인가요	?
③	그		사	람	은		말	을		아	주		잘	하	데	.
④	그	는		의	지할		데		없	는		사	람	이	다	.
⑤	책	을		다		읽	는데	만		이	틀	이		걸	렸	다	.

[16~20] 다음 글을 읽고 물음에 답하시오.

특정 상황에서 어떤 방안을 선택함으로써 얻을 수 있는 이익을 그 방안이 갖는 효용이라고 하며, 효용을 최대화하는 행동을 합리적 행위라고 한다. 허버트 사이먼은 합리적 행위와 관련하여 ㉠ <u>포괄적 합리성</u>과 ㉡ <u>제한적 합리성</u>이라는 두 가지 관점을 제시했다. 먼저 포괄적 합리성은 의사를 결정하는 행위자가 분명한 목적을 가지고 그것을 달성하기 위한 모든 방안을 찾는다고 보는 관점이다. 나아가 행위자는 각 방안에서 초래될 모든 결과를 정확히 평가하여 효용을 극대화하는 방안을 의도적으로 선택하며, 이러한 경향이 행위자의 특성에 상관없이 언제나 일관되게 선택 과정에 반영된다고 전제한다. 반면 제한적 합리성은 행위자가 자신의 목적을 달성하는 데 있어 지식과 인지 능력에 한계가 있음을 인정하는 관점이다. 행위자는 목적 달성에 필요한 정보인 자신이 처한 상황과 선택 가능한 방안, 선택의 결과 등을 정확히 인지하지 못한다고 보는 것이다. 따라서 제한적 합리성의 관점에서 선택의 합리성 여부를 판단하기 위해서는 행위자의 목적과 관련하여 그가 가진 정보와, 그 정보를 바탕으로 추론할 수 있는 능력 등 행위자의 특성에 대해서도 알아야 한다. 그레이엄 앨리슨은 이러한 관점들을 바탕으로 국제 사회의 외교 정책 행위를 몇 가지 모델로 분석하고자 하였다.

그중 합리적 행위자 모델은 포괄적 합리성을 바탕으로 정책 행위를 설명한다. 이 모델은 결정된 정책 행위가 특정 목적에 대해 최대 효용을 갖는 방안이라고 상정하기 때문에 그 목적을 찾아냄으로써 행위자가 왜 그러한 방안을 선택했는지를 설명한다. 여기서 행위자는 단일한 의사 결정자로서의 국가이며, 모든 국가는 포괄적 합리성을 가지고 행동한다. 이 모델에서는 행위자인 국가가 정책 행위를 결정한 목적을 몇 가지로 예상해 보고, 분석하고자 하는 정책 행위가 각각의 목적에서 갖는 효용을 계산한다. 그 결과 가장 큰 효용을 갖게 되는 목적을 찾아 선택의 의도를 추론하는 것이다. 이때 행위자는 언제나 일관된 경향으로 결정을 내리는 존재이므로 행위자가 처한 상황과 목적에 대한 객관적 지식만으로 정책 행위를 해석할 수 있다. 행위자가 처한 위기나 기회는 무엇인지, 목적 달성을 위해 선택할 수 있었던 방안들의 효용은 무엇인지, 그중 행위자의 목적을 최대한 달성하기 위한 최선의 선택은 무엇인지를 종합적으로 판단하여 정책 행위를 이해하는 것이다.

이러한 관점 때문에 합리적 행위자 모델은 포괄적 합리성에서 벗어나는 외교 사례를 설명할 수 없다는 한계가 있다. 앨리슨은 이를 보완하기 위해 제한적 합리성을 바탕으로 한 조직 과정 모델을 제시하였다. 이 모델은 정책 행위가 제한적 정보만으로 결정된다고 보기 때문에, 정책 행위의 목적보다는 그 정책 행위가 어떻게 결정되었는지에 주목한다. 이 모델에서 행위자는 독자적인 여러 조직이 모인 연합체로서의 국가이며, 정책 행위는 행위자의 의도적 선택이 아닌 미리 규정된 절차에 따라 조직들이 수행한 결과가 모여 만들어진 기계적 산출물로 인식된다. 각 조직은 원활한 업무 수행을 위해 자체적인 표준운영절차(SOP), 즉 일을 처리하는 규칙에 따라 작동하는데, 국가는 그 규모가 크기 때문에 조직의 모든 활동을 국가의 의도에 맞게 완전히 통제하거나 감독할 수 없다. 결과적으로 국가는 조직이 SOP에 따라 처리한 제한된 정보만으로 정책 행위를 탐색하고 결정한다는 점에서 이 모델은 제한적 합리성에 기반을 @ <u>둔다</u>고 할 수 있다. 또한 조직은 불확실한 미래를 추측하고 그에 맞게

행동하는 것을 매우 꺼리기 때문에 문제의 심각성이나 긴박성에 따른 새로운 해결책을 강구하기보다 일상적인 SOP에 의존하여 판단을 내리는 경향이 강하다. 이러한 경향으로 인해 조직 과정 모델은 조직이 최적의 방안을 찾기보다 SOP에 부합하는, '그만하면 충분히 만족스러운' 방안을 선택한다고 본다. 이 과정에서 조직이 미처 고려하지 못한 방안이 가질 수 있는 더 큰 효용은 무시될 가능성이 높아지고, 합리적 행위자 모델로는 설명하기 힘든 정책 행위가 선택될 수 있다. 하지만 조직 과정 모델은 조직들의 SOP와 역량, 조직 간의 관계에 대해 분석하기 때문에 포괄적 합리성에서 벗어나는 외교 정책 행위를 설명할 수 있다.

이처럼 합리적 행위자 모델과 조직 과정 모델은 ㉮ <u>분석 대상이 되는 정책 행위를 바라보는 시각</u>이 다르기 때문에 같은 현상에 대해서도 다른 분석 결과를 도출하게 된다. 이때 두 모델은 대립 관계에 있는 것이 아니라 외교 사건을 다각적으로 설명할 수 있게 해 준다는 것이 앨리슨의 정책 결정 모델이 갖는 의의이다.

16. 윗글에 대한 설명으로 적절하지 <u>않은</u> 것은?

① 합리적 행위자 모델이 지닌 한계와 관련하여 조직 과정 모델이 갖는 의의를 제시하고 있다.

② 합리적 행위자 모델과 조직 과정 모델의 특징을 사이먼이 제시한 합리성과 관련지어 서술하고 있다.

③ 합리적 행위자 모델과 조직 과정 모델의 정책 행위 분석 단계를 구체적인 사례를 들어 설명하고 있다.

④ 합리적 행위자 모델과 조직 과정 모델에서 외교 정책 행위를 분석하는 방식을 비교하여 설명하고 있다.

⑤ 합리적 행위자 모델과 조직 과정 모델에서 바라보는 국가의 성격을 바탕으로 각 모델의 분석 대상을 서술하고 있다.

17. ㉮에 대한 이해로 가장 적절한 것은?

① 합리적 행위자 모델은 규정된 절차에 따라 정책 행위가 결정된다고 보지만, 조직 과정 모델은 조직의 역량에 따라 정책 행위가 결정된다고 본다.

② 합리적 행위자 모델은 정책 행위를 연합체로서의 국가가 선택한 결과로 보지만, 조직 과정 모델은 정책 행위를 단일체로서의 국가가 선택한 결과로 본다.

③ 합리적 행위자 모델은 정책 행위를 목적에 따른 행위자의 의도적 선택으로 보지만, 조직 과정 모델은 정책 행위를 조직의 수행에 따른 기계적 산출물로 본다.

④ 합리적 행위자 모델은 국가가 효용을 계산하여 정책 행위를 결정한다고 보지만, 조직 과정 모델은 국가가 조직을 완전히 통제하여 정책 행위를 결정한다고 본다.

⑤ 합리적 행위자 모델은 정책 행위를 객관적 정보를 종합한 결과로 보지만, 조직 과정 모델은 정책 행위를 불확실한 미래를 추측하여 문제에 대한 새로운 해결책을 찾은 결과로 본다.

18. ⑤과 ⑥에 대한 이해로 가장 적절한 것은?

① ⑦은 행위자의 지식이, ⑥은 행위자의 목적이 선택에 가장 큰 영향을 미치는 요소라고 본다.

② ⑦은 ⑥과 달리 행위자가 어떤 방안을 선택할 때 자신이 달성하고자 하는 목적을 고려한다고 본다.

③ ⑦은 ⑥과 달리 행위자의 인지적 한계를 이유로 행위자가 처한 상황에 대한 분석이 중요하다고 본다.

④ ⑥은 ⑦과 달리 행위자가 어떤 방안을 선택했을 때 그 방안이 합리적인지 판단할 수 있다고 본다.

⑤ ⑥은 ⑦과 달리 목적과 상황이 동일하더라도 행위자의 특성에 따라 결정이 달라질 수 있다고 본다.

19. 윗글을 바탕으로 <보기>를 이해한 내용으로 적절하지 <u>않은</u> 것은? [3점]

─────── <보 기> ───────

A국과 B국은 군사적으로 대립 관계에 있는 인접 국가이다. A국은 B국보다 약한 군사력을 보완하기 위해 B국과의 국경 근처에 군대를 추가적으로 배치했다. 한편 B국의 정보 조직은 A국의 군대 배치 정보를 입수했지만, 일상적인 SOP에 따라 정보를 처리한 결과 이 정보가 상부에 전달되지 않았다. 결국 B국은 A국의 상황을 모른 채, A국에 대한 안보를 확보하기 위한 정책으로 군사력 강화와 평화 협정 체결 중 후자의 방안을 선택하게 되었다.

(단, A국과 B국은 독립 국가이며 국내외의 다른 정치 외교적 상황은 양국의 정책 행위에 영향을 미치지 않는다고 가정한다.)

① 합리적 행위자 모델의 관점에서 A국의 목적을 군사력 증강으로 분석했다면, 군대의 추가 배치가 이 목적에 대해 가장 큰 효용을 가졌다고 분석했기 때문이겠군.

② 합리적 행위자 모델의 관점에서 B국의 정책 행위를 분석한다면, B국의 정보 조직이 파악한 정보가 상부에 전달되지 않은 과정에 주목하겠군.

③ 합리적 행위자 모델의 관점에서 B국의 평화 협정 체결이 국가 안보 확보를 위한 최적의 방안이 아니라고 분석했더라도, 이 관점에서는 왜 B국이 평화 협정 체결을 정책 행위로 선택했는지를 설명하지 못하겠군.

④ 조직 과정 모델의 관점에서 A국의 정책 행위를 분석한다면, 군대를 추가적으로 배치한 목적이 무엇인가보다는 어떻게 그 정책 행위가 선택되었는가를 분석하겠군.

⑤ 조직 과정 모델의 관점에서 B국이 평화 협정 체결을 선택하게 된 과정을 분석한다면, 관련 조직들의 SOP 및 조직 간의 관계를 중심으로 B국의 정책 행위를 설명하겠군.

20. 문맥상 ⓐ의 의미와 가장 가까운 것은?

① 기준을 어디에 <u>두느냐</u>가 중요하다.

② 주말에 바둑을 <u>두는</u> 것이 취미이다.

③ 앞의 사람과 간격을 <u>두며</u> 줄을 섰다.

④ 위험물을 여기 그대로 <u>두면</u> 안 된다.

⑤ 그 사건은 평생을 <u>두고</u> 잊을 수 없다.

[21~24] 다음 글을 읽고 물음에 답하시오.

나는 아주 단순한 세상을 그렸다. 아버지가 꿈꾼 세상보다도 단순했다. **달에 가서 천문대 일을 보겠다**는 것이 아버지의 꿈이었다. 그 꿈을 이루었다면 아버지는 오십 억 광년 저쪽에 있다는 머리카락좌의 성운을 볼 수 있을 것이다. 그러나 불쌍한 아버지는 아무것도 이루지 못하고 돌아갔다. 몸은 화장터에서 반 줌의 재로 분해되고, 영호와 나는 물가에 서서 어머니가 뿌려 넣는 재를 보며 울었다. 난장이 아버지가 무기물로 없어져 버리는 순간이었다. ⓐ<u>아버지는 생명을 갖는 순간부터 고생을 했다.</u> 아버지의 몸이 작았다고 생명의 양까지 작았을 리는 없다. 아버지는 몸보다 컸던 고통을 죽어서 벗었다. 아버지는 자식들을 잘 먹일 수 없었다. 학교에도 제대로 보낼 수 없었다. ⓑ<u>우리 집에 새것이라고는 아무것도 없었다.</u> 충분한 영양을 섭취해 본 적도 없었다. 영양 부족으로 일어나는 이상 증세를 우리는 경험했다. 아버지는 열심히 일했다. 열심히 일하고도 인간다운 생활을 할 권리를 잃었다. 그래서 말년의 아버지는 자기 시대에 대해 앙심을 품고 있었다. 아버지 시대의 여러 특성 중의 하나가 권리는 인정하지 않고 의무만 강요하는 것이었다. 아버지는 경제·사회적 생존권을 찾아 상처를 아물리지 못하고 벽돌 공장 굴뚝에서 떨어졌다.

그러나, 아버지는 따뜻한 사람이었다. 아버지는 사랑에 기대를 걸었다. **아버지가 꿈꾼 세상**은 모두에게 할 일을 주고, 일한 대가로 먹고 입고, 누구나 다 자식을 공부시키며 이웃을 사랑하는 세계였다. 그 세계의 지배 계층은 호화로운 생활을 하지 않을 것이라고 아버지는 말했었다. 인간이 갖는 고통에 대해 그들도 알 권리가 있기 때문이라는 것이었다. 그곳에서는 아무도 호화로운 생활을 하려고 하지 않을 것이다. 지나친 부의 축적을 사랑의 상실로 공인하고, 사랑을 갖지 않은 사람네 집에 내리는 햇빛을 가려 버리고, 바람도 막아 버리고, 전깃줄도 잘라 버리고, 수도선도 끊어 버린다. ⓒ<u>그런 집 뜰에서는 꽃나무가 자라지 못한다. 날아들어 갈 벌도 없다. 나비도 없다.</u> 아버지가 꿈꾼 세상에서 강요되는 것은 사랑이다. 사랑으로 일하고 사랑으로 자식을 키운다. 사랑으로 비를 내리게 하고, 사랑으로 평형을 이루고, 사랑으로 바람을 불러 작은 미나리아재비 꽃줄기에까지 머물게 한다. 그러나 아버지가 그린 세상도 이상 사회는 아니었다. 사랑을 갖지 않은 사람을 벌하기 위해 법을 제정해야 한다는 것이 문제였다. 법을 가져야 한다면 이 세계와 다를 것이 없다. 내가 그린 세상에서는 누구나 자유로운 이성에 의해 살아갈 수 있다. ⓓ<u>나는 아버지가 꿈꾼 세상에서 법률 제정이라는 공식을 빼 버렸다.</u> 교육의 수단을 이용해 **누구나 고귀한 사랑을 갖도록 한다**는 것이 나의 생각이었다.

(중략)

근로자 1 : "아녜요. 궁금해서 모여 서 있는 거예요. 설혹 무슨 일이 일어난다고 해도 저희들은 하나를 잘못하게 되는 겁니다. 그러나 사용자는 달라요. ⓔ<u>저희가 어쩌다 하나인데 비해 사용자는 날마다 열 조항의 법을 어기고 있습니다.</u>"

사용자 1 : "문을 닫으세요."

사용자 2 : "양쪽 문을 다 닫으십시오. **애들을 내보내면 안 돼요.**"

아버지 : "**영수를 당분간 내보내지 말아요.**"

어머니 : "네."

영 희 : "큰오빠가 뭘 잘못했어? 잘못한 건 그 집 아이야."

아버지 : "그 아이가 뭘 잘못했니?"

영　희 : "아버지를 난장이라고 놀려댔어."
아버지 : "그 아이는 돌멩이를 던져 우리 집 창문을 깨뜨리지 않았다. 그 아이에겐 잘못이 없어. 아버지는 난장이다."

그래서, 나는 사흘 동안이나 밖에 나가 놀 수 없었다. 나는 어머니의 실패에서 바느질 바늘을 빼어 낚싯바늘을 만들었다. 불에 달구어 끝을 정확히 꼬부려 만들었다. 실을 두 겹으로 꼬아 초를 먹이고 그 끝에 바늘을 달았다. 어머니가 나가 놀아도 좋다고 한 날 나는 뒷산으로 달려 올라갔다. 긴 싸리나무를 꺾어다 낚싯대를 만들었다. 그해에도 가뭄이 들었다. 아버지는 날마다 펌프일을 나갔다. 방죽물도 바짝 줄었다. 나는 방죽 중간쯤에 들어가 낚시질을 했다. 내가 낚아 올린 붕어는 벽돌 공장 굴뚝 그림자 속에서 팔딱팔딱 뛰었다. 아버지가 당신의 입으로 난장이라고 한 말을 나는 그래서 꼭 한 번 들었다. 어머니는 **펌프가에 앉아 보리쌀을 씻다 말고 부엌으로 들어**갔다. 나에게 무슨 일이 있었다면 어머니까지 돌아갔을 것이다. 나는 그날 밤 늦게 집으로 돌아갔다. ⓔ은강 전체가 저기압권에 들어 숨을 쉬기가 아주 어려운 밤이었다. 어머니는 꼼짝도 않고 앉아 있었다. 먼저 영이에 대해 묻고 영희를 물었다. 어머니는 영희에게 했던 것처럼 영이에게 여자가 가져야 할 가족과 가정에 대한 전통적 의무가 어떤 것인지 이야기하고 싶어 했다. 영이가 얼마 동안 고생을 하게 될지 나는 알 수 없었다. 영이의 흰 원피스는 그날로 더러워졌다. 영희는 하룻밤 두 낮의 단식과 구호, 그리고 근로자의 노래만 부르면 되었다. 나는 혼자 돌아왔다. 나는 그날 밤 아버지가 그린 세상을 다시 생각했다. **아버지가 그린 세상**에서는 지나친 부의 축적을 사랑의 상실로 공인하고, 사랑을 갖지 않은 사람 집에 내리는 햇빛을 가려 버리고, 전깃줄도 잘라 버리고, 수도선도 끊어 버린다. 그 세상 사람들은 사랑으로 일하고, 사랑으로 자식을 키운다. 비도 사랑으로 내리게 하고, 사랑으로 평형을 이루고, 사랑으로 바람을 불러 작은 미나리아재비 꽃줄기에까지 머물게 한다. 아버지는 사랑을 갖지 않은 사람을 벌하기 위해 법을 제정해야 한다고 믿었다. 나는 그것이 못마땅했었다. 그러나 그날 밤 ⓛ나는 나의 생각을 수정하기로 했다. 아버지가 옳았다.
모두 잘못을 저지르고 있었다. 예외란 있을 수 없었다. 은강에서는 신도 예외가 아니었다.

－ 조세희, 「잘못은 신에게도 있다」 －

21. 윗글에 대한 이해로 적절하지 <u>않은</u> 것은?

① 아버지는 의무만을 강요하는 시대에 불만을 품은 채 말년을 보냈다.
② 아버지는 자신이 난장이임을 나에게 자주 말하며 현실이 준 상처를 드러내곤 했다.
③ 어머니는 영이에게 가족에 대한 전통적 의무에 대해 말하고 싶어 했다.
④ 나는 아버지를 놀린 아이와 관련된 일로 사흘 동안 밖에 나가 놀지 못했다.
⑤ 영희는 나에게는 잘못이 없고 아버지를 놀린 아이에게 잘못이 있다고 생각했다.

22. ⓐ~ⓔ에 대한 이해로 적절하지 <u>않은</u> 것은?

① ⓐ는 아버지가 난장이로 태어나 고통을 겪었음을 드러내고 있다.
② ⓑ는 아버지가 성실히 살았음에도 인간다운 생활을 할 수 없었던 난장이 가족의 삶을 보여 주고 있다.
③ ⓒ는 아버지가 꿈꾸는 세상에서 지나치게 부를 축적해 벌을 받게 될 사람들이 사는 집의 모습을 보여 주고 있다.
④ ⓓ는 근로자와 사용자의 잘못을 비교하여 잘못의 원인이 근로자에게 있음을 드러내고 있다.
⑤ ⓔ는 은강의 기상 상태를 통해 인물이 느끼는 심리적 압박감을 드러내고 있다.

23. ㉠과 ㉡에 대한 이해로 가장 적절한 것은?

① ㉠과 ㉡은 모두 사랑을 기반으로 한 세상을 바라고 있다.
② ㉠과 ㉡은 모두 교육을 통해 자신이 꿈꾼 세상을 이루려 한다.
③ ㉠과 ㉡은 모두 법률을 제정하여 사람들이 사랑을 지키도록 하려 한다.
④ ㉠은 ㉡과 달리 자신의 생각을 바꾸고 아버지의 생각을 따르려 한다.
⑤ ㉡은 ㉠과 달리 사람들의 자유로운 이성에 대한 믿음을 지니고 있다.

24. <보기>를 바탕으로 윗글을 감상한 내용으로 적절하지 <u>않은</u> 것은? [3점]

── <보 기> ──

　이 작품에서는 시간적으로 거리가 먼 사건들이 하나의 단락 안에서 명확히 구분되지 않고 시제가 구별되지 않은 채 서술된다. 또한 서로 다른 공간에서 벌어지는 사건들이 유사한 장면으로 연결되기도 한다. 이러한 서술 방식들은 작품에 대한 독자의 이해를 지연시켜 독자로 하여금 사건의 이면에 숨겨진 의미를 파악하도록 노력하게 한다. 한편 이 작품은 주제 의식을 효과적으로 전달하기 위해 단어나 구절 등을 반복하거나 다른 갈래의 형식을 삽입하기도 하고, 비현실적 세계와 현실적 세계를 연결하기도 한다.

① '아버지가 꿈꾼 세상'의 모습이 '아버지가 그린 세상'의 모습에서 반복되어 서술되는데, 이는 인물이 바라는 이상적인 사회의 모습을 강조하는 것으로 볼 수 있겠군.
② 근로자와 사용자의 대화 장면과 우리 가족의 대화 장면은 극의 형식으로 서술되고 있는데, 이는 다른 갈래의 형식을 삽입하여 작품의 주제 의식을 전달하는 것으로 볼 수 있겠군.
③ '달에 가서 천문대 일을 보겠다'는 비현실적인 꿈을 '누구나 고귀한 사랑을 갖도록 한다'는 실현 가능한 꿈과 관련지은 것은, 현실에서 실현된 이상 세계를 보여 주어 주제 의식을 드러낸 것으로 볼 수 있겠군.
④ '애들을 내보내면 안 돼요.'라는 사용자의 말과 '영수를 당분간 내보내지 말아요.'라는 아버지의 말을 연결한 것은, 서로 다른 공간에서 벌어지는 두 사건이 유사한 장면으로 연결되는 것으로 볼 수 있겠군.
⑤ 어머니가 '펌프가에 앉아 보리쌀을 씻다 말고 부엌으로 들어'가는 장면은 시간적으로 거리가 먼 두 사건 사이에 명확한 시간 구분 없이 삽입되어 해당 부분에 대한 독자의 이해를 지연시킬 수 있다고 볼 수 있겠군.

[25~27] 다음 글을 읽고 물음에 답하시오.

(가)

저녁 한동안 **가난한 시민들의**
살과 피를 데워 주고
밥상머리에
된장찌개도 데워 주고
아버지가 식후에 석간을 읽는 동안
아들이 식후에
이웃집 라디오를 엿듣는 동안
연탄가스는 가만가만히
쥐라기*의 지층으로 내려간다.
그날 밤
가난한 서울의 시민들은
㉠꿈에 볼 것이다.
날개에 산호빛 발톱을 달고
앞다리에 세 개나 새끼 공룡의
순금의 손을 달고
서양 어느 학자가
Archaeopteryx* 라 불렀다는
쥐라기의 새와 같은 새가 한 마리
연탄가스에 그을린 서울의 겨울의
제일 낮은 지붕 위에
내려와 앉는 것을,

– 김춘수, 「겨울밤의 꿈」 –

* 쥐라기 : 시조새가 나타났던 중생대의 중간 시기.
* Archaeopteryx : 아르케옵테릭스, 시조새.

(나)

개봉동 입구의 길은
한 송이 장미 때문에 왼쪽으로 굽고,
굽은 길 어디에선가 빠져나와
장미는
길을 제 혼자 가게 하고
아직 흔들리는 가지 그대로 ㉡길 밖에 선다.

보라 가끔 몸을 흔들며
잎들이 제 마음대로 시간의 바람을 일으키는 것을.
장미는 이곳 주민이 아니어서
시간 밖의 서울의 일부이고,
그대와 나는
사촌들 얘기 속의 한 토막으로
비 오는 지상의 어느 발자국에나 고인다.

말해 보라
무엇으로 장미와 닿을 수 있는가를.
저 불편한 의문, 저 불편한 비밀의 꽃
장미와 닿을 수 없을 때,
두드려 보라 개봉동 집들의 문은
어느 곳이나 열리지 않는다.

– 오규원, 「개봉동과 장미」 –

25. (가)와 (나)의 공통점으로 가장 적절한 것은?

① 도치의 방식을 활용하여 시적 상황을 부각하고 있다.
② 명령형 문장을 활용하여 화자의 의지를 드러내고 있다.
③ 감탄사를 사용하여 고조되는 화자의 감정을 나타내고 있다.
④ 인격화된 대상을 청자로 설정하여 친근감을 드러내고 있다.
⑤ 동일한 시행의 반복을 통해 대상이 지닌 속성을 강조하고 있다.

26. ㉠과 ㉡에 대한 이해로 가장 적절한 것은?

① ㉠과 ㉡은 모두 화자의 시선을 다른 인물의 시선으로 확장시키는 매개체이다.
② ㉠과 ㉡은 모두 부정적 과거에서 벗어나 긍정적 미래로 향할 수 있게 해 주는 계기이다.
③ ㉠은 화자가 자신의 내면을 성찰하게 되는 동기이고, ㉡은 화자의 인식이 변화하게 되는 원인이다.
④ ㉠은 화자의 상상을 시각적으로 나타내는 장치이고, ㉡은 대상이 이질적 속성을 지니고 있음을 보여 주는 공간이다.
⑤ ㉠은 화자가 현실을 부정함으로써 상처를 극복하게 되는 원동력이고, ㉡은 대상이 현실의 상황과 마주하게 되는 장소이다.

27. <보기>를 참고하여 (가)와 (나)를 감상한 내용으로 적절하지 **않은** 것은? [3점]

―――― <보 기> ――――

(가)와 (나)는 모두 비슷한 시기의 서울을 배경으로 하고 있으나 두 작품의 화자가 주목하고 있는 것은 다르다. (가)의 화자는 '연탄가스'에서 촉발된 상상력을 바탕으로, 연탄과 관련된 오래전 과거와 가난한 도시 사람들의 현재가 만나는 순간을 감각적으로 그려 내어 연민의 정서를 드러내고 있다. 한편 (나)의 화자는 현대 문명을 상징하는 '개봉동'과 그곳에 종속되지 않고 순수한 생명력을 지키고 있는 '장미'의 대비를 통해 현대 문명 속에서도 본연의 모습을 잃지 않는 삶이 필요함을 드러내고 있다.

① (가)에서 연탄이 '가난한 시민들의 / 살과 피를 데워' 준다는 것은 연탄이 가난한 사람들에게 온기를 줄 수 있음을 보여 주는 것이겠군.
② (가)에서 '연탄가스'가 '쥐라기의 지층으로 내려간다'는 것은 화자가 연탄과 관련된 오래전 과거의 시간을 떠올리고 있음을 보여 주는 것이겠군.
③ (가)에서 '쥐라기의 새와 같은 새'가 '제일 낮은 지붕 위에 / 내려와 앉는'다는 것은 가난한 사람들이 따뜻해지길 바라는 화자의 바람을 감각적으로 드러낸 것이겠군.
④ (나)에서 '장미'의 '잎들이 제 마음대로 시간의 바람을 일으' 킨다는 것은 현대 문명의 속성에 종속되지 않는 장미의 순수한 생명력을 드러낸 것이겠군.
⑤ (나)에서 '개봉동 집들의 문'을 '두드려'도 '어느 곳이나 열리지 않는다'는 것은 현대 문명의 발전과 본연의 모습을 잃지 않고 살아가는 삶이 공존할 수 있음을 드러낸 것이겠군.

[28~32] 다음 글을 읽고 물음에 답하시오.

　데이터를 주고받을 때, 송신 측은 데이터별로 고유하게 부여된 순서 번호에 ⓐ따라 순차적으로 데이터를 송신하고, 수신 측은 데이터의 순서 번호에 맞추어 송신 측에 응답 데이터를 보내준다. 만약 수신 측에서 데이터 전송 오류가 발생한 것을 파악했다면 오류가 발생한 데이터를 다시 전송해 주도록 송신 측에 요청해야 한다. 이때 자동 반복 요청 방식(ARQ)을 주로 사용한다. ARQ에서 오류가 없는 데이터가 도착할 때 송신 측에 보내는 수신 측의 응답을 ACK, 전송받은 데이터에서 오류가 검출될 경우에 보내는 수신 측의 응답을 NAK라고 한다. 그런데 송신 측에서는 데이터를 전송한 시점부터 타이머를 작동해 지정된 시간 동안 수신 측으로부터 아무런 응답이 없는 경우 '타임 아웃'으로 간주한다. 타임 아웃은 수신 측이 송신 측에 응답을 하지 않거나, 송신 측과 수신 측이 주고받는 데이터가 상대 측에 도달하지 못하고 전송이 중단된 경우에 발생한다. 송신 측은 타임 아웃이 되는 동시에 데이터를 재전송한다.

　ARQ는 정지-대기 ARQ, 고-백-앤 ARQ, 선택적 재전송 ARQ 등으로 그 유형을 나눌 수 있다. 정지-대기 ARQ는 가장 단순한 자동 반복 요청 방식으로, 수신 측은 송신 측으로부터 받은 데이터를 먼저 수신 측의 버퍼*인 수신 윈도우에 저장한 후 오류 검사를 실시한다. 그 결과에 따라 수신 측은 ACK 또는 NAK를 전송한 후 해당 데이터를 수신 윈도우에서 삭제한다. 송신 측이 수신 측으로부터 ACK를 수신하면 그다음 데이터를 전송하고, NAK를 수신하거나 타임 아웃이 되면 그에 해당하는 데이터를 재전송한다.

　고-백-앤 ARQ는 송신 측이 수신 측의 응답을 기다리지 않고 연속해서 순서 번호가 부여된 데이터를 전송하는 방식으로, 오류가 발생하면 오류가 발생한 데이터를 포함하여 이후에 전송된 모든 데이터를 재전송한다. 이 방식에서 수신 측은 데이터를 수신 윈도우에 하나씩 저장하는데, 송신 측으로부터 오류가 없는 데이터를 수신한 경우에는 무조건 ACK를 ⓑ보내지만 오류가 있는 데이터를 수신한 경우에는 NAK를 보내거나 무시할 수 있다. 그리고 오류가 발생한 순번 이후의 데이터에 대해서는 수신을 거부한다. 오류가 있는 데이터에 대해 NAK를 보내는 방식을 명시적 방법, NAK를 보내지 않고 무시하는 방식을 묵시적 방법이라고 한다. 명시적 방법을 사용할 경우 송신 측은 NAK를 수신하거나 타임 아웃이 되면 이에 해당하는 데이터부터 순서대로 모든 데이터를 재전송하지만, 묵시적 방법을 사용할 경우 송신 측은 타임 아웃 시간 동안 ACK를 수신하지 않았을 때만 이에 해당하는 데이터부터 순서대로 모든 데이터를 재전송한다.

　선택적 재전송 ARQ는 데이터 전송의 기본 원리가 고-백-앤 ARQ와 ⓒ같지만, 오류가 발생할 경우 송신 측에서는 오류가 발생한 데이터만 재전송한다. 수신 측은 먼저 도착한 데이터의 오류 검사가 끝나지 않았더라도 수신한 데이터는 모두 수신 윈도우에 저장한다. 오류가 발생한 이후의 순번 데이터는 ACK를 보내지 않고 수신 윈도우에 저장한 다음, 재전송된 데이터가 도착하면 해당 데이터에 대한 ACK를 보낸 후, 수신 윈도우에 저장된 데이터와 함께 순서 번호를 맞추어 다음 단계로 전달한다. 이 방식 역시 명시적 방법과 묵시적 방법으로 ⓓ나눌 수 있다.

　그런데 NAK를 수신하거나 타임 아웃이 발생하여 송신 측이

데이터를 재전송하기 위해서는 송신 측에게도 전송한 데이터를 저장하기 위한 버퍼가 필요한데, 이 버퍼를 송신 윈도우라고 한다. 송신 윈도우에 보관된 데이터는 수신 측에게 전송되었으나, 아직 ACK를 받지 못한 데이터라 할 수 있다. 송신 측이 수신 측으로부터 ACK를 받지 않고도 전송할 수 있는 데이터의 최대 개수를 송신 윈도우 크기라고 한다. 또한 수신 측이 전송받은 데이터에 대한 응답을 보내지 않고도 저장할 수 있는 데이터의 최대 개수를 수신 윈도우 크기라 하는데, 이러한 윈도우의 크기는 데이터 통신 방식에 따라 차이가 난다. 정지-대기 ARQ는 송신 측과 수신 측 모두 하나의 데이터와 그 데이터에 대한 응답 값을 주고받는다는 점에서 송신 윈도우와 수신 윈도우의 크기는 모두 1이 된다. 이와 달리 고-백-앤 ARQ의 경우 송신 측은 ACK를 받지 않아도 여러 개의 데이터를 전송할 수 있기 때문에 수신 윈도우의 크기만 1이 된다. ㉠선택적 재전송 ARQ는 수신 윈도우 크기가 여러 개의 데이터를 송신할 수 있는 송신 윈도우의 크기와 같아 데이터를 더욱 빠르게 전송할 수 있다.

　한편 송신 윈도우에 저장된 데이터의 관리는 일반적으로 데이터의 전송이 순서 번호를 기반으로 ⓔ이루어지는 '슬라이딩 윈도우 프로토콜*'에 의해 진행되는데, 이 프로토콜에서는 낮은 순서 번호부터 차례로 데이터 전송이 처리되며 ACK의 회신에 따라 윈도우에 새로 추가될 데이터의 순서 번호도 순차적으로 높은 번호로 이동한다. 이 과정에서 순서 번호에 해당하는 데이터들이 수신 측에 전송된다. 예를 들어, 순서 번호의 최댓값이 9, 송신 윈도우의 크기가 3인 데이터를 전송할 경우, 먼저 '0번, 1번, 2번' 3개의 데이터를 전송한다. 0번 데이터에 대한 ACK가 도착하면 0번 데이터는 송신 윈도우에서 삭제되고, 3번 데이터가 송신 윈도우에 저장되어 수신 측으로 전송된다. 만약 동시에 1번과 2번 데이터의 ACK가 도착하면 송신 윈도우에는 3번 데이터만 남게 되기 때문에 4번과 5번 데이터가 송신 윈도우에 저장되어 수신 측으로 전송된다. 이러한 방식으로 데이터를 전송하다 9번 데이터에 대한 ACK가 도착했다면 다음에 전송되는 데이터는 순서 번호가 0이 되며, 송신 측의 데이터가 모두 전송될 때까지 이 과정이 반복된다.

* 버퍼 : 동작 속도가 크게 다른 두 장치 사이에 접속되어 속도 차를 조정하기 위하여 이용되는 일시적인 저장 장치.
* 프로토콜 : 컴퓨터와 컴퓨터 사이, 또는 한 장치와 다른 장치 사이에서 데이터를 원활히 주고받기 위하여 약속한 여러 가지 규약.

28. 윗글을 통해 알 수 있는 내용으로 가장 적절한 것은?

① 정지-대기 ARQ에서 수신 측은 NAK를 보낸 후에도 해당 데이터를 수신 윈도우에 저장한다.

② 고-백-앤 ARQ에서 수신 윈도우는 정지-대기 ARQ와 마찬가지로 데이터를 하나씩 저장한다.

③ 선택적 재전송 ARQ와 고-백-앤 ARQ 모두 송신 측은 ACK를 수신한 후에 다음 순번의 데이터를 전송한다.

④ 송신 윈도우의 크기는 송신 측이 수신 측으로부터 동시에 받을 수 있는 ACK의 최대 개수에 따라 결정된다.

⑤ 데이터 전송 과정에서 송신 측이 보내는 데이터는 송신 윈도우 크기보다 큰 순서 번호부터 전송된다.

29. 윗글을 바탕으로 <보기>의 '슬라이딩 윈도우 프로토콜'을 이해한 것으로 적절하지 <u>않은</u> 것은?

— <보 기> —

송신 측에서 수신 측에 전송하려는 데이터의 개수는 12개이다. 송신 측은 순서 번호의 최댓값을 5로 설정한 후, 슬라이딩 윈도우 프로토콜을 이용하여 데이터를 전송하였다. 아래는 데이터 전송 과정에서 송신 윈도우의 데이터 저장 상태를 도식화한 것이다.

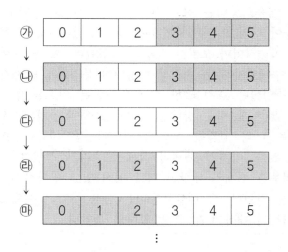

* ㉮ : 송신 윈도우의 최초 저장 상태
* ☐ : 윈도우에 저장된 데이터 / * ▨ : 윈도우에 저장되지 않은 데이터

① ㉮를 통해 알 수 있는 송신 윈도우의 크기는 3이다.
② ㉰에서 순서 번호 '3'에 해당하는 데이터가 저장된 것은 ㉮에서 보낸 데이터의 ACK가 모두 도착했기 때문이다.
③ '㉯→㉰' 과정에서 송신 윈도우에 추가된 데이터의 수는 '㉱→㉲' 과정에서 송신 윈도우에 추가된 데이터의 수보다 적다.
④ ㉲에서 전송한 데이터에 대한 ACK가 모두 도착했다면, 바로 다음에 전송되는 데이터의 순서 번호는 ㉮와 같다.
⑤ '㉮→㉲'의 과정이 한 번 더 반복된 후 송신 측이 보낸 데이터의 ACK가 모두 도착했다면, 송신 윈도우에 저장된 데이터의 수는 0개이다.

30. ㉠의 이유를 추론한 것으로 가장 적절한 것은?

① 먼저 도착한 데이터부터 순서대로 데이터 오류 검사를 실시하기 때문에
② 오류 검사가 끝나면 수신 윈도우에 저장된 데이터가 모두 삭제되기 때문에
③ 수신 윈도우에 저장된 데이터의 순번과 상관없이 ACK를 보낼 수 있기 때문에
④ 순번이 빠른 데이터의 오류 검사가 끝나지 않아도 데이터의 수신이 가능하기 때문에
⑤ 데이터에 오류가 발생하면 해당 데이터가 재전송될 때까지 데이터 수신을 거부하기 때문에

31. <보기>는 자동 반복 요청 방식을 이용한 데이터 전송 오류 제어 과정의 일부를 도식화한 것이다. 윗글을 참고하여 <보기>를 이해한 내용으로 적절하지 <u>않은</u> 것은? [3점]

— <보 기> —

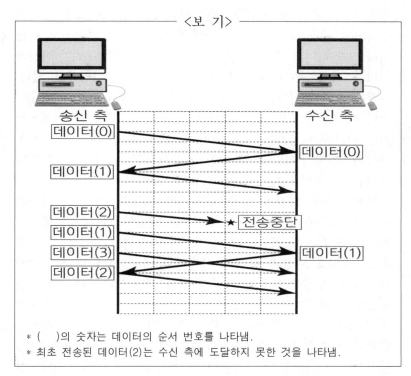

* ( )의 숫자는 데이터의 순서 번호를 나타냄.
* 최초 전송된 데이터(2)는 수신 측에 도달하지 못한 것을 나타냄.

① 데이터(1)을 재전송한 후 데이터(3)을 전송하는 것을 보니 <보기>의 오류 전송은 선택적 재전송 ARQ 방식에 해당하겠군.
② 처음 수신한 데이터(1)에 대한 응답 값을 수신 측이 전송하지 않은 것으로 보아 <보기>는 묵시적 방법에 해당하겠군.
③ 데이터(1)을 전송한 후 데이터(1)을 재전송하는 데 걸린 시간은 '타임 아웃'으로 설정된 시간에 해당되겠군.
④ 송신 측이 데이터(2)를 재전송한 이유는 최초 전송된 데이터(2)에 대해 수신 측이 NAK를 보내지 않았기 때문이겠군.
⑤ 수신 측이 데이터(3)과 재전송된 데이터(2)에 대해 ACK를 보낸다면 데이터(2)와 데이터(3)은 순서 번호에 맞추어 다음 단계로 전달되겠군.

32. 문맥상 ⓐ~ⓔ의 단어와 가장 가까운 의미로 쓰인 것은?

① ⓐ : 그들은 법에 <u>따라</u> 문제를 해결했다.
② ⓑ : 관중들은 선수들에게 응원을 <u>보내느라</u> 정신이 없었다.
③ ⓒ : 여행을 할 때에는 신분증 <u>같은</u> 것을 가지고 다녀야 한다.
④ ⓓ : 수익은 공정하게 <u>나누어야</u> 불만이 생기지 않는다.
⑤ ⓔ : 열심히 노력했더니 소원이 <u>이루어졌다</u>.

[33~37] 다음 글을 읽고 물음에 답하시오.

(가)

우리는 친구들과 같은 사진을 보고도 서로 다르게 인식하는 경우가 있다. 또한 배고플 때와 달리 배부를 때는 빵 가게를 인식하지 못할 때도 있다. 이처럼 동일한 대상에 대해서도 사람이나 상황에 따라 인식이 다를 수 있는데, '후설'은 우리가 대상의 의미를 파악하는 과정을 통해 이러한 현상을 설명하고 있다. 후설은 우리의 의식은 대상과 독립적으로 존재하는 것이 아니라, 어떤 대상을 구체적으로 지향하며, 이를 통해 대상과의 관계에서 어떤 의미를 형성하는 성질을 지니고 있다고 말한다. 이 성질을 의식의 '지향성'이라고 하는데, 의식이 대상을 향하지 않으면 우리는 그 대상을 인식하지 못한다는 것이다.

한편 우리의 의식이 대상을 만나 의미를 형성할 때는 시간과 공간의 영향을 받게 된다. 왜냐하면 의식이 의미를 형성하는 과정은 한 번으로 끝나는 것이 아니라 시간의 흐름에 따라 반복되고, 공간도 대상과 함께 인식되어 의미 형성에 영향을 주기 때문이다. 후설에 따르면 이렇게 의식이 대상을 만나서 의미를 형성하는 과정이 반복되고 그것이 누적되면 자기만의 '지평'을 갖게 된다. ㉠'지평'이란 우리가 인식하는 대상과 그 대상을 둘러싼 배경을 말한다. 우리가 친구의 뒷모습을 보고 단번에 알아볼 수 있는 것은 이전부터 알았던 친구에 대한 다양한 정보를 고려했기 때문이다. 사람은 개인마다 경험이 다르기 때문에 대상에서 형성하는 의미도 달라져 그 결과 서로 다른 지평을 갖게 되고, 지평이 넓어질수록 개인의 인식 범위는 확장된다. 그리고 인식의 주체는 지평을 바탕으로 다양한 상황에서 의미를 파악할 수 있다고 본 것이다.

전통 철학에서는 의식과 독립적으로 대상이 존재하고, 주체성을 가진 인간, 즉 주체가 대상을 객관적으로 파악함으로써 의미가 얻어진다고 보았다. 하지만 후설은 주체가 지평에 따라 대상에서 형성하는 의미가 달라지므로 대상을 객관적으로 파악하는 것은 불가능하다고 보았다. 이처럼 후설은 의미가 대상으로부터 객관적으로 얻어지는 것이 아니라 의식과 지평을 지닌 주체에서 비롯된다고 본 것이다.

(나)

ⓐ자전거를 한번 배우고 나면 오랫동안 쉬었다 하더라도 쉽게 다시 탈 수 있다. 마치 몸 자체가 자전거 타기에 관한 지식을 내재한 듯 느껴진다. 이때 자전거 타기를 배운 것은 나의 의식일까? 몸일까? 전통 철학은 의식과 신체는 독립되어 있고 의식이 객관적 세계를 인식한다고 보았는데, '메를로퐁티'는 이를 비판하며 신체를 통해 세계를 지각할 수 있다고 말한다. 그에 의하면 신체, 즉 몸은 의식과 결합하여 있는 '신체화된 의식'이라고 규정한다.

메를로퐁티는 몸이 세상과 반응하는 것을 '지각'이라고 했는데, 그는 후설의 지향성 개념을 수용하여 몸이 지향성을 지니고 있어 세상을 지각할 수 있다고 보았다. 늘 집에 방치되어 있던 자전거도 우리 몸이 지향함으로써 지각되고 의미가 생긴다는 것이다. 그렇다면 몸에 의한 지각은 어떻게 이루어질까? 그는 몸이 '현실적 몸의 층'과 '습관적 몸의 층'으로 이루어져 있다고 규정하였다. 여기서 현실적 몸의 층이란 몸이 새로운 세상을 지각하는 경험이며, 이런 경험이 우리 몸에 배면 습관적 몸의 층을 형성하게 된다고 보았다. 이렇게 형성된 습관적 몸의 층은

몸에 내재되어 세상과 반응할 때 다시 영향을 미치며, 우리를 다양한 상황에 적응할 수 있게 한다. 이러한 몸의 대응 능력을 ㉡'몸틀'이라 하며, 몸틀은 지각 경험들이 시간이 흐르면서 누적됨으로써 형성된다. 예를 들어 자전거 타기를 배우는 경우, 처음에는 자전거와 반응하며 현실적 몸의 층을 형성하게 되고, 자전거를 타는 연습이 반복되면 새로운 운동 습관을 익히며 몸틀을 재편하게 된다. 이와 같이 메를로퐁티는 몸틀을 통해 몸의 지각 원리를 설명한다.

한편 메를로퐁티는 몸이 '애매성'을 지니고 있다고 말한다. 예를 들어 나의 오른손과 왼손이 맞잡고 있을 때, 내 몸은 잡고 잡히는 이중적이며 모호한 상황을 경험한다. 이 경우 어떤 것이 지각의 주체인지 혹은 지각의 대상인지 분명하게 말하기 어렵다. 또 내가 언짢은 표정을 한 상태에서 밝은 미소를 띤 상대방의 얼굴을 봤을 때, 나는 상대방의 밝은 모습에 동화되면서 동시에 상대방은 나의 언짢은 모습에 얼굴이 경직되는 듯한 변화를 보이게 된다. 이처럼 구체적 삶에서 우리가 경험하는 몸의 지각은 대부분 주체와 대상이 서로 얽혀 있고 명확하게 구분되지 않는다는 것이다. 즉 메를로퐁티는 몸을 지각의 주체로만 보지 않고 지각의 대상이 될 수도 있다고 보았다.

33. 다음은 (가)와 (나)를 읽은 학생이 작성한 학습 활동지의 일부이다. ㄱ~ㅁ에 들어갈 내용으로 적절하지 <u>않은</u> 것은?

학습 항목	학습 내용	
	(가)	(나)
도입 문단의 내용 제시 방식 파악하기	ㄱ	ㄴ
⋮	⋮	⋮
글의 내용 전개 방식 이해하기	ㄷ	ㄹ
두 글을 통합적으로 비교하기	ㅁ	

① ㄱ : '인식'과 연관된 상황을 언급하며 이에 대한 특정 철학자의 주장을 제시하였음.
② ㄴ : 일상의 경험을 바탕으로 의문을 제기하며 특정 철학자가 사용한 개념을 제시하였음.
③ ㄷ : '인식'과 관련하여 특정 철학자가 사용한 개념을 정의한 뒤 그 개념을 바탕으로 대상의 의미를 파악하는 과정을 제시하였음.
④ ㄹ : '지각'의 주체를 상반된 시각으로 바라보는 특정 이론들을 제시하고 각각의 이론이 지닌 한계와 의의를 제시하였음.
⑤ ㅁ : 특정 철학자들의 주장에 나타나는 공통점과 그 주장이 전통 철학과 어떤 차이를 지니고 있는지를 파악할 수 있었음.

34. 메를로퐁티의 관점에서 몸을 이해한 내용으로 적절하지 <u>않은</u> 것은?

① 의식과 결합하여 존재한다.
② 세상과 반응하여 의미를 형성한다.
③ 지향성이 없더라도 세계를 지각할 수 있다.
④ 현실적 몸의 층과 습관적 몸의 층으로 이루어져 있다.
⑤ 지각의 주체가 되는 동시에 지각의 대상이 되기도 한다.

35. ㉠, ㉡에 대한 이해로 가장 적절한 것은?

① ㉠은 대상으로부터 의미를 객관적으로 파악할 수 있게 한다.

② ㉡은 시간이 흐르더라도 변하지 않는다.

③ ㉠은 ㉡과 달리 의미를 형성하는 과정에서 의식의 쓰임이 나타나지 않는다.

④ ㉡은 ㉠과 달리 다양한 상황에 대해서도 그 의미를 파악할 수 있게 한다.

⑤ ㉠과 ㉡은 모두 이전의 경험이 쌓이면서 형성된다.

36. ⓐ의 이유에 대한 메를로퐁티의 견해로 가장 적절한 것은?

① 몸의 경험은 연습의 양과 상관없이 누적되기 때문이다.

② 몸이 자전거 타기를 통해 습관적 몸의 층을 형성했기 때문이다.

③ 자전거를 배우기 전과 후의 몸틀에 변화가 없었기 때문이다.

④ 몸의 지각은 현실적 몸이 의식과 독립적으로 작용한 결과이기 때문이다.

⑤ 새로운 운동 습관이 내재될 경우 몸틀이 재편되어 자전거를 다시 배워야 하기 때문이다.

37. 윗글을 바탕으로 <보기>를 이해한 내용으로 적절하지 <u>않은</u> 것은? [3점]

<보 기>

어느 날 산속에 피어 있는 꽃을 가리키며 제자가 스승에게 물었다. "이 진달래꽃은 깊은 산속에서 저절로 피었다 지곤 하니 그것이 제 마음과 무슨 상관이 있습니까? 사물은 제 마음과 상관없이 존재한다고 생각합니다." 그러자 스승은 "그대가 이 꽃을 보기 전에 이 꽃은 그대의 마음에 없었지만, 그대가 와서 이 꽃을 보는 순간 이 꽃의 모습은 그대의 마음에서 일시에 분명해진 것이네."라고 말하였다.

① 후설은 '제자'가 꽃의 이름이 진달래꽃임을 알고 있는 것에 대해 그의 지평이 작용했다고 생각하겠군.

② 후설은 사물이 마음과 상관없이 존재한다고 말하는 '제자'와 달리 의식과 대상이 서로 독립적으로 존재하는 것은 아니라고 생각하겠군.

③ 메를로퐁티는 '제자'가 꽃을 지각하는 동시에 꽃으로 인해 그에게 변화가 생겼다는 '스승'의 말에 동의하겠군.

④ 메를로퐁티는 꽃을 봄으로써 꽃의 모습이 마음에서 분명해진 것이라고 생각하는 '스승'과 달리 몸의 지각과 상관없이 의식이 독립적으로 세계를 인식한다고 생각하겠군.

⑤ 후설과 메를로퐁티는 모두 꽃을 보기 전까지 꽃은 마음에 없었다고 말한 '스승'과 마찬가지로 주체가 대상을 지향하지 않으면 대상의 의미가 형성되지 않는다고 생각하겠군.

[38~41] 다음 글을 읽고 물음에 답하시오.

(가)

㉠ 관서(關西) 명승지(名勝地)에 왕명(王命)으로 보내시매
행장을 꾸리니 칼 하나뿐이로다.
연조문(延詔門) 나가서 모화고개 넘어드니
임지로 가고픈 마음에 고향을 생각하랴.
벽제(碧蹄)에 말 갈아 **임진(臨津)**에 배 건너 **천수원(天壽院)**
돌아드니
개성(開成)은 망국(亡國)이라 만월대(滿月臺)도 보기 싫다.
황주(黃州)는 전쟁터라 가시덤불 우거졌도다.
㉡ 석양이 지거늘 채찍으로 재촉해 구현원을 넘어드니
생양관(生陽館) 기슭에 버들까지 푸르다.
재송정(栽松亭) 돌아들어 대동강 바라보니
십 리의 물빛과 안개 속 버들가지는 위아래에 엉기었다.
춘풍이 야단스러워 화선(畫船)*을 비껴 보니
녹의홍상 비껴 앉아 가냘픈 손으로 거문고 짚으며
붉은 입술과 흰 이로 채련곡을 부르니
신선이 연잎 배 타고 옥빛 강으로 내려오는 듯.
㉢ 슬프다, 나랏일 신경 쓰이지만 풍경에 어찌하리.
연광정(練光亭) 돌아들어 부벽루(浮碧樓)에 올라가니
능라도(綾羅島) 꽃다운 풀과 금수산(錦繡山) 안개 속 꽃은
봄빛을 자랑한다.
㉣ 천 년 평양(平壤)의 태평문물은 어제인 듯하다마는
풍월루(風月樓)에 꿈 깨어 칠성문(七星門) 돌아드니
단출한 무관 차림에 객흥(客興)* 어떠하냐.
누대도 많고 강과 산도 많건마는
백상루(百祥樓)에 올라앉아 **청천강** 바라보니
세 갈래 물줄기는 **장하기도 끝이 없다.**
하물며 결승정(決勝亭) 내려와 철옹성(鐵甕城) 돌아드니
구름에 닿은 성곽은 백 리에 벌여 있고
여러 겹 산등성이는 사면에 뻗어 있네.
사방의 군사 진영(陣營)과 웅장한 경관이 팔도에 으뜸이로다.
㉤ 동산에 배꽃 피고 진달래꽃 못다 진 때 　　┐
진영에 일이 없어 산수를 보려고 　　　　　│
약산동대(藥山東臺)*에 술을 싣고 올라가니 　│
눈 아래 구름 낀 하늘이 끝이 없구나. 　　　│
백두산 내린 물이 향로봉 감돌아 　　　　　[A]
천 리를 비껴 흘러 대(臺) 앞으로 지나가니 │
굽이굽이 늙은 용이 꼬리 치며 바다로 흐르는 듯. │
형승(形勝)도 끝이 없다, 풍경인들 아니 보랴. 　┘

　　　　　　　　　　　　　　　- 백광홍, 「관서별곡」 -

* 화선 : 주연(酒宴)을 베풀 때에 쓰던 배.
* 객흥 : 여행에서 느끼는 나그네의 흥취.
* 약산동대 : 평안북도 영변군 약산에 있는 천연의 대(臺), 관서 팔경의 하나.

(나)

세상에서 **산수**를 얘기하는 사람들이 **강동(江東) 지방**을 가장 좋은 곳이라 하는데 나는 그렇게 믿지 아니하였다. 내 생각으로는, "하늘이 물(物)을 창조할 때에 어디는 좋게 어디는 나쁘게 하려는 마음이 본시부터 없었을 터이니, 어찌하여 한 쪽 지역에만 후하게 했겠는가." 하였었다. 그러다가 **남쪽 지방**으로 다니면서 경치가 빼어난 곳은 모조리 찾아다니며 실컷 보았다.

그리고 천하의 좋은 경치라는 것이 아마 이 이상 더 나은 곳은 없으리라고 생각하였다.

그런데 그곳을 떠나 동쪽으로 갔더니, 명주(溟州)로부터 원주(原州) 일대 풍토가 특별히 달라지는데 산은 높고 물은 더욱 맑았다. **일천 봉우리와 일만 골짜기**는 서로 빼어남을 경쟁하는 듯하였다. 백성들이 그 사이에 거주하면서 비탈에서 밭을 갈고 위태롭게 거두어들이니, 완연히 특별한 세계가 따로 이루어진 듯하여, 과거에 다니며 보던 곳은 마땅히 여기에 비하여 모두 모자라고 꿀려 감히 겨룰 수가 없었다. 그러고 나서야 태초에 천지를 창조할 때에 순수하고 웅장한 기운이 홀로 어리어서 이곳이 된 줄을 알게 되었다.

[B]
┌ 죽령(竹嶺)에서 20여 리를 가면 **당진(唐津)**이라는 물이 있다. 아래에는 자갈이 많은데 모양이 모두 둥글고 반질반질하며 푸른 빛이 난다. 빛은 투명하여 물이 푸르게 보이며 잔잔하여 소리가 나지 아니하고, 물고기 수백 마리가 돌 사이에서 장난을 하고 있다. 좌우편은 모두 어마어마하게 깎아 세운 듯 산이 솟아서 만 길이나 될 듯한데 붉은 바탕에 푸른 채색을 올린 것처럼 보인다. 벼랑과 골짜기의 모양은 요철 같아 움푹하기도 하고 불룩하기도 하여 두둑 같기도 하고 굴 같기도 하다. 기이한 화초, 아름다운 대나무가 엇
└ 갈리게 자라서 그림자가 물밑에 거꾸로 비친다.

이러한 것은 그 대략만을 적었을 뿐이요, 그 기묘하고 수려한 점은 무어라 형언할 수가 없다. 마침내 끊어진 벼랑 어귀에서 말에서 내려 **석벽(石壁)이 있던 자리**에서 배를 띄웠다. 배 안에서 사람이 말을 하면 산골짜기는 모두 메아리를 친다. 곧 휘파람을 불며 노래를 부르고 스스로 만족스럽게 놀면서 하루 종일 돌아설 줄을 모르고 있었다. 어두운 저녁빛이 먼 데서부터 스며들었다. 그곳이 너무 싸늘하여 오래 머무를 수가 없기에 **시(詩) 한 편**을 읊어서 거기에 써놓고 그곳을 떠났다.

푸른 물 출렁출렁 쪽빛과 같은데
물결에 비친 푸른 절벽은 험한 바위가 거꾸로 서 있는 듯
만리 길 정처없이 동으로 가는 나그네는
홀로 돛대 한 폭을 가을 바람에 달고 가네

내가 동쪽으로 가면서부터 수레바퀴와 말발굽을 끌고 다닌 곳이 많았으나, 여기보다 경치가 더 좋은 곳은 없었다. 만일 **서울 부근**에 가까이 있었다면, **놀기 좋아하는 귀족들**은 반드시 하루에 천 냥씩이라도 값을 올려 가면서 다투어 사들일 것이다. 다만 먼 지역에 떨어져 있기 때문에 오는 사람이 적고 간혹 사냥꾼이나 어부가 여기를 지나지만 별로 거들떠보지도 않는다. 이것은 반드시 **하늘이 장차 여기를 숨겨** 두었다가 우리 같이 궁하고 근심 있는 사람을 기다린 것일 듯하다.

명주(溟州)의 남쪽 재를 넘어서 북으로 해변에 이르니, **조그마한 성(城)**이 있는데 동산(洞山)이라 한다. 민가가 사는 촌락은 쓸쓸하고 매우 궁벽하였다. 그 성에 올라서 바라보니 어스름 저녁빛이 어둑어둑하여지는데, 길 옆에 고기잡이하는 집에는 등불이 가물거렸다. 사람으로 하여금 고향을 그리워하게 하며 고장을 떠난 서글픔에 쓸쓸한 감상이 일어나서 슬픔을 자아내게 하였다.

― 임춘, 「동행기」 ―

38. ㉠~㉢에 대한 이해로 적절하지 않은 것은?

① ㉠ : 자신이 맡은 직분이 왕명에 의한 것임을 언급하며 공적인 임무를 수행하기 위해 여정을 떠나는 상황을 나타내고 있다.

② ㉡ : 시간적 배경과 화자의 행동을 제시하여 여정을 서두르는 모습을 드러내고 있다.

③ ㉢ : 물음의 형식을 활용하여 왕명을 따르는 것과 자연을 즐기는 것 사이의 내적 갈등을 드러내고 있다.

④ ㉣ : 풍경을 과장되게 묘사하며 자신의 지난 삶에 대한 회한을 드러내고 있다.

⑤ ㉤ : 계절적 배경을 나타내는 자연물을 언급한 후 경치를 즐길 수 있는 이유를 드러내고 있다.

39. (나)에 대한 설명으로 가장 적절한 것은?

① '산수'를 말하는 사람들의 말을 믿지 않았음에도 불구하고 '강동 지방'을 여행하게 된 이유를 제시하고 있다.

② '남쪽 지방'의 경치를 '강동 지방'에 비해 구체적으로 소개하며 '남쪽 지방'의 경치에 대한 만족감을 진술하고 있다.

③ 과거에 자신이 다니며 보던 곳과 비교하여 '일천 봉우리와 일만 골짜기'의 풍경에 대한 감흥을 드러내고 있다.

④ 더 이상 경치를 볼 수 없는 이유를 제시하며 '석벽이 있던 자리'로 배를 타고 떠나야 하는 아쉬움을 드러내고 있다.

⑤ '서울 부근'의 경치를 언급하며 '놀기 좋아하는 귀족들'과의 갈등이 여행을 통해 해소되길 바라는 마음을 드러내고 있다.

40. [A]와 [B]를 비교한 내용으로 가장 적절한 것은?

① [A]와 [B]는 모두 자연의 광활함과 대비되는 인간의 유한성을 나타내고 있다.

② [A]와 [B]는 모두 자연물에 감정을 이입하여 자연 속에서 느끼는 흥겨움을 나타내고 있다.

③ [A]에서는 자연의 모습을 관조하고 있고, [B]에서는 자연을 통해 자신의 모습을 반성하고 있다.

④ [A]는 동적인 자연물의 모습을, [B]는 정적인 자연물의 모습을 다른 대상에 빗대어 드러내고 있다.

⑤ [A]는 지상에서 하늘로, [B]는 원경에서 근경으로 시선을 이동하며 다채로운 자연의 모습을 보여 주고 있다.

41. <보기>를 참고하여 (가)와 (나)를 감상한 내용으로 적절하지 <u>않은</u> 것은? [3점]

> ───── <보 기> ─────
>
> 다양한 공간을 비교적 긴 시간 동안 여행한 경험을 다루고 있는 사대부들의 기행 문학에서 각각의 장면은 여정이나 경치를 제시하는 경(景)과 경치에서 촉발된 흥취나 안타까움 등의 주관적 정서인 정(情), 그리고 경치에 대한 품평이나 자연 현상에 대한 해석과 같이 작가가 펼치는 평가나 주장이 논리적으로 드러나는 의(議)의 반복을 통해 단절되지 않고 유기적으로 연결된다. 이때 작가의 여행 경험을 효과적으로 드러내기 위해 특정한 장소와 관련된 '정'을 상세히 제시하거나 '정'과 '의'를 생략하기도 한다.

① (가)에서 '벽제'와 '임진', '천수원'을 언급할 때 '정'과 '의'를 생략하고 '경'만 제시한 것은 화자의 여행 경험을 속도감 있게 드러내기 위한 것이겠군.

② (가)의 '청천강'을 바라보며 '장하기도 끝이 없다'라고 말하는 모습에서 여행 과정에서 화자가 마주한 '경'과 이에 대한 '정'이 연결되고 있음을 확인할 수 있겠군.

③ (나)의 '시 한 편'에 담긴 정서는 아름다운 경치를 자랑하는 '당진'을 많은 사람들에게 소개할 수 없는 현실에 대한 안타까움을 드러내는 '정'에 해당하는 것이겠군.

④ (나)의 글쓴이가 강동 지방에 대해 자신과 같은 사람들을 위해 '하늘이 장차 여기를 숨겨' 둔 곳이라 말하는 것은 뛰어난 경치를 예찬하는 '의'에 해당하는 것이겠군.

⑤ (나)의 '조그마한 성'에서 바라본 풍경은 글쓴이로 하여금 고향에 대한 그리움과 쓸쓸한 감상을 야기한다는 점에서 '정'을 유발하는 '경'에 해당하는 것이겠군.

[42~45] 다음 글을 읽고 물음에 답하시오.

> **[앞부분의 줄거리]** 왕경룡은 아버지가 상인에게 빌려준 돈을 받아 절강으로 돌아가던 중 서주에서 기생 옥단을 만나 함께 살게 된다. 기생 어미는 경룡의 재물이 떨어지자 노림에서 죽이려 하지만 경룡은 겨우 목숨을 부지하고 떠돌게 된다. 이후 어렵게 살아가던 경룡은 옥단을 다시 만나고, 잃었던 재물을 옥단의 기지로 되찾아 절강으로 가려 한다.

옥단이 답하여 말하였다.

"열녀는 두 지아비를 섬기지 않는다 하니 만일 방법이 있사오면 목숨을 보존하려니와 만일 몸을 더럽히는 지경에 이른다면 죽을 뿐입니다. 어찌 살기를 바라겠습니까?"

경룡이 마침내 울며 이별하고 절강으로 향하였다.

옥단이 공자를 보내고 **침방**에 돌아와 시비와 함께 약속하고 각각 옷을 찢어 그 입을 막고 줄을 그 손과 발에 얽매고 침상 아래에 거꾸러졌다.

이튿날 **기생집**의 노복이 경룡의 일행과 말이 없어진 것을 보고 기생 어미에게 고하니, 기생 어미가 취함을 이기지 못하여 머리를 들고 일어나 옥단의 침소에 가서 보니 옥단과 시비가 모두 침상 아래에 엎어져 죽은 듯 쓰러져 있었다. 기생 어미가 놀라서 구원하니 짐짓 깨어난 체하며 말하였다.

"내가 어제 공자를 보지 아니하려고 했는데, 모친이 지극히 권해서 이렇게 되었으니 누구를 원망하리요? 공자가 비록 노림에서의 원한을 잊었다 하나 간밤에 취침할 때에 서로

합방치 아니함을 이상히 여겼더니 밤이 깊음에 가만히 그 종자를 불러 들어와 그 금은보화를 다 거두어 갔나이다. 우리를 결박하여 죽이려 하다가 공자가 이를 알고 살렸사오나 첩이 욕봄은 가히 원통치 아니하나 가산을 다 잃었사오니 어찌 통탄치 아니하리요? 첩이 묶일 때에 그 약속하는 말을 들으니 우리가 추적할 것을 두려워하여 서주 관청에 머물다가 도망가자 했으니 속히 잡으십시오."

기생 어미가 이웃 사람을 모아서 말을 타고 **서주 관청**에 이르니, 옥단이 갑자기 기생 어미를 말에서 끌어 내리치고 관청 서리와 이웃 사람에게 고하여 말하였다.

"첩이 본래 양가집 자식으로 부모님을 잃어 의탁할 곳이 없었는데 할미가 나의 자색을 보고 양녀를 삼아 여러 사람들에게 값을 취하려 하니 어찌 어미와 딸 사이의 의리가 있겠습니까? 전날에 절강 사는 왕경룡이 마침 첩을 보고 흠모하여 수만금을 들여 저를 아내로 맞아 해로하려 했더니, 저 할미가 음모를 꾸며 노림에서 죽이려 하였습니다. 공자께서 다행히 벗어나 맨몸으로 환향하다가 첩을 사모하여 다시 재물을 가지고 어제 다시 왔더니, 저 할미가 또 재물을 뺏으려 하니 공자가 그 기미를 알고 피하였습니다. 그런데 이 할미가 다시 데리고 와서는 재물도 빼앗고 공자를 죽이려 하였기에 첩이 거짓으로 함께 모의를 하는 듯하여 왔으니, 당초 일의 과정은 이웃 사람이 다 아는 바이니, 어찌 거짓을 아뢸 수 있겠습니까?"

하고 통곡하며 그 기생 어미를 끌고 송사에 나가려 하였다. 이 일은 이웃 사람들이 아는 바여서, 밤사이의 음모를 믿고 모두 옥단이 옳고 기생 어미가 그르다고 하면서,

[A] ┌ "왕 공자가 재물을 훔쳐 도망갔다고 거짓말을 하여 우리들에게 쫓아가자 하옵기로 왔사오나 만약 공자를 죽이고 재물을 빼앗으려는 사정을 알았으면 어찌 따라왔겠습니까?" └

하였다.

서리들이 또한 노림의 일을 아는지라 모두 다 기생 어미를 꾸짖어 도적이라고 말하고, 옥단에게 권해 송사하게 하였다.

기생 어미가 두려워하거늘, 옥단이 말하였다.

"할미가 비록 지아비를 죽이려는 음모를 꾸몄으나 나를 길러준 은혜가 있으니 일단 관아에 송사하지는 않겠소. 그러면 나를 끝까지 수절하게 하여, 협박하지 아니하겠소?"

하니, 기생 어미가 허락하거늘, 옥단이 서리를 청하여 문서를 쓰고 이웃 사람에게 서명하게 한 후 문서를 가지고 돌아와 **북루**에 올라 시비를 불러 쌀을 빌어 조석으로 바치게 했다.

그 시비 또한 정성으로 쌀을 빌어 낭자를 구원하니 그 시비의 이름은 난영이었다. 또한 자색이 있고 성품이 타인을 더불어 즐기는 것을 좋아하지 않으니, 본래 옥단이 양가집에서 데리고 온 시비였다.

기생 어미가 옥단을 해치고자 하나, 이웃이 알까 염려하였다. 한편 전날 조씨 상인에게 금은을 받은 바가 있었는데, 조씨 상인이 옥단을 어찌할 수 없음을 알고 금은을 돌려받고자 하였다. 기생 어미는 그 재물이 아까워 몰래 약속하여,

"이리이리하시오."

하였다.

몇 개월 뒤에 기생 어미가 옥단을 구박하여 말하였다.

"네가 공자를 위하여 나를 배반하고 비록 내 집에 있으나 이익되는 것이 없으니 북루를 비우고 나가 살아라."

하고, 옥단을 내쫓았다. 이에 앞서 기생 어미가 마을에 있는 장사치 할미에게 많은 재물을 주고 비밀리에 약속을 했다.

옥단이 쫓겨나 시비 하나를 거느리고 돌아갈 곳이 없어 길가에 앉아 통곡하니, 길에서 한 할미가 그 까닭을 묻고 거짓으로 우는 체하며 말하였다.

"제가 매양 낭자가 정조를 지키려 고생스럽게 쌀을 빌어 입에 풀칠하는 것을 불쌍하게 여겼는데 이제 다시 쫓겨나 의탁할 곳이 없으니 누추한 내 집에서 머물도록 하오."

낭자가 다행스럽게 여겨 감사하고 따라가 할미의 집에 거처하였는데, 한 달이 지나자 할미가 말하였다.

[B] "저는 낭자가 절개 지킴을 어여삐 여겼습니다. 하여 약간의 가산을 팔아 인마를 갖추어 낭자를 데리고 절강으로 가고자 합니다. 절강에 도착하면 낭자께서는 능히 공자로 하여금 후한 값을 치르게 하여 돌려보낼 수 있겠습니까?"

옥단이 그 말을 다행히 여겨 감사하여 말하였다.

"그렇게 해 주신다면 어찌 힘을 다하여 갚지 않겠습니까?"

할미가 허락하고 마부와 말을 내어 행장을 수습하여 날을 받아 길을 떠났다.

여러 날 만에 **서주의 경계**에 이르니 갑자기 사람들이 길을 막고 옥단을 에워싸고 구박하면서 데리고 갔다. 옥단이 할미를 불렀으나 간 곳이 없거늘, 무리에게 말하였다.

"무슨 연유로 너희가 나를 위협하여 데리고 가는 게냐?"

모두가 답하여 말하였다.

"우리는 조씨 상인이 시키는 대로 낭자를 맞이하여 데려가거늘 무슨 위협이 있겠소?"

옥단이 몹시 통곡하며 말하였다.

"내가 두 할미에게 속았구나."

하고, 말에서 떨어지니, 무리들이 부둥켜안아 옥단을 말에다 태웠다.

― 작자 미상, 「왕경룡전」 ―

42. 윗글에 대한 설명으로 적절하지 <u>않은</u> 것은?

① '침방'은 옥단이 경룡의 무리에게 결박당했다고 기생 어미를 속이는 장소이다.

② '기생집'은 기생 어미가 부모를 잃은 옥단을 위해 난영을 시비로 내어 준 공간이다.

③ '서주 관청'은 옥단이 기생 어미의 잘못을 사람들에게 알리기 위해 기생 어미를 유인하여 데리고 간 공간이다.

④ '북루'는 옥단이 경룡에게 절개를 지키겠다고 했던 다짐을 실천하는 공간이다.

⑤ '서주의 경계'는 절강에서 경룡을 만날 수 있다는 옥단의 기대가 깨지는 공간이다.

43. 윗글에 대한 이해로 가장 적절한 것은?

① 난영은 이웃 사람과 더불어 사귀기를 좋아했다.

② 서리들은 옥단이 작성한 문서에 증인으로 서명했다.

③ 조씨 상인은 자색이 있는 난영을 얻기 위해 무리를 보냈다.

④ 옥단은 관청에서 돌아온 뒤 난영이 빌어 온 양식으로 어렵게 살아갔다.

⑤ 이웃 사람들은 노림의 일에 대한 사실을 알기 위해 옥단에게 송사를 권유했다.

44. [A], [B]에 대한 설명으로 가장 적절한 것은?

① [A]에서 화자는 자신의 불우한 처지를 언급하며 상대의 감정에 호소하고 있다.

② [B]에서 화자는 감정을 절제하며 상대의 결정에 대해 비판적 태도를 드러내고 있다.

③ [A]와 [B] 모두에서 화자는 상대의 과거 행적을 드러내며 상대의 미래를 예견하고 있다.

④ [A]에서는 [B]에서와 달리, 화자가 고사를 인용하여 상대의 요구를 우회적으로 거절하고 있다.

⑤ [A]에서 화자는 상대에게 자신이 현재 장소로 오게 된 이유를 밝히고 있고, [B]에서 화자는 상대에게 현재 장소를 떠날 것을 제안하고 있다.

45. <보기>를 바탕으로 윗글을 감상한 내용으로 적절하지 <u>않은</u> 것은? [3점]

<보 기>

이 작품은 남녀 주인공의 결합을 방해하는 혼사 장애 모티프를 지닌 애정 소설이다. 여자 주인공 옥단은 신분이 기생이지만 유교 사회에서 여성에게 요구되었던 정절을 지키려 노력한다. 이런 옥단의 노력은 자신의 이익을 취하려 음모를 꾸미는 악인에 의해 방해를 받는다. 이 작품은 선인과 악인의 대립 구도가 드러나며, 악인의 음모로 인해 새로운 사건이 발생하거나 사건이 전환되기도 한다.

① 옥단을 쫓아낸 기생 어미와 쫓겨난 옥단에게 머물 곳을 제공한 장사치 할미가 대립하는 모습에서 선인과 악인의 대립 구도를 확인할 수 있군.

② 기생 어미가 경룡의 재산을 다시 빼앗고 죽이려 한 음모로 인해, 옥단이 기지를 발휘하여 경룡이 자신의 재물을 되찾는 새로운 사건이 발생하는군.

③ 조씨 상인의 재물을 돌려주는 것을 아까워하는 기생 어미의 욕심은, 기생 어미가 조씨 상인의 무리들에게 옥단을 납치하도록 하는 음모를 꾸미는 원인이 되는군.

④ 옥단과 재회한 경룡이 생명의 위협을 느낀 후 해로하기로 한 옥단을 남겨둔 채 절강으로 떠나는 모습에서, 경룡과 옥단의 결합을 방해하는 혼사 장애 모티프를 확인할 수 있군.

⑤ 옥단이 송사하지 않는다는 조건을 내세워 기생 어미에게 자신의 정절을 훼손하지 않겠다는 승낙을 받는 장면에서, 기생이지만 유교적 가치를 지키려 노력하는 모습을 확인할 수 있군.

* 확인 사항

○ 답안지의 해당란에 필요한 내용을 정확히 기입(표기)했는지 확인하시오.

2023학년도 11월 고2 전국연합학력평가 문제지

국어 영역

제 1 교시

1

10회

● 문항수 45개 | 배점 100점 | 제한 시간 80분

● 점수 표시가 없는 문항은 모두 2점

[1 ~ 3] 다음은 학생의 발표이다. 물음에 답하시오.

안녕하세요? 오늘 발표를 맡은 역사 탐구 동아리 회장 ○○○입니다. 여러분은 조선 시대의 금속 활자에 대해 알고 계신가요? (대답을 듣고) 아는 분이 많지 않네요. 고려 시대에 금속 활자가 만들어진 것에 대해서는 많이들 알고 계시지만 조선 시대에 금속 활자가 발달했다는 것은 잘 모르시는 분들이 많습니다. 그래서 오늘은 조선 시대 금속 활자에 대해 알려 드리려고 합니다.

이 그림을 보시죠. (그림 제시) 책을 인쇄하고 있는 사람들이 보이시죠? 이 그림은 조선 시대의 주자소라는 관청의 모습을 그린 것인데요, 주자소는 활자를 만들어 책을 인쇄하는 일을 전문적으로 맡았습니다. 『태종실록』에 '임금이 우리나라에 서적이 매우 적어 유생들이 널리 볼 수 없는 것을 염려하여 주자소를 설치하라 명하였다.'라는 기록이 있습니다. 이를 통해 조선 시대에는 유교 이념을 널리 전파하려는 목적으로 국가 차원에서 금속 활자를 활용한 서적 인쇄를 주도했다는 것을 알 수 있지요.

특히 세종 대에는 금속 활자 인쇄술이 크게 발전하게 됩니다. (사진 제시) 사진에서 왼쪽은 태종 대에 만들어진 조선 최초의 금속 활자인 계미자로 인쇄한 것이고, 오른쪽은 세종 대에 만들어진 금속 활자인 갑인자로 인쇄한 것입니다. 두 활자본의 차이를 분명하게 보여 드리기 위해 사진을 확대해 볼게요. (사진을 확대하며) 갑인자로 인쇄된 것이 글자의 크기와 간격이 훨씬 더 일정하다는 것을 확인할 수 있습니다. 이는 세종 대에 이르러 활자 하나하나를 맞추어 짜는 조판 기술이 발달하였기 때문입니다. 게다가 갑인자는 이전의 금속 활자에 비해 글씨체도 아름다워서 형태적인 완성미를 갖춘 금속 활자로 평가받습니다. 그래서 후대에도 갑인자를 표준으로 삼은 금속 활자들이 꾸준히 제작되었습니다.

조선 왕조 500년 동안 여러 종류의 금속 활자가 30회 이상 주조되었습니다. 조선 시대에 금속 활자가 활발하게 쓰였다는 것은 금속 활자로 인쇄된 책들을 통해서 확인할 수 있는데요, 『대학연의』, 『효경』과 같은 유교 이념을 담은 책 외에도 『동국정운』, 『농사직설』 등과 같은 다양한 분야의 책이 금속 활자로 인쇄되어 보급되었습니다. □□박물관에 금속 활자로 인쇄된 책들이 다양하게 전시되어 있으니 방문해 보시는 게 어떨까요? 이상으로 발표를 마치겠습니다. 감사합니다.

1. 위 발표에 대한 설명으로 가장 적절한 것은?
① 발표 대상을 친숙한 소재에 빗대어 설명하고 있다.
② 발표 중간중간에 자신이 말한 내용을 요약하고 있다.
③ 발표를 하게 된 소감을 밝히며 발표를 시작하고 있다.
④ 발표의 진행 순서를 제시하며 이어질 내용을 안내하고 있다.
⑤ 발표 내용과 관련된 활동을 권유하며 발표를 마무리하고 있다.

2. 다음은 발표를 하기 위해 작성한 메모와 발표 계획이다. 발표 내용에 반영되지 않은 것은?

	메모		발표 계획
①	청중이 조선 시대의 금속 활자에 대해 잘 알지 못할 것임.	→	조선 시대의 금속 활자에 대한 정보를 제공하는 것이 발표의 목적임을 밝혀야지.
②	청중이 주자소를 생소하게 여길 것임.	→	그림 자료를 보여 주며 주자소의 역할을 이해하기 쉽게 설명해야지.
③	국가 차원에서 서적 인쇄를 주도함.	→	국가가 책을 인쇄하는 관청을 만들었음을 알 수 있는 문헌 자료를 인용해야지.
④	세종 대에 이르러 조판 기술이 발달함.	→	사진 자료를 활용해 계미자와 갑인자의 글자 크기와 간격을 비교해야겠어.
⑤	다양한 서적 인쇄에 금속 활자가 활용됨.	→	금속 활자로 인쇄된 책들의 사례를 시대에 따라 분류해 제시해야겠어.

3. <보기>는 위 발표를 들은 학생들의 반응이다. 발표 내용을 고려하여 학생의 반응을 이해한 것으로 적절하지 <u>않은</u> 것은?

〈 보 기 〉

학생 1: 금속 활자는 한 가지뿐인 줄 알았는데 그렇지 않다는 걸 알게 되었어. 하지만 계미자와 갑인자에 대해서만 설명해서 아쉬워. 조선 시대에 주조된 다른 금속 활자에 대해 찾아봐야겠어.
학생 2: 갑인자에 대한 기사를 본 적이 있어서 갑인자가 조선 시대 금속 활자라는 건 알고 있었어. 그런데 갑인자가 형태적 완성미를 갖추었다고 하는데 구체적으로 어떤 점이 그럴까?
학생 3: 조선 시대 금속 활자의 발달 양상에 대해 알게 되어 유익했어. 세종 대에 금속 활자가 발전했다고 했는데 그렇게 될 수 있었던 당시의 사회 문화적 배경에 대해 조사해 봐야겠어.

① 학생 1은 발표에서 만족스럽지 않은 부분을 언급하며 아쉬움을 드러내고 있군.
② 학생 2는 발표 내용 일부를 언급하며 궁금한 점을 드러내고 있군.
③ 학생 3은 발표를 통해 알게 된 사실에 대해 긍정적으로 생각하고 있군.
④ 학생 1과 학생 2는 모두 발표 내용을 통해 자신이 알고 있던 지식을 수정하고 있군.
⑤ 학생 1과 학생 3은 모두 발표에서 언급된 정보에 대한 추가 정보를 탐색하려 하고 있군.

[4 ~ 7] (가)는 학교 누리집에 실을 글을 작성하기 위한 학생회 학생들의 대화이고, (나)는 (가)를 바탕으로 작성한 초고이다. 물음에 답하시오.

(가)

학생 1: 교지 편집부에서 우리가 했던 가치 참여 펀딩 봉사 활동을 소개해 달라는 요청을 했어. 어떤 내용으로 글을 쓸지 정하기 위해 함께 이야기해 보자.

학생 2: 가치 참여 펀딩이라는 말이 생소할 테니까 가치 참여 펀딩의 정의에 대해 제시해 주면 좋을 것 같아. 우리 학생회에서 그 말의 의미를 정의했었잖아.

학생 3: 좋아. 글을 쓸 때 봉사 활동이 끝난 후 작성했던 활동 보고서 내용도 활용해 보는 게 어떨까? 우리가 썼던 활동 보고서에 봉사 활동 진행 과정이 정리되어 있잖아.

학생 1: 봉사 활동 진행 과정 중에 어떤 내용을 중점적으로 쓰면 좋을지 좀 더 이야기해 줄래?

학생 3: 우리가 구체적인 봉사 활동의 주제를 선정한 과정을 제시해 주는 게 좋을 것 같아.

학생 2: 그래. 그리고 봉사 활동 진행 과정을 소개하면서 우리가 SNS로 홍보한 이유도 제시하면 좋겠어.

학생 1: 다들 좋은 의견 고마워. 정리하자면 가치 참여 펀딩 봉사 활동의 개념, 봉사 활동 진행 과정에 대해 소개하자는 거구나.

학생 2: 가치 참여 펀딩이 아닌 형태로 봉사 활동을 한 사례들도 소개하자.

학생 3: 다른 형태로 봉사 활동을 한 사례들도 소개하자는 거구나. 그러면 글 내용이 더 풍부해질 수 있을 것 같아. 하지만 다른 사례를 소개하면 글의 주제가 불분명해질 거야. [A]

학생 2: 그렇겠다. 우리의 활동 내용에 대해서만 글에 언급하는 것이 좋겠어.

학생 1: 그럼 다른 봉사 활동 사례는 글에서 제외하기로 하자. 활동 보고서 외에 우리가 더 참고할 만한 자료는 어떤 게 있을까?

학생 3: 봉사 활동 이후에 있었던 가치 공유회에서 친구들이 소감 발표한 것을 정리한 자료가 있어. 봉사 활동의 좋았던 점과 아쉬웠던 점에 대한 내용을 모두 글에 반영하면 좋을 것 같아.

학생 1: 좋았던 점에 대한 의견으로는 어떤 것이 있었지?

학생 2: 가치 참여 펀딩 자체에 대한 평가와 봉사 활동 후 지역 환경이 개선된 것에 대한 평가가 있었어. 그중에서 가치 참여 펀딩 자체에 대한 긍정적 평가 내용을 넣어 보자. 그래야 우리 활동의 특색을 더 잘 드러낼 수 있을 것 같아.

학생 3: 그리고 한 가지 주제의 봉사 활동만 있는 것이 아쉬웠다며 환경 보호의 가치를 실현할 수 있는 다양한 주제의 봉사 활동을 운영해 달라고 제안한 참가자도 있었어.

학생 2: 그렇구나. 우리가 다음 봉사 활동을 기획할 때 그런 의견을 반영하겠다는 내용도 글에 추가하면 될 것 같아.

학생 1: 그럼 지금까지 이야기한 내용을 정리해서 나에게 보내 줘. 내가 그 내용을 바탕으로 초고를 작성할게.

학생 2, 3: 알았어.

(나)

우리 학교 학생회에서는 지난 10월 '환경 보호'라는 가치를 실천하기 위해 지역 하천 쓰레기 줍기 봉사 활동을 진행했다. 이번 활동의 가장 큰 특색은 그 출발점을 '가치 공감을 통한 참여'에 두고 펀딩 방식을 활용한 가치 참여 펀딩을 통해 진행했다는 점이다. 가치 펀딩이란 사회적 가치를 담은 제품을 개발하기 위해 자금을 모으는 크라우드 펀딩의 한 형태를 의미하는데, 학생회에서는 자금을 모으는 대신 학생회가 제시한 가치에 공감하는 학생들의 참여 의사를 모으는 것으로 가치 참여 펀딩을 정의하고, 활동을 기획하였다.

먼저 학생회에서는 '환경 보호'를 위한 구체적인 봉사 활동의 주제를 선정하였다. '지역 하천 쓰레기 줍기', '골목길 청소', '환경 캠페인' 중에서 회의를 통해 지역 하천 쓰레기 줍기를 주제로 결정했다. 그리고 가치 참여 펀딩의 의의와 봉사 활동 내용을 담은 홍보문을 작성하고, 많은 학생들이 손쉽게 참여 의사를 밝힐 수 있도록 하기 위해 학생회 SNS에 게시하여 참가자를 모집하였다. 그 결과 우리 지역 환경에 대한 문제의식을 공유하고 '환경 보호'라는 가치에 공감한 친구들이 50명 넘게 모여 다 함께 지역 하천 쓰레기 줍기에 참여하였다. 활동 이후에 가치 참여 펀딩을 함께 한 친구들이 모여 가치 공유회를 열어 소감을 나누었다.

활동 이후 진행된 가치 공유회에서는 같은 가치에 공감하는 사람들과 함께 활동하며 가치를 공유하는 경험을 할 수 있어서 의미가 있었다고 가치 참여 펀딩 자체에 대해 만족감을 표하는 반응이 많았다. 다만 '환경 보호'라는 가치 외에도 '사회적 평등'과 같은 다른 가치를 중심으로 기획된 활동도 있으면 좋겠다는 의견도 있었다. 학생회에서는 이러한 의견을 수렴하여 앞으로의 활동을 진행할 계획이다. 그리고 가치에 대해 공감하고 함께 참여하여 그 가치를 실현한다는 의의를 지닌 가치 참여 펀딩을 이어 나갈 것이다.

4. (가)에서 '학생 1'의 역할에 대한 설명으로 적절하지 <u>않은</u> 것은?
① 대화 이후 수행해야 할 일을 언급하고 있다.
② 다른 참여자들의 발언을 정리해서 제시하고 있다.
③ 대화의 목적을 밝히며 대화를 이끌어 나가고 있다.
④ 다른 참여자의 발언을 듣고 추가적인 설명을 요청하고 있다.
⑤ 다른 참여자의 발언이 주제에서 벗어난 것을 지적하고 있다.

5. [A]에 대한 설명으로 가장 적절한 것은?
① '학생 2'는 '학생 3'의 발화 내용을 수용하며 자신의 견해를 수정하고 있다.
② '학생 2'는 '학생 3'이 제시한 내용을 반박하며 자신이 제시했던 의견을 보완하고 있다.
③ '학생 3'은 자신의 의견을 여러 가지 제시하고 '학생 2'에게 선택을 요구하고 있다.
④ '학생 3'은 '학생 2'가 제안을 하게 된 이유를 질문한 뒤 그 제안의 한계를 지적하고 있다.
⑤ '학생 2'와 '학생 3'은 모두 상대의 발화를 재진술하며 자신이 이해한 내용이 정확한지 확인하고 있다.

6. (가)의 대화 내용이 (나)에 반영된 양상으로 적절하지 <u>않은</u> 것은?

[3점]

① (가)에서 '학생 2'가 홍보 수단 선택의 이유에 대해 언급한 내용이, (나)에서 학생회 SNS가 학생들이 참여 의사를 밝히기 용이하다는 내용으로 반영되었다.

② (가)에서 '학생 2'가 가치 참여 펀딩의 정의에 대해 언급한 내용이, (나)에서 가치 펀딩과 가치 참여 펀딩의 의미를 비교하여 제시하는 방식으로 반영되었다.

③ (가)에서 '학생 2'가 가치 참여 펀딩 자체에 대한 평가에 대해 언급한 내용이, (나)에서 같은 가치를 공유한 경험에 대해 만족감을 표하는 반응이 많았다는 내용으로 반영되었다.

④ (가)에서 '학생 3'이 주제 선정 과정에 대해 언급한 내용이, (나)에서 회의를 통해 '지역 하천 쓰레기 줍기'가 주제로 결정되었다는 내용으로 반영되었다.

⑤ (가)에서 '학생 3'이 참가자의 제안에 대해 언급한 내용이, (나)에서 '환경 보호' 외의 다른 가치를 중심으로 한 활동에 대한 요구가 있었음을 밝히는 내용으로 반영되었다.

7. <보기>에 제시된 학생들의 조언에 따라 (나)의 제목을 작성한 것으로 가장 적절한 것은?

─────〈 보 기 〉─────

학생 2: 제목에 학생회가 제시한 가치와 가치 참여 펀딩의 의의를 직접적으로 드러내자.

학생 3: 비유적인 표현을 사용하면 좋겠어.

① 환경 보호, 더 이상 미룰 수 없는 숙제
② 나의 작은 행동이 환경의 위기를 막는 대안
③ 내가 주운 쓰레기 하나, 환경을 위한 보물찾기
④ 함께 하는 참여로 우리 모두의 소중한 가치를 지킨다
⑤ 푸른 내일을 향한 한 걸음, 공감과 참여로 보호하는 환경

[8 ~ 10] 다음은 작문 상황과 이를 바탕으로 학생이 작성한 초고이다. 물음에 답하시오.

[작문 상황]

◦작문 목적: 우리 지역 선사 유적 박물관의 활성화 방안을 건의함.

◦예상 독자: 선사 유적 박물관 관계자

[초고]

안녕하세요. 박물관 운영을 위해 애써 주셔서 감사합니다. 저는 ○○시에 사는 고등학생 □□□입니다. 얼마 전 ○○시 선사 유적 박물관을 방문했는데, 역사적 가치가 큰 문화재가 많은데도 관람객이 적어서 아쉬웠습니다. 그래서 박물관 활성화 방안에 대해 건의하고자 합니다.

제가 생각하기에 관람객이 적은 원인은 첫째, 우리 지역에 선사 유적 박물관이 있다는 것이 많이 알려져 있지 않기 때문입니다. 우리 지역의 주민들조차도 가까이에 박물관이 있다는 것을 잘 모르고 있습니다. 둘째, 관람객의 흥미를 끌 만한 프로그램이 부족하기 때문입니다. 현재는 해설사와 함께하는 관람 프로그램만 운영되고 있을 뿐 다른 프로그램은 없는 실정입니다. 셋째, 박물관을 이용할 때 불편한 점이 많기 때문입니다. 박물관의 공간 구조가 복잡하고, 외부 유적 주변에는 편의 시설이 없습니다.

이에 따른 문제를 해결하기 위해, 먼저 효과적인 박물관 홍보 방안을 마련해 주십시오. SNS를 활용하거나 지역 사회 및 학교와 연계해 홍보한다면 박물관을 알리는 기회가 될 것입니다. 다음으로 다양한 박물관 프로그램을 마련해 주십시오. 디지털 콘텐츠를 활용한 체험 프로그램이나 연령별 맞춤 프로그램이 마련된다면 관람객을 유치하는 데 도움이 될 것입니다. 끝으로 박물관 시설을 개선해 주십시오. 관람객의 이동 경로를 고려하여 전시 공간을 체계적으로 배치하고, 휴게 시설이나 물품 보관소 등 편의 시설을 확충해 주십시오.

[A] ┌ ○○시 선사 유적 박물관은 옛 인류의 삶의 모습을 엿볼 수 있는 공간입니다. 그러므로 지역 기관의 다양한 제도적 뒷받침이 필요합니다. 박물관을 활성화하기 위한 방안을 다양하게 모색해 주시기 바랍니다. ┘

8. 학생의 초고에 활용된 글쓰기 전략으로 가장 적절한 것은?

① 건의 내용에 대해 예상되는 반론을 제시하고 있다.
② 건의 내용과 관련된 구체적인 수치를 제시하고 있다.
③ 건의의 배경을 자신의 경험과 관련지어 제시하고 있다.
④ 건의 주체가 문제 해결 과정에 기여할 수 있는 바를 제시하고 있다.
⑤ 건의 사항이 받아들여지지 않을 경우 발생할 수 있는 문제점을 제시하고 있다.

9. <보기>는 학생이 초고를 보완하기 위해 추가로 수집한 자료이다. 자료의 활용 방안으로 적절하지 <u>않은</u> 것은? [3점]

─〈 보 기 〉─

[자료 1] 통계 자료

㉮ ○○시 선사 유적 박물관 인지도

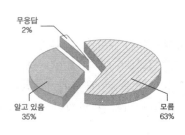

무응답 2%
알고 있음 35%
모름 63%

(조사 대상: ○○시 시민)

㉯ 박물관 이용과 관련해 개선되기를 바라는 점

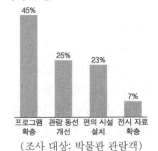

프로그램 확충 45%
관람 동선 개선 25%
편의 시설 설치 23%
전시 자료 확충 7%

(조사 대상: 박물관 관람객)

[자료 2] ○○시 시민 인터뷰

"얼마 전 △△시 박물관에 방문했는데, 모바일 애플리케이션을 통해 연령에 맞게 다양한 체험 프로그램을 선택해 참여할 수 있어서 좋았습니다. 전에 가 보았던 우리 지역 선사 유적 박물관은 아이들을 위한 프로그램이 없고, 전시 해설만 있어서 아쉬웠거든요. 우리 지역에도 다채로운 프로그램이 마련되었으면 좋겠어요."

[자료 3] 신문 기사

최근 ◇◇미술관의 관람객 수가 꾸준히 증가하고 있어 그간의 노력이 주목받고 있다. ◇◇미술관은 지역 내 고등학생을 대상으로 청소년 해설사 제도를 운영하고 지역 주민을 홍보 대사로 위촉하는 등 지역 사회와 연계된 홍보에 심혈을 기울여 왔다. 또한 실감 기술을 활용한 디지털 콘텐츠 프로그램을 통해 모든 연령대의 관람객이 참여할 수 있는 체험 프로그램을 운영하고 있으며, 효율적인 관람이 가능하도록 과학적 분석을 통해 관람 동선을 최적화하여 전시실을 재배치하는 등 디지털 기술을 적극 활용하고 있다.

① [자료 1-㉮]를 활용하여, 박물관이 잘 알려져 있지 않다는 것의 근거 자료로 제시해야겠군.

② [자료 3]을 활용하여, 청소년 해설사 제도와 지역 주민 홍보 대사를 지역 연계 홍보의 구체적인 방안으로 제시해야겠군.

③ [자료 1-㉯]와 [자료 2]를 활용하여, 프로그램 개선에 대한 요구와 프로그램에 대한 평가를 우리 지역 박물관이 관람객의 흥미를 유발할 프로그램이 부족하다는 내용의 근거로 제시해야겠군.

④ [자료 1-㉯]와 [자료 3]을 활용하여, 관람객의 이동 경로를 고려하여 전시 공간을 체계적으로 배치해야 한다는 내용을 구체화하는 자료로 제시해야겠군.

⑤ [자료 2]와 [자료 3]을 활용하여, 모바일 애플리케이션을 활용한 프로그램과 디지털 콘텐츠 프로그램을 연령별 맞춤 프로그램의 구체적인 예로 제시해야겠군.

10. <보기>는 [A]를 고쳐 쓴 것이다. 그 과정에서 반영된 교사의 조언으로 가장 적절한 것은?

─〈 보 기 〉─

○○시 선사 유적 박물관은 옛 인류의 삶의 모습을 엿볼 수 있는 공간입니다. 박물관을 활성화하기 위한 방안을 다양하게 모색해 주시기 바랍니다. 그러면 박물관은 지역의 명소이자 지역 주민의 자랑이 될 것입니다.

① 제도적 지원의 필요성은 삭제하고, 박물관이 활성화되었을 때의 기대 효과는 추가해 보자.

② 제도적 지원의 필요성은 삭제하고, 박물관 활성화를 위한 방안의 실현 가능성은 추가해 보자.

③ 선사 유적 박물관의 문화적 가치는 삭제하고, 박물관이 활성화되었을 때의 기대 효과는 추가해 보자.

④ 선사 유적 박물관의 문화적 가치는 삭제하고, 박물관 활성화를 위한 방안의 실현 가능성은 추가해 보자.

⑤ 선사 유적 박물관의 문화적 가치는 삭제하고, 박물관 활성화를 위한 지역 차원의 지원을 촉구하는 내용은 추가해 보자.

[11 ~ 12] 다음 글을 읽고 물음에 답하시오.

음절이란 발음할 수 있는 최소의 언어 단위로 초성, 중성, 종성으로 구성된다. 이 중 중성은 음절을 이루는 데 필수적인 요소이며 여기에는 모음이 온다. 반면 초성이나 종성은 음절 구성에 필수적이지 않으며 여기에는 자음이 온다. 이때 초성과 종성에 올 수 있는 자음에는 제약이 있다. 초성에는 'ㅇ'이 올 수 없으며, 초성과 종성에 올 수 있는 자음의 최대 개수는 각각 1개이다. 이에 따라 ㉠종성에 겹받침이 표기되더라도 자음이 하나 탈락하여 하나만 발음된다. 또한 종성에는 'ㄱ, ㄴ, ㄷ, ㄹ, ㅁ, ㅂ, ㅇ'의 7개의 자음만 올 수 있다. 만일 ㉡종성에 이 이외의 자음이 오면 7개 중 하나로 바뀌어 발음된다. 따라서 국어 음절의 유형은 '모음', '자음+모음', '모음+자음', '자음+모음+자음'으로 나눌 수 있다.

그런데 음절과 음절이 이어져 발음될 때 음절의 유형이 달라질 수 있다. 먼저, ⓐ음운 변동으로 인해 음절 유형이 달라지는 경우가 있다. 예를 들어 '맏[맏]'과 '형[형]'이 이어질 때, 앞 음절 종성과 뒤 음절 초성이 축약되어 '[마텽]'으로 발음되므로 앞 음절의 음절 유형이 달라진다. 또 '한[한]'과 '여름[여름]'이 이어질 때, 'ㄴ'이 첨가되어 '[한녀름]'으로 발음되므로 두 번째 음절의 음절 유형이 달라진다. 다음으로, 음운 변동이 아니라 ⓑ연음에 의해 음절 유형이 달라지는 경우가 있다. 가령 '밥[밥]'과 조사 '이[이]'가 이어질 때, 연음에 의해 '[바비]'로 발음되므로 각 음절의 음절 유형이 모두 달라지고, '흙[흑]'과 조사 '은[은]'이 이어지면 '[흘근]'으로 발음되므로 두 번째 음절의 음절 유형만 달라진다. 그런데 '홑옷[호돈]'은 '홑[혼]'과 '옷[온]'이라는 각 음절의 종성에서 음운 변동이 일어나지만 이로 인해서는 음절 유형이 달라지지 않고 연음에 의해서만 각 음절의 음절 유형이 달라진다.

[A]
　　한편 음절과 음절이 이어져 발음될 때 나타나는 음운 변동 중에는 인접한 두 자음의 공명도로 설명할 수 있는 것이 있다. 공명도란 발음할 때 공기가 울리는 정도를 의미하는데, 모음이 자음보다 공명도가 높다. 자음 중에서는 울림소리가 안울림소리보다 공명도가 높으며, 울림소리 중에서는 유음이 비음보다 공명도가 높다. 그런데 두 음절이 이어져 발음될 때, 앞 음절 종성의 공명도는 뒤 음절 초성의 공명도와 같거나 뒤 음절 초성의 공명도보다 높아야 한다. 그렇지 않은 경우에는 음운의 교체가 일어난다.

11. 윗글에 대한 이해로 적절하지 <u>않은</u> 것은? [3점]
① '흙화덕[흐콰덕]'은 ㉠이 적용되며, ⓐ에 해당한다.
② '낱알[나ː달]'은 ㉡이 적용되며, ⓑ에 해당한다.
③ '읊다[읍따]'는 ㉠과 ㉡이 모두 적용되며, ⓐ에 해당한다.
④ '솜이불[솜ː니불]'은 ㉠과 ㉡ 중 어떤 것도 적용되지 않으며, ⓐ에 해당한다.
⑤ '훑어[훌터]'는 ㉠과 ㉡ 중 어떤 것도 적용되지 않으며, ⓑ에 해당한다.

12. 다음은 [A]를 바탕으로 학생이 메모한 내용의 일부이다. ㉮와 ㉯에 해당하는 예로 적절한 것은?

　　자음의 공명도 차이에 따라 일어나는 음운 변동은 다음과 같이 분류할 수 있다. 앞 음절 종성의 공명도가 뒤 음절 초성의 공명도보다 낮을 때, ㉮<u>앞 음절 종성의 공명도를 높이는 교체</u>가 일어나거나, ㉯<u>뒤 음절 초성의 공명도를 낮추는 교체</u>가 일어난다.

	㉮	㉯
①	삭막[상막]	공론[공논]
②	능력[능녁]	업무[엄무]
③	담론[담논]	종로[종노]
④	신라[실라]	밥물[밤물]
⑤	국민[궁민]	난리[날ː리]

13. <보기>의 ㉠, ㉡에 해당하는 예끼리 묶은 것으로 적절한 것은?

< 보 기 >
선생님: 피동은 주어가 다른 주체에 의해 어떤 동작을 당하거나 영향을 받는 것이고, 사동은 주어가 다른 대상에게 어떤 동작을 하게 하는 것을 의미합니다. 피동 표현과 사동 표현은 접미사에 의해 실현되기도 하는데, 피동 접미사와 사동 접미사가 같은 형태인 경우 문장에서의 쓰임을 바탕으로 그 접미사가 피동 접미사인지 사동 접미사인지를 파악해야 합니다.
학생: 선생님, 그럼 ┌─ ㉠ ─┐는 피동 접미사가 쓰인 경우이고, ┌─ ㉡ ─┐는 사동 접미사가 쓰인 경우이겠군요.
선생님: 네, 맞습니다.

① ㉠: 욕심 많은 사람들은 제 배만 <u>불렸다</u>.
　 ㉡: 나는 아이들에게 돌아가며 노래를 <u>불렸다</u>.
② ㉠: 우리 직원들은 다른 부서에 약점을 <u>잡혔다</u>.
　 ㉡: 그는 마지못해 은행에 주택마저 담보로 <u>잡혔다</u>.
③ ㉠: 어머니는 집을 나서는 딸의 손에 책을 <u>들렸다</u>.
　 ㉡: 팔에 힘을 주니 무거운 가방이 번쩍 <u>들렸다</u>.
④ ㉠: 저녁을 준비하던 형은 나에게 찌개 맛부터 <u>보였다</u>.
　 ㉡: 그 일이 있고 난 뒤부터 그가 다시 예전처럼 <u>보였다</u>.
⑤ ㉠: 직원이 일을 잘못 처리해서 회사에 손해만 <u>안겼다</u>.
　 ㉡: 막냇동생은 자기가 들고 있던 짐마저 나에게 <u>안겼다</u>.

14. <보기>는 학습지의 일부이다. [학습 활동]을 수행한 결과로 적절하지 <u>않은</u> 것은?

< 보 기 >
　　형태소는 자립성 여부에 따라 자립 형태소와 의존 형태소로 구분되고, 실질적인 의미를 갖느냐 문법적인 의미를 갖느냐에 따라 실질 형태소와 형식 형태소로 구분된다. 이러한 기준에 따라 형태소는 ㉠<u>실질 형태소이자 자립 형태소인 것</u>, ㉡<u>실질 형태소이자 의존 형태소인 것</u>, ㉢<u>형식 형태소이자 의존 형태소인 것</u>으로 나눌 수 있다.

[학습 활동]
다음 문장의 형태소를 분석해 보자.

| 비로소 바라던 것을 이루자 형은 기쁨에 젖어 춤을 추었다. |

① '비로소'와 '것'은 ㉠에 속한다.
② '바라던'의 '바라-'와 '이루자'의 '이루-'는 ㉡에 속한다.
③ '기쁨'과 '춤'에는 ㉠에 속하는 형태소만 있다.
④ '형은'에는 ㉠, ㉢에 속하는 형태소만 있다.
⑤ '젖어'와 '추었다'에는 ㉡, ㉢에 속하는 형태소만 있다.

15. <보기>를 바탕으로 중세 국어의 특징을 탐구한 내용으로 적절하지 <u>않은</u> 것은?

―――――――――〈 보 기 〉―――――――――

王왕이 드르시고 즉자히 南남堀콣애 가샤 뎌 仙션人신을 **보샤** 禮롕數숭ᄒ시고 니르샤티 ᄯ를 두겨시다 듣고 婚혼姻인을 求꿀ᄒ노이다 仙션人신이 **술보티** 내 혼 ᄯ를 뒤쇼티 져머 **어리오** 아히 ᄢᆞ브터 深심山산애 이셔 **사ᄅᆞ미** 이리 셜우르고 플옷 **닙고** 나못 여름 먹ᄂᆞ니 王왕이 므슴 ᄒ려 져주시ᄂᆞ니잇고

[현대어 풀이]

왕이 들으시고 즉시 남굴에 가시어 저 선인을 보시어, 예수하시고 이르시되 "딸을 두고 계시다 듣고 혼인을 구합니다." 선인이 사뢰되 "내가 한 딸을 두고 있되, 어려서 어리석고, 아이 때부터 심산에 있어서 사람의 일이 서투르고, 풀을 입고 나무의 열매를 먹나니, 왕이 무엇을 하려고 따져 물으십니까?"

① '보샤'를 보니, 현대 국어와 달리 객체를 높이기 위해 선어말 어미 '–샤–'가 사용되었음을 알 수 있군.

② '술보티'를 보니, 현대 국어와 달리 'ㆍ', 'ㅸ'이 표기에 사용되었음을 알 수 있군.

③ '어리오'를 보니, '어리다'가 현대 국어와 다른 의미로 쓰였음을 알 수 있군.

④ '사ᄅᆞ미'를 보니, 현대 국어의 관형격 조사 '의'가 양성 모음 뒤에서 '익'의 형태로 쓰였음을 알 수 있군.

⑤ '닙고'를 보니, 현대 국어와 달리 단어의 첫머리에서 두음법칙이 적용되지 않았음을 알 수 있군.

[16 ~ 21] 다음 글을 읽고 물음에 답하시오.

(가)

고전적 기술철학은 개별적인 기술 하나하나에 관심을 두기보다는 포괄적인 기술 일반에 주목하면서 현대 기술에 대해 비판적으로 고찰하였다. 고전적 기술철학의 대표적인 철학자로 엘륄과 마르쿠제가 있다.

엘륄은 자율적 기술론의 관점에서 현대 기술의 특징에 주목하여 기술이 사회를 어떻게 지배하고 있는가를 보여 주었다. 자율적 기술론은 도구적 기술론과 대비된다. 도구적 기술론에서 기술은 가치 중립적인 것으로, 인간이 정한 목적을 ⓐ달성하기 위한 수단으로 취급된다. 이와 달리 엘륄은 기술이 인간의 통제를 벗어나 자율적인 것이 되어 버렸다고 주장한다. 기술은 오직 효율성이라는 기준에 의해서만 움직이므로, 기술의 발달은 인간의 선택이 아니라 기술 자체의 효율성을 바탕으로 자동적이며 불가역적으로 이루어진다는 것이다. 이는 자율적인 기술 앞에서 인간의 자율성이 존재하지 않게 되며 전통적 의미에서 주체와 객체의 관계였던 인간과 기술의 관계가 역전되었음을 의미한다. 또한 엘륄은 기술에 대한 인간의 근거 없는 신뢰가 일반화되고 인간이 기술의 지배에 대한 비판력을 상실하게 되어 사회가 인간 소외에 직면할 것임을 경고하였다. 엘륄은 이러한 상황에서 인간이 취할 수 있는 태도는 자율성을 상실했다는 사실을 겸허하게 인정하는 것뿐이라고 하였다.

마르쿠제는 일차원적 사회에 대한 비판을 중심으로 기술의 발달로 인해 발생한 인간과 사회의 위기 상황을 분석하였다. 일차원적 사회란 인간의 비판 능력을 ⓑ제거함으로써 자연스럽게 인간을 억압하여 존속되는 사회를 의미한다. 일차원적 사회에서 기술은 구성원을 효율적으로 통제하기 위한 지배 이데올로기가 된다. 즉, 기술이 산업과 권력의 제도적 주도권을 쥐고 있는 주체들에게 이익을 제공하면서 잘못된 현실을 정당화하는 방법이 되었다는 것이다. 마르쿠제에 따르면 산업 혁명 초기에 인간은 기술을 개발하여 고통스러운 노동에서 스스로 해방되었다. 그러나 기술이 고도화되고 산업 사회가 성장하면서 기술은 오히려 개인을 통제하는 방향으로 사용되었고, 그 결과 개별 주체는 내면의 자유를 박탈당했다. 기술의 창조자였던 인간이 비판적 사유를 하지 못하는 일차원적 인간으로 전락한 것이다. 따라서 그는 기술이 이미 사회를 지배하는 파괴적인 정치의 도구가 되었기 때문에 새로운 기술을 확립하기 위해서는 정치적 변화가 필요하다고 지적하였다.

(나)

기술 일반에 대해 추상적으로 고민할 것이 아니라 실제 기술에 대한 경험적 연구를 수행해야 한다고 믿은 철학자들은 자신들의 시도를 '경험으로의 전환'이라고 불렀다. 이들은 고전적 기술철학자들이 기술이 초래한 문제들에 집착한 채, 기술을 외부에서만 관찰이 가능한 커다란 ㉠'암흑 상자(black box)'로 취급해 왔다고 비판하였다. 그리고 개별 기술들의 내용과 발전 과정들을 구체적으로 분석하고 그 토대 위에서 철학적 사유가 진행되어야 한다고 보았다.

경험으로의 전환은 기술에 대한 서술적인 접근 방식과 규범적인 접근 방식으로 나누어 볼 수 있다. 우선, 서술적 접근 방식은 경험적 근거를 바탕으로 기술을 ⓒ세밀하게 관찰하여 기술이 가지는 특징들을 상세하게 분석하는 데 치중하는 것을 의미한다. 특히 돈 아이디는 일상에서 생생하게 감지되는 기술 그 자체, 곧 현상적 차원에서 기술의 역할에 주목하였다. 이를 통해 인간이 세계를 인식하는 틀에 미치는 기술의 영향을 분석하고 인간과 기술의 관계에 대해 탐구하였다.

그는 인간과 기술의 관계를 체현 관계, 해석 관계, 배경 관계로 설명한다. 먼저 체현 관계란 기술이 인간의 신체적 기능을 확장하는 역할을 하는 관계이다. 안경처럼 기술이 인간 몸의 일부와 같이 기능하는 것인데, 인간은 이러한 기술을 통해 세계를 경험하게 된다. 해석 관계는 기술이 해석을 필요로 하는 텍스트를 인간에게 제공하는 관계이다. 전자 현미경으로 미시 입자를 탐구하는 경우, 전자 현미경 속에 보이는 것은 세계에 관한 텍스트인 셈이며, 인간은 이를 해석하여 보이지 않는 세계에 대한 정보를 획득할 수 있다. 마지막으로 배경 관계는 기술이 인간의 삶이 영위되는 환경을 구성하는 것인데, 보일러와 같이 기술이 인간에게 마치 환경의 일부처럼 여겨지는 관계이다.

규범적 접근 방식은 기술이 야기한 문제에 대한 대안을 ⓓ모색하는 것을 의미한다. 규범적 접근 방식에서는 고전적 기술철학자들이 기술 사회의 문제와 상황의 심각성을 지적하면서도 구체적인 대안을 제시하지 않았다고 보았다. 핀버그는 사회구성주의자들의 이론을 토대로 기술의 민주화를 주장하였다. 사회구성주의자들에 따르면 기술의 발달은 효율성과 같은 일정한 법칙에 의해 이루어지는 것이 아니다. 그들은 특정 기술과 관련된 사회 집단의 상호 작용에 의해 여러 가지 변화 가능한 방향 중 하나가 무의식적이고 우연적으로 선택되어 기술의 발달이 이루어진 것이라고 보았다. 핀버그는 이러한 우연성이 기술의 변화에 인간

이 개입할 여지가 충분하다는 것을 보여 주는 것이며 인간이 기술의 발달 방향을 긍정적으로 바꿀 수 있다고 역설하였다.

사회구성주의들이 개별 기술의 발달 방식을 파악하는 데 ⓒ주력하여 기술의 발달 과정에 사회적 합의가 있다는 것을 발견하는 데 만족했다면, 핀버그는 기술코드를 민주적으로 바꾸어야 한다고 강조하며 기술 사회의 바람직한 발전 방향을 제안하였다. 여기서 기술코드란 기술이 정의되고 활용되는 방식으로, 디자인이나 그것이 수행하는 역할, 기술이 가지는 사회적 의미 등을 포괄하는 개념이다. 그는 기술에 대한 사회적 선택의 과정을 의식적 차원에서의 공론의 장으로 끌어내고, 보다 광범위한 집단이 선택권을 나누어 가지면서 기술 발달의 민주화를 위해 노력하는 것이 필요하다고 강조하였다.

16. (가)와 (나)에 대한 설명으로 가장 적절한 것은?

① (가)와 달리 (나)는 기술철학을 유형별로 분석하고 각각의 장단점을 평가하고 있다.

② (가)와 달리 (나)는 특정 기술철학에 대한 상반된 평가를 소개한 후 절충된 견해를 제시하고 있다.

③ (나)와 달리 (가)는 특정 기술철학자의 견해가 지닌 한계를 지적하고 있다.

④ (가)와 (나)는 모두 기술을 바라보는 기술철학자의 논쟁을 소개하며 그 결과를 분석하고 있다.

⑤ (가)와 (나)는 모두 기술철학이 주목하는 측면을 제시하고 대표적인 학자들의 견해를 소개하고 있다.

17. (가)에서 알 수 있는 내용으로 적절하지 <u>않은</u> 것은?

① 마르쿠제는 정치적 변화에 의해 기술의 변화가 가능하다고 보았다.

② 도구적 기술론에서는 인간의 의도와 목적이 기술의 사용 방향을 결정한다.

③ 엘륄의 입장에서는 자율적인 기술 앞에서 인간의 자율성은 존재하지 않는다.

④ 일차원적 사회에서는 개별 주체가 억압에서 벗어나 내면적 자유를 보장받는다.

⑤ 엘륄과 마르쿠제 모두 기술에 대한 인간의 비판적 사고가 상실되는 것을 우려하였다.

18. (나)를 읽은 학생이 <보기>에 대해 보인 반응으로 적절하지 <u>않은</u> 것은?

〈 보 기 〉

자전거가 처음 개발되었을 때, 사용자와 기술자들이 자전거의 용도를 각기 다르게 파악하여 다양한 디자인의 자전거가 만들어졌다. 앞바퀴가 큰 자전거는, 자전거를 스포츠용품으로 파악한 사람들이 선호했다. 앞뒤 바퀴의 크기가 같은 자전거는, 자전거를 장보기용이나 교통수단으로 본 사람들이 원했다. 그런데 시간이 지나면서 자전거를 장보기용이나 교통수단으로 더 선호하게 되었다. 결국 자전거의 디자인은 앞뒤 바퀴가 같은 크기로 고정되는 방식으로 발달하였다.

① 돈 아이디는 자전거가 사용자의 신체적 기능을 확장시키는 역할을 한다고 분석하겠군.

② 돈 아이디는 자전거 바퀴의 크기를 보이지 않는 세계를 해석할 수 있는 텍스트라고 보겠군.

③ 사회구성주의들은 앞뒤 바퀴의 크기가 같은 자전거로 디자인이 고정되어 가는 과정을 설명하는 데 초점을 두겠군.

④ 핀버그는 자전거 앞뒤 바퀴의 크기, 자전거의 용도를 기술코드로 보겠군.

⑤ 핀버그는 자전거의 디자인을 선택하는 과정이 사회적으로 공론화되어야 한다고 보겠군.

19. 윗글을 바탕으로 <보기>에 대해 이해한 내용으로 적절하지 <u>않은</u> 것은? [3점]

〈 보 기 〉

ㄱ. 기술을 만드는 것은 인간의 본성이다. 그러나 역설적이게도 인간 본성의 산물인 기술이 인간 의식 내부에까지 변화를 일으킨다.

ㄴ. 기술의 의의는 자연과 맞서는 자유이다. 즉, 인간의 일상생활을 용이하게 하고 인간을 빈곤, 위협 등에서 벗어나게 하는 것이 기술의 의의이다. 기술은 동물처럼 자연에 속박되어 있는 상태로부터 인간을 해방시킨다.

ㄷ. 현대 기술 사회는 기술 통제를 스스로 포기한 '기술 표류'의 상태이다. 그러므로 시민들의 정치적 참여로 기술 발전의 과정 자체를 규제할 필요가 있다. 기술은 만든 이의 의도와 무관하게 사회 구성원들의 삶을 특정한 방향으로 이끌어 가는 정치적 영향력을 갖기 때문이다.

① ㄱ과 돈 아이디 모두, 기술이 인간의 의식에 영향을 미칠 수 있음을 인정하고 있다.

② ㄴ과 마르쿠제 모두, 기술이 인간의 편의를 위해 활용될 수 있다고 본다.

③ ㄴ은 엘륄과 달리, 기술이 초래한 결과를 바탕으로 기술의 의미를 파악하고 있다.

④ ㄷ과 핀버그 모두, 기술이 야기한 문제를 해결해야 할 과제로 인식하고 있다.

⑤ ㄷ은 엘륄과 달리, 인간이 기술의 발전을 정치적으로 제어할 수 있다고 본다.

20. ㉠의 의미로 가장 적절한 것은?

① 기술에 대해 관찰하여 실제 기술에 대한 경험적 연구를 수행한다.

② 기술 간의 상호 작용은 무시한 채 개별 기술의 분석에만 치중한다.

③ 기술을 막연한 것으로 인식하지 않고 실체를 가진 것으로 인식한다.

④ 기술 자체에 대해서 모르는 채 기술로 인해 생기는 상황에만 집착한다.

⑤ 기술의 변화에 대한 두려움에 연연하여 기술에 대해 분석하기를 꺼린다.

21. 문맥상 ⓐ ~ ⓔ와 바꿔 쓰기에 적절하지 <u>않은</u> 것은?

① ⓐ: 이루기

② ⓑ: 없앰으로써

③ ⓒ: 빠르게

④ ⓓ: 찾는

⑤ ⓔ: 힘써

[22 ~ 25] 다음 글을 읽고 물음에 답하시오.

건축물을 짓고자 하는 사람은 건축 허가를 받을 수 있는지를 행정 기관에 사전에 확인할 것이다. 그리고 허가를 받을 수 있다는 공식적인 답변을 행정 기관으로부터 받으면 그 답변을 믿고 건축을 진행할 것이다. 이처럼 행정 기관의 어떤 조치가 실행될 것이라는 데 대한 국민의 믿음을 신뢰라고 하며 국민에게 신뢰를 주는, 행정 기관의 말이나 행위를 행정 기관의 선행조치라 한다. 그런데 행정 기관의 선행조치가 행해진 이후 선행조치에 법적 하자가 발견되면, 행정 기관은 선행조치에 반하는 다른 조치를 취하게 되고, 이 경우 국민의 권익이 침해당할 수 있다. 따라서 행정 기관의 선행조치에 법적 하자가 있더라도 일정한 요건을 충족한다면 행정에 대한 국민의 정당하고 합리적인 신뢰는 보호받아야 함을 행정법상의 원칙으로 삼고 있는데, 이를 신뢰보호원칙이라 한다. 행정 기관이 신뢰보호원칙에 위배되는 처분을 내릴 경우, 그 처분은 위법한 것이며 취소 또는 무효의 대상이 된다.

신뢰보호원칙이 적용되기 위한 첫 번째 요건은 행정 기관의 선행조치로서 공적 견해 표명이 있어야 한다는 것이다. 공적 견해 표명은 행정 기관이 행정권 행사에 대한 의사를 공적으로 드러내는 것을 의미한다. 공적 견해 표명은 '시설의 건축 허가', '사업 계획서에 대한 적정 통보' 등과 같이 구체적 사안에 관한 것이어야 하므로 단순히 법령 해석과 같은 추상적인 내용의 질의에 행정 기관이 원론적 차원에서 답변해 준 것은 이에 해당하지 않는다. 행정 기관이 명시적으로 의사를 드러내는 것뿐 아니라 행정적 권한을 행사하지 않음으로써 묵시적으로 의사를 드러내는 것도 의사를 표명하는 행위로 보아 공적 견해 표명이 될 수 있다. 가령 행정 기관이 어떤 위법한 상태에 대해 취소권, 영업 정지권 등의 행정적 권한을 행사할 기회가 있었음에도 이를 장기간 행사하지 않았을 경우, 국민은 행정 기관이 이러한 권한을 이후에도 계속 행사하지 않을 것이라는 신뢰를 갖게 될 것이다. 이 경우 행정 기관이 장기간 행정 권한을 행사하지 않는 것을 행정 기관의 의사 표명 행위로 볼 수 있다.

두 번째 요건은 행정 기관의 선행조치에 대한 신뢰가 보호할 가치가 있어야 한다는 것이다. 이는 행정 기관의 선행조치가 법적 하자를 갖게 된 것에 대해 국민에게 귀책 사유, 즉 책임을 물을 만한 사유가 없어야 함을 의미한다. 예를 들어 행정 기관이

특정 사업에 대해 허가가 가능하다는 견해를 표명했으나 그 허가 조치에 법적 하자가 발견되었을 때, 그 이유가 허가를 신청한 국민이 잘못된 정보를 제공했기 때문이라면 그 국민에게 귀책 사유가 있는 것이다.

세 번째 요건은 행정 기관의 선행조치에 대한 국민의 신뢰와 국민이 행한 행위 사이에 인과 관계가 있어야 하며, 행정 기관이 선행조치에 반하는 다른 조치를 취함으로써 국민의 권익이 침해당한 경우여야 한다는 것이다. 예를 들어, 영업을 허가할 수 있다는 행정 기관의 공적 견해 표명이 있었고, 이 선행조치를 신뢰한 개인이 물품을 구입하고 직원을 채용하는 등 영업 준비를 진행하였으나 이후 행정 기관이 영업을 허가하지 않아 개인이 손해를 입은 경우가 이에 해당한다. 이 요건에 따라 ㉠국민이 행정 기관의 선행조치가 있었음을 인식하지 못했거나, 선행조치와 관련된 사항이 사후에 변경될 수 있는 가능성을 행정 기관이 국민에게 미리 알린 경우에는 신뢰 보호를 주장할 수 없다.

신뢰보호원칙은 이상과 같은 요건이 모두 충족될 때 적용될 수 있다. 그런데 요건을 모두 충족하더라도 신뢰보호원칙이 적용되지 못할 수도 있다. 국민의 신뢰가 침해됨으로써 국민이 입게 되는 불이익을 공익 및 제삼자의 정당한 이익과 비교하여 공익 및 제삼자의 정당한 이익을 보호할 필요성이 더 크다고 판단되는 경우가 대표적이다. 또 신뢰보호원칙은 행정 기관이 공적인 견해를 표명할 당시의 사정이 그대로 유지됨을 전제로 적용되는 것이기 때문에, 행정 기관의 선행조치 이후 사실 관계나 법적 상황이 변경된 경우 적용되지 않을 수 있다.

신뢰보호원칙은 법적 하자가 있는 행정 기관의 선행조치도 적법한 것처럼 효력을 유지하게 한다는 점에서, 행정 작용이 법률에 적합해야 한다는 행정상 법치주의의 원리에 어긋나는 것처럼 보일 수 있다. 하지만 국민의 정당하고 합리적인 신뢰를 보호하는 것이 법치주의의 근본정신에 부합한다는 관점에서 보면, 결국은 신뢰보호원칙이 행정상 법치주의에도 어긋나지 않는 것이라고 할 수 있다.

22. 윗글을 읽고 답을 찾을 수 있는 질문에 해당하지 <u>않는</u> 것은?

① 신뢰보호원칙이 필요한 이유는 무엇인가?

② 신뢰보호원칙이 성립된 역사적 배경은 무엇인가?

③ 신뢰보호원칙이 적용되기 위한 요건은 무엇인가?

④ 신뢰보호원칙의 적용이 제한되는 경우는 어떤 경우인가?

⑤ 신뢰보호원칙이 행정상 법치주의 원리에 어긋나지 않는 이유는 무엇인가?

23. 공적 견해 표명에 관한 설명 중 적절하지 <u>않은</u> 것은?

① 행정권 행사에 대한 행정 기관의 의사를 공적으로 드러내는 것을 의미한다.

② 행정 기관의 명시적 의사 표명뿐 아니라 묵시적인 의사 표명도 해당될 수 있다.

③ 구체적 사안과 관계없이 법령의 해석에 대한 질의에 답변해 준 것도 포함될 수 있다.

④ 국민이 신뢰를 갖게 되는 대상으로서 행정 기관의 말이나 행위를 통해 드러날 수 있다.

⑤ 국민의 신뢰가 형성된 공적 견해이더라도 법적 상황이 변경된 후에는 신뢰의 대상이 되지 못할 수 있다.

24. ㉠의 이유로 가장 적절한 것은?

① 행정 기관이 선행조치와 다른 조치를 취한 경우이기 때문이다.

② 행정 기관의 선행조치가 법적 하자를 갖는 경우이기 때문이다.

③ 행정 기관의 선행조치가 사실 관계에 바탕을 둔 것이 아니기 때문이다.

④ 행정 기관의 선행조치가 국민의 잘못된 정보 제공으로 인해 행해진 것이기 때문이다.

⑤ 행정 기관의 선행조치에 대한 신뢰가 원인이 되어 국민의 행위가 이어진 것으로 볼 수 없기 때문이다.

25. 윗글을 참고할 때, <보기>에 대한 반응으로 적절하지 <u>않은</u> 것은? [3점]

〈 보 기 〉

(가) A는 도시 계획 구역 안에 있는 농지에 복지 시설을 건립하기 위해 토지 개발 행위 허가가 가능한지를 ○○시에 문의했다. A는 담당 공무원으로부터 관련 법규상 토지 개발 행위가 허용된다는 회신을 받고 건축 준비를 했으나 ○○시는 해당 농지를 보전해야 할 공익적 필요가 있다는 사유를 들어 A가 신청한 토지 개발 행위를 불허가하였다. 법원은 ○○시의 토지 개발 행위 불허가 처분이 신뢰보호원칙에 위배된다고 판결하였다.

(나) B는 특정 대기 유해 물질 배출 시설의 설치가 금지된 △△시에 공장을 설립했다. 설립 당시 B는 특정 대기 유해 물질은 배출되지 않고 먼지와 배기가스만 배출될 것이라는 계획서를 제출하고 △△시로부터 설립 승인을 받아 배출 시설 설치 신고를 마친 후 공장을 운영했다. 그러나 그 이후 특정 대기 유해 물질이 검출됨에 따라 △△시는 시설 폐쇄 명령을 하였다. 법원은 B가 허위이거나 부실한 계획서를 제출해 착오를 유발하였으므로 △△시의 시설 폐쇄 명령은 신뢰보호원칙에 위배되지 않는다고 판결하였다.

① (가)에서 A가 신청한 토지 개발 행위에 대한 행정 기관의 불허가 처분은 법원에 의해 위법하다고 판결받은 것이겠군.

② (가)에서 A는 토지 개발 행위가 허용될 것이라는 담당 공무원의 회신을 행정 기관의 선행조치로 신뢰했다고 볼 수 있겠군.

③ (가)에서 법원은 행정 기관이 농지를 보전함으로써 얻는 공익이 A의 권익을 침해하면서까지 보호해야 할 만큼 크지는 않다고 판단한 것이겠군.

④ (나)에서 행정 기관이 B의 공장 설립을 승인한 것은 위법 상태에 대해 행정적 권한을 행사하지 않음으로써 의사를 표명한 것이겠군.

⑤ (나)에서 법원은 공장 설립을 허가한 행정 기관의 선행조치가 법적 하자를 갖게 된 것에 대한 귀책 사유가 B에게 있다고 판단한 것이겠군.

[26 ~ 30] 다음 글을 읽고 물음에 답하시오.

로켓의 안정적인 비행을 위해 연소 불안정은 반드시 해결해야 하는 문제이다. 연소 불안정은 연소가 원활히 이루어지지 않는 현상으로, 로켓에서는 연소실의 압력 진동이 비정상적으로 증폭되는 연소 불안정이 나타날 수 있다. 액체 추진제 로켓의 연소 과정을 바탕으로 연소 불안정에 대해 알아보자.

액체 추진제 로켓은 산화제와 액체 연료를 추진제로 사용한다. 액체 추진제 로켓의 엔진은 일반적으로 산화제 탱크, 연료 탱크, 분사기, 연소실, 노즐 등으로 구성되어 있다. 로켓 엔진에 시동이 걸리면 산화제 탱크와 연료 탱크에 보관되어 있던 추진제가 이동하여 분사기에 의해 연소실 내부로 분사된다. 연소실 내에서 추진제가 연소될 때, 액체였던 추진제가 연소 가스가 되면서 연소실 내부의 압력이 높아지며, 열, 소리 등 다양한 형태의 에너지가 방출된다. 이러한 연소 과정은 추진제가 분사기에 의해 연속적으로 분사되면서 지속된다. 이때 연소실 내에는 소리의 진동, 열이 주기적으로 방출되며 생기는 열 방출 진동이 존재한다. 연소실 내의 압력 역시 주기적으로 변화하며 진동한다. 그리고 연소 가스는 노즐을 통과하여 로켓 바깥으로 배출되고, 그 반발력으로 로켓은 추진력을 얻을 수 있다.

그런데 연소 과정에서 연소실과 추진제 공급 시스템 간의 상호 작용이나, 연소실 내 열 방출 진동과 소리 진동 간의 상호 작용으로 인해 연소 불안정이 발생할 수 있다. 전자의 경우, 연소실 압력 진동으로 추진제 공급량에 급격한 변화가 생김으로써 연소실의 압력 진동이 증폭되는 것이다. 이때 연소실 압력 진동은 일반적으로 10 ~ 200Hz 사이의 주파수를 갖는다. 이러한 연소 불안정은 추진력의 크기를 변화시키고 로켓의 구조물에 손상을 줄 수 있다. 후자의 경우는 연소실 내 열 방출의 진동이 갖는 주파수와 소리의 진동이 갖는 주파수가 일치하여 연소실의 압력 진동이 비정상적으로 증폭되는 것으로 이를 열음향 연소 불안정이라 한다. 연소실 내부에서 연소 반응으로 발생하는 열 방출 진동과 소리의 진동은 각각의 주파수를 갖는다. 여기서 소리는 연소실의 고유 주파수로 진동하는데, 이는 소리의 주파수가 크기나 형상과 같은 연소실의 공간적 특성과 연소 가스의 온도 및 비열에 따라 결정된다는 의미이다. 각각의 주파수가 일치하면 압력 진동이 급격하게 증폭될 수 있다. 이때 연소실 압력 진동의 주파수는 일반적으로 1,000 ~ 2,000Hz 사이에 있으며 연소실의 고유 주파수와 유사한 값을 갖는다. 열음향 연소 불안정은 연소실 파손이나 폭발을 유발할 수 있다.

연소 불안정으로 인한 문제에 대비하기 위해 로켓 개발 과정에서는 실제 연소실과 유사한 조건으로 연소 시험을 수행하여 연소 불안정의 발생 여부나 발생 원인을 파악한다. 일반적으로 연소실 압력이 정상 압력을 기준으로 ±5% 범위 내에서 진동할 경우 연소가 안정하다고 판별하고, 그 범위에서 벗어나는 경우 연소 불안정이 ㉠일어난 것으로 판별한다. 연소 불안정이 일어난 것으로 판별되었을 경우, 압력 진동이 증폭되었을 때의 주파수인 주요 진동 주파수를 측정하고 이를 연소실의 고유 주파수와 비교하여 연소 불안정의 원인을 판단한다.

연소 불안정 발생 원인이 연소실과 추진제 공급 시스템 간의 상호 작용에 의한 것이라고 판단될 경우 공급 시스템의 압력 감쇄 장치를 설치하는 방법 등을 이용한다. 또한 열음향 연소 불안정이라고 판단되면 이를 제어하기 위해 연소실에 ⓐ배플이나 ⓑ음향공을 장착하는 방법 등을 사용한다. 배플과 음향공은 모두 연소실 내의 소리 진동을 변화시키는 기능을 한다. 배플은 연소실과 연결되는 분사기의 면을 여러 구획으로 나누는 장치로서, 연소실의 공간적 특성을 바꾼다. 이를 통해 기존의 연소실 고유 주파수를 변화시켜 열 방출 진동과 소리 진동 간의 상호 작용을 억제할 수 있다. 음향공은 특정 주파수의 소리 진동을 흡수하는 장치로 음향공을 연소실에 연결하면 연소실 내부의 소리가 음향공 안에서도 진동하게 되어 소리 에너지가 분산된다. 음향공은 연소실의 특정 주파수를 고려하여 설계하기 때문에 이로 인해 감쇄할 수 있는 주파수의 범위가 좁다.

26. 윗글을 이해한 내용으로 적절하지 <u>않은</u> 것은?

① 연소실 내부의 소리 진동은 연소 가스 온도의 영향을 받는다.
② 액체 추진제 로켓의 추진제로는 산화제와 액체 연료가 쓰인다.
③ 로켓이 안정적으로 비행하려면 연소가 원활하게 이뤄져야 한다.
④ 로켓의 구조물은 연소 불안정으로 인해 손상을 입는 경우도 있다.
⑤ 추진제 공급 시스템의 압력 감쇄 장치는 연소 불안정을 일으킨다.

27. 윗글을 참고하여 <보기>를 이해한 반응으로 적절하지 <u>않은</u> 것은?
[3점]

〈 보 기 〉

　다음은 서로 다른 연소실을 대상으로 한 가상의 연소 시험 결과이다. 최대 압력, 최소 압력, 주요 진동 주파수는 연소 반응이 일어날 때의 측정값이며, 연소실 A ~ C 모두 연소실 고유 주파수는 1,200Hz이다. (단, 표에 제시된 내용 이외의 요인은 고려하지 않는다.)

연소실	정상 압력 (psia*)	최대 압력 (psia)	최소 압력 (psia)	주요 진동 주파수 (Hz)
A	1,200	1,220	1,180	1,200
B	1,400	1,500	1,300	150
C	1,500	1,650	1,350	1,200

* psia: 압력의 단위.

① A는 B, C와 달리 연소실 내부 압력이 적정 범주 이내로 진동했군.
② B는 A와 달리 연소실 압력과 추진제 공급량 간의 상호 작용으로 문제가 발생했겠군.
③ B는 C와 달리 소리가 연소실의 고유 주파수로 진동했음을 추론할 수 있겠군.
④ C는 A와 달리 연소실 파손이나 폭발을 유발할 수 있겠군.
⑤ C는 B와 달리 소리가 지닌 주파수와 열 방출 주파수가 일치하는 현상이 나타났겠군.

28. ⓐ, ⓑ에 대한 설명으로 적절하지 <u>않은</u> 것은?

① ⓐ는 연소실 고유 주파수를 변화시킨다.
② ⓐ는 연소실 내부의 공간적 특성을 변화시킨다.
③ ⓑ는 감소시킬 수 있는 주파수의 범위가 좁다.
④ ⓑ는 소리 에너지를 연소실 내부로 집중시킨다.
⑤ ⓐ와 ⓑ는 모두 연소실 내의 소리 진동을 변화시킨다.

29. 액체 추진제 로켓의 연소 과정에 대해 이해한 내용으로 가장 적절한 것은?

① 분사기는 산화제와 액체 연료를 연소실 바깥으로 분사한다.
② 연소 가스가 노즐을 통해 배출되어 로켓은 추진력을 얻는다.
③ 연소가 진행되는 동안에는 추진제가 추가로 분사될 수 없다.
④ 연료 탱크에 보관되어 있던 추진제는 산화제 탱크로 이동한다.
⑤ 추진제가 연소 반응을 거치면 연소 가스가 발생해 연소실의 압력은 낮아진다.

30. ㉠의 문맥적 의미와 가장 유사한 것은?

① 봄이 되면 황사 현상이 자주 <u>일어난다</u>.
② 그는 아침 일찍 <u>일어나</u> 공원을 산책했다.
③ 기쁨으로 환호성이 <u>일어나자</u> 모두 그쪽을 쳐다보았다.
④ 모두 부지런히 일하여 가난하던 살림살이가 <u>일어났다</u>.
⑤ 청렴한 사회를 이루기 위한 부패 추방 운동이 <u>일어났다</u>.

[31 ~ 33] 다음 글을 읽고 물음에 답하시오.

(가)

갈밭 속을 간다.
젊은 시인과 함께
가노라면
나는 혼자였다.
누구나
갈밭 속에서는 일쑤
동행을 잃기 마련이었다.
성형(成兄)
성형(成兄)
㉠아무리 그를 불러도
나의 음성은
내면으로 되돌아오고,
이미 나는
갈대 안에 있었다.
바람이 부는 것도 아닌데
갈밭은
어석어석 흔들린다.
갈잎에는 갈잎의 바람
백발에는 백발의 바람.
젊은 시인은
저편 강기슭에서 나를 부른다.
㉡하지만 이미
나는 응답할 수 없다.
나의 음성은
내면으로 되돌아오고
어쩔 수 없이 나도
흔들리고 있었다.

— 박목월, 「하단에서」 —

(나)

참 늙어 보인다
하늘 길을 가면서도 무슨 생각 그리 많았던지
함부로 곧게 뻗어 올린 가지 하나 없다
㉢멈칫멈칫 구불구불
태양에 대한 치열한 사유에 온몸이 부르터
늘수그레하나 열매는 ㉣애초부터 단단하다
떫다
풋생각을 남에게 건네지 않으려는 마음 다짐
독하게, 꽃을, **땡감을, 떨구며**
지나는 바람에 허튼 말 내지 않고
아니다 싶은 가지는 톡 분질러 버린다
단호한 결단으로 가지를 다스려
영혼이 가벼운 ㉤새들마저 둥지를 틀지 못하고
앉아 깃을 쪼며 미련 떨치는 법을 배운다
보라
가을 머리에 인 밝은 열매들
늙은 몸뚱이로 어찌 그리 예쁜 **열매를 매다는지**
그뿐
눈바람 치면 다시 알몸으로
죽어 버린 듯 묵묵부답 **동안거에 드는**

— 함민복, 「감나무」 —

31. (가), (나)의 표현상 특징으로 가장 적절한 것은?

① (가)는 직유법을 사용하여 대상을 선명하게 나타내고 있다.
② (가)는 수미상관의 방식을 통해 구조적 안정감을 얻고 있다.
③ (나)는 감탄사를 활용하여 화자의 고조된 감정을 드러내고 있다.
④ (가)와 (나)는 모두 명령형 어조를 사용하여 시적 긴장감을 높이고 있다.
⑤ (가)와 (나)는 모두 동일한 종결 어미를 반복하여 리듬감을 형성하고 있다.

32. ㉠ ~ ㉤에 대한 이해로 적절하지 **않은** 것은?

① ㉠: 간절함에서 비롯된 화자의 행동을 부각한다.
② ㉡: 원하는 행동을 할 수 없는 화자의 처지를 부각한다.
③ ㉢: 곧게 뻗은 것 하나 없이 이리저리 구부러진 채 자란 가지의 모습을 부각한다.
④ ㉣: 겉모습과 다르게 감나무가 굳은 열매를 가지고 있다는 특성을 부각한다.
⑤ ㉤: 방황하는 존재에게 자신을 내어 주는 감나무의 특성을 부각한다.

33. <보기>를 바탕으로 (가), (나)를 감상한 내용으로 적절하지 **않은** 것은? [3점]

> ─────〈 보 기 〉─────
>
> 시에서 자연은 인간의 삶에 대한 화자의 인식을 드러내는 데 활용되기도 한다. (가)에서 화자는 자연물의 움직임을 통해 불안한 내면을 구체화하고, 소통이 단절된 상황에서 느끼는 고독감을 인간의 근원적 정서로 보편화하면서 수용하고 있다. (나)에서 화자는 순환적 질서를 따르는 존재로 형상화된 자연물을 통해 인간의 모습을 발견하고, 이상을 추구하면서 자신을 엄격히 다스리는 삶의 태도를 보여 주고 있다.

① (가)에서는 '나는 혼자였다'며 소통이 단절된 상황을 인식한 화자가 '누구나' '동행을 잃기 마련'이라고 한 것에서 자신의 상황을 보편화하여 인식하고 있음을 알 수 있군.
② (나)에서는 '가을'에 '열매를 매'단 후 '눈바람 치면 다시 알몸으로' '동안거에' 든다는 것에서 화자가 계절의 변화에 따른 자연의 순환적 속성을 인식하고 있음을 알 수 있군.
③ (나)에서는 '하늘 길을 가면서' '태양에 대한 치열한 사유에 온몸이 부르'텄다는 것에서 화자가 자연물의 모습을 통해 이상에 도달하려는 자세를 보여 주고 있음을 알 수 있군.
④ (가)에서는 '갈대 안'에 있으면서 '바람이 부는 것도 아닌데' '갈밭'이 '흔들린다'고 느끼는 것에서 화자가 자연물의 움직임을 통해 불안한 내면을 드러내고 있음을, (나)에서는 '무슨 생각'이 '많았던지' '참 늙어 보인다'고 한 것에서 화자가 자연물을 통해 인간의 모습을 떠올리고 있음을 알 수 있군.
⑤ (가)에서는 '음성'이 '내면으로 되돌아오고' '어쩔 수 없이' '흔들'린다는 것에서 화자가 고독감을 인간의 근원적 정서로 받아들이고 있음을, (나)에서는 '땡감을, 떨구'게 하는 시련을 겪지 않기 위해 '아니다 싶은 가지'를 '분질러 버린다'는 것에서 화자가 자연물을 통해 자신을 엄격히 다스리는 삶의 태도를 인식하고 있음을 알 수 있군.

[34 ~ 37] 다음 글을 읽고 물음에 답하시오.

　한편, **명훈**은 여전히 걸핏하면 국장에게 불리어 갔다. 젊은 국장은 그럴싸한 트집을 잡아내선 번번이 자기가 더 먼저 흥분했다. 명훈을 잘 모르는 동료들, 편집국 사람들은 ㉠횟수가 잦아짐에 따라 명훈에게 무슨 결함이 있기는 있는 게라고 여기게끔 되었다. 그러나 나는 국장이 그럼으로써 오히려 명훈에게 진짜 잘못이 없음을 그 스스로 반증해 보인다고 생각했다.

　명훈은 **자기 담당**의 모든 것에 대해 한결같이 열정을 쏟았다. 그럼에도 '고전 산책'에서와 같이 필자 쪽의 불가피한 사정으로 사고가 생기는 수가 더러 있었다. 그럴 때조차 그는 그 사고가 지면에 노출되지 않도록 **능력껏** 사전에 **미봉책**을 다 마련해 놓았다. 그 이상은 누구의 경우에도 능력 밖일 것이다.

　기다렸던 듯이 국장은 ㉡그런 때를 꼭 집어냈다. 그에겐 과정이야 어떻게 됐든 결과만이 중요했다. 추궁하는 입장에선 그보다 더 유리한 고지는 없을 것이다. 그는 스스로 완벽주의자로 자처했다. 명훈은 그의 앞에서 변명을 늘어놓거나, 잘못을 남의 탓으로 돌린 일이 한 번도 없는 듯했다. 국장은 **우리**가 그랬던 것처럼, 그도 수치심을 황급히 비굴한 웃음으로 바꾸어, **변명**하고 **남을 탓하게** 만들고 싶은지도 모른다.

　그는 테이블 너머 멀뚱히 서 있는 명훈의 너그러우면서도 견고한 침묵에 부딪칠 때마다 자신의 노여움이 무언지 떳떳치 못함을 느끼고, 그러한 자의식을 불러일으키는 그가 증오스러웠는지도 모른다.

　명훈은 우리가 적응함으로써 회피해 버린 그 무엇과 혼자서 맞서고 있었다. 우리의 몫까지.

[중략 부분 줄거리] 어느 날 명훈은 사표를 내고 휘파람을 불며 사라지고, 남은 사람들은 명훈의 빈자리를 느끼게 된다.

　나는 명훈의 자리로 건너갔다. 의자에 앉으려다 하마터면 쓰러질 뻔했다. 나사가 빠졌는지 앉자마자 의자가 기우뚱 쓰러졌다. 눈여겨보지 않아서였을까? 아니면 명훈이 일체 내색하지 않아서였을까? ㉢우리는 아무도 그의 의자가 고장 나 있는 사실을 몰랐다.

　그의 책꽂이는 잘 정돈되어 있었고, 서랍 안도 깨끗이 치워져 있었다. 우리가 미처 깨닫지 못했을 뿐, 그는 벌써 자기가 **다시는** 이 책상 앞으로 **되돌아오지** 않으리란 것을 나름대로 확실히 알려 놓았는지 모른다.

　하지만 나는 그가 지금도 어디선가 꺼칠한 얼굴에 눈이 붉게 충혈되면서 밤을 새우고 있을 것만 같이 생각되었다. 우리가 펑크 낸 원고를 대신 메워 주기 위해 혼자서 밤을 새웠듯이, 그는 이제 또 다른 장소에서 혼자 외롭게 고투하고 있을 것만 같았다. 인간에게 불을 훔쳐다 준 죄로 어딘가에서 독수리에게 심장을 파 먹히고 있다는 프로메테우스와 같이, 그는 사람들이 누구도 알아주지 않는 일을 놓고 혼자서 심장을 물어뜯기고 있는 게 아닐까?

　㉣그때 이경숙이 내 옆구리를 꾹 찔렀다. 라운지를 가리키는 듯 그녀는 눈을 찡긋했다. 나는 고개를 끄덕였다.

　그녀는 새의 부리처럼 뾰족한 북한산이 손에 잡힐 듯 다가와 있는 창가 자리에 앉아 있었다.

　"부장이 찾아갈 것 같더군."

　앉자마자 내가 대뜸 말했다.

　"그렇다고 질질 끌려올 사람예요? 어림도 없어요."

　그녀는 완강하게 고개를 젓기까지 했다. 거기엔 그러기를 바라

는 그녀의 뜻도 실리어 있는 듯했다. 나는 비죽이 웃었다. 나 역시 그런 바람이 없지 않았던 것이다.

　"집에 없을지도 모르지."

　"그래요, 벌써 어디론가 떠났을지도 몰라요."

　그녀와 나는 누가 먼저랄 것도 없이 높은 산봉우리 쪽으로 시선을 보냈다. 그렇게 해서 그를 뒤쫓으려는 세상의 손길이 닿지 않는 곳으로 그를 멀리 밀어내려는 듯이.

　발목에 반짝이는 띠를 채워 준 자신의 새가 가능하면 이 세상 구석구석까지 날아다니기를 바라는 조류학자처럼, 먼 하늘 끝을 바라보는 **나**는 사뭇 **가슴**이 설레었다.

　돛단배 같은 하얀 구름 한 조각이 북한산 위로 흘러가고 있었다. 나는 나의 새에게 펠리컨이란 이름을 붙여 주기로 했다.

　"왜 웃어요?"

　"좋아서."

　"뭐가요?"

　"방금 좋은 생각을 했거든. 나는 앞으로 그를 펠리컨이라 부를 거야. 펠리컨 새."

　"펠리컨호는 어때요? 폭풍 속을 항해하는 배. 삼각돛도 용골도 제 힘에 겨운 역사(力士) 모양 죽자고 파도를 향하여 달려드는……."

　"말은 어떨까? 달릴 때는 스스로 동맥을 깨물어 호흡을 돕는다는 한혈마."

　"아, 좋아요, 좋아요. 펠리컨! 펠리컨! 펠리컨! 좋은 시 같아요."

　이경숙은 짐짓 좋은 시를 외듯 몇 번이고 되풀이했다.

　"여기가 이렇게 좋은 덴 줄 미처 몰랐군."

　"그래요……."

　이경숙은 갑자기 숨을 죽이고 조용해졌다. 어쩌면 그녀는 명훈에 대한 그리움을 먹고 촉촉하게 살찌고 있는지도 몰랐다.

　명훈이 떠남으로써 문화부 속에 패었던 자국은 그다지 오래 가지 않았다. 그의 의자는 빈 채로 남겨져 있었으나, 그것은 비어 있기보다 손님이 올 때마다 이 사람 저 사람에게 내돌리어져, ㉤어느덧 주인 없는 의자가 되고 말았다. 그러나 머잖아 수습을 끝낸 누군가가 그 자리를 차지하게 될 것이다.

　가슴이 답답할 때마다 나는 동료들의 어깨 너머로 은밀하게 이경숙을 찾았다. 그리고 눈을 찡긋했다. 라운지에서 만난 우리는 한 잔의 커피를 앞에 두고 말없이 창밖을 내다보곤 했다.

　우리는 가만히 있어도 그 침묵 속에 그가 가득 괴어듦을 느낄 수 있었다. 어느 순간 그녀가 혼잣말처럼 중얼거렸다.

　"괜찮을까요? **비바람**이 심한데……."

　그러면 내가 대답했다.

　"염려 마, **펠리컨 새**는 자기가 자기 심장을 잘라 그 피로써 버티는 한이 있더라도 **끝내 그곳에 이를** 거야."

　　　　　　　　　　　　　　　　　　　　　　　　– 서영은, 「삼각돛」 –

34. 윗글의 서술상 특징으로 가장 적절한 것은?

① 방언의 활용을 통해 토속적 분위기를 드러내고 있다.

② 시대적 배경에 대한 서술을 통해 갈등의 원인을 제시하고 있다.

③ 서술자가 교체되면서 인물 간의 갈등을 효과적으로 드러내고 있다.

④ 이야기 내부의 서술자가 다른 인물에 대한 자신의 생각을 드러내고 있다.

⑤ 현재와 과거의 사건을 빈번하게 교차하여 사건 해결의 실마리를 제시하고 있다.

35. 서사의 흐름을 고려할 때 ㉠ ~ ㉤에 대한 설명으로 적절하지 <u>않은</u> 것은?

① ㉠: 편집국 사람들이 명훈에 대해 부정적으로 생각하게 된 원인이 드러나 있다.

② ㉡: 국장이 결과를 빌미로 명훈을 추궁하는 상황이 드러나 있다.

③ ㉢: 명훈의 의자가 고장난 것을 몰랐던 '우리'의 상황이 드러나 있다.

④ ㉣: 이경숙이 '나'의 행동을 자제시키려 하는 모습이 드러나 있다.

⑤ ㉤: 문화부 사람들이 명훈의 부재를 익숙하게 여기는 상황이 드러나 있다.

36. <u>라운지</u>에 대한 설명으로 가장 적절한 것은?

① 인물들이 명훈과의 재회를 확신하는 공간이다.

② 인물들이 명훈을 매개로 동질감을 느끼는 공간이다.

③ 인물들이 명훈이 숨기고 있던 비밀을 밝혀내는 공간이다.

④ 인물들이 명훈과 자신들의 권위를 비교하고 있는 공간이다.

⑤ 인물들이 명훈과 다른 자신들의 처지에 만족감을 느끼는 공간이다.

37. <보기>를 바탕으로 윗글을 감상한 내용으로 적절하지 <u>않은</u> 것은?
[3점]

< 보 기 >

억압적인 상황에 처한 인간은 현실과 타협함으로써 주체성이 결여된 모습을 보이기도 하지만, 상황에 굴하지 않는 결연한 태도를 보이며 인간으로서의 존엄을 지키는 모습을 보이기도 한다. 이 작품은 직장 내 부조리한 상황에 처한 인물들을 중심으로 현실을 극복하고자 하는 실천적 대응 방식과 인간적 실존 회복에 대한 욕망을 드러내고 있다.

① '명훈'이 '자기 담당'의 일에 '능력껏' '미봉책'을 마련해 두었던 것은 굴복을 강요하는 현실과 타협한 모습이겠군.

② '우리'가 국장 앞에서 '변명'하고 '남을 탓하'며 상황을 모면했다는 것에서 주체성을 상실한 인간의 모습을 엿볼 수 있군.

③ '나'가 떠나버린 명훈을 떠올리며 '가슴' '설레'하는 것에서 억압적인 상황에 처한 인물의 실존 회복에 대한 욕망을 엿볼 수 있군.

④ '명훈'이 '다시는' '되돌아오지' 않을 것처럼 자리를 정리하고 떠난 것은 부조리한 상황에 실천적으로 대응하는 인물의 모습이겠군.

⑤ '나'가 상상하는, '비바람' 속에서도 '끝내 그곳에 이를' '펠리컨 새'는 인간으로서의 존엄을 지키려는 결연한 의지를 상징하는 것이겠군.

[38 ~ 41] 다음 글을 읽고 물음에 답하시오.

(가)

연희각 잠깐 쉬어 순력 길 바삐 나서
해방(海方)도 둘러보며 ⓐ풍속도 살펴보니
불쌍하도다 우리 백성 무슨 일로 고달파서
의식(衣食)이 군색하니 흥미가 있을쏜가
발을 겨우 옮길 만한 박전(薄田)을 경작하니
자른 호미 작은 보습 신고(辛苦)히 매고 가꾸어
오뉴월 진력(盡力)하여 가을 추수를 바라더니
조물주 시기 심하고 천시(天時)도 그릇되어
악풍과 심한 폭우 해해마다 막심하니
밭이랑을 돌아보면 **병마(兵馬)**로 짓밟은 듯
곡식들을 둘러보면 쇠채찍으로 마구 내리친 듯
남은 이삭 주워 내니 **빈 꺼풀뿐**이로다
무엇으로 빚을 갚고 어디에서 꾸어 살아날꼬
㉠거리거리 모든 기민* 가마 잡고 이른 말이
서럽고 서러운 우리 목숨 나라에 달렸으니
유민도* 옮겨다가 임금 계신 데 아뢰고자
가죽옷 풀 전립이 이 무슨 의관이며
모밀밥 상실죽이 그 무슨 음식일꼬
해마다 국은(國恩) 입어 나포이전* 허비하니
㉡곡식 청함도 낯이 없고 생계도 아득하니
목자 일족 포작 구실* 이에서 더 서러우며
배를 부리며 무역하는 무리 그 아니 난감한가
창명이 한격하고 방금이 엄절하니*
살 곳에 못 가기는 흘간산(紇干山) 언 새 같도다
슬프다 너의 **간고(艱苦)** 내 **어이 모르리오**
힘대로 구제키는 관장(官長)에게 달려 있으나
견디어 지내기는 네 마음에 달렸으니
그럴수록 경계하고 두려워하여 일상의 심성 보전하여
천은(天恩)을 잊지 말고 **부자형제 상애(相愛)**하면
옥황이 굽어 보셔 복록을 주시나니
곤궁함을 한(恨)치 말고 네 **도리** 진심하면
그 중의 영화(榮華) 있어 **빈천을 벗어나니**
옛 시절 돌아보면 그 아니 알 일인가
(중략)

망경루 높은 난간 의지하여 멀리 보니
바다 빛 아득한데 장안(長安)이 멀리 있도다
옥루궁궐 아득히 먼 곳 **우리 임금 추우신가**
외로운 신하 숨은 근심 도처에 맺혀 있으니
㉢어느 때 순풍 만나 험한 바다를 쉬이 건너
이곳에 물정 민생을 세세히 아뢰고자
　　　　　　　　　　　 ─ 정언유, 「탐라별곡(耽羅別曲)」─

* 기민: 굶주린 백성.
* 유민도: 떠도는 백성들의 모습을 그린 그림.
* 나포이전: 제주도에 흉년이 들었을 때 전라도에서 구호미를 실어 오는 것.
* 목자 일족 포작 구실: 목장일 하는 가족 물질하는 해녀.
* 창명이 한격하고 방금이 엄절하니: 넓은 바다가 경계로 막히고 나라에서 금하는 일이 엄격하니.

(나)

내가 평안도 관찰사로 있을 때 일찍이 행부*가 강계부에 이르렀는데, 강계부의 기녀가 찬안*을 들어 올렸다. 찬안 가운데 이

른바 수판*을 세웠는데, 기교를 한껏 발휘하여 연꽃잎과 꽃 속에 어린아이의 형상을 안치하였는데, 그 광채가 자리를 비추었다. 부백(府伯)이 마침 옆에 있기에 내가 우연히 묻기를 "강계부는 궁색한 지역인데, 누가 이런 기교를 익혔습니까?" 하자, 부백이 말하기를 "청지기 중에 이것을 업으로 하는 자가 있는데 마침 그가 서울에서 왔으므로 그로 하여금 제작하게 했을 뿐입니다." 하였다. 찬안을 물릴 적에 내가 기녀에게 말하기를 "수놓은 연꽃은 일단 자리에 놓아두거라." 하였다. 나는 본래 이런 물건을 좋아하지 않는 성품이지만 대개 노력을 많이 들인 것이 상을 치우는 사이에 삽시간에 함부로 찢어지는 것이 안타깝기 때문이었다. 이로부터 압록강에 접한 주부(州府)를 모두 다섯 번 다녔는데, 찬안을 올릴 적에 비록 수판은 없을지라도 비단을 잘라 꽃을 만들었으며 그 붉은 꽃과 파란 잎이 차린 음식에 어리비치고야 말았으니, 나는 마음속으로 관서의 ⓑ풍속이 천박함을 비웃었다.

만부에 다다랐을 적에 의주 부윤이 이야기를 나누다가 말하기를 "본부에는 조화를 만드는 장인이 없어서 찬안의 꽃을 뜻에 맞출 수 없으니, 부끄럽습니다." 하기에, 내가 그의 말이 마땅하지 않음을 괴상하게 여겨 답하기를 "ⓔ찬안에 꽃이 없어도 괜찮은데, 어찌 그리 말씀이 정성스럽습니까." 하니, 부윤이 말하기를 "관찰사께서 강계부에 들어가셨을 적에 수놓은 연꽃 때문에 이러저러한 일이 있었다고 하더군요. 그래서 열읍의 아전 중에 관찰사의 동정을 탐문하는 자들이 모두 신속히 보고하기를 '관찰사께서 꽃을 매우 사랑하시니, 만약 꽃이 마음에 들지 않으면 일에 반드시 어려움이 있을 것이다.' 하였습니다. 이런 까닭에 ⓜ열읍이 모두 겁을 먹고 꽃으로 서로 이기려고 힘쓰고 있습니다. 본부는 바라지 않는 것이 아니라 하지 못하는 것이기에, 이 때문에 부끄러워하고 있을 뿐입니다." 하였다. 나는 이에 강계에서 있었던 한 가지 동정이 갑자기 사람들에게 간파되어, 가는 곳마다 폐단을 끼쳤는데도 그것이 나로부터 나와서 반대로 관서의 풍속이 천박하게 된 것임을 알지 못했음을 비로소 알았다. 드디어 이것을 의주 부윤에게 말하고 한 차례 웃고 헤어졌다.

오호라, 관찰사는 한 도의 백(伯)*에 지나지 않는데, 열읍이 반드시 그 기호를 엿보아 맞추려 하며, 그의 마음을 기쁘게 하는 것에 목숨이 달렸다고 여긴다. 이로부터 생각해 보면, 임금의 존귀함은 하늘과 같고, **억조 백성의 목숨**이 누구인들 **임금** 한 사람에게 달려 있지 않겠는가. 임금의 기호는 그 단서가 한 가지가 아니고 좌우에서 엿보는 자들은 그 수가 몇 천 명인지 모른다. 임금의 기호가 부정한 데서 나오는 일이 한 번만 있어도, 임금의 처소 가까이에서 모시는 자들이 아침저녁으로 엿보다가 은밀하게 간파하고 **말마다 아첨하며 일마다 좇아서 임금으로 하여금** 자신이 **좋아하는 것을 손에서 놓지 못하게** 한다. 그런 뒤에 어진 이를 미워하고 유능한 자를 질시하며 **나라를 좀먹고 백성을 해**치는 손을 남몰래 놀려서, **나라가 그에 따라 멸망**한 것이 먼 옛날부터 도도하게 이어졌으니, 두려워하지 않을 수 있겠는가.

— 채제공, 「안화설(案花說)」 —

* 행부: 관찰사가 관할 구역을 순시하는 행사.
* 찬안: 잘 차린 음식상.
* 수판: 수를 놓아 만든 꽃잎.
* 백: 한 지역의 통치를 관할하는 지방관을 가리키는 말.

38. (가)와 (나)의 공통점으로 가장 적절한 것은?

① 설의적 표현을 통해 의미를 강조하고 있다.
② 언어유희를 통해 분위기를 희화화하고 있다.
③ 연쇄적 표현을 통해 생동감을 드러내고 있다.
④ 불가능한 상황의 가정을 통해 주제 의식을 부각하고 있다.
⑤ 자연물에 감정을 이입하는 방식을 통해 정서를 표현하고 있다.

39. ㉠ ~ ㉤에 대한 이해로 적절하지 않은 것은?

① ㉠: 자신들이 처한 상황에 대해 호소하고자 하는 절박한 태도가 나타난다.
② ㉡: 도움을 요청하기도 어렵고 요청하지 않기도 어려운 곤혹스러운 상황이 나타난다.
③ ㉢: 외부 세계와 소통하기 위해 노력했던 과거의 행적이 나타난다.
④ ㉣: 상대가 하는 말의 내용에 대해 의아하게 여기는 마음이 나타난다.
⑤ ㉤: 같은 대상의 비위를 맞추기 위해 다투어 노력하고 있는 상황이 나타난다.

40. ⓐ와 ⓑ에 대한 이해로 가장 적절한 것은?

① ⓐ는 대상을 이해하는 계기가 된 것이고, ⓑ는 대상에 대한 오해가 반영된 것이다.
② ⓐ는 대상에 대한 기대에 부합하는 것이고, ⓑ는 대상에 대한 예찬의 근거가 되는 것이다.
③ ⓐ는 대상에 대한 관조적 자세가 드러난 것이고, ⓑ는 대상에 대한 성찰적 자세가 드러난 것이다.
④ ⓐ는 대상과의 갈등이 해결된 이유가 되는 것이고, ⓑ는 대상에 대한 내적 갈등이 유발된 원인이 되는 것이다.
⑤ ⓐ는 대상의 상태가 지속되기를 바라는 마음이 담겨 있는 것이고, ⓑ는 대상의 형편이 나아지기를 바라는 마음이 들어 있는 것이다.

41. <보기>를 바탕으로 (가), (나)를 감상한 내용으로 적절하지 <u>않은</u> 것은? [3점]

<보기>

조선 시대 관직에 오른 사대부들은 임금에게 충성하고 백성을 사랑해야 한다는 유교 윤리에 따라 백성을 교화하고 임금에게 간언해야 하는 책무가 있었다. (가)와 (나)에는 지방관으로서 관할 지역을 순시했던 작가의 모습이 드러나 있다. (가)에는 작가가 백성들의 삶을 인식하고 백성들에게 도덕적인 삶을 권면하는 태도가, (나)에는 작가가 개인적인 경험을 바탕으로 임금이 유념해야 할 교훈을 제시하고자 하는 의도가 드러나 있다.

① (가)에서 '남은 이삭'조차 '빈 꺼풀뿐'인 '병마로 짓밟은 듯'한 '밭이랑'을 '돌아보'는 것에서 백성들의 어려운 삶을 살피는 작가의 모습을 확인할 수 있군.

② (가)에서 '천은을 잊지' 않고 '부자형제 상애하'며 '도리'를 다하면 '빈천을 벗어'날 것이라고 하는 것에서 백성들이 유교 이념에 따른 삶을 살도록 권면하는 작가의 태도를 확인할 수 있군.

③ (나)에서 '말마다 아첨하며 일마다 좇'는 자들이 '나라를 좀먹고 백성을 해'쳐 '나라가 그에 따라 멸망'할 수도 있다고 하는 것에서 임금에게 교훈을 주고자 하는 작가의 의도를 확인할 수 있군.

④ (가)에서 '우리 임금'이 '추우신'지 염려하는 모습과 (나)에서 '임금으로 하여금' '좋아하는 것을 손에서 놓지 못하게' 해야 한다는 것에서 임금에 대한 작가의 충성심을 확인할 수 있군.

⑤ (가)에서 백성의 '간고'를 '어이 모르'겠느냐며 '슬프다'고 하는 것과 (나)에서 '억조 백성의 목숨'이 달린 '임금'의 역할을 강조하는 것에서 관직자로서 백성을 사랑해야 한다는 작가의 인식을 확인할 수 있군.

[42 ~ 45] 다음 글을 읽고 물음에 답하시오.

유씨 대로하여 꾸짖어 왈,

"네 나의 좋은 말을 듣지 아니하니 어찌 자식의 도리이며, 네 입으로 비록 강한 체하나 금야에 겁칙할 도리 있으리니, 네 그를 장차 어찌할쏘냐?"

이처럼 어르며 무수히 구박하고 돌아가거늘, 소저가 분함을 이기지 못하여 계교를 생각하더니, 이윽고 수악이 들어와 가만히 말하여 왈,

"금야에 유택이 여차여차하리니, 소저는 바삐 피신할 방략을 행하소서."

소저가 이 말을 듣고 혼비백산하여 아무리 할 줄 모르다가 문득 부친의 유서를 생각하고 급히 떼어 보니 하였으되,

'너의 계모 유씨는 본디 착하지 못한지라. 만일 너를 핍박하는 일이 있거든 남복을 개착하고 태화산 숭녕관을 찾아가면 자연 구할 사람이 있으리라.'

하였거늘, 소저가 간필에 즉시 시비 춘매를 불러 수말(首末)을 이르고 바삐 남복을 고쳐 입고 후원 문을 열고 달아나니라.

차야에 유택이 유씨의 말을 듣고 밤 들기를 기다려 가만히 소저의 침소를 담으로 넘어 돌입하니 사창에 등불이 희미하고 인적이 고요하거늘, 방문을 열고 들어가니 소저의 형영(形影)이 없는지라. 대경실색하여 무료히 돌아와 유씨에게 ⓐ이 사연을 전하니, 유씨 또한 놀라며 소저의 도망함을 통한히 여기더라.

차설, 화소저가 춘매를 데리고 길에 올라 태화산을 찾아갈 새, 여러 날 만에 한곳에 다다르니 산천은 수려하고 경개 절승하거늘, 노주가 길가에 앉아 쉬더니 문득 한 노파가 광우리 옆에 끼고 내려오거늘, 춘매가 나아가 예하고 문왈,

"우리는 태화산을 찾아가더니, 길을 알지 못하여 감히 묻나니, 바라건대 노랑(老娘)은 밝히 가르치소서."

노파가 황망히 답례하며 왈,

"이 산이 곧 태화산이어니와 양위공자(兩位公子)는 누구를 찾아 이에 이르시뇨?"

춘매 왈,

"우리는 태주 사람으로 숭녕관을 찾아가노라."

노파가 왈,

"연즉 벽하선자를 찾아가시는도다."

소저가 문왈,

"벽하선자는 어떤 사람이뇨?"

노파가 왈,

"저 숭녕관은 송나라 진종황제 시절에 지은 도관이요, 그 가운데 수십 명 여관(女冠)이 있어 선술(仙術)을 공부하더니, 십년 전에 벽하선자가 서천으로조차 수도하며 여관 등을 가르치매 학술이 고명(高明)하여 능히 단사(丹沙)를 화하여 황금을 만든다 하더이다."

소저가 이 말을 듣고 대희하여 즉시 노파를 작별하고 산상을 향하여 수리를 행하니, 상운채무(祥雲彩霧)가 잠긴 곳에 일좌 누각이 반공에 표묘(縹緲)하며*, 창송취죽이 울울한 곳에 청학백록이 무리 지어 왕래하며 종경소리 은은히 들리니 짐짓 삼산별계(三山別界)요, 신선동천(神仙洞天)이라.

나아가 도관 앞에 다다르니, 두어 여관이 화잠채의(花簪彩衣)로 나와 맞으며 왈,

"그대 등은 태주로서 오시느뇨?"

소저가 경문 왈,

"여관이 어찌 아느뇨?"

여관이 미소 왈,

"우리 선생이 말씀하시되, 오늘 미시에 태주 귀객 양인이 오리라 하시기로 아노라."

[중략 부분의 줄거리] 벽하선자에게 가르침을 받은 화소저와 춘매는 과거에 급제하고 엄답이 명나라를 침략하자 이를 막기 위해 출병한다.

선봉장 경태 대로하여 창을 두르며 말을 놓아 소낭자로 더불어 어우러져 싸워 십여 합에 칼소리 쟁연하며 경태의 머리 금광을 좇아 떨어지니, 명진 장졸이 상혼낙담하여 감히 싸울 자가 없는지라. 소낭자가 크게 외쳐 왈,

"명제는 빨리 항복하여 잔명을 보전하라."

하니, 상이 방성대곡하시고 좌우 제신이 서로 붙들고 통곡하니, 그 경색의 처량함을 차마 보지 못할러라.

각설, 화원수가 매사랑으로 더불어 군사를 거느려 대동부 성하에 이르러 보니, 적장은 소낭자가 아니요, 이에 첩목탑이라. 원수가 대로하여 말을 내몰아 첩목탑과 싸워 일합에 그 머리를 베니 여중이 사산분궤(四散奔潰)하거늘, 원수가 성에 들어가 쉬더니 익일 효두에 탐마(探馬)가 보하되, '거야에 적병이 선화부를 함몰하고 천자는 어디로 가신지 모른다' 하거늘, 원수가 대경하여 매총병더러 왈,

"내 그릇 소낭자의 계교에 속아 이곳에 왔는지라. 이제 내 단기*로 먼저 가 황상을 구하리니, 사제는 군사를 거느려 뒤를

쫓아오라."

하고, 급히 말을 달려 선화부를 향하여 오더니, 길에서 피란하는 백성을 만나 천자의 소식을 물으니 대답하되,

"작야 삼경에 적병이 선화부를 파하매, 천자가 서문을 나 백하로 가셨다."

하거늘, 원수가 ⓑ이 말을 듣고 천지 아득하여 빨리 행하여 백하에 다다르니, 과연 천자가 여러 겹에 싸여 십분 위태하신지라.

원수가 분노하여 소리를 크게 지르며 자전금을 둘러 적진을 짓쳐 들어가며 적장과 적졸을 썩은 풀 베듯 하니, 적진 장졸이 불우지변(不虞之變)을 만나 사면으로 흩어지는지라.

적장 첩목탑이 대로하여 창을 둘러 원수를 맞아 싸워 사오합에 원수의 칼이 빛나며 첩목탑의 머리 땅에 떨어지니, 소낭자와 엄답이 이를 보고 분기충천하여 일시에 내달아 원수와 더불어 싸우더니, 문득 함성이 대진하며 매총병의 군마가 이르러 엄살하니 소낭자와 엄답이 군을 거두어 돌아가거늘, 원수와 총병이 천자를 구하여 뫼시고 대동부로 향하여 갈 새 헤어졌던 장졸이 찾아 모이거늘, 성에 들어가 군마를 정돈하고 상이 원수더러 왈,

"경은 하늘이 명실을 위하여 내신 사람이로다."

하시고, 이에 그 벼슬을 문연각태학사 겸 천하병마대도독을 하이시고, 매총병으로 병부상서 겸 부도독을 하이시고 금백을 후히 상사하시니, 양인이 고사하되 상이 불윤하시다.

　　　　　　　　　　　　　　　　　－ 작자 미상, 「음양옥지환(陰陽玉指環)」 －

* 표묘하며: 어렴풋하며.
* 단기: 혼자서 말을 타고 감.

42. 윗글에 대한 설명으로 가장 적절한 것은?
① 서술자가 개입하여 주관적 감정을 드러내고 있다.
② 예화를 열거하는 방식으로 인물의 성격을 나타내고 있다.
③ 대화와 삽입된 노래를 통해 인물들의 심회를 나타내고 있다.
④ 인물의 외양을 과장되게 묘사하여 비극적 분위기를 드러내고 있다.
⑤ 우화적 기법을 활용하여 당대의 현실에 대한 비판을 드러내고 있다.

43. 윗글의 내용에 대한 이해로 적절하지 <u>않은</u> 것은?
① 화소저의 부친은 유씨가 본래 선한 사람이 아니라는 것을 알고 있었다.
② 화소저와 춘매는 태화산에서 노파를 만나게 된다.
③ 소낭자는 경태와의 싸움에서 이긴 후 명제의 항복을 요구한다.
④ 소낭자의 계교에 속아서 원수는 대동부 성하를 떠나게 된다.
⑤ 소낭자와 엄답은 매총병의 군마가 나타난 뒤 물러나게 된다.

44. ⓐ, ⓑ에 대한 이해로 가장 적절한 것은?
① ⓐ에는 청자를 위협에 빠뜨리는 내용이 포함되어 있다.
② ⓑ에는 청자를 염려하는 내용이 포함되어 있다.
③ ⓐ에는 ⓑ와 달리 청자가 원했던 결과가 포함되어 있다.
④ ⓑ에는 ⓐ와 달리 청자를 회유하려는 의도가 포함되어 있다.
⑤ ⓐ와 ⓑ에는 모두 청자가 알지 못했던 정보가 포함되어 있다.

45. <보기>를 참고하여 윗글을 감상한 내용으로 적절하지 <u>않은</u> 것은?
[3점]

〈 보 기 〉
영웅의 일대기 구조를 따르는 영웅 소설에서 주인공은 두 번의 위기를 겪는다. 첫 번째 위기는 개인적 차원의 위기로 이를 극복하는 과정에서 주인공은 초월적 능력을 지닌 조력자를 만나게 된다. 두 번째로는 국가적 차원의 위기로서 주인공은 비범한 능력을 발휘해 이를 극복하고 사회적 성취를 이루게 된다. 「음양옥지환」은 이러한 영웅 소설의 구조를 따르면서 영웅적 주인공으로 남장을 한 여성이 등장한다는 점에서 특징적이다.

① 유씨가 소저를 무수히 구박하여 소저가 집을 떠나게 된다는 것에서 주인공의 개인적 위기가 계모에 의한 가족 내 갈등 때문임을 확인할 수 있군.
② 소저가 유택을 피하기 위한 방책으로 남장을 생각해 낸 것에서 주인공이 자신의 위기를 극복하는 과정에서 지혜를 발휘하고 있음을 확인할 수 있군.
③ 부친의 유서에 따라 찾아간 벽하선자가 이미 소저가 올 것을 알고 있다는 것에서 주인공이 초월적 능력을 지닌 조력자를 만나게 됨을 확인할 수 있군.
④ 원수가 적장과 적졸을 순식간에 무찌르고 천자를 구한다는 것에서 주인공이 비범한 능력을 바탕으로 영웅적 면모를 발휘함을 확인할 수 있군.
⑤ 천자가 하늘이 명실을 위하여 낸 사람이라며 원수에게 벼슬을 하사한다는 것에서 국가적 위기를 극복한 주인공이 사회적 성취를 얻게 됨을 확인할 수 있군.

※ **확인 사항**

○ 답안지의 해당란에 필요한 내용을 정확히 기입(표기)했는지 확인하시오.

2022학년도 11월 고2 전국연합학력평가 문제지

국어 영역

1

제1교시

11회

● 문항수 45개 | 배점 100점 | 제한 시간 80분

● 점수 표시가 없는 문항은 모두 2점

[1~3] 다음은 학생의 발표이다. 물음에 답하시오.

안녕하세요. 오늘 발표를 맡은 ○○○입니다. 요즘 스마트 기기로 건강 관리를 하는 분들 많으신데요. 이러한 스마트 기기에 적용된 광용적맥파 측정 기술에 대해 들어 보셨나요? (청중의 반응을 살핀 후) 역시 처음 들어 보는 분들이 많으시네요. (동영상 제시) 앞서 보신 여러 사례에서처럼 우리가 잘 모르는 이 기술이 일상에서 흔하게 사용되고 있었다는 점이 흥미롭지 않으신가요? 그래서 오늘은 광용적맥파 측정 기술에 대해 알려 드리고자 발표를 준비했습니다.

광용적맥파 측정 기술은 PPG 센서를 이용해 심장 박동에 따른 맥박을 측정하는 기술입니다. (그림 1 제시) 보시는 바와 같이 PPG 센서는 빛을 내보내는 LED와 반사된 빛을 감지하는 광센서로 구성되어 있습니다. 여러분, 혹시 예전에 배웠던 빛의 특성에 대해 기억하고 계신가요? (청중 반응을 보며) 잘 기억 나지 않는 분들도 계시는 것 같네요. (그림 2 제시) 여기 보시는 것처럼 빛은 물질을 만나면 투과, 흡수, 산란, 반사 등을 하는 특성이 있습니다. LED에서 나온 녹색 빛이 혈류에 도달하면 일부는 흡수되고 일부는 반사되는데 이때 반사된 빛의 양을 광센서를 통해 측정하는 것이 광용적맥파 측정 기술입니다. 이때 (그래프 제시) 보시는 바와 같이 측정 부위의 혈류량이 많을 때는 빛의 흡수량이 늘어나 상대적으로 반사되는 빛이 적어집니다. 반대로 혈류량이 적을 때는 빛의 흡수량이 줄어들어 상대적으로 반사되는 빛이 많아집니다. 그렇다면 왜 하필 녹색 빛을 내보낼까요? 일반적으로 빛은 보색 관계에 있는 색의 빛을 가장 잘 흡수하는데 혈액 속의 헤모글로빈은 붉은색을 띱니다. (그림 3 제시) 따라서 여기 색상환에 보이는 것처럼 붉은색과 보색 관계에 있는 녹색 빛을 사용하는 것입니다.

오늘 제가 발표한 광용적맥파 측정 기술은 의료 분야 이외에 예술 분야에서도 활용되고 있으며 앞으로는 여러 분야에서 더 활발히 사용될 전망입니다. 발표를 준비하며 제가 찾은 추가 자료들을 저의 개인 누리집에 올려놓을 테니 관심이 있는 분들은 방문해 주시기 바랍니다. 광용적맥파 측정 기술에 대한 궁금증이 조금이나마 해소되었길 바라며 이상으로 발표를 마치겠습니다.

1. 발표자의 말하기 방식에 대한 설명으로 가장 적절한 것은?

① 화제를 선정한 이유를 밝히며 발표를 시작하고 있다.
② 인용한 자료의 출처를 밝히며 발표를 마무리하고 있다.
③ 발표 대상의 종류를 열거하며 문제점을 제시하고 있다.
④ 잘못된 통념을 지적하며 발표 내용의 의의를 제시하고 있다.
⑤ 화제와 관련된 구체적 수치를 언급하며 발표를 진행하고 있다.

2. 다음을 바탕으로 위 발표가 진행되었다고 할 때, 발표자가 사용한 발표 전략으로 적절하지 <u>않은</u> 것은?

청중 분석
㉠ 광용적맥파 측정 기술에 대해 모르는 학생이 많음.
㉡ 빛의 일반적인 특성에 대해 배운 내용을 기억하지 못하는 학생이 있음.
㉢ 스마트 기기에서 나오는 빛이 왜 녹색인지 궁금해할 것임.

제재 분석
㉣ PPG 센서는 기능에 따라 두 가지 요소로 구성됨.
㉤ 광용적맥파 측정 기술은 혈류량에 따른 빛의 반사량의 차이를 이용함.

① ㉠을 고려하여, 광용적맥파 측정 기술이 흔히 사용되는 일상의 사례들을 동영상으로 제시하여 청중의 흥미를 유발해야지.
② ㉡을 고려하여, 빛이 물질을 만났을 때 나타나는 현상을 그림 2로 제시하여 청중의 배경지식을 활성화해야지.
③ ㉢을 고려하여, 혈액 속 헤모글로빈의 붉은색이 녹색과 보색 관계임을 확인할 수 있는 색상환을 그림 3으로 제시하여 청중의 궁금증을 해소해야지.
④ ㉣을 고려하여, 빛을 내보내는 LED와 빛을 감지하는 광센서의 모습을 보여 주는 도식을 그림 1로 제시하여 제재의 특성을 분명하게 드러내야지.
⑤ ㉤을 고려하여, 빛의 반사량이 측정 부위의 혈류량에 비례함을 확인할 수 있는 측정 결과를 그래프로 제시하여 제재의 특성을 쉽게 설명해야지.

3. <보기>는 위 발표를 들은 학생들의 반응이다. 학생의 반응을 이해한 내용으로 적절하지 <u>않은</u> 것은?

─── <보 기> ───

학생 1: 평소에 스마트 기기를 통한 건강 정보 측정 원리에 대해 궁금했었는데, 발표를 들으면서 빛을 이용해 심장 박동에 따른 맥박을 측정하는 것임을 알 수 있어서 좋았어.
학생 2: 예전에 스마트 손목시계로 맥박을 측정했을 때 정확하지 않았던 적이 있었어. 그 이유를 설명해 주지 않아 아쉬웠는데, 발표자의 누리집에서 추가 자료를 확인해 봐야겠어.
학생 3: 광용적맥파 측정 기술이 예술 분야에서는 어떻게 활용되고 있는 것이지? 좀 더 자세히 설명해 줬으면 좋았을 것 같아.

① 학생 1은 발표를 통해 새롭게 알게 된 정보를 긍정적으로 받아들이고 있군.
② 학생 2는 발표 내용과 관련된 자신의 경험을 떠올리고 있군.
③ 학생 3은 발표 내용으로 알 수 없는 정보에 대한 궁금증을 드러내고 있군.
④ 학생 1과 학생 2는 모두 발표 내용을 통해 자신의 궁금증이 해소되었음을 밝히고 있군.
⑤ 학생 2와 학생 3은 모두 발표 내용 중 자신의 기대에 충족되지 않은 부분을 언급하며 아쉬움을 드러내고 있군.

국어 영역

[4~7] (가)는 자원봉사 동아리 학생들의 토의이고, (나)는 토의에 참여한 학생이 작성한 제안서의 초고이다. 물음에 답하시오.

(가)

학생 1: 지난 시간에 어르신들을 위해 '자서전 쓰기' 봉사 활동을 하기로 하면서 관련된 자료를 조사해 오자고 했는데 자료는 다들 준비해 왔지? 지금부터 준비해 온 자료를 공유하고 구체적인 활동 계획을 세워 보자.

학생 2: 나는 신문 기사를 찾아봤어. 우리 동네 인근 지역에서 학생들이 어르신들의 삶을 자서전으로 써 드리는 활동을 한 사례가 있더라. 이 활동에 참여한 어르신께서 자신의 인생이 담긴 책을 갖게 되었다는 사실도 뜻깊었지만, 책을 만드는 과정에서 학생들과 함께 한 시간도 소중했다고 말씀하신 것이 인상 깊었어.

학생 3: 그렇구나. 어르신께서 자서전을 갖게 되는 것만큼 [A] 이나 학생들과 함께 한 시간을 소중하게 생각하신다니 우리도 열심히 해 보자. 나는 우리 지역 어르신들이 주로 이용하시는 시설들에 대해 알아봤는데, 복지관 이용률이 가장 높았어. 우리도 거기에서 봉사 활동을 하면 어때?

학생 2: 그래, 좋은 생각이야.

학생 1: 그러면 장소는 우리 지역 복지관으로 결정하고 지금부터는 어떻게 활동을 진행하면 좋을지 구체적으로 계획을 세워 보자.

학생 2: 먼저 함께 활동할 어르신들을 모집해야 하잖아. 홍보 포스터를 복지관 알림판에 게시하자. 그리고 복지관에서 일주일 정도 활동 안내문을 배부하면서 참가 신청을 받으면 어떨까?

학생 3: 아주 좋은 생각이야. 우선, 참가를 희망하시는 어르신을 세 번 정도 뵙고 살아오신 이야기를 들으면서 녹음하자. 그 내용을 글로 옮겨서 자서전을 만드는 것은 어때? [B]

학생 2: 그런데 자서전 분량이나 녹음 과정을 생각하면 다섯 번 정도는 뵙는 게 좋겠어. 그리고 자서전이 완성되면 어르신의 가족분들도 모시고 다 함께 출판 기념회를 진행하면 더 의미가 있을 것 같아.

학생 1: 좋은 의견들 고마워. 그러면 홍보 포스터를 보고 참여 의사를 밝히신 어르신을 대상으로 자서전을 만들어 드리고 출판 기념회를 하자는 거지? 그런데 이 활동은 복지관의 도움이 필요하니 도움을 요청하는 제안서를 작성해야 할 것 같아. 제안서에 어떤 내용을 담으면 좋을지 이야기해 보자.

학생 3: 제안서에는 지금까지 우리가 의논한 활동 계획을 담고 봉사 활동의 의미를 덧붙이는 것이 좋을 것 같아.

학생 2: 봉사 활동의 의미는 신문 기사에서 봤던 것처럼 우리 세대와 어르신 세대가 소통하고 공감할 수 있는 기회가 될 수 있다는 점에 대해 강조하는 내용이었으면 좋겠어.

학생 1: 그럼, 제안서 작성을 위해 역할을 나눠 보자. 제안서 초고는 내가 작성할게. 너희들은 제안서에 추가할 만한 내용을 더 찾아 주면 좋겠어. 다음 시간에는 초고를 함께 살펴보고 수정해서 제안서를 완성해 보는 것으로 하고 오늘은 이만 마칠게.

학생 2, 3: 그래, 좋아.

(나)

안녕하세요? 저희는 ○○고등학교 자원봉사 동아리입니다. 저희 동아리에서는 봉사 활동으로 우리 지역의 어르신들에게 자서전을 써 드리는 활동을 계획하고 있습니다. 그러나 저희의 힘만으로는 부족한 점이 많아 이렇게 복지관에 도움을 요청하게 되었습니다.

오늘날 지역 사회에서는 다양한 문제가 나타나고 있습니다. 특히 세대 간 문화 단절 현상은 우리 지역에서도 우려하는 문제 중 하나입니다. 올해 우리 학교에서 실시한 설문 조사에서도 세대 간 문화 교류 기회가 부족하여 세대 간 갈등이 걱정된다는 의견이 많았습니다. ⓐ세대 간의 갈등 외에도 우리 학교에서는 선후배 간의 갈등도 문제가 되고 있습니다. 그래서 저희는 이러한 문제를 해결하기 위한 작은 실천으로 어르신들의 삶을 자서전으로 써 드리는 봉사 활동을 계획했습니다.

먼저, 홍보 포스터를 만들어 복지관 알림판에 게시하고, 복지관에서 일주일 정도 활동 안내문을 배부하면서 참가 신청을 받으려고 합니다. 이후에 어르신을 5회 정도 뵙고, 어르신이 들려주시는 이야기를 녹음한 뒤 글로 옮겨 자서전을 완성할 계획입니다. 그리고 자서전이 ⓑ완성되어지면 출판 기념회도 진행하려고 합니다. 이런 활동들을 원활하게 진행하기 위해서는 저희가 복지관에서 어르신들을 만나 홍보 활동이나 녹음을 할 수 있는 장소의 지원이 필요합니다. ⓒ그러나 자서전 출판 기념회 개최를 위한 지원도 요청드립니다.

위와 같이 복지관에서 봉사 활동을 도와주신다면, 어르신들은 인생을 담은 자서전뿐 아니라 학생들과 소통하고 공감하는 소중한 시간도 얻을 수 있으실 것입니다. 또한 저희가 찾은 연구 자료에 따르면 자서전 쓰기를 통해 어르신들이 인생을 ⓓ돌이켜 회고하며 과거의 감정을 정화하는 것이 자존감 회복에 도움이 된다고 합니다. 이런 점에서 이번 봉사 활동의 의미는 더욱 크다고 할 수 있습니다.

바쁘신 중에도 끝까지 읽어 주셔서 감사합니다. ⓔ지역 주민에게 긍정적인 영향과 복지관의 발전을 추구할 수 있도록 복지관에서 저희의 요청을 들어주시기를 다시 한번 부탁드립니다.

4. (가)의 '학생 1'의 역할에 대한 이해로 적절하지 <u>않은</u> 것은?

① 지난 활동을 언급하며 토의 참여자들의 준비 상황을 확인하고 있다.
② 토의 참여자들에게 논의할 내용을 안내하며 토의를 시작하고 있다.
③ 토의 참여자의 의견을 들은 후 보충 설명을 요청하고 있다.
④ 토의 내용을 확인하며 추가로 논의해야 할 사항을 제시하고 있다.
⑤ 토의 참여자들의 역할을 제안하며 토의를 마무리하고 있다.

5. [A]와 [B]에 대한 설명으로 가장 적절한 것은?

① [A]의 '학생 3'과 달리 [B]의 '학생 2'는 상대의 말을 재진술하면서 상대의 의견에 동의하고 있다.

② [A]의 '학생 3'과 달리 [B]의 '학생 2'는 상대가 제안한 내용에 대해 근거를 들어 수정 의견을 제시하고 있다.

③ [B]의 '학생 2'와 달리 [A]의 '학생 3'은 상대가 제시한 내용을 반박하며 자신이 제시했던 의견을 보완하고 있다.

④ [A]와 [B]의 '학생 2'는 모두 구체적인 사례를 들어 자신의 제안이 실현 가능함을 드러내고 있다.

⑤ [A]와 [B]의 '학생 3'은 모두 권위자의 말을 인용하여 자신의 의견을 뒷받침하고 있다.

6. 다음은 (가)를 반영하여 (나)를 작성하기 위한 작문 계획이다. (나)에 반영된 내용으로 적절하지 <u>않은</u> 것은? [3점]

1문단
◦복지관에 글을 쓰게 된 이유를 제시해야겠어.
2문단
◦토의에서 언급되지 않았던 사회적 문제를 바탕으로 봉사 활동을 계획한 취지를 제시해야겠어. ························ ①
3문단
◦토의에서 언급한 봉사 활동 계획을, 진행 순서에 따라 제시해야겠어. ································· ②
◦토의에서 언급한 요청 사항을 열거하며 이를 수용할 경우 복지관의 운영에도 도움이 될 것임을 제시해야겠어. ···· ③
4문단
◦토의에서 언급한 봉사 활동의 의미를 활용하여 요청 사항이 수용되었을 때 기대되는 효과를 제시해야겠어. ··········· ④
◦토의에서 언급되지 않았던 연구 결과를 바탕으로 봉사 활동의 긍정적 의미를 제시해야겠어. ························ ⑤
5문단
◦요청을 들어주기를 부탁하며 마무리해야겠어.

7. ㉠~㉤을 고쳐 쓰기 위한 의견으로 적절하지 <u>않은</u> 것은?

① ㉠: 글의 흐름에 어긋나는 문장이므로 삭제해야겠어.

② ㉡: 피동 표현이 불필요하게 중복되었으므로 '완성되면'으로 고쳐야겠어.

③ ㉢: 문장의 연결이 어색하므로 '그러므로'로 고쳐야겠어.

④ ㉣: 의미상 중복된 표현이므로 '돌이켜'를 삭제해야겠어.

⑤ ㉤: 문장의 호응 관계가 부적절하므로 '지역 주민에게 긍정적인 영향을 미치고 복지관의 발전을 추구할'로 고쳐야겠어.

[8~10] 다음은 작문 상황과 이를 바탕으로 작성한 학생의 초고이다. 물음에 답하시오.

[작문 상황]
◦글의 목적: 칼슘 부족으로 인해 발생하는 청소년 건강 문제에 대한 관심 촉구
◦글의 주제: 청소년 칼슘 부족 문제와 이에 대한 해결 방안
◦예상 독자: 우리 학교 학생들

[학생의 초고]
최근 우리나라 청소년들의 칼슘 부족 문제가 심각한 것으로 나타났다. 칼슘은 청소년기 뼈 건강의 토대를 다지는 데 중요한 영양소로 칼슘 섭취가 부족하면 뼈 성장이 저해되거나 골절의 위험성이 높아지는 등의 문제가 나타날 수 있다. 또한 칼슘은 체내 신경을 활성화하고 신경 전달 물질 분비를 촉진하기 때문에 칼슘 부족 상태가 지속되면 집중력이나 기억력이 저하될 수 있으며 감정 조절의 어려움을 겪을 수도 있다.

청소년들의 칼슘 부족의 원인으로는 먼저 칼슘 섭취의 중요성 및 칼슘 결핍의 문제점에 대한 인식 부족이 있다. 청소년들은 칼슘이 중요한 영양소임을 모르거나, 칼슘 부족에 따른 증상이 나타나더라도 그 원인이 칼슘이라는 것을 알지 못하는 경우가 많다. 다음으로는 칼슘 부족을 야기하는 청소년들의 잘못된 식습관을 원인으로 들 수 있다. 청소년들은 칼슘의 중요성을 알고 있어도 칼슘이 들어 있는 음식을 먹지 않는 경우가 많은 데다가 칼슘의 흡수를 방해하는 음식을 선호하는 식습관도 가지고 있다. 마지막으로는 청소년들이 스스로 칼슘 섭취가 충분한지 확인하고 손쉽게 관리할 수 있도록 돕는 체계적인 방법이 없다는 것을 들 수 있다.

청소년들의 칼슘 부족 문제를 해결하기 위해서 학교에서는 학생들이 칼슘 섭취의 중요성과 칼슘 결핍의 문제점을 인식할 수 있도록 ㉠캠페인 활동을 해야 한다. 또한 가정과 학교에서는 칼슘이 풍부하게 들어 있는 음식을 섭취하고 칼슘의 흡수를 방해하는 식품을 섭취하지 않도록 하는 식습관 개선 교육을 해야 한다. 마지막으로 사회적 차원에서는 청소년들이 칼슘 섭취량이 충분한지 손쉽게 확인하고 스스로 영양 관리를 할 수 있도록 돕는 시스템을 마련해야 한다.

8. 학생의 초고에 활용된 글쓰기 전략으로 가장 적절한 것은?

① 작문 주제를 고려하여 문제 해결 방안을 다양한 측면에서 제시한다.

② 작문 주제를 고려하여 문제의 심각성을 자문자답의 방식을 통해 제시한다.

③ 작문 목적을 고려하여 관심을 촉구하기 위해 전문가의 말을 인용하여 제시한다.

④ 작문 목적을 고려하여 문제 상황을 알기 쉽게 보여 주기 위해 통계 자료를 제시한다.

⑤ 예상 독자를 고려하여 독자 입장에서 보일 수 있는 부정적 반응과 이에 대한 반론을 미리 제시한다.

9. 다음은 학생이 초고를 보완하기 위해 추가로 수집한 자료이다. 자료의 활용 방안으로 적절하지 <u>않은</u> 것은? [3점]

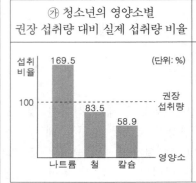

[자료 1] 통계 자료

㉮ 청소년의 영양소별 권장 섭취량 대비 실제 섭취량 비율	㉯ 학교 학생 대상 설문 조사 결과		
	칼슘 결핍의 문제점에 대한 인식		
	항목	안다	모른다
	뼈 성장 저해	71%	29%
	기억력 및 집중력 저하	34%	66%
	감정 조절 어려움	10%	90%

[자료 2] 신문 기사

　카페인을 과다하게 섭취하는 청소년들이 크게 증가한 것으로 나타났다. 최근 발표된 자료에 따르면 고카페인 음료를 주 3회 이상 섭취하는 청소년의 비율은 최근 3년간 4배 이상 증가했다. 우리나라 청소년들은 나트륨 섭취량이 지나치게 높은 편인데, 카페인 섭취량까지 크게 증가한다면 칼슘 부족이 심해져 성장에 악영향을 받을 수 있다는 우려의 목소리가 나온다. 이는 카페인은 칼슘 흡수를 방해하고 나트륨은 칼슘 배출을 촉진하기 때문이다.

[자료 3] 전문가 인터뷰

　현재 우리나라 청소년들은 칼슘과 같은 필수적인 영양소의 부족 현상을 겪고 있습니다. 이는 청소년들이 제대로 된 영양 정보를 제공받지 못하기 때문입니다. 이를 해결하기 위해서는 청소년들에게 올바른 영양 정보를 제공하고, 청소년들이 스스로 영양 관리를 할 수 있도록 돕는 애플리케이션 등을 활용하는 종합 관리 시스템이 필요합니다.

① [자료 1-㉮]를 활용하여 청소년들의 칼슘 섭취량 부족 문제가 심각하다는 것을 뒷받침하는 근거로 사용해야겠군.

② [자료 2]를 활용하여 청소년의 고카페인 음료의 과다 섭취를, 칼슘의 흡수를 방해하는 음식을 선호하는 식습관의 사례로 제시해야겠군.

③ [자료 3]을 활용하여 청소년들이 올바른 영양 정보를 바탕으로 스스로 칼슘 섭취를 관리할 수 있도록 돕는 애플리케이션을 사회적 차원의 해결 방안을 구체화하는 예시로 제시해야겠군.

④ [자료 1-㉮]와 [자료 2]를 활용하여 청소년들이 칼슘 배출을 촉진하는 나트륨을 권장 섭취량 이상으로 섭취하고 있는 실태를 보여 주어, 잘못된 식습관이 칼슘 부족을 야기한다는 내용을 구체화해야겠군.

⑤ [자료 1-㉯]와 [자료 3]을 활용하여 청소년들이 칼슘 결핍에 따른 문제를 인식하지 못하는 현상을 해결하기 위해 학생 스스로 영양 정보를 선별할 수 있도록 가정과 학교에서 교육해야 한다는 내용을 해결 방안으로 추가해야겠군.

10. <조건>에 따라 ㉠을 위한 캠페인 문구를 작성한다고 할 때, 가장 적절한 것은?

<조 건>
ㅇ 글에 제시된 칼슘 결핍의 문제점을 드러낼 것.
ㅇ 비유적 표현을 활용할 것.

① 충분한 칼슘 섭취, 청소년 뼈 건강의 열쇠입니다.
② 나도 모르게 발끈한 내 마음, 범인은 칼슘 부족입니다.
③ 칼슘이 결핍되면 당신의 기억력과 집중력은 떨어집니다.
④ 신경 전달 물질 분비를 촉진하는 칼슘으로 내 건강을 지키자.
⑤ 청소년기 건강의 만병통치약, 꾸준한 칼슘 섭취가 필요합니다.

[11~12] 다음 글을 읽고 물음에 답하시오.

　문장이 문법적으로 올바른지를 판단할 때 확인해야 할 기준은 여러 가지가 있다. 그중 서술어의 특성을 고려하는 기준으로는 서술어의 자릿수와 서술어로 쓰인 단어가 가지는 선택 자질 등을 들 수 있다.

　우선 서술어의 자릿수란 문장에서 서술어가 필수적으로 요구하는 문장 성분의 개수를 의미한다. ㉠<u>서술어가 필수적으로 요구하는 문장 성분이 갖추어지지 않은 문장</u>은 문법적으로 올바르지 않은 문장이 된다. 서술어가 주어만을 필요로 하면 '한 자리 서술어', 주어 외에 한 개의 문장 성분을 더 필요로 하면 '두 자리 서술어', 주어 외에 두 개의 문장 성분을 더 필요로 하면 '세 자리 서술어'로 분류한다.

　그런데 서술어로 사용되는 용언이 다의어일 때는 각각의 의미에 따라 서술어의 자릿수가 달라지는 경우가 있다. 예를 들어 동사 '멈추다'는 '사물의 움직임이나 동작이 그치다.'의 의미로 사용될 때는 '자동차가 멈추다.'에서와 같이 한 자리 서술어이고, '사물의 움직임이나 동작을 그치게 하다.'의 의미로 사용될 때는 '아버지가 자동차를 멈추다.'에서와 같이 두 자리 서술어이다.

　다음으로, 문장에서 서술어로 쓰이는 용언은 경우에 따라 특정 체언하고만 어울리는 특성을 갖는데 이를 '선택 자질'이라고 한다. 그리고 용언이 선택 자질에 의해 특정 단어를 선택하여 결합하는 현상을 '선택 제약'이라고 한다. 예를 들어 '먹다'가 '음식 따위를 입을 통하여 배 속에 들여 보내다.'라는 의미로 쓰인 경우, 주어와 목적어 자리에 올 수 있는 체언은 한정된다. 즉 주어로는 입과 배라는 신체 기관을 지닌 생물만을, 목적어로는 음식만을 선택하여 결합해야 서술어의 의미가 온전하게 표현된다. 그렇기 때문에 '아이가 밥을 먹다.'는 문법적으로 올바른 문장이지만 '바위가 밥을 먹다.'와 '아이가 바위를 먹다.'는 서술어의 선택 제약을 어겨 문법적으로 올바르지 않은 문장이 된다.

11. ㉠에 해당하는 예로 적절한 것은?

① 동생이 내 손을 꼭 잡았다.
② 선생님께서 제자로 삼으셨다.
③ 이 책의 내용은 생각보다 쉽다.
④ 나는 밤새 보고서를 겨우 만들었다.
⑤ 그는 자신의 친구에게 나를 소개했다.

12. 윗글을 바탕으로 <보기>의 탐구 과제를 수행했을 때, [A]에 들어갈 내용으로 적절하지 <u>않은</u> 것은? [3점]

— <보 기> —

[탐구 과제]
다음 [탐구 자료]에 나타난 서술어의 특징에 대해 알아보자.

[탐구 자료]

살다1 「동사」
「1」 생명을 지니고 있다.
　　예 그 사람들은 백 살까지 ⓐ <u>살았다.</u>
「2」 [···에/에서] 어느 곳에 거주하거나 거처하다.
　　예 그는 하루 종일 연구실에서 ⓑ <u>산다.</u>
「3」 [···을] 어떤 직분이나 신분의 생활을 하다.
　　예 그는 조선 시대에 오랫동안 벼슬을 ⓒ <u>살았다.</u>
「4」 [(···과)] ('과'가 나타나지 않을 때는 여럿임을 뜻하는 말이 주어로 온다) 어떤 사람과 결혼하여 함께 생활하다.
　　예 그녀는 사랑하는 남편과 잘 ⓓ <u>산다.</u>
　　그 부부는 오순도순 잘 ⓔ <u>산다.</u>

[탐구 결과]

[A]

① ⓐ는 「1」의 의미를 고려할 때, 주어에 '생명을 지닌 존재'만을 선택하여 결합해야 서술어의 의미가 온전하게 표현되겠군.

② ⓑ와 ⓒ는 필수적으로 요구하는 문장 성분의 종류는 다르지만 개수는 동일하겠군.

③ ⓑ와 ⓓ는 각각 「2」와 「4」의 의미를 고려할 때, 필수적으로 요구되는 부사어 자리에 올 수 있는 체언은 한정되겠군.

④ ⓒ는 「3」의 의미를 고려할 때, 목적어와 부사어 자리에 어떤 직분이나 신분을 의미하는 체언하고만 어울리는 선택 자질을 갖겠군.

⑤ ⓔ는 「4」의 의미를 고려할 때, 서술어의 자릿수가 ⓐ와 같겠군.

13. <보기>는 문법 수업의 일부이다. 선생님의 설명에 따라 밑줄 친 단어를 이해한 내용으로 적절하지 <u>않은</u> 것은?

— <보 기> —

선생님: 관형사는 체언을 꾸며 주는 품사로 뒤에 오는 체언의 성질이나 상태를 분명하게 해 주는 성상 관형사, 구체적인 대상을 지시해 주는 지시 관형사, 수량을 나타내는 수 관형사로 구분할 수 있습니다. 이러한 관형사는 형태가 변하지 않고 어떤 조사와도 결합하지 않는 특징이 있습니다.

ㄱ. <u>이</u> 상점, <u>두</u> 곳에서는 <u>헌</u> 물건을 판다.
ㄴ. 우리 <u>다섯</u>이 <u>새로</u> 산 구슬을 나눠 가지자.
ㄷ. 나는 오늘 어머니께 드릴 <u>새</u> 옷 <u>한</u> 벌을 샀다.

① ㄱ에서 '이'는 '상점'을 꾸며 주는 지시 관형사이다.
② ㄱ에서 '헌'은 체언인 '물건'의 상태를 드러내 준다.
③ ㄴ의 '다섯'은 조사와 결합하는 것을 보니 관형사가 아니다.
④ ㄱ의 '두'와 ㄷ의 '한'은 수량을 나타내는 수 관형사이다.
⑤ ㄴ의 '새로'와 ㄷ의 '새'는 형태가 변하지 않는 성상 관형사이다.

14. 다음은 음운 변동에 대해 학습하기 위한 활동지이다. 활동의 결과로 적절한 것은?

학습 활동지

1. 학습 자료
　ㄱ. 목화솜[모콰솜]　ㄴ. 흙덩이[흑떵이]　ㄷ. 새벽이슬[새병니슬]

2. 학습 활동
　ㄱ~ㄷ에 대한 질문에 대해 '예'는 '○', '아니요'는 '✕'로 표시하시오.

질문	답변 ㄱ	답변 ㄴ	답변 ㄷ	
두 개의 음운 중 하나의 음운이 없어지는 현상이 일어났는가?	✕	○	○	······ ⓐ
기존에 있던 음운이 다른 음운으로 바뀌는 현상이 일어났는가?	✕	○	✕	······ ⓑ
두 개의 음운이 하나의 음운으로 합쳐지는 현상이 일어났는가?	○	✕	✕	······ ⓒ
원래 없던 음운이 새로 더해지는 현상이 일어났는가?	○	✕	○	······ ⓓ
음운 변동이 총 2번 일어났는가?	○	✕	○	······ ⓔ

① ⓐ　　② ⓑ　　③ ⓒ　　④ ⓓ　　⑤ ⓔ

15. <보기 1>을 참고하여 <보기 2>를 탐구한 내용으로 적절하지 <u>않은</u> 것은?

— <보기 1> —

중세 국어에서는 시제를 표현하기 위해 다음과 같이 선어말어미를 사용하였다. 과거 시제를 표현할 때는 동사와 형용사 모두 '-더-'를 사용하였고, 동사의 경우에는 아무런 선어말어미를 쓰지 않기도 했다. 현재 시제를 표현할 때는 동사의 경우 '-ᄂ-'를 사용하였고, 형용사의 경우 선어말어미를 쓰지 않았다. 미래 시제를 표현할 때는 동사와 형용사 모두 '-리-'를 사용하였다.

— <보기 2> —

㉠ 分明(분명)히 너ᄃ려 <u>닐오리라</u> [분명하게 너한테 말하겠다.]
㉡ 네 이제 또 <u>묻ᄂ다</u> [네가 이제 또 묻는다.]
㉢ 나리 ᄒ마 西(서)의 가니 <u>어엿브다</u>
　[날이 벌써 서쪽으로 저무니 불쌍하다.]
㉣ ᄆᆞ올 사ᄅᆞᆷ이 우디 아니리 <u>업더라</u>
　[마을 사람들이 울지 않는 이가 없었다.]
㉤ 네 겨집 그려 <u>가던다</u> [네가 아내를 그리워해서 갔느냐?]

① ㉠을 보니 동사의 경우 '-리-'를 사용하여 미래 시제를 표현했음을 확인할 수 있군.
② ㉡을 보니 동사의 경우 '-ᄂ-'를 사용하여 현재 시제를 표현했음을 확인할 수 있군.
③ ㉢을 보니 형용사의 경우 아무런 선어말어미도 사용하지 않는 방식으로 현재 시제를 표현했음을 확인할 수 있군.
④ ㉣을 보니 형용사의 경우 '-더-'를 사용하여 과거 시제를 표현했음을 확인할 수 있군.
⑤ ㉤을 보니 동사의 경우 아무런 선어말어미도 사용하지 않는 방식으로 과거 시제를 표현했음을 확인할 수 있군.

[16~21] 다음 글을 읽고 물음에 답하시오.

(가)

'예술은 재현의 기술이기 때문에 무가치한 것이다.' 이는 플라톤의 예술관이 드러난 말로, 세계를 '가지적 세계'와 '가시적 세계'로 구분하는 그의 세계관과 밀접한 연관이 있다. 플라톤에게 가지적 세계는 우리의 지성으로만 알 수 있는 세계이며, 결코 변하지 않는 본질, 즉 실재인 '에이도스'가 있는 세계이다. 반면 가시적 세계는 우리 눈으로 지각이 가능한 현실 세계로, 이 세계는 가지적 세계를 모방하여 재현한 환영이자 이미지에 불과하다.

플라톤은 가시적 세계의 사물들을 '에이돌론'이라 부르며, 에이돌론을 에이도스의 성질을 얼마나 반영했는지에 따라 '에이콘'과 '판타스마'로 구분한다. 에이콘은 사물을 만드는 주체가 건축가나 장인처럼 에이도스에 대한 지식을 가지고 에이도스의 성질을 가능한 정확하게 재현한 좋은 이미지이다. 반면 판타스마는 에이도스에 대한 지식은 없이 눈에 보이는 현상만을 모방하여 재현한 나쁜 이미지이다. 즉 모방한 것을 다시 모방한, 사본의 사본에 불과하다. 플라톤은 판타스마를 에이도스의 성질이 없는 가짜, 사이비라는 의미로 '시뮬라크르'라고 부르며 예술이 시뮬라크르에 해당한다고 말한다. 플라톤은 특히 회화는 화가가 실재에 대해 아무것도 모른 채 사람들이 실재라고 믿도록 기만하는 사이비 기술이며, 이러한 기술로 그려진 작품은 본질에서 멀어진 무가치한 것이라고 주장한다.

하지만 반플라톤주의 철학자 들뢰즈는 플라톤이 원본의 성질을 재현한 정도에 따라 원본과 사본, 시뮬라크르로 위계적인 질서를 부여한다고 지적하며, 이러한 플라톤식 사유에는 주체가 이성을 통해 대상의 가치를 판단하고 재단하는 폭력성이 내재해 있다고 비판한다. 다시 말해 플라톤은 원본과의 유사성을 근거로 들어 진짜 유사와 가짜 유사를 구분 짓고 시뮬라크르만을 무가치한 것으로 폐기했다는 것이다.

시뮬라크르가 모방을 거듭하면서 본질에서 멀어진 가짜라고 주장하는 플라톤과 달리 들뢰즈는 사물 그 자체라고 주장한다. 들뢰즈에 의하면 시뮬라크르는 주체의 판단과 상관없이 독립된 존재로서, 원본과 사본의 시뮬라크르에 대한 우위를 부정하는 역동적인 힘이 있다. 그 힘은 반복을 통해 실현되는데, 시뮬라크르를 반복해서 생성할 때 드러나는 모든 차이가 바로 시뮬라크르가 실재로서 지닌 의미 그 자체이다. 이렇듯 시뮬라크르를 긍정하는 들뢰즈에 의하면 예술의 목표는 예술가가 플라톤식 사유에서 벗어나 가장 일상적인 반복에서도 서로 다른 의미를 지닌 예술 작품을 생성해 내는 것이다. 왜냐하면 그것이 예술이 주체의 판단에 의해 가치 없는 것으로 폐기되지 않고 존재 가치를 보존하는 길이기 때문이다. 그래서 들뢰즈는 ㉠"예술은 모방이 아니라 반복할 뿐이다."라고 선언한다.

(나)

철학자 장 보드리야르는 현대 사회는 미디어와 광고가 생산하는 복제 이미지들로 만들어진 세계라고 ⓐ말한다. 보드리야르에 의하면 플라톤 이래 원본과 이미지의 경계가 분명했던 서구 근대 사회에서는 복제 이미지가 단순한 복사물에 불과했지만, 현대 사회에서는 실재보다 더 실재적이고 우월한 것이 된다. 그런 의미에서 그는 현대 사회의 이미지를 '초과실재'라 부른다. 이 초과실재가 바로 보드리야르가 말하는 시뮬라크르이다. 오늘날 우리가 역사적 사실보다 현실처럼 믿는 영화 속 이미지나, 실재한다고 믿는 상품 광고 속 캐릭터 등을 그 예로 들 수 있다.

보드리야르는 시뮬라크르가 산출되는 과정을 '시뮬라시옹 현상'이라 부르며, 시뮬라시옹 현상으로 모든 실재가 사라진다고 말한다. 그에 의하면 시뮬라시옹 현상이 끊임없이 일어나는 현대 사회에서 시뮬라크르는 그 자체로서 실재를 대신한다. 우리가 실재보다 시뮬라크르를 더 실재라고 믿고, 그것이 사물의 본질이라고 믿기 때문에 현대 사회의 모든 영역은 '내파'하여 사라진다. 이때 내파란 무한히 증식하여 재생산된 시뮬라크르들이 원래 실재를 지시하던 기능과 가치를 잃어버려 실재와 시뮬라크르 사이의 경계가 붕괴되는 것을 의미한다. 보드리야르는 시뮬라시옹 현상의 예로 쥐를 모델로 하여 만들어진 만화 주인공 미키마우스를 든다. 미키마우스는 다양한 미디어에서 반복되면서 쥐를 지시하던 기능과 가치가 사라졌고 사실상 쥐와 별개의 존재가 되었다. 다시 말해 실제 쥐와 미키마우스 사이의 경계는 붕괴되었고, 미키마우스는 모델이었던 실제 쥐보다 오히려 더 실재적이고 우월한 초과실재가 되었다.

이러한 시뮬라시옹 현상은 오늘날 우리 문화 현상이 되었고 예술의 영역까지 확장된다. 보드리야르는 오늘날 예술 작품이 시뮬라시옹 현상에 의해 도처에서 증식하면서 예술이 가지고 있던 미적 가치가 사라지고 있다고 비판한다. 예술이 일상적 사물에 가까워지고, 일상적 사물은 예술에 가까워지면서 미적인 것은 비미적인 것과의 변별성을 잃고 내파되어 사라지고 있기 때문이다. 보드리야르에 의하면 예술가가 전시장에 깃발, 청소기, 식탁 등과 같은 일상적 사물을 두고 예술을 논하는 등 모든 것이 미학적인 것이 될 때, 그 어떤 것도 더 이상 아름답거나 추하지 않게 되며, 동시에 예술은 자신의 한계를 넘어서 그 자체를 부정하고 청산한다. 즉, 예술 그 자체가 내파되어 사라진 상태가 된다. 보드리야르는 이러한 현상을 '초미학'이라 부르며, ㉭"예술은 너무 많기 때문에 극도로 보잘것없는 것이다."라고 역설했다.

16. (가)와 (나)에 대한 설명으로 가장 적절한 것은?

① (가)와 달리 (나)는 시뮬라크르가 지닌 오류를 증명하는 과정을 사고 실험을 통해 설명하고 있다.

② (나)와 달리 (가)는 특정한 철학적 관점에서 파생된 예술관을 바탕으로 시뮬라크르가 사라지는 현상의 이유를 밝히고 있다.

③ (가)와 (나)는 모두 특정 철학자의 세계관을 바탕으로 해당 철학자의 시뮬라크르에 대한 관점을 소개하고 있다.

④ (가)와 (나)는 모두 특정한 철학적 관점을 바탕으로 현대의 시뮬라크르가 지닌 문제점에 대한 극복 방법을 제시하고 있다.

⑤ (가)와 (나)는 모두 시뮬라크르에 대한 다양한 예술관이 지닌 문제점을 지적하고 이에 맞서는 새로운 예술관을 모색하고 있다.

17. (가)의 가지적 세계와 가시적 세계에 대한 이해로 적절하지 않은 것은?

① 가지적 세계는 지성으로만 알 수 있는 세계이다.
② 가시적 세계는 눈으로 지각 가능한 현실 세계이다.
③ 가시적 세계의 사물들은 에이콘과 판타스마로 구분된다.
④ 가시적 세계는 가지적 세계를 모방한 환영에 불과한 세계이다.
⑤ 가지적 세계에 있는 본질은 에이도스와 에이돌론으로 구분된다.

※ 윗글과 <보기>를 바탕으로 18번과 19번의 물음에 답하시오.

─────── <보 기> ───────

[자료 1]
　음료 회사로부터 캐릭터 제작을 의뢰받은 A는 실제 상품을 베낀 초안을 그린 후 이를 변형한 첫 캐릭터를 그렸지만, 음료 회사는 첫 캐릭터에서 상품의 특징이 드러나지 않는다고 혹평했다. A는 첫 캐릭터를 의인화한 최종 캐릭터를 다시 그렸고, 음료 회사는 최종 캐릭터를 담은 광고를 반복하여 방영했다. 이후 최종 캐릭터는 설문 조사에서, 가장 영향력 있는 인물로 선정되는 등 실제 상품보다 사랑받는 인기 캐릭터가 되었다.

[자료 2]
　가구 장인 B가 자신이 만든 의자를 본떠 직접 그린 '의자 1'은 예술성을 인정받아 미술관에 전시됐다. 화가 C는 '의자 1'을 보고 자신만의 방식으로 '의자 2'를 그린 후, 다시 이를 변형한 '의자 3'을 그려 전시했다. 그러자 B는 '의자 1'의 모델인 실제 의자를 '의자 0'으로 전시했고, 평론가들은 이것이야말로 진정한 원본이라고 극찬했다. 이후 예술가들이 깃발, 책상 등을 그대로 전시하고 예술을 논하는 현상이 각국 미술관에서 일어났다.

18. 다음은 윗글을 읽은 학생이 <보기>를 이해한 내용을 정리한 것이다. 적절하지 않은 것은?

[자료 1]	들뢰즈와 달리 플라톤은 A가 그린 '첫 캐릭터'를, 모방을 거듭한 가짜로 여길 것이다.	┄┄┄ ㉠
	플라톤과 달리 들뢰즈는 '초안', '첫 캐릭터', '최종 캐릭터' 사이에 드러나는 차이를 실재로서 지닌 의미로 여길 것이다.	┄┄┄ ㉡
	들뢰즈와 달리 보드리야르는 가장 영향력 있는 인물로 선정된 '최종 캐릭터'가 실재를 대신한다고 여길 것이다.	┄┄┄ ㉢
[자료 2]	보드리야르와 달리 플라톤은 '의자 0'이 실재보다 우월해졌다고 여길 것이다.	┄┄┄ ㉣
	플라톤과 달리 들뢰즈는 '의자 3'이 '의자 1'의 우위를 부정하는 힘이 있다고 여길 것이다.	┄┄┄ ㉤

① ㉠　　　② ㉡　　　③ ㉢　　　④ ㉣　　　⑤ ㉤

19. 윗글을 바탕으로 <보기>에 대해 보인 반응으로 적절하지 않은 것은? [3점]

① 플라톤은 [자료 2]의 B가 만든 의자와 달리 [자료 1]의 초안은 눈에 보이는 현상만을 모방한 나쁜 이미지라고 보겠군.
② 플라톤은 [자료 1]의 A가 그린 캐릭터들과 [자료 2]의 C가 그린 그림들은 모두 사이비 기술로 그려진 것들이라고 보겠군.
③ 들뢰즈는 [자료 1]에서 첫 캐릭터에 대해 음료 회사가 한 혹평과 [자료 2]에서 '의자 0'에 대해 평론가들이 한 극찬에는 모두 대상의 가치를 재단하는 폭력성이 내재해 있다고 보겠군.
④ 보드리야르는 [자료 1]의 인기 캐릭터가 된 최종 캐릭터는 초과실재가, [자료 2]의 '의자 1'은 예술성을 인정받은 순간에 초미학 상태가 되었다고 보겠군.
⑤ 보드리야르는 [자료 1]의 설문 조사 결과를 보고 실제 상품과 광고 속 캐릭터 간의 경계가, [자료 2]의 각국 미술관에서는 일상 사물과 예술 작품 간의 경계가 내파된 현상이 일어났다고 보겠군.

20. ㉮와 ㉯에 담긴 의미를 추론한 내용으로 가장 적절한 것은?

① ㉮에는 예술 작품이 사물 그 자체로서 존재 가치를 보존하는 방법이, ㉯에는 예술 작품이 예술로서 미적 가치를 선택하는 방법이 담겨 있다.
② ㉮에는 예술 작품을 사본의 사본으로 평가하는 입장에 대한 수용이, ㉯에는 모든 것이 미학적인 것이 되는 현상에 대한 비판이 담겨 있다.
③ ㉮에는 반복이 실현된 예술 작품은 본질에서 멀어진다는 의미가, ㉯에는 미적인 것과 비미적인 것의 변별성이 사라졌다는 의미가 담겨 있다.
④ ㉮에는 예술 작품을 주체의 판단에서 독립된 존재로 만들지 못하는 예술가의 한계가, ㉯에는 예술 자체를 부정하지 못하는 예술가의 한계가 담겨 있다.
⑤ ㉮에는 반복을 통해 위계적 질서에서 벗어난 예술에 대한 긍정적 태도가, ㉯에는 증식을 통해 그 어떤 것도 아름답거나 추하지 않게 된 예술에 대한 부정적 태도가 담겨 있다.

21. 문맥상 ⓐ의 의미와 가장 가까운 것은?

① 사람들은 흔히 내 글을 관념적이라고 말한다.
② 청중들에게 자신의 감정을 말하는 일은 매우 어렵다.
③ 힘센 걸로 말하면 우리 아버지를 따라갈 사람이 없다.
④ 경비 아저씨에게 아이가 오면 문을 열어 달라고 말해 두었다.
⑤ 동생에게 끼니를 거르지 말라고 아무리 말해도 듣지를 않는다.

[22~25] 다음 글을 읽고 물음에 답하시오.

오염된 물을 사용 목적에 맞게 정화하는 정수 처리 기술에서 침전 과정은 부유하는 오염 물질을 가라앉혀 물의 탁도를 제거하는 것을 목적으로 한다. 부유물이 물보다 비중이 큰 경우, 다른 물질과의 상호 작용 없이 중력만으로 가라앉힐 수 있는데 이를 '보통 침전 방식'이라고 한다. 하지만 중력만으로 침전시키기 어려운 콜로이드 입자와 같은 물질들은 화학 약품을 이용하여 입자들을 응집시켜 가라앉히는 방식을 사용하는데 이를 '약품 침전 방식'이라고 한다.

일반적으로 미세한 입자들은 입자 간의 거리가 일정 거리 이하로 좁혀지면 서로를 끌어당기는 ㉠반데르발스 힘의 영향을 받아 응집하게 된다. 하지만 물속에서 부유하는 미세한 콜로이드 입자들은 수산화 이온과의 결합 등으로 인해 음(-) 전하를 띠고 있어 서로를 밀어내는 ㉡전기적 반발력의 영향을 받기 때문에 일정 거리 이하로 입자들의 거리가 좁혀지지 않는다. 그 결과 콜로이드 입자들은 물속에서 균일하게 분산되어 안정성을 가지고 부유하게 된다. 이런 입자의 안정성은 물의 탁도를 높이는 주요한 원인이 된다.

약품 침전 방식에서는 응집제를 주입하여 전기적 중화 작용과 가교 작용을 통해 콜로이드 입자의 영향으로 발생한 물의 탁도를 낮추는 과정을 거치게 된다. 이때 사용된 응집제는 보편적으로 알루미늄염과 철염 등의 양이온계 응집제로 이들은 물과 화학 반응을 하면서 단계적으로 다양한 종류의 화합물을 형성하게 된다.

우선 전기적 중화 작용에서는 탁도가 높은 물에 주입된 응집제가 물과 화학 반응을 거쳐 양(+) 전하의 금속 화합물을 형성하고, 이 화합물이 음(-) 전하를 띤 콜로이드 입자와 결합하면 콜로이드 입자 간 전기적 반발력이 감소하게 된다. 그 결과 콜로이드 입자들이 불안정화되고 물 분자 운동이나 물의 흐름에 의해 움직이다가 반데르발스 힘이 작용할 정도로 가까워지게 되면 서로 응집하여 침전이 가능한 작은 플록을 형성하게 된다. 이러한 전기적 중화 작용은 응집제 주입 후 극히 단시간 안에 이루어지기 때문에 콜로이드 입자와 금속 화합물이 빠르게 결합하여 반응하게 하기 위해 물을 빠르게 젓는 급속 교반을 해야 한다.

다음으로 가교 작용에서는 전기적 중화 작용에서 형성된 작은 플록을 더 크게 만든다. 침전 속도를 높이기 위해서는 플록의 크기가 더 커져야 하는데, 반데르발스 힘만으로는 플록의 크기를 키우는 데 한계가 있기 때문이다. 응집제의 주입으로 형성된 화합물 중 긴 사슬 형태의 고분자 화합물은 플록과 플록을 연결하는 일종의 가교 역할을 하게 된다. 이런 작용을 통해 연결된 여러 플록들은 하나의 큰 플록이 되어 중력의 영향을 받아 빠르게 침전한다. 이러한 가교 작용 과정에서는 침전에 용이한 큰 플록을 만들기 위해 플록이 다른 플록과 연결될 때 접촉 시간을 늘려 주고, 연결이 깨지지 않도록 물을 천천히 저어 주어야 한다. 이를 완속 교반이라고 한다.

한편, 이와 같은 과정을 거쳐 탁도가 낮아진 물에, 전기적 중화 작용과 가교 작용에서 반응하지 못한 응집제가 많이 남아 있게 되면 전기적으로 중화되었던 콜로이드 입자들이 오히려 양(+) 전하를 띠게 된다. 이를 전하 역전 현상이라고 한다. 이렇게 되면 콜로이드 입자들이 재안정화되면서 물의 탁도는 다시 높아진다. 이 상태에서 여분의 응집제는 물과 화학 반응을

통해 최종적으로 침전성 금속 화합물을 형성하게 되고, 이 화합물은 마치 그물망처럼 콜로이드 입자들을 흡착하면서 가라앉는데 이를 체 거름 현상이라고 한다.

---

22. 윗글에서 알 수 있는 내용으로 적절하지 <u>않은</u> 것은?

① 급속 교반은 콜로이드 입자와 금속 화합물의 결합을 촉진한다.

② 약품 침전 방식은 콜로이드 입자의 응집을 위해 화학 약품을 이용한다.

③ 부유물의 비중이 물보다 큰 경우 중력만으로 부유물을 침전시킬 수 있다.

④ 물을 빠르게 저어 플록끼리 접촉할 시간을 늘리면 체 거름 현상이 나타난다.

⑤ 양이온계 응집제는 물과 화학 반응하여 다양한 종류의 화합물을 형성한다.

---

23. ㉠, ㉡에 대한 이해로 가장 적절한 것은?

① ㉠은 입자가 일정 거리 안에서 서로를 밀어내는 힘이라고 할 수 있다.

② ㉠은 입자가 물속에서 균일하게 분산할 수 있게 해 주는 힘이라고 할 수 있다.

③ ㉡은 입자 간의 거리가 멀어지면 발생하는 힘이라고 할 수 있다.

④ ㉡은 입자가 띠고 있는 전하의 성질로 인해 작용하는 힘이라고 할 수 있다.

⑤ ㉠과 ㉡은 모두 입자가 이온과 결합할 때 형성되는 힘이라고 할 수 있다.

---

24. <보기>는 응집제의 투입에 따른 물의 탁도 변화를 설명하기 위한 그래프이다. 윗글을 읽은 학생들이 <보기>에 대해 보인 반응으로 적절하지 <u>않은</u> 것은? [3점]

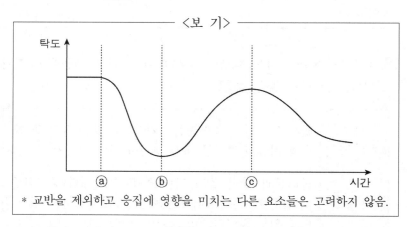

＜보 기＞

* 교반을 제외하고 응집에 영향을 미치는 다른 요소들은 고려하지 않음.

① ⓐ에서 주입된 응집제는 ⓐ와 ⓑ 사이에서 콜로이드 입자 간의 거리를 좁히는 작용을 하겠군.

② ⓐ와 ⓑ 사이에서 형성된 고분자 화합물은 플록과 플록을 연결하여 침전에 용이한 큰 플록을 만들겠군.

③ ⓐ와 ⓑ 사이에서 탁도가 급속하게 낮아진 것은 가교 작용으로 형성된 플록의 침전 속도가 높아졌기 때문이라고 할 수 있겠군.

④ ⓑ와 ⓒ 사이에서 탁도가 다시 높아진 것은 ⓐ에서 주입된 응집제가 전기적 중화 작용과 가교 작용에서 반응하지 못하고 남아 있는 것이 원인으로 작용했기 때문이겠군.

⑤ ⓒ 이후 탁도가 낮아지는 것은 ⓑ에서 형성된 긴 사슬 형태의 화합물이 콜로이드 입자들과 흡착하여 침전했기 때문이겠군.

25. <보기>는 윗글을 읽은 학생이 정리한 내용의 일부이다. ㉮~㉱에 들어갈 말로 적절한 것은?

───── <보 기> ─────

오염된 물에 존재하는 콜로이드 입자는 수산화 이온과의 결합 등의 원인으로 (㉮)된 상태에서 부유한다. 응집제를 주입하면 (㉯)이/가 일어나고 콜로이드 입자는 (㉰)된다. 응집제를 과다하게 주입하면 (㉱)이/가 나타난다.

	㉮	㉯	㉰	㉱
①	안정화	전하 역전	불안정화	전기적 중화
②	불안정화	전기적 중화	안정화	전하 역전
③	안정화	전기적 중화	불안정화	전하 역전
④	불안정화	전하 역전	안정화	전기적 중화
⑤	안정화	전기적 중화	불안정화	전기적 중화

[26~30] 다음 글을 읽고 물음에 답하시오.

경제학에서는 개별 경제 주체들이 주어진 조건하에서 자신이 ⓐ조절할 수 있는 변수들을 적절히 선택하여 최적의 결과를 추구한다고 본다. 그런데 최적의 결과를 얻기 어려운 상황에 놓인다면 경제 주체들은 일반적으로 효율성을 ⓑ고려하여 차선의 선택을 고민하게 된다. 하지만 립시와 랭카스터는 차선의 의미에 대해 새로운 관점을 보여 주는 '차선의 이론'을 제시했다.

차선의 이론에서는 최적의 결과를 얻기 위한 여러 조건 중 한 가지 이상의 조건이 ⓒ충족되지 못하는 상황이라면 나머지 조건들이 모두 충족되더라도 그 결과는 차선이 아닐 수 있다고 본다. 예를 들어 ㉠효율성을 달성하기 위한 10개의 조건 중 9개의 조건이 충족되는 것이 8개의 조건이 충족되는 것보다 반드시 더 낫다고 볼 수는 없다는 의미이다.

여기서 왜 효율성을 달성하기 위한 10개의 조건 중 9개의 조건이 충족되는 것이 차선이 아닌지를 ⓓ입증하기 위해서는 공평성을 함께 고려해야 한다. 한 사회가 어떤 것을 공평하다고 여기는지는 사회무차별곡선을 통해 확인할 수 있다. 사회무차별곡선은 개별 경제 주체가 경제 활동을 통해 얻은 주관적 만족감인 효용수준을 종합한 사회후생수준을 보여 준다. 사회무차별곡선의 모양을 보면 그 사회가 개인의 효용수준에 대한 평가를 통해 공평성에 대해 어떠한 가치판단을 하고 있는지 확인할 수 있다.

사회무차별곡선 위의 모든 점은 동일한 사회후생수준을 나타내는데, 이 곡선이 원점에서 멀리 위치할수록 사회후생수준이 높다는 것을 나타낸다. 일반적으로 사회무차별곡선의 모양은 원점에 대해 볼록한 곡선으로, 우하향할수록 기울기가 완만해진다. 이는 높은 효용수준을 누리는 사람의 효용에는 상대적으로 낮은 가중치를 ⓔ적용하고, 낮은 효용수준밖에 누리지 못하는 사람들의 효용에는 높은 가중치를 적용해 사회후생을 계산하는 것이 공평하다는 가치판단이 반영된 결과이다.

<그림>은 사회에서 경제적 자원을 모두 활용하여 쌀과 옷 두 가지 상품만 생산한다는 가정하에 생산가능곡선 CD와 사회무차별곡선(SIC)을 통해 차선의 이론의 예를 보여준다. <그림>의 생산가능곡선 CD는 원점에 대해 오목한 모양으로 이 곡선 위의 점들은 생산의 효율성을 충족한다는 것을 의미하며, 곡선의 바깥쪽은 생산이 불가능함, 곡선의 안쪽은 생산은 가능하나 비효

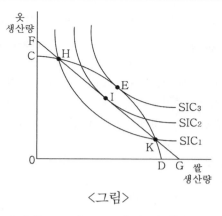

<그림>

율적임을 나타낸다. 이때 생산가능곡선과 사회무차별곡선이 접하는 E 지점이 최적인데, 만약 선분 FG와 같은 어떤 제약이 가해져 이 선분의 바깥쪽에 있는 지점은 선택할 수 없게 되어 최적의 결과를 얻기 어려운 상황이라고 가정해 보자. 이때 H 지점은 제약하에서도 생산가능곡선 CD 위에 위치하기에 생산의 효율성이나마 충족하고 있으므로 차선의 선택이라고 생각하기 쉽지만 사회후생수준을 고려하면 그렇지 않다. 왜냐하면 SIC_1과 SIC_2의 원점에서의 위치를 고려했을 때 SIC_1 위에 있는 H 지점보다 SIC_2 위에 있는 I 지점의 사회후생수준이 더 높기 때문이다. 따라서 제약하에서 사회후생수준을 고려하면 I 지점이 차선의 선택이 된다.

26. 윗글을 읽고 답을 찾을 수 없는 질문은?

① 차선의 이론이 갖는 의미는 무엇인가?
② 생산가능곡선 위의 점들이 의미하는 것은 무엇인가?
③ 립시와 랭카스터가 입증한 차선의 이론의 한계는 무엇인가?
④ 경제 주체들이 차선의 선택을 고민하게 되는 이유는 무엇인가?
⑤ 사회무차별곡선의 모양이 우하향할수록 기울기가 완만해지는 이유는 무엇인가?

27. 사회무차별곡선 에 대한 이해로 적절하지 않은 것은?

① 사회무차별곡선 위의 모든 점은 동일한 사회후생수준을 나타낸다.
② 사회무차별곡선은 일반적으로 원점에 대해 볼록한 곡선 모양이다.
③ 사회무차별곡선을 통해 공평성에 대한 사회의 가치판단을 확인할 수 있다.
④ 사회무차별곡선은 개별 경제 주체의 효용수준을 종합한 사회후생수준을 보여준다.
⑤ 사회무차별곡선에는 높은 효용수준을 누리는 사람들의 주관적 만족감이 반영되어 있지 않다.

28. 차선의 이론을 통해 ㉠의 이유를 설명한 것으로 가장 적절한 것은?

① 효율성과 다른 기준도 함께 고려할 필요가 있기 때문이다.
② 경제 주체들이 스스로 자신의 효용수준에 대해 평가하기 때문이다.
③ 효율성을 달성하기 위한 조건들의 중요도가 서로 다르기 때문이다.
④ 낮은 효용수준을 누리는 사람의 효용에는 가중치를 적용할 수 없기 때문이다.
⑤ 효율성을 달성하기 위한 모든 조건이 충족되지 않는다면 개별 주체의 효용수준에 영향을 미치지 못하기 때문이다.

29. 다음은 윗글을 읽고 <그림>에 대해 경제 동아리 학생들이 나눈 대화이다. 적절하지 <u>않은</u> 것은? [3점]

> **동아리 회장:** 오늘 살펴본 경제 자료 속 그래프에 대해 더 하고 싶은 얘기가 있으면 해 보자.
> **부원 1:** 나는 H가 생산가능곡선 위에 있기 때문에 그렇지 않은 I보다 생산의 효율성이 높다고 생각해.
> **부원 2:** 선분 FG와 같은 제약이 있는 상황에서 H가 아닌 I가 차선으로 선택되었다면 그 이유는 사회후생수준을 고려했기 때문이라고 생각해.
> **부원 3:** I의 위치를 고려하면 생산이 가능하지 않아 비효율적인 지점이라고 생각해.
> **부원 4:** 선분 FG와 같은 제약이 있는 상황에서 생산가능곡선을 고려하면 K도 H와 마찬가지로 생산의 효율성을 충족하는 지점이라고 생각해.
> **부원 5:** SIC_3은 SIC_1과 SIC_2보다 사회후생수준이 높다고 생각해.

① 부원 1의 생각   ② 부원 2의 생각
③ 부원 3의 생각   ④ 부원 4의 생각
⑤ 부원 5의 생각

30. ⓐ~ⓔ의 사전적 의미로 적절하지 <u>않은</u> 것은?

① ⓐ: 균형이 맞게 바로 잡음.
② ⓑ: 생각하고 헤아려 봄.
③ ⓒ: 일정한 분량을 채워 모자람이 없게 함.
④ ⓓ: 어떤 증거 따위를 내세워 증명함.
⑤ ⓔ: 일정한 조건이나 환경 따위에 맞추어 응하거나 알맞게 됨.

[31~34] 다음 글을 읽고 물음에 답하시오.

> **(가)**
> 죽창(竹窓)의 병(病)이 깁고 포금(布衾)이 냉낙(冷落)ᄒ대*
> **돌미나리 ᄒ줌으로 석찬(夕饌)을 ᄒᄌᆞ터니**
> 상 위에 그저 노코 님 ᄉᆡᆼ각 ᄒᄂᆞᆫ 뜻은
> **아리ᄯᅡ온 님의 거동(擧動) 친(親) ᄒᆞᆫ 적 업건마ᄂᆞᆫ**
> 불관(不關)ᄒᆞᆫ* 이 내 몸이 님을 조차 삼기오니
> 월노(月老)의 노(繩)*ᄅᆞᆯ 민가 연분(緣分)도 하 즁(重)ᄒᆞ고
> **조믈(造物)이 새오던가 박명(薄命)* ᄒᆞᆷ도 그지업다**
>   (중략)
> 이팔(二八) 방년(芳年)이 손꼽아 다ᄃᆞ르니
> 십니(十里) 벽도화(碧桃花)의 구름이 머흔 속의
> 내 소식 님 모르고 ㉠님의 집 나 모를 제
> **세ᄉᆞ(世事)의 마(魔)히 고하* 홍안(紅顔)이 복(福)이 업셔**
> 하룻밤 놀란 우레 풍우(風雨)조차 섯거치니
> **뜰알픠 심근 규화(葵花) 못피여 시들거다**
> 흔 고기 흐린 물이 왼 못을 더러인다
> 형극(荊棘)의 ᄲᅥ던 불이 난혜총(蘭蕙叢)의 붓터오니*
> 내 얼골 고은 줄을 님이 엇디 알으시고
> 화공(畫工)의 붓긋ᄒᆞ로 그려 내여 울닐 손가
> 연년(延年)의 가곡(歌曲)으로 ᄯᅴ여다가 도도올가
> **대가티 고든 졀(節)은 님이 더욱 모르려든**
>   — 이긍익, 「죽창곡(竹窓曲)」 —

* 포금이 냉낙흔대: 이부자리가 차가운데.
* 불관흔: 관계없는.
* 월노의 노: 남녀의 인연을 맺어 주는 끈.
* 박명: 복이 없고 팔자가 사나움.
* 세ᄉᆞ의 마히 고하: 세상일을 방해하는 장애물이 생겨.
* 형극의 ᄲᅥ던 불이 난혜총의 붓터오니: 가시덤불에 떨어진 불이 난초와 혜초 무더기에 붙으니.

(나)

숭정(崇禎) 9년 4월에, 주인이 노비 운(雲)을 시켜 마구간 바닥에 매어 엎드려 있는 말을 끌어 내오게 하고, 말에게 이르기를,

"안타깝구나, 말아. 너의 나이도 이제 많아졌고 힘도 쇠하여졌구나. 장차 너를 빨리 달리게 한즉 네가 달릴 수 없음을 알며, 장차 너를 뛰게 한즉 네가 그럴 수 없음을 안다. 내가 너에게 수레를 매어 매우 멀고 험한 길을 넘게 한즉 너는 넘어질 것이며, 내가 너에게 무거운 짐을 싣고 풀이 우거진 먼 길을 건너게 하면 너는 곧 죽을 것이다. 말이여, 장차 너를 어디에 쓰겠느냐? 너를 백정에게 주어 뼈와 살을 바르게 할까? 나는 너에게 차마 그럴 수는 없다. 장차 너를 성 안의 저자거리에 가서 팔더라도 사람들이 너에게서 무엇을 얻겠느냐? 안타깝다 말아. 나는 이제 너의 재갈을 벗기고 굴레를 풀어 놓아 네가 가고자 하는 곳을 너에게 맡길 것이니, 가거라. 나는 너에게서 취하여 쓸 것이 없구나."

라고 하니, 말은 이에 귀를 쫑그리고 듣는 것처럼 하고, 머리를 쳐들고 하소연하는 듯하며 몸을 웅크리고 오랫동안 있으나 입으로 말을 할 수는 없는 것이었다. 그러나 그의 대답을 추측컨대,

"슬프구나, 주인의 말씀이 이처럼 정성스러울까. 그러나 주인 역시 어진 사람은 아니다. 옛날 나의 나이가 아직 어려 힘이 왕성할 때, 하루에 백 리를 달렸으나 가는 것에 힘이 없지 아니하였고, 한 번 짐을 실음에 몇 석을 실었으나 나의 힘이 강하지 않은 것이 아니었다. 그리고 주인은 가난하였는데, 생각하건대 내가 아는 바로는, 쑥으로 사방의 벽을 쳤고, 쓸쓸하게 텅 빈집에는 동이에 한 말의 조를 쌓아둠이 없었고, 광주리에는 한 자의 피륙도 저장함이 없었다.

마누라는 야위어 굶주림에 울고 여러 아이들은 밥을 찾으나, 아침에는 된 죽 저녁에는 묽은 죽을 구걸하듯 빌어서 끼니를 이어갔다. 그 당시에 나는 진실로 힘을 다하여 동서로 오가고, 오직 주인의 목숨만을 생각하며 남북으로 오갔으니, 오직 주인의 목숨을 위해 멀리는 몇 천리 가까이는 몇 십 몇 백리를 짐을 싣고 달리며 짐을 싣고 뛰며 옮기기에 일찍이 감히 하루라도 편히 살지 못했으니, 나의 수고로움은 컸다고 말할 수 있을 것이다. ㉤주인집의 여러 식구의 목숨이 나로 인해 완전할 수 있었으며, 나로 말미암아 길 위에서 굶어 죽은 시체로 도랑에 빠지지 않게 되지 않았는가.

         (중략)

슬프다. 내가 비록 늙었으나 오히려 좋은 밥을 먹을 수 있고, 주인이 나를 길러 줄 뜻을 더해 길러줌에 마음을 쓴다면, 경치 좋은 곳에서 나이나 세면서 한가로이 세월을 보내는 것은 기대하지 않더라도, 동쪽 교외의 무성한 풀이 내 배고픔을 달래기에 충분하며, 단 샘물은 기대하지 않더라도 남쪽 산골짜기의 맑은 물이면 나의 목마름을 풀기에 충분합니다. 쌓인 피로를 쉬고 고달픔에서 깨어나게 할 수 있으며, 흔들거리거나 넘어지지 않게 하고 피곤함에서 소생할 수 있게 하며, 힘을

헤아려 짐을 맡기고, 재주를 헤아려 일을 시키면 비록 늙더라도 오히려 능히 빠르게 떨치면서 길게 울어 주인을 위해 채찍질을 당하면서 쓰임에 대비하고 남은 목숨을 마치는 것이 나의 큰 행복입니다. 버림받는 것으로 마칠 뿐이라면 나는 곧 발굽으로 눈서리를 밟고 털로는 찬바람을 막으며 풀을 먹고 물을 마시며 애오라지 스스로 기르며 나의 천명을 완전히 한다면 도리어 나의 참된 천성에 거슬리는 것이니, 나에게 어찌 아픔이겠습니까? 감히 말씀드립니다."

주인이 이에 실의(失意)하여 탄식하며 이르기를,

"이것은 나의 잘못이로다. 말에게 무슨 죄가 있는가? 옛날에 제(齊)나라 환공(桓公)이 가다가 길을 잃었는데, 관자(管子)가 늙은 말을 풀어놓고 따라가기를 청했으니, 관자만이 오직 늙은 말을 버리지 않고 사용한 것이다. 이러한 까닭으로 능히 그 임금을 도와 천하를 제패한 것이다. 이로 말미암아 보건대 늙은 말을 어찌 소홀히 할 수 있겠는가?"

하면서, 이어 노비 운(雲)에게 명하여 이르기를,

"잘 먹이고 다만 너의 손에 욕 당함이 없도록 하라."

라고 했다.

— 홍우원, 「노마설(老馬說)」 —

31. (가)와 (나)의 공통점으로 가장 적절한 것은?

① 역설적 표현을 통해 주제의 의미를 부각하고 있다.
② 명암의 대비를 통해 대상의 특성을 나타내고 있다.
③ 공간의 이동에 따라 심리 변화의 양상을 드러내고 있다.
④ 음성 상징어를 사용하여 생동감 있게 상황을 제시하고 있다.
⑤ 의문형 어미를 사용하여 전달하고자 하는 내용을 강조하고 있다.

32. <보기>를 바탕으로 (가)를 이해한 내용으로 적절하지 <u>않은</u> 것은? [3점]

<보 기>

이 작품에는 타인의 잘못으로 인해 유배 생활을 하는 작가의 상황이 임을 그리워하는 여성 화자의 모습으로 형상화되어 있다. 화자는 자신이 처한 부정적 상황의 원인을 임이나 자기 자신에게서 찾지 않고 외부의 탓으로 돌리고 있으며, 임과 함께하지 못하는 안타까움과 임에 대한 변치 않는 마음을 노래하고 있다.

① '병이 깁고'와 '돌미나리 흔줌으로 석찬을 ᄒ쟈터니'를 통해 부정적 상황에 놓인 화자의 처지를 알 수 있겠군.
② '님의 거동 친 흔적 업건마는'과 '이 내 몸이 님을 조차 삼기오니'를 통해 화자가 타인의 잘못으로 현재 상황에 처하게 됐음을 알 수 있겠군.
③ '조믈이 새오던가'와 '셰스의 마히 고하'를 통해 화자가 처한 상황의 원인을 외부의 탓으로 돌리고 있음을 알 수 있겠군.
④ '뜰알픠 심근 규화 못피여 시들거다'를 통해 임과 함께하지 못하는 화자의 안타까운 마음을 형상화했음을 알 수 있겠군.
⑤ '대가티 고든 절은 님이 더욱 모르르든'을 통해 임에 대한 화자의 변치 않는 마음을 알 수 있겠군.

33. ㉠과 ㉡에 대한 설명으로 가장 적절한 것은?

① ㉠은 '나'와 '님'의 관계가 소원함을 드러내는 소재이고, ㉡은 '말'과 '주인'의 관계가 밀접했음을 드러내는 소재이다.
② ㉠은 '나'와 '님'의 역할이 바뀌었음을 드러내는 소재이고, ㉡은 '말'과 '주인'의 역할이 확정되었음을 드러내는 소재이다.
③ ㉠은 '나'와 '님'의 갈등이 해소되었음을 드러내는 소재이고, ㉡은 '말'과 '주인'의 갈등이 심화되었음을 드러내는 소재이다.
④ ㉠은 '나'와 '님'의 상황이 변화되었음을 드러내는 소재이고, ㉡은 '말'과 '주인'의 상황이 유지되고 있음을 드러내는 소재이다.
⑤ ㉠은 '나'와 '님'의 현실 인식이 긍정적임을 드러내는 소재이고, ㉡은 '말'과 '주인'의 현실 인식이 부정적임을 드러내는 소재이다.

34. <보기>는 (나)에 나타난 대화를 구조화한 것이다. 이에 대한 이해로 적절하지 <u>않은</u> 것은?

<보 기>

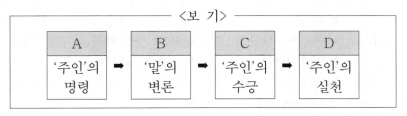

A	B	C	D
'주인'의 명령	'말'의 변론	'주인'의 수긍	'주인'의 실천

① A에서 '주인'은 '말'의 현재 상태를 근거로 '말'이 더 이상 쓸모가 없다고 판단하고 있다.
② B에서 '말'은 과거 행적을 나열하여 자신의 능력이 변하지 않았음을 근거로 A에서 '주인'이 내린 처분이 부당함을 주장하고 있다.
③ B에서 '말'은 자신을 기르고 쓸 수 있는 구체적인 방안을 제시하며 '주인'을 설득하고 있다.
④ C에서 '주인'은 늙은 말도 쓰임이 있다는 내용의 고사를 인용하여 '말'에 대한 자신의 생각이 잘못되었음을 밝히고 있다.
⑤ D에서 '주인'은 A에서 '말'에게 내린 자신의 처분을 번복하여 노비에게 '말'을 잘 보살필 것을 당부하고 있다.

[35~38] 다음 글을 읽고 물음에 답하시오.

"그럼 어쩝니까? 모리*를 압니까? 글을 팔아 호구가 되겠습니까?"

사십이나 되어 보이는 주인은 기름때가 묻은 비행사 옷 같기도 하고 작업복 같은 것을 입고 고무신짝을 끌었다. 이때껏 부엌에서 빈대떡을 지지다가 내다보던 길에 알은체를 한 모양이다.

"빈대떡은 병문 친구 계급에서 해방이 되어 당신 같은 문화인 덕에 출세를 했으나 근대 조선의 신문화를 돼지비계에 지져 내서야 될 말요."

영감은 미소를 띠어 보이며 술잔을 들어 마신다. 영감은 이 사람의 호(號)가 남원(南園)이란 것은 머리에 떠오르는데 그 이름이 생각나지 않아서 자기의 건망증에 짜증이 날 지경이나 어쨌든 십여 년 전에 자력으로 잡지도 경영하고 **신진 작가로 이름을 날리**던 사람이다. 영감은 너무나 의외인 데에 어이가 없고 가엾은 생각이 났다. 잔을 비어 술을 권하니까 주인은 손을 내두르고 주전자를 들어 따라 주며,

"선생님이 이런 세상에 양식집 찻집을 내놓고 ⊙빈대떡집에를 들어오실 줄은 몰랐습니다."

고 웃는다. 주인의 눈에는 미국 갔다 온 이 하이칼라 노신사가 빈대떡 접시를 앞에 놓고 앉았는 것이 가엾어 보였다.

"응! 내가 이렇게 영락하기나, 남원이 **붓대를 던지**고 녹두를 갈고 **지짐을 부치**기나 가엾긴 일반요마는 비프스틱이나 코코아 맛을 본 지도 벌써 퍽 오랬소."

영감은 아끼는 다리를 쉬어 가려고 찻집을 찾아도 보았고, 또 해방 전후 한때는 식당이나 찻집 아니면 발을 들여놓지 않았지마는 근자는 발을 뚝 끊었다.

"그 왜 그러십니까?"

"왜 그러다니? 사시미가 싫듯이 비프스틱도 싫어졌고 사쿠라, 모찌가 싫듯이 초콜릿도 싫어졌구려!"

하고 김관식 영감은 커다랗게 껄껄 웃는다.

[중략 부분 줄거리] 해방 전에는 친일을 하다 해방 직후에는 우익 청년단을 이끄는 재산가 박종렬은 한 청년과 함께 김관식을 찾아온다.

"책두 인젠 그만 보고 차차 속계로 나와 보는 게 어떠신지? 이런 세상에 그래 책 볼 경황이 있더란 말요?"

박종렬 영감은 서고에나 들어온 것 같은 생각으로 주객 세 사람이 무릎을 맞대고 앉을 만한 틈만 남기고, 책으로 꽉 찬 방 안을 돌려다 본다. 이 영감은 김관식이를 융통성 없는 학구쟁이라고 대수롭게 여기지는 않으면서도 가끔 와서 이 ⓛ서재에 들어와 앉으면 어쩐지 기가 눌리는 것을 깨닫는 것이다.

"이 세상이 어떤 세상인지는 모르겠으나 이런 세상이니 책이나 보고 들어앉았는 것 아닌가?"

주인은 냉소를 한다.

"ⓐ그래두 선생님 같으신 선배께서 제일선에 나오셔서 지도를 해 주셔야지요."

앞에 앉은 청년도 이런 소리를 하며 이름도 모를 양서며 한 서가 그뜩 찬 사벽을 둘러본다. 두 주먹을 무릎에 짚고 어깨를 떡 뻐기고 완만스럽게 앉았기는 하나, 길길이 쌓인 책을 보고는 약간 경의를 표하는 말눈치다. 그러나 영감은 처음부터 안하무인인 그 태도가 아니꼽게 보여서 말대꾸도 아니 해 준다.

"실상은 영감을 서재에서 거리로 끌어내리려고 오늘 이렇게 온건데 나서 보지 않으려나?"

청년이 덤덤히 앉았는 것을 보고 박종렬 영감이 한 마디 거든다.

"거리에야 늘 나가네. 오늘도 나가 보았지만 눈에 보이느니, 눈에 들어가느니 먼지뿐이데! **쓰레기통** 속을 헤매느니보다는 이 **한 칸 방**이 내게는 더없는 **선경**이거든!"

"그야 진세(塵世) 아닌가! ……자 그는 그러라 하고 오래간만에 나가 보지 않으려나? 쓰레기통 속 아닌 선경, 지상낙원을 구경시켜 줌세."

하고 박 영감은 술을 먹으러 가자고 권한다.

"그만두겠네. 지금 오다가 다리가 하두 아프기에 빈대떡집에 들어가서 술 석 잔을 마시고 보니 내 세상인 게 있는 듯싶데."

"하하하 영감두 인제는 늙었군! 빈대떡집에 들어가다니."

박종렬 영감의 눈에는 늙은 친구가 가엾어 보였다.

"아닌 게 아니라 나 역시 처음에는 좀 군돈스런 생각도 들데마는 꽃 같은 색시를 데린 청년이 요기를 하고 앉았고 양복 신사가 열좌한 것을 보니 조선 사람 정도에 꼭 알맞은 그릴이요 사교장이라고 하겠데."

"ⓑ그두 그렇죠."

마주 앉았던 청년은 노인네들 객담만 언제까지 듣고 있을 수 없어서 한 마디 장단을 맞추고 얼른 자기의 용건을 꺼낸다.

"오늘 이렇게 뵈러 온 것은 다름 아니라, 제가 무슨 사업을 하나 시작하려는데 좀 도와주십사고 하는 것인데요……."

"무슨 사업을 하시는지? 나 같은 사람의 힘까지 빌어야 한다는 걸 보니 신통치 않은 사업이겠구려."

"ⓒ아니올시다. 신통한 일이기에 선생님께서 출마하여 주십사는 것 아닙니까?"

청년은 이 영감의 말이 겸사 비슷하면서도 자기를 훌뿌리고 면박한 것이 불쾌하건마는 지긋이 참았다.

"출마라니 아직 UN단도 오기 전에 입후보를 하란 말요?"

"영감 입후보할 야심은 있는 게로구려? 그러면 됐소!"

옆에서 빙긋이 웃고만 있던 박종렬 영감이, 무에 되었다는지 말을 가로막으며 나선다.

"별 게 아니라, 이번에 ××**당 성북지구분회**가 조직되는데, 이 사람이 회장의 물망에 올랐으나 될 수 있으면 영감이 나와 주었으면 좋겠다는 물론인데 나가보구려."

알고 보니 가당치도 않은 의논이다.

"온 **당치 않**은 소리! 어느 당이고 간에 **나 같은 사람**이 **정당**에 무슨 아랑곳이 있단 말요?"

주인 영감은 못 들을 소리나 들은 듯이 펄쩍 뛰었다.

"ⓓ분회장이 싫으시면 고문도 좋습니다."

이 청년은 지금 ××청년단장으로 활동하기 때문에 대단히 바빠서 분회장을 겸무할 수 없기에 김관식 영감에게 사양을 하자는 것이나 정 못하겠거든 고문으로라도 이름을 걸어 달라는 것이다. 그것도 물론 성북 지구에서 살고 있으니 이러한 청을 하는 것이라 한다.

"내게는 과분한 천망이나 나는 원체 정치를 모르고 그런 데 취미가 없는 사람이니까 다시는 말씀도 마슈."

김관식 영감은 이러한 이야기는 두 번도 듣기 싫었다. 그는 고사하고 이 청년이 초면에 왜 그리 주짜를 빼고 자기를 위협이나 하러 온 듯싶이 버티나 하였더니 청년단장이란 말에 인제야 알겠다고 속으로 코웃음을 쳤다.

"갑갑한 방 속에 들어앉았느니 소일 삼아 나가보게그려. 사

람은 정치적 동물이라지 않나. **정치 운동하는 사람**이 따로 있던가?"

박종렬 영감이 **또 권해** 본다.

"이 방이 영감 눈에는 갑갑해 보이겠지만 내게는 선경이라 니까! 죽은 뒤의 명정감도 소용없고 술 석 잔과 이 방 한 간 이면 부족할 게 없어! 허허허."

"그렇게 말씀하면 너무나 퇴영적 퇴패적이 아닙니까? ⓔ 삼천 만이 모두 선생 같은 생각이면야 큰일 아닙니까?"

청년이 쇠하여 보인다.

"응, 퇴패, 퇴영은 안 되겠지만 석 잔 술과 한 간 방에 숨으려는 것을 퇴패, 퇴영이라면, 서른 잔 술과 열 간 방에 향락과 권세를 차지해 보겠다는 것은 구국애민의 정치도(政治道)란 거랍디까?"

— 염상섭, 「효풍」 —

* 모리: 도덕과 의리는 생각하지 않고 오직 부정한 이익만을 꾀함.

---

35. 윗글에 대한 설명으로 가장 적절한 것은?

① 장면에 따라 달라지는 서술자가 사건을 여러 각도에서 조명 하고 있다.

② 외부 이야기의 서술자가 자신이 겪은 내부 이야기의 의미를 밝히고 있다.

③ 이야기 밖의 서술자가 등장인물이 특정한 말과 행동을 하는 이유를 설명하고 있다.

④ 서술자가 서술의 초점이 되는 특정 인물의 시선으로 사건을 관찰하여 전달하고 있다.

⑤ 등장인물로 설정된 서술자가 자신의 관점에서 다른 인물들에 대한 견해를 제시하고 있다.

---

36. '김관식'을 중심으로 ㉠과 ㉡을 이해한 내용으로 가장 적절한 것은?

① ㉠은 자신의 의지를 관철하는 공간이고, ㉡은 타인의 입장에 공감하는 공간이다.

② ㉠은 경제적인 피해를 회복하는 공간이고, ㉡은 정신적인 상처를 치유하는 공간이다.

③ ㉠은 유사한 처지의 타인에게 동정을 받는 공간이고, ㉡은 상반된 처지의 타인에게 제안을 받는 공간이다.

④ ㉠과 ㉡ 모두 개인적인 문제에 대한 조언을 구하는 공간이다.

⑤ ㉠과 ㉡ 모두 자신의 상황을 설명하며 타인의 환심을 사려는 공간이다.

---

37. ⓐ~ⓔ에 대한 설명으로 적절하지 <u>않은</u> 것은?

① ⓐ: 상대를 평가하는 말을 담아 상대를 설득하고자 하는 의도가 담겨 있다.

② ⓑ: 상대를 찾아온 목적을 달성하기 위해 자신이 원하는 화제로 전환하려는 의도가 담겨 있다.

③ ⓒ: 상대의 부정적인 반응에 대한 감정을 누르고 상대의 생각을 반박하려는 심리가 담겨 있다.

④ ⓓ: 상대의 반응을 보고 상대에게 더 많은 것을 기대할 수 있다는 심리가 담겨 있다.

⑤ ⓔ: 상대와 동일한 생각을 가진 사람들이 많을 경우를 가정하여 상대의 가치관을 비판하고자 하는 의도가 담겨 있다.

---

38. <보기>를 바탕으로 윗글을 감상한 내용으로 적절하지 <u>않은</u> 것은? [3점]

<보 기>

이 작품은 해방 직후의 혼란한 사회를 사는 인물들의 다양한 현실 대응 방식을 보여 준다. 부도덕한 인물들이 득세하는 현실 속에서 양심을 지키기 위해 노력하는 인물들은 기존의 삶의 방식을 바꾸거나 의도적으로 은둔자적인 삶을 살지만, 자신의 처지에 자괴감을 느끼기도 한다. 반면, 혼탁한 현실을 기회로 여겨 사회 변화에 기민하게 대응하는 인물들은 자신의 이익을 위해 세력을 규합하려 노력한다.

① '신진 작가로 이름을 날리'며 활약하다 '붓대를 던지'고 '지짐을 부치'는 모습에서 기존의 삶의 방식을 바꾼 인물의 상황을 확인할 수 있군.

② '선경'과 '쓰레기통'에 빗대어 '한 칸 방'의 안과 밖에 대한 생각을 말하는 모습에서 인물이 의도적으로 은둔자적 삶을 사는 이유를 확인할 수 있군.

③ 'UN단도 오기 전'에 '××당 성북지구분회'를 조직하려는 모습 에서 사회 변화에 기민하게 대응하는 인물들의 면모를 확인할 수 있군.

④ '나 같은 사람'은 '정당'에 참여하는 것이 '당치 않'다고 말하는 모습에서 초라한 자신의 처지에 자괴감을 느끼는 인물의 심리를 확인할 수 있군.

⑤ '정치 운동하는 사람'이 따로 있냐며 함께 할 것을 '또 권해' 보는 모습에서 자신의 이익을 위해 세력을 규합하려는 의도를 확인할 수 있군.

[39~41] 다음 글을 읽고 물음에 답하시오.

(가)

㉠ 어쩌다 **바람**이라도 와 **흔들면**
울타리는
슬픈 소리로 울었다.

맨드라미, 나팔꽃, 봉숭아 같은 것
철마다 피곤
소리없이 **져 버렸다.**

차운 한겨울에도
㉡ **외롭게 햇살**은
청석(靑石) 섬돌 위에서
낮잠을 졸다 갔다.

할일없이 세월은 흘러만 가고
꿈결같이 사람들은
살다 죽었다.

— 김춘수, 「부재」 —

(나)

다 왔다.
하늘이 자잔히 잿빛으로 바뀌기 시작한
아파트 동과 동 사이로
마지막 잎들이 지고 있다, 허투루루.
바람이 지나가다 말고 투덜거린다.
엘리베이터 같이 쓰는 이웃이
걸음 멈추고 ㉢ **같이** 투덜대다 말고
인사를 한다.
조그만 인사, 서로가 살갑다.

얇은 서리 가운 입던 꽃들 사라지고
땅에 꽂아논 철사 같은 장미 줄기들 사이로
낙엽은 ㉣ **이리저리** 돌아다니고
밟히면 먼저 떨어진 것일수록 소리가 엷어진다.
㉤ **아직** 햇빛이 닿아 있는 **피라칸사 열매**는 더 붉어지고
하나하나 **눈인사하듯 똑똑**해졌다.
더 똑똑해지면 사라지리라
사라지리라, 사라지리라 이 가을의 모든 것이,
시각을 떠나
청각에서 걸러지며.

두터운 잎을 두르고 있던 **나무** 몇이
가랑가랑 **마른기침 소리**로 나타나
속에 감추었던 **가지와 둥치**들을 내놓는다.
근육을 저리 **바싹 말려버린 괜찮은 삶**도 있었다니!
무엇에 맞았는지 깊이 파인 가슴도 하나 있다.
다 나았소이다, 그가 속삭인다.
이런! 삶을, 삶을 살아낸다는 건……
나도 모르게 가슴에 손이 간다.

— 황동규, 「삶을 살아낸다는 건」 —

39. (가), (나)에 대한 설명으로 가장 적절한 것은?

① (가)는 과거와 현재를 대비하며 시상을 전개하고 있다.
② (나)는 상승과 하강의 이미지를 반복하여 주제를 강조하고 있다.
③ (가)와 (나)는 모두 말줄임표로 끝내는 시행을 사용하여 여운을 주고 있다.
④ (가)와 (나)는 모두 자연물에 인격을 부여하여 시적 의미를 나타내고 있다.
⑤ (가)는 명령적 어조를 활용하여, (나)는 영탄적 어조를 활용하여 화자의 정서를 전달하고 있다.

40. ㉠~㉤에 대한 이해로 적절하지 <u>않은</u> 것은?

① ㉠은 규칙적이지 않고 우연한 어떤 시간에 현상이 나타났음을 드러낸다.
② ㉡은 대상이 주어진 환경 속에서 홀로인 상태임을 표현한다.
③ ㉢은 대상의 행위가 혼자만의 행동이 아님을 나타낸다.
④ ㉣은 대상이 규칙적으로 떨어지고 있는 모습을 시각적으로 형상화한다.
⑤ ㉤은 대상의 변화를 이끌어 내는 과정이 끝나지 않고 지속되고 있음을 드러낸다.

41. <보기>를 참고하여 (가), (나)를 감상한 내용으로 적절하지 <u>않은</u> 것은? [3점]

> ─────── <보 기> ───────
> 시인은 관념적 주제를 자연 현상의 속성을 활용하여 형상화한다. (가)에서는 유한한 존재가 지닌 부재의 의미를, 삶과 죽음의 순환적 공존이 일어나는 자연 현상에 대한 정서적 반응을 통해 감각적으로 드러낸다. (나)에서는 삶의 의미를, 소멸하는 자연물이 지닌 생의 감각과 자연과 교감하며 깨달은 일상적인 경험을 세세하게 표현함으로써 드러낸다.

① (가)에서 '사람들'이 '꿈결같이' '살다 죽'는 모습에서 존재의 유한함을 형상화하고 있음을 알 수 있겠군.
② (가)에서 '바람'이 '흔들'면 '울타리'가 '슬픈 소리'로 우는 모습에서 자연 현상에 대한 정서적 반응을 알 수 있겠군.
③ (나)에서 '눈인사하듯 똑똑해'진 '피라칸사 열매'가 '더 똑똑해지면 사라'질 것이라고 하는 모습에서 자연과 교감하며 얻은 깨달음이 드러나 있음을 알 수 있겠군.
④ (가)에서 '햇살'이 '낮잠을 졸다' 사라지는 모습과, (나)에서 '바싹 말'라버린 '나무'의 상태를 '괜찮은 삶'이라고 하는 모습에서 자연현상의 속성을 활용하여 관념적 주제를 형상화하고 있음을 알 수 있겠군.
⑤ (가)에서 '맨드라미' 같은 꽃들이 '철마다 피'고는 '져 버'리는 모습에서 삶과 죽음의 순환적 공존을, (나)에서 '마른기침 소리'를 내던 나무가 새롭게 '가지와 둥치'를 내놓는 모습에서 생의 감각이 소멸한다는 것을 알 수 있겠군.

[42~45] 다음 글을 읽고 물음에 답하시오.

[앞부분 줄거리] 천상의 선관이 두꺼비의 모습으로 지상으로 쫓겨나 박판서의 셋째 딸과 혼인한다. 장인의 회갑이 다가오자 동서들은 두꺼비를 빼고 사냥을 가려고 하지만, 두꺼비도 장인을 졸라서 결국 사냥을 간다.

짐을 지고 돌아오는 ㉠길에 두 동서를 만났다. 동서들이 두꺼비는 돌아보지도 아니 하였으나, 하인 셋이 무겁게 지고 오는 장끼, 까투리를 보고 놀랐다. 하인들이
"두꺼비 서방님이 잡은 것이라."
하였다. 두 동서는 장끼는 고사하고 쥐 한 마리도 잡지 못하였다. 두꺼비가
"자네들은 얼마나 잡았는고?"
하면서 조롱하거늘, 두 동서가 그제야 두꺼비에게 비는 듯이,
"자네는 사냥을 못하여도 관계없거니와 우리는 책망이 있을 것이니, 자네 사냥한 것을 우리에게 주면 어떻겠나?"
라고 하였다. 두꺼비가 말하기를
"내 동서에게 무엇을 아끼리오? 그러나 나는 본시 그런 것을 줄 때 그 사람의 등에 도장을 찍으니, 동서들은 언짢게 생각하지 마오."
하였다. 그래도 두 사람이 사냥한 것을 욕심내니, 두꺼비가 쾌히 허락하며, 필낭에서 필묵을 꺼내어 벼루 뚜껑을 벗기고 먹을 묻혀서 등에다 ⓐ도장을 찍고 종에게 분부하되
"사냥한 짐승들을 다 주어라."
하였다. 하인들이 두꺼비의 명대로 잡은 것을 다 주니, 동서와 여러 하인이 기뻐하였다. 사냥한 짐을 지고 들어가니 집안사람들과 장인과 장모가 칭찬하였다. 뒤늦게 두꺼비가 빈손으로 턱을 덜렁거리며 헐떡헐떡 들어오니, 집안사람들과 노복들이 이르기를
"저런 것이 사냥을 어찌 한단 말인가." 하더라.
그럭저럭 회갑 날이 이르러 마을에 사는 사람이면 상중하 남녀노소 없이 모였는지라. 맏사위와 둘째사위도 참석하여 사수 병풍이며 빛나는 장막 천으로 햇볕을 가리고, 맑고 아름다운 색채를 띄우는 듯한, 춤과 노래, 양금, 거문고를 희롱하며 유유히 좌우로 펼치며 놀았다. 이러한 경사에 두꺼비 내외는 못 오게 하였으니, 그네들이 두꺼비를 매우 미워하기 때문이었다.
이에 두꺼비가 분하여 진언을 외워 그 허물을 벗으니, 하늘에서 청모시 한 필과 하인 열 셋이 내려왔다. 살펴보니 층층다리 무지개 안장에 황금 등자를 걸었으며, 하인들이 치장한 것을 보니 슬렁슬렁 벙거지에 열십자 끈을 넓게 달고 흑띠와 복끈을 둘러메고 육모방망이 등을 거꾸로 잡고 두꺼비에게 문안하였다. 두꺼비 또한 어느 새 선관의 의복을 제대로 갖추었다. 이리하여 ㉡윗문을 나오니 뉘라서 두꺼비인 줄 알리오.
두꺼비가 곧바로 잔치하는 ㉢집 사랑에 들어가 대감께 뵈오니, 대감과 좌중이 모두 그 풍채를 보고 놀라 입을 다물지 못하였다. 대감이 말하기를
"어디에 계시며 뉘 댁 사람입니까?" 하니, 두꺼비가 답하기를
"소생은 평안도 송천부에 사는데, 대대로 부린 종 두 놈을 잃고 찾지 못하였더니, 소문을 들으니 이 댁에 왔다 하기로 불원천리하고 찾아왔습니다."
(중략)
두 동서를 가리키며,
"저 놈들이 나의 종이로소이다."
하였다. 대감이 기가 막혀 옷을 벗기고 보니 과연 그 표가 완연한지라. 두꺼비가 호령하여 말하기를
"저 두 놈을 잡아 결박하라."

하는 소리가 천지를 진동시켰다. 하인이 달려들어 거행하자 두꺼비가 호령을 더욱 추상같이 하는데, 뉘라서 능히 그것을 말리리오? 두꺼비가 호령하기를
"너희가 옷과 밥이 부족하다고 상전을 배반하고 도망하여, 양반에게 장가를 들어 제법 사랑에 앉았다만 어찌 망녕치 아니하리오?"
또 호령하기를
"종놈을 매달아 항복을 받도록 하라."
하는 소리가 천지를 뒤흔드는 듯하였다.
안에서 부인이 이 말을 듣고 통곡하기를
"팔자도 무상하여 딸 하나는 두꺼비 사위를 보고, 딸 둘은 남의 종놈 사위를 보게 되었나!"
하였다. 잔치는 성대하나 분위기는 초상난 집 같더라.
이때 두 사위가 장인께 아뢰기를
"저 사람에게서 한때 도장이나 표를 받은 일은 따로 없고, 우리들이 지난날 사냥 갔을 때에 두꺼비 동서를 만나서 이리이리 하였습니다."
라고 자백하였다. 놀란 대감이 급히 하인을 시켜 두꺼비 사위를 데려오라 하였다. 그러나 곳곳을 찾아도 없는지라. 대감에게 찾지 못함을 아뢰니 대감이 더욱 놀라서 하인을 모두 풀어 사방으로 찾는데, 두꺼비는 벌써 형체를 변형하고 있었으니 두꺼비를 어디에 가서 찾으리오?
그때서야 두꺼비가 마음을 가라앉히고 대감께 절하며
"대감은 너무 근심 마십시오. 제가 두꺼비 사위로소이다."
하였다. 대감이 깜짝 놀라며 반기기를
"두꺼비 사위가 그대인가? 무슨 연고로 두꺼비 허물을 쓰고 사람을 그다지 속이느냐?"
두꺼비가 장인에게 말하기를
"소생은 본디 두꺼비의 모양이 아니라 천상에서 비를 내려주는 선관이었더니, 인간에 비를 잘못 내린 죄로 옥황상제께서 허물을 씌워 인간에 내쳐서 어부 노인에게 수양자가 되도록 하였습니다. 대감의 사위가 된 것은 다름이 아니라, 대감께서 젊은 시절 벼슬할 때에 애매한 사람을 많이 죽인 죄로 두꺼비 사위를 점지하고 자손을 없게 한 것입니다."
하니, 그제야 대감이 즐겁기도 하고 한편 슬프기도 한 마음을 그치지 못하였다. 부인도 이 말을 듣고는 마음을 진정치 못하며 기뻐하고 칭찬하여 말하기를
"저러한 인물로 그 흉한 허물을 쓰고 있었던가! 내 딸 월성은 벌써 알았을 것이건만 그런 말을 추호도 하지 않았으니, 저런 줄 뉘 알았으리요?" 하며 대단히 기뻐하였다.
"저렇게나 좋은 풍채가 이 세상에 어디에 있으리오."
하고 반기며 좋아하니, 뉘 아니 부러워하리오?
선관이 두 동서를 돌아보고 말하기를
"그대들은 나를 너무 업신여긴 죄로 욕을 보였노라."
하였다. 뒤이어 선관이 빈 상자를 장인에게 올리고는 말하기를
"이것을 간수해 두면 부귀할 것이니 잘 간수하소서."
하고는 곧 소저를 불러 자초지종을 알렸다.
얼마 지나지 않아 뇌성벽력이 진동하면서 천상에서 ⓑ옥으로 된 가마가 내려오거늘 선관이 장인장모에게
"정히 섭섭하오나 천명을 이기지 못하고 ㉣천상으로 올라가니 어찌할 도리가 없습니다. 만수무강 하십시오." 하였다.

- 작자 미상, 「두껍전」 -

42. 윗글에 나타난 서술상의 특징으로 적절한 것은?

① 섬세한 배경 묘사를 통해 작중 상황을 희화화하고 있다.
② 시간의 역전을 통해 인물의 심리 변화를 보여 주고 있다.
③ 대화를 통해 이전에 일어난 사건의 정황을 드러내고 있다.
④ 꿈과 현실의 교차를 통해 앞으로 일어날 사건을 암시하고 있다.
⑤ 현실 세태와 자연물의 대비를 통해 당대 사회상을 비판하고 있다.

43. <보기>는 윗글의 내용을 공간을 중심으로 도식화한 것이다. 이에 대한 설명으로 적절하지 않은 것은?

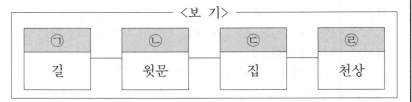

─────── <보 기> ───────
| ㉠ | ㉡ | ㉢ | ㉣ |
| 길 | 윗문 | 집 | 천상 |

① ㉠에서 두꺼비는 동서들의 부탁을 들어주고 있다.
② ㉡의 안쪽에서 분노한 두꺼비는 하인들을 불러 ㉠에서 있었던 일에 대해 문책을 하고 있다.
③ ㉡에서 ㉢으로 이동한 두꺼비를, 대감은 자신의 사위라고 인식하지 못하고 있다.
④ ㉢에서 부인은 두꺼비에 대한 생각을 바꾸게 된다.
⑤ ㉢에서 ㉣로 가기 전에 두꺼비는 장인에게 간직할 물건을 주고 있다.

44. ⓐ와 ⓑ에 대한 이해로 가장 적절한 것은?

① ⓐ는 인물이 칭찬을 받기 위한 수단이고, ⓑ는 인물이 벌을 내리기 위한 수단이다.
② ⓐ는 계획한 일을 실현하기 위한 수단이고, ⓑ는 명령을 이행하는데 쓰이는 수단이다.
③ ⓐ는 과거의 부귀했던 처지를 드러내는 수단이고, ⓑ는 현재의 곤궁한 처지를 밝히는 수단이다.
④ ⓐ는 위기 상황을 알리기 위한 수단이고, ⓑ는 위험 상황에서 벗어났음을 알려주기 위한 수단이다.
⑤ ⓐ는 상대방에 대한 경계심을 나타내는 수단이고, ⓑ는 상대방에 대한 거부감을 드러내기 위한 수단이다.

45. <보기>를 참고하여 윗글을 감상한 내용으로 적절하지 않은 것은? [3점]

─────── <보 기> ───────
이 작품은 천상에서 쫓겨난 인물이 지상의 삶을 살아간다는 내용의 적강 모티프와 사위가 처가에서 인정받지 못한다는 내용의 사위 박대담이 결합되어 나타난다. 초월적 존재에게 볼품없는 외양을 부여받은 주인공은 지상에서 가족들에게 소외되는 등의 박대를 당하며 속죄의 과정을 거친다. 이 과정에서, 정체를 숨긴 채 뛰어난 능력을 발휘하던 주인공은 정체를 밝힌 후 가족들의 인정을 받고 다시 천상으로 돌아가게 된다.

① 두꺼비가 진언을 외워 하늘에서 하인이 내려오는 장면에서, 숨기고 있었던 주인공의 정체를 확인할 수 있겠군.
② 부인이 마음을 진정치 못하며 두꺼비의 외양을 언급하는 장면에서 가족들에게 인정받는 모습을 확인할 수 있겠군.
③ 회갑 날 두꺼비 내외를 못 오게 한 장면에서 가족 구성원으로부터 박대를 당하는 주인공의 모습을 확인할 수 있겠군.
④ 동서들에게 자신이 사냥한 것을 주는 장면에서 속죄를 위해 뛰어난 능력을 발휘하는 주인공의 모습을 확인할 수 있겠군.
⑤ 두꺼비가 장인에게 자신의 죄에 대해 이야기하는 장면에서 주인공이 천상에서 쫓겨나 지상의 삶을 살게 된 이유를 확인할 수 있겠군.

---

* 확인 사항
ㅇ 답안지의 해당란에 필요한 내용을 정확히 기입(표기)했는지 확인하시오.

2021학년도 11월 고2 전국연합학력평가 문제지 1

제 1 교시

국어 영역

12회

● 문항수 45개 | 배점 100점 | 제한 시간 80분 ● 점수 표시가 없는 문항은 모두 2점

12회

[1~3] 다음은 학생의 발표이다. 물음에 답하시오.

조선의 수도가 한양이라는 것은 대부분 알고 계시겠지만 한양도성에 대해서 관심이 있는 분들은 드물 것이라고 생각합니다. 먼저 여기를 봐주세요. (동영상 제시) 영상 속 장소가 바로 한양도성인데요. 많은 사람들이 살고 있는 도시에 이처럼 옛 성벽의 형태가 유지되고 있는 경우를 다른 나라에서는 찾아보기 힘듭니다. 그래서 저는 '한양도성에 남겨진 우리 역사의 흔적'이라는 주제로 발표를 준비했습니다.

(사진 제시) 이 사진은 실제 한양도성 성벽의 한 구간을 촬영한 것인데요. 이처럼 성돌의 모양이 다양하게 나타나는 이유가 무엇인지 궁금하지 않으신가요? 이것은 성벽을 쌓은 시대가 다르기 때문입니다. 가장 아래층은 조선 건국 초 태조 때에 쌓은 것입니다. 짧은 기간에 극심한 추위 속에서 공사가 진행되다 보니 다듬지 않은 자연석을 그대로 활용하여 축성 방법이 거칠었지요. 그 후 홍수 등으로 성벽이 많이 유실되었는데 세종 때에 이를 보수하였습니다. (화면을 가리키며) 바로 이 부분입니다. 비교적 잘 다듬은 돌을 크기별로 쌓았습니다. 그리고 맨 위쪽에 보이는 정사각형으로 다듬어진 돌들은 숙종 때에 쌓은 것입니다. 이때에는 전쟁 이후 무너진 성벽을 본격적으로 보수했습니다.

그리고 성벽을 자세히 들여다보면 각자성석을 찾을 수 있습니다. 각자성석에 대해서는 처음 들어보실 텐데요. (사진을 확대하여 제시) 이렇게 글자가 새겨져 있는 성돌을 각자성석이라고 합니다. 그렇다면 각자성석에는 어떤 내용이 새겨져 있을까요? (청중의 반응을 확인한 후) 각자성석에는 도성의 축성과 관련된 정보가 기록되어 있습니다. (사진 제시) 태조 때에는 이처럼 축성 구간을 구분하는 정도만 표시하였습니다. 그러다 세종 때에 가면 이렇게 고을 이름도 밝히고 숙종 때에 이르러서는 여기 보이는 것처럼 책임자의 이름까지 밝히게 됩니다. 이를 보면 시대가 흘러감에 따라 도성의 관리를 더욱 철저히 했다는 것을 알 수 있습니다.

이러한 한양도성이 일제강점기와 전쟁을 겪으면서 상당 부분 훼손되는 아픔을 겪기도 하였습니다. (사진 제시) 오랜 복원 노력으로 옛 모습에 가깝게 정비되었지만 지금 보시는 사진처럼 아직도 훼손된 성벽이 남아 있습니다. 선조들의 축성 기술과 역사를 확인할 수 있는 한양도성이 온전한 모습을 지켜갈 수 있도록 관심을 가지시면 좋겠습니다. 제 발표를 들어주셔서 감사합니다.

1. 발표자의 말하기 방식에 대한 설명으로 가장 적절한 것은?

① 자료의 출처를 밝혀 발표 내용의 신뢰성을 높이고 있다.

② 전문가의 말을 인용하여 정보의 객관성을 확보하고 있다.

③ 발표 내용과 관련된 질문을 하여 청중의 주의를 환기하고 있다.

④ 청중의 이해도를 점검하며 발표를 마무리하여 주제를 강조하고 있다.

⑤ 청중의 요청에 따라 발표 내용에 대한 정보를 추가하여 청중의 이해를 돕고 있다.

2. 다음은 학생이 발표를 하기 위해 작성한 발표 계획서의 일부이다. 발표 내용에 반영되지 <u>않은</u> 것은?

발표 계획서		
발표 상황 분석		매체 활용 계획

청중 분석	주제에 대한 관심이 부족할 것임.	→	흥미를 유발하기 위해 옛 성벽의 형태를 유지하고 있는 한양도성의 모습을 담은 동영상 자료를 활용해야지. …①
	성벽을 이루고 있는 성돌의 모양이 다양한 이유를 궁금해할 것임.	→	거듭된 보수로 인해 성벽의 한 구간에 다양한 모양의 성돌이 나타남을 알려 주기 위해 사진 자료를 제시하며 시기별 성벽의 특징을 언급해야지. …②
	각자성석에 대해서 사전에 들어 본 적이 없을 것임.	→	각자성석이 무엇인지 알려 주기 위해 사진 자료를 확대하여 성돌에 글자가 새겨진 것을 보여 줘야지. …③
제재 분석	각자성석에 여러 가지 정보가 담겨 있음.	→	한양도성의 축성에 대한 기록이 담긴 각자성석의 사진 자료를 시대별로 차례차례 설명해야지. …④
	한양도성 성벽 중 일부 훼손된 구간이 있음.	→	훼손된 성벽을 사진 자료로 제시하며 오늘날 한양도성을 복원하기 위한 방안을 제시해야지. …⑤

3. 다음은 위 발표를 들은 두 학생의 메모이다. '학생 1'과 '학생 2'의 메모를 분석한 것으로 적절하지 <u>않은</u> 것은?

학생 1	학생 2
○ 당시 도성의 관리에 심혈을 기울였다는 것을 각자성석을 통해 알 수 있다는 점이 매우 흥미로웠어.	○ 지난번 한양도성에 갔을 때도 각자성석에 대한 지식을 알고 갔으면 좋았을 텐데.
○ 다른 나라는 도시에 옛 성벽의 형태가 잘 유지되고 있지 않다고 하는데 실제 사례가 없어서 이해하기 어려웠어.	○ 조선 건국 초기 한양도성을 축성하는 과정 중에 겪었던 어려움에는 어떤 것들이 더 있었을까.
○ 한양도성이 옛 모습에 가깝게 정비되었다고 했는데 현대에는 어떤 기술로 복원하였을까.	○ 태조, 세종, 숙종 때 외에 다른 시기의 축성에 대한 언급이 없어서 조선시대의 전반적인 축성 기술에 대해 알기 어려웠어.

① '학생 1'은 발표에서 새롭게 알게 된 정보를 긍정적으로 생각하고 있군.

② '학생 2'는 발표 내용을 자신의 경험과 관련지어 생각하고 있군.

③ '학생 1'과 '학생 2'는 모두, 발표에서 제시된 정보가 부족하다고 생각하고 있군.

④ '학생 1'과 '학생 2'는 모두, 발표에서 들은 내용과 관련된 궁금한 점을 드러내고 있군.

⑤ '학생 1'과 '학생 2'는 모두, 발표에서 제시된 자료를 언급하면서 기존 지식을 수정하고 있군.

[4 ~ 7] (가)는 토론의 일부이고, (나)는 청중으로 참여한 학생이 '토론 후 과제'에 따라 쓴 초고이다. 물음에 답하시오.

(가)

사회자: 이번 시간에는 '서책 교과서를 디지털 교과서로 교체하는 것이 바람직하다.'라는 논제로 토론을 진행하겠습니다. 찬성측이 먼저 입론해 주신 후 반대 측에서 반대 신문해 주십시오.

찬성 1: 저희는 서책 교과서를 디지털 교과서로 교체하는 것이 바람직하다고 생각합니다. 디지털 교과서는 여러 권의 교과서에 담긴 정보를 하나의 디지털 기기에 넣어 활용하는 방식으로 이용됩니다. 따라서 서책 교과서보다 휴대가 간편하고, 교과서에 연동된 멀티미디어 자료나 인터넷 자료를 활용하여 손쉽게 심화 학습을 할 수 있어 편리합니다. 또 서책을 만드는 데 필요한 종이나 인쇄와 관련된 비용을 아낄 수 있어 경제적입니다. 그리고 종이 생산을 위한 벌목으로 숲이 황폐해지는 것을 막아 환경을 보호할 수 있습니다.

반대 2: 서책 교과서를 디지털 교과서로 교체하면 환경을 보호할 수 있다는 말씀은 서책 교과서 사용이 환경을 파괴한다는 의미입니까? ⎤
찬성 1: 네, 맞습니다. 　　　　　　　　　　　　⎦[A]

반대 2: 독일과 미국의 환경 단체 자료에 따르면 디지털 교과서를 보기 위해 사용하는 디지털 기기는 제작부터 사용까지 평균 130kg의 이산화탄소를 배출하고 서책은 4kg을 배출한다고 합니다. 그래도 디지털 교과서가 서책 교과서보다 환경을 보호한다고 생각하십니까? ⎤[B]
찬성 1: 디지털 기기의 이산화탄소 배출량을 서책의 이산화탄소 배출량과 단순 비교하면 디지털 기기가 환경에 훨씬 유해해 보입니다. 그러나 서책과 달리 디지털 기기는 고정된 양의 이산화탄소를 배출하기 때문에 기기를 오래 사용할수록 환경 보호에 도움이 된다고 할 수 있습니다. ⎦

사회자: 이번에는 반대 측에서 입론해 주신 후 찬성 측에서 반대 신문해 주십시오.

반대 1: 저희는 서책 교과서를 디지털 교과서로 교체하는 것은 바람직하지 않다고 생각합니다. 디지털 교과서는 인터넷이나 전기 등 디지털 교과서 활용에 필요한 여건이 갖추어지지 않으면 오히려 학습에 불편을 줄 수 있습니다. 또 서책 교과서와 달리 콘텐츠 제작에 많은 예산이 투입되고, 디지털 교과서 사용 여건을 조성하고 유지하는 데에도 많은 예산이 들기 때문에 경제적이지 않습니다. 그리고 디지털 기기는 서책에 비해 많은 이산화탄소를 배출하고, 더구나 폐기 시 독성 화학 물질을 배출하여 환경에 더 유해합니다.

찬성 1: 미국, 캐나다 등 여러 나라에서는 디지털 교과서로 교체하며 4차 산업혁명 시대에 맞는 교육 환경을 조성하고 있습니다. 우리 사회도 장기적인 관점에서 시대가 요구하는 교육을 하는 것이 훨씬 경제적이라고 생각하지 않으십니까? ⎤[C]
반대 1: 저도 장기적인 관점에서 시대가 요구하는 교육을 해야 한다는 것에는 동의합니다. 하지만 서책 교과서를 사용하면서 필요에 따라 다양한 자료를 선택하여 활용할 수 있게 교육한다면 4차 산업혁명 시대에 필요한 정보처리 역량을 키울 수 있습니다. 그런 의미에서 디지털 교과서보다 서책 교과서를 이용하는 것이 더 경제적이라고 할 수 있습니다. ⎦

　　토론 후 과제: 디지털 교과서 도입과 관련한 사회적 현안에 대해 비평하는 글 쓰기

(나) 학생의 초고

　요즘 세대들을 두고 '디지털 네이티브'라고 일컫는다. 이들은 태어나서부터 디지털 환경에서 성장하였기 때문에 인쇄 매체보다는 디지털 기기를 통해 정보를 습득하는 것에 더 익숙하다. 그러므로 이들에게 맞는 새로운 교육적 방법을 찾아야 한다는 점에서 서책 교과서를 디지털 교과서로 교체하는 것에 대한 논의는 반드시 필요하다.

　디지털 교과서는 여러 권의 교과서에 담긴 정보를 하나의 디지털 기기에 넣어 활용함으로써 학습자의 다양한 학습 활동을 지원할 수 있다. 교과서에 연동된 자료를 활용한 심화 학습뿐만 아니라 온라인 커뮤니티와의 연계를 통해 다른 학습자와의 협력 학습이 가능하다. 또한 학습자가 스스로 자신의 학습을 관리 할 수 있어 개별화 학습에 유리하다. 이러한 점에서 서책 교과서는 디지털 교과서로 교체하는 것이 바람직하다.

　하지만 여전히 디지털 교과서 도입에 대해 우려하는 사람들이 있다. 이들은 디지털 교과서 도입에 드는 막대한 비용을 고려했을 때, 서책 교과서보다 디지털 교과서를 사용하는 것이 더 큰 교육적 효과를 얻을 수 있는지 의문을 제기한다. 서책 교과서가 4차 산업혁명 시대에 필요한 정보처리 역량 및 비판적, 창의적 사고력을 키우는 데 더 효과적이라고 보는 것이다.

　이러한 디지털 교과서 도입에 따른 우려를 인식하고 이를 보완하는 노력이 필요하다. 학생들의 다양한 사고력을 키울 수 있는 양질의 콘텐츠 개발이 뒷받침되면 성공적으로 디지털 교과서를 도입할 수 있을 것이라 생각한다. (　　　　⊙　　　　)

4. (가)의 입론을 쟁점별로 정리한 내용으로 적절하지 <u>않은</u> 것은?

> **[쟁점 1] 디지털 교과서는 편리한가?**

▶ 찬성 1: 디지털 교과서가 휴대하기 쉽고, 연동된 멀티미디어 자료나 인터넷 자료를 활용해 심화 학습이 용이함을 밝히고 있다.
▶ 반대 1: 디지털 교과서 활용에 필요한 여건들을 제시하며 그러한 여건이 충족되지 않을 경우 학습에 제약이 있을 수 있음을 밝히고 있다. ·················· ①

> **[쟁점 2] 디지털 교과서는 경제적인가?**

▶ 찬성 1: 서책 교과서 제작에 들어가는 비용을 절감할 수 있다는 것을 근거로 들어 디지털 교과서가 경제적이라는 자신의 주장을 강조하고 있다. ·················· ②
▶ 반대 1: 디지털 교과서가 경제적이지 않다는 것을 서책 교과서와 비교하며 강조하고 있다. ·················· ③

> **[쟁점 3] 디지털 교과서는 환경을 보호하는가?**

▶ 찬성 1: 디지털 교과서는 종이를 사용하지 않아, 나무를 베는 일이 줄어들어 환경 보호의 효과가 있음을 밝히고 있다. ··········· ④
▶ 반대 1: 디지털 교과서를 사용할 때 이산화탄소가 배출되는 원리를 설명하여 디지털 교과서가 환경에 유해함을 밝히고 있다. ···· ⑤

5. [A] ~ [C]에 대한 설명으로 가장 적절한 것은?

① [A]의 반대 2는 진술 내용에 이의를 제기하며 실현 가능한 방안을 추가하고 있다.

② [B]의 반대 2는 상대측이 제시한 자료에 대해 의문을 제기하며 수치의 명확성을 확인하고 있다.

③ [B]의 찬성 1은 상대측의 발언 내용이 공정하지 못함을 지적하며 자신의 주장이 타당함을 강조하고 있다.

④ [C]의 찬성 1은 다른 나라들의 현황을 예로 들며 자신의 논지를 강화하기 위해 질문하고 있다.

⑤ [C]의 반대 1은 상대측의 의견에 일부 동조하며 사실 관계를 확인 할 수 있는 자료를 추가로 요구하고 있다.

6. (가)를 바탕으로 (나)를 쓰기 위해 세운 글쓰기 계획 중, (나)에 반영되지 <u>않은</u> 것은? [3점]

① 토론의 논제와 관련된 사회적 배경을 떠올리며 변화된 사회상을 제시해야겠어.

② 토론에서 언급되지 않은, 디지털 환경에 익숙한 세대를 지칭하는 용어를 제시해야겠어.

③ 토론에서 언급된, 디지털 교과서로 키울 수 있는 정보처리 역량에 대한 구체적 예를 추가로 제시해야겠어.

④ 토론에서 언급된, 디지털 교과서를 도입하여 사용자가 얻게 되는 교육적 효과를 확장하여 제시해야겠어.

⑤ 토론에서 언급되지 않은, 디지털 교과서의 성공적 도입을 위한 양질의 콘텐츠 개발이 필요함을 제시해야겠어.

7. 다음은 초고를 읽은 선생님의 조언이다. 이를 반영하여 ㉠을 작성한 내용으로 가장 적절한 것은?

> "디지털 교과서 도입의 기대 효과를 비유적 표현을 활용하여 제시하면서 글을 마무리하면 어떨까요?"

① 철저히 준비하여 디지털 교과서를 도입해야 변화하는 시대에 적합한 인재를 양성할 수 있다.

② 서책 교과서만이 옳다는 생각에서 벗어나 거스를 수 없는 물결인 디지털 교과서 도입에 모든 역량을 모아야 한다.

③ 디지털 교과서의 도입은 동전의 양면과 같다는 것을 기억하며 이를 보완하기 위한 노력을 게을리하지 말아야 한다.

④ 디지털 교과서의 성공적인 도입은 4차 산업혁명 시대를 이끌어 갈 인재 양성의 길을 찾아가는 디지털 나침반이 될 것이다.

⑤ 디지털 교과서를 도입하면 디지털 기기 활용에 익숙한 학생들이 능동적으로 학습에 참여할 수 있는 교육 환경이 조성될 수 있다.

[8 ~ 10] (가)는 작문 상황이고, (나)는 (가)에 따라 쓴 학생의 초고이다. 물음에 답하시오.

(가) 작문 상황

○ 글의 목적: 아이스 팩으로 인해 발생하는 환경 문제에 대한 관심 촉구

○ 글의 주제: 아이스 팩의 폐기 과정에서 일어나는 환경 오염 문제와 이에 대한 해결 방안

○ 예상 독자: 우리 학교 학생들

(나) 학생의 초고

최근 신선 식품을 집으로 배송받는 문화가 확산됨에 따라 식품의 변질을 막기 위해 사용되는 아이스 팩의 생산량도 급증하고 있다. 아이스 팩은 일반적으로 미세 플라스틱의 일종인 고흡수성 수지를 활용하여 만들어지는데, 한번 사용된 후 버려지는 경우가 많아 폐기 과정에서 환경을 오염시킨다.

먼저 아이스 팩을 소각할 경우, 고흡수성 수지의 특성상 불완전 연소로 인해 그을음과 일산화탄소가 발생하여 대기를 오염시킨다. 또한 땅에 매립하여 폐기하더라도 토양을 오염시킬 수 있다. 마지막으로 싱크대나 변기에 내용물을 버릴 경우 하천과 바다를 오염시키는 것은 물론, 먹이 사슬을 거쳐 인간이 이를 다시 섭취하게 되는 문제가 발생한다.

아이스 팩의 폐기 과정에서 발생하는 이러한 환경 오염 문제를 해결하기 위해서는 정부, 기업, 가정의 노력이 필요하다. 우선 정부는 아이스 팩의 전국적인 수거 체계를 구축해야 한다. 수거한 아이스 팩을 필요로 하는 곳에 다시 공급하여 재사용률을 높인다면 각종 환경 오염 문제를 줄일 수 있을 것이다. 다음으로 기업은 제품 배송 시 사용하는 아이스 팩을 친환경 소재의 아이스 팩으로 대체하여 사용하도록 노력해야 한다. 친환경 아이스 팩은 주재료로 물, 전분, 소금 등을 활용하여 환경에 미치는 영향이 상대적으로 적기 때문이다. 마지막으로 가정에서는 더 이상 사용하지 않는 아이스 팩은 수거함에 배출하여 재사용에 적극 동참해야 한다. 이는 일회성으로 사용되고 버려지는 아이스 팩의 양을 줄인다는 측면에서 자원 순환의 효과를 거둘 수 있다.

[A] ┌ 우리 생활에 많은 편의를 주고 있음은 분명하다. 하지만 아이스 팩 없이는 신선 식품이 생산되기 힘들다. 그러므로 문제 해결을 위해 정부, 기업, 가정의 협력이 필요하다.

8. (가)를 바탕으로 세운 글쓰기 계획 중 (나)에 활용된 것은?

① 글의 목적을 분명히 하기 위해 환경 문제에 대한 상반된 견해를 비교하여 제시해야겠어.

② 글의 목적을 강조하기 위해 아이스 팩이 일으키는 환경 오염 문제를 유형별로 분류하여 제시해야겠어.

③ 글의 주제를 부각하기 위해 아이스 팩 수거 체계의 운영 현황을 제시해야겠어.

④ 예상 독자의 실천을 촉구하기 위해 친환경 아이스 팩의 구매 방법에 대하여 제시해야겠어.

⑤ 예상 독자의 흥미를 유발하기 위해 우리 학교 학생을 대상으로 한 설문 조사 결과를 제시해야겠어.

9. 다음은 학생이 (나)를 보완하기 위해 추가로 수집한 자료이다. 자료의 활용 방안으로 적절하지 않은 것은? [3점]

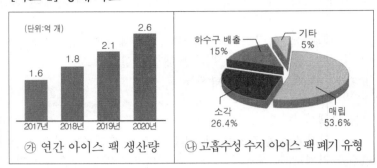

[자료 1] 통계 자료

(단위:억 개)
2017년 1.6
2018년 1.8
2019년 2.1
2020년 2.6
㉮ 연간 아이스 팩 생산량

하수구 배출 15%
기타 5%
소각 26.4%
매립 53.6%
㉯ 고흡수성 수지 아이스 팩 폐기 유형

[자료 2] 신문 기사

　아이스 팩에 사용되는 고흡수성 수지는, 미세 플라스틱의 일종이기 때문에 땅에 묻었을 때 자연 분해되는 데만 무려 500년 이상 걸린다. 이런 문제를 해결하고자 친환경 아이스 팩을 사용하는 기업도 있다. 업체 관계자에 따르면 친환경 아이스 팩 사용은 친환경 마케팅의 일환으로, 기업의 사회적 책임을 보여 준다는 점에서 고객 만족도를 향상시켜 매출 증대로 이어지는 효과가 나타나고 있다고 한다.

[자료 3] 환경 단체 인터뷰

　"아이스 팩을 버릴 경우 현재 분리배출 규정에 따르면, 아이스 팩은 일반 쓰레기로 분류되기 때문에 종량제 봉투에 버리는 것이 바람직합니다. 하지만 다 쓴 아이스 팩을 버리지 않고 가정 내에서 재활용하는 방법도 있습니다. 바로 토양 보수제로 활용하는 방법인데요. 화분에 물을 충분히 준 뒤에 아이스 팩의 내용물을 올려두면 고흡수성 수지가 수분의 증발을 막으면서 물을 공급해 오랫동안 물을 주지 않아도 화분이 촉촉한 상태로 유지됩니다."

① [자료 1-㉮]를 활용하여 최근 아이스 팩의 생산량이 급증하고 있다는 내용을 뒷받침하는 근거로 제시해야겠다.

② [자료 2]를 활용하여 친환경 아이스 팩으로의 대체가 기업에 이익이 된다는 것을 기업의 노력을 강조하는 내용으로 사용해야겠다.

③ [자료 3]을 활용하여 아이스 팩을 이용한 생활용품을 만들 수도 있다는 것을 가정에서의 해결 방안으로 추가해야겠다.

④ [자료 1-㉯]와 [자료 2]를 활용하여 고흡수성 수지 아이스 팩을 매립하여 폐기하는 경우가 있다는 것과 미세 플라스틱이 자연 분해되는 데 소요되는 기간을 제시하며 대기 오염 문제의 심각성을 강조해야겠다.

⑤ [자료 1-㉯]와 [자료 3]을 활용하여 아이스 팩을 버리는 방법을 잘못 알고 있던 사람들을 위해 올바른 분리수거 규정을 홍보해야 한다는 내용을 정부에서의 해결 방안으로 추가해야겠다.

10. <보기>는 [A]를 고쳐 쓴 글이다. [A]를 고쳐 쓰기 위해 친구들이 조언한 내용 중 <보기>에 반영되지 않은 것은?

< 보 기 >

　아이스 팩이 우리 생활에 많은 편의를 주고 있음은 분명하다. 하지만 이를 폐기하는 과정에서 발생하는 문제점을 해결하지 않는다면 환경에 심각한 악영향을 끼칠 것이다. 그러므로 문제 해결을 위해 정부, 기업, 가정이 함께 손에 손을 잡고 협력할 필요가 있다.

① 서술어와의 호응을 고려하여 생략된 주어를 밝혔으면 좋겠어.
② 글의 전체적인 흐름과 어울리지 않는 문장은 삭제했으면 좋겠어.
③ 설득력을 높이기 위해 제재가 가지고 있는 장점을 추가했으면 좋겠어.
④ 관용적 표현을 활용하여 각 주체들의 협력을 강조하는 방식으로 글을 마무리했으면 좋겠어.
⑤ 문제 상황에 대한 가정과 예상되는 결과를 추가로 언급하여 상황의 심각성을 부각했으면 좋겠어.

[11 ~ 12] 다음 글을 읽고 물음에 답하시오.

　부사어는 문장 구성에 부속적인 성분으로 주로 용언을 꾸며 주는 말이다. 부사어는 수식 범위에 따라서 성분 부사어와 문장 부사어로 나눌 수 있다. 성분 부사어는 문장의 특정한 성분을 수식하는 부사어이다. 이때 문장의 특정한 성분이란 서술어나 관형어, 부사어 등을 일컫는다. 문장 부사어는 문장 전체를 수식하는 부사어인데 이들 중 일부는 특정 표현과 호응 관계를 이루기도 한다. 부사어 중에는 문장과 문장을 이어 주는 기능을 하는 접속 부사어도 있는데, 일반적으로 문장 부사어에 포함된다.

　부사어는 수의적 성분이지만 간혹 서술어가 필수적으로 요구하는 성분이 되기도 한다. '동생이 귀엽게 군다.'와 '민들레는 씀바귀와 비슷하다.'에서 '귀엽게'와 '씀바귀와'가 없으면 각각의 문장은 불완전한 문장이 된다.

　부사어는 주로 세 가지 방식으로 형성된다. 첫 번째는 부사가 그대로 부사어가 되는 것이다. 두 번째는 용언의 어간에 부사형 어미가 붙어 부사어가 되는 것이다. 세 번째는 체언에 부사격 조사가 붙어 부사어가 되는 것이다. 이때 부사격 조사는 종류가 매우 다양하며, 같은 형태의 부사격 조사라고 해도 문맥에 따라 다양한 의미로 사용되기도 한다. '바람에 꽃이 지다.'에서 '에'는 '원인'을 의미하지만, '오후에 운동을 한다.'에서 '에'는 '시간'을 의미하는 것이 이와 같은 예이다.

[A]　중세 국어의 부사격 조사는 현대 국어와 유사한 방식으로 나타나는 경우가 많았지만, 일부 부사격 조사에서는 현대 국어와 다른 양상을 보이기도 한다. 그중 대표적인 것으로는 '애/에/예, 익/의', '익로/으로', '라와', '이' 등이 있다. 첫 번째로 '장소'의 의미를 나타내는 부사격 조사인 '애/에/예'는 결합한 체언의 끝음절 모음이 양성 모음이면 '애', 음성 모음이면 '에', 'ㅣ'나 반모음 'ㅣ'이면 '예'가 쓰였는데, 특정 체언들 뒤에서는 '익/의'로 쓰이기도 했다. 두 번째로 '익로/으로'는 '출발점'의 의미를 나타내는 부사격 조사로 쓰였는데, 현대 국어에서는 '으로'가 '출발점'을 나타내는 의미로 쓰이지 않는다. 세 번째로 '비교'의 의미를 가지고 있는 부사격 조사인 '라와'는 현대 국어에는 나타나지 않으며, 마찬가지로 '비교'의 의미를 가지고 있는 부사격 조사인 '이'는 현대 국어에서는 사용되지 않는다.

11. 윗글을 바탕으로 <보기>를 이해한 내용으로 적절하지 <u>않은</u> 것은?

─── < 보 기 > ───

엄마: 민수야, ㉠ 아침에 ㉡ 친구와 싸웠다며?

민수: 엄마, ㉢ 설마 제가 잘못했다고 생각하시는 거예요?

엄마: 아니야. ㉣ 결코 그렇지 않아. 민수가 무엇 ㉤ 때문에 그랬는지 알고 싶어서 그래.

민수: 죄송해요. 제가 오해했어요. ㉥ 그런데 생각해보니 제가 친구를 너무 ㉦ 편하게 대했던 것 같아요.

① ㉠과 ㉤은 같은 형태의 부사격 조사가 서로 다른 의미로 사용되었군.

② ㉡과 ㉣은 서술어가 필수적으로 요구하는 성분이겠군.

③ ㉣은 문장 전체를 수식하며 특정 표현과 호응 관계를 이루고 있군.

④ ㉥은 문장과 문장을 이어 주는 기능을 하고 있군.

⑤ ㉦은 용언의 어간에 부사형 어미가 붙어 특정한 성분을 꾸며 주고 있군.

12. [A]를 참고할 때, <보기>의 ⓐ ~ ⓔ에 들어갈 내용으로 적절하지 <u>않은</u> 것은? [3점]

─── < 보 기 > ───

[탐구 주제]

ㅇ 중세 국어의 부사격 조사에 대해 탐구해 보자.

[탐구 자료]

예	성분 분석	탐구 결과
내히 이러 바르래 가느니 (내가 이루어져 바다에 가느니)	→ 바롤+애 →	ⓐ
뎌 지븨 가려 ᄒ시니 (저 집에 가려 하시니)	→ 집+의 →	ⓑ
貪欲앳 브리 이 블라와 더으니라 (탐욕의 불은 이 불보다 더한 것이다)	→ 블+라와 →	ⓒ
거부븨 터리 ᄀ고 (거북의 털과 같고)	→ 털+이 →	ⓓ
이에셔 사던 저그로 오ᄂ낤 ᄀ장 (여기에서 살던 때로부터 오늘날까지)	→ 적+으로 →	ⓔ

① ⓐ: '애'는 선행 체언의 끝음절 모음이 양성 모음이기 때문에 사용된 것이겠군.

② ⓑ: '의'는 특정 체언 뒤에 붙어 장소를 나타내는 부사격 조사로 사용된 것이겠군.

③ ⓒ: '라와'는 현대 국어에서 쓰이지 않는 부사격 조사가 비교의 의미로 사용된 것이겠군.

④ ⓓ: '이'는 현대 국어와 달리 'ㅣ'모음 뒤에서 부사격 조사로 사용된 것이겠군.

⑤ ⓔ: '으로'는 현대 국어에서의 의미와 달리 출발점의 의미로 사용된 것이겠군.

13. <보기>에 따라 탐구한 내용으로 적절한 것은?

─── < 보 기 > ───

직접 구성 요소란 어떤 말을 둘로 나누었을 때 나누어진 두 구성 요소 각각을 일컫는다. '먹이통'과 같이 세 개의 구성 요소로 이루어진 단어의 직접 구성 요소 분석은 아래의 그림과 같이 두 단계를 통해 이루어진다. 첫 번째 단계에서는 어근 '먹이'와 어근 '통'으로 나눌 수 있고, 두 번째 단계에서는 '먹이'를 어근 '먹-'과 접사 '-이'로 나눌 수 있다. 이를 통해 복잡하게 이루어진 단어의 짜임을 보다 쉽게 이해할 수 있다.

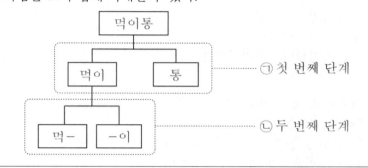

① '울음보'는 ㉠에서 어근과 접사로 분석되고, ㉡에서 어근과 접사로 분석된다.

② '헛웃음'은 ㉠에서 어근과 어근으로 분석되고, ㉡에서 어근과 접사로 분석된다.

③ '손목뼈'는 ㉠에서 어근과 접사로 분석되고, ㉡에서 어근과 어근으로 분석된다.

④ '얼음길'은 ㉠에서 어근과 접사로 분석되고, ㉡에서 어근과 어근으로 분석된다.

⑤ '물놀이'는 ㉠에서 어근과 어근으로 분석되고, ㉡에서 어근과 어근으로 분석된다.

14. <보기>의 ㉠ ~ ㉤을 수정하고자 할 때, 적절하지 <u>않은</u> 것은?

─── < 보 기 > ───

㉠ (아들이 아버지에게) 아버지, 무슨 고민이 계신가요?

㉡ (형이 동생에게) 삼촌께서 할머니를 데리고 식당으로 가셨어.

㉢ (사원이 다른 사원에게) 부장님이 이제 회의실로 온다고 하셨어.

㉣ (손녀가 할아버지에게) 언니가 할아버지한테 안경을 갖다 주라고 했어요.

㉤ (학생이 다른 학생에게) 문제를 풀다가 어려운 것이 있으면 선생님한테 물어봐.

① ㉠: '아버지'를 간접적으로 높이도록 '아버지, 무슨 고민이 있으신가요?'로 수정한다.

② ㉡: '삼촌'을 간접적으로 높이도록 '삼촌께서 할머니를 모시고 식당으로 가셨어.'로 수정한다.

③ ㉢: '부장님'을 직접적으로 높이도록 '부장님께서 이제 회의실로 오신다고 하셨어.'로 수정한다.

④ ㉣: '할아버지'를 직접적으로 높이도록 '언니가 할아버지께 안경을 갖다 드리라고 했어요.'로 수정한다.

⑤ ㉤: '선생님'을 직접적으로 높이도록 '문제를 풀다가 어려운 것이 있으면 선생님께 여쭤봐.'로 수정한다.

15. <보기>의 선생님의 설명을 바탕으로 ㉠ ~ ㉢에 대해 학생이 발표한 내용으로 적절한 것은?

───────〈 보 기 〉───────

선생님: 음운의 변동은 한 음운이 다른 음운으로 바뀌는 교체, 한 음운이 없어지는 탈락, 새로운 음운이 생기는 첨가, 두 음운이 하나의 음운으로 합쳐지는 축약으로 구분됩니다. 음운의 변동이 일어날 때 음운의 개수가 늘어나기도 하고 줄어들기도 합니다. 다음 예시에 나타난 음운의 변동에 대해 발표해 봅시다.

┌─────────────────────┐
│ ㉠ 꽃잎 → [꼰닙]
│ ㉡ 맑지 → [막찌]
│ ㉢ 막힘없다 → [마키멉따]
└─────────────────────┘

① ㉠과 ㉡은 첨가 현상이 일어났습니다.
② ㉠과 ㉢은 탈락 현상이 일어났습니다.
③ ㉡과 ㉢은 축약 현상이 일어났습니다.
④ ㉠과 ㉡은 음운의 개수가 늘었습니다.
⑤ ㉡과 ㉢은 음운의 개수가 줄었습니다.

[16 ~ 19] 다음 글을 읽고 물음에 답하시오.

터치스크린 패널은 스크린의 특정 지점을 직접 접촉하면 그 위치를 파악하여 해당 위치에 설정된 기능을 직관적으로 조작 할 수 있도록 설계된 장치를 말한다. 터치스크린 패널 중 정전 용량 방식의 패널은 전기가 통하는 전도성 물체를 스크린에 접촉했을 때 발생하는 정전용량*의 변화를 측정하여 접촉된 위치를 파악한다. 터치스크린 패널에 사용되는 정전용량방식에는 일반적으로 표면정전방식과 투영정전방식이 있다.

㉠ 표면정전방식은 패널의 네 모서리에 있는 각각의 감지회로가 동시에 정전용량의 변화를 감지하여 전도성 물체의 접촉 위치를 파악하는 방식이다. 표면정전방식에서는 패널의 표면에 덮인 전도성 투명 필름이 전도성 물체의 접촉을 인식하는 센서 역할을 한다. 센서에 전도성 물체가 접촉하게 되면 물체의 전하량과 패널의 전하량의 차이에 의해 전압이 변화하고, 이로 인해 형성된 전기장은 정전용량을 변화시킨다. 네 모서리에 있는 감지회로는 정전용량의 변화된 정도를 측정하여 물체가 접촉된 위치를 파악하는 것이다. 표면정전방식은 투영정전방식에 비해 구조가 단순하고 단가가 낮다는 장점이 있다. 하지만 접촉된 위치를 대략적으로만 파악할 수 있어 정확도가 낮고 한 번에 하나의 접촉만 인식할 수 있기 때문에 여러 지점을 접촉했을 때 인식이 불가능하다는 단점이 있다.

투영정전방식은 접촉을 감지할 수 있는 센서를 패널의 일정한 구역마다 배치하여 활용하는 방식으로 ㉡ 자기정전방식과 ㉢ 상호정전방식으로 나눌 수 있다. 자기정전방식은 패널에 전도성 물체가 접촉하면 물체의 전하량과 패널의 전하량의 차이에 의해 전압이 변화하고, 이때 형성된 전기장에 의해 증가하는 정전용량을 측정하는 방식이라는 점에서 그 원리가 표면정전방식과 유사하다. 하지만 자기정전방식은 표면정전방식과 달리 하나의 층에 여러 개의 행과 열의 형태로 배치된 각각의 센서들을 활용한다. 센서가 특정 지점의 접촉을 인식하면 센서의 각 행과 열의 끝에 배치된 감지회로가 접촉 지점에서 일어난 정전용량의 변화를 감지하고, 이를 바탕으로 행과 열의 교차점인 접촉 위치를 정교하고 빠르게 파악할 수 있다.

반면 상호정전방식은 가로축으로 배열된 센서인 구동 라인과 세로축으로 배열된 센서인 감지 라인이 두 개의 층을 이루고 있다. 패널에 전도성 물체와의 접촉이 없을 때 구동 라인에서는 전압에 의해 전기장이 형성되며, 이 전기장은 모두 감지 라인으로 들어가 일정한 크기의 전기장을 유지하여 구동 라인과 감지 라인 사이에 상호 정전용량을 형성한다. 하지만 패널에 전도성 물체가 접촉하게 되면 일정한 크기를 유지하던 전기장의 일부가 접촉된 물체로 흡수된다. 전기장이 물체에 흡수되면 구동 라인과 감지 라인 사이에 형성된 상호 정전용량이 감소하며 전기장의 크기 역시 줄어든다. 이때 접촉이 정확하게 일어날수록 해당 지점에 전기장이 더 많이 줄어들게 된다. 결국 패널에는 접촉 전과는 다른 전기장의 흐름이 나타나 상호 정전용량이 변화하고 구동 라인과 감지 라인의 교차점인 터치좌표쌍이 인식된다. 이때 터치좌표쌍은 구동 라인과 감지 라인이 개별적으로 인식된 교차점이기에 하나의 패널에서는 여러 개의 터치좌표쌍이 만들어질 수 있다.

이후 터치좌표쌍의 정보를 터치 컨트롤러가 디지털 신호로 변환해 이미지로 처리하여 중앙처리장치(CPU)에 전달함으로써 해당 터치스크린 패널은 전도성 물체의 접촉 여부 및 접촉한 위치를 최종적으로 판단하게 된다. 이러한 상호정전방식은 구동 라인과 감지 라인의 교차점을 개별적으로 인식하는 과정을 거치기에 측정 시간이 많이 소요되지만, Ⓐ 두 지점을 접촉하는 멀티 터치가 가능하여 최근 스마트폰이나 태블릿과 같은 기기에 많이 활용되는 추세이다.

* 정전용량: 물체가 지니고 있는 전하의 용량. 여기서 전하는 물체가 가지고 있는 전기적 성질을 의미함.

16. 윗글의 내용과 일치하지 않는 것은?

① 터치스크린 패널은 직접적인 접촉을 통한 직관적 조작이 가능하다.
② 자기정전방식은 접촉점에 해당하는 행과 열의 교차점을 터치 지점으로 인식한다.
③ 표면정전방식을 실현하기 위해서는 스크린에 전도성이 없는 투명 필름을 입혀야 한다.
④ 상호정전방식에서는 수집된 행과 열의 정보가 터치 컨트롤러에서 이미지로 처리된다.
⑤ 투영정전방식은 표면정전방식보다 구조가 복잡하지만 더욱 정교한 좌표 인식이 가능하다.

17. ㉠ ~ ㉢에 대해 이해한 내용으로 적절하지 <u>않은</u> 것은?

① ㉠ ~ ㉢은 모두 전도성 물체의 접촉에 따른 정전용량의 변화를 측정한다.

② ㉠ ~ ㉢은 모두 패널에 있는 센서를 이용하여 접촉 부분의 위치를 알아내는 방식이다.

③ ㉠과 달리 ㉡은 하나의 접촉점을 인식하기 위해 두 개 이상의 감지 회로를 활용하는 방식이다.

④ ㉡과 달리 ㉢은 센서층이 두 개의 층을 이루고 있다.

⑤ ㉢과 달리 ㉡은 접촉 부분에서 증가하는 정전용량을 감지하는 방식이다.

18. 윗글을 읽고 <보기>를 이해한 반응으로 적절하지 <u>않은</u> 것은?

[3점]

―――――― < 보 기 > ――――――

다음은 터치스크린 패널의 작동 원리를 이해하기 위해 설정 된 자료이다. <자료 1>은 터치스크린 패널의 한 종류를 도식화 한 것이고, <자료 2>는 <자료 1>의 ⓐ~ⓒ 지점에 형성된 전 기장의 크기를 나타낸 그래프이다.

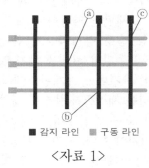

<자료 1>

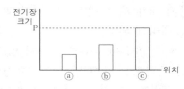

* 단, P는 전도성 물체의 접촉이 없는 상태의 전기장 크기이다.

<자료 2>

① ⓐ에서 접촉된 물체가 흡수한 전기장의 크기는 ⓑ에서 접촉된 물체가 흡수한 전기장의 크기보다 크겠군.

② 전기장의 크기로 보아 ⓑ보다 ⓐ에서 더 정확한 접촉이 이루어진 것으로 볼 수 있겠군.

③ ⓒ에서는 구동 라인에서 발생한 전기장의 크기와 감지 라인으로 들어가는 전기장의 크기가 일치하겠군.

④ ⓒ와 달리 ⓑ에서는 감지 라인으로 들어가야 할 전기장의 일부가 접촉된 물체로 흘러들어 갔겠군.

⑤ ⓐ와 ⓒ에서는 구동 라인과 감지 라인 사이에서 형성된 상호 정 전용량이 감소했겠군.

19. ⒜에 대한 이유를 추론한 것으로 가장 적절한 것은?

① 교차점의 위치를 빠르게 측정할 수 있기 때문이다.

② 중앙처리장치가 행과 열의 정보를 분할하기 때문이다.

③ 센서의 행과 열 끝에 감지회로가 배치되어있기 때문이다.

④ 구동 라인과 감지 라인의 교차점이 개별적으로 인식되기 때문이다.

⑤ 하나의 패널에서 한 개의 터치좌표쌍만 만들어질 수 있기 때문이다.

[20 ~ 22] 다음 글을 읽고 물음에 답하시오.

(가)

태양이 돌아온 기념으로
집집마다
카렌다아를 한 장씩 뜯는 시간이면
검누른 소리 항구의 하늘을 빈틈없이 흘렀다

머언 해로를 이겨낸 기선(汽船)이
항구와의 인연을 사수하려는 **검은 기선**이
뒤를 이어 **입항**했었고
상륙하는 얼골들은
바늘 끝으로 쏙 찔렀자
솟아나올 한 방울 붉은 피도 없을 것 같은
얼골 얼골 **희머얼건 얼골**뿐

부두의 **인부꾼들**은
흙을 씹고 자라난 듯 꺼머틔틔했고
시금트레한 눈초리는
푸른 하늘을 쳐다본 적이 없는 것 같앴다
그 가운데서 나는 너무나 어린
어린 노동자였고―

물 위를 도롬도롬 헤어 다니던 마음
흩어졌다도 다시 **작대기처럼 꼿꼿해**지던 **마음**
나는 날마다 바다의 **꿈을 꾸었다**
나를 믿고저 했었다
여러 해 지난 오늘 마음은 항구로 돌아간다
부두로 돌아간다 **그날의 나진***이여

– 이용악, 「항구」 –

* 나진: 함경북도 북부 동쪽 해안에 있는 항구 도시.

(나)

옥수숫대는
땅바닥에서 서너 마디까지
뿌리를 내딛는다
땅에 닿지 못할 **헛발일지라도**
길게 발가락을 **들이민다**

허방으로 내딛는 저 곁뿌리처럼
마디마다 **맨발의 근성**을 키우는 **것이다**
목 울대까지 울컥울컥
부젓가락 같은 뿌리를 내미는 것이다

옥수수밭 두둑의
저 버드나무는, 또한
제 흠집에서 뿌리를 내려 제 **흠집에 박는다**
상처의 지붕에서 상처의 주춧돌로
스스로 기둥을 **세운다**

생이란,
자신의 상처에서 자신의 버팀목을
꺼내는 것이라고
버드나무와 옥수수
푸른 이파리들 눈을 맞춘다

– 이정록, 「희망의 거처」 –

20. (가)와 (나)의 공통점으로 가장 적절한 것은?

① 반어적 표현을 통해 현실을 우회적으로 제시하고 있다.
② 의문형 진술을 반복적으로 사용해 문제의식을 드러내고 있다.
③ 영탄적 어조를 사용하여 화자의 의지적 태도를 부각하고 있다.
④ 점층적 시상 전개를 통해 화자의 고조된 감정을 강조하고 있다.
⑤ 직유적 표현으로 대상의 외양에 드러나는 특성을 나타내고 있다.

21. <보기>를 바탕으로 (가)를 감상한 내용으로 적절하지 <u>않은</u> 것은?
[3점]

― < 보 기 > ―

　(가)는 화자의 과거 회상 속 항구의 모습을 감각적으로 형상화하고 있다. 이 작품에서 항구는 부두의 인부들과 어린 노동자인 화자가 고달픈 삶을 이어가는 공간이다. 한편으로는 육지와 바다를 연결하는 곳으로, 새로운 세계로 나아가기 위한 출발점이라는 의미를 갖기도 한다. 이런 항구에서 다른 노동자들이 이상을 잃은 채 살아가는 것과 달리 화자는 방황하는 마음을 다잡아 삶의 의지를 다지고 미래의 희망을 꿈꾸게 된다. 그리고 화자에게 이러한 과거 자신의 모습은 그리움의 대상이 되고 있다.

① '검은 기선'이 '입항'하고 '희머얼건 얼굴'이 '상륙하는' 것은, 화자의 시선에서 바라본 항구의 모습을 감각적으로 형상화한 것이겠군.
② '푸른 하늘을 쳐다본 적이 없는 것 같'은 '인부꾼들'은, 이상을 잃어버린 모습으로 표현되어 고달픈 생활 현장으로서의 항구를 보여 주는 것이겠군.
③ '날마다 바다의 꿈을 꾸'며 자신을 '믿고'자 했던 화자의 모습은, '시금트레한 눈초리'와 대비되며 새로운 미래에 대한 화자의 희망적 태도를 나타내는 것이겠군.
④ '마음'이 '흩어졌다'가도 '작대기처럼 꼿꼿해'졌다는 것은, 방황하는 마음을 다잡으려 하다가도 바다로 가로막힌 공간에서 좌절하곤 했던 화자의 모습을 드러낸 것이겠군.
⑤ '여러 해 지난 오늘' '마음'이 '항구로 돌아간다'는 것은, 화자가 '그날의 나진'에서 자신이 가졌던 마음에 대해 느끼는 그리움을 표현한 것이겠군.

22. (나)를 이해한 내용으로 적절하지 <u>않은</u> 것은?

① '들이민다'는 '헛발일지라도'와 연결되어 실패를 두려워하지 않고 시도하는 의지를 드러내고 있다.
② '키우는 것이다'는 '맨발의 근성'과 연결되어 옥수숫대가 다른 존재와의 교감을 통해 성장하게 됨을 드러내고 있다.
③ '박는다'는 '흠집'과 연결되어 버드나무가 고통을 인내하는 모습을 드러내고 있다.
④ '세운다'는 '스스로'와 연결되어 버드나무가 자신의 힘으로 상처를 극복하는 모습을 드러내고 있다.
⑤ '꺼내는 것이라고'는 '생이란'과 연결되어 자연의 모습으로부터 생에 대한 깨달음을 유추하고 있음을 드러내고 있다.

[23 ~ 27] 다음 글을 읽고 물음에 답하시오.

　유엔해양법협약은 해양의 이용을 둘러싸고 ⓐ<u>발생하는</u> 국가 간의 상반된 이익을 절충하고 갈등을 해결하는 규범의 역할을 담당하고 있다.

　유엔해양법협약에 따르면 해양을 둘러싸고 해당 협약에 대한 해석이나 적용에 관해 국가 간 분쟁이 발생하였을 때, 분쟁 당사국들은 우선 의무적으로 분쟁 해결에 관하여 신속히 의견을 ⓑ<u>교환해야</u> 하고 교섭이나 조정 절차 등 국가 간 합의에 의한 평화적 수단을 통해 분쟁 해결을 위해 노력해야 한다. 이러한 평화적 분쟁 해결 수단을 거쳐야 할 의무를 당사국에 부과하는 이유는 국제법의 특성상, 분쟁 해결의 원리가 기본적으로 각 국가의 동의를 바탕으로 적용되기 때문이다. 그런데 만약 이러한 방법으로도 분쟁이 해결되지 못할 경우에는 구속력 있는 결정을 수반하는 절차에 들어가게 되는데 이를 강제절차라고 한다.

　강제절차란 분쟁 당사국들이 국제적인 분쟁 해결 기구를 통해 분쟁을 해결하는 절차이다. 이때 당사국들은 자국의 이익이나 분쟁 내용 등을 고려해 분쟁 해결 기구를 선택할 수 있는데, 선택 가능한 기구에는 중재재판소, 국제해양법재판소 등 유엔해양법협약에 의해 설립된 분쟁 해결 기구들이 있다. 이 중 중재재판소는 필요할 때마다 분쟁 당사국 간의 합의를 통해 구성되고, 국제해양법재판소는 상설 기구로 재판관 임명이나 재판소 조직 등이 사전에 결정되어 있다. 만약 분쟁 당사국들이 분쟁 해결 기구를 선택하지 않았거나 양국이 동일한 선택을 하지 않은 경우에는 별도의 합의를 하지 않는 한, 사건이 중재재판소에 회부된다.

　본안 소송을 담당하는 재판소가 분쟁에 대한 최종 판결을 내리기 위해서는 먼저 본안 소송 관할권의 존재 여부를 판단하여 확정하는 심리* 절차를 거쳐야 한다. 여기서 관할권이란 회부된 사건을 재판소가 다룰 수 있는 권한을 의미하는데, 이후 본안 소송의 관할권이 확정된 사안에 대해 해당 재판소는 재판 과정을 거쳐 분쟁에 대한 최종 판결을 내리게 된다.

　그런데 재판의 최종 판결이 내려지기까지 일정 시간이 ⓒ<u>소요 되기</u> 때문에, 해당 재판소는 분쟁 당사국의 요청이 있으면 필요한 경우 잠정조치를 명령할 수 있다. 이때 잠정조치란 긴급한 상황에서 분쟁 당사국의 이익을 보호하거나 해양 환경의 중대한 피해를 방지할 목적으로 내려지는 구속력 있는 임시 조치이다. 잠정조치는 효력이 임시적이므로 본안 소송의 최종 판결이 내려지면 효력이 종료된다.

　분쟁 당사국이 소송을 제기하여 재판소에 사건이 회부되면 소송 절차가 개시되고, 그 이후 분쟁 당사국들은 언제든지 잠정조치를 요청할 수 있다. 일반적으로 잠정조치는 사건이 회부된 재판소에서 ⓓ<u>담당하지만</u>, 본안 소송의 재판소와 잠정조치를 명령하는 재판소가 다른 경우도 있다. 본안 소송과 마찬가지로 잠정조치도 관할권을 필요로 한다.

　예를 들어 유엔해양법협약에 의한 중재재판소에 사건이 회부되었지만, 사안이 긴급하여 재판소 구성을 기다릴 수 없는 경우에 국제해양법재판소가 잠정조치를 담당할 수 있다. 이때 본안 소송을 담당하는 중재재판소의 관할권이 확정되지 않았더라도, 잠정조치가 요청된 국제해양법재판소에서 ㉠<u>본안 소송의 관할권</u>을 심리한 결과, 중재재판소가 관할권을 갖게 될 가능성이 예측되어야 국제해양법재판소는 ㉡<u>잠정조치의 관할권</u>을 가질 수 있다. 기본적으로 잠정조치에 대한 관할권은 본안 소송을 담당하는 재판소가 관할권을 갖게 될 가능성이 큰 경우에 인정되기 때문이다. 결국 사건이 회부된 중재재판소의 본안 소송의 관할권 존재 가능성이 예측되고, 분쟁 해결이 긴급하여 잠정조치의 필요성이 인정되면,

분쟁 당사국의 이익을 보호하거나 해양 환경의 중대한 피해를 ⓔ방지하기 위해 국제해양법재판소가 잠정조치 재판을 통해 잠정조치를 명령할 수 있는 것이다.

---

* 심리: 사실 관계 및 법률관계를 명확히 하기 위하여 증거나 방법 따위를 심사하는 것.

---

23. 윗글에서 알 수 있는 내용으로 적절하지 <u>않은</u> 것은?

① 잠정조치 재판에서 내려진 결정은 구속력이 없는 임시 조치이다.
② 분쟁 당사국들은 자국의 이익을 고려하여 분쟁 해결 기구를 선택할 수 있다.
③ 유엔해양법협약에 따른 분쟁 해결 원리는 각 국가의 동의를 바탕으로 적용된다.
④ 국제해양법재판소는 유엔해양법협약에 의해 설립된 국제적인 분쟁 해결 기구이다.
⑤ 유엔해양법협약은 분쟁 당사국들에게 분쟁 해결에 대한 신속한 의견 교환 의무를 부과하고 있다.

24. <보기>는 '유엔해양법협약에 대한 모의재판' 수업에 사용된 사례이다. 윗글을 참고할 때 <보기>에 대한 반응으로 적절하지 <u>않은</u> 것은? [3점]

< 보 기 >

유엔해양법협약에 가입된 A국과 B국 간에 해양을 둘러싼 분쟁이 발생하였다. A국은 B국의 공장 건설로 인하여 자국의 인근 바다에 해양 오염 물질이 유출될 것을 우려하여, B국과 교섭을 시도 하였으나 B국은 이에 응하지 않았다. 추후 A국은 국제해양법재판소를, B국은 중재재판소를 통한 재판을 원하였으나 합의를 이루지 못했다. 이후 절차에 따라 양국이 제기한 소송은 재판에 회부 되었다. A국은 판결이 내려지기까지 오랜 시일이 걸릴 것을 염려하여 잠정조치를 바로 요청하였다. 이를 받아들여 재판소는 잠정조치를 명령하였다.

---

① A국이 잠정조치를 요청할 수 있었던 것은 B국과의 사건이 재판에 회부되었기 때문이겠군.
② A국이 요청한 결과 잠정조치 명령이 내려졌으므로 B국과의 본안 소송 재판은 종결되겠군.
③ A국이 B국에게 교섭을 시도한 것은 분쟁 당사국들에게 평화적 해결 수단을 거쳐야 할 의무가 있기 때문이겠군.
④ A국과 B국은 동일한 분쟁 해결 기구를 선택하지 않았으므로 두 국가 간 분쟁은 중재재판소를 통해 해결되겠군.
⑤ A국이 재판에 사건이 회부된 후 바로 잠정조치를 요청한 것은 B국으로 인한 자국의 해양 오염을 시급히 막기 위함이겠군.

25. 다음은 윗글에 제시된 분쟁 해결 절차를 도식화한 것이다. 이를 이해한 것으로 적절하지 <u>않은</u> 것은?

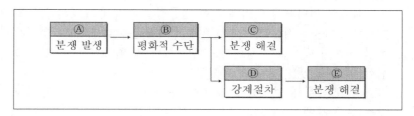

① Ⓐ는 유엔해양법협약의 해석과 적용에 대하여 국가 간 다툼이 있다는 것을 의미한다.
② Ⓓ를 진행하는 모든 분쟁 해결 기구는 분쟁이 발생하기 전에 재판소가 구성되어 있다.
③ Ⓑ를 통해 Ⓒ로 가는 과정은 분쟁 당사국 간 합의에 따라 진행된 것이다.
④ Ⓓ를 통해 Ⓔ로 가는 과정은 국제적 분쟁 해결 기구의 구속력 있는 결정을 통해 이루어진 것이다.
⑤ Ⓓ를 통해 Ⓔ로 가는 과정에서 잠정조치 명령이 내려졌다면 그 효력은 최종 판결 전까지만 유효하다.

26. ㉠, ㉡에 대한 이해로 가장 적절한 것은?

① ㉠의 존재 가능성이 예측되어야 ㉡은 인정된다.
② ㉠에 대한 판단에 앞서 ㉡의 존재 여부를 판단한다.
③ ㉡이 확정되지 않으면 ㉠은 인정되지 않는다.
④ 본안 소송의 최종 판결 이후 ㉠이 확정된다.
⑤ 본안 소송의 개시 시점은 ㉡의 인정 시점과 일치한다.

27. 문맥상 ⓐ ~ ⓔ와 바꿔 쓰기에 적절하지 <u>않은</u> 것은?

① ⓐ: 생겨나는
② ⓑ: 주고받아야
③ ⓒ: 짧아지기
④ ⓓ: 맡지만
⑤ ⓔ: 막기

[28~33] 다음 글을 읽고 물음에 답하시오.

(가)

소쉬르의 언어학은 언어에 대한 전통적인 견해에 대해서 의문을 제기하고 이를 뒤집는다. 소쉬르 이전의 사람들은 일반적으로 언어가 현실 세계의 대상을 지칭한다고 생각했다. 반면 소쉬르는 언어가 현실 세계를 있는 그대로 묘사하는 것이 아니라는 것을 언어의 기호 체계를 통해 설명하며, 오히려 사람들이 그들의 언어 체계에 맞춰 현실 세계를 새롭게 인식한다고 주장한다.

소쉬르에 따르면 언어는 기호 체계로, 현실 세계를 묘사하는 것이 아니라 근본적으로 자의적인 체계이다. 기호란 어떠한 뜻을 나타내기 위해 쓰이는 표지를 이르는데, 기표와 기의로 이루어진다. 기표는 귀로 들을 수 있는 소리로써 의미를 전달하는 외적 형식을 ㉠이르며, 기의는 말에 있어서 소리로 표시되는 의미를 이른다. 예컨대 언어의 소리 측면을 지칭하는 '산[san]'이라는 기표에, 그 소리가 지칭하는 의미를 나타내는 '평지보다 높이 솟아 있는 땅의 부분'이라는 기의가 대응하는 것이다. 소쉬르에 따르면 기표와 기의의 관계는 필연적이지 않고 자의적이며, 단지 그 기호를 사용하는 사람들의 사회적 약속일 뿐이다. 이는 '평지보다 높이 솟아 있는 땅의 부분'이라는 기의가, 한국어에서는 '산[san]', 중국어에서는 '山[shān]', 영어에서는 'mountain[máuntən]' 등의 다른 기표로 나타나는 것에서 확인 할 수 있다. 즉 언어는 자의적인 성격을 지닐 뿐이며 현실 세계를 묘사하는 것이 아니라는 것이다.

더불어 소쉬르는 사람들이 언어 체계에 맞춰 현실 세계를 새롭게 인식한다는 것을 설명하기 위해 '랑그'와 '파롤'이라는 개념을 제시한다. 랑그란 언어가 갖는 추상적인 체계이고, 파롤은 랑그에 바탕을 ㉡두고 개인이 실현하는 구체적인 발화이다. 소쉬르는 어떤 사람이 어떠한 발화를 하더라도 그 발화의 표현 방식이나 범위는 사실상 그가 사용하는 언어 체계인 랑그에 의해서 지배되거나 제약받는다고 주장한다. 예를 들어 한국어에서는 빨강 계통의 색을 '빨갛다', '시뻘겋다', '새빨갛다', '불긋불긋하다' 등 다채롭게 표현할 수 있다. 하지만 영어에서는 한국어만큼 빨강 계통의 색을 다채롭게 표현할 수 있는 단어가 많지 않다. 따라서 소쉬르는 영어를 사용하는 사람들이 실제로는 다양하게 존재하는 빨강 계통의 색을 그들이 사용하는 랑그에 맞게 인식한다고 본다. 이는 결국 랑그의 차이에 따라 사람들이 현실 세계를 인식하는 방식이 달라진다는 것을 의미하는 것이다.

일반적으로 사람들은 어휘를 선택하고 그것을 언어 체계에 맞추어 발화하는 주체가 자신이라고 생각한다. 하지만 소쉬르는 발화의 진정한 주체는 발화자가 아닌 랑그라는 사실을 전제하고 있다. 결국 소쉬르의 언어학은 언어가 현실 세계를 수동적으로 재현하는 수단이 아니며, 오히려 언어가 현실 세계를 구성한다는 생각을 함축하고 있는 것이다.

(나)

비트겐슈타인에게 언어는 삶의 다양한 맥락에 ㉢따라 서로 다르게 혹은 유사한 모습으로 존재한다. 이에 따라 비트겐슈타인은 언어를 이해하는 것은 그것이 어떻게 사용될 수 있는지를 이해하는 것이라는 '의미사용이론'을 제시한다. 비트겐슈타인은 언어를 배우는 것이, 일상 활동들의 맥락 속에서 언어를 어떻게 사용하고 또한 타인의 언어에 어떻게 반응해야 하는지를 배우는 것이라고 말한다. 가령 '빨강'이라는 단어의 의미를 배우는 것은 사전에 실려 있는 추상적 개념을 배우는 것이 아니라, 실제 미술 시간에 눈앞에 있는 빨간 사과를 그려 보라는 교사의 말에 물감 중 필요한 빨간색을 ㉣골라 사용할 수 있게 되는 일이다.

비트겐슈타인은 이런 의미사용이론을 설명하기 위해 언어를 게임에 비유하여 설명한다. 예컨대 땅따먹기와 같은 게임의 규칙은 절대 불변의 법칙이 아니라 땅따먹기라는 게임을 원활하게 진행하기 위해서 만들어진 것이며, 이런 게임의 규칙은 그것에 참가한 사람들이 게임을 수행할 수 있도록 만드는 형식에 불과하다. 이렇게 언어를 게임에 빗대어 설명한다는 것은 곧 언어가 그것을 사용하는 사람들의 구체적인 활동과 관련해서만 의미가 있다는 것을 보여준다.

비트겐슈타인은 언어가 사람들의 삶과 엉켜 있으면서 사람들의 삶을 반영한다는 것을 언어의 모호성을 통해서 설명하기도 한다. '크다'나 '작다'와 같은 표현들은 사람에 따라 의미가 다르게 사용되기 때문에 듣는 사람에게 모호하다는 느낌을 줄 수 있다. 하지만 이와 같은 표현이 없다면, 정확한 크기를 알 수 없는 경우에 대해서는 언급 자체를 할 수가 없게 된다. 더욱이 사람들은 간혹 의도적으로 모호한 표현을 사용하기도 한다. 따라서 비트겐슈타인은 언어에 존재하는 많은 불명확성이 오히려 단점이 아닌 장점이 될 수도 있으며, 높은 수준의 명확성이 오히려 융통성의 여지를 없앨 수도 있다고 말한다.

전통적으로 어떤 개념을 형성하는 일은, 수많은 종류의 나무로부터 공통 요소를 추출하여 '나무'라는 개념을 형성하는 것처럼 서로 다른 개별적이고 구체적인 대상으로부터 공통 요소를 추출하는 과정을 통해 이루어졌다. 하지만 비트겐슈타인은 개념을 사용할 때 그것의 적용 사례들에 어떤 공통 요소가 반드시 있어야 한다는 강박 관념을 버려야 한다고 강조한다. 이는 결국 언어가 그것을 사용하는 사람들의 삶과 ㉤맞물려 있어 삶의 양식이 다양한 만큼 언어 역시 다양하기 때문이다. 따라서 비트겐슈타인에게 있어 언어란 현실 세계를 재현하는 것이 아니라, 언어를 사용하는 사람들의 소통에 의해서 만들어지는 것이라고 할 수 있다.

28. (가)와 (나)의 서술상의 공통점으로 가장 적절한 것은?

① 언어에 대한 특정한 이론을 관련 사례를 들어 소개하고 있다.
② 언어에 대한 상반된 주장을 제시하여 절충 방안을 모색하고 있다.
③ 언어에 대한 관점들이 통합되어 가는 역사적 과정을 부각하고 있다.
④ 언어에 대한 이론들을 시대순으로 나열하여 공통적인 특성을 도출하고 있다.
⑤ 언어에 대한 다양한 이론을 소개하며 각 이론이 지닌 의의와 한계를 설명하고 있다.

29. 랑그, 파롤에 대한 이해로 가장 적절한 것은?

① 랑그는 현실 세계를 재현하는 수단이다.
② 파롤은 언어의 추상적 체계를 지칭한다.
③ 랑그는 개인이 실현하는 구체적인 발화이다.
④ 파롤의 표현 방식은 랑그에 의해서 제약을 받는다.
⑤ 랑그는 파롤을 바탕으로 발화자가 주체임을 드러낸다.

30. 다음은 온라인 수업 게시판의 일부이다. 윗글을 바탕으로 학생들이 과제를 수행했다고 할 때, ㉮ ~ ㉰에 들어갈 말로 가장 적절한 것은?

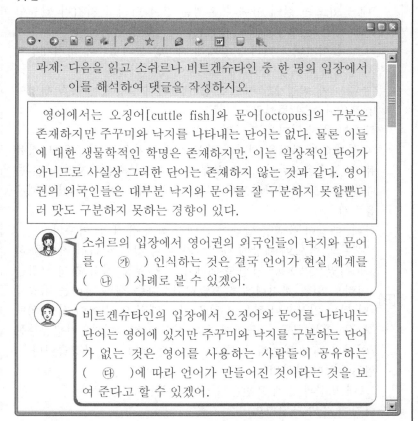

과제: 다음을 읽고 소쉬르나 비트겐슈타인 중 한 명의 입장에서 이를 해석하여 댓글을 작성하시오.

영어에서는 오징어[cuttle fish]와 문어[octopus]의 구분은 존재하지만 주꾸미와 낙지를 나타내는 단어는 없다. 물론 이들에 대한 생물학적인 학명은 존재하지만, 이는 일상적인 단어가 아니므로 사실상 그러한 단어는 존재하지 않는 것과 같다. 영어권의 외국인들은 대부분 낙지와 문어를 잘 구분하지 못할뿐더러 맛도 구분하지 못하는 경향이 있다.

소쉬르의 입장에서 영어권의 외국인들이 낙지와 문어를 (㉮) 인식하는 것은 결국 언어가 현실 세계를 (㉰) 사례로 볼 수 있겠어.

비트겐슈타인의 입장에서 오징어와 문어를 나타내는 단어는 영어에 있지만 주꾸미와 낙지를 구분하는 단어가 없는 것은 영어를 사용하는 사람들이 공유하는 (㉱)에 따라 언어가 만들어진 것이라는 것을 보여 준다고 할 수 있겠어.

	㉮	㉰	㉱
①	다르게	구성한다는	삶의 양식
②	다르게	묘사한다는	높은 수준의 명확성
③	비슷하게	구성한다는	삶의 양식
④	비슷하게	구성한다는	높은 수준의 명확성
⑤	비슷하게	묘사한다는	삶의 양식

※ <보기>는 윗글을 읽은 학생의 독서 활동 과정이다. 31번과 32번 물음에 답하시오.

< 보 기 >

읽기 전	기존에 가지고 있던 '언어'에 대한 자신의 생각을 말해 보기
↓	
읽기 중	(가), (나)를 읽고 글의 내용에 대한 이해를 점검하는 질문에 응답하기
↓	
읽기 후	(가), (나)와는 다른 관점을 지닌 글을 찾아서 공통점과 차이점을 설명하기

31. 다음은 '읽기 중' 단계에서 학생이 수행한 활동지의 일부이다. 학생의 응답으로 적절하지 <u>않은</u> 것은?

질문	학생의 응답		
	예	아니요	
소쉬르는 언어가 현실 세계의 대상을 지칭하는 것이라고 주장하고 있나요?		√	…… ①
비트겐슈타인은 언어에 존재하는 많은 불명확성에 대해 긍정하고 있나요?	√		…… ②
소쉬르와 비트겐슈타인은 모두, 언어에 대한 전통적인 입장을 고수하고 있나요?		√	…… ③
소쉬르는 비트겐슈타인과 달리, 언어가 사람들의 약속에 의해 형성된다는 것을 비판하고 있나요?	√		…… ④
비트겐슈타인은 소쉬르와 달리, 언어가 사용하는 사람들의 맥락에 따라 다르게 사용될 수도 있다는 것을 부정하고 있나요?		√	…… ⑤

32. 다음은 '읽기 후' 단계에서 학생이 찾은 다른 학자들의 견해이다. 윗글을 바탕으로 주제 통합적 읽기를 수행한 학생의 이해로 적절하지 <u>않은</u> 것은? [3점]

ⓐ 말소리와 지시물 간에는 직접적인 관계가 없으며 개념이 말소리와 직접적으로 연결된다. 지시물은 개념을 통해 말소리와 간접적으로 연결되어 언어는 일정한 의미를 형성하게 된다.

ⓑ 언어란 현실 세계를 재현하기 위한 수단이며 언어의 의미는 곧 언어가 구체적으로 지시하는 대상이다. 세계가 먼저 있고 그 세계를 재현하기 위해서 언어가 존재하는 것이다.

ⓒ 언어에서 사물의 이름은 임의적으로 붙여진 것이 아니다. 사물은 자연의 일부로서 자연을 닮고 서로 유사함을 나누어 가지며, 사물의 이름은 이런 자연의 법칙에 따라 지어진 것이다.

① 개념이 말소리와 직접적으로 연결된다는 ⓐ의 입장과 유사하게, 소쉬르는 언어가 기표와 기의의 대응을 통해 이루어진다고 주장하고 있다.

② 언어는 일정한 의미를 형성하게 된다는 ⓐ의 입장과 달리, 비트겐슈타인은 언어가 사람들의 소통에 의해서 만들어진다고 주장하고 있다.

③ 언어란 현실 세계를 재현하기 위한 수단이라는 ⓑ의 입장과 달리, 소쉬르는 언어가 자의적인 성격을 지닐 뿐이며 현실 세계를 재현하는 것이 아니라고 주장하고 있다.

④ 세계가 먼저 있고 그 세계를 재현하기 위해서 언어가 존재한다는 ⓑ의 입장과 유사하게, 비트겐슈타인은 언어가 먼저 있고 절대 불변의 법칙에 따라 세계가 존재한다고 주장하고 있다.

⑤ 언어에서 사물의 이름은 임의적으로 붙여진 것이 아니라는 ⓒ의 입장과 달리, 소쉬르는 기표와 기의의 관계가 필연적이지 않다고 주장하고 있다.

33. 문맥상 ㉠ ~ ㉤의 단어와 가장 가까운 의미로 쓰인 것은?

① ㉠: 그녀는 약속 장소에 <u>이르며</u> 친구에게 전화를 걸었다.
② ㉡: 우리 회사는 세계 곳곳에 많은 지점을 <u>두고</u> 있다.
③ ㉢: 예전에 어머니를 <u>따라</u> 시장 구경을 갔던 기억이 났다.
④ ㉣: 탁자 위에 쌓인 여러 책들 중에 한 권을 <u>골라</u> 주었다.
⑤ ㉤: 그의 입술은 굳게 <u>맞물려</u> 떨어질 줄을 몰랐다.

[34 ~ 37] 다음 글을 읽고 물음에 답하시오.

　　차설, 이때 유씨 해평읍을 떠나 절강을 향해 가며 말하기를
　　"성인의 말씀에 참으로 흥진비래는 사람의 일상사라 하였거니와 팔자 기박(奇薄)하여 낭군을 천 리 밖에 두고 불측한 일을 당하여 목숨을 겨우 부지하였으되 슬프다, 한림은 그 어디에 가 잦아지고 내 이러한 줄 모르는고."
　　하며, 애연(哀然)히 울면서 가니 산천초목이 다 슬퍼하더라.
　　그럭저럭 절도에 다다르니 청산이 먼저 들어가 정양옥께 유씨 오심을 전하니 양옥이 놀라 칭찬하되
　　"여자의 몸으로 이곳 만 리 길을 헤매고 이르렀으니 남자라도 어려웠으리라."
　　하고는, 십 리 밖에 나와 기다렸다. 이윽고 문득 백교자 한 행차 들어오며 한림 부르며 슬피 우는 청랑한 소리는 사람 애간장을 끊는 듯하더라. 양옥이 하인에게 전갈하되
　　"먼 길에 평안히 왔습니까?"
　　하거늘 유씨 답하기를
　　"그간 중에도 위문하러 나오시다니 실로 미안하여이다. 한 많은 말씀은 종후에 논하외다."
　　하고, 통곡하니 길 가던 사람들 보고 들으며 뉘 아니 눈물을 흘리리. 청초히 말하기를
　　"유씨 정절은 만고에 없을 것이라."
　　하더라.
　　유씨 관 앞에 이르자

[A] ┌ "유씨 왔나이다. 어찌 한 말씀도 없으신고. 이제 가시면 백발 │ 노친과 기댈 곳 없는 첩은 어찌하라고 그리 무정하게 누웠 │ 는고. 첩이 삼천 리 길을 마다 않고 지척이라 달려 왔건만 반 └ 기지도 아니 하시나이까?"

　　하며, 통곡하다 기절하거늘 양옥이 어쩔 줄 몰라 연연히 분주하더니 이윽고 인사를 차리고는 양옥은 밖에서 울고 유씨는 안에서 통곡하니 그 구차한 정경은 차마 보지 못할 것 같았다.

[중략 부분 줄거리] 남편 춘매가 혼백으로 나타나 유씨에게 후생을 기약하고 떠나간다.

　　유씨 도리어 망극하여 통곡하며
　　"신체라면 붙들거니와 혼백으로 가니 무엇으로 붙들리오. 도리어 아니 만남만 같지 못하도다."
　　하고 머리를 풀고 관을 붙들고 울며 말하기를
　　"한림은 할 말 듣게만 하고 저는 한 말도 못하여 적막케 하고 가십니까?"
　　하며, 시신을 붙들고 그만 쓰러져 죽거늘, 정생과 하인이 망극하여 아무리 구하되 회생할 기미가 없고 더 이상 막무가내라.
　　"초상(初喪)의 예를 차려라."
　　하고, 주선하니 이때 유씨 혼백이 한림을 붙들고 구천을 급히 따라오거늘 한림이 돌아보니 유씨 오거늘 급히 위로하여 말하기를
　　"그대는 어찌 오는가. 바삐 가옵소서."
　　하니 유씨 말하기를
　　"내 어찌 낭군을 버리고 혼자 어디로 가며 남은 명을 보존하오리까. 낭군과 한가지로 구천에 있겠습니다."
　　하고 따라오거늘 한림이 할 수 없어 함께 들어가는데 염라왕이 말하기를
　　"춘매는 인간에게 가서 시한을 어기었다."
　　하고, 사신을 명하여
　　"급히 잡아들이라."

　　한데, 사신이 영을 받고 춘매를 만나 염왕의 분부를 전하여 왈
　　"그대를 잡아오라 하여 왔나니라."
　　하니, 춘매가
　　"내 돌아오는 길에 아내의 혼백을 만나 다시 돌아가라 만류하다가 시한을 어기어 하는 수 없이 데리고 들어가노라."
　　하고, 들어가니 사자가 염왕에게 사연을 고하였는데 염라대왕이 즉시 춘매와 유씨를 불러 세우고 물어 말하기를
　　"춘매는 제 원명(原命)*으로 잡아 왔거니와 유씨는 아직 원명이 멀었으니 어찌 들어왔는고?"
　　하거늘 유씨 이마를 조아려 여쭈되
　　"대왕께오서 사람을 생기게 하실 때에 부자유친, 부부유별, 장유유서, 붕우유신이라. 그중 부부애(夫婦愛)도 중한지라 남편 춘매를 결단코 따라왔사오니 대왕께서는 첩도 이 곳에 있게 해주옵소서."
　　하니, 대왕이 유씨를 달래어 보내려 하자 유씨 또 여쭈되

[B] ┌ "대왕의 법으로 세상에 내었다가 어찌 첩에게 이런 작별을 하 │ 게 하였으며 또한 남편 춘매에게 어찌 부모 자식 간에 사랑을 │ 이리도 일찍 저버리게 하셨습니까? 나는 새와 달리는 짐승도 │ 다 짝이 있사오니 하물며 젊은 인생 배필 없이 어이 살며 의탁 │ 할 곳 없는 몸을 누구에게 붙여 살라고 하십니까? 여필종부는 └ 인간의 제일 정절이니 결단코 춘매를 떠나지 못하겠습니다."

　　염라대왕이 말하기를
　　"그대 모친과 춘매 모친은 누구에게 부탁하고 왔느냐?"
　　하기에 유씨 대답하여 말하기를
　　"정이 이토록 절박하온데 첩의 청춘으로 부부 함께 있어야 봉양도 하옵고 영화도 볼 터인데 공방 독침 혼자 누워 무슨 봉양하며 무슨 참 영화 보오리까. 부부지정은 끊지 못하겠습니다."
　　하니, 염라대왕이 말하기를
　　"진실로 그러하면 다른 배필을 정하여 줄 것이니 네 여연(餘緣)*을 다 살고 돌아오라."
　　하시니 유씨 아득하여 얼굴색을 변하며 말하기를
　　"아무리 저승과 이승이 다르오나 대왕이 어찌 무류한 말씀으로 건곤재생의 여자로 더불어 희롱하십니까. 대왕께서 저러하고도 저승을 밝게 다스리는 대왕이라 하십니까?"
　　하며, 천연히 꾸짖거늘 염라대왕이 유씨의 백설 같은 정절과 절의에 탄복하여 말하기를
　　"그대의 마음을 탐지해 보고자 함이니 도리어 무색하도다."
　　유씨 대답하여 말하기를
　　"염라께서 무색하다 하시니 도로 죄를 사하옵니다."
　　하고, 사죄하거늘 염라대왕이 말하기를
　　"내 그대를 위하여 가군(家君)*과 함께 도로 내려보내니 세상에 나가 부귀영화를 누려 자손에게 전하고 한날한시에 들어오라."
　　　　　　　　　　　　　　　　　　　　　　　　－ 작자 미상, 「유씨전」 －

* 원명: 본디 타고난 목숨.
* 여연: 남은 인생.
* 가군: 남편.

34. 윗글에 대한 설명으로 가장 적절한 것은?

① 시간의 역전을 통해 사건의 진상을 밝히고 있다.
② 꿈의 삽입을 통해 환상적 분위기를 조성하고 있다.
③ 인물 간의 대화를 통해 갈등 상황을 구체화하고 있다.
④ 서술자를 교체하여 사건을 새로운 국면으로 전환하고 있다.
⑤ 동시에 벌어진 사건을 병치하여 사건의 흐름을 지연시키고 있다.

35. 윗글의 내용에 대한 이해로 적절하지 <u>않은</u> 것은?

① 염왕은 사신에게 명하여 춘매를 잡아오게 하였다.
② 춘매는 구천으로 자신을 따라오는 유씨를 만류했다.
③ 양옥은 유씨가 온다는 소식을 듣고 유씨를 기다리고 있었다.
④ 유씨는 춘매를 죽음에 이르게 했다는 이유로 양옥을 원망했다.
⑤ 춘매는 유씨로 인하여 저승으로 돌아갈 시한을 어기게 되었다.

36. [A]와 [B]에 나타난 말하기 방식에 대한 설명으로 가장 적절한 것은?

① [A]와 [B]는 모두 상대방의 행동을 질책하며 상대방에게 사죄를 요구하고 있다.
② [A]와 [B]는 모두 자신과 타인의 불행한 처지를 들어 자신의 감정을 토로하고 있다.
③ [A]는 [B]와 달리 상대방의 약점을 공격하며 자신의 주장을 강조하고 있다.
④ [B]는 [A]와 달리 자신의 직책을 언급하며 상대방에게 협조를 요청하고 있다.
⑤ [A]는 과거의 경험을 회상하며, [B]는 미래의 상황을 가정하며 상대방을 위로하고 있다.

37. <보기>를 참고하여 윗글을 감상한 내용으로 적절하지 <u>않은</u> 것은? [3점]

─── < 보 기 > ───

「유씨전」은 여성에게 정절이 요구되던 시대를 살아가며 적극적으로 사랑을 실현하는 여인의 삶을 그린 작품이다. 비현실계에서 주어지는 시험과 현실계로 이어지는 보상은 시대가 바라던 여성으로서의 규범을 더욱 강조한다. 한편 현실 세계의 고난을 견뎌 내고, 죽음마저 불사하는 유씨의 열행에는 주체적인 여인상이 드러난다. 특히 초월적 존재 앞에서도 의지를 굽히지 않는 당당한 모습, 다른 유교적 가치에 앞서 사랑을 택하는 모습은 주목할 만하다.

① 염왕이 유씨와 춘매를 저승에서 이승으로 돌려보내려는 장면에서, 현실계로 이어지는 염왕의 보상을 확인할 수 있군.
② 염왕이 유씨에게 춘매의 원명이 다하여 잡아 왔다고 말하는 장면에서, 춘매의 능력을 알아보기 위한 염왕의 시험을 확인할 수 있군.
③ 유씨가 모친을 봉양하는 것보다 춘매와의 정이 중요하다고 말하는 장면에서, 다른 유교적 가치에 앞서 사랑을 택하는 적극적 모습을 확인할 수 있군.
④ 유씨가 불측한 일을 당하고도 먼 길을 거쳐서 춘매의 관 앞에 당도한 장면에서, 남편에 대한 사랑으로 현실 세계의 고난을 견뎌 내는 모습을 확인할 수 있군.
⑤ 유씨가 다른 배필을 정하여 준다는 염왕을 책망하는 장면에서, 초월적 존재 앞에서도 당당하게 자신의 의지를 굽히지 않는 주체적인 여인의 모습을 확인할 수 있군.

[38 ~ 41] 다음 글을 읽고 물음에 답하시오.

[앞부분의 줄거리] 나는 방송국 기자였던 남편의 갑작스러운 해직 통고를 듣고 생활에 불안감을 느낀다. 매사 능동적이고 자존심이 강했던 남편은 철저히 관계없는 사람처럼 두 번의 역사적인 밤에 현장에 있지 못했다.

그 두 번의 돌연한 '역사적인 밤'을 겪고 난 다음 그는 자신의 직업에 대한 어떤 모멸감을 느꼈다. 아니다. 말이 틀렸다. 자신의 생업에 대한 주저, 회의, 나아가서 모멸은 취재 현장에서 마다 맞닥뜨리곤 했던 터이라 ㉠이번에는 자신의 능력 자체 곧 기자로서 마땅히 갖추고 있어야 할 본분을 불신하게 되었다. 자신에게는 그것이 없는 것처럼 여겨졌다. 그러나 동료들은 더 유들유들해진 것 같았고, 더 고분고분해진 듯했다. 다들 **사태를 훤히 알고 있으면서도 눈만 껌벅거리고** 있었고, 공연히 전화질이나 해댔고, 어디선가 날아올 전화를 기다리고 있었고, '다 그런 거지 뭐'라는 **유행가 가사만을 읊조리는** 냉소주의자들로 자족하기에 분주했다. 그것은 엄연한 직무 방기였다. 그래도 줄기차게 화면은 만들어지고 있었는데, 그런 기계적인 일련의 직무 수행을 문득문득 되돌아보면 한편으로 우습기도 하고, ㉡다른 한편으로 "이 시덥잖은 것들아, 사기를 치려면 석 달 열흘쯤은 감쪽같이 속아 넘어갈 만한 사기를 치라"고 고함을 지르고 싶었다.

그의 주위에는 점점 두터운 벽이, 묵언의 벽이 둘러싸이고 있었다. 심지어 **그를 따르는** 한 후배 기자까지도 "이선배, 오늘 저녁부서 회식에 참석할 거요? 나까지 **안 찍히려면 적당한 핑계**를 하나 만들어 놔야지"라고 했다. 그는 자신의 생업에는 패배감을, 직장 안에서의 위상에는 무력감을 느꼈다. 괴물의 화면을 만드는 **괴물의 집단**이었다.

그의 결론은 이랬다.

먹물들은 위기가 닥치면 다 비겁해진다. 그리고 처자식 걱정부터 먼저 한다. 도대체 '이놈의 동네에서는' **기자로서의 사명감**이 없어진 지 오래다. 사명감을 언제부터인가 원천적으로 봉쇄 내지는 마비시켰기 때문에 그런 직업관이 있어야 하는 건지, 있기나 했는지조차 모르고 있다. 따라서 다들 **기계**고, **로봇**일 뿐이다. 과격하게 말하면 모든 먹물들은 태업할 권리조차 있는지 어떤지도 모르는 까막눈이다. 그것도 총 앞에서만 와들와들 떠는 과민성 체질의 까막눈이다. ㉢그러니 이미 먹물도 뭣도 아니다.

그는 자신의 입지가 점점 비좁아지고 있음을 매일같이 느끼고 있었다. 그는 될 대로 되라는 식으로 자신을 아무렇게나 내던져 버렸다. 이상하게도 생활의 불안감 따위는 까마득히 사라졌다.

[A] 나는 그의 실직을 누구에게도 알리지 않을 작정이었다. 이웃 사람들, 예컨대 아래채 셋방 가족, 구멍가게 주인, 쌀가게 주인, 연탄 가게 주인 등에게는 말을 하지 않으면 될 것이었고, 일가친지, 그와 나의 친구들에게는 내가 먼저 전화를 걸지 않으면 될 터였다. 그쪽에서 전화를 걸어 오더라도 그의 근황을 얼버무릴 심산이었다. 실없이 복직에 기대를 걸고 있었기 때문이 아니었다. 그 실직 소식에 껴묻어 올 건성의 걱정을 들어 내기가 고역일 듯싶었고, 그 걱정은 결국 나를 초라하게 만들 것이었다. 도와주지도 않을 동정을 하라 말라 할 수는 없겠지만, 그런 동정은 무조건 받기 싫었다.

(중략)

㉣나는, 우리가 이제 지나온 날을 더듬어 보며 앞으로 살날을 헤아려 보는 어떤 관조기에 들었다고 생각했다.

조금 쓸쓸해져서 나는 그에게로 다가갔고, 그가 봄기운이 무색해지는 말을 슬쩍 흘렸다.

"노인네보다 먼저 죽으면 안 되는데 말이야."

"ⓜ 원, 중병 걸린 사람 같은 소릴 하고 있네, 성성한 사람이. 안 죽어요. 죽긴 누가 죽어요?"

"금붕어 밥 줬어?"

그의 얼굴이 너무 진지해서 나는 툭 터져 나오는 웃음을 내버려 두었다.

"무슨 쓸데없는 생각을 그렇게 많이 해요? 안 죽어요, 당신이 먹이 안 줘도 금붕어는 죽지 않아요."

"돈키호테가 이런 거 저런 거를 많이 아는데…… 그 친구가 지금 외국에 나가 있지. 외국 나가 있는 친구들은 소심증, 우울증 같은 것도 모를 거야. 생존경쟁과는 담을 쌓고 붕붕 떠다닐 테니까 말이야. 내가 너무 **정신없이 바쁘게 살**았나 봐. 속이 허해졌고 **진기가 다 빠**져 버렸어."

"이제 나이도 있고 하니 봄을 타는 걸 거예요. 최근에 삼촌은 한번 만났어요?"

"며칠 전에 회사로 찾아와서 점심 같이 했지. 결혼한대. 심신 무력증 같은 병도 있나?"

그가 엉뚱한 말을 불쑥 내놓았다.

"서울에서는 집만 지니고 있으면 살지?"

"살다마다요. 집 없는 사람도 다 사는데."

"일 년쯤 어디 낯선 데 가서 고생이나 실컷 했으면 좀 살 것 같애. 어젯밤에는 밤새 그 생각만 주물럭거렸어."

"하세요. 누가 말려요. 탄광 같은 데 가서 숨도 제대로 못 쉬고 한번 살다 오세요. 다들 너무 편하니 `나사`가 풀린 거예요. 해직 기자 중에는 옳은 직장을 못 구해 전전긍긍하는 사람도 있다면서요? 그런 이들을 생각해서라도 열심히 살아야잖아요."

"**교과서 같은 소릴** 하고 있네. 그 친구들은 `악`이 살아 있을 테니 이런 무력감 같은 것도 모를 거야."

"당신은 악이 없어졌어요."

"언제는 내가 악이 있었나? 난 착한 사람이야. 악이 없다고 사람도 아닌가. 사람이 악만으로 어떻게 살아. 무쇠처럼 살았어. 정말 한심 천만이라는 생각이 들어……."

"궤변 늘어놓지 마시고 나사를 좀 조여 보세요. 당신은 지금 너무 편하고 걱정이 없어서 이런저런 잔걱정이 많은 거예요."

"내가 편하다고? 웃기고 있네. 돈번다고, 남의 돈 벌어 준다고 쓸개까지 빼놓고 별지랄을 다 떠는데도? 나처럼 눈알 똑바로 박힌 놈이 다섯만 있어도 당장 내 사업 벌이겠네. 마누라를 전당포에 잡혀서라도. 어느 놈이 **무슨 욕을 하**고 지랄을 떨어도 **열심히 살아** 봐야지."

[B]
┌ 그는 지쳐 있었다. 일에 치여 잠시 멀미를 내고 있을 뿐이
│ 었다. 책임감이 강하고, 남의 사정을 쉴 새 없이 곁눈질하며,
│ 속물들이 구려 가는 이 세상과 보조를 맞춰 가는 사람이 갑자기
│ 만사에 흥미를 잃어버린 것이었다. 그 증세는 또 다른 일종의
│ 무력감 내지는 허탈감이었고, 삶에의 회의였다. **각성의 계기가**
│ 될지도 모르므로 그에게는 차라리 **축복**이었다. 나는 그를 이해
│ 할 수 있었고, 이해했기 때문에 갱년기라기보다는 관조기에
│ 접어든 그의 뒤숭숭한 삶이 당연하다고 생각했다. 그리고 그가
└ 세상살이와 인간관계에 좀 더 분별력이 있어지리라고 믿었다.

– 김원우, 「아득한 나날」 –

---

38. [A]와 [B]의 서술상 특징에 대한 설명으로 가장 적절한 것은?

① [A]에서는 내적 독백을 통해 서술자의 판단을, [B]에서는 풍자적 서술을 통해 서술 대상의 행위를 비판하고 있다.

② [A]에서는 예상되는 행위의 나열을 통해 서술자의 심리를, [B]에서는 특정 인물의 관점에서 서술 대상에 대한 주관적 판단을 제시하고 있다.

③ [A]에서는 시간의 흐름에 따라 변화되는 서술자의 생각을, [B]에서는 공간적 배경에 대한 묘사를 통해 서술 대상이 처한 상황을 드러내고 있다.

④ [A]에서는 반복되는 사건을 제시하여 서술자와 주변 인물 간의 관계를, [B]에서는 인물 간의 대화를 중심으로 서술 대상과의 갈등을 나타내고 있다.

⑤ [A]에서는 과거와 현재 사건의 대비를 통해 서술자가 세상을 바라보는 관점을, [B]에서는 과거의 사건을 나열하며 서술 대상에 대한 적대적 감정을 강조하고 있다.

39. ㉠ ~ ㉤에 대한 설명으로 적절하지 <u>않은</u> 것은?

① ㉠: 취재 현장에서 기자로서 당연히 해야 할 일을 하지 못한 것에 대한 그의 모멸감이 내재되어 있다.

② ㉡: 의식 없이 반복적으로 주어진 일을 수행하는 것에 대한 그의 분노를 엿볼 수 있다.

③ ㉢: 부당한 무력 앞에서 정당한 권리를 내세우지 못하는 것에 대한 그의 멸시가 드러나 있다.

④ ㉣: 남편과 자신이 지나온 삶을 되돌아보며 앞으로의 삶을 생각하는 시기로 접어드는 것에 대한 나의 쓸쓸함을 엿볼 수 있다.

⑤ ㉤: 갑작스럽고도 엉뚱하게 제시된 남편의 진지한 말에 대한 나의 의심이 내재되어 있다.

40. `나사`, `악`을 중심으로 윗글을 이해한 내용으로 적절하지 <u>않은</u> 것은?

① 남편은 아내가 '나사'가 풀려서 이런저런 잔걱정이 많아진 것이라고 여기고 있다.

② '악'과 관련지어 편한 삶을 바라보는 관점은 남편과 아내가 서로 차이를 보이고 있다.

③ 아내는 고생을 실컷 해보고 싶다는 남편을 현재 삶이 너무 편해 '나사'가 풀린 것으로 이해하고 있다.

④ 아내는 남편이 궤변을 늘어놓고 있다고 여기며 '악'이 없어졌으니 '나사'를 다시 조여 보라고 말하고 있다.

⑤ 직장을 못 구했지만 '악'이 살아 있을 것이라고 여겨지는 친구들과 달리 남편은 자신의 삶에 대해 무력감을 느끼고 있다.

41. <보기>를 참고하여 윗글을 감상한 내용으로 적절하지 <u>않은</u> 것은? [3점]

> ─────< 보 기 >─────
>
> 이 작품은 현실적 삶을 살아가는 중산층 인물들의 모습을 사실적으로 드러내고 있다. 특히 삶에 매몰된 채, 속물적 사고로 인해 신의를 저버리거나 현실 세계의 문제를 외면하며 살아가는 인물들의 부도덕함을 반성적으로 폭로하고 있다. 또한 원칙과 상식이 통하는 사회에 대한 갈망과 함께 평범한 삶의 의미를 찾아 일상을 회복하는 과정을 보여주고 있다.

① '사태를 훤히 알고 있으면서도 눈만 껌벅거리'며 '유행가 가사만을 읊조리는' 동료들의 모습에서 현실 세계의 문제를 외면하며 살아가는 인물들의 부도덕함을 알 수 있겠군.

② '그를 따'랐지만 '안 찍히려'고 '적당한 핑계'를 만들어 그를 피하려는 후배 기자의 모습에서 삶에 매몰되어 속물적 사고로 인해 신의를 저버리는 중산층의 일면을 확인할 수 있겠군.

③ '기계'와 '로봇'처럼 살아가는 '괴물의 집단'이 '기자로서의 사명감'을 잊었다고 여기는 그의 모습에서 현실적 삶을 반성적으로 인식하고 있는 모습을 확인할 수 있겠군.

④ '정신없이 바쁘게 살'며 '진기가 다 빠'졌다는 그의 상태를 '각성의 계기'이며 '축복'이라고 여기는 나의 모습에서 평범한 일상의 회복에 대한 기대를 알 수 있겠군.

⑤ 나의 말을 '교과서 같은 소'리라고 여기며 남들이 '무슨 욕을 하'더라도 '열심히 살아'가겠다는 그의 모습에서 원칙과 상식이 통하는 사회를 부정하는 태도를 알 수 있겠군.

[42 ~ 45] 다음 글을 읽고 물음에 답하시오.

> **(가)**
>
> 늙고 병들고 게으른 이 성품이
> 세정(世情)도 모르고 인사(人事)에 우활*하여
> ㉠ 공명부귀(功名富貴)도 구하기에 재주 없어
> ㉡ 빈천기한(貧賤飢寒)을 일생(一生)에 겸어 있어
> 낙천지명(樂天知命)*을 예 잠깐 들었더니
> 산수(山水)에 벽*이 있어 우연(偶然)히 들어오니
> 득상(得喪)도 모르거든 **영욕(榮辱)을 어이 알며**
> 시비(是非)를 못 듣거니 **출척(黜陟)**을 어이 알까
>   (중략)
> 이끼 낀 바위에 **기대어 앉아 보며**
> 그늘진 송근(松根)을 **베고도 누워 보며**
> 한담(閑談)을 못다 그쳐 산일(山日)이 빗겨시니
> 심승(尋僧)을 언제 할고 채약(採藥)이 저물거다
> 그도 번거로워 떨치고 걸어 올라
> 두 눈을 치켜뜨고 만 리를 돌아보니
> 외로운 따오기는 오며 가며 다니거든
> **망망속물(茫茫俗物)**은 안중(眼中)에 티끌이로다
> 부귀공명 잊었거니 어조(魚鳥)나 날 대하랴
> ㉢ 낚시터에 내려 앉아 백구(白鷗)를 벗을 삼고
> ㉣ 술동이를 기울여 취토록 혼자 먹고
> 흥진(興盡)을 기약하여 석양(夕陽)을 보낸 후에
> 강문(江門)에 달이 올라 수천(水天)이 일색인 제

> 만강풍류(滿江風流)를 한 배 위에 실어 오니
> 표연천지(飄然天地)*에 **걸린 것이 무엇이랴**
> ㉤ 두어라 이렁셩그러 종로(終老)*한들 어이하리
>   ─ 조우인, 「매호별곡」 ─

> * 우활: 사리에 어둡고 세상 물정을 잘 모름.
> * 낙천지명: 하늘의 뜻에 순응하여 자기 처지에 만족함을 가리킴.
> * 벽: 무엇을 치우치게 즐기는 굳어진 성질이나 버릇.
> * 출척: 나아가고 물러나는 것. '출'은 좌천시키거나 내쫓는 것이고, '척'은 승진시키거나 등용하는 것.
> * 망망속물: 아득한 속세.
> * 표연천지: 아득한 천지.
> * 종로: 늙어 죽다.

(나)

> ㉥ 내가 기국원(杞菊園)을 가꾼 지 10여 년에 이름난 풀과 아름다운 나무들을 대략 갖추었다. 우거져 거칠고 어지럽게 섞여 있는 범상한 나무들은 일체 기국원에서 물리친 지가 오래 되었다. 그런데 바로 원(園)의 동쪽 평탄한 곳 아래에 한 나무가 살고 있었는데, 그 뿌리는 굽어 서리서리 얽히고, 그 가지는 무성하고 더부룩하니 빽빽한데, 베어내도 다시 무성해지고, 호미로 매어도 없어지지 않더니 몇 년 되지 않아 무성해졌다. 가서 살펴보니 대개 일컫는 참죽나무와 비슷했는데, '가죽나무'라고 부르는 것이었다. 나는 마음속으로 기뻐하고 또 느낀 바가 있어 ㉦ 원(園)을 가꾸는 하인에게 자르지 말라고 하고, 흙을 북돋워 주고 그 가운데를 성기게 하고 곁으로 널려 퍼지게 했더니, 울창해지고 무성해졌으며 짙게 그늘을 이루었다. 마침내 그 밑에 대를 쌓았는데, 거닐기에는 충분하지 않고 어루만지며 즐기자니 어루만지기에도 부족하나, 시를 낮게 읊조렸다. 늘상 나는 거기에서 머무르며 그곳에 있지 않은 날이 거의 없었다.
>
> ⓐ 객이 있어 지나가다가 웃으면서 말하기를,
> "내가 당신이 기거하는 곳을 보았는데, 동산의 이름은 기국(杞菊)으로 짓고, 집은 '오동(梧)'으로 이름 짓고, 마을은 '소나무(松)'로 이름 지었다. 대나무가 가리고 있으며 매화가 있어 향기가 나고, 또 그다음으로 작은 길을 복숭아와 오얏나무로 채웠으니, 온갖 향기를 간직하고 있는 곳이다. 저 가죽나무라는 것은 악목(惡木)이다. 처음에는 싫어하는 사람들의 도끼에 베어짐도 부족한데, 도리어 사랑하고 길러 영화와 꾸밈을 받게 하고, 더불어 뭇 향기로운 나무들과 나란히 있게 하였다. 이것은 어리석고 못난 사람이 외람되이 군자들이 모인 대열에 나란히 한 것과 같으니, 이것은 군자가 부끄럽게 여기는 바가 됨을 돌아보지 않는 것이 큰 것 아닌가. 주부자(朱夫子)*가 말하기를, '한 그릇 속에 향내와 악취가 섞이면 향기의 깨끗함을 구하기는 어렵다.'고 했으니, ⓒ 그대는 어찌 더러움과 고상함을 섞음에서 취하고자 하는가?"
> 라고 하니 ⓑ 나 또한 응답하여 말하기를,
> "그렇다! 그대의 말이 참으로 옳다. …(중략)… 또 대저 가죽나무의 삶은 또한 우연이 아닌 것은 처음에는 나의 어리석음을 스스로 헤아리지 못하고 망령되이 당세에서 쓰임에 뜻이 있어, ⓩ 문득 얕은 재주와 기능(技能)으로 벼슬아치의 뜨락에서 구하고자 시도하기를 여러 해였다. 그러나 퇴락한 물건은 팔리지 않고, 어긋나 맞지 않으니, 소용이 없음을 확실하게 알아 게으름을 피우며 쉬고 있었다. 이때에 이르러 가죽나무가 홀연 내 정원에서 자라나니, 이것이 곧 내가 가죽나무에서 구하는 것이 아닌가. 가죽나무는 거의 나의 삶을 위한 것이고, 이것에 또 내가

느낀 바가 깊었다. 또한 물건은 재목이 되기도 하고 재앙이 되기도 하는 것이다. 소나무와 잣나무는 재목이 되니 대들보라는 것은 그것을 벤 것이고, 의(椅)나무와 오동나무는 재목이 되니 거문고라는 것은 그것에서 취한 것이다. 오직 가죽나무만은 재목이 못 됨으로 쓰임이 없고, 쓰임이 없으므로 자재(自在)하여 비와 이슬을 배불리 먹고 바람과 서리를 실컷 먹으며 이에 하늘이 준 수명을 다한다. 나 역시 다행히 세상에 쓰임이 없으므로 내 분수에 편안히 내 천성을 다한다. 벼슬도 나를 얽어맬 수 없고 형벌도 나에게 더해질 수 없다. ㉺ 한가롭고 여유 있게 놀다가 늙어서 또한 숲과 풀 사이에 죽을 것이니, 이것이 쓰여짐 없는 것의 귀한 바이고 물건과 내가 같이 즐기는 것이다. 그대는 이것을 원망하니 또한 다르지 않는가.”
라고 했더니, 객은 고개를 끄덕끄덕 하면서 가버렸다.

— 어유봉, 「양저설(養樗說)」 —

＊ 주부자: 남송의 대유학자 주희(朱熹)를 높여 부른 말.

42. ㉠ ~ ㉺에 대한 이해로 적절하지 <u>않은</u> 것은?

① ㉠에는 자신의 능력에 대한 인식이, ㉢에는 타인의 행동에 대한 인식이 나타난다.

② ㉡에는 가난한 삶의 모습이, ㉼에는 벼슬을 구하고자 했던 삶의 모습이 나타난다.

③ ㉣에는 자연과 조화를 이루려는 태도가, ㉤에는 자연물을 가꾸며 살아가는 태도가 나타난다.

④ ㉥에는 자연에서 즐기는 흥취가, ㉦에는 자연물을 아끼는 마음이 나타난다.

⑤ ㉧에는 현재의 삶이 지속되기를 바라는 심정이, ㉺에는 현재의 삶에서 벗어나고 싶은 심정이 나타난다.

43. <보기>를 바탕으로 (가)를 감상한 내용으로 적절하지 <u>않은</u> 것은?
[3점]

─────< 보 기 >─────

「매호별곡」은 자연을 벗하며 한가로이 살아가는 모습을 노래한 사대부 가사이다. 화자는 자신이 이익이나 공명과 같은 세상사에 밝지 않다고 생각하며 분수를 지키는 삶을 살고자 자연에 은거하고 있다. 속세를 떠나 마음껏 자연을 누리며 풍류를 즐기는 화자의 모습, 자연 속에서 바라본 속세에 대한 화자의 인식 등이 다양한 표현 방법을 통해 생생하게 드러나고 있다.

① 세상 물정에 어두운 스스로에 대한 인식을, ‘영욕을 어이 알며’와 ‘출척을 어이 알까’와 같은 반복과 변주를 통해 드러냈군.

② 속세를 떠나 한가롭게 살아가는 모습을, ‘기대어 앉아 보며’와 ‘베고도 누워 보며’와 같은 행동 묘사를 통해 드러냈군.

③ 속세가 자연에서 멀지 않은 곳에 있다는 인식을, ‘망망속물’을 ‘안중에 티끌’에 비유하여 드러냈군.

④ 자연 속에서 운치 있게 즐기는 상황을, ‘만강풍류’를 ‘실어 오니’와 같은 추상적 관념의 구체화를 통해 드러냈군.

⑤ 거침없이 자연을 누리는 상황을, ‘걸린 것이 무엇이랴’라는 설의적 표현으로 드러냈군.

44. ⓐ와 ⓑ에 대한 설명으로 가장 적절한 것은?

① ⓐ는 ⓑ의 의견에 끝내 동의하지 않고 항의한다.

② ⓐ는 ⓑ에게 역사적 인물의 말을 인용하여 자신의 의견을 강조한다.

③ ⓑ는 ⓐ에게 자신의 기구한 사연을 말하며 도움을 요청한다.

④ ⓑ는 ⓐ의 주장에 명분이 없음을 지적하고 불쾌함을 나타낸다.

⑤ ⓑ는 ⓐ에게 대상을 보는 자신의 관점을 설명하고 상황의 급박함을 드러낸다.

45. (가)의 산수와 (나)의 정원에 대한 설명으로 가장 적절한 것은?

① ‘산수’는 지향하는 삶의 모습이 실현된 공간이고, ‘정원’은 지향해야 할 삶의 모습을 깨닫게 된 공간이다.

② ‘산수’는 궁핍한 생활을 해결하고자 노력하는 공간이고, ‘정원’은 궁핍한 생활에 대해 한탄하는 공간이다.

③ ‘산수’는 현실에서의 고뇌가 이어지는 괴로운 공간이고, ‘정원’은 현실과 이상의 조화가 실현된 평화로운 공간이다.

④ ‘산수’는 자연 속에서도 현실로의 복귀를 염원하는 공간이고, ‘정원’은 자연 속에서도 현실에 대한 미련을 표출하는 공간이다.

⑤ ‘산수’는 세속적 삶에서의 불만을 해소하려는 의지가 드러난 공간이고, ‘정원’은 세속적 가치를 추구하려는 의지가 드러난 공간이다.

─────────────────
※ 확인 사항

◦ 답안지의 해당란에 필요한 내용을 정확히 기입(표기)했는지 확인하시오.
─────────────────

01회 2024학년도 3월 전국연합학력평가

01② 02④ 03④ 04① 05④ 06③ 07③ 08② 09① 10②
11④ 12④ 13① 14④ 15③ 16⑤ 17④ 18① 19① 20⑤
21④ 22③ 23① 24⑤ 25⑤ 26① 27⑤ 28① 29⑤ 30④
31⑤ 32③ 33③ 34② 35② 36① 37⑤ 38② 39② 40⑤
41⑤ 42③ 43② 44③ 45④

02회 2023학년도 3월 전국연합학력평가

01④ 02⑤ 03③ 04③ 05③ 06⑤ 07③ 08② 09② 10①
11① 12① 13③ 14④ 15② 16② 17① 18⑤ 19⑤ 20②
21② 22③ 23③ 24⑤ 25④ 26⑤ 27① 28④ 29⑤ 30④
31① 32③ 33④ 34② 35① 36⑤ 37④ 38② 39③ 40④
41② 42④ 43① 44② 45③

03회 2022학년도 3월 전국연합학력평가

01① 02④ 03② 04③ 05③ 06① 07④ 08① 09④ 10①
11⑤ 12⑤ 13① 14② 15② 16⑤ 17⑤ 18④ 19⑤ 20③
21② 22② 23③ 24④ 25② 26① 27① 28③ 29① 30①
31③ 32⑤ 33⑤ 34④ 35① 36⑤ 37③ 38③ 39④ 40⑤
41④ 42② 43④ 44① 45④

04회 2024학년도 6월 전국연합학력평가

01⑤ 02④ 03⑤ 04① 05⑤ 06④ 07③ 08① 09④ 10①
11② 12⑤ 13④ 14⑤ 15④ 16④ 17① 18④ 19① 20③
21③ 22④ 23⑤ 24⑤ 25① 26② 27③ 28② 29② 30②
31② 32③ 33④ 34② 35③ 36① 37② 38① 39③ 40②
41③ 42④ 43⑤ 44② 45①

05회 2023학년도 6월 전국연합학력평가

01⑤ 02④ 03⑤ 04① 05③ 06③ 07④ 08② 09④ 10①
11④ 12② 13② 14⑤ 15② 16① 17② 18② 19④ 20③
21④ 22③ 23⑤ 24④ 25③ 26⑤ 27③ 28⑤ 29⑤ 30①
31⑤ 32① 33④ 34⑤ 35② 36① 37④ 38① 39② 40①
41③ 42① 43② 44③ 45⑤

06회 2022학년도 6월 전국연합학력평가

01⑤ 02⑤ 03④ 04② 05③ 06⑤ 07① 08② 09④ 10②
11② 12④ 13⑤ 14① 15③ 16④ 17③ 18⑤ 19⑤ 20⑤
21⑤ 22④ 23② 24③ 25② 26① 27③ 28② 29⑤ 30④
31① 32⑤ 33③ 34① 35① 36④ 37③ 38④ 39① 40④
41⑤ 42① 43② 44③ 45③

07회 2024학년도 9월 전국연합학력평가

01① 02③ 03② 04④ 05③ 06③ 07④ 08⑤ 09⑤ 10③
11② 12① 13① 14② 15① 16② 17② 18④ 19④ 20④
21② 22④ 23⑤ 24① 25④ 26⑤ 27④ 28④ 29② 30③
31⑤ 32② 33③ 34⑤ 35③ 36④ 37③ 38① 39⑤ 40①
41⑤ 42③ 43① 44⑤ 45⑤

08회 2023학년도 9월 전국연합학력평가

01⑤ 02① 03① 04① 05③ 06④ 07② 08④ 09③ 10⑤
11② 12④ 13③ 14① 15① 16④ 17① 18④ 19② 20③
21⑤ 22① 23② 24④ 25⑤ 26⑤ 27② 28④ 29④ 30④
31③ 32② 33⑤ 34② 35⑤ 36② 37② 38⑤ 39③ 40⑤
41② 42② 43① 44③ 45①

09회 2022학년도 9월 전국연합학력평가

01② 02⑤ 03⑤ 04③ 05① 06① 07⑤ 08② 09③ 10③
11② 12⑤ 13① 14④ 15⑤ 16③ 17③ 18⑤ 19② 20①
21② 22④ 23① 24③ 25① 26④ 27⑤ 28② 29② 30④
31④ 32① 33④ 34③ 35⑤ 36② 37④ 38④ 39③ 40④
41③ 42② 43④ 44⑤ 45①

10회 2023학년도 11월 전국연합학력평가

01⑤ 02③ 03④ 04⑤ 05① 06⑤ 07③ 08③ 09⑤ 10①
11③ 12① 13② 14③ 15① 16⑤ 17④ 18② 19③ 20④
21③ 22② 23③ 24⑤ 25④ 26⑤ 27③ 28④ 29② 30①
31⑤ 32⑤ 33⑤ 34④ 35④ 36② 37① 38① 39③ 40①
41④ 42① 43④ 44⑤ 45②

11회 2022학년도 11월 전국연합학력평가

01① 02⑤ 03④ 04③ 05② 06③ 07③ 08① 09⑤ 10②
11② 12④ 13⑤ 14③ 15⑤ 16③ 17⑤ 18④ 19④ 20⑤
21① 22④ 23④ 24⑤ 25③ 26③ 27⑤ 28① 29③ 30⑤
31⑤ 32② 33① 34② 35③ 36③ 37④ 38④ 39④ 40④
41⑤ 42③ 43④ 44② 45④

12회 2021학년도 11월 전국연합학력평가

01③ 02⑤ 03⑤ 04⑤ 05④ 06③ 07④ 08② 09④ 10③
11② 12④ 13① 14② 15⑤ 16③ 17③ 18⑤ 19④ 20⑤
21④ 22② 23① 24② 25② 26① 27③ 28① 29④ 30③
31④ 32④ 33④ 34③ 35④ 36② 37② 38② 39⑤ 40①
41⑤ 42⑤ 43③ 44④ 45①

〈빠른 정답 보기〉 활용 안내

문제집에서
〈정답과 해설〉 분리

뒷장 속표지 앞면에
〈빠른 정답 보기〉 수록

절취 후 편리하게
빠른 〈정답 확인〉

정답을 빨리 확인하고 채점할 수 있도록 〈빠른 정답 보기〉를 제공합니다.
❶ 문제집에서 책속의 책 〈정답과 해설〉을 분리하세요.
❷ 뒷장 속표지 앞면에 〈빠른 정답 보기〉가 있습니다.
❸ 절취선을 따라 자른 후 정답 확인할 때 사용하고, 책갈피처럼 사용하시면 분실을 예방할
   수 있습니다.

575만권
베스트셀러
리얼 오리지널 시리즈 누적 판매
2006~2024

리얼 오리지널

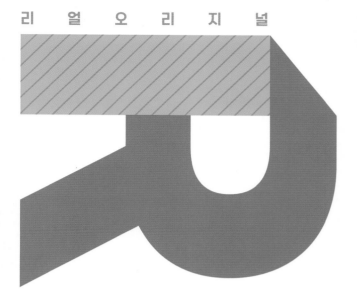

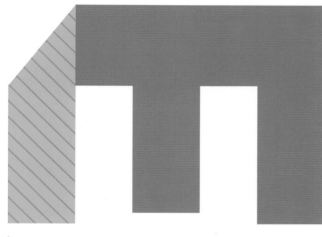

REAL

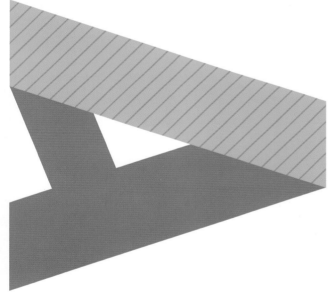

The Real series ipsifly
provide questions in previous
real test and you can practice
as real college scholastic
ability test.

2025학력평가+내신대비

전국연합
학력평가

3개년 기출
모의고사

12회 [3월·6월·9월·11월
학력평가 기출 12회]

• 2022~2024 최신 3개년 [고2] 전국연합 학력평가 12회
• 학교시험 [중간·기말고사]를 대비한 필수 기출 문제집
• 모든 선지에 [정답과 오답인 이유]를 수록한 입체적 해설
• 고난도 문제도 혼자서 학습이 충분한 [문제 해결 꿀팁]
• 해설에 [문제와 보기]를 모두 수록해 학습 효과 UP
• 회차별 [등급 컷·SPEED 정답 체크표·STUDY 플래너]
• [특별 부록] 국어 문법 총정리

고2 국어
•해설편•

수능 모의고사 전문 출판

ipsi 입시플라이

REAL
REAL ORIGINAL

입시플라이

전국연합학력평가
3개년 기출 모의고사

고2 국어 12회 l 해설편

Contents

REAL ORIGINAL

※ 수록된 정답률은 실제와 차이가 있을 수 있습니다. 문제 난도를 파악하는데 참고용으로 활용하시기 바랍니다.

01 회 | 2024학년도 3월 학력평가 | 고2

01 ② 02 ④ 03 ④ 04 ① 05 ④ 06 ③ 07 ③ 08 ② 09 ① 10 ② 11 ④ 12 ④ 13 ① 14 ④ 15 ③
16 ⑤ 17 ④ 18 ① 19★ ① 20 ⑤ 21 ④ 22 ③ 23 ① 24 ⑤ 25 ⑤ 26★ ② 27 ⑤ 28 ① 29★ ⑤ 30 ④
31 ⑤ 32 ③ 33 ③ 34 ② 35 ② 36 ① 37 ⑤ 38 ② 39 ② 40 ⑤★ 41 ⑤ 42 ③ 43 ② 44 ⑤★ 45 ④

★ 표기된 문항은 [등급을 가르는 문제]에 해당하는 문항입니다.

[01~03] 화법

01 말하기 전략 파악 정답률 78% | 정답 ②

위 발표에 대한 설명으로 가장 적절한 것은?

① 청중과 공유하는 경험을 언급하며 발표를 시작하고 있다.
　발표를 시작할 때 청중과 공유하는 경험을 언급하고 있지 않다.

☑ 청중의 배경지식을 확인한 후 발표 내용을 조절하고 있다.
　2문단에서 '쌀의 약 70%는 전분으로 이루어져 있다는 것을 아시나요?'라고 물으며 청중의 배경지식을 확인하고 있다. 그 후 전분에 대한 배경지식이 부족한 청중을 고려해 전분이 무엇인지에 대한 설명을 추가해 발표 내용을 조절하고 있다.

③ 발표 내용을 중간중간에 요약하여 청중의 이해를 돕고 있다.
　발표 내용을 중간중간에 요약하고 있지 않다.

④ 전문가의 말을 인용하여 발표의 핵심 내용을 강조하고 있다.
　전문가의 말을 인용하고 있지 않다.

⑤ 청중에게 바라는 바와 소감을 밝히며 발표를 마무리하고 있다.
　발표자가 자신의 소감을 밝히고 있지 않다.

02 자료 활용 방안 이해 정답률 71% | 정답 ④

다음은 발표자가 제시한 그림이다. 발표자의 그림 활용에 대한 계획 중 발표에 반영되지 않은 것은? [3점]

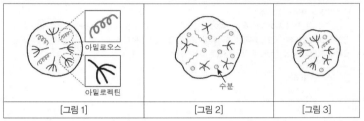

[그림 1]　　[그림 2]　　[그림 3]

① [그림 1]의 특정 부분을 가리키며 전분을 구성하는 탄수화물 분자의 모양을 상세하게 보여 주어야겠어.
　2문단에서 [그림 1]의 특정 부분을 가리키며 전분을 구성하는 탄수화물 분자인 아밀로오스와 아밀로펙틴의 모양을 상세하게 보여 주고 있다.

② [그림 2]를 활용하여 전분의 호화 과정에서 나타나는 전분 입자의 변화를 구체적으로 보여 주어야겠어.
　3문단에서 [그림 2]를 보여 주며 전분이 호화될 때 탄수화물 분자 사이의 간격과 분자의 모양에 생기는 변화를 구체적으로 보여 주고 있다.

③ [그림 1]과 [그림 2]를 함께 제시해서 호화 이전과 이후 전분의 상태를 한눈에 비교할 수 있도록 해야겠어.
　3문단에서 [그림 1]과 [그림 2]를 나란히 보여 주며 호화 이전과 이후 전분의 상태를 비교하고 있다.

☑ [그림 2]와 [그림 3]을 함께 제시해서 찬밥의 노화된 전분이 국물을 흡수하면서 생기는 변화를 설명해야겠어.
　5문단에서 [그림 2]와 [그림 3]을 함께 제시하고 있지만, 이는 찬밥의 노화된 전분이 국물을 흡수하면서 생기는 변화를 설명하기 위한 것은 아니다. 호화된 전분과 노화된 전분을 비교하여, 국물에 찬밥과 갓 지은 밥을 말아 먹을 때 맛의 차이가 나는 이유를 설명하기 위해 제시했다.

⑤ [그림 1], [그림 2], [그림 3]을 순차적으로 제시해서 라면 국물에 찬밥이 어울리는 이유를 호화 및 노화의 원리와 종합하여 이해할 수 있도록 해야겠어.
　6문단에서 [그림 1], [그림 2], [그림 3]을 차례로 보여 주며 라면 국물에 찬밥이 어울리는 이유를 호화 및 노화의 원리와 종합해 이해하도록 돕고 있다.

03 청중의 반응 이해 정답률 95% | 정답 ④

다음은 위 발표를 들은 학생들의 반응이다. 학생들의 반응을 이해한 내용으로 적절하지 않은 것은?

　○ 학생 1 : 라면 국물에도 당연히 갓 지은 밥이 어울릴 줄알았는데 아니었구나. 매일 먹는 밥에 숨어 있는 과학적 원리를 알게 되어 유익했어.
　○ 학생 2 : 먹다 남은 떡을 바로 얼리는 것도 노화를 늦추기 위해서일 것 같아. 온도와 수분 함량을 조절하는 것 외에도 노화를 늦추는 방법이 더 있는지 찾아봐야지.
　○ 학생 3 : 삼투압 현상을 구체적으로 설명할 줄 알았는데 간단히 언급해서 아쉬워. 갓 지은 밥을 라면 국물에 말 때 왜 삼투압 현상이 일어나는지, 그로 인해 어떤 변화가 일어나는지 더 자세하게 알아봐야지.

① '학생 1'은 발표를 통해 새로운 정보를 알게 된 것을 긍정적으로 인식하고 있다.
　'학생 1'은 밥에 숨어 있는 과학적 원리를 알게 되어 유익했다고 했으므로 발표를 통해 새로운 정보를 알게 된 것을 긍정적으로 인식하고 있다고 볼 수 있다.

② '학생 2'는 발표에서 직접 언급되지 않은 내용에 대해 추측하고 있다.
　'학생 2'는 먹다 남은 떡을 바로 얼리는 것도 노화를 늦추기 위해서일 것 같다고 했으므로 발표에서 다루지 않은 내용을 추측한 것으로 볼 수 있다.

③ '학생 3'은 자신이 기대했던 것과 관련하여 발표에서 아쉬웠던 점을 드러내고 있다.
　'학생 3'은 삼투압 현상을 구체적으로 설명하기를 기대했지만 간단히 언급해서 아쉽다고 했으므로 기대했던 것과 관련해 발표에서 아쉬웠던 점을 드러내고 있다고 볼 수 있다.

☑ '학생 1'과 '학생 3' 모두 발표 내용을 바탕으로 평소 자신이 생각하던 바를 수정하고 있다.
　'학생 1'은 라면 국물에 갓 지은 밥이 어울릴 줄 알았다는 자신의 평소 생각을 밝히고, 그것이 아니었다는 것을 확인하고 있다. '학생 3'은 평소 자신이 생각하던 바를 밝히고 있지 않으며 이를 수정하고 있지도 않다.

⑤ '학생 2'와 '학생 3' 모두 발표 내용과 관련하여 추가적인 정보를 탐색하려 하고 있다.
　'학생 2'는 노화를 늦출 때 온도와 수분 함량을 조절하는 것 외의 방법을 찾아본다고 했고, '학생 3'은 갓 지은 밥을 라면 국물에 말 때 삼투압 현상이 일어나는 이유와 그로 인해 일어나는 변화에 대해 알아본다고 했으므로, 발표 내용과 관련하여 추가적인 정보를 탐색하려 하고 있다고 볼 수 있다.

[04~07] 화법과 작문

04 말하기 방식 파악 정답률 49% | 정답 ①

(가)의 '학생 1'에 대한 설명으로 적절하지 않은 것은?

☑ 대화의 목적을 이유로 들어 대안에 관한 설명을 보완할 것을 요청하고 있다.
　'학생 1'은 세 번째 발화에서 제시된 대안을 긍정적으로 평가하면서 대안의 추가를 요청하고 있다. 그러나 대화의 목적을 이유로 들지 않았고, 설명 보완을 요청하고 있지도 않다.

② 제시된 방안의 기대 효과를 들어 상대방의 발언에 동의하고 있다.
　'학생 1'은 다섯 번째 발화에서 도우미를 통한 선생님의 부담 줄이기를 제시된 방안의 기대 효과로 들어 '학생 3'의 발언에 동의하고 있다.

③ 예상되는 문제를 드러내어 추가적인 논의를 제안하고 있다.
　'학생 1'은 네 번째 발화에서 건의를 받는 쪽의 부담을 예상되는 문제로 드러내어 부담을 줄일 방법에 관한 논의를 추가할 것을 제안하고 있다.

④ 대화 참여자들의 발언 내용을 범주화하여 정리하고 있다.
　'학생 1'은 두 번째 발화에서 '학생 2', '학생 3'의 발화를 영상의 내용 측면과 활동 측면이라는 두 범주로 정리하고 있다.

⑤ 주어진 과제를 환기하며 논의의 범위를 한정하고 있다.
　'학생 1'은 첫 번째 발화에서 '공동체 문제 해결을 위한 건의문 쓰기'라는 과제를 환기하며 우리의 실생활과 밀접한 학교생활로 논의의 범위를 한정하고 있다.

05 말하기 전략 파악 정답률 88% | 정답 ④

[A]와 [B]에 대한 이해로 가장 적절한 것은?

① [A]와 [B] 모두 '학생 2'는 기존 논의의 한계를 지적하며 추가적인 논의의 필요성을 드러내고 있다.
　'학생 2'는 [A]와 [B] 모두에서 기존 논의의 한계를 지적하고 있지 않다. 또한 [A]에서는 추가적인 논의의 필요성을 말하고 있지 않으며, [B]에서는 대안을 덧붙이고 있을 뿐 추가적인 논의의 필요성을 말하고 있지 않다.

② [A]와 [B] 모두 '학생 2'는 질문을 통해 자신의 의견을 뒷받침할 다른 근거를 요구하고 있다.
　'학생 2'는 [A], [B] 모두 질문을 활용하고 있지만, 자신의 의견을 뒷받침할 다른 근거를 요구하고 있지 않다.

③ [A]와 [B] 모두 '학생 3'은 상대방의 발언을 재진술하면서 자신이 이해한 내용을 확인하고 있다.
　'학생 3'은 [A], [B] 모두에서 상대방의 발언을 재진술하고 있지 않다.

☑ [A]와 [B] 모두 '학생 3'은 상대방의 말에 동의를 표한 후 자신이 알고 있던 정보를 덧붙이고 있다.
　'학생 3'은 [A]에서 '나도 그 영상이 유익했어.'라는 말로, [B]에서 '그래.'라는 말로 상대방의 말에 동의를 표한 후, [A]에서 자신이 읽은 신문 보도의 내용을 인용하면서, [B]에서 '근로 계약서는 직업을 가질 때 의무적으로 써야 하는 것으로 근무와 관련된 주요 사항을 명시하고 있다고 들었어.'라는 말로 자신이 알고 있던 정보를 덧붙이고 있다.

⑤ [A]와 [B] 모두 '학생 3'은 상대방의 의견을 일부 인정하면서도 상대방과 다른 자신의 입장을 밝히고 있다.
　'학생 3'은 [A], [B] 모두에서 상대방인 '학생 2'의 의견을 인정하고 있지만, 상대와 다른 입장을 밝히고 있지 않다.

06 내용 조직 파악 정답률 70% | 정답 ③

(가)의 대화 내용이 (나)에 반영된 양상으로 적절하지 않은 것은?

① (가)에서 '학생 2'가 영상에 대해 언급한 내용은 (나)의 1문단에서 영상에 대한 평가로 이어졌다.
　(가)의 '학생 2'의 첫 번째 발화에서 청소년 아르바이트 영상에 관해 언급한 내용이, (나)의 1문단에서 영상의 장단점에 대한 평가로 이어지고 있다.

② (가)에서 '학생 3'이 아쉬움의 이유로 언급한 내용은 (나)의 1문단에서 건의문 작성의 동기로 제시되었다.
　(가)의 '학생 3'의 첫 번째 발화에서 아쉬움의 이유로 언급한 추가적인 프로그램이 없다는 내용은, (나)의 1문단에서 건의문 작성의 동기로 제시되어 있다.

☑ (가)에서 '학생 3'이 퀴즈 프로그램의 참여도에 대해 언급한 내용은 (나)의 2문단에서 참여 대상의 특성과 함께 제시되었다.
　(나)의 2문단의 세 번째 문장에서 퀴즈 프로그램에 참여하는 대상인 우리 반 친구들이 퀴즈를 좋아한다는 특성이 제시되고 있다. 그러나 (가)에서 '학생 3'은 퀴즈 프로그램의 참여도에 대해 언급하지 않아 (가)의 대화 내용이 (나)에 반영되었다고 볼 수 없다.

④ (가)에서 '학생 2'가 모의 근로 계약서 쓰기를 제안하면서 고려한 내용은 (나)의 2문단에서 프로그램의 유용성에 관한 언급으로 이어졌다.

(가)의 '학생 2'의 두 번째 발화에서 모의 근로 계약서 쓰기를 제안하며 아르바이트를 하고 있거나 아르바이트에 관심이 있는 친구들을 고려한 내용이, (나)의 2문단에서 아르바이트를 하는 친구에게 실질적인 도움이 될 수 있다는 프로그램의 유용성으로 이어지고 있다.

⑤ (가)에서 '학생 3'이 도우미에 대해 언급한 내용은 (나)의 3문단에서 구체적인 역할이 추가되어 제시되었다.

(가)의 '학생 3'의 네 번째 발화에서 도우미 역할을 하겠다고 언급한 내용이, (나)의 3문단에서 퀴즈 프로그램과 모의 근로 계약서 쓰기 각각에 대해 그 구체적인 역할이 추가되어 제시되었다.

---

07 건의문 내용 점검　　　정답률 73% | 정답 ③

'학생 2'가 다음의 기준에 따라 (나)를 점검한다고 할 때, 그 내용으로 적절하지 않은 것은?

점검 기준	점검 결과 (예 / 아니요)
○ 문제 상황을 구체적으로 제시했는가?	ⓐ
○ 문제 상황에 대한 해결 방안을 제시했는가?	ⓑ
○ 건의를 수용할 경우 우려되는 점에 관하여 그 해결 가능성을 제시했는가?	ⓒ
○ 건의 내용이 다수를 위한 것임을 제시했는가?	ⓓ
○ 문제 해결을 통한 기대 효과를 제시했는가?	ⓔ

① 자율활동 때 시청한 영상의 내용이 부족하다는 점과 추가 활동이 없다고 언급한 점을 고려해 ⓐ를 '예'라고 해야지.

(나)의 1문단에서 청소년 아르바이트 영상에서 대처 방안을 충분히 다루지 않았다는 점과 영상 시청 후에 이어지는 추가 프로그램이 없었다는 점을 언급해 문제 상황을 구체적으로 제시하고 있다.

② 문제 상황에 대한 해결 방안으로 퀴즈 프로그램과 모의 근로 계약서 쓰기를 언급한 점을 고려해 ⓑ를 '예'라고 해야지.

(나)의 2문단에서 퀴즈 프로그램과 모의 근로 계약서 쓰기를 언급해 문제 상황의 해결 방안을 제시하고 있다.

✓ 도우미를 통해 프로그램에 참여하는 친구들의 어려움을 줄일 수 있다고 언급한 점을 고려해 ⓒ를 '예'라고 해야지.

건의를 수용할 경우 우려되는 점은 3문단에서 제시된 '선생님께서 프로그램을 준비하고 운영하는 것은 힘드실 테니'에서 알 수 있듯이 선생님의 부담이므로, ⓒ의 근거로 제시된 프로그램에 참여하는 친구들의 어려움은 건의를 수용할 경우 우려되는 점이 아니다.

④ 건의 수용 시 기대되는 효과가 우리 반 모두에게 적용될 수 있다고 언급한 점을 고려해 ⓓ를 '예'라고 해야지.

(나)의 4문단에서 건의가 받아들여진다면 우리 반 모두에게 기대 효과가 적용될 수 있다고 언급해 건의 내용이 다수를 위한 것임을 제시하고 있다.

⑤ 친구들이 현실의 어려움에 대처하는 방법을 확인할 수 있다고 언급한 점을 고려해 ⓔ를 '예'라고 해야지.

(나)의 4문단에서 건의가 받아들여진다면 친구들이 현실의 어려움에 대처하는 방법을 확인할 수 있다고 언급해 문제 해결을 통한 기대 효과를 제시하고 있다.

[08~10] 작문

08 글쓰기 계획의 반영 여부 파악　　　정답률 77% | 정답 ②

다음은 초고를 작성하기 전에 학생이 떠올린 생각이다. 초고에 반영된 내용으로 적절한 것만을 고른 것은?

ㄱ. 묻고 답하는 방식을 활용하여 유니버설 디자인의 개념을 설명한다.
ㄴ. 유니버설 디자인의 분류 기준을 제시하고 항목별로 사례를 소개한다.
ㄷ. 유니버설 디자인의 필요성에 대한 국내와 국외의 인식을 비교하여 제시한다.
ㄹ. 유니버설 디자인의 도입 목적을 도입 이전의 문제 상황과 관련지어 밝힌다.

① ㄱ, ㄴ　✓ ㄱ, ㄹ　③ ㄴ, ㄷ　④ ㄴ, ㄹ　⑤ ㄷ, ㄹ

ㄱ. 묻고 답하는 방식을 활용하여 유니버설 디자인의 개념을 설명한다.

1문단에서 저상 버스와 여러 언어로 된 누리집의 공통점을 묻고, 그에 대한 답의 내용을 유니버설 디자인의 개념과 연결 지어 설명하고 있다.

ㄴ. 유니버설 디자인의 분류 기준을 제시하고 항목별로 사례를 소개한다.

3문단에 유니버설 디자인이 고려한 여러 요인들은 제시되어 있지만, 이를 통해 종류를 나누고 있지 않으므로 분류 기준을 제시했다고 보기 어렵다.

ㄷ. 유니버설 디자인의 필요성에 대한 국내와 국외의 인식을 비교하여 제시한다.

4문단에 유니버설 디자인의 필요성에 대한 국내의 인식은 제시되어 있지만, 국외의 인식은 나타나 있지 않다.

ㄹ. 유니버설 디자인의 도입 목적을 도입 이전의 문제 상황과 관련지어 밝힌다.

2문단에서 장애인 전용 시설에 대해 제기된 문제를 해결하기 위해서 유니버설 디자인이 도입된 것임을 밝히고 있다.

---

09 조건에 따라 고쳐쓰기　　　정답률 79% | 정답 ①

다음은 초고를 읽은 교지 편집부장의 조언이다. 이를 반영하여 [A]를 작성한 내용으로 가장 적절한 것은?

마지막 문단에서 문제로 지적했던, 유니버설 디자인에 대한 우리 사회의 의식이 개선되어야 함을 밝히고, 그와 관련해 예상 독자가 지녀야 할 자세를 언급하며 글을 마무리하면 좋을 것 같아.

✓ 사회 구성원의 유니버설 디자인에 대한 저조한 관심을 높이고, 부정적인 인식을 해소해야 한다. 유니버설 디자인이 우리 모두에게 도움이 된다는 것을 인식하고 우리 학교에도 유니버설 디자인이 필요한 곳은 없는지 관심을 가져 보자.

교지 편집부장의 조언 내용에서 '마지막 문단에서 문제로 지적한' 구체적인 내용은 유니버설 디자인에

대한 사회 구성원의 관심이 아직 저조하고, 새로운 시설이나 제품, 서비스의 개발과 적용에 드는 비용 때문에 경제적으로 손해라는 부정적인 인식도 존재한다는 점이다. 또한 작문 상황을 고려할 때 '예상 독자'는 학생들로 볼 수 있다. 따라서 [A]에 적절한 내용이 되려면 문제점 두 가지와 관련지어 우리 사회의 의식이 개선되어야 함을 밝히고, 이와 관련해 학생들이 지녀야 할 자세를 언급한다는 두 가지 조건을 만족하여야 한다. '사회 구성원의 유니버설 디자인에 대한 저조한 관심을 높이고, 부정적인 인식을 해소해야 한다.'는 우리 사회의 의식이 개선되어야 함을 밝히고 있고, '유니버설 디자인이 우리 모두에게 도움이 된다는 것을 인식하고 우리 학교에도 유니버설 디자인이 필요한 곳은 없는지 관심을 가져 보자.'는 앞 문장에서 지적한 두 가지 문제를 해결하기 위해 학생들이 지녀야 할 자세를 언급했다. 따라서 교지 편집부장의 조언에 있는 두 가지 조건을 모두 만족하고 있다.

② 유니버설 디자인이 확대되려면 시민들이 주변 환경을 설계하는 정책 수립 과정에 참여하고 학생들도 의견을 적극적으로 내야 한다. 이렇게 되면 누구나 접근할 수 있는 사회 환경을 구축할 수 있을 것이다.

'학생들도 의견을 적극적으로 내야 한다.'고 하여 학생이 지녀야 할 자세를 언급했다. 그러나 마지막 문단에서 지적했던 우리 사회의 의식과 관련된 문제가 개선되어야 함을 밝히고 있지 않다.

③ 단기간의 손익만 계산하는 근시안적인 시각으로는 유니버설 디자인이 확대되기 어렵다. 사회적 비용을 최소화하면서 유니버설 디자인이 확대 적용될 수 있는 방법을 찾아야 한다.

'단기간의 손익만 계산하는 근시안적인 시각'은 마지막 문단에서 문제로 지적한 내용으로는 볼 수 있으나 우리 사회의 의식이 개선되어야 함을 밝히고 있지 않다.

④ 유니버설 디자인에 대한 시민들의 관심 제고와 인식 개선을 촉구해야 한다. 이를 위해서는 시민들을 대상으로 한 홍보와 교육을 강화하는 제도와 정책을 마련해야 한다.

'유니버설 디자인에 대한 시민들의 관심 제고와 인식 개선을 촉구'하는 것은 우리 사회의 의식이 개선되어야 함을 밝히는 서술이다. 그러나 학생들이 지녀야 할 자세가 언급되어 있지 않다.

⑤ 유니버설 디자인에 잠재된 경제적 가치가 간과되어서는 안 된다. 우리 학생들도 유니버설 디자인이 적용된 제품이나 서비스를 적극적으로 찾아서 이용해 보자.

'유니버설 디자인이 적용된 제품이나 서비스를 적극적으로 찾아서 이용하는 자세'는 학생들이 지녀야 할 자세로 볼 수 있지만, 글의 마지막 문단에서 언급한 우리 사회의 의식과 관련되어 있지 않다.

---

10 자료 활용　　　정답률 42% | 정답 ②

〈보기〉는 초고를 보완하기 위해 추가로 수집한 자료이다. 자료 활용 방안으로 적절하지 않은 것은? [3점]

────〈 보 기 〉────

(가) 장애인 활동가 인터뷰

휠체어 사용자가 지하철역에서 휠체어 리프트를 사용하면 다른 사람들과 동떨어져 있다는 소외감을 느끼게 됩니다. 리프트 대신 엘리베이터를 설치하면 이 문제를 해결할 수 있을 뿐만 아니라, 휠체어 사용자는 물론이고 무거운 짐을 든 사람도 편리하게 사용할 수 있습니다.

(나) 국내 통계 자료

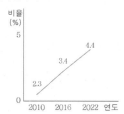
〈국내 외국인 주민 비율〉

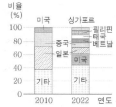
〈국적별 외국인 관광객 비율〉

(다) 보고서 자료

고령 인구 비율이 높은 ○○시는 도시 환경 설계에 유니버설 디자인을 적용하고 있다. 노화에 따라 신체적 능력이 감소하는 것을 감안하여 건축물의 모든 손잡이를 위에서 누르기만 해도 작동하는 레버식 손잡이로 설계하고 바닥에는 미끄럼 방지 처리를 하였다. 이러한 조치를 전국적으로 확대한다면 노인의 부상이 감소하여 매년 1조 7천억 원 이상의 의료비가 줄어들 것으로 예상된다.

① (가) : 휠체어 사용자가 리프트를 사용할 때 소외감을 느낀다는 것을, 장애인 전용 시설이 장애 유무에 따라 사람들을 구분 짓는다는 내용을 보강하는 근거로 2문단에 제시한다.

장애인 전용 시설이 장애 유무에 따라 사람들을 구분 짓는다는 2문단의 내용을, (가)에 제시된 휠체어 사용자가 리프트를 사용할 때 소외감을 느낀다는 것으로 보강할 수 있다.

✓ (가) : 엘리베이터 설치를 통해 이익을 얻는 대상을 근거로 활용하여, 유니버설 디자인이 고려해야 하는 요인에 연령, 질병, 언어가 포함된 이유를 3문단에 추가한다.

(가)에 언급된 엘리베이터 설치로 이익을 얻는 대상은 휠체어 사용자와 무거운 짐을 든 사람이다. 이는 연령, 질병 요인과는 관련이 있을 수 있으나, 언어와는 관련이 없다. 따라서 (가)의 해당 내용을 통해 이들이 유니버설 디자인의 고려 요인으로 추가된 이유를 설명할 수 없다.

③ (나) : 국내 외국인 주민의 비율이 증가하는 추이와 외국인 관광객의 국적이 다양화된 사실을 근거로 활용하여, 유니버설 디자인의 필요성이 강조되는 언어적 측면에서의 이유를 4문단에 추가한다.

(나)의 통계 자료는 국내 인구 중 외국인 주민 비율이 점점 증가하는 추이와 외국인의 국적이 다양해지는 사실을 보여주고 있다. 유니버설 디자인은 언어에 따른 인지적 차이를 고려하므로, 4문단에서 우리 사회에서 유니버설 디자인의 필요성이 강조되는 이유로 추가할 수 있다.

④ (다) : 레버식 손잡이와 미끄럼 방지 처리를 한 바닥을, 각각 조작이 용이한 제품과 안전하게 설계된 환경을 구체화하는 사례로 3문단에 제시한다.

(다)의 레버식 손잡이는 위에서 누르기만 해도 작동하므로 힘이 약해도 사용할 수 있는 조작이 용이한 제품에 해당한다. 미끄럼 방지 처리를 한 바닥은 거동이 불편해도 다치지 않도록 안전하게 설계한 환경이다. 이를 3문단에 사례로 제시하여 글의 내용을 구체화할 수 있다.

⑤ (다) : 유니버설 디자인의 적용으로 예상되는 의료비 절감액을, 유니버설 디자인을 통해 사회적 비용이 줄어들 수 있다는 내용의 구체적 근거로 4문단에 제시한다.

(다)의 유니버설 디자인 확대를 통해 매년 1조 7천억 원의 의료비가 절감될 수 있다는 내용이 장기적으로 줄어들 수 있는 사회적 비용에 해당하므로, 이를 4문단에 제시하여 글의 내용을 구체화할 수 있다.

[11~15] 문법

11 관형사절 특징 이해 　　　　정답률 70% | 정답 ④

윗글을 읽고 알 수 있는 내용으로 적절하지 않은 것은?

① 관형사절은 문장에서 체언을 수식하는 기능을 한다.
'이것은 내가 읽은 책이다.'의 '내가 읽은'은 '책'이라는 체언을 수식하고 있다.

② 문장이 필요로 하는 모든 문장 성분을 갖춘 관형사절이 있다.
'그는 우리가 학교로 돌아온 사실을 안다.'의 '우리가 학교로 돌아온'은 문장이 필요로 하는 모든 성분을 갖추고 있다.

③ 어떤 문장이 관형사절이 될 때 서술어의 형태가 변화할 수 있다.
'우리가 학교로 돌아왔다.'와 '우리가 학교로 돌아온'을 비교하면 서술어의 형태가 '돌아왔다'에서 '돌아온'으로 변했음을 알 수 있다.

☑ 관형사절 뒤에는 내용을 보충해 줄 필요가 있는 체언만 올 수 있다.
두 번째 유형의 관형사절은 어떤 체언 앞에서든 나타날 수 있다. 따라서 관형사절 뒤에는 내용을 보충해 줄 필요가 있는 체언만 올 수 있다는 서술은 적절하지 않다.

⑤ 관형사절이 수식하는 체언을 포함하는 문장 성분은 관형사절에서 생략될 수 있다.
'그는 이마에 흐르는 땀을 닦았다.'의 '이마에 흐르는'에서 '땀이'가 생략되었다.

12 관형사절 성립 불가의 경우 이해 　　　　정답률 47% | 정답 ④

윗글을 바탕으로 할 때, 〈보기〉의 ㉠ ~ ㉤에 들어갈 내용으로 적절하지 않은 것은? [3점]

〈보 기〉

[학습 과제]
다음 문장을 활용하여 관형사절에 대해 알아보자.

○ 철수가 학급 회장이 되었다.
○ 영희가 철수를 불렀다.
○ 영희가 학급 회장을 불렀다.

[학습 과정]
첫 번째 문장이 두 번째 문장에 관형사절로 들어가 있는 문장은 ㉠ 이고 이때 첫 번째 문장의 주어인 '철수가'는 생략된다. 반면 첫 번째 문장이 세 번째 문장에 관형사절로 들어가 있는 문장은 ㉡ 이고 이때 첫 번째 문장의 ㉢ 인 '학급 회장이'가 생략된다. '학급 회장이'가 생략되면서 관형사절의 '철수가'가 ㉣ 처럼 쓰이게 되어 문장의 의미가 달라진다.

[학습 결과]
관형사절을 만들 때 주어가 생략되면 원래 문장과 관형사절의 의미가 달라지지 않지만, ㉤ 가 생략되면 원래 문장과 관형사절의 의미가 달라진다.

① ㉠ : '영희가 학급 회장이 된 철수를 불렀다.'
'철수가 학급 회장이 되었다.'가 '영희가 철수를 불렀다.'에 관형사절로 들어가면, 관형사절이 수식하는 대상인 '철수'를 포함한 관형사절의 문장 성분이 생략되어, '영희가 학급 회장이 된 철수를 불렀다.'가 된다.

② ㉡ : '영희가 철수가 된 학급 회장을 불렀다.'
'철수가 학급 회장이 되었다.'가 '영희가 학급 회장을 불렀다.'에 관형사절로 들어가면, 관형사절이 수식하는 대상인 '학급 회장'을 포함한 관형사절의 문장 성분이 생략되어, '영희가 철수가 된 학급 회장을 불렀다.'가 된다.

③ ㉢ : 보어
'학급 회장이 된'에서 '학급 회장이'는 '되다' 앞에 있으므로 관형사절의 보어이다.

☑ ㉣ : 주어
'철수가 학급 회장이 되었다.'에서 보어가 생략된 관형사절을 가정하면 '철수가 된 학급 회장'의 형태가 된다. 보어가 생략되고 주어가 '되다' 앞으로 이동하면, 원래 문장에서 주어였던 문장 성분이 더 이상 주어로 쓰이지 못하고 보어처럼 해석된다. 따라서 보어가 쓰인 문장을 관형사절로 만들 때 관형사절이 수식하는 체언이 관형사절의 보어 안에 포함되어 있으면 관형사절을 만들 수 없다.

⑤ ㉤ : 보어
학습 과정을 통해 관형사절을 만들 때 주어와는 달리 보어가 생략되면 원래 문장과 의미가 달라진다는 것을 확인할 수 있다.

★★★ 등급을 가르는 문제!

13 어근의 품사 변형 절차 이해 　　　　정답률 29% | 정답 ①

〈보기〉의 ㉠에 해당하는 예로 적절하지 않은 것은?

〈보 기〉

파생어는 어근에 접사가 붙어 이루어진 단어이다. 파생어 중에는 어근에 특정한 뜻을 더하는 접사가 붙어 이루어진 단어가 있다. 예를 들어 '풋사과'는 어근 '사과' 앞에 '아직 덜 익은'이라는 뜻을 가진 접사 '풋-'이 붙어 이루어진 단어이다. 또한 파생어 중에는 ㉠ 어근의 품사를 바꾸는 접사가 붙어 이루어진 단어도 있다. 예를 들어 명사 '웃음'은 동사 '웃다'의 어근 '웃-'에 접사 '-음'이 붙어 명사가 된 것이다.

☑ 일찍이
'일찍이'는 부사 어근 '일찍'에 접사 '-이'가 붙어 부사가 된 단어로, 접사 '-이'는 어근의 품사를 바꾸지 않는다. 따라서 ㉠의 예로 적절하지 않다.

② 마음껏
'마음껏'은 명사 어근 '마음'에 접사 '-껏'이 붙어 부사로 바뀌었다.

③ 가리개
'가리개'는 동사 어근 '가리-'에 접사 '-개'가 붙어 명사로 바뀌었다.

④ 높이다
'높이다'는 형용사 어근 '높-'에 접사 '-이'가 붙어 동사로 바뀌었다.

⑤ 슬기롭다
'슬기롭다'는 명사 어근 '슬기'에 접사 '-롭-'이 붙어 형용사로 바뀌었다.

★★ 문제 해결 꿀~팁 ★★

▶ 많이 틀린 이유는?
이 문제는 〈보기〉에 근거하여 문제가 요구하는 바를 정확하게 파악하지 못했기에 오답률이 높았던 것으로 보인다.

▶ 문제 해결 방법은?
이 문제를 해결하기 위해서는 〈보기〉에서 묻는 질문이 무엇인지를 파악해야 한다. 이 문제의 핵심은 접사로 인해 어근의 품사가 바뀌는 경우를 찾아내는 것이다. 이를 위해서는 어근과 접사를 분리하는 작업부터 진행되어야 한다. ①의 경우 '일찍이'는 부사 어근 '일찍'에 접사 '-이'가 붙어 부사가 된 경우로, 접사가 붙는다고 해서 어근의 품사가 바뀌지 않는다. 한편 ②와 ⑤의 경우 명사 어근에 접사가 붙어 각기 부사와 형용사로 바뀐다. ③의 경우 동사 어근에 접사가 붙어 명사로 바뀌며, ④의 경우 형용사 어근에 접사가 붙어 동사로 바뀐다. 문법 문제의 〈보기〉는 얼핏 복잡해 보이지만, 〈보기〉에서 요구하는 바가 무엇인지를 파악하고, 그에 대응하는 사례를 차분히 살핀다면 어렵지 않게 풀 수 있다.

14 발음 이해 　　　　정답률 78% | 정답 ④

〈보기〉의 ⓐ~ⓒ에 들어갈 말을 바르게 짝지은 것은?

〈보 기〉

학생 : 선생님, '바람이 일고'의 '일고'는 [일고]로 발음되는데, '책을 읽고'의 '읽고'는 왜 [일꼬]로 발음되나요?
선생님 : '읽고'가 [일꼬]로 발음되는 현상은 자음군 단순화 및 된소리되기와 관련이 있습니다. '읽고'가 어떤 과정을 거쳐 [일꼬]로 발음되는지 자료를 토대로 탐구해 볼까요?

[자료]
㉠ 자음군 단순화 : 어말 또는 자음 앞에서 음절 종성의 두 자음 중 하나가 탈락하는 현상.
㉡ 된소리되기 : 예사소리가 일정한 환경에서 된소리로 바뀌는 현상. 종성 'ㄱ, ㄷ, ㅂ' 뒤에 연결되는 'ㄱ, ㄷ, ㅂ, ㅅ, ㅈ'은 된소리로 발음함.

[탐구 과정]
1. '읽고'의 발음으로 보아 ㉠과 ㉡이 모두 일어났다.
2. ㉠이 먼저 일어난다고 가정할 때, 첫째 음절 종성의 두 자음 중 뒤의 자음이 탈락하여 음절 종성은 [ㄹ]로 발음된다. 그런데 '일고'의 발음을 참고할 때, 종성 [ㄹ] 뒤에 'ㄱ'이 연결된다는 것은 ⓐ 반드시 일어나는 것은
3. ㉡이 먼저 일어난다고 가정할 때, 첫째 음절 종성의 두 자음 중 뒤의 자음인 'ㄱ'으로 인해 둘째 음절의 초성이 ⓑ 로 발음된다. 그 후 ㉠이 일어난다고 하면 '읽고'의 발음을 설명할 수 ⓒ

[탐구 결과]
'읽고'는 된소리되기 후 자음군 단순화가 일어나 [일꼬]로 발음된다.

	ⓐ	ⓑ	ⓒ
①	조건이다.	[ㄱ]	없다.

① 일고[일고]의 발음을 참고할 때, 종성 [ㄹ] 뒤에 'ㄱ'이 연결된다는 것은 된소리되기가 반드시 일어나는 조건이 아니다. 그런데 된소리되기가 먼저 일어난다고 가정할 때, 첫째 음절 종성의 두 자음 중 뒤의 자음 'ㄱ'이 뒤의 자음 'ㄱ'을 만나면 된소리되기가 일어나 둘째 음절의 초성이 [ㄲ]로 발음된다. 그 후 첫째 음절 종성에서 자음군 단순화가 일어난다면 첫째 음절 종성이 [ㄹ]로 발음되어 읽고[일꼬]의 발음을 설명할 수 있다.

② 조건이다. [ㄲ] 있다.
일고[일고]의 발음을 참고할 때, 종성 [ㄹ] 뒤에 'ㄱ'이 연결된다는 것은 된소리되기가 반드시 일어나는 조건이 아니다.

③ 조건이 아니다. [ㄱ] 있다.
된소리되기가 먼저 일어난다고 가정할 때, 첫째 음절 종성의 두 자음 중 뒤의 자음 'ㄱ'이 뒤의 자음 'ㄱ'을 만나면 된소리되기가 일어나 둘째 음절의 초성이 [ㄲ]로 발음된다.

☑ 조건이 아니다. [ㄲ] 있다.
'읽고'의 발음은 [일꼬]인데, 첫째 음절의 종성에서 자음군 단순화가, 둘째 음절의 초성에서 된소리되기가 일어났다. 자음군 단순화가 먼저 일어난다고 가정할 경우, 첫째 음절의 종성은 [ㄹ]로 발음되는데, 일고[일고]의 발음을 참고할 때 종성 [ㄹ] 뒤에서는 된소리되기가 일어나지 않았다. 따라서 종성 [ㄹ] 뒤에 'ㄱ'이 연결된다는 것은 된소리되기가 반드시 일어나는 조건이 아니므로 ⓐ에는 '조건이 아니다'가 들어간다. 그런데 된소리되기가 먼저 일어난다고 가정할 경우, 첫째 음절 종성의 두 자음 중 뒤의 자음 'ㄱ'이 뒤의 자음 'ㄱ'을 만나면 된소리되기가 일어나 둘째 음절의 초성이 [ㄲ]로 발음되므로 ⓑ에는 [ㄲ]이 들어간다. 그 후 첫째 음절 종성에서 자음군 단순화가 일어난다면 첫째 음절 종성이 [ㄹ]로 발음되어 읽고[일꼬]의 발음을 설명할 수 있으므로 ⓒ에는 '있다'가 들어간다.

⑤ 조건이 아니다. [ㄲ] 없다.
된소리되기가 먼저 일어난다고 가정한 후 첫째 음절 종성에서 자음군 단순화가 일어난다면 첫째 음절 종성이 [ㄹ]로 발음되어 읽고[일꼬]의 발음을 설명할 수 있다.

15 중세 국어 주격 조사 이해 　　　　정답률 77% | 정답 ③

〈보기 1〉의 ㉠~㉢에 따라 〈보기 2〉의 ⓐ~ⓔ를 바르게 분류한 것은?

〈보기 1〉

중세 국어의 주격 조사는 음운 조건에 따라 다르게 실현되었다. ㉠ 자음 다음에는 '이'가 나타났고, ㉡ 모음 '이'나 반모음 'ㅣ' 다음에는 나타나지 않았다. 그리고 ㉢ 모음 '이'도 반모음 'ㅣ'도 아닌 모음 다음에는 'ㅣ'가 나타났다.

〈보기 2〉

孟宗(맹종)이ⓐ 무수미 至極(지극) 孝道(효도)롭더니 ⓑ 어미 늙고 病(병)ᄒ야 이셔 ⓒ 겨스리 다ᄃ라 오거늘 竹筍(죽순)을 먹고져 커늘 孟宗(맹종)이 대수페 가 운대 이슥고 竹筍(죽순) 두서 ⓓ 줄기 나거늘 가져다가 羹(갱) 밍ᄀ라 이 바드니 어미 病(병)이 됴커늘 사ᄅᆞ미 다 일ᄏᆞ로디 ⓔ 孝道(효도)ㅣ 至極(지극)ᄒ야 그러ᄒ니라 ᄒ더라

	㉠	㉡	㉢
①	ⓐ	ⓒ, ⓔ	ⓑ, ⓓ

ⓒ는 자음 'ㄹ'로 끝나는 체언 '겨슬' 뒤에 주격 조사 '이'가 나타났으므로 ㉠에 해당한다. ⓔ는 모음 '이'도 반모음 'ㅣ'도 아닌 모음 'ㅗ'로 끝나는 체언 '孝道(효도)' 뒤에 주격 조사 'ㅣ'가 나타났으므로 ㉢에 해당한다. ⓑ는 모음 '이'로 끝나는 체언 '어미' 뒤에 주격 조사가 나타나지 않았고, ⓓ는 모음 '이'로 끝나는 체언 '줄기' 뒤에 주격 조사가 나타나지 않았으므로 ⓑ와 ⓓ는 ㉡에 해당한다.

| ② | ⓐ, ⓒ | | ⓑ, ⓓ | ⓔ |

ⓑ는 모음 '이'로 끝나는 체언 '어미' 뒤에 주격 조사가 나타나지 않았으므로 ㉡에 해당한다.

| ✔ ③ | ⓐ, ⓒ | ⓑ, ⓓ | ⓔ |

ⓐ는 자음 'ㅁ'으로 끝나는 체언 'ᄆᆞᅀᆞᆷ' 뒤에 주격 조사 '이'가 나타났고, ⓒ는 자음 'ㄹ'로 끝나는 체언 '겨슬' 뒤에 주격 조사 '이'가 나타났으므로 ⓐ와 ⓒ는 ㉠에 해당한다. ⓑ는 모음 '이'로 끝나는 체언 '어미' 뒤에 주격 조사가 나타나지 않았고, ⓓ는 모음 '이'로 끝나는 체언 '줄기' 뒤에 주격 조사가 나타나지 않았으므로 ⓑ와 ⓓ는 ㉡에 해당한다. ⓔ는 모음 '이'도 반모음 'ㅣ'도 아닌 모음 'ㅗ'로 끝나는 체언 '孝道(효도)' 뒤에 주격 조사가 'ㅣ'가 나타났으므로 ㉢에 해당한다.

| ④ | ⓑ, ⓔ | | ⓓ | ⓐ |

ⓑ는 모음 '이'로 끝나는 체언 '어미' 뒤에 주격 조사가 나타나지 않았으므로 ㉡에 해당한다. ⓔ는 모음 '이'도 반모음 'ㅣ'도 아닌 모음 'ㅗ'로 끝나는 체언 '孝道(효도)' 뒤에 주격 조사가 'ㅣ'가 나타났으므로 ㉢에 해당한다. ⓒ는 자음 'ㄹ'로 끝나는 체언 '겨슬' 뒤에 주격 조사 '이'가 나타났으므로 ㉠에 해당한다. ⓐ는 자음 'ㅁ'으로 끝나는 체언 'ᄆᆞᅀᆞᆷ' 뒤에 주격 조사 '이'가 나타났으므로 ㉠에 해당한다.

| ⑤ | ⓔ | ⓑ, ⓓ | ⓐ, ⓒ |

ⓔ는 모음 '이'도 반모음 'ㅣ'도 아닌 모음 'ㅗ'로 끝나는 체언 '孝道(효도)' 뒤에 주격 조사 'ㅣ'가 나타났으므로 ㉢에 해당한다. ⓐ는 자음 'ㅁ'으로 끝나는 체언 'ᄆᆞᅀᆞᆷ' 뒤에 주격 조사 '이'가 나타났고, ⓒ는 자음 'ㄹ'로 끝나는 체언 '겨슬' 뒤에 주격 조사 '이'가 나타났으므로 ⓐ와 ⓒ는 ㉠에 해당한다.

[16~45] 독서·문학

16~20 과학

Steven Yantis, 「감각과 지각」

해제 소리의 높낮이를 지각하는 원리에 대해 설명하고 있다. 달팽이관의 안쪽에는 기저막과 털 세포가 존재한다. 기저막은 파동의 주파수에 따라 최대로 진동하는 부위가 다른데, 기저막 위에 있는 털 세포는 그 위치에 따라 민감하게 반응하는 주파수가 다르게 된다. 털 세포의 반응에 따라 해당 털 세포와 연접한 신경 섬유가 흥분하게 되면 신경 신호가 만들어지고, 이는 대뇌의 1차 청각 피질에 전달되어 처리된다. 결국 대뇌는 신경 섬유가 기저막의 어떤 위치에 있는 털 세포와 연접하는지에 대한 정보와 어떤 주기로 흥분하는지에 대한 정보를 활용하여 소리의 높낮이를 지각하게 된다.

주제 소리의 높낮이를 지각하는 원리

문단 핵심 내용

1문단	달팽이관 속 기저막과 털 세포의 역할
2문단	파동의 주파수에 따른 기저막의 진동 부위와 정도
3문단	기저막 진동에 따른 털 세포의 반응 양상
4문단	신경 섬유를 흥분시키는 전기 신호
5문단	신경 신호의 이동 경로와 정보 활용 양상

16 | 내용 이해 | 정답률 76% | 정답 ⑤

윗글의 내용과 일치하지 않는 것은?

① 달팽이관으로 전달된 파동은 기저막을 바깥쪽부터 진동시킨다.
2문단에 따르면 기저막은 달팽이관의 모양을 따라 바깥쪽부터 진동하게 된다.

② 기저막에서 단단한 부위일수록 더 높은 주파수의 파동에 최대로 진동한다.
2문단에 따르면 기저막을 진동시키는 파동의 주파수가 높을수록 기저막에서 최대로 진동하는 부위는 바깥쪽에 위치한다. 그리고 기저막은 단단한 부위일수록 높은 주파수의 파동에 크게 떨린다.

③ 파동의 주파수가 낮을수록 기저막에서 최대로 진동하는 부위의 길이가 길다.
2문단에 따르면 귀 바깥에서 발생한 파동의 주파수가 높을수록 기저막에서 최대로 진동하는 부위의 길이는 짧게 된다.

④ 중뇌와 대뇌를 연결하는 개별 신경 섬유들은 민감하게 반응하는 주파수가 정해져 있다.
5문단에 따르면 대뇌에 이르기까지의 모든 개별 신경 섬유들은 민감하게 반응하는 주파수가 정해져 있다.

✔ ⑤ 1차 청각 피질에서 얼굴 부분에 가까운 부위일수록 높은 소리로 지각되는 신경 신호를 처리한다.
5문단에 따르면 1차 청각 피질은 얼굴 쪽에 있는 부위일수록 신경 섬유를 통해 기저막의 안쪽 부위와 연결된다. 기저막의 안쪽 부위일수록 낮은 주파수의 파동에 크게 반응하므로 1차 청각 피질에서 얼굴 쪽에 있는 부위일수록 낮은 소리로 지각되는 신경 신호를 처리한다고 볼 수 있다.

17 | 핵심 개념의 이해 | 정답률 46% | 정답 ④

털 세포에 대한 설명으로 가장 적절한 것은?

① 전기 신호를 발생시켜 털을 휘게 만든다.
3문단에 따르면 털 세포가 반응하여 털이 휘어지면서 전기 신호가 발생한다.

② 연접한 신경 섬유를 신경 신호를 통해 흥분시킨다.
5문단에 따르면 신경 섬유의 흥분으로 신경 신호가 생겨난다.

③ 털이 빠르게 휘어질수록 기저막을 많이 진동시킨다.
3문단에 따르면 기저막이 진동하면 털 세포가 반응하여 털이 휘어진다.

✔ ④ 신경 신호를 발생시키는 신경 전달 물질을 방출한다.
4문단에 따르면 털 세포에서 만들어진 전기 신호는 신경 전달 물질이 방출되도록 하며, 신경 전달 물질의 방출에 따라 신경 섬유가 흥분하게 된다.

⑤ 민감하게 반응하는 주파수가 파동이 전달될 때마다 변한다.
3문단에 따르면 기저막의 어느 위치에 있느냐에 따라 털 세포마다 민감하게 반응하는 주파수가 다르다.

18 | 내용 추론 | 정답률 69% | 정답 ①

㉠의 이유를 추론한 내용으로 가장 적절한 것은?

✔ ① 기저막에서 최대로 진동하는 부위가 초당 떨리는 횟수는 기저막을 진동시킨 파동의 주파수와 같기 때문이다.
3문단에 따르면 기저막에서 최대로 진동하는 털 세포가 초당 전기 신호를 발생시키는 횟수는 기저막을 진동시킨 파동의 주파수와 일치한다. 이는 기저막에서 최대로 진동하는 부위에 있는 털 세포가 진동할 때마다 반응하며, 기저막에서 최대로 진동하는 부위가 초당 떨리는 횟수가 기저막을 진동시킨 파동의 주파수와 같기 때문이다.

② 개별 신경 섬유가 초당 흥분하는 횟수는 달팽이관으로 동시에 전달된 다른 파동에 의해 제한되기 때문이다.
4문단에 따르면 개별 신경 섬유가 초당 흥분하는 횟수는 일정 수준까지만 귀 바깥에서 발생한 파동의 주파수에 대응되는데, 이는 개별 신경 섬유가 초당 흥분할 수 있는 최대치가 제한되어 있기 때문이다.

③ 기저막이 진동하는 정도는 신경 섬유가 초당 흥분할 수 있는 최대치에 따라 결정되기 때문이다.
2문단에 따르면 기저막이 진동하는 정도는 파동의 주파수에 따라 결정된다.

④ 신경 섬유가 어떤 주기로 흥분하는지에 대한 정보가 기저막으로 전달되기 때문이다.
5문단에 따르면 신경 섬유가 어떤 주기로 흥분하는지에 대한 정보는 대뇌로 전달된다.

⑤ 림프액으로 전달된 파동의 주파수는 달팽이관에서 처리하기 어렵기 때문이다.
2문단에 따르면 귀 바깥에서 생겨난 소리의 파동이 달팽이관의 림프액으로 전달되면 기저막은 달팽이관의 모양을 따라 바깥쪽부터 진동하게 된다. 이때 기저막에서 최대로 진동하는 부위는 귀 바깥에서 발생한 파동의 주파수에 따라 다르다.

★★★ 등급을 가르는 문제!

19 | 사례 적용 및 이해 | 정답률 25% | 정답 ①

윗글을 바탕으로 〈보기〉에 대해 보인 반응으로 적절하지 않은 것은? [3점]

〈보 기〉

파동에 의해 털 세포가 이미 반응하고 있을 때, 같은 털 세포를 반응시키는 새로운 파동이 전달되면 반응하는 털 세포가 있는 영역이 겹칠 수 있다. 이에 따라 나중에 전달된 파동을 소리로 지각하지 못하는 현상이 발생할 수 있는데, 이를 차폐 현상이라고 한다. 차폐 현상을 확인하기 위해 먼저 0 ~ 800 Hz 사이의 파동들이 지각되기 위한 최소 수준을 데시벨(dB)* 단위로 측정하였다. 그다음 A 주파수의 파동이 전달된 상태에서 각 파동들이 지각되기 위한 최소 수준을 다시 측정하였다. 다음 그래프는 첫 번째 측정값에서 두 번째 측정값이 얼마나 증가했는가를 나타낸 것이다.

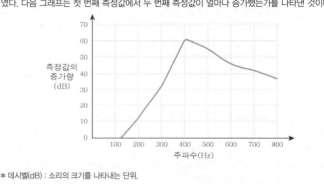

* 데시벨(dB) : 소리의 크기를 나타내는 단위.

✔ ① A 주파수의 파동이 전달된 상태에서, 주파수가 200 Hz인 파동이 10 dB로 전달되면 소리로 지각되겠군.
〈보기〉에 따르면 그래프는 A 주파수의 파동이 전달된 상태에서 여러 파동의 주파수가 지각되기 위한 최소 수준이 얼마나 증가하는지를 나타내는 자료이다. 즉 그래프에서 200 Hz에 대응되는 데시벨은, A 주파수의 파동이 전달되었을 때 200 Hz의 파동이 지각되기 위한 최소 수준의 증가량을 나타내는 것이다.

② 기저막에서 A 주파수의 파동에 최대로 진동하는 부위보다 안쪽 부위를 크게 떨리게 하는 파동일수록 차폐 현상이 작게 일어나겠군.
2문단에 따르면 기저막에서 안쪽 부위를 크게 떨리게 하는 주파수는 상대적으로 낮은 주파수이다. 그래프에서 400 Hz보다 낮은 주파수에서는 지각 가능한 최소 수준의 변화량이 감소한다.

③ 그래프의 기울기가 정점을 기준으로 오른쪽으로 더 완만한 것은 기저막이 진동하는 수준이 최대치에 도달한 이후에 급격히 감소하는 것과 관련이 있겠군.
2문단에 따르면 기저막이 진동하는 수준은 최대치에 도달한 이후에 급격히 감소한다. 이는 낮은 주파수에 대응되는 영역에 미치는 영향이 더 적을 것이라는 것을 의미한다.

④ 100 Hz에서 측정값의 증가량이 0인 것은, A 주파수의 파동과 100 Hz의 파동이 각각 기저막에서 최대로 진동시키는 부위가 서로 멀리 떨어져 있기 때문이겠군.
그래프에서 100 Hz에서 지각 가능한 최소 수준의 변화량이 없다는 것은 차폐 현상이 일어나지 않는다는 것을 의미한다. 2문단에 따르면 기저막에서 최대로 진동하는 부위는 주파수에 따라 다르다. 두 파동의 주파수 간격이 멀어지면 두 파동에 따라 기저막에서 최대로 진동하는 부위도 멀어져 차폐 현상이 감소할 것이다.

⑤ 그래프의 정점에 해당하는 주파수가 400 Hz 부근인 이유는 해당 주파수의 파동

에 반응하는 털 세포와 A 주파수의 파동에 반응하는 털 세포가 가장 많이 중복되기 때문이겠군.

그래프의 정점에 해당하는 주파수가 400 Hz라는 것은 차폐를 일으키는 파동이 400 Hz라는 것을 의미한다. 이는 두 파동에 반응하는 털 세포가 많이 겹친다는 것을 의미한다.

★★ 문제 해결 꿀~팁 ★★

▶ 많이 틀린 이유는?

〈보기〉에 제시된 그래프가 어떤 정보를 담고 있는지를 파악하지 못한 경우가 많아 오답률이 높았던 것으로 보인다.

▶ 문제 해결 방법은?

사례 적용 문제를 해결하기 위해서는 〈보기〉에 제시된 설명을 이해하고, 선지가 묻는 바를 그래프에 대응하여 적용해야 한다. 이 문제의 핵심은 그래프에 나타난 x축과 y축의 정보를 이해하는 것이다. 그래프의 x축은 주파수(Hz)를 나타내고 있고, y축은 측정값의 증가량(dB)을 나타내고 있다. 따라서 그래프는 A 주파수의 파동이 전달된 상태에서 여러 주파수의 파동이 지각되기 위한 최소 수준이 얼마나 증가하는지를 나타내는 자료이다. A 주파수의 파동이 전달된 상태에서 주파수가 200 Hz의 파동이 최소한 10 dB 증가하여 전달되면 소리로 지각될 수 있는 것이므로 ①의 설명은 적절하지 않다. 이와 같은 문제를 해결하기 위해서는 선지가 묻고 있는 핵심을 정제한 후 주어진 정보에 적용하는 연습을 꾸준히 해야 한다.

---

20 단어의 문맥적 의미
정답률 62% | 정답 ⑤

문맥상 ⓐ ~ ⓔ와 바꿔 쓰기에 가장 적절한 것은?

① ⓐ : 답습(踏襲)하여
'답습(踏襲)하여'는 '예로부터 해 오던 방식이나 수법을 좇아 그대로 행하여'라는 뜻이다.

② ⓑ : 담당(擔當)하는데
'담당(擔當)하는데'는 '어떤 일을 맡는데'의 뜻이다.

③ ⓒ : 제시(提示)한다
'제시(提示)한다'는 '어떠한 의사를 말이나 글로 나타내어 보이게 한다'라는 뜻이다.

④ ⓓ : 형성(形成)하여
'형성(形成)하여'는 '어떤 형상을 이루어'라는 뜻이다.

☑ ⓔ : 경유(經由)하여
'경유하여'는 '거쳐 지나'란 뜻으로 '거쳐'와 바꾸어 쓸 수 있다.

21~25 인문

박송화, 「새롭게 읽는 서양 미술사」

[해제] 신고전주의와 낭만주의 미술의 발생과 특징에 대해 설명하고 있다. 18세기 중반, 엄격한 고전주의 양식의 부활을 꾀하며 등장한 신고전주의는 빈켈만의 미학을 이론적 토대로 한다. 신고전주의 미술은 고전주의 미술의 규범을 준수하여 뚜렷한 윤곽선, 균형 잡힌 구도, 매끈한 표면 등의 형식적 특성을 추구했다. 또한 고대 그리스의 신화나 역사를 주제로 미술에 사회적 교훈을 담고자 했다. 한편 19세기 전반, 개인의 독립성과 자율성을 옹호하는 분위기를 바탕으로 등장한 낭만주의는 헤르더의 사상을 출발점으로 한다. 낭만주의는 불안, 공포 등의 감정이나 비현실적이고 환상적인 존재 등을 주제로 하고, 감정 표현을 위해 형태보다 색채를 강조하며 자유로운 상상력과 감정을 표출했다.

[주제] 신고전주의와 낭만주의 미술의 발생과 특징

문단 핵심 내용

1문단	신고전주의 미술의 발생 배경
2문단	고대 그리스 고전주의 미술의 특징
3문단	신고전주의 미술의 이론적 토대를 수립한 빈켈만의 미학
4문단	신고전주의 미술의 형식적 특성과 표현상의 특징
5문단	낭만주의 미술의 발생 배경과 헤르더의 사상
6문단	낭만주의 미술의 미학적 관점과 표현상의 특징

---

21 글의 전개 방식
정답률 68% | 정답 ④

윗글에 대한 설명으로 가장 적절한 것은?

① 미술을 다른 예술 갈래와 비교하며 예술사를 통시적으로 고찰하고 있다.
미술을 다른 예술 갈래와 비교하고 있지 않다.

② 미술 사조의 등장이 예술에 대한 관점을 형성하는 데 미친 영향을 인과적으로 서술하고 있다.
1문단과 5문단에서 각각 신고전주의와 낭만주의의 등장 배경에 대해 설명하고 있으나, 각 미술 사조의 등장이 예술에 대한 관점을 형성하는 데 미친 영향을 인과적으로 서술한 것은 아니다.

③ 특정한 미술 사조에 대한 평가가 시대별로 달라진 원인을 하나의 사례를 중심으로 분석하고 있다.
특정한 미술 사조에 대한 평가가 시대별로 달라진 원인을 하나의 사례를 중심으로 분석하고 있지 않다.

☑ 대립적인 성격의 두 미술 사조가 등장하게 된 배경을 각각 특정한 학자의 견해와 관련지어 설명하고 있다.
이 글은 신고전주의와 낭만주의라는 두 미술 사조의 발생과 특징을 설명한 글로, 각각의 등장 배경을 빈켈만과 헤르더라는 학자의 견해와 관련지어 설명하고 있다. 신고전주의는 이상적인 형식미와 엄격한 도덕성을 추구한 미술 사조인 반면, 낭만주의는 개인의 상상력과 감정의 자유로운 표현을 중시하여 폭넓은 주제와 표현 방식을 보여 준 미술 사조로 대립적인 성격을 지님을 알 수 있다.

⑤ 특정 학자가 주장한 미학 이론의 변화 과정을 설명하고 그의 사상이 지닌 역사적 의의와 한계를 제시하고 있다.
3문단에서 빈켈만의 미학에 대해 설명하였고, 5문단에서 헤르더가 고대 그리스 미술에 대한 빈켈만의 주장에 관하여 비판하는 내용이 제시되어 있다. 그러나 두 학자가 주장한 미학 이론의 변화 과정에 대해 제시한 부분은 없다.

---

22 내용 이해
정답률 83% | 정답 ③

윗글의 내용과 일치하지 않는 것은?

① 로코코 미술에 대한 반발로 등장한 신고전주의는 당대 사회를 향한 교훈적 메시지를 미술에 반영하고자 했다.
1문단을 통해 신고전주의 미술이 로코코 미술에 대한 반발로 등장했음을 알 수 있다. 또한 4문단을 통해 계몽주의의 영향으로 미술에 사회적 교훈을 담고자 했음을 알 수 있다.

② 신고전주의 미술에서는 붓질의 흔적이 보이지 않는 매끈한 표면과 명확한 윤곽선으로 사물의 형태가 강조되어 있다.
4문단을 통해 신고전주의 미술이 뚜렷한 윤곽선, 붓 자국 없이 매끈하게 처리된 표면 등의 특징을 보이며 색채보다 형태를 강조했음을 알 수 있다.

☑ 신고전주의 화가들은 그리스 역사 속 죽음을 앞둔 영웅의 불안과 공포를 강렬한 색채를 통해 드러내고자 했다.
4문단을 통해 신고전주의 미술은 색채보다는 형태를 강조했고, 감정 표현을 절제함으로써 정신적 숭고함을 드러내고자 했음을 알 수 있다. 따라서 이는 적절하지 않다.

④ 낭만주의 미술이 보여 준 역동적인 구도는 신고전주의 미술이 추구한 이상적인 형식미에 부합하지 않는 것이었다.
6문단을 통해 낭만주의 미술은 역동적인 구도의 특징을 보였음을 알 수 있다. 이는 균형 잡힌 안정된 구도를 특징으로 한 신고전주의 미술의 이상적인 형식미에 부합하지 않는 것이다.

⑤ 미술을 상상력의 표현이라고 생각한 낭만주의 화가들은 신고전주의 미술에서 다루지 않았던 비현실적이고 환상적인 주제에 관심을 보였다.
6문단을 통해 낭만주의 미술에서는 비현실적이고 환상적인 존재와 같이 신고전주의가 관심을 보이지 않았던 영역을 주제로 다루었음을 알 수 있다.

---

23 핵심 개념의 비교
정답률 79% | 정답 ①

㉠과 ㉡에 대한 이해로 가장 적절한 것은?

☑ ㉠은 ㉡과 달리 감상자가 느끼는 주관적 즐거움과 상관없이 사물의 아름다움이 이미 존재하고 있다고 보겠군.
㉠은 아름다움은 사물이 본래 가지고 있는 특질이며, 아름다운 사물은 그 자체로 감상자에게 감각적 즐거움을 준다고 본다. 따라서 감상자가 느끼는 주관적 즐거움과 상관없이 사물의 아름다움이 이미 존재하고 있다고 보는 것은 적절하다.

② ㉡은 ㉠과 달리 감상자가 동일한 사물의 아름다움에 대해 내린 판단은 변화할 수 없다고 보겠군.
㉡은 아름다움이 사물에 대해 느끼는 감각적 즐거움에서 기인하는 것이라고 본다. 따라서 동일한 사물이라도 그것에 대해 감상자가 느끼는 감각적 즐거움은 항상 동일하지는 않을 수 있으므로 이는 적절하지 않다.

③ ㉠과 ㉡은 모두 모든 사람들이 공통적으로 아름답다고 생각하는 사물이 존재한다고 보겠군.
㉡은 아름다움이 사물에 대해 느끼는 감각적 즐거움에서 기인하는 것이라고 보기 때문에 ㉡에 대한 진술로는 적절하지 않다.

④ ㉠과 ㉡은 모두 조화와 질서를 갖추지 못한 사물이라도 감각적으로 즐거움을 줄 수 있다고 보겠군.
㉠은 아름다움은 사물이 본래 가지고 있는 특질이라고 본다. 따라서 조화와 질서를 갖추지 못한 사물이 감각적으로 즐거움을 줄 수 있다고 보는 것은 ㉠에 대한 진술로 적절하지 않다. ㉡의 관점에 따른 아름다움에 대한 판단은 사물이 조화와 질서를 갖추었는지 여부와는 관계가 없다.

⑤ ㉠과 ㉡은 모두 아름다운 사물이라면 어느 것이든 반드시 수학적으로 적절한 비례를 유지하고 있다고 보겠군.
㉡은 사물의 아름다움에 대한 판단이 감상자가 느끼는 감각적 즐거움에 기인한다고 보기 때문에 ㉡에 대한 진술로는 적절하지 않다.

---

24 사례 적용 및 이해
정답률 46% | 정답 ⑤

윗글을 읽은 학생이 〈보기〉에 대해 보인 반응으로 적절하지 않은 것은? [3점]

〈보 기〉
㉮ 에피카르모스는 개는 개를 가장 아름답게 여기고, 소는 소를 가장 아름답게 여긴다고 말하며 모든 피조물에게 아름다움의 척도는 그것이 속하는 종(種)이라고 주장했다.

㉯ 소크라테스는 사물이 그 목적, 시간, 환경 등에 적합할 때 아름답다고 생각했다. 이는 어떤 사물을 아름답다고 평가한 기준이 다른 사물들에도 동일하게 적용될 수 있다고 믿었던 당대 그리스인의 미학적 관점과는 상반된다.

㉰ 스토아 학파는 감각적 미와 정신적 미를 구분하고, 감각적미는 비례가 잘 맞는 육체의 아름다움을, 정신적 미는 도덕성을 의미한다고 주장했다. 또한 그들은 미학적 가치가 도덕적 가치에 종속되어야 한다는 믿음을 바탕으로 정신적 미를 더 높이 평가했다.

① ㉮ : 피조물의 종에 따라 아름다움의 척도가 다르다고 본 에피카르모스의 관점은, 상대주의적 관점에서 아름다움을 판단하고자 한 헤르더의 관점과 유사하군.
피조물의 종에 따라 아름다움의 척도가 다르다고 본 에피카르모스의 관점은 아름다움의 상대성을 인정한 것이라고 할 수 있다. 이는 헤르더의 관점과 유사하다.

② ㉯ : 아름다움을 판단하는 보편적인 기준이 있다고 믿은 그리스인의 미학적 관점은, 변화와 시간의 흐름에 주목한 헤르더의 관점과 다르군.
어떤 사물을 아름답다고 평가한 기준이 다른 사물들에도 동일하게 적용될 수 있다고 본 그리스인의 미학적 관점은 아름다움을 판단하는 보편적 기준이 있다고 본 것이다. 이는 변화와 시간의 흐름에 주목한 헤르더의 관점과 다르다.

③ ㉯ : 시간이나 환경에 대한 적합성에 따라 아름다움이 결정된다고 본 소크라테스의 관점은, 그리스 미술에 시대를 초월한 아름다움이 있다고 본 빈켈만의 관점과 다르군.
사물의 아름다움이 그것의 적합성에 있다고 본 소크라테스의 관점은 사물마다 서로 다른 아름다움을 가지고 있다고 본 것이라고 할 수 있다. 빈켈만은 고대 그리스 미술의 아름다움이 시대를 초월하여 절대적이고 보편적인 것이라고 주장했으므로 이는 소크라테스의 관점과는 다르다.

④ ⓒ : 감각적 미를 비례가 잘 맞는 육체의 아름다움이라고 본 스토아 학파의 관점은, 그리스 미술의 고귀한 단순성에 대한 빈켈만의 관점과 유사하군.
빈켈만은 그리스 미술의 완벽한 비례에 따라 표현된 형태가 주는 아름다움을 '고귀한 단순성'이라고 했다. 따라서 비례가 잘 맞는 육체의 아름다움을 감각적 미라고 정의한 스토아 학파의 관점과 유사하다.

☑ ⓔ : 감각적 미에 대한 정신적 미의 우위를 주장한 스토아 학파의 관점은, 그리스 미술이 육체적 아름다움보다 정신적 숭고함을 강조했다고 본 빈켈만의 관점과 유사하군.
빈켈만은 그리스 미술에 육체적 아름다움과 정신적 숭고함의 완벽한 일치를 이루는 절대미가 구현되어 있다고 보았다. 따라서 빈켈만이 그리스 미술이 육체적 아름다움보다 정신적 숭고함을 강조했다고 보는 것은 적절하지 않다.

<hr>

25 단어의 문맥적 의미   정답률 92% | 정답 ⑤

문맥상 ⓐ와 가장 가까운 의미로 쓰인 것은?

① 빈 깡통을 가지고 연필꽂이를 만들었다.
선택지에서 밑줄 친 부분은 '앞에 오는 말이 수단이나 방법이 됨을 강조하여 나타낸다.'라는 의미로 쓰였다.

② 두 나라는 문화적 교류를 가지기로 합의했다.
선택지에서 밑줄 친 부분은 '관계를 맺다.'의 의미로 쓰였다.

③ 최근 그는 여러 사람과 만나는 자리를 가졌다.
선택지에서 밑줄 친 부분은 '모임을 치르다.'의 의미로 쓰였다.

④ 그는 사업체를 여럿 가진 사업가로 알려져 있다.
선택지에서 밑줄 친 부분은 '직업, 자격증 따위를 소유하다.'의 의미로 쓰였다.

☑ 사람들은 그의 사글사글한 인상에 호감을 가졌다.
밑줄 친 ⓐ에서 '가지다'는 '생각, 태도, 사상 따위를 마음에 품다.'라는 의미로 쓰였다. 선택지에서 밑줄 친 부분이 이와 같은 의미로 쓰인 문장은 ⑤이다.

26~30 사회

정하중, 「행정법총론」

해제 행정 행위의 부관에 대해 설명하고 있다. 부관은 행정 행위에 부가된 종속적 규율로, 조건, 기한, 부담 등이 있다. 법원이 부관의 위법을 이유로 부관만 취소할 수 있는지 여부에 대해 기속 행위만 가능하다는 견해, 부관이 주된 행정 행위의 본질적 요소가 아닌 경우에만 가능하다는 견해, 모든 부관은 취소가 가능하다는 견해가 대립한다.
주제 행정 행위의 부관과 부관이 위법한 경우의 견해 대립 양상

문단 핵심 내용

1문단	행정 행위의 정의와 적용 사례
2문단	부관의 정의와 적용 사례
3문단	부관의 종류로서 조건과 기한의 성격
4문단	부관의 종류로서 부담의 성격
5문단	부관이 위법한 경우에 대한 첫 번째 견해
6문단	부관이 위법한 경우에 대한 두 번째 견해
7문단	부관이 위법한 경우에 대한 세 번째 견해
8문단	부관의 효과와 부관 이용 시 유의점

★★★ 등급을 가르는 문제!

26 내용 이해   정답률 23% | 정답 ①

윗글을 이해한 내용으로 적절하지 않은 것은?

☑ 재량 행위와 달리 기속 행위는 법령에 규정된 요건이 충족되면 그 즉시 행정 행위의 효력이 발생한다.
기속 행위는 법령상 요건이 충족되면 행정청이 법령상 규정된 내용대로 하여야 하는 행정 행위이다. 따라서 기속 행위의 경우 법령상 규정된 요건이 충족되어 행정청이 법령에 규정된 내용대로 행정 행위를 하면, 그때부터 행정 행위의 효력이 발생한다.

② 부관은 행정의 효율을 높이는 장점이 있지만 남용될 경우 개인의 권리를 제한할 위험성도 존재한다.
부관은 행정청의 탄력적인 법령 집행을 가능하게 하여 행정의 효율을 높이는 효과가 있지만, 행정청이 부관을 이용해 법령상 보장된 개인의 권리를 함부로 제한할 가능성도 있다.

③ 법원이 부관만 취소하면 주된 행정 행위의 효력은 존속하는데 반해 부관의 효력은 소멸한다.
주된 행정 행위는 존속시킨 채 부관만 따로 취소하면 부관의 효력만 소멸된다.

④ 부관으로 인해 주된 행정 행위의 효력과 다른 별도의 법적 의무가 부과될 수 있다.
부담으로 인해 행정 행위의 효력과 다른 별도의 법적 의무가 부과될 수 있다.

⑤ 행정청은 부관을 통해 행정 행위의 효력 발생 시점을 결정할 수 있다.
행정청은 정지 조건이나 시기를 통해 행정 행위의 효력 발생 시점을 결정할 수 있다.

★★ 문제 해결 꿀~팁 ★★

▶ 많이 틀린 이유는?
이 문제는 선지에서 묻는 바를 지문의 정보에 정확하게 대응하지 못하는 경우가 많아 오답률이 높았던 것으로 보인다.
▶ 문제 해결 방법은?
이 문제를 해결하기 위해서는 재량 행위와 기속 행위가 효력을 가지게 되는 경우를 지문에서 정확하게

<hr>

이해하는 것이 중요하다. 기속 행위와 재량 행위의 개념은 5문단에서 찾을 수 있다. 이때 기속 행위는 법령상 요건이 충족되면 행정청이 법령상 규정된 내용대로 하여야 하는 행정 행위인 한편, 재량 행위는 법령상 요건이 충족되면 행정청이 그 내용을 선택할 수 있는 행정행위라는 점에서 차이가 있다. 두 행위의 차이에만 집중했다면 정답을 골라내기 쉽지 않았을 것으로 보인다. 정답을 고르기 위해서는 선지에서 묻는 바를 정확하게 파악해야 하기 때문이다. ①에서는 기속 행위의 경우, 법령에 규정된 요건이 충족되면 즉시 행정 행위의 효력이 발생하는지를 묻고 있다. 그러나 지문을 다시 들여다보면, 기속 행위는 법령상 요건이 충족된 후, 행정청이 법령상 규정된 내용대로 행정 행위를 하는 것이기 때문에 법령에 규정된 요건이 충족된다고 해서 그 즉시 행정 행위의 효력이 발생하는 것은 아니다. 행정청이 법령상 규정된 내용대로 행정 행위를 하여야 비로소 효력이 발생하는 것이기 때문이다. 이와 같은 문제를 풀기 위해서는 주어진 정보의 인과관계를 파악하고, 지문에서 정확하게 근거를 찾는 연습이 반복되어야 한다.

<hr>

27 내용 이해   정답률 42% | 정답 ⑤

㉠ ~ ㉤에 대한 설명으로 가장 적절한 것은?

① ㉠이 성취되거나 ㉣이 도래하면, 주된 행정 행위의 효력이 소멸한다.
정지 조건이 성취되면 주된 행정 행위의 효력이 발생한다.

② ㉠과 ㉤은 모두 주된 행정 행위의 효력을 제한하는 종속적 규율이다.
부담은 주된 행정 행위와 더불어 별도의 의무를 부과하는 부관으로, 주된 행정 행위의 효력을 제한하지 않는다.

③ ㉡과 달리 ㉢은 발생 여부가 불확실한 사실로 구성된다.
해제 조건은 발생 여부가 불확실한 사실, 시기는 발생 여부가 확실한 사실에 따라 행정 행위의 효력 발생 및 소멸이 결정되도록 하는 부관이다.

④ ㉡이 성취되거나 ㉤을 이행하지 않으면, 주된 행정 행위의 효력이 소멸한다.
부담은 이행되지 않아도 주된 행정 행위의 효력이 존속한다.

☑ ㉢과 ㉣이 모두 붙은 행정 행위의 경우, ㉢과 ㉣ 사이의 기간에 행정 행위의 효력이 존속한다.
기한은 '○월 ○일'같이 발생 여부가 확실한 사실에 행정 행위의 효력 발생 및 소멸이 결정되도록 하는 부관으로, 효력이 발생하게 하는 시기와 효력이 소멸하게 하는 종기로 나뉜다. 따라서 시기와 종기가 모두 붙은 행정 행위에서, 시기와 종기 사이의 기간은 행정 행위의 존속 기간이다.

<hr>

28 내용 추론   정답률 31% | 정답 ①

㉮의 전제로 가장 적절한 것은?

☑ 재량 행위에 부관을 붙일지 여부는 행정청의 재량에 따라 결정된다.
첫 번째 견해는 재량 행위에 붙은 부관만 취소하면 행정청의 재량권이 침해된다고 주장한다. 이는 법원이 부관만 취소하면 행정청이 부관 없이 행정 행위를 하도록 하는 결과를 낳기 때문이다. 따라서 이러한 주장은 재량 행위에 부관을 붙일지 여부가 행정청의 재량에 따라 결정된다는 것을 전제하고 있다.

② 부관의 효력이 소멸되면 기속 행위와 재량 행위의 구분이 사라진다.
법령상 요건이 충족된 경우 행정청이 법령에 규정된 내용대로 하여야 하는 행정 행위는 기속 행위이고, 그 내용을 선택할 수 있는 행정 행위는 재량 행위이다. 따라서 부관의 효력과 기속 및 재량 행위의 구분은 관련이 없다.

③ 헌법상 권력 분립 원칙에 따라 법원은 재량 행위의 효력을 존속시켜야 한다.
첫 번째 견해는 위법한 부관이 부과된 경우 헌법상 권력 분립 원칙에 따라 법원이 재량 행위인 주된 행정 행위를 취소하여야 한다고 주장한다.

④ 재량 행위의 경우 법령상 요건의 충족 여부에 대한 판단권은 행정청의 고유 권한이다.
재량 행위는 법령상 요건이 충족되면 행정청이 그 내용을 선택할 수 있는 행정 행위이고, 첫 번째 견해는 부관을 붙일지 여부의 결정이 행정청의 재량이라고 주장한다. 행정청의 재량은 법령상 요건이 충족된 경우 행정 행위의 내용 선택에 관한 것이므로, 부관을 취소하는 것과 법령상 요건의 충족 여부에 대한 판단은 관련이 없다.

⑤ 기속 행위와 달리 재량 행위의 경우 법원은 행정 행위의 위법 여부를 판단할 수 없다.
첫 번째 견해는 재량 행위에 위법한 부관이 부과된 경우 법원이 재량 행위인 주된 행정 행위를 취소해야 한다고 주장하므로, 법원이 재량 행위의 위법 여부를 판단할 수 있다고 전제한다.

★★★ 등급을 가르는 문제!

29 핵심 개념의 이해   정답률 24% | 정답 ⑤

ⓐ ~ ⓒ에 대해 이해한 내용으로 적절하지 않은 것은?

① 재량 행위에 위법한 부관이 붙은 경우, ⓐ는 위법한 부관이 붙은 재량 행위 자체를 취소한다고 본다.
재량 행위에 위법한 부관이 붙은 경우, ⓐ는 재량 행위 자체를 취소해야 한다고 본다.

② 부관만 위법하고 주된 행정 행위 자체는 적법한 경우, ⓑ는 해당 부관이 주된 행정 행위의 본질적 요소가 아니므로 법원에 의해 취소될 수 있다고 본다.
ⓑ는 부관이 주된 행정 행위의 본질적 요소인 경우 행정 행위 자체가 위법하다고 본다. 따라서 주된 행정 행위 자체는 적법한 경우, 해당 부관이 주된 행정 행위의 본질적 요소가 아니므로 법원에 의해 취소될 수 있다고 본다.

③ 부관이 취소되면 주된 행정 행위가 위법해지는 경우라도, ⓒ는 법원이 해당 부관을 취소할 수 있다고 본다.
ⓒ는 어느 경우든 부관만 취소할 수 있다고 본다.

④ 재량 행위에 부관이 붙은 경우, 행정청이 부관 없이는 주된 행정 행위를 하지 않았을 것이라면 ⓐ와 ⓑ는 모두 법원이 해당 부관을 취소할 수 없다고 본다.
ⓐ는 재량 행위에 부관이 붙은 경우 법원이 부관만 취소할 수 없다고 본다. 또한 ⓑ는 행정청이 부관 없이는 주된 행정 행위를 하지 않았을 것이라면 해당 부관이 주된 행정 행위의 본질적 요소이므로, 부관만 취소할 수 없다고 본다.

☑ 기속 행위에 법령상 요건이 아닌 내용이 부관으로 붙은 경우, ⓐ와 달리 ⓒ는 법원이 해당 부관을 취소할 수 있다고 본다.

ⓐ는 기속 행위에 위법한 부관이 붙은 경우 부관만 취소할 수 있다고 본다. 또한 기속 행위는 법령상 요건이 충족되면 행정청이 법령에 규정된 내용대로 하여야 하는 행정 행위이므로, 기속 행위에 법령상 요건이 아닌 내용이 부관으로 붙은 경우 해당 부관은 위법하다. 따라서 이 경우 ⓐ는 부관만 취소할 수 있다고 본다.

★★ 문제 해결 꿀~팁 ★★

▶ 많이 틀린 이유는?
이 문제는 대립되는 두 견해가 하나의 상황을 두고 내릴 판단을 분리하여 생각하는 것이 익숙지 않았기에 오답률이 높았던 것으로 보인다.

▶ 문제 해결 방법은?
이 문제를 해결하기 위해서는 서로 다른 세 가지 견해의 입장을 잘 정리하는 것이 중요하다. ⓐ는 기속 행위에 위법한 부관이 붙은 경우 부관만 취소할 수 있다고 보고, 재량 행위에 위법한 부관이 붙은 경우 재량 행위 자체를 취소해야 한다고 본다. ⓑ는 부관이 주된 행정 행위의 본질적 요소인 경우 행정 행위 자체가 위법하다고 보고, 부관이 주된 행정 행위의 본질적 요소가 아닐 경우 부관만 취소할 수 있다고 본다. ⓒ는 어느 경우든 부관만 취소할 수 있다고 본다. ⑤에서 ⓒ는 어느 경우든 부관만 취소할 수 있다고 본다. 한편 기속 행위에 법령상 요건이 아닌 내용이 부관으로 붙은 경우 해당 부관은 위법하므로 ⓐ 역시 부관만 취소할 수 있다고 본다. 따라서 ⑤의 내용은 적절하지 않다. ④에서 ⓐ의 경우 재량 행위에 위법한 부관이 붙은 경우 부관만 취소할 수 없고, 재량 행위 자체를 취소해야 한다고 본다. 또한 행정청이 부관 없이는 주된 행정 행위를 하지 않았을 것이라면 해당 부관은 주된 행정 행위의 본질적 요소이다. 이때 ⓑ의 경우 부관이 주된 행정 행위의 본질적 요소인 경우 행정 행위 자체가 위법하다고 보기 때문에 법원이 해당 부관을 취소할 수 없다고 본다. 이와 같은 문제를 해결하기 위해서는 대립되는 세 입장이 각각 어떤 관점에 방점을 두어 주어진 상황을 어떻게 판단할 것인지에 대해 차분히 단계를 밟아나가는 연습이 반복되어야 한다.

30 사례 적용 정답률 30% | 정답 ④

윗글을 바탕으로 〈보기〉의 상황에 대해 판단한 내용으로 적절하지 않은 것은? [3점]

〈보 기〉
갑은 행정청에 건축법상 재량 행위인 숙박 시설 건축 허가를 신청하였다. 행정청은 갑의 신청에 대한 허가를 하면서, 해당 건축물의 사용 승인 신청 시까지 건축물 주변에 담장을 설치하여야 한다는 부관을 붙였다. 하지만 갑은 이러한 부관이 위법하다고 생각하여 담장을 설치하지 않았다. 이후 갑은 숙박 시설이 완공되어 해당 건축물의 사용 승인을 신청하였다. 그리고 해당 부관의 위법을 이유로 해당 부관만의 취소를 구하는 소송을 제기하였고, 법원도 이를 받아들였다.
(단, 건축 허가를 받지 않고 건축물을 건축하는 행위는 위법하다.)

① 갑의 건축 행위의 위법 여부를 고려하면, 〈보기〉의 '부관'을 조건이 아닌 부담으로 보는 것이 갑에게 유리하겠군.
부관을 조건으로 보아, 갑의 담장 미설치로 숙박 시설 건축 허가의 효력이 발생하지 않았거나 소멸했다고 보면 갑의 건축 행위가 위법해지므로 갑에게 불리하다. 하지만 이 부관을 부담으로 보면, 갑의 담장 미설치에도 불구하고 숙박 시설 건축 허가의 효력이 존속하므로 갑에게 유리하다.

② 법원은 갑의 권리를 보호하기 위해, 〈보기〉의 '부관'에 대한 적절한 사법적 통제가 필요하다고 판단했겠군.
갑이 해당 부관만의 취소를 구하는 소송을 제기하였고 법원이 이를 받아들였으므로, 해당 부관은 위법을 이유로 법원에 의해 취소되었다는 것을 알 수 있다. 이는 갑의 권리 보호를 위해 법원이 적절한 사법적 통제가 필요하다고 판단했기 때문이다.

③ 법원은 〈보기〉의 '부관'의 효력은 소멸되어야 하지만, 갑이 건축한 숙박 시설에 대한 건축 허가의 효력은 존속되어야 한다고 판단했겠군.
법원이 갑의 주장을 받아들였으므로, 부관이 취소되었다. 부관만 취소된 경우 부관의 효력은 소멸되지만 주된 행정 행위인 숙박 시설에 대한 건축 허가의 효력은 존속한다.

✓④ 〈보기〉의 '부관'이 법원에 의해 취소되었으므로, 갑이 건축한 숙박 시설에 대한 사용 승인의 효력이 발생하겠군.
부관이 법원에 의해 취소되었으므로 부관의 효력만 소멸하고 주된 행정 행위인 숙박 시설에 대한 건축 허가의 효력은 존속한다. 하지만 해당 부관은 건축 허가에 붙은 부관이고 숙박 시설에 대한 사용 승인에 붙은 부관이 아니므로, 부관의 효력이 소멸한 것과 사용 승인의 효력은 관련이 없다.

⑤ 행정청이 소송 중 건축 허가의 효력을 스스로 소멸시켰다면, 법원이 〈보기〉의 '부관'을 취소하기 이전이라도 갑의 담장 설치 의무가 사라졌겠군.
부관은 주된 행정 행위의 효력에 종속되므로, 행정청이 소송 중 건축 허가의 효력을 스스로 소멸시켰다면 부관에 따른 갑의 담장 설치 의무도 사라진다.

31~33 고전 시가

이휘일, 「전가팔곡」

감상 '전가팔곡'은 1664년에 이휘일이 지은 연시조로서 속세를 떠난 화자가 농촌에서 노동의 참된 가치와 의미를 긍정하는 모습을 담고 있다. 작품의 구조는 제1수의 서사에 해당하는 '원풍', 제2수부터 제5수까지의 춘하추동에 따른 사계절, 제6수부터 제8수까지의 '새벽 – 낮 – 저녁'에 해당하는 '신 – 오 – 석'으로 나뉜다. 지문에 제시된 제1수는 초야(전원)에 묻혀 살며 풍년을 기원함을, 제6수는 새벽에 일어나 밤사이 자라난 곡식을 보러 밭으로 나간 화자의 기대감을, 제7수는 고생하는 농부들과 함께 소박한 음식을 먹기 위해 식사를 준비하는 낮의 모습을, 제8수는 농사일을 마치고 즐거운 마음으로 귀가하는 저녁의 만족감을 노래하고 있다.

주제 풍년에 대한 기원과 노동의 참된 가치에 대한 긍정

31 표현상의 특징 파악 정답률 73% | 정답 ⑤

윗글에 대한 설명으로 가장 적절한 것은?

① 반어적인 표현을 사용하여 시적 상황을 부각하고 있다.
반어는 실제 의미와 반대로 표현하는 것으로, 주어진 지문에서는 반어적인 표현을 찾아볼 수 없다.

② 색채어를 활용하여 시적 대상을 감각적으로 표현하고 있다.
지문에 쓰인 표현 중 '희'와 '풀'에서 색채를 떠올릴 수는 있으나, 색채어를 활용해 감각적으로 시적 대상을 나타낸 것은 아니다.

③ 자연물을 의인화하여 화자의 정서를 우회적으로 제시하고 있다.

'지빠귀', '이슬', '풀', '서산', '돌'이 자연물에 해당하지만, 이 중 의인화되거나 이를 통해 화자의 정서를 우회적으로 표현한 소재는 없다.

④ 계절감이 드러난 소재를 나열하여 시적 분위기를 조성하고 있다.
계절감이 드러난 소재나 이의 나열은 찾아볼 수 없다.

✓⑤ 권유의 의미를 나타내는 표현을 반복하여 화자의 태도를 강조하고 있다.
제6수부터 제8수까지의 각 중장에 '~자꾸나'라는 청유형 종결 표현이 반복되어 나타난다. 이를 통해 농사일과 관련한 행동을 권유하는 화자의 태도를 강조하고 있다.

32 시어의 의미 파악 정답률 69% | 정답 ③

㉠과 ㉡의 공통점에 대한 설명으로 가장 적절한 것은?

① 외부와의 교감을 이끌어 내며 화자가 속세에 관심을 갖게 하는 대상이다.
'밭'과 '농부들'은 화자가 관심을 갖는 외부 대상이지만, 화자와의 교감 여부는 지문에 나타나 있지 않다. 또한 제1수에서 화자는 '바깥일'에 대해 모른다고 하여 속세에 대해 관심이 없음을 말하고 있어, 화자가 속세에 관심을 갖게 한다는 말이 적절하지 않다.

② 생명력을 회복하는 모습을 보여 주어 화자에게 깨달음을 주는 대상이다.
'밭'은 농작물의 성장이 나타나는 공간이지만 생명력의 회복을 확인할 수 있는 모습은 지문에 제시되어 있지 않다. '농부들' 또한 생명력이 회복되는 모습은 지문에 제시되어 있지 않다. 그리고 '밭'은 화자에게 기대감을, '농부들'은 화자에게 애정을 불러일으키는 대상으로서 깨달음을 주는 대상이 아니다.

✓③ 풍요로운 농촌의 모습을 기대하며 화자가 정성을 기울여 살피는 대상이다.
제6수에서 화자는 '밭'의 농작물이 밤사이 얼마나 자랐는지 살펴보고자 노력을 기울이며, 제8수에서는 점심때에 맞추어 '보리밥'과 '풀로 끓인 국'을 직접 맛보아 준비하는 정성을 기울여 배고픈 백성들에게 먹이고자 한다. 밭의 농작물이 자라는 것과 농부들이 배불리 먹는 것은 풍요로운 농촌의 모습과 관련된 것이며 이는 제1수를 통해 화자가 기대하는 내용으로 볼 수 있다. 따라서 ㉠과 ㉡의 공통점은 화자가 '년풍'에 해당하는 풍요로운 농촌의 모습을 기대하며 정성을 기울여 살피는 대상이다.

④ 농촌에서의 삶의 기반을 이루며 화자가 내면에 몰입할 수 있도록 돕는 대상이다.
'밭'과 '농부들'은 농촌을 이루는 공간과 주체라는 점에서 농촌에서의 삶의 기반을 이루는 요소로 볼 수 있다. 이 둘을 통해 화자가 내면 의식에 집중하기보다는 농촌이라는 공간과 농촌에서의 삶이라는 외부적 요소에 더욱 집중하게 하여 적절하지 못한 진술이다.

⑤ 자신의 한계를 극복하며 변화하는 상황에 적응할 수 있어 화자가 본받고자 하는 대상이다.
'밭'과 '농부들'은 화자의 보살핌을 받는 대상들로서 화자가 본받고자 하는 대상이 아니다. 또한 자신의 한계를 극복하며 변화하는 상황에 적응할 수 있는 능동성을 지녔는지 여부는 알 수 없다.

33 외적 준거에 따른 감상 정답률 69% | 정답 ③

〈보기〉를 참고하여 윗글을 이해한 내용으로 적절하지 않은 것은? [3점]

〈보 기〉
이 작품은 총 8개의 수로 이루어진 연시조이다. 제1수에서 기원되는 '풍요로운 한 해'의 시간은 제6수부터 제8수에서 '새벽 – 낮 – 저녁'의 시간인 '신 – 오 – 석'으로 세분화된다. 각 수에서는 이에 대응되는 농가의 일상이 제시된다. 작품 속 시간에 자연 및 인간이 함께 조응되는 모습은, 농가의 일상이 시간의 흐름과 순환이라는 자연의 순리에 따르는 것임을 드러낸다. 또한 이는 시구가 특징적으로 배치된 구조와 맞물려, 풍년에 대한 기원과 농경 생활에 대한 만족감이라는 주제 의식을 효과적으로 구현한다.

① 제6수에서 '새벽'이 밝자 '소리' 내며 지저귀는 '지빠귀'와 제8수에서 '서산에' 지는 '희'는 자연물의 모습이 특정 시간대의 도래에 대응하고 있음을 드러낸다.
제6수의 '지빠귀'는 새벽이 왔음을 알려주고, 제8수의 '서산에' 지는 '희'는 저녁이 왔음을 보여준다는 점에서, 자연물의 모습이 각각 새벽과 저녁이라는 특정 시간대에 대응하고 있음을 알 수 있다.

② 제7수에서 '보리밥'과 '풀로 끓인 국'을 '제때에' 맞추어 '친히 맛보아 보내'겠다는 화자의 모습은 해당 수의 시간인 낮에 대응되는 농가의 일상을 드러낸다.
제7수에서 화자는 점심에 '제때에' 맞추어 농부들에게 먹일 음식을 직접 맛보며 준비하고자 하며, 이는 낮 시간에 대응되는 농가의 일상을 표현한 것이다.

✓③ 제8수에서 하루를 마치고 '호미를 둘러 메고 돌 등에 지고가'는 화자의 모습은 세분화된 시간을 아우르는 자연물과 자신을 동일시하고 있음을 드러낸다.
제8수에서 화자가 '호미를 둘러 메고 돌 등에 지고 가'는 것은 저녁 시간에 하루의 농사일을 마치고 집으로 돌아가는 장면이다. 〈보기〉에 따르면 세분화된 시간을 아우르는 것은 '새벽 – 낮 – 저녁'의 시간을 모두 포함함을 의미하지만, '호미를 둘러 메고 돌 등에 지고 가'는 것은 저녁에만 해당하므로 세분화된 시간을 아우르는 것은 아니다. 또한 이를 통해 화자가 자신을 자연물과 동일시하고 있음을 나타내고 있지 않다.

④ 제8수에서 저녁에 '풀 끝에' 난 '이슬'은 제6수의 '밤 수이 이슬'과 연속선상에 있다는 점에서 작품 속 시간이 자연의 순환에 조응하고 있음을 암시한다.
제8수의 '풀 끝에' 난 '이슬'은 저녁에 맺힌 이슬이며, 제6수의 '밤 수이 이슬'은 밤 동안 맺힌 새벽 이슬로서, 이 둘은 자연의 순환인 시간의 흐름을 고려하면 연속선상에 있다고 볼 수 있다. 이는 '이슬'이라는 공통 시어를 통해 작품 속에서 제시된 시간이 자연의 순환에 조응하고 있음을 나타낸 것으로 볼 수 있다.

⑤ 제1수와 제8수에서 종장 첫 부분의 '이 중의'는 각각 '우국성심'과 '즐거운 뜻'에 함축된 작품의 주제 의식에 대한 주목을 유도한다.
제1수와 제8수의 종장의 첫 부분인 '이 중의'는 각각 뒤에 놓인 '우국성심'과 '즐거운 뜻'에 독자의 관심을 유도하며, 이들은 각각 풍년에 대한 기원과 농경 생활에 대한 만족감이라는 작품의 주제 의식을 포함한다는 점에서 적절하다.

34~38 갈래 복합

(가) 박두진, 「청산도」

감상 자연물인 청산을 통해 밝고 평화로운 세계의 도래에 대한 간절한 소망을 형상화하고 있는 작품이다. 여기서 청산은 봄이 고운 사람에 의해 완성되는 이상적 세계를 상징하는데, 화자는 부정적 현실 속에서도 좌절하지 않고 자신이 바라는 이상 세계가 오기를 소망하는 미래 지향적 태도를 드러낸다.

주제 이상 세계의 도래에 대한 간절한 소망과 기다림

(나) 기형도, 「숲으로 된 성벽」

감상 동화적 상상력을 기반으로 신비롭고 평화로운 성의 모습을 형상화하고 있는 작품이다. 여기서 성은 아무에게나 허락되지 않는 곳으로, 농부들과 당나귀처럼 숲을 통과하는 자격을 갖춘 이들만이 들어갈 수 있다. 반면 골동품 상인처럼 숲을 훼손하는 이에게는 성으로의 진입이 허락되지 않고 공터만이 나타날 뿐이다.

주제 현대 자본주의에 대한 비판과 이상 세계에 대한 동경

(다) 이규보, 「지지헌기」

감상 동국이상국전집 제23권 기(記)에 실린 이규보의 수필이다. 거처를 '지지헌'이라 이름한 이유와 관련지어, 자신의 본성을 알고 그칠 곳에 그침으로써 해를 입지 않는 삶을 살고자 하는 글쓴이의 생각이 '그칠 곳에 그친다'라는 말을 통해 드러난다.

주제 명예와 이익을 버리고 마땅히 머물러야 할 곳을 아는 삶의 지혜

---

34 표현상 특징 파악 정답률 69% | 정답 ②

(가)와 (나)에 대한 설명으로 가장 적절한 것은?

① (가)는 (나)와 달리 일부 연을 명사로 마무리하며 여운을 강화하고 있다.
(가)와 (나)는 모두 일부 연을 명사로 마무리하고 있다.

✓② (가)는 (나)와 달리 반복적 호명을 통해 중심 대상으로 초점을 모으고 있다.
(가)에서 '산'을 반복적으로 호명하며 중심 대상으로 초점을 모으고 있다. 반면 (나)에서는 중심 대상을 반복적으로 호명하는 부분이 드러나지 않는다.

③ (나)는 (가)와 달리 근경에서 원경으로 시선을 이동하며 풍경을 묘사하고 있다.
(나)에서 근경에서 원경으로의 시선 이동이 드러나지 않는다.

④ (가)와 (나)는 모두 표면에 드러난 화자가 상황을 가정하며 시상을 전개하고 있다.
(가)와 달리 (나)에서는 화자가 표면에 드러나지 않는다.

⑤ (가)와 (나)는 모두 말줄임표를 통해 시적 대상 사이의 대립 상황을 제시하고 있다.
(가)와 (나)에서 모두 말줄임표가 나타나지만, 이를 통해 시적 대상 사이의 대립 상황을 제시하는 것은 아니다.

---

35 내용 이해 정답률 62% | 정답 ②

(가)에 대한 이해로 적절하지 않은 것은?

① 1연의 '철철철'은 '숱한 나무들'과 '무성히 우거진 산마루'로 이루어진 '짙푸른 산'의 모습을 부각한다.
'철철철'은 생생한 기운이 가득한 '짙푸른 산'의 모습을 나타내는 것으로, '숱한 나무들'과 '무성히 우거진 산마루'로 이루어진 생명력 넘치는 모습을 부각한다.

✓② 1연의 '둥둥'은 '기름진 햇살'로부터 벗어나 '씻기는 하늘'로 향하려는 '흰 구름'의 움직임을 부각한다.
'둥둥 산을 넘어, 흰 구름 건넌 자리 씻기는 하늘.'은 구름이 움직여 흔적이 사라지고 하늘이 모습을 드러내게 되었음을 표현하였으며, 여기서 '둥둥'은 '산을 넘어가는 '흰 구름'의 움직임을 부각한다. 따라서 '흰 구름'이 '기름진 햇살'로부터 벗어나 '하늘'로 향하려고 한다는 서술은 적절하지 않다.

③ 2연의 '줄줄줄'은 '골짜기'의 '물소리'와 '나'의 '가슴' 속을 조응시키며 '나'의 고조된 감정을 부각한다.
'줄줄줄'은 '골짜기'의 '물소리'와 '물밭'에 엎드린 '나'의 '가슴' 속 우는 소리를 조응시키는 것으로, 앞서 표현한 '가슴이 울어라'에 '줄줄줄'을 추가하여 다시 표현함으로써 '나'의 고조된 감정을 부각한다.

④ 2연의 '아른아른'은 '보고 싶은 하늘'이 '오지 않는' 상황에서 '나'가 느끼는 그리움을 부각한다.
'아른아른'은 '나'에게 '하늘'이 희미하게 보이다 말다 하는 모양을 표현하는 것으로, 오지 않는 '하늘'에 대한 '나'의 그리움을 부각한다.

⑤ 3연의 '총총총'은 '나의 사람'이 '나'와의 만남을 위해 기꺼이 '와 줄' 것이라는 '나'의 기대를 부각한다.
'총총총'은 '나의 사람'의 급히 달려올 듯한 몸짓을 표현하는 것으로, '나'와 만나기 위해 '향기로운 이슬밭 푸른 언덕'을 기꺼이 '달려와 줄' 것이라는 '나'의 기대를 부각한다.

---

36 소재 의미 파악 정답률 35% | 정답 ①

㉠과 ㉡에 대한 이해로 가장 적절한 것은?

✓① '그'는 ㉠을 목적 추구에 방해가 되는 대상으로, '나'는 ㉡을 추구하는 뜻에 방해가 되지 않는 대상으로 인식한다.
(나)에서 '그'는 숲에 들어가려는 목적 추구 과정에서 ㉠을 방해가 되는 대상으로 인식하기 때문에 잘라낸다. (다)에서 '나'는 그칠 곳에 그침으로써 해를 입지 않고자 하고, 이 뜻을 추구하는 데 있어서 ㉡은 '나'에게 영향력을 미치지 못하므로 방해가 되지 않는 대상이다.

② '그'는 ㉠으로 인해 자신의 행동에 의구심을 갖게 되고, '나'는 ㉡으로 인해 자신의 선택에 만족감을 갖게 된다.
(나)에서 '그'가 ㉠으로 인해 자신의 행동에 의구심을 갖게 된다고 볼 수 없다. (다)에서 '나'가 ㉡으로 인해 만족감을 드러낸다고 볼 수 없다.

③ ㉠은 '그'가 상생의 관계를 포기하게 되는 계기로, ㉡은 '사람들'이 서로에 대한 신뢰를 저버리는 계기로 작용한다.
(나)에서 '그'가 ㉠으로 인해 상생의 관계를 포기하는 것은 아니다. (다)에서 '사람들'이 서로에 대한 신뢰를 이야기하는 부분은 없다.

④ ㉠은 '그'의 문제 해결 과정에서 희생되는, ㉡은 '나'의 문제 해결을 위한 실마리를 제공하는 대상이다.
(나)에서 ㉠은 '그'가 '성'으로 들어가려는 과정에서 희생되는 대상으로 볼 수 있다. 그러나 (다)에서 ㉡은 '나'가 문제를 해결할 수 있도록 실마리를 제공하지는 않는다.

---

⑤ ㉠은 '그'의 내적 갈등을 유발하는 자연물이고, ㉡은 '사람들' 사이의 의견 충돌을 유발하는 인공물이다.
(나)에서 ㉠은 '그'의 내적 갈등을 유발한다고 볼 수 없다. (다)에서 ㉡은 '사람들' 사이의 의견 충돌을 유발할 수 있다는 점에서 적절한 설명일 수 있다.

---

37 외적 준거에 따른 감상 정답률 48% | 정답 ⑤

〈보기〉를 바탕으로 (가)~(다)를 감상한 내용으로 적절하지 않은 것은? [3점]

〈 보 기 〉
문학 작품 속 공간의 특성은 해당 공간을 인식하고 경험하는 인물을 통해 드러난다. 동일한 공간이라도 인물에 따라 서로 다른 의미가 부여될 수 있고, 인물에 따라 공간 자체의 모습이 달리 나타나기도 한다. 후자의 경우, 대개 공간에 어울리는 인물만이 그 공간의 온전한 모습을 경험할 수 있는 자격을 지닌다.

① (가)에서 '나'가 '푸른 산'에서 '볼이 고운 사람'을 그리는 것으로 보아, '푸른 산'은 '벌레 같은 세상'의 현실과 대비되는 미래에 대한 '나'의 기다림이 드러나는 공간이군.
(가)의 '나'가 '푸른 산'에서 '볼이 고운 사람'에 대한 그리움을 표출하고 있다는 것을 통해, '푸른 산'은 '벌레 같은 세상'의 현실과 대비되는 미래에 대한 '나'의 기다림이 드러나는 공간임을 알 수 있다.

② (나)에서 '농부들'이 '울창한 숲'을 통과해 '성 안'으로 사라진다는 것은, 이들이 '구름'이나 '공기들'과 같은 속성을 지님으로써 '성'을 온전히 경험할 자격을 갖추었음을 보여 주는군.
(나)에서 '성'은 '구름' 혹은 '공기들'이 되어야 들어갈 수 있는 곳으로, '농부들'이 '성 안'으로 사라졌다는 것은 이들이 '구름', '공기들'과 같은 속성을 지녀 '성'의 온전한 모습을 경험할 수 있는 자격을 갖추었음을 보여주는 것이다.

③ (나)에서 '농부들'에게는 '평화로운 성'이 '골동품 상인'에게는 '아무것도 없'는 '공터'로 보인다는 것은, 인물에 따라 동일한 공간이 모습을 달리하여 나타나는 양상을 보여 주는군.
'농부들'이 살고 있는 '평화로운 성'이 '골동품 상인'에게는 '아무것도 없'는 '공터'로 보인다는 것은, 인물에 따라 공간 자체의 모습이 달리 나타나는 양상을 보여주는 것이다.

④ (다)에서 '나'가 '명리의 지경'에 그치는 것을 '짐승'이 '성시'에 그치는 것과 같다고 언급한 것으로 보아, '나'에게 '명리의 지경'은 자신이 그쳐서는 안 될 공간처럼 인식되는군.
(다)에서 '나'가 '명리의 지경'에 그치는 것을 '짐승'이 '성시'에 그치는 것과 같다고 언급한 것을 고려하면, '나'에게 '명리의 지경'은 자신이 그쳐서는 안 될 공간처럼 인식됨을 알 수 있다.

✓⑤ (다)에서 '나'가 '성시'에 자리하여 다른 사람을 피하는 것이 '떳떳한 것'이라고 말한 것을 '어떤 이'가 비판한 것으로 보아, '어떤 이'에게 '성시'는 '명리의 지경'과 동일시되는 공간이군.
(다)에서 '어떤 이'는 '나'가 자신의 주장에 충실하려면 '산림이나 궁곡에 처하'여야 한다는 점을 근거로 의문을 제기하고 있다. '성시'에 자리하여 다른 사람을 피하는 것을 '떳떳한 것'이라고 말했다는 이유로 '나'를 비판한 것은 아니다.

---

38 표현 의도 이해 정답률 48% | 정답 ②

(다)의 구절과 관련지어 지지(止止)에 대해 설명한 내용으로 가장 적절한 것은?

① '어찌 해칠 자가 있겠는가?'를 통해 위험을 감수하는 삶의 태도가 중요하다는 글쓴이의 믿음을 강조한다.
글쓴이는 위험을 감수하는 삶의 태도가 중요하다고 생각하지 않는다.

✓② '거처를 이렇게 이름한 것'과 관련되어 자신의 본성에 맞는 삶을 실천하고자 하는 글쓴이의 지향을 반영한다.
'지지'는 '그칠 곳에 그친다'라는 뜻으로, '거처를 이렇게 이름한 것'과 관련되어 자신의 본성에 맞게 그치는 삶을 실천하고자 하는 글쓴이의 지향을 반영한다.

③ '그렇지 않으면 사람들이 재앙으로 여기고'를 통해 어쩔 수 없이 그쳐야 하는 상황에 대한 글쓴이의 두려움을 나타낸다.
'그렇지 않으면 사람들이 재앙으로 여기고'는 어쩔 수 없이 그쳐야 하는 상황과는 관련이 없다.

④ '세상에 있어서 거만스러워 남과 합하는 일이 적으니'를 통해 아직 적절하게 그치지 못하는 자신에 대한 글쓴이의 반성을 나타낸다.
글쓴이가 자신이 아직 적절하게 그치지 못했다고 반성하는 내용은 없다.

⑤ '사람들', '호랑이와 표범, 고라니와 사슴, 교룡'과 관련되어 이들 모두가 그쳐야 하는 곳에 그칠 수 있도록 노력하겠다는 글쓴이의 의지를 담아낸다.
'사람들', '호랑이와 표범, 고라니와 사슴, 교룡' 모두가 그쳐야 하는 곳에 그칠 수 있도록 노력하겠다는 글쓴이의 의지는 찾아볼 수 없다.

39~42 현대 소설

이태준, 「점경」

감상 1930년대 근대화와 도시화된 경성을 배회하는 헐벗은 아이의 시선을 통해 당대의 풍경을 보여준다. 화신 백화점에 진열창 앞을 기웃거리다가 게이트보이에게 쫓겨난 아이는 자기의 다리가 불편한 것도 모른 채 목적없이 떠돌다 탑동 공원에 들어간다. 이곳에서 아이는 과일을 사 먹는 사람과 그렇지 못한 사람들을 보며 자신이 몰랐던 사실들을 알아가며 근대화된 도시에 대한 의문을 품는다. 작품은 이러한 아이의 질문을 통해 근대화와 도시화된 경성이 지닌 부정적인 측면을 드러내는 한편 그 이면에도 주목하게 하고 있다.

주제 근대화된 도시의 비인간성에 대한 비판

---

39 서술상 특징 파악 정답률 70% | 정답 ②

윗글에 대한 이해로 가장 적절한 것은?

① 서술자를 교체하여 사건을 새로운 국면으로 전환하고 있다.

제시문에는 아이의 심리와 의식이 드러나면서도 서술자의 판단이 드러나 있으나 서술자의 교체는 없다.

✓ **서술자가 특정 인물의 심리와 의식에 초점을 맞추어 서사를 전개하고 있다.**
제시문에서는 작품 밖에 위치한 서술자가 작중 인물인 아이의 심리와 의식을 드러내어 서사를 전개한다.

③ 서술자가 간접 인용을 반복적으로 활용하여 인물의 행적을 서술하고 있다.
제시문에는 간접 인용이 반복적으로 사용되지 않았으며, 이를 통해 인물의 행적을 제시하고 있지도 않다.

④ 서술자가 동시적 사건들을 병치하여 사건에 대한 서로 다른 관점을 드러내고 있다.
제시문에는 서술자가 동시적 사건을 병치하여 드러낸 부분은 없다. 서로 다른 관점은 '지까다비 발의 임자'에 대해 아이와 서술자 간의 인식 차이를 추론해 볼 수 있는 내용에서 드러나고 있다고 볼 수는 있다.

⑤ 서술자가 자신의 체험을 진술하며 작중 상황에 대한 자신의 판단을 드러내고 있다.
제시문에서 서술자는 작품 밖에 있기 때문에 자신의 체험을 이야기에 진술할 수 없다.

40 내용 이해 | 정답률 69% | 정답 ⑤

윗글에서 확인할 수 있는 내용으로 적절하지 않은 것은?

① 우등으로 육 학년에 진학한 아이는 월사금을 구할 수 없어 보통학교를 그만두게 되었다.
아이가 우등으로 진급은 하였으나 오른 월사금을 변통할 수 없어서 보통학교를 그만두게 되었다.

② 팔각정에 대한 기억과 공원은 누구나 쉬는 곳이라는 생각 때문에 아이는 기웃거림 없이 탑동 공원으로 들어갔다.
아이는 조선어독본에서 팔각정을 본 기억이 났으며, 공원은 아무나 들어가 편히 쉬는 데라는 생각도 났기 때문에 기웃거리지 않고 탑동 공원에 들어갔다.

③ '웬 양복 한 사람' 옆에서 '자기보다도 더 헐벗은 아이'가 사과 껍질을 받아 먹는 것을 본 아이는 허기를 느꼈다.
아이는 자기보다 더 헐벗은 아이가 '웬 양복 한 사람'에게서 사과 껍질을 받아먹는 것을 보고 입안에 침기가 생기며 목젖이 늘름거렸다. 이를 통해 아이가 헐벗은 아이의 행동을 보고 허기를 느꼈음을 알 수 있다.

④ 아이는 '남편인 듯한' 서양 남자가 활동사진 기계의 손잡이를 돌리는 소리를 듣고 서야 그것이 자신을 향하고 있음을 인식하게 되었다.
정신이 흐릿했던 아이가 정신을 차린 것은 활동사진 기계의 유리알이 자신을 향해 낸 소리 때문이었다.

✓ **아이는 활동사진 기계의 유리알이 자신과 '저보다도 헐벗은 아이'를 번갈아 향하는 것을 알아채고 상대방에게 경쟁심을 느꼈다.**
활동사진 기계 소리가 들렸을 때, 아이는 더 헐벗은 아이를 발견하였고 그 기계에 대한 공포감을 느꼈다. '남편인 듯한' 서양 남자는 아이와 더 헐벗은 아이를 번갈아 찍었는데, 이때 아이가 더 헐벗은 아이와 자신이 경쟁하였다고 느끼고 있었는지는 제시문에서 확인할 수 없다.

41 소재 기능 이해 | 정답률 77% | 정답 ⑤

'아이'와 관련지어 전차 소리에 대해 이해한 내용으로 가장 적절한 것은?

① 어머니에 대한 회상이 시작됨을 알리는 데 기여한다.
아이가 어머니를 포함한 가족의 불행에 대해서 회상을 시작하게 된 것은 백화점 진열창에서 '사 원 이십 전'이라는 과자의 가격을 본 후이다.

② 그리움의 대상을 아버지로부터 어머니로 전환하게 한다.
아이는 아버지의 불행을 떠올린 후 어머니의 비극을 떠올린다. 그러나 전차 소리 때문에 아버지로부터 어머니로 전환되는 것은 아니다.

③ 어머니의 기구한 삶의 원인을 깨닫게 하는 근거가 된다.
아이는 과자 곽의 가격을 보고 돈이 없어 돌아가신 어머니의 기구한 삶을 떠올리게 된다.

④ 어머니와의 추억이 어린 곳을 떠올리게 하는 계기가 된다.
아이는 전차 소리를 듣고 나서 정해진 목적지 없이 걷다가 탑동 공원에 도착하게 된다. 그러나 전차 소리가 어머니와의 추억이 어린 곳을 떠올린다고 보기는 어렵다.

✓ **어머니가 등장하는 환상과 상반되는 현실을 절감하게 한다.**
아이는 울긋불긋한 과자 곽을 보다가 눈물을 흘리며, 극락에 간 어머니를 접하는 환상을 경험한다. 아이는 어머니의 소리를 듣고 어머니를 불러보는데, 이내 어머니의 소리는 사라지고 환상에서 깨어난다. 이때 아이는 강렬한 전차 소리만 듣게 된다. 이를 통해 전차 소리는 어머니가 등장한 환상과 현실이 다르다는 것을 절실하게 느끼도록 하는 것으로 볼 수 있다.

42 외적 준거에 따른 감상 | 정답률 62% | 정답 ③

〈보기〉를 바탕으로 윗글을 감상한 내용으로 적절하지 않은 것은? [3점]

〈보기〉
1930년대 경성에서 상품 진열창은 당대의 인간 군상을 상품의 향유가 가능한 부류와 그렇지 않은 부류로 구분한다. 이러한 구분이 익숙하지 않던 아이는 도시의 곳곳을 배회하면서 이를 자연스럽게 체화하고 자신에게 부족한 것에 본능적으로 반응한다. 이 과정에서 아이가 목격한 것과 이에 대해 던지는 질문은 도시의 비인간성을 드러내는 한편, 그 이면에 숨겨진 다른 면모를 암시하기도 한다.

① '사 원 이십 전'이나 하는 과자 곽을 본 후 '수북수북 담긴' 실과들에 대한 욕심조차 내지 못하는 것으로 보아, 아이는 자신을 상품의 향유가 불가능한 부류에 포함하고 있군.
아이는 공원에서 실과를 보고 먹고 싶다는 욕심을 내지 않는데 이는 화신 백화점 진열창에서 과자 가격을 보며 돈이 없어서 상품을 향유할 수 없다는 점을 의식한 결과이다. 이는 자신을 상품의 향유가 불가능한 부류로 규정한 결과라 할 수 있다.

② 아이가 바라던 '배 껍질'을 '여덟팔자수염'을 한 어른이 '넓적한 구둣발로' 짓이긴 것은, 상품의 향유가 가능한 부류가 그렇지 않은 부류를 멸시하는 도시의 비인간성을 환기하는군.
'여덟팔자수염'을 한 어른은 아이가 배 껍질이라도 먹고 싶어 한다는 것을 알고 일부러 배 껍질을 넓적한 구둣발로 짓이기어 못 먹게 하는데, 이는 상품을 향유할 수 있는 사람이 그렇지 못한 사람을 업신여기는 도시의 비인간성을 드러낸다고 볼 수 있다.

✓ 아이가 '키가 장승 같은 서양 사람'의 활동사진 기계를 보고도 '그들의 행복된 가족'을 떠올리지 못하는 것은, 이들 가족과 자신의 가족을 나누는 구분을 낯설게 여기기 때문이겠군.
'서양 사람'이 사용하는 기계를 보고 아이가 그들의 행복된 가족을 떠올리지 못한다는 것은 서술자의 시각에서 제시된 내용이다. 즉 아이는 자신의 가족과 이들 가족의 구분을 낯설어하는 것이 아니라 이러한 구분을 인식하지 못하고 있다고 볼 수 있기 때문에 적절하지 않다.

④ '배 껍질' 앞에서 주저하던 아이가 '서양 여자'가 던진 돈에 '비수 같은 의식'을 느끼며 달려드는 것에서, 아이가 자신에게 부족한 것에 본능적으로 반응하게 된 것을 알 수 있군.
아이는 배를 사서 깎아 먹는 사람의 행동을 보고 배를 사서 먹을 수 있는 힘 즉, 돈의 가치를 의식하기 시작한다. '은전 한 닢'에 '비수 같은 의식'을 느끼며 달려드는 것은 이전과 달리 돈의 중요성을 느낀 아이가 본능적으로 움직인 것이라 할 수 있다.

⑤ '여덟팔자수염'을 한 어른과 '지까다비 발의 임자'의 행동에 대해 아이가 제기한 각각의 질문은, 두 인물의 행동이 표면적으로는 유사하나 의도는 서로 다름을 드러내면서 도시의 비인간성과 그 이면을 암시하는군.
아이의 눈에는 '여덟팔자수염'을 한 어른이 배 껍질을 짓이기는 행동과 '지까다비 발의 임자'가 돈을 팔매치는 행동이 같은 것으로 보인다. 그러나 아이의 시각에서 벗어나면 돈을 앞세워 아이를 멸시한 '여덟팔자수염'을 한 어른의 비인간적 행동과 달리 '지까다비 발의 임자'의 행동은 돈을 앞세워 아이를 구경거리로 전락시키는 도시의 비인간성에 대한 저항임을 읽어낼 수 있다.

43~45 고전 소설

작자 미상, 「옥란전」

감상 '옥란전'은 늑혼 시도로 인해 발생한 혼사 장애와 가문의 위기를, 주인공 옥란을 비롯한 가문 구성원의 노력을 통해 극복한다는 이야기를 다룬 작품이다. 제시된 장면에서는 강환의 구혼을 거절한 장사운이 옥에 갇히게 되고, 옥란 일행은 가문의 가장인 장사운을 구하기 위해 남녀가 서로 옷을 바꿔 입는 등의 노력을 기울인다. 주로 천자나 임금에 의한 늑혼을 다뤘던 다른 소설들과 달리, 이 작품은 부패한 환관에 의한 늑혼을 다루며 부패한 권력자에 대한 비판 의식을 강화하고 있다는 특징이 있다. 또한 가장보다는 가장이 아닌 다른 가문 구성원이 문제를 해결하기 위해 노력하는 과정에 초점을 맞추고 있다는 점도 이 작품의 또 다른 특징이다.

주제 늑혼으로 인한 갈등을 극복하기 위한 가족 공동체의 노력

43 내용 이해 | 정답률 41% | 정답 ②

윗글에 대한 이해로 적절하지 않은 것은?

① 강환이 참소한 후에도 송 시랑은 장 학사에게 정혼을 유지할 뜻을 밝혔다.
'즉시 탑본에 들어가 천자에게 참소하여 송 시랑을 의금부의 신문'에 부쳤다는 부분과 그 후 송 시랑이 '나는 죽어도 약속을 변경할 뜻은 없다.'고 말한 부분을 통해 알 수 있다.

✓ **장 학사가 상소를 짓기 전에 강환은 장 학사의 집으로 옥교자와 하인들을 보냈다.**
장 학사가 '명백한 상소를 지어 궐문에' 들어간 후 강환에 의해 투옥되었고, 이후에 강환이 '사운의 편지를 만들어 황문 위졸 수십을 명하여 옥교자를 가지고 장사운 집으로' 보냈다는 점을 볼 때, 장 학사가 상소를 짓기 전에 강환이 장 학사의 집으로 옥교자와 하인을 보낸 것은 아님을 알 수 있다.

③ 북지옥에 갇힌 장 학사는 자신에게 일어난 일을 가족에게 전달할 방법이 없을 것이라 생각했다.
북지옥에 갇힌 장 학사가 '저 애들에게도 편지도 통할 수 없으니 갈 수 없는 기이한 변란을 어떻게 전하겠는가.'라고 탄식한 부분을 통해 알 수 있다.

④ 옥계는 각자 흩어져서 경성으로 가야 하는 이유를 옥란에게 설명했다.
옥계가 '각각 헤어져 가다가 경성 가서 서로 만나면, 우리 대인의 신원을 알 것이고, 만일 함께 도주하다가 하인에게 잡히면 다 죽음을 면치 못하리라.'라고 말한 부분을 통해 알 수 있다.

⑤ 황문 위졸은 영진에게 자신이 장 학사의 명에 의해서 왔다고 말했다.
황문 위졸이 '우리가 장 학사의 명을 받아 왔는데'라고 말한 부분을 통해 알 수 있다.

44 서사적 기능 파악 | 정답률 49% | 정답 ③

[A]와 [B]에 대한 설명으로 가장 적절한 것은?

① [A]를 통해 전달된 상황의 당위성은 [B]를 계기로 드러나게 된 사실로 강화된다.
[A]에서 상황이 마땅히 이러해야 한다는 당위성에 대한 내용은 제시되어 있지 않다.

② [A]를 통해 전달된 인물에 대한 평가는 [B]를 계기로 구체성을 확보하게 된다.
[A]에서 옥란의 '현숙함이 경성에 자자'하는 부분을 통해 인물에 대한 평가가 드러나지만, [B]에서 그에 대한 구체적 정보는 드러나지 않는다.

✓ **[A]를 통해 전달된 상황에 대한 정보는 [B]를 계기로 신뢰성을 의심받게 된다.**
[A]는 강환이 옥란을 유인하기 위해 작성한 가짜 편지의 내용이고, [B]는 장 학사가 꿈속에서 옥란에게 한 말이다. [B]의 '소인의 흉계로 너를 데려오니'와 '어떻게 하더라도 도피하여 강포지옥을 면하라.'라는 부정적인 내용은, 앞서 [A]에서 제시된 '그 중 높은 가세와 출중한 사람을 구하여 정혼하였으니'를 비롯한 상황에 대한 정보가 믿을 만한 것인지 옥란으로 하여금 의심하게 만든다.

④ [A]를 통해 전달된 인물의 숨겨진 내력은 [B]를 계기로 세상에 알려지게 된다.
[A]에 장 학사가 '한림학사로 출석'했다는 것과 '출중한 사람을 구하여 정혼'했다는 사실은 알 수 있으나 인물의 숨겨진 내력은 제시되어 있지 않다.

⑤ [A]를 통해 전달된 인물들 간의 갈등은 [B]를 계기로 심화되어 나타나게 된다.
[A]에서 인물들 간의 갈등 관계는 드러나지 않는다.

★★★ 등급을 가르는 문제!

45 외적 준거에 따른 감상 | 정답률 24% | 정답 ④

〈보기〉를 바탕으로 윗글을 감상한 내용으로 적절하지 않은 것은? [3점]

① 장 학사가 '옥귀신'이 될 것을 각오하면서까지 '환관놈'인 강환과의 혼사를 거부하는 것은, 혼사가 가문의 명망을 높이는 중요한 수단이라는 전제에 기반하겠군.
장 학사가 '옥귀신이 될지언정 옥같은 옥란을 환관놈에게 보내리오.'라고 말한 부분을 통해 '환관놈'인 강환의 명망을 낮게 평가하여 강환 가문과의 혼사를 거부하는 장 학사의 인식을 확인할 수 있고, 이는 장 학사가 혼사를 가문의 명망을 높이는 수단으로 전제하고 있음을 보여주는 것이다.

② 강환이 장 학사를 '서촉의 천한 출생'이라 깔보며 분노하는 것은, 주인공 가문의 취약성을 드러내어 이들이 위기에 처하게 될 가능성을 시사하는군.
강환이 장 학사에게 '서촉의 천한 출생'이라고 말한 부분을 통해 강환 가문보다 권력상 약한 위치에 있는 장 학사 가문의 취약성이, 그 후 '저의 생사 내게 맡겼'다고 말한 부분을 통해 장 학사 가문이 위기에 처할 가능성이 드러난다.

③ 송 시랑이 '의금부의 신문'을 받는 신세가 된 것은, 주인공 가문에 닥칠 위기가 이들 가문과의 결합을 앞둔 다른 가문에서 먼저 현실화된 것이겠군.
송 시랑은 투옥이라는 심각한 위기를 맞게 된다. 이 위기는 장 학사가 강환의 혼사 요구를 거절했기 때문에 발생한 일이며, 송 시랑의 투옥 후 장 학사의 투옥이 발생한다는 점에서 주인공 가문에 닥칠 위기가 다른 가문에서 먼저 현실화되었다고 볼 수 있다.

☑ 옥란 형제가 '도주'하다가 잡혀 죽을 수 있다는 것을 알면서도 몰래 '성의 담'을 넘은 것은, 가문의 명망을 위해 늑혼에 저항하기 위해서이겠군.
옥란 형제가 '성의 담'을 넘어 '도주'한 것은 위험에 빠진 장 학사를 구출하기 위해 한 행동이며, 이는 〈보기〉에서 주인공과 주변 인물들이 가문 공동체의 일원으로서 가문에 닥친 심각한 위기에 적극적으로 저항한다는 내용에 해당한다. 다만, 옥란 형제의 '도주'는 강환의 늑혼 시도를 알지 못한 상태에서 한 행동이었으므로 늑혼에 저항하는 것이라는 감상은 적절하지 않다.

⑤ 영진이 스스로 '옥란인 척'하며 황성에 가는 '옥란의 종적'을 숨긴 것은, 가문 공동체의 일원으로서 희생을 마다하지 않는 행동이겠군.
사촌인 영진이 옥란과 옷을 바꿔 입고 수문졸에게 대신 잡힌 것은, 가문 공동체의 일원으로서 희생을 마다하지 않는 행동으로 볼 수 있다.

★★ 문제 해결 꿀~팁 ★★

▶ 많이 틀린 이유는?
이 문제는 서사 전개를 추동하는 핵심 정보가 가족 공동체에게 얼마나 개방되어 있는지에 대한 파악이 미흡했기에 오답률이 높았던 것으로 보인다.

▶ 문제 해결 방법은?
이 문제 해결의 핵심은 늑혼이라는 사건의 정보가 옥란 형제와 영진에게 역시 개방되어 있는지에 대한 판단이다. 늑혼이라는 갈등은 해당 작품을 추동하는 키워드이지만, 강환의 방해로 인해 정작 옥란 형제와 영진에게 늑혼에 대해서는 아무런 정보가 없는 상황이다. 다만 〈보기〉에 나타난 바와 같이, 주인공과 주변 인물들은 가문 공동체의 일원으로서 위기에 적극적으로 저항하고자 한다. 옥란은 꿈속에서 '송 시랑의 집에 가서 의탁하라'는 장 학사의 당부를 듣고 혼란하여 잠에서 깬다. 옥란에게 꿈의 내용을 전해 들은 옥계는 자세한 내막은 모르지만 이 같은 꿈이 '범상한 일이 아니라'고 생각한다. 이에 영진과 옥란 형제는 옷을 바꾸어 입고, 장 학사의 말을 따르는 방식으로 가문 공동체는 위기에 적극적으로 대처한다. 때문에 ④의 경우, 늑혼 시도를 알지 못한 상황 속 옥란 형제가 몰래 '성의 담'을 넘은 것은 '늑혼에 저항하기 위해'서가 아니라, 다만 가문의 위기에 저항하기 위함이라고 보는 것이 적절하다. 이와 같은 문제를 해결하기 위해서는 주어진 지문의 사건이 어떻게 흘러가는지에 대한 정확한 이해가 선행되어야 한다.

| 정답과 해설 |

02회 | 2023학년도 3월 학력평가   고2

[01~03] 화법

01 말하기 방식 파악   정답률 84% | 정답 ④

위 발표에 대한 설명으로 가장 적절한 것은?

① 앞서 설명한 내용을 요약하며 발표를 마무리하고 있다.
이 발표의 마지막 문단을 통해, 발표를 마무리하며 앞서 설명한 내용을 요약한 내용은 찾아볼 수 없다.

② 발표 주제를 선정한 이유를 밝히며 발표를 시작하고 있다.
1문단의 내용을 통해 발표자가 발표 주제를 선정한 이유를 찾아볼 수 없다.

③ 비언어적 표현을 통해 발표 대상의 특징을 강조하고 있다.
2문단을 통해 화면의 QR코드를 가리키는 비언어적 표현이 사용되었음을 알 수 있다. 하지만 이를 통해 발표 대상인 먹의 특징을 강조하지는 않고 있으므로 적절하지 않다.

☑ 발표의 진행 순서를 제시하여 이어질 내용을 안내하고 있다.
1문단의 '이제부터 먹의 재료와 종류별 특성을 소개한 뒤, 먹의 제조 과정에 대해 설명하겠습니다.'를 통해, 발표의 진행 순서를 제시하여 이어질 내용을 청중에게 안내하고 있음을 알 수 있다.

⑤ 정보의 출처를 언급하여 발표 내용의 신뢰성을 높이고 있다.
이 발표를 통해 정보의 출처를 언급한 부분은 찾아볼 수 없다.

02 발표 전략의 파악   정답률 91% | 정답 ⑤

다음을 바탕으로 위 발표가 진행되었다고 할 때, 발표자가 사용한 발표 전략으로 적절하지 않은 것은?

[3점]

발표 전 청중 특성 분석	발표 중 청중 반응 분석
⊙ 먹에 대해 관심이 적은 편임. ⓛ 스마트 기기를 활용한 수업 방식을 선호함. ⓒ 동료 평가를 작성할 때 참고할 발표 자료가 필요하다고 생각함.	ⓔ 먹의 종류에 따른 특성을 잘 이해하지 못하고 있음. ⓜ 먹의 제조 과정에 대해 호기심을 보이고 있음.

① ⊙을 고려하여, 청중의 흥미를 유발하기 위해 '사진 1'을 활용하고 있다.
발표자는 먹에 대해 관심이 적은 편인 청중의 특성을 고려하여, 1문단에서 '사진 1'을 통해 먹으로 그려진 작품들을 보여 주며 흥미를 유발하고 있다.

② ⓛ을 고려하여, 청중의 참여를 유도하기 위해 화면을 보여 주며 스마트 기기로 답변을 제출할 것을 요청하고 있다.
발표자는 스마트 기기를 활용한 수업 방식을 선호하는 청중의 특성을 고려하여, 2문단에서 화면의 QR코드를 가리키며 스마트 기기로 설문 페이지에 접속하여 답변을 제출할 것을 요청하고 있다.

③ ⓒ을 고려하여, 청중의 동료 평가를 돕기 위해 자료를 게시한 곳을 화면으로 보여 주고 있다.
발표자는 동료 평가를 작성할 때 참고할 만한 발표 자료가 필요하다고 생각하는 청중의 특성을 고려하여, 4문단에서 화면을 통해 온라인 자료실의 게시판에 자료를 게시하였음을 보여 주고 있다.

④ ⓔ을 고려하여, 청중에게 설명했던 내용을 시각적으로 보여주기 위해 '사진 2'를 활용하고 있다.
발표자는 먹의 종류에 따른 특성을 잘 이해하지 못하고 있는 청중의 반응을 고려하여, 2문단에서 '사진 2'를 통해 송연 먹으로 그은 선과 유연 먹으로 그은 선의 특성 차이를 시각적으로 제시하고 있다.

☑ ⓜ을 고려하여, 청중의 반응에 즉각적으로 대응하기 위해 앞서 제시했던 그림 중 일부를 다시 보여 주고 있다.
3문단에서 발표자는 먹의 제조 과정을 소개하기 위해 그을음 채취 단계와 반죽의 건조 단계를 나타내는 두 장의 그림을 한 화면에 제시하고 있다. 그리고 이후 청중이 먹의 제조 과정에 흥미를 느끼고 있음을 파악하고, 즉각적으로 대응하기 위해 먹을 반죽하는 모습을 담은 새로운 그림을 보여 주고 있다. 하지만 이때 앞서 제시했던 그림 중 일부를 다시 보여 주지는 않고 있으므로 적절하지 않다.

03 청중의 반응 파악   정답률 78% | 정답 ③

다음은 위 발표를 들은 학생들의 반응이다. 학생의 반응을 이해한 내용으로 적절하지 않은 것은?

○ 학생 1 : 예전에 할아버지의 서예 작업을 옆에서 도울 때 먹의 은은한 향기에 놀랐던 기억이 나. 먹의 제조 과정에서 향기를 내기 위한 단계가 있을 것 같아.
○ 학생 2 : 먹의 종류에 대해 알 수 있어 유익했어. 특히 송연 먹은 소나무가 많은 지역의 특산품이었을 것 같아. 송연 먹으로 유명한 지역이 어디인지 찾아봐야겠어.
○ 학생 3 : 농담이나 선의 표현이 물의 양으로만 조절되는 것이라고 생각했는데, 먹의 종류에 따라서도 달라질 수 있다는 것을 알게 되어 좋았어.

① '학생 1'은 발표 대상과 연관된 경험을 떠올리고 있다.
'학생 1'은 할아버지의 서예 작업을 도울 때 먹의 향기에 놀랐던 경험을 떠올리고 있다.

② '학생 2'는 발표 내용과 관련하여 추가 활동을 계획하고 있다.
'학생 2'는 먹의 종류에 대한 발표 내용과 관련하여 송연 먹으로 유명한 지역을 찾아보겠다는 추가 활동을 계획하고 있다.

☑ '학생 3'은 발표 내용이 자신의 배경지식과 일치하지 않는 이유를 확인하고 있다.

'학생 3'의 반응을 통해, '학생 3'은 농담이나 선의 표현이 물의 양으로만 조절된다는 배경지식을 가지고 있었는데, 발표 내용을 듣고 난 뒤 먹의 종류에 따라서도 농담이나 선의 표현이 달라질 수 있다는 것을 알게 되었음을 알 수 있다. 이를 볼 때, '학생 3'은 발표 내용이 자신의 배경지식과 일치하지 않는다고 여기고 있지만, 자신의 배경지식과 일치하지 않는 이유가 무엇인지 확인하지는 않고 있으므로 적절하지 않다.

④ '학생 1'과 '학생 2' 모두 발표에서 다루지 않은 내용을 추측하고 있다.
'학생 1'은 먹의 제조 과정에서 향기를 내기 위한 단계가 있을 것이라 짐작하고 있고, '학생 2'는 송연 먹이 소나무가 많은 지역의 특산품일 것이라 짐작하고 있다. 따라서 '학생 1'과 '학생 2'는 발표에서 다루지 않은 내용을 추측하고 있음을 알 수 있다.

⑤ '학생 2'와 '학생 3' 모두 발표를 통해 새로운 정보를 알게 된 것을 긍정적으로 인식하고 있다.
'학생 2'는 먹의 종류에 대해 알 수 있어 유익했다 하고 있고, '학생 3'은 농담이나 선의 표현이 먹의 종류에 따라서도 달라질 수 있음을 알게 되어 좋았다 하고 있다. 따라서 '학생 2'와 '학생 3'은 발표를 통해 새로운 정보를 알게 된 것을 긍정적으로 인식하고 있음을 알 수 있다.

[04~07] 화법과 작문

04 발화의 기능 이해 　정답률 86% | 정답 ③

(가)의 ㉠ ~ ㉤에 대한 설명으로 적절하지 않은 것은?

① ㉠ : 공유된 상황을 환기하며 대화의 화제를 제시하고 있다.
㉠에서 '학생 1'은 대화 참여자들에게 지난 수업 시간까지 같은 책을 읽었다는 공유된 상황을 환기하면서 대화의 화제를 제시하고 있다.

② ㉡ : 직전 발화의 의미를 보충하며 일부를 재진술하고 있다.
㉡ 앞의 발화에서 '학생 2'는 저자가 배속 재생이나 건너뛰기를 새로운 현상으로 소개한 부분이 흥미로웠다고 말하고 있다. 이에 대해 ㉡에서 '학생 1'은 '학생 2'가 그렇게 여기는 이유를 추론하여 '학생 2'의 발화를 보충하면서 발화의 일부를 재진술하고 있다.

✔ ③ ㉢ : 대화 참여자들의 입장을 재차 확인하고 이를 자신의 입장과 비교하고 있다.
㉢에서 '학생 1'이 대화 참여자들의 입장을 재차 확인하면서 이를 자신의 입장과 비교하는 내용은 찾아볼 수 없다.

④ ㉣ : 함께 읽은 책의 내용을 언급하며 화제를 전환하고 있다.
㉣에서 '학생 1'은 배속 재생과 건너뛰기에 대한 태도는 목적에 따라 달라진다는 책의 내용을 언급하면서, '학생 2'와 '학생 3'에게 영화를 보는 목적을 물어 화제를 전환하고 있다.

⑤ ㉤ : 대화에서 느낀 점을 밝히며 추후의 활동에 대한 기대를 드러내고 있다.
㉤에서 '학생 1'은 같은 책을 읽고도 생각이 다를 수 있다는 것을 깨달았다고 느낀 점을 밝히면서 소설을 읽고 대화를 나누는 추후 활동에 대한 기대를 드러내고 있다.

05 담화 전개를 고려한 발화 양상 파악 　정답률 63% | 정답 ③

[A]와 [B]를 이해한 내용으로 가장 적절한 것은?

① [A]에서 대화 참여자들이 가지고 있던 통념은 [B]에서 일상의 경험을 상기하는 과정에서 부정되고 있다.
[A]를 통해 '학생 2'와 '학생 3'이 가지고 있던 통념은 찾아볼 수 없다.

② [A]에서 제시된 대화 참여자들의 입장은 [B]에서 상대방의 경험에 부여한 의미를 진술하는 과정에서 변하고 있다.
[A]를 통해 배속 재생과 건너뛰기에 대한 '학생 2'와 '학생 3'의 입장은 확인할 수 있다. 하지만 [B]를 통해 '학생 2'와 '학생 3'이 자신의 경험에 의미를 부여할 뿐 상대방의 경험에 의미를 부여해 진술하는 과정은 찾아볼 수 없으므로 적절하지 않다.

✔ ③ [A]에서 제시된 대화 참여자들의 개인적 경험은 [B]에서 책의 내용과 연결되면서 독서 경험에 기여한 것으로 드러나고 있다.
[A]에서 '학생 2'는 배속 재생으로 영화를 몰아 보고 친구들과 대화한 경험을 말하고 있고, '학생 3'은 같은 영화를 배속 재생과 원래 속도로 감상했을 때 결과가 달라진 경험을 말하고 있다. 그리고 이러한 '학생 2'와 '학생 3'의 경험이 [B]에서 책의 내용과 연결되면서 독서 경험에 기여한 것으로 드러나고 있음을 알 수 있다.

④ [A]에서 대화 참여자들이 공통으로 가졌던 의문은 [B]에서 책의 내용을 되짚던 중 이를 해결할 단서를 찾음으로써 해소되고 있다.
[A]를 통해 '학생 2'와 '학생 3'이 공통으로 가졌던 의문은 찾아볼 수 없다.

⑤ [A]에서 언급된 대화 참여자들의 견해는 [B]에서 책에 나타난 정보의 유용성을 판단하는 기준이 되면서 책에 대한 평가로 이어지고 있다.
[A]를 통해 '학생 2'와 '학생 3'의 경험을 확인할 수 있지만, 이러한 경험이 [B]에서 책에 대한 평가로 이어지지는 않으므로 적절하지 않다.

06 대화 내용이 글에 반영된 양상 이해 　정답률 68% | 정답 ⑤

(가)의 내용이 (나)에 반영된 양상으로 적절하지 않은 것은?

① (가)에서 '학생 2'가 미디어 환경의 변화를 언급한 내용이 (나)의 1문단에 배속 재생과 건너뛰기 문화의 발생 배경으로 제시되었다.
(가)에서 '학생 2'의 세 번째 발화 내용이, (나)의 1문단의 '영상의 수가 적어 ~ 영상을 시험할 수 있다.'에 반영되었음을 알 수 있다.

② (가)에서 '학생 3'이 영화에 담긴 풍부한 의미에 대해 언급한 내용이 (나)의 4문단에 친구들과의 대화에서 화젯거리가 다양해질 수 있겠다는 생각으로 제시되었다.
(가)에서 '학생 3'의 네 번째 발화 내용이, (나)의 4문단의 '또한 영화의 줄거리뿐 아니라 ~ 것이라는 생각도 들었다.'에 반영되었음을 알 수 있다.

③ (가)에서 '학생 2'가 그동안 영화에서 놓친 의미가 많을 수 있겠다고 언급한 내용이 (나)의 4문단에 영화를 감상하는 다른 방법도 활용하겠다는 다짐으로 제시되었다.
(가)에서 '학생 2'의 다섯 번째 발화 내용이, (나)의 4문단의 '그리고 이제는 줄거리 ~ 활용해야겠다고 생각했다'에 반영되었음을 알 수 있다.

④ (가)에서 '학생 2'가 영화가 사회적 교류 수단으로 기능한다고 언급한 내용이 (나)의 2문단에 집단 내에서 인정받고자 하는 젊은 세대의 성향과 관련지어 제시되었다.
(가)에서 '학생 2'의 네 번째 발화 내용이, (나)의 2문단의 '책에 의하면 이런 기능은 ~ 사용하고 싶어한다는 것이다'에 반영되었음을 알 수 있다.

✔ ⑤ (가)에서 '학생 3'이 감상 방법에 따라 같은 영화라도 감상 결과가 달라질 수 있다고 언급한 내용이 (나)의 2문단에 수용자가 영화를 주도적으로 감상할 때의 효과로 제시되었다.
(가)의 '학생 3'의 두 번째 발화에서 감상 방법에 따라 같은 영화라도 감상 결과가 달라질 수 있다고 언급한 내용이 드러나 있다. 하지만 이는 배속 재생과 건너뛰기 방식으로 영화를 보는 것에 대한 부정적 태도를 드러낸 것이며, (나)의 2문단에는 그 방식에 대한 긍정적 효과가 나타나 있으므로 (가)의 내용이 (나)에 반영되었다고 볼 수 없다.

07 고쳐쓰기 과정에서의 조언 추측 　정답률 69% | 정답 ③

[C]가 〈보기〉를 고쳐 쓴 것이라고 할 때, 그 과정에서 반영된 친구의 조언으로 가장 적절한 것은?

〈보 기〉
하지만 책에서는 배속 재생과 건너뛰기 기능이 영화를 감상하는 즐거움을 반감할 수 있다는 점도 지적하고 있다. 영화를 빠르게 보면 창작자의 의도를 간과하게 된다는 것이다.

① 영화를 원래 속도로 보지 않아 줄거리를 제대로 파악하지 못한 경험을 들어 주면 어떨까?
[C]에 배속 재생과 건너뛰기 기능을 사용해도 줄거리 파악에 지장이 없다는 전제가 드러나 있으므로 적절하지 않다.

② 영화 감상의 목적에 따라 감상 방법을 달리 선택해야 한다는 저자의 견해를 직접 인용하면 어떨까?
[C]에 영화 감상의 목적에 따라 감상 방법을 달리 선택해야 한다는 저자의 견해가 드러나지 않으므로 적절하지 않다.

✔ ③ 영화를 원래 속도로 감상하지 않아 창작자의 의도를 놓치게 되는 사례를 책에서 찾아 제시하면 어떨까?
[C]와 〈보기〉를 비교해 보면, [C]에는 대사가 없는 장면을 배속 재생이나 건너뛰기로 넘겼을 때 창작자의 의도가 간과되는 구체적인 사례를 책에서 찾아 제시하고 있다. 따라서 친구는 영화를 원래 속도로 감상하지 않아 창작자의 의도를 놓치게 되는 구체적인 사례를 책에서 찾아 제시하라고 조언했을 것임을 알 수 있다.

④ 영화를 볼 때 줄거리 파악보다는 창작자의 의도를 파악하는 것이 더 중요하다는 책의 내용을 강조하면 어떨까?
[C]에 영화 감상에서 줄거리 파악과 창작자의 의도 중 어느 것이 더 중요하다는 내용이 드러나지 않으므로 적절하지 않다.

⑤ 영화를 배속 재생으로 볼 때와 건너뛰기로 볼 때 창작자의 의도가 간과되는 양상이 다르다는 책의 내용을 추가하면 어떨까?
[C]에서 영화를 배속 재생과 건너뛰기로 볼 때를 구분하여 의도가 간과되는 양상이 다르다는 내용이 드러나지 않으므로 적절하지 않다.

[08~10] 작문

08 글쓰기 전략의 이해 　정답률 85% | 정답 ②

다음은 편집장이 원고를 의뢰하며 보낸 이메일이다. 초고에서 ㉠ ~ ㉢을 반영할 때 활용한 글쓰기 방법으로 적절하지 않은 것은?

[답장] [전체답장] [전달] [✕삭제] [스팸신고]
안녕하세요. 편집장입니다. '산업과 환경' 기획 연재와 관련하여 '의류 산업과 환경 오염'이라는 주제로 글을 써 주시길 부탁드립니다. ㉠의류 산업이 확대된 배경, ㉡의류 산업으로 인한 환경 오염의 문제 상황, ㉢문제 상황의 해결 방안을 포함해 주세요. 감사합니다.

① ㉠ : 특정한 시기를 언급하고 해당 시기 의류 생산량이 증가하는 데 영향을 준 요인을 제시했다.
1문단에서 2000년과 2015년이라는 시기를 언급하면서 이 시기에 의류 생산량이 증가하는 데 패스트 패션 산업이 영향을 미쳤음을 제시하고 있다.

✔ ② ㉡ : 환경 오염의 하위 범주들을 설정하고 오염의 정도를 비교했다.
2문단에서 환경 오염의 하위 범주들이 설정되어 있지만, 하위 범주인 대기 오염과 토양 오염, 수질 오염의 정도를 서로 비교하지는 않고 있다.

③ ㉡ : 의류 생산 과정에서 발생하는 환경 오염과 사용, 폐기 과정에서 발생하는 환경 오염을 구별하여 제시했다.
2문단에서 의류의 생산 과정에서 발생하는 오염과, 사용과 폐기 과정에서 발생하는 오염으로 구별하여 각각의 과정에서 발생하는 오염의 양상을 제시하고 있다.

④ ㉡ : 문제 상황을 인식할 수 있도록 의류 산업으로 인해 발생하는 환경 오염의 사례를 들었다.
2문단에서 의류 산업으로 인한 환경 오염의 사례를 구체적으로 제시하고 있다.

⑤ ㉢ : 의류 산업으로 인한 환경 오염을 줄일 수 있는 다양한 해결 방안을 나열했다.
3문단에서 의류 산업으로 인한 환경 오염을 최소화할 수 있는 여러 해결 방안을 나열하고 있다.

09 자료 활용 방안의 적절성 평가 　정답률 52% | 정답 ②

다음은 초고를 보완하기 위해 추가로 수집한 자료이다. 자료 활용 방안으로 적절하지 않은 것은? [3점]

(가) 전문가 인터뷰
"옷의 유행 주기는 점점 짧아져서 한 세기에 10년, 다시 6개월이 되었습니다. 그런데 2000년대 초반 등장한 패스트 패션 브랜드들이 1~2주 간격으로 새 제품을 출시하면서 유행 주기는 더욱 짧아지고 있습니다. 이로 인한 의류의 과잉 생산으로 많은 자원이 소모됩니다. 가령 폴리에스테르의 생산에는 매년 3억 4,200만 배럴의 기름이 필요합니다."

(나) △△ 연구팀 논문 자료

(나-1)은 전 세계 의류 판매량과 의류 1점당 폐기 전까지 착용 횟수의 변화를 나타낸 그래프이고, (나-2)는 4인 가족 1회 세탁량에 해당하는 6kg의 의류를 세탁한 뒤 나오는 미세 플라스틱의 양을 의류의 소재별로 나타낸 그래프이다.

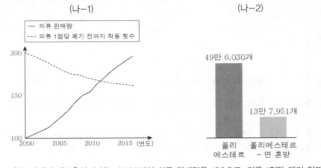

(나-1)   (나-2)

※ (나-1)에서 세로축의 수치는 2000년의 의류 판매량을 100으로, 의류 1점당 폐기 전까지 착용 횟수를 200으로 보았을 때의 지수임.

(다) 신문 기사

'미세 플라스틱 저감 제도 마련을 위한 토론회'에 한 시민 단체 관계자는 "프랑스는 2025년부터 세탁기에 미세 플라스틱 필터 설치가 의무화된다. 필터 설치 의무화는 해양 오염을 방지하는 가장 효과적인 방법이다."라며 관련 법 제정을 촉구했다.

① (가) : 전 세계 의류 생산량이 급속하게 증가하는 원인을 구체화하기 위하여, 의류 유행 주기의 변화를 1문단에 추가한다.

(가)의 자료를 통해 옷의 유행 주기가 짧아지고 있다는 내용을 확인할 수 있다. 이 내용은 1문단에서 제시하고 있는, 전 세계 의류 생산량이 증가하는 원인을 구체화하는 자료로 활용할 수 있다.

✔② (가) : 의류 산업의 확대로 인한 문제점을 환경 오염으로 한정하기 위하여, 의류의 생산 과정에서 많은 자원이 소모된다는 내용을 2문단에 추가한다.

(가)의 자료를 통해 의류의 과잉 생산으로 많은 자원이 소모되고 있다는 내용을 확인할 수 있다. 그런데 이 내용은 의류 산업의 확대로 인한 문제점 중 하나에 해당하지만, 2문단에서 제시하고 있는 의류 산업으로 인한 환경 오염으로 한정하는 것과는 관련되지 않으므로 자료의 활용 방안으로 적절하지 않다.

③ (나-1) : 의류 폐기로 인한 환경 오염과 관련하여, 예전에 비해 사람들이 의류를 많이 사서 적게 입고 버리기 때문에 이런 추세가 지속된다면 오염이 악화될 수 있다는 내용을 1문단에 추가한다.

(나-1)의 자료를 통해 예전에 비해 사람들이 의류를 많이 사서 적게 입고 버리는 추세가 지속된다는 사실을 확인할 수 있다. 이 사실은 의류 폐기로 인한 환경 오염이 악화될 수 있음을 보여 주는 자료이므로 1문단에서 활용할 수 있다.

④ (나-2) : 일정 비율 이상의 천연 섬유 사용을 의무화하는 제도의 필요성을 뒷받침하기 위하여, 생산 단계에서 천연 섬유를 혼방할 때의 효과를 3문단에 추가한다.

(나-2)의 자료를 통해 천연 섬유를 혼방하면 미세 플라스틱의 배출량이 줄어든다는 사실을 확인할 수 있다. 이 사실은 3문단에서 제시하고 있는, 일정 비율 이상의 천연 섬유 사용을 의무화하는 제도의 필요성을 뒷받침하는 자료로 활용할 수 있다.

⑤ (다) : 의류 산업으로 인한 환경 오염을 최소화하기 위한 제도를 마련하자는 주장을 뒷받침하기 위하여, 다른 나라의 사례를 3문단에 추가한다.

(다)의 자료를 통해 프랑스의 사례를 확인할 수 있으며, 이 사례는 3문단에서 제시하고 있는, 의류 산업으로 인한 환경 오염을 최소화하는 제도를 마련하자는 주장을 뒷받침하는 자료로 활용할 수 있다.

---

10 조건에 맞는 글 쓰기 | 정답률 85% | 정답 ①

다음은 학생이 글을 마무리하면서 떠올린 생각이다. 이에 따라 [A]를 작성한다고 했을 때 가장 적절한 것은?

> 마지막 문단에는 제도적 차원의 해결 방안만 제시되어 있으니 개인이 실천할 수 있는 방안을 추가해야겠다. 그리고 방안의 실천이 시급함을 강조하면서 글을 마무리해야지.

✔① 필요한 만큼의 옷만 구입하여 의류 폐기를 최소화하려는 노력도 필요하다. 당장 시작하지 않으면, 곧 지구 전체가 의류 폐기물로 뒤덮이게 될 것이다.

학생이 글을 마무리하면서 떠올린 생각이 제도적 차원의 해결 방안 이외에 개인이 실천할 수 있는 방안을 추가해야겠다는 것과, 방안 실천이 시급함을 강조하는 것임을 알 수 있다. 따라서 이러한 조건을 만족하는 것은 ①로, ①의 '필요한 만큼의 옷만 구입하여 의류 폐기를 최소화하려는 노력도 필요하다.'는 의류 산업으로 인한 문제점을 해결하기 위해 개인이 실천할 수 있는 방안에 대한 내용이라 할 수 있다. 그리고 '당장 시작하지 않으면, 곧 지구 전체가 의류 폐기물로 뒤덮이게 될 것이다.'는 방안 실천의 시급성을 강조하는 내용이라 할 수 있다.

② 옷의 세탁 횟수를 줄이고, 세탁을 할 때는 미세 플라스틱을 적게 배출하는 방법을 선택해야 한다. 생활 속 작은 실천이 모여 지구를 회복시킬 수 있다.

개인이 실천할 수 있는 방안을 확인할 수 있지만, 방안 실천의 시급성이 강조되어 있지는 않다.

③ 친환경 소재를 사용하여 의류를 생산하는 기업에 대한 감세도 효과적일 것이다. 무조건 채찍만 휘두르기보다는 당근을 적절히 활용하는 방안을 고민할 때이다.

개인이 실천할 수 있는 방안이 아닌 제도적 차원의 방안이 제시되어 있고, 방안 실천의 시급성도 강조되어 있지 않다.

④ 개성의 표현이 반드시 새 옷으로만 가능한 것은 아니다. 중고 거래나 재활용 등을 통해 개성을 표현한다면 의류 산업으로 인한 환경 오염을 줄일 수 있을 것이다.

개인이 실천할 수 있는 방안을 확인할 수 있지만, 방안 실천의 시급성이 강조되어 있지는 않다.

⑤ 지구는 옷에서 나온 미세 플라스틱과 넘쳐나는 의류 폐기물로 고통받고 있다. 하루빨리 옷의 사용 과정과 폐기 과정에 대한 규제를 강화하여 죽어가는 지구를 살려야 한다.

방안 실천의 시급성이 제시되어 있지만, 개인이 실천할 수 있는 방안이 아닌 제도적 차원에서 해결할 수 있는 방안만 제시되어 있다.

---

11 'ㅎ'을 포함하고 있는 음운 변동의 이해 | 정답률 58% | 정답 ①

윗글을 읽고 이해한 내용으로 적절하지 않은 것은?

✔① '쌓던[싸턴]'은 교체가 축약보다 먼저 일어난 것이다.

2문단의 "'ㅎ'이 예사소리보다 앞에 놓인 경우에는 항상 거센소리되기가 우선적으로 적용되는 것'을 통해, '쌓던'은 거센소리되기가 우선적으로 적용되어 [싸턴]으로 발음됨을 알 수 있다. 그리고 1문단의 내용을 통해 거센소리되기는 음운 변동의 유형 중 축약에 해당함을 알 수 있다.

② '잃고[일코]'는 어간 말 'ㅎ'이 어미의 첫소리 'ㄱ'과 합쳐져 발음된 것이다.

2문단을 통해 'ㅎ(ㄶ, ㅀ)' 뒤에 'ㄱ, ㄷ, ㅈ'이 결합되는 경우에는, 'ㅎ'과 뒤 음절 첫소리가 합쳐져 'ㅋ, ㅌ, ㅊ'으로 발음됨을 알 수 있다. 따라서 '잃고'는 어간 말 'ㅎ'과 어미의 첫소리 'ㄱ'이 결합하여 'ㅋ'으로 바뀌는 거센소리되기가 일어나 [일코]로 발음된다고 할 수 있다.

③ '끊이다[끄니다]'는 'ㅎ'이 탈락하고 'ㄴ'이 뒤 음절 첫소리로 옮겨져 발음된 것이다.

3문단을 통해 용언 어간 말의 'ㅎ' 뒤에 모음으로 시작하는 어미나 접미사가 결합하는 경우에는 'ㅎ'이 탈락함을 알 수 있다. 따라서 '끊이다'는 어근 '끊-' 뒤에 접미사 '-이-'가 결합한 경우이므로, 'ㅎ'이 탈락하고 'ㄴ'이 뒤 음절의 첫소리로 연음되어 [끄니다]로 발음된다.

④ '칡하고[치카고]'와 '하찮은[하차는]'에서 공통적으로 일어난 음운 변동은 탈락이다.

이 글의 내용을 바탕으로 할 때, '칡하고[치카고]'는 겹받침 'ㄺ'에서 'ㄹ'이 탈락하고 'ㄱ'과 'ㅎ'이 만나 'ㅋ'으로 바뀌는 축약이 일어난다. 그리고 '하찮은[하차는]'은 'ㅎ' 탈락이 일어난다. 따라서 공통적으로 일어난 음운 변동은 탈락이라 할 수 있다.

⑤ '먹히다[머키다]'와 '끊고서[끈코서]'는 모두 음운 변동이 한 번씩만 일어난 것이다.

이 글의 내용을 바탕으로 할 때, '먹히다[머키다]'는 'ㄱ'과 'ㅎ'이 만나 'ㅋ'으로 바뀌는 축약이 일어나고, '끊고서[끈코서]'는 'ㅎ'과 'ㄱ'이 만나 'ㅋ'으로 바뀌는 축약이 일어난다. 따라서 각각 음운 변동이 한 번씩만 일어남을 알 수 있다.

---

12 'ㅎ'을 포함하고 있는 말의 발음 이해 | 정답률 62% | 정답 ①

윗글의 ㉠, ㉡을 중심으로 〈보기〉의 ⓐ~ⓔ를 이해한 내용으로 적절하지 않은 것은? [3점]

〈보기〉

○ ⓐ 낮 한때[나탄때] 내린 비로 이슬이 잔뜩 ⓑ 맺힌[매친] 풀밭을 가로질러 ⓒ 닭한테[다칸테] 모이를 주고 왔다.

○ ⓓ 곳하고[고타고] 바다로 이어진 산책로를 ⓔ 넓히는[널피는] 작업이 진행 중이다.

✔① ⓐ : '낮'과 '한때'를 이어서 한 마디로 발음한 경우이므로, ㉠에 해당하겠군.

ⓐ는 받침 'ㅈ'이 'ㄷ'으로 교체되어 [낟한때]로 바뀐 뒤, 'ㄷ'과 'ㅎ'이 만나 거센소리 'ㅌ'으로 바뀌어 [나탄때]로 발음된 것이므로 ㉡에 따른 것이라고 할 수 있다.

② ⓑ : 어근 '맺-' 뒤에 접미사 '-히-'가 결합한 경우이므로, ㉠에 해당하겠군.

ⓑ는 'ㅈ'과 'ㅎ'이 곧바로 합쳐져 'ㅊ'으로 바뀌어 [매친]으로 발음된 것이므로 ㉠에 따른 것이라고 할 수 있다.

③ ⓒ : 체언 '닭'에 조사 '한테'가 결합한 경우이므로, ㉡에 해당하겠군.

ⓒ는 겹받침 'ㄺ'에서 'ㄹ'이 탈락하여 [닥한테]로 바뀐 뒤, 'ㄱ'과 'ㅎ'이 만나 거센소리 'ㅋ'으로 바뀌어 [다칸테]로 발음된 것이므로 ㉡에 따른 것이라고 할 수 있다.

④ ⓓ : 체언 '곳'에 조사 '하고'가 결합한 경우이므로, ㉡에 해당하겠군.

ⓓ는 받침 'ㅈ'이 'ㄷ'으로 교체되어 [곧하고]로 바뀐 뒤, 'ㄷ'과 'ㅎ'이 만나 'ㅌ'으로 바뀌어 [고타고]로 발음된 것이므로 ㉡에 따른 것이라고 할 수 있다.

⑤ ⓔ : 어근 '넓-' 뒤에 접미사 '-히-'가 결합한 경우이므로, ㉠에 해당하겠군.

ⓔ는 겹받침 'ㄼ'의 'ㅂ'이 접미사 '-히-'의 'ㅎ'과 곧바로 합쳐져 'ㅍ'으로 바뀌어 [널피는]으로 발음된 것이므로 ㉠에 따른 것이라고 할 수 있다.

---

13 단어의 구조 파악 | 정답률 39% | 정답 ③

〈보기〉의 ㉠에 해당하는 예로 적절한 것은?

〈보기〉

셋 이상의 형태소로 이루어진 단어의 구조를 파악하기 위해서는 먼저 그 단어를 직접 이루고 있는 두 요소를 파악해야 한다. 예컨대 '볶음밥'은 의미상 '볶음'과 '밥'으로 먼저 나뉜다. '볶음'은 다시 '볶-'과 '-음'으로 나뉜다. 따라서 '볶음밥'은 ㉠(어근 + 접미사) + 어근'의 구조로 된 합성어이다.

① 집안일

'집안일'은 '집안'과 '일'로 나뉘며, '집안'이 다시 '집'과 '안'으로 나뉘므로 '(어근 + 어근) + 어근'의 구조로 된 합성어에 해당한다.

② 내리막

'내리막'은 '내리-'와 '-막'으로 나뉘므로 '어근 + 접미사'의 구조로 된 파생어에 해당한다.

✔③ 놀이터

'놀이터'는 어근 '놀이'와 어근 '터'로 먼저 나뉘므로 합성어에 해당한다. 그리고 '놀이'는 다시 어근 '놀-'과 접미사 '-이'로 나뉘어지므로 '놀이터'는 ㉠에 해당하는 예라 할 수 있다.

④ 코웃음

'코웃음'은 '코'와 '웃음'으로 나뉘며, '웃음'이 다시 '웃-'과 '-음'으로 나뉘므로 '어근 + (어근 + 접미사)'의 구조로 된 합성어에 해당한다.

⑤ 울음보

'울음보'는 '울음'과 '-보'로 나뉘며, '울음'이 다시 '울-'과 '-음'으로 나뉘므로 '(어근 + 접미사) + 접미사'의 구조로 된 파생어에 해당한다.

---

14 안긴문장의 특성 이해 | 정답률 51% | 정답 ④

〈보기〉의 ㄱ~ㄹ에 대한 설명으로 적절하지 않은 것은?

〈보기〉

안은문장은 한 절이 다른 절을 문장 성분의 일부로 안고 있는 문장으로, 이때 안겨 있는 절을 안긴문장이라고 한다. 안긴문장의 종류에는 명사절, 관형사절, 부사절, 서술절, 인용절이 있다. 안긴문장은 문장의 필수 성분을 일부 갖추지 않기도 하는데, 안은문장이 만들어지는 과정에서 안긴문장과 안은문장에 공통되는 요소는 생략되기 때문이다.

ㄱ. 여행을 가기 전에 나는 짐을 챙겼다.
ㄴ. 우리는 그녀가 착함을 아주 잘 안다.
ㄷ. 학생들은 수업이 끝나기를 기다렸다.
ㄹ. 조종사가 된 소년이 고향을 방문했다.

① ㄱ의 안긴문장에는 주어가 생략되어 있다.
ㄱ의 안긴문장인 '여행을 가기'에는 주어 '내가'가 생략되어 있다.

② ㄴ의 안긴문장의 주어는 안은문장의 주어와 다르다.
ㄴ의 안긴문장은 '그녀가 착함'이다. 안긴문장의 주어는 '그녀가', 안은문장의 주어는 '우리는'이다.

③ ㄴ과 ㄷ의 안긴문장은 조사와 결합하여 목적어로 쓰이고 있다.
ㄴ과 ㄷ의 안긴문장은 각각 목적격 조사 '을', '를'과 결합하여 안은문장의 목적어로 쓰인다.

☑ ㄷ과 ㄹ의 안긴문장에는 필수 성분이 생략되어 있다.
ㄷ의 안긴문장인 '수업이 끝나기'에는 생략된 필수 성분이 없다. 그리고 ㄹ의 안긴문장인 '조종사가 된'에는 안은문장과 공통되는 요소인 주어 '소년이'가 생략되어 있다. 한편 '조종사가'는 보어에 해당한다.

⑤ ㄱ과 ㄹ의 안긴문장은 종류는 다르지만 안은문장에서의 문장 성분은 같다.
ㄱ의 안긴문장은 명사절, ㄹ의 안긴문장은 관형사절로 서로 종류가 다르지만, 안은문장에서 각각 체언을 수식하는 관형어로 쓰인다.

15 높임 표현의 이해 정답률 68% | 정답 ②

〈보기 1〉을 참고하여 〈보기 2〉의 ⊙ ~ ⊕을 이해한 내용으로 적절하지 않은 것은?

─〈보기 1〉─
높임 표현은 높임 대상에 따라 주어의 지시 대상을 높이는 주체 높임, 목적어나 부사어의 지시 대상을 높이는 객체 높임, 청자를 높이거나 낮추는 상대 높임으로 나뉜다. 높임 표현은 크게 문법적 수단과 어휘적 수단에 의해 실현된다. 문법적 수단은 조사나 어미를, 어휘적 수단은 특수 어휘를 사용하는 것이다.

─〈보기 2〉─
[대화 상황]
손님: ⊙ 어머니께 선물로 드릴 신발을 찾는데, ⓒ 편하게 신으실 수 있는 제품이 있을까요?
점원: ⓒ 부모님을 모시고 오시는 손님께서 이 제품을 많이 사 가세요. ② 할인 중이라 가격도 저렴합니다.
손님: 좋네요. ⓜ 저도 어머니를 뵙고, 함께 와야겠어요.

① ⊙ : 문법적 수단과 어휘적 수단을 통해 부사어가 지시하는 대상을 높이고 있다.
⊙에서는 문법적 수단인 조사 '께'와 어휘적 수단인 동사 '드리다'를 통해 부사어의 지시 대상인 '어머니'를 높이고 있다.

☑ ⓒ : 선어말 어미 '-으시-'와 조사 '요'는 같은 대상을 높이기 위해 쓰이고 있다.
ⓒ에서 '-으시-'는 생략된 주어의 지시 대상인 '어머니'를, '요'는 상대인 '점원'을 높이기 위해 쓰였다.

③ ⓒ : 동사 '모시다'와 조사 '께서'는 서로 다른 대상을 높이기 위해 쓰이고 있다.
ⓒ에서 '모시다'는 목적어의 지시 대상인 '부모님'을, '께서'는 주어의 지시 대상인 '손님들'을 높이기 위해 쓰였다.

④ ② : 문법적 수단을 통해 대화의 상대방을 높이고 있다.
②에서는 문법적 수단인 종결 어미 '-ㅂ니다'를 통해 대화의 상대방인 '손님'을 높이고 있다.

⑤ ⓜ : 어휘적 수단을 통해 목적어가 지시하는 대상을 높이고 있다.
ⓜ에서는 어휘적 수단인 '뵙다'를 통해 목적어의 지시 대상인 '어머니'를 높이고 있다.

[16~45] 독서·문학

16~20 과학

전방욱, 「mRNA 혁명, 세계를 구한 백신」

해제 이 글은 mRNA 백신의 핵심 기술인 지질 나노 입자에 대해 설명하고 있다. mRNA 백신은 바이러스 단백질의 유전 정보를 암호화한 유전 물질을 접종하는 것으로, 체내 효소로부터 mRNA를 보호하여 세포 내 리보솜에 전달하기 위해 지질 나노 입자라는 인공 외막을 전달체로 사용한다. 음전하를 띤 mRNA를 낮은 pH에서 양전하를 띠는 이온화 지질로 둘러싼 후 높은 pH에서 전기적으로 중화시키면 내포 작용에 의해 엔도솜 막에 갇힌 채 세포 내로 함입된다. 그리고 세포질 내에서 엔도솜 내부가 산성화되면 엔도솜에서 방출되어 mRNA가 리보솜에 전달된다.

주제 mRNA 백신의 핵심 기술인 지질 나노 입자의 이해

문단 핵심 내용

1문단	바이러스 감염에 대비할 수 있는 방법인 백신 접종
2문단	mRNA 백신이 지질 나노 입자를 이용하는 이유
3문단	친수성 물질의 세포막 투과를 차단시키는 지질 분자인 인지질
4문단	양이온성 지질을 지질 나노 입자로 사용할 때의 문제점
5문단	이온화 지질을 지질 나노 입자의 재료로 사용하는 이유

★★★ 등급을 가르는 문제!
16 핵심 정보의 이해 정답률 34% | 정답 ②

mRNA 백신에 대해 이해한 내용으로 적절한 것은?

① 바이러스 대신 인체 내에서 합성된 바이러스 단백질을 항체로 이용하여 면역 반응을 유도한다.
1문단을 통해 mRNA 백신은 인체가 바이러스 단백질을 항원으로 인식하게 하여 면역 반응을 일으킴을 알 수 있으므로 적절하지 않다.

☑ 바이러스에 감염되는 경우와 마찬가지로 유전 물질을 통한 세포의 단백질 합성 과정이 수반된다.

1문단을 통해 바이러스는 생물체에 침입하여 자신의 유전 물질을 mRNA로 바꾼 뒤 숙주 세포가 스스로 바이러스 단백질을 합성하게 함을 알 수 있고, mRNA 백신은 mRNA를 통해 바이러스 단백질을 합성함을 알 수 있다. 따라서 mRNA 백신 접종과 바이러스 감염 모두 유전 물질을 통한 세포의 단백질 합성 과정이 수반됨을 알 수 있으므로 적절하다.

③ 기억 세포의 유전 정보를 암호화한 유전 물질을 이용하기 때문에 바이러스 감염으로부터 안전하다.
2문단을 통해 mRNA 백신은 바이러스 단백질의 유전 정보를 암호화한 mRNA를 접종하는 것임을 알 수 있으므로, mRNA 백신은 기억 세포의 유전 정보를 암호화하지 않음을 알 수 있다.

④ 세포핵 안에서 유전 정보가 전사되는 과정을 조절하여 리보솜의 단백질 합성 작용에 영향을 미친다.
2문단을 통해 mRNA 백신은 바이러스 단백질의 유전 정보를 암호화한 mRNA를 접종하는 것임을 알 수 있으므로, mRNA 백신은 세포핵 안에서 유전 정보가 전사되는 과정을 조절하지 않음을 알 수 있다.

⑤ 바이러스를 배양해서 접종하는 경우와 달리 유전 정보가 제거된 바이러스 단백질을 백신으로 주입한다.
2문단을 통해 mRNA 백신은 바이러스 단백질의 유전 정보를 암호화한 mRNA를 접종하는 것임을 알 수 있으므로, mRNA 백신은 유전 정보가 제거된 바이러스 단백질을 백신으로 주입하지 않는다.

★★ 문제 해결 꿀~팁 ★★

▶ 많이 틀린 이유는?
이 문제는 글의 내용을 정확히 이해하지 못하여 오답률이 높았던 것으로 보인다. 또한 선택지가 글의 내용을 바탕으로 변형하여 제시하여 글의 내용과 비교하는 데 어려움을 겪어 오답률이 높았던 것으로 보인다.
▶ 문제 해결 방법은?
이 문제를 해결하기 위해서는 일차적으로 선택지의 내용을 정확히 이해하고, 이러한 내용이 글의 어느 부분에 제시되어 있는지 확인해야 한다. 가령 정답인 ②의 경우 선택지를 통해 mRNA와 바이러스에 감염되는 경우와 비교하고 있으므로, mRNA와 바이러스에 대해 설명하고 있는 문단을 찾아야 한다. 즉 1문단을 통해 mRNA와 바이러스를 비교한 선택지의 적절성을 판단해야 하면 되는데, 바이러스가 생물체에 침입하여 자신의 유전 물질을 mRNA로 바꾼 뒤 숙주 세포가 스스로 바이러스 단백질을 합성하게 한다는 점에서, mRNA 백신이 mRNA를 통해 바이러스 단백질을 합성한다는 점에서 적절함을 알 수 있었을 것이다. 이처럼 내용 이해 문제의 핵심은 선택지에 제시된 내용을 글에서 정확히 찾는 것이 중요하므로, 글을 읽을 때 내용을 이해할 수 있도록 꼼꼼히 읽을 수 있도록 한다.
▶ 오답인 ①과 ③을 많이 선택한 이유는?
이 문제의 경우 학생들이 ①과 ③이 적절하지 않다고 하여 오답률이 높았는데, 이는 선택지를 학생들이 혼동할 수 있도록 글의 내용을 변형하여 제시하였기 때문이다. 하지만 이 문제 역시 선택지와 글의 내용을 정확히 비교하면 문제를 해결할 수 있다. 즉, 선택지 ①의 경우에는 선택지가 mRNA 백신이 면역 반응을 유도하는 것에 대한 내용임을 파악하고, 이와 관련된 1문단을 통해 적절성을 판단할 수 있어야 한다. 마찬가지로 ③의 경우에도 선택지가 mRNA 백신이 기억 세포의 유전 정보를 암호화한 유전 물질을 이용한다는 내용임을 파악하고 이와 관련된 2문단을 통해 적절성을 판단해야 한다. 이 문제처럼 최근에는 내용 이해 문제도 글에 제시된 내용 그대로 제시하기보다는 변형하여 제시한 경우가 많이 출제되고 있다. 하지만 문제 해결의 기본이 선택지와 글의 내용을 정확히 비교하는 데 있음을 명심한다면 충분히 해결할 수 있을 것이다.

17 세부 정보의 이해 정답률 41% | 정답 ①

⊙을 설명한 내용으로 적절하지 않은 것은?

☑ 인산기가 세포 바깥쪽에, 지방산이 세포질에 접하는 형태로 구성된다.
3문단을 통해 생물체의 세포막은 인지질로 구성되며, 인지질의 인산기로 이루어진 친수성 머리가 세포 외부나 세포질의 수용액에 접하고 지방산으로 이루어진 소수성 꼬리가 몰려 있는 형태로 구성됨을 알 수 있다. 따라서 지방산이 세포질에 접하는 형태로 구성된다고 할 수 없다.

② 수용체를 통해 특정의 세포 외부 물질을 세포 내부로 진입시킬 수 있다.
5문단을 통해 내포 작용이 발생하면 세포막의 일부가 수용체에 결합한 외부 물질과 함께 세포질로 함입됨을 알 수 있다. 따라서 세포막은 수용체를 통해 특정의 세포 외부 물질을 세포 내부로 진입시킬 수 있음을 알 수 있다.

③ 내포 작용이 발생하면 일부가 세포질로 함입되어 엔도솜 구조체를 형성한다.
5문단을 통해 내포 작용이 발생하면 세포막의 일부가 수용체에 결합한 외부 물질과 함께 세포질로 함입되어 엔도솜 구조체가 형성됨을 알 수 있다.

④ 친수성 물질 및 소수성 물질 모두와 섞일 수 있는 양친매성의 인지질로 이루어진다.
3문단을 통해 세포막의 인지질은 인산기와 지방산으로 구성되어 친수성 물질이나 소수성 물질과도 섞일 수 있는 양친매성 물질임을 알 수 있다.

⑤ 인지질의 소수성 꼬리로 인해 세포 내외의 친수성 물질이 세포막을 투과하는 것을 제한한다.
3문단을 통해 세포막은 양친매성 물질인 인지질로 구성되어 친수성 물질의 투과를 차단함을 알 수 있다.

★★★ 등급을 가르는 문제!
18 글의 핵심 정보의 비교 이해 정답률 25% | 정답 ⑤

ⓐ ~ ⓓ에 대한 설명으로 적절하지 않은 것은?

① ⓓ는 ⓐ가 체내 효소에 의해 분해되는 것을 방지하는 인공 외막으로 기능한다.
ⓐ는 체내 효소에 의해 쉽게 분해되므로, ⓐ를 보호하여 세포 내로 진입시키기 위해 ⓓ로 둘러싼 채 세포 내로 진입시킨다.

② ⓐ와 ⓑ는 모두 음전하를 띠기 때문에 둘 사이에 서로를 밀어내는 힘이 작용한다.
ⓐ와 ⓑ는 모두 음전하를 띠기 때문에 둘 사이에 밀어내는 힘이 작용한다.

③ ⓐ가 리보솜에 전달되려면 세포 밖에서 ⓓ와 결합한 후 세포 안에서 ⓓ와 분리되어야 한다.
ⓐ가 리보솜에 전달되려면 세포 밖에서 ⓓ와 결합하여 체내 효소에 의해 분해되지 않아야 하며, 세포 안에서 ⓓ와 분리되어 리보솜을 통해 바이러스 단백질을 합성한다.

④ ⓒ는 음전하를 띠는 반면 ⓓ는 주변에 분포하는 수소 이온의 양에 따라 이온화의 정도가 변화한다.
ⓒ는 양이온성 지질에는 흡착되지만 전기적으로 중성인 상태의 ⓓ에는 흡착되지 않는데, 이는 ⓒ가 음전하를 띠기 때문이다. ⓓ는 수소 이온의 농도에 따라 양이온성이 달라진다.

✔ ⓐ와 결합하면서 ⓓ가 전기적으로 중성이 되기 때문에 체내에서 ⓒ가 흡착되는 현상이 억제된다.

양이온성 지질은 체내에서 ⓒ가 흡착되어 mRNA의 세포막 투과가 제한되지만 ⓓ는 높은 pH에서 전기적으로 중성이 되므로 ⓒ가 흡착되지 않는다. 즉 ⓑ와 결합하면서 ⓓ가 전기적으로 중성이 되기 때문이 아니라, ⓓ가 높은 pH에서 전기적으로 중성이 되기 때문에 체내에서 ⓒ와 흡착되는 현상이 억제된다.

★★ 문제 해결 꿀~팁 ★★

▶ 많이 틀린 이유는?
이 문제는 글 전체를 바탕으로 ⓐ~ⓓ의 연관성을 묻고 있어서 연관성 파악에 어려움을 겪어 오답률이 높았던 것으로 보인다. 또한 과학 지문이라 글의 내용을 이해하는 데 어려움을 겪은 것도 오답률을 높였던 것으로 보인다.

▶ 문제 해결 방법은?
이 문제를 해결하기 위해서는 선택지의 내용을 글을 통해 일일이 확인할 수 있어야 한다. 즉 ⓐ~ⓓ에 대한 내용을 중심으로 선택지 내용의 적절성을 판단할 수 있어야 한다. 가령 정답인 ⑤의 경우에는 ⓐ와 ⓒ, ⓓ에 대해 묻고 있으므로 선택지에서 이들의 연관성에서 어떻게 제시하고 있는지 일차적으로 파악해야 한다. 그런 다음 이와 관련한 글의 내용을 찾아 선택지의 적절성을 판단해야 한다. 즉 선택지에서 ⓐ와 결합하면서 ⓓ가 전기적으로 중성이 된다는 내용과 이로 인해 ⓒ가 흡착되는 현상이 억제되는지 글을 통해 확인해야 한다. 이렇게 확인하게 되면 5문단의 내용을 통해 ⓐ와 결합하면서 ⓓ가 전기적으로 중성이 되기 때문이 아니라, ⓓ가 높은 pH에서 전기적으로 중성이 되기 때문임을 알 수 있으므로 적절하지 않음을 알 수 있을 것이다. 마찬가지로 오답률이 높았던 ③, ④의 경우, ③은 5문단의 내용을 통해, ④의 경우 4문단의 내용을 통해 적절함을 알았을 것이다.

19 구체적인 사례에의 적용 　　　정답률 36% | 정답 ⑤

〈보기〉는 'mRNA-지질 나노 입자 복합체'의 형성 과정을 나타낸 것이다. 윗글을 참고하여 〈보기〉를 이해한 내용으로 적절하지 않은 것은? [3점]

〈보 기〉
산성 용액에 녹인 mRNA와 에탄올에 녹인 이온화 지질을 Y자 형태의 미세관에 일정한 속도로 흘려보낸다. 이렇게 혼합된 용액을 수용성 완충 용액으로 투석 처리하여 pH를 높인다. 그리고 에탄올을 제거하여 균일한 상태의 mRNA-지질 나노입자 복합체를 얻어낸다.
(단, 이때 에탄올의 pH는 7임.)

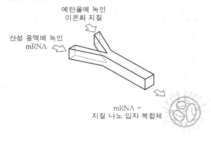

에탄올에 녹인
이온화 지질

산성 용액에 녹인
mRNA

mRNA -
지질 나노 입자 복합체

① 이온화 지질이 에탄올에 녹을 수 있는 것은 에탄올이 지질과 섞일 수 있는 소수성을 가진 물질이기 때문이겠군.
전기적으로 중성인 상태에서 소수성 물질인 지질에 에탄올에 녹을 수 있는 것은 에탄올 역시 소수성을 가진 물질이기 때문이다.

② mRNA와 이온화 지질이 녹은 각 용액의 투입 속도를 조절해 투입량을 조절하면 mRNA-지질 나노 입자 복합체의 균일도가 유지되겠군.
각 용액의 투입 속도를 조절해 투입량을 조절하면 각각의 용액 속 mRNA와 이온화 지질의 양이 조절되므로 mRNA - 지질 나노 입자 복합체의 균일도를 유지할 수 있다.

③ mRNA가 녹은 산성 용액과 이온화 지질이 녹은 에탄올이 혼합되면 이온화 지질이 양전하를 띠면서 이온화 지질과 mRNA가 결합하는 현상이 나타나겠군.
mRNA가 녹은 산성 용액과 이온화 지질이 녹은 에탄올이 혼합되면 pH가 높아져 이온화 지질이 양이온화되므로 음전하를 띤 mRNA와 결합하는 현상이 나타난다.

④ 수용성 완충 용액으로 산성 용액을 투석 처리하면 수소 이온의 농도가 낮아져 이온화 지질이 전기적으로 중성이 되겠군.
수용성 완충 용액으로 산성 용액을 투석 처리하여 pH를 높이면 수소 이온의 농도가 낮아져 이온화 지질이 전기적으로 중화된다.

✔ pH가 높아지면 이온화 지질의 소수성이 약해져 소수성 분자 간의 인력이 감소하므로 더욱 미세한 크기의 mRNA-지질 나노 입자 복합체가 형성되겠군.
pH가 높아지면 이온화 지질이 중성이 되므로 이온화 지질의 소수성이 강해진다. 그 결과 이온화 지질 내 소수성 분자 간의 인력이 증가하므로 이온화 지질 간 결합이 증가하여 mRNA - 지질 나노 입자 복합체의 크기가 더욱 커지게 된다.

★★★ 등급을 가르는 문제! ★★★
20 이유의 추론 　　　정답률 22% | 정답 ②

ⓛ의 이유를 추론한 내용으로 가장 적절한 것은?

① 엔도솜 내부의 pH가 낮아짐에 따라 mRNA와 지질 나노 입자 사이에 전기적인 반발력이 발생하기 때문이다.
엔도솜 내부의 pH가 낮아지면 지질 나노 입자가 양이온화되므로 음전하를 띤 mRNA 사이에 전기적인 반발력이 발생하지 않음을 알 수 있다.

✔ 엔도솜 막의 인산기와 양이온화된 지질이 서로 결합함으로써 mRNA를 둘러싼 엔도솜 막이 붕괴하기 때문이다.
이온화 지질에 둘러싸인 mRNA가 내포 작용에 의해 세포 안으로 합입되면 엔도솜 구조체가 형성되며, 세포질 안에서 엔도솜 내부는 산성화된다. 엔도솜 내부의 pH가 낮아지면 수소 이온을 많이 받아들여 이온화 지질이 양전하를 띠게 되며, 그 결과 엔도솜 막이 불안정해져 mRNA가 세포질로 방출된다. 이때 엔도솜 막은 세포막에서 유래하며, 음전하를 띤 인산기가 양이온화된 지질과 결합한다. 즉 엔도솜 막의 인산기와 양이온화된 이온화 지질이 서로 결합함으로써 mRNA를 둘러싼 엔도솜 막이 붕괴한다는 것을 추론할 수 있다.

③ 내포 작용으로 세포질에 합입된 세포막이 엔도솜 내부의 산성화에 따라 다시 세포 표면으로 방출되기 때문이다.
엔도솜 내부가 산성화되면 내포 작용으로 세포질에 합입된 세포막이 세포 표면으로 방출된다는 내용은 지문을 통해 추론할 수 없다.

④ 엔도솜 내부가 산성화됨에 따라 mRNA가 음이온화되면서 mRNA와 리보솜 사이에 결합력이 발생하기 때문이다.
mRNA는 음전하를 띠며 엔도솜 내부가 산성화되더라도 이온화의 정도가 변화하지 않음을 알 수 있다.

⑤ 엔도솜 내부의 pH 변화로 인해 엔도솜 막이 산성화되면서 체내 효소에 의한 엔도솜 분해 작용이 나타나기 때문이다.
엔도솜 내부의 pH 변화로 엔도솜 막이 산성화된다거나 이에 따라 체내 효소에 의한 엔도솜 분해 작용이 나타난다는 내용은 지문을 통해 추론할 수 없다.

★★ 문제 해결 꿀~팁 ★★

▶ 많이 틀린 이유는?
이 문제는 3~5문단의 내용을 바탕으로 이유를 추론해야 하는데, 이 과정에서 어려움을 겪어 오답률이 높았던 것으로 보인다. 또한 ⓛ 앞에 제시된 '엔도솜 내부가 산성화'될 때 나타날 수 있는 현상을 파악하지 못한 것도 오답률을 높였던 것으로 보인다.

▶ 문제 해결 방법은?
이 문제를 해결하기 위해서는 먼저 이유를 추론하라는 문장의 의미를 정확히 이해하여야 한다. 즉, '세포막에서 유래된 엔도솜 막이 불안정'해지는 이유가 무엇인지 글을 통해 확인할 수 있어야 한다. 정답인 ②의 경우, ⓛ 앞의 내용을 통해 세포막 안에서 엔도솜 내부가 산성화된다고 하였는데, 산성화는 pH가 낮아지는 것을 의미하므로 엔도솜 내부의 pH가 낮아지면 5문단을 통해 이온화 지질이 양전하를 띠게 됨을 알 수 있다. 그리고 엔도솜 막이 세포막에서 유래하였다고 하였으므로 3문단의 내용을 통해 엔도솜 막은 음전하를 띤 인산기 머리를 지니고 있음을 알 수 있다. 따라서 엔도솜 막의 인산기와 양이온화된 이온화 지질이 서로 결합함으로써 mRNA를 둘러싼 엔도솜 막이 붕괴하여 mRNA가 방출된다는 것을 짐작할 수 있다. 이 문제처럼 추론 문제는 추론을 요구하는 내용을 정확히 이해한 뒤, 이와 관련된 글의 내용을 찾는 것이 중요하므로, 추론 내용이나 선택지에 제시된 내용을 글을 통해 확인하면서 적절성을 판단할 수 있도록 한다. 한편 추론 문제에서는 오답률이 높았던 ③의 경우처럼 글의 내용을 통해 확인할 수 없는 것도 제시되므로, 선택지와 글의 내용을 비교하여 글을 통해 확인할 수 있는지 여부를 판단할 수 있도록 한다.

21~25 사회

송덕수, 「신 민법강의」

해제 　이 글은 주택임대차보호법에 대해 설명하고 있다. 주택임대차보호법은 주택 임대차에서 임차인의 권리를 강화하기 위한 특별법이다. 임차인이 주택을 인도받고 전입 신고를 완료하면 대항력이 생겨서 제삼자에게 임차권을 주장할 수 있고, 확정일자까지 부여받은 경우에는 우선변제권을 확보할 수 있어 뒤에 설정된 물권에 우선하여 보증금을 변제받을 수 있다. 임대차 기간이 만료되었을 때 임대인에게 보증금을 반환받지 못하는 경우 임차권등기명령을 신청하여 법원이 승인하면 종료된 임차권이 등기부에 공시되어 대항력과 우선변제권을 유지할 수 있다.

주제 　주택임대차보호법의 이해

문단 핵심 내용

1문단	주택 임대차에서 임차인이 임차권을 주장하거나 그렇지 못하는 경우
2문단	전세권과 주택임대차보호법의 이해
3문단	주택 임대차 계약서에 확정일자를 받는 이유
4문단	주택임대차보호법의 임차권등기명령 제도

21 내용의 사실적 이해 　　　정답률 42% | 정답 ②

윗글의 내용과 일치하지 않는 것은?

① 주택임대차보호법은 일정한 요건을 갖춘 임차인의 지위를 강화한다.
2문단을 통해 주택임대차보호법은 임차인이 일정한 요건을 갖추었을 경우 임차권에 물권적 효력을 부여하여 임차인의 지위를 강화하는 제도임을 알 수 있다.

✔ 주택 임대차가 체결되면 관할 법원은 임대차 내용을 등기부에 기재해야 한다.
2문단과 4문단을 통해 임차권이 등기부에 기재되기 위해서는 전세권을 설정하거나 임대차등기명령을 신청해야 함을 알 수 있다. 따라서 임대차가 체결되었을 때 관할 법원이 등기부에 기재해야 하는 것은 아니므로 적절하지 않다.

③ 주택 임대차가 만료되면 임차인은 임대인에게 임대차의 목적물을 반환해야 한다.
1문단을 통해 주택 임대차는 합의된 기간 동안 목적물인 주택을 사용하는 계약임을 알 수 있다.

④ 최우선변제권이 있는 소액임차인이더라도 보증금의 전부를 반환받지 못할 수 있다.
3문단을 통해 최우선변제권은 정해진 금액까지의 보증금을 우선하여 변제받는 권리임을 알 수 있다.

⑤ 어떤 물건에 대한 지배권을 모든 사람에게 주장하려면 해당 물건에 대한 물권이 필요하다.
1문단을 통해 물권은 누구에게나 권리를 주장할 수 있는 권리임을 알 수 있다.

★★★ 등급을 가르는 문제! ★★★
22 핵심 정보의 비교 이해 　　　정답률 33% | 정답 ③

㉠, ㉡을 이해한 내용으로 적절하지 않은 것은?

① ㉠을 가진 사람은 원칙적으로는 임대인에게만 계약 내용에 따른 행위를 요구할 수 있다.
1문단을 통해 임차권은 채권에 해당하고, 채권을 가진 사람은 원칙적으로 특정 채무자에 대해서만 일정한 행위를 요구할 수 있음을 알 수 있다.

② ㉡을 설정하기 위해서는 임대인의 동의가 필요하다.
2문단을 통해 전세권을 설정하기 위해서는 임대인의 동의가 필요함을 알 수 있다.

✓ㄴ을 가진 임차인은 임대차 기간 동안 목적물이 되는 주택의 소유권을 가지게 된다.
2문단을 통해 전세권은 임차인을 제삼자에게 주장할 수 있는 권리이지 주택의 소유권을 가지는 권리는 아님을 알 수 있다. 한편 소유권은 물권의 다른 종류 중 하나이다.

④ ㉠이나 ㉡을 가진 사람은 계약상의 주택에 대한 자신의 권리를 주장할 수 있다.
1문단과 2문단을 통해 임차권이나 전세권을 가진 사람은 임대차에 내용에 따라 주택에 대한 자신의 권리를 주장하는 것이 가능함을 알 수 있다.

⑤ 일반적으로 ㉡은 ㉠에 우선하는 효력이 인정된다.
1문단을 통해 임차권은 채권에 해당하고 전세권은 물권에 해당한다. 그리고 물권은 일반적으로 채권에 우선하는 효력이 인정됨을 알 수 있다.

★★ 문제 해결 꿀~팁 ★★

▶ 많이 틀린 이유는?
이 문제는 ㉠, ㉡에 대해 설명하고 있는 1, 2문단의 내용을 정확히 이해하지 못하여 오답률이 높았던 것으로 보인다.
▶ 문제 해결 방법은?
이 문제를 해결하기 위해서는 선택지에 제시된 내용 이해를 바탕으로 이에 해당하는 내용을 글에서 찾아 적절성을 판단해야 한다. 가령 정답인 ③의 경우 선택지를 통해 임차인이 임대차 기간 동안 주택의 소유권을 가진다는 내용을 파악한 다음, 이를 글에서 확인하면 된다. 그런데 2문단을 통해 전세권이 임차권을 제삼자에게 주장할 수 있는 권리임을 알 수 있지만, 주택의 소유권을 가지는 권리는 아님을 알 수 있으므로 적절하지 않은 것이라 할 수 있다. 이러한 핵심 개념을 묻는 문제를 접하게 되면, 항상 선택지를 먼저 읽은 다음, 관련 내용을 글에서 찾아 비교할 수 있도록 한다.
▶ 오답인 ④를 많이 선택한 이유는?
이 문제의 경우 학생들이 ④가 적절하지 않다고 하여 오답률이 높았는데, 이는 ㉠과 ㉡의 공통점과 차이점을 글을 통해 정확히 파악하는 데 어려움을 겪었기 때문으로 보인다. 하지만 이 문제 역시 선택지에서 묻는 것이 ㉠과 ㉡ 모두 '계약상의 주택에 대한 자신의 권리를 주장할 수 있는' 것에 대한 것으로, 각각에 해당하는 내용을 찾아 확인하면 된다. 즉 ㉠은 1문단을 통해, ㉡은 2문단을 통해 확인하게 되면 적절한 이해임을 알 수 있었을 것이다.

23 핵심 정보의 이해 　　정답률 38% | 정답 ③

주택임대차보호법을 이해한 내용으로 적절하지 않은 것은?

① 임차인이 대항력을 갖추면 임차한 주택이 경매되더라도 임차권이 유지될 수 있도록 한다.
3문단을 통해 임차인이 대항력을 갖춘 경우에는 임차한 주택이 경매되더라도 임차권이 소멸하지 않음을 알 수 있다.

② 임차인이 전입 신고를 하지 않으면 확정일자를 받더라도 계약 기간 동안 우선변제권이 생기지 않는다.
3문단을 통해 임차인이 우선변제권을 얻기 위해서는 대항력과 확정일자를 모두 갖추어야 함을 알 수 있다. 따라서 임차인이 전입 신고를 하지 않으면 대항력이 갖춰지지 않으므로 확정일자를 받더라도 우선변제권이 생기지 않는다고 할 수 있다.

✓③ 대항력을 갖춘 임차인이 주택 임대차 계약서에 확정일자를 받으면 다음 날부터 우선변제권의 효력이 발생한다.
3문단을 통해 우선변제권의 효력은 임차인이 대항력과 확정일자를 모두 갖춘 날을 기준으로 발생함을 알 수 있다. 따라서 대항력을 이미 갖춘 임차인이 확정일자를 받으면 그날부터 우선변제권의 효력이 발생한다고 할 수 있다.

④ 소액임차인이 다른 지역에서 새로운 임대차를 체결하면 그 지역에서는 최우선변제권을 부여받지 못할 수도 있다.
3문단을 통해 최우선변제권을 부여받는 보증금의 기준과 변제받을 수 있는 금액은 지역에 따라 다르기 때문에 소액임차인이 다른 지역에서 새로운 임대차를 체결하면 최우선변제권을 부여받지 못할 수도 있음을 알 수 있다.

⑤ 임차한 주택을 인도받고 전입 신고를 한 날에 주택에 다른 물권이 성립되면 임차권은 새로운 물권보다 후순위가 된다.
2문단을 통해 임차인이 대항력을 갖게 되면 임차권에 물권적 효력이 발생함을 알 수 있다. 하지만 대항력은 요건을 갖춘 다음 날부터 발생하기 때문에 대항력이 발생하기 전 새로운 물권이 생긴다면 임차권은 해당 물권보다 후순위가 될 수 있다.

24 구체적인 사례에의 적용 　　정답률 42% | 정답 ⑤

윗글을 바탕으로 〈보기〉를 이해한 내용으로 적절한 것은? [3점]

──〈 보 기 〉──
을이 갑에게 2억 원의 보증금을 지급하고 갑 소유의 A 주택을 2021년 2월 5일부터 2년간 임대하기로 하는 임대차가 갑과 을 사이에 체결되었다. 을은 2021년 2월 5일에 A 주택으로 이사하고 전입 신고를 하였지만 계약 기간 내내 확정일자는 받지 않았다. A 주택에 거주해 오던 을은 임대차 만료를 앞두고 이사 갈 집을 구하여 새로운 임대차를 체결하였고, 2022년 12월 4일에 갑에게 기존의 임대차를 연장하지 않겠다는 의사를 밝혔다. 갑은 사정이 생겨 보증금을 제때 돌려주지 못한다고 통보하였다. 갑은 임대차가 만료된 현재까지 보증금을 돌려주지 않고 있다.

① 을은 2022년 12월 4일부터 임차권등기명령을 신청할 수 있다.
4문단을 통해 임차권등기명령은 임대차가 종료된 후에 신청하는 것임을 알 수 있고, 〈보기〉를 통해 임대차는 2023년 2월 4일에 종료됨을 알 수 있다. 따라서 임차권등기명령은 2023년 2월 5일부터 신청할 수 있다.

② 을은 임차권등기명령을 신청하는 즉시 갑에게 보증금을 돌려받을 수 있다.
4문단을 통해 임차권등기명령이 내려지기 위해서는 임차인의 신청 후 법원의 승인이 필요함을 알 수 있다. 또한 임차권등기명령이 내려지더라도 갑에게 즉시 보증금을 돌려받는 것은 아님을 알 수 있다.

③ 을은 기존의 우선변제권이 유지되도록 임차권등기명령 제도를 이용할 수 있다.
〈보기〉를 통해 을은 계약 기간 내내 확정일자를 받지 않았기 때문에 우선변제권을 부여받지 못한 상태임을 알 수 있다. 따라서 임대차등기명령이 내려지면 우선변제권을 새롭게 부여받는 것이지 기존의 우선변제권을 유지하는 것은 아니라 할 수 있다.

④ 을의 신청으로 임차권등기명령이 내려지면 갑은 A 주택을 다른 사람에게 매도할 수 없다.
1문단을 통해 임차권이 존재한 상태에서도 주택의 소유권은 변동이 가능함을 알 수 있으므로 임대차등기명령이 내려지더라도 갑은 A 주택을 다른 사람에게 매도할 수 있다.

✓⑤ 을의 신청으로 임차권등기명령이 내려지면 을이 이사를 가더라도 을이 가지고 있던 임차권은 등기부에 기재된다.
4문단을 통해 임대차등기명령이 내려지면 종료된 임차권은 등기부에 기재되어 물권적 효력이 유지됨을 알 수 있다. 따라서 을이 임대차등기명령을 신청하고 법원이 승인하면 을이 이사를 가더라도 을이 가지고 있던 임차권은 등기부에 기재되고 물권적 효력이 유지된다고 할 수 있다.

25 이유의 추론 　　정답률 39% | 정답 ④

ⓒ의 이유를 추론한 것으로 가장 적절한 것은?

① 최우선변제권은 사회적 약자를 보호하는 취지에서 인정되는 것이기 때문에
최우선변제권이 사회적 약자를 보호하는 취지에서 인정되는 것은 맞지만 임차권등기명령 또한 사회적 약자인 임차인을 보호하기 위한 제도이다.

② 소액임차인이 임대차를 체결할 때 등기부에 기재된 임차권을 알 수 없기 때문에
등기부에 임차권을 기재하는 것은 해당 내용을 제삼자가 인식할 수 있도록 하는 것이다. 따라서 소액임차인은 등기부를 확인하면 원래의 임차권을 파악하는 것이 가능하다.

③ 최우선변제권이 생기면 원래의 임차인이 가지고 있던 우선변제권이 사라지기 때문에
최우선변제권이 생기더라도 권리 간의 순위를 따지는 것일 뿐 우선변제권이 사라지는 것은 아니다.

✓④ 소액임차인의 최우선변제권이 인정되면 등기부상의 선순위 물권보다도 우선변제되기 때문에
4문단을 통해 최우선변제권은 선순위 물권자에게도 우선하여 정해진 금액까지의 보증금을 변제받을 수 있는 권리임을 알 수 있다. 따라서 임차권등기가 된 이후에 들어온 소액임차인이 최우선 변제를 받으면 우선변제권을 가지고 있는 원래의 임차인이 보증금을 변제받지 못할 수도 있다. 임차권등기명령은 임차인을 보호하기 위한 제도이므로 최우선변제권은 임차권등기로 발생하는 물권적 효력에는 앞설 수 없도록 하는 것이다.

⑤ 원래의 임차인과 달리 새로 입주한 소액임차인은 주택의 인도라는 요건이 필요하지 않기 때문에
새로 입주한 소액임차인도 최우선변제권을 부여받기 위해서는 대항력을 갖추어야 하기 때문에 주택의 인도라는 요건이 필요하다.

26~30 인문

윤미애, 「발터 베냐민과 도시산책자의 사유」

해제 이 글은 실내에 대한 짐멜과 베냐민의 견해를 비교하고 신건축과 관련하여 베냐민의 공간관을 설명한 글이다. 짐멜은 실내가 개인의 내면을 지키고 개성을 실현하는 공간이라고 보았다. 반면 베냐민은 현실 도피의 공간으로 전락한 실내를 비판하며 다양한 양식의 조합으로 장식한 실내의 심미적 가치를 인정하지 않았다. 베냐민은 거리와 실내를 해체하는 방식으로 건조된 파사주가 사적 공간과 공적 공간의 경계를 해체하는 단초를 제공했다고 보았다. 베냐민은 새로운 기술의 혁신을 바탕으로 고립되고 개인화된 주거 공간을 극복하고자 한 신건축의 구성 원리 및 미학에 공감하면서, 파사주에서 실내에 집착했던 19세기에서 개방성과 투명성의 가치가 지배하는 20세기로 넘어가는 이행 중인 건축물로서의 의미를 발견하였다.

주제 실내에 대한 짐멜과 베냐민의 견해 및 베냐민의 공간관

문단 핵심 내용

1문단	도시적 삶에서의 공간의 특징
2문단	실내의 공간적 의미를 도시의 삶과 관련지어 분석한 게오르크 짐멜
3문단	19세기 주거 문화를 비판한 발터 베냐민
4문단	베냐민이 주목한 공간인 파리의 '파사주'
5문단	신건축과의 관계에서 파사주의 의미를 조명한 발터 베냐민

26 글의 전개 방식 파악 　　정답률 67% | 정답 ⑤

윗글에 대한 설명으로 가장 적절한 것은?

① 건축 재료의 발달 과정을 중심으로 건축사를 단계별로 설명하고 있다.
이 글에서 건축 재료의 발달 과정에 대한 내용은 제시되어 있지 않고, 건축사를 단계별로 설명하지도 있다.

② 주거 문화에 대한 관점이 기술의 발전에 미친 영향을 인과적으로 밝히고 있다.
5문단에서 새로운 기술과 소재를 바탕으로 건축의 구성 원리를 도출한 신건축에 대해 제시하고 있지만, 주거 문화에 대한 관점이 기술의 발전에 미친 영향을 인과적으로 밝힌 것은 아니므로 적절하지 않다.

③ 특정 도시의 다양한 사회상을 제시하고 이를 시대적 기준에 따라 분류하고 있다.
이 글에서 특정 도시의 다양한 사회상을 제시하지 않고 있고, 이를 시대적 기준에 따라 분류하지도 있다.

④ 사적 공간과 공적 공간을 대비하고 이들 공간의 긍정적 측면과 부정적 측면을 각각 분석하고 있다.
1문단에서 사적 공간과 공적 공간을 대비하고 있으며, 글을 통해 사적 공간은 긍정적 측면과 부정적 측면이 있음을 알 수 있다. 하지만 공적 공간의 긍정적 측면과 부정적 측면을 각각 분석하고 있는 것은 아니므로 적절하지 않다.

✓⑤ 실내에 대한 학자들의 견해를 제시하면서 그러한 견해의 형성 배경 및 견해 간의 차이를 드러내고 있다.
2문단에서는 도시에서의 불안과 몰개성에 대응하기 위한 개인의 욕구는 내면으로의 침잠으로 나타나며, 실내는 거주자를 외부로부터 보호하는 공간이자 개성 표현의 공간이라는 본 짐멜의 견해를 제시하였다. 그리고 3문단에서는 실내 장식에 집착하는 주거 문화는 도시에서의 비인격화에 대한 보상 심리에서 기인한 것이라고 지적하면서, 실내를 현실 도피의 공간이자 거주자가 환상에 빠지게 하는 공간으로 파악

하고 있는 베냐민의 견해를 제시하고 있다. 따라서 이 글은 실내에 대한 짐멜과 베냐민의 견해를 제시하면서, 그들 견해의 형성 배경 및 견해 간의 차이를 설명하고 있음을 알 수 있다.

---

27 세부 정보의 이해
정답률 51% | 정답 ①

㉠을 이해한 내용으로 적절하지 않은 것은?

✔ ① 주거와 여가를 구분하면 일상의 심미화가 가능하다고 보았다.
1문단을 통해 주거와 여가가 모두 사적 공간에 해당하는 성격을 지녔음을 알 수 있고, 2문단을 통해 짐멜은 다양한 양식의 사물을 거주자의 취향에 따라 조합하여 개성을 드러냄으로써 일상의 심미화를 추구할 수 있다고 보았음을 알 수 있다. 따라서 주거와 여가를 구분하면 일상의 심미화가 가능하다는 서술은 실내에 대한 짐멜의 설명을 이해한 내용으로 적절하지 않다.

② 신경과민 상태의 개인이 내면을 보호하려는 자구책이라고 보았다.
짐멜은 개인이 외부와 차단된 곳인 실내에서 스스로의 내면을 지키고자 한다고 보았다.

③ 양식화된 공예품의 조합에 따라 개인의 개성이 표현된다고 보았다.
2문단을 통해 짐멜은 다양한 양식을 지닌 사물을 취향에 따라 조합함으로써 실내에서 개성을 드러낼 수 있다고 보았음을 알 수 있다.

④ 양식의 보편성을 매개로 평온함과 안정감을 얻을 수 있다고 보았다.
짐멜은 실내를 장식할 때 사용하는 공예품에 대해, 양식이라는 보편적인 표현 형태를 매개로 하는 공예품을 통해 평온함과 안정감을 얻을 수 있다고 보았다.

⑤ 도시적 삶에서 오는 자극에 대응하기 위하여 내면으로의 침잠이 나타나게 된다고 보았다.
짐멜은 도시에서의 삶을 영위하는 개인은 자극의 과잉으로 인해 신경과민에 빠지게 되며 이에 대응하는 전형적인 방식이 내면으로의 침잠이라고 보았다. 이것은 개인의 은신처로서의 실내 개념으로 이어진다.

---

28 관점에 따른 핵심 정보의 이해
정답률 71% | 정답 ④

윗글의 베냐민의 관점에서 본 '파사주'에 대한 이해로 적절하지 않은 것은?

① 유행의 교체를 통해 욕망을 끊임없이 자아내는 공간이다.
4문단을 통해 파사주는 상품을 향한 욕망을 끊임없이 생산하는 유행이 지배하는 공간임을 알 수 있다.

② 소비 심리를 자극하는 방식으로 상점들이 배치된 공간이다.
4문단을 통해 파사주는 구조적으로 행인들의 시선을 사로잡아 소비 심리를 충동하게끔 지어진 공간임을 알 수 있다.

③ 거리와 실내의 경계가 모호해지는 경험을 가능하게 하는 공간이다.
4문단을 통해 파사주에서는 거리와 실내가 혼동되는 경험이 가능하며 이는 두 공간의 경계를 모호하게 함을 알 수 있다.

✔ ④ 최신 기술과 소재에 부합하는 새로운 건축 양식을 사용하여 지어진 공간이다.
5문단을 통해, 파사주가 새로운 재료를 사용하면서도 과거의 건축 양식들이 절충적으로 혼합되어 지어졌다는 점에서, 기술의 발전에 부합하는 건축 양식으로 이어지지 못했다는 베냐민의 설명을 알 수 있다. 따라서 파사주가 최신 기술과 소재에 부합하는 새로운 건축 양식을 사용하여 지어진 공간이라는 서술은 베냐민의 관점에서 본 파사주에 대한 이해로 적절하지 않다.

⑤ 사적 공간에서 칩거하는 시대에서 사적 공간과 공적 공간의 통합을 지향하는 시대로 이행 중임을 보여 주는 공간이다.
3~5문단을 통해 파사주는 실내 칩거의 시대인 19세기에서 공간 간의 통합을 지향하는 시대인 20세기로 이행하고 있음을 보여 주는 공간임을 알 수 있다.

---

29 구체적인 사례에의 적용
정답률 65% | 정답 ⑤

윗글을 바탕으로 〈보기〉를 이해한 내용으로 적절하지 않은 것은? [3점]

〈보 기〉

㉮는 오스트리아의 건축가 로스가 지은 '차라 하우스'이다. 거주자의 취향에 따라 가구, 공예품 등을 배치하기 좋도록 건물의 내벽이나 천장, 바닥 등은 장식 없이 간결하게 마감되어 있다. 건물의 한쪽 면에만 배치된 창을 통해 외부를 차단하고, 채광을 조절하여 은신처의 아늑한 느낌을 유지한다. ㉯는 프랑스의 건축가 르 코르뷔지에가 지은 '빌라 사보아'로, 신건축을 대표하는 주택이다. 철골 기둥만으로 건물 본체를 지탱하는 구조로 설계되어 건물이 공중에 떠 있는 듯한 느낌을 준다. 수평으로 넓게 퍼진 창은 내부를 넘어 외부 풍경으로 열려 있는 공간을 구현하였다.

① 채광을 조절하여 아늑한 느낌이 유지되도록 설계된 ㉮에 대해, 베냐민은 외부로부터 도피하기 위한 공간이라고 생각하겠군.
3문단을 통해, 베냐민은 실내에서의 은둔은 공적 공간으로부터의 도피를 의미한다고 보았음을 알 수 있다.

② 건물의 한쪽 면에만 창을 배치하여 외부와 차단되도록 설계된 ㉮에 대해, 짐멜은 거주자가 내면을 지키기에 적합한 공간이라고 생각하겠군.
2문단을 통해, 짐멜은 외부와 차단된 실내를 내면을 지키기에 가장 유리한 공간으로 보았음을 알 수 있다.

③ 장식 없이 간결하게 마감되어 거주자가 취향에 따라 꾸밀 수 있도록 설계된 ㉮에 대해, 짐멜은 개성을 표현할 수 있는 공간이라고 생각하겠군.
2문단을 통해, 짐멜은 다양한 양식을 지닌 사물을 취향에 따라 조합함으로써 개성을 드러낼 수 있다고 보았음을 알 수 있다.

④ 수평으로 넓게 퍼진 창을 통해 외부를 향해 개방되도록 설계된 ㉯에 대해, 베냐민은 내부와 외부의 통합을 추구하는 공간이라고 생각하겠군.
5문단을 통해, 베냐민은 공간의 이분법을 극복하려는 사유를 전개하는 과정에서 신건축의 구성 원리를 탐구하였으며 신건축에서는 빛 투과하는 유리 사용의 확대로 내부와 외부의 통합을 공간적으로 구현하고자 했다는 점을 알 수 있다. 따라서 베냐민의 관점에서 보면, 수평으로 넓게 퍼진 창을 설계하여 외부를

향해 개방되도록 지어진 신건축의 건축물인 ㉯를 내부와 외부의 통합을 추구하는 공간이라고 생각했을 것이다.

✔ ⑤ 기둥만으로 건물을 떠받치는 구조를 통해 공중에 떠 있는 느낌이 들도록 설계된 ㉯에 대해, 짐멜은 도시적 삶을 추구하는 개인의 욕망에 부응하는 공간이라고 생각하겠군.
2문단을 통해, 짐멜은 도시에서의 삶을 영위하는 개인의 욕망을 도시적 삶이 가져오는 불안과 몰개성을 사적 공간에서 해소하고자 하는 것으로 진단하였음을 알 수 있다. 따라서 벽 없이 기둥만으로 건물을 떠받치는 구조로 설계된 신건축의 건축물인 ㉯를 짐멜이 도시적 삶을 추구하는 개인의 욕망에 부응하는 공간으로 생각할 것이라는 서술은 적절하지 않다.

---

30 단어의 문맥적 의미 파악
정답률 89% | 정답 ④

ⓐ와 문맥상 의미가 가장 가까운 것은?

① 나는 물에 빠진 생쥐 꼴이 되고 말았다.
'물이나 구덩이 따위 속으로 떨어져 잠기거나 잠겨 들어가다.'의 의미로 사용되었다.

② 어디서 묻었는지 얼룩이 잘 빠지지 않았다.
'때, 빛깔 따위가 씻기거나 없어지다.'의 의미로 사용되었다.

③ 중요한 회의니까 오늘은 절대 빠지면 안 된다.
'어떤 일이나 모임에 참여하지 아니하다.'의 의미로 사용되었다.

✔ ④ 그동안 잘 진행되던 협상이 교착 상태에 빠졌다.
밑줄 친 ⓐ에서 '빠지다'는 '곤란한 처지에 놓이다.'라는 의미로 사용되었다. '교착 상태에 빠졌다.'의 '빠졌다'가 이와 유사하게 사용되었다.

⑤ 아무리 찾아보아도 그의 지원 서류가 빠지고 없었다.
'차례를 거르거나 일정하게 들어 있어야 할 곳에 들어 있지 아니하다.'의 의미로 사용되었다.

31~34 고전 시가 + 수필

(가) 박인로, 「노계가」

감상 이 글은 두 차례의 전란을 겪은 작가 박인로가 말년에 비로소 은거지를 개척하여, 은거지인 노계의 경치를 찬미하고 자연에 묻혀 사는 흥취를 노래한 작품이다. 지문에 제시된 부분에서는 아름다운 자연의 모습을 묘사하면서 태평성대에 강호에서 풍류를 누리는 삶에 대한 만족감을 노래하고, 마지막 대목에서는 유교적 충심을 바탕으로 태평성대가 영속되기를 바라는 작가의 소망을 하늘에 기원하고 있다.

주제 자연에서 즐기는 삶의 흥취와 우국 일념

(나) 이태준, 「자연과 문헌」

감상 이 글은 이태준이 1941년 발표한 수필집 「무서록」에 수록된 수필이다. 당시의 예술가들이 문헌이나 기록 등 부차적인 것에 얽매여 자연이 지닌 생명을 제대로 포착하지 못하고 있음을 비판하며, 고유한 직관을 통해 자연의 생명을 드러내는 것이 예술가의 본분임을 역설하고 있다.

주제 자연의 생명력에 대한 직감의 중요성

★★★ 등급을 가르는 문제!

31 표현상 특징 파악
정답률 21% | 정답 ①

(가)와 (나)에 대한 설명으로 가장 적절한 것은?

✔ ① (가)와 (나)는 모두 명령형 어미를 통해 주제 의식을 드러내고 있다.
(가)에서는 '–소서'와 같은 명령형 어미를 통해 태평성대를 갈망하는 주제 의식을, (나)에서는 '–라'와 같은 명령형 어미를 통해 예술가의 태도 변화를 촉구하는 주제 의식을 드러내고 있다.

② (가)와 (나)는 모두 문답의 방식을 통해 현실에 대한 비판을 드러내고 있다.
(가)와 (나)는 모두 문답의 방식을 활용하고 있으나, (가)에는 현실에 대한 비판이 드러나 있지 않다.

③ (가)와 (나)는 모두 대조의 방식을 활용하여 태도의 변화를 드러내고 있다.
(가)에서는 대조의 방식을 활용하여 태도의 변화를 드러내는 부분을 찾아볼 수 없다. (나)는 '조그만 학문과 고고의 사무가'와 '빛나는 생명의 예술가'의 대조, '본래의 금강산'과 '소문거리의 '모델' 또는 '계산된 삽화'로서의 금강산의 대조 등 대조의 방식을 활용하고 있으나 이것을 활용하여 태도의 변화를 드러내고 있지 않다.

④ (가)와 달리 (나)는 시선의 이동을 통해 계절적 배경을 다채롭게 드러내고 있다.
(가)는 '푸른 물과 긴 하늘이 한빛이 되었거든 / 물가에 갈매기는 오는 듯 가는 듯 그칠 줄을 모르네' 등 시선의 이동을 통해 '꽃피는 시절'이라는 계절적 배경을 다채롭게 드러내고 있다. 하지만 (나)에서는 시선의 이동을 통해 계절적 배경을 다채롭게 드러내고 있는 부분을 찾아볼 수 없다.

⑤ (나)와 달리 (가)는 초월적 공간을 설정하여 고조된 감정을 드러내고 있다.
(가)와 (나) 모두 초월적 공간을 설정하는 부분을 지니고 있지 않다.

★★ 문제 해결 꿀~팁 ★★

▶ 많이 틀린 이유는?
이 문제는 표현상 특징을 정확히 이해하지 못하여 어려움을 겪어 오답률이 높았던 것으로 보인다. 또한 '–소서'라는 어미가 명령형이 아니라고 판단한 것도 오답률을 높였던 것으로 보인다.
▶ 문제 해결 방법은?
이러한 표현상 특징을 묻는 문제를 해결하기 위해서는 기본적으로 표현 방법에 대한 기본 지식을 지니고 있어야 한다. 그렇지 않을 경우 표현상 특징을 묻는 문제는 거의 해결할 수 없을 것이다. 또한 이런 문제의 경우 선택지에 제시된 표현상 특징을 먼저 (가) 작품에 적용해서 확인하고, (가)에서 확인할 수 있는 것 중 (나)에서 확인할 수 있는 것을 찾는 방식으로 문제를 해결하는 것이 효과적이다. 즉, (가)를 통해 ①, ②, ④에 제시된 표현 방식이 사용되었음을 확인한 뒤, 이들 중 (나)에 사용된 것이 ①, ②임을 확인하면 된다. 그런데 표현상 특징이 사용되었지만, ②처럼 표현 효과가 잘못된 경우가(가)에는 현실에 대한 비판 의식이 드러나지 않으므로)가 있으므로 유의해야 한다. 한편 일부 학생들 중에는 '–소서'가 명령형 어미가 아니라 청유형 어미라고 지레짐작한 경우가 많았는데, '–소서'는 '하십시오할 자리에 쓰여, 정중한 부탁이나 기원을 나타내는 종결 어미'에 해당하며, '밭 갈고 샘 파서 격양가를 부르게 하소서.'에서 알 수 있듯이 하느님이 화자에게 명령하는 듯이 표현하고 있으므로, '–소서'는 명령형 어미라 할 수 있다. 이 선택지는 지레짐작으로 판단할 경우 잘못된 선택을 할 수 있다는 사실을 보여 준다고 할 수 있다. 따라서 선택지의 적절성을 판단할 때는 작품에 중점을 두어 정확히 파악할 수 있도록 한다.

32 시구의 의미 파악   정답률 81% | 정답 ③

㉠~㉤에 대한 이해로 적절하지 않은 것은?

① ㉠ : 유사한 문장 구조를 반복하여 자연물 간의 경계가 사라진 풍광을 묘사하고 있다.

'물도 하늘 같고', '하늘도 물 같으니'와 같이 유사한 문장 구조를 반복하여, 푸른 색채 이미지를 통해 '물'과 '하늘'이 '한빛'으로 통합된 자연의 모습을 묘사하고 있다.

② ㉡ : 일상의 사물에 빗대어 화자를 둘러싼 자연의 모습을 표현하고 있다.

'바위 위 산꽃'과 '시냇가 버들'을 각각 '수놓은 병풍'과 '초록 장막'에 빗대어 표현하면서, 병풍이나 장막 등 일상의 사물들이 갖는 쓰임에 주목하여, 자신을 둘러싼 자연의 모습을 묘사하고 있다.

✓③ ㉢ : 의지적인 어조를 활용하여 학문 수양을 게을리하지 않으려는 자세를 드러내고 있다.

'허송하지 말리라'와 같이 의지적 어조를 활용하여, 꽃피는 시절 아름다운 자연의 경치를 마음껏 감상하겠다는 화자의 적극적인 태도를 표현하고 있다. 따라서 학문 수양을 게을리하지 않겠다는 진술은 적절하지 않다.

④ ㉣ : 자연에서 얻을 수 있는 재료를 나열하여 상황에 대한 만족감을 표현하고 있다.

자연에서 얻을 수 있는 '살진 고사리', '향기로운 당귀', '돼지고기', '사슴고기' 등의 식재료를 풍부하게 나열하여, 상황에 대한 화자의 만족감을 강조하고 있다.

⑤ ㉤ : 자연물의 색채 이미지를 활용하여 화자의 취흥을 강조하고 있다.

'복숭아꽃'을 '붉은 비'로 빗대어 화자에게 뿌린다는 표현을 통해, 자연물의 붉은 색채 이미지가 화자의 취한 얼굴로 이어지면서 자연과 연결되는 화자의 풍류를 강조하고 있다.

33 외적 준거에 따른 작품의 감상   정답률 66% | 정답 ④

〈보기〉를 읽고 (가), (나)를 감상한 내용으로 적절하지 않은 것은? [3점]

〈보 기〉
(가)의 작가는 전란을 체험한 후 강호에 은거하며 태평성대를 추구하고, (나)의 작가는 자연의 본질에 대한 통찰을 촉구한다. 이들은 일관되고 영속적인 가치를 지향한다. 비록 작가의 지향을 방해하는 일시적인 요소가 있더라도, 이 지향은 과거에서 현재로, 다시 미래로 지속성을 갖고 이어진다.

① (가)의 '물가에 갈매기'가 '오는 듯 가는 듯 그칠 줄을 모르네'라는 구절에서 어울림에 영속성을 부여하고 이를 지향하는 작가의 태도를 확인할 수 있군.

(가)에서 '오는 듯 가는 듯 그칠 줄을 모르네'라는 구절에서 '물가'와 '갈매기'는 모두 강호를 이루는 자연물로, 이 행에서는 강호를 이루는 자연물들이 서로 조화롭게 어울리는 평화로운 광경이 지속됨을 그려 내고 있다.

② (가)에서 작가가 자신을 '무회씨 때 사람', '갈천씨 때 백성'과 동일시하여 과거와 현재를 잇는 것은 시간이 흘러도 영속되는 가치에 대한 작가의 인식을 드러낸 것으로 볼 수 있군.

(가)에서 '무회씨 때 사람', '갈천씨 때 백성'은 모두 태평성대에 살던 사람을 의미한다. 화자가 자기 자신을 이러한 태평성대의 인물과 동일시하는 것은 현재 자신의 삶이 그때만큼이나 태평성대에 가깝다는 뜻이며, 영속적인 가치인 평화로운 삶에 대한 작가의 지향을 드러낸 것이라 할 수 있다.

③ (가)의 '영원무궁토록 전란을 없애소서'라는 구절에서 전란이라는 일시적인 요소가 '태평한 세상'이라는 영속적인 가치를 방해하지 않기를 바라는 작가의 인식을 확인할 수 있군.

(가)에서 전란을 체험한 작가는 화자의 목소리를 통해 하느님께 직접적으로 평화에 대한 염원을 빌고 있다. 전란이라는 일시적 요소가 태평성대를 방해하지 않기를 바라는 작가의 인식이 여기에 드러난다고 볼 수 있다.

✓④ (나)에서 '옥녀봉', '명경대'와 같은 이름으로 자연을 규정하는 것은 자연의 일관성과 지속성에 대한 통찰의 결과라는 작가의 인식을 확인할 수 있군.

(나)에서 '옥녀봉', '명경대'와 같은 이름은 최근에 와서야 인간들이 붙인 이름으로, 자연의 본질을 통찰할 수 있도록 돕는다기보다는, 과거의 기록에 의존하여 사람들의 인식을 좁게 만드는 요소가 된다. 따라서 '옥녀봉', '명경대'와 같은 이름은 자연의 일관성과 지속성을 통찰하기 어렵게 만드는 방해 요소라 할 수 있다.

⑤ (나)에서 '문헌'은 '소문거리의 모델', '계산된 삽화'를 양산함으로써 자연의 영속적인 본질에 대한 접근을 방해하는 요소가 된다는 작가의 인식을 확인할 수 있군.

(나)에서 '소문거리의 모델'과 '계산된 삽화'를 양산하는 '문헌'은 자연의 본질과는 관계없는 인간의 기록들을 뜻한다. 작가는 '문헌'에 '시인'들이 수족이 묶인다고 표현하며, 자연의 영속적 본질에 대한 접근에 '문헌'이 방해가 된다고 역설하고 있다.

34 표현에 담긴 작가의 의도 파악   정답률 78% | 정답 ②

(나)의 「빛나는 생명의 예술가」가 갖추어야 할 태도로 가장 적절한 것은?

① 자연의 모든 것을 알아낼 수 있다는 확신으로 탐구에 임해야 한다.

'우리는 자연의 모든 것을 모른다. 우리는 영원히 그의 신원도, 이력도 캐어낼 수 없을 것이다.'라는 진술에 부합하지 않는다.

✓② 직관을 통해 자연에 대한 솔직한 감각을 드러낼 수 있어야 한다.

(나)의 '자연에 대한 인류 최고의 능력은 직감이다.', '자연에 대한 솔직한 감각을 표현하라.'라는 진술을 통해, 빛나는 생명의 예술가가 갖추어야 할 태도는 직관을 통해 자연에 대한 솔직한 감각을 드러내는 것임을 알 수 있다.

③ 여러 기록을 참고하며 자연의 새로운 경지를 소개할 수 있어야 한다.

'자연에게 있어 문헌이란 별무가치인 것'이라는 진술을 고려할 때, 여러 기록을 참고하는 것은 적절하지 않다.

④ 경승지를 보고 이를 대상으로 한 시편을 인용하여 작품을 창작할 수 있어야 한다.

경승지를 대상으로 한 시편을 인용하는 것은 '자연에게 있어 문헌이란 별무가치인 것'이라는 진술에 부합하지 않는다.

⑤ 자연과 관련된 인간의 내력을 소재로 삼아 자신의 예술성을 표현할 수 있어야 한다.

'백두산에서 어떠한 인간의 때 묻은 내력이 있든지 없든지, 조금도 그따위에 관심할 것이 없어'라는 진술을 고려할 때, 자연과 관련된 인간의 내력을 소재로 삼는 것은 적절하지 않다.

35~38   현대 소설

조해일, 「매일 죽는 사람」

감상 이 작품은 죽는 연기를 해야 생계를 유지할 수 있는 단역 전문 배우의 삶을 통해 삶과 죽음이 혼재된 양상을 보인다. '그'는 죽는 배역을 맡아 3백 원을 벌지만 이것만으로는 생계를 꾸리기 쉽지 않다. 그래서 일요일에도 촬영장에 나가 죽는 연기를 하며 피곤한 상황에서도 야간 촬영을 나간다. 이렇게 죽음의 연기를 할수록 '그'에게 다가오는 것은 실제 죽음의 그림자이다. 이러한 경험을 통해 '그'는 삶이 죽어가는 과정의 일부라고 생각하지만, 아내와 뱃속의 아이를 떠올리며 삶에 대한 의지를 이어나가려고 노력한다.

주제 삶과 죽음 사이에 놓인 현대인의 생활

작품 줄거리 '그'는 죽음을 연기하는 엑스트라로 현실 속에서도 가난한 삶을 살아가고 있다. 일요일인데도 쉬지 못하고 촬영장에 가기 위해 집을 나선다. 버스에 오르다 보니 구두끈이 끊어진 것을 발견한다. 다방에서 배역을 준비하며 혼자만의 상념에 빠진다. 병원에서 받아주지 않아 돌아가신 어머니와 현재의 자신, 촬영장에서 죽는 역할을 하며 죽음을 느낀 적도 있고, 죽을 지경에 이르러서도 촬영을 진행한다. 지칠 대로 지친 그의 주머니에는 5백 90원이 뿌듯하다. 그러다 그는 자신의 오른발이 맨발임을 발견한다. 맨발은 입관 직전의 사자를 뜻한다는 것을 상기하며, 죽음에 대해 생각해 본다. 이 세상 모든 것이 죽어간다는 극단적인 생각을 한다. 이때 자신의 다른 발에는 신발이 신겨져 있음을 깨닫고는 생명력을 느끼며 집으로 향한다.

35 서술상 특징 파악   정답률 76% | 정답 ①

윗글에 대한 설명으로 가장 적절한 것은?

✓① 내적 독백을 직접 제시하여 내면 의식의 변화를 보여 주고 있다.

이 글의 '늑막염이 재발하려나', '어느 나라에서는, 맨발은 바로 입관 직전의 사자를 뜻한다던가?' 등에서 알 수 있듯이, 이 글은 인물의 내적 독백을 직접 제시하여 내면 의식의 변화를 보여 주고 있다.

② 시간의 순서를 뒤바꾸어 이야기의 인과 관계를 재구성하고 있다.

이 글은 시간의 순서대로 사건을 서술하고 있다.

③ 여러 인물의 회상을 교차하여 서사 전개에 입체성을 부여하고 있다.

이 글에서 여러 인물의 회상이 교차하고 있는 부분은 찾아볼 수 없다.

④ 전해 들은 이야기를 전달하는 방식으로 인물의 내력을 제시하고 있다.

이 글은 전해 들은 이야기가 아닌 인물이 직접 경험한 사건을 전달하고 있다.

⑤ 액자식 구성을 통해 상이한 이야기가 갖는 유사한 의미를 강조하고 있다.

이 글에서 액자식 구성은 찾아볼 수 없다.

36 작품 내용의 이해   정답률 75% | 정답 ⑤

윗글의 내용에 대한 이해로 적절하지 않은 것은?

① 신장균 역을 맡은 배우는 베는 시늉만 하기로 되어 있었지만 '그'는 실제로 가격당했다고 느꼈다.

신장균 역을 맡은 배우는 베는 시늉만 하도록 되어 있었지만 '그'는 신장균 역의 배우가 '그'를 실제로 가격했다고 느꼈다.

② '그'는 매우 지친 상태였음에도 불구하고 최씨의 야간 촬영 제안을 받아들였다.

'그'는 첫 번째 촬영을 마치고 손가락 하나 움직일 힘이 없을 정도로 지쳤음에도 최씨의 야간 촬영 제안을 받아들였다.

③ 두 번째 촬영에서 주연 배우가 나타나지 않아 '그'는 예상보다 일찍 귀가하게 되었다.

두 번째 촬영에서 주연 배우가 무슨 까닭에서인지 나오지 않아 보통이면 밤을 꼬박 새워야 할 일이 일찍 끝났기 때문에 예상보다 일찍 귀가하게 되었다.

④ 촬영을 마치고 집으로 돌아가는 '그'의 수중에는 만족할 만한 수준의 현금이 있었다.

촬영을 마치고 집으로 돌아가는 '그'의 수중에는 차비를 지불하고 남은 일금 5백 90원이 들어 있었고, '그'는 이것을 행운이라고 느꼈다.

✓⑤ 버스에 오른 '그'는 몇몇 승객의 시선을 의식하고 불편함을 느꼈다.

버스에 오른 '그'는 몇몇 승객이 자기를 바라보고 있는 것 같다고 느꼈으나 이는 분명치 않았으며 여기에 대해 불편함을 느끼지도 않았다.

37 구절의 의미 파악   정답률 75% | 정답 ④

㉠~㉤에 대한 이해로 적절하지 않은 것은?

① ㉠ : 시간의 변화를 드러내는 표현을 통해 주변 배경의 분위기를 드러내고 있다.

햇빛이 서서히 사라지면서 시간이 변화하는 것을 통해 촬영이 진행되는 배경의 분위기를 드러내고 있다.

② ㉡ : 인물들에 대한 처우를 나타내는 표현을 통해 이들이 맡은 배역이 보잘것없는 것임을 보여 주고 있다.

3백 원짜리 포졸들이 의상이 아닌 넝마를 걸친 채 풀 베듯 베어 넘겨지는 모습을 묘사하여 이들이 맡은 배역이 보잘것없다는 점을 보여 주고 있다.

③ ㉢ : 신체 상태를 고려하지 않고 배역을 수행하는 모습을 통해 인물의 절박한 처지를 암시하고 있다.

통증을 느끼는 상황에서도 칼에 맞아 죽는 연기를 하기 위해 달려 나가는 모습을 통해 '그'의 절박한 처지를 암시하고 있다.

✓④ ㉣ : 상황을 제한적으로 인지하는 모습을 제시하여 인물이 느끼는 초조함을 드러내고 있다.

'그'가 청각으로만 주변 상황을 인지하는 모습이 나타난 것은 맞지만 인물이 초조함을 느끼고 있는 것은 아니다.

⑤ ⑩ : 의식한 내용을 나열하여 인물의 피로감을 부각하고 있다.
'그'가 주변을 단편적으로 인식하는 모습을 통해 흐리멍덩한 의식에 빠져 있음을 보여 주고 있다.

---

38 외적 준거에 따른 작품의 감상 정답률 65% | 정답 ②

〈보기〉를 바탕으로 윗글을 감상한 내용으로 적절하지 않은 것은? [3점]

〈보 기〉

삶과 죽음은 명확한 경계로 구분되지 않으며 항상 우리 곁에 동시에 존재한다. 삶은 죽어가는 과정으로 볼 수 있으며 죽음 또한 삶의 과정이 있어야 존재할 수 있다. 그래서 죽음을 느낀다는 것은 역설적으로 살아 있다는 것이며 생(生)에 대한 감각과 의지는 죽음을 가까이할수록 강해진다. 「매일 죽는 사람」은 살기 위해 매일 죽음을 연기해야 하는 인물을 통해 삶과 죽음이 혼재하는 상황을 보여 주고 있다.

① '3백 원'을 받으려 '쓰러진 포졸의 시체 위에 덧걸쳐 엎드려'야 하는 '그'의 모습은 단역 전문 배우로서 죽는 역할을 맡아야 삶을 유지할 수 있는 상황을 역설적으로 보여 주는군.
3백 원을 받아 생계를 꾸리기 위해 죽는 역할을 해야 하는 '그'의 모습은 죽는 역할을 맡아 삶을 유지할 수 있는 인물의 상황을 역설적으로 보여 주는 것이라 할 수 있다.

✔ 죽은 척하고 쓰러진 '자기의 목구멍'에서 '죽은 사람의 냄새'를 느끼고 '3백 년 전의 포졸'의 속삭임을 듣는 '그'의 모습은 삶의 과정이 끝나야 죽음이 찾아온다는 것을 암시하는군.
죽는 척하고 쓰러진 '그'가 죽은 사람의 냄새를 맡고 3백 년 전의 포졸의 속삭임을 듣는 것은 죽음의 연기를 하다가 죽음에 가까워지는 경험을 한 것이지 삶의 과정이 끝나야 죽음이 찾아온다는 것은 아니다.

③ '입관 직전의 사자'를 떠올리며 '누구나 매일매일 조금씩은 죽어 가면서 살고 있'다는 인식에 이르는 것은 '그'가 삶을 죽어가는 과정으로 바라보게 되었음을 시사하는군.
버스에서 내려 입관 직전의 사자를 떠올리며 누구나 매일매일 조금씩 죽어 가면서 살고 있다는 인식을 하게 된 것은 '그'가 삶을 죽어가는 과정으로 바라보게 되었음을 보여 준다고 할 수 있다.

④ '구두가 신겨져 있지 않은 발과 신겨져 있는 발'로 걸으며 '죽음의 발과 생명의 발'을 모두 가지고 있다고 여기는 '그'의 모습은 삶과 죽음이 동시에 존재한다는 인식을 드러내는군.
구두가 신겨져 있지 않은 발을 죽음의 발로, 구두가 신겨져 있는 발을 생명의 발로 생각한 '그'의 모습은 삶과 죽음이 동시에 존재한다는 인식을 드러낸 것이라 할 수 있다.

⑤ '장의의 불빛' 같던 불 중에서 '식육점의 불그레한 불빛'에 주목하게 된 것은, '태아'를 '죽음의 싹'으로 단정짓는 인식에서 벗어나 생의 감각을 더 가까이 느끼게 된 것에 대응하는군.
장의의 불빛과 같던 골목 가게들의 불 중에서 식육점의 불그레한 불빛을 발견한 것은 '그'가 아내 뱃속의 태아를 죽음의 싹에서 규정하던 것을 벗어나 아내와 태아의 건강을 생각한다는 점에서 생에 대한 감각을 더 가까이 느끼게 된 것이라 할 수 있다.

39~42 고전 소설

김시습, 「이생규장전」

[감상] '이생규장전'은 '이생이 담장 안을 엿보는 이야기'라는 의미로, 이생과 최씨의 사랑 이야기는 이생이 최씨 집의 담장 안을 엿보면서 시작된다. 이들의 만남과 이별은 구조적으로 변주되는데, 그중 두 번의 만남과 이별은 현실 세계에서 이루어지고 마지막 만남과 이별은 초현실 세계에서 이루어진다. 현실 세계와 초현실 세계를 넘나드는 만남과 이별 구조는 이생과 최씨의 지극한 사랑과 절의라는 주제를 형상화한다.

[주제] 죽음을 초월한 남녀 간의 사랑

[작품 줄거리] 송도에 사는 이생이라는 총각이 학당에 다니다가 노변에 있는 양반집의 딸인 최씨를 알게 되어 밤마다 그 집 담을 넘어 다니며 애정을 키워갔다. 아들의 행실을 눈치챈 이생의 부모가 이생을 울주의 농촌으로 보내버리자 둘은 서로 만나지 못해 애를 태우다가 최씨의 굳은 의지와 노력으로 양가 부모의 허락을 받아 혼인을 하였다. 이생이 과거에 급제함으로써 행복이 절정에 달하였으나 홍건적의 난으로 양가 가족이 죽고 이생만 살아남아 슬픔에 잠겨 있는데 죽은 최씨가 나타났다. 이생은 그가 이미 죽은 여자인 줄 알면서도 열렬히 사랑한 나머지 의심하지 않고 반갑게 맞아 수년간을 행복하게 살았다. 어느 날 최씨가 이승의 인연이 끝났다며 사라지고 이생은 최씨의 뼈를 찾아 묻어 준 뒤 하루같이 그리워하다가 병을 얻어 죽는다.

---

39 작품 내용의 이해 정답률 67% | 정답 ③

윗글의 내용에 대한 이해로 적절하지 않은 것은?

① 이생은 집안에서 최씨와의 혼인 의사를 묻자 기뻐한다.
이씨 집안에서 이생을 불러 그에게 혼인 의사를 묻자 이생은 기쁨을 이기지 못했다는 부분을 통해 알 수 있다.

② 향아는 이생이 영남으로 떠났다는 사실을 최씨에게 알린다.
최씨가 향아를 시켜 이생의 이웃에게 이생의 일을 물어보게 하였으며, '최씨는 그 말을 전해 듣고' 부분을 통해 향아가 이생이 영남으로 떠났다는 사실을 듣고 최씨에게 전달했음을 알 수 있다.

✔ 이생 부친은 자신의 가문에 비해 최씨 가문이 한미하다고 인식한다.
이 글의 '문벌 좋고 번성한 집에서 어찌 한갓 한미한 선비를 사위로 삼으려 하신단 말이오?'라는 부분을 통해 이생 부친은 자신의 가문이 최씨 가문에 비해 한미하다고 인식하고 있음을 알 수 있다.

④ 최씨는 이생과의 만남을 부모에게 숨기다가 끝내 사실대로 고백한다.
이생의 화답시를 발견한 최씨 부모가 최씨에게 이생이 누군지 묻자, '최씨도 더 이상 숨길 수가 없었다'며 이생과의 만남을 말하는 부분을 통해 알 수 있다.

⑤ 최씨 부친은 최씨의 청을 들어주기 위해 중매쟁이를 이생 집에 보낸다.

최씨의 마음을 누그러뜨리려고 노력하며 '중매의 예를 갖추어 이생의 집에 혼인 의사를 물었다.'라는 부분을 통해 알 수 있다.

---

40 시간 표지의 서사적 기능 파악 정답률 76% | 정답 ④

㉠~㉤에 대한 이해로 적절하지 않은 것은?

① ㉠은 이생과 최씨의 만남이 반복됨을 드러내는 한편, 이생이 집에서 쫓겨나는 사건에 개연성을 부여한다.
'최씨를 찾아가지 않는 날이 없었다.'를 통해 이생과 최씨의 만남이 반복됨을 드러내고, 이는 이생 부친이 이생의 행동을 못마땅하게 여겨 이생을 쫓아내는 사건으로 이어짐으로써 개연성을 부여한다.

② ㉡은 이생이 집에 돌아오는 시점을 특정하면서, 이생이 부친의 뜻과는 다르게 행동하고 있음을 드러낸다.
이생이 귀가하는 시간이 '새벽'임을 특정하면서, '인의의 가르침'을 배우기 위해 아침에 나갔다가 저녁에 돌아오기를 바라는 이생 부친의 뜻은 이생이 다르게 행동하고 있다는 것을 드러낸다.

③ ㉢은 이생 부친의 단호함을 함축하는 한편, 이생과 최씨가 새로운 국면을 맞이하게 될 것을 암시한다.
앞에 제시된 '작은 일이 아니로다.'를 통해 '지금 당장'에 이생 부친의 단호함이 함축되어 있음을 확인할 수 있고, 이로 인해 그동안 반복된 이생과 최씨의 만남이 새로운 국면을 맞이하게 될 것을 암시한다.

✔ ㉣은 최씨가 초췌해지는 과정을 요약적으로 드러내면서, 최씨의 심경에 변화가 일어났음을 암시한다.
최씨가 초췌해지는 것은 이생의 소식을 듣고 병을 얻게 된 '매일 저녁' 이후의 일이므로, 최씨가 초췌해지는 과정을 요약적으로 드러낸다는 것은 적절하지 않다.

⑤ ㉤은 이생과 최씨의 이별이 오랫동안 지속되었음을 드러내면서, 최씨가 느끼는 그리움의 깊이를 함축한다.
이생이 돌아오지 않는 기간을 제시하여 최씨와의 이별이 오랫동안 지속되었음을 드러내고 있고, 그동안 최씨가 느끼는 이생에 대한 그리움의 깊이를 함축하고 있다.

---

41 대화에 드러난 특징 비교 정답률 38% | 정답 ②

[A]와 [B]에 대한 설명으로 가장 적절한 것은?

① [A]와 [B]는 모두 이생이 겪은 구체적인 사건을 언급하며 상대를 회유하고 있다.
[A]에서 '잠시 바람'이 났다며 이생이 겪은 구체적 사건은 언급하지만 상대를 회유하지 않고 있고, [B]에서 이생이 겪은 구체적 사건을 언급하지 않고 있다.

✔ [A]와 [B]는 모두 이생의 앞날에 대한 긍정적 기대를 드러내며 자신의 의중을 전달하고 있다.
[A]에서는 '바라는 바는 앞으로 장원급제하여 훗날 세상에 이름을 떨치는 것', [B]에서는 '어찌 끝내 연못 속에만 머물러 있겠습니까?'를 통해 모두 이생의 앞날이 긍정적일 것이라는 기대를 드러내며 자신의 의중을 전달하고 있음을 확인할 수 있다.

③ [A]는 자신에게 시간이 더 필요하다며, [B]는 서두를 것을 요청하며 상대의 태도 변화를 촉구하고 있다.
[A]에서 서둘러 혼처를 구하고 싶지 않다고 했을 뿐, 시간이 더 필요하다며 상대의 태도 변화를 촉구하고 있는 것은 아니다.

④ [A]는 자신이 입게 될 손해를 우려하며, [B]는 이생이 얻게 될 이익을 강조하며 자신의 입장을 고수하고 있다.
[A]에서 혼인 성사 시 이생 부친이 입게 될 손해가 명시적으로 드러나지 않으며, 이에 대한 우려 역시 드러나지 않고 있다. [B]에서 혼인 성사 시 이생이 얻게 될 이익이 드러나지 않고 있다.

⑤ [A]는 이생에 대한 긍정적 평판을 내세우며, [B]는 상대에 대한 신뢰를 드러내며 제안에 응할 것을 요청하고 있다.
[A]에서 이생에 대한 이생 부친 자신의 주관적 평가만 드러날 뿐 평판은 드러나지 않으며, 상대에게 제안에 응할 것을 요청하지도 않는다. [B]에서 이생 부친에 대한 신뢰를 드러내지는 않는다.

---

42 외적 준거에 따른 작품의 감상 정답률 58% | 정답 ④

〈보기〉를 바탕으로 윗글을 감상한 내용으로 적절하지 않은 것은? [3점]

〈보 기〉

이 작품에서 사랑을 이루기 위해 물리적 경계인 담장을 넘어선 주인공들은 규범적 질서가 구축한 또 다른 담장의 존재를 의식하게 된다. 이들의 사랑은 이 담장의 외부에 위치하여, 주변 인물이나 옛말 등으로 구현된 규범적 질서로부터 옹호받지 못하는 취약함을 드러낸다. 이들은 담장의 제약에 일차적으로 순응하지만, 최씨는 자신들을 막아선 담장의 내부로 들어가겠다는 강력한 의지를 드러냄으로써 상황을 타개한다.

① 이생이 '옛 성인의 말씀'과 '자식된 도리'를 언급하며 다시 '담을 넘어 돌아가'는 것은, 최씨와의 사랑이 규범적 질서의 옹호를 받지 못한다는 점을 의식했기 때문이겠군.
이생은 최씨와의 사랑이 '옛 성인의 말씀'이나 '자식된 도리'와 같은 규범적 질서로부터 옹호받지 못한다는 것을 의식했기 때문에 최씨와 계속 같이 있지 못하고 담을 넘어 다시 집으로 돌아가게 되는 것이다.

② 아들의 행동을 '경박한 놈들의 행실'로 간주하고 이로 인한 '남들'의 '책망'을 걱정하는 이생 부친은, 규범적 질서가 구현된 주변 인물이라고 할 수 있겠군.
이생 부친은 최씨와 만난 이생의 행동을 '경박한 놈들의 행실'로 간주하며 '남들'의 '책망'을 걱정한다는 점에서, 규범적 질서가 구현된 주변 인물로 볼 수 있다.

③ '다시 돌아오지 말'라는 부친의 지시에 저항하지 못하는 이생의 모습과 병의 증상을 묻는 부모에게 '아무 말도 하지 못하는 최씨의 모습은, 규범적 질서의 제약을 넘어서지 못한 사랑의 취약함을 드러내는 것이겠군.
이생이 '다시 돌아오지 말'라는 부친의 지시에 저항하지 못하고 순응하는 모습과, 이생과의 이별로 병을 얻게 된 최씨가 부모에게 '아무 말도 하지 못하는 모습은 규범적 질서로부터 옹호받지 못한 둘의 사랑이 취약하다는 점을 드러낸다고 볼 수 있다.

✔ 최씨가 남녀의 사랑을 '인간의 정리로서 지극히 중요한 일'로 규정하며 '혼기'와 관련된 옛말을 언급한 것은, 규범적 질서가 구축한 담장의 외부에서 자신의 사랑을 유지할 수 있다는 가능성을 간파했기 때문이겠군.

---

018 고2·3개년 국어 [리얼 오리지널]

[문제편 p.038]

최씨가 남녀의 사랑을 '인간의 정리로서 지극히 중요한 일'로 규정한 것은 사랑을 인간의 자연스러운 감정으로 여기며 이를 긍정하는 것으로 볼 수 있다. 〈보기〉를 통해 최씨는 현재 규범적 질서가 구축한 담장의 외부에 있는 이생과의 사랑을, 규범적 질서로부터 옹호받을 수 있는 담장의 내부로 진입시키기 위해 노력하며 제약의 상황을 타개함을 알 수 있다. 따라서 최씨가 옛말을 언급하며 담장의 외부에서 자신의 사랑을 유지할 수 있다는 가능성을 간파했다는 감상은 적절하지 않다.

⑤ 최씨가 '소원'이 이루어지지 못하면 '죽음만이 있을 뿐'이라며 '다른 가문으로 시집가'는 것을 거부하는 것은, 둘의 사랑을 규범적 질서가 용인하는 범위 내로 진입시키겠다는 강력한 의지의 표현으로 볼 수 있겠다.
〈보기〉를 통해 최씨가 언급한 '소원'은 이생과의 만남이 규범적 질서의 옹호를 받는 것으로 해석할 수 있다. 소원이 이루어지지 못하면 '죽음만이 있을 뿐', '다른 가문으로 시집가'지 않겠다고 하는 것은 규범적 질서의 옹호를 받는 범위 안으로 이생과의 사랑을 진입시키겠다는 강력한 의지의 표현으로 볼 수 있다.

43~45 현대시

(가) 윤동주, 「소년」

감상 이 글은 하늘을 바라보는 소년의 모습을 연쇄적 방식으로 묘사하고 있다. 소년은 하늘을 바라보며 파란 물감이 드는데, 이 물감은 눈썹 – 손바닥 – 손금을 거쳐 맑은 강물이 되어 소년의 마음속에 흐른다. 이때, 순이의 얼굴은 소년의 마음속에 존재하는 대상이다.

주제 순이에 대한 사랑과 그리움

표현상의 특징
• 시어, 시구, 유사한 통사 구조의 반복을 통해 운율을 형성해 줌.
• 연상의 흐름에 따른 시상 전개를 보여 주고 있음.
• 색채어를 활용하여 시적 분위기를 형성함.
• 현재형 어미를 활용하고 있음.

(나) 김기택, 「봄날」

감상 이 글은 겨울 끝에 온 봄볕을 한가롭게 쪼이고 있는 할머니들을 봄볕만큼 따뜻하게 바라보고 있다. 이 시에서 할머니들은 봄볕에 그들의 주름살, 뼈와 관절, 마른버짐을 한껏 널어놓는데, 어느덧 겨우내 얼어붙어 있던 그들의 몸만 녹는 것이 아니라, 그들의 마음도 녹아 내리고 있다. 이 시는 할머니들이 아직도 그들이 눈부시게 환한 웃음을 지을 수 있는 존재들이라는 점을 따뜻한 시선으로 드러내고 있다.

주제 봄볕을 쪼이며 생명력을 얻는 할머니들

표현상의 특징
• 현재 시제를 활용해 현장감이 느껴짐.
• 대상의 구체적인 모습을 감각적으로 표현함.
• 할머니들을 애정어린 시선으로 바라봄.

43 표현상 공통점 파악 정답률 78% | 정답 ①

(가)와 (나)의 공통점으로 가장 적절한 것은?

☑ **현재 시제를 활용하여 시적 상황을 제시하고 있다.**
(가)에는 '떨어진다', '든다', '묻어난다'와 같은 시어에서 현재형 어미 '–ㄴ다'를 확인할 수 있는데, 이는 소년에게 가을 하늘을 상징하는 파란 물감이 스며들고 있는 상황을 제시하고 있다. (나)는 '양껏 받는다', '흘긴다', '웃는다'와 같은 시어에서 현재형 어미 '–는다'를 확인할 수 있는데, 이는 봄볕에 햇볕을 쪼이고 있는 할머니들의 상황을 제시하고 있다.

② 연쇄법을 활용하여 역동적인 분위기를 형성하고 있다.
(가)에는 '하늘'의 '파란 물감'이 '눈썹'을 거쳐 '손바닥'으로, '손바닥'에서 '손금'으로 이어져 '맑은 강물'이 되는 연쇄법이 드러나 있다. 그러나 (나)에는 연쇄법이 드러나 있지 않다.

③ 다양한 음성 상징어를 사용하여 대상을 묘사하고 있다.
(가)에는 '뚝뚝'이라는 음성 상징어를 사용하여 슬픈 가을이 떨어지는 모습을 묘사하고 있다. (나)에는 '노곤노곤'이라는 음성 상징어를 사용하여 봄볕을 쪼이고 있는 할머니들의 모습을 묘사하고 있다. 그러나 (가)와 (나)에는 다양한 음성 상징어를 사용하여 대상을 묘사하지는 않고 있다.

④ 말을 건네는 방식을 통해 대상과의 친밀감을 높이고 있다.
(가)와 (나)에는 모두 말을 건네는 방식이 드러나지 않는다.

⑤ 지시어의 연속적 배치로 대상에 대한 주목을 유도하고 있다.
(가)에는 '여기저기서'에서 '여기', '저기'라는 지시어가 쓰였고, (나)에는 '이렇게', '그새'에서 각각 '이'와 '그'라는 지시어가 들어간 표현이 쓰였다. 그러나 지시어가 연속적으로 배치되어 대상에 주목을 유도하고 있는 것은 아니다.

44 외적 준거에 따른 작품의 감상 정답률 67% | 정답 ②

〈보기〉를 바탕으로 (가)에 대해 이해한 내용으로 적절하지 않은 것은? [3점]

〈보 기〉
(가)에 제시된 자연물들은 서로 간의 유사성을 바탕으로 연결되고 변용된다. 또한 이 과정을 거쳐 맞닿은 주체의 신체적 변화를 유발하고 내면의 정서를 표면화하는 것으로 제시된다. 이때 주체의 변화는 자연물의 속성에 조응하는 것으로 그려진다.

① '하늘'을 '들여다 보'려는 소년의 '눈썹'에 든 '파란 물감'은 자연물의 속성이 주체에 영향을 주었음을 드러낸다.
자연물인 '하늘'의 파란 속성은 소년의 눈썹을 파랗게 만드는 것처럼 제시되어, 소년의 몸에 영향을 주는 '하늘'의 모습을 보여 주고 있다.

☑ '따뜻한 볼'을 만지는 소년의 행동은 '하늘'과 연결되어 자연과의 합일을 이룬 소년의 '황홀'함을 환기한다.
'하늘'의 '파란 물감'이 소년에게 물든 것은 소년과 하늘이 연결됨을 보여 주는 단서이다. (가)에서 소년이 황홀함을 느끼는 것은 맑은 강물을 통해 '순이의 얼굴'을 보았기 때문이다. 소년이 '따뜻한 볼'을 만지는 행위를 통해 '파란 물감'이 물든 것은 맞지만, 이 행동이 황홀함을 환기하는 것은 아니다.

③ '손바닥'에 묻어난 '파란 물감'은 '손금'으로 스며들면서 '맑은 강물'로 변용되어 제시된다.
'하늘'에서 묻어온 '파란 물감'이 소년의 '손바닥'에 묻고, 그 '손바닥'의 '손금'이 '맑은 강물'이 변한 것은, '파란 물감'이 '맑은 강물'로 변용되었음을 드러낸 것이라 할 수 있다.

④ '강물'에 '순이의 얼굴이 어리'는 것은 소년이 '강물'의 '맑은' 속성에 조응해 '아름다운 순이'를 떠올린 것임을 드러낸다.
소년이 '맑은 강물'에서 '순이의 얼굴'을 보는 것은 주체의 내면이 표면화되는 것인데 강물에서 순이의 얼굴을 보았으므로, 강물의 '맑은' 속성과 조응하는 것이라 할 수 있다.

⑤ 소년이 '황홀히 눈을 감'아도 '순이의 얼굴은 어린다'는 것은 '순이'가 소년의 내면에 자리 잡은 대상임을 드러낸다.
소년 본 '맑은 강물'은 소년의 내면이며, 그 내면에 떠오른 순이는 내면 속 대상이다. 이때 눈을 뜨고 '맑은 강물'을 보며 '순이'를 마주하게 된 소년이 '눈을 감'아도 순이가 떠오른다는 것은 순이가 내면에 자리 잡은 대상임을 보여 준다고 할 수 있다.

45 시구의 의미 이해 정답률 55% | 정답 ③

[A]~[E]에 대한 감상으로 적절하지 않은 것은?

① [A]에서 화자는 '햇볕을 쪼이'고 있는 할머니들의 행동을 '꼼꼼하게 햇볕을 채워넣'는 것으로 구체화하면서 할머니들의 모습에 능동성을 부여하고 있군.
[A]에서 '꼼꼼하게 햇볕을 채워넣'는 것은 '햇볕을 쪼이'고 있는 할머니들의 모습을 보다 구체적으로 표현한 것이며, 이는 할머니들이 봄볕을 보다 능동적으로 받아들이고 있음을 부각하는 표현이다.

② [B]의 '잘만 하면'이라는 시구는 '아지랑이'뿐만 아니라 '뽀얀 젖살'까지 상상하게 되었음을 부각하여 할머니들의 변화에 대한 화자의 기대를 드러내고 있군.
[B]는 봄볕을 쪼이는 할머니들의 변화를 화자가 상상하는 내용으로 볼 수 있다. 화자는 할머니들이 봄볕을 쪼이는 모습을 보며 마른버짐에서 '아지랑이'가 피어오를 것 같다고 하는데, 그 모습에서 현재 할머니들에게서 보기 어려운 '뽀얀 젖살'까지 오를 것 같다고 하고 있다. '잘만 하면'에서는 이러한 할머니들의 변화에 대한 화자의 기대가 드러난다.

☑ [C]에서 화자는 '쏟아지는 빛'이 할머니들을 '모두 눈부신' 존재로 만들고 있다고 표현하여 '미처 몸에 스며들지 못한 빛'마저 담고자 하는 할머니들의 의지를 부각하고 있군.
[C]에서 화자는 압도적으로 내리쪼이는 봄볕을 받기 위해서 마음을 저수지마냥 넓게 벌려서 빛을 받는다고 표현하며 할머니들이 모두 눈부시게 됨을 발견하고 있다. '미처 몸에 스며들지 못한 빛'은 할머니들의 변화된 모습을 보이게 하는 것일 뿐, 할머니들의 의지를 부각하고 있지는 않다.

④ [D]의 화자는 '푸른 망울들'이 터지는 것을 보고 '주름살들이 일제히 웃'는 할머니들에 주목하여 봄의 생명력에 기뻐하는 할머니들에 대한 정감 어린 시선을 드러내고 있군.
[D]에서 화자는 '주름살들이 일제히 웃'는 할머니들의 모습을 제시한다. 이 모습은 할머니들이 환하게 웃는 장면을 연상케 한다. 이로 보아 화자는 나무의 변화를 기특해하고 기뻐하는 할머니들에 대한 정감 어린 시선을 드러내고 있다고 할 수 있다.

⑤ [E]에서 할머니들이 '가끔 눈을 비비'는 것을 보고 화자는 이를 '한나절 한눈을 팔'던 '환한 빛'으로 인해 '환한 날'을 떠올렸기 때문이라고 여기고 있군.
[E]는 '가끔 눈을 비비'는 할머니들의 입장을 추측해 본 것이다. 화자는 봄볕을 쪼이고 있는 할머니들의 행동을 보고, 봄볕의 '환한 빛'에 할머니들이 주목한 것은 할머니들이 자신의 한평생에서 봄볕을 쪼이는 지금처럼 만족스러웠던 환한 날을 떠올렸기 때문이라고 여긴 것이다.

• 정답 •

01 ① 02 ④ 03 ② 04 ③ 05 ④ 06 ③ 07 ④ 08 ① 09 ④ 10 ① 11 ⑤ 12 ⑤ 13 ① 14 ② 15 ②
16 ⑤ 17 ⑤ 18 ④ 19 ⑤ 20 ③ 21 ② 22 ② 23 ③ 24 ② 25 ② 26 ① 27 ① 28 ③ 29 ① 30 ②
31 ③ 32 ⑤ 33 ⑤ 34 ④ 35 ① 36 ⑤ 37 ③ 38 ③ 39 ④ 40 ⑤ 41 ④ 42 ② 43 ④ 44 ① 45 ④

★ 표기된 문항은 [등급을 가르는 문제]에 해당하는 문제입니다.

[01~03] 화법

01 말하기 방식의 파악
정답률 93% | 정답 ①

위 발표에 대한 설명으로 적절하지 않은 것은?

✔ **발표를 시작하며 발표 순서와 방법을 안내하고 있다.**
1문단을 통해 발표자가 발표 주제에 관심을 갖게 된 이유와 발표 주제를 언급하고 있음을 알 수 있다. 하지만 1문단을 통해 발표 순서와 방법을 안내하는 내용은 찾아볼 수 없다.

② 발표 매체의 특성을 활용하여 청중과 상호작용하고 있다.
1문단에서 발표자는 질문을 던진 뒤 '(채팅 창의 반응을 보고) 네, 맞습니다.'와 같이 말하고 있다. 또한 4문단에서도 발표자는 질문을 던진 뒤 '(채팅 창을 보며) 네 맞습니다.'와 같이 말하고 있다. 이를 통해 온라인 수업 상황에서 발표자는 질문을 던지면서 발표 중에 채팅 창에 올라온 청중의 반응을 확인하고 있으므로, 청중과 상호작용하며 발표를 진행한다고 할 수 있다.

③ 발표자의 경험을 언급하며 주제 선정 이유를 밝히고 있다.
1문단에서 발표자는 수어 인사 캠페인을 본 경험을 언급하면서 발표 주제를 선정한 이유를 밝히고 있다.

④ 시범을 보이며 발표를 진행하여 청중의 이해를 돕고 있다.
3문단에서 발표자는 '행복'과 '행복하니?'에 대한 수어 동작을 소개하며 직접 시범을 보여 청중의 이해를 돕고 있다.

⑤ 발표를 마무리하며 추가 정보의 확인 방법을 안내하고 있다.
4문단에서 발표자는 발표를 준비하기 위해 자신이 참고한 정보의 출처를 밝혀 청중이 추가 정보를 확인하는 방법을 안내하며 발표를 마무리하고 있다.

02 자료 활용 방안의 적절성 판단
정답률 80% | 정답 ④

다음은 발표자가 제시한 자료이다. 발표자의 자료 활용에 대한 설명으로 적절하지 않은 것은?

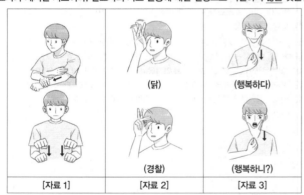

(닭) (행복하다)
(경찰) (행복하니?)
[자료 1] [자료 2] [자료 3]

① [자료 1]을 활용하여 수어 인사에 대한 소개로 발표를 시작하고 있다.
1문단을 통해 발표자가 [자료 1]을 제시하면서 수어 인사 동작을 소개하며 발표를 시작하고 있음을 알 수 있다.

② [자료 1]을 활용하여 수어의 의미를 나타내는 수지 기호의 요소를 소개하고 있다.
2문단을 통해 발표자가 수지 기호의 요소를 소개하면서 [자료 1]의 수어 인사 동작을 제시하고 있음을 알 수 있다.

③ [자료 2]를 활용하여 수지 기호에 따라 수어의 의미가 달라질 수 있음을 알려 주고 있다.
2문단을 통해 발표자는 수지 기호인 손 모양의 차이에 따라 수어의 의미가 달라질 수 있음을 [자료 2]의 '닭'과 '경찰'의 예를 들어 알려 주고 있음을 알 수 있다.

✔ **[자료 3]을 활용하여 비수지 기호만으로 '행복하니?'라는 의문문을 만드는 방법을 설명하고 있다.**
3문단의 '화면에서와 같이 '행복'을 의미하는 ~ '행복하니?'라는 의문문이 됩니다.'를 통해, 발표자는 수지 기호와 비수지 기호를 결합하여 [자료 3]의 '행복하니?'라는 의미를 지닌 수어를 설명하고 있음을 알 수 있다. 따라서 발표자가 비수지 기호만으로 '행복하니?'라는 의문문을 만드는 방법을 설명하고 있다는 진술은 적절하지 않다.

⑤ [자료 3]을 활용하여 청중들이 수어 동작을 직접 따라 해 보도록 제안하고 있다.
3문단을 통해 발표자가 [자료 3]을 제시하면서 청중들이 자료의 동작을 직접 따라 해 보도록 제안하고 있음을 알 수 있다.

03 청중 반응의 이해
정답률 95% | 정답 ②

다음은 위 발표를 들은 학생들의 반응이다. 학생의 반응을 이해한 내용으로 가장 적절한 것은?

학생 1 : 축제 공연을 준비하면서 안무를 어떻게 구성할지 고민이 많았는데, 수어 인사를 넣어야겠어. '사랑'을 뜻하는 수어를 넣고 싶은데, 국립국어원 누리집을 찾아봐야겠네.
학생 2 : 방송에서 보았던 수어 통역사가 코로나 19 상황임에도 마스크를 쓰지 않았던 이유가 궁금했는데, 수어에서 표정이 의미 전달에 중요한 역할을 하기 때문이었군!

① 학생 1은 배경지식을 바탕으로 발표 내용의 정확성을 점검하고 있다.
학생 1은 발표를 들은 뒤 발표 내용을 축제 공연의 안무 구성에 적용하려 하고 있고, 이를 위해 발표자가 소개한 방법을 통해 수어 단어를 찾아보려 하고 있다. 하지만 '학생 1'의 반응을 통해 배경지식을 바탕으로 발표 내용의 정확성을 점검하는 내용은 찾아볼 수 없다.

✔ **학생 2는 발표에서 들은 내용을 활용하여 자신이 궁금했던 점을 해소하고 있다.**
학생 2는 수어에서 비수지 기호가 의미를 나타내거나 문장 형식을 결정하는 역할을 한다는 발표 내용을 듣고, 수어 통역사가 코로나 19 상황에서도 마스크를 쓰지 않은 이유에 대한 궁금증을 해소하고 있다.

③ 학생 1은 학생 2와 달리 발표 내용에 포함된 정보가 부족한 점을 지적하며 비판하고 있다.
학생 1과 학생 2의 반응을 통해 발표 내용에 포함된 정보가 부족한 점을 지적한 내용은 찾아볼 수 없다.

④ 학생 2는 학생 1과 달리 발표 내용과 관련하여 나타날 수 있는 여러 가지 문제점을 예측하고 있다.
학생 1과 학생 2의 반응을 통해 발표 내용과 관련하여 나타날 수 있는 문제점을 예측하는 내용은 찾아볼 수 없다.

⑤ 학생 1과 학생 2는 모두 발표 내용을 바탕으로 평소 자신이 잘못 알고 있었던 정보를 수정하고 있다.
학생 1과 학생 2의 반응을 통해 발표를 듣고 평소 자신이 잘못 알고 있었던 정보를 수정한 내용은 찾아볼 수 없다.

[04~07] 화법과 작문

★★★ 등급을 가르는 문제!

04 말하기 방식 파악
정답률 45% | 정답 ③

(가)의 '편집부장'에 대한 설명으로 적절하지 않은 것은?

① 지난 회의 내용과 관련하여 협의해야 할 내용을 밝히고 있다.
첫 번째 말을 통해 편집부장이 지난 회의에서 결정한 내용과 이번 회의에서 협의해야 할 내용을 언급하고 있음을 알 수 있다.

② 상대 의견에 대한 공감을 드러내며 그 이유를 설명하고 있다.
두 번째 말을 통해 편집부장이 '디지털 탄소 발자국 줄이기'라는 제재가 더 적합하다는 학생 2의 의견에 대한 공감을 드러내고 있음을 알 수 있다. 또한 디지털 탄소 발자국에 대해 모르는 학생들이 많으며, 이 제재가 환경 문제 개선에도 도움이 될 수 있다는 공감의 이유를 밝히고 있음을 알 수 있다.

✔ **회의 중간중간에 상대가 했던 말을 요약하며 정리하고 있다.**
(가)에서 편집부장은 교지의 기사로 실을 제재를 선정하고 이를 바탕으로 기사에 구성될 내용을 협의하는 회의를 진행하는 사회자 역할을 하고 있다. 하지만 (가)를 통해 편집부장이 회의 중간중간에 상대가 했던 말을 요약하며 정리한 말은 찾아볼 수 없다.

④ 물음의 형식을 통해 자신의 의견을 상대에게 제안하고 있다.
세 번째 말을 통해 편집부장이 '디지털 기기 사용이 이산화 탄소를 발생시키는 이유'를 글의 내용으로 구성하자는 의견을 물음의 형식으로 제안하고 있음을 알 수 있다.

⑤ 상대 의견의 실현 가능성을 언급하며 대안을 제시하고 있다.
다섯 번째 말을 통해 편집부장이 '상업 광고나 게시물 탑재 제한'이라는 방법은 학생이 할 수 있는 일이 아니라 하면서, 학생이 자신의 메일함이나 블로그에서 상업 광고나 게시물을 수시로 삭제하도록 안내하는 것을 대안으로 제시하고 있음을 알 수 있다.

★★ 문제 해결 꿀~팁 ★★

▶ 많이 틀린 이유는?
이 문제는 편집부장의 발화를 정확히 이해하지 못해 오답률이 높았던 것으로 보인다. 또한 선택지의 내용을 이해하지 못한 것도 오답률을 높인 것으로 보인다.

▶ 문제 해결 방법은?
이 문제를 해결하기 위해서는 선택지의 의미를 정확히 이해한 다음, 이를 바탕으로 '편집부장'이 발화한 것 중 어디에 해당하는지를 확인할 수 있어야 한다. 가령 정답인 ③의 경우 선택지를 통해 '상대가 했던 말을 요약하며'를 정확히 이해해야 한다. 그런 다음 편집부장의 말을 통해 요약하고 있는지를 확인하면 되는데, 편집부장은 상대의 말에 동의하고는 있지만 상대가 한 말을 요약하지는 않고 있으므로 적절하지 않은 것이다. 오답률이 높았던 ④의 경우에도, 편집부장의 발화 중 물음의 형식을 사용하고 있는지, 그리고 이 물음을 사용하여 자신의 의견을 상대에게 제안하고 있는지 확인하면 된다. 이럴 경우 편집부장의 세 번째 발화를 통해 이를 확인할 수 있으므로 적절하다. 한편 학생들 중에는 편집부장이 의문문을 사용한 일부(첫 번째, 두 번째)만 보고 적절하지 않다고 판단한 경우가 있었는데, 이는 편집부장의 말을 모두 확인하지 않고 지레 짐작으로 답을 선택했기 때문으로 보인다. 이에서 알 수 있듯이 이런 문제의 경우에는 시간이 걸리더라도 인물의 발화를 일일이 확인해야 정확한 선택을 할 수 있음을 유념하도록 한다.

05 대화의 성격 파악
정답률 92% | 정답 ③

[A], [B]에 대한 설명으로 가장 적절한 것은?

① [A]는 상대와의 의견 차이를 좁히기 위한 대화이고, [B]는 상대의 의견을 수용하는 대화이다.
[B]의 '맞아, 좋은 생각이야, 동의해.'를 통해 상대의 의견을 수용하고 있음을 알 수 있지만, [A]에서 회의 참가자 사이의 의견 차이를 좁히는 내용은 확인할 수 없다.

② [A]는 기사 작성의 방법을 협의하는 대화이고, [B]는 기사에 포함될 정보를 선정하는 대화이다.
[B]를 통해 기사에 포함될 정보를 선정하고 있음을 알 수 있지만, [A]에서 기사 작성의 방법에 대한 협의는 찾아볼 수 없다.

✔ **[A]는 기사의 제재를 선정하기 위한 대화이고, [B]는 기사에 담을 내용 요소를 생성하는 대화이다.**
[A]에서는 지난 회의 내용과 관련하여 교지에 실을 기사의 제재를 선정하는 대화가 이루어지고 있음을 알 수 있다. 또 [B]에서는 제재로 선정된 '디지털 탄소 발자국 줄이기'와 관련하여 디지털 탄소 발자국의 개념, 디지털 기기의 사용이 지구 온난화를 가속화하는 이유, 디지털 탄소 발자국을 줄이기 위한 방법 등의 내용 요소를 생성하고 있음을 알 수 있다.

④ [A]는 회의 방법과 절차를 협의하는 대화이고, [B]는 회의 참가자의 다양한 생각을 공유하는 대화이다.

[B]에서 기사에 포함될 정보에 대한 회의 참가자들의 다양한 의견을 확인할 수 있지만, [A]에서 회의 방법과 절차를 협의하는 대화는 찾아볼 수 없다.

⑤ [A]는 기사의 필요성에 대해 공감하는 대화이고, [B]는 기사 내용에 대해 상반된 견해를 제시하는 대화이다.

[A]에서는 기사의 제재를 선정하는 대화가 제시되어 있지만 기사의 필요성에 공감하는 부분은 찾아볼 수 없다. 그리고 [B]를 통해 기사 내용에 대한 회의 참가자들의 상반된 견해는 찾아볼 수 없다.

06 작문에서의 반영 여부 판단   정답률 85% | 정답 ①

(가)의 내용이 (나)에 반영된 양상으로 적절하지 않은 것은?

✔ (가)에서 언급된 디지털 탄소 발자국의 주요 배출원을, (나)의 1문단에서 예를 들어 설명하고 있다.

(나)의 1문단에 자동차, 공장과 같이 지금까지 이산화 탄소 배출의 주요한 원인으로 생각되어 왔던 것들이 제시되어 있지만, (가)에서 언급된 디지털 탄소 발자국을 배출하는 주요 배출원을 사례로 들어 설명하지는 않고 있다.

② (가)에서 디지털 탄소 발자국의 개념을 설명하자는 의견을 반영하여, (나)의 2문단에서 그 개념을 구체적으로 소개하고 있다.

(가)의 '학생 1'의 말을 통해 디지털 탄소 발자국의 개념을 설명하자는 의견을 확인할 수 있고, (나)의 2문단을 통해 디지털 탄소 발자국의 개념에 대한 구체적 설명을 확인할 수 있다.

③ (가)에서 탄소 발자국 중 디지털 탄소 발자국의 비중이 늘어나고 있다는 점을 언급하자는 의견을, (나)의 2문단에서 자료를 활용하여 반영하고 있다.

(가)의 '학생 2'의 말을 통해 탄소 발자국 중 디지털 탄소 발자국의 비중이 늘어나고 있다는 점을 언급하자는 의견을 확인할 수 있다. 그리고 (나)의 2문단을 통해 현재 2% 정도인 디지털 탄소 발자국의 비중이 2040년에는 14%를 넘어설 것이라는 전망을 확인할 수 있다.

④ (가)에서 디지털 기기 사용이 이산화 탄소를 발생시키는 이유를 설명하자는 의견에 따라, (나)의 3문단에서 그 이유를 데이터 센터와 관련지어 서술하고 있다.

(가)의 '편집부장'의 말을 통해 디지털 기기 사용이 이산화 탄소를 발생시키는 이유를 설명하자는 의견을 확인할 수 있다. 그리고 (나)의 3문단을 통해 디지털 기기 사용이 이산화 탄소를 발생시키는 이유를 데이터 센터와 관련지어 설명하는 내용을 확인할 수 있다.

⑤ (가)에서 학생들이 디지털 탄소 발자국을 줄일 수 있는 방법을 소개하자는 의견에 따라, (나)의 4문단에서 다양한 방법을 열거하고 있다.

(가)의 '학생 1'의 말을 통해 학생들이 디지털 탄소 발자국을 줄일 수 있는 방법을 소개해 주자는 내용을 확인할 수 있다. 그리고 (나)의 4문단을 통해 이와 관련하여 디지털 탄소 발자국을 줄이는 다양한 방법이 열거되어 있음을 확인할 수 있다.

07 자료 활용 방안의 적절성 판단   정답률 75% | 정답 ④

〈보기〉는 학생들이 '초고'를 보완하기 위해 추가로 수집한 자료이다. 자료 활용 방안으로 적절하지 않은 것은? [3점]

─── 〈보 기〉 ───

ㄱ. 환경부 자료

구분	이메일	전화	데이터	종이컵	승용차
이산화 탄소 배출량	4g (1통)	3.6g (1분)	11g (1mb)	11g (1개)	14g (100m)

ㄴ. 신문 기사
　2010년 112개였던 국내 데이터 센터는 코로나 19 유행 이전인 2019년까지 158개로 완만한 증가 추이를 보였다. 그러나 코로나 19 유행이 지속되며, 데이터 센터에 대한 수요가 급증하면서 2023년까지 47개소가 늘어난 205개의 데이터 센터가 가동될 것으로 전망되고 있다. 이렇게 데이터 센터가 늘어나면 디지털 탄소 발자국이 증가하여 지구 온난화를 가속화하기 때문에 사회적 문제가 되고 있다.

ㄷ. 전문가 인터뷰
　코로나 19 유행으로 집에 머무르는 시간이 늘어나면서, 스트리밍 서비스와 클라우드 서비스 이용량이 급증하고 있습니다. 그런데 이러한 서비스들은 모두 디지털 기기를 이용하여 대용량의 자료를 빈번하게 송수신하기 때문에 네트워크 사용량을 증가시켜 데이터 센터의 전력 소비를 증가시키는 주된 원인이 되고 있습니다.

① ㄱ을 활용하여, 지구 온난화의 원인이 되는 이산화 탄소가 일회용품이나 자동차뿐 아니라 디지털 기기를 사용할 때도 배출되고 있다는 것을 뒷받침해야겠어.

ㄱ의 내용을 통해 종이컵과 승용차 사용에 따라 이산화 탄소가 배출되는 양을 확인할 수 있다. 또 이메일, 전화, 데이터를 사용할 때 배출되는 이산화 탄소의 양도 확인할 수 있다. 그러므로 ㄱ은 디지털 기기를 사용할 때도 이산화 탄소가 배출된다는 사실을 뒷받침하는 자료로 활용할 수 있다.

② ㄴ을 활용하여, 디지털 탄소 발자국이 늘어남에 따라 지구 온난화가 가속화되는 현상이 사회적 문제로 대두되고 있다는 내용을 언급해야겠어.

ㄴ의 신문 기사에서, 코로나 19 유행 이후 데이터 센터의 수가 급증하였는데 데이터 센터가 늘어나면 디지털 탄소 발자국이 증가하여 지구 온난화를 가속화하기 때문에 사회적 문제가 되고 있다는 내용을 확인할 수 있다.

③ ㄷ을 활용하여, 디지털 탄소 발자국을 줄이기 위해 스트리밍이나 클라우드 서비스를 이용할 때, 대용량 자료의 송수신을 줄이자는 내용을 추가해야겠어.

ㄷ은 전문가 인터뷰로, ㄷ에는 스트리밍 서비스, 클라우드 서비스를 이용하여 대용량의 자료를 빈번하게 송수신하기 때문에 네트워크 사용량이 증가하고, 이로 인해 데이터 센터의 전력 소비가 증가하고 있다는 내용이 제시되어 있다. 그러므로 이를 활용하여 디지털 탄소 발자국을 줄이기 위해 스트리밍 서비스, 클라우드 서비스를 이용할 때 대용량 자료의 송수신을 줄이자는 내용을 추가하자는 자료 활용 방안은 적절하다.

✔ ㄱ, ㄴ을 활용하여, 지구 온난화를 가속화하는 요인이 다양화되고 있으므로 디지털 탄소 발자국을 줄이기 위한 제도적 장치를 마련해야 한다는 주장을 뒷받침해야겠어.

ㄱ은 여러 가지 이산화 탄소 배출 요인과 배출량이 정리되어 있는 자료이며, ㄴ은 코로나 19 유행이 지속되어 데이터 센터가 급증하여 사회적 문제가 되고 있다는 신문 기사 자료이다. 그런데 (나)를 통해 디지털 탄소 발자국을 줄이기 위한 제도적 장치를 마련해야 한다는 주장은 찾아볼 수 없으므로 적절한 자료 활용 방안이라 볼 수 없다.

⑤ ㄴ, ㄷ을 활용하여, 급격하게 늘어난 데이터 센터의 수와 디지털 기기 사용 양상을 언급하며 코로나 19 유행 이후 디지털 탄소 발자국이 급증하였다는 내용을 추가해야겠어.

ㄴ에는 코로나 19 유행 이후 데이터 센터의 수가 급증하고 있다는 내용이, ㄷ에는 코로나 19 유행 이후 스트리밍 서비스와 클라우드 서비스를 이용하여 대용량 자료를 송수신하는 디지털 기기 사용이 급증하고 있다는 내용이 제시되어 있다. 그러므로 ㄴ, ㄷ을 활용하여 코로나 19 유행 이후 디지털 탄소 발자국이 급증했다는 내용을 추가하는 자료 활용 방안은 적절하다.

[08~10] 작문

08 글쓰기 방법의 파악   정답률 92% | 정답 ①

'초고'에서 활용한 글쓰기 방법으로 적절하지 않은 것은?

✔ 자문자답을 통해 글쓴이의 생각을 강조하고 있다.

'초고'는 공간의 이동에 따라 바라본 주변 경치나 대상에 대한 인상을 드러내고 있지만, 스스로 묻고 답하는 자문자답의 형식을 사용하여 자신의 생각을 강조한 내용은 찾아볼 수 없다.

② 현재형 표현을 사용하여 현장감을 드러내고 있다.

'된다, 흐른다, 출렁거린다' 등에서 보이듯이 과거의 사실에 대해 전반적으로 현재형의 표현을 사용하여 산책길의 현장감을 드러내고 있다.

③ 감각적인 표현을 활용하여 계절감을 나타내고 있다.

1문단의 '노란 꽃망울', 2문단의 '봄비가 ~ 또랑또랑하게 흐른다.', 3문단의 '산들바람에 꽃눈을 ~ 꽃물이 돈다.' 등에서 감각적인 표현을 사용하여 봄의 계절감을 드러내고 있다.

④ 묘사를 통해 글쓴이가 바라본 정경을 표현하고 있다.

3문단에서 햇볕이 동산 숲길의 '조팝나무', '풀들', '개나리', '진달래'의 모습을 묘사하여 글쓴이가 본 정경을 생동감 있게 표현하고 있다.

⑤ 지명의 유래를 소개하여 장소에 대한 이해를 돕고 있다.

2문단에서 수성동 계곡이라는 이름이 붙여진 유래를 소개하여 장소에 대한 독자의 이해를 돕고 있다.

09 글쓰기 구상 내용의 반영 여부 판단   정답률 94% | 정답 ④

다음은 글을 쓰기 전 학생이 구상한 내용이다. '초고'에 반영되지 않은 것은?

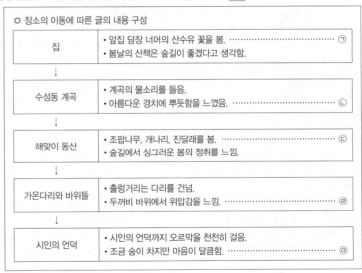

○ 장소의 이동에 따른 글의 내용 구성

집	• 앞집 담장 너머의 산수유 꽃을 봄. ·········· ㉠ • 봄날의 산책은 숲길이 좋겠다고 생각함.
↓	
수성동 계곡	• 계곡의 물소리를 들음. • 아름다운 경치에 뿌듯함을 느꼈음. ·········· ㉡
↓	
해맞이 동산	• 조팝나무, 개나리, 진달래를 봄. ·········· ㉢ • 숲길에서 싱그러운 봄의 정취를 느낌.
↓	
가온다리와 바위들	• 출렁거리는 다리를 건넘. • 두꺼비 바위에서 위압감을 느낌. ·········· ㉣
↓	
시인의 언덕	• 시인의 언덕까지 오르막을 천천히 걸음. • 조금 숨이 차지만 마음이 달큼함. ·········· ㉤

① ㉠ 앞집 담장 너머의 산수유 꽃을 봄.

1문단의 '앞집 담장 ~ 꽃망울을 터뜨렸다.'를 통해 ㉠이 반영되었음을 알 수 있다.

② ㉡ 아름다운 경치에 뿌듯함을 느꼈음.

2문단의 '이곳을 지날 ~ 아름답기 때문이다.'를 통해 ㉡이 반영되었음을 알 수 있다.

③ ㉢ 조팝나무, 개나리, 진달래를 봄.

3문단의 '산들바람에 꽃눈을 ~ 꽃물이 돈다.'를 통해 ㉢이 반영되었음을 알 수 있다.

✔ ㉣ 두꺼비 바위에서 위압감을 느낌.

4문단을 통해 글쓴이는 안내 표지를 확인하고 멈추어 서서 두꺼비 바위를 보며 얼굴 생김새가 정말 두꺼비 같다고 서술하고 있다. 하지만 두꺼비 바위에서 위압감을 느꼈다는 내용은 초고에서 찾아볼 수 없다.

⑤ ㉤ 조금 숨이 차지만 마음이 달큼함.

5문단의 '다리가 뻐근하고 ~ 마음이 달큼하다.'에 ㉤이 반영되었음을 알 수 있다.

10 조건에 맞는 글쓰기   정답률 80% | 정답 ①

〈보기〉의 합평회 의견을 반영하여 '초고'의 마지막에 추가할 내용을 구성한 것으로 가장 적절한 것은? [3점]

─── 〈보 기〉 ───

부원 1 : '영혼의 가입'이라는 표현이 참신하게 느껴져. 시인의 언덕으로의 산책이 너에게 주는 의미를 비유적으로 나타내면 더 좋을 것 같아.
부원 2 : 너와 함께 산책하는 기분이 들어 좋았어. 글을 마무리할 때 산책을 끝내고 집에 돌아온 후의 느낌을 드러내면 더 좋겠어.

✔ 시인의 언덕에 오르니 마음의 근육에 힘줄이 선다. 집에 돌아오니 마음의 프락에 봄의 생기가 넘친다.

〈보기〉를 통해 '초고'의 마지막에 '시인의 언덕으로의 산책이 주는 의미를 비유적으로 표현'해야 하고, '집에 돌아온 후의 느낌을 표현'해야 함을 알 수 있다. 이러한 조건을 만족하는 것은 ①로, ①의 '시인의 언덕에 ~ 힘줌이 선다.'에서 시인의 언덕으로의 산책이 글쓴이에게 주는 의미가 비유적으로 표현되었음을 알 수 있다. 그리고 '집에 돌아오니 ~ 생기가 넘친다.'에서 산책을 끝내고 집에 돌아온 후의 느낌이 드러났음을 알 수 있다.

② 시인의 언덕에 올 때마다 마음이 순수해진다. 시인의 '서시' 한 구절을 읊조리며 산책을 마치고 집에 들어선다.
'시인의 언덕에 ~ 마음이 순수해진다.'에는 시인의 언덕으로의 산책이 글쓴이에게 주는 의미가 드러나지만 비유적 표현이 나타나지 않고 있다. 또한 산책을 끝내고 집에 돌아온 후의 느낌은 드러나지 않고 있다.

③ 수도 가압장에서 우러러본 하늘이 매우 파랗다. 시인의 언덕은 재충전의 기회와 용기를 주는 영혼의 가압장이다.
'시인의 언덕은 ~ 영혼의 가압장이다.'에는 시인의 언덕으로의 산책이 글쓴이에게 주는 의미가 비유적으로 표현되었으나, 산책을 끝내고 집에 돌아온 후의 느낌은 드러나지 않고 있다.

④ 시인의 언덕에 서서 불어오는 바람을 맞으니 기분이 상쾌해진다. 윤동주 문학관에서 집으로 다시 산책을 이어 간다.
시인의 언덕으로의 산책이 글쓴이에게 주는 의미를 비유적으로 표현한 내용과 산책을 끝내고 집에 돌아온 후의 느낌 모두 나타나지 않고 있다.

⑤ 시인의 언덕은 나에게 세상과 소통하는 길을 보여 준다. 나는 수도 가압장에서 내 영혼이 세차게 흐르는 것을 느낀다.
'나는 ~ 느낀다.'에는 시인의 언덕으로의 산책이 글쓴이에게 주는 의미가 비유적으로 표현되었으나, 산책을 끝내고 집에 돌아온 후의 느낌은 드러나지 않고 있다.

[11~15] 문법

11 현대 국어의 주체 높임의 이해 정답률 71% | 정답 ⑤

[A]를 바탕으로, 〈보기〉를 이해한 내용으로 적절하지 않은 것은?

─〈보 기〉─
ㄱ. (아버지께) 선생님께서는 책이 많으십니다.
ㄴ. (방송에서) 세종대왕이 한글을 창제했습니다.
ㄷ. (수업에서) 선생님이 발표할 어린이는 손 드시면 됩니다.
ㄹ. (어린 손자에게) 너희 엄마는 언제 출근하셨니?
ㅁ. (할아버지께) 아버지는 아직 병원에 가지 않았습니다.

① ㄱ에서는 '선생님'의 소유물인 '책'을 높임으로써 '선생님'을 간접적으로 높이고 있다.
ㄱ에서 화자는 선생님의 소유물인 '책'에 대해 '-시-'가 사용된 '많으십니다'를 사용하여 '선생님'을 간접적으로 높이고 있다.

② ㄴ에서는 담화의 객관성을 고려해 '세종대왕'을 높이지 않고 있다.
[A]에서 방송과 같은 공적 담화에서는 객관성을 고려하여 주체를 높이지 않음을 알 수 있고, ㄴ이 방송이라는 공적 담화임을 알 수 있다. 따라서 ㄴ은 방송이라는 공적 담화의 객관성을 고려해 '세종대왕'을 높이지 않고 있다.

③ ㄷ에서는 수업이라는 담화 상황을 고려해 '어린이'를 높이고 있다.
[A]에서 담화 상황을 고려하여 주체가 높임의 대상이 아니라도 높임을 알 수 있고, ㄷ은 학교에서 수업 중이라는 담화 상황임을 알 수 있다. 따라서 ㄷ의 주체인 '어린이'는 화자인 선생님에게 높임의 대상이 아니지만, 수업이라는 공적인 담화 상황을 고려하여 '어린이'에게 '-시-'가 사용된 '드시면'을 통해 '어린이'를 높이고 있다.

④ ㄹ에서는 주체인 '엄마'와 청자인 '손자'의 관계를 고려해 '엄마'를 높이고 있다.
ㄹ의 주체인 '엄마'는 화자에게 높임의 대상이 아니지만, 청자인 '손자'에게는 높임의 대상에 해당한다. 따라서 화자는 주체인 '엄마'와 청자인 '손자'의 관계를 고려하여 '-시-'가 사용된 '출근하셨니?'를 통해 '엄마'를 높이고 있다.

✔ ⑤ ㅁ에서는 주체인 '아버지'와 화자의 관계를 고려해 '아버지'를 높이고 있다.
ㅁ에서 주체는 '아버지'로, 화자에게 높임의 대상이지만 청자인 '할아버지'에게는 높임의 대상이 아니다. 그래서 화자는 주체인 '아버지'와 청자인 '할아버지'의 관계를 고려하여 '할아버지' 앞에서 '아버지'를 높이지 않고 있다. 한편 청자인 '할아버지'는 화자에게 높임의 대상에 해당하므로, 화자는 '-습니다'를 사용한 '않았습니다'를 통해 상대인 '할아버지'를 높이고 있다.

★★★ 등급을 가르는 문제!
12 국어의 높임 표현의 이해 정답률 58% | 정답 ⑤

윗글을 바탕으로, 〈보기〉의 a ~ c를 탐구한 내용으로 적절하지 않은 것은? [3점]

─〈보 기〉─
a. [중세 국어] 大師(대사) ᄒᆞ샨 일 아니면 뉘 혼 거시잇고
   [현대 국어] 대사가 하신 일이 아니면 누가 한 것입니까?
b. [중세 국어] 이 도ᄂᆞᆯ 가져가 어마니ᄆᆞᆯ 供養(공양)ᄒᆞᅀᆞᆸ고
   [현대 국어] 이 돈을 가져가 어머님을 공양하고
c. [중세 국어] 太子(태자)ᄅᆞᆯ ᄲᅵ려 안ᅀᆞᄫᅡ 부인ᄭᅴ 뫼셔 오니
   [현대 국어] 태자를 싸 안아 부인께 모셔 오니

① a : 중세 국어에서는 '-샤-'를, 현대 국어에서는 '-시-'를 사용하여 주체인 '대사'를 높이고 있다.
a의 중세 국어 'ᄒᆞ샨'과 현대 국어 '하신'을 통해, 중세 국어와 현대 국어에서 각각 '-샤-'와 '-시-'를 사용하여 주체인 '대사'를 높이고 있음을 알 수 있다.

② a : 중세 국어에서는 현대 국어에 없는 '-잇-'을 사용하여 대화의 상대인 청자를 높이고 있다.
a의 중세 국어 '거시잇고'와 현대 국어 '것입니까'를 통해, 중세 국어에서는 현대 국어에 없는 상대 높임의 선어말 어미 '-잇-'을 사용하여 대화의 상대인 청자를 높이고 있음을 알 수 있다.

③ b : 중세 국어에서는 현대 국어에 없는 '-ᅀᆞᆸ-'을 사용하여 객체인 '어마님'을 높이고 있다.
b의 중세 국어 '供養(공양)ᄒᆞᅀᆞᆸ고'와 현대 국어 '공양하고'를 통해, 중세 국어에서는 현대 국어에 없는 객체 높임의 선어말 어미 '-ᅀᆞᆸ-'을 사용하여 객체인 '어마님'을 높이고 있음을 알 수 있다.

④ c : 중세 국어에서는 '끠'를, 현대 국어에서는 '께'를 사용하여 객체인 '부인'을 높이고 있다.
c의 중세 국어 '부인끠'와 현대 국어 '부인께'에서, 부사격 조사 '끠'와 '께'를 각각 사용하여 객체인 '부인'을 높이고 있음을 알 수 있다.

✔ ⑤ c : 중세 국어에서는 '뫼셔'를, 현대 국어에서는 '모셔'를 사용하여 주체인 '태자'를 높이고 있다.
주어진 글을 통해 객체 높임이 서술의 객체인, 문장의 목적어나 부사어가 지시하는 대상을 높이는 것임을 알 수 있고, '모시다'의 특수 어휘를 통해 실현됨을 알 수 있다. 그리고 c의 '현대 국어' 풀이를 통해 '태자를'이라고 문장의 목적어가 사용되었음을 알 수 있다. 따라서 c에서는 중세 국어 '뫼셔'와 현대 국어 '모셔'를 사용하여 객체인 '태자'를 높였다고 할 수 있다.

★★ 문제 해결 꿀~팁 ★★

▶ 많이 틀린 이유는?
이 문제는 주어진 글을 정확하게 이해하지 못하여 오답률이 높았던 것으로 보인다. 또한 높임법에 대한 정확한 이해 부족도 오답률을 높인 것으로 보인다.

▶ 문제 해결 방법은?
이 문제를 해결하기 위해서는 기본적으로 주어진 글을 정확히 이해하고, 이를 바탕으로 〈보기〉에 대해 탐구한 선택지의 적절성을 판단할 수 있어야 한다. 이때 반드시 중세 국어와 현대 국어를 비교하는 것도 잊지 말아야 한다. 가령 정답인 ⑤의 경우, 객체 높임이 서술의 객체인, 문장의 목적어나 부사어가 지시하는 대상을 높인다는 것과 '모시다'의 특수 어휘를 통해 실현된다는 제시된 글의 3문단의 내용을 정확히 이해하였으면 쉽게 알 수 있었을 것이다. 오답률이 높았던 ②, ③의 경우에도, 제시된 글의 1문단의 내용과 4문단의 내용을 바탕으로 선택지의 적절성을 판단하면 적절함을 쉽게 알았을 것이다. 이처럼 문법 문제에서 글이 제시될 경우에는 글의 내용을 정확히 읽어서 선택지 내용과 관련된 부분이 어디인지 정확히 파악하면 문제는 의외로 쉽게 해결할 수 있다. 한편, 문법 문제에서 높임법은 자주 출제되고 있으므로, 평소 높임법에 대한 기본적인 지식은 충분히 익혀 두도록 한다.

13 'ㅎ'의 음운 변동 이해 정답률 83% | 정답 ①

〈보기〉의 ㉮, ㉯에 들어갈 예로 적절한 것은?

─〈보 기〉─
'ㅎ'은 다양한 음운 변동이 일어나기 때문에 표준 발음법에 별도의 규정을 두고 있다. 'ㅎ'의 음운 변동에는 'ㅎ'이 다른 음운으로 바뀌는 교체, 'ㅎ'이 다른 음운과 합쳐져 새로운 음운이 되는 축약, 'ㅎ'이 없어져 발음되지 않는 탈락이 있다. 가령 '놓친[녿친]'은 'ㅎ'이 'ㄷ'으로 바뀌어 발음되므로 교체의 예에 해당한다.

	'ㅎ'의 음운 변동		
유형	교체	축약	탈락
예	놓친[녿친]	㉮	㉯

㉮	㉯

✔ ① 좋고[조:코] 닿아[다아]
'좋고'는 'ㅎ'이 뒤에 오는 'ㄱ'과 합쳐져 'ㅋ'이 되어 [조:코]로 발음되므로 ㉮의 예로 적절하다. 그리고 '닿아'는 음절의 끝소리의 'ㅎ'이 모음으로 시작하는 형식 형태소 '-아' 앞에서 탈락하여 [다아]로 발음되므로 ㉯의 예로 적절하다.

② 좋고[조:코] 쌓네[싼네]
'쌓네'는 음절 끝소리 규칙에 따라 'ㅎ'이 'ㄷ'으로 바뀌어 [싿네]로 발음되는 음운 교체가 일어난 뒤, 인접한 비음의 영향으로 'ㄷ'이 'ㄴ'으로 [싼네]로 발음되는 음운 교체가 일어난다. 따라서 ㉯의 예로 적절하지 않다.

③ 넣는[넌:는] 닿아[다아]
'넣는'은 음절 끝소리 규칙에 따라 'ㅎ'이 'ㄷ'으로 바뀌어 [넏:는]으로 발음되는 음운 교체가 일어난 뒤, 인접한 비음의 영향으로 'ㄷ'이 'ㄴ'으로 바뀌어 [넌:는]으로 발음되는 음운 교체가 일어난다. 따라서 ㉮의 예로 적절하지 않다.

④ 넣는[넌:는] 쌓네[싼네]
'넣는'과 '쌓네' 모두 음운 교체가 일어나므로 ㉮와 ㉯의 예로 적절하지 않다.

⑤ 좁힌[조핀] 닳지[달치]
'좁힌'은 'ㅎ'이 뒤에 오는 'ㅂ'과 합쳐져 'ㅍ'이 되어 [조핀]으로 발음되므로 ㉮의 예로 적절하다. 하지만 '닳지[달치]'는 'ㅎ'이 뒤에 오는 'ㅈ'과 합쳐져 'ㅊ'이 되어 [조핀]으로 발음되는 음운 축약이 일어나므로 ㉯의 예로 적절하지 않다.

14 인용 표현의 이해 정답률 86% | 정답 ②

〈보기〉에서 선생님이 제시한 과제를 수행한 결과로 적절하지 않은 것은?

─〈보 기〉─
선생님 : 아래의 예문을 봅시다.

㉠ 외국에 있는 친구가 어제 전화로 나에게 "**네**가 **오늘** 말한 책이 **여기** 있**어**."라고 말했다.
↓
㉡ 외국에 있는 친구가 어제 전화로 나에게 **내**가 **어제** 말한 책이 **거기** 있**다**고 말했다.

㉠은 친구의 말을 그대로 전한 직접 인용이고, ㉡은 친구의 말을 인용하는 화자의 관점으로 바꾸어 표현한 간접 인용입니다. ㉠이 ㉡으로 바뀌면서 인칭 대명사, 시간 표현, 지시 표현이 '나', '어제', '거기'로 바뀌었습니다. 또한 종결 어미 '-어'가 '-다'로, 직접 인용의 조사 '라고'가 간접 인용의 조사 '고'로 바뀌었습니다. 이를 바탕으로 [자료]의 직접 인용을 간접 인용으로 바르게 바꿨는지 분석해 볼까요?

[자료]

직접 인용	외국에 있는 형이 어제 전화로 "**나**는 **내일 이곳**에서 볼 시험 때문에 걱정이 **많아**."라고 말했다.

↓

간접 인용	외국에 있는 형이 어제 전화로 **자기**는 **오늘 그곳**에서 볼 시험 때문에 걱정이 **많다**라고 말했다.

① '나'는 앞서 언급한 형을 다시 가리키므로 인칭 대명사 '자기'로 바르게 바꿨군.

[자료]의 '직접 인용'에서 '자기'는 앞서 언급한 '형'을 다시 가리키는 3인칭 재귀 대명사에 해당하므로, '간접 인용'에서 '나'를 '자기'로 바르게 바꿨다는 분석 내용은 적절하다.

✔ '내일'은 인용을 하는 화자가 말한 시점을 기준으로 할 때, '오늘'이 아닌 '어제'로 바꿔야겠군.

[자료]의 '직접 인용'에서 '어제' 형이 '내일' 시험을 본다고 말한 것은 인용을 하는 화자인 동생의 말한 시점을 기준으로 할 때, 형이 '오늘' 시험을 본다는 것을 의미한다고 할 수 있다. 따라서 [자료]의 간접 인용에서의 시간 표현은 화자인 동생의 말한 시점을 볼 때 '오늘'이 적절하므로, 시간 표현 '오늘'을 '어제'로 바꿨다는 분석 내용은 적절하지 않다.

③ '이곳'은 인용을 하는 화자의 관점에서 형이 있는 곳을 가리키므로 '그곳'으로 바르게 바꿨군.

[자료]의 '직접 인용'에서 '이곳'은 인용을 하는 화자의 관점에서 먼 거리에 있는 '형'이 위치한 곳을 가리키므로, '간접 인용'에서 '이곳'을 '그곳'으로 바르게 바꿨다는 분석 내용은 적절하다.

④ 직접 인용에 쓰인 종결 어미 '-아'를 간접 인용에서 종결 어미 '-다'로 바르게 바꿨군.

〈보기〉의 선생님 말을 통해 평서문은 간접 인용에서 종결 어미가 '-다'로 바뀜을 알 수 있다. 따라서 '직접 인용에 쓰인 종결 어미 '-아'를 간접 인용에서 '-다'로 바르게 바꿨다는 분석 내용은 적절하다.

⑤ '라고'는 직접 인용에 쓰이는 조사이므로 간접 인용에 쓰이는 조사 '고'로 바꿔야겠군.

〈보기〉의 선생님 말을 통해 직접 인용의 '라고'가 간접 인용에서는 조사 '고'가 바뀜을 알 수 있으므로, 직접 인용에 쓰이는 조사 '라고'를 '고'로 바꿔야 한다는 분석 내용은 적절하다.

---

15 부정 표현의 특수한 용례 이해 　　　정답률 90% | 정답 ②

〈보기〉의 ⊙에 해당하는 예로 가장 적절한 것은?

─〈보 기〉─
부정 표현 '-지 않다'는 줄여서 '-잖다'로 적을 수 있다. '시답다'에 '-지 않다'가 결합하여 '시답잖다'로 줄어든 것이 그 예이다. 그런데 '-잖다'는 특정한 상황에서 부정을 표현하는 것이 아닌, ⊙ 사실을 확인하는 의미로 사용되기도 한다.

① 사촌 동생의 지나친 장난은 달갑잖아.
'달갑잖아'는 '흡족하지 않다.'라는 뜻으로, '달갑다'를 부정하고 있다.

✔ 그때 거기 소나무 한 그루가 있었잖아.
'그때 거기 소나무 한 그루가 있었잖아.'는 그때 거기에 소나무 한 그루가 있었다는 사실을 '-잖다'를 사용하여 확인하고 있는 문장이라 할 수 있다. 따라서 '있었잖아'의 '-잖아'는 사실을 확인하는 의미로 사용되었다고 할 수 있다.

③ 당신을 믿기에 이번 도전도 두렵잖아요.
'두렵잖아요'는 '마음에 염려스럽지 않다.'라는 뜻으로, '두렵다'를 부정하고 있다.

④ 작지만 소소한 행복이 있다면 남부럽잖아.
'남부럽잖아'는 '형편이 좋아서 남이 부럽지 않을 만하다.'라는 뜻으로, '남부럽다'를 부정하고 있다.

⑤ 힘들었지만 배운 게 많아 성과가 적잖아.
'적잖아요'는 '수나 양이 일정한 기준을 넘는다.'라는 뜻으로, '적다'를 부정하고 있다.

[16~45] 독서·문학

16~19　고전 시가 + 수필

(가) 우탁, 「한 손에 막대 잡고 ~」

감상　이 작품은 '백발'이 드는 과정을 막고 싶어 하는 화자의 모습을 해학적으로 표현한 시조이다. 나이가 들어 백발이 생기는 것은 자연의 이치이나 화자는 '가시'와 '막대'를 이용하여 이를 막으려고 한다. 화자의 행동이 애초에 불가능한 것과 화자의 노력에도 불구하고 결국 백발이 '지름길'을 통해 빠르게 온 것에서 웃음이 유발된다.

주제　늙음에 대한 한탄

(나) 작자 미상, 「임이 오마 하거늘 ~」

감상　이 작품은 임이 부재한 상황에서 임을 보고 싶어 하는 화자의 간절한 마음을 해학적으로 표현한 사설시조이다. 초장에서 임이 온다는 약속을 떠올리며 임을 기다리는 모습이, 중장에서 임을 기다리는 모습이 보다 적극적으로 나타나고 화자가 본 대상을 임이라 생각한 후에는 거침없고 과장되게 행동하는 모습이 나타난다. 하지만 종장에서 이 모든 것이 화자의 착각이었음을 알아차리며, 밤이어서 멋쩍은 상황을 남들이 알아 채지 못한 것을 다행이라 여기며 안도한다.

주제　임을 애타게 기다리는 마음

(다) 김상용, 「백리금파에서」

감상　이 작품은 황금 벌판이 펼쳐져 있음에도 아이들의 훼방으로 쌀을 먹지 못하고 굶주리고 있는 참새들을 위해 글쓴이가 기지를 발휘하여 참새들이 배불리 먹을 수 있도록 한 경험을 해학적으로 표현한 수필이다. 글쓴이는 극성스럽게 참새들을 쫓는 아이들에게 '오똑이'를 상으로 걸고 씨름을 시킨다. 아이들은 처음에는 수줍어하지만 금세 경쟁의 열기가 달아올라 참새 쫓는 일은 잊게 된다. 씨름이 진행되는 동안 쌀을 먹은 참새들이 배부른 꿈을 꾸리라 생각하며 글쓴이는 만족감을 나타낸다.

주제　자연을 사랑하고 약자를 생각하는 마음

---

16 표현상의 특징 파악 　　　정답률 79% | 정답 ⑤

(가) ~ (다)에 대한 설명으로 가장 적절한 것은?

① (가)는 추상적 관념을 구체적 대상으로 표현하여 부조리한 사회 현실을 고발하고 있다.
(가)에서 추상적 관념인 '늙음'을 구체적 대상인 '백발'로 표현하고 있지만, 부조리한 사회를 고발하는 내용은 찾아볼 수 없다.

---

② (나)는 대구의 방식을 활용하여 시적 대상이 갖고 있는 긍정적인 속성을 예찬하고 있다.
(나)의 '중문 나서 대문 나가', '버선을 벗어 품에 품고 신 벗어 손에 쥐고'를 통해 대구의 방식을 활용하고 있음을 알 수 있다. 하지만 이러한 대구의 방식을 통해 시적 대상이 갖고 있는 긍정적인 속성을 예찬하지는 않고 있다.

③ (다)는 특정 대상과 대화를 주고받는 방식을 통해 지나온 삶을 성찰하고 있다.
(다)를 통해 글쓴이가 아이들에게 말을 건네는 방식을 찾아볼 수 있지만, 이를 통해 지나온 삶을 성찰하는 것은 아니다.

④ (가)와 (나)는 화자의 공간 이동에 따른 정서 변화의 추이를 중심으로 시상을 전개하고 있다.
(나)에서 화자가 '중문 나서 대문 나가 지방 위로 올라가 앉'기도 하며, '주추리 삼대'를 임이라 착각하여 '주추리 삼대' 쪽으로 달려 나가는 것을 통해 공간 이동이 나타남을 알 수 있다. 그리고 화자가 임일 것이라는 기대감을 지니고 있다가 임이 아니라 '주추리 삼대'라는 것을 알게 된 후의 실망감이 드러나므로 화자의 정서 변화를 엿볼 수 있다. 하지만 (가)를 통해 화자의 공간 이동은 찾아볼 수 없다.

✔ (나)와 (다)는 음성 상징어를 활용하여 작중 상황을 생동감 있게 나타내고 있다.
(나)에서는 '곰비임비 임비곰비 천방지방 지방천방'과 '워렁퉁탕' 같은 음성 상징어를 활용하여, 임이라 여기며 뛰어가는 화자의 상황을 생동감 있게 나타내고 있다. 그리고 (다)에서는 '수북수북', '꽝꽝'의 음성 상징어를 활용하여, 벼가 쌓인 상황과 참새를 쫓는 상황을 생동감 있게 드러내고 있다.

---

17 시어에 담긴 의미 이해 　　　정답률 90% | 정답 ⑤

⊙, ⓛ에 대한 이해로 가장 적절한 것은?

① ⊙은 임을 만나게 된 설렘을, ⓛ은 수확을 끝낸 희열을 느끼는 시간이다.
⊙은 임을 만나는 시간이 아니며, ⓛ은 수확을 끝낸 희열과는 관련이 없다.

② ⊙은 부재하는 임에 대한 원망을, ⓛ은 공동체에 대한 소속감을 느끼는 시간이다.
⊙은 부재하는 임에 대한 원망을 살펴보기 어려운 시간으로, ⓛ은 글쓴이가 공동체에 대한 소속감을 느끼는 시간으로 볼 수 없다.

③ ⊙은 자신의 행동에 대한 자부심을, ⓛ은 자신의 행동에 대한 자괴감을 느끼는 시간이다.
⊙은 화자 자신이 착각을 하여 행동을 실수한 시간이므로, 자신의 행동에 대한 자부심을 느낀 시간으로 볼 수 없다. 그리고 ⓛ은 참새에게 도움을 준 시간이므로 자신의 행동에 대한 자괴감을 느끼는 시간으로 볼 수 없다.

④ ⊙은 내적 갈등에서 벗어난 평온함을, ⓛ은 내적 갈등으로 인한 괴로움을 느끼는 시간이다.
⊙은 여전히 임이 오지 않은 시간에 해당하므로 화자가 내적 갈등에서 벗어난 시간이라고 볼 수 없다. 그리고 ⓛ은 글쓴이가 내적 갈등으로 괴로움을 느끼는 시간이라 볼 수 없다.

✔ ⊙은 자신의 행동이 감추어진 것에 대한 안도감을, ⓛ은 자신이 행동한 결과에 대한 만족감을 느끼는 시간이다.
⊙의 '밤'은 '남 웃길 뻔'한 '낮'과 대조되는 시간으로, ⊙은 '주추리 삼대'가 임인 줄 알고 뛰어간 자신의 행동이 감추어진 것에 대한 안도감을 느끼는 시간으로 볼 수 있다. 그리고 ⓛ의 '오늘 밤'은 글쓴이가 아이들의 관심을 딴 데로 끌어 그 시간 동안 배불리 먹은 참새들이 '배부른 꿈을 꿀' 수 있는 시간에 해당하므로, 글쓴이 자신이 행동한 결과에 대한 만족감을 느끼는 시간으로 볼 수 있다.

---

18 글쓴이의 모습 이해 　　　정답률 69% | 정답 ④

(다)의 글쓴이에 대한 이해로 적절하지 않은 것은?

① '피곤한 나래'를 통해 아이들의 훼방으로 인해 앉을 자리를 찾아 헤매며 힘겨워하는 참새들의 모습을 표현하고 있다.
아이들이 '우여' 하고 소리를 치자 '참새들은 앉기가 무섭게 다시 피곤한 나래를 치고 있으므로, '피곤한 나래'는 아이들의 훼방으로 인해 앉을 자리를 찾아 헤매며 힘겨워하는 참새들의 모습을 표현한 것이라 할 수 있다.

② '흑사병 같'다는 것을 통해 참새를 내쫓는 소리가 참새들에게는 위협이 되고 있음을 표현하고 있다.
'흑사병 같은 '우여, 우여, 꽝꽝' 속에 헤매는 비운아들.'을 통해, '흑사병 같은'은 참새를 내쫓는 소리가 참새들에게는 위협이 되고 있음을 표현한 것이라 할 수 있다.

③ '애놈들도 고달플 것이다'에서 쌀알 하나 못 먹게 참새를 쫓아야 하는 더벅머리 떼의 처지를 측은하게 바라보고 있다.
'애놈들도 고달플 것이다'는 쌀알 하나 못 먹게 참새를 쫓아야 하는 더벅머리 떼의 처지를 '나'가 측은하게 바라보고 있음을 드러낸 표현이라 할 수 있다.

✔ '씨름들을 해라'라 하며 상으로 내건 오똑이를 통해 고난을 딛고 일어서는 의지의 중요성을 아이들에게 강조하고 있다.
씨름을 하는 장면 뒤의 내용을 통해, 글쓴이가 아이들에게 상으로 오똑이를 내건 이유는 아이들의 관심을 돌려서 아이들이 참새 쫓는 일을 멈추게 하여 참새들이 쌀알을 배불리 먹게 하기 위함임을 알 수 있다. 따라서 글쓴이가 오똑이를 통해 고난을 딛고 일어서는 의지의 중요성을 아이들에게 강조하였다는 이해는 적절하지 않다.

⑤ '저급한 정열'이라 표현한 것에서 인간의 본능적인 승부욕에 대한 부정적인 인식을 보여 주고 있다.
'저급한 정열은 인류의 맹장 같은 운명이다.'을 통해, '저급한 정열'이라는 표현에는 인간의 본능적인 승부욕에 대한 글쓴이의 부정적인 인식이 담겨 있다고 할 수 있다.

---

19 외적 준거에 따른 작품의 감상 　　　정답률 72% | 정답 ⑤

〈보기〉를 바탕으로 (가) ~ (다)를 감상한 내용으로 적절하지 않은 것은? [3점]

─〈보 기〉─
해학은 제시된 사건이나 상황이 주는 메시지를 평가하고, 그것이 웃음으로 이어지는 과정을 포괄하는 인지적 경험이라 할 수 있다. 해학을 유발하는 요소에는 상황적 요소와 언어적 요소가 있다. 상황적 요소는 상황의 반전, 상황의 부조화, 상황의 전이 등을 통해, 언어적 요소는 과장과 희화화, 재치 있는 표현을 통해 웃음을 머금게 하는 것을 말한다.

① (가)에서 거스를 수 없는 '백발'을 '가시'와 '막대'로 막으려는 상황이 부조화를 이루며 웃음이 유발된다고 할 수 있겠군.
(가)에서 거스를 수 없는 '백발'을 '가시'와 '막대'로 막으려는 상황은 해학을 유발하는 상황적 요소 중 '상황의 부조화'에 해당하므로 웃음을 유발한다고 할 수 있다.

② (나)에서 '임'으로 확신했던 것이 '주추리 삼대'로 밝혀지며 상황이 반전되는 것에서 웃음이 유발된다고 할 수 있겠군.
(나)에서 '임'으로 확신했던 것이 '주추리 삼대'로 밝혀지는 상황은 해학을 유발하는 상황적 요소 중 '상황의 반전'에 해당하므로 웃음을 유발한다고 할 수 있다.

③ (다)에서 아이들이 '참새'를 쫓는 것에 관심을 두던 상황이 '오뚝이'를 쟁취하기 위한 씨름에 몰두하는 상황으로 전이되며 웃음이 유발된다고 할 수 있겠군.
(다)에서 아이들이 '참새'를 쫓는 것에 관심을 두던 상황이 '오뚝이'를 쟁취하기 위한 씨름에 몰두하는 상황으로 옮겨지는데, 이는 해학을 유발하는 상황적 요소 중 '상황의 전이'에 해당하므로 웃음을 유발한다고 할 수 있다.

④ (가)에서 늙음이 오히려 빠르게 다가온다는 것을 '지름길로 오더라'로, (다)에서 '참새'에게 쌀알을 배불리 먹게 해 준 일을 '벼 두 되를 횡령'한 것으로 재치 있게 표현한 것에서 웃음이 유발된다고 할 수 있겠군.
(가)에서 화자의 '백발'을 막기 위한 노력에도 불구하고 '백발'이 '지름길로 오더라'라고 표현하여 늙음이 오히려 빠르게 다가온다고 표현하였고, (다)에서는 '참새'에게 쌀알을 배불리 먹게 해 준 일을 '횡령'이라고 표현하고 있다. 따라서 두 경우 모두 해학을 유발하는 언어적 요소 중 '재치 있는 표현'에 해당하므로 웃음을 유발한다고 할 수 있다.

☑ (나)에서 임을 만나기 위해 '버선'과 '신'을 신지 않고 허둥대는 모습을, (다)에서 '우승자'가 오뚝이를 상으로 받고 기뻐하는 모습을 과장하여 희화화한 것에서 웃음이 유발된다고 할 수 있겠군.
(나)에서는 임을 만나기 위해 '버선'과 '신'을 신지 않고 허둥대는 화자의 모습을 과장하여 표현하고 있는데, 이는 화자의 모습을 희화화하고 있으므로 웃음을 유발해 준다고 할 수 있다. 하지만 (다)에서 오뚝이를 상으로 받은 '우승자'의 모습을 과장하여 희화화하는 모습은 찾아볼 수 없다.

20~25 | 인문 + 예술

(가) 아도르노 · 호르크하이머, 「계몽의 변증법」

해제 이 글은 근대 계몽 이성이 자유와 풍요를 선사할 것이라는 기대와 달리 인류를 파국으로 치닫게 한 원인에 대해 비판적 관점에서 분석하고 있다. 아도르노는 계몽의 전개 과정을, 자연에 대한 지배, 인간에 대한 지배, 인간의 내적 자연에 대한 지배라는 변증법적 과정으로 분석하고 있다. 자연에 대한 지배는 인간이 자연의 위협에서 벗어나 자기 보존을 꾀하기 위해 자연을 지배하는 단계이고, 인간에 대한 지배는 사회 전체가 도구적 이성에 의해 총체적으로 관리되면서 개인이 자율성과 비판적 사유 능력을 상실한 채 목적 달성을 위한 수단으로 전락하는 단계이다. 마지막으로 인간의 내적 자연에 대한 지배는, 사회적으로 통제 가능한 합리적 주체가 되기 위해 인간이 감정이나 욕망과 같은 인간의 내면에 있는 자연적 요소를 스스로 억압하는 단계이다. 아도르노는 근대 문명이 파국으로 치닫게 된 원인을 인간의 자기 보존에서 시작하여 자연과 내적 자연의 지배로까지 이어진 결과로 보고, 지배 논리로 전화된 이성의 폭력성과 비합리성을 비판하고 있다.

주제 계몽에 대한 아도르노의 비판

문단 핵심 내용

1문단	계몽에 대해 다른 입장을 제시한 아도르노
2문단	아도르노가 본 계몽의 첫 번째 단계-자연에 대한 지배
3문단	아도르노가 본 계몽의 두 번째 단계-인간에 대한 지배
4문단	아도르노가 본 계몽의 마지막 단계-내적 자연에 대한 지배
5문단	근대 문명의 파국의 원인이 계몽이라고 본 아도르노

(나) 하요 뒤히팅, 「표현주의」

해제 이 글은 근대 이성에 대한 회의감과 인간 실존에 대한 관심을 바탕으로, 인간의 내면을 회화를 통해 분출하고자 했던 예술 운동인 표현주의를 소개하고 있다. 표현주의는 대상의 사실적 재현이라는 기존의 회화적 전통을 거부하고 회화를 통해 감정을 표현하였다는 점에서 아방가르드 운동의 일종이다. 이는 화가의 감정을 표현하기 위해 대상의 색이나 형태를 왜곡해서 나타낸다는 특징이 있다. 이러한 방법을 통해 표현주의는 사회에 대한 비판적 감정이나 인간의 근원적 고통, 불안 등을 화폭에 담아냈다. 훗날 표현주의는 회화의 영역을 대상의 외면에서 인간의 내면까지 확장시킨 운동으로 평가받으며, 현대 추상 미술이 등장하는 기반이 되었다.

주제 표현주의 작품의 이해

문단 핵심 내용

1문단	표현주의의 등장 배경
2문단	표현주의 회화의 특징
3문단	표현주의 작품의 특징
4문단	표현주의 작품의 의의

★★★ 등급을 가르는 문제!
20 내용 전개상 공통점 파악　　　　　정답률 57% | 정답 ③

(가)와 (나)의 공통점으로 가장 적절한 것은?

① 근대 사회에 내재된 여러 문제와 이의 해결 방안을 분석하고 있다.
(가), (나)를 통해 근대 사회의 문제는 찾아볼 수 있지만, 이러한 문제의 해결 방안을 분석한 내용은 찾아볼 수 없다.

② 근대 사회가 발전하게 된 과정을 예술적 관점에서 고찰하고 있다.
(가)에서는 근대 사회의 부정적인 측면을 비판한 아도르노의 주장이 제시될 뿐, 근대 사회가 발전하게 된 과정을 예술적 관점에서 고찰하는 내용은 제시되어 있지 않다.

☑ 근대 사회의 부정적인 측면에 대한 비판적인 입장을 제시하고 있다.
(가)에서 인간의 자율성을 억압하는 근대 사회의 폭력성과 비합리성을 비판적으로 분석한 아도르노의 주장을 드러내고 있다. 그리고 (나)에서는 근대 이성을 맹신한 결과 전쟁과 물질문명의 폐해를 경험한 유럽의 젊은 예술가들이 이를 비판하며 등장한 표현주의에 대해 설명하고 있다. 따라서 (가)와 (나) 모두 근대 사회의 부정적인 측면에 대한 비판적 입장을 제시하였다고 할 수 있다.

④ 근대 사회의 특성을 상반된 관점에서 분석한 두 이론을 소개하고 있다.
(가)에서는 아도르노, (나)에서는 표현주의 화가들의 생각이 드러나고 있을 뿐, (가)와 (나) 모두 상반된 관점의 두 이론이 제시되지는 않고 있다.

⑤ 근대 사회의 과학 혁명을 이어 가기 위한 당시 사람들의 노력을 설명하고 있다.
(가)를 통해 근대 사회의 과학 혁명에 대한 내용은 찾아볼 수 있지만, (가)와 (나) 모두 근대 사회의 과학 혁명을 이어가기 위한 노력은 찾아볼 수 없다.

21 인용된 말의 의도 파악　　　　　정답률 80% | 정답 ②

㉠과 같이 말한 의도로 가장 적절한 것은?

① 계몽에 대한 반작용으로 다시 자연으로 회귀하려는 사회적 움직임을 옹호하고 있다.
(가)를 통해 자연으로 회귀하려는 사회적 움직임은 찾아볼 수 없다.

☑ 인류의 진보를 지향했던 계몽주의가 인류의 자율성을 억압하는 방향으로 역행한 것을 경고하고 있다.
아도르노가 말한 '이성의 차가운 빛 아래 새로운 야만의 싹이 자라난다.'에서 '야만의 싹'은 이성이 도구적 이성으로 전락함에 따라 인간이 인간을 폭력적으로 지배하고 자율성을 억압하는 것을 비유적으로 나타낸 것이라 할 수 있다. 이러한 내용을 볼 때, ㉠은 인류의 진보를 지향했던 계몽주의가 인류의 자율성을 억압하는 방향으로 역행한 것을 경고하는 것으로 볼 수 있다.

③ 신화적 상상력을 기반으로 인간이 자연을 지배하는 과정에서 이성의 힘이 약화되는 것을 우려하고 있다.
(가)를 통해 인간이 신화적 상상력을 기반으로 인간이 자연을 지배한 내용은 찾아볼 수 없고, 이성의 힘이 강화되었음을 알 수 있다. 따라서 신화적 상상력을 기반으로 자연을 지배하는 과정에서 이성의 힘이 약화된 내용은 적절하지 않다.

④ 인간 소외 문제를 해결해야 한다는 사회적 요구를 반영하여 인간의 집단적 힘이 필요함을 제안하고 있다.
(가)에서 아도르노는 인간이 인간을 폭력적으로 지배하는 것을 비판하고 있으므로, 인간의 집단적 힘이 필요함을 제안한 것이라 볼 수 없다.

⑤ 근대 문명의 추악한 현실을 극복하기 위해 인간의 자기 보존에 대한 욕망을 회복해야 함을 강조하고 있다.
(가)에서 아도르노는 인간의 자기 보존에 대한 욕망에서 시작된 계몽의 결과를 비판하고 있으므로, 인간의 자기 보존에 대한 욕망을 회복해야 함을 강조한 것이라 할 수 없다.

22 구체적인 자료에의 적용　　　　　정답률 82% | 정답 ②

(가)의 내용을 고려할 때 〈보기〉의 Ⓐ, Ⓑ에 해당하는 단계로 가장 적절한 것은?

〈보 기〉
아도르노는 인간을 유혹해 제물로 삼는 세이렌을 자연의 위협으로 보고, 오디세우스가 여기에서 벗어나는 과정을 계몽의 전개 과정과 연계하여 설명하였다.

세이렌의 일화
바다 요정 세이렌은 섬을 지나는 사람들을 아름다운 노랫소리로 유혹해 제물로 삼는다. 세이렌의 유혹에 빠지지 않고 섬을 지나가기 위해 Ⓐ 오디세우스는 부하들의 귀를 밀랍으로 막아 아무 소리도 듣지 못하게 만들고, 노를 저어 섬을 지나갈 것을 지시한다. 그리고 Ⓑ 아름다운 노랫소리의 유혹에 빠지려는 욕망을 스스로 억압하기 위해 돛대에 자신의 몸을 묶어 움직이지 못하게 한다. 세이렌의 섬을 지날 때 노랫소리가 들려오자 오디세우스는 이성을 잃고 풀어 달라고 애원하지만, 부하들은 아무 소리도 듣지 못한 채 힘차게 노를 저어 무사히 섬을 지나간다.

	Ⓐ	Ⓑ
①	인간에 대한 지배	자연에 대한 지배
☑	인간에 대한 지배	내적 자연에 대한 지배

(가)를 통해 아도르노가 세이렌의 일화를 계몽의 전개 과정이 집약적으로 드러난 알레고리로 보고 그 과정, 즉 '자연에 대한 지배 - 인간에 대한 지배 - 인간의 내적 자연에 대한 지배'를 설명하고 있음을 알 수 있다. 그리고 〈보기〉를 통해 인간을 유혹해서 제물로 삼는 세이렌은 인간을 위협하는 거대한 자연을 상징한다고 볼 수 있다. 이러한 내용을 바탕으로 〈보기〉의 '세이렌 일화'를 분석하면, 섬을 무사히 지나기 위한 목적을 달성하기 위해 오디세우스가 부하들의 귀를 밀랍으로 막아 감각을 상실시켜 오로지 노를 젓게 만든 것은 부하들의

자율성과 비판적 능력을 상실시켜 부하들을 목적 달성을 위한 수단으로 전락시켰다는 점에서 인간에 대한 지배를 상징한다고 볼 수 있다. 또한 오디세우스가 자신의 몸을 돛대에 묶은 것은 노랫소리에 이끌리는 자신의 욕망과 감정을 스스로 억압한 것이므로 이는 인간의 내적 자연에 대한 지배를 상징한다고 볼 수 있다. 한편 오디세우스와 부하들이 세이렌의 제물이 되지 않고 섬을 무사히 지난 것은 인간이 자연의 위험에서 벗어났다는 점에서 자연에 대한 지배를 상징한다고 볼 수 있다.

③ 내적 자연에 대한 지배　　인간에 대한 지배
④ 내적 자연에 대한 지배　　자연에 대한 지배
⑤ 　자연에 대한 지배　　　인간에 대한 지배

---

23 세부적인 내용의 이해　　정답률 90% | 정답 ③

(나)에서 알 수 있는 내용으로 적절하지 않은 것은?

① 근대 이성에 회의를 느낀 유럽인들은 인간 실존의 문제에 관심을 갖게 되었다.
　(나)의 1문단의 '이성에 대한 깊은 회의감과 함께 인간의 실존 문제에 관심을 갖게 되었다.'를 통해 알 수 있다.

② 표현주의는 전쟁을 경험한 독일의 젊은 예술가들을 중심으로 등장한 예술 운동이다.
　(나)의 1문단의 '독일의 젊은 예술가들은 사회·정치적 긴장 상태에 항거하며, 그동안 이성의 그늘에 가려 소외되어 왔던 인간의 내면을 회화를 통해 분출하고자 하였는데, 이러한 예술 운동을 표현주의라고 부른다.'를 통해 알 수 있다.

✓③ 마티스에 의하면 표현의 의미는 눈으로 본 것을 눈에 전달하는 수단이라 할 수 있다.
　(나)의 2문단을 통해 마티스가 '표현이 눈으로 본 것을 눈에 전달하는 것이 아니라 마음에서 느낀 것을 마음에 전달하는 수단'임을 강조하였음을 알 수 있다. 이를 통해 마티스가 주장한 표현의 의미는 눈으로 본 것을 눈에 전달하는 수단이 아님을 알 수 있다.

④ 표현주의는 대상의 외면에만 국한하지 않고 인간의 감정까지 다루었다는 평가를 받는다.
　(나)의 4문단의 '회화의 영역을 대상의 외면에 국한하지 않고 인간의 내면까지 확장시킨 운동으로 평가받았다.'를 통해 알 수 있다.

⑤ 표현주의는 대상을 사실적으로 재현하지 않았다는 점에서 당시 혁신적인 예술 운동이었다.
　(나)의 2문단의 '이는 회화의 기본 목적이 대상을 사실적으로 재현하는 것이라는 전통적 규범을 거부하였다는 점에서 아방가르드 운동의 일종이라 할 수 있다.'를 통해 알 수 있다.

---

24 구체적인 사례에의 적용　　정답률 73% | 정답 ④

(가)의 '아도르노'와 (나)의 '표현주의'의 관점에서 〈보기〉의 작품을 감상한 내용으로 적절하지 않은 것은? [3점]

〈보 기〉

표현주의 작가인 뭉크의 작품 「절규」에서는, 해골의 형상을 한 남자가 공포에 가득 찬 표정으로 귀를 틀어막으며 비명을 지르고 있다. 그 뒤로 핏빛으로 물든 하늘과 검은색 강물을 꿈틀거리듯 왜곡하여 표현함으로써 존재의 허무감에서 오는 불안과 고통을 감상자들이 그대로 느낄 수 있도록 하였다.

뭉크, 「절규」

① (가) : 작가가 표현하려고 한 감정은 근대 이성에 의해 억눌려 온 인간의 내적 자연으로 볼 수 있겠군.
　〈보기〉의 작품에서 나타내려고 한 감정은 작가가 느끼는 불안과 고통이다. 아도르노에 의하면 이는 근대 이성에 의해 억압되어 온 인간의 감정, 즉 내적 자연이라고 볼 수 있다.

② (가) : 작가가 전달하는 불안과 고통은 이성이 팽배했던 근대 사회에서 한 개인이 느꼈던 존재의 허무감과 관련이 있다고 볼 수 있겠군.
　전쟁의 비극과 물질문명의 병폐와 같이 표현주의가 등장하게 된 근대 사회의 부정적 측면을 고려할 때, 〈보기〉의 작품에서 작가가 나타내고자 했던 불안과 고통은 이성이 팽배했던 근대 사회에서 한 개인이 느꼈던 존재의 허무감과 관련이 있다고 볼 수 있다.

③ (나) : 해골 형상과 꿈틀거리는 강물은 작가가 느끼는 공포를 표현하기 위해 의도적으로 형태를 왜곡한 것이라고 볼 수 있겠군.
　표현주의는 작가가 느끼는 감정이나 감각을 표현하기 위해서 대상의 형태를 왜곡하여 나타낸다. 〈보기〉의 작품에서 남자의 얼굴이 해골의 형상을 한 것이나 강물이 꿈틀거리는 모습은 작가가 느끼는 공포를 표현하기 위해서 의도적으로 형태를 왜곡한 것으로 볼 수 있다.

✓④ (나) : 비명을 지르는 남자의 모습을 회화적 전통에 따라 표현함으로써 감상자도 그 고통을 그대로 느끼게 한 것으로 볼 수 있겠군.
　(나)의 2, 3문단의 내용을 통해 표현주의가 대상을 사실적으로 재현한다는 회화의 전통을 거부하고, 대상의 색이나 형태를 왜곡하여 표현함으로써 작가의 감정이나 감각을 표현하려 하였음을 알 수 있다. 따라서 이러한 내용을 볼 때, 〈보기〉의 작품에서 비명을 지르는 남자의 모습을 회화의 전통에 따라 표현함으로써 감상자도 그 고통을 그대로 느끼게 하였다는 감상 내용은 적절하지 않다.

⑤ (나) : 강물의 검은색은 실제 색이라기보다는 작가가 느끼는 고통을 효과적으로 표현하기 위해 자의적으로 선택한 색이 사용된 것으로 볼 수 있겠군.
　표현주의 작품에서는 사물이 갖는 고유한 색이 무시된 채 내면을 드러내기 위해 작가가 자의적으로 선택한 색이 사용된다. 따라서 작품에서 강물을 검은색으로 표현한 것은 강물의 실제 색이라기보다는 작가가 느끼는 고통의 감정을 효과적으로 표현하기 위해서 자의적으로 선택한 색이 사용된 것이라고 볼 수 있다.

---

25 사전적 의미 파악　　정답률 86% | 정답 ②

ⓐ~ⓔ의 사전적 의미로 적절하지 않은 것은?

① ⓐ : 겉으로 나타나는 낌새.

✓② ⓑ : 어떤 사실을 자세히 따져서 바로 밝힘.
　'미명'의 사전적 의미는 '그럴듯하게 내세운 명목이나 명칭'이다. '어떤 사실을 자세히 따져서 바로 밝힘.'에 해당하는 단어는 '규명'이다.

③ ⓒ : 어떤 결말이나 결과에 이름.

④ ⓓ : 옳고 그름을 가리지 않고 덮어놓고 믿는 일.

⑤ ⓔ : 상관하지 아니하거나 무시함.

26~29 현대 소설

김주영, 「고기잡이는 갈대를 꺾지 않는다」

감상 이 소설은 해방 이후 한국 전쟁에 이르기까지 가난한 시골 작은 마을 사람들의 삶의 이야기를 그리고 있다. 다양한 인물들의 갖가지 사연들을 품고 있는 가난한 시골 작은 마을의 모습은 당시 궁핍하고 아픔 많은 한국 사회를 고스란히 보여 준다. 그 이야기의 중심에는 어린 형제의 성장기의 삶이 자연스럽게 녹아 있는데, 이 작품은 이들 형제의 순수한 눈으로 세상의 험난한 고통과 그 변화의 과정을 그려 낸다. 한편 이 작품에서는 이러한 소년 형제의 성장 과정만이 아니라 이들을 둘러싸고 있는 다양한 성격의 마을 사람들의 생생한 삶의 모습도 보여 주고 있다.

주제 아픈 유년기와 이를 극복한 인간의 성장

작품 줄거리 '나'는 어느 날 받은 편지에 동봉된 고향 사진을 매개로 유년 시절을 회상한다. '나'는 어릴 적 아버지 없이 홀로 살림을 꾸려 가는 어머니 아래 동생을 돌보며 하루하루를 살아간다. 전쟁이 끝나자 마을 분위기는 어수선해지고, '나'는 점점 부조리한 사회의 모습을 겪으면서 혼란스러워한다. 사회의 무자비한 폭력에 상처 입는 삼손, 이데올로기의 차이로 고통받는 이발관 아저씨와 선생님, 몸은 불편하지만 순수한 옥화와의 이별을 통해 '나'는 한층 성장해 간다.

---

26 서술상 특징 파악　　정답률 68% | 정답 ①

윗글의 서술상 특징으로 가장 적절한 것은?

✓① 회상을 통해 주인공이 직접 경험한 사건을 전달하고 있다.
　이 글은 서술자인 '나'가 다락에서 지독을 발견한 사건, 다락과 관련한 어머니의 행동, 동생이 다락이 열려 있어 집으로 가야 한다는 사건이 제시되고 있다. 그런데 이러한 사건들은 '그때처럼 어머니를 미워했었던 적은 없다.', '어머니가 우리들의 자존심을 부추기고 나온 결정적인 사건이 있었다.' 등에서 알 수 있듯이 서술자인 '나'가 과거를 회상하는 것에 해당함을 알 수 있다. 따라서 이 글은 주인공인 '나'가 직접 경험한 사건을 회상을 통해 전달해 준다고 할 수 있다.

② 반복되는 사건을 통해 인물 간의 갈등을 심화시키고 있다.
　'중략 부분 줄거리' 이전의 사건은 '나'가 지독을 다락에서 발견한 일이고, 이후의 사건은 그날 밤 이후 어머니의 달라진 행동과 그에 대한 나와 아우의 반응을 드러내고 있다. 따라서 사건이 반복된다고 볼 수 없다. 또한 지독 발견 이후 어머니와 '나'의 갈등이 심화되지도 않고 있다.

③ 장면의 빈번한 전환을 통해 사건의 이면을 폭로하고 있다.
　이 글은 '나'가 지독을 발견한 그날 밤 전후의 장면이 시간의 흐름에 따라 전개되고 있으므로, 장면의 빈번한 전환이 일어난다고 볼 수 없다.

④ 동시에 발생한 사건의 병치를 통해 긴장감을 조성하고 있다.
　이 글에서는 시간의 흐름에 따라 사건이 전개되고 있으므로, 동시에 발생한 사건을 병치시킨다고 볼 수 없다.

⑤ 공간적 배경에 대한 묘사를 통해 미래의 일을 암시하고 있다.
　이 글을 통해 공간에 해당하는 다락이나 집에 대한 묘사는 거의 드러나지 않고 있으므로, 공간적 배경에 대한 묘사를 통해 미래의 일을 암시한다고 볼 수 없다.

---

27 핵심 구절의 의미 이해　　정답률 86% | 정답 ①

함정의 모순에 대한 이해로 가장 적절한 것은?

✓① 곡식을 많이 모았지만 정작 모은 곡식을 숨겨 가족이 굶주리게 한 것을 의미하는군.
　'함정의 모순' 앞의 '이 많은 곡식을 다락 ~ 배를 주려 왔던 것이다.'를 볼 때, '함정의 모순'은 어머니가 가족의 생존을 위해 지독에 곡식을 모았지만 정작 모은 곡식을 숨겨 가족을 굶주리게 한 것을 의미한다고 할 수 있다.

② 명분이 있을 만한 물건들이 없었음에도 어머니가 다락을 소중히 여겼던 것을 의미하는군.
　어머니의 은밀한 움직임에 명분이 있을 만한 물건들이 없었다는 것과 함정의 모순은 관계가 없다.

③ 다락에 채워 놓은 자물쇠가 도난의 위험을 근본적으로 막을 수 없었다는 것을 의미하는군.
　자물쇠가 도난의 위험을 막을 수 없다는 것과 함정의 모순은 관계가 없다.

④ 쌀로 채워져 있을 것이라는 생각과 달리 보리쌀로만 채워진 지독을 발견한 것을 의미하는군.
　지독에 보관된 곡식의 종류와 함정의 모순은 관계가 없다.

⑤ 곡식을 온전히 보관하기 위해 지독을 이용했지만 곡식의 누린내를 막을 수 없었던 것을 의미하는군.
　곡식을 온전히 보관하기 위해 지독을 이용했다는 것과 함정의 모순은 관계가 없다.

---

28 인물의 심리와 태도 이해　　정답률 77% | 정답 ③

㉠~㉤에 대한 설명으로 적절하지 않은 것은?

① ㉠ : 누구도 범접할 수 없게 하기 위한 어머니의 의지를 나타내고 있다.
　'나'는 지독 안 곡식 위에 찍힌 어머니의 손자국을 보고 섬뜩한 긴장감을 느끼며 함부로 범접할 수 없는 어머니의 경계심이 선명하게 드러나 있다 하고 있다. 따라서 ㉠은 모아 둔 쌀에 누구든 범접하지 않게 하기 위한 어머니의 의지를 드러낸다고 할 수 있다.

② ㉡ : 어머니가 허용하지 않은 공간에 출입한 것을 들킬까 염려하는 마음이 담겨 있다.

아우가 다급하게 어머니가 온다는 것을 알리는 것은 다락의 출입을 허용하지 않았던 어머니에게 다락에 들어간 형이 들킬까 봐 염려하는 마음이 담겨 있다고 할 수 있다.

☑ © : 행동 통일이 되어 왔던 관행을 '나'가 깨뜨리려 한 일에 대한 아우의 불만을 표현하고 있다.
'아우의 반란'은 항상 형과 행동을 통일하던 아우가 다락 안의 지독이 도둑맞을까 봐 두려워 혼자서라도 집을 지키겠다는 결심을 가리킨다. 따라서 행동 통일이었던 관행을 깨뜨리려 한 것은 동생에 해당하므로, 행동 통일에 대한 관행을 깨뜨리려 한 '나'에 대한 아우의 불만이라고 할 수 없다.

④ ② : 아이들과 함께 놀고 싶은 생각에 제동이 걸리는 이유 중 하나로 작용하고 있다.
어머니가 자물쇠의 열쇠를 갖고 외출했는지 알 수 없어 난감했다고 표현한 것에서, 아이들과 함께 놀고 싶은 생각에 제동이 걸리는 이유 중 하나로 작용하고 있음을 알 수 있다.

⑤ ® : 혼자서라도 다락을 지키겠다는 아우의 언행이 뜻밖이었음을 드러내고 있다.
혼자서 집을 지키겠다는 결심을 한 아우의 언행은 형과 한시라도 떨어져 있지 않으려 했던 아우의 이전 행동과 다른 뜻밖의 일이었음을 드러낸 것이라 할 수 있다.

---

29 외적 준거에 따른 작품의 감상 　　　정답률 67% | 정답 ①

〈보기〉의 선생님의 질문에 대한 대답으로 적절하지 않은 것은? [3점]

〈보 기〉
선생님 : 이 작품을 감상할 때는 '그날 밤'을 전후로 달라지는 인물의 행동과 심리, 사건의 전개 양상에 주목하는 것이 중요합니다. 작품에 나타난 시간의 흐름을 아래와 같이 정리할 때, 그날 밤 이전과 이후에 변화된 것이 무엇인지를 파악해 볼까요?

　　Ⓐ 이전　—　그날 밤　—　Ⓑ 이후

☑ Ⓐ에서 다락에 대해 품었던 '나'의 원천적인 호기심이, Ⓑ에서 모두 희석되었음을 알 수 있습니다.
어머니의 행동 변화로 인해 '나'는 '채워진 다락에 대해 가졌던 강렬한 호기심보다 더욱 강렬하게 다락의 일에 빨려들'고 있다. 그렇지만 '다락에 대한 원천적 호기심이 희석되진 않았'고 '다만 호기심의 방향이 바뀌었다'고 했으므로 '나'의 원천적 호기심이 Ⓑ에서 모두 희석되었다는 내용은 적절하지 않다.

② Ⓐ에서 다락의 곡식에 대해 가졌던 어머니의 꼼꼼한 경계심이, Ⓑ에서 느슨해지고 있음을 알 수 있습니다.
'다락에 대해서는 각별한 경계심을 갖고' 있던 어머니가 '그날 밤 이후로 어머니는 고미다락의 문을 채우지 않았다'는 데서 어머니의 경계심이 Ⓐ보다 Ⓑ에서 느슨해지고 있음을 알 수 있다.

③ Ⓐ에서 다락의 곡식에 대해 어머니가 가졌던 애착을, Ⓑ에서 '나'와 아우도 가지게 되었음을 알 수 있습니다.
Ⓐ에서 지독 안 곡식 위의 선명한 손도장에서 곡식에 대한 어머니의 애착을 느낄 수 있다. 그런데 다락문이 개방된 이후 그것이 '세 사람 모두의 것'이 되었다는 서술에서 Ⓑ에서 '나'와 아우도 곡식에 대한 애착을 지니게 되었음을 알 수 있다.

④ Ⓐ에서 어머니만 짊어졌던 다락에 대한 책임감이, Ⓑ에서 '나'와 아우에게도 부여되고 있음을 알 수 있습니다.
Ⓐ에서 어머니는 다락에 대해서 각별한 경계심을 갖고 채워 두기를 게을리하지 않았다는 것에서 어머니가 다락을 지켜야 한다는 책임감을 짊어지고 있음을 알 수 있다. Ⓑ에서 다락문이 열려 있는 상황에서 '나'와 아우가 집을 비워 두고 놀러 나가는 상황이 난감하다고 생각하는 것에서 다락 안에 있는 곡식을 지켜야 한다는 책임감을 느끼고 있음을 알 수 있다.

⑤ Ⓐ에서 몰래 다락방에 출입했던 어머니가, Ⓑ에서 '나'와 아우가 바라보는 앞에서도 출입하고 있음을 알 수 있습니다.
'옛날과 다른 점이 있다면, 우리가 바라보는 앞에서 그곳을 출입하기 시작했다'라는 서술에서 Ⓐ에서 다락에 몰래 출입하던 어머니가 Ⓑ에서 '나'와 아우 앞에서 다락에 출입했음을 알 수 있다.

30~34 　사회

전상현, 「개인정보자기결정권의 헌법상 근거와 보호영역」

해제　이 글은 개인정보보호법에 대해 설명하고 있다. 개인정보자기결정권이란 자신에 관한 정보가 언제, 누구에게, 어느 범위까지 알려지고 이용될 것인지를 스스로 결정할 수 있는 권리를 의미하는데, 이러한 개인정보자기결정권을 보호하기 위해 개인정보보호법이 제정되었다. 개인정보보호법에서는 개인정보의 범위를 규정하고 있으며, 개인정보를 수집·이용할 때 사전에 정보 주체의 동의를 받도록 하고 있다. 고유 식별 정보, 민감 정보를 수집·이용할 때는 별도의 동의를 받아야 하며, 동의를 받을 때 수집 항목을 강조하여 표현해야 한다. 또한 이 법에서는 개인정보 보호를 위해 수집 목적을 달성할 수 있는 한에서 개인정보를 익명 정보로 처리하도록 규정하고 있다. 그러나 익명 정보는 수집 목적 이외의 분야에서 활용하기 어렵다는 제약이 있으므로 개인정보의 유연한 활용을 위해 개인정보를 가명 처리하여 사용하는 방안을 마련하였다.

주제　개인정보자기결정권의 보호 수단인 개인정보보호법의 이해

문단 핵심 내용

1문단	기본권으로 인정되는 개인정보자기결정권
2문단	개인정보보호법에서 규정하는 개인정보의 의미와 범위
3문단	사전 동의 제도의 이해
4문단	고유 식별 정보와 민감 식별 정보의 의미 및 수집 시의 조건
5문단	익명 정보의 이해
6문단	가명 정보의 이해

---

30 개괄적 정보의 이해 　　　정답률 74% | 정답 ②

윗글에서 알 수 있는 내용으로 적절하지 않은 것은?

① 개인정보자기결정권의 개념

1문단의 '자신에 관한 정보가 언제, 누구에게, 어느 범위까지 알려지고 이용될 것인지를 스스로 결정할 수 있는 권리'를 통해, 개인정보자기결정권의 개념을 설명하고 있음을 알 수 있다.

☑ 개인정보를 익명 처리하는 과정
5문단에서 개인정보를 익명 정보로 처리하는 이유와 익명 정보의 개념에 대해 언급하고 있지만, 개인정보를 익명 처리하는 과정에 대한 내용은 언급되어 있지 않다.

③ 개인정보보호법을 제정하게 된 목적
2문단을 통해 개인정보보호법이 개인정보자기결정권을 보호하기 위해 제정되었음을 알 수 있다.

④ 개인정보 활용의 유연성을 높이는 방안
6문단을 통해 개인정보 활용의 유연성을 높이기 위해 가명 정보 처리 방안이 마련되었음을 알 수 있다.

⑤ 개인정보 보호에 대한 인식이 확산된 배경
1문단을 통해 정보 통신 기술의 발달로 개인정보가 데이터베이스화되면서 개인정보 유출로 인한 피해가 커져 개인정보 보호에 대한 인식이 확산되었음을 알 수 있다.

---

31 핵심 정보의 이해 　　　정답률 63% | 정답 ③

㉠과 ㉡에 대한 설명으로 적절한 것은?

① ㉠은 익명 처리되기 전의 개인정보와 일대일로 대응한다.
6문단을 통해 가명 정보는 가명 처리되기 전의 개인정보와 일대일로 대응하지만, 익명 정보는 가명 정보와 달리 익명 처리되기 전의 개인정보와 일대일로 대응하지 않음을 알 수 있다.

② ㉡은 이용 목적에 상관없이 정보 주체의 동의가 필수적이다.
6문단을 통해 가명 정보는 통계 작성, 과학적 연구, 공익적 기록 보존 등의 목적으로 정보 주체의 동의 없이 이용됨을 알 수 있다.

☑ ㉠은 ㉡과 달리 개인정보보호법의 보호 대상이 아니다.
5문단을 통해 익명 정보가 원래의 개인정보로 복원되는 것이 불가능하다고 판단되는 정보임을 알 수 있다. 따라서 ㉠은 더 이상 개인정보가 아니므로 개인정보보호법의 보호 대상이 아니라고 할 수 있다. 그리고 6문단을 통해 가명 정보는 추가 정보와 비교적 쉽게 결합하여 개인을 식별할 수 있음을 알 수 있다. 따라서 ㉡은 개인정보에 포함되어 개인정보보호법의 보호 대상이 된다고 할 수 있다.

④ ㉡은 ㉠과 달리 수집 목적 이외의 분야에서 활용되기 어렵다.
5문단을 통해 익명 정보는 수집 목적 이외의 분야에서 활용하기 어려움을 알 수 있고, 6문단을 통해 가명 정보는 익명 정보에 비해 보다 유연하게 활용됨을 알 수 있다.

⑤ ㉠과 ㉡은 모두 개인정보 처리자가 제3자에게 제공할 수 없다.
6문단을 통해 가명 정보는 통계 작성, 과학적 연구, 공익적 기록 보존 등의 목적을 위해 제3자에게 제공됨을 알 수 있다. 또한 5문단을 통해 익명 정보는 더 이상 개인정보로 볼 수 없어 개인정보보호법의 보호 대상이 아님을 알 수 있으므로, 익명 정보가 제3자에게 제공될 수 없다는 설명은 적절하지 않다.

---

32 이유의 추론 　　　정답률 63% | 정답 ⑤

[A]를 참고할 때, 〈보기〉의 빈칸에 들어갈 내용으로 가장 적절한 것은?

〈보 기〉
헌법 제17조에서는 타인에 의해 자유를 제한받지 않을 권리를 보장하는데, 이러한 권리는 일반적으로 소극적 성격의 권리로 해석된다. 이는 적극적으로 타인에게 일정한 행위를 요구할 수 있는 청구권적 성격을 포괄하기 어려워, 헌법 제17조만으로는 개인정보자기결정권을 보장하는 근거가 불충분하다는 견해가 있다. 그것은 개인정보자기결정권이 (　　　　　　)하기 때문이다.

① 공익을 목적으로 타인의 개인정보를 자유롭게 이용할 수 있는 권리에 해당
개인정보자기결정권은 타인에 의해 개인정보가 함부로 공개되지 않도록 보장받을 권리를 포함한다. 따라서 개인정보자기결정권이 공익을 목적으로 타인의 개인정보를 자유롭게 이용할 수 있는 권리에 해당한다고 보기는 어렵다.

② 특정 대상에 대한 개인적 견해와 같은 사적인 정보를 보호받을 권리를 포함
특정 대상에 대한 개인적 견해와 같은 사적인 정보를 보호받을 권리는 소극적 성격의 권리로 해석될 수 있으므로 청구권적 성격을 포괄하기 어렵다.

③ 개인정보가 정보 주체의 동의가 없더라도 개인정보 처리자에게 제공되도록 허용
개인정보자기결정권은 정보 주체의 동의 없이 개인정보를 개인정보 처리자에게 제공하도록 허용하는 권리가 아니다.

④ 정보 주체의 이익보다 개인정보의 활용으로 인한 사회적 이익을 우선하여 보장
개인정보자기결정권은 개인정보에 대한 정보 주체의 권리를 의미하는데, 이 권리가 정보 주체의 이익보다 개인정보의 활용으로 인한 사회적 이익을 우선하여 보장한다고 보기는 어렵다.

☑ 개인정보에 대한 열람, 삭제, 정정 등을 적극적으로 요구할 수 있는 권리를 포함
〈보기〉에서는 헌법 제17조에서 보장하는 권리를 소극적 성격의 권리로 설명하고 있다. 그러나 개인정보자기결정권은 개인정보에 대해 열람, 삭제, 정정 등의 행위를 요구할 수 있는 권리를 포함하는데, 〈보기〉의 설명에 따르면 이는 청구권적 성격을 지닌다. 따라서 개인정보자기결정권이 개인정보에 대한 열람, 삭제, 정정 등을 적극적으로 요구할 수 있는 권리를 포함한다는 점은, 헌법 제17조만으로는 개인정보자기결정권을 보장하는 근거를 충분히 설명하기 어렵다는 견해를 뒷받침할 수 있다.

---

33 구체적인 사례에의 적용 　　　정답률 79% | 정답 ⑤

ⓐ의 사례에 해당하지 않는 것은?

① 학교 홈페이지에 담임을 맡은 학급과 함께 게시된, '김○우'라는 교사의 이름
'김○우'라는 이름은 담임을 맡은 학급과 함께 제공될 경우 개인을 알아볼 수 있는 정보가 되므로 개인정보에 해당한다고 할 수 있다.

② 국가에서 설립한 기관에서 장(長)의 직책을 맡고 있는 사람의 휴대 전화 번호
개인의 휴대 전화 번호는 개인을 알아볼 수 있는 정보이므로 개인정보에 해당한다고 할 수 있다.

③ 의사자를 추모하기 위한 행사에서 추도사를 읽는 유족의 얼굴을 촬영한 동영상
사망자의 유족은 살아 있는 사람이고, 얼굴을 촬영한 동영상은 개인을 알아볼 수 있는 정보이므로 개인정보에 해당한다고 할 수 있다.

④ 원격 수업에 참여한 학생들의 얼굴을 모두 확인할 수 있도록 컴퓨터 화면을 캡처한 이미지
원격 수업에 참여한 학생들의 얼굴을 모두 확인할 수 있도록 컴퓨터 화면을 캡처한 이미지는 개인을 알아볼 수 있는 정보이므로 개인정보에 해당한다고 할 수 있다.

✔ 생전에 모은 재산 전액을 기증한 '이부자'를 기리기 위해 만들어진 '이부자 장학 재단'이라는 명칭

2문단을 통해 사망자나 단체에 관한 정보는 개인정보에 포함되지 않음을 알 수 있다. 따라서 '이부자 장학 재단'이라는 명칭은 단체의 이름에 해당하므로 개인정보보호법에서 규정하는 개인정보에 해당한다고 볼 수 없다. 한편 사망자인 '이부자'의 이름 역시 개인정보에 해당하지 않는다.

---

34 내용을 바탕으로 한 자료의 이해 정답률 65% | 정답 ④

윗글을 바탕으로 인터넷 사이트에서 회원 가입 시 제시하는 다음 동의서를 이해한 내용으로 적절하지 **않은** 것은? [3점]

가. 개인정보 수집 및 이용 동의

주식회사 ○○(이하 '회사')는 ○○서비스 회원(이하 '회원')의 권리를 적극적으로 보장합니다.

　　1. 수집 항목 : 아이디, 비밀번호
　　　　　　　⋮
　　4. 개인정보 수집 및 이용 동의를 거부할 권리
　　　　4-1. 회원은 개인정보의 수집 및 이용 동의를 거부할 권리가 있습니다.
　　　　4-2. 수집 및 이용 동의를 거부할 경우, 서비스 이용이 제한됩니다.

　　□ 개인정보를 수집하고 이용하는 것에 동의합니다.

나. 건강 정보 수집 및 이용 동의

　　1. 수집 항목 : **건강 정보**

　　□ 건강 정보를 수집하고 이용하는 것에 동의합니다.

---

① '가'에서 '회사'는 개인정보 처리자, '회원'은 개인정보의 주체에 해당하겠군.
3문단을 통해 '회사'는 개인정보를 처리하는 단체임을 알 수 있으므로, 개인정보 처리자, '회원'은 개인정보를 제공하는 개인, 즉 개인정보의 주체에 해당한다고 할 수 있다.

② '가'의 4-2는 정보 제공 동의를 거부할 경우 정보 주체가 받을 수 있는 불이익에 해당하겠군.
3문단을 통해 개인정보 처리자는 동의 거부에 따른 불이익이 있는 경우 그 불이익의 내용을 알려야 함을 알 수 있다.

③ '가'에서 '회원'의 동의 여부를 확인하는 것은 '회원'의 개인정보자기결정권을 보호하기 위한 수단이겠군.
3문단을 통해 사전 동의 제도가 정보 주체가 개인정보에 대한 자기 결정을 표현하는 것임을 알 수 있으므로, '회원'의 동의 여부를 확인하는 것은 개인정보자기결정권을 보호하기 위한 수단에 해당한다고 할 수 있다.

✔ '나'의 1은 개인의 건강 정보가 고유 식별 정보에 해당하기 때문에 수집 항목을 강조하여 표시한 것이겠군.
4문단을 통해 건강 정보는 민감 정보에 해당함을 알 수 있으므로, 개인의 건강 정보가 고유 식별 정보에 해당한다는 내용은 적절하지 않다.

⑤ '나'는 정보 주체의 사생활이 현저히 침해되는 것을 방지하는 차원에서 '가'와 별도로 동의를 받는 것이겠군.
4문단을 통해 건강 정보는 주체의 사생활을 현저히 침해할 우려가 있는 정보임을 알 수 있으므로, 건강 정보를 수집할 때는 별도로 동의를 받아야 함을 알 수 있다.

35~37 현대시

(가) 나희덕, 「그 복숭아나무 곁으로」
[감상] 이 작품은 대상이 지닌 참모습을 발견하고 타인에 대한 진정한 이해에 도달하는 과정을 그리고 있다. 이 작품에서 화자는 겉으로 보이는 모습으로만 복숭아나무(타인)를 판단하고 거리감을 느끼지만, 대상의 새로운 모습을 발견하면서 진정하게 이해하고 공감하게 되었음을 드러내 주고 있다.
[주제] 인간과 자연의 조화 및 순환적 질서

[표현상의 특징]
· 색채어를 활용하여 대상의 모습을 구체화해 줌.
· 경어체를 활용하여 화자의 내적 정서를 표현함.
· 사람의 마음을 사물에 빗대어 표현하고 있음.

(나) 복효근, 「잔디에게 덜 미안한 날」
[감상] 이 작품은 자연과의 인간의 관계를 고찰하고 깨달음을 얻는 과정을 형상화하고 있다. 이 작품에서 화자는 잔디가 사람들에 밟혀 죽었다고 인식하지만, 사람들의 말소리와 웃음소리가 청량한 것을 발견하게 된다. 이처럼 자연물이 사람들에게 생명력을 전해 준다는 인식의 변화를 바탕으로 자연과 인간의 생명력이 서로 순환되고 있음을 나타내고 있다.
[주제] 인간과 자연의 조화 및 순환적 질서

[표현상의 특징]
· 색채어를 활용하여 대상의 모습을 구체화해 줌.
· 설의적 표현을 사용하여 화자의 확신을 드러내 줌.
· 후각적 심상을 사용하여 대상을 형상화해 줌.

---

35 표현상 공통점 파악 정답률 85% | 정답 ①

(가)와 (나)의 표현상 공통점으로 가장 적절한 것은?

✔ 색채어를 활용하여 대상의 모습을 구체화하고 있다.
(가)에서는 '흰꽃', '분홍꽃'의 시어를 통해 복숭아나무를 구체적으로 드러내고 있고, (나)에서는 '푸른 잔디', '푸른 풀잎'의 시어를 통해 잔디, 풀잎의 모습을 구체적으로 드러내고 있다. 따라서 (가)와 (나)에서는 색채어를 활용하여 대상의 모습을 구체화하였다고 할 수 있다.

---

② 설의적 표현을 사용하여 화자의 확신을 드러내고 있다.
(나)의 '말소리가 저렇게 청량하랴'를 통해, 설의적 표현을 사용하여 화자의 확신을 드러내고 있음을 알 수 있다. 하지만 (가)를 통해 설의적 표현은 찾아볼 수 없다.

③ 경어체를 활용하여 화자의 내적 정서를 고백하고 있다.
(가)에서는 '~습니다'와 같은 경어체를 활용하여 화자의 내적 정서를 표현하고 있지만, (나)에서는 경어체가 나타나 있지 않다.

④ 후각적 심상을 활용하여 대상의 속성을 부각하고 있다.
(나)에서는 '싱싱한 풀꽃 냄새가 난다'를 통해 후각적 심상이 사용되고 있음을 알 수 있다. 하지만 (가)에서는 후각적 심상을 찾아볼 수 없다.

⑤ 상승과 하강의 이미지를 반복하여 주제를 강조하고 있다.
(가)와 (나) 모두 상승과 하강의 이미지가 반복하여 나타나 있지 않다.

---

36 시어의 의미 이해 정답률 78% | 정답 ⑤

㉠, ㉡에 대한 설명으로 가장 적절한 것은?

① ㉠은 대상에 대한 동경을, ㉡은 연민을 나타낸다.
㉠에는 대상을 동경하는 마음이, ㉡에는 연민을 느끼는 마음이 나타나 있지 않다.

② ㉠은 대상에 대한 기대감을, ㉡은 친밀감을 나타낸다.
㉡에는 대상에 대한 화자의 친밀감이 나타난다고 볼 수 있지만, ㉠에는 대상에 대한 기대감이 나타나 있지 않다.

③ ㉠은 대상에 대한 이질감을, ㉡은 일체감을 나타낸다.
㉠에는 대상에 대한 화자의 이질감이 나타나 있다고 볼 수 있지만, ㉡에는 대상과 일체감이 나타나 있지 않다.

④ ㉠은 대상에 대한 상실감을, ㉡은 실망감을 나타낸다.
㉠에는 대상에 대한 상실감이, ㉡에는 대상에 대한 실망감이 나타나 있지 않다.

✔ ㉠은 대상에 대한 심리적 거리감을, ㉡은 관심을 나타낸다.
(가)의 화자는 처음에 복숭아나무에 대해 '사람이 앉지 못할 그늘을 가졌을 거'라 생각하고 있었으므로, '멀리로만'은 복숭아나무에 대한 화자의 심리적 거리감을 나타낸다고 할 수 있다. 그리고 (나)의 화자는 잔디가 밟혀 죽었을 거라 걱정하였으므로, '멀리서도'는 '사람의 몸 속에 푸른 길을 내고 살아 있는' 잔디에 대한 화자의 관심을 나타낸다고 할 수 있다.

---

37 시상의 흐름에 따른 작품의 감상 정답률 62% | 정답 ③

다음은 (가), (나)에 대한 '엮어 읽기 과제 수행록'이다. 과제를 수행한 결과로 적절하지 **않은** 것은? [3점]

○ 공통점 : 인식의 변화 과정을 담고 있음.
○ 시적 대상(의미)
　(가) : 복숭아나무(타인), (나) : 잔디(자연물)
○ 시상의 흐름에 따른 감상

(가)	시상	(나)
'사람이 앉지 못할 그늘을 가졌을 거'에서 타인에 대한 선입견이 나타남. ········· a	피상적 인식	'잔디가 모두 죽었다'에서 자연물에 대한 단편적 인식이 나타남.
'흰꽃과 분홍꽃 사이에 수천의 빛깔이 있다'에서 타인의 본모습을 발견함.	새로운 발견	'푸른 잔디의 것이 아니라면 저 사람들의 말소리가 저렇게 청량하랴'에서 자연물과 사람들의 관계를 발견함. ················ b
'외로운 줄도 몰랐을 것'에서 욕심을 버리고 다른 사람을 위해 자신을 희생하는 타인의 모습을 인식하게 됨. ·········· c	인식의 변화	'잔디가 죽은 것이 아니라' '사람 속에서 꽃피고 있음'에서 자연물이 사람들에게 생명력을 전해 준다고 인식하게 됨.
'복숭아나무 그늘에서 가만히 들었습니다'에서 타인을 진정으로 이해하고 교감함. ·········· d	결과	'언젠가는 사람들도 잔디에게 자리를 내어준다'에서 죽음이 생명으로 이어지는 자연의 순환적 원리를 깨달음. ·········· e

---

① a : (가) '사람이 앉지 못할 그늘을 가졌을 거'에서 타인에 대한 선입견이 나타남.
'사람이 앉지 못할 그늘을 가졌을 거'라는 표현은 복숭아나무를 피상적으로 관찰하여 선입견을 나타낸 표현이라 할 수 있다.

② b : (나) '푸른 잔디의 것이 아니라면 저 사람들의 말소리가 저렇게 청량하랴'에서 자연물과 사람들의 관계를 발견함.
'푸른 잔디의 ~ 청량하랴'라는 표현은 죽은 잔디가 사람들 안에서 살아있다는 것을 나타내는 것이므로 자연물과 사람들의 관계를 새롭게 발견한 표현이라 할 수 있다.

✔ c : (가) '외로운 줄도 몰랐을 것'에서 욕심을 버리고 다른 사람을 위해 자신을 희생하는 타인의 모습을 인식하게 됨.
(가)의 화자는 복숭아나무가 수많은 '꽃빛'을 피우기 위해 노력했을 것이므로 외로움을 느낄 여유조차 없었을 것이라고 생각하고 있다. 따라서 '외로운 줄도 몰랐을 것'을 욕심을 버리고 다른 사람을 위해 자신을 희생하는 타인의 모습을 인식하게 된 것으로 연관 지어 감상한 것은 적절하지 않다.

④ d : (가) '복숭아나무 그늘에서 가만히 들었습니다'에서 타인을 진정으로 이해하고 교감함.
'복숭아나무 그늘에서 가만히 들었습니다'라는 표현은 복숭아나무가 의미하는 타인에 대한 화자의 진정한 이해와 교감을 드러내는 표현이라 할 수 있다.

⑤ e : (나) '언젠가는 사람들도 잔디에게 자리를 내어준다'에서 죽음이 생명으로 이어지는 자연의 순환적 원리를 깨달음.
'언젠가는 사람들도 잔디에게 자리를 내어준다'라는 표현은 잔디와 사람들 간의 관계를 통해 자연의 순환적 원리를 나타낸 표현이라 할 수 있다.

38~41 기술

김학수, 「인공지능 음성 언어 비서 시스템의 자연어 처리 기술」
[해제] 이 글은 음성 언어 비서 시스템에서 통계 데이터를 활용하여 단어나 문장의 오류를 보정하는 자연어 처리 기술인 철자 오류 보정 방식과 띄어쓰기 오류 보정 방식을 소개하고 있다. 철자 오류 보정

방식은 교정 사전과 어휘별 통계 데이터를 기반으로 잘못된 문자열을 올바른 문자열로 바꿔 주는 방식이며, 띄어쓰기 오류 보정 방식은 띄어쓰기가 올바르게 구현된 문장에서 추출한 통계 데이터와 비교하여 잘못된 띄어쓰기를 보정해 주는 방식이다.

주제	자연어 처리 기술의 종류와 각각의 오류 보정 방법

문단 핵심 내용

1문단	자연어 처리 기술의 이해
2문단	철자 오류 보정의 과정 1 – 전처리와 오류 문자열 판단
3문단	철자 오류 보정의 과정 1 – 교정 후보 집합 생성과 최종 교정 문자열 탐색
4문단	띄어쓰기 오류 보정 방식
5문단	철자 오류 보정 방식과 띄어쓰기 오류 보정 방식의 정확도 향상 방안

---

38 내용의 사실적 이해 정답률 73% | 정답 ③

윗글에서 알 수 있는 내용으로 적절하지 <u>않은</u> 것은?

① 잘못 입력된 문장이 보정되지 않으면 음성 언어 비서 시스템이 제 기능을 발휘하지 못한다.
1문단을 통해 음성 언어 비서 시스템이 제대로 작동하기 위해서는 사용자의 음성이 올바르게 인식되어야 함을 알 수 있다. 따라서 잘못 입력된 문장이 보정되지 않으면 시스템이 제 기능을 발휘하지 못한다고 할 수 있다.

② 음성 인식 오류를 보정할 때는 사용자의 음성 언어를 문자 언어로 변환하는 과정이 선행된다.
1문단을 통해 입력된 음성 언어를 문자 언어로 변환한 다음, 오류를 보정하는 자연어 처리 기술이 사용됨을 알 수 있으므로, 음성 인식 오류를 보정할 때는 사용자의 음성 언어를 문자 언어로 변환하는 과정이 필요함을 알 수 있다.

☑ 철자 오류 보정 방식은 각 단계마다 입력된 문장을 음절 단위로 구분하여 데이터를 처리한다.
2문단을 통해 철자 오류 보정 방식의 첫 번째 단계인 '전처리'에서는 국어에 쓰이는 음절에 대한 정보를 바탕으로 처리가 불가능한 문자열을 처리가 가능한 문자열로 바꾸어 줌을 알 수 있다. 그리고 두 번째 단계인 '오류 문자열 판단' 단계부터는 입력된 문장을 어절 단위의 문자열로 나누어 처리함을 알 수 있다. 따라서 철자 오류 보정 방식에서 각 단계마다 입력된 문장을 음절 단위로 구분하여 처리한다는 설명은 적절하지 않다.

④ 띄어쓰기 오류 보정 방식에서 입력된 문장의 처음과 끝은 공백이 있는 것으로 처리된다.
4문단을 통해 띄어쓰기 오류 보정 방식에서 문장의 처음과 끝은 공백이 있는 것으로 처리함을 알 수 있다.

⑤ 통계 데이터에 포함된 데이터의 양을 늘리면 보정의 정확도는 증가하지만 처리 속도는 감소한다.
5문단을 통해 보정의 정확도를 높이기 위해 데이터의 양을 늘리면 처리 속도가 감소함을 알 수 있다.

---

39 구체적인 상황에의 적용 정답률 76% | 정답 ④

[A]를 참고로 하여 〈보기〉의 ㉮～㉣를 설명한 내용으로 적절하지 <u>않은</u> 것은? [3점]

〈보 기〉

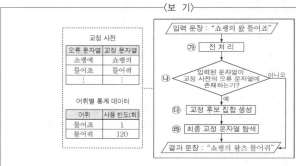

① ㉮ : '왉'를 '왈츠'로 교정하여 처리가 가능한 문자열로 바꿔 준다.
2문단을 통해 '전처리' 단계에서는 불분명하게 입력된 문자열을 처리가 가능한 문자열로 바꿔 줌을 알 수 있다. 따라서 '왉'라는 음절은 국어에 쓰이지 않으므로 처리가 가능한 문자열인 '왈츠'로 바꿔 줌을 알 수 있다.

② ㉯ : '쇼팽의'를 교정 사전에서 확인한 결과 오류 문자열에 해당하지 않으므로 결과 문장으로 바로 보낸다.
3문단을 통해 처리된 문자열이 교정 사전의 오류 문자열에 존재하지 않을 경우 바로 결과 문장으로 도출됨을 알 수 있다. 따라서 '쇼팽의'라는 문자열은 교정 사전의 오류 문자열에 존재하지 않으므로 결과 문장으로 바로 보냄을 알 수 있다.

③ ㉯ : '틀어죠'를 교정 사전에서 확인한 결과 오류 문자열에 해당하므로 '교정 후보 집합 생성' 단계로 보낸다.
2문단을 통해 '오류 문자열 판단' 단계에서는 어절 단위의 문자열이 교정 사전의 오류 문자열에 존재하는지 여부를 확인함을 알 수 있다. 따라서 '틀어죠'라는 문자열은 교정 사전의 오류 문자열에 존재하므로 '교정 후보 집합 생성' 단계로 보냄을 알 수 있다.

☑ ㉰ : '틀어죠'가 교정 사전의 오류 문자열에 있으므로 '틀어줘'만을 교정 후보로 하는 교정 후보 집합을 생성한다.
3문단을 통해 '교정 후보 집합 생성' 단계에서는 오류 문자열과 교정 문자열 모두를 교정 후보로 하는 교정 후보 집합을 생성함을 알 수 있다. 이에 따라 '틀어죠'와 '틀어줘' 모두 교정 후보로 하는 교정 후보 집합을 생성하므로, '틀어줘'만을 교정 후보로 한다는 진술은 적절하지 않다.

⑤ ㉣ : 어휘별 통계 데이터를 적용하여 사용 빈도가 높은 '틀어줘'를 최종 교정 문자열로 선택한다.
3문단을 통해 '최종 교정 문자열 탐색' 단계에서는 교정 후보 중 사용 빈도가 높은 문자열을 최종 교정

문자열로 선택하여 결과 문장을 도출함을 알 수 있다. 따라서 교정 후보 '틀어죠'와 '틀어줘' 중 어휘별 통계 데이터에서 사용 빈도가 높은 '틀어줘'를 최종 교정 문자열로 선택함을 알 수 있다.

★★★ 등급을 가르는 문제!

40 이유의 추리 정답률 60% | 정답 ⑤

윗글을 바탕으로 할 때, ㄱ～ㅁ에서 〈보기〉의 띄어쓰기 오류 보정이 일어난 이유로 가장 적절한 것은?

〈보 기〉

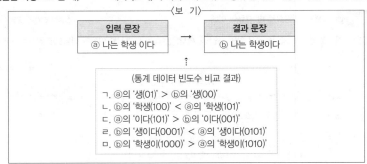

입력 문장	→	결과 문장
ⓐ 나는 학생 이다		ⓑ 나는 학생이다

(통계 데이터 빈도수 비교 결과)
ㄱ. ⓐ의 '생(01)' > ⓑ의 '생(00)'
ㄴ. ⓑ의 '학생(100)' < ⓐ의 '학생(101)'
ㄷ. ⓐ의 '이다(101)' > ⓑ의 '이다(001)'
ㄹ. ⓑ의 '생이다(0001)' < ⓐ의 '생이다(0101)'
ㅁ. ⓑ의 '학생이(1000)' > ⓐ의 '학생이(1010)'

① ㄱ. ⓐ의 '생(01)' > ⓑ의 '생(00)'
ⓐ의 '생(01)'이 ⓑ의 '생(00)'보다 크므로 띄어쓰기 오류 보정이 일어난 이유에 해당하지 않는다.

② ㄴ. ⓑ의 '학생(100)' < ⓐ의 '학생(101)'
ⓑ의 '학생(100)'이 ⓐ의 '학생(101)'이 보다 작으므로 띄어쓰기 오류 보정이 일어난 이유에 해당하지 않는다.

③ ㄷ. ⓐ의 '이다(101)' > ⓑ의 '이다(001)'
ⓐ의 '이다(101)'가 ⓑ의 '이다(001)'보다 크므로 띄어쓰기 오류 보정이 일어난 이유에 해당하지 않는다.

④ ㄹ. ⓑ의 '생이다(0001)' < ⓐ의 '생이다(0101)'
ⓑ의 '생이다(0001)'가 ⓐ의 '생이다(0101)'보다 작으므로 띄어쓰기 오류 보정이 일어난 이유에 해당하지 않는다.

☑ ㅁ. ⓑ의 '학생이(1000)' > ⓐ의 '학생이(1010)'
4문단을 통해 띄어쓰기 오류 보정 방식에서는 입력 문장의 띄어쓰기를 이진법으로 변환한 다음 통계 데이터와 비교하여 빈도수가 높은 띄어쓰기 결과에 맞춰 오류를 보정함을 알 수 있다. 따라서 〈보기〉의 통계 데이터 빈도수 비교 결과 중 띄어쓰기 오류 보정이 일어난 이유는 ⓑ의 '학생이(1000)'이 ⓐ의 '학생이(1010)'보다 빈도수가 높은 'ㅁ' 때문이라 할 수 있다.

★★ 문제 해결 꿀~팁 ★★

▶ 많이 틀린 이유는?
이 문제는 문제의 의도를 정확히 이해하지 못하였거나, 글의 내용을 적용하는 과정에서 어려움을 겪어 오답률을 높였던 것으로 보인다.
▶ 문제 해결 방법은?
이 문제를 해결하기 위해서는 문제의 의도를 정확히 이해해야 한다. 즉 〈보기〉의 '입력 문장'과 '출력 문장'을 비교하여 띄어쓰기 오류 보정이 일어난 곳이 어디인지 파악하고 이를 중심으로 문제를 해결할 수 있어야 한다. 이렇게 볼 때, '입력 문장'의 '학생 이다'를 '학생이다'로 고쳤으므로 이를 중심으로 살펴보면 된다. 그리고 4문단의 내용을 통해 입력 문장의 띄어쓰기를 이진법으로 변환한 다음 통계 데이터와 비교하여 빈도수가 높은 띄어쓰기 결과에 맞춰 오류를 보정한다는 내용을 파악하였다면 ⑤가 적절함을 알았을 것이다. 마찬가지로 ④의 경우에도 4문단의 내용을 바탕으로 할 때, ⓑ의 '생이다(0001)'가 ⓐ의 '생이다(0101)'보다 작으므로 띄어쓰기 오류 보정이 일어난 이유에 해당하지 않음을 알 수 있다. 이 문제처럼 문제 의도만 정확히 알았다면 ④와 ⑤로 선택지를 좁힐 수 있고, ④와 ⑤ 중에서 '빈도수가 높은 띄어쓰기 결과에 맞춰 오류를 보정한다는 내용'을 바탕으로 답을 쉽게 파악할 수 있었을 것이다. 따라서 평소 문제를 풀 때는 출제자의 의도를 정확히 파악할 수 있도록 문제의 발문과 발문으로 제시된 〈보기〉를 정확히 읽을 수 있도록 한다.

---

41 문맥적 의미 파악 정답률 91% | 정답 ④

문맥에 맞게 ㉠～㉤을 바꿔 쓴 것으로 적절하지 <u>않은</u> 것은?

① ㉠ : 바탕으로
'기반'은 '기초가 될 만한 바탕'이라는 의미를 지닌 단어이므로, '기반으로'는 '바탕으로'로 바꾸어 쓸 수 있다.

② ㉡ : 나누어
'구분하다'는 '일정한 기준에 따라 갈라 나누다.'라는 의미를 지닌 단어이므로, '구분하여'는 '나누어'로 바꾸어 쓸 수 있다.

③ ㉢ : 만든다
'생성하다'는 '사물이 생겨 이루어지게 하다.'라는 의미를 지닌 단어이므로, '생성한다'는 '만든다'로 바꾸어 쓸 수 있다.

☑ ㉣ : 고친
'추출하다'는 '전체 속에서 어떤 요소를 뽑아내다.'라는 의미를 지닌 단어이므로, '추출한'을 '고친'으로 바꾸어 쓰는 것은 적절하지 않다.

⑤ ㉤ : 높이기
'향상시키다'는 '수준이나 기술 따위가 나아지게 하다.'라는 의미를 지닌 단어이므로, 앞에 '정확도'가 쓰인 문맥을 고려해 볼 때 '향상시키기'를 '높이기'로 바꾸어 쓸 수 있다.

42~45 고전 소설

작자 미상, 「월영낭자전」

감상	이 작품은 천상 선녀였던 월영이 호원의 딸로 태어나 최희성과 정혼하나 온갖 고난을 겪고 마침내 행복을 이룬다는 내용의 가정 소설이다. 월영이 위 자사의 강제 결혼 시도 등 많은 고난을 물리치고 최성과 혼인을 이루는 과정을 중심으로 인물의 현숙함과 비범함 등이 강조되며 서사적 흥미를 높이고 있다.
주제	혼사 장애의 극복과 권선징악
작품 줄거리	중국 송나라 때 최현은 늦게야 아들 희성을 얻고, 친구 호원의 딸 월영과 정혼시킨다. 호원이 간신의 모해로 죽자 부인도 자결한다. 위현이 월영을 재취로 맞으려 하자, 월영은 핍박을 피해 자살한 것으로 위장하고 남장한 채 피신하여, 경사의 부인을 만나 양녀가 된다. 한편, 월영이 죽은 줄 안

최희성은 과거에 장원급제한 후, 민 상서의 딸과 혼인하지만 금슬이 좋지 않다. 희성은 어느날 졸다가 천상에 올라 상제로부터 유진성인 희성과 옥진성인 월영이 연분이 있다는 말을 듣고 깨어난다. 그리고 그의 청삼에 홍삼자락이 매어져 있음을 발견한다. 월영 역시 선녀의 인도로 천상에 가서 유진성을 만나고 자기 홍삼에 매어진 청삼 자락을 발견한다. 희성은 숙부의 문병길에 절강에 들러 경어사집에 묵게 되었는데, 뜻밖에 월영이 옥진성이며 그와 정혼한 사이임을 알게 된다. 월영은 최현의 부름으로 경성으로 오는 길에 선녀를 만나 전생의 죄로 아직 액운이 남았다는 이야기를 듣는다. 희성은 국구(國舅) 정한의 압력으로 그의 사위가 되는데, 정씨는 교만 방자한 인물을 시기한다. 월영은 정씨의 모함으로 누명을 입고 옥에 갇히는데, 옥중에서 쌍둥이를 낳는다. 희성은 발해 순행을 하고 오던 길에 월영과 아이들이 울고 있는 꿈을 꾼다. 정국구의 계교로 월영을 처형하려 할 때, 천상에서 선관이 내려와 월영이 옥진성임을 알린다. 정씨는 자결하고 나머지 가족들은 화목하게 지낸다.

★★★ 등급을 가르는 문제!

42 서술상 특징 파악
정답률 37% | 정답 ②

윗글에 대한 설명으로 가장 적절한 것은?

① 꿈과 현실이 교차되면서 낭만적인 분위기가 조성되고 있다.
이 글을 통해 꿈과 현실이 교차되는 장면은 찾아볼 수 없다.

☑ **서술자가 사건과 인물에 대한 주관적 평가를 드러내고 있다.**
이 글에서 서술자는 낭자가 관군을 물리치는 장면에 '규중에 조그마한 처자로 ~ 목숨을 아낌이라.', '자사 듣기를 다하매 ~ 지혜 용맹 있는 여자라.'라 말하고 있다. 이는 서술자가 작품 속에 개입하여 낭자의 인물됨과 사건 전개 내용에 대해 주관적으로 평가한 것이라 할 수 있다.

③ 우의적 기법으로 대상에 대한 풍자적 태도를 드러내고 있다.
이 글에서 다른 사물에 빗대어 풍자 등을 나타내는 우의적 기법은 사용되지 않았다.

④ 액자식 구성을 통해 사건의 전모를 구체적으로 밝히고 있다.
이 글에서 이야기 속에 다른 이야기가 삽입된 액자식 구성은 사용되지 않았다.

⑤ 섬세하고 치밀한 묘사로 인물의 외양과 행동을 부각하고 있다.
이 글을 통해 인물의 외양과 행동에 대한 섬세하고 치밀한 묘사는 찾아볼 수 없다.

★★ 문제 해결 꿀~팁 ★★

▶ **많이 틀린 이유는?**
이 문제는 선택지에 제시된 서술 방식을 정확히 이해하지 못해 오답률이 높았던 것으로 보인다.

▶ **문제 해결 방법은?**
이 문제를 해결하기 위해서는 선택지에 제시된 서술상 특징에 밑줄을 긋고, 이를 바탕으로 작품을 통해 일일이 확인할 수 있어야 한다. 즉, 꿈과 현실의 교차, 인물에 대한 서술자의 주관적 평가, 우의적 기법(직접 말하지 않고 다른 동물이나 식물 등에 빗대어 표현하는 방법), 액자식 구성, 섬세하고 치밀한 묘사에 밑줄을 그은 다음, 이러한 내용이 작품에 드러나는지 확인해야 한다. 가령 오답률이 높았던 ③과 ⑤의 경우, 글을 통해 '우의적 기법'을 찾을 수 없고, 인물에 대한 묘사도 드러나지 않으므로 적절하지 않은 것이다. 이 문제처럼 고전 소설(현대 소설도 마찬가지임.)에서 서술상 특징을 묻는 문제의 경우, 묻는 방식은 소설의 기본 요소를 바탕으로 묻는다. 즉, 서술자, 인물과 사건, 배경, 갈등 등을 묻는다. 따라서 평소 고전 소설에서 서술상 특징을 묻는 선택지가 무엇이 있는지 정리하여 두면 서술상 특징 문제는 보다 쉽게 해결할 수 있을 것이다. 또한 서술상 특징에 해당하는 주요 용어(우의적 기법, 액자식 구성 등)에 대해서는 평소 충분히 이해하여 숙지할 수 있도록 해야 한다.

43 구절의 의미 파악
정답률 67% | 정답 ④

㉠ ~ ㉣에 대한 설명으로 가장 적절한 것은?

① ㉠은 인물 간의 내재된 갈등을 직접 언급하여 사건 전개의 방향을 뚜렷하게 한다.
㉠은 인물 간의 내재된 갈등이 언급된 것이 아니다.

② ㉡은 여러 사건에 대한 인물들의 다양한 입장을 예상하게 하여 인물 간의 관계를 추론하게 한다.
㉡은 과거 사건을 대신하고 있으므로 여러 사건에 대한 인물들의 다양한 입장을 예상할 수 있는 것이 아니며 인물 간의 관계를 추론할 수 있는 것도 아니다.

③ ㉣은 인물의 성격이 변화됨을 암시하여 그에 따른 행동에 대한 독자의 호기심을 이끌게 한다.
㉣은 인물의 성격 변화를 나타낸 것이 아니다.

☑ **㉡, ㉢은 앞에서 일어났던 사건의 주요 내용을 생략하여 반복적 진술을 피하게 한다.**
이 글에서 ㉡은 낭자가 금백 채단을 도로 위 자사에게 보낸 과거 일을 대신하고 있고, ㉢은 위 자사가 보낸 관군을 물리친 일을 대신하고 있다. 따라서 ㉡, ㉢은 모두 앞에서 일어났던 사건의 주요 내용을 생략한 것이므로, 반복적 진술을 피하게 하는 기능을 한다고 할 수 있다.

⑤ ㉢, ㉣은 인물이 앞으로 취할 행동을 알려 주어 독자들이 인물의 성격을 짐작하게 한다.
㉣은 인물이 앞으로 취할 행동을 나타내지만, ㉢은 과거 사건을 대신하는 것으로 인물이 앞으로 취할 행동을 나타낸 것이 아니다.

44 작품 내용의 이해
정답률 66% | 정답 ①

〈보기〉의 빈칸에 들어갈 말을 [A]에서 찾아 정리한 내용으로 적절하지 않은 것은?

〈보 기〉
낭자는 시비에게서 서간의 내용을 듣고 (㉠)을 들어 위 자사가 자신을 속이려고 보낸 것임을 바로 눈치챈다.

☑ **최생이 자신에게 그간의 안위를 묻지 않음**
[A]는 위 자사가 보낸 서간 내용이 거짓임을 낭자가 눈치챈 근거를 말하고 있는 내용에 해당한다. 이러한 [A]의 내용을 통해 낭자가 서간 내용에 대해 의심스러워 하는 근거로, 최생이 자신에게 그간의 안위를 묻지 않았다는 것은 찾아볼 수 없다.

② 최생이 먼 길에 노복만 보낸 일이 의심스러움
최생이 먼 길에 노복만 보내지 아니할 것이라는 데서 알 수 있다.

---

③ 최생이 썼다는 서간의 내용이 허술하고 빈약함
서간의 말씀이 심히 허소하다는 데서 알 수 있다.

④ 최생과 정혼의 징표로 삼은 물건을 전달하지 않음
나의 월귀탄은 보내지 아니하였다는 데서 알 수 있다.

⑤ 보배를 보낸 것이 최 상서의 인물됨에 반하는 행동임
최 상서는 정직한 군자로 원로에 보배를 보낼 리 없다는 데서 알 수 있다.

45 외적 준거에 따른 작품의 감상
정답률 63% | 정답 ④

〈보기〉를 바탕으로 윗글을 감상한 내용으로 적절하지 않은 것은? [3점]

〈보 기〉
「월영낭자전」은 주인공의 결연 과정에서 혼사를 어렵게 만드는 혼사 장애 모티프를 바탕으로 이야기가 전개되고 있다. 반동 인물이 지위, 재물 등을 이용해 주인공과 강제 결혼을 시도하는 과정에서 권력의 폭력성이 드러나고 대립이 심화된다. 한편 반동 인물에게 용기 있게 맞서는 데서 주인공의 윤리적 가치관, 비범함과 지략이 부각되며 흥미가 더욱 고조되는 서사적 특징을 보인다. 고난을 주체적으로 극복해 나가는 주인공의 모습이 당대 여성 독자들의 호응을 얻었고, 근대적 여성상을 제시한 작품으로 평가받고 있다.

① 부귀영화를 누리는 위 자사가 지위와 재물을 이용하여 강제 결혼을 하려는 모습에서 혼사 장애 모티프가 드러나 있군.
위 자사가 부귀영화를 누린다는 점을 내세워 낭자와 혼인하려 한다는 점에서 낭자와 최생의 혼인을 어렵게 하는 혼사 장애 모티프가 드러난다고 할 수 있다.

② 무기를 든 관군들이 위 자사의 명령에 따라 낭자를 납치하려는 데서 권력의 폭력성이 자행되는 모습이 드러나 있군.
위 자사의 명령을 받은 관군들이 낭자를 납치하려는 점에서 강제적인 방법을 동원해 목적을 이루려는 권력의 폭력성이 드러난다고 할 수 있다.

③ 사대부 여자의 도리를 들며 위 자사의 위력에 저항하는 모습에서 인륜을 중시하는 주인공의 가치관이 드러나 있군.
낭자가 위 자사의 혼인 요청에 대해 인륜대절을 말하며 사대부 여자의 도리를 내세우는 점에서 인륜을 중시하는 주인공의 가치관이 드러난다고 할 수 있다.

☑ **부모의 유언을 따르고 후사를 잇기 위해 목숨을 보전하려는 데서 근대적 여성으로서 주인공의 면모가 드러나 있군.**
낭자는 관군에 맞설 때 목숨을 보전하려는 이유로 부모의 유언과 후사를 근심함이라는 점을 들고 있다. 부모의 유언을 언급하고 후사를 근심한다는 것은 고난을 주체적으로 극복해 나가는 근대적 여성상과 거리가 멀다는 점에서 〈보기〉를 바탕으로 한 감상 내용으로 적절하지 않다.

⑤ 병이 위중하다고 꾸민 후 남복으로 갈아입고 금안으로 떠나며 위기를 벗어나는 데서 주인공의 지략이 드러나 있군.
위 자사를 피하기 위해 낭자가 거짓으로 병이 위중하다고 꾸민 후 남복을 입고 금안으로 떠나는 점에서 주인공의 지략이 드러난다고 할 수 있다.

★ 표기된 문항은 [등급을 가르는 문제]에 해당하는 문항입니다.

[01~03] 화법

01 말하기 전략 파악
정답률 72% | 정답 ⑤

위 발표자의 말하기 방식으로 가장 적절한 것은?

① 발표 순서를 먼저 알려주고 이에 따라 발표를 진행하고 있다.
발표 순서를 먼저 알려주고 있지 않다.

② 발표 중간중간 청중에게 질문하며 발표 상황을 점검하고 있다.
1문단에서 청중에게 질문하고 대답을 확인하고 있으나, 발표 중간중간에 청중에게 질문하며 발표 상황을 점검하고 있지는 않다.

③ 관련된 일화를 나열하는 방식으로 중심 화제를 소개하고 있다.
관련된 일화를 나열하고 있지 않다.

④ 청중과 공유했던 경험을 환기하여 주제 선정의 동기를 제시하고 있다.
1문단에서 자주 접하지만 제대로 모르는 홍차에 대해 알려주기 위해 주제를 선정했음을 밝히고 있다.

✔ 다른 대상과의 차이점을 드러내어 중심 화제의 특성을 설명하고 있다.
2문단에서 잎을 산화시키지 않는 녹차와의 차이점을 드러내어 중심 화제인 홍차의 특성을 설명하고 있다.

02 말하기 계획 점검
정답률 88% | 정답 ④

다음은 발표자가 발표를 계획하며 메모한 것이다. 발표에 반영되지 않은 것은?

• 발표 내용에 흥미를 갖도록 학생들의 관심을 유발해야겠어. 도입부에서 학생들이 알 만한 음료를 제시해서 홍차에 대한 이야기로 이어지도록 해야지. ·············· ㉠
• 학생들은 차에 대한 배경지식이 적을 것 같아. 차의 개념과 차를 구분하는 기준을 알려줘야지. ·············· ㉡
• 찻잎을 우릴 때의 포인트를 학생들이 쉽게 이해할 수 있도록 해야겠어. 동영상을 활용해서 찻잎의 점핑을 설명해야지. ·············· ㉢
• 홍차를 다양하게 즐길 수 있는 방법을 알려주는 것이 학생들에게 유용할 것 같아. 취향에 맞게 첨가물의 양을 조절하는 방법을 알려줘야지. ·············· ㉣
• 발표 주제와 관련해 발표를 마무리해야겠어. 홍차의 효능을 알리고 홍차를 마시자고 제안해야지. ·············· ㉤

① ㉠   ② ㉡   ③ ㉢   ✔ ㉣   ⑤ ㉤

㉠ 발표 내용에 흥미를 갖도록 학생들의 관심을 유발해야겠어. 도입부에서 학생들이 알 만한 음료를 제시해서 홍차에 대한 이야기로 이어지도록 해야지.
1문단에서 학생들이 알 만한 아이스티, 밀크티를 제시하여 학생들의 관심을 끌고 있다.

㉡ 학생들은 차에 대한 배경지식이 적을 것 같아. 차의 개념과 차를 구분하는 기준을 알려줘야지.
2문단에서 차의 개념을 알려주고, 찻잎의 가공법에 따라 녹차, 홍차 등으로 구분됨을 알려주고 있다.

㉢ 찻잎을 우릴 때의 포인트를 학생들이 쉽게 이해할 수 있도록 해야겠어. 동영상을 활용해서 찻잎의 점핑을 설명해야지.
3문단에서 동영상을 활용해서 찻잎을 우릴 때 홍차의 맛과 향을 좌우하는 점핑을 설명하고 있다.

㉣ 홍차를 다양하게 즐길 수 있는 방법을 알려주는 것이 학생들에게 유용할 것 같아. 취향에 맞게 첨가물의 양을 조절하는 방법을 알려줘야지.
4문단에서 조리법이나 첨가물 종류에 따라 홍차를 취향에 맞게 즐길 수 있는 방법을 제시하고 있다. 하지만 첨가물의 양을 조절하는 방법을 제시하고 있지는 않다.

㉤ 발표 주제와 관련해 발표를 마무리해야겠어. 홍차의 효능을 알리고 홍차를 마시자고 제안해야지.
5문단에서 홍차의 장점으로 건강에 좋은 성분이 많음을 알리고, 홍차를 마시자고 제안하는 것으로 발표를 마무리하고 있다.

03 청중의 반응 이해
정답률 72% | 정답 ⑤

발표 내용을 바탕으로 할 때, 〈보기〉에 나타난 청중의 반응에 대한 이해로 적절하지 않은 것은?

─〈 보 기 〉─
청중 1 : 밀크티가 홍차를 주재료로 한다는 걸 알게 되어 좋았어. 발표를 들으니 홍차 고유의 맛과 향이 궁금해져서 발표자가 알려준 대로 홍차를 우려서 마셔 보려 해.
청중 2 : 홍차 이름이 찻물의 색 때문이라는 점이 흥미로웠어. 그런데 서양에선 홍차를 블랙티라 부르던데. 찻잎이 산화되면서 암갈색으로 변한다고 했으니, 이것 때문이 아닐까?
청중 3 : 홍차에 면역력 증진, 집중력 향상의 효능이 있다는 걸 알게 돼 유익했어. 차에는 카페인이 있다고 알고 있는데 그로 인한 부작용은 없는지 알려주지 않아 아쉬웠어.

① 청중 1은 발표를 통해 얻은 정보를 직접 이용해 보려 하는군.
청중 1은 발표자가 알려준 대로 홍차를 우려서 마셔 보려 하므로, 발표를 통해 얻은 정보를 직접 이용해 보려 한다고 볼 수 있다.

② 청중 2는 발표 내용을 바탕으로 새로운 내용을 추론하고 있군.
청중 2는 홍차를 블랙티라 부르는 이유를 찻잎이 산화되면서 암갈색으로 변한다는 발표 내용을 토대로 이끌어 냈으므로, 발표 내용을 바탕으로 새로운 내용을 추론하고 있다고 볼 수 있다.

③ 청중 3은 발표 내용과 관련하여 자신의 배경지식을 떠올리고 있군.
청중 3은 차에는 카페인이 있다는 점을 떠올리고 있으므로, 발표 내용과 관련하여 자신의 배경지식을 떠올리고 있다고 볼 수 있다.

④ 청중 1과 청중 3은 새롭게 알게 된 정보에 대해 긍정적으로 생각하고 있군.
청중 1은 밀크티의 주재료가 홍차임을 알게 되어 좋다고 하였고, 청중 3은 홍차에 면역력 증진, 집중력 향상의 효능이 있다는 걸 알게 되어 유익했다고 하였으므로, 두 사람 모두 새롭게 알게 된 정보에 대해 긍정적으로 생각하고 있다고 볼 수 있다.

✔ 청중 2와 청중 3은 발표자가 다루지 않은 내용을 지적하며 아쉬워하고 있군.
청중 2는 홍차를 블랙티라고 부르는 이유를 스스로 추론하고 있을 뿐, 발표자가 다루지 않은 내용에 대해 아쉬움을 표현하고 있지 않다.

[04~07] 화법과 작문

04 입론 이해
정답률 60% | 정답 ①

(가)의 입론을 쟁점별로 정리한 내용으로 적절하지 않은 것은?

[쟁점 1] 인공지능 판사는 사람 판사보다 효율적인가?	
찬성 : 인공지능 판사는 관련 자료를 빠르게 처리하므로 보다 신속한 판결에 기여한다. ············· ①	반대 : 인공지능 판사의 판결에는 사람 판사의 검토가 항상 요구되므로 그 절차가 비효율적이다. ········ ①

[쟁점 2] 인공지능 판사는 사람 판사보다 윤리적인가?	
찬성 : 인공지능 판사는 특정한 이해 관계에 얽히지 않아 비윤리적인 문제를 일으키지 않는다. ·········· ②	반대 : 인공지능 판사는 인간에 의한 설계 과정에서 비윤리적인 관점을 갖게 될 수 있다. ··· ③

[쟁점 3] 인공지능 판사는 사람 판사보다 공정한가?	
찬성 : 인공지능 판사는 감정에 휘둘리지 않고 전문지식에 근거하여 판결한다. ············· ④	반대 : 인공지능 판사는 기존 판례에 따르므로 불공정한 판결을 할 수 있다. ············· ⑤

✔ 반대 : 인공지능 판사의 판결에는 사람 판사의 검토가 항상 요구되므로 그 절차가 비효율적이다.
'반대 1'의 입론에서 '기본적으로 인공지능 ~ 효율성이 떨어집니다.' 부분을 보면, 인공지능 판사의 불완전한 판단을 사람 판사가 보완하는 과정을 거치는 경우에는 사람 판사가 진행한 재판에 비해 효율성이 떨어진다는 반대 측 입장을 확인할 수 있다. 즉, 인공지능 판사의 판결에 사람 판사의 검토가 항상 요구된다고 본 것은 아니다.

② 찬성 : 인공지능 판사는 특정한 이해 관계에 얽히지 않아 비윤리적인 문제를 일으키지 않는다.
'찬성 1'의 입론에서 '둘째, 인공지능 판사는 ~ 가능성이 없습니다.' 부분을 보면, 인공지능 판사는 특정한 이해 관계에 얽히지 않아 비윤리적인 문제를 일으키지 않는다고 보고 있다.

③ 반대 : 인공지능 판사는 인간에 의한 설계 과정에서 비윤리적인 관점을 갖게 될 수 있다.
'반대 1'의 입론에서 '또한 인공지능의 알고리즘을 ~ 확인할 수 있습니다.' 부분을 보면, 인공지능 판사는 인간에 의한 설계 과정에서 비윤리적인 관점을 갖게 될 수 있다고 보고 있다.

④ 찬성 : 인공지능 판사는 감정에 휘둘리지 않고 전문지식에 근거하여 판결한다.
'찬성 1'의 입론에서 '셋째, 인공지능 판사는 ~ 방지할 수 있습니다.' 부분을 보면, 인공지능 판사는 감정에 휘둘리지 않고 전문지식에 근거하여 판결한다고 보고 있다.

⑤ 반대 : 인공지능 판사는 기존 판례에 따르므로 불공정한 판결을 할 수 있다.
'반대 1'의 입론에서 '끝으로, 인공지능 판사는 ~ 우려가 적지 않습니다.' 부분을 보면 인공지능 판사는 기존 판례에 따르므로 불공정한 판결을 할 수 있다고 보고 있다.

★★★ 등급을 가르는 문제!
05 반대 신문 이해
정답률 44% | 정답 ⑤

[A]~[C]에 대한 설명으로 가장 적절한 것은?

① [A]의 '반대 2'는 [B]의 '반대 2'와 달리, 상대측의 발언 일부를 재진술한 후 그 내용의 공정성을 검증하고 있다.
[A]의 '반대 2'는 '인공지능 판사의 도입이 시대적 흐름이라고 하셨는데요'와 같이 상대측의 발언 일부를 재진술하고 있으나, 그 내용의 공정성을 검증하고 있지는 않다.

② [A]의 '찬성 1'은 [B]의 '찬성 1'과 달리, 통계 자료를 활용하여 상대측의 발언에 논리적 오류가 있음을 지적하고 있다.
[A]의 '찬성 1'은 인공지능 판사를 도입하거나 재판에서 인공지능을 활용하는 예를 들어 답변하고 있다. 통계 자료를 활용하고 있지는 않다.

③ [A]의 '반대 2'와 [C]의 '찬성 2'는 모두, 상대측 발언 내용에 의문을 제기하며 추가 자료를 요청하고 있다.
[A]의 '반대 2'는 상대측에게 발언의 근거를 제시해 줄 것을 요청하고 있다. [C]의 '찬성 2'는 자신의 견해를 물음의 형식으로 제시하고 있으며, 상대측 발언 내용에 대한 추가 자료를 요청하고 있지는 않다.

④ [B]의 '찬성 1'과 [C]의 '반대 1'은 모두, 상대측의 문제 제기를 일부 인정하면서 자신의 의견과 절충하고 있다.
[B]의 '찬성 1'은 '반대측 의견은 충분히 수긍합니다.'와 같이, [C]의 '반대 1'은 '물론 그런 경우도 있습니다.'와 같이 상대측의 문제 제기를 일부 인정하고 있다. 그러나 자신의 의견과 절충하고 있지는 않다.

✔ [B]의 '반대 2'와 [C]의 '찬성 2'는 모두, 연구 결과를 활용하여 질문함으로써 상대측을 압박하고 있다.
[B]의 '반대 2'는 '○○연구소의 보고서에 ~ 때문이라고 합니다.'와 같이 보고서 내용을 활용하여, '인공지능 판사도 ~ 것은 아닐까요?'라는 물음으로 상대측을 압박하고 있다. [C]의 '찬성 2'도 '□□대학교에서 판결문을 ~ 선고받았다고 합니다.'와 같이 연구 자료를 활용하여, '판사가 사람이기 ~ 생각하지 않으십니까?'라는 물음으로 상대측을 압박하고 있다.

★★★ 등급을 가르는 문제! ★★★

06 내용 조직 파악 정답률 38% | 정답 ④

(가)의 토론 내용이 (나)에 반영된 양상으로 적절하지 않은 것은? [3점]

① '찬성 2'의 반대 신문을 반영하여, 1문단에서 인공지능 판사의 도입과 관련된 사회적 배경을 제시하고 있다.
(나)의 1문단에 인공지능 판사의 도입과 관련된 사회적 배경으로 제시된 '국민의 법 감정과 동떨어진 재판 결과에 대한 불신'은 '찬성 2'의 반대 신문 내용이 반영된 것이다.

② '찬성 1'의 입론을 반영하여, 2문단에서 인공지능 판사 도입의 긍정적 측면을 제시하고 있다.
(나)의 2문단에 인공지능 판사 도입의 긍정적 측면으로 제시된 '신속한 재판을 받을 권리의 보장'은 '찬성 1'의 입론 내용이 반영된 것이다.

③ '찬성 1'의 답변을 반영하여, 2문단에서 인공지능 판사가 도입된 사례를 제시하고 있다.
(나)의 2문단에 인공지능 판사의 도입 사례로 제시된 '에스토니아의 경우'는 반대 신문에 대한 '찬성 1'의 답변이 반영된 것이다.

☑ '반대 1'의 입론을 반영하여, 3문단에서 인공지능 판사 도입으로 발생한 부작용을 제시하고 있다.
(나)의 3문단 내용은 인공지능 판사가 갖는 한계를 제시하는 것이지 인공지능 판사의 도입으로 발생한 부작용을 제시한 것은 아니다.

⑤ '찬성 1'과 '반대 1'의 입론을 반영하여, 4문단에서 인공지능 판사의 도입에 대한 작성자의 견해를 제시하고 있다.
(나)의 4문단에 인공지능 판사의 도입에 대한 작성자의 견해로 제시된 절충적 입장은 '찬성 1'과 '반대 1'의 입론의 마무리 발언이 반영된 것이다.

07 고쳐쓰기의 의도 파악 정답률 82% | 정답 ③

다음은 (나)의 마지막 문단을 고쳐 쓴 것이다. 그 과정에서 반영된 수정 계획으로 가장 적절한 것은?

> 사법 시스템에 인공지능 기술을 도입하는 것은 이제 시대적 흐름이다. 단, 인공지능 판사의 도입에 대한 우려를 고려하여, 사법 절차의 효율성을 높이는 수단으로 인공지능을 활용하는 것이 바람직하다. 주요 쟁점, 기존 판례, 학계 의견 등에 대한 분석·종합을 인공지능이 담당하게 되면, 분쟁 해결의 속도를 높일 수 있고, 판사는 복잡한 분쟁에 집중하게 되어 사법 판단의 질도 높아질 것이다.

① 인공지능 판사의 도입에 대한 사회적 요구를 분석적으로 드러내야겠군.
인공지능 판사의 도입에 대한 사회적 요구를 분석적으로 드러내고 있지 않다. 마지막 문단은 인공지능 기술이 사법 시스템에서 수행할 수 있는 역할을 밝히는 것이 주된 내용이다.

② 인공지능 판사의 도입에 대한 상반된 입장을 평가하는 내용을 추가해야겠군.
인공지능 판사의 도입에 대한 상반된 입장을 평가하는 내용이 추가되지 않았다. 마지막 문단은 인공지능 기술이 사법 시스템에서 수행할 수 있는 역할을 밝히는 것이 주된 내용이다.

☑ 인공지능 기술이 사법 시스템에서 수행할 수 있는 역할을 구체적으로 밝혀야겠군.
고쳐 쓴 글을 보면, (나) 마지막 문단의 '판사 업무의 보조적 수단'이 '사법 절차의 효율성을 높이는 수단'으로 수정되었으며, 이어서 '주요 쟁점 ~ 높아질 것이다.'가 추가된 것을 확인할 수 있다. 이는 인공지능 기술이 사법 시스템에서 수행할 수 있는 역할을 구체적으로 밝히는 것이다.

④ 인공지능 기술의 사법 시스템 도입에 대한 전망을 완곡한 표현으로 수정해야겠군.
고쳐 쓴 글을 보면, (나) 마지막 문단의 첫 문장 '사법 시스템에 ~ 수 있다.'가 '사법 시스템에 ~ 시대적 흐름이다.'로 수정된 것을 확인할 수 있다. 이는 인공지능 기술의 사법 시스템 도입에 대한 전망을 단정적 표현으로 수정한 것이다.

⑤ 인공지능 기술을 사법 시스템에 활용하는 것이 지니는 장단점을 나란히 서술해야겠군.
인공지능 기술을 사법 시스템에 활용하는 것이 지니는 장단점을 나란히 서술하고 있지 않다. 마지막 문단은 인공지능 기술이 사법 시스템에서 수행할 수 있는 역할을 밝히는 것이 주된 내용이다.

[08~10] 작문

08 글쓰기 계획의 반영 정답률 87% | 정답 ①

초고를 쓰기 위해 떠올린 생각 중 글에 반영된 것은?

☑ 소셜 기부의 개념을 설명하여 독자의 이해를 도와야겠어.
2문단에서 '소셜 기부'의 개념을 설명하여 독자의 이해를 돕고 있다.

② 소셜 기부의 변화 과정을 설명하여 글의 목적을 강조해야겠어.
소셜 기부의 변화 과정을 설명하고 있지 않다.

③ 소셜 기부를 통한 모금 현황을 밝혀 독자의 참여를 유도해야겠어.
소셜 기부를 통한 모금 현황을 밝히고 있지 않다.

④ 소셜 기부로 인한 피해 사례를 들어 문제의 심각성을 강조해야겠어.
소셜 기부로 인한 구체적 피해 사례를 들고 있지 않다.

⑤ 소셜 기부와 관련된 법적 제도를 언급하여 제재 선정의 이유를 밝혀야겠어.
소셜 기부와 관련된 법적 제도를 언급하고 있지 않다.

09 자료 활용 정답률 85% | 정답 ④

〈보기〉를 활용하여 초고를 보완하고자 한다. 자료 활용 방안으로 적절하지 않은 것은? [3점]

─〈보 기〉─

ㄱ. 설문 자료(대상 : ○○시민 1,000명)
ㄱ-1. 기부 경험이 있는가?

있다 24%	없다 76%

ㄱ-2. (ㄱ-1에서 '없다'라고 답한 응답자를 대상으로) 기부 경험이 없는 이유는?

기부 금액이 부담스러워서 38%	기부 방법이 어려워서 31%	관심이 없어서 19%	기타 12%

ㄴ. 전문가 인터뷰
"소셜 기부 문화가 확대되어 단체가 주도하지 않는 개인적인 모금 활동이 늘어나고 있는데, 기부금을 여가나 문화생활을 위한 개인적 비용으로 지출하여 사회적으로 논란이 되기도 합니다. 특히 소액 기부의 경우는 기부자들이 직접 요구하지 않는 이상, 기관에서 기부금의 사용 내역 등을 밝히라고 할 수 없기 때문에 기부자들이 기부금의 사용 계획과 사용처, 사용 금액 등을 정확히 확인할 필요가 있습니다."

ㄷ. 신문 기사
최근 자연재해로 어려움을 겪은 지역을 위한 온라인 기부 캠페인이 진행되고 있다. 한 고등학생은 "기부 인증 게시글을 보고, 저도 '좋아요'를 누르는 방법으로 손쉽게 기부하게 되었습니다." 라고 말했다. 이러한 누리소통망을 통한 기부는 도움이 필요한 사람들에게 실질적인 도움을 줄 수 있다. 또 사회 현안에 대한 관심을 모으고 공론의 장을 형성해 사회 문제를 해결하는 데 기여할 수 있다.

① ㄱ-1을 활용하여, 우리 사회의 기부 참여가 저조하다는 것을 뒷받침한다.
ㄱ-1의 기부 경험 유무에 대한 설문조사 결과를 활용하여, 1문단에서 우리 사회의 기부 참여가 저조하다는 것을 뒷받침하는 자료로 제시할 수 있다.

② ㄴ을 활용하여, 기부금이 기부자의 의도와 다르게 사적 용도로 유용될 수 있다는 내용으로 소셜 기부가 악용될 가능성을 구체화한다.
ㄴ의 전문가 인터뷰 중 '소셜 기부 ~ 되기도 합니다.'를 활용하여, 기부금이 기부자의 의도와 다르게 사적 용도로 유용될 수 있다는 내용으로 3문단에서 소셜 기부가 악용될 가능성을 구체화할 수 있다.

③ ㄷ을 활용하여, 소셜 기부가 사회 문제 해결에 기여할 수 있다는 내용을 기부 참여의 긍정적 영향으로 추가한다.
ㄷ의 신문 기사 중 '이러한 누리소통망을 ~ 기여할 수 있다.'는 내용을 활용하여, 3문단에서 소셜 기부가 사회 문제 해결에 기여할 수 있다는 내용을 기부 참여의 긍정적 영향으로 추가할 수 있다.

☑ ㄱ-2와 ㄴ을 활용하여, 소액 또는 포인트 기부 방식을 기부 금액에 부담감을 느끼는 사람들이 손쉽게 기부에 참여할 수 있는 방법으로 추가한다.
ㄴ의 전문가 인터뷰 내용은 기부 방식이나 기부에 손쉽게 참여할 수 있는 방법과 거리가 멀다.

⑤ ㄱ-2와 ㄷ을 활용하여, 기부 참여 방법이 어려워 기부에 참여하지 못했던 사람들도 소셜 기부를 통해 쉽게 참여할 수 있음을 보여 주는 예로 제시한다.
ㄱ-2의 설문조사 결과 중 기부 참여 방법이 어려워서 기부 경험이 없다는 내용과 ㄷ의 신문 기사 중 기부자들의 인증 게시글을 보고 소셜 기부에 참여한 고등학생의 인터뷰를 활용하여, 기부 참여 방법이 어려워 기부에 참여하지 못했던 사람들도 소셜 기부를 통해 기부에 쉽게 참여할 수 있음을 보여 주는 예로 제시할 수 있다.

10 조건에 맞는 표현 찾기 정답률 63% | 정답 ①

〈조건〉에 따라 [A]에 들어갈 내용으로 가장 적절한 것은?

─〈조 건〉─
○ 작문 상황과 글의 흐름을 고려할 것.
○ 비유적 표현을 사용하고 청유문으로 마무리할 것.

☑ 나의 작은 움직임 하나로 큰 물결을 만들어 낼 수 있는 기부에 함께하자.
나의 기부 참여가 우리 사회에 긍정적인 영향을 미칠 수 있다는 글의 흐름을 이어받고 있으며, '큰 물결'이라는 비유적 표현을 사용하고, 작문 상황에 따라 '기부에 함께하자'라는 청유문으로 마무리하고 있다.

② 기부는 공동체 화합의 꽃이므로 소설 기부에 대한 부담감을 버리고 다양한 기부에 동참하자.
소설 기부에 대한 부담감을 버리자는 내용은 글의 흐름을 고려하지 않은 것이다.

③ 이 사회의 구성원으로서 책임을 다하려면 기부의 목적을 이해하고 소설 기부를 실천해 보자.
비유적 표현을 사용하지 않았고, 사회 구성원으로서의 책임을 다하려면 기부를 실천하자는 내용은 글의 흐름을 고려한 것으로 보기 어렵다.

④ 나의 관심이 우리가 살아가는 이 세상에 선물이 됨을 알고 기부 문화 확산에 관심을 가져야 한다.
청유문으로 마무리하지 않았다.

⑤ 티끌 모아 태산이라고 작은 기부가 누군가에게는 큰 도움이 될 수 있으니 기부를 생활화하는 것이 어떨까?
청유문으로 마무리하지 않았다.

[11~15] 문법

11 어근과 접사 이해 정답률 63% | 정답 ②

윗글을 통해 알 수 있는 내용으로 적절하지 않은 것은?

① '쌓다'와 '쌓이다'의 어근은 동일하다.
'쌓다'와 '쌓이다'의 어근은 모두 '쌓-'으로 동일하다.

☑ '군살'은 두 개의 어근으로 구성된다.
'군살'은 접사 '군-'과 어근 '살'로 이루어져 있다.

③ '헛발질'에는 접두사와 접미사가 모두 있다.
'헛발질'의 '헛-'은 접두사, '-질'은 접미사이다.

④ '맨손'의 어근은 다른 말과 자유롭게 결합할 수 있다.
'맨손'의 어근 '손'은 '손발', '손등', '손바닥' 등에서 볼 수 있는 것처럼 다른 말과 자유롭게 결합할 수 있다.

⑤ '따뜻하다'의 어근은 품사가 불분명한 불규칙 어근이다.
'따뜻하다'의 어근은 '따뜻-'으로, 품사가 분명하지 않고 다른 말과의 결합에도 제약이 따르는 불규칙 어근이다.

12 구성 요소에 따른 단어 분류 정답률 50% | 정답 ⑤

윗글을 바탕으로 〈학습 활동〉의 ⓐ와 ⓑ에 들어갈 자료를 바르게 짝지은 것은? [3점]

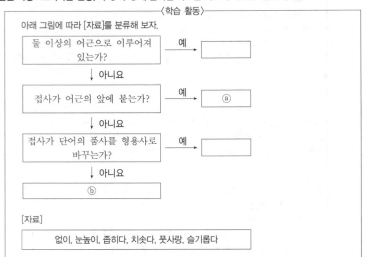

[자료]
없이, 눈높이, 좁히다, 치솟다, 풋사랑, 슬기롭다

　　ⓐ　　　　　　　ⓑ
① 눈높이, 치솟다　　풋사랑, 슬기롭다
ⓐ '눈높이'는 '눈'과 '높-' 두 개의 어근과 접미사 '-이'로 이루어져 있다. ⓑ '풋사랑'은 접두사 '풋-'이 어근 '사랑' 앞에 붙어 그 의미를 제한하고 있다. '슬기롭다'는 어근 '슬기'에 접미사 '-롭-'이 붙어 단어의 품사를 명사에서 형용사로 바꾸고 있다.

② 눈높이, 슬기롭다　　없이, 좁히다
ⓐ '눈높이'는 '눈'과 '높-' 두 개의 어근과 접미사 '-이'로 이루어져 있다. '슬기롭다'는 어근 '슬기'에 접미사 '-롭-'이 붙어 단어의 품사를 명사에서 형용사로 바꾸고 있다.

③ 좁히다, 슬기롭다　　없이, 풋사랑
ⓐ '좁히다'는 접미사 '-히-'가 어근 '좁-' 뒤에 붙어 단어의 품사를 형용사에서 동사로 바꾸고 있다. '슬기롭다'는 어근 '슬기'에 접미사 '-롭-'이 붙어 단어의 품사를 명사에서 형용사로 바꾸고 있다. ⓑ '풋사랑'은 접두사 '풋-'이 어근 '사랑' 앞에 붙어 그 의미를 제한하고 있다.

④ 치솟다, 풋사랑　　좁히다, 슬기롭다
ⓑ '슬기롭다'는 어근 '슬기'에 접미사 '-롭-'이 붙어 단어의 품사를 명사에서 형용사로 바꾸고 있다.

☑ 치솟다, 풋사랑　　없이, 좁히다
ⓐ '치솟다'는 접두사 '치-'가 어근 '솟다' 앞에 붙어. '풋사랑'은 접두사 '풋-'이 어근 '사랑' 앞에 붙어 그 의미를 제한하고 있다. ⓑ '없이'는 접미사 '-이'가 어근 '없-' 뒤에 붙어 단어의 품사를 형용사에서 부사로 바꾸고 있으며, '좁히다'는 접미사 '-히-'가 어근 '좁-' 뒤에 붙어 단어의 품사를 형용사에서 동사로 바꾸고 있다.

★★★ 등급을 가르는 문제!
13 음운 변동 이해 정답률 48% | 정답 ④

〈보기〉의 ㉠에 들어갈 내용으로 적절한 것은?

〈보 기〉
선생님 : 아래의 단어들을 음운 변동 양상에 따라 두 부류로 분류해 볼까요?

맏형, 짧다, 불나방, 붙이다, 색연필

학생 : 네. 　　㉠　　　에 따라 '맏형[마텽]', '짧다[짤따]', '색연필[생년필]'과 '불나방[불라방]', '붙이다[부치다]'로 나눌 수 있습니다.

① 음운 변동이 두 번 일어났는가
'짧다[짤따]'는 자음군 단순화(탈락)와 된소리되기 현상(교체)이, '색연필[생년필]'은 'ㄴ' 첨가(첨가)와 비음화 현상(교체)이 일어나므로, 음운 변동이 두 번 일어난 경우에 해당한다. 그에 반해 '맏형[마텽]'은 자음 축약 현상(축약)이, '불나방[불라방]'은 유음화 현상(교체)이, '붙이다[부치다]'는 구개음화 현상(교체)이 일어나므로, 음운 변동이 한 번만 일어난 경우에 해당한다.

② 음운 변동의 결과가 표기에 반영되었는가
자료의 단어들은 모두 음운 변동의 결과가 표기에 반영되지 않는다.

③ 모음의 영향을 받는 음운 변동이 일어났는가
'붙이다[부치다]'는 구개음화 현상이, '색연필[생년필]'은 'ㄴ' 첨가 현상이 일어나는데, 이는 모두 뒤 음절의 모음 'ㅣ' 또는 반모음 'ㅣ'의 영향을 받는다.

☑ 음운 변동의 결과로 음운 개수가 달라졌는가
'맏형[마텽]', '짧다[짤따]', '색연필[생년필]'은 음운 변동의 결과로 음운의 개수가 줄어들거나 늘어나지만, '불나방[불라방]', '붙이다[부치다]'는 음운의 개수에 변화가 없다.

⑤ 음운 변동의 결과로 인접한 두 음운이 완전히 같아졌는가
'불나방[불라방]'은 유음화 현상이 일어나는데, 이는 뒤 음절의 'ㄴ'이 'ㄹ'로 바뀌어 인접한 두 음운이 완전히 같아진 것이다.

★★ 문제 해결 꿀~팁 ★★

▶ 많이 틀린 이유는?
음운 변동 양상의 결과를 정확히 알고 있어야 해결할 수 있는 문제이기에 오답률이 높았던 것으로 보인다.

▶ 문제 해결 방법은?
〈보기〉에 주어진 단어들을 음운 변동 양상에 따라 두 부류로 분류할 수 있는 기준을 단번에 파악하기란 어렵다. 이 문제를 해결하기 위해서는 주어진 단어들이 선지의 기준에 따라 두 부류로 나뉠 수 있는지를 검토해야 한다. 선지를 하나씩 지워나가다 보면 ④의 경우 음운 변동의 결과로 '맏형[마텽]', '짧다[짤따]', '색연필[생년필]'은 음운의 개수가 줄어들거나 늘어나지만, '불나방[불라방]', '붙이다[부치다]'는 음운의 개수에 변화가 없다는 사실을 발견할 수 있게 된다. 이와 같은 문제는 음운 변동을 사전에 정확하게 이해했다는 전제 하에, 주어진 선지의 질문에 차분히 응답하며 정답을 골라내는 방식으로 해결해야 한다.

14 부사어 이해 정답률 52% | 정답 ⑤

〈보기〉의 설명을 참고할 때, ㉠을 분석한 내용으로 적절하지 않은 것은?

〈보 기〉
부사어는 서술어, 관형어, 다른 부사어 등을 수식한다. 또한 절이나 문장 전체를 수식하는 역할을 하거나 문장과 문장을 연결하는 역할을 한다. 부사어는 부사 단독으로 쓰이거나 체언에 조사가 결합된 형태, 용언의 활용형으로 나타난다.

㉠ 그는 처음과 같은 마음으로 공부를 했다. 그래서 아주 쉽게 원하는 대학에 합격했다.

① '처음과'는 체언에 조사가 결합된 형태로 관형어를 수식한다.
'처음과'는 체언 '처음'에 부사격 조사 '과'가 결합된 형태로 관형어인 '같은'을 수식한다.

② '마음으로'는 체언에 조사가 결합된 형태로 서술어를 수식한다.
'마음으로'는 체언 '마음'에 부사격 조사 '으로'가 결합된 형태로 서술어인 '했다'를 수식한다.

③ '그래서'는 부사 단독으로 문장과 문장을 연결한다.
'그래서'는 부사로서, '그는 처음과 ~ 공부를 했다.'라는 문장과 '아주 쉽게 ~ 대학에 합격했다.'라는 문장을 이어준다.

④ '아주'는 부사 단독으로 다른 부사어를 수식한다.
'아주'는 부사로서, 부사어인 '쉽게'를 수식한다.

☑ '쉽게'는 용언의 활용형으로 관형어를 수식한다.
'쉽게'는 형용사인 '쉽다'의 활용형으로 서술어인 '합격했다'를 수식한다.

15 중세 국어 특징 이해 정답률 56% | 정답 ④

〈보기〉의 ㉠ ~ ㉤에서 알 수 있는 중세 국어의 특징으로 적절하지 않은 것은?

〈보 기〉
그 ㉠쁴 世尊이 즉자히 化人을 보내샤 [化人은 ㉡世尊ㅅ 神力으로 두외의 화산 ㉢ 사르미라] 虛空애셔 耶輸끠 ㉣니르샤딕 네 디나건 녯 時節에 盟誓 發願한 이롤 혜는다 ㉤모롤 는다
－「석보상절」－

[현대어 풀이] 그때에 세존이 즉시 화인을 보내시어 [화인은 세존의 신력으로 되게 하신 사람이다.] 허공에서 야수께 이르시되 "네가 지난 옛날 세상의 시절에 맹세하고 발원한 일을 생각하느냐 모르느냐?"

① ㉠을 보니, 어두자음군이 사용되었음을 알 수 있군.
음절의 첫머리에 'ㅴ'처럼 자음이 연속으로 둘 이상 오는 것을 어두자음군이라고 한다.

② ㉡을 보니, 'ㅅ'이 관형격 조사로 사용되었음을 알 수 있군.
'ㅅ'은 현대어 '의'에 해당하는 관형격 조사이다.

③ ㉢을 보니, 이어적기가 사용되었음을 알 수 있군.
'사르미라'는 체언 '사름'과 서술격 조사 '이라'가 결합한 형태로, 체언의 종성을 조사의 초성으로 이어 적었다.

☑ ㉣을 보니, 객체 높임 선어말 어미가 사용되었음을 알 수 있군.
'니르샤딕'는 현대어 '이르시되'에 해당하는 것으로, 선어말 어미 '-샤-'를 사용하여 주체를 높이고 있다.

⑤ ㉤을 보니, '-ㄴ다'가 의문형 어미로 사용되었음을 알 수 있군.
'모롤 는다'는 현대어 '모르느냐'에 해당하는 것으로, 의문형 어미 '-ㄴ다'가 사용되었다.

16~20 갈래 복합

(가) 나위소, 「강호구가」
감상 작자가 벼슬에서 은퇴한 후 강호에서의 생활 체험을 노래한 9수의 연시조이다. 성은에 대한 감격과 강호에서의 흥취, 어옹(漁翁) 생활에 대한 만족감 등이 드러나 있다.
주제 강호에서의 흥취와 어옹 생활에 대한 만족감

(나) 이현, 「백상루별곡」
감상 작자가 임진왜란 중 영위사의 소임을 얻어 평안도 안주에 머무르는 동안 백상루 주변의 아름다운 경치를 노래한 가사이다. 백상루의 형상과 누각 위에서 바라본 풍광을 주로 다루고 있다.
주제 백상루에서의 아름다운 풍경

(다) 김유정, 「오월의 산골짜기」
감상 글쓴이가 고향인 강원도 실레 마을 사람들의 생활과 자연을 그려낸 수필이다. 논밭 일, 모내기 등 산골짜기의 일상이 자연 경치와 함께 묘사되고 있다.
주제 산골짜기의 일상과 자연 풍경

16 표현상 특징 파악
정답률 78% | 정답 ④

(가)~(다)에 대한 설명으로 가장 적절한 것은?

① (가)는 색채어의 대비를 통해 대상을 생생하게 제시하고 있다.
(가)는 색채어의 대비가 드러나 있지 않다.

② (나)는 명령형 어미를 통해 시적 긴장감을 조성하고 있다.
(나)는 명령형 어미를 사용하고 있지 않다.

③ (다)는 자문자답의 방식으로 화자의 태도를 강조하고 있다.
(다)는 자문자답의 방식을 사용하고 있지 않다.

☑ **(가)와 (다)는 비유적 표현을 통해 대상의 속성을 드러내고 있다.**
(가)의 '물결이 비단일다', (다)의 '움푹한 떡시루 같다', '자식과 같이 귀중한 물건'에서 비유적 표현을 통해 대상의 속성을 드러내고 있음을 확인할 수 있다.

⑤ (나)와 (다)는 과거와 현재를 대비하여 주제 의식을 부각하고 있다.
(나)와 (다)는 과거와 현재를 대비하여 주제 의식을 부각하고 있지 않다.

17 내용 이해
정답률 68% | 정답 ①

[A]~[E]에 대한 설명으로 적절하지 않은 것은?

☑ **[A] : 누각의 모습을 보며 왕조의 번영을 기원하고 있다.**
누각의 웅장한 형상을 보며 감탄하는 것이지 왕조의 번영을 기원하는 것은 아니다.

② [B] : 옛사람들이 지은 시를 긍정적으로 평가하고 있다.
옛사람들이 지은 시에 대해 '조화를 얻었으니', '보탤 것이 전혀 없다'와 같은 표현을 사용하여 긍정적으로 평가하고 있다.

③ [C] : 구름과 어우러진 산의 모습에 대한 인상을 드러내고 있다.
'흰 구름 사이에 솟'은 '푸른 산'을 푸른 병풍을 두른 것으로 표현하며 풍경에 대한 인상을 드러내고 있다.

④ [D] : 성곽의 모습을 보고 변방 수비가 든든하다고 판단하고 있다.
산허리를 둘러막은 성곽을 보며 '변방의 방비'가 '철옹성'과 같이 든든하다고 판단하고 있다.

⑤ [E] : 아침 풍경을 보는 화자의 내면을 열자와 연관 지어 표현하고 있다.
잔잔한 '물결'과 맑은 '수면'의 아침 풍경을 보며 '눈앞이 어른어른'하고 '정신이 표연'해진 화자의 내면을 열자와 연관 지어 표현하고 있다.

18 외적 준거에 따른 감상
정답률 65% | 정답 ④

〈보기〉를 참고하여 (가), (나)를 감상한 내용으로 적절하지 않은 것은? [3점]

─── 〈보 기〉───
(가)와 (나)에서 자연은 화자의 상황에 따라 서로 다른 의미로 나타난다. (가)에서 자연은 만년에 관직에서 물러난 화자가 머물렀던 노후의 안식처나 자족의 공간이며 임금에 대한 충성심이 유지되는 공간이다. (나)에서 자연은 화자가 백상루에 올라 바라보며 감흥을 느끼는 대상으로, 아름다운 풍광을 품고 있으며 사람들의 소박한 생활이 드러나는 공간이다.

① (가)에서 '먹인 은을 다 갚고자' 했던 화자가 '이제 다 못 죽음'을 '성은'으로 여기는 것에서, 자연에서도 임금에 대한 충성심을 지니고 있다고 볼 수 있겠군.
임금의 은혜를 갚고자 했던 화자가 '이제 다 못 죽음'을 성은으로 여기는 것에서, 자연에서도 지속되는 화자의 충성심을 확인할 수 있다.

② (가)에서 '칠십이 넘'은 화자가 '강호'에서 '십 년' 넘게 살았다는 것에서, 자연을 노후의 안식처로 여기는 것으로 볼 수 있겠군.
칠십 세가 넘은 화자가 강호에서 십 년을 넘게 살았다는 것에서, 자연을 노후의 안식처로 여기는 것으로 볼 수 있다.

③ (가)에서 남이 '초초타 하'는 것을 '내 분'으로 여긴다는 것에서, 화자가 은퇴 후 자연에서의 삶에 만족하는 것으로 볼 수 있겠군.
남은 초라하다고 하는 것을 자신의 분수로 여기는 것에서, 화자가 은퇴 후 자연에서의 삶에 만족하고 있음을 확인할 수 있다.

☑ **(나)에서 '향로봉'에 노을이 질 때 '창문을 열'고 '베개에 기대'는 것에서, 화자의 번잡한 마음이 아름다운 자연 풍광을 통해 해소되었다고 볼 수 있겠군.**
향로봉에 노을이 질 때 창문을 열고 베개에 기대는 것은 주변 경치를 바라보는 화자의 모습으로, 자연 풍광을 통해 화자의 번잡한 마음이 해소되었음은 확인할 수 없다.

⑤ (나)에서 '동자'가 '마름 캐'고 '아녀자'가 '빨래하'는 것에서, 화자가 바라보는 자연은 사람들의 소박한 생활이 이루어지는 공간이라고 볼 수 있겠군.

동자가 마름을 캐고 아녀자가 빨래를 하는 것에서, 화자가 바라보는 자연이 사람들의 소박한 생활이 이루어지는 공간임을 확인할 수 있다.

19 소재 기능 파악
정답률 68% | 정답 ①

ⓐ와 ⓑ에 대한 설명으로 가장 적절한 것은?

☑ **ⓐ는 화자의 즐거움이 투영된, ⓑ는 글쓴이의 반가움을 유발하는 대상이다.**
(가)는 자연에서 흥을 느끼고 있는 화자가 '백구'에게 너무 즐거워하지 말라고 말하고 있으므로, '백구(ⓐ)'는 화자의 즐거움이 투영된 자연물이라고 볼 수 있다. (나)에서 글쓴이는 '뻐꾸기'의 울음을 처음 들을 때 반갑다고 하였으므로, '뻐꾸기(ⓑ)'는 글쓴이의 반가움을 유발하는 자연물이라고 볼 수 있다.

② ⓐ는 화자의 내적 성찰을 일으키는, ⓑ는 글쓴이의 경험을 환기하는 대상이다.
'백구(ⓐ)'는 화자의 내적 성찰을 일으키는 대상이 아니다.

③ ⓐ는 화자에게 세월의 흐름을, ⓑ는 글쓴이에게 계절의 변화를 인식하게 하는 대상이다.
'백구(ⓐ)'는 화자에게 세월의 흐름을 인식하게 하는 대상이 아니다.

④ ⓐ는 화자의 한가로운 삶의 태도를, ⓑ는 글쓴이의 현실 도피적인 삶의 태도를 드러낸다.
'뻐꾸기(ⓑ)'는 글쓴이의 현실 도피적인 삶의 태도를 드러내고 있지 않다.

⑤ ⓐ는 세상에 대한 화자의 비판적 태도를, ⓑ는 산골에 대한 글쓴이의 우호적 태도를 보여 준다.
'백구(ⓐ)'는 세상에 대한 화자의 비판적 태도를 보여주고 있지 않다.

20 외적 준거에 따른 감상
정답률 74% | 정답 ③

〈보기〉를 참고하여 (다)를 감상한 내용으로 적절하지 않은 것은?

─── 〈보 기〉───
1930년대의 문학 작품에서 향토는 현실적 삶을 배제한 낭만적인 전원으로 그려지는 경우가 많았다. (다)에서 글쓴이는 이러한 경향을 받아들이되, 산골 사람들의 생활 모습까지 그려냄으로써 일상이 깃들어 있는 산골의 모습을 보여 주고 있다. 특히 산골의 자연은 세밀한 묘사를 통해 구체성을 획득하며 생동감 있게 그려지고 있다.

① 집 대부분이 '쓰러질 듯한 헌 초가'라는 것에서 산골 사람들의 궁핍한 삶의 모습이 짐작되는군.
집 대부분이 '쓰러질 듯한 헌 초가'라는 것에서 산골 사람들의 궁핍한 삶의 모습이 짐작 가능하다고 볼 수 있다.

② '산천의 풍경'을 '하나 흠잡을 데 없는 귀여운 전원'이라고 한 것은 산골을 낭만적인 전원으로 제시한 것이군.
'산천의 풍경'을 '하나 흠잡을 데 없는 귀여운 전원'이라고 한 것은 산골을 낭만적인 전원으로 제시한 것이라 볼 수 있다.

☑ **'논밭 일에 소를 부릴 때면 으레 그 노래를 부'르는 것에서 현실적 삶을 배제한 산골의 모습이 드러나는군.**
'논밭 일에 ~ 그 노래를 부'르는 것은 산골에서의 삶의 모습을 드러낸 것이므로 현실적 삶이 배제된 것이라고 볼 수 없다.

④ '샘물', '시내', '큰 내'의 물소리를 하나하나 묘사한 것에서 산골의 자연이 생동감 있게 드러나는군.
샘물이 '쫄쫄 내솟'고, 시내가 '졸랑졸랑 흘러내리'고, 큰 내가 '세차게 콸콸 쏠려 내'린다고 묘사한 것에서, 산골의 자연이 생동감 있게 드러난다고 볼 수 있다.

⑤ 농군이 '즐거운 노래'를 부르며 '논에 모를 내는 것'에서 산골 사람들의 건강한 생활이 확인되는군.
농군이 즐거운 노래를 부르며 모내기 하는 모습에서 산골 사람들의 건강한 생활이 드러난다고 볼 수 있다.

21~25 사회

'납세 의무의 성립, 확정, 소멸(재구성)'
해제 이 글은 국가 또는 지방 자치 단체가 각종 행정 서비스 등에 필요한 경비를 마련하기 위해 금전적 대가 없이 납세 의무자로부터 징수하는 세금, 즉 조세 채권의 이행 과정을 소개하고 있다. 조세 채권의 이행 과정은 납세 의무의 성립, 확정, 소멸로 이루어져 있다. 먼저 과세 요건이 충족되면 납세 의무가 성립한다. 그리고 납부할 세액과 납부 기한 등이 정해지는 확정의 단계를 거친 후 납세 의무자가 세금을 납부하면 납세 의무는 소멸한다.
주제 조세 채권의 이행 과정

문단 핵심 내용

1문단	세금의 정의와 조세 채권 이행의 이유
2문단	납세 의무의 성립 시기
3문단	납세 의무의 확정
4문단	납세 절차에 따른 신고 납세 방식
5문단	납세 절차에 따른 부과 과세 방식
6문단	수정 신고의 방법
7문단	납세 의무의 소멸

21 내용 이해
정답률 69% | 정답 ③

윗글의 내용과 일치하는 것은?

① 증여세와 상속세는 납세 의무자가 탈루할 가능성이 없다.
증여세, 상속세는 탈루의 위험이 높아 부과 과세 방식으로 납세 의무가 확정된다(5문단).

② 세금의 대상이 되는 물건의 법정 비율을 과세 표준이라고 한다.
세금의 대상이 되는 물건이나 행위를 과세 물건이라고 하고, 과세 물건의 수량이나 금액을 과세 표준이라고 한다(2문단).

☑ 과세 관청은 납세 의무자의 환급금을 미납 세금에 충당할 수 있다.
납세 의무자가 세금을 납부하지 못했다 하더라도 다른 세금에서 환급금이 발생하는 경우에는 과세 관청의 직권으로 미납 세금에 충당할 수 있다(7문단).

④ 납세 의무자의 납세 의무는 납세 의무자가 아닌 타인이 세금을 납부한 경우에는 소멸하지 않는다.
확정된 세금은 누구든지 납부하기만 하면 납세 의무가 소멸한다(7문단).

⑤ 국가는 납세 의무자에게 대가를 지급하고 그에 상응하게 세금을 징수하여 각종 행정 서비스의 경비로 사용한다.
세금은 납세 의무자에게 어떤 대가를 지급하지 않고 법률에 따라 강제적으로 징수하는 금전 또는 재물이다(1문단).

22 내용 추론 　　정답률 81% | 정답 ④

문맥을 고려할 때 ㉠의 의미로 가장 적절한 것은?

① 국가가 조세 채권을 납세 의무자로부터 징수한 상황을 가리킨다.
국가가 조세 채권을 납세 의무자로부터 징수한 상황은 추상적인 상태라 볼 수 없다.

② 국가가 세금 수입을 조기에 확보할 수 있는 상황을 가리킨다.
국가가 세금 수입을 조기에 확보할 수 있는 상황은 자동 확정 방식에 해당한다(3문단).

③ 과세 관청이 의무적으로 세무조사를 해야 하는 상황을 가리킨다.
과세 관청이 의무적으로 세무조사를 해야 하는 상황을 가리키지 않는다.

☑ 납세 의무자의 납부 세액과 납부 기한 등이 정해지지 않은 상황을 가리킨다.
과세 관청이 과세권을 행사하여 세금을 징수하기 위해서는 납세 의무가 성립된 이후 확정이 되어야 하는데, 확정은 납부할 세금과 납부 기한 등이 정해지는 것을 말한다(3문단).

⑤ 과세 요건 충족으로 과세 관청의 과세권이 자동적으로 성립한 상황을 가리킨다.
과세 요건 충족으로 과세 관청의 과세권이 자동적으로 성립한 상황은 추상적인 상태라 볼 수 없다.

23 내용 이해 및 비교 　　정답률 65% | 정답 ⑤

㉠~㉢에 대해 이해한 것으로 가장 적절한 것은?

① ㉠은 ㉡과 달리 납세 의무자가 직접 재정권을 행사할 수 있다.
㉠은 납세 의무의 성립과 동시에 확정되는 방식이므로 납세 의무자가 직접 재정권을 행사할 수 없다(3문단).

② ㉢은 ㉡과 달리 절차에 따라 납세 의무가 확정되기 때문에 더 민주적인 방식이다.
절차에 따라 납세 의무가 확정되기 때문에 더 민주적인 방식은 ㉡이다.

③ ㉡과 ㉢ 모두 납세 의무자의 신고는 협력 의무로서 강제성이 없다.
㉡의 경우 '납세 의무자가 미신고하거나 자신 신고했으나 법률을 위반한 경우 등이 발견되면 세무조사'를 한다고 했으므로 강제성이 없다는 이해는 적절하지 않다.

④ ㉠에 따라 납세 의무자가 신고했으나 세액에 미달하게 신고한 경우, 미달 신고액은 ㉡으로 확정된다.
㉠은 납세 의무의 성립과 동시에 확정되는 방식이므로 납세 의무자는 신고하지 않는다(3문단).

☑ ㉠은 납세 의무가 성립할 때, ㉢은 납세 고지서가 납세 의무자에게 도달할 때 납세 의무의 확정 효력이 생긴다.
㉠은 자동 확정 방식으로, 납세 의무의 성립과 동시에 확정 효력이 발생한다(3문단). ㉢은 부과 과세 방식으로, 과세 관청의 세액 확정 이후 납세 고지서가 납세 의무자에게 도달했을 때 납세 의무의 확정 효력이 발생한다(5문단).

24 사례 적용 　　정답률 49% | 정답 ⑤

윗글을 참고하여 〈보기〉를 이해한 것으로 적절하지 않은 것은? [3점]

〈보 기〉
갑은 현재 ○○ 회사에 프리랜서로 근무 중이다. 갑은 소득세를 납부하기 위해 2023년 1월 1일부터 12월 31일까지 회사로부터 받은 소득을 계산하여 과세 표준 신고서를 작성하고 과세 관청에 제출하였다. 그런데 다음 날 갑은 회사로부터 받은 소득의 일부를 빠뜨리고 신고한 사실을 알게 되었다.
한편 을은 2024년 4월 30일에 피상속인의 사망으로 상속이 개시되어 재산을 물려받게 되었다. 을은 상속세를 계산하여 과세 표준 신고서를 작성해서 과세 관청에 제출했다.
(단, 갑과 을은 모두 수정 신고와 경정 청구를 할 수 있는 기간이 남아 있는 상황이다.)

① 갑이 법정 신고 기한을 넘긴 후에 소득세를 신고했다면 소득을 일부 누락한 사실을 알았더라도 갑은 원칙적으로 수정 신고를 할 수 없겠군.
수정 신고는 법정 신고 기한까지 과세 표준 신고서를 과세 관청에 제출한 경우에만 가능하다(6문단).

② 을이 상속세를 신고할 때 신고해야 할 세액보다 적게 기재한 과세 표준 신고서를 과세 관청에 제출한 후 수정 신고를 하지 않았다면 과소 신고 가산세가 부과될 수 있겠군.
수정 신고를 과세 표준 신고서의 법정 신고 기한으로부터 2년이 지나기 전에 하면 과소 신고 가산세를 감면받을 수 있다. 이는 수정 신고 시 과소 신고 가산세가 부과된다는 것을 의미하므로, 을에게 과소 신고 가산세는 부과될 수 있다(6문단).

③ 을이 신고해야 할 세액보다 많이 신고하고 과세 관청의 납세 고지서를 받았다면 과세 표준 신고서의 법정 신고 기한으로부터 5년이 지나기 전에 경정 청구를 할 수 있겠군.
을은 신고해야 할 세액보다 많이 신고했고 경정 청구의 기한이 남아 있으므로, 과세 표준 신고서의 법정 신고 기한으로부터 5년이 지나기 전에 경정 청구를 할 수 있다(6문단).

④ 갑과 을이 법정 신고 기한 내에 과세 표준 신고서를 과세 관청에 제출한 시점에서는 갑과 달리 을은 납세 의무가 확정되지는 않았겠군.
갑은 신고 납세 방식으로, 을은 부과 과세 방식으로 납세 의무가 확정되기 때문에 갑과 달리 을은 납세 의무자의 신고만으로는 납세 의무가 확정되지 않는다(4, 5문단).

☑ 개정된 세법이 2024년 5월 1일에 시행되면서 별도의 경과 규정을 두지 않았다면 갑과 을은 개정 이후의 세법을 적용하여 세액을 신고하고 납부해야겠군.
납세 의무는 과세 요건을 만족할 때 성립하는 것으로, 갑의 소득세는 해당 과세 기간이 끝나는 때에, 을의 상속세는 상속이 개시된 때에 납세 의무가 성립한다. 세법이 2024년 5월 1일에 개정된 후 별도의 경과 규정 없이 시행되었기 때문에 을과 달리 갑은 개정 이전의 세법을 적용받는다(2문단).

25 단어의 문맥적 의미 　　정답률 87% | 정답 ①

문맥상 ⓐ의 의미와 가장 가까운 것은?

☑ 저 꽃을 금강초롱이라고 하지.
ⓐ는 '무엇을 무엇으로 이름 지어 부르다.'라는 의미이다.

② 김 노인은 올해 벼 수십 섬을 했다.
'어떠한 결과를 이루어내다.'라는 의미이다.

③ 우리는 내일 다시 만나기로 하고 헤어졌다.
'어떤 일을 그렇게 정하다.'라는 의미이다.

④ 그는 시내에서 조그만 음식점을 하나 하고 있다.
'어떤 직업이나 분야에 종사하거나 사업체 따위를 경영하다.'라는 의미이다.

⑤ 수학여행이라고 하면 제주도가 제일 먼저 생각난다.
'이야기의 화제로 삼다.'라는 의미이다.

26~28 　현대 소설

문순태, 「늙으신 어머니의 향기」

[감상] 이 작품은 아들 '나'와 아내가 어머니 특유의 냄새로 어머니와 갈등을 겪는 모습을 통해 가족 간의 관계 단절을 드러내고 있다. 특히, 어머니의 향기에 대한 감각적 묘사, 젊은 시절 어머니의 향기와 현재 어머니의 냄새 대비가 두드러진다. 또한 자식이 어머니의 헌신을 이해하고 자신의 태도를 반성하는 과정이 잘 그려지고 있다.
[주제] 부모 세대를 향한 자식 세대의 그릇된 관념에 대한 비판

26 서술상의 특징 파악 　　정답률 85% | 정답 ②

윗글의 서술상 특징으로 가장 적절한 것은?

① 동시에 진행되는 두 개의 사건을 교차하여 제시하고 있다.
동시에 진행되는 두 개의 사건은 드러나 있지 않다.

☑ 특정 인물의 시선으로 한 인물의 삶의 모습을 보여 주고 있다.
윗글은 서술자인 '나'의 시선으로 어머니의 과거와 현재 삶의 모습을 보여 주고 있다.

③ 과거의 사건을 현재 시제로 서술하여 긴박한 분위기를 조성하고 있다.
현재 시제로 서술된 부분이 있으나 과거 사건을 현재 시제로 서술한 것은 아니다.

④ 장면에 따라 서술자를 전환하여 사건의 다양한 면모를 제시하고 있다.
이 작품은 서술자 '나'에 의해 서술되고 있다.

⑤ 공간적 배경을 구체적으로 묘사하여 작중 상황의 현장감을 부각하고 있다.
공간적 배경 묘사는 드러나 있지 않다.

27 내용 이해 　　정답률 86% | 정답 ③

㉠~㉣에 대한 설명으로 적절하지 않은 것은?

① ㉠ : 다른 사람의 말을 듣지 않는 어머니의 완고한 모습이 드러나 있다.
주변의 말을 듣지 않고 주사를 맞는 모습에는 어머니의 완고함이 드러나 있다.

② ㉡ : 자신을 돌보기보다 가족을 위해 헌신했던 어머니의 모습이 드러나 있다.
몸살이 나서 몸이 아픈데도 가족을 위해 일하는 모습에는 가족을 위한 어머니의 헌신이 드러나 있다.

☑ ㉢ : 어머니의 냄새가 좋은지 나쁜지 판단하기 어려워하는 '나'의 모습이 드러나 있다.
'나'는 어머니의 냄새를 부정적인 것으로 판단하고 있다.

④ ㉣ : 아내의 상황에 아랑곳하지 않는 어머니의 모습이 드러나 있다.
며느리가 쓰러져 누워 있는 것에 상관하지 않고 저녁을 준비하는 어머니의 모습이 드러나 있다.

⑤ ㉤ : 어머니가 한 말에 아픔을 느끼는 '나'의 모습이 드러나 있다.
어머니가 자신의 냄새를 '쓰디쓴 세월의 냄새'라고 한 말에 명치끝을 후벼 파는 듯한 아픔을 느끼는 '나'의 모습이 드러나 있다.

28 외적 준거에 따른 감상 　　정답률 76% | 정답 ②

〈보기〉를 바탕으로 윗글을 감상한 것으로 적절하지 않은 것은? [3점]

〈보 기〉
소설은 감각적 소재를 활용하여 현실의 문제를 드러내기도 한다. 이 작품은 자식이 어머니의 인생을 이해하지 못한 채 기본적 삶의 욕구를 부정적으로 여기고 냄새를 문제시하는 모습을 그리고 있다. 특히 작가는 냄새에 대한 각기 다른 인식으로 형성된 갈등을 통해 부모 세대에 대한 그릇된 관념을 지적한다.

① '집'에 '밥이 없으면' '까탈을 부리는' 어머니의 모습을 '나'가 '생에 대한 집착'이라 생각하는 것에는 부모 세대에 대한 그릇된 관념이 드러나 있군.
'나'가 밥이 없으면 까탈을 부리는 어머니의 모습을 동물적 본능에 가까운 생에 대한 집착이라고 생각하는 것은 부모 세대에 대한 그릇된 평가로 볼 수 있다.

☑ '어머니의 삶'을 '궁핍과 땀과 희생과 인종'으로 보는 것에는 어머니의 인생을 부정적으로 여기는 '나'의 모습이 드러나 있군.
'우리 식구의 ~ 살아 있었다.'를 볼 때 '나'가 어머니의 삶을 '궁핍과 땀과 희생과 인종'으로 보는 것은 어머니의 삶을 부정적으로 여긴다고 볼 수 없다.

③ '특유한 어머니의 냄새'는 현실의 문제를 드러내는 소재로 사용되고 있군.
'어머니의 냄새'라는 소재는 가족 내의 문제를 드러내는 소재로 볼 수 있다.

④ '어머니의 냄새'를 '역겹다고 느끼는 '나'와 '냄새 때문에 숨을 쉴 수가 없다'는 아내의 말에서 어머니의 냄새를 문제시하는 자식의 모습이 드러나 있군.
어머니의 냄새를 역겹다고 느끼는 '나'나 어머니의 냄새 때문에 숨을 쉴 수가 없다는 아내는 어머니의 냄새를 문제시하는 것으로 볼 수 있다.

⑤ '아주 심해요'라는 '나'의 말과 '절대로 내 몸에서 나는 냄새가 아녀'라는 어머니의 말에서 냄새에 대한 각기 다른 인식으로 형성된 갈등이 표출되고 있군.
어머니의 냄새가 심하다고 말하는 '나'와 자신의 몸에서 나는 냄새가 아니라며 단호하게 부인하는 어머니의 모습은 냄새에 대한 각기 다른 인식으로 형성된 갈등이 표출되는 것으로 볼 수 있다.

29~33 인문

'리쾨르의 자기 해석학(재구성)'

해제 이 글은 이야기라는 텍스트를 해석하는 과정을 통해 독자가 자기의 이야기 정체성을 형성하고 자기 이해에 이르게 된다는 리쾨르의 자기 해석학을 소개하고 있다. 리쾨르는 고대 그리스 철학자들에서부터 이어진 '미메시스'의 개념을 확장하여 미메시스Ⅰ(전형상화), 미메시스Ⅱ(형상화), 미메시스Ⅲ(재형상화)으로 이어지는 '미메시스의 삼중 구조'를 제시하였고, 이를 통해 독서의 과정에서 독자가 허구적 이야기를 자기의 삶으로 받아들이는 과정을 설명하였다.

주제 이야기 해석을 통한 자기 이해 과정으로서의 리쾨르의 자기 해석학

문단 핵심 내용

1문단	리쾨르의 자기 해석학에 대한 설명
2문단	미메시스로서의 예술과 아리스토텔레스의 관점을 받아들인 리쾨르
3문단	리쾨르가 설정한 미메시스의 삼중 구조
4문단	이야기 정체성의 개념과 문학을 통한 독자의 자기 이해

---

29 내용 이해 정답률 59% | 정답 ②

윗글을 이해한 내용으로 적절하지 않은 것은?

① 미메시스Ⅰ과 미메시스Ⅲ은 미메시스Ⅱ를 매개로 연결된다.
미메시스Ⅱ의 이야기는 작가 차원인 미메시스Ⅰ과 독자 차원인 미메시스Ⅲ 사이를 매개한다(3문단).

✔② 인물의 이야기 정체성은 미메시스Ⅲ에서 작가에 의해 형상화 된다.
인물의 이야기 정체성은 미메시스Ⅲ의 독자의 해석 과정에서 형성되는 것이므로 미메시스Ⅲ에서 작가에 의해 형상화된다는 것은 적절하지 않다(4문단).

③ 리쾨르의 미메시스는 아리스토텔레스의 견해를 발전시킨 개념이다.
리쾨르는 아리스토텔레스의 견해를 받아들여 미메시스의 개념을 확장하였다(2문단).

④ 독자가 이야기 해석을 통한 자기 이해에 이르는 과정은 미메시스의 삼중 구조를 따른다.
독자는 미메시스의 삼중 구조에 따라 이야기를 통한 자기 이해를 하게 된다(1, 3, 4문단).

⑤ 작가는 미메시스Ⅱ에 나타난 행동의 의미를 미메시스Ⅲ의 독자가 이해할 것으로 여긴다.
작가는 자기가 말하고자 하는 행동의 의미를 독자가 이해할 수 있다고 전제한다(3문단).

---

30 핵심 관점의 이해 정답률 67% | 정답 ②

'예술'에 대한 플라톤과 아리스토텔레스의 견해로 적절하지 않은 것은?

① 플라톤 : 서사시와 연극은 감각 세계를 모방한 양태가 다르다고 보았다.
플라톤은 예술의 갈래마다 모방의 양태가 다르며, 연극은 현실을 직접적으로, 서사시는 현실을 간접적으로 모방한다고 보았다(2문단).

✔② 플라톤 : 모방된 대상을 다시 모방함으로써 세계를 이상과 현실로 나눈다고 보았다.
플라톤은 세계를 이상과 현실의 이원적 구조로 보았고 예술은 이데아를 모방한 현실을 다시 모방하였다고 보았다. 예술이 현실을 다시 모방함으로써 세계를 이원적 구조로 나눈다고 본 것은 아니다.

③ 플라톤 : 인간을 이상 세계로부터 멀어지게 한다는 점에서 부정적인 대상으로 보았다.
플라톤은 예술이 인간을 이데아로부터 멀어지게 하는 것이라고 보았다(2문단).

④ 아리스토텔레스 : 인간의 감정을 정화하고 인간이 쾌감을 느끼도록 한다고 보았다.
아리스토텔레스는 예술이 인간의 감정을 정화하고 인간이 쾌감을 느끼게 한다고 보았다(2문단).

⑤ 아리스토텔레스 : 있을 법한 일을 필연성에 따라 조직했다는 점에서 현실 세계의 창조적 모방이라고 보았다.
아리스토텔레스는 예술이 개연성이 있는 일을 필연성에 따라 조직했기 때문에 창조적 모방이라고 보았다(2문단).

---

31 핵심 개념의 비교 정답률 68% | 정답 ②

㉠과 ㉡에 대한 설명으로 가장 적절한 것은?

① ㉠은 현실을 직접 모방한 것이고, ㉡은 현실을 간접 모방한 것이다.
플라톤에 따르면 현실을 직접 모방한 것은 '연극'이고, 현실을 간접 모방한 것은 '서사시'이다(2문단).

✔② ㉠은 작가가 구성한 인물의 이야기를, ㉡은 독자가 구성한 자신의 이야기를 의미한다.
㉠은 미메시스Ⅱ(형상화 단계)에서의 줄거리로, 작가가 자신이 그리고자 하는 행동을 허구적 이야기로 구성한 것이다. ㉡은 미메시스Ⅲ(재형상화 단계)에서의 줄거리로, 독서 후 독자가 자신의 삶을 이야기 형식으로 구성한 것이다.

③ ㉠은 미메시스Ⅱ의 전형상화 단계에 해당하고, ㉡은 미메시스Ⅲ의 재형상화 단계에 해당한다.
㉠은 미메시스Ⅱ의 형상화 단계에 해당하고, ㉡은 미메시스Ⅲ의 재형상화 단계에 해당한다(3문단).

④ ㉠은 ㉡과 달리 언어로 표현되기 전의 이야기이다.
㉠은 미메시스Ⅱ(형상화 단계)에서의 줄거리로, 미메시스Ⅰ에서의 행동이 서사적 흐름 속에서 언어로 표현된 이후의 이야기이다(3문단).

⑤ ㉡은 ㉠과 달리 인물의 행동에 의해 의미가 결정된다.
㉠과 ㉡ 모두 인물의 행동에 의해 의미가 결정된다. ㉠은 미메시스Ⅱ(형상화 단계)에서의 줄거리로, 이 단계에서 작가는 자신이 의미 있다고 판단하는 행동만을 골라 인과 관계에 따라 배치한다. ㉡은 미메시스Ⅲ(재형상화 단계)에서의 줄거리로, 이 단계에서 독자는 허구적 인물의 행동이 지닌 의미를 분석하고 이를 현실에 비추어 본다(3문단).

---

32 사례 적용 정답률 72% | 정답 ③

리쾨르의 관점에서 〈보기〉를 이해한 내용으로 적절하지 않은 것은? [3점]

〈보 기〉
타인을 대하는 태도에 관심이 많은 A는 의사의 삶을 다룬 소설을 읽었다. 소설에는 의사로서의 B의 삶이 다양한 에피소드를 통해 제시되어 있었다. 특히 B의 따뜻한 보살핌으로 건강을 회복한 어린 환자가 성인이 되어 B를 찾아왔고, 예전보다 몹시 바빠진 상황에서도 환자 한 명 한 명을 진심으로 대하는 B에게 어린 시절에 대한 고마움을 전하는 에피소드를 A는 감명 깊게 읽었다.

① 작가는 소설을 쓰기 전에 의사의 행동이 어떤 의미를 지니는지 이해하고자 했겠군.
의사의 삶을 다룬 소설이므로, 작가는 소설을 쓰기 전에 의사의 행동이 지닌 의미를 파악하고자 한 것으로 볼 수 있다.

② B가 어린 환자를 돌보는 행동은 작가가 의미 있다고 판단하여 고른 것이겠군.
소설 속 인물 B의 행동은 작가가 의미 있다고 판단하여 선택한 것으로 볼 수 있다.

✔③ 소설 속 에피소드는 인간에게 공통적으로 나타나는 행동을 인과 관계에 따라 배치한 것이겠군.
소설 속 에피소드는 작가가 인간의 다양하고 이질적인 행동 중에서 자신이 의미 있다고 판단하는 행동만을 골라 인과 관계에 따라 배치한 것이다(3문단).

④ A는 환자를 진심으로 대하는 B의 에피소드를 읽으며 사람들을 대하는 자신의 태도를 돌아보았겠군.
타인을 대하는 태도에 관심이 많은 독자 A는 환자를 진심으로 대하는 소설 속 인물 B의 모습을 바탕으로 자신의 삶을 반성했을 것이라 볼 수 있다.

⑤ A는 소설을 읽고 B의 이야기 정체성을 따뜻한 내면을 지닌 인물로 파악할 수 있겠군.
소설 속 인물 B는 바쁜 와중에도 예전과 같이 환자를 따뜻하게 대하는 태도를 지니므로, A는 독서를 통해 B의 이야기 정체성을 따뜻한 내면을 지닌 인물로 파악할 것이라 볼 수 있다.

---

33 단어의 사전적 의미 정답률 75% | 정답 ④

ⓐ ~ ⓔ와 바꾸어 쓸 수 없는 말은?

① ⓐ : 지칭하는
지칭하다 : 어떤 대상을 가리켜 이르다.

② ⓑ : 수용하여
수용하다 : 어떤 것을 받아들이다.

③ ⓒ : 선택하여
선택하다 : 여럿 가운데서 필요한 것을 골라 뽑다.

✔④ ⓓ : 계승하고자
'계승하다'는 '조상의 전통이나 문화유산, 업적 따위를 물려받아 이어나가다.'라는 의미이다. ⓓ의 맥락에서는 '연결하다'가 적절하다.

⑤ ⓔ : 투사하여
투사하다 : 어떤 상황이나 자극에 대한 해석, 판단, 표현 따위에 심리적 상태나 성격을 반영하다.

34~37 고전 소설

작자 미상, 「황운전」

감상 「황운전」은 '황운'과 '설연'이라는 두 주인공의 영웅적 일대기를 다룬 소설이다. 이 작품의 서사는 크게 전반부와 후반부로 나눌 수 있다. 전반부는 승상 진권과 그의 형제들이 반란을 일으키자 조정에서 장군을 모집하고, 이에 남장을 한 '설연'은 대원수가 되고 '황운'은 부원수가 되어 난을 평정하는 이야기이다. 후반부는 천자가 세상을 떠나고 '황운'은 섭정왕이 되어 국사를 돕게 되나 선제의 동생 '형왕'이 왕위를 찬탈하게 되고, 이에 '황운'과 '설연'이 다시 역적을 몰아내고 태자를 임금으로 모시는 이야기이다.

주제 황운과 설연의 영웅적 일대기

---

34 내용 이해 정답률 60% | 정답 ②

윗글에 대한 설명으로 적절한 것은?

① 진걸은 옹주에 머무르다 원수에게 사로잡힌다.
진걸은 옹주를 버리고 달아나 오주에서 원수에게 사로잡힌다.

✔② 진권은 성이 물에 잠겨 성을 버리고 달아난다.
진권은 성 안의 물이 흘러넘쳐 옹주를 버리고 도망간다.

③ 원수는 큰비가 올 것을 예측하고 백성들과 함께 대피한다.
원수는 큰비가 올 것을 예측하여 장졸들에게 부대를 하나씩 준비하도록 명한다.

④ 양달은 자신의 안위를 위해 진권에게 닥친 어려움을 외면한다.
양달은 진권의 위급함을 보고 전선 십여 척으로 진권을 구해 동쪽으로 달아난다.

⑤ 황운은 청의 동자의 도움으로 벼랑에서 사명산 도인을 만난다.
황운은 높은 벼랑에 이르러 백수 노인을 만나게 되고, 노인은 청의 동자에게 명하여 산령을 부른다.

35 발화 의도 파악 　　　정답률 57% | 정답 ③

⊙ ~ ⑩에 대한 이해로 적절하지 않은 것은?

① ⊙ : 노인은 자신의 역할을 다하지 못한 사자를 책망하고 있다.
노인은 산을 지키는 사자에게 황운이 명산에 출입하게 한 것에 대해 나무란다.

② ⓒ : 황운은 사자를 꾸짖음으로써 앞선 노인의 말에 대해 반감을 드러내고 있다.
황운은 자신을 명산에 출입하지 못하게 하는 것이 적절하지 않다고 사자를 꾸짖는데, 이를 통해 앞선 노인의 말에 반감을 드러낸다.

✔③ ⓒ : 황운은 자신과 대화하는 노인이 사명산 도인임을 깨닫고 자신의 요구사항을 직접 드러내고 있다.
황운은 자신과 대화하는 노인이 사명산 도인임을 깨닫지 못한 채, 도움을 요청한다.

④ ② : 노인은 황운의 능력이 충분함에도 황운이 술법을 배우고자 하는 이유를 묻고 있다.
노인은 황운의 재주가 충분하고 태평한 시절임에도 황운이 술법을 배우고자 하는 이유를 묻는다.

⑤ ⑩ : 황운은 고사를 활용하여 태평한 시절에도 위태로움에 대비하는 것이 필요함을 언급하고 있다.
황운은 헌원씨, 주문왕의 고사를 활용하여 태평한 시절에도 위태로움에 대비해야 함을 언급한다.

36 소재 기능 파악 　　　정답률 51% | 정답 ①

ⓐ, ⓑ에 대한 설명으로 가장 적절한 것은?

✔① ⓐ는 황운이 설연에게 자신의 안부를 알리기 위한 수단이다.
'절구 십여 수(ⓐ)'는 황운이 자신 때문에 걱정할 설연을 배려하여 남기는 것으로, 설연에게 자신의 안부를 알리는 수단이다. '천서 옥갑경(ⓑ)'은 원수가 진권을 잡을 계책을 생각하다 문득 하나의 계책을 떠올려 장졸들에게 명령을 내리는 계기를 제공한다.

② ⓑ는 원수가 진권에게 자신의 의도를 숨기는 역할을 한다.
'천서 옥갑경(ⓑ)'은 원수가 진권에게 자신의 의도를 숨기는 역할을 하지 않는다.

③ ⓐ는 황운이 설연에게, ⓑ는 원수가 황운에게 상대방과 한 약속을 일깨워 주는 역할을 한다.
'절구 십여 수(ⓐ)'와 '천서 옥갑경(ⓑ)'은 상대방과 한 약속을 일깨워 주는 역할을 하지 않는다.

④ ⓐ는 황운이 설연에게 자신의 상황을, ⓑ는 원수가 장졸에게 자신의 경험을 알려주는 역할을 한다.
'천서 옥갑경(ⓑ)'은 원수가 장졸에게 자신의 경험을 알려주는 역할을 하지 않는다.

⑤ ⓐ와 ⓑ는 각각 황운과 원수에게 앞으로 일어날 일에 대한 위험을 알려주는 기능을 한다.
'절구 십여 수(ⓐ)'와 '천서 옥갑경(ⓑ)'은 각각 황운과 원수에게 앞으로 일어날 일에 대한 위험을 알려주는 기능을 하지 않는다.

37 외적 준거에 따른 감상 　　　정답률 50% | 정답 ②

〈보기〉를 참고하여 윗글을 감상한 내용으로 적절하지 않은 것은? [3점]

〈보 기〉
영웅소설에서 주인공은 조력자의 도움을 받거나 초월적인 능력을 발휘하는 것으로 영웅성을 부각한다. 이 작품에서는 영웅소설의 일반적 특징뿐만 아니라 병법을 활용하거나 날씨, 지형 등의 지리적 요소를 활용해 문제를 해결하는 주인공의 모습이 부각되어 흥미가 더욱 고조되는 특징을 보인다. 또한 적대자를 궁지로 몰아가는 과정에서 서사적 긴장감도 드러나고 있다.

① 황운이 '사명산 도인'에게 '팔문둔갑과 진법과 검술을 배우'는 것에서, 주인공이 조력자의 도움을 받는 영웅소설의 일반적 특징이 드러나는군.
황운이 사명산 도인에게 술법을 배우는 것은, 주인공이 조력자의 도움을 받는 것이라는 점에서 영웅소설의 일반적 특징을 드러내는 것으로 볼 수 있다.

✔② 원수가 '정병 십만을 모'으고 '기고를 세워 급습하'는 것에서, 초월적인 능력을 발휘하는 주인공의 영웅성이 드러나는군.
원수가 '정병 십만을 모'으고 '기고를 세워 급습하'는 모습에서 원수의 영웅성이 드러난다. 하지만 이는 주인공의 초월적 능력이 발휘된 것이 아니다.

③ 원수가 '동오 지도'를 보고 '십 면에 매복하'라고 지시하는 것에서, 지리적 요소를 활용해 문제를 해결하는 주인공의 비범함이 드러나는군.
원수가 동오 지도를 보고 이에 적합한 매복을 지시하는 것은, 지리적 요소를 활용하여 문제를 해결하는 것이라는 점에서 주인공의 비범함을 드러내는 것으로 볼 수 있다.

④ '싸움을 청'한 진권에게 원수가 '궁구막추'라는 병법으로 대응하는 것에서, 주인공의 신중함이 부각되어 독자의 흥미가 고조 되는군.
배수 일전을 생각하고 싸움을 청한 진권에게 원수가 궁구막추라는 병법으로 대응하는 것은, 주인공의 지략을 부각하여 독자의 흥미를 고조시키는 것으로 볼 수 있다.

⑤ '웅주'에서부터 '오주'까지 이어진 원수와 진권의 전투에서, 주인공과 적대자 간의 서사적 긴장감이 드러나는군.
웅주에서부터 동오의 청홍성, 오주까지 이어지는 전투는, 쫓기는 진권과 이를 쫓는 원수 간의 서사적 긴장감을 드러내는 것으로 볼 수 있다.

38~42 기술

'페로브스카이트 태양전지의 특성과 구조(재구성)'

해제　이 글은 **신재생에너지의 하나인 태양전지 중 유-무기 하이브리드 태양전지인 페로브스카이트 태양전지의 특성과 구조를 설명**하고 있다. 페로브스카이트 태양전지는 광전 변환 효율이 높으면서도 저가로 제작이 가능하다는 장점이 있다. 페로브스카이트 태양전지는 광전 변환 효율을 높이기 위해 협력하는 여러 층으로 구성되어 있는데, TCO층, 전자 수송층, 페로브스카이트층, 정공 수송층, 후면 전극이 그것이다. 태양광이 페로브스카이트층에 도달하면 빛에너지의 자극에 의해 전자와 정공이 생성되고, 이들은 각각 전자 수송층과 정공 수송층을 통하여 양쪽 전극에 도달한다. 이에 따라 음극에서 양극으로의 외부 회로가 형성되고 전류의 흐름이 가능해진다.

| 주제 | 페로브스카이트 태양전지의 특성과 구조 |

문단 핵심 내용

1문단	태양전지의 종류와 특성
2문단	페로브스카이트 태양전지의 이온 종류와 결정 구조
3문단	페로브스카이트 태양전지의 여러 층과 그 기능
4문단	페로브스카이트 태양전지의 상용화 연구

38 내용 전개 방식 파악 　　　정답률 79% | 정답 ①

윗글의 내용 전개 방식으로 가장 적절한 것은?

✔① 대상을 요소별로 분석하여 기능을 설명하고 있다.
이 글은 페로브스카이트 태양전지를 구성하고 있는 TCO층, 전자 수송층, 페로브스카이트층, 정공 수송층, 후면 전극의 특징과 역할을 서술하고 있다.

② 묻고 답하는 방식으로 대상의 개념을 설명하고 있다.
이 글은 묻고 답하는 방식으로 대상의 개념을 설명하고 있지 않다.

③ 대상의 변화 양상을 시대별로 구분하여 서술하고 있다.
이 글은 대상의 변화 양상을 시대별로 구분하여 서술하고 있지 않다.

④ 대상이 지닌 문제점과 해결 과정을 단계별로 제시하고 있다.
이 글은 대상이 지닌 문제점과 해결 과정을 단계별로 제시하고 있지 않다.

⑤ 대상과 관련된 현상의 원인을 다양한 측면에서 제시하고 있다.
이 글은 대상과 관련된 현상의 원인을 다양한 측면에서 제시하고 있지 않다.

39 내용 이해 　　　정답률 72% | 정답 ③

윗글의 내용과 일치하는 것은?

① 페로브스카이트 태양전지는 형태나 색채 조절이 불가능하다.
페로브스카이트 태양전지는 곡면 형태로도 제작이 가능하며, 빛 투과도나 색채도 조절할 수 있다(4문단).

② 산화물 유리 기판은 전류가 잘 흐르지만 빛의 투과율이 낮다.
TCO층에 사용되는 산화물 유리 기판은 전류가 잘 흐르고 빛이 잘 투과하는 물질이다(3문단).

✔③ 태양전지의 반도체 소자는 태양광 에너지를 전기 에너지로 변환한다.
태양전지는 태양광 에너지를 전기 에너지로 변환하는 반도체 소자 또는 그들의 집합체를 말한다(1문단).

④ 페로브스카이트 태양전지는 사용 수명은 짧지만, 친환경적인 소재를 사용한다.
페로브스카이트 태양전지의 상용화를 위해서는 짧은 사용 수명, 친환경적이지 않은 소재 사용 등의 문제가 해결되어야 한다(4문단).

⑤ 현재 가장 많이 사용하고 있는 유무기 하이브리드 태양전지는 실리콘 태양전지이다.
현재 가장 많이 사용하고 있는 태양전지인 실리콘 태양전지는 무기 반도체 소재를 사용한 무기 태양전지이다(1문단).

40 내용 이해 　　　정답률 71% | 정답 ②

⊙에 대한 이해로 적절하지 않은 것은?

① 빛에 의해 전하를 생성하는 성능이 뛰어나다.
A, B, X가 결합되어 큐빅 구조의 결정 형태를 가진 페로브스카이트는 빛에 의해 전자와 정공을 생성하는 능력이 뛰어나다(2문단).

✔② 이온 간 결합 에너지가 작아 외부 자극에 대한 반응성이 낮다.
페로브스카이트는 이온 간 결합 에너지가 작아 약한 에너지 자극에도 반응이 활발하다(2문단).

③ 이온의 종류에 따라 결정 구조가 달라져 생성되는 전하의 양에 영향을 줄 수 있다.
태양전지에 사용되는 페로브스카이트는 A, B, X 자리에 오는 이온의 종류에 따라 결정 구조가 달라질 수 있고, 결정 구조가 달라지면 전하 생성량에 영향을 미친다(2문단).

④ 유기 이온과 무기 이온 등으로 구성되어 유무기 하이브리드 태양전지의 핵심이 된다.
태양전지에 사용되는 페로브스카이트는 유기 양이온과 무기 양이온, 음이온이 결합한 물질로(2문단), 페로브스카이트 태양전지의 중심부에 해당한다(3문단).

⑤ A, B, X 자리에 오는 이온이 두 개 이상의 원자가 결합된 이온인지의 여부에 따라 광전 변환 효율이 달라질 수 있다.
A, B, X 자리에 두 개 이상의 원자가 결합된 이온이 올 경우에는 광전 변환 효율이 높아질 수 있다(2문단).

41 세부 정보 재조직 　　　정답률 55% | 정답 ③

[A]를 바탕으로 〈보기〉의 ⓐ ~ ⓔ를 설명한 내용으로 적절하지 않은 것은? [3점]

〈보 기〉

[페로브스카이트 태양전지 구조]

① ⓐ는 태양전지의 전면 전극으로 ⓒ에서 생성된 전자를 전달 받는다.
ⓐ는 투명 전도성 산화물(TCO)으로, 페로브스카이트층(ⓒ)에서 생성된 전자를 전달받아 태양전지의 전면 전극 역할을 한다(3문단).

② ⓑ는 ⓐ와 ⓒ의 직접 접촉을 막아 태양전지의 광전 변환 효율을 높인다.

ⓑ는 전자 수송층으로, 페로브스카이트층(ⓒ)에서 만들어진 전자를 TCO층(ⓐ)에 전달하는 역할을 한다. 이로써 두 층의 직접적인 접촉을 막아 광전 변환 효율을 높인다(3문단).

☑ ⓑ와 ⓓ는 모두 전하를 효과적으로 수송할 수 있도록 전도성과 안정성이 확보된 무기 반도체 소재를 사용한다.
ⓑ는 전자 수송층으로, 내부가 다공질 구조로 되어 있는 무기 반도체 금속 산화물인 이산화 타이타늄으로 되어 있다. ⓓ는 정공 수송층으로, 열에 안정적이고 합성이 간단한 유기 반도체 소재로 되어 있다(3문단).

④ ⓒ가 ⓐ, ⓑ를 통과한 빛을 흡수하여 전자와 정공을 생성하면, 이들은 각각 반대 방향으로 이동한다.
ⓒ는 페로브스카이트층으로, TCO층(ⓐ)과 전자 수송층(ⓑ)을 통과한 빛을 흡수하여 전자와 정공을 생성한다. 생성된 전자와 정공은 각각 전자 수송층과 정공 수송층을 통해 TCO층과 후면 전극으로 이동한다(3문단).

⑤ 전자와 정공이 각각 ⓑ와 ⓓ를 통해 ⓐ와 ⓔ에 도달하면 외부 회로가 형성되어 전류가 흐를 수 있게 된다.
페로브스카이트층에서 생성된 전자와 정공이 전자 수송층(ⓑ)과 정공 수송층(ⓓ)을 통하여 각각 TCO층(ⓐ)과 후면 전극(ⓔ)으로 이동하면 음극에서 양극으로의 외부 회로가 형성되어 전류가 흐를 수 있게 된다(3문단).

★★★ 등급을 가르는 문제!
42 외적 준거에 따른 판단 정답률 48% | 정답 ②

〈보기〉를 참고하여 윗글에 대해 보일 수 있는 반응으로 적절하지 않은 것은?

〈 보 기 〉
가. 유기 태양전지는 실리콘 태양전지에 비해 빛을 흡수하는 정도인 흡광 계수가 1,000배 이상 높아 매우 얇은 두께에서도 빛의 흡수를 극대화하여 다량의 전하를 생성할 수 있다. 그럼에도 광전 변환 효율이 실리콘 태양전지의 절반에도 미치지 못하는 이유는 빛의 흡수로 생성된 전자의 이동 거리가 짧고, 이동 속도가 느려 소량의 전자만이 전극에 도달하고 전극에 도달하지 못한 나머지 전자들은 에너지를 잃어 정공과 다시 결합하기 때문이다.
나. 탄소는 다른 원소 특히 수소, 산소, 질소 등과 쉽게 결합 할 수 있으며, 다양한 화합물을 형성할 수 있는 특성을 지니고 있다. 이러한 탄소가 주요 성분이 되는 유기 물질은 공기 중의 산소나 수분과 화학 반응을 일으켜 부식되거나 연소되기도 한다.

① 페로브스카이트 태양전지의 광전 변환 효율을 더 높이기 위해서는 전자의 이동 속도를 고려할 필요가 있겠군.
페로브스카이트 태양전지는 태양광 입자를 최대한 흡수하도록 하고, 전자 이동을 원활하게 하며, 전기화학적으로 안정적인 소재를 사용하여 광전 변환 효율을 높이고 있다(3문단). 이러한 페로브스카이트 태양전지의 광전 변환 효율을 더 높이기 위해서는 다량의 전자가 전극에 도달하도록 전자의 이동 속도를 고려할 필요가 있다(〈보기〉).

☑ 광전 변환 효율이 높은 유기 태양전지를 제작하기 위해서는 흡광 계수가 높은 소재를 사용하는 것이 핵심이겠군.
유기 태양전지의 광전 변환 효율은 낮다(1문단). 흡광 계수가 상대적으로 높은 유기 태양전지의 광전 변환 효율이 낮은 이유는 전자의 이동 속도가 느리기 때문이다(〈보기〉). 따라서 광전 변환 효율이 높은 유기 태양전지 제작을 위해서는 흡광 계수가 높은 소재가 아니라 전자의 이동 속도가 빠른 소재를 사용하는 것이 핵심이라 볼 수 있다.

③ 유기 태양전지의 사용 수명이 짧은 이유는 재료로 사용되는 유기 물질의 특성에 그 원인이 있다고 볼 수 있겠군.
유기 태양전지의 사용 수명은 짧다(1문단). 유기 물질은 공기 중의 산소나 수분과 화학 반응을 일으켜 부식되거나 연소된다(〈보기〉). 따라서 이러한 유기물을 소재로 하는 유기 태양전지의 사용 수명이 짧은 이유는 유기 물질의 특성에 그 원인이 있다고 볼 수 있다.

④ 페로브스카이트 태양전지가 가진 문제를 해결하기 위해서는 내부 물질과 외부 환경과의 반응을 고려하는 것도 필요하겠군.
페로브스카이트 태양전지가 가진 문제는 실리콘 태양전지보다 낮은 광전 변환 효율, 짧은 사용 수명, 친환경적이지 않은 소재 사용 등이다(4문단). 유기물을 포함하고 있는 페로브스카이트는 공기 중의 산소나 수분과 화학 반응을 일으켜 부식되거나 연소되어 사용 수명이 짧아질 수 있으므로(〈보기〉) 이를 고려하는 것도 필요하다.

⑤ 유기 태양전지가 실리콘 태양전지보다 광전 변환 효율이 낮은 것은 생성된 전하 대비 전극에 도달한 전자의 비율이 낮기 때문이겠군.
실리콘 태양전지는 광전 변환 효율이 높고 유기 태양전지는 광전 변환 효율이 낮다(1문단). 유기 태양전지의 광전 변환 효율이 낮은 것은 실리콘 태양전지에 비해 흡광 계수가 높아 다량의 전하를 생성할 수 있지만, 그에 비해 전극에 도달하는 전자는 상대적으로 적기 때문이다(〈보기〉).

★★ 문제 해결 꿀~팁 ★★

▶ 많이 틀린 이유는?
이 문제는 태양전지의 종류별 특성을 파악하여 정리하는 데 어려움을 겪었기에 오답률이 높았던 것으로 보인다.

▶ 문제 해결 방법은?
이 문제를 해결하기 위해서는 〈보기〉의 설명을 지문과 결합하여 태양전지의 종류별 특성을 잘 정리할 수 있어야 한다. 〈보기〉에서 (가)가 이야기하고자 하는 바는 유기 태양전지의 흡광 계수가 실리콘 태양전지에 비해 1,000배 높음에도 불구하고 빛의 흡수로 생성된 전자의 이동 속도로 인해 광적 변환 효율이 실리콘 태양전지의 절반에도 미치지 못한다는 것이다. 따라서 ②의 경우 광적 변환 효율이 높은 유기 태양전지를 제작하기 위해서는 흡광 계수가 높은 소재를 사용하는 것이 아니라, 전자의 이동 속도가 빠른 소재를 사용하는 것이 핵심이 된다. 이 문제는 〈보기〉의 설명을 잘 이해했다면, 의외로 쉽게 정답을 고를 수 있는 문제이다. 따라서 외적 준거에 따른 판단을 묻는 문제가 얼핏 복잡해 보인다고 하더라도 주어진 정보를 잘 파악하는 연습을 단계적으로 진행해야 한다.

43~45 **현대시**

(가) 이성복, 「꽃피는 시절」

감상 외피와 꽃을 '나'와 '당신'으로 인격화하여 개화의 과정을 형상화한 작품으로, 꽃이라는 결과물보다 꽃을 피우기 위한 인고와 희생의 모습에 주목한다. 그 과정에서 필연적으로 겪어야만 하는 고통과 이별을 극복하고 나타나는 생명에 대한 감탄과 경이를 표현하고 있다.
주제 개화의 과정에 뒤따르는 인고와 희생의 모습

[문제편 p.071]

(나) 권정우, 「저수지」

감상 저수지에 담기거나 비치는 자연물을 모두 저수지 안에 들어가는 것으로 표현함으로써, 주변의 모든 이를 있는 그대로 받아들이는 존재로 저수지를 형상화하여 포용의 가치를 드러낸 작품이다.
주제 저수지를 통해 드러낸 포용의 가치

43 표현상 특징 파악 정답률 76% | 정답 ⑤

(가)와 (나)의 공통점으로 가장 적절한 것은?

① 명사로 시상을 마무리하여 여운을 남기고 있다.
(가)는 명사로 시상을 마무리하였으나 (나)는 그렇지 않다.

② 구체적인 청자를 설정하여 시상을 전개하고 있다.
(가)는 '당신'을 청자로 설정하고 있으나 (나)는 그렇지 않다.

③ 반어적 표현을 활용하여 주제 의식을 드러내고 있다.
(가), (나) 모두 반어적 표현을 활용하지 않았다.

④ 하강적 이미지를 사용하여 시적 분위기를 조성하고 있다.
(가), (나) 모두 하강적 이미지를 사용하지 않았다.

☑ 유사한 통사 구조를 반복하여 시적 상황을 강조하고 있다.
(가)는 '-고 싶고', '-ㄹ 일 -ㅂ니다'와 같은 통사 구조를, (나)는 '라고 ~ 대답하지 않는다'와 같은 통사 구조를 반복하여 시적 상황을 강조하고 있다.

44 서술상의 의도 파악 정답률 71% | 정답 ②

나와 당신의 관계를 바탕으로 ㉠ ~ ㉤을 이해한 내용으로 적절하지 않은 것은?

① ㉠에는 '나'가 '당신'을 긍정적인 존재로 인식하고 있음이 드러나 있다.
'나'가 '당신'에 대해 '잔잔한 웃음이 되려 하셨다'고 표현한 것에서, '당신'에 대한 '나'의 긍정적인 인식이 드러난다.

☑ ㉡에는 '나'를 인지하지 못하는 상황에 대한 '당신'의 안타까움이 드러나 있다.
'당신'이 '나'를 인지하지 못하는 상황이지만, 이에 대한 '당신'의 인식이 드러나지는 않는다.

③ ㉢에는 '나'가 '당신' 때문에 느껴야 하는 다양한 심정이 드러나 있다.
'울고 싶고, 웃고 싶고, 토하고 싶다'는 것은 '나' 가 '당신'을 보낼 때 느낄 다양한 심정을 표현한 것이다.

④ ㉣에는 '당신'을 보낼 일에 대한 '나'의 막연함이 드러나 있다.
'당신을 보낼 일 아득'한 것은 '나'의 막연한(갈피를 잡을 수 없게 아득한) 마음을 표현한 것이다.

⑤ ㉤에는 '나'에게서 벗어나려 애쓰는 '당신'의 모습이 드러나 있다.
'당신'이 '내 가슴 쥐어뜯으며 발 구르는' 것은 '당신'이 '나'를 벗어나려고 애쓰는 모습이다.

★★★ 등급을 가르는 문제!
45 외적 준거에 따른 감상 정답률 45% | 정답 ①

〈보기〉를 참고하여 (가), (나)를 감상한 내용으로 적절하지 않은 것은? [3점]

〈 보 기 〉
(가)와 (나)는 모두 자연 현상을 관찰하여 얻은 삶의 깨달음을 노래하고 있다. (가)는 자연의 섭리에 따른 개화의 과정을 바탕으로 인고와 희생이라는 가치를 드러내고 있고, (나)는 자신에게 상처를 주는 존재마저 사랑으로 품어내는 저수지의 모습을 통해 포용이라는 가치를 드러내고 있다.

☑ (가)에서 '추운 땅속을 헤매다'가 '부르지 않아도' 온다는 것은, 자연의 섭리에 따른 희생을 표현한 것이겠군.
'추운 땅속을 헤매다'가 '부르지 않아도' 오는 것은 자연의 섭리 때문이며, 이 행위에 자연의 섭리에 따른 희생은 드러나지 않는다.

② (가)에서 '굳은 살가죽에 불'을 '댕길 일'은, 꽃을 피우는 순간에 감당해야 할 고통을 나타낸 것이겠군.
'굳은 살가죽에 불 댕길 일'은 꽃을 피울 때 '나'가 느낄 고통을 표현한 것이다.

③ (나)에서 '모난 돌멩이'나 '검은 돌멩이'를 '모난 파문'이나 '검은 파문으로' 대하지 않는 것은, 상처를 주는 존재마저 사랑으로 품는 저수지의 모습을 표현한 것이겠군.
'모난'이나 '검은'은 '돌멩이'가 남에게 상처를 주는 존재임을 드러내는 표현이다. 저수지가 '모난 파문'이나 '검은 파문으로 대답하지 않는' 것은 자신에게 상처를 준 존재마저 품는 모습이다.

④ (나)에서 저수지가 '하늘'까지 '넘치지 않'게 받아들이는 것은, 저수지의 넓은 포용 범위를 나타낸 것이겠군.
저수지 안에 '하늘이 들어'가도 '넘치지 않는다'는 것은 저수지의 넓은 포용력을 표현한 것이다.

⑤ (가)에서는 '내 안'에서 꽃을 '뽑'아내는 과정을, (나)에서는 '자기 안'으로 주변의 존재가 '들어'가는 모습을 관찰하여 얻은 삶의 깨달음을 드러내고 있군.
(가)의 '내 안'에 있던 것이 밖으로 나오는 과정에서 꽃을 피우기 위한 인고와 희생이라는 가치를 파악할 수 있다. 또한 (나)의 저수지 '안'으로 돌멩이, 산, 구름 등이 '들어'가는 모습에서 주변의 존재에 대한 포용이라는 가치를 파악할 수 있다.

★★ 문제 해결 꿀~팁 ★★

▶ 많이 틀린 이유는?
이 문제는 지문과 〈보기〉에서 가리키는 대상을 정확히 파악하지 못했기에 오답률이 높았던 것으로 보인다.

▶ 문제 해결 방법은?
이 문제를 해결하기 위해서는 지문과 〈보기〉에서 가리키는 대상이 무엇인지를 정확히 파악해야 한다. ①에 나타난 '추운 땅속을 헤매다', '부르지 않아도', '자연의 섭리에 따른 희생'이라는 표현 모두 지문과 〈보기〉에 주어진 문장들이다. 이때 각각의 설명이 가리키는 대상을 따라가면, '추운 땅속을 헤매다'가 '부르지 않아도' 자연의 섭리에 따라 오는 대상은 '당신'이다. 그러나 희생은 '당신'이 아니라, 그러한 '당신'이 피어날 때 '갈라지고 실핏줄 터지'고 '갈가리 찢어'지는 '나'에게서 비롯된다. 이 문제는 선지의 표현이 익숙해 보인다고 하더라도, 시가 말하고자 하는 바가 무엇인지를 이해하고 표현간의 연결성이 적절한지를 정확히 파악해야 풀 수 있는 문제이다.

• 정답 •

01 ⑤ 02 ④ 03 ⑤ 04 ① 05 ③ 06 ③ 07 ④ 08 ② 09 ④ 10 ① 11 ④ 12 ⑤ 13 ② 14 ⑤ 15 ②
16 ① 17 ② 18 ② 19 ④ 20 ③ 21 ④ 22 ③ 23 ⑤ 24 ④ 25 ③ 26 ⑤ 27 ③ 28 ⑤ 29 ⑤ 30 ①
31 ⑤ 32 ① 33 ④ 34 ⑤ 35 ② 36 ① 37 ④ 38 ① 39 ② 40 ① 41 ④ 42 ① 43 ② 44 ③ 45 ⑤

★ 표기된 문항은 [등급을 가르는 문제]에 해당하는 문항입니다.

[01~03] 화법

01 말하기 방식 파악 | 정답률 89% | 정답 ⑤

위 강연자의 말하기 방식으로 가장 적절한 것은?

① 강연을 하게 된 소감을 밝히며 강연을 시작하고 있다.
이 강연에서 강연자가 강연을 하게 된 소감을 밝히는 부분은 찾아볼 수 없다.

② 전문가의 견해를 인용하여 강연 내용을 설명하고 있다.
이 강연에서 '국제식물학회'라는 전문 단체는 언급되어 있지만, 전문가의 견해를 인용한 부분은 찾아볼 수 없다.

③ 청중의 요청에 따라 강연 내용의 수준을 조정하고 있다.
이 강연에서 강연자가 청중이 요청하는 것에 따라 강연 내용의 수준을 조정하는 부분은 찾아볼 수 없다.

④ 청중의 질문에 답을 하며 청중의 궁금증을 해소하고 있다.
이 강연에서 강연자가 청중에게 질문하는 부분은 확인할 수 있지만, 청중이 강연자에게 질문하는 부분은 찾아볼 수 없다.

✓ ⑤ 청중에게 바라는 바를 언급하며 강연을 마무리하고 있다.
5문단의 '오늘 이곳에서 학명이 궁금한 식물이 있다면, 인터넷 검색으로 그 의미를 찾아보면서 관람하면 좋겠습니다.'를 통해, 강연자는 청중에게 바라는 바를 언급하며 강연을 마무리하고 있음을 알 수 있다.

02 강연 계획의 반영 여부 판단 | 정답률 42% | 정답 ④

다음은 강연을 준비하기 위한 청중 분석과 강연 계획이다. 강연 내용에 반영되지 않은 것은?

	청중 분석		강연 계획
①	식물에 관심이 적을 것임.	→	청중에게 익숙한 소재를 예로 들어야지.

1문단에서 강연자는 청중에게 익숙한 소재인 무궁화를 예로 제시하고 있다.

| ② | 강연의 목적을 궁금해 할 것임. | → | 식물에 학명을 붙이는 방법을 알려 주는 것이 강연의 목적임을 밝혀야지. |

1문단에서 강연자는 식물에 학명(學名)을 붙이는 방법을 알아보겠다고, 강연하는 목적을 밝히고 있다.

| ③ | 이명법에 대한 배경 지식이 부족할 것임. | → | 이명법의 개념을 제시하고 그와 관련된 정보를 제공해야지. |

3, 4문단에서 이명법의 개념과 그와 관련된 정보인 속명, 종소명 등을 제공하고 있다.

| ✓④ | 학명과 명명자 사이의 관계를 모를 것임. | → | 학명에 명명자 이름을 표기하는 기준을 언급해야지. |

4문단을 통해 학명의 끝에는 명명자의 이름을 붙일 수 있고, 이를 생략할 수도 있음을 알 수 있다. 하지만 학명에 명명자 이름을 표기하는 기준은 이 강연 내용을 통해 확인할 수 없다.

| ⑤ | 라틴어 발음에 익숙하지 않을 것임. | → | 라틴어로 표기된 학명에 우리말 발음을 덧붙여 시각 자료로 제시해야지. |

1문단에서 무궁화 학명의 라틴어 발음을 우리말(히비스커스 시리아쿠스 엘)로 표기하여 시각 자료로 제시하고 있다.

03 듣기 과정의 이해 | 정답률 88% | 정답 ⑤

다음은 학생이 강연을 들으면서 작성한 메모이다. 이를 바탕으로 학생의 듣기 과정을 이해한 내용으로 적절하지 않은 것은?

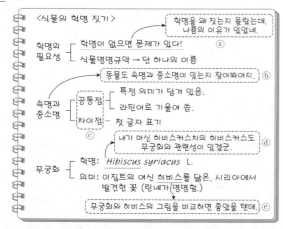

① ⓐ : 학명의 필요성을 인지한 것으로 보아, 강연 내용을 바탕으로 새로운 지식을 수용하며 들었겠군.
학생은 학명을 짓는 이유를 모르고 있다가 알게 되었다 하였으므로, 새로운 지식을 수용하며 들었다고 볼 수 있다.

② ⓑ : 강연 이후 조사할 내용을 작성한 것으로 보아, 강연 내용과 관련하여 더 알고 싶은 점을 떠올리며 들었겠군.
학생은 동물의 속명과 종소명을 찾아본다고 하였으므로, 강연 내용과 관련하여 더 알고 싶은 점을 떠올리며 들었다고 볼 수 있다.

③ ⓒ : 강연 내용의 일부를 공통점과 차이점으로 나누어 정리한 것으로 보아, 세부 정보들의 관계를 확인하며 들었겠군.
학생은 속명과 종소명에 대한 설명을 공통점과 차이점으로 나누어 정리하였으므로, 세부 정보들의 관계를 확인하며 들었다고 볼 수 있다.

④ ⓓ : 히비스커스차와 무궁화의 연관성을 추측한 것으로 보아, 강연 내용을 자기 경험과 관련지으며 들었겠군.
학생은 자신이 마신 차에서 히비스커스를 떠올려 무궁화와 관련성이 있을 것이라 여기므로, 강연 내용을 자기 경험과 관련지어 들었다고 볼 수 있다.

✓ ⑤ ⓔ : 강연 자료의 준비 부족을 언급한 것으로 보아, 강연 내용의 신뢰성 여부를 따지며 들었겠군.
ⓔ에서 '무궁화와 히비스'의 그림을 제시하지 않은 아쉬움을 드러내고 있으므로, 강연 자료의 준비 부족을 언급하였다고 볼 수는 있다. 하지만 ⓔ는 강연 내용의 신뢰성 여부를 따지는 것은 아니므로 적절하지 않다.

[04~07] 화법과 작문

04 글쓰기 계획 파악 | 정답률 86% | 정답 ①

(가)를 쓰기 위해 세운 글쓰기 계획 중, 글에 반영된 것만을 고른 것은?

ㄱ. 학생자치실 구축 사업을 실시하는 목적을 제시해야겠군.
ㄴ. 학생자치실 활용과 관련된 회의를 개최하는 주체를 밝혀야겠군.
ㄷ. 학생자치실을 구축하며 발생할 수 있는 문제에 대한 해결 방안을 제시해야겠군.
ㄹ. 학생자치실 활용과 관련된 회의의 결과를 언급하며 후속 회의의 주제를 알려야겠군.

✓① ㄱ, ㄴ   ② ㄱ, ㄷ   ③ ㄴ, ㄷ   ④ ㄴ, ㄹ   ⑤ ㄷ, ㄹ

ㄱ. 학생자치실 구축 사업을 실시하는 목적을 제시해야겠군.
(가)의 1문단의 '우리 학교는 학생 자치활동 활성화를 위해 지난 3월부터 교육청 지원으로 학생 참여형 학생자치실 구축 사업을 진행 중이며'를 통해, 학생자치실 구축 사업을 실시하는 목적이 '학생 자치활동 활성화'임을 확인할 수 있다.

ㄴ. 학생자치실 활용과 관련된 회의를 개최하는 주체를 밝혀야겠군.
3문단의 '학생자치실의 활용 방안에 대해 학생회에 회의를 개최하여 논의할 예정이다.'를 통해, 학생자치실 활용과 관련된 회의를 개최하는 주체가 '학생회'임을 확인할 수 있다.

ㄷ. 학생자치실을 구축하며 발생할 수 있는 문제에 대한 해결 방안을 제시해야겠군.
(가)의 내용을 통해 학생자치실을 구축하며 발생할 수 있는 문제와 해결 방안은 확인할 수 없다.

ㄹ. 학생자치실 활용과 관련된 회의의 결과를 언급하며 후속 회의의 주제를 알려야겠군.
(가)의 내용을 통해 학생자치실 활용과 관련한 회의의 결과와 후속 회의의 주제는 확인할 수 없다.

05 말하기 방식 파악 | 정답률 86% | 정답 ③

(나)의 [A], [B]에 드러난 '학생회장'의 말하기에 대한 이해로 가장 적절한 것은?

① [A]에서는 [B]와 달리 상대의 발언 내용에 긍정적으로 반응하고 있다.
[A]의 '네, 좋습니다.'와 [B]의 '좋은 생각입니다.'를 통해, [A]와 [B] 모두 상대의 발언 내용에 긍정적으로 반응하고 있음을 알 수 있다.

② [A]에서는 [B]와 달리 상대의 발언 내용을 되물으며 발언의 정확한 의도를 확인하고 있다.
[A]와 [B] 모두 상대의 발언 내용을 되묻고 있지 않고 있으므로 적절하지 않다.

✓③ [B]에서는 [A]와 달리 상대의 발언 내용에 대한 추가 설명을 요구하고 있다.
[B]에서 학생회장은 학생 2의 발언에 대해 '구체적으로 어떤', '어떻게'라는 추가 설명을 요구하고 있다. 하지만 [A]에서 상대의 발언 내용에 대해 추가 설명을 요구하는 발언은 확인할 수 없다.

④ [B]에서는 [A]와 달리 상대의 발언 취지를 확인하며 논점을 명확하게 제시하고 있다.
[A]와 [B] 모두 상대의 발언 취지를 확인하지 않고 있으므로 적절하지 않다.

⑤ [A]와 [B]에서는 모두 상대의 발언 내용을 요약하여 정리하고 있다.
[A]에서 학생회장은 앞에서 말한 학생 1~3의 발언을 요약하여 정리하였다고 볼 수 있다. 하지만 [B]에서 학생회장이 상대의 발언 내용을 요약하며 정리하지 않고 있으므로 적절하지 않다.

06 학생의 반응 분석 | 정답률 92% | 정답 ③

(가)와 (나)의 맥락을 고려할 때, (가)를 읽고 (나)를 참관한 학생이 보인 반응으로 적절하지 않은 것은? [3점]

① ㉠을 들으니, 회의에서 언급한 조사 결과는 학교 누리집과 누리소통망(SNS)을 통해 취합한 것이겠군.
(가)의 4문단에서 설문 조사를 학교 누리집과 누리소통망(SNS)에서 실시한다고 하였으므로 적절한 반응이다.

② ㉡을 들으니, 평소 학생회실을 학생회 임원만 이용해서 학생회실에 대해 학생들이 잘 몰랐겠군.
(가)의 2문단에서 학생회실이라는 공간이 있지만 학생회에서 회의할 때만 사용하여 학생회실에 대해 잘 모르는 학생이 많다고 하였으므로 적절한 반응이다.

✓③ ㉢을 들으니, 학생자치실 사용을 예약제로 운영하자는 것은 학생자치실의 위치를 고려한 의견이겠군.
㉢의 학생자치실 사용을 예약하도록 하는 방안은 학생자치실 사용 대상을 확대하기로 한 것을 고려한 결정임을 알 수 있으므로 적절하지 않다.

④ ⓔ을 들으니, 학생자치실의 공간 구성 방안은 회의 전에는 계획되지 않은 내용 이겠군.

(가)에서 공간 구성 방안에 대한 사전 회의 계획을 찾을 수 없고, (나)의 회의 과정에서 추가로 논의된 내용에 해당하므로 적절한 반응이다.

⑤ ⓜ을 들으니, 학생자치실 공간 구성에 동아리 학생들의 도움을 받자는 것은 학생 참여를 지향하는 사업 방향에 맞는 제안이겠군.

(가)의 1문단에서 해당 사업이 학생 참여형 학생자치실 구축 사업임을 확인할 수 있으므로 적절한 반응이다.

07 쓰기 맥락의 이해 　　　　　 정답률 81% | 정답 ④

다음은 (나) 이후 작성한 기사문의 일부이다. 기사문을 작성할 때 독자를 고려한 내용으로 적절하지 <u>않은</u> 것은?

> 학생회 임원들은 지난 회의에서 학생자치실 활용 방안에 대해 논의하였다. 회의 결과, 학생자치실은 학생들의 회의와 모임, 학생회 주최 행사 등에 활용될 예정이다.
> 학생회 측은 활용 방안에 따른 공간 구성에 대해 도움을 얻고자 회의 이후 건축 디자인 동아리 학생들에게 해당 내용을 전달하였고, 동아리 학생들은 공간의 다양한 활용을 위해 접이식 가벽 설치, 이동형 수납장 배치 등을 제안하였다.
> 회의를 참관한 ○○○ 학생은 "학생자치실을 만드는 데 학생들의 의견이 반영되어서 좋았어요. 회의에서 열의도 느껴졌어요."라고 말했다.
> 6월 20일에 열릴 회의에서는 학생회와 사업 담당 선생님이 함께 공간 구성에 대해 논의할 예정이다.

① 다음 회의에 대한 정보를 인지할 수 있도록 한다.

기사문의 4문단을 통해 다음 회의 날짜, 회의 주제 등의 내용을 확인할 수 있다.

② 지난 회의에서 논의된 내용을 파악할 수 있도록 한다.

기사문의 1문단을 통해 학생자치실을 회의와 모임, 학생회 주최 행사 등에 활용하자는 내용을 확인할 수 있다.

③ 동아리 학생들이 제안한 내용을 확인할 수 있도록 한다.

기사문의 2문단을 통해 접이식 가벽 설치, 이동형 수납장 배치 등의 내용을 확인할 수 있다.

✓ 필자의 의견을 통해 학생 참여가 중요하다는 것을 알 수 있도록 한다.

기사문을 통해 필자의 의견이나 학생 참여가 중요하다는 것을 파악할 수 있게 한다는 내용은 확인할 수 없다.

⑤ 기사문에 인용된 발언을 통해 지난 회의의 분위기를 짐작할 수 있도록 한다.

기사문 3문단의 인용된 학생의 발언을 통해 열의 있는 회의 분위기를 확인할 수 있다.

[08~10] 작문

08 글쓰기 계획 파악 　　　　　 정답률 87% | 정답 ②

초고를 쓰기 위해 떠올린 생각 중 (나)에 반영되지 <u>않은</u> 것은?

① 특정 용어를 분석하여 독자가 그 의미를 쉽게 받아들이도록 해야겠어.

3문단에서 '미닝 아웃'을 '미닝'과 '커밍 아웃'으로 분석하여 독자가 미닝 아웃의 의미를 쉽게 받아들이도록 하고 있다.

✓ 가치 소비를 접한 경험을 언급하여 독자가 가치 소비에 흥미를 느끼도록 해야겠어.

(나)의 '학생의 초고'를 통해 가치 소비를 접한 학생의 경험은 찾아볼 수 없다.

③ 미닝 아웃의 여러 형태를 제시하여 독자가 글을 이해하는 데 도움이 되도록 해야겠어.

3문단에서 누리소통망(SNS) 게시, 제품 구매 유도, 불매 의사표현 등 미닝 아웃의 여러 형태를 제시하여, 독자가 글을 이해하는 데 도움이 되도록 하고 있다.

④ 가치 소비에 대해 다룰 내용을 제시하여 독자가 뒤에 이어질 내용을 추측하도록 해야겠어.

1문단에서 가치 소비의 개념, 실천 사례, 의의에 대해 다룰 것임을 제시하여 독자가 뒤에 이어질 내용을 추측하도록 하고 있다.

⑤ 가치 소비의 의의를 언급하여 독자가 가치 소비에 지속적으로 관심을 가지도록 해야겠어.

4문단에서 소비자의 바람직한 가치 소비가 장기적으로 계속되면 사회에 선한 영향력을 미칠 것이라고 그 의의를 언급하여, 독자가 가치 소비에 지속적으로 관심을 갖도록 하고 있다.

★★★ 등급을 가르는 문제!

09 자료 활용의 적절성 파악 　　　　　 정답률 41% | 정답 ④

〈보기〉를 활용하여 (나)를 보완하고자 한다. 자료 활용 방안으로 적절하지 <u>않은</u> 것은? [3점]

── 〈 보 기 〉 ──

[자료 1] 우리 학교 학생들의 설문 조사 결과

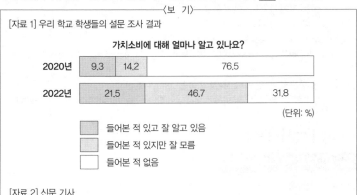

가치소비에 대해 얼마나 알고 있나요?

| 2020년 | 9.3 | 14.2 | 76.5 |
| 2022년 | 21.5 | 46.7 | 31.8 |

(단위: %)

▨ 들어본 적 있고 잘 알고 있음
▧ 들어본 적 있지만 잘 모름
□ 들어본 적 없음

[자료 2] 신문 기사

다른 제품에 비해 비싸더라도 환경보호를 실천하는 기업의 제품에 지갑을 여는 소비자가 늘고 있다. 이에 따라 제품의 생산 과정에서 폐기물을 줄이거나 포장재를 최소화하려고 노력하는 기업

역시 증가하고 있다. 건강한 지구를 미래 세대에게 물려주자는 소비자가 많아질수록 우리의 환경은 더욱 좋아질 것이다.

[자료 3] 전문가 인터뷰

"미닝 아웃으로 판매자에 대한 잘못된 정보가 전파되거나 불매 운동이 권유가 아닌 강요로 변질된다면, 타인의 권리를 침해할 수 있습니다. 그럼에도 불구하고 미닝 아웃은 윤리적 소비와 연결되어 사회, 환경 등에 긍정적인 영향을 끼칠 수 있기 때문에 우리가 지향해야 할 소비 현상이라 할 수 있습니다."

① [자료 1]을 활용하여, 가치 소비에 대한 우리 학교 학생들의 인지도를 구체적 수치로 제시해야겠군.

[자료 1]의 설문 조사 결과를 활용하여 1문단에서 가치 소비를 들어본 학생과 가치 소비에 대해 모르는 학생의 비율을 수치로 나타낼 수 있다.

② [자료 2]를 활용하여, 가치 소비를 지향하는 사람들을 고려하여 기업이 실천하고 있는 사례를 보충해야겠군.

[자료 2]의 기업이 폐기물을 줄이거나 포장재를 최소화한다는 내용을 활용하여, 가치 소비를 추구하는 움직임에 맞추어 기업이 실천하고 있는 사례를 4문단에 보충할 수 있다.

③ [자료 3]을 활용하여, 미닝 아웃으로 불매 의사를 표현할 때 발생할 수 있는 부작용도 다루어야겠군.

[자료 3]의 불매 운동이 타인의 권리를 침해할 수 있다는 내용을 활용하여, 3문단에 미닝 아웃의 부작용으로 다룰 수 있다.

✓ [자료 1]과 [자료 2]를 활용하여, 가치 소비에 대한 관심이 높아지는 현상을 소비자와 기업의 상호 의존적인 관계로 설명해야겠군.

[자료 1]에서 가치 소비에 대한 관심이 높아지는 현상을 확인할 수 있다. 그러나 [자료 2]를 활용하여 소비자와 기업이 상호 의존적인 관계라고 설명할 수 없다. 이러한 내용은 (나)와도 관련 없다.

⑤ [자료 2]와 [자료 3]을 활용하여, 가치 소비가 바람직하게 전개되었을 때 얻을 수 있는 효과를 언급해야겠군.

[자료 2]에서 환경보호를 지향하는 제품을 구매하면 지구 환경이 좋아질 수 있으며, [자료 3]에서 미닝 아웃이 사회와 환경에 긍정적 영향을 끼칠 수 있다고 언급하였다. 이를 활용하여 4문단에서 가치 소비가 바람직하게 전개되었을 때 얻을 수 있는 효과를 언급할 수 있다.

★★ 문제 해결 꿀~팁 ★★

▶ 많이 틀린 이유는?

이 문제는 〈보기〉로 제시된 자료를 정확히 이해하지 못하여 오답률이 높았던 것으로 보인다. 또한 이러한 자료를 활용하는 과정에서 잘못 판단하여 오답률이 높았던 것으로 보인다.

▶ 문제 해결 방법은?

이 문제를 해결하기 위해서는 기본적으로 〈보기〉로 제시된 자료를 정확히 이해하여야 한다. 즉, [자료 1]을 통해서는 가치 소비에 대한 관심이 높아지는 현상을 파악해야 하고, [자료 2]를 통해서는 환경보호를 실천하는 소비자와 기업이 증가하고 있음을 파악해야 한다. 그리고 [자료 3]을 통해서는 미닝 아웃이 부작용이 있지만 긍정적인 영향을 끼치므로 지향해야 할 소비 현상임을 파악해야 한다. 그런 다음 선택지를 통해 자료 활용의 적절성을 판단하면 되는데, 정답인 ④의 경우 [자료 1]과 [자료 2]는 소비자와 기업의 상호 의존적인 관계와는 관련이 없으므로 적절하지 않다. 이처럼 자료 활용 문제 풀이의 핵심은 자료 이해에 있으므로 자료를 정확히 읽은 다음 선택지의 적절성을 판단하도록 한다.

▶ 오답인 ⑤를 많이 선택한 이유는?

이 문제의 경우 학생들이 ⑤가 적절하지 않다고 하여 오답률이 높았는데, 이는 선택지의 '전제되었을 때'라는 의미를 정확히 이해하지 못했기 때문으로 보인다. 그런데 [자료 2]에서 환경보호를 지향하는 제품을 구매하면 지구 환경이 좋아질 수 있다고 하였고, [자료 3]에서 미닝 아웃이 윤리적 소비와 연결되면 사회와 환경에 긍정적 영향을 끼칠 수 있다고 언급하고 있다. 따라서 이는 가치 소비가 바람직하게 전제되었을 때 얻을 수 있는 효과와 관련되므로 적절한 것이다. 또한 이 선택지의 경우 4문단의 '소비자의 바람직한 가치 소비가 장기적으로 계속된다면 사회에 선한 영향력을 미칠 것'이라는 내용과 연결시켰으면 적절함을 알았을 것이다.

10 조건에 맞게 표현하기 　　　　　 정답률 81% | 정답 ①

〈조건〉에 따라 [A]에 들어갈 내용으로 가장 적절한 것은?

── 〈 조 건 〉 ──

○ 글의 흐름을 고려할 것.
○ 설의법과 비유법을 모두 사용할 것.

✓ 시냇물이 모여 강물이 되듯이 내가 실천한 올바른 가치 소비가 사회의 큰 흐름을 만들 수 있지 않을까?

내용적 조건이 글의 흐름을 고려하는 것이고, 형식적 조건이 설의법, 비유법 사용으로, 이러한 조건을 만족하고 있는 것은 ①이다. ①에서는 글의 흐름에 따라 바람직한 가치 소비가 사회에 미치는 영향력을 표현하고 있으며, '시냇물이 모여 강물이 되듯이', '큰 흐름'이라는 비유법과 '만들 수 있지 않을까?'라는 설의법을 사용하고 있다.

② 당신의 소비가 나를 위한 사치인지 남을 위한 가치인지 생각하며 현명하게 소비해야 하지 않겠는가?

'소비해야 하지 않겠는가?'라는 설의법을 사용했으나 비유법을 사용하지 않았으며, 바람직한 가치 소비가 사회에 미치는 영향을 표현하지 않았다.

③ 물방울이 바위를 뚫듯이 소비자들의 착한 가치 소비가 계속되면 더 나은 사회를 만들 수 있을 것이다.

바람직한 가치 소비가 사회에 영향을 미칠 수 있음을 표현하였고, '물방울이 바위를 뚫듯이'라는 비유법을 사용하고 있다. 그러나 설의법은 사용하지 않았다.

④ 내가 소비한 물건을 마음의 거울에 비춰보면 내가 어디에 가치를 두는지 알 수 있지 않을까?

'마음의 거울'이라는 비유법과 '있지 않을까?'라는 설의법을 사용하고 있다. 그러나 개인의 소비 생활을 성찰하자는 의미를 나타낸 것일 뿐 바람직한 가치 소비가 사회에 미치는 영향을 표현한 것은 아니다.

⑤ 나의 소비가 부메랑처럼 돌아올 것을 생각하며, 우리 함께 바람직한 가치 소비를 하자.

개인의 소비가 사회에 영향을 미치고 그것이 자신에게도 영향을 주게 된다는 점을 언급하여 바람직한 가치 소비의 필요성을 표현하고 있다. '부메랑처럼'이라는 비유법을 사용하였으나 설의법은 사용하지 않았다.

11 관형사와 관형어 이해하기 정답률 42% | 정답 ④

윗글을 읽고 보인 반응으로 적절하지 않은 것은?

① 관형사는 그 형태가 변하지 않는군.
3문단의 '(가)의 '헌'은 '집'을 꾸며 주는 관형사이다. 이때 '헌'은 조사와 결합하지 않으며, '헌'이라는 고정된 형태로만 쓰인다.'를 통해, 관형사는 고정된 형태로 쓰임을 알 수 있다.

② 관형사와 관형어는 모두 체언을 꾸며 주는군.
1문단의 '관형사는 체언인 명사, 대명사, 수사 앞에서 해당 체언을 꾸며 주는 품사이고, 관형어는 체언을 꾸며 주는 문장 성분이므로'를 통해 알 수 있다.

③ 관형어가 항상 관형사를 통해 실현되는 것은 아니군.
2문단의 '하지만 관형어는 관형사로만 실현되는 것은 아니다. 관형사 이외에도 체언과 관형격 조사의 결합, 용언의 어간과 관형사형 어미의 결합, 체언 자체로도 관형어로 쓰일 수 있다.'를 통해 알 수 있다.

✔ 두 명사가 나란히 올 때 앞 명사는 관형사가 될 수 있군.
3문단의 '또한 '고향'은 명사이지만, 뒤에 오는 체언 '집'을 꾸며 주는 기능을 한다. 이처럼 체언이 나란히 올 경우 앞의 체언은 뒤의 체언을 꾸며 주는 관형어로 쓰일 수 있다.'를 통해, 두 명사가 나란히 올 때 앞의 명사는 관형어로 쓰임을 알 수 있다. 하지만 관형사로 품사가 바뀌는 것은 아니므로 적절하지 않다.

⑤ 형용사는 관형사형 어미가 결합하더라도 관형사가 될 수 없군.
4문단의 '또한 '예쁜'은 형용사인데, 어간 '예쁘-'에 관형사형 어미 '-(으)ㄴ'이 결합하여 '집'을 꾸미는 관형어로 쓰인다.'를 통해, 형용사는 관형사형 어미가 결합해도 관형사가 될 수 없음을 알 수 있다.

12 관형어의 이해 정답률 57% | 정답 ②

윗글을 바탕으로 〈보기〉의 문장을 탐구하여 정리한 내용으로 적절한 것은? [3점]

〈보 기〉
ㄱ. 새 가구는 어머니의 자랑거리이다.
ㄴ. 모든 아이들이 달리는 사자를 구경했다.
ㄷ. 그들은 오랫동안 친한 친구로 지내고 있다.
ㄹ. 우리 가족은 가던 걸음을 멈추고 뒤돌아보았다.
ㅁ. 대부분의 학생이 여름 바다를 간절하게 그리워했다.

문장	탐구 정리 내용		
	관형어 개수	관형어	품사
① ㄱ	1	어머니의	명사 + 조사

ㄱ에서 관형어는 '새', '어머니의'로 두 개이며, 이들 품사는 각각 관형사, 명사 + 조사에 해당한다.

		모든	관형사
✔ ㄴ	2	달리는	동사

'모든 아이들이 달리는 사자를 구경했다.'에서 '모든'과 '달리는'은 뒤에 오는 체언을 꾸며 주므로 관형어에 해당한다. 그리고 '모든'의 품사는 관형사이고, '달리는'은 동사 '달리다' 뒤에 관형사형 어미가 결합한 것이므로 품사는 동사이다.

③ ㄷ	1	친한	관형사

ㄷ에서 관형어는 '친한'이며, '친한'은 형용사 '친하다'에 관형사형 어미가 결합한 것이므로 품사는 형용사에 해당한다.

④ ㄹ	1	가던	동사

ㄹ에서 관형어는 '우리', '가던'으로 두 개이며, '우리'의 품사는 대명사, '가던'은 동사에 관형사형 어미가 결합한 것이므로 품사는 동사이다.

		여름	명사
⑤ ㅁ	2	간절하게	형용사

ㅁ에서 관형어는 '대부분의', '여름'으로 두 개이며 이들의 품사는 각각 명사 + 조사, 명사에 해당한다.

★★★ 등급을 가르는 문제!

13 음운 변동의 이해 정답률 35% | 정답 ②

〈보기〉는 음운 변동에 대한 수업의 한 장면이다. 학생들의 활동 결과로 적절한 것은?

〈보 기〉
선생님 : 음운 변동은 한 음운이 다른 음운으로 바뀌는 '교체', 원래 있던 음운이 없어지는 '탈락', 새로운 음운이 생기는 '첨가', 두 음운이 하나의 음운으로 합쳐지는 '축약'이 있습니다. 음운의 변동이 일어날 때 음운 개수가 변하기도 하는데요. 제시된 단어들에서 일어나는 음운 변동을 있는 대로 모두 찾고 음운 개수의 변화를 정리해 볼까요?

	단어	음운 변동 종류	음운 개수의 변화
①	국밥[국빱]	첨가	하나가 늘어남.

'국밥'에서 'ㅂ'이 'ㅃ'으로 교체되어 [국빱]으로 발음나고, 이때 음운 개수에는 변화가 없다.

✔ ②	뚫는[뚤른]	교체, 탈락	하나가 줄어듦.

'뚫는'은 'ㅎ'이 탈락하여 [뚤는]으로 발음된 뒤, 'ㄴ'이 'ㄹ'로 교체하여 [뚤른]으로 발음된다. 따라서 'ㅎ'의 탈락으로 인해 음운 개수는 1개가 줄어든다고 할 수 있다.

③	막내[망내]	교체, 축약	하나가 줄어듦.

'막내'는 'ㄱ'이 'ㅇ'으로 교체되어 [망내]로 발음되고, 이때 음운 개수에는 변화가 없다.

④	물약[물략]	첨가	하나가 늘어남.

'물약'은 'ㄴ'이 첨가되어 [물냑]으로 발음된 뒤 'ㄴ'이 'ㄹ'로 교체되어 [물략]으로 발음된다. 이때 'ㄴ'이 첨가되므로 음운은 1개 늘어난다고 할 수 있다.

⑤	밟힌[발핀]	축약	변화 없음.

'밟힌'은 'ㅂ'과 'ㅎ'이 결합하여 'ㅍ'으로 축약되어 [발핀]으로 발음된다. 이때 두 음운이 결합하여 하나의 음운이 되었으므로 음운은 1개 줄어든다고 할 수 있다.

★★ 문제 해결 꿀~팁 ★★

▶ 많이 틀린 이유는?
이 문제는 실제 단어의 음운 변동 과정을 이해하지 못하여 오답률이 높았던 것으로 보인다.

▶ 문제 해결 방법은?
이 문제를 해결하기 위해서는 기본적으로 주어진 단어들의 음운 변동 과정을 정확히 파악할 수 있어야 한다. 가령 정답인 ②의 경우, '뚫는' 겹받침 중 'ㅎ'이 탈락하여 [뚤는]으로 발음된 후, 'ㄴ'이 'ㄹ'로 교체하여 [뚤른]으로 발음됨을 알았으면 'ㅎ'이 탈락하여 음운 개수는 1개가 줄어들어 적절함을 알았을 것이다. 마찬가지로 오답률이 높았던 ④의 경우에도, '물약'이 'ㄴ'이 첨가되어 [물냑]으로 발음된 후 'ㄴ'이 'ㄹ'로 교체되어 [물략]으로 발음됨을 알았으면 'ㄴ'이 첨가되어 음운이 1개 늘어남을 알 수 있었을 것이다. 이처럼 음운 변동 문제 해결의 핵심은 주어진 단어의 음운 변동의 과정을 정확히 이해하는 것에 있으므로, 평소 음운 변동을 공부할 때 단어들의 음운 변동 과정을 확인하며 어떤 음운 변동이 일어났는지를 파악할 수 있도록 한다. 한편 음운 수의 경우 '뚫는[뚤른]'의 각 음운의 수를 세어서 확인할 수 있다. 이때 겹받침의 경우 두 개의 자음이라는 사실에 유의하도록 한다.

14 단어의 의미 이해 정답률 73% | 정답 ⑤

〈보기〉는 '사전 활용하기' 학습 활동을 위한 자료이다. 이에 대해 탐구한 내용으로 적절하지 않은 것은?

〈보 기〉
가늘다 [형] ① 물체의 지름이 보통의 경우에 미치지 못하고 짧다.
② 소리의 울림이 보통에 미치지 못하고 약하다.

굵다 [형] ① 물체의 지름이 보통의 경우를 넘어 길다.
¶ 나뭇가지가 굵다.
② 밤, 대추, 알 따위가 보통의 것보다 부피가 크다.

두껍다 [형] ① 두께가 보통의 정도보다 크다.
¶ 두꺼운 종이
② 층을 이루는 사물의 높이나 집단의 규모가 보통의 정도보다 크다.

① '가늘다', '굵다', '두껍다'는 모두 다의어이다.
〈보기〉의 각 단어는 모두 2개 이상의 서로 관련된 의미를 가지므로 다의어에 해당한다고 할 수 있다.

② '가늘다 ②'의 용례로 '열차의 기적 소리가 가늘게 들려왔다.'를 추가할 수 있다.
'열차의 기적 소리가 가늘게 들려왔다.'에서 '가늘다'는 '소리의 울림이 보통에 미치지 못하고 약하다.'라는 의미이므로, 이 문장은 '가늘다 ②'의 용례로 볼 수 있다.

③ '두껍다 ②'의 용례로 '그 책은 수요층이 두껍다.'를 들 수 있다.
'그 책은 수요층이 두껍다.'에서 '두껍다'는 '층을 이루는 사물의 높이나 집단의 규모가 보통의 정도보다 크다.'라는 의미이므로, 이 문장은 '두껍다 ②'의 용례로 볼 수 있다.

④ '굵다 ①'의 용례에서 '굵다'를 '가늘다'로 바꾸면 '가늘다 ①'의 용례가 될 수 있다.
'나뭇가지가 가늘다.'에서 '가늘다'는 '물체의 지름이 보통의 경우에 미치지 못하고 짧다.'라는 의미이므로, 이 문장은 '가늘다 ①'의 용례로 볼 수 있다.

✔ ⑤ '굵다 ①'과 '두껍다 ①'의 의미에 의하면 '굵은 손가락'은 '두꺼운 손가락'으로 쓰는 것이 적절하다.
'굵다 ①'은 '물체의 지름이 보통의 경우를 넘어 길다.'라는 의미이고 '두껍다 ①'은 '두께가 보통의 정도보다 크다.'라는 의미이다. 따라서 '두꺼운 손가락'이 아닌 '굵은 손가락'으로 써야 한다.

15 중세 국어의 특징 파악 정답률 48% | 정답 ②

〈보기〉의 ㉠ ~ ㉤에 나타나는 중세 국어의 특징을 탐구한 내용으로 적절하지 않은 것은?

〈보 기〉
[중세 국어] 자내 날 ㉠ 향히 무으믈 엇디 가지며 나는 자내 향히 무으믈 엇디 가지던고 미양 자내드려 ㉡ 내 닐오디 흔디 누워셔 이 보소 남도 우리ᄀᆞ티 서로 에엿삐 녀겨 사랑 ᄒᆞ리 남도 우리 ㉢ ᄀᆞᄐᆞᆫ가 ᄒᆞ야 자내드려 ㉣ 니르더니 엇디 그런 이를 ㉤ 싱각디 아녀 나를 ᄇᆞ리고 몬져 가시는고

– 이응태 부인이 쓴 언간에서 –

[현대어 풀이] 당신이 나를 향하여 마음을 어찌 가지며, 나는 당신을 향하여 마음을 어찌 가지던가? 늘 당신에게 내가 이르되, 함께 누워서, "이 보소, 남도 우리같이 서로 예쁘게 여겨서 사랑하리? 남도 우리 같은가?" 하여 당신에게 이르더니, 어찌 그런 일을 생각지 아니하여 나를 버리고 먼저 가시는가?

① ㉠에서 현대 국어에 쓰이지 않는 모음이 사용되었음을 알 수 있군.
㉠에서 'ᆞ'가 쓰인 것으로 보아, 현대 국어에 쓰이지 않는 모음이 사용되고 있음을 확인할 수 있다.

✔ ② ㉡에서 주격조사가 생략되었음을 알 수 있군.
㉡의 현대 국어 '내가'는 '나'의 이형태인 '내'와 주격조사 '가'가 결합된 형태이고, 중세 국어의 '내'는 '나'와 주격조사 'ㅣ'가 결합된 형태이다. 따라서 주격조사가 생략되었다는 말은 적절하지 않다.

③ ㉢에서 이어적기가 사용되었음을 알 수 있군.
㉢과 현대 국어에서 '같은가'를 비교해 보면, 중세 국어에는 이어적기가 사용되었음을 확인할 수 있다.

④ ㉣에서 두음법칙이 적용되지 않았음을 알 수 있군.
㉣이 현대 국어에서 '이르더니'로 쓰인 것으로 보아, 중세 국어에는 두음법칙이 적용되지 않았음을 확인할 수 있다.

⑤ ㉤에서 구개음화가 일어나지 않았음을 알 수 있군.
현대 국어에서 '생각지'로 쓰인 것으로 보아, 중세 국어에는 구개음화가 일어나지 않았음을 확인할 수 있다.

[16~45] 독서 · 문학

16~20 고전 시가 + 수필

(가) 구강, 「북새곡」

감상 이 작품은 구강이 암행어사의 임무를 띠고 추운 겨울에 북관, 즉 함경도를 지나며 경험한 일을 기록한 장편 가사이다. 암행어사가 쓴 유일한 국문 시가 작품으로, 백성들의 삶의 현실, 관리들의 실정,

북관의 풍경과 그에 대한 감상이 드러나 있으며, 작품의 끝 부분에는 어사로서 살았던 삶에 대한 회고의 심정이 서술되어 있다.

주제 가난하고 궁핍한 백성들의 삶, 암행어사로서의 책임감

(나) 신교, 「귀산음」

감상 이 작품은 신교가 벼슬살이를 마치고 고향으로 돌아와 고향의 산천을 바라보며 느낀 감상을 서술한 8수의 연시조이다. 10년의 벼슬살이를 끝내고 돌아온 고향 산천에서의 유유자적한 삶을 통해 속세를 멀리하고, 금서를 가까이 하며 지내는 사대부의 여유가 잘 드러나 있다.

주제 귀향하여 자연 속에서의 풍류를 즐기는 삶

(다) 안도현, 「엿장수 생각」

감상 이 글은 글쓴이가 어린 시절에 엿장수와 관련하여 겪었던 다양한 경험을 바탕으로, 그때를 추억하고 그리워하는 마음을 담은 수필이다. 글쓴이는 어린 시절 엿장수를 기다리던 모습, 엿장수가 마을에 나타났을 때의 반응, 엿으로 바꿔 먹었던 다양한 물건 등 엿장수와 관련된 추억을 언급하고, 이제는 사라져 버린 대상에 대한 안타까움과 그 가치에 대해 이야기하고 있다.

주제 엿장수에 대한 추억과 아쉬움

★★★ **등급을 가르는 문제!**

16 표현상 특징 파악　　정답률 38% | 정답 ①

(가)와 (나)의 표현상 특징에 대한 설명으로 가장 적절한 것은?

✔ ① **(가)는 (나)와 달리 문답 구조를 통해 시상을 전개하고 있다.**
(가)의 5～8행에서 암행어사인 화자가 백성들에게 질문과 제안을 하고 있고, 9～17행은 그에 대한 백성들의 대답이 나타나 있다. 따라서 (가)는 암행어사인 화자와 백성의 질문과 대답으로 시상이 전개되고 있음을 알 수 있다. 이와 달리 (나)에서는 문답 구조 방식이 아닌 화자가 일방적으로 서술하고 있다.

② (가)는 (나)와 달리 공간을 대비하여 지향하는 가치를 드러내고 있다.
(가)의 화자가 지향하는 가치는 어사로서의 임무를 수행하여 백성들의 고통을 덜어 주고 싶다는 것이라 할 때, '구렁'은 백성들이 현실을 도피하려는 공간에 해당하므로 화자가 지향하는 가치를 드러내는 공간이라 보기 힘들다.

③ (나)는 (가)와 달리 유사한 통사 구조를 반복하여 운율을 형성하고 있다.
(가)의 '어린 자식 등에 업고 자란 자식 손에 끌고', '어디로서 좇아오며 어디로 가려는고'와 (나)의 '산화는 물의 피고, 물시는 산의 운다', '산수의 병이 되고 금가의 벽이 이셔'를 통해, (가)와 (나) 모두 유사한 통사 구조를 반복하여 운율을 형성하고 있음을 알 수 있다.

④ (나)는 (가)와 달리 구체적인 수치를 활용하여 상황의 변화를 드러내고 있다.
(가)의 '전년의 이천여 호 금년에 칠백 호'에서 구체적인 수치를 활용하여 고을의 상황 변화를 드러내고 있음을 확인할 수 있지만, (나)에서는 이를 확인할 수 없다.

⑤ (가)와 (나)는 모두 계절감이 드러나는 시어를 사용하여 시간의 경과를 보여 주고 있다.
(가), (나)를 통해 계절감을 느낄 수 있는 시어를 찾아볼 수 없으므로 적절하지 않다.

★★ 문제 해결 꿀~팁 ★★

▶ **많이 틀린 이유는?**
이 문제는 작품을 통해 표현상 특징을 정확히 파악하지 못했기 때문으로 보인다. 또한 (가)가 학생들에게 익숙하지 않은 고전 시가인 점도 오답률을 높였던 것으로 보인다.

▶ **문제 해결 방법은?**
이 문제처럼 표현상 특징을 묻는 문제의 경우 선택지에 제시된 내용을 (가)를 통해 먼저 판단해 본 뒤, (가)에 해당하는 것을 (나)를 통해 확인하는 방식으로 찾으면 된다. 그런데 이 문제에서 학생들이 ①이 정답이 아니라고 판단하는 경우가 많았는데, 이는 고전 시가에서 직접적으로 문답 형식이 드러나지 않았기 때문으로 보인다. 그런데 (가)를 찬찬히 읽어 보면(고전 시가를 읽을 때는 읽기 지문을 읽는다는 생각으로 읽어서 내용을 이해하는 데 초점을 맞추어야 한다. 이때 어려운 어휘가 있으면 밑줄을 쳐놓으면서 문맥에 따라 뜻을 대강 짐작하며 읽는다.) (가)의 5～8행을 통해 암행어사인 화자가 백성들에게 질문과 제안을 하고 있음을 알 수 있고, 9～17행에서는 이에 대한 백성들의 대답이 드러나 있음을 알았을 것이다. 이처럼 고전 시가를 읽을 때는, 어려운 어휘가 있다고 지레 겁먹지 말고 차분히 읽으면 충분히 문제를 해결할 수 있다는 생각으로 읽도록 한다.

▶ **오답인 ③을 많이 선택한 이유는?**
이 문제의 경우 학생들이 ③이 적절하지 않다고 하여 오답률이 높았는데, 이는 선택지에 제시된 '유사한 통사 구조'를 작품을 통해 찾지 못했기 때문으로 보인다. 이 선택지 역시 고전 시가를 정확히 읽지 않았기 때문으로, 만일 차분히 읽었다면 (가)의 '어린 자식 등에 업고 자란 자식 손에 끌고', '어디로서 좇아오며 어디로 가려는고'와, (나)의 '산화는 물의 피고, 물시는 산의 운다', '산수의 병이 되고 금가의 벽이 이셔'를 통해 유사한 통사 구조가 반복되고 있음을 알 수 있었을 것이다. 한편 학생들 중에는 유사한 통사 구조가 문장 안에서는 사용되지 않는다고 생각하는 경우가 있는데, 한 문장 안에서도 유사한 통사 구조가 사용될 수 있다는 사실도 이 기회에 알아 두도록 한다.

17 외적 준거에 따른 작품의 감상　　정답률 62% | 정답 ②

〈보기〉를 바탕으로 (가)를 감상한 내용으로 적절하지 않은 것은? [3점]

― 〈보 기〉 ―
(가)는 구강이 암행어사로 겨울에 북관을 지나면서 경험한 일을 바탕으로 쓴 가사이다. 어사로서 임무를 수행하며 백성들의 피폐한 삶과 지방 관리들의 폭정을 대면하고 이를 해결하기 위해 노력하는 과정에서의 감상이 드러나 있다. 이는 위정자로서의 책임감과 함께 인간에 대한 구강의 연민의 정이 표출된 것이다.

① '차마 보지 못할너라'에서 어려운 상황에 처한 백성들에게 연민의 정을 느끼는 작자의 모습을 발견할 수 있어.
헌 누더기를 입은 백성들의 모습을 '차마 보지 못'하겠다고 한 것에서, 백성들에게 연민을 느끼고 있는 구강의 따뜻한 마음씨를 확인할 수 있다.

✔ ② '안접하게 하여줌세'에서 고향으로 돌아가려는 백성들을 도우려는 위정자로서의 책임감을 느낄 수 있어.
9～17행에서 백성들은 자신들이 당진 출신이지만 세금과 관리의 폭정으로 인해 차라리 죽는 게 편하다 싶어 떠나는 것이라 말하고 있다. 따라서 '고향으로 돌아가려는 백성'이라는 표현은 적절하지 않다.

③ '도망한 자 신구환을 있는 자에 물리니'에서 불합리하게 부과된 세금으로 고통받는 백성들의 현실을 짐작할 수 있어.
'도망한 자 신구환을 있는 자에게 물리니'는 도망한 이에게 부과된 세금까지 부담해야 하는 상황을 드러낸 것이므로, 이를 통해 백성들의 고통을 확인할 수 있다.

④ '급히 급히 넘어가자 이 백성들 살려보세'에서 암행어사로서 임무에 최선을 다하려는 마음가짐을 엿볼 수 있어.
백성들의 문제를 해결하기 위해 '급히급히 고개를 넘어가자'는 말에서, 암행어사로의 임무에 최선을 다하려는 마음가짐을 확인할 수 있다.

⑤ '백성 없는 곡식 바다 그 무엇에 쓰려하노'에서 백성들을 수탈하는 지방 관리들에 대한 부정적 인식을 확인할 수 있어.
백성들이 고을을 떠나고 있음에도 곡식을 거두는 데만 힘쓰고 있다는 내용의 발언을 통해, 지방 관리들에 대한 화자의 비판적 태도를 확인할 수 있다.

18 작품의 이해　　정답률 74% | 정답 ②

(나)에 대한 설명으로 적절하지 않은 것은?

① 〈1수〉: 돌아온 고향에서 변해 버린 인사(人事)에 대한 슬픔을 나타내고 있다.
화자가 '십 년' 관리 생활을 하다 돌아온 '고향'에서 '인사(人事)'가 달라진 것을 보고, '세간존몰'을 슬퍼하는 부분을 통해 알 수 있다.

✔ ② 〈2수〉: 강산을 즐기느라 임금에게 가지 못하는 상황에 대한 미안함을 드러내고 있다.
〈2수〉를 통해 화자가 귀향이 지체된 이유를 임금님의 은혜가 커서라고 말하고 있으므로, 강산을 즐기느라 임금에게 가지 못하는 상황에 대한 미안함을 드러낸다고 할 수 없다.

③ 〈4수〉: 세속의 어지러운 소식을 모른 체하며 살고 싶은 심정을 표현하고 있다.
'세상의 어즈러운 괴별을 나는 몰라 흐로라'를 통해, 세속의 어지러운 소식을 모른 체하며 살고 싶은 화자의 심정을 알 수 있다.

④ 〈5수〉: 자연과 어우러지는 모습을 통해 자연에 대한 친근감을 드러내고 있다.
'산수를 희롱'하면서 '건듯' 부는 '청풍'과 돌아오는 '명월'을 감상하는 데서 자연과 어우러지는 화자의 모습을 확인할 수 있는데, 이는 자연에 대한 친근감을 드러내는 것으로 볼 수 있다.

⑤ 〈8수〉: 인생이 덧없다고 느끼기에 산수(山水)와 노래를 즐기며 살기를 희망하고 있다.
'초로인생'이 '아이 놀고 어이 흐라'를 통해, 화자가 인생을 덧없다고 느끼면서 산수와 노래를 즐기며 살기를 희망하고 있음을 알 수 있다.

19 외적 준거에 따른 작품의 감상　　정답률 89% | 정답 ④

〈보기〉를 바탕으로 (다)를 이해한 내용으로 적절하지 않은 것은?

― 〈보 기〉 ―
(다)에서 글쓴이는 '엿장수'에 대한 생각과 느낌을 드러내고 있다. 엿장수를 기다리던 모습, 엿장수가 마을에 나타났을 때의 반응, 엿으로 바꿔 먹었던 다양한 물건 등 엿장수와 관련된 추억을 언급하고, 이제는 사라져 버린 대상에 대한 안타까움과 그 가치에 대해 이야기하고 있다.

① 아이들이 엿장수를 기다리던 모습을 묘사하면서 그들의 애타는 심정을 효과적으로 드러내고 있다.
1문단에서 애타게 엿장수를 기다리던 아이들의 모습을, 그 심정이 잘 드러나도록 묘사하고 있다.

② 엿장수를 향해 정신없이 뛰어가던 아이들의 모습을 생동감 있게 그려내고 있다.
3문단에서 엿장수의 가위 소리가 들리면 엿장수에게 뛰어가던 다양한 모습을 생동감 있게 그려내고 있다.

③ 아이들이 엿으로 바꿔 먹기 위해 들고 갔던 다양한 물건을 언급하고 있다.
4문단에서 고철, 함석 조각, 빈 병 등 엿으로 바꿔 먹었던 물건들이 언급되고 있다.

✔ ④ 엿장수가 사라진 이후 변화를 받아들이지 못하는 기존 세대에 대한 안타까운 심정을 토로하고 있다.
추억으로 남아 있던 엿장수가 사라진 것에 대한 안타까움은 드러나 있지만, 그로 인해 기존 세대가 변화를 받아들이지 못한다는 내용은 글을 통해 확인할 수 없다.

⑤ 엿장수가 했던 일에 가치를 부여하여 그 의미를 독자들이 생각해 보도록 하고 있다.
6문단에서 엿장수에 대해 작가가 생각하고 있는 가치를 언급하면서 독자들에게 질문을 던지고 있다.

20 소재의 기능 파악　　정답률 81% | 정답 ③

㉠～㉢에 대한 설명으로 가장 적절한 것은?

① ㉠은 현재 상황에 대한 슬픔을 드러내는 화자의 소리이고, ㉡은 현재 상황에 대한 만족감을 드러내는 화자의 소리이다.
㉠은 세금으로 인해 힘들어하는 백성들의 울음소리로, 현재 상황에 대한 슬픔을 드러내는 화자의 소리라 볼 수 없으므로 적절하지 않다.

② ㉠은 현실에 대한 울분을 드러내는 백성들의 소리이고, ㉢은 현실에 대한 불만을 드러내는 엿장수의 소리이다.
㉢에서 엿장수의 불만은 드러나지 않으므로 적절하지 않다.

✔ ③ ㉡은 주변 경관을 감상하며 즐기는 소리이고, ㉢은 주변의 분위기를 분주하게 변화시키는 소리이다.
㉡은 자연을 즐기며 거문고 곡조에 맞춰 부르는 노랫소리이다. 그리고 (나)의 3문단을 통해 ㉢은 작가의 추억 속에 있는 '엿장수'가 내던 가위 소리로, 가위 소리가 들리기 시작하면 마을의 분위기가 분주하게 변화하던 모습을 확인할 수 있다.

④ ㉠과 ㉡은 모두 화자의 과거 경험을 떠올리게 하는 소리이다.
㉠과 ㉡은 모두 화자의 과거 경험을 떠올리게 하는 기능을 하지 않으므로 적절하지 않다.

⑤ ㉡과 ㉢은 모두 긍정적인 상황에서 부정적인 상황으로의 반전을 유발하는 소리이다.
㉡과 ㉢이 들린 이후의 상황은 부정적이지 않으므로 ㉡과 ㉢이 긍정적인 상황에서 부정적인 상황으로의 반전을 유발하는 것이라 할 수 없다.

'니체의 철학(재구성)'

해제 이 글은 초월적 가치를 토대로 삶의 의미를 찾으려 한 전통 형이상학에 반대한 니체의 철학을 소개하고 있다. 니체는 현실적 삶 자체를 긍정하며, 각자의 삶을 주체적으로 살아갈 것을 강조하였다. 더 높은 것으로 나아가고자 하는 욕망인 '힘에의 의지'와 경쟁을 통해 자신의 성장을 도모하는 '아곤'을 옹호한 니체의 철학은, 현실적인 삶 그 자체로 긍정할 수 있는 철학적 토대를 마련하였다는 의의를 가진다.

주제 전통 형이상학에 반대한 니체 철학의 이해

문단 핵심 내용

1문단	삶의 목적이 초월적 가치의 추구에 있다고 본 전통 형이상학
2문단	삶에 대한 전통 형이상학의 사유에 반대한 니체
3문단	주체적 삶을 살기 위해 '힘에의 의지'가 필요하다고 본 니체
4문단	니체의 '아곤'에 대한 이해
5문단	니체의 철학이 지니는 의의

---

21 내용 전개 방식 파악
정답률 59% | 정답 ④

다음은 윗글을 읽고 학생이 수행한 활동지의 일부이다. 학생의 응답으로 적절하지 않은 것은?

	질문	학생의 응답	
		예	아니요
①	니체 철학의 등장 배경을 전통 형이상학과 관련지어 제시하였는가?	✔	
②	니체 철학과 전통 형이상학의 공통점과 차이점을 밝혔는가?		✔
③	니체 철학의 변천 과정을 통시적인 관점에서 드러내었는가?		✔
④	니체 철학의 핵심 개념을 사례를 들어 설명하였는가?	✔	
⑤	니체 철학이 지닌 의의를 밝히며 마무리 하였는가?	✔	

① 1문단을 통해 니체가 전통 형이상학이 초월적 가치를 토대로 삶의 의미를 찾고자 한 것에 반기를 든 철학자임을 알 수 있다.

② 1, 2문단을 통해 니체 철학과 전통 형이상학의 차이점은 밝히고 있음은 알 수 있지만, 이 둘의 공통점은 밝히지는 않고 있다.

③ 이 글을 통해 니체 철학의 변천 과정은 찾아볼 수 없다.

④ 3문단과 4문단에서 니체 철학의 핵심 개념인 '힘에의 의지'와 '아곤'을 설명하고 있다. 하지만 이러한 핵심 개념을 설명하기 위해 사례를 제시하지는 않았으므로 적절하지 않다.

⑤ 5문단을 통해 현실적인 삶 그 자체로 긍정할 수 있는 철학적 토대를 마련하였다는 니체 철학은 의의를 알 수 있다.

---

22 내용의 사실적 이해
정답률 74% | 정답 ③

윗글의 내용과 일치하지 않는 것은?

① 전통 형이상학에서는 현실 세계와 별개로 참된 세계가 존재한다고 생각하였다.
1문단을 통해 전통 형이상학에서는 현실 너머에 보편적 진리로 이루어진 참된 세계가 있다고 여겼음을 알 수 있다.

② 전통 형이상학에서는 절대적 가치를 발견하는 방법으로 이성적 사유를 제시하였다.
1문단을 통해 전통 형이상학에서는 이성적 사유를 통해 초월적 가치를 추구하고자 하였음을 알 수 있다.

③ 니체는 무가치한 현실적 욕구를 충족하려는 태도도 삶을 개선하는 데 기여한다고 보았다.
2문단을 통해 현실적 욕구를 무가치한 것으로 보거나 삶을 개선의 대상으로 본 것은 모두 전통 형이상학의 입장임을 알 수 있다.

④ 니체는 사람들이 자신보다 우월한 사람을 넘어서고자 하는 의지를 긍정적으로 평가하였다.
5문단을 통해 니체는 '강자를 넘어서려고 하는 의지'를 옹호하였음을 알 수 있다.

⑤ 니체는 삶에서 오는 어려움을 극복하고 성장하고자 하는 것이 삶을 긍정하는 태도라고 여겼다.
5문단을 통해 니체가 삶을 긍정한다는 것을 삶이 마주하는 어려움을 잘 극복하고 성장하고자 하는 태도를 의미한다고 보았음을 알 수 있다.

---

23 입장에 따른 의미의 추론
정답률 43% | 정답 ⑤

니체의 입장을 고려하여 ⊙의 의미를 파악한 내용으로 가장 적절한 것은?

① 개별적 삶을 바탕으로 절대적 가치가 지닌 유용성을 판단하였다.
전통 형이상학에서는 절대적 가치를 삶의 궁극적인 목적으로 여기고, 개별적인 삶을 이 기준에 따라 재단하려고 하였으므로, 개별적 삶을 바탕으로 절대적 가치가 지닌 유용성을 판단하였다는 의미는 전통 형이상학과는 거리가 있다.

② 개별적 삶에 절대적 가치를 실현하여 삶이 무의미하다는 점을 밝혀내었다.
전통 형이상학에서는 절대적 가치를 삶의 궁극적인 목적으로 여기고, 개별적인 삶을 이 기준에 따라 재단하려고 하였으므로, 개별적 삶에 절대적 가치를 실현하였다는 내용은 전통 형이상학과는 거리가 있다.

③ 절대적 가치에 부합하는 현실적 욕구들을 바탕으로 개별적 삶을 규정하였다.
전통 형이상학에서는 개별적인 삶을 절대적 가치 기준에 따라 재단하려 하였으므로, 절대적 가치에 부합하는 현실적 욕구들을 바탕으로 개별적 삶을 규정하였다는 의미는 전통 형이상학과 거리가 있다.

---

④ 절대적 가치를 추구하는 것만으로는 삶을 더욱 완전하게 만들 수 없다고 보았다.
전통 형이상학에서는 삶의 목적이 현실 너머에 있는 초월적 가치 추구에 있다고 보았으므로, 전통적 형이상학에서는 절대적 가치를 추구하는 것만으로는 삶을 더욱 완전하게 만들 수 없다고 보지는 않았음을 알 수 있다.

⑤ 가치 평가의 기준이어야 할 삶을 삶 외부의 절대적 가치를 기준으로 평가하였다.
전통 형이상학에서는 절대적 가치를 삶의 궁극적인 목적으로 여기고, 개별적인 삶을 이 기준에 따라 재단하려고 하였다. 반면 니체는 현실적인 삶 그 자체가 목적이며, 가치 평가의 출발점이라고 보았다. 따라서 니체의 시각에서 전통 형이상학은, 가치 평가의 기준이어야 할 삶을, 절대적 가치를 기준으로 한 평가 대상으로 만들었다고 볼 수 있다.

---

24 핵심 개념의 비교
정답률 78% | 정답 ④

윗글의 Ⓐ와 〈보기〉의 Ⓑ를 비교한 내용으로 가장 적절한 것은?

〈보기〉
쇼펜하우어는 살고자 하는 맹목적 욕망, 즉 Ⓑ'삶에의 의지'가 인간의 행위와 인식을 지배한다고 보았다. 욕망이 충족되면 행복을 느끼지만, 이것은 금방 권태로 변하여 또 다른 욕망을 낳는다. 이 의지는 결핍과 권태 사이를 왔다 갔다 하면서 영원히 고통을 발생시키며, 이 의지가 격렬할수록 고통도 커지게 된다. 따라서 고통의 굴레에서 벗어나려면 예술과 명상, 금욕을 통해 이를 다스려야 하며, 참된 행복을 위해서는 이 의지를 완전히 버리는 것이 필요하다고 단언하였다.

① 니체는 Ⓐ를 창조적인 삶을 이끄는 힘으로, 쇼펜하우어는 Ⓑ를 안정적인 삶을 유지하는 힘으로 보았다.
쇼펜하우어는 Ⓑ가 영원히 고통을 발생시킨다고 보았으므로, Ⓑ를 안정적인 삶을 유지하는 힘으로 보았다는 것은 적절하지 않다.

② 니체는 Ⓐ를 더 강해지고자 하는 내적 동기로, 쇼펜하우어는 Ⓑ를 더 행복해지게 만드는 외적 동기로 보았다.
쇼펜하우어는 Ⓑ가 영원히 고통을 발생시킨다고 보았으므로, Ⓑ를 더 행복하게 만드는 힘으로 보았다는 것은 적절하지 않다.

③ 니체는 Ⓐ를 타인의 존재와 무관한 욕망으로, 쇼펜하우어는 Ⓑ를 타인과의 비교를 전제로 한 욕망으로 보았다.
Ⓑ는 살고자 하는 맹목적인 욕망에 해당하므로, 쇼펜하우어가 타인과의 비교를 전제로 한 욕망으로 보았다는 것은 적절하지 않다.

④ 니체는 Ⓐ를 자연스럽게 받아들이는 것이, 쇼펜하우어는 Ⓑ를 포기하는 것이 더 나은 삶을 만들 수 있다고 보았다.
3문단을 통해 니체는 Ⓐ를 자연스러운 것으로 수용할 때 현재의 자신을 극복하고 새로운 가치를 창조할 수 있다고 보았음을 알 수 있다. 반면에 쇼펜하우어는 Ⓑ를 다스려야 고통의 굴레에서 벗어날 수 있으며, 참된 행복을 위해서는 이 의지를 완전히 버리는 것이 필요하다고 보았음을 알 수 있다.

⑤ 니체는 Ⓐ를 최소한으로 가짐으로써, 쇼펜하우어는 Ⓑ를 최대한으로 추구함으로써 삶의 고통에서 벗어날 수 있다고 보았다.
3문단을 통해 니체는 Ⓐ를 내면의 힘과 능력을 더 높은 차원으로 발휘하고자 하는 의지라고 보았음을 알 수 있다. 따라서 니체가 '힘에의 의지'를 최소한 가짐으로써 고통에서 벗어날 수 있다고 보았다는 것은 적절하지 않다.

---

25 구체적인 사례에의 적용
정답률 65% | 정답 ③

윗글을 읽은 학생이 〈보기〉에 대해 보인 반응으로 적절하지 않은 것은? [3점]

〈보기〉
기록 경기인 △△ 종목에서 늘 1, 2위를 다투는 '갑'과 '을'의 라이벌전이 ○○ 올림픽에서 펼쳐졌다. 먼저 출전한 '을'이 신기록을 달성하자 관중들이 열광하였는데, 이때 '을'은 뒤이어 출전하는 '갑'을 위해 관중에게 자제를 요청하였다. 결국 경기는 '을' 1위, '갑' 2위로 종료되었다. 각각 은메달과 금메달을 목에 건 '갑'과 '을'은 서로에게 박수를 보냈으며, 어깨를 감싸 안은 채 경기장을 돌며 관중들에게 답례하였다.

① '늘 1, 2위를 다투는' '갑'과 '을'은 서로에게 끊임없이 자극을 제공하고 성장을 돕는, 선의의 파트너로 볼 수 있군.
4문단을 통해 자신이 뛰어넘고자 하는 '강자'는 자신을 자극하고 발전시키는 선의의 파트너가 됨을 알 수 있다. 따라서 '늘 1, 2위를 다투는' '갑'과 '을'은 서로에게 뛰어넘고자 하는 존재이며, 그렇기에 이들은 서로에게 선의의 파트너가 된다고 볼 수 있다.

② '○○ 올림픽'은 각자의 삶을 상승시키고자 하는 '갑'과 '을'의 힘에의 의지가 맞서 겨루는 장이 된 것으로 볼 수 있군.
4문단을 통해 '강자'들 각각의 삶이 자신의 상승을 위해 '힘에의 의지'를 중심으로 경합하기도 함을 알 수 있다. 따라서 '갑'과 '을'의 라이벌전이 펼쳐지는 '○○ 올림픽'은, '갑'과 '을'의 힘에의 의지가 맞서 겨루는 장으로 볼 수 있다.

③ '신기록'을 세운 뒤 '갑'의 경기를 배려하는 '을'의 모습은 동등한 조건에서 힘의 크기를 비교하여 상대의 능력을 확인하려는 것으로 볼 수 있군.
4문단을 통해 니체의 '아곤'이 서로 간의 비교를 통해서 자신의 힘을 평가하고 더 상승시키기 위해 필요한 것임을 알 수 있다. 따라서 '을'이 '갑'을 배려한 것을 '갑'의 능력을 확인하려는 것으로 보는 것은 적절하지 않다.

④ 경기 종료 후 '갑'에게 '은메달'이, '을'에게 '금메달'이 주어진 것은 힘의 차이에 따른 위계를 반영한 것으로 볼 수 있군.
4문단을 통해 강자들 사이에서도 힘의 차이에 따라 승패가 존재하며, 위계가 형성됨을 알 수 있다. 따라서 1위인 '을'에게 '금메달'이, 2위인 '갑'에게 '은메달'이 주어진 것은 이러한 힘의 차이에 따른 위계를 반영한 것으로 볼수 있다.

⑤ '갑'과 '을'이 '서로에게 박수를 보'낸 모습은 강자와 상대적 약자 간에 상호 존중의 형태로 힘의 위계가 드러난 것으로 볼 수 있군.
4문단을 통해 강자들 사이에서도 위계가 존재하지만, 좀 더 나은 사람이 되고자 노력하였음을 서로 인정하므로, 강자와 상대적 약자 간의 힘의 위계는 상호 존중의 형태로 드러남을 알 수 있다. 따라서 '갑'과 '을'이 서로의 노력을 인정하고 '서로에게 박수를 보낸' 모습은 강자인 '을' 과 상대적 약자인 '갑' 간에 상호 존중의 형태로 힘의 위계가 드러난 것으로 볼 수 있다.

한승원, 「어머니」

감상 이 작품은 일제 강점기와 해방 직후를 배경으로 그 시대를 살아가는 어머니의 한과 자식에 대한 깊은 사랑을 다루고 있다. 이 작품에서 어머니는 감옥살이를 하는 자식을 면회하기 위해 필요한 여비를 마련하려고 애쓰고 있는데, 그 과정에서 과거부터 지금까지의 일을 회상하며 아들을 만나러 가는 심정을 애절하게 그리고 있다.

주제 어머니의 한스러운 삶과 자식을 향한 지극한 사랑

작품 줄거리 주인공인 늙은 어머니는 해수 기침을 심하게 앓는 몸으로 한겨울에 미역 장사를 한다. 중형을 선고받고 감옥살이를 하는 막내아들에게 면회를 다니기 위해서이다. 아들 둘이 있지만 면회 다닐 여비 한 푼 보태 줄 형편이 못 된다. 늙은 어머니는 섬에서 사온 미역을 딸을 통해 김으로 바꾸다가 광주 시장에서 팔아 남긴 몇 푼의 이익금으로 막내아들에게 면회를 다니곤 한다. 면회를 할 때마다, 그 아들이 아직 살아 있는지 어쩌는지 조마조마해 하며 고깃국을 마련하고 우유를 준비한다. 그런데 이 날, 면회 신청을 하자 그녀의 아들은 멀고 먼 형무소로 옮겨가고 없음을 알게 된다.

---

26 서술상 특징 파악 | 정답률 81% | 정답 ⑤

윗글의 서술상 특징으로 가장 적절한 것은?

① 공간적 배경에 대한 묘사를 통해 미래의 일을 암시하고 있다.
이 글을 통해 공간적 배경으로 면회장이 제시되고 있지만, 이러한 공간에 대한 배경 묘사는 찾아볼 수 없다.

② 인물 간 성격의 대비를 통해 사건이 반전되는 양상을 부각하고 있다.
이 글에서 중심인물인 '어머니'와 다른 인물 간의 성격을 대비하는 장면은 찾아볼 수 없다.

③ 시간의 흐름에 따라 서술자를 달리하여 사건을 입체적으로 조명하고 있다.
이 글은 시간의 흐름에 따라 사건이 전개되고 있지만, 시간의 흐름에 따라 서술자를 달리하지는 않고 있다.

④ 다른 공간에서 동시에 일어난 사건을 병치하여 이야기의 흐름을 지연시키고 있다.
이 글에서 다른 공간에서 동시에 일어난 사건을 병치하지는 않고 있다. 한편 다른 공간에서 동시에 일어난 사건을 병치하는 경우 이야기의 흐름을 지연시키는 효과를 줄 수 있다.

☑ 외부의 서술자가 특정 인물에 초점을 두고 사건을 서술하여 인물의 내면을 드러내고 있다.
이 글은 이야기 밖에 있는 서술자가 중심인물인 '어머니'에 초점을 두면서 막둥이가 감옥에 간 사건이나 막둥이가 목포로 이감된 사건을 그리고 있다. 또한 '어머니'에 대한 생각을 서술하여 '어머니'의 내면도 잘 드러내고 있다.

---

27 외적 준거에 따른 작품의 감상 | 정답률 90% | 정답 ③

〈보기〉를 참고하여 윗글을 감상한 내용으로 적절하지 않은 것은? [3점]

─〈보 기〉─
이 작품은 아들의 감옥살이를 자신의 탓이라고 여기는 어머니의 한과 자식을 향한 사랑을 그리고 있다. 어머니는 몸도 쇠약하고 경제적으로도 힘들지만, 아들을 만나러 다니는 것을 위안으로 삼는다. 그렇기에 고대하던 아들과의 만남이 무산된 비극적 상황은 어머니의 한이 심화될 것임을 암시한다.

① '막동이를 그렇게 만들어 놓은' 것이 '자기 때문이라'고 하며 '눈을 감을 수' 없다고 생각하는 장면을 통해 아들의 처지에 대한 어머니의 자책감을 짐작할 수 있겠군.
〈보기〉의 '아들의 감옥살이를 자신의 탓이라고 여기는 어머니의 한'을 통해 적절한 감상임을 알 수 있다.

② '죄를 어떻게 벗겨 줄 길이' 없지만 '얼굴이라도 보도록 해 주는 것만도 고맙게 여기'는 장면을 통해 어머니가 자식을 보러 가는 것을 위안으로 삼고 있음을 짐작할 수 있겠군.
〈보기〉의 '어머니는 몸도 쇠약하고 경제적으로도 힘들지만, 아들을 만나러 다니는 것을 위안으로 삼는다.'를 통해 적절한 감상임을 알 수 있다.

☑ '삼천오백 원'을 마련해 주지 않은 '큰아들들의 소행'을 '노여워'하는 장면을 통해 어머니가 경제적 어려움을 자식들 탓으로 여기고 있음을 짐작할 수 있겠군.
어머니가 막내아들을 면회하기 위해 필요한 여비를 큰아들들이 마련해 주지 않아 원망을 한 것이지, 경제적 어려움이 자식들 때문이라고 탓하는 것은 아니다.

④ '쇠고깃국 냄비'의 뜨거움을 '의식하지 못한 채' 들고 가는 장면을 통해 아들을 향한 어머니의 사랑을 짐작할 수 있겠군.
〈보기〉의 '자식을 향한 사랑을 그리고 있다.'를 통해 적절한 감상임을 알 수 있다.

⑤ '어머니의 품'에 있던 '우유병'이 깨지는 장면을 통해 비극적 상황에 처한 어머니의 절망감을 짐작할 수 있겠군.
〈보기〉의 '그렇기에 고대하던 아들과의 만남이 무산된 비극적 상황은 어머니의 한이 심화될 것임을 암시한다.'를 통해 적절한 감상임을 알 수 있다.

---

28 작품 내용의 이해 | 정답률 82% | 정답 ⑤

㉠과 관련하여 윗글을 이해한 내용으로 가장 적절한 것은?

① '어머니'는 ㉠을 통해 자신의 마음을 아들에게 전달하고자 했다.
'종이쪽지'는 어머니가 쓴 것이 아니므로 적절하지 않다.

② '어머니'는 ㉠ 때문에 면회가 늦어진 것을 알고 '교도관'에게 항의했다.
어머니가 면회가 늦어진 것에 대해 항의하지 않고 있으므로 적절하지 않다.

③ '교도관'들은 ㉠으로 '어머니'와 '아들' 사이의 갈등을 해소하려고 하였다.
어머니와 아들 사이에 갈등이 있다고 보기 어렵고, 교도관들이 그것을 해소하려는 것도 확인할 수 없으므로 적절하지 않다.

④ '교도관'들은 ㉠을 '어머니'에게 보여 주며 '아들'과 아는 사이임을 드러내었다.
교도관들과 어머니의 대화 내용에서 교도관들이 아들과 아는 사이인지는 드러나지 않으므로 적절하지 않다.

☑ '교도관'들은 ㉠과 관련하여 알고 있는 사실을 '어머니'에게 전달하기를 불편해 하였다.
어머니를 앞에 두고 교도관끼리 말을 속닥거리고, 다른 아들이 있는지 묻는 행동을 통해, 교도관들이 '종이쪽지'와 관련된 사실을 전달하는 것을 불편해 함을 알 수 있다.

'STR 분석법(재구성)'

해제 이 글은 과학수사 시 범인 추정 및 피해자 확인 등에 사용되는 'STR 분석법'에 대해 설명하고 있다. 30억 개의 염기 서열로 이루어진 DNA는 특정 구간에서 '짧은 염기 서열'이 연쇄적으로 반복해서 나타나는 특징을 보여 주는데, 이 특징에 착안하여 동일인 여부를 판별하는 방법이 STR 분석법이다. STR 분석을 위해 염색체 내 특정한 위치를 '좌위'라 하며, 현재 우리나라에서는 20개의 좌위를 표준으로 하여 과학수사에 활용하고 있다.

주제 'STR 분석법'의 이해

문단 핵심 내용

1문단	'DNA 분석'으로 많이 사용되는 'STR 분석법'
2문단	STR 분석법 원리 이해를 위해 필요한 것들
3문단	STR 분석법에 동일인 여부를 확인하는 방법
4문단	STR을 분석할 때 먼저 해야 할 일
5문단	STR 분석법의 성과 및 전망

---

29 세부 정보의 이해 | 정답률 74% | 정답 ⑤

윗글에 대한 이해로 가장 적절한 것은?

① 사람마다 DNA를 구성하는 염기 종류가 다르다.
2문단을 통해 DNA는 아데닌, 구아닌, 사이토신, 타이민 네 종류의 염기로만 구성되기 때문에, 사람의 DNA를 구성하는 염기 종류는 동일함을 알 수 있다.

② 상동 염색체는 서로 다른 모양을 가진 한 쌍으로 존재한다.
2문단을 통해 상동 염색체는 모양과 크기가 동일한 염색체가 2개씩 쌍으로 존재함을 알 수 있다.

③ STR 분석을 위해서는 먼저 염색체의 개수를 파악해야 한다.
4문단을 통해 STR 분석을 위해 먼저 해야 할 것은 분석하려는 염색체 내의 위치를 특정하는 것임을 알 수 있다.

④ 20개의 표준 좌위에서는 염기 서열의 STR이 나타나지 않는다.
4문단을 통해 좌위는 모두 염기 서열의 STR이 나타나는 구간으로 지정되어 있음을 알 수 있다.

☑ STR 분석법은 DNA에 있는 30억 개 염기 중 일부를 대상으로 한다.
2문단을 통해 DNA에는 네 종류의 염기가 약 30억 개로 구성되어 있음을 알 수 있고, STR 분석법은 이러한 30억 개의 염기 중 짧은 염기 서열이 연쇄적으로 반복해서 나타나는 특정 구간을 대상으로 함을 알 수 있다.

★★★ 등급을 가르는 문제! ★★★

30 세부 정보의 추론 | 정답률 40% | 정답 ①

윗글을 읽고 추론한 내용으로 가장 적절한 것은?

☑ DNA에는 염기 서열이 연쇄적으로 반복하지 않아 STR 분석법에서 사용하기 힘든 구간도 존재하겠군.
3문단을 통해 짧은 염기 서열이 연쇄적으로 반복해서 나타나는 특징은 DNA의 특정 구간에서만 나타남을 알 수 있다. 따라서 이러한 특징이 나타나지 않는 구간에는 STR 분석법을 사용할 수 없음을 알 수 있다.

② 상동 염색체의 동일한 위치에서는 부계와 모계에서 받은 염색체의 염색대 번호가 서로 다르겠군.
2문단을 통해 부계와 모계에서 물려받은 상동 염색체 한 쌍은 모양과 크기가 동일함을 알 수 있다. 따라서 상동 염색체의 동일한 위치에서는 부계와 모계에서 받은 염색체의 염색대 번호는 동일함을 알 수 있다.

③ 동일인에서 채취한 서로 다른 샘플에서는 같은 좌위라도 염기 서열의 반복 횟수가 다르겠군.
동일인에서 채취한 경우, 혈흔이나 모발 등 샘플이 다르다 하더라도 DNA는 동일하므로, 동일인에서 채취한 서로 다른 샘플에서는 좌위가 같으면 염기 서열의 반복 횟수도 동일하게 나타난다고 할 수 있다.

④ STR 분석법은 네 종류의 염기가 모두 반복되는 특정 구간을 분석 대상으로 하겠군.
4문단을 통해 '4q31.3'의 좌위에서는 짧은 염기 서열 'CTTT'가 반복되고 있음을 알 수 있다. 따라서 STR 분석법의 대상이 되는 특정 구간에 네 종류의 염기가 모두 반복되는 것은 아니라 할 수 있다.

⑤ 국가 간에 공통적으로 사용하는 좌위가 없어 분석 결과를 공유하기 힘들겠군.
5문단을 통해 우리나라를 비롯한 여러 나라에서 20개의 좌위를 표준으로 하여 과학수사에 동일하게 활용함을 알 수 있다. 따라서 20개의 좌위를 사용하는 국가 간에는 분석 결과를 공유할 수 있음을 알 수 있다.

★★ 문제 해결 꿀~팁 ★★

▶ 많이 틀린 이유는?
이 문제는 선택지의 내용을 글의 내용을 바탕으로 추론하는 데 어려움을 겪어 오답률이 높았던 것으로 보인다.

▶ 문제 해결 방법은?
이러한 추론 문제를 해결하기 위해서는 일차적으로 선택지에서 제시된 내용과 연관된 부분을 글에서 찾아야 한다. 그런 다음 글의 내용을 바탕으로 선택지의 내용을 추론할 수 있는지 판단할 수 있어야 한다. 가령 정답인 ①의 경우, 선택지의 내용을 통해 글에 해당하는 부분이 3문단임을 알아야 하고, 그런 다음 글의 내용을 바탕으로 선택지의 적절성을 판단하면 된다. 즉, 3문단을 통해 짧은 염기 서열이 연쇄적으로 반복해서 나타나는 특징은 DNA의 특정 구간에서만 나타나므로, 이러한 특징이 나타나지 않는 구간이 있음을 파악해야 한다. 또한 3문단을 통해 STR 분석법이 짧은 염기 서열이 연속적으로 반복하는 특정 구간을 분석하는 방법임을 알게 되면 적절한 추론임을 알 수 있었을 것이다. 이처럼 추론 문제의 경우에도 추론의 바탕이 되는 것은 글의 내용이므로, 선택지에 해당하는 글의 부분이 어디인지 찾아 둘을 비교하여 적절성을 판단하도록 한다.

윗글을 바탕으로 〈보기〉를 이해한 내용으로 적절하지 않은 것은? [3점]

─〈 보 기 〉─

보석 가게에 도난 사건이 발생하였다. 출동한 경찰은 범죄 현장에서 범인의 손톱을 발견하고 DNA를 분석하였다. 다음날 목격자의 제보에 따라 '을'을 용의자로 지목한 후, '을'의 모발로 DNA 분석을 의뢰하였다.

〈범인 손톱의 DNA 프로필과 좌위 정보〉

DNA 프로필		좌위 정보	
좌위	결괏값	위치	반복되는 염기 서열
1	5-3	5q33.1	AGAT
2	6-6	13q31.1	TATC
3	2-7	5q23.2	AGAT
⋮	⋮	⋮	⋮
20	8-4	7q21.11	GATA

(단, 좌위는 임의로 4개의 정보만 제시함.)

① 범인은 7번 염색체의 하단부 특정 염색대에 'GATA' 배열이 네 번 반복되는 DNA를 가지고 있군.

범인은 좌위 '20'에서, 즉 7번 염색체 하단부 21.11번 염색대에서 염기 서열 'GATA'가 각각 여덟 번과 네 번 반복되는 상동 염색체를 가지고 있다.

② 범인은 부계와 모계에서 받은 염색체의 STR 반복 횟수가 동일하게 나오는 좌위를 하나 이상 가지고 있군.

2문단을 통해 상동 염색체는 부계와 모계에서 각각 하나씩 물려받음을 알 수 있다. 따라서 좌위 2에서 부계와 모계에서 물려받은 두 염색체의 STR 반복 횟수가 '6'으로 동일하다고 할 수 있다.

③ '을'의 'DNA 프로필'을 만들기 위해서는 '을'의 5번 염색체가 두 번 이상 분석에 활용되겠군.

'을'의 'DNA 프로필'을 만들 때 〈보기〉와 같이 20개의 좌위가 활용된다. 〈보기〉에서 좌위 1과 좌위 3은 5번 염색체에서 분석이 이루어지므로, '을'의 DNA 프로필을 만들기 위해서는 5번 염색체가 최소 두 번은 활용됨을 알 수 있다.

④ '을'이 범인이라면 1과 3에서 모계에서 받은 염색체의 'AGAT' 반복 횟수의 합이 12보다 클 수 없겠군.

상동 염색체 한 쌍은 부계와 모계에서 각각 하나씩 물려받지만, 그 위치는 왼쪽이나 오른쪽으로 특정할 수 있다. 좌위 1에서 'AGAT' 반복 횟수는 3과 5이고, 좌위 3에서 'AGAT' 반복 횟수는 2와 7이므로, 모계에서 받은 염색체의 'AGAT' 반복 횟수의 합은 가장 큰 값인 5와 7의 합을 넘어설 수 없다.

✓⑤ '을'의 분석 결과가 2에서 '4-8', 20에서 '8-4'로 나온다면 20의 결괏값만으로도 '을'을 범인으로 확정할 수 있겠군.

5문단을 통해 20개의 좌위에 대한 두 샘플의 결과가 동일하게 나올 때, 두 샘플이 동일인의 것일 확률이 100%에 가까움을 알 수 있다. 〈보기〉와 ⑤번 선지를 비교해 보면 좌위 '20'의 결괏값은 일치하지만, 좌위 2의 결괏값은 서로 다름을 알 수 있다. 따라서 모든 좌위의 결괏값이 일치하는 것은 아니므로, '을'을 범인으로 확정할 수는 없다.

ⓐ ~ ⓔ의 사전적 의미로 적절하지 않은 것은?

✓① ⓐ : 어떤 일에 대한 의견이나 느낌.

'어떤 일에 대한 의견이나 느낌'은 '생각'에 대한 사전적 의미이다. '추정'의 사전적 의미는 '추측하여 판정함'이다.

② ⓑ : 연구나 조사에 필요한 것을 찾거나 받아서 얻음.

③ ⓒ : 어떤 문제를 해결하기 위한 실마리를 잡음.

④ ⓓ : 특별히 지정함.

⑤ ⓔ : 아주 정교하고 치밀하여 빈틈이 없고 자세함.

33~38 사회

(가) '독점기업의 이윤 추구 과정(재구성)'

해제 이 글은 경제학적 관점에서 완전경쟁시장과 독점시장의 차이점을 소개한 후, 독점시장에서 독점기업이 '가격결정자'로서 이윤을 극대화하는 가격을 결정할 수 있음을 말하고 있다. 독점기업은 이윤 극대화를 위해 가격과 생산량을 조절하는데, 최적 생산량과 수요자들의 최대 지불 용의 지점을 찾아 수요자가 최대로 지불할 수 있는 금액을 최종 시장가격으로 결정한다. 또한 독점은 시장가격의 상승을 유발하여 수요자에게 부정적 영향을 끼치고, 시장의 비효율성을 유발한다.

주제 완전경쟁시장과 독점시장의 차이점 및 독점기업의 가격과 생산량 결정 방법

문단 핵심 내용

1문단	완전경쟁시장과 독점시장의 차이
2문단	완전경쟁시장과 독점시장에서의 가격의 결정
3문단	독점기업의 가격과 생산량 결정 방법

(나) '공정거래법의 이해(재구성)'

해제 이 글은 '공정거래법'이라고도 불리는 '독점규제 및 공정거래에 관한 법률'과 관련된 내용을 소개하고 있다. 공정거래법은 사업자의 시장 지배적 지위 남용과 사업자들의 부당한 공동행위 등 불공정한 경쟁 제한 행위를 규제하고 있다. 공정거래법을 위반할 경우, 공정거래위원회는 해당 사업체에 대한 시정 조치와 과징금 부과를 통해 자유로운 경쟁을 촉진하고 경제의 균형 있는 발전을 도모하고 있다.

주제 독점규제 및 공정거래에 관한 법률의 이해

문단 핵심 내용

1문단	독점규제 및 공정거래에 관한 법률에서 취하는 '폐해규제주의'
2문단	시장 지배적 지위 남용의 종류
3문단	사업자의 부당한 공동행위를 제한하고 있는 공정거래법
4문단	공정거래위원회의 역할 및 의의

(가)와 (나)에 대한 설명으로 가장 적절한 것은?

① (가)는 시장구조를 바라보는 다양한 관점을 제시하고 있고, (나)는 공정거래법에 대한 상반된 관점을 제시하고 있다.

(가)에서 시장구조를 바라보는 다양한 관점과 (나)에서 공정거래법에 대한 상반된 관점은 확인할 수 없다.

② (가)는 시장에서 독점이 필요한 이유를 밝히고 있고, (나)는 부당한 독점 행위를 해결하기 위한 사례를 서술하고 있다.

(가)에서 독점의 이익 추구 과정은 나타나 있으나, 독점이 필요한 이유는 드러나지 않는다. (나)에서 부당한 독점 행위를 해결하기 위한 사례는 확인할 수 없다.

③ (가)는 균등한 소득 분배를 위한 경제학적 대책을 제안하고 있고, (나)는 경쟁을 제한하기 위한 대책을 제시하고 있다.

(가)에서 균등한 소득 분배를 위한 경제학적 대책은 확인할 수 없다. (나)에서 제시된 공정거래법은 경쟁을 제한하는 행위를 규제하는 대책이다.

✓④ (가)는 독점기업의 이윤 추구 방법을 설명하고 있고, (나)는 공정한 거래를 저해하는 행위들을 유형별로 제시하고 있다.

(가)에서는 독점기업의 이윤 추구 방법과 관련된 독점기업의 가격과 생산량 결정 과정을 설명하고 있다. 그리고 (나)에서는 공정거래법의 내용을 설명하면서 공정한 거래를 저해하는 행위를 유형별로 나누어 설명하고 있다.

⑤ (가)는 독점이 시장에 끼치는 부정적 영향을 언급하고 있고, (나)는 독점 행위를 규제하는 제도의 문제점을 서술하고 있다.

(나)에서 독점 행위를 규제하는 제도의 문제점은 확인할 수 없다.

㉠, ㉡에 대한 이해로 적절하지 않은 것은?

① ㉠에서 개별 기업은 가격수용자로서 시장에서 결정된 가격에 따라 제품을 판매한다.

2문단을 통해 ㉠에서 기업은 가격수용자로서 시장에서 결정된 가격을 그대로 받아들임을 알 수 있다.

② ㉡에서 기업이 제품의 생산량을 늘려 나가는 과정에서 얻게 되는 한계수입은 가격보다 낮아진다.

3문단을 통해 ㉡에서 독점기업이 생산량을 늘려나가면 한계수입은 가격보다 낮아짐을 알 수 있다.

③ ㉡에서 독점기업은 시장의 유일한 공급자로서 독점기업이 판매량을 늘리려면 가격을 낮춰야 한다.

3문단을 통해 시장의 유일한 공급자인 독점기업이 생산량을 줄이면 시장가격이 상승하고, 반대의 경우 시장가격이 하락함을 알 수 있다.

④ ㉠에는 진입장벽이 존재하지 않으므로, ㉡에 비해 개별 기업들의 시장 진입이 자유롭다.

1문단을 통해 ㉠은 진입장벽이 존재하지 않아 누구나 들어와 경쟁할 수 있는 시장구조임을 알 수 있다.

✓⑤ ㉠에는 많은 수의 공급자와 수요자가 존재하므로, ㉡보다 기업이 시장을 지배하는 힘이 크다.

1, 2문단을 통해 ㉠은 많은 수 수요자와 공급자가 존재하므로 개별 공급자와 수요자가 가격에 영향을 미치기 어려움을 알 수 있다. 반면에 ㉡은 한 기업이 독점적으로 재화를 공급하므로 시장지배력을 가짐을 알 수 있다.

★★★ 등급을 가르는 문제!

[A]를 바탕으로 〈보기〉를 이해한 내용으로 적절하지 않은 것은? [3점]

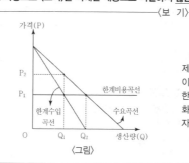

─〈 보 기 〉─

〈그림〉은 가상의 독점 기업 '갑'이 생산하는 제품의 가격과 생산량을 그래프로 나타낸 것이다. 한계수입곡선과 한계비용곡선은 수량 한 단위의 변화에 따른 총수입과 총비용의 변화를 보여 주고, 수요곡선은 제품에 대한 수요자의 최대 지불 용의를 나타낸다.

① '갑'은 이윤을 최대로 높이기 위한 최적 생산량 수준을, 한계수입곡선과 한계비용곡선이 교차하는 Q_1 지점으로 결정할 것이다.

독점기업 '갑'의 최적 생산량 수준은 한계수입곡선과 한계비용곡선이 교차하는 Q_1 지점이다.

✓② '갑'이 생산량을 Q_1에서 Q_2로 늘리면서 제품의 가격을 P_2에서 P_1으로 낮춰 공급하더라도, 독점으로 얻고 있던 이윤은 유지될 것이다.

독점기업 '갑'이 생산량을 Q_1에서 Q_2로 늘리면서 제품의 가격을 P_2에서 P_1으로 낮춰 공급하면, 해당 독점기업이 독점을 통해 얻고 있던 이윤은 사라진다.

③ '갑'의 생산량이 Q_1보다 적으면 한계수입이 한계비용보다 높으므로, 이윤을 높이려면 생산량을 Q_1 수준까지 증가시켜야 할 것이다.

독점기업 '갑'의 이윤 추구 과정에서 한계수입이 한계비용보다 높으면 생산량을 증가시켜야 한다.

④ '갑'의 생산량이 Q₁이고 공급할 제품의 가격이 P₂라면, 해당 기업이 제품을 판매할 때 얻게 되는 단위당 이윤은 P_2-P_1이 될 것이다.
독점기업 '갑'이 제품을 판매할 때 얻게 되는 단위당 이윤은 제품의 가격으로 설정한 P₂에서 한계비용인 P₁만큼을 뺀 값이 된다.

⑤ '갑'은 이윤 극대화를 위해 수요자의 최대 지불 용의 수준을 고려하여 공급할 제품의 최종 시장가격을 P₁이 아닌 P₂로 결정할 것이다.
P₁은 최적 생산량 Q₁에 대응하는 가격이지만, 이윤이 극대화되는 지점은 아니다. 독점기업은 최적 생산량을 Q₁으로 결정한 후, 가격결정자로서 수요자들의 최대 지불 용의 수준(수요곡선)을 고려하여 해당 제품의 가격을 P₂로 결정한다.

★★ 문제 해결 꿀~팁 ★★

▶ 많이 틀린 이유는?
이 문제는 글의 내용, 즉 [A]의 내용을 정확히 이해하지 못하여 오답률이 높았던 것으로 보인다. 또한 이를 실제 그래프에 적용하는 과정에서 어려움을 겪은 것도 오답률을 높였던 것으로 보인다.

▶ 문제 해결 방법은?
이 문제를 해결하기 위해서는 그래프와 관련하여 서술하고 있는 선택지의 내용을 이해한 뒤, 이와 관련된 내용을 [A]를 통해 확인하면 된다. 정답인 ②의 경우, 선택지에서 독점 기업 '갑'이 생산량을 늘리면서 가격을 낮춰 공급한다고 했으므로, 이러한 내용에 해당하는 부분을 [A]에서 찾아야 한다. 즉 [A]의 '독점기업이 생산량을 늘리면 ~ 독점기업의 한계수입은 가격보다 항상 낮다.'라는 내용과 관련이 있음을 파악했으면 적절하지 않았음을 알 수 있었을 것이다. 마찬가지로 오답률이 높았던 ③의 경우에도 '만일 한계수입이 한계비용보다 높으면 생산량을 증가시키고'를 보면 적절함을 알았을 것이다. 이처럼 그래프가 제시된 문제의 경우 문제 해결 역시 글의 내용에 있으므로, 선택지의 내용을 정확히 이해하여 글의 어느 부분과 관련 있는지를 판단하도록 한다.

---

36 세부 정보의 추론   정답률 60% | 정답 ①

(가)와 (나)를 참고할 때, Ⓐ~Ⓒ에 들어갈 말을 바르게 짝지은 것은?

> 독점기업이 제품의 가격을 한계비용보다 (Ⓐ) 설정하면, 한계비용보다 지불 용의가 낮은 수요자들의 (Ⓑ)이 일어나 결과적으로 상호 이득이 될 수 있었던 거래의 기회가 줄어들게 된다. 이에 공정거래법에서는 시장 진입 제한을 막고, 기업 간 경쟁을 (Ⓒ)하여 독점으로 인한 경제적 손실을 해소하고자 한다.

Ⓐ	Ⓑ	Ⓒ
✓ 높게	소비 감소	촉진

독점기업은 이윤 극대화를 위해 제품의 시장가격을 한계비용보다 높게 설정하는데, 시장가격의 상승으로 한계비용보다 지불 용의가 낮은 수요자들은 소비를 포기하게 된다. 따라서 상호 이득이 될 수 있었던 거래의 기회는 줄게 되고, 시장의 비효율성을 유발할 수 있다. 따라서 공정거래법에서는 독점으로 인한 경제적 손실을 해소하기 위해 시장의 진입 제한을 막고, 기업 간 공정한 경쟁을 촉진한다.

② 높게   소비 감소   억제
③ 높게   소비 증가   억제
④ 낮게   소비 감소   억제
⑤ 낮게   소비 증가   촉진

---

37 구체적인 사례에의 적용   정답률 69% | 정답 ④

(나)를 바탕으로 〈보기〉를 이해한 내용으로 적절하지 않은 것은?

> ─〈보 기〉─
> [사례 1] 반도체 판매 1위인 A사는 국내 PC 제조업체들에게 경쟁업체 B사의 반도체를 구매하지 않겠다는 약속의 대가로, 상호 합의를 거쳐 반도체 대금으로 받은 금액 일부를 되돌려주었다. 이에 대해 공정거래위원회는 A사에 과징금을 부과하였다.
>
> [사례 2] 국내 건설업체 C사는 신축 공사 입찰에서 평소 친분이 있는 건설업체 D사가 낙찰받을 수 있도록 입찰 가격을 묵시적으로 합의하고, D사의 입찰 예정 금액보다 높은 금액을 입찰 가격으로 제시하였다. 그 결과 D사가 최종 사업체로 선정되었지만, 공정거래위원회는 시정 조치를 명하였다.

① [사례 1]에서 공정거래위원회는 A사가 시장 지배적 지위 남용을 통해 경쟁사업자인 B사의 사업 활동을 부당하게 배제하였다고 보았겠군.
A사는 자신의 시장 지배적 지위를 남용하여 경쟁사업자인 B사의 사업 활동을 부당하게 배제하고 있으므로 적절하다.

② [사례 1]에서 공정거래위원회는 A사와 국내 PC 제조업체들의 상호 합의에 의해 방해 남용인 배타조건부 거래가 발생했다고 판단했겠군.
B사와 거래하지 않는 조건으로 A사가 국내 PC 제조업체들과 합의한 것은 배타조건부 거래에 해당하므로 적절하다.

③ [사례 2]에서 C사와 D사의 합의가 명시적인 형태가 아니라 묵시적인 형태로 이루어졌다고 할지라도, 경쟁 제한 행위의 위법성은 인정될 수 있겠군.
공정거래법에서는 명시적인 형태와 묵시적인 형태 모두 경쟁 제한 행위가 될 수 있다고 보았으므로 적절하다.

④ ✓ [사례 2]에서 C사가 만약 D사와의 입찰 담합을 약속하고도 실제 입찰 과정에서 이를 실행하지 않았다면, 부당한 공동행위는 없었던 것이 되겠군.
3문단을 통해 공정거래법에서는 부당한 공동행위를 위한 사업자 간의 합의만 있으면, 비록 그것이 실행되지 않더라도 부당한 공동행위가 성립한 것으로 보고 있음을 알 수 있다.

⑤ 사업자의 독과점 추구 자체는 금지되어 있지 않지만, [사례 1]과 [사례 2]에서 확인되는 A사와 C사의 행위는 경쟁 제한의 폐해를 초래했기 때문에 규제 대상이 되었겠군.
공정거래법에서는 독과점 자체를 금지하지는 않으나, 이로 인해 일정한 폐해가 초래되는 경우 이를 규제하는 폐해규제주의를 취하므로 적절하다.

---

38 단어의 문맥적 의미 파악   정답률 67% | 정답 ①

문맥상 ⓐ~ⓔ의 단어와 가장 가까운 의미로 쓰인 것은?

① ✓ ⓐ : 그 문제에 대해 강경한 태도를 취했다.
ⓐ와 '태도를 취했다.'의 '취하다'는 모두 '어떤 일에 대한 방책으로 어떤 행동을 하거나 일정한 태도를 가지다.'라는 뜻으로 사용되었다.

② ⓑ : 나는 그녀와 슬픔을 나누는 친근한 사이이다.
ⓑ의 '나누다'는 '여러 가지가 섞인 것을 구분하여 분류하다.'의 의미로 사용되었으나, '슬픔을 나누는'의 '나누다'는 '즐거움이나 고통, 고생 따위를 함께하다.'라는 뜻으로 사용되었다.

③ ⓒ : 그를 나쁘게 말하는 사람은 별로 없다.
ⓒ의 '말하다'는 '어떤 사정이나 사실, 현상 따위를 나타내 보이다.'의 의미로 사용되었으나, '나쁘게 말하는 사람'의 '말하다'는 '평하거나 논하다.'라는 뜻으로 사용되었다.

④ ⓓ : 반 아이들의 이름이 하나하나 불렸다.
ⓓ의 '불리다'는 '무엇이라고 가리켜 말해지거나 이름이 붙여지다.'의 의미로 사용되었으나, '하나하나 불렸다.'의 '불리다'는 '이름이나 명단이 소리 내어 읽히며 대상이 확인되다.'라는 뜻으로 사용되었다.

⑤ ⓔ : 교향악단은 최정상급의 연주자들로 이루어졌다.
ⓔ의 '이루어지다'는 '어떤 대상에 의하여 일정한 상태나 결과가 생기거나 만들어지다.'의 의미로 사용되었으나, '연주자들로 이루어졌다.'의 '이루어지다'는 '몇 가지 부분이나 요소가 모여 일정한 성질이나 모양을 가진 존재가 되다.'라는 뜻으로 사용되었다.

39~42 고전 소설

작자 미상, 「소학사전」

감상 이 작품은 소 학사가 해적의 공격으로 가족과 헤어졌다가 다시 만나는 과정을 보여 주고 있다. 적대자에 의해 길러진 주인공의 아들이 적대자를 징계하고 가족 상봉을 성사시키는 과정을 다양한 암시 모티브의 활용이나 조력자의 등장과 같은 흥미 요소를 풍부하게 활용하여 전개하고 있다.

주제 헤어진 가족을 찾아가는 영웅적 인물의 일대기

작품 줄거리 탁주 구계촌에서 생장한 소운은 과거에 급제한 뒤 남쪽 변방 고을인 남계현 현령직을 제수받고, 어머니 장씨와 아우 소위와 작별하고 부인 이씨와 함께 임지로 향한다. 소운은 서준이라는 도적의 배에 속아 탔다가 황천탄이라는 무인도에서 서준에 의해 소운은 바다에 던져지고, 부인은 감금된다. 소운은 표류하다가 도곤에게 구조되었으나, 다리에 병을 얻어 고향을 찾지 못하고 도곤의 집에서 학동을 가르치며 세월을 보낸다. 한편, 부인 이씨는 서봉의 도움으로 서준의 마수에서 벗어나 여승의 구원을 받아 산사에 의탁하고, 산사에서 옥동자를 낳는다. 부인은 산사에서 아이를 기르기 곤란함을 알고, 나삼에 아이의 생년일시를 적고 지환과 함께 아이를 싸서 길에 버린다. 서준은 그 아이를 서계도라고 이름을 짓고, 자기 아들로 삼아 양육한다. 서계도가 자라 18세 때 과거를 보려고 황성으로 오다가 탁주 구계촌 소지현의 집에 들러 장씨 노파로부터 극진한 대우를 받고 아들을 찾아달라는 청탁을 받는다. 서계도는 급제하여 순무 어사가 된 다음, 자신의 출생에 비밀이 있음을 알고 자신의 친아들이 아님을 확인한다. 또한 도어사 앞으로 제출한 어머니 이씨의 원정서를 보고 나삼과 단금을 증거로 소운의 아들임을 알게 된다. 서계도는 성명을 소태로 고치고 주점에서 소운을 만나 이야기 끝에 아버지임을 확인한 다음, 월봉산 산사에 은거한 어머니 이씨를 찾아낸다. 또 서준 일당을 잡아 부모의 원수를 갚고 귀환하여 할머니 장씨와 일가가 단란하게 지낸다. 소태는 과거 급제 직후 왕 상서의 딸과 정혼한 바 있는데, 다시 공주와 혼사가 이루어져서 한 번에 두 부인을 성례한다. 또한 어사로 순행할 때에 구출한 정 소저를 셋째 부인으로 맞이한다. 정 소저는 뒤에 소태의 위급한 병에 다리의 살을 베어 치료하는 절행을 행한다.

---

39 작품 내용의 이해   정답률 69% | 정답 ②

윗글에 대한 이해로 적절하지 않은 것은?

① 소 승상의 아버지는 신선에게 얻은 나무를 뒤뜰에 심었다.
부인의 시아버지, 즉 소 승상의 아버지는 신선에게서 천도화 나무를 얻어 뒤뜰에 심었다.

② ✓ 계도는 부인에게 거문고에 새겨진 글자를 확인하자고 제안하였다.
이 글에서 거문고에 새겨진 글자를 확인하자고 제안한 사람은 계도가 아니라 부인이므로 적절하지 않다.

③ 부인은 비자의 말을 들은 후에 몰래 계도의 생김새를 살펴보았다.
부인은 비자의 말을 들은 후에 외당에 나가 문틈으로 공자(계도)의 상을 살펴보았다.

④ 소 학사의 동생이 형을 찾기 위해 집을 떠난 후 여러 해가 지났다.
부인은 둘째 아들이 큰아들을 찾아 나간 지 여러 해가 지났지만, 역시 소식이 끊어져 두 아들이 돌아오기를 기다렸다.

⑤ 계도는 반가운 일을 볼 것이라고 한 월봉산 노인의 말을 부인 집 후원에서 떠올렸다.
계도는 부인 집 후원에 피었던 천도화가 사흘 후에 지는 것을 직접 보고 월봉산 노인의 말을 떠올렸다.

---

40 인물의 심리 파악   정답률 60% | 정답 ①

㉠~㉤에 대해 이해한 내용으로 가장 적절한 것은?

① ✓ ㉠ : 남녀 간의 윤리 규범을 인정하면서도 계도를 만나 보고 싶어하는 부인의 마음이 드러난다.
㉠에서 부인은 남녀가 유별하다는 유교 규범에도 불구하고 계도를 만나보고자 하므로 적절하다.

② ㉡ : 자신의 기대를 저버린 계도에 대한 부인의 서운함이 드러난다.
㉡에서 부인은 계도가 아들과 닮았기에 만나기를 청했다는 자신의 입장을 설명하고 있으므로 적절하지 않다.

③ ㉢ : 부인이 예고한 일이 실제로 일어나지 않을 것이라는 계도의 생각이 드러난다.
㉢에서 계도는 천도화가 핀 것을 신기해 하며 그것이 사흘 후에 질 것인지 확인하고자 하므로 적절하지 않다.

④ ㉣ : 학사의 물건을 가지고 있는 계도에 대한 부인의 반감이 드러난다.
㉣에서 부인은 계도가 가진 거문고가 아들의 것임을 알아보고 아들을 그리워하며 한탄하고 있으므로 적절하지 않다.

⑤ ㉤ : 자기 가문의 기물을 아들의 것이라 주장하는 부인에 대한 계도의 분노가 드러난다.
㉤에서 계도는 거문고가 자기 가문의 기물임을 한 번 더 말함으로써 부인의 오해를 풀고자 하므로 적절하지 않다.

[A]와 [B]에 대한 설명으로 가장 적절한 것은?

① [A]는 [B]와 달리 심정을 직접 드러내어 상대의 행동을 유도하고 있다.
　　[A]와 [B]에서는 모두 인물의 심정을 직접 드러내지만 상대의 행동을 유도하지는 않고 있다.

② [A]는 [B]와 달리 과거에 있었던 일을 제시하여 상대에게 자신의 입장을 설명하고 있다.
　　[A]와 [B]에서는 모두 과거에 있었던 일을 제시하여 상대에게 자신의 입장을 설명하고 있다.

☑ [B]는 [A]와 달리 사물의 내력을 근거로 들어 상대의 말을 반박하고 있다.
　　[B]에서는 거문고의 내력을 밝혀 말함으로써 그것이 자기 가문의 기물이라는 계도의 주장을 반박하고 있지만, [A]에서는 사물의 내력을 제시하고 있지 않다.

④ [B]는 [A]와 달리 자신에 대한 정보를 제공하며 상대의 협조를 요청하고 있다.
　　[A]에서는 자신에 대한 정보를 제공하지만 상대의 협조를 요청하지는 않고 있으며, [B]에서는 자신에 대한 정보를 제공하지는 않고 있다.

⑤ [A]와 [B]는 모두 상대의 특정한 행동을 언급하며 상대의 입장을 이해하고 있다.
　　[A]에서는 상대의 특정한 행동을 언급하지만 상대의 입장을 이해하지는 않고 있으며, [B]에서는 상대의 행동을 언급하지는 않고 있다.

〈보기〉를 참고하여 윗글을 감상한 내용으로 적절하지 않은 것은? [3점]

〈보 기〉
　　이 소설은 가족이 외부의 시련으로 헤어졌다가 다시 만나는 과정을 담고 있다. 주인공의 아들이 적대자에게 양육된다거나 상대가 혈육임을 인물이 쉽게 알아차리지 못한다는 설정은 서사적 긴장감을 유발한다. 또한 등장인물이 앞일을 예언하거나 신이한 자연물을 통해 인물 간의 관계를 암시하는 장면은 독자들의 흥미를 극대화한다.

☑ 부인의 꿈에서 승상이 '손자가 올 것'이라고 말하는 것은 부인과 아들이 손자를 통해 만나게 됨을 예언한 것이겠군.
　　승상이 부인의 꿈에 나타나 손자가 올 것이라 말하는 것은 부인이 손자인 계도를 만나게 됨을 예언한 것이라고 볼 수 있다.

② 부인의 '큰아들'이 '여러 해 동안 소식이 영 끊어'진 것에서 가족이 헤어진 상황을 확인할 수 있겠군.
　　부인이 아들의 소식을 여러 해 동안 알지 못한 것은 가족이 헤어진 상황으로 볼 수 있다.

③ '슬픔을 그치지 않'는 부인에게 '같은 사람도 있다'고 '위로'하는 것에서 계도는 부인이 혈육임을 알아차리지 못했다고 볼 수 있겠군.
　　계도가 부인에게 자신의 외모가 소 학사와 닮은 것이 우연이라고 말한 것은 부인이 자신의 할머니임을 몰랐기 때문으로 볼 수 있다.

④ 계도가 부인 집에 들른 날에 '천도화'가 피었다가 '삼 일 후에' 진 것은 그와 부인의 관계에 대한 신이한 자연물의 암시로 볼 수 있겠군.
　　천도화가 피었다가 사흘 후에 지는 것은 집에 경사스러운 일이 생길 것임을 예고하는 것으로, 계도가 부인 집에 들른 날에 핀 천도화가 사흘 후에 진 것은 계도가 소 학사의 아들, 즉 부인의 손자임을 암시한 것으로 볼 수 있다.

⑤ 계도가 친아버지의 적대자인 '서준에게 길러'졌다는 데서 서사적 긴장감이 유발된다고 볼 수 있겠군.
　　서준은 소 학사를 공격하고 그의 가족이 헤어지게 만든 적대자이므로, 소 학사의 아들인 계도가 서준에게 양육된 것은 서사적 긴장감을 유발한다고 볼 수 있다.

43~45 현대시

(가) 정끝별, 「현 위의 인생」

　감상　이 작품은 인생을 '현'에 빗대어 세상의 고단함 속에서도 마음을 다스리며 아름다운 소리를 내기 위해 노력하는 화자의 모습이 드러나 있다. 이 작품에서 화자는 청자를 가정하여 말하는 방식으로 시상을 전개하면서, 청유형 어미를 통해 시적 대상과 함께하고자 하는 삶의 지향을 드러내 주고 있다.

　주제　인생에서 아름다운 소리를 내기 위한 노력

　표현상의 특징

· 동일한 시어를 반복하여 주제 의식을 강조해 줌.
· 청유형 종결 어미를 사용하여 화자의 태도를 드러내 줌.
· 청자에게 말을 건네는 방식으로 시상을 전개함.

(나) 나희덕, 「뿌리로부터」

　감상　이 작품은 존재의 근원인 뿌리로부터 벗어나 새로운 길을 찾아 나서는 화자의 모습이 드러나 있다. 이 작품에서 화자는 안정된 뿌리로부터 벗어나 불확실하고 위험하지만 새로운 길을 찾으면서 한 걸음 더 성장하기 위해 노력하는 모습을 보인다. 이는 화자가 한 단계 성장하기 위한 과정으로, 존재의 근원인 뿌리로부터 벗어날수록 스스로 존재할 수 있다는 역설적 인식을 바탕에 깔고 있다.

　주제　자유롭고 새로운 가능성의 삶을 찾아 나서고자 하는 염원

　표현상의 특징

· 동일한 시어를 반복하여 주제 의식을 강조해 줌.
· 명사로 시상을 마무리하여 시적 여운을 주고 있음.
· 삶을 식물에 비유하여 표현하고 있음.

(가)와 (나)의 공통점으로 가장 적절한 것은?

① 공간의 이동에 따른 정서의 변화를 나타내고 있다.
　　(가), (나)를 통해 화자의 공간의 이동은 나타나지 않는다.

☑ 동일한 시어를 반복하여 주제 의식을 강조하고 있다.
　　(가)에서는 '소리', (나)에서는 '뿌리'라는 시어를 반복하여 주제 의식을 강조해 주고 있다.

③ 명사로 시를 마무리하여 시적 상황을 부각하고 있다.
　　(나)에서는 명사인 '사람'으로 시상을 마무리하고 있지만, (가)에서는 동사인 '운다지'로 시상을 마무리하고 있다.

④ 청유형 종결 어미를 활용하여 화자의 태도를 나타내고 있다.
　　(가)에서는 '하자구', 받아줘'에서 청유형 종결 어미를 활용하고 있음을 알 수 있지만, (나)에서는 청유형 종결 어미를 활용하지는 않고 있다.

⑤ 색채어를 통해 대상이 지닌 속성을 감각적으로 드러내고 있다.
　　(가), (나)를 통해 색채어는 찾아볼 수 없다.

(가)를 감상한 내용으로 적절하지 않은 것은?

① 화자는 '현'을 '조율'하면서 고단함을 달래려 하겠군.
　　'세 끼 밥벌이 고단할 때면 이바 / 수시로 늘어나는 현 조율이나 하자구'를 통해, 화자는 '현'을 '조율'하면서 고단함을 달래려 함을 알 수 있다.

② 화자는 청자를 '한 악기'에서 함께 소리를 내는 동반자로 인식하겠군.
　　'우리는 서로 다른 소리를 내지만 / 어차피 한 악기에 정박한 두 현'을 통해 화자는 청자를 '한 악기'에서 함께 소리를 내는 동반자로 인식함을 알 수 있다.

☑ 화자는 청자의 '속삭임'을 통해 '비명을 노래'하는 자신의 삶을 반성하겠군.
　　화자는 자신이 '비명을 노래'하면 청자에게 '속삭임'으로 받아 달라고 말할 뿐, 자신을 반성하는 부분은 확인할 수 없다.

④ 화자가 '내공에 힘쓰'려고 하는 이유는 '아름다운 소리'를 내기 위해서겠군.
　　'마주 앉아 내공에 힘쓰자구 / 내공이 깊을수록 아름다운 소리를 낸다지'를 통해, 화자가 '내공에 힘쓰'려고 하는 이유는 '아름다운 소리'를 내기 위해서임을 알 수 있다.

⑤ 화자는 '구멍 속'이 '마음 놓고' 소리를 낼 수 있는 공간이라고 생각하겠군.
　　'그 구멍 속에서 마음 놓고 운다지'를 통해, 화자는 '구멍 속'이 '마음 놓고' 소리를 낼 수 있는 공간이라고 생각함을 알 수 있다.

〈보기〉를 참고하여 (나)를 감상한 내용으로 적절하지 않은 것은? [3점]

〈보 기〉
　　(나)의 화자는 뿌리에 의지하는 삶을 살다가 심경에 변화가 생겨 뿌리로부터 벗어나기를 원한다. 불안정하고 예측 불가능하지만 새로운 길을 찾아 나선 것이다. 이는 화자가 한 단계 성장하기 위한 과정으로, 존재의 근원인 뿌리로부터 벗어날수록 스스로 존재할 수 있다는 역설적 인식이 바탕에 깔려 있다.

① '뿌리의 신도'였다가 '꽃잎을 믿는' 것에서 화자의 심경에 변화가 생겼음을 확인할 수 있군.
　　〈보기〉의 '화자는 뿌리에 의지하는 삶을 살다가 심경에 변화가 생겨'를 볼 때, '뿌리의 신도'였다가 '꽃잎을 믿는' 것은 화자의 심경에 변화가 생겼음을 보여 주는 것이라 할 수 있다.

② '흩날릴 준비가 되어 있다는 것'에서 예측 불가능한 상황으로 나아가려는 마음을 확인할 수 있군.
　　〈보기〉의 '불안정하고 예측 불가능하지만 새로운 길을 찾아 나선 것이다.'를 볼 때, '흩날릴 준비가 되어 있다는 것'은 예측 불가능한 상황으로 나아가려는 마음을 보여 주는 것이라 할 수 있다.

③ '뿌리로부터 멀어질수록' 오히려 '길이 조금씩 보'인다는 것에서 역설적 인식을 확인할 수 있군.
　　〈보기〉의 '존재의 근원인 뿌리로부터 벗어날수록 스스로 존재할 수 있다는 역설적 인식이 깔려 있다.'를 볼 때, '뿌리로부터 멀어질수록' 오히려 '길이 조금씩 보'인다는 것은 역설적 인식을 보여 주는 것이라 할 수 있다.

④ '어딘가를 향해' 간다는 것에서 화자는 불안정함을 감수하면서도 스스로 존재하려 함을 확인할 수 있군.
　　〈보기〉의 '불안정하고 예측 불가능하지만 새로운 길을 찾아 나선 것이다.'를 볼 때, '어딘가를 향해' 간다는 것은 화자가 불안정함을 감수하면서도 스스로 존재하려 함을 보여 주는 것이라 할 수 있다.

☑ '뿌리로부터 온 존재'라고 인정하는 것에서 화자가 새로운 길을 찾는 과정을 통해 한 단계 성장하였음을 확인할 수 있군.
　　이 작품에서 화자는 뿌리로부터 멀어지면서 한 단계 성장하고 있는 것이지, 자신이 '뿌리로부터 온 존재'임을 인정하면서 한 단계 성장하고 있는 것은 아니므로 적절하지 않다.

• 정답 •
01 ⑤ 02 ⑤ 03 ④ 04 ② 05 ③ 06 ⑤ 07 ① 08 ② 09 ④ 10 ② 11 ② 12 ④ 13 ⑤ 14 ① 15 ③
16 ④ 17 ③ 18 ⑤ 19 ⑤ 20 ⑤ 21 ⑤ 22 ④ 23 ② 24 ④ 25 ② 26 ① 27 ③ 28 ② 29 ⑤ 30 ④
31 ① 32 ① 33 ③ 34 ① 35 ① 36 ④ 37 ③ 38 ④ 39 ① 40 ④ 41 ⑤ 42 ① 43 ② 44 ③ 45 ⑤

★ 표기된 문항은 [등급을 가르는 문제]에 해당하는 문제입니다.

[01~03] 화법

01 발표 계획 반영 여부 판단 　정답률 90% | 정답 ⑤

발표에 반영된 학생의 발표 계획으로 적절하지 않은 것은?

① 발표 내용을 미리 제시하여 청중이 그 내용을 예측하며 듣도록 해야겠어.
1문단의 '그래서 저는 오늘 청소년의 ～ 발표하고자 합니다.'를 통해, 발표자는 발표하고자 하는 내용을 미리 제시하고 있음을 알 수 있다. 이러한 발표 내용 제시는 청중이 발표 내용을 예측하며 듣게 해 줄 수 있다.

② 발표 내용을 선정한 동기를 밝혀 청중이 문제의식을 가지도록 해야겠어.
1문단을 통해 스마트폰 과의존 현상으로 어려움을 겪는 청소년들이 많아서 관련 내용을 발표하게 되었음을 알 수 있다. 따라서 발표자는 발표 내용을 선정한 동기를 밝혀 청중이 문제의식을 가지도록 하였다고 할 수 있다.

③ 발표 내용과 관련된 용어의 개념을 설명하여 청중의 이해를 도와줘야겠어.
1문단을 통해 발표 내용과 관련된 '노모포비아'라는 용어의 개념을 설명하고 있음을 알 수 있다. 이러한 용어 설명은 청중의 이해를 도울 수 있다.

④ 발표 중간에 질문을 던져 발표 내용에 대한 청중의 주의를 환기해야겠어.
3문단의 '그렇다면 스마트폰 ～ 어떤 것들이 있을까요?'나 4문단의 '그러면 이런 문제점들을 ～ 어떤 노력을 해야 할까요?'를 통해, 발표 중간에 질문을 던져 발표 내용에 대한 청중의 주의를 환기하였음을 알 수 있다.

☑ 발표 내용을 다른 상황에 빗대어 청중이 잘못 알고 있는 부분을 바로잡아야겠어.
5문단의 '서로의 안전을 위해 사회적 거리 두기가 필요할 때가 있듯이'를 통해 발표자가 발표 내용을 다른 상황에 빗대고 있음을 알 수 있다. 하지만 이를 통해 청중이 잘못 알고 있는 부분을 바로잡지는 않고 있다.

02 자료 활용의 적절성 파악 　정답률 87% | 정답 ⑤

학생이 ⊙ ～ ⓒ을 활용한 방식에 대한 설명으로 가장 적절한 것은?

① 스마트폰 과의존 현상의 원인을 밝히기 위해 ⊙에 스마트폰을 손에서 놓지 못하는 학생의 동영상을 제시하였다.
⊙은 스마트폰을 수시로 만지작거리거나 스마트폰 없이 5분을 버티지 못하는 학생의 모습을 보여 주기 위해 제시한 동영상이므로, 스마트폰 과의존 현상의 원인을 밝히기 위해 활용한 것은 아니다.

② 성별에 따른 스마트폰 의존도의 차이를 보여 주기 위해 ⓒ에 구체적인 수치를 도표로 제시하였다.
ⓒ은 스마트폰 의존도가 매년 증가함을 보여 주는 자료, 특히 10대 청소년의 스마트폰 과의존 위험군이 전 연령대에서 가장 높음을 보여 주는 도표이다. 따라서 ⓒ은 성별에 따른 스마트폰 의존도의 차이를 보여 주기 위해 활용한 것은 아니다.

③ 스마트폰을 현명하게 사용하는 방법을 알려 주기 위해 ⓒ에 연령대별 스마트폰 의존도를 도표로 제시하였다.
ⓒ과 관련된 발표 내용을 통해 스마트폰을 현명하게 사용하는 방법을 알려 주기 위해 ⓒ을 활용한 것은 아니다.

④ 스마트폰 과의존의 문제점을 분석하기 위해 ⓒ에 정신적 문제를 겪는 사람들의 실태를 다룬 신문 기사를 제시하였다.
ⓒ은 스마트폰에 주의를 빼앗겨 안전사고가 일어난 사례를 담고 있는 신문 기사이므로 스마트폰 과의존의 문제점을 언급하는 자료라 할 수 있다. 하지만 ⓒ은 정신적 문제를 겪는 사람들의 실태를 다루지는 않고 있으므로 적절하지 않다.

☑ 스마트폰에 지나치게 몰입하여 생기는 위험성을 알려 주기 위해 ⓒ에 안전사고 발생 사례를 다룬 신문 기사를 제시하였다.
ⓒ 이후의 '이 기사의 내용에～일어날 수 있습니다.'를 통해, ⓒ은 스마트폰에 주의를 빼앗겨 안전사고가 일어난 사례를 담고 있음을 알 수 있다. 따라서 발표자는 스마트폰에 지나치게 몰입하여 생기는 위험성, 즉 스마트폰에 주의를 빼앗겨 주변 상황을 살피지 못해 안전사고가 일어날 수 있음을 알려 주기 위해 안전사고 발생 사례를 다룬 ⓒ을 제시한 것이라 할 수 있다.

03 청중의 반응 분석 　정답률 95% | 정답 ④

〈보기〉는 발표를 들은 청중들의 반응이다. 〈보기〉에 대한 이해로 적절하지 않은 것은?

〈보 기〉
청중 1 : 노모포비아를 스스로 판단할 수 있는 점검표가 있지 않을까? 노모포비아에 대해 설명할 때 이 내용을 제시했더라면 더 좋았을 것 같아. 나중에 인터넷으로 노모포비아와 관련된 자료를 살펴봐야겠어.
청중 2 : 노모포비아라는 개념을 알게 되어 유익했어. 며칠 전 복도에서 스마트폰을 보며 걷다가 친구와 부딪힌 적이 있었는데, 발표자의 말처럼 안전사고가 날 수도 있으니까 걸을 때는 스마트폰을 보지 말아야겠어.
청중 3 : 나도 사회 탐구 과제를 할 때 통계청의 자료를 활용한 적이 있었는데, 믿을 수 있는 기관의 자료를 인용하면 신뢰성을 줄 수 있어. 그리고 스마트폰을 지나치게 사용할 때의 문제점을 새롭게 알게 되어서 좋았어.

① 청중 1은 발표 제재와 관련하여 발표자가 언급하지 않은 내용을 궁금하게 여겼군.
'청중 1'의 '스스로 판단할 수 있는 점검표가 있지 않을까?'를 통해, '청중 1'이 발표자가 언급하지 않은 내용을 궁금하게 여기고 있음을 알 수 있다.

---

② 청중 2는 발표 내용을 수용하면서 자신의 태도를 바꿀 것을 다짐하였군.
'청중 2'는 스마트폰에 주의를 빼앗겨 안전사고가 일어날 수 있다는 발표자의 말을 수용하여 '걸을 때는 스마트폰을 보지 말아야겠어.'라고 자신의 태도를 바꿀 것을 다짐하고 있다.

③ 청중 3은 발표에서 언급한 인용 출처와 관련하여 자신의 경험을 떠올렸군.
'청중 3'의 '나도 사회 탐구 과제를 할 때 통계청의 자료를 활용한 적이 있었는데'를 통해, '청중 3'은 발표에서 언급한 인용 출처와 관련한 자신의 경험을 떠올리고 있음을 알 수 있다.

☑ 청중 1과 청중 2 모두 발표 내용을 더 알아보기 위해 추가 정보를 찾아야겠다고 생각하였군.
'청중 1'의 '나중에 인터넷으로 관련 자료를 살펴봐야겠어.'를 통해, '청중 1'은 발표 내용을 더 알아보기 위해 추가 정보를 찾아야겠다고 생각하였음을 알 수 있다. 하지만 '청중 2'의 말을 통해 추가 정보를 찾아야겠다는 내용은 확인할 수 없다.

⑤ 청중 2와 청중 3 모두 발표를 통해 이전에 몰랐던 정보를 알게 된 점을 긍정적으로 평가하였군.
'청중 2'의 '노모포비아라는 개념을 알게 되어 유익했어.'와 '청중 3'의 '스마트폰을 지나치게 사용할 때의 문제점을 새롭게 알게 되어서 좋았어.'를 통해, '청중 2'와 '청중 3'은 이전에 몰랐던 정보를 알게 된 점을 긍정적으로 평가하고 있음을 알 수 있다.

[04~07] 화법과 작문

04 발화 의도의 이해 　정답률 72% | 정답 ②

대화의 흐름을 고려할 때, ⊙ ～ ⓜ에 대한 이해로 적절하지 않은 것은?

① ⊙ : 자신이 말하려던 내용을 먼저 언급해 준 점에 대해 호의적으로 반응하고 있다.
'학생 1'의 전문가들이 '정리'나 '수납'이라는 용어를 많이 쓰는 이유에 대한 질문에, 전문가는 '먼저 질문해 주셔서 고마워요.'라며 자신이 말하려던 내용을 먼저 언급해 준 점에 대해 호의적으로 반응하고 있다.

☑ ⓒ : 상대가 한 발화의 핵심 내용을 요약하고 자신이 이해한 내용을 점검하고 있다.
ⓒ은 상대의 발화를 바탕으로 자신의 상태를 이해하게 되었음을 나타낸 발화이므로, 자신이 이해한 내용을 점검하고 있다는 설명은 적절하지 않다. 또한 ⓒ에서 상대가 한 발화의 핵심 내용을 요약한 것은 찾아볼 수 없다.

③ ⓒ : 앞선 자신의 발화 내용을 적용해 설명하겠다는 의사를 표현하고 있다.
'학생 2'가 전문가가 말한 세 단계의 내용을 책상 정리 정돈에 어떻게 적용할 수 있는지 묻자, 전문가는 '정리'부터 살펴보겠다고 말하고 있다. 따라서 ⓒ은 앞서 자신이 말한 정리 정돈의 세 단계 방법을 책상 정리 정돈에 적용해 설명하겠다는 의사를 표현한 것이라 할 수 있다.

④ ⓒ : 자신의 발화 내용이 포괄하지 못하는 상황을 언급하고 대응 방법을 소개하고 있다.
전문가는 '5초 안에 결정하기'를 통해 보관할 것과 버릴 것을 구분해야 한다고 하면서 ⓒ을 말하고 있다. 따라서 ⓒ은 자신의 발화 내용이 포괄하지 못하는 상황, 즉 보관할 것과 버릴 것을 구분하지 못하는 상황을 언급하며 '따로 분류'하라는 대응 방법을 소개한 것이라 할 수 있다.

⑤ ⓜ : 상대의 발화 내용을 수용하였을 때 일어나는 긍정적 결과를 예상하고 있다.
학생 3은 유인물 정리 정돈을 정리 정돈 세 단계에 적용하여 말한 전문가의 말을 듣고, ⓜ과 같이 말하고 있다. 따라서 ⓜ은 전문가의 유인물 정리 정돈 방법을 수용하였을 때 일어나는 긍정적 결과를 예상한 것이라 할 수 있다.

05 말하기 계획의 반영 여부 파악 　정답률 82% | 정답 ③

다음은 (가)를 진행하기 위한 사전 회의이다. (가)에서 확인할 수 없는 것은?

학생 1 : 면담에서 어떤 이야기를 할지 떠올려 보자. ㉮ 우선 방문한 목적과 함께 감사의 인사말을 전해야겠지?
학생 3 : 그래, 좋아. ㉯ 나는 유인물을 어떻게 처리해야 하는지 모르겠더라. 좋은 방법이 있는지 여쭤보고 싶어.
학생 2 : 제일 문제가 되는 게 학교에서는 사물함, 집에서는 책상 아닐까? ㉰ 나는 사물함과 책상 정리 정돈 방법에 관해 질문하고 싶어.
학생 1 : ㉱ 우리는 '정리 정돈'이라는 말을 쓰는데 이 분야의 전문가들은 '정리', '수납'이라는 말을 많이 쓰는 것 같아. 이유가 있는지 여쭤봐야겠어.
학생 3 : 그래. ㉲ 정리 정돈과 관련하여 학생들에게 당부하고 싶은 말씀은 없는지도 여쭤보자.
학생 2 : 좋아. 지금까지 메모해 둔 내용을 문서로 정리해서 보내줄게.

① ㉮ 우선 방문한 목적과 함께 감사의 인사말을 전해야겠지?
'학생 1'의 첫 번째 말인 '이와 관련하여 학생들에게 ～ 이렇게 찾아왔습니다.'를 통해 '방문한 목적'을 밝히고 있음을 알 수 있고, '면담에 응해 주셔서 감사합니다.'를 통해 감사의 인사말을 전하고 있음을 알 수 있다.

② ㉯ 나는 유인물을 어떻게 처리해야 하는지 모르겠더라. 좋은 방법이 있는지 여쭤보고 싶어.
'학생 3'의 첫 번째 말인 '학습지와 같은 유인물도 ～ 좋은 방법이 있을까요?'를 통해 확인할 수 있다.

☑ ㉰ 나는 사물함과 책상 정리 정돈 방법에 관해 질문하고 싶어.
'학생 2'의 첫 번째 발화를 통해 책상 정리 정돈 방법에 대해 질문하고 있음을 알 수 있지만, 이 발화를 통해 사물함 정리 정돈 방법에 대해 질문한 내용은 찾아볼 수 없다.

④ ㉱ 우리는 '정리 정돈'이라는 말을 쓰는데 이 분야의 전문가들은 '정리', '수납'이라는 말을 많이 쓰는 것 같아. 이유가 있는지 여쭤봐야겠어.
'학생 1'의 두 번째 말인 '정리 정돈을 잘 하는 ～ 이유가 있을까요?'를 통해 확인할 수 있다.

⑤ ㉲ 정리 정돈과 관련하여 학생들에게 당부하고 싶은 말씀은 없는지도 여쭤보자.
'학생 3'의 두 번째 말인 '마지막으로 정리 정돈과 ～ 말씀은 없으신가요?'를 통해 확인할 수 있다.

06 글쓰기 내용의 조직 　정답률 59% | 정답 ⑤

(가)를 바탕으로 (나)를 설명한 내용으로 적절하지 않은 것은? [3점]

① (가)에서 정리 정돈의 대상이 될 만한 것을 학생들이 언급했는데, (나)의 1문단에서 이를 서두에 제시하여 글을 시작하고 있다.

(가)에서 '학생 2'는 책상이 어질러져 있는 상황을, '학생 1'은 '학교 사물함', '학생 3'은 '유인물'이라는 정리 정돈의 대상이 될 만한 것을 언급하고 있다. 그리고 (나)의 1문단을 통해 (가)에서 학생들이 언급한 내용을 서두에 제시하여 글을 시작하고 있음을 알 수 있다.

② (가)에서 전문가는 정리 정돈의 단계를 구분하지 않은 사례를 언급했는데, (나)의 2문단에서 이를 제시하고 질문을 던져 관심을 유도하였다.

(가)의 전문가의 두 번째 말의 '시간을 들여 치웠는데 ~ 하는 경우가 많죠.'를 통해, 전문가는 정리 정돈의 단계를 구분하지 않은 사례를 언급하고 있음을 알 수 있다. 그리고 (나)의 2문단의 '시간을 들여 치우는데 ~ 무엇이 문제일까?'를 통해 (가)에서 전문가가 언급한 내용을 제시하며 질문을 던지고 있음을 알 수 있다.

③ (가)에서 전문가는 정리의 방법 두 가지를 서로 다른 대상에 각각 적용하여 언급했는데, (나)의 3문단에서는 한데 묶어 책상 정리에 적용하였다.

(가)에서 전문가의 세 번째, 네 번째 말을 통해 '정리'의 방법 두 가지, 즉 '한 번에 정리할 범위를 좁히는 방법'을 책상에 적용하고, '5초 안에 결정하기' 방법을 유인물에 적용하여 언급하고 있음을 알 수 있다. 그리고 (나)의 3문단을 통해 '정리'의 방법 두 가지를 한데 모아 책상 정리에 적용하고 있음을 알 수 있다.

④ (가)에서 전문가는 수납함 안 유인물의 하위 분류 방법을 언급했는데, (나)의 4문단에서는 예를 들어 구체적으로 설명하였다.

(가)에서 전문가의 네 번째 말을 통해 수납함 안 하위 분류 방법으로 클리어파일을 활용하여 겉면에 제목을 써서 보관하는 방법을 언급하고 있음을 알 수 있다. 그리고 (나)의 4문단을 통해 '학습지', '각종 안내문', '버리기 애매한 것'과 같은 예를 들어 구체적으로 설명하고 있음을 알 수 있다.

✔ (가)에서 전문가는 정리 정돈을 위한 실천 방안을 당부하였는데, (나)의 5문단에서는 여기에 글쓴이가 제안하는 실천 방안을 추가하였다.

(나)의 5문단을 통해 면담에서 전문가가 제안한 정리 정돈 실천 방안이 소개되어 있음을 알 수 있다. 하지만 5문단을 통해 글쓴이가 제안하는 실천 방안이 추가되지는 않았다.

---

07 조건에 맞는 제목 정하기 | 정답률 87% | 정답 ①

〈조건〉에 따라 (나)에 제목을 붙인다고 할 때 가장 적절한 것은?

─〈조 건〉─
○ 글에서 다룬 정리 정돈의 단계 중 두 가지를 포함할 것.
○ 비유적 표현을 활용하여 정리 정돈의 효용을 밝힐 것.

✔ 제대로 된 정리와 수납으로 질서 있는 삶의 디딤판 놓기
〈조건〉을 통해 '정리 정돈의 단계 중 두 가지 포함'과 '정리 정돈의 효용'을 비유적 표현을 활용하여 제시하는 것임을 알 수 있다. 이러한 조건을 잘 반영한 것은 ①로, ①에서는 '제대로 된 정리와 수납'이라고 하여 글에서 주로 다룬 정리 정돈의 두 단계를 언급하였고, '삶의 디딤판 놓기'라는 비유적 표현을 써서 질서 있는 삶으로 이어질 수 있다는 효용을 드러내고 있다.

② 책상용 수납함을 구입하여 도서관 같은 분위기 연출하기
'정리 정돈의 효용'을 비유적 표현을 활용하여 제시하였지만, 정리 정돈의 두 단계 중 수납과 관련된 것만 언급하고 있다.

③ 물건을 제자리에 두는 작은 실천으로 혼돈 상태 벗어나기
정리 정돈의 두 단계 중 정리와 관련된 것만 언급하고 있고, '정리 정돈의 효용'을 비유적 표현을 활용하여 제시하지 않고 있다.

④ 잘 버리고 제 위치에 두어 깨끗한 일상생활 공간 창출하기
정리 정돈의 두 단계 중 정리와 관련된 것만 언급하고 있고, '정리 정돈의 효용'을 비유적 표현을 활용하여 제시하지 않고 있다.

⑤ 책상 정리와 유인물 수납을 통해 새로운 삶의 모습 만들어가기
정리 정돈의 두 단계를 언급하고 있지만, '정리 정돈의 효용'을 비유적 표현을 활용하여 제시하지 않고 있다.

[08~10] 작문

08 글쓰기 계획 반영 여부 판단 | 정답률 79% | 정답 ②

학생이 글을 쓰기 전에 떠올린 생각 중 글에 반영된 것은?

┌─────────────────────────────────┐
│ ㉠ 떡을 만드는 방법과 그에 따른 예를 제시해야겠어. │
│ ㉡ 떡에 사용되는 재료의 시대별 특징을 설명해야겠어. │
│ ㉢ 떡이 사람들의 관심에서 멀어졌던 이유를 언급해야겠어. │
│ ㉣ 떡의 주재료와 추가 재료를 구분하는 기준을 언급해야겠어. │
└─────────────────────────────────┘

① ㉠, ㉡   ✔ ㉠, ㉢   ③ ㉡, ㉢   ④ ㉡, ㉣   ⑤ ㉢, ㉣

㉠ 떡을 만드는 방법과 그에 따른 예를 제시해야겠어.
3문단에서 학생은 떡을 만드는 방법을 증병, 도병, 경단 등으로 나누어 설명하고 각각에 해당하는 예를 들고 있다.

㉡ 떡에 사용되는 재료의 시대별 특징을 설명해야겠어.
5문단에 떡에 사용된 재료에 대한 언급이 있으나, 떡에 사용되는 재료의 시대별 특징은 설명하지 않고 있다.

㉢ 떡이 사람들의 관심에서 멀어졌던 이유를 언급해야겠어.
4문단에서 학생은 떡이 사람들의 관심에서 멀어졌던 이유로 서구화의 물결과 간편식의 발달을 제시하고 있다.

㉣ 떡의 주재료와 추가 재료를 구분하는 기준을 언급해야겠어.
2문단과 5문단의 내용을 통해 떡의 주재료로 쌀과 찹쌀이, 추가 재료로 과일이나 꽃, 약재, 견과류, 제철 채소를 사용하였음을 알 수 있다. 하지만 '학생의 글'을 통해 주재료와 추가 재료를 구분하는 기준에 대한 언급은 찾을 수 없다.

---

09 자료 활용의 적절성 파악 | 정답률 72% | 정답 ④

〈보기〉는 '학생의 글'을 보완하기 위해 추가로 수집한 자료이다. 자료 활용 방안으로 적절하지 않은 것은?
[3점]

─〈보 기〉─
ㄱ. 논문 자료
조선 시대에 지어진 『규합총서』에는 떡을 만드는 방법에 따라 증병, 도병, 경단 등으로 나누어 제시하고 있으며, 『동국세시기』에는 단오의 쑥절편, 동지의 골무떡 등 주요 절기에 먹는 떡이 기록되어 있다.

ㄴ. 신문 기사

떡류 수출액이 해마다 증가하여 매년 50% 내외의 상승률을 보이고 있다. 그 이유 중 하나는 레토르트 기술을 떡에 적용하여 맛과 질감의 변화 없이 떡을 오래 보관할 수 있게 되었기 때문이다.

떡류 수출액(단위 : 달러)
2018: 2,461만 / 2019: 3,431만 / 2020: 5,380만

ㄷ. 전문가 인터뷰
"트렌드와 건강에 민감한 세대의 취향을 고려하여 떡이 변하고 있습니다. 크림떡, 떡 샌드위치와 같이 빵 대신 떡을 활용한 디저트가 개발되고 있는데요, 그 결과 떡에 대한 사람들의 수요가 증가하고 있습니다. 또한 떡은 빵과 달리 글루텐 제외(Gluten-free) 식품이라 글루텐 민감증이 있는 사람들도 안심하고 먹을 수 있어 더 인기를 끌고 있습니다."

① ㄱ을 활용하여, 1문단에 조상들이 절기에 따라 먹었던 떡의 예를 제시해야겠어.
ㄱ에는 절기에 먹는 떡이 기록되어 있으므로, 이를 활용하면 1문단에 조상들이 절기마다 먹었던 떡의 예를 제시할 수 있다.

② ㄱ을 활용하여, 3문단에 떡을 만드는 방법을 소개한 문헌 자료가 무엇인지를 언급해야겠어.
ㄱ에는 떡을 만드는 방법이 소개된 문헌 자료가 제시되어 있으므로, 3문단에서 문헌 자료가 무엇인지 언급하는 데 활용할 수 있다.

③ ㄴ을 활용하여, 6문단에 떡에 대한 세계인의 관심이 증가하고 있다는 내용을 뒷받침하는 근거로 추가해야겠어.
ㄴ에 제시된 떡류 수출액 그래프를 활용하여 6문단에서 떡에 대한 세계인의 관심이 증가하고 있다는 내용을 뒷받침할 수 있다.

✔ ㄱ과 ㄷ을 활용하여, 5문단에 떡이 건강식으로 주목받고 있다는 내용에 추가하는 자료로 제시해야겠어.
ㄱ은 떡을 만드는 방법을 서술한 문헌 자료와 절기에 먹는 떡을 서술한 문헌 자료를 제시한 논문 자료이고, ㄷ은 디저트용 떡의 개발과 글루텐 제외 식품으로서의 떡의 장점을 설명한 전문가 인터뷰이다. 따라서 5문단에서 떡이 건강식으로 주목받고 있다는 내용에 추가하는 자료로 ㄷ은 적절하지만, ㄱ은 적절하지 않다.

⑤ ㄴ과 ㄷ을 활용하여, 4문단에 떡의 보관 기술의 발달과 새로운 제품 개발이 떡의 판매량에 긍정적인 영향을 미쳤음을 보여 주는 자료로 제시해야겠어.
ㄴ에 제시된 레토르트 기술과 ㄷ의 다양한 디저트용 떡 제품의 개발에 관한 내용이 떡의 판매량에 긍정적인 영향을 끼쳤음을 확인할 수 있으므로 자료로 활용할 수 있다.

---

10 고쳐쓰기의 적절성 판단 | 정답률 66% | 정답 ②

〈보기〉는 [A]의 초고이다. 〈보기〉를 [A]로 고쳐 쓸 때 반영한 내용으로 적절하지 않은 것은?

─〈보 기〉─
삼국 시대에 이르러 떡이 널리 만들어진 것으로 보인다. 이후 조선 시대에 와서는 갖가지 재료를 추가하여 맛과 색깔, 모양이 다른 여러 종류의 떡이 만들어지며, 인기를 끌었다.

① 떡의 기원과 관련된 내용을 언급하면 어떨까?
떡의 기원과 관련된 내용을 [A]에서 확인할 수 있으므로 반영되었다고 할 수 있다.

✔ 조선 시대에 만들어진 떡의 종류를 나열하면 어떨까?
[A]와 〈보기〉를 비교해 보면, [A]에 조선 시대에 만들어진 떡의 종류가 나열되지는 않고 있다. 따라서 조선 시대에 만들어진 떡의 종류를 나열하면 어떨까는 [A]에 반영되었다고 볼 수 없다.

③ 조선 시대 떡의 인기를 보여 주는 사례를 언급하면 어떨까?
조선 시대 떡이 인기를 끌어 떡 가게가 많아졌다는 내용을 [A]에서 확인할 수 있으므로 반영되었다고 할 수 있다.

④ 조선 시대 떡을 만들 때 추가한 재료를 제시하면 어떨까?
조선 시대 떡을 만들 때 추가한 '과일, 꽃, 약재' 등의 재료를 [A]에서 확인할 수 있으므로 반영되었다고 할 수 있다.

⑤ 삼국 시대부터 떡의 제조가 활성화된 배경을 밝히면 어떨까?
쌀농사가 본격화된 삼국시대에 떡의 제조가 활성화되었음을 [A]에서 확인할 수 있으므로 반영되었다고 할 수 있다.

[11~15] 문법

★★★ 등급을 가르는 문제!
11 조사의 종류와 특징 파악 | 정답률 47% | 정답 ②

윗글을 바탕으로 밑줄 친 부분을 분석한 내용으로 적절하지 않은 것은?

① '비가 오는데 바람까지 분다.'의 '까지'는 다시 그 위에 더한다는 의미를 가진 보조사이다.
3문단의 '보조사는 특별한 의미를 덧붙여 주는 조사로 '도, 만, 까지, 요' 등이 속한다.'를 통해, '바람까지 분다.'의 '까지'는 다시 그 위에 더한다는 의미를 가진 보조사라 할 수 있다.

✔ '나는 아버지보다 어머니와 닮았다.'의 '와'는 '어머니'와 '닮았다'를 이어 주는 접속 조사이다.
2문단의 '부사격 조사는 '에, 에게, 에서, (으)로, 와 / 과' 등으로, 체언이 부사어의 자격을 가지게 한다.'를 통해, '나는 아버지보다 어머니와 닮았다.'에서의 '와'는 부사격 조사로 쓰였음을 알 수 있다.

③ '우리 동아리에서 학교 축제에 참가하였다.'의 '에서'는 단체 명사 뒤에 쓰이는 주격 조사이다.

2문단의 '주격 조사는 '이/가, 에서' 등으로, 체언이 주어의 자격을 가지게 하며'를 통해, '우리 동아리에서'의 '에서'는 단체 명사 뒤에 쓰이는 주격 조사라 할 수 있다.

④ '신이시여, 우리를 보살피소서.'의 '이시여'는 어떤 대상을 정중히 부를 때 쓰는 **호격 조사이다.**

2문단의 '호격 조사는 '아/야, (이)시여' 등으로 체언이 호칭어가 되게 하는 조사이다.'를 통해, '신이시여'의 '이시여'는 어떤 대상을 정중하게 부를 때 쓰는 호격 조사임을 알 수 있다.

⑤ '철수는요 밥을요 먹어야 하거든요.'의 '요'는 다양한 문장 성분의 뒤에 쓰여 청자에게 존대의 뜻을 나타내는 보조사이다.

2문단의 '보조사는 특별한 의미를 덧붙여 주는 조사로 '도, 만, 까지, 요' 등이 속한다. 보조사는 체언 뒤는 물론이고, 여러 문장 성분 뒤에도 나타날 수 있다.'를 통해, '요'는 다양한 문장 성분의 뒤에 쓰여 청자에게 존대의 뜻을 나타내는 보조사임을 알 수 있다.

★★ 문제 해결 꿀~팁 ★★

▶ 많이 틀린 이유는?
이 문제는 글의 내용을 실제 사례에 적용하는 과정에서 어려움을 겪어 오답률이 높았던 것으로 보인다. 또한 특정 조사가 상황에 따라 다른 기능을 한다는 점을 생각하지 못한 것도 오답률을 높였던 것으로 보인다.

▶ 문제 해결 방법은?
이 문제를 해결하기 위해서는 기본적으로 제시된 글을 정확히 읽어야 한다. 그런 다음 사례에 대해 분석하고 있는 선택지의 내용이 글의 어느 부분과 관련이 있는지를 판단해야 한다. 가령 정답인 ②의 경우, 선택지에서 조사 '와'에 대해 언급하고 있으므로 이와 관련된 부분을 글에서 찾으면 된다. 그런데 '와'에 대해 2문단에서는 부사격 조사라 언급하고 있고, 3문단에서는 접속 조사라고 언급하고 있으므로, 선택지에 제시된 예문을 통해 어떤 것으로 쓰였는지 확인해야 한다. 즉, '와'가 2문단을 통해 체언이 부사어의 자격을 가지게 함을 파악해야 하고, 3문단을 통해 두 단어를 같은 자격으로 이어 주는 기능을 함을 파악해야 한다. 이렇게 볼 때, 선택지의 '어머니와 닮았다'를 볼 때, '와'가 두 단어를 같은 자격으로 이어 주지 않음을 알 수 있으므로 부사격 조사로 쓰였음을 알았을 것이다. 이 문제처럼 하나의 단어가 상황에 따라 문법적으로 다른 기능을 할 수 있으므로, 주어진 글이나 예문을 통해 정확히 판단할 수 있도록 한다.

▶ 오답인 ③, ⑤를 많이 선택한 이유는?
이 문제의 경우 학생들이 ③, ⑤가 적절하지 않다고 하여 오답률이 높았는데, 이 역시 글의 내용을 정확히 이해하지 못하여 잘못을 범한 것으로 보인다. 만일 2문단의 주격 조사와 호격 조사에 대해 정확히 이해했다면 분석한 내용이 적절함을 알았을 것이다. 한편 학생들 중에는 주격 조사가 '이/가, 은/는'만 있다고 지레짐작하고 ③이 적절하다고 판단하였는데, 이처럼 지레 짐작하게 되면 잘못을 범할 수 있으므로, 글이 제시된 경우에는 반드시 글을 통해 확인할 수 있도록 한다.

12 조사의 중첩 이해   정답률 59% | 정답 ④

㉠~㉤을 통해 조사의 중첩을 이해한 내용으로 적절하지 않은 것은? [3점]

> ㉠ 길을 걷다가 철수가를* 만났다.
> ㉡ 그 말을 한 것이 당신만이(당신이만*) 아니다.
> ㉢ 그녀는 전원에서의(전원의에서*) 여유로운 삶을 꿈꾼다.
> ㉣ 모든 관심이 나에게로(나로에게*) 쏟아졌다.
> ㉤ 빵만도* 먹었다.
>
> *는 비문 표시임.

① ㉠에서는 주격 조사와 목적격 조사는 겹쳐 쓸 수 없음을 확인할 수 있군.
4문단을 통해 주격 조사, 목적격 조사, 보격 조사, 관형격 조사는 서로 겹쳐 쓸 수 없음을 알 수 있다. 따라서 '길을 걷다가 철수가를* 만났다.'에서 주격 조사 '가'와 목적격 조사 '를'은 서로 겹쳐 쓸 수 없다.

② ㉡에서는 보조사와 보격 조사가 결합할 때 보격 조사가 뒤에 쓰였군.
4문단을 통해 보격 조사는 보조사와는 겹쳐 쓸 수 있는데, 이때 보격 조사는 대체로 보조사의 뒤에 씀을 알 수 있다. 따라서 '그 말을 한 것이 당신만이(당신이만*) 아니다.'에서 보조사 '만'과 보격 조사 '이'가 함께 쓰일 때는 보격 조사가 보조사의 뒤에 쓰인다고 할 수 있다.

③ ㉢에서는 부사격 조사와 관형격 조사가 결합할 때 관형격 조사가 뒤에 쓰였군.
4문단을 통해 부사격 조사는 다른 격 조사나 보조사와도 겹쳐 쓸 수 있는데, 일반적으로 다른 격 조사나 보조사의 앞에 씀을 알 수 있다. 따라서 '그녀는 전원에서의(전원의에서*) 여유로운 삶을 꿈꾼다.'에서 부사격 조사 '에서'와 관형격 조사 '의'가 결합할 때 관형격 조사는 부사격 조사의 뒤에 쓰인다고 할 수 있다.

✔ ㉣에서는 부사격 조사와 보조사가 결합할 때 부사격 조사가 보조사 앞에 쓰였군.
4문단을 통해 부사격 조사는 부사격 조사끼리 겹쳐 쓸 수 있고 다른 격 조사나 보조사와도 겹쳐 쓸 수 있는데, 일반적으로 다른 격 조사나 보조사의 앞에 씀을 알 수 있다. 그런데 2문단의 '부사격 조사는 '에, 에게, 에서, (으)로, 와·과' 등으로'를 통해, ㉣에 쓰인 조사 '에게'와 '로'는 모두 부사격 조사이므로 적절하지 않다.

⑤ ㉤에서는 유일함을 뜻하는 '만'과 더함을 뜻하는 '도'의 의미가 모순되어 겹쳐 쓰기 어렵군.
4문단을 통해 의미가 모순되는 보조사끼리는 겹쳐 쓰기 어려움을 알 수 있다. 따라서 '빵만도* 먹었다.'에서 보조사 '만'과 '도'는 의미가 모순되므로, '만'과 '도'는 겹쳐 쓰지 못함을 알 수 있다.

13 표준 발음법의 이해   정답률 73% | 정답 ⑤

〈보기〉는 표준 발음법 중 '받침 'ㅎ'의 발음'의 일부다. 이를 바탕으로 표준 발음을 이해한 내용으로 적절하지 않은 것은?

> ───〈보 기〉───
> ㉠ 'ㅎ(ㄶ, ㅀ)' 뒤에 'ㄱ, ㄷ, ㅈ'이 결합되는 경우에는, 뒤 음절 첫소리와 합쳐서 [ㅋ, ㅌ, ㅊ]으로 발음한다.
> ㉡ 'ㅎ' 뒤에 'ㄴ'이 결합되는 경우에는, [ㄴ]으로 발음한다.
> ㉢ 'ㅎ(ㄶ, ㅀ)' 뒤에 모음으로 시작된 어미나 접미사가 결합되는 경우에는, 'ㅎ'을 발음하지 않는다.

① '물이 끓고 있다.'의 '끓고'는 ㉠에 따라 [끌코]로 발음한다.
'끓고'는 'ㅀ' 뒤에 'ㄱ'이 결합되어 [끌코]로 발음되는 경우로, ㉠에 해당한다고 할 수 있다.

② '벽돌을 쌓지 마라.'의 '쌓지'는 ㉠에 따라 [싸치]로 발음한다.
'쌓지'는 'ㅎ' 뒤에 'ㅈ'이 결합되어 [싸치]로 발음되는 경우로, ㉠에 해당한다고 할 수 있다.

③ '배가 항구에 닿네.'의 '닿네'는 ㉡에 따라 [단네]로 발음한다.
'닿네'는 'ㅎ' 뒤에 'ㄴ'이 결합되어 'ㅎ'이 [ㄴ]으로 바뀌어 [단네]로 발음되는 경우로, ㉡에 해당한다고 할 수 있다.

④ '마음이 놓여.'의 '놓여'는 ㉢에 따라 [노여]로 발음한다.
'놓여'는 'ㅎ' 뒤에 모음으로 시작된 어미가 결합되어 'ㅎ'을 발음하지 않아 [노여]로 발음되는 경우로, ㉢에 해당한다고 할 수 있다.

✔ '이유를 묻지 않다.'의 '않다'는 ㉢에 따라 [안타]로 발음한다.
'않다'는 'ㅎ' 뒤에 'ㄷ'이 결합되어 [안타]로 발음되는 경우에 해당한다. 따라서 이는 ㉢이 아니라 ㉠에 따른 것이라 할 수 있다.

14 국어의 시제 파악   정답률 52% | 정답 ①

〈보기〉의 ㉡, ㉢이 모두 ㉠을 실현하고 있는 문장으로 적절한 것은?

> ───〈보 기〉───
> 선생님 : 국어의 시제는 화자가 말하는 시점인 발화시와 동작이나 상태가 나타나는 시점인 사건시를 기준으로, ㉠ 발화시보다 사건시가 앞서는 경우, 발화시와 사건시가 일치하는 경우, 발화시보다 사건시가 나중인 경우로 나뉩니다. 이때 시제는 ㉡ 선어말 어미, ㉢ 관형사형 어미, 시간 부사어 등을 통해 실현됩니다.

✔ 지난번에 먹은 귤이 맛있었다.
'먹은'은 관형사형 어미 '-은'이 사용되어 발화시보다 사건시가 앞선 과거 시제가 실현되었고, '맛있었다'는 선어말 어미 '-었-'이 쓰여 발화시보다 사건시가 앞선 과거 시제가 실현되었다. 따라서 '지난번에 먹은 귤이 맛있었다.'는 선어말 어미와 관형사형 어미가 사용되어 발화시보다 사건 시가 앞서는 과거를 실현한 문장이라 할 수 있다.

② 이것은 내일 내가 읽을 책이다.
시간 부사어 '내일'과 '읽을'의 관형사형 어미 '-을'이 쓰여 발화시보다 사건시가 나중인 미래 시제가 실현되었다.

③ 이미 한 시간 전에 집에 도착했다.
시간 부사어 '이미'와 '도착했다'의 선어말 어미 '-았-'이 쓰여 발화시보다 사건시가 앞선 과거 시제가 실현되었지만, 관형사형 어미가 사용되지는 않았다.

④ 작년에는 겨울에 함박눈이 왔었다.
시간 부사어 '작년'과 '왔었다'의 선어말 어미 '-았었-'이 쓰여 발화시보다 사건시가 앞선 과거 시제가 실현되었지만, 관형사형 어미가 사용되지는 않았다.

⑤ 친구는 지금 독서실에서 공부를 한다.
시간 부사어 '지금'과 '한다'의 선어말 어미 '-ㄴ-'이 쓰여 발화시와 사건시가 일치하는 현재 시제가 실현되었다.

★★★ 등급을 가르는 문제!
15 중세 국어의 특징 이해   정답률 49% | 정답 ③

〈보기〉의 ㉠~㉤에 나타나는 중세 국어의 특징을 탐구한 내용으로 적절하지 않은 것은?

> ───〈보 기〉───
> [중세 국어] 넷 마리 ㉠ 닐오디 어딘 일 ㉡ 조호미 노푼 디 올몸 굳고
> [현대 국어] 옛말에 이르되 어진 일 좋음이 높은 데 오름 같고
>
> [중세 국어] 善쎤慧휑ㅣ ㉢ 對됭答답ᄒᆞ샤디 부텻긔 받ᄌᆞᄫᅩ리라
> [현대 국어] 선혜가 대답하시되 "부처께 바치리라."
>
> [중세 국어] 烽火ㅣ ㉣ 석ᄃᆞ롤 ㉤ 니세시니
> [현대 국어] 봉화가 석 달을 이어지니

① ㉠에서 두음 법칙이 적용되지 않았음을 알 수 있군.
㉠의 현대어 풀이가 '이르되'인 것으로 보아 중세 국어에는 두음 법칙이 적용되지 않았음을 확인할 수 있다.

② ㉡에서 이어 적기가 사용되었음을 알 수 있군.
㉡의 현대어 풀이가 '좋음이'인 것으로 보아, 중세 국어에는 이어 적기가 사용되었음을 확인할 수 있다.

✔ ㉢에서 객체를 높이는 선어말 어미가 사용되었음을 알 수 있군.
㉢의 현대어 풀이가 '대답하시되'이므로, ㉢에서는 '선혜'를 높이는 주체 높임 선어말 어미인 '-샤-'가 사용되었음을 알 수 있다.

④ ㉣에서 체언에 조사가 결합할 때 모음 조화가 지켜지고 있음을 알 수 있군.
㉣의 현대어 풀이가 '석 달을'인 것으로 보아, 중세 국어에는 현대 국어와 달리 체언에 조사가 결합할 때 모음조화를 지켰음을 확인할 수 있다.

⑤ ㉤에서 현대 국어에서 쓰이지 않는 자음이 사용되었음을 알 수 있군.
㉤의 'ㅿ'은 현대 국어에서 쓰이지 않는 자음임이라 할 수 있다.

★★ 문제 해결 꿀~팁 ★★

▶ 많이 틀린 이유는?
이 문제는 중세 국어의 문법에 대한 배경지식을 바탕으로 문제 해결을 요구하고 있어서, 중세 국어의 문법적 지식에 대한 이해 부족으로 오답률이 높았던 것으로 보인다.

▶ 문제 해결 방법은?
이 문제처럼 글이나 〈보기〉를 통한 배경지식을 제시하지 않는 문제가 간혹 출제되는데, 이 문제는 기본적인 문법 지식의 습득이 얼마나 중요한지를 보여 준다고 할 수 있다. 즉, 선택지에 제시된 '두음 법칙, 이어 적기, 객체 높임 선어말 어미, 모음 조화에 대한 정확한 지식이 없을 경우 문제 해결에 어려움을 겪을 수 있다. 가령 정답인 ③의 경우, 높임법에서의 '주체 높임, 객체 높임, 상대 높임'에 대한 정확한 지식이 있었다면, ㉢에서 '선혜'를 높이는 주체 높임 선어말 어미인 '-샤-'가 사용되었음을 알 수 있었을 것이다. 마찬가지로 오답률이 높았던 ④의 경우에도 모음 조화, 즉 양성 모음은 양성 모음끼리, 음성 모음은 음성 모음끼리 사용된다는 것(양성 모음은 'ㆍ, ㅗ, ㅏ' 계열, 음성 모음은 'ㅓ, ㅜ, ㅡ' 계열에 해당)을 알았다면 적절한 탐구였음을 바로 알았을 것이다. 이처럼 중세 국어뿐만 아니라 현대 국어에서의 기본적인 문법 지식은 평소 반드시 숙지할 수 있어야, 이러한 유형의 문제를 해결할 수 있다는 점을 명심하도록 한다.

16~20 사회

'식물 신품종 보호법(재구성)'

해제 이 글은 '식물 신품종 보호법' 제정 이유와 개량한 식물의 품종보호권 확보 과정을 설명하고 있다. '식물 신품종 보호법'은 식물 신품종을 개발한 육성자의 지식 재산권을 인정하고 보호하는 법으로, 큰 부가 가치의 창출로 이어질 수 있는 식물 품종의 개량을 촉진하고 우리나라 종자 산업의 발전을 도모하기 위해 마련되었다. 품종보호권의 설정 절차에는 품종보호 출원, 출원 내용 공개, 심사, 품종보호 결정, 품종보호권 설정의 단계가 있다. 품종보호권자는 품종보호권의 존속을 위해 담당 기관에 품종보호료를 납부해야 하고, 품종보호권이 설정된 품종을 실시하고자 하는 자는 품종보호권자에게 품종실시료를 지불해야 한다.

주제 '식물 신품종 보호법' 제정 이유와 개량한 식물의 품종보호권 확보 과정

문단 핵심 내용

1문단	품종의 의미와 품종 개량의 이점
2문단	'식물 신품종 보호법'의 실시 이유
3문단	품종보호 요건
4문단	품종보호 출원 과정 및 출원일 산정 방법
5문단	품종보호권 설정의 과정
6문단	품종보호권의 존속 기간 및 유지 조건

16 내용 전개 방식 파악　정답률 88% | 정답 ④

윗글에 대한 설명으로 가장 적절한 것은?

① 품종보호권의 발전 과정을 단계적으로 설명하고 향후 전망을 제시하고 있다.
　이 글에서 품종보호권의 발전 과정을 단계적으로 설명한 내용이나 향후 전망은 제시하지는 않고 있다.

② 품종보호권에 대한 대립적인 입장을 소개하고 각각의 장단점을 비교하고 있다.
　이 글에서 품종보호권에 관한 대립적인 입장을 소개하거나 각각의 장단점을 비교하지는 않고 있다.

③ 식물 신품종 보호법이 제정된 배경을 밝히고 그 법이 가진 한계를 분석하고 있다.
　이 글에서 식물 신품종 보호법이 가진 한계를 분석한 내용은 드러나지 않고 있다.

✓ 식물 신품종 보호법의 필요성을 밝히고 품종보호권의 설정 과정을 설명하고 있다.
　이 글의 2문단에서는 식물 신품종에 대한 육성자의 지식 재산권, 즉 식물 신품종 보호법의 필요성을 밝힌 뒤, 3~5문단에서 식물의 품종보호권의 설정 과정을 단계적으로 설명하고 있다.

⑤ 품종보호권에 관한 사회 문제를 언급하고 이를 해결할 수 있는 다양한 방안을 소개하고 있다.
　이 글에서 품종보호권에 관한 사회 문제를 해결할 수 있는 다양한 방안을 소개하지는 않고 있다.

17 세부 내용의 이해　정답률 79% | 정답 ③

윗글에 대한 이해로 가장 적절한 것은?

① 품종보호권의 존속 기간이 경과하더라도 품종보호료를 납부하면 품종보호권이 유지된다.
　6문단에서 품종보호권의 존속 기간이 경과하면 품종보호권이 소멸함을 알 수 있다.

② 식물 신품종 보호법에서 품종보호의 대상은 열매의 수확을 목적으로 하는 식물만 가능하다.
　2문단에서 식물 신품종 보호법에서 품종보호의 대상은 모든 식물임을 알 수 있다.

✓ 품종보호권이 소멸되지 않은 품종에 대한 실시료는 시장의 수요와 공급을 바탕으로 계약에 따라 그 금액이 결정된다.
　6문단을 통해 품종보호권이 설정된 품종을 실시하고자 하는 자는 품종보호권자에게 품종실시료를 지불해야 함을 알 수 있다. 그리고 이러한 품종실시료의 기준은 법률적으로 정해져 있지 않아서 시장의 수요와 공급에 따른 권리자와 사용자 간의 계약에 따라 그 금액이 결정됨을 알 수 있다.

④ 신규성의 충족 여부를 심사할 때 국외에서 해당 품종의 상업적 이용이 없어야 하는 기간은 과수가 화훼보다 더 길다.
　3문단에서 신규성의 충족 여부를 심사할 때 국외에서 해당 품종의 상업적 이용이 없어야 하는 기간은 과수가 6년 이상, 그 외의 경우(화훼)는 4년 이상임을 알 수 있으므로 국외에서 해당 품종의 상업적 이용이 없어야 하는 기간은 과수가 화훼보다 더 길다고 할 수 있다.

⑤ 재외자가 품종을 개량하여 거주하는 나라에 품종보호권을 설정하면 우리나라에 품종보호권을 신청하지 않아도 우리나라에서 그 권리가 인정된다.
　4문단에서 재외자가 품종을 개량하여 거주하는 나라와 우리나라 모두에서 품종보호권의 설정을 받고 싶다면 두 나라에 각각 품종보호를 출원해야 함을 알 수 있다.

18 구체적인 상황에의 적용　정답률 86% | 정답 ⑤

윗글을 바탕으로 품종보호권 설정을 위한 절차를 〈보기〉와 같이 정리하였다. 이에 대한 이해로 적절하지 않은 것은?

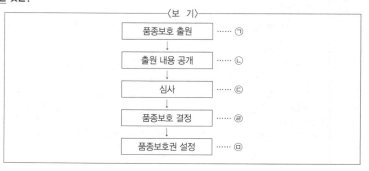

ⓐ ~ ⓔ의 사전적 의미로 적절하지 않은 것은?

① ⓐ : 어떤 사물을 특징지어 두드러지게 함.
② ⓑ : 어떤 일을 이루기 위하여 대책과 방법을 세움.
③ ⓒ : 일정한 분량을 채워 모자람이 없게 함.
④ ⓓ : 자세하게 조사하여 당락 따위를 결정함.
✓ ⓔ : 어떤 곳을 거쳐 지남.
　'경과'의 사전적 의미는 '시간이 지나감.'이다. '어떤 곳을 거쳐 지남.'은 '경유(經由)'의 사전적 의미이다.

① ㉠ : 품종보호권의 설정을 원하는 육성자는 출원 서류를 작성하여 담당 기관에 접수하여야 한다.
　4문단에서 품종보호권의 설정을 받고자 하는 육성자는 품종의 명칭, 품종의 육성 과정에 대한 설명, 품종의 종자 시료 등을 포함한 출원 서류를 작성하여 담당 기관에 제출하여야 함을 알 수 있다.

② ㉡ : 출원품종이 품종보호 요건을 어긴다는 사실을 발견한 사람이라면 누구든지 이의신청을 할 수 있다.
　5문단에서 담당 기관은 접수된 출원 내용을 일반인이 볼 수 있도록 일정 기간 공개한다고 하였고, 이때 출원품종이 품종보호 요건을 어긴다는 사실을 발견한 사람이라면 누구든지 이 기간에 이의신청을 할 수 있다고 하였다.

③ ㉢ : 출원품종이 타 품종과 구별되는지, 반복 증식 후에도 특성이 변화하지 않는지는 재배 심사로 확인한다.
　3문단과 5문단에서 품종보호 요건 중 출원품종이 타 품종과 구별되는지 여부를 판단하는 구별성과 반복 증식 후에도 특성이 변화하지 않는지 여부를 판단하는 안정성은 재배 심사로 진행됨을 알 수 있다.

④ ㉣ : 심사관이 품종보호 출원에 대한 거절 이유를 발견할 수 없을 경우에 품종보호가 결정된다.
　5문단을 통해 심사관이 심사의 과정에서 품종보호 출원에 대해 거절 이유를 발견할 수 없다면 품종보호 결정을 하게 됨을 알 수 있다.

✓ ㉤ : 품종보호가 결정된 품종에 대한 품종보호권은 품종보호료의 납부 여부와 상관없이 자동적으로 설정된다.
　5문단을 통해 심사관이 품종보호를 결정한 후, 육성자가 담당 기관에 첫 품종보호료를 납부하면 품종보호권이 설정됨을 알 수 있다. 따라서 품종보호가 결정된 품종에 대한 품종보호권은 품종보호료의 납부 여부와 상관없이 자동적으로 설정된다고 볼 수 없다.

19 구체적 사례에의 적용　정답률 66% | 정답 ⑤

윗글을 바탕으로 〈보기〉를 이해한 내용으로 적절하지 않은 것은? [3점]

〈보 기〉

[사례 1] 외국에 살고 있는 '갑'은 장미꽃의 품종 중 하나를 A로 개량하였다. '갑'은 A에 대한 최초의 품종보호를 자신이 거주하는 나라에 2020년 1월 1일에 출원하였고, 우리나라에는 2020년 5월 1일에 출원하였다. 우리나라에서 A의 품종보호권은 '갑'이 2022년 1월부터 현재까지 유지하고 있다.

[사례 2] 포도나무의 품종 중 하나인 B는 당도가 높지만 병충해에 약하다. 우리나라에서 B의 품종보호권은 '을'이 2020년부터 현재까지 유지하고 있다. '병'은 신품종 육성을 목적으로 B를 재배하면서 연구하였는데, 당도도 높고 병충해에 강한 C로 개량하여 우리나라에 품종보호를 출원하였다.

① [사례 1]에서 '갑'은 2020년 5월 1일에 우리나라에 품종보호 출원을 하였지만, A의 품종보호 출원일은 2020년 1월 1일로 인정되겠군.
　재외자인 갑은 자신이 거주하는 나라에 최초로 품종보호를 2020년 1월 1일에 출원하였고, 우리나라에는 1년 이내인 2020년 5월 1일에 출원하였다. 이러한 경우 품종보호 출원일의 적용은 우리나라에 출원한 날이 아니라 최초의 출원일을 품종보호 출원일로 인정한다고 할 수 있다.

② [사례 2]에서 '병'의 연구로 개량된 C는 기존 품종인 B가 가진 단점이 보완된 품종이겠군.
　[사례 2]에서 B는 당도가 높지만 병충해에 약한 반면 C는 당도도 높고 병충해에 강하다. 따라서 C는 기존 품종인 B가 가진 단점이 보완된 품종이라고 볼 수 있다.

③ [사례 2]에서 '병'은 B의 재배로 인한 품종실시료를 B의 품종보호권을 가진 '을'에게 지불하지 않아도 되겠군.
　[사례 2]에서 '병'은 새로운 품종의 육성을 위한 연구를 목적으로 B를 재배하였으므로, B의 품종보호권을 가진 '을'에게 품종실시료를 지불하지 않아도 된다고 할 수 있다.

④ 심사관의 서류 심사를 통해 [사례 1]의 A와 [사례 2]의 B가 모두 신규성을 충족하고 있음이 인정되었겠군.
　[사례 1]의 A와 [사례 2]의 B는 모두 품종보호권이 설정된 품종이며, 이는 품종보호 요건을 모두 충족하였다는 의미이다. 따라서 [사례 1]의 A와 [사례 2]의 B는 모두 심사관의 서류 심사를 통해 신규성을 충족하고 있음이 인정되었다고 볼 수 있다.

✓ 품종보호료를 앞으로도 매년 납부한다고 할 때 품종보호권자가 보호품종을 독점적으로 실시할 수 있는 기간은 [사례 1]의 A가 [사례 2]의 B보다 더 길겠군.
　[사례 1]의 A는 화훼이므로 품종보호권의 존속 기간은 20년이고, [사례 2]의 B는 과수이므로 품종보호권의 존속 기간은 25년이다. 따라서 품종보호권의 존속 기간은 [사례 1]의 A가 [사례 2]의 B보다 더 짧다고 할 수 있다.

20 단어의 사전적 의미 파악　정답률 69% | 정답 ⑤

21~25 고전 시가＋수필

(가) 이색, 「부벽루」

감상 이 작품은 융성했던 과거의 왕조를 회고하면서 권력과 인간사의 덧없음에 대해 노래하고 있는 한시이다. 이 작품에서 화자는 고구려의 옛 도읍지인 평양의 부벽루에서 바라본 풍경을 통해, 자연의 영원함과 인간 역사의 유한함을 대비하여 인간 역사의 무상감에 대한 한탄을 드러내고 있다. 한편 이 작품은 지난 역사의 회고와 고려 국운의 회복이라는 주제 의식을 드러내 주기도 한다.

주제 인간 역사의 무상감에 대한 한탄

(나) 김득연, 「산중잡곡」

감상 이 작품은 아름다운 자연 속에서 살아가는 화자의 즐거움과 만족감을 드러낸 연시조이다. 이 작품에서는 속세를 떠나 아름다운 자연에서 누리는 유유자적함과 풍류, 무릉도원에 비견되는 곳에서 살아가는 자긍심, 소박한 삶을 통한 안분지족, 늙음 속에서도 즐거움을 찾는 여유 등을 드러내 주고 있다.

주제 자연에 묻혀 한가롭게 사는 즐거움과 만족감

(다) 박지원, 「능양시집서」

감상 이 작품은 고정 관념에 사로잡혀 사물의 본질을 제대로 파악하지 못하는 문제점을 비판하고, 열린 사고를 지향하는 글쓴이의 통찰이 드러난 고전 수필이다. 이 작품에서 글쓴이는 대상의 외양에 얽매이지 않고 본질적인 속성을 파악해야만 대상의 참모습을 인식할 수 있다는 주제 의식을 전달해 주고 있다.

주제 세상을 바라보는 올바른 태도

---

21 표현상 특징 파악 정답률 76% | 정답 ⑤

(가)의 표현상의 특징에 대한 설명으로 가장 적절한 것은?

① 문답 구조를 활용하여 시적 의미를 드러내고 있다.
이 글에서 화자가 묻고 답하는 문답 구조는 찾아볼 수 없다.

② 명령형 어조를 활용하여 시적 긴장감을 높이고 있다.
이 글에서 명령형 어미를 사용한 명령형 어조는 나타나지 않고 있고, 또한 시적 긴장감도 드러나지 않는다.

③ 반어적인 표현을 활용하여 시적 상황을 구체화하고 있다.
이 글에서 실제로 표현하고자 하는 의미와 반대로 표현하는 반어적 표현은 찾아볼 수 없다.

④ 색채어의 대비를 통해 시적 대상을 생생하게 드러내고 있다.
'산은 오늘도 푸르고'에서 색채어가 사용되었지만, 색채어를 대비하지는 않고 있다.

✓ ⑤ 세월의 흐름을 시각적으로 형상화하여 시적 분위기를 조성하고 있다.
'천년의 구름', '바위는 늙었네'에 알 수 있듯이 시각적 이미지를 활용하여 세월의 흐름을 나타내면서, 이를 통해 세월의 무상감이 느껴지는 쓸쓸한 시적 분위기를 조성해 주고 있다.

---

22 작품 내용의 이해 정답률 80% | 정답 ④

(나)에 대한 설명으로 적절하지 않은 것은?

① 〈제1수〉: 화자는 대상이 지닌 속성을 활용하여 자신이 지향하는 가치를 드러내고 있다.
〈제1수〉에서 화자는 티끌 없는 거울 같은 '반무당(연못)'의 속성을 활용하여 자연에 묻혀 살아가고자 하는 자신이 지향하는 가치를 드러내고 있다.

② 〈제14수〉: 화자는 아름다운 경치에서 이상 세계의 면모를 발견하고 있다.
〈제14수〉에서 화자는 '홍하(붉은 노을)'가 가득한 경치의 아름다움을 '도원'이라 여기고 있다. 따라서 이를 통해 화자는 자신이 거주하고 있는 공간을 '도원'에 견줄 수 있는 이상 세계라 여기고 있음을 알 수 있다.

③ 〈제20수〉: 화자는 세속적 가치에 집착하지 않고 자신의 분수를 지키려 하고 있다.
〈제20수〉에서 화자는 남의 '부귀'와 자신의 '빈천'을 바꿀 수 없는 것으로 여기면서 '내 분대로 하'겠다 하고 있으므로, 화자는 세속적 가치에 집착하지 않고 자신의 분수를 지키는 삶을 살려 함을 알 수 있다.

✓ ④ 〈제34수〉: 화자는 자신이 소유한 것을 쓰며 즐기는 삶을 부정적으로 인식하고 있다.
〈제34수〉에서 화자는 '한 간 초옥'에 '세간'인 책, 벼루, 붓이 많다고 여기고, '이 초옥', '이 세간'을 가지고 즐기겠다고 표현하고 있다. 따라서 화자는 '한 간 초옥'에서 '책, 벼루, 붓'을 지니고 있는 자신의 삶에 대해 긍정적으로 인식하고 있다고 할 수 있다.

⑤ 〈제48수〉: 화자는 자신이 거처하는 곳에 사람들이 자주 오기를 희망하고 있다.
〈제48수〉에서 화자는 자신이 거처하는 '산정'에 '벗님네'를 불러 그들과 함께 즐기는 상황을 긍정하면서, 자신이 있는 곳으로 사람들이 자주 오기를 희망하고 있다.

---

23 외적 준거에 따른 작품의 감상 정답률 54% | 정답 ②

〈보기〉를 바탕으로 (가)와 (나)를 감상한 것으로 적절하지 않은 것은? [3점]

〈보 기〉
문학 작품 속 공간은 단순한 배경을 넘어 현실에 대한 인식을 드러내는 장치로 사용되기도 한다. (가)에서 부벽루는 자연과 인간사를 대비하는 퇴락한 공간으로, 역사적 전환기를 맞는 지식인이 역사의 유한함에 대해 무상감을 느끼는 장소이다. (나)에서 산중은 화자가 만족감을 누리는 공간으로, 자연 속에서 삶을 즐기며 늙어가는 장소이다.

① (가)의 '텅 빈 성'에서 인간 역사의 유한함을 느낀 화자는 '구름'과 '바위'를 바라보며 감회에 젖어 있군.
(가)에서 화자는 고려의 '텅 빈 성'을 통해 인간사의 유한함을 느끼며, '구름'과 '바위'를 바라보며 감회에 젖어 있다.

✓ ② (가)의 '돌다리'에서 '휘파람'을 부는 화자는 역사적 전환기의 지식인인 '천손'을 떠올리며 쓸쓸함을 느끼고 있군.
(가)에서 화자는 역사적 전환기의 지식인으로서 '돌다리'에서 '휘파람'을 부는 행위를 통해 인간 역사의 유한함에서 느껴지는 쓸쓸함을 표현하고 있다. 또한 화자는 고려의 국운 회복을 바라며 고구려의 동명왕을 가리키는 천손과 같은 영웅이 나타나지 않는 상황에 대한 안타까움을 드러내고 있다.

③ (가)의 '산'과 '강'의 변함없는 모습은 퇴락한 역사적 공간과 대비되어 화자가 느끼는 무상감을 더욱 부각하고 있군.
(가)에서 퇴락한 역사적 공간인 '부벽루'와 변함없는 '산'과 '강'의 대비는 화자가 느끼는 무상감을 더욱 부각해 준다.

④ (나)의 '한 간 초옥'에서 화자는 '책', '벼루 붓'과 함께하는 생활에 만족감을 느끼고 있군.
(나)의 화자는 '한 간 초옥'에서 자신이 소유한 '책, 벼루, 붓'을 가지고 즐기겠다고 말하며 자신의 삶에 대한 만족감을 드러내고 있다.

⑤ (나)의 '산정'에 있는 화자는 스스로를 '늙은이'라 칭하며 자연 속에서 삶을 즐기고 있음을 드러내고 있군.
(나)에서 화자는 자연 속 공간인 '산정'에서 자신을 '늙은이'로 칭하면서 삶을 즐기고 있다.

---

24 외적 준거에 따른 작품의 감상 정답률 40% | 정답 ③

〈보기〉를 바탕으로 (다)를 감상한 것으로 적절하지 않은 것은?

〈보 기〉
글쓴이는 고정 관념에 사로잡혀 사물의 다양한 현상을 제대로 살피지 못하는 태도를 비판하고 있다. 대상의 외양에 얽매이지 않고 본질적 속성을 파악해야 대상의 참모습을 인식하고 있다고 본 것이다. 이를 통해 관습적인 태도에서 벗어나 열린 사고를 지향하는 글쓴이의 통찰을 드러내고 있다.

① 자기 생각과 '한 가지 일'이라도 다르면 '만물'을 모함하려는 것은 다양성을 인정하지 못하는 태도로 볼 수 있겠군.
자기 생각과 '한 가지 일'이라도 다르면 '만물'을 모함하려는 것은 다양성을 인정하지 못하고 자신의 기준으로 모든 것을 판단하려는 폐쇄적 사고를 나타낸다고 볼 수 있다.

② 까마귀를 '푸른 까마귀'나 '붉은 까마귀'로 부르는 것이 모두 옳다고 여기는 것은 대상의 참모습을 파악하려는 태도로 볼 수 있겠군.
까마귀를 '푸른 까마귀'나 '붉은 까마귀'로 부르는 것이 모두 옳다는 인식은 '검다'라는 일률적 규정의 한계를 지적한 것으로, 사물이 일정한 색이 없음에도 한 가지 색만 고집하려는 태도를 비판하는 것으로 볼 수 있다.

✓ ③ 까마귀의 '일정한 색이 없다'는 인식은 '눈'으로 정한 대상의 외양보다는 '마음속'으로 정한 본질적 속성에 주목해야 함을 강조한 것으로 볼 수 있겠군.
까마귀의 '일정한 색이 없다'는 인식은 사물의 본질을 하나에 가두려는 고정 관념과 폐쇄적 사고를 비판한 것으로, 다양한 현상을 자세히 살피지 않고 '눈'과 '마음'으로 섣불리 사물의 본질을 정해 버리는 태도를 비판한 것이라 할 수 있다.

④ '검은색을 일러 어둡다고 하는 것'은 '물'과 '옻칠'에서 사물을 비출 수 있다는 속성을 발견하지 못하고 관습적인 태도에 머물러 있는 모습으로 볼 수 있겠군.
'검은색을 일러 어둡다고 하는 것'은 '물'과 '옻칠'의 검은색이 사물을 비출 수 있다는 속성을 갖는다는 것을 발견하지 못하고 기존의 관습적 태도에 머물러 있는 것으로 볼 수 있다.

⑤ '달관한 사람'이 적은 현실에서 '입을 다물'기보다 '쉬지 않고 말을 하는 것은 사물의 본질을 파악하지 못한 어리석은 사람을 깨우치려는 의도로 볼 수 있겠군.
'달관한 사람'이 적은 현실에서 내가 '입을 다물'지 않고 '쉬지 않고 말을 하는 것은 사물의 본질을 제대로 파악하지 못하는 어리석은 속인들을 깨우치려는 글쓴이의 의도로 볼 수 있다.

★★ 문제 해결 꿀~팁 ★★

▶ 많이 틀린 이유는?
이 문제는 작품 내용을 정확히 이해하지 못하여 오답률이 높았던 것으로 보인다.

▶ 문제 해결 방법은?
외적 준거에 따른 작품 감상 문제 해결의 핵심은 작품 이해에 있다. 이 문제 역시 작품을 정확히 이해했다면 문제를 쉽게 해결할 수 있었을 것이다. 가령 정답인 ③의 경우, (다)의 3문단의 '그 새에게는 본래 일정한 색이 없는데도 ~ 먼저 마음속으로 정해 버린 것이다.'를 통해, 대상의 참모습을 인식하기 위해서는 눈뿐만 아니라 마음속으로도 고정 관념이나 폐쇄적 사고에 사로잡히지 않아야 함을 알 수 있다. 이렇게 볼 때, 선택지의 '마음 속'으로 정한 본질적 속성에 주목해야 한다는 내용이 적절하지 않음을 알 수 있었다.

▶ 오답인 ②를 많이 선택한 이유는?
이 문제의 경우 학생들이 ②가 적절하지 않다고 하여 오답률이 높았는데, 이는 '까마귀를 '푸른 까마귀'나 '붉은 까마귀'로 부르는 것에 대한 이해가 부족했기 때문이다. 즉, 까마귀를 '푸른 까마귀'나 '붉은 까마귀'로 부르는 것이 모두 옳다는 인식은 까마귀가 '검다'라는 일률적 규정과 배치되는 것에 해당하므로, 이는 까마귀 '일정한 색이 없음에도 한 가지 색만 고집하려는 태도를 비판한 것이라 할 수 있다. 이 선택지 역시 작품에 드러난 글쓴이의 인식을 정확히 이해했다면 적절한 내용임을 쉽게 알 수 있었을 것이다. 이처럼 외적 준거에 따른 작품 감상 문제를 해결할 때는 반드시 작품 내용을 정확히 이해한 뒤, 이를 바탕으로 〈보기〉와 연관하여 제시된 선택지가 적절한지 판단할 수 있어야 한다. 한편 선택지에서는 간혹 작품 내용과는 어긋난 내용도 제시될 수 있으므로 이 점에도 유의할 수 있도록 한다.

---

25 대상의 의미 비교 정답률 79% | 정답 ②

ⓐ와 ⓑ를 비교하여 이해한 것으로 가장 적절한 것은?

① ⓐ는 화자에게 과거에 대한 후회를, ⓑ는 글쓴이에게 미래에 대한 기대를 유발한다.
(나)를 통해 ⓐ가 화자에게 과거에 대한 후회를 유발하지 않음을 알 수 있다. 그리고 (다)의 내용을 통해 ⓑ가 글쓴이에게 미래에 대한 기대를 유발한다고 할 수 없다.

✓ ② ⓐ는 화자가 누리는 삶에 대한 자부심을, ⓑ는 글쓴이가 경계하는 삶의 태도를 드러낸다.
(나)의 화자는 자신이 거처하는 공간을 '도원'이라는 이상향에 견주면서, 그 속에서 살아가는 자신을 '무릉인'이라고 칭하고 있다. 따라서 '무릉인'은 스스로의 삶에 대한 자부심을 드러낸 것이라 할 수 있다. 그리고 (다)에서 글쓴이는 '속인'들이 고정 관념에 빠져 올바른 인식을 하지 못함을 드러내고 있다. 따라서 '속인'은 글쓴이가 경계하는 삶의 태도를 보이는 대상이라 할 수 있다.

③ ⓐ는 화자에게 삶에 대한 인식의 전환을, ⓑ는 글쓴이에게 구체적 행동의 변화를 가져온다.
(나)를 통해 ⓐ가 화자에게 삶에 대한 인식의 전환을 가져온다고 할 수 없다. 한편 (다)의 글쓴이가 ⓑ를 깨우치려고 글을 쓰고 있으므로, ⓑ는 글쓴이에게 구체적인 행동 변화를 가져온다고 볼 수도 있다.

④ ⓐ는 화자가 동경하는 세계에 대한 예찬을, ⓑ는 글쓴이가 지향하는 세계에 대한 체념을 드러낸다.
(다)를 통해 글쓴이가 체념하는 상황은 드러나지 않으므로 ⓑ를 글쓴이가 지향하는 세계에 대한 체념을 드러낸다고 할 수 없다. 한편 (나)에서 화자는 무릉도원을 동경하고 있으므로 ⓐ를 화자가 동경하는 세계에 대한 예찬을 드러낸다고 볼 수 있다.

⑤ ⓐ는 화자가 인식한 현실과 이상의 괴리감을, ⓑ는 글쓴이가 발견한 사물에 대한 경외감을 드러낸다.
(나)를 통해 화자가 자신이 인식한 현실과 이상이 서로 동떨어져 있다고 여기지 않고 있으므로, ⓐ를 화자가 인식한 현실과 이상의 괴리감을 드러낸다고 할 수 없다. 그리고 (다)를 통해 글쓴이는 사물에 대한 경외감을 드러내고 있지 않으므로, ⓑ를 글쓴이가 발견한 사물에 대한 경외감을 드러내는 것이라 할 수 없다.

'현대 심리치료(재구성)'

해제 이 글은 빅터 프랭클의 심리학과 심리치료의 특징과 의미를 소개하고 있다. 프랭클은 고통을 삶의 일부로 보고, 심리치료를 통해 고통 속에서 견뎌 내는 힘을 길러 주고자 하였다. 그는 프로이트의 심리학으로부터 영적 무의식의 개념을, 아들러로부터 자유와 책임의 개념을 받아들여 자유의지를 지닌 영적 존재로서 인간 존재의 본질을 파악하였다. 프랭클은 자신의 인생에 긍정적이고 가치 있는 의미를 부여하는 의미 치료 기법을 제시하면서 삶의 의미를 찾은 사람은 어떠한 고통도 견딜 수 있으며, 고통 속에서도 인간에게는 자신의 태도를 선택할 수 있는 자유가 있다고 보았다.

주제 빅터 프랭클의 심리학과 심리치료의 특징과 의미

문단 핵심 내용

1문단	심리치료에 대한 빅터 프랭클의 주장
2문단	프로이트의 심리치료의 특징
3문단	프로이트 이론을 비판적으로 수용한 프랭클
4문단	프랭클에 영향을 준 아들러의 심리치료의 특징
5문단	프랭클의 심리치료 기법인 의미 치료
6문단	프랭클 심리학의 중요한 특징

---

26 내용 전개 방식 파악 　　　정답률 85% | 정답 ①

윗글에 대한 설명으로 가장 적절한 것은?

✔ **① 중심 화제의 특징을 다른 이론들과의 관계 속에서 설명하고 있다.**
이 글의 중심 화제는 프랭클의 심리학과 심리치료 기법으로, 이러한 프랭클의 심리학과 심리치료 기법을 프로이트와 아들러의 심리학과의 관계 속에서 설명하고 있다. 즉, 2~3문단에서는 프로이트의 심리학 이론과 이와 차별화되는 프랭클 이론의 특징을 설명하였고, 4~5문단에서는 아들러의 이론과 이와 차별화되는 프랭클 이론의 특징을 설명하고 있다.

② 중심 화제의 개념을 정의하고 이를 바탕으로 장단점을 설명하고 있다.
이 글에서는 프랭클 심리학의 특징을 설명하고 있지만, 프랭클 심리학의 장단점에 대해서는 언급하지 않고 있다.

③ 중심 화제의 문제점과 해결 방안을 구체적 사례를 들어 제시하고 있다.
프랭클이 프로이트와 아들러의 주장을 비판적으로 수용하고 있음을 알 수 있지만, 프랭클의 심리학과 심리치료의 문제점 및 해결 방안을 구체적 사례를 들어 제시한 부분은 찾아볼 수 없다.

④ 중심 화제의 변화 과정을 바탕으로 앞으로의 전개 방향을 예측하고 있다.
프랭클의 심리학과 심리 치료의 변화 과정, 앞으로의 전개 방향은 나타나 있지 않다.

⑤ 중심 화제의 등장 배경을 제시한 후 다양한 분야에 미친 영향을 소개하고 있다.
프랭클의 심리학과 심리 치료의 등장 배경, 다른 분야에 미친 영향은 찾아볼 수 없다.

---

27 세부 내용의 이해 　　　정답률 62% | 정답 ③

윗글을 이해한 내용으로 적절하지 않은 것은?

① 프로이트는 사람의 행동이 성적 본능이나 공격성에 따라 결정된다고 보았다.
2문단을 통해 프로이트가 사람의 행동, 사상, 정서는 오직 쾌락 의지가 원인이 된 결과라고 생각하였음을 알 수 있고, 3문단을 통해 프랭클이 프로이트가 인간을 단순히 성적 본능이나 공격성 등에 따라 행동하는 존재로 파악하는 점에 한계가 있다고 보았음을 알 수 있다. 따라서 이러한 내용을 볼 때 프로이트는 사람의 행동이 성적 본능이나 공격성에 따라 결정된다고 보았다고 할 수 있다.

② 아들러는 열등감은 누구나 갖는 것으로 그 자체는 신경증이 아니라고 보았다.
4문단을 통해 아들러는 인간은 누구나 타고난 기질적 불완전성을 갖기 때문에 원초적 욕구인 권력 의지를 추구하는 것이 자동적으로 열등감을 발생시킨다고 보았다. 또한 4문단을 통해 열등감을 극복하려는 노력이 부적절한 삶의 목적을 지향하거나 부적응적 행동을 선택하게 될 때 신경증이 발생함을 알 수 있다. 따라서 이러한 내용을 볼 때, 아들러가 열등감 그 자체를 신경증으로 보지 않았음을 알 수 있다.

✔ **③ 아들러는 열등감으로 인해 타인보다 우월해지고 싶은 욕구가 생긴다고 보았다.**
4문단을 통해 아들러가 인간의 원초적 욕구를 권력 의지로 보고, 인간의 타고난 기질적 불완전성으로 인해 우월성에 대한 추구(권력 의지)가 자동적으로 열등감을 발생시킨다고 설명하였음을 알 수 있다. 따라서 아들러가 열등감으로 인해 권력 의지가 생긴다고 보았다고 한 진술은 적절하지 않다.

④ 프랭클은 인간을 본능과 충동의 차원을 넘어선 영적 존재로 보았다.
3문단을 통해 프랭클은 인간을 본능과 충동의 차원을 넘어선 영적 존재로 생각하여, 인간의 무의식 속에는 본능과 충동만 있는 것이 아니라 책임감, 양심이 감추어져 있다고 보았음을 알 수 있다.

⑤ 프랭클은 무의식이 인간의 본질을 규명하는 중요한 요소라고 보았다.
3문단을 통해 프랭클은 프로이트의 이론에 동의하여 무의식이 인간의 본질을 규명하는 중요한 요소라고 보았음을 알 수 있다.

---

28 이유의 추론 　　　정답률 53% | 정답 ②

㉠의 이유로 가장 적절한 것은?

① 인간의 고통은 원초적 욕구에 따라 행동하는 과정에서 나타난 것이기 때문에
프랭클에 따르면 현대인의 고통은 실존적 공허감으로 인한 것이다. 원초적 욕구에 따라 행동하는 것이 원인이 된다는 내용은 확인할 수 없다.

✔ **② 원초적 욕구로는 인간이 존재하는 목적과 이유를 파악할 수 없기 때문에**
1문단을 통해 프랭클이 현대인의 고통을 실존적 공허감으로 인한 것이라 보면서, 인간의 본질이 무엇인지를 찾고자 하였음을 알 수 있다. 따라서 프랭클이 원초적 욕구가 인간의 본질이 될 수 없다고 생각한 이유는 원초적 욕구가 인간의 존재 목적과 이유를 설명할 수 없다고 보았기 때문이라 할 수 있다.

③ 심리학자에 따라 원초적 욕구가 무엇인지 다르게 보았기 때문에
프랭클이 프로이트와 아들러가 정의한 원초적 욕구가 다른 것을 문제 삼은 내용은 확인할 수 없다.

④ 인간은 원초적 욕구를 극복하고자 끊임없이 노력하기 때문에

아들러는 인간이 원초적 욕구를 충족하기 위해 끊임없이 노력한다고 보았으며, 프랭클도 인간이 원초적 욕구에 따라 행동하는 존재임을 인정하였다.

⑤ 원초적 욕구가 인간에게만 존재하는 것이 아니기 때문에
원초적 욕구가 인간에게만 존재하는 것이 아니라는 내용은 확인할 수 없다.

---

29 인물 관점의 구체적 적용 　　　정답률 77% | 정답 ⑤

'프랭클'의 관점에서 〈보기〉에 대해 반응한 내용으로 가장 적절한 것은? [3점]

〈보 기〉
아우슈비츠 수용소의 극한 상황에서 유대인 수용자들이 보인 태도는 다양하였다. 자신의 상황을 비관하여 자포자기하는 사람들도 있었지만, 아픈 몸으로 노약자를 보살펴 주거나 독가스실로 끌려가면서 승리의 노래를 부르는 사람들도 있었다.

① 극한 상황에 처한 수용자들을 통해 고통은 인간 실존의 일반적 구성 요소가 아님을 확인할 수 있다.
1문단을 통해 프랭클은 삶의 고통은 인간 실존의 일반적 구성 요소이며 삶의 일부라 보았음을 알 수 있다. 따라서 고통이 인간 실존의 일반적 구성 요소가 아니라고 보는 것은 프랭클의 관점에 부합한다고 볼 수 없다.

② 독가스실에 끌려가면서도 승리의 노래를 부르는 사람은 자신이 처한 상황에 좌절한 존재라고 할 수 있다.
6문단을 통해 프랭클이 삶의 의미를 찾은 사람은 더 이상 상황에 의해 결정되는 존재가 아니며, 인간은 주어진 상황과 조건에 맞설 수 있는 자유를 가진다고 보았음을 알 수 있다. 따라서 죽음 앞에서도 의연한 반응을 보이는 수용자를 상황에 좌절한 존재라 보는 것은 프랭클의 관점에 부합한다고 볼 수 없다.

③ 아픈 몸으로 노약자를 보살펴 주는 사람은 고통을 제거하기 위해 긍정적 삶의 의미를 찾는 존재라고 할 수 있다.
1문단을 통해 프랭클은 고통에서 벗어나는 것이 아니라 고통을 견디는 힘을 길러야 한다고 주장하였음을 알 수 있다. 따라서 고통을 제거하기 위해 긍정적 삶의 의미를 찾는다는 것은 프랭클의 관점에 부합한다고 볼 수 없다.

④ 자신의 상황을 비관하여 자포자기하는 사람은 삶에 대한 책임 의식을 바탕으로 자유롭고자 하는 존재라고 할 수 있다.
5문단을 통해 프랭클은 삶에 대한 책임 의식을 바탕으로 자신의 인생에 긍정적이고 가치 있는 의미를 부여할 것을 요구하였고, 6문단을 통해 프랭클이 주어진 상황과 조건에 맞설 수 있는 자유가 있다고 보았음을 알 수 있다. 따라서 삶을 비관하여 자포자기하는 것이 삶에 대한 책임 의식을 바탕으로 했다고 본 것은 프랭클의 관점에 부합한다고 볼 수 없다.

✔ **⑤ 수용자들이 보인 다양한 반응을 통해 힘겨운 상황 속에서도 어떤 태도를 보이느냐는 것은 개인의 선택에 달려 있음을 확인할 수 있다.**
〈보기〉를 통해 수용자들이 극한의 상황 속에서 다양한 반응을 보이고 있음을 알 수 있다. 그리고 6문단을 통해 프랭클이 힘겨운 상황 속에서도 어떤 태도를 보일 것인지는 개인의 선택에 달려 있다고 보았으므로 적절한 반응이라 할 수 있다.

---

30 구체적인 상황에의 적용 　　　정답률 62% | 정답 ④

윗글을 읽고 〈보기〉를 이해한 내용으로 적절하지 않은 것은?

〈보 기〉
A는 형과 비교당하며 어린 시절을 보냈다. 형은 건강하고 활달한 모범생이었으나, A는 병치레로 학교에 제대로 다니지 못했다. 이후 신체적 병은 나았지만, A는 여전히 자신이 무가치한 존재라는 생각에 괴로워하며 매사 자신감 없이 행동한다.

① 프로이트의 심리치료는 A의 어린 시절에 주목하여 당시에 억압된 쾌락 의지가 있다고 전제한다.
2문단에서 프로이트는 어린 시절에 쾌락 의지가 좌절되어 무의식 속에 억압되어 있다가 이후 신경증을 유발한다고 보았음을 알 수 있다.

② 프로이트의 심리치료는 A가 겪는 괴로움의 원인을 의식의 영역으로 끌어오는 것을 통해 이루어진다.
2문단에서 프로이트는 무의식 속에 억압되어 있는 인간의 원초적 욕구가 심리적 고통과 부적응의 원인이 된다고 보고, 심리치료를 통해 무의식 속 원초적 욕구들을 의식의 영역으로 끌어오게 된다고 하였다.

③ 아들러의 심리치료는 A가 올바른 목적을 설정하여 자신감 없는 행동을 변화시킬 수 있다고 전제한다.
4문단에서 아들러는 심리치료를 통해 올바르고 가치 있는 목적을 설정하여 부적절한 동기와 행동을 변화시키는 데 초점을 맞추었음을 알 수 있다.

✔ **④ 아들러의 심리치료는 A가 학교에 제대로 다니지 못했던 것이 권력 의지가 좌절된 원인임을 밝히는 데 초점을 둔다.**
4문단을 통해 아들러는 심리치료를 통해 부적절한 동기와 행동을 변화시키는 데 초점을 맞추고 있음을 알 수 있으므로 적절하지 않다. 신경증의 원인을 과거에서 찾는 데 초점을 두는 것은 프로이트의 심리치료이다.

⑤ 프랭클의 심리치료는 A가 자신을 무가치한 존재로 여기는 실존적 공허감에서 벗어나 인생에 의미를 부여하도록 돕는다.
1문단에서 프랭클이 자신의 존재가 목적도 없고 이유도 없다고 느끼는 감정을 실존적 공허감이라 하였음을 알 수 있다. 그리고 3문단을 통해 프랭클이 현대인의 심리적 고통과 부적응은 자신의 본질을 잃어버린 탓이라 보았음을, 5문단을 통해 이를 극복할 수 있는 방안으로 삶에 대한 책임 의식을 바탕으로 삶의 의미를 찾을 것을 요구하였음을 알 수 있다.

작자 미상, 「진성운전」

감상 이 작품은 진성운과 남순경, 윤호원, 이학록 등의 영웅들이 효행과 충절로 아버지의 원수를 갚고 나라를 위험에서 구한다는 유교적 명분을 주제로 한 영웅 군담 소설이다. 이 작품은 복수의 영웅이 결연하는 과정과 그들의 가족이 혼사를 통해 연을 맺는 과정을 치밀하게 보여 주고 있다는 특징을 지니고 있다.

주제 진성운의 영웅적 활약

작품 줄거리 명나라 신종 때 진공필은 우리국으로 사신이 되어 가는 도중에 우연히 곤경에 처한 임 진사의 딸을 구해 준다. 이 일로 인해 진공필이 위기에 처했을 때 임 소저의 외할아버지인 선관의 도움을 받아 목숨을 구하고 임 소저와 혼인하게 된다. 진공필이 임 소저와 집으로 돌아오니 먼저 부인이 자결하고 만다. 임 부인은 딸 성희와 아들 성운을 낳고, 성운이 13세에 되던 해에 임 부인이 갑자기 병을 얻어 죽고 진공필은 간신 유영만의 모함을 받아 강남으로 귀양을 간다. 이때 형부시랑 정선걸이 진 소저를 후취로 삼으려 하자, 진 소저는 동생과 헤어져서 남 도독 집에 피신하여 남 소저와 친구가 되고, 성운은 아버지를 만나려고 강남으로 가다가 남 도독의 아들 순경을 만나 친구가 된다. 또 성운은 윤 승지의 아들 호원을 만나 친구가 되고 그의 큰누이 형옥과 혼약한다. 성운이 강남에 도착하여 진 상서를 만나지만 병든 진 상서는 곧 죽고, 꿈에서 어머니의 외할아버지의 지시를 받고 도사를 만나 무예를 익힌다. 남 도독 부인은 진 소저를 며느리로 삼고자 혼약을 정해 둔다. 10세가 된 성운은 원수를 갚기 위해 속세로 나와 학록을 만나 친구가 되고, 남해 귀신으로부터 칼 두 자루와 말 두 필을 얻는다. 유경만이 남 도독을 모함하니 남 도독 부부가 자결한다. 이때 연나라가 명나라를 침공하니, 유경만은 연나라에 항복, 합세하고 천자는 위태로운 상황에 처한다. 성운·학록·호원·순경 네 사람은 힘을 합쳐 적을 격파하고 천자를 구한다. 천자는 그들을 각각 초왕·위왕·조왕·제왕에 봉한다. 성운은 공주와 호원의 큰누이를 취하고, 순경은 진 소저와 호원의 둘째 누이, 학록은 순경의 누이와 혼인한다.

★★★ 등급을 가르는 문제!

31 작품 내용의 이해　　정답률 46% | 정답 ①

윗글에 대한 이해로 적절한 것은?

✓① 학록은 순경과 함께 적진 근처에 매복해 있다가 불을 보고 적을 공격하였다.
　이 글에서 성운은 순경과 학록에게 '정병 오천씩 거느리고 적진 좌우에 매복하였다가 불이 일어남을 보고 또 군사를 놓아 쳐라.'라고 말하였고, 순경과 학록은 불이 일어나자 군사를 급히 몰아쳐 적을 공격하였음을 알 수 있다. 따라서 학록은 순경과 함께 적진 근처에 매복해 있다가 불이 일어나자 적을 공격하였음을 알 수 있다.

② 맹호원은 군대를 이끌고 녹림산으로 달려와 천자와 그 가족을 사로잡았다.
　'이때 금인국 장수 맹호원이 ~ 대군을 폐하거 녹림산으로 들어왔다.'를 통해, 맹호원이 '녹림산'에서 사로잡은 사람은 '황후와 태자와 공주 세 자매'임을 알 수 있다. 따라서 맹호원은 천자를 사로잡은 것이라 할 수 없다.

③ 중행달은 성운과 다시 맞붙고 싶다는 내용을 담은 격서를 장안으로 보냈다.
　중행달이 보낸 격서에는 '만일 천자가 항복하지 아니하면 황후, 태자, 공주 세 자매를 죽이'겠다는 내용이 담겨 있으므로, 격서에는 중행달이 천자의 가족을 인질로 잡고 천자를 협박하는 내용이 담겨 있음을 알 수 있다.

④ 성운은 순경에게 적병의 옷을 입히고 진문 밖에 세워 군사가 좌우에서 응위하게 하였다.
　'군사 대여섯 명에게 적병의 옷을 입혀 진문 밖에 세우고는'을 통해 성운은 순경이 아니라 군사 대여섯 명에게 적병의 옷을 입혀 진문 밖에 세웠음을 알 수 있다.

⑤ 순경은 성운이 중행달과 싸우다가 달아난 것을 알지 못하고 군사를 몰아 중행달의 뒤를 쫓았다.
　성운은 순경에게 '만일 적이 성문을 열고 나오면 내가 군사를 거느리고 싸우다가 달아날 것이니'라고 미리 말하였으므로 순경은 성운이 달아날 것을 이미 알고 있었다.

★★ 문제 해결 꿀~팁 ★★

▶ **많이 틀린 이유는?**
이 문제는 작품 내용에 대한 정확한 이해가 부족하여 오답률이 높았던 것으로 보인다. 또한 말이나 행동의 주체가 누구인지 정확하게 파악하지 못한 것도 오답률을 높였던 것으로 보인다.

▶ **문제 해결 방법은?**
이 문제를 해결하기 위해서는 작품 내용에 대한 정확한 이해, 즉 말이나 행동의 주체가 되는 인물이 누구인지 정확히 파악하여 작품 내용을 이해할 수 있어야 한다. 가령 오답률이 높았던 ④의 경우, '군사 대여섯 명에게 적병의 옷을 입혀 진문 밖에 세우고는'이라는 작품 내용만 알았다면 적절하지 않음을 알았을 것이다. 또한 정답인 ①의 경우, 성운이 순경과 학록에게 '정병 오천씩 거느리고 적진 좌우에 매복하였다가 불이 일어남을 보고 또 군사를 놓아 쳐라.'라고 말하였고, 순경과 학록이 성운의 명을 받아 불이 일어나자 군사를 급히 몰아쳐 적을 공격하였음을 알 수 있으므로 적절하다고 할 수 있다. 한편 고전 소설을 이해하는 데 어려움을 겪는 학생들이 간혹 있는데, 이는 고전 소설에 등장하는 인물이 작품 흐름에 따라 다른 이름으로도 제시되기 때문이라 할 수 있다. 따라서 고전 소설을 읽을 때는 중심 인물이 누구인지 표시한 뒤, 작품 흐름에 따라 동일 인물인 경우 같은 표시를 해 두게 되면 작품 이해에도 한결 도움이 될 것이다. 물론 다른 인물의 경우에도 다른 표시로 해 두는 것도 고전 소설 내용을 이해하는 데 도움이 될 수 있다.

32 발화의 의도 파악　　정답률 59% | 정답 ①

[A]와 [B]에 대한 설명으로 가장 적절한 것은?

✓① [A]는 [B]와 달리 자신이 상대의 편이라고 속여 자신의 목적을 달성하려 하고 있다.
　[A]에서 성운은 '금인국 백화산의 신령'이라고 자신을 밝히며 중행달에게 명령하고 있다. 이는 성운 자신이 금인국 장수인 중행달의 편인 것처럼 속여 자신의 술법을 달성하기 위한 것이라 할 수 있다. 그리고 [B]에서 성운은 중행달을 '적장'이라 하여 자신이 그의 적임을 밝히고 있다.

② [A]는 [B]와 달리 상대가 처한 무력한 상황을 언급하여 자신의 능력을 과시하고 있다.
　[B]에서 성운은 자신의 능력을 과시하고 있지만, [A]에서 자신의 능력을 과시한 부분은 찾아볼 수 없다.

③ [B]는 [A]와 달리 상대의 환심을 사기 위해 자신이 초월적 존재라는 것을 밝히고 있다.
　[A]에서 성운은 '금인국 백화산의 신령'이라고 자신이 초월적 존재임을 밝히고 있음을 알 수 있지만, [B]에서 성운이 자신이 초월적 존재임을 밝히지는 않고 있다.

④ [B]는 [A]와 달리 자신의 예지 능력을 근거로 들어 상대의 행동 변화를 촉구하고 있다.
　[A]에서 성운이 자신의 예지 능력을 근거로 들어 상대의 행동 변화를 촉구하고 있음을 알 수 있지만, [B]에서 성운이 자신의 예지 능력을 언급하지는 않고 있다.

⑤ [A]와 [B]는 모두 위기에 처한 백성을 위해 상대가 수행할 임무를 일깨우고 있다.
　[A]에서 성운이 위기에 처한 백성을 위해 상대가 수행할 임무를 일깨우고 있음을 알 수 있지만, [B]에서는 백성을 위해 상대가 수행할 임무를 일깨우는 부분은 찾아볼 수 없다.

33 외적 준거에 따른 작품의 감상　　정답률 51% | 정답 ③

〈보기〉를 참고하여 윗글을 감상한 내용으로 적절하지 않은 것은? [3점]

────〈 보 기 〉────
　이 작품은 진성운을 비롯한 복수(複數)의 영웅이 등장하여 활약하는 내용을 담은 영웅 군담 소설이다. 영웅들은 자신들이 지향하는 세계 질서를 위협하는 무리를 적으로 규정하고 바람직한 질서를 회복하기 위해 노력한다. 영웅이 전기(傳奇)적 능력을 드러낼 뿐만 아니라 현실적 차원에서 기지를 발휘하고 전략을 세우는 점이 이 작품의 흥미로운 요소로 꼽힌다.
──────────────

① 중행달이 천자에게 항복을 종용한 것은 영웅들이 중행달을 적으로 규정한 이유로 볼 수 있군.
　중행달이 천자를 위협한 행위는 영웅들이 지향하는 세계 질서를 위협하는 행위이므로, 중행달을 적으로 규정하였다고 볼 수 있다.

② 성운이 배에 불을 지르기 위해 배를 묶게 한 것은 전략을 세워 활약하는 영웅의 모습으로 볼 수 있군.
　성운이 신령으로 변장하여 중행달에게 배를 묶으라고 지시한 것은 승리하기 위해 전략을 세운 모습으로 볼 수 있다.

✓③ 성운이 천자의 가족이 탈출한 것처럼 중행달의 눈을 속인 것은 영웅이 전기적 능력을 발휘한 모습으로 볼 수 있군.
　성운이 군사 대여섯 명에게 적병의 옷을 입혀 천자의 가족이라고 속인 것은 전기적 능력이 아니라 현실적 차원에서 기지를 발휘한 모습으로 볼 수 있다.

④ 순경과 학록 등이 천가의 가족을 구하기 위해 함께 힘을 합친 것은 복수의 영웅이 활약하는 모습으로 볼 수 있군.
　순경, 학록, 호원은 함께 천자의 가족을 구한 후 학록은 가족을 호위하여 장안으로 가고 순경과 호원은 중행달을 뒤쫓았다. 이것은 세계 질서를 회복하기 위해 힘을 합쳐 노력한 영웅들의 활약상으로 볼 수 있다.

⑤ 성운이 적군을 파하고 난 후 승전곡을 부르며 돌아온 것은 영웅들이 지향하는 세계 질서가 회복된 모습으로 볼 수 있군.
　성운이 세계 질서를 위협하는 중행달과 맹호원을 물리친 것은 그들이 지향하는 천자 중심의 세계 질서를 회복한 것으로 볼 수 있다.

34 상황에 맞는 한자성어 파악　　정답률 86% | 정답 ①

㉠의 상황을 나타낸 말로 가장 적절한 것은?

✓① 진퇴양난(進退兩難)
　㉠을 통해 적군이 배를 모두 잡아맨 상태에서 바람까지 불어 불을 끌 수가 없는 막막한 상황에 처해 있음을 알 수 있다. 이러한 적군의 상황에 어울리는 한자성어는 '이러지도 저러지도 못하는 어려운 처지'라는 의미를 지닌 '진퇴양난(進退兩難)'이라 할 수 있다.

② 자가당착(自家撞着)
　'같은 사람의 말이나 행동이 앞뒤가 서로 맞지 아니하고 모순됨.'을 뜻하는 말이다.

③ 이심전심(以心傳心)
　'마음에서 마음으로 뜻이 통함.'을 뜻하는 말이다.

④ 다다익선(多多益善)
　'많을수록 더욱 좋음.'을 뜻하는 말이다.

⑤ 기사회생(起死回生)
　'거의 죽을 뻔하다가 도로 살아남.'을 뜻하는 말이다.

35~37 현대 소설

김애란, 「노찬성과 에반」

감상 이 작품은 할머니와 둘이 살던 어린 소년 노찬성이 휴게소에 버려져 있는 늙은 개를 데려와 '에반'이라고 이름 짓고 함께 살아가는 이야기를 그리고 있다. 찬성이 아픈 에반을 위해 어렵게 모은 돈을 자신을 위해 조금씩 쓰게 되면서 찬성의 감정 변화를 보여 주고 있는 점이 이 소설의 특징이다. 한편 이 작품은 노찬성의 '에반'에 대한 태도를 통해 생명 경시 풍조에 대한 경계라는 주제 의식도 전달해 주고 있다.

주제 진정한 관계와 책임감에 대한 성찰

작품 줄거리 노찬성은 아버지를 사고로 여의고, 휴게소에서 일하는 할머니 손에서 자란다. 그러던 중 찬성은 휴게소에 누군가에 의해 묶여 있던 개를 데려와 에반이라 이름 짓고, 생명을 책임지는 일이 무엇인지 조금씩 알아간다. 하지만 세월이 흘러 에반은 노쇠해지고, 심지어 암에 걸려 생기를 모두 잃어버린다. 에반을 데리고 동물 병원에 간 찬성은 고통받는 에반을 위해 할 수 있는 것이 안락사뿐이라는 생각을 한다. 찬성은 안락사 비용 십만 원을 모으기 위해 힘들게 전단지 아르바이트를 한다. 그러나 찬성은 이전에 할머니가 얻어온 휴대 전화의 유심칩을 사는 데 모은 돈의 일부를 쓰게 되고, 휴대 전화에 집중하느라 점차 에반과 보내는 시간이 줄어든다. 그러던 어느 날 에반이 사라지고, 에반을 찾아 헤매던 찬성은 주유소 쓰레기통 앞에 버려진 자루를 본다. 찬성은 주유소 형들에게 개가 고의로 뛰어들었다는 말을 듣고는 자루 속을 확인하지 않은 채 자리를 뜬다.

35 서술상 특징 파악　　정답률 80% | 정답 ①

윗글의 서술상의 특징으로 가장 적절한 것은?

✓① 인물 간의 대화를 통해 갈등의 양상이 드러나고 있다.
　이 글에서 찬성과 할머니의 대화를 통해 찬성은 에반을 동물 병원에 데려가려 하지만, 할머니는 에반을 동물 병원에 데려가는 것을 반대하고 있다. 이렇게 볼 때, 이 글에서는 찬성과 할머니의 대화를 통해 두 인물의 갈등 양상을 드러낸다고 할 수 있다.

② 두 사건을 병치하여 이야기의 흐름을 지연시키고 있다.
　이 글에서는 사건을 시간의 흐름에 따라 제시하고 있으므로, 서로 다른 두 사건을 병치하였다고는 할 수 없다.

③ 공간적 배경을 묘사하여 시대적 상황을 구체화하고 있다.
　이 글에서는 찬성이 사는 집과 동물 병원, 집으로 가는 길이라는 공간적 배경이 드러나고 있지만, 이러한 공간적 배경을 묘사한 부분은 찾아볼 수 없다.

④ 서술자를 교체하여 사건을 새로운 국면으로 전환하고 있다.

이 글에서 서술자는 작품 밖에서 인물의 모습과 사건을 전달하고 있다. 그런데 이 글을 통해 이러한 서술자를 교체한 부분은 찾아볼 수 없다.

⑤ 과거와 현재를 교차하여 사건 전개에 입체감을 부여하고 있다.

이 글에서는 시간의 흐름에 따라 사건을 전개하고 있을 뿐, 과거 사건을 제시하지는 않고 있다.

36 구절의 의미 파악 　　　정답률 77% | 정답 ④

⊙ ~ ⑩에 대한 이해로 적절하지 않은 것은?

① ⊙ : 할머니를 자꾸 따라다니는 모습으로, 할머니에게 할 이야기가 있음을 드러내고 있다.

할머니에게 에반의 상태에 대해 이야기하는 찬성으로 보아 찬성이 할머니에게 할 이야기가 있어서 할머니를 따라다녔음을 알 수 있다.

② ⓒ : 찬성이 물리지는 않았는지 확인하려는 모습으로, 찬성을 염려하고 있음을 드러내고 있다.

할머니는 에반이 찬성을 물려 했다는 말에 상체를 들어 찬성을 보는 모습에서 할머니가 찬성을 염려하고 있음을 알 수 있다.

③ ⓒ : 평소와 다른 찬성의 모습으로, 에반이 찬성에게 특별한 의미를 가진 존재임을 드러내고 있다.

에반과 찬성은 서로 가장 의지하는 존재로 전에 없이 큰소리를 낸 찬성을 통해 에반은 찬성에게 특별한 의미를 가진 존재임을 알 수 있다.

✓④ ② : 동물 병원에 전화를 건 모습으로, 동물 병원이 쉰다는 사실을 모르고 있음을 드러내고 있다.

② 앞의 내용에서 찬성은 상중이라 주말까지 쉰다는 말이 생각났지만 괜히 한번 병원 전화번호를 눌러보고 있다. 이러한 찬성의 행동을 볼 때, 찬성이 동물 병원이 쉰다는 사실을 모르고 전화를 걸었다는 것은 적절하지 않다.

⑤ ⑩ : 휴대 전화를 살피는 모습으로, 상처 난 부분이 잘 가려졌는지 확인하려는 의도를 드러내고 있다.

휴대 전화를 살피며 찬성이 만족감을 느끼고, 기계가 새것처럼 보이고 모서리 쪽 상처도 눈에 덜 띄는 것 같다고 한 내용을 통해 휴대 전화의 상처 난 부분이 잘 가려졌는지 확인하려는 찬성의 의도를 알 수 있다.

37 외적 준거에 따른 작품의 감상 　　　정답률 88% | 정답 ③

〈보기〉를 바탕으로 윗글을 감상한 내용으로 적절하지 않은 것은? [3점]

─〈보 기〉─

이 작품은 초등학생 찬성이 유기견을 키우며 겪는 일들을 보여 준다. 에반에게 친밀감과 책임감을 느끼던 찬성은 갖고 싶었던 물건이 생긴 후, 보호자로서의 역할에 점차 소홀해진다. 자신의 행동에 실망감을 느끼기도 하지만 곧 이를 합리화하는 찬성을 통해 '책임'의 의미를 생각해 보게 한다.

① 에반과 공놀이를 하는 찬성의 모습은 찬성과 에반이 친밀감을 느끼는 것을 드러내는군.

'찬성과 에반은 어느새 ~ 잘하는 일 중 하나였다.'를 통해 찬성이 에반과 공놀이를 하는 모습을 알 수 있는데, 이러한 찬성과 에반의 공놀이는 찬성과 에반이 친밀감을 느끼는 것을 드러내 준다고 할 수 있다.

② 아픈 에반을 병원에 데려가고자 하는 모습은 찬성이 에반에 대한 책임감을 느끼고 있음을 드러내는군.

에반이 요즘 이상한 것을 알아챈 찬성은 할머니에게 에반을 병원에 데려가자고 조르고 있는데, 아픈 에반을 병원에 데려가고자 하는 이러한 찬성의 모습은 찬성이 에반에 대한 책임감을 느끼고 있음을 드러내 준다고 할 수 있다.

✓③ 땅에 떨어진 휴대 전화를 보며 찬성의 눈동자가 흔들리는 모습은 그것을 갖고 싶어 한 자신에게 실망감을 느꼈음을 드러내는군.

땅에 떨어진 휴대 전화를 보며 찬성의 눈동자가 흔들린 것은 휴대 전화가 떨어져 액정의 유리 가루 입자가 손끝에 묻었기 때문이지 휴대 전화를 갖고 싶어 한 자신에게 실망감을 느낀 것으로 볼 수 없다.

④ 에반을 위해 모은 돈으로 휴대 전화의 보호 필름을 사는 것은 찬성이 보호자로서의 역할에 점차 소홀해지고 있음을 드러내는군.

찬성은 에반을 병원에 데려가기 위해 모은 돈을 모으지만 휴대 전화의 액정을 보호하기 위해 모은 돈의 일부를 사용하여 휴대 전화의 보호 필름을 사게 된다. 이처럼 찬성이 에반을 위해 모은 돈의 일부를 쓰는 행위는 찬성이 에반의 보호자로서의 역할에 점차 소홀해지고 있음을 드러내 준다고 할 수 있다.

⑤ 액세서리 용품 진열대 앞에서 사흘 정도는 에반이 기다려 주리라 생각하는 것은 찬성이 자신의 행동을 합리화하고 있음을 드러내는군.

찬성은 액세서리 용품 진열대 앞에 머물면서 사흘 정도는 에반이 기다려 주리라 생각하고 있는데, 이는 찬성이 투명한 보호 필름을 사기 위한 자신의 행동을 합리화하는 모습이라 할 수 있다.

38~42 과학

'방수의 기능(재구성)'

해제 이 글은 안구를 이루는 기관들의 역할에 대해 설명하고 있다. 시각기관인 눈은 안구와 부속 기관으로 이루어진다. 안구 중, 안방의 방수와 유리체는 눈의 구조와 시력 유지에 중요한 역할을 담당한다. 특히 방수는 수정체와 각막 사이의 공간을 채움으로써 안구의 형태를 유지하는 것뿐만 아니라, 안구 앞쪽의 투명 구조에 영양분을 공급하고 노폐물을 배출하는 역할도 한다. 이러한 방수는 배출이 원활하지 않으면 안압이 상승하여 시신경이 손상될 수 있다.

주제 안구를 이루는 기관들의 역할

문단 핵심 내용

1문단	눈의 구성 및 안구의 의미
2문단	안구벽을 이루는 기관들의 특징
3문단	안구 형태 유지의 중요성
4문단	유리체의 역할
5문단	방수로 채워져 있는 '안방'
6문단	방수의 역할과 순환 과정
7문단	방수 흐름이 원활하지 않을 때 발생하는 문제점

★★★ 등급을 가르는 문제! ★★★

38 세부 정보의 이해 　　　정답률 42% | 정답 ④

윗글에 대한 이해로 적절하지 않은 것은?

① 각막은 공막과 달리 투명하다.

2문단에서 안구벽의 바깥층인 공막이 투명하게 변형되어 각막을 이룬다 하였으므로, 각막은 공막과 달리 투명하다고 할 수 있다.

② 수정체는 빛이 통과할 수 있는 구조이다.

2문단에서 '혈관 중 다수가 밀집해 있어 빛의 통과를 막'는 내용과 6문단의 '혈관 분포가 없어 투명한 구조인 각막이나 수정체'라는 내용을 통해, 수정체는 투명 구조라는 사실과 투명한 구조는 빛이 통과할 수 있다는 사실을 알 수 있다. 따라서 수정체는 빛이 통과할 수 있다고 할 수 있다.

③ 유리체는 맥락막에 대하여 망막을 지지해 준다.

4문단에서 유리체는 안구 내압을 적정하게 유지함으로써 맥락막에 대하여 망막을 지지해 준다고 하였으므로 적절한 이해라 할 수 있다.

✓④ 섬모체는 수정체와 연결되어 물체의 원근을 감지한다.

2문단에서 섬모체는 수정체가 물체의 원근에 따라 초점을 조절하는 것을 돕는다고 하였으므로, 섬모체가 물체의 원근을 감지한다는 이해는 적절하지 않다.

⑤ 방수는 슐렘관을 거쳐 심장으로 들어가 혈액에 합쳐진다.

6문단에서 방수는 섬유주를 통해 배출된 후 슐렘관으로 재흡수되어 심장으로 들어가 혈액에 합류된다고 하였으므로 적절한 이해라 할 수 있다.

★★ 문제 해결 꿀~팁 ★★

▶ **많이 틀린 이유는?**

이 문제는 선택지에서 글의 내용을 직접적으로 제시하지 않고 변형하여 제시하여 오답률이 높았던 것으로 보인다. 또한 선택지의 내용이 두 문단에 걸쳐 제시되어 있었던 것도 오답률을 높였던 것으로 보인다.

▶ **문제 해결 방법은?**

최근의 내용 이해 문제는 글의 내용을 직접적으로 제시하지 않고 글의 내용과 유사하게 하면서도 일부 내용을 변형하여 제시하는 경향이 많다. 정답인 ④의 경우에도 2문단에서 섬모체는 수정체가 물체의 원근에 따라 초점을 조절하는 것을 돕는다고 하였는데, 선택지에서는 섬모체가 물체의 원근을 감지한다고 마치 글의 내용처럼 변형하여 제시하고 있다. 하지만 2문단의 내용을 정확히 읽으면 섬모체가 물체의 원근을 감지한다는 이해는 적절하지 않음을 알아차릴 수 있었을 것이다. 이처럼 최근 수능의 내용 이해 문제에서는 글의 내용을 잘못 변형하면서 마치 사실인 것처럼 제시하는 경우가 있으므로, 선택지를 보다 꼼꼼히 읽어야 적절성 여부를 판단할 있도록 한다.

▶ **오답인 ②를 많이 선택한 이유는?**

이 문제의 경우 학생들이 ②가 적절하지 않다고 하여 오답률이 높았는데, 이는 선택지의 내용이 두 문단의 내용을 통합하여 제시하여 정확하게 이해하지 못했기 때문으로 보인다. 만일 2문단의 '혈관 중 다수가 밀집해 있어 빛의 통과를 막는다'는 내용과 6문단의 '혈관 분포가 없어 투명한 구조인 각막이나 수정체'라는 내용을 파악하였다면 적절함을 알 수 있었을 것이다. 한편 이러한 선택지 형식 또한 최근의 문제에서 자주 출제되는데, 이 경우에는 선택지의 핵심이 되는 것(②번 선택지에서는 '수정체'임.)을 찾고, 이러한 핵심적인 것에 대한 설명이 글의 어느 부분에서 설명하고 있는지는 확인해야 한다. 그런 다음 이러한 내용을 다시 선택지와 비교하여 적절성 여부를 판단해야 한다. 간혹 학생들 중에는 특정 부분에만 있는 내용으로 판단하는 경우가 있는데, 그렇게 할 경우 잘못을 범하기 쉬우므로 유의하도록 한다.

39 내용의 추론 　　　정답률 58% | 정답 ①

윗글을 참고할 때, 〈보기〉의 ㉮ ~ ㉰에 들어갈 말로 적절한 것은?

─〈보 기〉─

안방이 비어 있다면, 외부에서 누르는 기압에 대응하기 위해 유리체가 (㉮)는 압력 때문에 안방이 찌그러질 가능성이 높다. 따라서 방수가 이 공간을 채우는데, 만약 방수의 공급량에 비해 배출량이 (㉯)지게 되면 안압이 (㉰)하여 시신경이 손상된다.

	㉮	㉯	㉰
✓①	밀어내	적어	상승

5문단을 통해 안방이 비어 있다면 외부에서 누르는 기압과 이에 대응하기 위해 유리체가 밀어내는(㉮) 압력 때문에 각막과 수정체가 서로 달라붙거나 찌그러질 가능성이 높음을 알 수 있다. 그리고 7문단을 통해 방수는 배출 여부와 관계없이 계속 공급되므로 배출이 원활하지 않아 공급량에 비해 배출량이 적어지면(㉯), 과도한 방수로 안압이 상승(㉰)하여 시신경이 위축됨을 알 수 있다.

②	밀어내	적어	하강
③	밀어내	많아	상승
④	당기	많아	하강
⑤	당기	많아	상승

40 세부 정보의 추론 　　　정답률 67% | 정답 ④

⊙ ~ ⓒ에 대한 이해로 적절한 것은?

① ⊙에는 영양분을 공급하는 혈관이 다수 밀집되어 있다.

영양분을 공급하는 혈관 중 다수가 밀집되어 있는 것은 맥락막이다.

② ⓒ은 수정체가 초점을 조절하는 것을 돕는다.

수정체가 초점을 조절하는 것을 돕는 것은 섬모체이다.

③ ⊙과 ⓒ은 안구를 보호하는 데 필요한 부속 기관이다.

각막과 맥락막은 모두 안구를 구성하는 부분이다.

☑ ⓛ은 빛의 분산을 막아 ⓒ에서 상을 맺는 것을 돕는다.
2문단을 통해 빛이 각막을 통과하여 망막에 상을 맺는 과정에서 맥락막은 빛이 공막으로 분산되지 않도록 하는 역할을 함을 알 수 있다.

⑤ ⓒ을 통과한 빛이 ㉠에서 감지된다.
각막을 통과한 빛은 망막에서 감지된다.

---

41 핵심 정보 이해 및 다른 대상과의 비교 　　정답률 71% | 정답 ⑤

윗글의 방수와 〈보기〉의 눈물을 비교한 내용으로 적절하지 않은 것은? [3점]

〈보 기〉
　눈물은 윗눈꺼풀 안쪽의 누선에서 분비된다. 눈을 깜박일 때마다 눈물은 안구 표면 전체를 적시는데, 특히 각막을 고르게 덮어준다. 이때 눈물은 각막에 습기를 지속적으로 공급하고, 안구의 운동을 원활하게 한다. 또한 먼지나 병균을 씻어내어 안구를 청결하게 유지한다. 제 역할을 다한 눈물은 안쪽 눈구석에 있는 누점을 통해 누관을 타고 콧속으로 배출된다. 정상적인 눈물은 분비와 배출의 비율이 일정 수준으로 유지되어야 한다.

① 방수는 섬유주를 통해, 눈물은 누점을 통해 배출된다.
6문단을 통해 방수는 섬유주라는 조직을 통해 배출됨을 알 수 있고, 〈보기〉를 통해 눈물은 누점을 통해 누관을 타고 배출됨을 알 수 있다.

② 방수는 각막에 영양분을, 눈물은 각막에 습기를 공급한다.
6문단을 통해 방수는 각막이나 수정체에 영양분을 공급함을 알 수 있고, 〈보기〉를 통해 눈물은 각막에 습기를 지속적으로 공급함을 알 수 있다.

③ 방수는 안구의 형태를 유지하는 데, 눈물은 안구의 청결 상태를 유지하는 데 기여한다.
6문단을 통해 방수는 각막의 형태를 유지하여 안구의 정확한 형태 유지를 돕고 있음을 알 수 있고, 〈보기〉를 통해 눈물은 먼지나 병균을 씻어 주어 안구를 청결하게 유지함을 알 수 있다.

④ 방수와 눈물은 모두 적정한 양이 유지되어야 정상적인 상태라고 볼 수 있다.
7문단을 통해 방수는 적정량이 제대로 흘러야 문제가 발생하지 않음을 알 수 있고, 〈보기〉를 통해 눈물은 분비와 배출 비율이 일정 수준으로 유지되어야 정상적인 상태임을 알 수 있다.

☑ 방수와 눈물은 모두 안구 표면을 적셔 안구가 원활하게 움직일 수 있도록 한다.
6문단을 통해 섬모체에서 만들어진 방수는 안방을 채운 후 섬유주를 통해 배출됨을 알 수 있고, 5문단을 통해 이러한 방수는 수정체가 원활하게 움직일 수 있도록 돕는다는 것을 알 수 있다. 그러나 〈보기〉를 통해 눈물은 안구 표면을 적셔 안구가 원활하게 움직일 수 있도록 도우므로, 방수와 눈물 모두 안구 표면을 적셔 안구가 원활하게 움직일 수 있도록 한다는 비교는 적절하지 않다.

---

42 단어의 문맥적 의미 파악 　　정답률 85% | 정답 ①

ⓐ와 문맥적 의미가 가장 유사한 것은?

☑ 날아가던 공이 오른쪽으로 틀어졌다.
ⓐ의 '틀어지다'는 '본래의 방향에서 벗어나 다른 쪽으로 나가다.'는 뜻으로 사용되었으므로, 이와 유사하게 사용된 것은 ①이라 할 수 있다.

② 늦잠을 자는 바람에 계획이 틀어졌다.
'꾀하는 일이 어그러지다.'는 의미로 사용되었다.

③ 햇볕에 오래 두었더니 목재가 틀어졌다.
'어떤 물체가 반듯하고 곧바르지 아니하고 옆으로 굽거나 꼬이다.'는 의미로 사용되었다.

④ 마음이 틀어져서 아무 말도 하지 않았다.
'마음이 언짢아 토라지다.'는 의미로 사용되었다.

⑤ 초등학교 때부터 사귀던 친구와 틀어졌다.
'사귀는 사이가 서로 벌어지다.'는 의미로 사용되었다.

43~45 현대시

(가) 이상, 「거울」

감상　이 작품은 거울이라는 일상적 소재를 활용하여 거울 밖 자아가 거울 속의 자아를 관찰하며 자아에 대한 인식과 성찰을 표현하고 있다. 이 작품에서 거울 밖 자아는 거울 속의 자아에게 소통과 합일을 시도하지만, 결국 자아 간 합일이 불가능하고 소통이 단절된다. 이러한 상황을 통해 비극적 자의식을 효과적으로 드러내 주고 있다.
주제　자아 분열로 인한 고통과 현대인의 불안 심리

표현상의 특징
• 띄어쓰기를 무시하는 방법을 사용하고 있음.
• 역설적 표현으로 주제 의식을 효과적으로 드러내고 있음.

(나) 천양희, 「가시나무」

감상　이 작품은 가시나무의 속성과 이미지를 통해 삶에서 겪는 고통에 대한 인식과 태도를 드러내고 있다. 이 작품에서는 고통을 상징하는 '가시'를 통해 화자의 내면 풍경을 드러내고, '가시밭길'로 표현되는 삶의 과정에 대해 성찰하고 있다.
주제　고통을 수용하려는 삶의 자세

표현상의 특징
• 통사 구조의 반복을 통해 시적 의미를 강조해 줌.
• 시각적, 청각적 이미지를 사용하여 삶의 고통을 강조해 줌.
• 대구법을 사용하여 화자와 '가시나무'와의 대응 관계를 드러내 줌.

---

43 표현상 특징 파악 　　정답률 68% | 정답 ②

(가)와 (나)에 대한 설명으로 가장 적절한 것은?

① (가)는 명사형으로 시상을 마무리하여 시적 여운을 주고 있다.
(가)는 서술형으로 시상을 마무리하고 있지, 명사형으로 시상을 마무리하지는 않고 있다.

☑ (나)는 유사한 통사 구조를 반복하여 시적 의미를 강조하고 있다.
(나)에서는 '~는 얼마나 많은 ~를 / 감추고 있어서 ~인가'라는 통사 구조가 반복되어 사용되고 있는데, 이러한 통사 구조의 반복은 시적 의미를 강조해 주는 효과가 있다고 할 수 있다.

③ (가)는 (나)와 달리 공간의 이동에 따라 화자의 태도 변화를 드러내고 있다.
(가), (나)를 통해 화자의 공간의 이동은 찾아볼 수 없다.

④ (나)는 (가)와 달리 수미상관 방식을 통해 구조적 안정감을 드러내고 있다.
(가), (나)는 모두 첫 번째 연이나 행을 마지막 연이나 행에 다시 반복하는 수미상관의 방식은 사용되지 않았다.

⑤ (가)는 음성 상징어를 활용하여, (나)는 청각적 이미지를 활용하여 대상의 속성을 나타내고 있다.
(나)에서는 '잉잉거린다'를 통해 청각적 이미지가 사용되었음을 알 수 있지만, (가)에서는 음성 상징어가 사용되지 않았다.

---

44 작품의 이해 　　정답률 69% | 정답 ③

(가)의 [A]~[E]를 이해한 내용으로 적절하지 않은 것은?

① [A]에서 화자는 거울 밖과 구분되는 '거울속' 세상이 존재함을 인식하고 있다.
화자는 거울 밖과 구분되는 '거울속' 세상을 인식하고 '저렇게까지조용한세상'으로 느끼고 있다.

② [B]에서 화자는 '거울속'의 '귀'에 대한 정서적 반응을 표출하고 있다.
화자는 거울 속의 귀에 대해 '딱하다'는 정서적 반응을 표출하고 있다.

☑ [C]에서 화자는 '거울속의나'와 소통하고 있지만 지속적일 수 없음을 인식하고 있다.
[C]에서 손을 내밀며 '거울속의나'에게 악수를 건네는 화자의 모습은 거울 속 존재에게 소통을 시도하는 것으로 볼 수 있다. 그러나 '악수를받을줄모른는', '악수를모르는'이라고 하였으므로 자아 간의 단절을 확인할 수 있을 뿐 '거울속의나'와 소통한다고 할 수 없다.

④ [D]에서 화자는 '거울속의나'를 '만져보기를못하'게 하지만 '만나보'게 해준 거울의 이중적 속성을 파악하고 있다.
화자는 거울로 인해 '거울속나'를 '만나'기는 하지만 '만져보기를못'한다는 표현을 통해 소통과 단절이라는 거울의 이중적 속성을 파악하고 있다.

⑤ [E]에서 화자는 '거울속의나'와 '나'가 반대이면서도 닮았다는 모순적 상황을 파악하고 있다.
화자는 '거울속의나'와 '나'의 모습이 반대지만 닮았다는 모순적 상황을 파악하고 있다.

---

45 외적 준거에 따른 작품의 감상 　　정답률 75% | 정답 ③

〈보기〉를 바탕으로 (나)를 감상한 내용으로 적절하지 않은 것은? [3점]

〈보 기〉
　이 작품은 고통을 상징하는 '가시'의 이미지를 바탕으로 화자의 내면 풍경과 삶의 과정을 성찰하고 있다. 삶의 고난이 화자를 고통스럽게 만들기에 화자는 그것을 벗어나고 싶어 하지만, 그런 생각조차 '가시나무에 기대'어 하는 모습에서 화자가 결국 고통을 인정하고 있음을 드러낸다. 화자는 고통이 존재의 본질임을 깨닫고 고통과 함께하는 삶을 수용하게 된다.

① 고통받는 화자의 내면 풍경을 '가시나무'와 '말벌'을 이용하여 드러냈다고 할 수 있군.
'가시나무'와 '말벌'을 이용하여 쏘인 듯 아프게 고통받는 화자의 내면 풍경을 드러낸 것으로 이해할 수 있다.

② 화자의 순탄하지 않았던 삶의 과정을 '가시밭길'이라는 표현으로 드러냈다고 할 수 있군.
화자의 순탄하지 않았던 삶의 과정을 가시나무가 많은 '가시밭길'이라는 표현에서 이해할 수 있다.

☑ 고통에서 벗어나려는 화자의 행위를 '지독한 노역'에서 확인할 수 있군.
고통에서 벗어나려는 화자의 행위는 '이 길, 지나가면 다시는 안 돌아오리라 돌아가지 않으리라'에서 확인할 수 있다. 따라서 '지독한 노역'이 고통에서 벗어나려는 화자의 행위라고 보는 것은 적절하지 않다.

④ '가시나무'와 '많은 가시', '나'와 '많은 나'의 대응 관계를 통해 존재의 본질을 인식했다고 볼 수 있군.
'가시나무'와 '많은 가시', '나'와 '많은 나'를 각각 대응하여 고통이 존재의 본질임을 인식했다고 볼 수 있다.

⑤ 고통과 함께하는 삶을 수용하는 화자의 인식을 '나에게는 가시나무가 있다'로 표현했다고 할 수 있군.
'나에게는 가시나무가 있다'는 가시나무 즉, 고통과 함께하는 삶을 수용하는 인식을 드러낸 것이라 할 수 있다.

• 정답 •

01 ① 02 ③ 03 ② 04 ④ 05 ③ 06 ③ 07 ④ 08 ⑤ 09 ⑤ 10 ③ 11 ② 12 ① 13 ① 14 ② 15 ①
16 ② 17 ② 18 ④ 19 ④ 20 ④ 21 ② 22 ④ 23 ⑤ 24 ① 25 ④ 26 ⑤ 27 ④ 28 ④ 29 ★② 30 ③
31 ⑤ 32 ② 33 ★② 34 ★⑤ 35 ③ 36 ④ 37 ③ 38 ① 39 ⑤ 40 ① 41 ② 42 ③ 43 ① 44 ⑤ 45 ⑤

★ 표기된 문항은 [등급을 가르는 문제]에 해당하는 문항입니다.

[01~03] 화법

01 발표 표현 전략   정답률 72% | 정답 ①

위 강연자의 말하기 방식으로 가장 적절한 것은?

☑ 용어의 개념을 설명하며 청중의 이해를 돕고 있다.
강연자는 4문단에서 '산패'의 개념을 설명하며 이에 대한 청중의 이해를 돕고 있다.

② 청중의 요청에 따라 관련된 정보를 추가하고 있다.
강연과 관련한 질문을 제시하며 청중과 상호 작용은 하고 있지만, 청중이 강연 내용과 관련한 정보를 요청하는 부분은 나타나지 않는다.

③ 자신의 경험을 사례로 들어 청중의 흥미를 유발하고 있다.
자신의 경험을 사례로 들고 있는 부분은 나타나지 않는다.

④ 강연 순서를 제시하여 청중이 내용을 예측하도록 돕고 있다.
강연 순서를 제시하는 부분은 나타나지 않는다.

⑤ 강연 내용에 대한 청중의 이해를 확인하며 강연을 마무리하고 있다.
강연 내용에 대한 청중의 이해를 확인하는 부분은 나타나지 않는다.

02 발표 내용 조직   정답률 88% | 정답 ③

다음은 교사가 강연자에게 보낸 전자 우편이다. 이를 바탕으로 세운 강연자의 계획 중 강연에 반영되지 않은 것은?

> 안녕하세요. □□고등학교 영양 교사입니다. 식중독 예방을 위해 학생들이 실천할 수 있는 식품 위생 관리 방법에 대한 강연을 부탁드립니다. 사전 설문 조사 결과 학생들은 식중독이 여름에만 발생한다고 알고 있는 경우가 많으며, 식중독 발생 원인과 식품별 식중독 예방법에 대해 알고 싶어 합니다. 학생들이 어려워할 수 있는 내용은 쉽게 이해할 수 있도록 자료 활용을 부탁드립니다. 감사합니다.

① 청중이 강연에서 알게 된 내용을 실천해야 하므로 일상생활에 적용할 수 있는 구체적인 방법을 제시한다.
식중독 예방을 위해 일상에서 실천할 수 있는 올바른 식품 위생 관리 방법을 2, 3, 4문단에서 제시하고 있으므로 적절하다.

② 식중독에 대한 청중의 잘못된 이해를 바로잡아야 하므로 계절별 식중독 발생 현황을 통계 자료로 제시한다.
식중독은 계절에 상관없이 꾸준히 발생하고 있다는 내용을 통계자료를 활용하여 1문단에서 제시하고 있으므로 적절하다.

☑ 청중이 식중독의 발생 이유를 궁금해하므로 식중독의 종류에 따라 식중독 발생률이 달라질 수 있음을 설명한다.
강연자는 식중독의 발생 이유를 1문단에서 제시하고 있다. 하지만 식중독의 종류에 따른 식중독 발생률은 언급하지 않았다.

④ 청중이 식품별 식중독 예방법을 알고자 하므로 식중독을 일으키는 식품들을 소개하며 식품의 관리 방법을 설명한다.
계란, 채소류, 견과류와 같이 식중독을 일으키는 식품들을 2, 3, 4문단에서 소개하며 식품의 관리 방법을 설명하고 있으므로 적절하다.

⑤ 어려운 내용을 설명할 때에는 자료를 활용해야 하므로 지방의 산패로 인한 유해 성분의 생성 과정을 그림 자료로 제시한다.
지방의 산패로 인한 유해 성분의 생성 과정을 4문단에서 그림 자료로 제시하고 있으므로 적절하다.

03 발표 내용 이해 및 평가   정답률 89% | 정답 ②

다음은 학생이 강연을 들으면서 작성한 메모이다. 이를 바탕으로 학생의 듣기 과정을 이해한 내용으로 적절하지 않은 것은?

① ⓐ : 강연 내용을 주변에 알릴 것을 계획한 것으로 보아, 강연 내용의 가치를 판단하며 들었겠군.
학생은 강연 내용을 유용한 정보라고 판단하여 주변에 알릴 것을 계획했으므로 강연 내용의 가치를 판단하며 들었다고 볼 수 있다.

☑ ⓑ : 강연 내용에 의문을 제기한 것으로 보아, 강연 내용의 신뢰성을 판단하며 들었겠군.
ⓑ에서 식품별 보관 방법의 공통점을 파악하고, 이와 관련해 궁금한 점을 떠올리고 있다. 이는 강연 내용에 의문을 제기하거나 신뢰성을 판단한 것은 아니므로 적절하지 않다.

③ ⓒ : 식중독을 일으키는 식품을 식중독 종류에 따라 묶은 것으로 보아, 정보들 사이의 관계를 파악하며 들었겠군.
학생이 '달걀'과 '채소류'는 '세균성 식중독'으로, '견과류'는 '곰팡이 독 식중독'으로 묶었으므로 정보들 사이의 관계를 파악하며 들었다고 볼 수 있다.

④ ⓓ : 강연 이후의 조사 계획을 작성한 것으로 보아, 강연 내용과 관련하여 더 알고 싶은 점을 떠올리며 들었겠군.
'채소류'와 같이 식품을 날것으로 먹었을 때 식중독이 생기는 다른 사례를 찾아본다고 하였으므로 강연 내용과 관련하여 더 알고 싶은 점을 떠올리며 들었다고 볼 수 있다.

⑤ ⓔ : 산패가 일어날 수 있는 다른 식품을 떠올린 것으로 보아, 자신의 배경지식을 활용하며 들었겠군.
'견과류'와 같이 다량의 지방을 함유하고 있어 산패가 일어날 수 있는 '들기름'을 떠올리고 있으므로 자신의 배경지식을 활용하며 들었다고 볼 수 있다.

[04~07] 화법과 작문

04 대화 내용 이해 및 평가   정답률 97% | 정답 ④

대화의 흐름을 고려할 때, ㉠ ~ ㉤에 대한 설명으로 적절하지 않은 것은?

① ㉠ : 질문에 답변하며 상대방이 잘못 이해하고 있는 부분을 바로잡고 있다.
미술 심리 상담에서 그림 실력이 중요한지 묻는 '학생 1'의 질문에 대해 ㉠에서 상담사는 미술 심리 상담에서 중요한 것은 그림을 잘 그리는 것이 아니라고 답변함으로써 '학생 1'이 잘못 이해하고 있는 부분을 바로잡고 있다.

② ㉡ : 상대방에게 자신이 조사한 내용을 언급하며 이와 관련된 답변을 요청하고 있다.
㉡에서 '학생 2'는 미술 심리 상담 방법에 대해 조사한 내용을 언급하고 이와 관련하여 상담사에게 대표적인 미술 심리 상담 방법을 소개해 줄 것을 요청하고 있다.

③ ㉢ : 상대방 답변의 일부를 재진술하며 새롭게 알게 된 정보에 대해 자신의 느낌을 언급하고 있다.
㉢에서 '학생 2'는 '그림을 통해 내담자의 성장 과정'도 파악할 수 있다는 상담사의 답변을 재진술하며 새롭게 알게 된 정보에 대해 신기하다는 자신의 느낌을 언급하고 있다.

☑ ㉣ : 상대방의 의견에 동의하며 새로운 정보를 추가로 제공하고 있다.
집에서 그려 온 그림으로도 상담이 가능한지 묻는 '학생 2'의 질문에 대해 ㉣에서 상담사는 미술 심리 상담에서 내담자가 그림을 그리는 과정에서도 많은 정보를 얻을 수 있다는 새로운 정보를 추가로 제공하고 있지만, 학생의 의견에 동의하고 있지는 않다.

⑤ ㉤ : 물음의 방식을 사용하며 자신이 파악한 상대방의 의도를 확인하고 있다.
㉤에서 상담사는 물음의 방식을 사용하며 미술 심리 상담은 한 번만 받아도 되는지 묻는 '학생 1'의 의도를 자신이 정확히 파악했는지 확인하고 있다.

05 대화 내용 조직   정답률 96% | 정답 ③

다음은 (가)의 인터뷰를 진행하기 위해 '학생 1'과 '학생 2'가 작성한 인터뷰 계획이다. (가)에 반영되지 않은 것은?

> ○ 미술 심리 상담사가 어떤 일을 하는 직업인지에 대한 설명을 부탁하며 인터뷰를 시작해야겠어. ········ ①
> ○ 미술 심리 상담이 일반적인 심리 상담과는 어떻게 다른지 설명해 달라고 해야겠어. ········ ②
> ○ 미술 심리 상담은 어떤 심리적 문제가 있는 사람들에게 필요한지 알려 달라고 해야겠어. ·· ③
> ○ 미술 심리 상담에서 사용하는 대표적인 상담 방법에는 어떤 것이 있는지 물어봐야겠어. ·· ④
> ○ 미술 심리 상담사를 희망하는 학생들을 위한 조언을 부탁하며 인터뷰를 마무리해야겠어. ·· ⑤

① 미술 심리 상담사가 어떤 일을 하는 직업인지에 대한 설명을 부탁하며 인터뷰를 시작해야겠어.
'학생 1'의 첫 번째 발화에서 미술 심리 상담사가 어떤 일을 하는 직업인지에 대한 설명을 부탁하며 인터뷰를 시작하고 있다.

② 미술 심리 상담이 일반적인 심리 상담과는 어떻게 다른지 설명해 달라고 해야겠어.
'학생 2'의 첫 번째 발화에서 일반적인 심리 상담과 미술 심리 상담이 어떠한 차이가 있는지 물어보고 있다.

☑ 미술 심리 상담은 어떤 심리적 문제가 있는 사람들에게 필요한지 알려 달라고 해야겠어.
'학생 1'은 미술 심리 상담사가 어떤 일을 하는지에 대해서는 묻고 있으나 어떤 심리적 문제가 있는 사람들에게 미술 심리 상담이 필요한지를 묻고 있지는 않다.

④ 미술 심리 상담에서 사용하는 대표적인 상담 방법에는 어떤 것이 있는지 물어봐야겠어.
'학생 2'의 두 번째 발화에서 대표적인 미술 심리 상담 방법을 소개해 달라고 말하고 있다.

⑤ 미술 심리 상담사를 희망하는 학생들을 위한 조언을 부탁하며 인터뷰를 마무리해야겠어.
'학생 2'의 네 번째 발화에서 미술 심리 상담사를 희망하는 학생들을 위한 조언을 부탁하며 인터뷰를 마무리하고 있다.

06 정보 전달 글쓰기 내용 조직   정답률 77% | 정답 ③

(가)를 참고할 때, (나)에서 활용한 글쓰기 방식으로 가장 적절한 것은?

① 1문단에는 미술 심리 상담사의 개념을 비교의 방식으로 서술하였다.
(나)의 1문단에서 미술 심리 상담사의 개념을 제시하고 있지만, 이 개념을 비교의 방식으로 설명하지 않았다.

② 1문단에는 미술 심리 상담이 어린아이에게 유용한 이유를 비유의 방식으로 서술하였다.
(나)의 1문단에서 미술 심리 상담이 어린아이에게 유용한 이유를 제시하고 있지만, 비유의 방식을 사용하지 않았다.

✓ 2문단에는 미술 심리 상담사들이 사용하는 상담 방법을 나열의 방식으로 서술하였다.
(나)의 2문단에서 미술 심리 상담사들이 사용하는 상담 방법을 '집-나무-사람 검사', '풍경 구성법', '동그라미 가족화'로 제시하여 나열의 방식으로 서술하고 있다.

④ 2문단에는 미술 심리 상담에서 그림을 그리는 과정을 시간 순서에 따라 제시하는 방식으로 서술하였다.
(나)의 2문단에서 그림을 그리는 과정을 관찰하는 것이 미술 심리 상담에서 중요한 이유를 제시하고 있지만, 그림을 그리는 과정을 시간 순서에 따라 제시하는 방식을 사용하지 않았다.

⑤ 3문단에는 미술 심리 상담사가 갖춰야 할 자격을 묻고 답하는 방식으로 서술하였다.
(나)의 3문단에서 미술 심리 상담사가 갖춰야 할 자격을 제시하고 있지만, 묻고 답하는 방식을 사용하지 않았다.

07 정보 전달 글쓰기 내용 점검 및 조정 정답률 81% | 정답 ④

다음은 (나)의 마지막 문단을 고쳐 쓴 것이다. 그 과정에서 반영된 수정 계획으로 가장 적절한 것은? [3점]

> 현대 사회에서 심리적으로 불안정한 사람이 늘어나고 정서적 건강에 대한 관심이 높아짐에 따라 미술 심리 상담사의 역할이 더욱 중요해지고 있다. 따라서 미술에 애정이 있고 친구들의 이야기를 잘 들어주는 태도를 가진 학생이라면 미술 심리 상담사라는 직업에 관심을 가져 보는 것을 추천한다.

① 미술 심리 상담사의 직업적 의의는 이미 다루고 있는 내용이므로 삭제해야겠군.
(나)의 마지막 문단을 고쳐 쓰기 전과 후 모두 미술 심리 상담사가 갖는 직업적 의의는 나타나 있지 않다.

② 미술 심리 상담사의 사회적 책임이 나타나지 않으므로 관련 내용을 추가해야겠군.
(나)의 마지막 문단을 고쳐 쓰기 전과 후 모두 미술 심리 상담사의 사회적 책임은 나타나 있지 않다.

③ 미술 심리 상담사가 내담자를 대하는 태도가 나타나지 않으므로 관련 내용을 추가해야겠군.
(나)의 마지막 문단을 고쳐 쓰기 전과 후 모두 '미술에 애정이 있고 친구들의 이야기를 잘 들어주는 태도'에 대해 언급하고 있으므로 관련 내용을 추가한다는 진술은 적절하지 않다.

✓ 미술 심리 상담사의 역할이 중요해지는 이유가 나타나지 않으므로 관련 내용을 추가해야겠군.
(나)의 마지막 문단과 달리 고쳐 쓴 글에서는 미술 심리 상담사의 역할이 중요해지는 이유로 '심리적으로 불안정한 ~ 높아짐에 따라'를 추가하였다.

⑤ 미술 심리 상담사라는 직업의 전문성을 강조하기 위해 사용한 접속 표현이 적절하지 않으므로 수정해야겠군.
(나)의 마지막 문단에 사용한 접속 표현이 적절하지 않아 수정하였지만, 미술 심리 상담사라는 직업의 전문성을 강조하기 위해 사용한 것이 아니라 미술 심리 상담사라는 직업을 추천하기 위해 사용한 것이다.

[08~10] 작문

08 설득 글쓰기 내용 이해 및 평가 정답률 93% | 정답 ⑤

'작문 상황'을 고려하여 구상한 글쓰기 내용으로, 학생의 초고에 반영되지 않은 것은?

① 구독 경제를 이용할 때의 장점
1문단에서 구독 경제를 이용할 때의 장점으로 구독료 지불이 편리하면서도 비용의 측면에서 혜택을 얻을 수 있다는 점이 나타나 있다.

② 구독 경제의 과도한 이용으로 인한 문제점
2문단과 3문단에서 구독 경제의 과도한 이용으로 인해 발생할 수 있는 문제점으로, 구독료의 과도한 지출과 뇌 기능 저하가 나타나 있다.

③ 구독 경제의 이용 시간과 뇌 건강의 관련성
3문단에서 구독 경제의 이용 시간과 뇌 건강의 관련성으로, 자극적인 콘텐츠의 장시간 이용으로 인한 뇌 기능 저하가 나타나 있다.

④ 구독 경제를 이용할 때 지녀야 할 올바른 태도
4문단에서는 구독 경제를 이용할 때 지녀야 할 올바른 태도로, 구독 경제 이용 현황 점검과 올바른 콘텐츠 이용습관 형성이 나타나 있다.

✓ 구독 경제의 이용이 특정 플랫폼에 편중된 이유
3문단에 청소년들의 구독 경제 이용이 주로 디지털 콘텐츠를 이용하기 위한 플랫폼에 편중되어 있다고 제시되어 있으나 그 이유는 나타나 있지 않다.

09 설득 글쓰기 자료 및 매체 활용 정답률 80% | 정답 ⑤

〈보기〉는 초고를 보완하기 위해 추가로 수집한 자료이다. 자료의 활용 방안으로 적절하지 않은 것은? [3점]

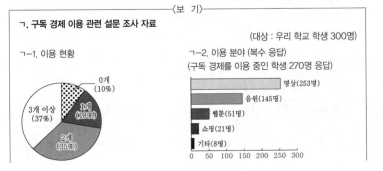

〈보 기〉

ㄱ. 구독 경제 이용 관련 설문 조사 자료
(대상 : 우리 학교 학생 300명)
ㄱ-1. 이용 현황
ㄱ-2. 이용 분야 (복수 응답)
(구독 경제를 이용 중인 학생 270명 응답)

ㄴ. 신문 기사
□□ 경제 연구소의 분석 결과 최근 구독 경제 시장이 빠르게 성장할 수 있었던 원인은 저렴한 가격을 내세운 마케팅 전략 때문인 것으로 나타났다. 그러나 구독 경제 시장이 확대됨에 따라, 1인당 결제 대금이 급증하여 과도한 구독료 지출에 따른 문제가 발생하고 있다.

ㄷ. 전문가 인터뷰
"도파민은 뇌에서 분비되는 쾌락과 보상을 조절하는 신경 전달 물질입니다. 디지털 기기를 장시간 이용하여 도파민이 과도하게 분비되면 자기 조절력과 집중력이 떨어지는 등 뇌 기능 저하가 나타날 수 있습니다. 이를 예방하기 위한 방법으로 디지털 디톡스가 있습니다. 디지털 디톡스는 각종 디지털 기기에 대한 중독으로부터 벗어나 심신을 치유하는 것으로, 대중교통 이용 시 스마트폰 사용 대신 독서하기, 잠자리에 들기 30분 전부터 디지털 기기 사용 중단하기와 같은 방법을 통해 실천할 수 있습니다."

① ㄱ-2를 활용하여, 구독 경제의 이용 분야가 디지털 콘텐츠에 편중되어 있다는 것을, 구독 서비스 콘텐츠의 장시간 이용이 디지털 기기 사용 시간의 증가로 이어질 수 있다는 것의 근거로 3문단에 보강해야겠어.
ㄱ-2는 청소년이 구독 경제를 이용하는 분야가 영상과 음원에 편중되어 청소년의 디지털 기기 사용 시간이 증가할 수 있음을 보여 주는 자료이다. 따라서 ㄱ-2를 활용하여, 구독 서비스 콘텐츠의 장시간 이용이 디지털 기기 사용 시간의 증가로 이어질 수 있다는 것의 근거로 3문단의 내용을 보강할 수 있다.

② ㄴ을 활용하여, 1인당 결제 대금이 급증하고 있다는 것을, 여러 개의 구독 경제를 이용하는 것이 구독료의 과도한 지출로 이어질 수 있다는 것의 근거로 2문단에 보강해야겠어.
ㄴ은 구독 경제 시장의 확대로 1인당 결제 대금이 급증하고 있음을 보여 주는 자료이다. 따라서 ㄴ을 활용하여, 청소년의 구독 경제 이용이 구독료의 과도한 지출로 이어질 수 있다는 것의 근거로 2문단의 내용을 보강할 수 있다.

③ ㄷ을 활용하여, 디지털 디톡스의 실천 방법을, 디지털 기기 사용 시간을 줄임으로써 청소년들의 뇌 건강 문제를 예방할 수 있는 방법으로 4문단에 추가해야겠어.
ㄷ은 디지털 기기의 장시간 사용으로 인한 뇌 기능 저하를 예방할 수 있는 디지털 디톡스의 실천 방법을 보여 주는 자료이다. 따라서 ㄷ을 활용하여, 디지털 기기 사용 시간을 줄여 청소년의 뇌 건강 문제를 예방할 수 있는 방법으로 4문단에 추가할 수 있다.

④ ㄱ-1과 ㄴ을 활용하여, 저렴한 가격으로 인해 여러 개의 구독 경제를 이용하고 있는 것을, 청소년들이 구독 경제를 많이 이용하고 있는 현황으로 1문단에 보강해야겠어.
ㄱ-1은 청소년들이 여러 개의 구독 경제를 함께 이용하고 있는 내용을 보여 주는 자료이고, ㄴ은 저렴한 가격을 내세운 마케팅 전략이 구독 경제 시장의 성장 원인임을 보여 주는 자료이다. 따라서 ㄱ-1과 ㄴ을 활용하여, 청소년들이 구독 경제를 많이 이용하고 있는 현황으로 1문단에 보강할 수 있다.

✓ ㄱ-2와 ㄷ을 활용하여, 디지털 기기 사용 시간의 증가가 과도한 도파민 분비로 이어진다는 것을, 청소년이 다양한 형태의 구독 경제를 이용해야 하는 이유로 3문단에 추가해야겠어.
ㄱ-2는 청소년이 다양한 형태의 구독 경제를 이용하고 있다는 것을 보여 주는 자료이고, ㄷ은 디지털 기기를 장시간 이용하면 도파민이 과도하게 분비된다는 것을 보여 주는 자료이다. 따라서 ㄱ-2와 ㄷ을 활용하여, 청소년이 다양한 형태의 구독 경제를 이용해야 하는 이유로 3문단에 추가하는 것은 적절하지 않다.

10 설득 글쓰기 내용 생성 정답률 82% | 정답 ③

〈보기〉는 초고를 읽은 교사의 조언이다. 이를 반영하여 [A]를 작성한다고 할 때, 가장 적절한 것은?

〈보 기〉

"구독 경제를 과도하게 이용할 때의 문제점을 비유적으로 표현하고, 4문단에서 제시한 구독 경제를 올바르게 이용하는 방법을 모두 언급하며 글을 마무리하는 것이 좋겠습니다."

① 과도한 구독 경제 이용은 뇌 건강을 해치는 지름길이다. 디지털 콘텐츠 이용 시간을 줄여 뇌가 충분히 쉴 수 있게 해야한다.
'뇌 건강을 해치는 지름길이다.'는 구독 경제를 과도하게 이용할 때의 문제점을 비유적으로 표현한 것이고, '디지털 콘텐츠 이용 시간을 줄여'야 한다는 것은 4문단에서 제시한 구독 경제를 올바르게 이용하는 방법을 하나만 언급한 것이다.

② 구독 경제를 지나치게 이용하는 것은 바람직하지 않다. 올바른 태도로 구독 경제를 이용하는 것이 우리에게 필요한 자세이다.
구독 경제를 과도하게 이용할 때의 문제점을 비유적으로 표현하고 있지 않고, 4문단에서 제시한 구독 경제를 올바르게 이용하는 방법을 모두 언급하고 있지 않다.

✓ 무분별한 구독 경제 이용은 독이 될 수 있다. 자신에게 필요한 구독 경제만을 선택하고 정해둔 시간만큼 디지털 콘텐츠를 이용하는 태도가 필요하다.
'독이 될 수 있다.'는 구독 경제를 과도하게 이용할 때의 문제점을 비유적으로 표현한 것이고, '자신에게 필요한 구독 경제만을 선택', '정해둔 시간만큼 디지털 콘텐츠를 이용'하는 것은 4문단에서 제시한 구독 경제를 올바르게 이용하는 방법을 모두 언급한 것이다.

④ 구독 경제는 어떻게 이용하느냐에 따라 양날의 검이 될 수 있다. 청소년들이 합리적으로 구독 경제를 이용할 수 있도록 정부의 적절한 규제가 필요하다.
'양날의 검이 될 수 있다.'는 비유적 표현에 해당하지만, 4문단에서 제시한 구독 경제를 올바르게 이용하는 방법에 대해서 언급하고 있지 않다.

⑤ 구독 경제는 소비자에게 편리함을 제공하지만, 지나친 이용은 과소비를 유발한다. 구독 경제 이용 개수를 최소화하는 것이 구독 경제를 올바르게 이용하는 태도이다.
구독 경제를 과도하게 이용할 때의 문제점을 비유적으로 표현하고 있지 않고, 4문단에서 제시한 구독 경제를 올바르게 이용하는 방법을 모두 언급하고 있지 않다.

[11~15] 문법

11 단어들의 의미 관계 정답률 71% | 정답 ②

윗글의 어휘 지도를 이해한 내용으로 적절하지 않은 것은?

① '동물'은 '어류'에 비해 단어가 지시하는 지시 대상의 범위가 넓다.
1문단에서 하의어일수록 그 단어가 지시하는 지시 대상의 범위가 좁아진다고 하였다. '동물'은 '어류'에 대해 상의어이므로 '동물'이 지시하는 지시 대상의 범위가 '어류'보다 더 넓다.

✔ '조류'는 '참새', '제비', '꿩'보다 가지고 있는 의미 성분의 수가 많다.
1문단에서 하의어는 상의어보다 의미 성분의 수가 많다고 하였다. '조류'는 '참새', '제비', '꿩'에 대해서는 상의어이므로 '조류'는 '참새', '제비', '꿩'보다 의미 성분의 수가 적다.

③ '아버지'와 '아비'는 의미가 유사하지만 문장에 따라 바꾸어 쓸 수 없는 경우도 있다.
2문단에서 유의어는 의미가 완전히 똑같지는 않으므로 어느 경우에나 바꿔 쓸 수 있는 것은 아니라고 하였다. '아버지'와 '아비'는 유의어이지만 문장에 따라 바꾸어 쓸 수 없는 경우도 있다.

④ '아버지'와 '어머니'는 '성별'이라는 의미 성분을 제외한 나머지 의미 성분을 공유하고 있다.
3문단에서 반의어는 나머지 의미 성분을 공유하고 단 하나의 의미 성분에 대해서만 차이를 가지는 단어라고 하였다. '아버지'와 '어머니'는 반의어이므로 '성별'이라는 의미 성분을 제외한 나머지 의미 성분을 공유하고 있다.

⑤ '조류'는 '동물'에 대해서는 하의어이지만 '제비'에 대해서는 상의어이므로 상하 관계의 상대성이 드러난다.
1문단에서 상의어와 하의어의 관계는 단어에 따라 상대적이라고 하였다. '조류'는 '동물'에 대해서 하의어이고 '제비'에 대해서는 상의어이기 때문에 상하 관계의 상대성을 파악할 수 있다.

---

12 단어들의 의미 관계   정답률 78% | 정답 ①

윗글의 ㉠을 참조하여 〈보기〉의 빈칸을 채울 때, [A]~[C]에 들어갈 말을 바르게 배열한 것은?

― 〈 보 기 〉―

단어	예문		반의어
걸다	벽에 그림을 걸고 있었다.	↔	[A]
	지금 친구에게 전화를 걸어야 한다.	↔	받다
	[B]	↔	열다
	자동차의 시동을 걸었다.	↔	[C]

　　[A]　　　　　　[B]　　　　　　　[C]

✔ 떼다　　대문에 빗장을 걸었다.　　　끄다
[A]에는 '벽이나 못 따위에 어떤 물체를 떨어지지 않도록 매달아 올려놓다.'의 의미로 쓰인 '걸다'의 반의어인 '떼다'가 와야 한다. [B]에는 '자물쇠, 문고리를 채우거나 빗장을 지르다.'의 의미로 쓰인 '걸다'를 사용한 '대문에 빗장을 걸었다.'나 '문에 자물쇠를 걸지 않았다.'와 같은 예문이 와야 한다. [C]에는 '기계 장치가 작동되도록 하다.'의 의미로 쓰인 '걸다'의 반의어인 '끄다'가 와야 한다.

② 떼다　　솥을 가장자리에 걸었다.　　　끄다
③ 떼다　　문에 자물쇠를 걸지 않았다.　내리다
④ 빼다　　명예를 걸고 임해야 할 것이다.　내리다
⑤ 빼다　　큰 상금이 걸려 있는 대회이다.　풀다

---

13 목적격 조사의 형태   정답률 56% | 정답 ①

〈보기〉의 ㉠~㉢에 들어갈 말로 적절한 것은?

― 〈 보 기 〉―

중세 국어에서 목적격 조사는 여러 가지 형태로 실현되었다. 먼저, 앞말에 받침이 있는 경우에 '을'이나 '을'이, 받침이 없는 경우에는 '를'이나 '를'이 실현되었는데, 앞말에 받침이 있을 때에는 앞말의 받침을 뒤의 '을'이나 '을'에 이어 적기한 형태로 나타나기도 하였다. 또한, 앞말의 모음이 양성 모음일 때에는 '을'이나 '를'이, 음성 모음일 때에는 '을'이나 '를'이 실현되었다. 중세 국어의 목적격 조사가 실현되는 예는 아래와 같다.

○ (㉠) 손소 자부샤
[손을 손수 잡으시어]
○ 世尊ㅅ 내 (㉡) 펴아 술부쇼셔
[세존께 내 뜻을 펴 아뢰십시오.]
○ 王이 (㉢) 請호숩 쇼셔
[왕이 부처를 청하십시오.]

　　㉠　　　㉡　　　㉢

✔ 소늘　　뜨들　　부텨를
㉠은 '소ㅇ'로, 앞말의 모음이 양성 모음이고, 앞말에 받침이 있어 목적격 조사 '을'이 실현되고 이어 적기한 형태로 나타난 경우이다. ㉡은 '뜨들'로, 앞말의 모음이 음성 모음이고, 앞말에 받침이 있어 목적격 조사 '을'이 실현되고 이어 적기한 형태로 나타난 경우이다. ㉢은 '부텨를'로, 앞말의 모음이 음성 모음이고, 앞말에 받침이 없어 목적격 조사 '를'이 실현된 경우이다.

② 소늘　　뜨들　　부텨를
③ 소늘　　뜨들　　부텨를
④ 소늘　　뜨들　　부텨를
⑤ 소늘　　뜨들　　부텨를

---

14 음운 변동의 유형   정답률 56% | 정답 ②

〈보기〉에 대한 이해로 적절하지 않은 것은? [3점]

― 〈 보 기 〉―

㉠ 닭장[닥짱]　　㉡ 끓는[끌른]　　㉢ 홑이불[혼니불]

① ㉠, ㉡에는 음절 끝에 둘 이상의 자음이 오지 못하기 때문에 일어나는 음운 변동이 있군.
㉠에서는 자음군 단순화로 인해 '닭장'의 겹받침 중 'ㄹ'이 탈락되었고, ㉡에서도 자음군 단순화로 인해 '끓는'의 겹받침 중 'ㅎ'이 탈락하였는데, 이는 모두 음절 끝에 둘 이상의 자음이 오지 못하기 때문에 일어나는 음운 변동이다.

✔ ㉡, ㉢에서는 앞의 자음이 뒤의 자음에 동화되는 음운 변동이 일어났군.
㉡의 '끓는'은 자음군 단순화로 인해 [끌는]으로 바뀐 후 유음화되어 [끌른]으로 발음되는데, 이때 뒤의 자음인 'ㄴ'이 앞의 자음인 'ㄹ'에 동화되는 음운 변동이 일어난다.

③ ㉠에서 탈락된 음운과 ㉢에서 첨가된 음운은 서로 다르군.
㉠에서 탈락된 음운은 'ㄹ'이고 ㉢에서 첨가된 음운은 'ㄴ'이므로 서로 다르다.

④ ㉢에서는 ㉠, ㉡과 달리 음운 변동의 결과 음운 개수가 하나 늘었군.
㉢에서는 음운 변동의 결과 음운 개수가 7개에서 8개로, 1개가 늘었고, ㉠, ㉡에서는 음운의 개수가 7개에서 6개로, 1개가 줄었다.

⑤ ㉡, ㉢에서는 ㉠과 달리 인접한 자음과 조음 방법이 같아지는 음운 변동이 일어났군.
㉡은 유음 'ㄹ'의 영향을 받아 비음 'ㄴ'이 유음으로 바뀌고, ㉢은 파열음 'ㄷ'이 비음 'ㄴ'의 영향을 받아 비음으로 바뀌어 인접한 자음과 조음 방법이 같아졌다. ㉠에서 'ㄱ'은 파열음이고 'ㅉ'은 파찰음으로 조음 방법이 같지 않다.

---

15 이어진문장과 안은문장   정답률 71% | 정답 ①

〈보기〉의 ㉠~㉤에 대한 설명으로 적절하지 않은 것은?

― 〈 보 기 〉―

㉠ 그는 영수가 집에 간다고 했다.
㉡ 이것은 어제 그녀가 산 책이다.
㉢ 개나리꽃이 흐드러지게 피었다.
㉣ 영철이는 마음씨가 매우 착하다.
㉤ 나는 아이들이 행복하기를 바란다.

✔ ㉠은 인용절을 가진 안은문장으로, 안긴문장의 주어가 생략되어 있다.
'그는 영수가 집에 간다고 했다.'는 인용을 나타내는 조사 '고'가 쓰인 인용절을 가진 안은문장이다. 안은문장의 주어는 '그는'이고 안긴문장의 주어는 '영수가'이므로 안긴문장의 주어가 생략되어 있지 않다.

② ㉡은 관형사절을 가진 안은문장으로, 안은문장의 주어는 '이것은'이고 안긴문장의 주어는 '그녀가'이다.
'이것은 어제 그녀가 산 책이다'는 관형사형 전성어미 '-ㄴ'이 쓰인 관형사절을 가진 안은문장이다. 안은문장의 주어는 '이것은'이고 안긴문장의 주어는 '그녀가'이다.

③ ㉢은 부사절을 가진 안은문장으로, 안긴문장의 주어가 생략되어 있다.
'개나리꽃이 흐드러지게 피었다'는 부사형 전성어미 '-게'가 쓰인 부사절을 가진 안은문장이다. 안긴문장의 주어가 생략되어 있다.

④ ㉣은 서술절을 가진 안은문장으로, 안은문장의 주어는 '영철이는'이고 안긴문장의 주어는 '마음씨가'이다.
'영철이는 마음씨가 매우 착하다'는 '마음씨가 매우 착하다'라는 서술절을 가진 안은문장이다. 안은문장의 주어는 '영철이는'이고 안긴문장의 주어는 '마음씨가'이다.

⑤ ㉤은 명사절을 가진 안은문장으로, 안은문장의 주어는 '나는'이고 안긴문장의 주어는 '아이들이'이다.
'나는 아이들이 행복하기를 바란다.'는 명사형 전성어미 '-기'가 쓰인 명사절을 가진 안은문장이다. 안은문장의 주어는 '나는'이고 안긴문장의 주어는 '아이들이'이다.

[16~45] 독서·문학

16~19 현대 소설

성석제, 「론도」

[감상] 이 작품은 현대 사회의 이해타산적 세태를 드러내고 있다. 작품 속 주인공은 교통사고를 두 번 겪는데, 각 사건의 가해자 - 피해자 구도 속에서 주인공은 처한 위치에 따라 서로 다른 태도를 보인다. 또한 주인공 이외의 인물들도 자신이 겪은 교통사고에서 자신의 입장에 따른 이해관계를 생각하며 행동하는 모습을 보인다.

[주제] 현대 사회의 이해타산적 세태

★★★ 등급을 가르는 문제!
16 내용 이해   정답률 30% | 정답 ②

윗글의 인물에 대한 이해로 가장 적절한 것은?

① 정비업체 사장은 사고를 내고도 보험 처리를 하지 않는 운전자들을 비난하였다.
정비업체 사장은 '그'에게 '자기 권리를 찾는 거라니까요', '밥상을 찾아 먹을 때도 됐죠'라고 말하며 자동차 사고 후 보험 처리를 하는 것이 당연하다는 인식을 드러내고 있을 뿐, 사고를 내고도 보험 처리를 하지 않는 운전자들을 비난하고 있지는 않다.

✔ '그'는 보험회사 직원이 말한 방법을 자신이 실행할 수 있을지 의구심을 가졌다.
'글쎄, 보험회사 직원도 그런 말을 하긴 했어요. ~ 그래도 우리같이 순진한 사람이 그런 걸 할 수 있을까 싶은데.'라는 '그'의 말을 통해 보험회사 직원이 말한 방법을 실행할 수 있을지에 대해 의구심을 가진 '그'의 모습을 확인할 수 있다.

③ 정비업체 사장은 수리해야 하는 부분을 언급하며 '그'의 부주의함을 지적하였다.
정비업체 사장은 '크게 박은 게 두 군데고 작은 건 네 군데'라고 수리해야 하는 부분을 언급했으나, '그'의 부주의함을 지적하지는 않았다.

④ 중년 남자는 '그'에게 자신과 같은 보험회사에서 차를 수리할 것을 요구하였다.
중년 남자는 '그'에게 자동차를 '같은 보험회사에서 고쳐도 좋을지, 선생님 의향이 어떠신지' 정중하게 물어보고 있다.

⑤ 젊은 기사는 중년 남자가 사고를 내는 순간에 목격한 내용을 '그'에게 전달하였다.
'우리도 자다가 소리가 꽝, 하고 나서 나와 봤는데요.'라는 말을 통해 젊은 기사는 중년 남자가 사고를 내는 순간을 목격하지 않았음을 알 수 있다.

★★ 문제 해결 꿀~팁 ★★
▶ 많이 틀린 이유는?
이 문제는 발화자가 누구인지를 정확히 파악하지 못한 경우가 많았기에 오답률이 높았던 것으로 보인다.

▶ 문제 해결 방법은?
소설 유형의 경우 발화자가 누구인지를 파악하며 맥락을 따라가는 것이 중요하다. ②의 경우 '글쎄, 보험 회사 직원도 그런 말을 하긴 했어요. ~ 그래도 우리같이 순진한 사람이 그런 걸 할 수 있을까 싶은데.'라는 부분에서 보험회사 직원이 말한 방법을 자신이 실행할 수 있을지 의구심을 가지는 모습을 확인할 수 있다. 다만 이 발화의 주체가 '그'인지에 대한 판단이 명확하지 않았던 경우 정답을 고르기 쉽지 않았을 것으로 보인다. '글쎄 그건 누구를 속이거나 남의 걸 빼앗는 게 아니고 ~ 이제는 사장님 밥상을 찾아 먹을 때도 됐죠'라고 말하는 사람이 정비업체 사장임을 고려하면, 그 다음 발화의 주체가 '그'라는 것을 판단할 수 있었을 것이다. 오답률이 높을 것으로 보이는 ⑤의 경우 선지의 사소한 부분까지 정확히 확인해야 적절하지 않음을 판단할 수 있다. '우리도 자다가 소리가 꽝, 하고 나서 나와 봤는데요.'라는 말에서 젊은 기사는 중년 남자가 사고를 낸 이후에 나왔기 때문에 사고를 내는 순간은 목격하지 않았음을 알 수 있다.

17　맥락 이해　정답률 86% | 정답 ②

대화 에 대한 설명으로 가장 적절한 것은?

① 공통의 관심사를 확인하는 과정에서 인물들의 동질감이 드러난다.
공통의 관심사를 확인하는 과정이라고 할 수 없다.

✔ ② 문답의 과정을 거치며 부끄러움을 느끼게 되는 인물의 모습이 드러난다.
'그'는 상담원과 대화가 진행됨에 따라 '수치심을 느'끼게 되는데, 이는 문답의 과정을 거치며 부끄러움을 느끼게 되는 인물의 모습이라고 할 수 있다.

③ 목적을 달성하기 위해 계획을 치밀하게 준비한 인물들의 모습이 드러난다.
목적을 달성하기 위해 계획을 치밀하게 준비한 인물들의 모습이 드러난다고 할 수 없다.

④ 상반된 견해를 가진 인물에 대한 일방적인 강요가 갈등의 원인임이 드러난다.
상반된 견해를 가진 인물에 대한 일방적인 강요라고 할 수 없다.

⑤ 난처한 상황에 직면한 인물의 솔직함이 사건을 해결하는 실마리가 됨이 드러난다.
난처한 상황에 직면한 인물의 솔직함이 드러난다고 할 수 없다.

18　서술상의 특징 파악　정답률 84% | 정답 ④

㉠ ~ ㉤에 대한 이해로 적절하지 않은 것은?

① ㉠ : '눈이 반짝거렸고'와 '작은 입술은 빠르고 매끄럽게 움직였다'를 보면, 서술자가 외양 묘사를 통해 인물의 특징을 드러내고 있음을 알 수 있다.
㉠에서 '눈이 반짝거렸고'와 '작은 입술은 빠르고 매끄럽게 움직였다'에서 서술자는 외양 묘사를 통해 인물의 특징을 드러내고 있다.

② ㉡ : 서술자가 인물 간의 대화를 인용 부호 없이 서술하며 인물이 처한 상황을 드러내고 있음을 알 수 있다.
㉡에서 서술자는 상담원과 '그'의 대화를 인용 부호 없이 서술하면서, '그'가 보험회사에 사고를 접수하기 위해 상담원에게 둘러대는 상황을 드러내고 있다.

③ ㉢ : '수리를 해주러 왔던'과 '갈아주겠다고 하던'을 보면, 서술자가 과거의 사건을 바탕으로 인물에 대한 정보를 제공하고 있음을 알 수 있다.
㉢에서 '목욕탕 천장의 환기 시설이 고장 났을 때 수리를 해주러 왔던', '팬을 사오면 갈아주겠다고 하던'을 통해 과거의 사건을 바탕으로 젊은 기사에 대한 정보를 제공하고 있음을 알 수 있다.

✔ ④ ㉣ : 누가 한 말인지 서술의 주체가 분명하지 않은 것을 보면, 공간적 배경에 따라 서술자가 달라지고 있음을 알 수 있다.
'역시 공기가 안 좋아. 예민한 사람들은 오래 있으면 좋지 않지.'는 등장인물이 자신의 생각을 드러낸 것인지, 서술자가 등장인물의 생각을 드러낸 것인지 정확히 구별되지 않는다는 점에서 서술의 주체가 분명하지 않다고 볼 수 있다. 그러나 ㉣의 공간적 배경은 '그'와 중년 남자의 자동차 사고가 일어난 장소로 한정된다는 점에서, 공간적 배경에 따라 서술자가 달라진다는 진술은 적절하지 않다.

⑤ ㉤ : '재수가 없다고 할지도 모른다'를 보면, 특정 상황에서 보일 수 있는 반응을 서술자가 확정적으로 진술하지 않고 추측하여 서술하고 있음을 알 수 있다.
㉤에서 '전화를 받은 사람은 아침부터 재수가 없다고 할지도 모른다.'라며 서술자가 확정적으로 진술하지 않음으로써 특정 상황에서 보일 수 있는 반응을 추측하여 서술하고 있음을 알 수 있다.

19　외적 준거에 따른 감상　정답률 54% | 정답 ④

〈보기〉를 바탕으로 윗글을 감상한 내용으로 적절하지 않은 것은? [3점]

─〈보 기〉─
'론도'는 주제 선율이 반복되는 사이에 주제 선율과 차이를 지닌 선율이 삽입되어 주제 선율을 부각하는 음악 형식이다. '론도'라는 음악 형식을 차용한 이 작품에서 주인공은 교통사고를 두 번 겪는데, 각각의 사건에서 가해자와 피해자로서 주인공의 입장은 달라지고 이에 따라 다른 태도를 보인다. 또한 주인공 이외의 인물들도 자신이 겪은 교통사고에서 자신의 입장에 따른 이해관계를 생각하며 행동하는 모습을 보인다. 작가는 이러한 인물들의 모습을 통해 현대 사회의 이해타산적 세태를 드러내고 있다.

① '그'가 노인의 승용차 범퍼를 긁은 것과, 중년 남자가 '그'의 차를 '찌그러뜨린' 것은 모두 교통사고에 해당하는데, 이는 '론도'라는 음악 형식을 차용하여 주인공이 겪는 사건을 보여 주는 것이라 할 수 있겠군.
〈보기〉에 따르면 '론도'는 주제 선율이 반복되는 사이에 주제 선율과 차이를 지닌 선율이 삽입되어 주제 선율을 부각하는 음악 형식이다. '그'가 노인의 승용차 범퍼를 긁은 것과 중년 남자가 '그'의 차를 '찌그러뜨린' 것은 모두 교통사고에 해당하는데, 이는 '론도'라는 음악 형식을 차용하여 주인공이 겪는 사건을 보여 주는 것이라 할 수 있다.

② 노인이 '정비 공장을 찾아가서 범퍼 전체'를 교체하는 것과 코란도 차주가 '폐차해야 되겠다'고 말하며 좋아하는 모습에서 이해타산적 세태를 확인할 수 있겠군.
노인이 '정비 공장을 찾아가서 범퍼 전체'를 교체하는 것과 코란도 차주가 '폐차해야 되겠다'고 말하며 좋아하는 모습에서 이해타산적 세태를 확인할 수 있다고 볼 수 있다.

③ 노인과 시비를 벌이며 '화풀이로 차를 발로 차고 주먹질을 한' '그'가 중년 남자와의 사고를 '행운이 찾아'온 것이라 여기는 것은 자신의 입장에 따른 이해관계를 생각하며 행동하는 인물의 모습에 해당하겠군.
노인과 시비를 벌이며 '화풀이로 차를 발로 차고 주먹질을 한' '그'가 중년 남자와의 사고를 '행운이 찾아'온 것이라 여기는 것은 자신의 입장에 따른 이해관계를 생각하며 행동하는 인물의 모습에 해당한다고 볼 수 있다.

✔ '그 돈 들인 게 일주일도 안' 되었다는 '그'와 '공손히 답례라도 하고 싶은 심정'이라고 생각하는 '그'의 모습은 입장에 따라 다른 태도를 보이는 인물의 모습에 해당하겠군.
'그'는 중년 남자가 일으킨 사고 후에, 중년 남자에게 '공손히 답례라도 하고 싶은 심정'이라고 생각하고 차를 수리하기 위해 돈을 들인 것이 '일주일도 안' 되었다고 말한다. 여기에서 '그'의 입장은 중년 남자로 인해 발생한 교통사고의 피해자로, 입장이 다르지 않다.

⑤ '접촉 사고'의 상황과 '오른쪽 뒷문이 완전히 으스러진' 사고의 상황을 통해 사건에 따라 주인공의 입장이 달라진다는 점을 확인할 수 있겠군.
'접촉 사고'의 상황과 '오른쪽 뒷문이 완전히 으스러진' 사고의 상황을 통해 사건에 따라 주인공의 입장이 달라진다는 점을 확인할 수 있다고 볼 수 있다.

20~24　인문

콜린 맥긴, 『언어철학』

해제 전통적으로 철학자들은 의미 내재주의에 근거하여 인간이 대상에 대해 가진 생각과 느낌을 바탕으로 형성된 인식이 언어의 의미를 구성한다고 보았다. 의미 내재주의에 따르면 언어의 의미는 기술구에 의해 결정된다. 그러나 분석 철학자 퍼트넘은 의미 외재주의를 주장하며 기술구가 결정하는 의미가 객관적이지 않다고 보았다. 의미 외재주의에 따르면 언어의 의미는 외부세계를 구성하는 대상으로서의 지시체, 그 자체에 의해 결정되는 것이다. 퍼트넘은 '쌍둥이 지구 사고 실험'을 통해 어떤 대상에 대한 사람들의 생각과 느낌이 동일해도 대상 자체가 다를 수 있음을 논증하려 하였다. 퍼트넘은 '자연종 명사'를 근거로, 외부 세계의 대상이 가진 '실제적 본성'은 과학적 발견을 통해 알려진다는 점을 강조한다. 이때 언어 사용을 위해 언어 공동체에서 일상적으로 이루어지는 언어적 협업을 '언어적 노동 분업'이라고 한다. 이처럼 언어 외재주의를 주장한 퍼트넘은 언어를 바라보는 새로운 관점을 제시했다는 평가를 받는다.
주제 의미 외재주의를 주장한 퍼트넘의 철학

문단 핵심 내용

1문단	의미 내재주의를 강조한 전통 철학
2문단	의미 외재주의를 주장한 퍼트넘
3문단	의미 외재주의에 대한 논증으로서 '쌍둥이 지구 사고 실험'
4문단	과학적 발견에 근거한 대상의 '실제적 본성'
5문단	의미 외재주의를 강조한 퍼트넘 주장의 의의

20　내용 파악　정답률 88% | 정답 ④

윗글에서 알 수 있는 내용으로 적절하지 않은 것은?

① 의미 내재주의에 의하면 의미는 지시체에 대한 기술구에 따라 결정된다.
의미 내재주의에서는 지시체에 대한 인식을 기술한 설명을 기술구라고 하고, 언어의 의미는 기술구에 의해 결정된다고 하였다.

② 의미에 대한 전통적 관점에 의하면 대상에 대한 인간의 인식이 의미를 구성한다.
전통적으로 철학자들은 인간이 대상에 대해 가진 생각과 느낌을 바탕으로 형성된 인식이 언어의 의미를 구성한다고 보았다.

③ 의미 외재주의에 의하면 의미는 우리가 살고 있는 객관적인 외부 세계에 의해 결정된다.
의미 외재주의에서의 의미는 우리를 둘러싼 객관적인 외부 세계에 의해 결정된다고 하였다.

✔ ④ 의미 내재주의자와 퍼트넘 모두 개인이 부여한 의미의 주관성이 중요하다고 생각했다.
1문단에서 의미 내재주의는 '우리는 대상에 대해 각자 가지고 있는 인식의 일부를 언어의 의미로 제시한다'고 하였으므로, 의미 내재주의자는 의미의 주관성을 중요하게 생각한다는 것을 알 수 있다. 하지만 2문단에서 퍼트넘은 '기술구가 결정하는 의미가 객관적이지 않고 비판'하고 있어 의미의 주관성을 부정적으로 인식했음을 알 수 있다. 따라서 의미 내재주의자와 퍼트넘 모두 개인이 부여한 의미의 주관성이 중요하다고 생각했다는 것은 적절하지 않다.

⑤ 퍼트넘은 의미 내재주의자와 달리 외부 세계를 구성하는 지시체가 의미를 결정한다고 주장했다.
인간의 인식이 언어의 의미를 결정한다고 생각하는 의미 내재주의자와 달리, 퍼트넘은 외부 세계를 구성하는 지시체가 의미를 결정한다고 하였다.

21　인과 관계 파악　정답률 70% | 정답 ②

윗글을 참고할 때, ㉠의 이유로 가장 적절한 것은?

① 두 지구의 물이 같은 물질이더라도 두 지구의 사람들이 이를 서로 다른 화학식으로 표현하고 있기 때문이다.
'쌍둥이 지구 사고 실험'에서 두 지구의 물은 다른 물질이다.

✔ ② 두 지구의 사람들이 물에 대해 가진 인식이 같더라도 두 지구의 물은 서로 다른 지시체이기 때문이다.
2문단에서 퍼트넘은 외부 세계를 구성하는 대상으로서의 지시체, 그 자체가 의미를 결정한다고 주장하고 있다. 3문단에서 퍼트넘의 '쌍둥이 지구 사고 실험'은 어떤 대상에 대한 사람들의 생각과 느낌이 동일해도 대상 자체가 다를 수 있음을 보여 주려는 실험으로, 두 지구의 사람들이 물에 대해 가진 인식이 같더라도 두 지구의 물이 서로 다른 지시체이기 때문에 두 지구의 물의 의미는 같지 않다는 것을 보여 준다.

③ 두 지구의 사람들이 물에 대해 가진 생각과 느낌이 물의 의미를 결정하기 때문이다.
퍼트넘의 관점에서는 생각과 느낌이 아닌, 지시체가 언어의 의미를 결정한다.

④ 두 지구의 물이 다른 물질이더라도 기술구가 같으면 같은 물질이기 때문이다.
퍼트넘의 관점에서는 두 물질이 다르면 기술구가 같더라도 다른 물질이다.

⑤ 두 지구의 사람들이 가진 물에 대한 인식에 차이가 있기 때문이다.
퍼트넘의 관점에서는 인식이 언어의 의미를 결정하는 것이 아니다.

22 사례 적용 정답률 64% | 정답 ④

[A]를 읽은 학생이 〈보기〉에 대해 보인 반응으로 적절하지 않은 것은? [3점]

〈보 기〉
냄비를 만드는 재료로 사용되는 몰리브데넘은 자연에 존재하는 금속으로 알루미늄과 속성 및 용도가 매우 유사하다. 그러나 몰리브데넘의 원소 기호는 Mo로 Al인 알루미늄과는 다른 물질이다. 일반인들은 몰리브데넘 냄비와 알루미늄 냄비를 구별할 수 없으나 전문가들은 테스트를 통해 이를 간단히 구별한다.

① 몰리브데넘과 알루미늄의 속성이 비슷하더라도 실제적 본성에는 차이가 있겠군.
[A]에서 한 단어의 의미는 단어가 지시하는 외부 세계의 대상이 가진 '실제적 본성'에 의해 결정된다고 하였다. 따라서, 몰리브데넘과 알루미늄은 서로 다른 대상이기 때문에 속성이 비슷하더라도 두 금속이 가진 실제적 본성에는 차이가 있다고 볼 수 있다.

② 두 금속의 원소를 밝혀낸 과학적 발견을 통해 몰리브데넘과 알루미늄의 본질적 구조가 드러났겠군.
[A]에서 대상 속에 숨겨진 본질적 구조는 과학적 발견을 통해 알려진다고 하였다. 따라서 몰리브데넘과 알루미늄의 본질적 구조는 두 금속의 원소를 밝혀낸 과학적 발견을 통해 드러났다고 볼 수 있다.

③ 몰리브데넘과 알루미늄을 구별할 수 있는 소수의 전문가는 단어가 의미하는 대상의 차이를 인지하며 단어를 사용하겠군.
[A]에서 소수의 전문가들은 대상의 실제적 본성을 구별할 수 있다고 했기 때문에, 몰리브데넘과 알루미늄을 구별할 수 있는 소수의 전문가는 두 금속의 차이를 인지하며 단어를 사용한다고 볼 수 있다.

✔ ④ 자연 상태에 있던 몰리브데넘과 알루미늄이 발견되면 두 금속의 의미를 결정하기 위해서 언어 공동체의 협업이 필요하겠군.
퍼트넘은 의미가 외부 세계의 대상이 가진 '실제적 본성'에 의해 결정된다고 생각했으므로, 자연 상태에 있던 몰리브데넘과 알루미늄은 그 자체로 의미가 결정되어 있었다고 볼 수 있다. 따라서 두 금속의 의미를 결정하기 위해서 언어 공동체의 협업이 필요하다는 것은 적절하지 않다.

⑤ 전문가의 안내에 따라 일반인들이 몰리브데넘과 알루미늄이라는 단어를 구별하여 사용하게 된다면 언어적 노동 분업이 이루어진 것이겠군.
[A]에서 외부 세계의 대상이 가진 실제적 본성의 발견과 이에 대한 구별은 과학자나 감별사와 같은 소수의 전문가에 의해 이루어지고, 일반인들은 전문가의 지식에 따라 그 단어를 사용하게 된다고 하였다. 따라서 두 금속을 구별할 수 없었던 일반인들이 전문가의 안내에 따라 두 단어를 구별하여 사용하게 된다면 언어적 노동 분업이 이루어진 것으로 볼 수 있다.

23 견해 비교 정답률 84% | 정답 ⑤

〈보기〉의 관점에서 퍼트넘의 주장을 비판한 것으로 가장 적절한 것은?

〈보 기〉
외부 세계를 구성하는 어떤 대상이 단어의 의미를 결정한다면, '레몬'이라는 대상이 그 단어의 의미를 결정한다는 것은 당연하다고 볼 수 있다. 그러나 '도깨비'와 같이 외부 세계에서 존재하지 않는 대상을 지시하는 단어도 분명히 그 단어만의 의미를 지닌다.

① 단어의 의미를 구별할 때 외부 세계에 대한 관습적 사고에서 벗어나지 못했다.
단어의 의미를 구별할 때 외부 세계에 대한 관습적 사고에서 벗어난 것은 퍼트넘의 관점이다.

② 대상의 본질이 달라지면 그 대상을 나타내는 단어의 의미 역시 달라진다는 점을 간과했다.
대상을 나타내는 단어의 의미가 대상의 본질에 따라 달라질 수 있다고 본 것은 퍼트넘의 관점이다.

③ 단어의 의미를 아는 데 있어 외부 세계에 실재하는 대상의 본질을 밝히는 것을 도외시했다.
단어의 의미를 아는 데 있어 외부 세계에 실재하는 대상의 본질적 구조를 밝히는 것이 중요하다고 본 것은 퍼트넘의 관점이다.

④ 대상에 대해 사람들이 부여한 의미보다 대상 그 자체를 아는 것이 단어의 의미 결정에 중요하다.
대상에 대해 사람들이 부여한 의미보다 대상 그 자체를 아는 것이 단어의 의미 결정에 중요하다는 것은 〈보기〉의 관점과 관련이 없다.

✔ ⑤ 외부 세계가 의미 결정에 필수적이라면 인간의 상상으로 만들어진 단어들의 의미는 설명할 수가 없다.
〈보기〉는 외부 세계에 존재하지 않는 대상을 지시하는 단어도 분명히 의미를 지니고 있다는 관점으로, 외부 세계를 구성하는 대상이 단어의 의미를 결정한다는 퍼트넘의 주장과 상반된다. 따라서 〈보기〉의 관점에서 보았을 때, 퍼트넘의 주장으로는 인간의 상상으로 만들어진 단어들의 의미를 설명할 수 없다.

24 단어의 문맥적 의미 정답률 81% | 정답 ①

ⓐ와 문맥상 의미가 가장 가까운 것은?

✔ ① 그는 착한 성품을 지닌 사람이다.
ⓐ는 '바탕으로 갖추고 있다.'의 의미로, '그는 착한 성품을 지닌 사람이다.'의 '지니다'의 의미와 유사하다.

② 어릴 때 모습을 그대로 지니고 있다.
'본래의 모양을 그대로 간직하다.'의 의미로 사용되었다.

③ 그가 지닌 목걸이는 친구에게 선물로 받은 것이다.
'몸에 간직하여 가지다.'의 의미로 사용되었다.

④ 일을 성사시킬 책임을 지니고 해외로 출장을 갔다.
'어떤 일 따위를 맡아 가지다.'의 의미로 사용되었다.

⑤ 첫사랑의 추억을 평생 동안 가슴속에 지니고 살았다.
'기억하여 잊지 않고 새겨두다.'의 의미로 사용되었다.

25~27 고전 소설

작자 미상, 「낙성비룡」

감상 이 작품은 주인공이 영웅이 되기까지의 과정을 그리는 영웅 소설이다. 조실부모한 이경모는

떠돌아다니다가 양 승상의 눈에 띄어 그의 집에 의탁하게 된다. 그러나 양 승상이 죽은 후 박대를 견디지 못한 이경모는 청운사로 들어가 학업을 닦고 장원 급제를 하게 된다. 이후 국가적 차원의 난을 진압하고 양 승상의 딸과 해로한다.

주제 영웅 소설 속 남녀 주인공의 개인적 고난 극복 과정

25 내용 이해 정답률 76% | 정답 ④

윗글의 인물에 대한 이해로 적절하지 않은 것은?

① 이 공의 부인은 눈물을 흘리며 양 소저를 위로하였다.
'부인이 소저의 고운 손을 잡고 머리를 어루만지면서 눈물을 흘리며 말하기를', '가련하다 나의 현부여, 자취가 이렇듯 슬프뇨.'라는 부분을 통해 이 공의 부인은 눈물을 흘리며 양 소저를 위로하고 있음을 확인할 수 있다.

② 노인은 이생이 가진 돈을 모두 적선한 것을 알고 있었다.
'삼백 낭 은자를 통째로 주고도 사례하는 것에 대해 기뻐하지 않더니', '부인이 준 돈인데 이를 적선하여 남을 도와주었다더라는 노인의 말을 통해 노인은 이생이 가진 돈을 모두 적선한 것을 알고 있었음을 확인할 수 있다.

③ 양 소저는 이 공 부부를 모시며 그들과 함께 지내고 싶어했다.
'원하옵나니 저의 넋을 인도하여 슬하에서 뫼시기를 원하옵니다.'라는 양 소저의 말을 통해 양 소저가 이 공 부부를 모시며 그들과 함께 지내고 싶어함을 알 수 있다.

✔ ④ 이생은 천리를 가는 능력이 있어 노인에게 비서를 받을 수 있었다.
노인은 이생에게 '이 차를 마시면 천리를 갈 것이니라.'라는 말을 남겼다. 따라서 이생이 천리를 가는 능력이 있어 노인에게 비서를 받을 수 있었던 것은 아니다.

⑤ 이 공은 살아 있을 때와 달리 죽어서는 편안한 삶을 살고 있다고 말했다.
'우리 부부는 인간 세상에서는 그렇게 빈곤했는데 여기에 이르러서는 마음이 넓고 비범한 작위를 받아 이렇게 화려하게 안거하니'라는 이공의 말을 통해 이 공이 살아 있을 때와 달리 죽어서는 편안한 삶을 살고 있음을 확인할 수 있다.

26 의미 파악 정답률 72% | 정답 ⑤

㉠ ~ ㉣에 대한 설명으로 가장 적절한 것은?

① ㉠에서는 당위를 내세워 상대를 설득하고, ㉡에서는 감정에 호소하여 상대의 동의를 이끌어 내고 있다.
㉠에서는 노인이 당위를 내세워 이생을 설득하는 모습이 드러나지 않고, ㉡에서는 이생이 감정에 호소하여 노인의 동의를 이끌어 내는 모습이 드러나지 않는다.

② ㉠에서는 상대보다 우월한 신분을 통해, ㉣에서는 상대에 대한 배려를 통해 상대의 태도 변화를 촉구하고 있다.
㉠에서는 상대보다 우월한 신분을 통해 상대의 태도 변화를 촉구하는 모습이 드러나지 않고, ㉣에서는 상대에 대한 배려를 통해 상대의 태도 변화를 촉구하고 있는 모습이 드러나지 않는다.

③ ㉡과 ㉢에서는 모두 자신이 처한 상황을 언급하며 상대에게 자신의 잘못을 드러내고 있다.
㉢에서는 양 소저가 남편과 헤어져 지내는 상황과 이 공 부부에게 시부모의 제사를 정성으로 받들지 못한 자신의 잘못을 언급하는 모습이 드러나지만, ㉡에서는 이생이 처한 상황과 노인에게 자신의 잘못을 언급하는 모습이 드러나지 않는다.

④ ㉡과 ㉣에서는 모두 상대의 안위를 걱정하며 상대의 제안을 거절하고 있다.
㉣에서 이 공은 양 소저의 안위를 걱정하며 넋을 인도해 달라고 하는 양 소저의 부탁을 거절하고 있다. 하지만 ㉡에서는 이생이 노인의 안위를 걱정하며 노인의 제안을 거절하는 모습이 드러나지 않는다.

✔ ⑤ ㉢에서는 과거의 일을 근거로 자책하고 있고, ㉣에서는 미래의 일을 예측하며 상대를 만류하고 있다.
㉢에서는 양 소저가 제사를 정성으로 받들지 못하고 남편이 집을 나간 지 육 년이 되었지만 소식을 알 길이 없어 마땅히 지켜야 할 바를 지키지 못했던 과거의 일을 근거로 자책하고 있다. ㉣에서는 이 공이 지금은 곤궁하나 장래에 복록이 헤아릴 수 없이 많을 것이라는 미래의 일을 예측하며 넋을 인도해 달라는 양 소저를 만류하고 있다.

27 외적 준거에 따른 감상 정답률 55% | 정답 ④

〈보기〉를 참고하여 윗글을 감상한 내용으로 적절하지 않은 것은? [3점]

〈보 기〉
「낙성비룡」에는 시련을 겪던 남녀 주인공인 이생과 양 소저가 각각 안내자를 만나 정보를 획득하는 장면이 있다. 각각의 장면에서 안내자는 주인공에 대한 정보를 언급하고, 주인공은 안내자와의 만남을 통해 시련을 극복할 수 있는 방안에 대한 정보를 획득한다. 이때 주인공과 안내자와의 관계는 주인공이 안내자가 제공하는 정보를 신뢰하는 이유가 된다. 주인공이 안내자로부터 정보를 획득하는 과정은 다음과 같이 도식화할 수 있다.

안내자	메시지	청자
노인	○인물에 대한 정보	이생
이 공 부부	○시련과 관련된 정보	양 소저

① 노인이 이생의 잠이 많다는 점과 식사량에 대해 말하는 것은 안내자가 주인공에 대한 정보를 언급하는 것에 해당하겠군.
'그대 저리 먹는 양에 양식도 없이 어찌 살아가려 하느뇨?', '본디 잠이 많으니'라는 노인의 말은, 노인이 이생의 잠이 많다는 점과 식사량에 대해 말하는 것에 해당한다.

② 이생과 노인의 관계, 양 소저와 이 공 부부의 관계가 가족이라는 점은 남녀 주인공이 안내자를 통해 알게 된 정보를 신뢰하는 이유에 해당하겠군.
'몸을 일으켜 장인의 전후 은혜를 생각하니' 부분에서 이생에게 노인은 장인임을 알 수 있다. '양 소저는 시부모님을 처음으로 뵈어' 부분에서 양 소저에게 이 공 부부는 시부모임을 알 수 있다. 따라서 이생과 노인의 관계, 양 소저와 이 공 부부의 관계가 가족이라는 점은 남녀 주인공이 안내자를 통해 알게 된 정보를 신뢰하는 이유에 해당한다.

③ 이생이 집에서 쫓겨나 고생을 한 것과 양 소저가 남편의 소식조차 알지 못하며 지낸 것은 안내자를 만나기 전 남녀 주인공이 겪은 시련이라 볼 수 있겠군.
이생이 장인이 죽자 집에서 쫓겨나 '도로에서 방황'하고, '여러 날 고생하여 몸이 고단'한 것과 양 소저가 '지아비 집을 나간 지 육 년에 이르러 소식을 알 길이 없으니'라고 말하는 부분을 통해 안내자를 만나기 전 이생과 양 소저가 겪은 시련을 확인할 수 있다.

[문제편 p.112]

✔ 양 소저가 현실로 돌아가기 전에 이 공 부부가 준 차를 마시는 장면은 주인공이 안내자로부터 시련 극복 방법에 대한 정보를 획득하는 과정에 해당하겠군.

이 공 부부가 양 소저에게 차를 권한 것은 양 소저가 자신들이 있는 곳에 온 지 오래되었기 때문일 뿐, 양 소저가 시련 극복에 대한 정보를 획득하는 것과는 관련이 없다.

⑤ 노인이 이생에게 평안히 지내면서 공부를 할 수 있는 공간을 소개하는 것은 안내자가 주인공에게 시련 극복 방법에 대한 정보를 제공하는 것에 해당하겠군.

'낭양 땅 청운사가 매우 부유하고 그 절의 승려가 의기가 많으니 족히 안거하여 공부를 착실히 할 수 있을지라.'라는 노인의 말을 통해 이생에게 시련 극복 방법에 대한 정보를 제공하는 안내자의 역할을 확인할 수 있다.

28~31 사회

노재호, 『민법 교안』

해제 공유물을 처분하기 위해서는 공유자 전원의 동의가 필요하다. 공유자는 언제든지 공유물 분할을 요청할 수 있고, 협의에 의한 분할이 이루어지기 어려운 경우에는 재판에 의한 분할을 받을 수 있다. 협의 또는 재판에 의해 공유물을 분할하는 방법에는 현물 분할, 대금 분할, 가격 배상이 있다. 협의에 의한 분할의 경우 공유물 분할 방법을 공유자들이 임의로 선택할 수 있지만, 재판에 의한 분할의 경우 공유물 그 자체를 분량적으로 나누는 현물 분할을 원칙으로 한다. 현물 분할의 예외 사유에 해당하는 경우 공유물의 경매를 통한 대금 분할이 가능하다. 마지막으로 특별한 사정이 있는 경우에는 공유물 전체를 특정인이 소유하도록 허용하여 다른 공유자에게 지분의 합리적인 가격을 배상하게 하는 가격 배상이 가능하다. 공유물 분할 방법은 법원 재량에 기초하며 법원의 공정한 판단은 공유 관계의 원만한 해소를 도모한다는 점에서 의의를 가진다.

주제 공유물 분할 방법의 법적 유형과 성격

문단 핵심 내용

1문단	공유물 처분의 요건
2문단	협의 또는 재판에 의한 공유물 분할
3문단	공유물 분할 방법의 종류와 현물 분할의 성격
4문단	대금 분할의 성격
5문단	가격 배상의 성격
6문단	재판에 의한 공유물 분할의 의의

---

28 전개 방식 파악 | 정답률 85% | 정답 ④

윗글에 대한 설명으로 가장 적절한 것은?

① 공유물 분할의 장단점을 제시한 후 그 의의를 밝히고 있다.
6문단에서 재판에 의한 공유물 분할의 의의를 밝히고 있지만, 공유물 분할의 장단점을 제시하고 있지는 않다.

② 공유물 분할의 개념을 정의하고 분할 사례를 열거하고 있다.
2문단에서 공유물 분할의 개념을 정의하고 있으나, 공유물 분할의 사례를 열거하고 있지는 않다.

③ 공유물 분할 방법의 한계를 검토한 후 대안을 제시하고 있다.
공유물 분할 방법의 한계를 검토하고 있지 않다.

✔ 공유물 분할 방법을 구분한 후 각각의 특징을 설명하고 있다.
3문단에서 공유물 분할 방법을 현물 분할, 대금 분할, 가격 배상으로 구분한 후, 3~5문단에서 각각의 특징을 설명하고 있다.

⑤ 공유물 분할의 절차를 단계별로 제시한 후 각 단계에서의 유의점을 밝히고 있다.
공유물 분할의 절차를 단계별로 제시하고 있지 않다.

★★★ 등급을 가르는 문제!

29 내용 파악 | 정답률 50% | 정답 ②

윗글을 이해한 내용으로 적절하지 않은 것은?

① 공유자는 보유한 공유물의 지분을 나머지 공유자들의 동의를 구하지 않고 처분할 수 있다.
1문단을 통해 공유물과 달리 공유물의 지분은 다른 공유자의 동의 없이도 자유롭게 처분할 수 있다는 점을 알 수 있다.

✔ 공유자 전원이 대금을 나눠 갖는 분할 방법은 법원이 개입하지 않으면 공유자들이 선택할 수 없다.
3문단에서 협의에 의한 분할은 재판에 의한 분할과 달리 세 가지 분할 방법 중 임의로 그 방법을 공유자들이 선택할 수 있다고 하였으므로, 법원의 개입 없이도 당사자 간의 협의를 통해 대금 분할을 할 수 있다는 점을 알 수 있다.

③ 공유자는 공유물 분할을 제한하는 법률의 규정이나 별도의 특약이 없는 경우에 공유 관계 종료를 요청할 수 있다.
2문단을 통해 공유자는 법률의 규정이나 별도의 특약이 있는 경우를 제외하고는 자신이 원하면 언제든지 공유 관계 종료를 요청할 수 있다는 점을 알 수 있다.

④ 공유자가 세 명 이상인 경우에 현물 분할을 원하지 않는 공유자들은 법원의 판단에 따라 공유 관계로 남을 수 있다.
3문단을 통해 세 명 이상이 공유하는 물건을 현물 분할하는 경우에는 분할 청구자의 지분 한도 내에서 현물 분할을 하고 분할을 원하지 않는 나머지 공유자들은 공유 관계로 남는 것도 허용된다는 점을 알 수 있다.

⑤ 공유자 중 특정인이 법원의 판단에 따라 공유물 전체를 소유하게 될 경우 다른 공유자에게 지분의 가격을 배상해야 한다.
5문단을 통해 법원이 공유물 전체를 특정인이 소유하도록 허용하는 경우, 공유물 전체를 소유하게 되는 자는 다른 공유자에게 지분의 합리적인 가격을 배상해야 한다는 점을 알 수 있다.

★★ 문제 해결 꿀~팁 ★★

▶ 많이 틀린 이유는?
이 문제는 법이 적용될 수 있는 상황과 조건을 정확히 파악하지 못한 경우가 많았기에 오답률이 높았던 것으로 보인다.

▶ 문제 해결 방법은?
이 문제는 공유물 분할이 어떻게 진행되고 어떤 방법이 적용될 수 있는지에 대해 판단하는 것이 핵심이다. 지문의 주된 내용은 현물 분할, 대금 분할, 가격 배상과 같은 공유물 분할 방법에 대해 설명하고 있다. 이러한 공유물 분할 방법이 적용될 수 있는 상황을 먼저 이해해야 한다. 3문단에서 '협의로 분할이 이루어진다면 그 방법을 공유자들이 임의로 선택할 수 있으나 재판에 의하여 공유물을 분할하는 경우에는 현물 분할의 방법에 의함이 원칙'이라고 제시하고 있음을 확인할 수 있다. 따라서 ②의 경우 협의가 가능하다면 법원이 개입하지 않아도 공유자들이 대금을 나눠 갖는 분할 방법을 선택할 수 있다는 점에서 적절하지 않다.

---

30 내용 추론 | 정답률 78% | 정답 ③

㉠과 ㉡에 대한 이해로 적절하지 않은 것은?

① ㉠과 ㉡은 모두 공동 소유 관계에 있는 모든 이가 당사자로 참여한다.
2문단을 통해 협의에 의한 분할은 당사자 전원이 참여한 협의를 통해 진행되며, 재판에 의한 분할은 공유자 전원이 소송 당사자가 되는 필수적 공동 소송을 통해 진행된다는 점을 알 수 있다.

② ㉠은 ㉡과 달리 분할 방법을 선택할 수 있는 권한이 공유자에게 있다.
3문단을 통해 협의로 분할이 이루어진다면 공유자가 그 방법을 임의로 선택할 수 있다는 점을 알 수 있다.

✔ ㉠은 ㉡과 달리 공유물을 분량적으로 나누는 방법으로 공유물을 분할할 수 있다.
3문단을 통해 협의에 의한 분할과 재판에 의한 분할로 공유물을 분할하는 방법에는 현물 분할, 대금 분할, 가격 배상이 있다는 점을 알 수 있다. 따라서 두 분할 방법 모두 공유물을 분량적으로 나누는 분할 방법인 현물 분할을 통해서 공유물을 분할할 수 있다.

④ ㉡은 ㉠과 달리 공유물 분할을 희망하는 자가 제기한 소송을 전제로 한다.
2문단을 통해 재판에 의한 분할은 분할을 희망하는 공유자가 나머지 공유자들을 상대로 법원에 소송을 제기해야 이루어진다는 점을 알 수 있다.

⑤ ㉡은 ㉠과 달리 공유자 중 일부가 분할에 협력하지 않을 경우에 이루어진다.
2문단을 통해 공유자 중 일부가 분할에 협력하지 않아 협의에 의한 분할이 이루어지기 어려운 경우, 분할을 원하는 공유자는 재판에 의한 분할을 통해 공유물을 분할받을 수 있다는 점을 알 수 있다.

---

31 사례 적용 | 정답률 51% | 정답 ⑤

윗글을 바탕으로 〈보기〉를 이해한 내용으로 적절하지 않은 것은? [3점]

〈보 기〉
갑은 을과 병을 상대로 공유물 분할 청구 소송을 제기하였다. 갑은 토지 중 일부가 고압선 아래에 위치하여 해당 부분의 토지를 분할받는 자의 경우 분할 이전보다 손해를 보게 된다는 점을 이유로 대금 분할을 요청하였으며, 을과 병은 현물 분할을 희망하고 있다. 이 사건에 대해 법원은 토지의 경제적 가치 차이를 고려하여 분할 면적을 조정함으로써 공평하고 합리적인 분할이 가능하다고 보아 현물 분할을 하도록 판결을 내렸다.

① 갑은 분할받을 현물의 가치가 크게 줄어들어 손해 볼 것을 염려하여 경매를 통한 분할을 원하는 것이군.
4문단에서 공유자 중 한 사람이라도 현물 분할 후 단독 소유하게 될 부분의 가치가 분할 전 소유 지분의 가치보다 현저히 줄어들 염려가 있는 경우에 법원은 공유물의 경매를 명해 그 대금을 분할하게 할 수 있음을 알 수 있다. 따라서 〈보기〉에서 갑이 대금 분할을 요청한 것은 토지 중 일부가 고압선 아래에 위치하므로 해당 부분의 토지를 분할받을 경우 현물의 가치가 크게 줄어들어 손해 볼 것을 염려했기 때문으로 볼 수 있다.

② 을과 병이 희망하는 분할 방법은 재판에 의한 분할 시 원칙이 되는 분할 방법이군.
3문단에서 재판에 의하여 공유물을 분할하는 경우에는 현물 분할의 방법에 의함이 원칙이라는 점을 알 수 있다. 따라서 〈보기〉에서 을과 병이 희망하는 현물 분할은 재판에 의한 분할 시 원칙이 되는 분할 방법이라 볼 수 있다.

③ 법원은 분할 청구인이 갑이 요청하는 방법에 구애받지 않고 재량에 따라 판단을 내린 것이겠군.
6문단에서 법원은 세 가지 공유물 분할 방법 중 분할 청구자가 원하는 방법에 구애받지 않고 재량에 따라 합리적인 방법으로 분할을 명할 수 있음을 알 수 있다. 따라서 〈보기〉에서 법원의 판결은 분할 청구인인 갑의 요청과 상관없이 재량에 따라 판단하여 현물 분할을 명한 것으로 볼 수 있다.

④ 법원은 경제적 가치가 지분 비율에 상응하도록 토지를 분할하는 것이 가능하다고 본 것이겠군.
3문단에서 토지를 분할하는 경우 원칙적으로는 면적이 그 공유 지분의 비율과 같도록 분할해야 하나, 토지의 형상이나 위치 등으로 인해 경제적 가치가 균등하지 않을 때에는 경제적 가치가 지분 비율에 상응하도록 현물 분할하는 것도 허용된다는 점을 알 수 있다. 따라서 〈보기〉에서 법원은 경제적 가치가 지분 비율에 상응하도록 하여 분할 면적을 조정하는 방법이 가능하다고 보아 현물 분할을 명한 것으로 볼 수 있다.

✔ 법원은 공유자들의 지분을 조정함으로써 공유 관계의 원만한 해소가 가능하다고 보아 현물 분할을 명한 것이겠군.
3문단을 통해 법원이 토지를 현물 분할할 때에는 공유자들의 권리인 지분을 조정하는 것이 아니라 경제적 가치가 지분 비율에 상응하도록 분할 면적을 조정한다는 점을 알 수 있다. 따라서 〈보기〉의 법원의 판결이 공유자들의 지분을 조정하여 현물 분할을 명했다는 진술은 적절하지 않다.

32~37 주제 통합(과학·기술)

(가) 리넷 존스, 『햅틱스』

해제 햅틱 장치는 주로 사용자의 손을 통해 가상 물체에 관한 정보를 전달하고, 사용자는 포스 피드백에 의해 가상 물체를 만지고 있다고 인지한다. 포스 피드백의 일종인 **진동 촉감**을 전달하기 위해서는 주로 **압전 구동 장치를 통한 방법**이 주로 활용된다. 이 방법은 전압의 조절만으로 압전 소자의 진동수와 진폭을 조절할 수 있기 때문에 인간이 쉽게 인지할 수 있는 진동 영역을 만들 수 있다는 이점이 있다. 한편 물체 표면의 거칠기에 대한 **포스 피드백**은 진동 표면과 손가락 사이에 형성된 공기층인 '**스퀴즈 필름**'을 활용하여 만들 수 있다. 스퀴즈 필름에 작용하는 공기 유체의 힘인 '스퀴즈 힘'이 클수록 마찰 계수는 작아진다. 인간은 물체의 마찰 계수 정도에 따라 거친 촉감, 부드러운 촉감, 울퉁불퉁한 느낌을 받는데, 이를 통해 가상 물체의 종류를 파악한다.

문단 핵심 내용

1문단	햅틱 장치와 포스 피드백의 정의
2문단	압전 구동 장치를 통해 진동 촉감을 만드는 방법
3문단	거칠기에 대한 포스 피드백의 전달과 가상 물체 종류 파악 방법

(나) 리넷 존스, 『햅틱스』

해제 현실과 가까운 가상의 촉감을 만들 수 있는 햅틱 장치 개발을 위해서는 **인간의 촉각 인지 과정을 파악하는 것이 중요**하다. 이때 인간의 손은 체감각 피질에서 넓은 영역을 차지하기 때문에 외부 자극에 민감하게 반응할 수 있다. 한편 **기계 수용체는 감각 순응의 속도에 따라 빠른 순응 수용체와 느린 순응 수용체로 분류**된다. 또한 감각 수용장의 넓이에 따라 타입Ⅰ 수용체와 타입Ⅱ 수용체로 나눌 수 있다. 물체와 접촉할 때 모든 종류의 기계 수용체가 반응하지만, 자극의 종류에 따라 결정적 역할을 하는 기계 수용체의 종류는 달라지며, 기계 수용체에 따라 민감하게 반응하는 주파수 영역 역시 달라진다.

| 주제 | 인간의 촉각 인지 과정에 쓰이는 기계 수용체의 종류와 성격 |

문단 핵심 내용

1문단	햅틱스에서 인간의 촉각 인지 과정 파악의 중요성
2문단	외부 자극에 따른 인간의 촉각 인지 과정
3문단	기계 수용체의 분류 기준과 그 종류
4문단	자극의 종류에 따라 달라지는 기계 수용체
5문단	기계 수용체에 따라 달라지는 주파수 영역

32 내용 파악 　　　　　정답률 61% | 정답 ②

(가)를 읽고 가질 수 있는 의문 중에서 (나)를 통해 해결할 수 있는 내용으로 적절하지 <u>않은</u> 것은?

① 가상 환경 사용자는 왜 200 ~ 300 Hz의 진동을 쉽게 인지할 수 있을까?
(나)의 5문단에서 빠른 순응 타입Ⅱ 수용체는 200 ~ 300 Hz 영역의 자극에 민감하게 반응하는데, 이 수용체는 기계 수용체 중에서 역치가 가장 낮아 해당 영역 주파수의 미세한 자극 변화를 감지하는 역할을 한다고 하였다. 이는 200 ~ 300 Hz의 진동을 가상 환경 사용자가 쉽게 인지할 수 있는 이유에 해당한다.

☑ 햅틱 장치에서 진동 촉감이 물리적 포스 피드백을 대표하는 이유는 무엇일까?
(가)의 2문단에서 진동 촉감이 물리적 신호에 해당하는 대표적인 포스 피드백이라는 점은 알 수 있으나, 왜 진동 촉감이 햅틱 장치가 만드는 물리적 포스 피드백을 대표하는지는 (나)에서 확인할 수 없다.

③ 사용자가 포스 피드백에 의해 물체를 만지고 있다고 인지하게 되는 과정은 어떻게 될까?
(나)의 2문단에서 외부의 특정 자극이 피부에 닿으면 피부에 있는 수용체가 활성화되어 전기적 신호가 발생하고, 이 신호가 촉감을 담당하는 뇌의 체감각 피질로 전달되어 인간은 외부 자극을 자각하게 된다고 하였다. 이는 가상 환경 사용자가 포스 피드백에 의해 물체를 만지고 있다고 인지하게 되는 과정에 해당한다.

④ 촉각을 통해 물체를 인지할 수 있는 가상 환경 기계 장치를 햅틱 장치라고 부르는 이유는 무엇일까?
(나)의 1문단에서 '햅틱'이라는 단어는 '촉각의', '만지는'이라는 뜻을 지닌 말이라고 하였고, 인간의 촉각과 관련된 일련의 지각 과정과 가상 환경에서 가상의 촉감을 만들어 내는 기술을 연구하는 분야를 햅틱스라고 하였다. 이는 촉각을 통해 물체를 인지할 수 있는 가상 환경 기계 장치를 햅틱 장치라고 부르는 이유에 해당한다.

⑤ 촉각을 통해 가상 환경의 물체를 인지할 때 주로 사용자의 손을 통해 정보를 전달하는 이유는 무엇일까?
(나)의 2문단에서 인간의 손은 체감각 피질의 영역이 다른 신체 부위보다 넓기 때문에 손에 가해지는 자극에 민감하게 반응할 수 있다고 하였다. 이는 촉각을 통해 가상 환경의 물체를 인지할 때 주로 사용자의 손을 통해 가상 물체에 관한 정보를 전달하는 이유에 해당한다.

★★★ 등급을 가르는 문제!
33 내용 파악 　　　　　정답률 50% | 정답 ②

(가), (나)에서 확인할 수 있는 내용으로 적절하지 <u>않은</u> 것은?

① 신체 부위에 따라 타입Ⅰ 수용체의 분포 정도가 다르다.
(나)의 3문단에서 '다른 기계 수용체와 달리 타입Ⅰ 수용체는 손가락 끝에 집중되어 있고 손목에서 팔 방향으로 올라갈수록 점진적으로 수가 줄어든다'라고 하였으므로, 신체 부위에 따라 타입Ⅰ 수용체의 분포 정도가 다르다는 점을 알 수 있다.

☑ 피부에 닿는 외부 자극이 강해질수록 활성화되는 체감각 피질의 영역이 넓어진다.
(나)의 2문단을 통해 피부에 닿는 자극이 강해질수록 수용체에서 발생하는 전기적 신호가 커진다는 점을 알 수 있다. 그러나 피부에 닿는 외부 자극이 강해질수록 활성화되는 체감각 피질의 영역이 넓어지는 것은 아니다.

③ 떨어진 물건을 손으로 줍는 경우 물건과 접촉하는 모든 종류의 기계 수용체가 반응한다.
(나)의 4문단에서 '우리가 손으로 물체를 만질 때 피부는 물리적으로 자극을 받기 때문에 물체와 접촉하는 모든 종류의 기계 수용체가 반응'한다고 하였으므로, 떨어진 물건을 손으로 줍는 경우 물건과 접촉하는 모든 종류의 기계 수용체가 반응한다는 점을 알 수 있다.

④ 압전 소자의 인장과 수축 현상은 압전 소자 내부의 쌍극자들이 이동하기 때문에 나타난다.
(가)의 2문단에서 압전 소자는 음극과 양극을 연결하는 방식에 따라 압전 소자 내의 쌍극자들이 음극과 양극으로 끌려가거나 멀어지면서 인장과 수축 현상이 일어난다고 하였다, 압전 소자의 인장과 수축 현상은 압전 소자 내부의 쌍극자들이 이동하기 때문에 나타난다는 점을 알 수 있다.

⑤ 물리적 신호에 해당하는 포스 피드백이 특정 신체 부위에 계속해서 가해지면 느린 순응 수용체가 활성화된다.
(나)의 3문단에서 '빠른 순응 수용체에서는 자극이 가해지거나 사라지는 때에만 전기적 신호가 발생'하고 '느린 순응 수용체에서는 자극이 가해지는 동안에는 계속해서 전기적 신호가 발생'한다고 하였으므로,

---

물리적 신호에 해당하는 포스 피드백이 특정 신체 부위에 계속해서 가해지면 느린 순응 수용체가 활성화된다는 점을 알 수 있다.

★★ 문제 해결 꿀~팁 ★★

▶ 많이 틀린 이유는?
이 문제는 지문에 주어진 정보의 개념을 정확하게 파악하지 못했기에 오답률이 높았던 것으로 보인다.
▶ 문제 해결 방법은?
이 문제를 해결하기 위해서는 인간의 촉각 인지 과정이 어떻게 이루어지는지를 명확하게 파악할 수 있어야 한다. (나)의 2문단을 통해 피부에 닿는 외부 자극이 강해질수록 수용체에서 발생하는 전기적 신호 역시 커진다는 것을 알 수 있다. 또한 '체감각 피질에서 넓은 영역을 차지하는 신체의 피부일수록 자극에 민감하게 반응한다. 따라서 ②의 경우 피부에 닿는 외부 자극이 강해질수록 활성화되는 체감각 피질의 영역이 넓어진다는 것은 적절하지 않은 내용임을 확인할 수 있다. 이와 같은 문제를 해결하기 위해서는 지문에 제시된 내용과 선지가 요구하는 바가 대응하는지를 꼼꼼하게 확인해야 한다.

★★★ 등급을 가르는 문제!
34 내용 파악 　　　　　정답률 44% | 정답 ⑤

(가)를 바탕으로 〈보기〉를 이해한 내용으로 적절하지 <u>않은</u> 것은? [3점]

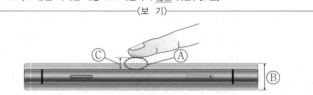

〈보 기〉

그림은 압전 구동 장치를 활용한 햅틱 장치와 손가락 사이에 스퀴즈 필름이 형성된 모습을 도식화한 것이다. Ⓐ는 햅틱 장치의 진동 표면과 손가락 사이에 형성된 공기층을, Ⓑ는 진동 표면의 진동 진폭을, Ⓒ는 진동 표면과 손가락 사이의 거리를 나타낸 것이다.

① Ⓐ는 주변의 공기보다 압력이 높아 진동 표면의 마찰 계수를 감소시키는 역할을 한다.
(가)의 3문단을 통해 진동 표면과 손가락 사이에 압축된 얇은 공기층이 형성되면 진동 표면의 마찰 계수가 감소한다는 점을 알 수 있다.

② Ⓑ가 일정한 상태에서 진동 표면에 손가락을 가까이 가져가면 진동 표면의 마찰력이 감소한다.
Ⓑ가 일정한 상태에서 진동 표면에 손가락을 가까이 가져가면 진동 표면과 손가락 사이의 거리는 짧아진다. 스퀴즈 힘은 진동 진폭을 진동 표면과 손가락 사이의 거리로 나눈 값이 클수록 커지므로, Ⓑ가 일정한 상태에서 진동 표면에 손가락을 가까이 가져가면 진동 표면의 마찰력이 감소한다.

③ Ⓑ를 1 μm 이상 유지한 상태와 0인 상태가 반복되는 진동 표면을 만지게 되면 울퉁불퉁한 느낌을 받게 된다.
(가)의 3문단을 통해 스퀴즈 필름이 형성되기 위해서는 진동 표면의 진동 진폭이 1 μm 이상이 되어야 한다는 점과 마찰 계수가 일정하지 않은 물체를 만질 때에는 울퉁불퉁한 느낌을 받는다는 점을 알 수 있다. 〈보기〉에서 Ⓑ가 1 μm 이상 유지될 때에는 스퀴즈 필름이 형성되어 진동 표면의 마찰계수가 감소하지만, Ⓑ가 0일 때에는 스퀴즈 필름이 형성되지 않기 때문에 진동 표면의 마찰 계수는 변하지 않는다. 따라서 Ⓑ를 1 μm 이상 유지한 상태와 0인 상태가 반복되는 진동 표면을 만지게 되면 울퉁불퉁한 느낌을 받게 된다.

④ Ⓒ가 일정한 상태에서 손가락 접촉면의 반지름이 커지면 스퀴즈 힘이 커져서 진동 표면의 마찰력이 감소한다.
(가)의 3문단을 통해 손가락 접촉면의 반지름을 h로 나눈 값이 클수록 스퀴즈 힘이 커진다는 것을 알 수 있으므로, Ⓒ가 일정한 상태에서 손가락 접촉면의 반지름이 커지면 스퀴즈 힘이 커져서 진동 표면의 마찰력이 감소한다.

☑ 손가락을 그대로 유지한 상태에서 전압을 높이면 Ⓑ를 Ⓒ로 나눈 값이 커져서 원래보다 거친 느낌을 줄 수 있다.
(가)의 2문단을 통해 압전 소자의 인장과 수축 정도는 가해지는 전압이 클수록 커진다는 점과 전압의 조절만으로 압전 소자의 진동수와 진폭을 조절할 수 있다는 점을 알 수 있다. 손가락을 그대로 유지한 상태에서 전압을 높이면 초음파 진동수로 진동하는 물체의 진동 진폭은 커져 Ⓑ를 Ⓒ로 나눈 값도 커지게 된다. 스퀴즈 힘은 진동 진폭을 진동 표면과 손가락 사이의 거리로 나눈 값이 클수록 커진다. 따라서 손가락을 그대로 유지한 상태에서 전압을 높이면 스퀴즈 힘이 커져 진동 표면의 마찰력이 감소하기 때문에 원래보다 부드러운 느낌을 줄 수 있다.

★★ 문제 해결 꿀~팁 ★★

▶ 많이 틀린 이유는?
이 문제는 지문이 제시한 개념을 이해하고 계산 적용을 통한 판단을 요하는 것이 핵심이었기에 오답률이 높았던 것으로 보인다.
▶ 문제 해결 방법은?
이 문제를 해결하기 위해서는 거칠기에 대한 포스 피드백이 만들어지는 과정과 촉감의 종류가 결정되는 기준을 이해하고 있어야 한다. 먼저 (가)의 2문단에 따르면 '압전 소자의 인장과 수축 정도는 가해지는 전압이 클수록 커진다'는 점을 알 수 있다. 따라서 ⑤의 경우 '손가락을 그대로 유지한 상태에서 전압을 높이'면 압전 소자의 인장과 수축에 따른 진동 진폭은 커지고, 진동 진폭이 Ⓑ를 Ⓒ로 나눈 값도 커진다는 점을 확인할 수 있다. 한편 (가)의 3문단에 따르면 Ⓑ를 Ⓒ로 나눈 값이 클수록 스퀴즈 힘이 커지고, 스퀴즈 힘이 클수록 마찰 계수는 작아진다. 인간은 마찰 계수가 '작은 물체를 만질 때는 부드러운 촉감'을 느끼게 되므로 '원래보다 거친 느낌을 줄 수 있다'고 보는 ⑤의 내용은 적절하지 않다.

35 내용 추론 　　　　　정답률 65% | 정답 ③

윗글을 참고할 때, ㉠의 이유로 가장 적절한 것은?

① 스퀴즈 필름이 발생하면서 스퀴즈 힘의 크기가 증가하여 햅틱 장치의 마찰력이 없어지기 때문에
스퀴즈 필름이 발생하면 햅틱 장치의 마찰력이 감소할 뿐, 햅틱 장치의 마찰력이 없어지는 것은 아니다.

② 포스 피드백의 발생 유무에 따라 스퀴즈 힘의 크기가 달라져 햅틱 장치에서 스퀴즈 필름이 만들어지기 때문에
스퀴즈 힘의 크기가 스퀴즈 필름이 만들어지는 조건은 아니다.

✓ 진동 진폭의 변화가 스퀴즈 필름 발생 유무나 스퀴즈 힘의 크기에 영향을 주어 햅틱 장치의 마찰력이 달라지기 때문에

(가)의 3문단을 통해 스퀴즈 필름은 진동 표면의 진동 진폭이 1㎛ 이상이고, 손가락 접촉면의 반지름이 h보다 클 때 형성된다는 점과 진동 진폭이나 손가락 접촉면의 반지름을 h로 나눈 값이 클수록 스퀴즈 힘이 커진다는 점을 알 수 있다. 따라서 사용자가 가상 물체를 만질 때, 가상 환경 시스템이 햅틱 장치의 초음파 진동을 제어하면 진동 진폭에 따라 스퀴즈 필름의 발생 유무나 스퀴즈 힘의 크기가 달라져 진동 표면의 마찰력이 달라지고, 이로 인해 사용자는 물체 표면의 거칠기를 알 수 있게 된다.

④ 진동 진폭이 증가하여 스퀴즈 필름이 발생하면 스퀴즈 힘의 크기가 감소하여 햅틱 장치의 마찰력이 작아지기 때문에

스퀴즈 힘은 스퀴즈 필름에 작용하는 공기 유체의 힘이므로, 스퀴즈 필름이 발생할 때 스퀴즈 힘의 크기가 감소하는 것은 아니다.

⑤ 진동이 발생하여 스퀴즈 힘의 크기가 0이 되면 스퀴즈 필름이 형성되지 않아 햅틱 장치의 마찰력이 최대가 되기 때문에

스퀴즈 필름은 진동 표면의 진동 진폭이 1㎛ 이상이고, 손가락 접촉면의 반지름이 h보다 클 때 형성될 뿐, 진동이 발생한다고 하여 스퀴즈 힘의 크기가 0이 되는 것은 아니다.

---

36 사례 적용   정답률 56% | 정답 ④

(나)를 바탕으로 〈보기〉의 ㄱ ~ ㄷ을 이해한 내용으로 적절하지 **않은** 것은?

───── 〈보 기〉 ─────
ㄱ. 실험 결과 안경을 착용하는 사람이 자신이 안경을 착용하고 있다는 사실을 인지한 대부분의 경우는 안경을 착용할 때나 자신이 착용한 안경을 벗을 때였다.

ㄴ. 손가락 몇 개를 피실험자의 아랫입술과 등 부위에 접촉하면서 몇 개가 접촉되었는지 맞히게 하였더니, 아랫입술에 접촉한 손가락 개수만 정확하게 맞히었고, 등 부위는 손가락이 닿은 것도 모르는 경우가 있었다.

ㄷ. 100명의 피실험자에게 1 Hz, 10 Hz, 40 Hz, 100 Hz, 300 Hz, 500 Hz로 진동하는 물체를 문질러 보게 하였더니 거의 모든 사용자는 1 Hz, 10 Hz의 진동은 부드러운 촉감으로, 40 Hz, 100 Hz의 진동은 약간 거친 촉감으로, 300 Hz, 500 Hz 진동은 다소 거친 촉감으로 분류하였으며, 모든 피실험자는 10 Hz, 100 Hz, 500 Hz 진동의 거칠기도 감지할 수 있었다.

① ㄱ : 빠른 순응 수용체에서 안경을 착용하고 벗을 때에만 전기적 신호가 발생했음을 보여 준다.

(나)의 3문단을 통해 빠른 순응 수용체에서는 자극이 가해지거나 사라지는 때에만 전기적 신호가 발생하고 자극의 세기가 변하지 않으면 전기적 신호가 발생하지 않는다는 점을 알 수 있다.

② ㄴ : 아랫입술에 분포한 타입 Ⅰ 수용체의 수가 등 부위보다 많다는 것을 보여 준다.

(나)의 3문단에서 타입 Ⅰ 수용체가 많을수록 약한 자극에도 민감하게 반응할 수 있고, 타입 Ⅰ 수용체는 신체 부위에 따라 분포 정도가 다르다고 하였다.

③ ㄴ : 체감각 피질에 아랫입술에 해당하는 영역의 넓이가 등 부위에 해당하는 영역보다 넓다는 것을 보여 준다.

(나)의 2문단에서 체감각 피질에서 넓은 영역을 차지하는 신체의 피부일수록 자극에 민감하게 반응한다고 하였다.

✓ ㄷ : 물체의 부드러운 촉감과 거친 촉감의 구별은 감각 수용장의 넓이에 따라 결정된다는 것을 보여 준다.

(나)의 5문단을 통해 느린 순응 타입 Ⅰ 수용체는 1 Hz 이하의 저주파 영역의 자극에, 빠른 순응 타입 Ⅰ 수용체는 30 ~ 40 Hz 영역의 자극에, 빠른 순응 타입 Ⅱ 수용체는 200 ~ 300 Hz 영역의 자극에 민감하게 반응한다는 점을 알 수 있다. 〈보기〉의 ㄷ에서 피실험자는 1 Hz의 진동을 부드러운 촉감으로 인식하였는데, 이는 느린 순응 타입 Ⅰ 수용체가 민감하게 반응했기 때문이라 추측할 수 있다. 또한 피실험자들이 40 Hz의 진동을 약간 거친 촉감으로, 300 Hz의 진동을 다소 거친 촉감으로 인식한 것은 각각 빠른 순응 타입 Ⅰ 수용체와 빠른 순응 타입 Ⅱ 수용체가 민감하게 반응했기 때문이라 추측할 수 있다. 이를 통해 물체의 부드러운 촉감과 거친 촉감의 구별은 감각 수용장의 넓이가 아닌, 감각 순응의 속도에 따라 결정된다는 것을 알 수 있다.

⑤ ㄷ : 기계 수용체가 민감하게 반응하는 주파수 범위 이외의 진동 자극도 감지할 수 있다는 것을 보여 준다.

(나)의 5문단에서 느린 순응 타입 Ⅰ 수용체는 1 Hz 이하의 저주파 영역의 자극에, 빠른 순응 타입 Ⅰ 수용체는 30 ~ 40 Hz 영역의 자극에, 빠른 순응 타입 Ⅱ 수용체는 200 ~ 300 Hz 영역의 자극에 민감하게 반응한다고 하였다. 그런데 ㄷ의 실험 결과 피실험자들은 10 Hz, 100 Hz, 500 Hz로 진동하는 물체의 거칠기를 감지할 수 있었다. 따라서 ㄷ의 실험 결과는 기계 수용체가 민감하게 반응하는 주파수 범위 이외의 진동 자극도 감지할 수 있다는 것을 보여 준다고 할 수 있다.

---

37 단어의 사전적 의미   정답률 86% | 정답 ③

문맥상 ⓐ ~ ⓔ와 바꿔 쓰기에 가장 적절한 것은?

① ⓐ : 조성(造成)하는
'조성하다'는 '무엇을 만들어서 이루다.'의 의미를 가지고 있다.

② ⓑ : 유발(誘發)되어
'유발되다'는 '어떤 것에 이끌려 다른 일이 일어나다.'의 의미를 가지고 있다.

✓ ⓒ : 유사(類似)한
'유사하다'는 '서로 비슷하다.'의 의미를 가지고 있으므로, '성질이나 특성이 기준이 되는 것과 비슷하다.'의 의미를 지닌 '가깝다'와 바꿔 쓸 수 없다.

④ ⓓ : 변형(變形)되는
'변형되다'는 '모양이나 형태가 달라지다.'의 의미를 가지고 있다.

⑤ ⓔ : 차별(差別)되는데
'차별되다'는 '둘 이상의 대상이 각각 등급이나 수준 따위의 차이가 두어져서 구별되다.'의 의미를 가지고 있다.

38~42 갈래 복합

(가) 민우룡, 「금루사」

감상   이 작품은 제주를 방문한 작자가 그곳에서 인연을 맺은 기생과의 만남과 헤어짐, 이별로 인한 고통을 노래한 가사이다. 이별로 볼 수 없는 임을 일시적으로 만나는 매개로 꿈이 활용되고 있으며,

---

인물들이 천상에서 지상으로 쫓겨나는 적강 화소를 차용하여 화자와 임의 운명적인 사랑과 이별을 보여 주고 있다.

주제   임에 대한 그리움과 재회의 소망

(나) 김창흡, 「그리운 외손녀」

감상   이 작품은 글쓴이와 외손녀 사이의 일화를 통해 사별한 외손녀에 대한 애틋한 사랑과 이별의 정한을 보여 주고 있다. 화자는 외손녀의 성품을 칭송하며, 함께했던 추억을 회상한다. 외손녀를 떠나보낸 후에도 계속해서 그리워하는 마음을 통해 외손녀에 대한 깊은 애정과 슬픔을 드러내고 있다.

주제   외손녀에 대한 애틋한 사랑과 이별의 정한

---

38 내용 비교   정답률 66% | 정답 ①

(가)와 (나)의 공통점으로 가장 적절한 것은?

✓ 영탄적 표현을 활용하여 자신의 심정을 강조하고 있다.

(가)에서는 '어와 ~ 우습도다'와 같은 영탄적 표현을 활용하여 '임'과 이별한 상황에서 느끼는 화자의 심정을 강조하고 있다. (나)에서는 '아! 이처럼 ~ 알리겠는가?'와 같은 영탄적 표현을 활용하여 '외손녀'와 사별한 상황에서 느끼는 글쓴이의 심정을 강조하고 있다.

② 인물 간의 차이를 밝혀 대상이 지닌 장점을 예찬하고 있다.

(나)는 '비녀나 귀고리에 악착을 부리는 미운 습성'을 지닌 사람과의 차이를 밝히며 외손녀의 담박한 심성을 예찬하고 있다. (가)는 임의 외모를 예찬하고 있지만 '낙포선녀'와의 차이를 밝히고 있지는 않다.

③ 명령형 어조를 사용하여 대상의 태도 변화를 요구하고 있다.

(가)는 '저버리지 말게 하라'며 명령형 어조로 임이 자신을 다시 사랑해 주기를 바라는 대상의 태도 변화를 요구하고 있지만, (나)는 그렇지 않다.

④ 반어적 표현을 활용하여 대상에 대한 부정적 평가를 부각하고 있다.

(가)와 (나)는 반어적 표현을 활용하지 않는다.

⑤ 고사 속 인물을 언급하여 자신의 삶을 성찰하는 태도를 드러내고 있다.

(가)는 '낙포선녀', '편작' 등의 고사 속 인물을, (나)는 '칠실녀'라는 고사 속 인물을 언급하고 있지만 이를 통해 자신의 삶을 성찰하는 태도를 드러내고 있지는 않다.

---

39 표현상 특징 파악   정답률 82% | 정답 ⑤

[A] ~ [E]에 대한 설명으로 적절하지 **않은** 것은?

① [A] : 설의적 표현을 사용하여 임을 잊지 못한 채 살아온 화자의 심정을 보여 주고 있다.

[A]는 '속세에 묻혔다고 오랜 인연 잊을쏘냐'라는 설의적 표현을 사용하여 임을 잊지 못한 채 살아온 화자의 심정을 보여 주고 있다.

② [B] : 특정 시어를 반복하여 화자와 임과의 거리감을 강조하고 있다.

[B]는 '넓고'라는 시어를 반복하여 '천하에 동서로 나뉘어 '은하수'를 사이에 두고 있는 화자와 임과의 거리감을 강조하고 있다.

③ [C] : 대구적 표현을 사용하여 이별의 한을 풀어 줄 사람이 임밖에 없음을 부각하고 있다.

[C]는 '이 불을 누가 끄리오', '이 병을 누가 고치리오'와 같은 대구적 표현을 사용하여 이별의 한을 풀어 줄 사람이 임밖에 없음을 부각하고 있다.

④ [D] : 비현실적인 상황을 설정하여 임을 만나고 싶어하는 화자의 마음을 드러내고 있다.

[D]는 '나비를 말로 삼아' 임에게 가겠다는 비현실적 상황을 설정하여 임을 만나고 싶어하는 화자의 마음을 드러내고 있다.

✓ [E] : 자연물을 활용하여 임에게 마음을 전하기 위한 화자의 노력을 드러내고 있다.

[E]는 '오동잎에 비 떨어지는 소리'로 인해 꿈에서 깨어나게 된 화자의 상황과, '새벽 달빛에 작은 별뿐'이라는 표현으로 자신이 바라는 바를 이루지 못한 채 꿈에서 깨어난 화자의 허망함을 드러내고 있다. 따라서 자연물을 활용한 것은 맞지만 임에게 마음을 전하기 위한 화자의 노력을 드러내고 있는 것은 아니다.

---

40 내용 파악   정답률 61% | 정답 ①

(나)에 대한 이해로 적절하지 **않은** 것은?

✓ '나'는 사람들이 '외손녀'에 대해 아는 것을 바라지 않았다.

(나)의 글쓴이는 '누가 불쌍히 여기고 누가 세상에 알리겠는가?'라고 말하며 죽은 외손녀에 대해 자신이 세상 사람들에게 알리고 싶다는 마음을 드러내고 있다. 따라서 사람들이 외손녀에 대해 아는 것을 바라지 않았다는 것은 적절하지 않다.

② '나'는 '외손녀'에게 자신의 마음을 전하고 싶어 글을 썼다.

'몇 줄의 짧은 글을 ~ 너의 넋이 이를 알 것인가 모를 것인가?'를 통해 확인할 수 있다.

③ '나'는 '외손녀'가 밝은 성품과 슬기로움을 지녔다고 생각했다.

'빼어난 슬기와 고운 성품으로 안과 밖이 해맑았다.'를 통해 확인할 수 있다.

④ '외손녀'는 여인의 장신구를 중요하게 여기지 않았다.

'외손녀'는 '항차나 진주는 티끌처럼 여기고 '비녀나 ~ 부리'는 미운 습성과는 비교할 수 없는 신령한 마음을 지니고 있으므로 외손녀가 장신구를 중요하게 여기지 않았다는 것을 알 수 있다.

⑤ '외손녀'는 책 속 인물들의 절개와 행실을 높이 평가했다.

'외손녀'는 본받을 만한 충신과 열사들을 위해 어떤 일도 마다하지 않았다고 했으므로 그들의 절개와 행실을 높이 평가했음을 알 수 있다.

---

41 시어와 시구의 의미와 기능 파악   정답률 65% | 정답 ⑤

㉠과 ㉡에 대한 이해로 가장 적절한 것은?

① ㉠은 화자가 임과 함께 지냈던 공간을, ㉡은 글쓴이가 외손녀와 함께 지냈던 시간을 의미한다.

① ㉠은 화자가 임과 함께 지냈던 공간을 의미하지 않는다. ㉡은 글쓴이가 외손녀와 함께 지냈던 시간을 의미하지 않는다.

② ㉠은 화자와 임의 만남이, ㉡은 글쓴이와 외손녀의 만남이 이루어질 수 있다는 희망을 보여 준다.
㉠은 화자와 임의 만남이 이루어질 수 있다는 희망을 보여 주지 않는다. ㉡은 글쓴이와 외손녀의 만남이 이루어질 수 있다는 희망을 보여 준다고 볼 수 있다.

③ ㉠은 화자가 만족하며 살았던, ㉡은 글쓴이가 만족하지 못하며 살았던 이유에 대해 생각하게 한다.
㉠은 화자가 만족하며 살았던 이유에 대해 생각하게 하지 않는다. ㉡은 글쓴이가 만족하지 못하며 살았던 이유에 대해 생각하게 하지 않는다.

④ ㉠은 화자가 임을 만나기 위해 넘어야 할, ㉡은 글쓴이가 슬픔을 잊기 위해 끊어 내야 할 대상이다.
㉠은 화자가 임을 만나기 위해 넘어야 할 대상이라고 볼 수 있다. ㉡은 글쓴이가 슬픔을 잊기 위해 끊어 내야 할 대상이 아니다.

☑ ㉠은 화자의 마음이 임에게 전해질 수 없는, ㉡은 글쓴이의 마음이 외손녀에게 전해질 수 있는 이유이다.
㉠은 화자와 임 사이를 가로막는 장애물로 화자의 마음이 임에게 전해질 수 없게 한다. ㉡은 양 끝이 '묶여 이어'져 있고, 양 끝은 글쓴이와 외손녀를 의미하므로 글쓴이의 마음이 외손녀에게 전해질 수 있게 한다는 것을 알 수 있다.

---

42 외적 준거에 따른 감상　정답률 77% | 정답 ③

〈보기〉를 참고하여 (가), (나)를 감상한 내용으로 적절하지 않은 것은? [3점]

〈보 기〉
만남과 이별은 문학 작품의 오랜 소재로 다양한 방식을 통해 작품에서 형상화되고 있다. (가)는 인물들이 천상에서 지상으로 쫓겨나는 적강 화소를 차용하여 화자와 임의 운명적인 사랑과 이별을, (나)는 글쓴이와 외손녀 사이의 일화를 통해 사별한 외손녀에 대한 애틋한 사랑과 이별의 정한을 보여 주고 있다.

① (가)에서 화자와 임이 선계에서 훔친 '복숭아'를 '주고받은' 죄를 지어 인간 세상에 '귀양' 왔다는 것을 통해 적강 화소를 차용했음을 알 수 있군.
천상의 '신선'이었던 화자는 임이 훔친 '복숭아'를 '주고받은' 죄로 지상에 '귀양'을 오게 되었으므로 이 작품이 적강 화소를 차용했음을 알 수 있다.

② (가)에서 화자가 '제주 땅'에서 '전생 모습 그대로'인 임을 만나게 되었다는 것을 통해 천상에서 맺은 임과의 인연이 지상에서도 이어지고 있음을 알 수 있군.
화자가 '전생 모습 그대로'인 임을 '제주 땅'에서 다시 만났다는 것에서 천상에서 맺은 임과의 인연이 지상에서도 이어지고 있다는 것을 알 수 있다.

☑ (가)에서 화자가 천상으로 돌아가 '상제'에게 자신의 정을 저버린 임의 '죄'를 알리고 싶어하는 모습은 임과의 이별을 운명으로 받아들이려는 화자의 태도를 드러내고 있군.
(가)에서 화자가 '황옥경'에 올라가서 상제께 임의 죄를 아뢰겠다고 하는 것은 임이 마음을 돌려 다시 자신을 사랑해 주기를 바라는 화자의 마음을 나타내는 것일 뿐, 임과의 이별을 운명으로 받아들이려는 태도를 드러내는 것은 아니다.

④ (나)에서 글쓴이와 '종남산의 정자'에서 만난 외손녀가 글쓴이의 곁에서 '옛글'을 읽었던 일화를 통해 외손녀에 대한 애틋한 사랑과 추억을 드러내고 있군.
글쓴이와 '종남산의 정자'에서 만난 외손녀가 글쓴이의 곁에서 '옛글'을 읽었던 일화에서 외손녀에 대한 애틋한 사랑과 추억을 드러내고 있음을 알 수 있다.

⑤ (나)에서 글쓴이가 '화음동 골짜기'에서 함께 하기로 했던 외손녀와의 '약속'을 지키지 못한 것을 애통해 하는 모습을 통해 외손녀와의 사별의 정한을 드러내고 있군.
글쓴이가 외손녀와 '화음동 골짜기'에 '함께 가기'로 한 '약속'을 지키지 못한 것에 대해 안타까워하는 모습에서 외손녀에 대한 사별의 정한을 알 수 있다.

43~45 현대시

(가) 정일근, 「주머니 속의 바다」

[감상] 이 작품은 **바다를 일반적인 상식에서 벗어난 모습으로 다양하게 표현하며 바다에 대한 새로운 시각을 드러내고 있다.** 사람들은 바다를 통해 사랑과 위로를 얻으며, 바다는 그들에게 소중한 친구 같은 존재로 이야기된다. 바다에 대한 묘사를 통해 시인은 바다가 사람들의 삶에 깊이 스며들어 있음을 강조한다.
[주제] 삶의 동반자로서 바다의 소중함

(나) 나희덕, 「속리산에서」

[감상] 이 작품은 **산을 새로운 시선으로 바라보고 산과 사람의 관계를 표현**하며 산을 오르는 것과 삶의 태도에 대한 인식 전환을 드러내고 있다. 화자는 속리산을 오르며 삶은 더 높이 오르는 과정이 아니라, 더 깊이 들어가는 과정이라는 깨달음을 얻는다. 경쟁과 성취를 추구하는 산 아래에서의 일상이야말로 오히려 더 가파른 고비였음을 일깨우며, 삶의 깊이와 여유를 강조하는 새로운 삶의 방향을 제시한다.
[주제] 속리산에서 깨달은 삶의 태도

★★★ 등급을 가르는 문제!

43 표현상 특징 파악　정답률 38% | 정답 ①

(가), (나)의 표현상 특징에 대한 설명으로 가장 적절한 것은?

☑ (가)는 음성 상징어를 사용하여 생동감을 주고 있다.
(가)는 '불쑥', '주섬주섬'이라는 음성 상징어를 사용하여 각각 마을 사람들이 주머니 속에 있던 바다를 꺼내는 모습과 선물로 주기 위해 바다를 챙기는 모습을 생동감 있게 그려 내고 있다.

② (가)는 수미상관을 사용하여 대상의 특성을 부각하고 있다.
(가)는 수미상관을 사용하지 않고 있다.

---

③ (나)는 공감각적 심상을 통해 대상을 묘사하고 있다.
(나)는 공감각적 심상을 활용하지 않고 있다.

④ (나)는 계절의 흐름을 통해 대상의 변화 양상을 제시하고 있다.
(나)는 계절의 흐름을 활용하지 않고 있다.

⑤ (가)와 (나)는 모두 시선의 이동에 따라 시상을 전개하여 시적 분위기를 고조하고 있다.
(가)와 (나)는 모두 시선의 이동에 따라 시상을 전개하고 있지 않다.

★★ 문제 해결 꿀~팁 ★★

▶ 많이 틀린 이유는?
이 문제는 익숙하지 않은 음성 상징어가 제시되었기에 판단이 쉽지 않아 오답률이 높았던 것으로 보인다.
▶ 문제 해결 방법은?
이 문제를 해결하기 위해서는 음성 상징어를 판단할 수 있어야 한다. 음성 상징어는 소리와 의미의 관계가 필연적인 것으로 여겨지는 단어를 뜻하며, 음성 상징어의 종류에는 의성어와 의태어가 있다. ①의 경우 '불쑥'과 '주섬주섬'은 사람이나 사물의 모양이나 움직임을 흉내 낸 말인 의태어에 속하기 때문에 음성 상징어이다.

---

44 시어와 시구의 의미와 기능 파악　정답률 76% | 정답 ⑤

㉠ ~ ㉤에 대한 이해로 적절하지 않은 것은?

① ㉠을 활용하여 바다를 대하는 마을 사람들의 행동을 믿지 못하는 상황을 부각하고 있다.
'설마'는 '그럴 리는 없겠지만.'이라는 뜻으로, '마을 사람들'이 '바다를 주머니에 넣고 다닌'다는 것에 의문을 가지며 믿지 못하는 상황을 부각하고 있다.

② ㉡을 활용하여 바다를 소중히 여기는 화자의 마음을 드러내고 있다.
'곱게'는 '곱다'의 부사형으로 '곱다'는 '그대로 온전하다.'라는 뜻이며, 화자가 '바다'를 그대로 온전하게 '접어' 왔다는 것을 통해 바다를 소중히 여기는 화자의 마음을 드러내고 있다.

③ ㉢을 활용하여 화자가 여전히 높은 곳에 도달하는 것을 중요시하고 있음을 드러내고 있다.
'아직'은 어떤 일이나 상태가 끝나지 아니하고 지속되고 있음을 나타내는 말로, 화자가 여전히 높이에 대한 선망을 가지고 높은 곳에 도달하는 것을 중요시하고 있음을 드러내고 있다.

④ ㉣을 활용하여 산을 오르는 것보다 산 아래서의 삶이 더 힘겨운 것이었음을 부각하고 있다.
'오히려'는 '일반적인 기준이나 예상, 짐작, 기대와는 전혀 반대가 되거나 다르게.'라는 뜻으로, '산을 오르는' 것보다 '산 아래'에서의 '하루하루'가 '더 가파른 고비', 즉 더 힘겨운 것이었음을 부각하고 있다.

☑ ㉤을 활용하여 산에서 깨달은 삶의 목표를 화자가 쉽게 이룰 수 있음을 강조하고 있다.
화자는 '단숨에' 오를 수도 있는 높이를 길게 길게 늘여서 자신 앞에 펼쳐주는 '속리산'을 오르며, 더 높이 오르는 삶보다 더 깊이 들어가는 삶이 중요하다는 점을 인식하게 된다. 따라서 '쉬지 아니하고 곧장.'이라는 뜻을 지닌 '단숨에'가 속리산을 오르며 깨달은 화자가 자신의 목표를 쉽게 이룰 수 있음을 강조하고 있다는 진술은 적절하지 않다.

---

45 외적 준거에 따른 감상　정답률 72% | 정답 ⑤

〈보기〉를 참고하여 (가), (나)를 감상한 내용으로 적절하지 않은 것은? [3점]

〈보 기〉
시인은 대상을 바라보는 익숙한 시각을 버리고 새로운 관점에서 대상을 형상화한다. (가)는 바다를 일반적인 상식에서 벗어난 모습으로 다양하게 표현하며 바다에 대한 새로운 시각을 드러내고 있다. (나)는 산을 새로운 시선으로 바라보고 산과 사람의 관계를 표현하며 산을 오르는 것과 삶의 태도에 대한 인식 전환을 드러내고 있다.

① (가)는 바다를 '주머니에 넣'거나 '손바닥 위'에 '올려놓'을 수 있는 대상으로 표현하여 바다의 크기에 대한 새로운 시각을 드러내고 있다.
바다가 거대하다는 일반적인 상식에서 벗어나 바다를 '주머니에 넣'거나 '손바닥 위'에 '올려놓'을 수 있을 만큼 작은 것으로 표현하고 있다.

② (가)는 흰색의 이미지를 활용하여 바다를 '손수건'과 '갈치떼'에 비유하여 바다를 익숙한 시각에서 벗어난 모습으로 형상화하고 있다.
바다의 모습을 '흰 손수건'과 '하얀 갈치 떼'로 비유하여 바다를 익숙한 시각에서 벗어난 모습으로 형상화하고 있다.

③ (가)는 바다를 '사람과 함께 눈뜨'고 '잠드는' 대상으로 표현하여 바다를 사람과 더불어 살아가는 생명이 있는 존재로 형상화하고 있다.
바다를 '사람과 함께 눈뜨'고 '잠'든다고 표현하여 사람과 더불어 살아가는 생명이 있는 존재로 형상화하고 있다.

④ (나)는 속리산이 '나'에게 '길을 열어 보'인다고 표현하여 속리산을 등반의 대상이 아닌 행위의 주체로 나타내고 있다.
속리산이 '나'에게 '길을 열어 보'인다고 표현하여 속리산을 행위의 주체로 나타내고 있다.

☑ (나)는 속리산을 '어깨를 낮추며' '속삭'이는 대상으로 표현하여 속리산을 타인을 위해 희생하는 존재로 형상화하고 있다.
(나)에서 속리산은 화자에게 '어깨를 낮추며' 화자가 넘는 것은 '산이 아니라 / 산 속에 갇힌 시간'이라고 '속삭'이면서 산을 더 높이 오르는 것만이 중요하지 않음을 알려 준다. 그러므로 속리산을 타인을 위해 희생하는 존재로 형상화하고 있다고 볼 수 없다.

• 정답 •

01⑤ 02① 03① 04① 05③ 06④ 07② 08④ 09③ 10⑤ 11② 12④ 13③★ 14①★ 15①
16④ 17① 18④ 19②★ 20③ 21⑤ 22① 23② 24④★ 25⑤ 26⑤ 27② 28④ 29④ 30④
31③ 32② 33⑤ 34②★ 35⑤ 36②★ 37② 38⑤ 39③ 40⑤ 41② 42④ 43③ 44④ 45①

★ 표기된 문항은 [등급을 가르는 문제]에 해당하는 문항입니다.

[01~03] 화법

01 발표자의 말하기 방식 파악 | 정답률 74% | 정답 ⑤

위 발표자의 말하기 방식으로 가장 적절한 것은?

① 화제와 관련한 질문을 던지며 청중과 상호 작용하고 있다.
이 발표에서 발표자가 화제와 관련하여 청중에게 질문을 던지는 모습은 찾아볼 수 없다.

② 화제에 대한 청중의 관심을 요청하며 발표를 마무리하고 있다.
발표자는 흑립이 지닌 의의를 언급하며 발표 내용과 관련한 궁금한 점이 있으면 질문할 것을 요구하며 발표를 마치고 있다. 발표자가 화제에 대한 청중의 관심을 요청하지는 않고 있다.

③ 화제를 친숙한 소재에 빗대어 표현하여 청중의 이해를 돕고 있다.
청중에게 친숙한 명칭인 '갓'을 언급하여 청중의 이해를 돕고 있지만, 흑립을 친숙한 소재에 빗대어 표현한 내용은 발표에 나타나지 않는다.

④ 발표 순서를 안내하여 청중이 발표 내용을 예측하며 듣도록 하고 있다.
발표 처음에서 발표자는 발표 화제에 대해 언급하고 있지만, 발표 순서를 안내하지는 않고 있다.

✔ ⑤ 청중과 공유하고 있는 경험을 환기하며 화제를 선정한 이유를 밝히고 있다.
1문단의 '지난 수업 시간에 우리는 조선 시대의 전통 복식에 대해 배웠는데요'를 통해, 발표자는 청중과 공유하고 있는 경험인 수업을 환기하면서, 전통 모자에 대한 내용에 흥미를 느껴 흑립을 화제로 선정했음을 밝히고 있다.

02 발표 자료 활용의 이해 | 정답률 69% | 정답 ①

다음은 발표자가 제시한 자료이다. 발표자의 자료 활용에 대한 설명으로 적절하지 않은 것은?

[자료 1]   [자료 2]   [자료 3]

✔ ① 입영에 사용되는 다양한 재료를 설명하기 위해 ㉠에 [자료 1]을 활용하였다.
발표자는 ㉠에 [자료 1]을 활용하여 입영을 설명하면서, 입영이 길어지고 재료가 다양해져서 흑립의 장식적 요소로 활용되었음을 말하고 있다. 따라서 발표자는 ㉠에 [자료 1]을 활용하여 입영에 사용되는 다양한 재료를 설명하지는 않고 있으므로 적절하지 않다.

② 흑립을 구성하는 각 요소의 명칭과 기능을 설명하기 위해 ㉠에 [자료 1]을 활용하였다.
2문단을 통해 발표자는 [자료 1]을 제시하면서 흑립을 구성하는 대우, 양태, 입영에 대해 설명하고 있으므로 적절하다.

③ 회자의 위치를 보여 주기 위해 ㉡에 [자료 2]를 활용하였다.
3문단을 통해 발표자는 [자료 2]를 제시하면서 대우의 윗부분에 회자가 달려 있음을 말하고 있으므로, 회자의 위치를 보여 주기 위해 ㉡에 [자료 2]를 활용하였음을 알 수 있다.

④ 양태를 장식한 문양을 보여 주기 위해 ㉡에 [자료 2]를 활용하였다.
3문단을 통해 발표자는 [자료 2]를 제시하면서 흑립의 양태가 박쥐 문양으로 장식되어 있음을 설명하고 있으므로 적절하다.

⑤ 갈모를 사용하는 방법을 설명하기 위해 ㉢에 [자료 3]을 활용하였다.
4문단을 통해 발표자는 [자료 3]을 제시하면서 갈모의 쓰임새에 대해 설명하고 있으므로, 갈모를 사용하는 방법을 설명하기 위해 ㉢에 [자료 3]을 활용하였음을 알 수 있다.

03 청중의 질문 추론 | 정답률 84% | 정답 ①

〈보기〉는 청자와 발표자가 나눈 질의응답의 일부이다. [A]에 들어갈 청자의 질문으로 적절하지 않은 것은? [3점]

〈보 기〉
청자 : 발표 잘 들었습니다. 그런데 듣고 나서 궁금한 점이 생겨서 질문드립니다.

[A]

발표자 : 그 내용은 발표에 없었네요. 추가로 말씀드리겠습니다.

✔ ① 양반들이 갈모를 항상 가지고 다녔다고 말씀하셨는데, 그 이유가 무엇인가요?
4문단을 통해 양반들이 비나 눈이 오면 흑립을 보호하기 위해 항상 갈모를 가지고 다녔다는 내용이 드러나 있다. 따라서 양반들이 갈모를 항상 가지고 다닌 이유를 묻는 질문은 발표를 듣고 난 뒤의 궁금한 질문이라 할 수 없다.

② 품계에 따라 회자의 재료가 달랐다고 말씀하셨는데, 품계별로 어떤 재료를 사용했나요?
3문단에서 발표자가 양반의 품계에 따라 회자의 재료가 달랐다고만 말하고 있으므로, 품계별로 어떤 재료를 사용했는가라는 질문은 [A]에 들어가기에 적절하다.

③ 박쥐 문양으로 흑립을 장식한다고 말씀하셨는데, 또 다른 문양에는 어떤 것이 있나요?
3문단에서 발표자는 흑립의 양태가 박쥐 문양으로 제시되어 있고 그 밖의 다른 문양에 대해서는 설명하지 않고 있으므로, 또 다른 문양에는 어떤 것이 있는가라는 질문은 [A]에 들어가기에 적절하다.

④ 흑립은 일상복을 입을 때 착용했다고 말씀하셨는데, 일상복이 아닌 복장일 때는 어떤 모자를 착용했나요?
2문단에서 발표자는 흑립을 일상복을 입을 때 착용한다고 말하고 있으므로, 일상복이 아닌 복장일 때는 어떤 모양을 착용했는가라는 질문은 [A]에 들어가기에 적절하다.

⑤ 흑립은 말총이나 대나무로 만든다고 말씀하셨는데, 말총으로 만든 것과 대나무로 만든 것의 장단점은 무엇인가요?
2문단에서 발표자는 흑립을 말총이나 대나무로 만든다고는 언급하고 있지만, 이 둘의 장단점은 말하고 있지 않다. 따라서 말총으로 만든 것과 대나무로 만든 것의 장단점이 무엇인가라는 질문은 [A]에 들어가기에 적절하다.

[04~07] 화법과 작문

04 사회자의 말하기 방식 파악 | 정답률 81% | 정답 ①

(가)의 '학생 1'에 대한 설명으로 적절하지 않은 것은?

✔ ① 대화 참여자의 의견에 동의하고 그 이유를 설명하고 있다.
'학생 1'의 다섯 번째 발화를 통해, '학생 1'은 '네 말이 맞아.'라고 '학생 2'의 의견에 동의하고 있지만 그 이유를 설명하지는 않고 있다.

② 대화 목적을 제시하고 대화 참여자의 발언을 유도하고 있다.
'학생 1'의 첫 번째 발화를 통해, '학생 1'이 대화 목적을 제시하면서 대화 참여자의 발언을 유도하고 있음을 알 수 있다.

③ 대화 중간에 대화 내용을 정리하고 대화의 흐름을 전환하고 있다.
'학생 1'의 네 번째 발화를 통해, '학생 1'이 대화 중간에 대화 내용을 정리하고 대화의 흐름을 전환하고 있음을 알 수 있다.

④ 대화 참여자의 발언을 일부 재진술하고 자신의 이해 여부를 점검하고 있다.
'학생 1'의 두 번째 발화를 통해, '학생 1'은 어려운 원작을 빠르고 쉽게 이해할 수 있다고 '학생 3'의 발언을 일부 재진술하면서, '그렇지?'라는 질문을 통해 자신의 이해 여부를 점검하고 있음을 알 수 있다.

⑤ 대화 참여자의 발언 중 이해되지 않는 부분을 언급하고 추가 설명을 요청하고 있다.
'학생 1'은 세 번째 발화를 통해, '학생 1'이 '학생 2'의 발언 중 이해되지 않는 부분, 즉 '대중문화 콘텐츠 시장의 성장'과 '요약 콘텐츠의 인기 현상'의 연관성에 대한 추가 설명을 요청하고 있음을 알 수 있다.

05 참여자의 말하기 방식 파악 | 정답률 71% | 정답 ③

[A], [B]에 대한 설명으로 가장 적절한 것은?

① [A]에서 '학생 2'는 '학생 3'의 발화 내용을 요약한 후 생소한 용어에 대한 설명을 요청하고 있다.
[A]에서 '학생 2'는 '학생 3'의 발화 내용을 요약하고 있지 않으며, 생소한 용어에 대한 설명도 요청하지 않고 있다.

② [A]에서 '학생 3'은 '학생 2'의 의문을 해결하며 자신의 의견에 대한 '학생 2'의 의견을 확인하고 있다.
[A]의 '학생 3'의 두 번째 발화를 통해, '학생 2'의 의문을 해결하고 있음을 알 수 있다. 하지만 자신의 의견에 대한 '학생 2'의 의견을 확인하지는 않고 있다.

✔ ③ [B]에서 '학생 3'은 '학생 2'의 발화 내용에 동의한 후 추가로 생각해 볼 만한 점을 제시하고 있다.
[B]의 '학생 3'의 두 번째 발화를 통해, 요약 콘텐츠 제작자에게 해석의 자유가 있다는 '학생 2'의 발화 내용에 동의하고 있음을 알 수 있다. 그런 다음 '학생 3'은 원작의 메시지가 왜곡된 요약 콘텐츠를 시청하고 그 해석이 원작에 대한 유일한 해석이라고 생각하는 것이 정말 문제라고, 추가로 생각해 볼 만한 점을 제시하고 있음을 알 수 있다.

④ [B]에서 '학생 2'는 '학생 3'의 발화 내용을 비판하고 '학생 3'이 제시한 의견의 한계를 지적하고 있다.
[B]에서 '학생 2'는 '학생 3'의 의견의 한계를 지적하지는 않고 있다.

⑤ [A]와 [B] 모두에서 '학생 2'는 '학생 3'의 발화 내용에 이의 를 제기하고 잘못된 점을 바로잡고 있다.
[A]에서 '학생 2'는 '학생 3'에게 질문하고 있지만 이의를 제기하며 잘못된 점을 바로 잡지는 않고 있다.

06 대화 내용 반영 양상 파악 | 정답률 72% | 정답 ④

'학생 1'이 (가)를 바탕으로 〈보기〉의 내용 전개에 따라 (나)를 작성했다고 할 때, 적절하지 않은 것은?

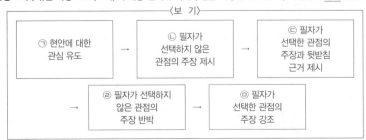

〈보 기〉

| ㉠ 현안에 대한 관심 유도 | → | ㉡ 필자가 선택하지 않은 관점의 주장 제시 | → | ㉢ 필자가 선택한 관점의 주장과 뒷받침 근거 제시 |
| | | ㉣ 필자가 선택하지 않은 관점의 주장 반박 | → | ㉤ 필자가 선택한 관점의 주장 강조 |

① ㉠ : (가)에서 언급된 요약 콘텐츠의 인기에 대해 구체적인 수치를 제시하여 요약 콘텐츠와 관련된 현안에 대한 관심을 유도하고 있다.
(나)의 1문단에서 (가)에서 언급된 요약 콘텐츠의 인기를 입증할 수 있는 요약 콘텐츠의 조회 수를 제시하여 '요약 콘텐츠 시청'이라는 현안에 대한 관심을 유도하고 있음을 알 수 있다.

② ㉡ : (가)에서 언급된 요약 콘텐츠의 댓글 내용을 바탕으로 요약 콘텐츠 시청을 긍정적으로 바라보는 관점의 주장을 제시하고 있다.

(나)의 2문단을 통해, (가)에서 언급된 요약 콘텐츠의 댓글 내용을 바탕으로 필자가 선택하지 않은 관점의 주장을 제시하고 있음을 알 수 있다.

③ ⓒ : (가)에서 언급된 요약 콘텐츠 시청의 문제점을 반영하여 요약 콘텐츠 시청이 바람직한 작품 감상 방법이 아니라는 주장을 뒷받침하고 있다.
(나)의 3문단을 통해, (가)에서 언급된 요약 콘텐츠 시청의 문제점을 반영하여 필자가 선택한 관점의 주장을 뒷받침하고 있음을 알 수 있다.

✔ ⓓ : (가)에서 언급되지 않은 사례를 추가하여 요약 콘텐츠 시청을 긍정적으로 바라보는 관점의 주장을 반박하고 있다.
(나)의 4문단을 통해, 요약 콘텐츠 시청을 긍정적으로 바라보는 관점의 주장을 반박하고 있음을 알 수 있다. 하지만 (나)의 4문단에서는 (가)에서 언급되지 않은 사례를 추가하지는 않고 있다.

⑤ ⓔ : (가)에서 언급되지 않은 전문가의 견해를 인용하여 지속적으로 요약 콘텐츠만 시청하는 것은 문제가 된다는 주장을 강조하고 있다.
(나)의 5문단을 통해, (가)에서 언급되지 않은 전문가인 대중문화 평론가의 견해를 인용하여 요약 콘텐츠 시청을 부정적으로 바라보는 관점의 주장을 강조하고 있음을 알 수 있다.

07 조건을 반영하여 제목 작성하기 정답률 84% | 정답 ②

〈조건〉을 반영하여 (나)의 제목을 작성한 것으로 가장 적절한 것은?

─〈조 건〉─
○ (나)의 마지막 문단과 관련한 글쓴이의 문제의식을 드러낼 것.
○ 부제에서 대구와 비유적 표현을 모두 활용할 것.

① 요약 콘텐츠, 5분 요약의 허점
－ 겉으로는 번지르르, 알고 보면 속 빈 강정
(나)의 마지막 문단과 관련한 글쓴이의 문제의식이 드러나 있고, 부제에서 비유적 표현을 확인할 수 있지만 대구는 확인할 수 없다.

✔ 쉽게 얻으려다 본질을 놓치는 요약 콘텐츠 시청
－ 오늘은 시간 아끼려는 지름길, 내일은 사고력 잃는 고생길
〈조건〉을 통해 제목은 (나)의 마지막 문단과 관련한 글쓴이의 문제의식을 드러내야 하고, 부제에서 '대구와 비유적 표현 활용'해야 함을 알 수 있다. 그리고 (나)의 마지막 문단을 통해 지속적으로 요약 콘텐츠를 시청하는 것은 비판적 사고 능력의 저하로 이어지며, 작은 것을 탐하다 큰 것을 놓치는 격이라는 글쓴이의 문제의식을 알 수 있다. 이러한 내용을 바탕으로 할 때 〈조건〉을 만족하는 제목은 ②로, ②의 '쉽게 얻으려다 본질을 놓치는 요약 콘텐츠 시청'은 (나)의 마지막 문단과 관련한 글쓴이의 문제의식을 보여 주는 것이라 할 수 있다. 그리고 부제를 통해 '지름길', '고생길'이라는 비유적 표현과 유사한 문장 구조를 활용한 대구가 드러남을 알 수 있다.

③ 요약 콘텐츠, 제작자의 시선으로 원작을 재해석하다
－ 해석의 자유인가 원작의 왜곡인가
(나)의 마지막 문단과 관련한 글쓴이의 문제의식이 드러나 있지 않으며, 부제에서 대구는 확인할 수 있지만 비유적 표현은 확인할 수 없다.

④ 요약 콘텐츠 시청, 떠먹여 주기식 작품 감상의 한계
－ 쉽고 빠르게 먹으려다 체할 수도 있다면
(나)의 마지막 문단과 관련한 글쓴이의 문제의식이 드러나 있고, 부제에서 비유적 표현을 확인할 수 있지만 대구는 확인할 수 없다.

⑤ 대중문화 콘텐츠 시장에 불어온 새바람, 요약 콘텐츠
－ 요약 콘텐츠의 인기 요인을 분석하다
(나)의 마지막 문단과 관련한 글쓴이의 문제의식이 드러나 있지 않으며, 부제에서 대구와 비유적 표현을 모두 확인할 수 없다.

[08~10] 작문

08 작문 계획의 반영 여부 파악 정답률 91% | 정답 ④

다음은 초고를 작성하기 전에 학생이 떠올린 생각이다. ㉠ ~ ㉤ 중, 학생의 초고에 반영되지 않은 것은?

○ 올리고당이 주목받는 배경을 소개하며 글을 시작해야겠어. ················ ㉠
○ 올리고당을 설탕과 비교하며 올리고당이 가지는 장점을 제시해야겠어. ········· ㉡
○ 탄수화물 분자 구조를 언급하며 올리고당의 특성을 설명해야겠어. ··········· ㉢
○ 프락토올리고당과 이소말토올리고당이 지닌 문제점을 언급하며 그 원인을 분석해야겠어. ··· ㉣
○ 잘 알려져 있지 않은 사실을 언급하며 올리고당 제품 선택 시도움이 될 수 있는 정보를 제공해야겠어. ········ ㉤

① ㉠ 올리고당이 주목받는 배경을 소개하며 글을 시작해야겠어.
1문단을 통해 설탕의 대체 식품으로 올리고당이 주목받는 배경을 소개하며 글을 시작하고 있음을 알 수 있다.

② ㉡ 올리고당을 설탕과 비교하며 올리고당이 가지는 장점을 제시해야겠어.
2문단을 통해 올리고당을 설탕과 비교하며 올리고당이 가지는 장점을 제시하고 있음을 알 수 있다.

③ ㉢ 탄수화물 분자 구조를 언급하며 올리고당의 특성을 설명해야겠어.
2문단을 통해 올리고당의 탄수화물 분자 구조가 설탕에 비해 상대적으로 복잡하다는 점을 언급하면서 소화와 흡수가 느리다는 올리고당의 특성을 설명하고 있음을 알 수 있다.

✔ ㉣ 프락토올리고당과 이소말토올리고당이 지닌 문제점을 언급하며 그 원인을 분석해야겠어.
3문단을 통해 프락토올리고당과 이소말토올리고당이 지니는 각각의 특성이 제시되어 있음을 알 수 있다. 하지만 이러한 두 올리고당의 문제점을 언급하면서 그 원인을 분석하지는 않고 있다.

⑤ ㉤ 잘 알려져 있지 않은 사실을 언급하며 올리고당 제품 선택 시도움이 될 수 있는 정보를 제공해야겠어.
4문단을 통해 올리고당 제품에 설탕 등의 당류가 포함되어 있다는 잘 알려지지 않은 사실을 언급하며 올리고당 제품 선택에 도움이 될 수 있는 정보를 제공하고 있음을 알 수 있다.

09 고쳐쓰기의 이해 정답률 80% | 정답 ③

〈보기〉는 [A]를 고쳐 쓴 것이다. 그 과정에서 반영된 교사의 조언으로 가장 적절한 것은?

─〈보 기〉─
올리고당은 잘 사용하면 설탕의 섭취를 줄일 수 있는 유용한 식품이다. 올리고당 제품을 고를 때에는 용도를 고려하여 함량을 확인하여 선택하고, 요리에 활용할 때에는 적정량을 사용하여 건강하게 섭취할 수 있도록 하자.

① 중의적인 표현을 수정하고, 올리고당을 활용할 수 있는 추가적인 사례를 언급하는 게 어때?
[A]와 〈보기〉를 비교해 보면, 중의적인 표현을 수정하거나 올리고당을 활용할 수 있는 추가적인 사례를 언급하지는 않고 있다.

② 중의적인 표현을 수정하고, 올리고당과 설탕을 용도에 맞게 선택하는 방법을 부각하는 게 어때?
[A]와 〈보기〉를 비교해 보면, 중의적인 표현을 수정하거나 올리고당과 설탕을 용도에 맞게 선택하는 방법을 부각하지는 않고 있다.

✔ 단어 선택이 잘못된 부분을 수정하고, 올리고당을 선택하고 사용할 때의 유의점을 강조하는 게 어때?
[A]와 〈보기〉를 비교해 보면 [A]의 첫 번째 문장의 '유사한'을 〈보기〉에서 '유용한'으로 고쳐 썼음을 알 수 있으므로, 단어 선택이 잘못된 부분을 수정하였음을 알 수 있다. 또한 [A]의 두 번째 문장을 〈보기〉의 두 번째 문장으로 고쳐 썼음을 알 수 있으므로, 올리고당 제품을 선택하고 사용할 때의 유의점을 강조하였다는 것을 알 수 있다.

④ 단어 선택이 잘못된 부분을 수정하고, 올리고당 과잉 섭취가 유발할 수 있는 위험성을 환기하는 게 어때?
[A]와 〈보기〉를 비교해 보면, 단어 선택이 잘못된 부분을 수정하고 있지만, 올리고당 과잉 섭취가 유발할 수 있는 위험성을 환기하지는 않고 있다.

⑤ 단어 선택이 잘못된 부분을 수정하고, 올리고당과 유사한 기능을 하는 또 다른 식품을 소개하는 게 어때?
[A]와 〈보기〉를 비교해 보면, 단어 선택이 잘못된 부분을 수정하고 있지만, 올리고당과 유사한 기능을 하는 또 다른 식품을 소개하지는 않고 있다.

10 자료 활용 방안의 적절성 판단 정답률 68% | 정답 ⑤

〈보기〉는 초고를 보완하기 위해 추가로 수집한 자료이다. 자료 활용 방안으로 적절하지 않은 것은? [3점]

─〈보 기〉─
(가) 전문가 인터뷰
"식품의약품안전처는 하루 당류 섭취량을 100g 이하로 권고하고 있습니다. 당류를 과다 섭취할 경우 비만과 고혈압의 발생률이 각각 1.39배, 1.66배 늘어난다는 연구 결과가 있습니다. 식품을 섭취할 때는 '표시사항'의 당류 함량을 확인하여 당류를 과다 섭취하고 있지는 않은지 스스로 점검해 보는 습관을 기를 필요가 있습니다."

(나) 연구 자료

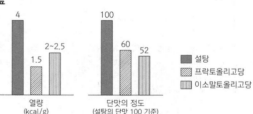

설탕 / 프락토올리고당 / 이소말토올리고당

열량 (kcal/g): 설탕 4, 프락토올리고당 1.5, 이소말토올리고당 2~2.5
단맛의 정도 (설탕의 단맛 100 기준): 설탕 100, 프락토올리고당 60, 이소말토올리고당 52

(다) 신문 기사
올리고당 제품을 잘 고르려면 올리고당 제품 뒷면에 쓰인 '표시사항'에서 성분명과 함량을 확인해야 한다. 해당 제품이 쓰임새에 맞는 올리고당인지 성분명을 통해 확인하고, 올리고당이 너무 적게 들어 있지 않은지 올리고당 함량을 확인할 필요가 있다.

① (가) : 당류의 과다 섭취가 유발할 수 있는 문제점으로, 비만과 고혈압의 위험도가 증가한다는 점을 제시하여 1문단을 구체화한다.
(가는 당류 과다 섭취 시 비만과 고혈압이 늘어난다는 연구 결과를 언급하고 있으므로 1문단의 내용을 구체화하는 데 활용할 수 있다.

② (나) : 올리고당이 설탕보다 열량이 낮다는 내용에, 올리고당과 설탕의 열량 수치를 추가하여 2문단을 뒷받침한다.
(나)는 올리고당과 설탕의 열량 차이를 구체적 수치로 제시하고 있으므로 2문단의 내용을 뒷받침하는 데 활용할 수 있다.

③ (다) : 용도에 맞는 올리고당 제품을 확인하는 방법으로, '표시사항' 중 성분명을 참고할 수 있다는 내용을 추가하여 3문단을 보강한다.
(다)는 올리고당 제품 선택 시 '표시사항'에서 올리고당의 '성분명'을 확인할 필요가 있다는 내용을 제시하고 있으므로 3문단의 내용을 보강하는 데 활용할 수 있다.

④ (가), (다) : 올리고당 제품에 당류가 포함되어 있다는 내용에, '표시사항'을 통해 당류의 함량과 올리고당의 함량을 살필 필요가 있다는 내용을 추가하여 4문단을 보강한다.
(가는 '표시사항'을 통해 '당류 함량'을 확인할 필요가 있다는 내용을, (다)는 '표시사항'을 통해 '올리고당 함량'을 확인할 필요가 있다는 내용을 제시하고 있으므로 4문단의 내용을 보강하는 데 활용할 수 있다.

✔ (나), (다) : 기존의 단맛을 기대하면 올리고당을 많이 사용하게 될 수 있다는 내용에, 덜 달게 먹는 식습관으로 개선할 필요가 있다는 내용을 추가하여 4문단을 보강한다.
(나)는 올리고당과 설탕의 '단맛의 정도' 차이를 구체적 수치로 제시하고, (다)는 올리고당의 성분명과 올리고당의 함량을 확인할 필요가 있음을 제시하고 있다. 따라서 두 자료는 '기존의 단맛을 기대하면 올리고당을 많이 사용하게 될 수 있다는 내용'에 '덜 달게 먹는 식습관으로 개선할 필요가 있다'는 내용을 추가할 수 있는 자료로 적절하지 않다.

[11~15] 문법

11 선어말 어미의 이해   정답률 48% | 정답 ②

윗글을 읽고 이해한 내용으로 적절하지 <u>않은</u> 것은?

① '그 사건은 아직 끝난 것이 아니다.'에서 '끝난', '아니다'를 모두 ㉠의 예로 들 수 있군.
   '끝난'은 어간 '끝나-'와 어말 어미 '-ㄴ'으로 구성되어 있고, '아니다'는 어간 '아니-'와 어말 어미 '-다'로 구성되어 있으므로 모두 ㉠의 예에 해당한다고 할 수 있다.

☑ '시골에 계시는 할머니께 편지를 드렸다.'에서 '계시는', '드렸다'를 모두 ㉡의 예로 들 수 있군.
   '계시는'은 어간 '계시-'와 어말 어미 '-는'으로 구성되어 있으므로 ㉠의 예에 해당한다. 그리고 '드렸다'는 어간 '드리-', 선어말 어미 '-었-', 어말 어미 '-다'로 구성되어 있으므로 ㉡의 예에 해당한다. 따라서 '계시는', '드렸다' 모두 ㉡의 예에 해당한다고 할 수 없다.

③ '그녀는 학교 가는 길을 잘 알았다.'에서 '가는'을 ㉠의 예로, '알았다'를 ㉡의 예로 들 수 있군.
   '가는'은 어간 '가-'와 어말 어미 '-는'으로 구성되어 있으므로 ㉠의 예에 해당한다. 그리고 '알았다'는 어간 '알-', 선어말 어미 '-았-', 어말 어미 '-다'로 구성되어 있으므로 ㉡의 예에 해당한다.

④ '여름이 지나고 이제 가을이 왔겠군.'에서 '지나고'를 ㉠의 예로, '왔겠군'을 ㉢의 예로 들 수 있군.
   '지나고'는 어간 '지나-'와 어말 어미 '-고'로 구성되어 있으므로 ㉠의 예에 해당한다. 그리고 '왔겠군'은 어간 '오-', 선어말 어미 '-았-', 선어말 어미 '-겠-', 어말 어미 '-군'으로 구성되어 있으므로 ㉢의 예에 해당한다.

⑤ '그분께서 이 글을 쓰셨을 수도 있겠다.'에서 '있겠다'를 ㉡의 예로, '쓰셨을'을 ㉢의 예로 들 수 있군.
   '있겠다'는 어간 '있-', 선어말 어미 '-겠-', 어말 어미 '-다'로 구성되어 있으므로 ㉡의 예에 해당한다. 그리고 '쓰셨을'은 어간 '쓰-', 선어말 어미 '-시-', 선어말 어미 '-었-', 어말 어미 '-을'로 구성되어 있으므로 ㉢의 예에 해당한다.

12 접사와 선어말 어미의 차이점   정답률 54% | 정답 ④

윗글을 바탕으로 〈보기〉의 ⓐ ~ ⓒ를 탐구한 내용으로 적절한 것은? [3점]

―〈보 기〉―
○ 그는 쪽지를 ⓐ 구겼지만 버리지는 못했다.
○ 그 물건은 어제부터 책상에 ⓑ 놓여 있었다.
○ 우리 가족은 할머니 댁에서 김치를 ⓒ 담갔다.

① ⓐ : 접사가 결합하여 피동의 의미를 나타낸다.
   ⓐ의 '구겼지만'은 '구기-', '-었-', '-지만'으로 구성되어 있으므로, '-었-'은 과거 시제를 나타내는 선어말 어미라 할 수 있다.

② ⓐ : 선어말 어미가 결합하여 추측의 의미를 드러낸다.
   ⓐ의 '구겼지만'에는 추측의 선어말 어미인 '-겠-'이 결합하지 않고 있다.

③ ⓑ : 선어말 어미가 결합하여 과거 시제를 나타낸다.
   ⓑ의 '놓여'에는 접사만 결합하고 있지, 선어말 어미는 결합하지 않고 있다.

☑ ⓑ : 접사가 결합하여 필요로 하는 문장 성분이 달라졌다.
   이 글을 통해 '닫다'에 피동 접사 '-히-'가 결합하여 피동사 '닫히다'가 되면 필요로 하는 문장 성분이 달라진다는 내용을 알 수 있고, ⓑ의 '놓여'는 '놓-', '-이-', '-어'로 구성됨을 알 수 있다. 따라서 '(물건을) 놓다'가 '(물건이) 놓이다'가 되면 필요로 하는 문장 성분이 달라지므로 이때 결합한 '-이-'는 선어말 어미가 아니라 접사로 판단할 수 있다.

⑤ ⓒ : 접사가 결합하여 사전에 오를 수 있는 단어가 형성되었다.
   ⓒ의 '담갔다'는 '담그-', '-았-', '-다'로 구성되어 있으므로, '-았-'은 과거 시제를 나타내는 선어말 어미라 할 수 있다. 따라서 ⓒ는 사전에 오를 수 있는 단어가 형성된 것이라 할 수 없다.

★★★ 등급을 가르는 문제!
13 문장의 구조 파악   정답률 37% | 정답 ③

〈보기〉의 ㉠ ~ ㉤에 대한 설명으로 적절하지 <u>않은</u> 것은?

―〈보 기〉―
㉠ 예쁜 아이가 활짝 웃는다.
㉡ 나는 어제 새 가방을 샀다.
㉢ 지금 이곳은 동화 속 세상처럼 아름답다.
㉣ 작년에는 날씨가 추웠으나 올해에는 따뜻하다.
㉤ 설령 눈이 올지라도 우리는 어김없이 밖에 나간다.

① ㉠에는 주어가 생략된 안긴문장이 있다.
   ㉠에는 주어 '아이가'가 생략된 안긴문장인 '예쁜'이 있으며, '예쁜'은 체언인 '아이'를 꾸며 주는 관형사절이다.

② ㉡은 주어와 서술어의 관계가 한 번 나타나는 문장이다.
   ㉡은 주어 '나는'과 서술어 '샀다'가 한 번 나타나는 홑문장이다.

☑ ㉢에는 하나의 문장 성분처럼 쓰이는 안긴문장이 있다.
   주어와 서술어의 관계가 한 번만 나타나는 홑문장이고, 주어와 서술어의 관계가 두 번 이상 나타나는 것은 겹문장인 안은문장에 해당한다. 그런데 ㉢의 주어는 '이곳은'이며 서술어는 '아름답다'이므로, ㉢은 주어와 서술어 관계가 한 번만 나타나는 홑문장이라 할 수 있다.

④ ㉣은 두 개의 홑문장이 대등하게 연결된 이어진문장이다.
   ㉣은 주어 '날씨가'와 서술어 '추웠다'로 이루어진 홑문장과 생략된 주어 '날씨가'와 서술어 '따뜻하다'로 이루어진 홑문장이 대등적 연결 어미 '-으나'로 대등하게 연결된 이어진문장이다.

⑤ ㉤은 주어와 서술어의 관계가 두 번 이상 나타나는 문장이다.
   ㉤은 주어 '눈이'와 서술어 '오다'로 이루어진 홑문장과 주어 '우리는'과 서술어 '나간다'로 이루어진 홑문장이 종속적 연결 어미 '-ㄹ지라도'로 종속적으로 연결된 이어진문장이다.

★★ 문제 해결 꿀~팁 ★★

▶ 많이 틀린 이유는?
이 문제는 홑문장과 겹문장을 실제 사례를 통해 파악하는 데 어려움을 겪어 오답률이 높았던 것으로 보인다. 또한 겹문장에서의 주어나 목적어의 생략에 대한 이해 부족도 오답률을 높였던 것으로 보인다.
▶ 문제 해결 방법은?
이 문제를 해결하기 위해서는 기본적으로 홑문장과 겹문장에 대한 문법 지식이 바탕이 되어야 한다 (이 문제에서는 문법 지식에 대한 설명이 없는데, 이처럼 문법 지식이 제시되지 않은 경우가 있으므로 기본적인 문법 지식은 평소 익혀 두어야 한다). 그런 다음 이를 바탕으로 〈보기〉에 대한 예문을 설명한 선택지의 적절성을 판단해야 한다. 가령 정답인 ③의 경우, '안긴문장'이 있다는 선택지의 내용을 통해 ㉢이 주어와 서술어의 관계가 두 번 이상 나타나는지를 확인해야 한다. 그런데 ㉢에서는 주어와 서술어의 관계가 한 번만 나타나므로 적절하지 않은 것이다. 한편 학생들 중에는 주어진 문장이 홑문장인지 겹문장인지 헷갈려 하는 경우가 많은데, ㉢에서 보이듯이 '지금'이나 '동화 속 세상처럼'이 없어도 '이곳은 아름답다.'로 문장이 성립하는지를 따져 보면 된다. 이때의 '-처럼'은 부사절로 안긴문장을 만들어 주는 단어가 아님에 유의한다.
▶ 오답인 ①을 많이 선택한 이유는?
이 문제의 경우 학생들이 ①이 적절하지 않다고 하여 오답률이 높았는데, 이는 겹문장에서의 주어의 생략에 대해 정확히 이해하지 못했기 때문이다. 이런 경우에는 겹문장을 홑문장으로 바꾸어서 파악해야 한다. 즉, ㉠이 '아이가 예쁘다.'와 '아이가 활짝 웃는다.'라는 두 개의 홑문장이 결합한 것임을 파악할 수 있어야 한다. 이럴 경우 '예쁜 아이가 활짝 웃는다.'에서는 홑문장에서 두 개인 주어가 하나만 사용되고 있으므로 주어가 생략된 것이라 할 수 있다. 이처럼 홑문장과 겹문장에 대한 문법 문제는 출제 가능성이 높으므로, 평소 정확한 개념뿐만 아니라 겹문장을 홑문장으로 나누는 방법도 익혀 두도록 한다.

★★★ 등급을 가르는 문제!
14 한글 맞춤법의 이해   정답률 39% | 정답 ①

다음은 수업 상황의 일부이다. ㉠에 들어갈 말로 적절하지 <u>않은</u> 것은?

학생 : 선생님, '회상하건대'를 줄이면 '회상컨대'와 '회상건대' 중 어떻게 적는 게 맞나요?
선생님 : 그럴 때는 한글 맞춤법 규정을 살펴봐야 해요.

> 제40항 어간의 끝음절 '하'의 'ㅏ'가 줄고 'ㅎ'이 다음 음절의 첫소리와 어울려 거센소리로 될 적에는 거센소리로 적는다.
> [붙임] 어간의 끝음절 '하'가 아주 줄 적에는 준 대로 적는다.

선생님 : '하'가 줄어드는 기준은 '하' 앞에 오는 받침의 소리인데 '하' 앞의 받침의 소리가 [ㄱ, ㄷ, ㅂ]이면 '하'가 통째로 줄고, 그 외의 경우에는 'ㅎ'이 남아요. 그래서 '회상하건대'는 '하'의 'ㅏ'가 줄고 'ㅎ'이 'ㄱ'과 어울려 거센소리가 되어 '회상컨대'로 적어야 해요.
학생 : 네, 감사해요. 한글 맞춤법에도 준말 규정이 있었네요.
선생님 : 그럼 다음 자료를 규정에 맞게 준말로 바꿔 볼까요?

깨끗하지 않다	연구하도록	간편하게
생각하다 못해	답답하지 않다	

학생 : [㉠   ]
선생님 : 네, 잘했어요.

☑ '깨끗하지 않다'는 어간의 끝음절 '하'의 'ㅏ'가 줄기 때문에 '깨끗치 않다'로 써야 합니다.
   선생님 말을 통해 '하'가 줄어드는 기준은 '하' 앞에 오는 받침의 소리인데 '하' 앞의 받침의 소리가 [ㄱ, ㄷ, ㅂ]이면 '하'가 통째로 줄고, 그 외의 경우에는 'ㅎ'이 남음을 알 수 있다. 또한 'ㅎ'이 남는 경우에는 'ㅎ'이 'ㄱ'과 어울려 거센소리가 됨을 알 수 있다. 그런데 '깨끗하지 않다'에서 '하' 앞의 받침의 소리는 [ㄷ]이므로 '하'가 통째로 줄어든다고 할 수 있으므로 '깨끗지 않다'로 쓰는 것이 맞다.

② '연구하도록'은 어간의 끝음절 '하'의 'ㅏ'가 줄기 때문에 '연구토록'으로 써야 합니다.
   '연구하도록'에서 '하' 앞에는 받침이 없어 받침 소리가 [ㄱ, ㄷ, ㅂ]이 아니므로 '하'의 'ㅎ'이 남는다. 그러므로 'ㅎ'이 'ㄷ'과 어울려 거센소리가 되어 '연구토록'으로 쓰는 것이 맞다.

③ '간편하게'는 어간의 끝음절 '하'의 'ㅏ'가 줄기 때문에 '간편케'로 써야 합니다.
   '간편하게'에서 '하' 앞의 받침의 소리는 [ㄴ]으로 [ㄱ, ㄷ, ㅂ]이 아니므로 '하'의 'ㅎ'이 남는다. 그러므로 'ㅎ'이 'ㄱ'과 어울려 거센소리가 되어 '간편케'로 쓰는 것이 맞다.

④ '생각하다 못해'는 '하'가 통째로 줄기 때문에 '생각다 못해'로 써야 합니다.
   '생각하다 못해'에서 '하' 앞의 받침의 소리는 [ㄱ]이므로 '하'가 통째로 줄어든다. 그러므로 '생각다 못해'로 쓰는 것이 맞다.

⑤ '답답하지 않다'는 '하'가 통째로 줄기 때문에 '답답지 않다'로 써야 합니다.
   '답답하지 않다'에서 '하' 앞의 받침의 소리는 [ㅂ]이므로 '하'가 통째로 줄어든다. 그러므로 '답답지 않다'로 쓰는 것이 맞다.

★★ 문제 해결 꿀~팁 ★★

▶ 많이 틀린 이유는?
이 문제는 수업 상황에서 '선생님'이 하는 설명을 정확히 이해하지 못하여 오답률이 높았던 것으로 보인다. 또한 '받침의 소리'라는 내용을 간과한 것도 오답률이 높았던 것으로 보인다.
▶ 문제 해결 방법은?
이 문제를 해결하기 위해서는 기본적으로 선생님의 설명을 정확히 이해하여야 한다. 즉 '하'가 줄어드는 기준이 받침의 소리이고, 받침의 소리가 [ㄱ, ㄷ, ㅂ]이면 '하'가 통째로 줄고, 그 외의 경우에는 'ㅎ'이 남음을 알아야 한다. 또한 'ㅎ'이 남는 경우에는 'ㅎ'이 'ㄱ'과 어울려 거센소리가 됨을 알아야 한다. 이런 내용을 정확히 파악하면, 오답률이 높았던 ④, ⑤의 '생각하다 못해'나 '답답하지 않다'를 준말로 바꾼 것은 적절함을 알았을 것이다. 마찬가지로 정답인 ①의 경우, '깨끗하지'의 '깨끗'이 [깨끋]으로 발음되므로, 받침의 소리가 [ㄱ, ㄷ, ㅂ]이면 '하'가 통째로 준다는 것을 통해 '깨끗지 않다'로 쓰는 것이 적절함을 알았을 것이다. 이 문제처럼 주어진 설명을 꼼꼼히면서도 정확히 읽으면 쉽게 풀 수 있으므로, 문법과 관련된 설명이 나오면 반드시 정확히 읽을 수 있도록 한다.

15 중세 국어의 모음 조화 파악   정답률 52% | 정답 ①

〈보기〉를 참고하여 중세 국어를 이해한다고 할 때, ㉠과 ㉡의 사례로 바르게 짝지어진 것은?

<보 기>
모음 조화는 ⊙ 양성 모음은 양성 모음끼리 어울리고 ⓒ 음성 모음은 음성 모음끼리 어울리는
현상으로, 중세 국어에서는 현대 국어보다 규칙적으로 적용되었다.

⊙	ⓒ

✔ ① 브르매[바람에]   ·뿌·메[씀에]
'브르매'는 '브룸'의 양성 모음 'ㆍ'와 조사 '애'의 양성 모음 'ㅐ'가 어울려 나타나므로 ⊙의 사례에 해당
한다. 그리고 '·뿌·메'는 '뿜'의 음성 모음 'ㅜ'와 조사 '에'의 음성 모음 'ㅔ'가 어울려 나타나므로 ⓒ의 사
례에 해당한다.

② ·뿌·메[씀에]   ᄠᅳ·들[뜻을]
'ᄠᅳ·들'은 '뜯'의 음성 모음 'ㅡ'와 조사 '을'의 음성 모음 'ㅡ'가 어울려 나타나므로 ⓒ의 사례에 해당한다.
하지만 '·뿌·메'는 ⓒ의 사례에 해당하므로 적절하지 않다.

③ ᄠᅳ·들[뜻을]   거부븨[거북이]
'거부븨'는 '거붑'의 음성 모음 'ㅜ'와 조사 '의'의 음성 모음 'ㅢ'가 어울려 나타나므로 ⓒ의 사례에 해당한
다. 하지만 'ᄠᅳ·들'은 ⓒ의 사례에 해당하므로 적절하지 않다.

④ ᄆᆞᅀᆞᆷ울[마음을]   바ᄂᆞᄅᆞᆯ[바늘을]
'ᄆᆞᅀᆞᆷ울'은 'ᄆᆞᅀᆞᆷ'의 양성 모음 'ㆍ'와 조사 '을'의 양성 모음 'ㆍ'가 어울려 나타나고, '바ᄂᆞᄅᆞᆯ'은 '바ᄂᆞᆯ'의
양성 모음 'ㆍ'와 조사 '을'의 양성 모음 'ㆍ'가 어울려 나타나므로, 이 둘은 ⊙의 사례에 해당한다.

⑤ 나ᄅᆞᆯ[나를]   도ᄌᆞ기[도적이]
'나ᄅᆞᆯ'은 '나'의 양성 모음 'ㅏ'와 조사 'ᄅᆞᆯ'의 양성 모음 'ㆍ'가 어울려 나타나고, '도ᄌᆞ기'는 '도적'의 양성
모음 'ㆍ'와 조사 '이'의 양성 모음 'ㅣ'가 어울려 나타나므로, 이 둘은 ⊙의 사례에 해당한다.

[16~45] 독서·문학

16~19 현대 소설

이태준, 「고향」

감상 이 작품은 '귀향' 모티프를 활용해 고향 사람들과 고국산천이라는 물리적 실체로서의 고향과
민족 공동체라는 정신적 의미로서의 고향을 형상화하고 있다. 이를 위해 작가는 귀향의 동기가 대립되는
'지식인'과 물리적 실체로서의 고향을 그리워하는 '노동자'를 등장시킨다. 또한 작가는 '지식인'을 '지사형'
과 '속물형'으로 나누고 '지사형'은 개인의 안위보다는 조국을 우선시하는 인물로, '속물형'은 개인적 실리
를 좇는 자신의 행위를 조국을 위한 것으로 포장하는 세속적 인물로 그리고 있다.

주제 일제 강점기 지식인의 비애

작품 줄거리 일본 대학에서 졸업한 윤건은 금의환향을 꿈꾸며 조선으로 돌아오는 배에 오른다. 그는
오는 도중에 어디서 취직하느냐 묻는 조선인 유학생들과 석탄 연기에 그을린 조선 옷을 입은 사람들을 보
면서 가고자 했던 고향에 대한 환상이 깨지기 시작한다. 경성에 온 그는 신문사에 취직하려 하지만 취직하
지 못하고 하숙비도 밀려 쫓겨나게 된다. 윤건은 친구 창식을 찾아가지만 그는 운동하다 감옥에 있고, 박철
을 찾아가지만 그가 변절함을 알고 그의 뺨을 갈겨 버린다. 그리고 거리에 나와 우연히 만난 은행원과 술집
에 가는데, 그곳이 학연과 지연의 사교 모임인 걸 알고는 맥주병을 휘두르고, 이내 청철 신세를 지게 된다.

16 서술상 특징 파악   정답률 73% | 정답 ④

윗글의 서술상 특징으로 가장 적절한 것은?

① 외부 이야기의 서술자가 자신이 겪은 내부 이야기의 의미를 밝히고 있다.
이야기 외부에 있는 서술자가 사건을 서술하고 있지만, 외부 서술자가 자신이 겪은 내부 이야기의 의미를
밝히지는 않고 있다.

② 서술자가 여러 인물의 내면을 서술하여 인물의 다양한 특성을 드러내고 있다.
이 글에서 서술자는 중심인물인 윤건의 내면을 서술하고 있을 뿐, 여러 인물의 내면을 서술하지는 않고 있다.

③ 서술자가 공간의 이동에 따라 바뀌면서 인물 간의 갈등을 다각적으로 드러내고
있다.
이 글에서는 공간의 이동에 따라 사건이 전개되고 있지만, 서술자가 공간의 이동에 따라 바뀌거나 인물
간의 갈등을 다각적으로 드러내지는 않고 있다.

✔ ④ 이야기 외부의 서술자가 특정 인물의 관점에서 사건과 인물의 심리를 서술하고
있다.
이 작품은 전지적 작가 시점으로, 이야기 외부의 서술자가 중심인물인 '윤건'의 관점에서 그의 여정에 따라
드러난 사건과 그의 내면 심리를 서술하고 있다.

⑤ 이야기 내부의 서술자가 고백적 진술을 통해 자신이 처한 심리적 상황을 제시
하고 있다.
이 글은 이야기 외부의 서술자가 사건을 서술하고 있으므로 이야기 내부의 서술자가 고백적 진술을 한다
는 내용은 적절하지 않다.

17 작품의 내용의 이해   정답률 72% | 정답 ①

'윤건'에 대한 설명으로 가장 적절한 것은?

✔ ① 조선의 친구들이 자신을 반겨 줄 것을 기대하고 있다.
이 글의 '그곳에는 여러 동무들이 있을 것이다', '친구들이 나를 맞아 줄 것이다'를 통해 조선의 친구들이
자신을 반겨 줄 것을 기대하는 '윤건'의 심리를 알 수 있다.

② 오사카로 돌아가는 배에서 노동자와 이야기를 나눈다.
오사카로 돌아가는 배가 아니라 부산행 밤배에서 자신들의 고향인 김천으로 가는 노동자를 우연히 만나
대화를 나누고 있으므로 적절하지 않다.

③ 고베 플랫폼에서 도시락을 사려는 조선 청년을 만류한다.
도시락을 사는 것을 말리는 사람이 윤건이 아니라 조선 청년에 해당하므로 적절하지 않다.

④ 여비가 부족하여 돈을 빌리기 위해 조선 청년을 찾아간다.
윤건은 도시락을 사기 위해 플랫폼에 나갔다가 우연히 조선 청년을 만난 것이므로, 여비가 부족하여 돈을
빌리기 위해 조선 청년을 찾아갔다는 이해는 적절하지 않다.

⑤ 행선지가 불분명하다는 이유로 일본인으로 보이는 형사에게 조사받는다.
윤건을 조사하는 사람은 일본인으로 보이는 형사가 아니라 '조선말'을 하고 '조선 사람'으로 보이는 형사
이므로 적절하지 않다.

---

18 인물의 심리 및 태도 파악   정답률 89% | 정답 ④

맥락을 고려하여 ⊙과 ⓒ을 이해한 내용으로 가장 적절한 것은?

① ⊙은 상대의 성취를 축하하는 말이고, ⓒ은 상대의 의견에 동조하는 말이다.
⊙, ⓒ 뒤의 '마음에 없는 좋은 대답'과 '마음에 없는 거짓 대답'을 통해, 윤건이 상대의 성취를 축하하고
있거나 상대의 의견에 동조하고 있다고 볼 수 없다.

② ⊙은 상대의 우월함을 인정하는 말이고, ⓒ은 자신의 열등감을 감추기 위해 한
말이다.
⊙, ⓒ 뒤의 '마음에 없는 좋은 대답'과 '마음에 없는 거짓 대답'을 통해, 상대의 우월함을 인정하거나 자신
의 열등감을 감추기 위해 한 말이라 할 수 없다.

③ ⊙은 상대의 의심을 피하기 위해 한 말이고, ⓒ은 상대의 관심을 끌기 위해 한
말이다.
⊙, ⓒ 뒤의 '마음에 없는 좋은 대답'과 '마음에 없는 거짓 대답'을 통해, 상대의 의심을 피하기 위해거나
상대의 관심을 끌기 위해 한 말이라 할 수 없다.

✔ ④ ⊙과 ⓒ은 모두 상대에 대한 진심을 드러내지 않은 말이다.
⊙ 바로 뒤에 제시된 '윤건은 속으로 아니나 다르랴, 하면서도 상대자가 상대자인만치 마음에 없는 좋은 대
답을 해 주었다.'와 ⓒ 바로 뒤에 제시된 '윤건은 또 끔찍 참고 마음에 없는 거짓 대답을 해 주었다.'를 통해,
윤건은 불쾌한 자신의 진심을 직접적으로 드러내지 않고 겉으로 '마음에 없는 좋은 대답'과 '마음에 없는
거짓 대답'을 해 주고 있다. 따라서 ⊙과 ⓒ은 모두 상대에 대한 진심을 드러내지 않은 말이라 할 수 있다.

⑤ ⊙과 ⓒ은 모두 상대의 태도를 변화시키고자 하는 의도로 한 말이다.
⊙, ⓒ 뒤의 내용에서 윤건은 상대가 듣기 좋을 만한 '좋은 대답', '거짓 대답'을 해 주고 있으므로 상대의
태도를 변화시키고자 하는 의도로 말한 것이라고 볼 수 없다.

★★★ 등급을 가르는 문제!
19 외적 준거에 따른 작품의 감상   정답률 19% | 정답 ②

〈보기〉를 바탕으로 윗글을 감상한 내용으로 적절하지 않은 것은? [3점]

<보 기>
1931년에 발표된 「고향」은 '귀향' 모티프를 활용해 고향 사람들과 고국산천이라는 물리적 실체로서
의 고향과 민족 공동체라는 정신적 의미의 고향을 형상화하였다. 이를 위해 작가는 귀향의 동기가 대
립되는 '지식인'과 물리적 실체로서의 고향을 그리워하는 '노동자'를 등장시킨다. 또한 작가는 '지식인'
을 '지사형'과 '속물형'으로 나누고 '지사형'은 개인의 안위보다는 조국을 우선시하는 인물로, '속물형'
은 개인적 실리를 좇는 자신의 행위를 조국을 위한 것으로 포장하는 세속적 인물로 그리고 있다.

① '그것을 피할 나도 아니'라며 '오, 어서 달려가다오!'라고 하는 데에서, 지사형
인물의 면모를 확인할 수 있겠군.
윤건이 자신의 고향이 자신에게 편안히 쉴 자리를 줄 리가 없지만, 그것을 바라고 그것을 피할 자신도 아
니라 하고 있다. 또한 윤건은 '당신만은 온몸을 사리고 저편에 붙지 말고 용감하게 우리 속에 와 끼어 주
시오.'라고 부르짖는 힘차고 씩씩한 친구들이 자신을 맞아 줄 것이라 하면서 '오, 어서 달려가다오!' 하고
있다. 이를 볼 때, 지사형 인물의 면모로서의 윤건의 모습을 확인할 수 있다.

✔ ② '한 조선으로 간다는 것', '한 고향 사람들'이라고 하는 데에서, 민족 공동체라는
정신적 의미의 고향을 확인할 수 있겠군.
'고향은 어데시오?'라는 질문에 '대구 지나 김천'이라 답하면서 '우리 다 한 고향 사람들'이라고 말하는
내용을 통해, 고향 사람들이라는 물리적 실체로서의 고향의 의미를 확인할 수 있다.

③ '유력자 하나를 만나서 한 1년 졸랐더니 다행히 됐다'는 데에서, 속물형 인물의
귀향 동기를 확인할 수 있겠군.
조선 청년은 자신이 '유력자 하나를 만나서 한 1년 졸랐더니 다행히' 취직이 됐다고 말하고 있는데, 이를
통해 조선 청년이 속물형 인간임을 알 수 있고 조선 청년의 귀향 동기를 알 수 있다.

④ '조선 사람 하나가 헐벗지 않는 것'이라고 하는 데에서, 자신의 행위를 조국을
위한 것으로 포장하는 속물형 인물의 면모를 확인할 수 있겠군.
조선 청년이 자신이 취직한 것을 두고 '내 한 사람이 헐벗지 않도록 하는 것도 작게 보아 조선 사람 하나
가 헐벗지 않는 것이 되니까요.'라고 말하고 있는데, 이는 자신의 행위를 조국을 위한 것으로 포장하는 속
물형 인물의 면모를 보여 주는 것이라 할 수 있다.

⑤ '처자식이 그리워 허탈대구 나온다고 하는 데에서, 물리적 실체로서의 고향을
그리워하는 노동자의 모습을 확인할 수 있겠군.
조선 노동자는 '돈들도 못 벌 바에야 첫째 처자식이 그리워 허탈대구 나오지요.'라고 말하고 있는데, 이를
통해 물리적 실체로서의 고향을 그리워하는 노동자의 모습을 알 수 있다.

★★ 문제 해결 꿀~팁 ★★

▶ **많이 틀린 이유는?**
이 문제는 작품 내용을 정확하게 이해하지 못한 상황에서 〈보기〉와 작품을 연관시켜 감상하는 데 어려움
을 겪어 오답률이 높았던 것으로 보인다.

▶ **문제 해결 방법은?**
이 문제를 해결하기 위해서는 일차적으로 〈보기〉의 내용을 정확히 이해하여야 한다. 그런 다음 이를 바탕
으로 작품과 연관시키게 되는데, 작품 내용을 통해 〈보기〉에서 설명하고 있는 '물리적 실체로서의 고향'과
'민족 공동체라는 정신적 의미의 고향, 그리고 '지식형' 지식인과 '속물형' 지식인이 누구인지 판단할 수
있어야 한다. 그리고 이러한 이해를 바탕으로 선택지의 적절성을 판단하면 되는데, 정답인 ②의 경우 글을
통해 '한 조선으로 간다는 것'과 '한 고향 사람들'이라고 하는 것과 '민족 공동체라는 정신적 의미의 고향'
과 관련 있는지 판단해야 한다. 그럴 경우 '단순하게 한차를 타고 한 조선으로 간다는 것'이나 '고향은 어
데시오?'라는 질문에 '대구 지나 김천'이라 답하면서 '우리 다 한 고향 사람들'이라는 내용을 통해, '민족
공동체는 정신적 의미의 고향'과 관련이 없음을 알 수 있었을 것이다. 한편 이 문제처럼 문학 작품에서는
〈보기〉가 주어지는데, 이러한 〈보기〉는 사실적인 정보에 해당하면서 작품 이해에 도움이 된다. 이 문제
역시 주어진 〈보기〉가 작품에 대한 감상에 해당하므로, 이 내용을 바탕으로 작품을 이해하면 도움이 된다.

▶ **오답인 ①, ⑤를 많이 선택한 이유는?**
이 문제의 경우 학생들이 ①, ⑤가 적절하지 않다고 하여 오답률이 높았는데, 이 역시 작품 내용을 정확
히 이해하지 못했기 때문으로 보인다. 만일 오답인 ①의 경우 윤건이 '지사형' 지식인에 해당함을 이해하
였거나, ⑤의 경우 '돈들도 못 벌 바에야 첫째 처자식이 그리워 허탈대구 나오지요.'라는 내용을 이해하였
으면 쉽게 적절함을 알았을 것이다. 한편 이 문제의 선택지에 제시된 것처럼 구절의 의미를 이해할 때는
단순히 주어진 구절만을 보고 판단하지 말고, 구절이 사용된 전후 맥락을 고려하여 의미를 파악할 수 있
어야 정확하게 감상할 수 있다.

(가) 김현귀, 「액세스권의 기본권적 의의」

해제 이 글은 제롬 배런이 주장한 언론 매체 접근·이용권에 대해 설명하고 있다. 제롬 배런은 매스미디어의 거대화, 독점화에 따라 언론의 자유가 매체를 소유하거나 지배하는 소수의 계층이나 집단의 것으로 전락하였기 때문에 시민들의 언론의 자유를 보장하기 위해 언론 매체 접근·이용권을 인정해야 함을 주장하였다. 언론 매체 접근·이용권의 대표적인 형태로 반론권이 있고, 국민이 언론 매체를 이용하여 자신의 의사를 표명할 수 있도록 하기 위해 별도의 조항을 두고 있다. 그런데 이러한 언론 매체 접근·이용권이 언론 매체의 권리인 편집권과 맞부딪칠 수도 있는데, 이 경우에는 구제 수단을 활용하여 국민의 언론 매체 접근·이용권을 보호하고 있다.

주제 언론 매체 접근·이용권의 이해

문단 핵심 내용

1문단	언론 매체 접근·이용권을 최초로 주장한 제롬 배런
2문단	제롬 배런이 언론 매체 접근·이용권을 인정해야 함을 주장한 이유
3문단	언론 매체 접근·이용권의 대표적인 형태인 반론권과 그 외의 조항
4문단	언론 매체 접근·이용권이 언론 매체의 권리인 편집권과 부딪칠 경우의 구제 수단

(나) 심석태, 「사례와 쟁점으로 본 언론법의 이해」

해제 이 글은 언론중재법에 규정되어 있는 정정 보도 청구권과 반론 보도 청구권에 대해 설명하고 있다. 언론중재법에는 언론 매체에 의해 피해를 받은 개인에게 신속하고 대등한 방어 수단을 제공하기 위해 정정 보도 청구권과 반론 보도 청구권이 규정되어 있는데, 정정 보도를 청구하는 피해자는 원 보도가 허위임을 입증해야 하며, 반론 보도는 원 보도의 진위 여부와 상관없이 청구할 수 있다. 정정 보도 청구권과 반론 보도 청구권의 주체는 그 보도로 인해 피해를 입은 자로, 언론 보도의 '사실적 주장'에 대해 정정 보도와 반론 보도를 청구할 수 있다. 이때 피해자는 해당 언론 보도 등이 있음을 안 날로부터 3개월 이내에 정정 또는 반론 보도를 청구할 수 있다. 한편 언론중재법상 정정 보도를 청구할 수 있는 기간이 지났다면 민법 제764조에 의거하여 정정 보도를 청구할 수도 있는데, 이러한 민법상 정정 보도 청구권이 성립하려면 언론중재법과 달리 언론사의 고의 또는 과실이 있다는 것과, 해당 보도에 위법성이 있음이 입증되어야 한다.

주제 정정 보도 청구권 및 반론 보도 청구권의 이해

문단 핵심 내용

1문단	정정 보도 청구권과 반론 보도 청구권이 규정되어 있는 언론중재법
2문단	정정 보도 청구권과 반론 보도 청구권의 주체, 청구 대상, 청구할 시기
3문단	민법상 정정 보도 청구권의 청구 및 민법상 청구 성립 요건
4문단	정정 보도 청구권 및 반론 보도 청구권의 의의

---

20 글의 전개 방식 파악 정답률 80% | 정답 ③

(가)와 (나)에 대한 설명으로 가장 적절한 것은?

① (가)는 권리의 유형을 구분하였고, (나)는 권리의 주체를 법률의 내용에 따라 분류하였다.
(가)에서 권리의 유형을 구분하지 않고 있고, (나)에서 권리의 주체를 법률의 내용에 따라 분류하지 않고 있다.

② (가)는 권리의 발전 과정을 소개하였고, (나)는 권리의 실행 과정에 나타나는 한계를 지적하였다.
(가)에서 권리의 등장 배경을 언급하고 있지만 권리의 발전 과정을 소개하지는 않고 있다. 그리고 (나)에서 정정 보도 청구권 및 반론 보도 청구권의 실행 과정에서 나타나는 한계를 지적하지는 않고 있다.

☑ ③ (가)는 권리의 등장 배경과 실현 양상을 설명하였고, (나)는 근거한 법에 따른 권리의 성립 요건 차이를 비교하였다.
(가)에서는 미국과 영국 내 언론의 독과점 상황을 바탕으로 언론 매체 접근·이용권의 등장 배경을 제시하고 있다. 그리고 반론권 및 방송법의 조항 등을 통해 언론 매체 접근·이용권의 실현 양상을 설명하고 있다. (나)에서는 언론중재법에 근거한 정정 보도와 달리, 민법에 근거한 정정 보도 청구권은 언론사의 고의나 과실이 있고 해당 보도에 위법성이 있다는 요건을 만족해야 성립한다는 것을 설명하고 있다. 따라서 (나)에서는 두 권리의 성립 요건 차이를 비교하고 있다.

④ (가)는 시대에 따라 변화하는 권리의 의의를 평가하였고, (나)는 다른 권리와 대비하며 권리의 특성을 분석하였다.
(가)에서 시대에 따라 변화하는 권리의 의의를 평가하지 않고 있고, (나)에서 정정 보도 청구권과 반론 보도 청구권을 대비하면서 각각의 특성을 분석하지는 않고 있다.

⑤ (가)는 권리가 올바르게 실행되기 위한 조건을 제시하였고, (나)는 권리의 실행으로 인해 변화된 양상을 서술하였다.
(가)에서 권리가 올바르게 실행되기 위한 조건은 제시되지 않고 있고, (나)에서 권리의 실행으로 인해 변화된 양상을 서술하지 않고 있다.

---

21 내용의 사실적 이해 정답률 40% | 정답 ⑤

(가), (나)의 내용과 일치하지 않는 것은?

① 언론 매체가 재량권을 남용한 경우에 국민의 언론 매체 접근·이용권은 보호받을 수 있다.
(가)의 4문단을 통해 언론 매체가 일정한 재량권을 남용할 때는 구제 수단을 활용하여 국민의 언론 매체 접근·이용권을 보호하고 있음을 알 수 있다.

② 공공의 이익을 위한 보도가 타인의 명예를 훼손한 경우 민법상 정정 보도 청구권은 성립하지 않는다.
(나)의 4문단을 통해 언론 보도가 타인의 명예를 훼손했다 하더라도 해당 보도가 공공의 이익을 위한 것일 때는 위법이 아니라고 인정됨을 알 수 있다.

③ 민법상 정정 보도 청구권은 언론중재법상 정정 보도 청구권보다 보도를 청구할 수 있는 기한이 길다.

(나)의 3문단을 통해 언론중재법상 정정 보도는 해당 언론 보도 등이 있음을 안 날로부터 3개월 이내에 청구할 수 있는데 해당 언론 보도 등이 있은 후 6개월이 지나면 청구할 수 없음을 알 수 있다. 그리고 (나)의 4문단을 통해 민법상 정정 보도는 언론 보도가 있음을 안 날로부터 3년 이내에 법원에 소를 제기할 수 있는데, 해당 언론 보도가 있은 후 10년이 지났을 때는 불가함을 알 수 있다.

④ 언론중재법상 정정 보도 또는 반론 보도를 청구하려면 언론 보도로 인해 피해를 입은 사실이 있어야 한다.
(나)의 3문단을 통해 언론중재법상 정정 보도 청구권과 반론 보도 청구권의 주체는 보도 내용과 개별적 연관성이 있으며 그 보도로 인해 피해를 입은 자임을 알 수 있다.

☑ ⑤ 배런은 시민에게 매체를 소유할 수 있는 권리가 주어지지 않아 언론의 자유가 소수의 것으로 전락했다고 보았다.
(가)의 2문단을 통해 배런이 매스미디어의 거대화, 독점화에 따라 언론의 자유가 매체를 소유하거나 지배하는 소수의 계층이나 집단의 것으로 전락한 것이라고 보았음을 알 수 있다. 따라서 배런이 시민에게 매체를 소유할 수 있는 권리가 주어지지 않아 언론의 자유가 소수의 것으로 전락했다고 본 것은 아니므로 적절하지 않다.

---

22 이유의 추리 정답률 52% | 정답 ①

⊙의 이유를 추론한 내용으로 가장 적절한 것은?

☑ ① 원 보도와 동일한 효과를 낼 수 있는 대등한 방어 수단을 제공하기 위해서이다.
정정 보도 청구권과 반론 보도 청구권은 언론 매체에 의해 피해를 받은 개인에게 대등한 방어 수단을 제공한다. 이때 대등한 방어 수단이라는 것은 언론 매체의 원 보도와 동일한 효과를 낼 수 있어야 한다는 것을 의미한다. 만약 정정 또는 반론 보도가 원 보도가 이루어진 것과 다른 방식으로 이루어진다면 이것은 동일한 효과를 내기 어렵다. 따라서 피해자가 청구한 보도가 원 보도와 동일한 채널, 지면에서 이루어져야 하며, 방송 진행자가 보도문을 읽을 때 통상적인 속도로 읽어야 하는 이유는 원 보도와 동일한 효과를 낼 수 있는 대등한 방어 수단을 제공하기 위해서임을 알 수 있다.

② 원 보도를 한 언론사의 대표자에게 원 보도를 진실에 맞게 수정해 달라고 요구하기 위해서이다.
⊙은 원 보도를 수정한 보도에 해당하므로, 선후 관계상 원 보도를 한 언론사의 대표자에게 원 보도를 진실에 맞게 수정해 달라고 요구하기 위해서라는 이유는 적절하지 않다.

③ 원 보도에 비해 신속한 전달 수단을 제공하여 언론 매체에 의한 피해를 최소화하기 위해서이다.
⊙은 정정 보도 및 반론 보도가 원 보도와 동일한 효과를 내도록 한 것이므로, 원 보도에 비해 신속한 전달 수단을 제공한다고 볼 수 없다.

④ 언론 매체가 대중적인 주장과 사람들이 불편하게 여기는 주장을 차별적으로 보도하지 않도록 하기 위해서이다.
⊙은 언론사가 원 보도와 정정 보도 및 반론 보도를 할 때 차별을 두지 않도록 한 것이다. 그러나 원 보도와 정정 보도 및 반론 보도의 관계가 대중적인 주장과 사람들이 불편하게 여기는 주장의 관계라고 보기 어렵다.

⑤ 양측의 주장을 같은 방식으로 제공하여 옳고 그름에 대한 판단을 시청자 또는 독자가 내리도록 하기 위해서이다.
반론 보도의 경우 언론 매체의 시청자 또는 독자에게 반론 보도와 원 보도를 같은 방식으로 제공하여 양측의 주장의 옳고 그름에 대한 판단을 시청자 또는 독자가 내리도록 한다. 그러나 정정 보도의 경우 진실하지 않은 원 보도 내용의 잘못을 바로잡는 것이므로 옳고 그름에 대한 판단을 시청자 또는 독자가 내리는 것이 아니다. 따라서 정정 보도 및 반론 보도 모두에 적용되는 ⊙의 이유라고 보기 어렵다.

---

23 구체적인 사례에의 적용 정답률 55% | 정답 ②

(가)를 바탕으로 〈보기〉를 이해한 내용으로 적절하지 않은 것은? [3점]

─── 〈보 기〉───

ㄱ. 방송법 제6조 제9항
방송은 정부 또는 특정 집단의 정책 등을 공표하는 경우 의견이 다른 집단에 균등한 기회가 제공되도록 노력하여야 하고, 또한 각 정치적 이해 당사자에 관한 방송 프로그램을 편성하는 경우에도 균형성이 유지되도록 하여야 한다.

ㄴ. 방송법 제6조 제2항
방송은 성별·연령·직업·종교·신념·계층·지역·인종 등을 이유로 방송편성에 차별을 두어서는 아니 된다.

ㄷ. 언론중재법 제17조 제1항
언론 등에 의하여 범죄 혐의가 있거나 형사상의 조치를 받았다고 보도 또는 공표된 자는 그에 대한 형사 절차가 무죄 판결 또는 이와 동등한 형태로 종결되었을 때에는 그 사실을 안 날부터 3개월 이내에 언론사 등에 이 사실에 관한 추후 보도의 게재를 청구할 수 있다.

① ㄱ은 언론 매체가 공정한 여론을 형성하는 공론장의 역할을 해야 한다는 인식을 반영하고 있다.
ㄱ은 언론 매체 접근·이용권을 보장하는 방송법 조항에 해당한다. 언론 매체 접근·이용권은 언론 매체가 다양하고 공정한 여론을 형성하는 공론장의 역할을 해야 한다는 인식을 반영하고 있다.

☑ ② ㄱ은 언론 매체에 의하여 비판을 당한 국민이 반론의 기회를 요구할 수 있는 권리를 보장하고 있다.
ㄱ은 언론 매체가 사회의 다양성을 해치거나 임의로 특정 의견을 차별하지 못하게 하는 방송법 조항에 해당한다. 언론 매체에 의하여 비판을 당한 국민이 반론의 기회를 요구할 수 있는 권리는 반론권이다.

③ ㄴ은 언론 매체가 사회의 다양성을 해치지 못하도록 하고 있다.
ㄴ은 방송이 임의의 이유로 방송편성에 차별을 두지 못하도록 하는 조항에 해당한다. 차별을 금지하여 언론 매체가 사회의 다양성을 해치지 않고, 사회의 다양성을 방송편성에 반영할 수 있도록 하고 있다.

④ ㄷ은 매스미디어를 소유하지 않아도 언론의 자유를 보장받을 수 있도록 하고 있다.
ㄷ은 언론 매체 접근·이용권의 형태인 언론중재법 조항에 해당한다. 언론사 등에 추후 보도의 게재를 청구할 수 있게 하여, 매스미디어를 소유하지 않아도 언론 매체를 이용할 수 있도록 하여 언론의 자유를 보장받을 수 있도록 하고 있다.

⑤ ㄷ은 언론 보도로 피해를 입은 사람이 자신의 의사를 표명할 수 있도록 하고 있다.
ㄷ은 자신이 범죄 혐의가 있거나 형사상의 조치를 받았다는 언론 보도로 인해 피해를 입은 사람이 추후 보도의 게재를 통해 자신의 의사를 표명할 수 있도록 하고 있다.

---

24 구체적인 사례에의 적용   정답률 39% | 정답 ④

(나)를 바탕으로 〈보기〉를 탐구한 내용으로 적절하지 않은 것은?

〈보 기〉

○○ 동물 병원을 운영하는 A는 △△ 신문의 기자 B가 제보 내용에 대한 별도의 취재 없이 보도한 기사로 인해 매출이 줄어드는 피해를 입었다. A는 다음의 내용으로 △△ 신문의 대표자 C 또는 기자 B에게 정정 및 반론 보도를 요청하고자 한다.

본 신문은 2022년 9월 1일자 10면에 '○○시 소재 동물 병원, 입원한 반려견 방치하고 처방전 미발급'이라는 제목으로 ○○시에 소재한 모 동물 병원이 입원한 반려견에게 먹이를 주지 않았으며 처방전을 발급하지 않고 의약품을 투약했다고 보도하였습니다.

그러나 해당 동물 병원의 CCTV 영상을 확인한 결과 동물 병원의 직원들이 입원한 반려견에게 적정량의 먹이를 제공한 것으로 밝혀져 이를 바로잡습니다. 또한 해당 동물 병원에서는 처방전을 발급하지 않은 것은 사실이지만, 관련 법에 근거하여 수의사가 직접 처방 대상 동물용 의약품을 투약하는 경우에는 처방전을 발급하지 않을 수 있다고 밝혀왔습니다.

① A가 별도의 취재를 하지 않은 B에게 정정 보도를 청구하려면 법원에 소를 제기해야겠군.
(나)의 4문단을 통해 민법상 정정 보도는 잘못된 언론 보도로 손해를 가한 기자에 대해서도 청구할 수 있음을 알 수 있다. 따라서 A가 별도의 취재를 하지 않은 기자 B에게 정정 보도를 청구하려면 민법 제764조에 의거하여 정정 보도를 청구하는 소를 법원에 제기해야 함을 알 수 있다.

② A는 먹이 제공과 관련된 내용은 정정 보도를, 처방전 미발급과 관련된 내용은 반론 보도를 청구하려는 것이겠군.
A는 CCTV 영상에 의해 '모 동물병원이 입원한 반려견에게 먹이를 주지 않았다'는 것이 허위임을 입증하고 원 보도 내용의 잘못을 바로잡는 정정 보도를 청구하려 하고 있다. '처방전을 발급하지 않고 의약품을 투약했다'는 것은 사실이므로 A는 원 보도의 잘못을 바로잡는 것이 아니라 원 보도 내용에 관한 반론을 보도해 줄 것을 요구하는 반론 보도를 청구하려 하고 있다.

③ A가 △△ 신문의 보도가 있음을 안 날이 2023년 9월 1일이라면 민법 제764조에 의거하여 권리를 행사해야겠군.
(나)의 3문단을 통해, 언론중재법상 정정 보도와 반론 보도는 해당 언론 보도 등이 있은 후 6개월이 지났을 때에는 청구할 수 없음을 알 수 있다. 그런데 △△ 신문의 보도가 있은 것은 2022년 9월 1일로, A가 △△ 신문의 보도 내용을 알게 된 2023년 9월 1일이면 보도가 있은 후 6개월이 지났으므로 언론중재법상 권리를 행사할 수 없다. 따라서 언론 보도가 있음을 안 날로부터 3년, 해당 언론 보도가 있은 후 10년 이내에 법원에 소를 제기할 수 있도록 한 민법 제764조에 의거하여 권리를 행사해야 한다.

④ B의 기사 중 입원한 반려견에게 먹이를 주지 않았다는 내용은 사실적 주장에 해당하지 않겠군.
(나)의 3문단을 통해 '사실적 주장'은 증거에 의해서 그 존재 여부를 판단할 수 있는 사실 관계에 관한 주장임을 알 수 있다. 그리고 '입원한 반려견에게 먹이를 주지 않았다'는 것은 해당 동물 병원의 CCTV 영상이라는 증거에 의해 먹이를 주지 않은 사실이 존재하지 않음을 판단할 수 있으므로 '입원한 반려견에게 먹이를 주지 않았다'는 것은 사실적 주장이라 할 수 있다.

⑤ C가 언론중재법에 의거한 A의 청구를 수용한다면, 청구를 받은 날부터 일주일 이내에 A가 요청한 보도문을 △△ 신문에 싣겠군.
(나)의 3문단을 통해 언론사가 청구를 수용한다면 청구를 받은 날부터 7일 이내에 정정 또는 반론 보도문을 원 보도와 동일한 지면에 싣게 됨을 알 수 있다.

★★ 문제 해결 꿀~팁 ★★

▶ **많이 틀린 이유는?**
이 문제는 글의 내용을 실제 사례에 적용하는 과정에서 어려움을 겪어 오답률이 높았던 것으로 보인다.

▶ **문제 해결 방법은?**
이 문제를 해결하기 위해서는 〈보기〉에 대해 탐구하고 있는 선택지를 먼저 이해한 뒤, 이 선택지와 관련된 내용을 글에서 찾아 적절성을 판단해야 한다. 가령 정답인 ④의 경우, 선택지에 제시된 '입원한 반려견에게 먹이를 주지 않았다'는 내용이 '사실적 주장'인지를 판단하는 것이므로, 글을 통해 '사실적 주장'이 무엇인지 찾을 수 있어야 한다. 즉, (나)의 3문단을 통해 '사실적 주장'이 증거에 의해서 그 존재 여부를 판단할 수 있는 사실 관계에 관한 주장임을 파악하여야 한다. 그런 다음 이를 바탕으로 '입원한 반려견에게 먹이를 주지 않았다'는 것의 사실 존재 여부를 판단할 수 있는지 확인하면 되는데, 이러한 사실 존재 여부를 〈보기〉를 통해 확인할 수 있으므로 적절하지 않은 것이다.

▶ **오답인 ①을 많이 선택한 이유는?**
이 문제의 경우 학생들이 ①이 적절하지 않다고 하여 오답률이 높았는데, 이는 '법원에 소를 제기'하는 것이 단지 정정 보도를 청구할 수 있는 기간이 지난 경우로만 생각했기 때문으로 보인다. 그런데 (나)의 3문단을 통해 언론중재법상 정정 또는 반론은 '언론사 등의 대표자'에게 할 수 있고, 기자 B에게는 할 수 없음을 알 수 있고, 4문단을 통해 민법상 정정 보도는 잘못된 언론 보도로 손해를 가한 기자에 대해서 청구할 수 있음을 알 수 있으므로 적절하다고 할 수 있다. 이 선택지처럼 글의 내용을 정확하게 파악하지 않으면 잘못된 선택을 할 수 있으므로 선택지에 해당하는 내용이 어디인지를 정확하게 파악한 뒤, 이와 관련된 내용을 찾을 수 있도록 해야 한다.

25 단어의 문맥적 의미 파악   정답률 82% | 정답 ⑤

문맥상 @ ~ @와 바꾸어 쓰기에 적절하지 않은 것은?

① @ : 비하면
'비하다'는 '사물 따위를 다른 것에 비교하거나 견주다.'의 의미이므로, '둘 이상의 사물을 질(質)이나 양(量) 따위에서 어떠한 차이가 있는지 알기 위하여 서로 대어 보다.'의 의미인 '견주다'와 바꿔 쓰기에 적절하다.

② ⓑ : 기여하는
'기여하다'는 '도움이 되도록 이바지하다.'의 의미이므로, '도움이 되게 하다.'의 의미인 '이바지하다'와 바꿔 쓰기에 적절하다.

③ ⓒ : 충돌할
'충돌하다'는 '서로 맞부딪치거나 맞서다.'의 의미이므로, '서로 힘 있게 마주 닿다.'의 의미인 '맞부딪치다'와 바꿔 쓰기에 적절하다.

④ ⓓ : 게재하게
'게재하다'는 '글이나 그림 따위를 신문이나 잡지 따위에 싣다.'의 의미이므로, '글, 그림, 사진 따위를 책이나 신문 따위의 출판물에 내다.'의 의미인 '싣다'와 바꿔 쓰기에 적절하다.

---

⑤ ⓔ : 증진하고
'증진하다'는 '기운이나 세력 따위를 점점 더 늘려 가고 나아가게 하다.'의 의미이다. 따라서 '남이 하는 일이 잘되도록 거들거나 힘을 보태다.'의 의미인 '돕다'와 바꾸어 쓰기에 적절하지 않다.

26~30 과학

박태현, 「냄새와 맛의 과학」

해제 이 글은 후각 수용체를 중심으로 후각 자극의 신호 전달 과정에 대해 설명하고 있다. 냄새 분자는 호흡할 때 공기에 실려 후각 상피로 가는데, 방향에 따라 정방향 경로와 역방향 경로가 있다. 이러한 경로를 통해 냄새 분자가 도달한 후각 상피에는 냄새를 받아들이는 후각 신경 세포 수백만 개가 밀집해 있는데, 한 개의 후각 신경 세포에는 한 종류의 후각 수용체만 존재한다. 대부분의 냄새에는 수백 종류의 분자가 포함되는데, 이 냄새 분자와 특이적으로 결합하는 후각 수용체가 동시에 활성화된다. 후각 수용체가 활성화되면 후각 신경 세포에서 전기 신호가 발생하고, 이 신호는 뇌로 올라가 후각 망울에 있는 토리로 전달된다. 하나의 토리에는 동일한 종류의 후각 수용체가 활성화되어 만들어진 모든 전기 신호가 모이는데, 수천 개의 토리 중 신호를 전달받은 토리들이 패턴을 만든다. 후각 망울의 토리에서 만들어진 이러한 패턴은 대뇌의 다양한 정보들과 합쳐져 최종적으로 어떤 냄새인지 인식하게 된다.

주제 후각 자극의 신호 전달 과정

문단 핵심 내용

1문단	후각 수용체를 발견한 액설과 벅
2문단	냄새 분자가 후각 상피로 가는 방향- 정방향 경로와 역방향 경로
3문단	냄새 분자와 결합하여 활성화되는 후각 수용체
4문단	패턴을 만드는 후각 망울의 토리들
5문단	냄새를 최종적으로 인식하는 과정

26 글의 세부 내용 파악   정답률 74% | 정답 ⑤

윗글을 통해 답을 찾을 수 있는 질문으로 적절한 것은?

① 후각 상피에 있는 점액질층의 성분은 무엇인가?
3문단의 '세포의 말단에는 가느다란 섬모들이 뻗어 나와 얇은 점액질층에 잠겨 있고'를 통해, 후각 상피에 점액질층이 있음을 알 수 있다. 하지만 이러한 점액질층의 성분에 대해서는 언급하고 있지 않으므로 답을 찾을 수 없는 질문이다.

② 후각 겉질과 눈확이마 겉질을 나누는 기준은 무엇인가?
5문단을 통해 후각 겉질과 눈확이마 겉질에 대해 언급하고 있지만, 이 둘을 나누는 기준은 제시되어 있지 않으므로 답을 찾을 수 없는 질문이다.

③ 후각 수용체가 냄새 분자와 결합하는 원리는 무엇인가?
3문단을 통해 냄새 분자가 점액질층을 통과하여 후각 수용체와 결합함을 알 수 있지만, 이 글을 통해 후각 수용체가 냄새 분자와 결합하는 원리에 대해서는 설명하고 있지 않으므로 답을 찾을 수 없는 질문이다.

④ 냄새 분자가 정방향 경로로 들어올 때의 장점은 무엇인가?
2문단을 통해 냄새 분자가 후각 상피로 가는 방향에 따라 정방향 경로와 역방향 경로가 있음을 알 수 있다. 하지만 냄새 분자가 정방향 경로로 들어올 때의 장점이 무엇인지 설명하고 있지 않으므로 답을 찾을 수 없는 질문이다.

⑤ 냄새를 맡으면 순식간에 기억이 떠오르는 이유는 무엇인가?
5문단을 통해 후각 겉질의 냄새 정보는 기억을 담당하는 해마에 즉시 연결되기 때문에 어떤 냄새를 맡으면 순식간에 과거의 기억이 떠오른다는 것을 확인할 수 있다.

27 글의 세부 내용 추론   정답률 55% | 정답 ②

윗글을 읽고 추론한 내용으로 적절하지 않은 것은?

① 두 물질의 냄새 분자가 다르다면 토리에서 만들어진 패턴이 다르겠군.
3, 4문단을 통해 대부분의 냄새에는 수백 종류의 분자가 포함되는데, 이 분자들은 특정한 몇 종류의 분자와 선택적으로 결합하는 후각 수용체와 결합하여 전기 신호를 만듦을 알 수 있다. 그리고 전기 신호가 토리에 전달되어 해당하는 냄새의 패턴이 만들어짐을 알 수 있다. 따라서 두 물질의 냄새 분자가 다르다면, 토리에서 만들어진 패턴이 다르다고 할 수 있다.

② 액설과 벅은 냄새 분자의 구조에 따라 냄새가 인식되는 방법을 발견했겠군.
1문단을 통해 20세기 후반 이전의 과학자들은 분자의 구조와 뇌가 인식하는 냄새 사이의 관계를 밝히려고 했으나 한계에 부딪혔음을 알 수 있다. 이후 다른 감각들은 자극이 전기 신호로 바뀌어 인식된 것이라는 점에 착안하여 후각을 이해하려는 접근이 도입되었고, 액설과 벅은 냄새 분자를 전기 신호로 전환하는 매개체인 후각 수용체를 발견했음을 알 수 있다. 따라서 액설과 벅이 냄새 분자의 구조에 따라 냄새가 인식되는 방법을 발견했다고 추론하는 것은 적절하지 않다.

③ 자극이 전기 신호로 바뀌어 인식될 것이라는 접근은 후각 이외의 감각에 먼저 도입되었겠군.
1문단을 통해 후각 이외의 다른 감각들은 자극이 전기 신호로 바뀌어 인식된다는 점에 착안하여 후각을 이해하려는 접근이 도입되었음을 알 수 있다. 따라서 자극이 전기 신호로 바뀌어 인식될 것이라는 접근은 후각 이외의 감각에 먼저 도입되었음을 알 수 있다.

④ 어떤 냄새를 귤 냄새로 판단했다면 과거의 냄새 정보와 새로운 정보를 비교하는 과정이 있었겠군.
5문단을 통해 대뇌의 후각 겉질에는 과거에 맡았던 냄새 정보가 저장되어 있어 새로운 냄새의 정보를 기존의 것과 비교하고 눈확이마 겉질에서 최종적으로 어떤 냄새인지 판단함을 알 수 있다. 따라서 어떤 냄새를 새로 맡고 귤 냄새로 판단했다면, 과거의 냄새 정보와 새로 맡은 냄새의 정보를 비교하는 과정을 거친 것이라 할 수 있다.

⑤ 코가 막혔을 때 미각으로 느낀 맛을 더욱 풍부하게 느끼지 못하는 것은 후각 상피로 가는 역방향 경로가 막혔기 때문이겠군.
2문단을 통해, 역방향 경로를 통해 이동한 냄새 분자는 미각으로 느낀 맛을 더욱 풍부하게 해 줌을 알 수

있다. 따라서 코가 막혔을 때 맛을 더욱 풍부하게 느끼지 못하는 것은 후각 상피로 가는 역방향 경로가 막혔기 때문임을 알 수 있다.

28 핵심 정보의 파악
정답률 65% | 정답 ④

후각 자극의 신호 전달 과정을 중심으로 ⊙, ⊙을 이해한 내용으로 적절하지 않은 것은?

① ⊙에서 냄새 분자가 섬모에 닿으려면 먼저 점액질층을 통과해야 한다.
3문단을 통해 냄새 분자는 점액질층을 통과하여 섬모에 있는 후각 수용체와 결합함을 알 수 있으므로, 냄새 분자가 섬모에 닿으려면 먼저 점액질층을 통과해야 함을 알 수 있다.

② ⊙에서 냄새 분자와 후각 수용체가 결합하면 후각 신경 세포에서 전기 신호가 발생한다.
4문단을 통해 냄새 분자와 후각 수용체가 결합하여 후각 수용체가 활성화되면 후각 신경 세포의 세포막 안팎에서 전압 차가 만들어지면서 후각 신경 세포에서 전기 신호가 발생함을 알 수 있다.

③ ⊙에서 만들어진 패턴은 승모 세포를 통해 전기 신호가 강해져 대뇌의 후각 겉질로 전달된다.
5문단을 통해 후각 망울의 토리에서 만들어진 패턴은 신경 세포인 승모 세포를 통해 전기 신호가 강화되어 대뇌의 후각겉질로 전달됨을 알 수 있다.

✔ ⊙에서 서로 다른 종류의 후각 수용체가 활성화되어 발생한 전기 신호는 한 개의 축삭에 모여 ⊙으로 전달된다.
3문단을 통해 한 개의 후각 신경 세포에는 한 종류의 후각 수용체만 존재함을. 4문단을 통해 후각 신경 세포에서 만들어진 전기 신호는 후각 신경 세포에서 뻗어 나온 긴 돌기인 축삭을 통해 후각 망울에 있는 토리로 전달됨을 알 수 있다. 따라서 서로 다른 종류의 후각 수용체가 활성화되어 발생한 전기 신호가 한 개의 축삭에 모여 후각 망울로 전달된다는 것은 적절하지 않다.

⑤ ⊙으로부터 전달된 전기 신호와 세기를 반영하여 ⊙에서는 패턴이 만들어진다.
4문단을 통해 후각 수용체가 활성화되면서 만들어진 전기 신호가 후각 신경 세포를 통해 토리로 전달되고, 후각 망울에 있는 수천 개의 토리 중 신호를 전달받은 토리들이 패턴을 만드는데 신호의 세기도 패턴에 반영됨을 알 수 있다.

29 구체적인 사례에의 적용
정답률 61% | 정답 ④

윗글과 〈보기〉를 이해한 내용으로 적절하지 않은 것은? [3점]

〈보 기〉
'전자 코'는 질병 조기 진단, 식품의 신선도 측정 등에 두루 쓰인다. 최근 사람의 후각과 원리가 비슷한 6가지 나노금 입자로 구성된 전자 코가 개발돼 질병 진단을 위해 단백질을 분석할 때 쓰이고 있다. 6가지 나노 금 입자에 특정한 단백질과 결합하는 물질들이 코팅되어 있다. 나노 금 입자는 형광물질과 결합한 상태인데 단백질이 결합하면 형광물질이 분리되면서 빛을 낸다. 나노 금 입자와 단백질의 결합 여부 및 결합하는 정도에 따라 빛의 세기가 달라지고, 이러한 빛들이 만드는 빛의 분포는 단백질마다 다른 고유한 특징이다. 이러한 빛의 분포를 컴퓨터로 분석하고 기존의 데이터와 비교하여 단백질의 종류를 파악한다.

① '토리에서 만들어진 패턴'과 '빛의 분포'는 대상마다 다르게 나타나는 고유한 특징이라는 점에서 유사하다고 볼 수 있겠군.
4문단을 통해 냄새마다 고유한 패턴 지도가 있어 토리에서 만들어진 패턴으로 서로 다른 냄새를 구별함을 알 수 있다. 따라서 전자 코에서 고유한 빛의 분포로 단백질의 종류를 파악할 수 있으므로 토리에서 만들어진 패턴과 기능이 유사하다고 볼 수 있다.

② '후각 수용체'와 '단백질과 결합하는 물질들'은 대상과 선택적으로 결합한다는 점에서 유사하다고 볼 수 있겠군.
3문단을 통해 후각 수용체는 특정한 몇 종류의 분자와 선택적으로 결합함을 알 수 있다. 따라서 전자 코에서 단백질과 결합하는 물질들은 단백질과 선택적으로 결합하므로 후각 수용체와 유사하다고 볼 수 있다.

③ '대뇌의 후각 겉질'과 '컴퓨터'는 새로운 정보를 기존의 정보와 비교한다는 점에서 유사하다고 볼 수 있겠군.
5문단을 통해 대뇌의 후각 겉질에는 과거에 맡았던 냄새 정보가 저장되어 있어 새로운 냄새의 정보를 기존의 것과 비교함을 알 수 있다. 따라서 전자 코의 컴퓨터가 빛의 분포를 기존의 데이터와 비교한다는 점에서 유사하다고 볼 수 있다.

✔ '승모 세포'와 '나노 금 입자'는 대상과의 결합 여부와 정도를 알려 준다는 점에서 유사하다고 볼 수 있겠군.
〈보기〉에서 나노 금 입자와 단백질이 결합할 때 결합 여부 및 정도에 따라 빛의 세기가 달라지므로 나노 금 입자는 단백질에 관한 정보를 보여 주는 기능을 한다고 볼 수 있다. 따라서 이 기능은 토리의 신호를 대뇌로 전달하는 승모 세포의 기능과는 다르다고 할 수 있다.

⑤ '전기 신호'와 '빛'은 두 대상의 결합으로 인해 발생한다는 점에서 유사하다고 볼 수 있겠군.
4문단을 통해 냄새 분자가 후각 수용체와 결합하면 후각 수용체가 활성화되어 후각 신경 세포에서 전기 신호가 발생함을 알 수 있다. 따라서 전자 코에서 나노 금 입자와 단백질이 결합하면 나오는 빛은 이 전기 신호와 유사하다고 볼 수 있다.

30 어휘의 문맥적 의미 파악
정답률 90% | 정답 ④

문맥상 ⓐ의 의미와 가장 가까운 것은?

① 바람에 날린 연이 높이 떠올랐다.
'솟아서 위로 오르다.'의 의미로 사용되었다.

② 붉은 태양이 바다 위로 떠올랐다.
'솟아서 위로 오르다.'의 의미로 사용되었다.

③ 어머니의 얼굴에 미소가 떠올랐다.
'얼굴에 어떠한 표정이 나타나다.'의 의미로 사용되었다.

✔ 그 사람의 이름이 이제야 떠올랐다.
ⓐ는 '순식간에 과거의 기억이 떠오르기도'의 의미이므로 '기억이 되살아나거나 잘 구상되지 않던 생각이 나다.'의 의미와 유사하다 할 수 있다.

⑤ 그녀는 배구계의 새 강자로 떠올랐다.
'관심의 대상이 되어 나타나다.'의 의미로 사용되었다.

31~34 고전 소설

작자 미상, 「유충렬전」

감상 이 작품은 조선 후기의 대표적인 영웅 군담 소설이자 국문 소설로, 영웅의 일대기 구조에 따라 유충렬의 고난과 영웅적인 활약상을 그리고 있다. 이 작품은 천상계의 신선이었던 주인공이 죄를 짓고 지상으로 적강하여 악인의 모해와 반역으로 위기에 처하지만, 신기한 능력을 발휘하여 위기에 처한 가문과 국가를 구출한다는 이야기이다. 이와 같은 서사 구조는 '주몽 신화'의 전통을 계승한 것으로 볼 수 있다.

주제 유충렬의 영웅적 행적과 일대기

작품 줄거리 유심은 명나라 개국 공신의 자손이다. 그는 늦도록 자식이 없었다. 부인 장 씨와 형산에 치성을 드리고 신이한 꿈을 꾼 뒤 마침내 아들 충렬을 얻는다. 유충렬은 원래 천상계의 신선인 자미성이었는데, 정한담으로 환생한 익성의 모함을 받아 지상계로 내려온다. 유심은 정한담 등의 계략에 빠져 부인 장 씨, 충렬과 함께 달아나다가 서로 흩어진다. 충렬은 전직 고관인 강희주의 도움으로 목숨을 건지고 그의 사위가 된다. 그러나 강희주도 정한담 등과 대립하다 밀려나고 충렬은 백룡사의 노승을 만나 때를 기다리며 도술을 배운다. 이때 정한담 등이 호왕과 내통하여 반란을 일으킨다. 이에 유충렬이 군사를 일으켜 반란을 진압하여 나라를 위기에서 구한다.

31 공간의 의미 파악
정답률 75% | 정답 ③

⊙, ⊙에 대한 이해로 가장 적절한 것은?

① ⊙은 인물이 권위를 내세우는 공간이다.
이 글에서 큰스님이 '소승의 무례함을 용서'하라고 말하고 있고, 유생이 '천한 인생에 팔자 기박'하다고 말하는 것을 볼 때, ⊙을 인물이 권위를 내세우는 공간이라고 볼 수 없다.

② ⊙은 인물 간의 갈등이 해소되는 공간이다.
⊙은 적장이 함정으로 파 놓은 공간에 해당하므로, 인물 간의 갈등이 해소되는 공간이라 할 수 없다.

✔ ⊙은 ⊙과 달리 인물이 긍정적으로 생각하는 공간이다.
이 글에서 유충렬은 ⊙을 '장차 신령한 산'이라 생각하고 찾아 들어가고 있으므로 ⊙은 인물이 긍정적으로 생각하는 공간으로 볼 수 있다. 반면에 ⊙은 적장이 함정으로 파 놓은 공간에 해당하므로 긍정적으로 생각하는 공간이라고 할 수 없다.

④ ⊙은 ⊙과 달리 인물 간의 유대감이 형성되는 공간이다.
⊙에서 큰스님은 유충렬을 알아보고 있고, 유충렬은 큰스님에게 관대하다고 말하고 있으므로, ⊙은 인물 간의 유대감이 형성되는 공간으로 볼 수 있다. 하지만 ⊙은 적장이 파 놓은 공간에 해당하므로 유대감이 형성되는 공간이라 할 수 없다.

⑤ ⊙과 ⊙은 모두 인물이 고난을 겪는 공간이다.
이 글에서 유충렬은 ⊙을 '신령한 산'이라고 생각하고 있으므로, 인물이 고난을 겪고 있는 공간이라 할 수 없다.

32 작품 내용의 이해
정답률 70% | 정답 ②

윗글의 인물에 대한 이해로 적절하지 않은 것은?

① '황후'는 유충렬의 도움으로 본진에 돌아왔다.
'원수 절하고 황후와 태후를 바삐 모셔 본진에 돌아와'를 통해 유충렬의 도움으로 황후가 본진에 돌아왔다는 것을 알 수 있다.

✔ '유충렬'은 정한담의 목을 베어 황제 전에 바쳤다.
'정한담의 목을 내어 황제 전에 바치려고 칼끝에 빼어 보니 진짜는 간데없고 허수아비의 목을 베어 왔는지라.'를 통해 유충렬이 정한담의 목을 황제에게 바치지 못했음을 알 수 있다.

③ '정한담'은 유충렬을 자극하여 싸움을 시작하고 있다.
'네 한갓 ~ 결단하라.'를 통해 정한담이 유충렬을 자극하여 싸움을 시작하고 있다는 것을 알 수 있다.

④ '큰스님'은 백룡사에 찾아온 사람이 유충렬이라는 사실을 알고 있었다.
'유 상공 오시는 행차'라고 말하는 부분에서 큰스님이 백룡사에 찾아온 사람이 유충렬이라는 사실을 알고 있었음을 확인할 수 있다.

⑤ '영릉골 관비'는 강 낭자의 자색과 태도를 알아보고 떠나지 않도록 회유하고 있다.
'자색이 ~ 같은지라.'를 통해 영릉골 관비가 강 낭자의 자색과 태도를 알아보는 것을, '만 가지로 ~ 하더라'를 통해 떠나지 않도록 회유하고 있음을 확인할 수 있다.

33 인물의 말하기 방식 파악
정답률 60% | 정답 ⑤

[A]와 [B]에 대한 설명으로 가장 적절한 것은?

① [A]는 [B]와 달리 과거 사건을 근거로 들며 문제 해결을 유보하고 있다.
[A]에서 과거 사건을 드러내고 있지만, 이러한 과거 사건을 근거로 들며 문제 해결을 유보하지는 않고 있다.

② [B]는 [A]와 달리 불가능한 상황을 설정하여 상대를 설득하고 있다.
[B]에서 '태산이 무너져서 평지가 되어도', '천지가 변하여 푸른 바다가 될지라도'와 같이 불가능한 상황을 설정하고 있지만 상대를 설득하지는 않고 있다.

③ [A]와 [B]는 모두 대상에 대한 평가를 제시하며 상대의 행동 변화를 요구하고 있다.
[A]와 [B]에서 유충렬이 대상에 대한 평가를 제시하며 상대의 행동 변화를 요구하지는 않고 있다.

④ [A]와 [B]는 모두 자신의 신분을 언급함으로써 자신의 발화에 대한 상대의 의구심을 해소하고 있다.
[A]는 '소장은 ~ 충렬이온데'에서 자신의 신분을 언급하고 있으나, 자신의 발화에 대한 상대의 의구심이 나타나 있지 않았으므로 이를 해소하고 있지 않다.

✔ [A]는 이전 사건에 대한 정보를 전달하고, [B]는 변화된 현재 상황에 대한 심리를 드러내고 있다.
[A]에서는 유충렬이 아버지의 원수를 갚기 위해 이곳에 왔다는 과거의 사건을 요약적으로 제시하여 정보를 전달하고 있다. 그리고 [B]에서는 유충렬이 자신을 구해 준 것에 대한 감사함을 표현하고 있다. 따라서 [A]에서는 이전 사건에 대한 정보를 전달하고 있고, [B]에서는 변화된 현재 상황에 대한 심리를 드러내고 있음을 알 수 있다.

34 외적 준거에 따른 작품의 감상   정답률 16% | 정답 ②

〈보기〉를 바탕으로 윗글을 감상한 내용으로 적절하지 <u>않은</u> 것은? [3점]

〈보 기〉

「유충렬전」은 독자의 흥미를 유발하기 위해 다양한 문학적 장치를 활용하여 대중 소설로서 큰 인기를 끌었다. 그 예로는 영웅의 잠재 능력을 표출시키는 초월적 조력자, 주인공의 영웅성을 더욱 부각하는 신물(神物), 영웅과의 치열한 군담을 만드는 적대자, 위기에 처한 인물의 이야기를 중단하여 독자의 궁금증을 고조시킨 후 다른 인물의 이야기로 넘어가는 단절기법 등이 있다. 또한 일반 백성이 전란으로 겪는 수난을 소설 속 왕가(王家)를 통해 그대로 재현함으로써 독자들이 공감할 수 있게 하였다.

① 강 낭자를 중심으로 하는 서사가 '각설'을 통해 유충렬의 서사로 넘어가는 부분에서 단절기법을 확인할 수 있겠군.
위기에 처한 강 낭자의 이야기가 중단되며 독자의 궁금증을 고조시킨 후 '각설'을 통해 유충렬의 이야기로 넘어가는 부분에서 단절기법을 확인할 수 있다.

☑ 유충렬이 백룡사의 '큰스님'을 만나는 부분에서 초월적 조력자가 영웅의 잠재 능력을 표출시키는 모습을 확인할 수 있겠군.
유충렬이 서해 광덕산 백룡사의 큰스님을 만나는 부분에서 그가 평범한 중이 아닌 초월적 조력자가 될 것임을 짐작할 수 있으나, 영웅의 잠재 능력을 표출시키는 모습은 확인할 수 없다.

③ '정한담'이 유충렬을 함정에 들게 한 부분에서 영웅과의 치열한 군담을 만드는 적대자를 확인할 수 있겠군.
'가련하다 ~ 목숨이 경각이라.'에서 유충렬이 적장의 꾀로 함정에 빠지는 부분을 통해 유충렬과 비등한 능력을 지닌 적대자인 정한담이 영웅과의 치열한 군담을 만들고 있음을 알 수 있다.

④ 유충렬이 '일광주'와 '장성검'을 사용하는 부분에서 주인공의 영웅성을 부각하는 신물을 확인할 수 있겠군.
'원수가 분노하여 일광주를 ~ 제가 모른다.'와 '장성검은 동쪽 하늘에 ~ 핏물이라.'를 통해, 유충렬의 영웅성이 '일광주'와 '장성검'이라는 신물을 통해 부각되고 있음을 알 수 있다.

⑤ '황후'와 '태후'가 토굴에서 살려 달라고 소리치는 부분에서 일반 백성이 전란으로 겪은 수난을 재현한 것을 확인할 수 있겠군.
'저기 가는 저 장수는 ~ 우리 고부 살려 주소'라고 황후와 태후가 말하는 부분에서 일반 백성이 전란에서 겪는 수난을 왕가를 통해 재현하고 있음을 확인할 수 있다.

★★ 문제 해결 꿀~팁 ★★

▶ 많이 틀린 이유는?
이 문제는 작품을 정확하게 이해하지 못하였거나 〈보기〉를 정확하게 이해하지 못하여 오답률이 높았던 것으로 보인다.

▶ 문제 해결 방법은?
이 문제를 해결하기 위해서는 〈보기〉로 제시된 내용, 즉 「유충렬전」에 나타난 문학적 장치를 정확히 이해하여야 한다. 그리고 이러한 문학적 장치를 작품 내용과 연관시킨 선택지의 적절성을 판단하면 되는데, 이때 작품 내용에 대한 정확한 이해를 바탕으로 해야 한다. 가령 정답인 ②의 경우, 유충렬이 백룡사의 큰스님을 만나는 부분에서 백룡사 큰스님이 영웅의 잠재 능력을 표출시키는 모습을 확인할 수 없으므로 적절하지 않은 것이다. 이 선택지처럼 작품을 정확하게 이해하지 못하면 잘못된 선택을 할 수 있으므로 작품을 정확히 읽을 수 있도록 한다.

▶ 오답인 ①, ⑤를 많이 선택한 이유는?
이 문제의 경우 학생들이 ①, ⑤가 적절하지 않다고 하여 오답률이 높았는데, 이는 〈보기〉를 정확히 이해하지 못했기 때문으로 보인다. 즉 ①의 경우 〈보기〉를 통해 단절기법이 위기에 처한 인물의 이야기를 중단하여 독자의 궁금증을 고조시킨 후 다른 인물의 이야기임을 알았다면 적절함을 알았을 것이다. 또한 ⑤의 경우 〈보기〉를 통해 '일반 백성이 전란으로 겪는 수난을 소설 속 왕가를 통해 그대로 재현'을 알았다면 적절함을 알았을 것이다. 이처럼 〈보기〉를 정확히 이해하지 못하면 잘못된 선택을 할 수 있으므로 주어진 〈보기〉는 충분히 이해할 수 있도록 주의를 기울여야 한다.

35~38 인문

백민정, 「정약용의 철학」, 장승구, 「정약용과 실천의 철학」

[해제] 이 글은 다산 정약용의 윤리학의 특징을 설명하고 있다. 유가 경전을 재해석하면서 새로운 사유를 전개한 다산 정약용은 사회를 선하고 정의롭게 하기 위해서 선한 의지와 지혜로운 선택이 필요하며 이러한 의지와 선택을 생활 속에서 실천해야 한다고 보았다. 그리고 정약용은 인간은 자유의지로써 행동하여 인(仁)을 성취할 수 있다고 보았는데, 인을 완성할 수 있는 실천 원리로 제시한 것이 서(恕)이다. 서는 사람들 간의 관계에서 자신이 원하지 않는 것을 상대에게 하지 않는 것으로, 타자에 대한 상호 평등성의 인정과 인격 존중에 기초하며 누구나 노력하면 실천할 수 있는 행위 원리이다. 다산은 서를 행할 수 있는 기본이 되는 자세를 '두려워하고 공경하는 자세'인 신독(慎獨)이라고 하였다. 신독은 인간관계에서 적극적인 윤리적 실천을 통해 선의 가치를 실현하도록 하는 힘이며 정신적 구심점이다. 이러한 다산 정약용의 윤리학은 생활 속에서 선의 실천을 지향하는 생활 현장의 윤리라 할 수 있다.

[주제] 다산 정약용의 윤리학의 특징

[문단 핵심 내용]

1문단	유가 경전을 재해석하며 새로운 사유를 전개한 다산 정약용
2문단	선한 의지와 지혜로운 선택을 생활 속에서 실천해야 한 다산 정약용
3문단	자유의지로써 행동하여 인(仁)을 성취할 수 있다고 본 다산 정약용
4문단	인을 완성할 수 있는 실천 원리로 서(恕)를 제시한 다산 정약용
5문단	서를 행할 수 있는 기본이 되는 자세를 신독(慎獨)이라고 한 다산 정약용
6문단	선의 실천을 지향하는 생활 현장의 윤리인 다산 정약용의 윤리학

35 세부 내용의 이해   정답률 66% | 정답 ⑤

'다산 윤리학'의 내용으로 적절하지 <u>않은</u> 것은?

① 백성들의 삶을 윤택하게 하는 행동을 통해 인을 얻을 수 있다.
3문단을 통해 위정자로서 정약용은 백성들의 삶을 윤택하게 하여 인을 성취하고자 하였음을 알 수 있다.

② 인간이 선과 악을 선택할 수 있는 것은 자유의지가 있기 때문이다.
2문단을 통해 인간은 자유의지에 의해 선을 선택할 수도 악을 선택할 수도 있음을 알 수 있다.

③ 서(恕)로써 다른 사람을 대하는 것이 타인에게 도리를 다하는 것이다.
4문단을 통해 서로써 다른 사람을 대하는 것이 도리를 다하는 것임을 알 수 있다.

④ 인을 완성할 수 있는 실천 원리는 상호 평등성의 인정과 인격 존중에 기초한다.
4문단을 통해 정약용이 인을 완성할 수 있는 실천 원리로 제시한 것은 '서'임을 알 수 있다. 그리고 이러한 '서'에 대해 타자에 대한 상호 평등성의 인정과 인격 존중에 기초하고 있으며 누구나 노력하면 실천할 수 있는 행위 원리라 하고 있다. 따라서 인을 완성할 수 있는 실천 원리는 상호 평등성의 인정과 인격 존중에 기초함을 알 수 있다.

☑ 만물개비어아는 인간 감정의 보편성을 통해 자기의 감정을 이해할 수 있다는 것이다.
4문단을 통해 다산 정약용은 '만물개비어아'를 다른 사람의 감정을 묻고 안색을 살핀 다음에야 그들이 나와 같다는 것을 알 수 있는 것이 아니라는 의미로 보았음을 알 수 있다. 그리고 인간의 감정과 생각에 보편성이 있으므로 자기의 감정과 생각을 미루어서 다른 사람의 마음을 이해할 수 있다고 인식하였음을 알 수 있다. 따라서 다산 윤리학에서의 만물개비어아는 인간 감정의 보편성을 통해 자기의 감정을 이해할 수 있는 것이 아님을 알 수 있다.

36 세부 내용의 추론   정답률 74% | 정답 ②

윗글을 통해 알 수 있는 ㉠의 의미로 가장 적절한 것은?

① 선천적인 품성을 올바르게 바꿔가며 살아가는 사회를 말하는 것이겠군.
4문단을 통해 ㉠은 선천적인 품성을 올바르게 바꿔가며 살아가는 것뿐만 아니라 생활 속에서 선의 실천을 지향하는 사회라 할 수 있으므로 적절하지 않다.

☑ 자유의지로 사람들 사이에서 선을 실천하며 사는 사회를 말하는 것이겠군.
2문단을 통해 인간은 선천적으로 주어진 자유의지에 의해 선과 악을 선택할 수 있음을 알 수 있다. 또한 사회를 선하고 정의롭게 하기 위해서 선한 의지와 지혜로운 선택이 필요하며 이러한 의지와 선택을 생활 속에서 실천해야 함을 알 수 있다. 3문단을 통해 자유의지로써 행동하여 인을 성취할 수 있으며, 여기서의 인은 사람과 사람 사이에서 각자가 상대에게 마땅한 도리를 다하는 실천을 통해서 얻어지는 덕목임을 알 수 있다. 4문단을 통해 서로써 다른 사람을 대하는 것이 도리를 다하는 것임을 알 수 있고, 5문단을 통해 신독은 윤리적 실천을 통해 선의 가치를 실현하도록 하는 것임을 알 수 있다. 따라서 ㉠은 인간이 자유의지로 다른 사람들과의 관계에서 선을 실천하는 사회라고 볼 수 있다.

③ 생활 속에서 누구나 노력 없이 선의 가치를 실현하며 살 수 있는 정의로운 사회를 말하는 것이겠군.
2문단을 통해 다산은 사회를 선하고 정의롭게 하기 위해서는 선한 의지와 지혜로운 선택이 필요하며 이러한 의지와 선택을 생활 속에서 실천해야 한다고 보았음을 알 수 있다. 이렇게 볼 때, ㉠은 생활 속에서 선의 가치를 실현하기 위해 노력해서 만든 정의로운 사회라 할 수 있다.

④ 인간이 타자와의 관계를 의식하지 않고 자유의지를 통해 가치를 실현하는 사회를 말하는 것이겠군.
4문단의 '서'의 내용을 볼 때, 인간이 타자와의 관계를 의식하지 않는다는 내용은 적절하지 않다.

⑤ 실천을 하지 않아도 서로의 인격을 존중하고 타인의 마음을 이해하며 사는 사회를 말하는 것이겠군.
다산은 선의 실천을 강조하고 있으므로 실천을 하지 않아도 된다는 내용은 적절하지 않다.

37 글의 중심 내용 파악   정답률 67% | 정답 ②

신독에 대한 이해로 적절하지 <u>않은</u> 것은?

① 자신의 행동을 성찰하면서 자신을 통제하게 하는 것이다.
5문단의 '정약용은 신독 공부를 남들이 ~ 실현하도록 하는 힘이며 정신적 구심점이다.'를 통해, 신독이 자신의 행동을 성찰하면서 자신을 통제하게 하는 것임을 알 수 있다.

☑ 선과 악의 선택에서 벗어나 내면의 공정성을 유지하는 것이다.
5문단을 통해 신독 공부를 통해서 내면의 진실성을 유지하고 선과 악을 선택할 수 있는 상황에서 자기를 통제하는 내면의 공정성을 유지할 수 있음을 알 수 있다. 따라서 신독이 선과 악의 선택에서 벗어나 내면의 공정성을 유지하는 것이라는 설명은 적절하지 않다.

③ 잘못을 꾸짖는 내면의 목소리이며 선을 실현하게 하는 정신적 구심점이다.
5문단의 '정약용은 신독 공부를 남들이 ~ 실현하도록 하는 힘이며 정신적 구심점이다.'를 통해, 신독이 잘못을 꾸짖는 내면의 목소리이며 선을 실현하게 하는 정신적 구심점임을 알 수 있다.

④ 자신이 혼자 아는 일에도 생각과 행동을 조심하며 내면의 진실성을 유지하는 것이다.
5문단의 '정약용은 신독 공부를 남들이 ~ 실현하도록 하는 힘이며 정신적 구심점이다.'를 통해, 신독이 자신 혼자 아는 일에도 생각과 행동을 조심하며 내면의 진실성을 유지하는 것임을 알 수 있다.

⑤ 악을 행할 수 있는 가능성을 지닌 인간에게 하늘의 눈은 피할 수 없음을 강조하는 것이다.
5문단의 '정약용은 당시 사대부들에게 ~ 점을 강조한 것이다.'를 통해, 신독이 악을 행할 수 있는 가능성을 지닌 인간에게 하늘의 눈은 피할 수 없음을 강조한 것임을 알 수 있다.

38 구체적인 사례에의 적용   정답률 70% | 정답 ⑤

윗글을 바탕으로 〈보기〉를 이해한 내용으로 적절하지 <u>않은</u> 것은? [3점]

〈보 기〉

요즘 천재지변으로 해마다 흉년이 들어, ⓐ백성들이 굶주림을 면치 못하고 고통을 받으니 안타까울 따름이다. 재정부에 명령하여 나라의 곳간을 열고, 연달아 감사관을 보내 ⓑ백성의 쓰림을 돌보지 않는 수령들을 징계한 바 있다. 슬프다. 부덕한 ⓒ나로서는 백성들이 굶어 죽는 모습들을 모두 다 알 수는 없으니, 수령과 같은 백성과 가까운 관원들은 나의 이 진심 어린 뜻을 새겨, 관할 구역의 백성들이 굶주려 떠돌아다니지 않게끔 유의하라. 나는 장차 다시 ⓓ조정의 관원을 파견하여, 그에 대한 행정 상황을 조사할 것이며, 만약 한 백성이라도 굶어 죽은 자가 있다면, 수령이 교서를 위반한 것으로써 죄를 논할 것이라.

– 「세종실록」, 세종 1년(1419) –

① ⓐ를 서(恕)로써 대하는 마음이 있어야 ⓓ가 인을 성취할 수 있겠군.
ⓓ가 타자에 대한 도리인 인을 성취하려면 인의 실천 원리인 서로써 대하는 마음으로 ⓐ를 이해해야 한다.

② ⓑ는 ⓐ와의 관계에서 인을 성취하지 못하였군.
ⓑ가 ⓐ의 쓰라림을 돌보지 않은 것은 ⓐ에 대한 도리를 다하지 않은 것이므로 인을 성취하지 못한 것이다.

③ ⓒ는 ⓑ에게 한 행위를 통해 ⓐ와의 관계에서 인을 성취하였군.
ⓒ는 ⓑ를 징계하여 ⓐ에게 도리를 다하는 것으로 인을 성취한 것이다.

④ ⓒ는 ⓓ가 서(恕)로써 ⓐ를 대하기를 바라겠군.
ⓒ는 ⓐ가 굶주림을 면하기를 원하므로 ⓓ가 ⓐ를 서로써 대하여 인을 실천하기를 바랄 것이다.

✓ ⑤ ⓓ의 자유의지에 따른 행위는 ⓒ에 의한 것이므로 결과에 따른 책임을 지지 않겠군.
2문단을 통해 인간은 자유의지에 의해서 선을 선택할 수도 악을 선택할 수도 있으며 그에 따른 책임을 갖음을 알 수 있다. 〈보기〉에서 ⓒ가 ⓓ를 파견하여 행정 상황을 조사하라고 하였지만 ⓓ는 자유의지가 있기 때문에 ⓒ의 뜻을 따라 백성을 돌보는 선을 행할 수도 ⓒ의 눈을 피해 백성을 돌보지 않는 악을 행할 수도 있다. 이는 ⓓ의 자유의지에 의한 선택과 행동이므로 그에 따른 책임을 ⓓ가 져야 한다.

39~42 고전 시가 + 수필

(가) 이황, 「만보」

감상 이 작품은 가을날 해 질 녘에 수확의 기쁨에 들떠 있는 사람들과 풍요로운 자연의 모습을 보며 학문적 숙원(宿願)을 이루지 못한 자신의 삶을 반성하고 있다. 이 작품의 시간적 배경인 가을은 만물이 결실을 맺는 계절인데, 이는 학문적 숙원을 이루지 못한 화자의 삶과 대조를 이루면서 작품의 주제를 강조하는 기능을 한다. 즉, 화자는 수확과 결실의 계절인 가을임에도 정작 자신은 학문적 성취감을 맛보지 못하고 그 숙원이 풀리지 않는 것에 대해 답답함을 느끼고 있다.

주제 성취하지 못한 학문에 대한 회한

(나) 윤동주, 「별똥 떨어진 데」

감상 이 작품은 어둠의 역사가 진행되고 있는 시간 속에서 자신이 나아가야 할 방향을 탐색하고 있는 수필이다. 이 글의 글쓴이는 식민지 현실이라는 상황에서 자신이 추구하는 삶에 대한 방향을 찾지 못하는 데서 부끄러움을 느끼고 있다. 그럼에도 글쓴이는 척박한 현실일지언정 뿌리를 내리고 오직 '하늘'만 바라보고 뻗어 나아가는 '나무'의 수직적 방향을 자신의 삶으로 가져와 '별똥'이 꼭 떨어져야 할 곳에 떨어져야 한다는 이상적 가치 실천의 선택과 결단을 한다.

주제 이상적 가치 실천을 위한 의지

---

39 | 작품 간의 공통점 파악 | 정답률 68% | 정답 ③

(가)와 (나)의 공통점으로 가장 적절한 것은?

① 공간의 대비를 통해 일상의 공간에 의미를 부여하고 있다.
(가), (나) 모두 공간의 대비를 통해 일상의 공간에 의미를 부여하지는 않고 있다.

② 대상과의 문답을 통해 삶에 대한 깨달음을 드러내고 있다.
(가)와 (나) 모두 대상과의 문답이 나타나지 않고 있다.

✓ ③ 시간적 배경의 의미를 활용하여 내적 갈등을 드러내고 있다.
(가)의 화자는 하루가 저무는 시간이자 인생의 황혼을 의미하는 저녁 무렵에 학문적 숙원을 이루지 못한 자신의 삶을 돌아보며 생각에 잠기고 있다. (나)의 글쓴이는 어둠이라는 부정적 상황을 의미하는 '밤'에 '갈 곳이 어딘지 몰라 허우적거리'며 고뇌하고 있다. 이를 통해 시간적 배경의 의미를 활용하여 내적 갈등을 드러내고 있음을 알 수 있다.

④ 반어적 표현을 활용하여 현실에 대한 비관적 태도를 드러내고 있다.
(가)와 (나) 모두 반어적 표현을 찾아볼 수 없다.

⑤ 설의적 표현을 통해 추구하고자 하는 삶의 자세를 제시하고 있다.
(나)에서는 '주저주저 아니치 못할 존재들이 아니냐'와 '행복스럽지 않으냐' 등을 통해, 설의적 표현이 사용되었음을 알 수 있다. 하지만 (가)를 통해 설의적 표현을 찾아볼 수 없으므로 적절하지 않다.

---

40 | 작품 내용의 이해 | 정답률 56% | 정답 ⑤

㉠~㉤에 대한 이해로 적절하지 않은 것은?

① ㉠ : 음성 상징어를 통해 희망이 사라지지 않은 상황을 암시하고 있다.
'별'의 모습을 '또렷또렷'이란 음성 상징어를 통해 드러냄으로써 희망이 사라지지 않은 상황을 암시하고 있다.

② ㉡ : 자신을 객관화하여 지칭하며 암담한 상황에서 자신을 비웃는 모습을 보여 주고 있다.
글쓴이가 자신을 '젊은이'라고 객관화하여 지칭하며 자조하고 있다.

③ ㉢ : 자신과 유사한 처지의 대상을 통해 방황하는 모습을 드러내고 있다.
'하루살이'가 '허공에 부유'하는 모습을 통해 방황하는 글쓴이의 모습을 드러내고 있다.

④ ㉣ : 대상을 의인화하여 자신이 원하는 바를 얻기 위해 노력이 필요함을 드러내고 있다.
'행복'을 '별스러운 손님'에 빗대어 의인화하며 원하는 바를 이루기 위해 '한 가닥 구실'을 치러야 함을 드러내고 있다.

✓ ⑤ ㉤ : 가정적 진술을 활용하여 긍정적인 미래에 대한 확신을 드러내고 있다.
'새로운 손님을 불러온다 하자'에 가정적 진술이 드러나지만 '새벽이 왔다 하더라도' '암담'하다고 말하고 있으므로 긍정적인 미래에 대한 확신을 드러내고 있지는 않다.

---

41 | 작품의 특징 비교 | 정답률 62% | 정답 ②

[A]와 [B]에 대한 설명으로 가장 적절한 것은?

① [A]는 [B]와 달리 자연물에 감정을 이입하여 심리적 변화를 우회적으로 드러내고 있다.
[A]와 [B]는 모두 자연물에 대한 감정 이입이 드러나지 않는다.

✓ ② [B]는 [A]와 달리 자연물에 대한 변화된 인식을 제시하고 있다.
[A]에서는 자연물인 '갈까마귀'와 '해오라기'에 대한 변화된 인식이 드러나지 않고 있다. 그리고 [B]에서는 자연물인 '나무'를 '처음'에는 '불행한 존재로 가소롭게' 여겼으나 '오늘 돌이켜 생각건대' '행복한' 존재로 여기게 되는 부분에서 자연물에 대한 변화된 인식이 드러나 있다.

③ [A]와 [B]는 모두 계절감을 드러내는 자연물을 통해 결실에 대한 기쁨을 나타내고 있다.
[A]에는 계절감을 드러내는 자연물인 '갈까마귀'가 제시되어 있으나, [B]에는 제시되어 있지 않다.

④ [A]의 자연물에는 과거에 대한 상실감이, [B]의 자연물에는 미래에 대한 기대감이 반영되어 있다.
[A]에서 자연물인 '갈까마귀'와 '해오라기'를 통해 과거에 대한 상실감을 드러내지는 않고 있다. 또한 [B]의 자연물인 '나무'에 대한 인식 변화는 드러나지만, '나무'를 통해 미래에 대한 기대감을 드러내지는 않고 있다.

⑤ [A]에서는 시선의 이동에 따라, [B]에서는 공간의 이동에 따라 변화하는 자연물의 모습을 보여 주고 있다.
[A]에서 화자가 대상을 바라보고 있지만 시선의 이동에 따라 변화하는 자연물의 모습을 보여 주지는 않고 있고, [B]에서는 공간의 이동은 드러나지 않고 있다.

---

42 | 외적 준거에 따른 작품의 감상 | 정답률 69% | 정답 ②

〈보기〉를 바탕으로 (가), (나)를 감상한 내용으로 적절하지 않은 것은? [3점]

<보 기>
어떤 상황에 문제가 있을 때, 그 이유를 자기에게서 돌이켜 찾는 것이 반구저기(反求諸己)의 태도이다. 이 과정에서 느끼는 감정은 자신이 그 상황에 책임이 있다는 주체적 각성으로, 수동적이고 비관적인 감정이 아니라 문제를 해결하기 위해 성찰하는 능동적이고 긍정적인 감정이다. (가)의 화자는 학자로서 목표한 학문적 경지에 도달하지 못했다고 여기는 개인적 상황에서 생각에 잠기고, (나)의 글쓴이는 식민지 현실이라는 공동체의 상황에서 자신이 추구하는 삶에 대한 방향을 찾지 못하는 데에서 부끄러움을 느끼고 있다.

① (가)의 '숙원이 오래도록 풀리질 않'은 '회포'는 화자가 학문적 경지에 도달하지 못했다고 여기는 것에서 느끼는 심정이겠군.
〈보기〉에서 (가)의 화자는 학자로서 목표한 학문적 경지에 도달하지 못했다고 여기고 있음을 알 수 있다. 따라서 (가)의 '숙원이 오래도록 풀리질 않'은 '회포'는 화자가 학문적 경지에 도달하지 못했다고 여기는 것에서 느끼는 심정이라 할 수 있다.

✓ ② (가)의 '고요한 밤'에 '거문고만 둥둥' 타는 것은 화자가 주체적으로 각성하게 되는 원인이겠군.
(가)의 화자는 '숙원이 오래도록 풀리'지 않고, '회포'를 털어놓을 사람 아무도 없어 '거문고만 둥둥' 타고 있다. 따라서 '거문고만 둥둥' 타고 있는 것은 학자로서 목표한 학문적 경지에 도달하지 못했다고 여기는 상황에서 느끼는 심정을 거문고 연주로 달래고자 하는 모습을 드러낸다고 할 수 있다.

③ (나)의 '아무런 준비도 배포치 못'해 '밝음의 초점'을 '휘잡'지 못한다는 것에서 글쓴이의 반구저기의 태도가 드러나는군.
〈보기〉에서 반구저기의 태도가 어떤 상황에 문제가 있을 때, 그 이유를 자기에게서 돌이켜 찾는 것임을 알 수 있다. 따라서 (나)의 '아무런 준비도 배포치 못'해 '밝음의 초점'을 '휘잡'지 못한다는 것은 글쓴이의 반구저기의 태도가 드러난 것이라 할 수 있다.

④ (나)의 '과제를 풀지 못하여 안타까'워하는 것은 식민지 현실이라는 공동체의 상황에서 글쓴이가 느끼는 부끄러움이겠군.
〈보기〉에서 (나)의 글쓴이는 식민지 현실이라는 공동체의 상황에서 자신이 추구하는 삶에 대한 방향을 찾지 못하는 데서 부끄러움을 느끼고 있음을 알 수 있다. 따라서 (나)의 '과제를 풀지 못하여 안타까'워하는 것은 식민지 현실이라는 공동체의 상황에서 글쓴이가 느끼는 부끄러움을 보여 준다고 할 수 있다.

⑤ (나)의 '별똥'이 '꼭 떨어져야 할 곳에 떨어져야 한다'는 것에서 자신이 추구하는 삶에 대한 방향을 찾고 싶은 글쓴이의 소망이 드러나는군.
(나)의 글쓴이는 '별똥'이 '꼭 떨어져야 할 곳에 떨어져야 한다' 하고 있는데, 이는 글쓴이가 자신이 추구하는 삶에 대한 방향을 찾고 싶은 소망을 드러낸다고 할 수 있다.

43~45 현대시

(가) 정지용, 「해바라기 씨」

감상 이 글은 어린 화자를 내세워, 자연과 인간이 하나가 되어 생명을 탄생시키는 노력을 드러내면서, 생명 탄생에 대한 경외감을 드러내고 있다. 이 글에서는 '해바라기 씨'를 심고 싹이 트는 과정까지의 화자, 누나, 바둑이, 이슬 등의 노력을 드러내 주면서, 청개구리의 행동을 통해 싹이 튼 해바라기에 대한 경외감을 보여 주고 있다.

주제 자연과 인간이 하나 되어 탄생한 해바라기에 대한 경외감

표현상의 특징
- 자연물에 상징적 의미를 부여하여 주제 의식을 드러내 줌.
- 대상을 의인화하여 화자의 바람을 효과적으로 드러내 줌.
- 청유형 어미를 반복하여 운율을 형성해 줌.

(나) 신경림, 「낙타」

감상 이 글은 자연물인 '낙타'를 통해 초연한 삶을 살고자 하는 바람을 형상화하고 있다. 이 글에서 초연한 삶을 의미하는 상징적인 존재인 '낙타'와, '낙타'와 마찬가지로 초연한 삶을 의미하는 '별, 달, 해 모래'라는 자연물을 통해 초연한 삶을 살고자 하는 주제 의식을 효과적으로 드러내 주고 있다. 즉, 화자 자신이 닮고자 하는 낙타처럼 살아온 사람에 대한 긍정적 인식을 바탕으로 그 사람과 함께하고 싶은 마음을 드러내 주고 있다.

주제 낙타처럼 초연한 삶을 살고자 하는 의지

표현상의 특징
- 자연물에 상징적 의미를 부여하여 주제 의식을 드러내 줌.
- 도치의 방식을 사용하여 시적 상황을 부각함.
- 대립되는 이미지를 사용하여 시상을 전개해 줌.

43 | 작품 간의 공통점 파악 | 정답률 82% | 정답 ③

(가)와 (나)의 공통점으로 가장 적절한 것은?

① 도치의 방식을 사용하여 시적 상황을 부각하고 있다.
(나)에서는 '낙타를 타고 가리라, 저승길은'에서 도치의 방식을 사용하여 시적 상황을 부각하고 있다. 하지만 (가)에서는 도치의 방식을 사용하지 않고 있다.

② 공감각적 심상을 활용하여 대상에 입체감을 부여하고 있다.
(가)와 (나) 모두 공감각적 심상을 활용하지 않고 있다.

✔ 자연물에 상징적 의미를 부여하여 주제 의식을 드러내고 있다.
(가)에서는 '생명'을 의미하는 자연물인 '해바라기'를 통해 '해바라기 씨를 심고 '해바라기'가 피기를 바라는 마음을 드러내고 있다. 그리고 (나)에서는 '세상에 초연한 존재'를 의미하는 자연물인 '낙타'와 낙타의 초연한 삶을 의미하는 자연물인 '별', '달', '해', '모래'를 통해 '낙타'와 같은 삶을 긍정적으로 인식하고 있다. 따라서 (가), (나) 모두 자연물에 상징적 의미를 부여하여 주제 의식을 드러내고 있음을 알 수 있다.

④ 영탄적 표현을 활용하여 시간의 급박한 흐름을 보여 주고 있다.
(가)에서는 '오오'라는 영탄적 표현을 사용하고 있지만 시간의 급박한 흐름을 드러내지는 않고 있다.

⑤ 대조적인 소재를 사용하여 화자의 달라진 처지를 강조하고 있다.
(나)에서는 '저승길'과 '세상'이라는 대조적인 소재를 사용하고 있지만, (가)에서는 대조적인 소재를 사용하지 않고 있다.

44 | 시어의 기능 이해 | 정답률 73% | 정답 ③

㉠~㉤의 시적 기능에 대한 설명으로 적절하지 않은 것은?

① ㉠의 청유형을 반복하여 '해바라기 씨'를 심는 행위를 의미 있게 생각하는 인식을 드러내고 있다.
㉠의 청유형 '-자'를 1연 3행에서 반복하여 '해바라기 씨'를 심는 행위를 의미 있게 생각하는 인식을 드러내고 있다.

② ㉡의 행위를 반복하여 '해바라기' 꽃을 피우기 위해 여럿의 노력이 필요하다는 인식을 드러내고 있다.
㉡에 드러난 행위인 '다지다'를 2연에서 반복해 '누나', '바둑이', '괭이'가 땅을 다지는 모습을 제시하여, '해바라기' 꽃을 피우기 위해 여럿의 노력이 필요하다는 인식을 드러내고 있다.

✔ ㉢에서 시간의 경과를 제시하여 '해바라기'가 '고개를' 들기까지 기다리지 못해 단념하는 '우리'의 상황을 드러내고 있다.
㉢에는 '해바라기 씨'를 심은 지 '사흘이 지났다는 시간의 경과가 드러나며, 사흘이나 지났는데도 꽃이 피지 않은 상황을 통해 '해바라기'가 '고개를' 들기까지 '우리'가 기다리는 마음을 표현하고 있다. 따라서 '해바라기'가 '고개를' 들기까지 기다리지 못해 단념하는 '우리'의 상황을 드러낸다는 설명은 적절하지 않다.

④ ㉣에서 유사한 속성의 시어를 나열하여 '저승길'을 '낙타'와 동행하고 싶은 이유를 부각하고 있다.
㉣에서 '낙타'의 초연한 삶을 상징하는 자연물인 '별', '달', '해', '모래'를 나열하여 '낙타'와 '저승길'을 동행하고 싶은 이유를 부각하고 있다.

⑤ ㉤을 수식어로 반복하여 '길동무'로 삼고 싶은 사람의 특징을 강조하려는 의도를 드러내고 있다.
㉤을 14행에서 반복하여 '길동무'로 삼고 싶은 사람이 '어리석'고 '가엾'다는 특징을 강조하려는 의도를 드러내고 있다.

45 | 외적 준거에 따른 작품의 감상 | 정답률 61% | 정답 ①

〈보기〉를 바탕으로 (나)를 감상한 내용으로 적절하지 않은 것은? [3점]

─〈보 기〉─
「낙타」의 화자는 자연 현상인 죽음을 부정하지 않고 담담하게 받아들이면서, 죽음과 삶 사이의 경계를 초월하여 회귀의 구조로 삶과 죽음을 바라본다. 이 과정에서 화자는 이승에서의 자기 삶을 돌아보고, 자기 삶의 모습이 자신이 추구하는 모습과 다름을 인식한다. 또한 화자 자신이 닮고자 하는 대상처럼 살아온 사람에 대한 긍정적 인식을 바탕으로 그 사람과 함께하고 싶은 마음을 드러내기도 한다.

✔ '손 저어 대답'하는 것에는 자연 현상인 죽음을 담담하게 수용하라는 '누군가'의 말을 외면하려는 마음이 담겨 있군.
〈보기〉를 통해 (나)의 화자는 자연 현상인 죽음을 부정하지 않고 담담하게 받아들이고 있음을 알 수 있다. 따라서 '손 저어 대답'하는 것은 '세상사'를 '물으면' '아무것도 못 본 체'하겠다는 것이라 할 수 있다.

② '다시 세상에 나'간다는 것에는 죽음과 삶 사이의 경계를 초월하여 죽음과 삶을 보는 시각이 전제되어 있군.
'저승길'에 간 화자가 '다시 세상에 나'간다는 것은 죽음과 삶 사이의 경계를 초월하여 죽음과 삶을 바라보았기 때문이라고 볼 수 있다.

③ '낙타가 되어 가겠'다는 것은 삶의 세계로의, '돌아'온다는 것은 죽음의 세계로의 회귀를 나타내는군.
'낙타가 되어 가겠'다는 것은 누군가 저승에 있는 화자에게 다시 세상으로 나가라고 할 때 하는 대답이므로 죽음의 세계에서 삶의 세계로의 회귀를 나타낸다. '돌아'온다는 것은 다시 세상에 나간 화자가 낙타로 살다가 저승으로 '돌아'오는 것이므로 삶의 세계에서 죽음의 세계로의 회귀를 나타낸다.

④ '별과 달과 해와 / 모래만 보고 살'겠다는 것에는 '슬픔도 아픔도' 있었던 이승에서의 삶과 다르게 살고 싶은 바람이 드러나 있군.
'낙타'로 다시 태어나 '별과 달과 해와 모래만 보고 살겠다는 것은 세상사에 초연하게 살겠다는 것이며, 이러한 삶은 '슬픔도 아픔도' 있었던 이승에서 세상사에 초연하지 못하고 살았던 모습과 다르다고 할 수 있다.

⑤ '등에 업고 오겠'다는 것에는 '낙타'처럼 살아온 사람에 대한 긍정적 인식이 반영되어 있군.
'가장 어리석은 사람'과 '가장 가엾은 사람'은 화자가 함께하고 싶은 사람이며 '낙타'처럼 살아온 사람이다. 화자는 이 사람에 대한 긍정적 인식을 지니고 있으므로 '길동무'가 되어 '등에 업고 오겠'다고 하고 있다.

09

회 | 2022학년도 9월 학력평가 | 고2

| 정답과 해설 |

• 정답 •

01 ② 02 ⑤ 03 ⑤ 04 ⑤ 05 ① 06 ① 07 ⑤ 08 ② 09 ③ 10 ③ **11** ② 12 ⑤ 13 ① 14 ④ 15 ⑤
16 ③ 17 ③ 18 ⑤ 19 ② 20 ① 21 ② 22 ④ 23 ① 24 ③ **25** ① **26** ④ 27 ⑤ **28** ② **29** ② 30 ④
31 ④ 32 ① 33 ④ 34 ③ 35 ⑤ **36** ② 37 ④ 38 ④ 39 ③ **40** ④ 41 ③ 42 ② 43 ③ 44 ⑤ 45 ①

★ 표기된 문항은 [등급을 가르는 문제]에 해당하는 문제입니다.

[01~03] 화법

01 | 발표 방식의 이해 | 정답률 91% | 정답 ②

위 발표에 대한 설명으로 가장 적절한 것은?

① 발표를 시작할 때 발표 진행 순서를 안내하고 있다.
발표자는 발표를 시작할 때 발표 주제를 제시하면서 청중에게 질문하고 있지, 발표 진행 순서를 안내하지는 않고 있다.

✔ 구체적인 예를 들어 칠교놀이의 방법을 소개하고 있다.
4문단의 '예를 들어 상대편이 ~ 그렇지 않을 때에는 점수를 얻지 못합니다.'를 통해, 여러 명이 칠교놀이를 할 때 '토기 만들기'라는 구체적인 예를 들어 칠교놀이의 방법을 소개하고 있음을 알 수 있다.

③ 칠교놀이에 대한 관심을 촉구하며 발표를 마무리하고 있다.
발표자는 발표를 위해 참고한 문헌을 밝히면서 발표를 마무리하고 있지, 칠교놀이에 대한 관심을 촉구하며 마무리하지는 않고 있다.

④ 전문가의 견해를 인용해 칠교놀이의 가치를 설명하고 있다.
발표자는 실물인 칠교, 동영상을 제시하며 발표를 진행하고 있지, 전문가의 견해를 인용하지는 않고 있다.

⑤ 칠교놀이의 특징을 부각하기 위해 다른 대상과 비교하고 있다.
이 발표를 통해 칠교놀이의 특징을 부각하기 위해 다른 대상과 비교하고 있는 내용은 찾아볼 수 없다.

02 | 발표 표현 전략 사용 여부 판단 | 정답률 88% | 정답 ⑤

다음은 발표자가 위 발표를 준비하면서 작성한 메모이다. ㉠~㉤을 바탕으로 하여 발표에서 사용한 발표 전략으로 적절하지 않은 것은?

〈상황 분석〉
• 수업 시간에 이루어지는 정보 전달 목적의 발표임. ········· ㉠
• 발표 장소는 동영상 시청이 가능한 교실임. ········· ㉡
• 청중이 칠교놀이에 대해 잘 알지 못할 것임. ········· ㉢
• 제한된 시간 안에 발표를 해야 함. ········· ㉣

〈실행 계획〉
• 청중과 상호 작용을 하며 발표를 진행함. ········· ㉤

① ㉠ : 청중이 발표 내용에 대해 신뢰할 수 있도록 발표를 위해 참고한 문헌을 밝힌다.
5문단의 '오늘 제 발표는 국립민속박물관에서 발간한 『한국민속예술사전』의 민속놀이 편을 참고했습니다.'를 통해, 참고한 문헌을 밝혀 청중이 발표 내용에 대해 신뢰할 수 있게 하였음을 알 수 있다.

② ㉡ : 청중이 칠교놀이 방법에 대해 쉽게 이해할 수 있도록 동영상을 제시하며 설명한다.
3문단을 통해 발표자는 칠교놀이 방법에 대한 동영상을 제시한 뒤 칠교놀이 방법에 대해 설명하고 있음을 알 수 있다.

③ ㉢ : 칠교놀이에 대한 청중의 이해를 돕기 위해 칠교의 실물을 보여 준다.
2문단의 '(일곱 조각의 칠교를 보여 주며) 제가 손에 들고 있는 것이 칠교인데요'를 통해, 청중의 이해를 돕기 위해 칠교의 실물을 보여 주고 있음을 알 수 있다.

④ ㉣ : 정해진 시간에 맞게 발표할 내용의 분량을 조절한다.
4문단의 '(시계를 본 후) 발표 시간을 고려하여 오늘은 여럿이 칠교놀이를 하는 방법만 소개하려고 합니다.'를 통해, 정해진 시간에 맞게 발표할 내용의 분량을 조절하고 있음을 알 수 있다.

✔ ㉤ : 청중의 요청에 따라 칠교놀이에 대한 정보를 추가로 소개한다.
이 발표에서 발표자는 발표 도중 청중과 묻고 답하는 상호 작용을 하고 있다. 하지만 청중이 발표자에게 추가적으로 칠교놀이에 대한 정보를 요청하지 않고 있으므로, 칠교놀이에 대한 정보를 추가로 소개하지는 않고 있다.

03 | 발표 내용의 이해 및 평가 | 정답률 87% | 정답 ⑤

〈보기〉는 위 발표를 들은 학생들의 반응이다. 〈보기〉에 드러난 학생들의 듣기 방식에 대한 설명으로 가장 적절한 것은?

─〈보 기〉─
학생 1 : 칠교놀이 외에 선조들이 즐겨 행했던 민속놀이에는 또 무엇이 있는지 발표자가 언급한 책을 찾아봐야겠어.
학생 2 : 칠교놀이 방법을 보니 상대편을 이기기 위해서는 해당 모형의 문제도를 빨리 찾는 것이 우선인 것 같아.
학생 3 : 칠교의 크기가 작았다고 하는 걸 보니 소지하기가 편해 어디에서든 칠교놀이를 할 수 있었겠네.

① 학생 1은 학생 2와 달리 새롭게 알게 된 정보를 통해 자신이 평소 생각하던 바를 수정하며 들었다.
'학생 1'은 칠교놀이 외에 선조들이 즐겨 한 민속놀이를 찾아보겠다고 하였지만, 새롭게 알게 된 정보를 통해 자신이 평소 생각하던 바를 수정하며 듣지는 않고 있다.

② 학생 2는 학생 1과 달리 발표에서 언급된 내용을 평가하며 들었다.

'학생 2'는 새로 알게 된 내용을 말하고 있지, 발표에서 언급한 내용을 평가하지는 않고 있다.

③ 학생 3은 학생 2와 달리 발표를 들으며 갖게 된 의문에 대한 해결 방안을 생각하며 들었다.
'학생 3'은 발표자가 말한 칠교놀이의 유용성을 언급하고 있지, 발표를 들으며 갖게 된 의문을 제기하거나, 이러한 의문에 대한 해결 방안을 생각하지는 않고 있다.

④ 학생 1과 학생 3은 모두 발표 이후 자신이 해야 할 일을 떠올리며 들었다.
'학생 1'은 발표 이후 자신이 해야 할 일을 떠올리고 있지만, '학생 3'은 발표 이후 해야 할 일을 언급하지는 않고 있다.

☑ 학생 2와 학생 3은 모두 발표자가 직접적으로 언급하지 않은 내용을 추론하며 들었다.
'학생 2'는 편을 나눠 칠교놀이를 하는 경우 상대편이 제시한 모형을 제한 시간 내에 만들기 위해서는 문제 도에서 해당 모형을 빨리 찾아야 함을 말하고 있다. 그리고 '학생 3'은 칠교가 10cm쯤 되는 작은 정사각형 모양의 나무판이라는 내용을 바탕으로 칠교를 소지하기 편해 어디에서든 칠교놀이를 할 수 있었겠다고 말하고 있다.
따라서 '학생 2'와 '학생 3'은 발표자가 직접적으로 언급하지 않은 내용을 추론하며 들었다고 할 수 있다.

[04~07] 화법과 작문

04 | 토론의 입론 내용 파악 | 정답률 66% | 정답 ③

[A], [B]에 대한 설명으로 적절하지 않은 것은?

① [A]는 공직자 선거에 온라인투표를 실시하고 있는 국가의 사례를 통해 온라인투표의 시행 가능성을 보여 주고 있다.
[A]에서 '찬성 1'은 실제 온라인투표 시스템을 활용하여 공직자 선거를 실시한 ○○국의 사례를 제시하고 있는데, 이는 온라인투표의 시행 가능성을 보여 주기 위해 제시한 사례라 할 수 있다.

② [A]는 종이투표 방식의 한계를 지적하며 현재의 투표 방식이 투표권을 제대로 보장하지 못한다는 점에 대해 문제를 제기하고 있다.
[A]에서 '찬성 1'의 '현재 '종이투표' 방식은 ~ 투표권을 보장하지 못합니다.'를 통해, '찬성 1'이 종이투표 방식의 한계를 지적하면서 현재의 투표 방식이 투표권을 제대로 보장하지 못한다는 점에 대해 문제를 제기하였음을 알 수 있다.

☑ [B]는 최근 실시된 공직자 선거의 투표율을 근거로 공직자 선거 투표에 참여를 희망하는 사람의 비율이 낮다고 주장하고 있다.
[B]에서 '반대 1'은 최근 공직자 선거 투표에 참여하지 않은 사람들을 대상으로 한 설문 조사에서 시간과 공간의 제약으로 투표를 하지 못한 사람들의 비율이 낮다는 점을 근거로 들면서, 온라인투표를 실시하더라도 실제 투표율에 큰 차이가 없을 것이라 주장하고 있다. 하지만 '반대 1'이 공직자 선거 투표에 참여를 희망하는 사람의 비율이 낮다고 주장하지는 않고 있다.

④ [B]는 이미 시행되고 있는 제도의 효과를 언급하며 온라인투표 도입으로 인한 투표율 상승 효과에 대해 부정적으로 평가하고 있다.
[B]에서 '반대 1'은 현재 시행되고 있는 투표일 임시 공휴일 지정과 사전 투표 제도를 통해 투표를 원하는 유권자의 대부분이 투표권을 보장받고 있다고 말하면서, 온라인투표를 도입하더라도 투표율에 큰 차이가 없을 것이라 주장하고 있다.

⑤ [A]와 [B]는 모두 종이투표의 대안으로 제시된 온라인투표가 투표권 보장에 더 유리하다는 점에 동의하고 있다.
[A]에서 '찬성 1'은 시간과 공간의 제약으로 인해 투표를 하지 못했던 사람들의 투표권을 온라인투표가 보장해 줄 수 있다고 주장하고 있다. 그리고 [B]에서 '반대 1'은 온라인투표가 종이투표에 비해 투표권 보장에 더 유리한 측면이 있다는 점을 인정하고 있다. 따라서 [A]의 '찬성 1'과 [B]의 '반대 1' 모두 온라인투표가 투표권 보장에 더 유리하다는 점에 대해서는 동의하였음을 알 수 있다.

05 | 토론의 반대 신문 과정 평가 | 정답률 74% | 정답 ①

〈보기〉를 고려할 때, (가)의 반대 신문 과정을 평가한 내용으로 가장 적절한 것은? [3점]

〈보 기〉
토론에서 반대 신문은 진리 검증의 협력적 의사소통 과정으로, 상대방의 입론을 예측하여 준비한 내용을 질문하기도 하고 상대방의 입론을 경청한 후 발언 내용에 대한 적절성을 질문하기도 한다. 이때, 질문자는 자신의 주장이 아닌 상대방의 발언 범위 내에서 질문해야 하며, 답변을 제한하는 폐쇄형 질문을 통해 상대방 발언의 오류를 검증해야 한다. 또한 답변자는 상대방이 질문한 내용에 대해 적절하게 답변해야 하며, 필요에 따라 답변을 보충할 수 있다.

☑ 반대 2는 찬성 1에 대한 반대 신문에서 답변을 제한하는 폐쇄형 질문을 통해 찬성 측이 제시한 자료의 적절성을 검증하고 있다.
'반대 2'는 '찬성 1'에 대한 반대 신문에서 온라인투표를 실시하고 있는 국가의 사례를 우리나라에 동일하게 적용할 수 있는지에 대해서만 답변을 요구하는 폐쇄형 질문을 통해 자료의 적절성을 검증하고 있다.

② 반대 2는 찬성 1에 대한 반대 신문에서 입론 내용을 예측하여 찬성 측이 제시한 사례가 담긴 자료의 출처를 요구하고 있다.
'반대 2'는 반대 신문에서 '찬성 1'이 제시한 근거를 예측하여 질문하고 있을 뿐, 제시한 사례가 담긴 자료의 출처를 요구하지는 않고 있다.

③ 찬성 1은 반대 2의 반대 신문에 대한 답변에서 찬성 측 의견의 오류를 검증하는 질문에 대해 구체적 수치 자료를 들어 답변을 보충하고 있다.
'반대 2'가 구체적 수치 자료를 제시하며 질문한 반대 신문에 대해 '찬성 1'은 구체적 수치 자료 없이 온라인투표가 실행 가능한 이유만 밝히며 답변하고 있다.

④ 찬성 1은 반대 1에 대한 반대 신문에서 찬성 측의 의견을 반복하여 주장하며 반대 1이 언급하지 않은 내용에 대해 질문하고 있다.
'찬성 1'은 반대 신문에서 반대 측이 언급한 온라인투표가 선거의 원칙에 위배될 수 있다는 발언에 대해, 종이투표 방식도 유사한 상황이 발생할 수 있다는 점을 지적하며 상대의 발언 범위 내에서 질문하고 있다.

⑤ 반대 1은 찬성 1의 반대 신문에 대한 답변에서 찬성 1의 질문과 무관한 답변을 하여 찬성 측과의 협력적 의사소통에 실패하고 있다.
'반대 1'은 종이투표 방식도 온라인투표와 마찬가지로 선거의 원칙에 위배되는 상황이 발생할 수 있다는 질문에 대해, 온라인투표가 선거의 원칙을 위배할 가능성이 더 높다고 답변하며 찬성 측이 질문한 내용에 대해 적절하게 답변하고 있다.

06 | 작문 맥락 파악 | 정답률 77% | 정답 ①

(나)의 작문 맥락을 파악한 내용으로 가장 적절한 것은?

☑ 온라인투표 도입으로 인한 긍정적 효과를 근거로 제시하여 주장을 설득력 있게 전달하는 것을 작문 목적으로 설정했다.
(나)에서는 온라인투표가 투표권을 보장하여 투표율을 높일 수 있다는 긍정적 효과에 대한 사례를 근거로 들어, 공직자 선거에 온라인투표를 도입할 필요성이 있다는 점을 설득하고 있다.

② 공직자 선거 투표에 참여를 원하지 않는 사람들을 위한 대안이 필요하다는 관점에서 주제를 선정했다.
(나)에서 글쓴이는 공직자 선거에 온라인투표를 부분적으로 도입하자는 의견을 드러내고 있으므로, 공직자 선거 투표에 참여를 원하지 않는 사람들을 위한 대안이 필요하다는 관점에서 주제를 선정했다고는 할 수 없다.

③ 온라인투표 도입에 대한 의견을 다양하게 수용하기 위해 실시간 의사소통이 가능한 매체를 선택했다.
(나)는 학교 신문에 실은 글이므로, 실시간 의사소통이 가능한 매체를 선택하지는 않고 있다.

④ 현재의 투표 제도와 관련된 문제를 인식하고 투표 방식과 절차를 안내하는 글의 유형을 선택했다.
(나)에서 글쓴이는 온라인투표에 대한 문제점을 제기한 반대 의견을 제시하고 있지만, 현재의 투표 제도와 관련된 문제를 제기한 부분은 찾아볼 수 없다. 또한 (나)는 글쓴이의 주장을 드러내는 글이므로, 투표 방식과 절차를 안내하는 설명적인 글의 유형을 선택했다고도 할 수 없다.

⑤ 온라인투표의 도입을 결정할 수 있는 실질적 권한을 가진 기관을 특정하여 예상 독자로 설정했다.
(나)의 글은 학교 신문에 실린 글이므로 예상 독자는 학교의 구성원이라 할 수 있다. 따라서 온라인투표의 도입을 결정할 수 있는 실질적 권한을 가진 기관을 특정하여 예상 독자로 설정했다고는 할 수 없다.

07 | 토론 내용 반영 양상 파악 | 정답률 73% | 정답 ⑤

(가)의 토론 내용이 (나)에 반영된 양상으로 적절하지 않은 것은?

① 토론에서 언급된 두 입장 중 온라인투표 도입에 찬성하는 입장의 발언 내용을 글의 첫 문단에 반영하고 있다.
1문단의 '온라인투표를 도입할 경우 ~ 투표권을 최대한 보장할 수 있다.'는 내용은 토론에서 언급된 두 입장 중 온라인투표 도입에 찬성하는 입장의 발언 내용을 글에 반영한 것이라 할 수 있다.

② 토론에서 언급되지 않은 두 대학교의 투표율 변화 사례를 추가하여 온라인투표 도입으로 인한 효과를 강조하고 있다.
1문단의 '실제로 총학생회장 선거에 온라인투표를 ~ 54%에서 81%로 투표율이 크게 상승했다고 한다.'는 토론에서 언급되지 않은 두 대학교의 투표율 변화 사례를 추가한 것으로, 이는 온라인투표 도입으로 인한 효과를 강조하기 위해 제시한 것이라 할 수 있다.

③ 토론에서 언급된 두 입장을 모두 고려하여 온라인투표를 부분적으로 도입해야 하는 이유에 대해 언급하며 주장에 대한 설득력을 높이고 있다.
3문단의 '따라서 현재의 종이투표 방식을 지속하되, ~ 투표에서 소외되는 사람의 투표권을 최대한 보장할 수 있을 것이다.'는, 토론에서 언급된 두 입장을 모두 고려하면서 온라인투표를 부분적으로 도입해야 하는 이유를 언급하고 있는데, 이는 학생 자신의 주장에 대한 설득력을 높이는 효과를 준다고 할 수 있다.

④ 토론에서 언급된 두 입장 중 온라인투표 도입에 반대하는 입장의 발언 내용을 반영하여 온라인투표 도입에 따라 발생할 수 있는 문제를 인정하고 있다.
2문단의 '하지만 온라인투표에 보안이 강화될 ~ 노출될 가능성이 크기 때문이다.'는 토론에서 언급된 두 입장 중 온라인투표 도입에 반대하는 입장의 발언 내용을 반영한 것으로, 이를 통해 학생이 온라인투표 도입에 따라 발생할 수 있는 문제를 인정하고 있음을 알 수 있다.

☑ 토론에서 선거 관리 비용과 관련해 언급되지 않은 자료를 추가하여 온라인투표를 부분적으로 도입할 경우 얻을 수 있는 경제적 이익을 구체화하고 있다.
1문단에서 토론에서 언급하지 않은 1인당 선거 관리 비용에 대한 자료가 추가된 점을 확인할 수 있다. 하지만 3문단에서 온라인투표를 부분적으로 도입할 경우 기존의 선거 관리 비용 외에 추가로 예산을 투입해야 한다고 했으므로, 온라인투표를 부분적으로 도입할 경우 얻을 수 있는 경제적 이익을 구체화하고 있다는 설명은 적절하지 않다.

[08~10] 작문

08 | 정보 전달 글쓰기 표현 전략 파악 | 정답률 72% | 정답 ②

초고에서 ㉠ ~ ㉢을 작성할 때 활용한 글쓰기 방법으로 가장 적절한 것은?

① ㉠ : 공유 경제의 어원을 밝히면서 그 개념을 제시했다.
공유 경제의 개념에 대한 정의만 제시하고 있을 뿐, 공유 경제의 구체적인 어원은 제시하지 않았다.

☑ ㉡ : 공유 경제에서 공유되고 있는 자원의 종류를 제시했다.
2문단에서는 공유 경제의 현황을 설명하기 위해 공유되고 있는 자원의 종류를 유형 자원과 무형 자원으로 나누어 공유 경제의 분야가 확대되고 있음을 제시하고 있다.

③ ㉡ : 공유 경제의 이용 현황을 자원을 공유하는 주체별로 제시했다.
자원을 공유하는 주체만 제시하고 있을 뿐, 주체별 이용 현황은 제시하지 않았다.

④ ㉢ : 공유 경제의 분야별로 긍정적 전망을 제시했다.
공유 경제의 긍정적 전망만 제시하고 있을 뿐, 공유 경제의 분야별 전망을 제시하지는 않았다.

⑤ ㉢ : 공유 경제의 효용을 보여 주는 연구 자료를 제시했다.
공유 경제의 효용을 언급하고 있을 뿐, 그 효용을 보여 주는 연구 자료는 제시하지 않았다.

09 | 정보 전달 글쓰기 내용 점검 및 조정 | 정답률 86% | 정답 ③

다음은 초고를 쓴 학생이 교지 편집부에 보낸 이메일의 일부이다. @에 들어갈 내용으로 가장 적절한 것은?

초고에 대한 검토 의견 중 (@) 요청에 따라 첫 문단을 아래와 같이 수정했습니다.

공유 경제란 한번 생산된 제품이나 서비스를 개인이 소유하는 것이 아니라, 여러 사람이 공유해 쓰는 협력적 소비 활동을 의미한다. 우리나라에서도 이용자 간의 신뢰를 기반으로 한 모바일 플랫폼의 발달, 환경과 사회 문제를 고려하는 소비문화와 맞물려 공유 경제가 널리 확산되고 있다.

① 공유 경제의 사례 삭제, 공유 경제의 범위 추가
'초고'의 1문단과 수정한 글을 비교해 보면, 공유 경제의 사례는 삭제하였지만, 공유 경제의 범위를 추가하지는 않고 있다.

② 공유 경제의 사례 삭제, 공유 경제의 필요성 추가
'초고'의 1문단과 수정한 글을 비교해 보면, 공유 경제의 사례는 삭제하였지만, 공유 경제의 필요성을 추가하지는 않고 있다.

✔ **공유 경제의 사례 삭제, 공유 경제의 확산 배경 추가**
'초고'의 1문단과 수정한 글을 비교해 보면, 공유 경제의 사례와 공유 경제의 확산 현황이 간략하게 제시된 1문단과 달리 수정한 글에서는 공유 경제의 확산 현황을 구체화하기 위해 공유 경제의 사례를 삭제하고, 공유 경제가 확산된 배경이 추가되었음을 알 수 있다. 따라서 @에 들어갈 적절한 내용은 '공유 경제의 사례 삭제, 공유 경제의 확산 배경 추가'라 할 수 있다.

④ 자원 공유 목적 삭제, 공유 경제의 필요성 추가
'초고'의 1문단과 수정한 글을 비교해 보면, 둘 다 자원 공유 목적이 언급되지 않았고, 공유 경제의 필요성을 추가하지도 않았다.

⑤ 자원 공유 목적 삭제, 공유 경제의 확산 배경 추가
'초고'의 1문단과 수정한 글을 비교해 보면, 공유 경제의 확산 배경을 추가하였지만, 둘 다 자원 공유 목적이 언급되지 않으므로 적절하지 않다.

10 정보 전달 글쓰기 자료, 매체 활용　　　　정답률 73% | 정답 ③

〈보기〉는 학생이 초고를 보완하기 위해 추가로 수집한 자료이다. 자료의 활용 방안으로 적절하지 <u>않은</u> 것은? [3점]

────〈보 기〉────

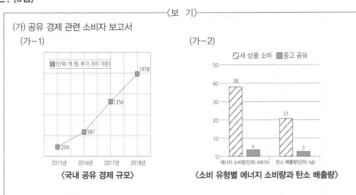

(가) 공유 경제 관련 소비자 보고서
〈국내 공유 경제 규모〉
〈소비 유형별 에너지 소비량과 탄소 배출량〉

(나) ○○신문 기사 자료
□□시에서는 지난 2015년부터 지역 예산을 활용한 공공 자전거 무인 대여소를 운영하고 있다. 모바일 플랫폼을 통해 회원 가입을 하면, □□ 시민들은 누구나 버스 정류장 및 지하철역, 그리고 관공서 주변의 자전거 무인 대여소에서 자전거를 공유할 수 있다. 이 정책은 환경 개선과 시민의 건강한 삶의 질 향상이라는 공익을 실현한다는 점에서 시민들로부터 높은 평가를 받고 있다.

(다) △△대학교 경제학과 교수 인터뷰 자료
"공유 경제는 공급자와 이용자의 협력을 기반으로 모든 자원을 낭비 없이 활용하여 환경을 보호하는 지속 가능한 발전을 지향합니다. 하지만 지속 가능성과 친환경성을 표방한 공유 경제 플랫폼이 점점 상업화되면서 오히려 과소비를 조장하거나, 대형 플랫폼을 선점한 공유 경제 기업이 시장을 독점하는 부작용이 나타나기도 합니다. 또한 이용자 간에 거래 약속을 지키지 않아 계약이 성사되지 않거나, 공유 플랫폼을 이용하다 사고가 났을 경우 보험을 비롯한 법적 책임에 대한 규정이 명확하지 않다는 점 등 이를 보완할 수 있는 법안이나 제도가 마땅치 않다는 문제도 있습니다."

① (가-1)을 활용하여, 공유 경제 규모의 성장 추세에 대해, 공유 경제 활동이 창출하는 부가 가치가 증가하고 있다는 내용으로 2문단을 뒷받침한다.
(가-1)은 공유 경제 활동으로 창출되는 부가 가치가 증가하고 있음을 보여 주는 자료이므로, 2문단에 제시된 공유 경제 규모의 성장 추세를 뒷받침하는 근거로 제시할 수 있다.

② (가-2)를 활용하여, 공유 경제의 효과에 대해, 새 상품을 소비하는 것보다 공유 경제 활동에 참여할 때 에너지를 절약하고 탄소 배출을 줄일 수 있다는 내용으로 3문단을 뒷받침한다.
(가-2)는 새 상품을 소비하는 것보다 중고 상품을 공유할 때 에너지 소비량과 탄소 배출량을 줄일 수 있음을 보여 주는 자료이므로, 3문단에 제시된 공유 경제로 얻을 수 있는 기대 효과를 뒷받침하는 근거로 제시할 수 있다.

✔ **(나)를 활용하여, 자원을 공유하는 주체의 다양화에 대해, 개인 간 공유보다 지방 자치 단체가 주도하는 공유 경제의 경제적 가치가 더 크다는 내용으로 2문단을 구체화한다.**
(나)는 지방 자치 단체에서 공유 경제를 활성화하기 위한 정책을 추진하여 높은 평가를 받는 사례를 소개하고 있을 뿐, 개인 간 공유와 지방 자치 단체가 주도한 공유 경제 사이의 경제적 가치 차이를 비교하지는 않았다. 따라서 (나)를 활용하여 지방 자치 단체가 주도하는 공유 경제의 경제적 가치가 더 크다는 내용을 뒷받침한다는 진술은 적절하지 않다.

④ (다)를 활용하여, 공유 경제의 급속한 성장 과정에서 발생하는 문제에 대해, 공유 경제의 상업화가 비합리적 소비나 시장 독점 같은 부작용을 유발한다는 내용으로 2문단을 구체화한다.
(다)는 공유 경제가 상업화되며 소비자들에게 과소비를 조장하거나 일부 공유 플랫폼이 시장을 독점하는 부작용을 보여 주는 자료이므로, 2문단에 제시된 공유 경제의 상업화에 대한 비판을 뒷받침하는 근거로 제시할 수 있다.

⑤ (다)를 활용하여, 협력적인 공유 경제 구축을 위한 법적 제도 보완에 대해, 이용자 사이의 법적 다툼을 해결하기 위한 법적 장치의 보완이 필요하다는 내용으로 3문단을 구체화한다.

(다)는 공유 플랫폼 이용자 간 법적 다툼이 생기거나 사고가 난 경우에 이를 해결할 수 있는 법안이나 제도가 미비함을 보여 주는 자료이므로, 3문단에 제시된 협력적인 공유 경제 구축을 위해 법적 제도 보완이 필요함을 뒷받침하는 근거로 제시할 수 있다.

[11~15] 문법

★★★ 등급을 가르는 문제!

11 피동 표현의 이해　　　　정답률 41% | 정답 ②

윗글을 이해한 내용으로 적절하지 <u>않은</u> 것은?

① '(물건이) 실리다'는 피동사 파생이 동사의 불규칙 활용 형태로 나타난 것이다.
이 글을 통해 '(건반을) 누르다'가 '눌리다'로 바뀌는 것처럼 동사의 불규칙 활용 형태로 나타나는 경우가 있음을 알 수 있다. 이렇게 볼 때 '(물건이) 실리다'는 동사 '싣다'의 어간 '싣-'이 피동 접미사 '-리-'와 결합할 때 어간의 받침 'ㄷ'이 'ㄹ'로 바뀌는 불규칙 활용을 한 것이라 할 수 있다.

✔ **'(소리가) 작아지다'는 용언의 어간에 '-아지다'가 결합하여 피동의 의미를 나타낸다.**
'(소리가) 작아지다'는 형용사 '작다'의 어간 '작-'에 '-아/-어지다'가 결합하여 동사화된 것이다. 그리고 이 글을 통해 형용사에 '-아/-어지다'가 결합되면 동사화되어 상태의 변화를 나타낼 뿐 피동의 의미를 나타내지 않음을 알 수 있다. 따라서 '작아지다'는 상태의 변화를 나타낸 것일 뿐 피동의 의미를 나타낸다고 할 수 없다.

③ '(줄이) 꼬이다'는 동사 어간 '꼬-'에 피동 접미사 '-이-'가 결합하여 피동사로 파생되었다.
이 글을 통해 피동사는 능동사 어간을 어근으로 하여 피동 접미사 '-이-, -히-, -리-, -기-'가 붙어 만들어짐을 알 수 있다. 따라서 '(줄이) 꼬이다'는 동사 어간 '꼬-'에 피동 접미사 '-이-'가 결합하여 피동사가 되었음을 알 수 있다.

④ '경찰이 도둑을 잡다.'가 피동문으로 바뀔 때에는 능동문의 목적어가 피동문의 주어로 바뀐다.
이 글을 통해 능동문이 피동문으로 바뀔 때 능동문의 주어는 피동문의 부사어가 되고, 능동문의 목적어는 피동문의 주어가 됨을 알 수 있다. 따라서 '경찰이 도둑을 잡다.'의 능동문이 피동문인 '도둑이 경찰에게 잡히다.'로 바뀔 때 능동문의 목적어인 '도둑을'이 피동문의 주어인 '도둑이'로 바뀌었다고 할 수 있다.

⑤ '(아버지와) 닮다'는 대칭되는 대상이 필요한 동사로 피동 접미사와 결합하여 파생되지 않는다.
이 글을 통해 '만나다'나 '싸우다'와 같이 대칭되는 대상이 필요한 동사는 피동사로 파생되지 않음을 알 수 있다. 따라서 '(아버지와) 닮다'는 대칭되는 대상이 필요한 동사이므로 피동 접미사와 결합하여 파생어가 될 수 없다.

★★ 문제 해결 꿀~팁 ★★

▶ **많이 틀린 이유는?**
이 문제는 글의 내용을 실제 사례에 적용하는 과정에서 어려움을 겪어 오답률이 높았던 것으로 보인다. 또한 동사와 형용사의 구분에 대한 이해 부족도 오답률을 높였던 것으로 보인다.

▶ **문제 해결 방법은?**
이 문제를 해결하기 위해서는 선택지에 제시된 내용을 정확히 이해한 뒤, 글의 내용과 관련 있는 부분을 찾아 적절성을 판단해야 한다. 그런데 이 문제의 경우 기본적인 문법 지식도 요구하고 있는데, 즉 불규칙 활용, 형용사와 동사의 구분에 대한 지식을 요구하고 있으므로 이에 대해 정확히 알고 정확히 문제를 해결할 수 있다. 가령 정답인 ②의 경우 '작아지다'의 기본형인 '작다'의 품사를 이해하지 못하면 3문단의 일부 내용만을 통해 적절하다고 판단할 수도 있다. 그런데 동사와 형용사의 구분 방법에 따라 '작다'는 현재형 어미를 사용할 수 없고, 청유형, 명령형으로 사용할 수 없으므로 형용사에 해당함을 알 수 있다. 이렇게 볼 때, 형용사에 '-아/-어지다'가 결합되면 동사화되어 상태의 변화를 나타낼 뿐 피동의 의미를 나타내지 않는다는 3문단의 내용을 통해 적절하지 않음을 알 수 있었을 것이다. 이 문제 역시 기본적인 문법 지식이 요구되는 만큼 평소 기본적인 문법 지식은 충분히 숙지할 수 있도록 한다.

▶ **오답인 ①을 많이 선택한 이유는?**
이 문제의 경우 학생들이 ①이 적절하지 않다고 하여 오답률이 높았는데, 이 역시 불규칙 활용이라는 문법 지식이 정확하지 않았기 때문으로 보인다. 만일 '실리다'가 기본형 '싣다'에 피동 접미사 '-리-'가 결합된 것임을 알았다면, 동사 '싣다'가 불규칙 활용(실어, 실으니 등)을 하는 용언임을 파악하여 적절함을 알았을 것이다.

12 중세 국어 피동 표현의 이해　　　　정답률 63% | 정답 ⑤

윗글을 바탕으로 〈보기〉의 @ ~ @를 탐구한 내용으로 적절하지 <u>않은</u> 것은? [3점]

────〈보 기〉────
○ 風輪에 @ 담겨(담-+-기-+-어)
　　[풍륜에 담겨]
○ 뫼해 살이 ⓑ 박거늘(박-+-거늘)
　　[산에 화살이 박히거늘]
○ 옥문이 절로 ⓒ 열이고(열-+-이-+-고)
　　[옥문이 절로 열리고]
○ 드트리 두외야 @ 붓아디거늘(붓♤-+-아디-+-거늘)
　　[티끌이 되어 부수어지거늘]

① @는 능동사 어간에 접미사 '-기-'가 결합하여 피동사가 되었군.
'담겨'는 능동사 어간 '담-'에 파생 접미사 '-기-'가 결합하여 피동사가 된 것이다.

② ⓑ는 파생적 피동이 일어난 단어가 아님에도 피동의 의미를 나타내고 있군.
'박거늘'은 피동 접미사가 결합하지 않고 피동의 의미가 실현된 것이다.

③ ⓒ는 'ㄹ'로 끝나는 어간에 접미사 '-이-'가 결합한 후 분철되어 표기되었군.
'열이고'는 동사 어간 '열-'이 'ㄹ'로 끝나므로 접미사 '-이-'가 결합한 후 분철되어 표기된 것이다.

④ @는 동사 어간 '붓♤-'에 '-아디'가 붙어 피동의 의미를 나타내고 있군.
'붓아디거늘'은 동사 어간 '붓♤-'에 보조적 연결 어미 '-아'와 보조 동사 '디다'가 결합된 '-아디-'를 사용하여 피동의 의미를 나타내고 있다.

✔ **ⓑ와 @는 모두 피동 접미사를 사용하지 않았으므로 통사적 피동에 해당하는군.**
통사적 피동은 어간에 '-아/-어디다'가 결합하여 만들어지는 것이므로 '붓아디거늘'은 통사적 피동이다.

그러나 '박거늘'은 피동 접미사나 '-아/-어디다'가 결합하지 않고 피동의 의미를 실현하는 것이므로 통사적 피동이 아니다.

---

13 음운의 변동 탐구 　　　　　　　정답률 64% | 정답 ①

〈보기〉의 ㉠, ㉡에 해당하는 사례를 바르게 짝지은 것은?

〈보 기〉
국어의 음절 구성에서는 자음을 두 개 발음할 수 없다. 따라서 겹받침으로 끝나는 형태소와 다른 형태소가 결합하면 자음군 단순화와 더불어 다른 음운 변동이 함께 적용되는 경우가 많다. 예를 들어 '닭만[당만]'은 ㉠ 자음군 단순화와 비음화가 함께 적용된 경우에 해당하고, '맑지[막찌]'는 ㉡ 자음군 단순화와 된소리되기가 함께 적용된 경우에 해당한다.

　　㉠　　　　㉡

✔ 값만[감만]　　흙과[흑꽈]
　'값만'은 'ㅅ'이 탈락하는 자음군 단순화로 인해 [갑만]으로 바뀐 뒤, 'ㅂ'이 'ㅁ'의 영향을 받아 'ㅁ'으로 교체되는 비음화가 적용되므로 [감만]으로 발음되므로 ㉠의 사례에 해당한다. 그리고 '흙과'는 'ㄹ'이 탈락하는 자음군 단순화로 인해 [흑과]로 바뀐 뒤, 두 번째 음절의 초성인 'ㄱ'이 'ㄲ'으로 교체되는 된소리되기가 적용되어 [흑꽈]로 발음되므로 ㉡의 사례에 해당한다.

② 잃는[일른]　　읊고[읍꼬]
　'잃는'은 자음군 단순화로 인해 [일는]으로 바뀐 뒤, 유음화가 적용되어 [일른]으로 발음된다. 그리고 '읊고'는 자음군 단순화로 인해 [읍고]로 바뀐 뒤 음절의 끝소리 규칙([읍고])과 된소리되기가 적용되어 [읍꼬]로 발음된다.

③ 덮지[덥찌]　　밝혀[발켜]
　'덮지'는 음절의 끝소리 규칙으로 [덥지]로 바뀐 뒤 된소리되기가 적용되어 [덥찌]로 발음된다. 그리고 '밝혀'는 거센소리되기에 의해 [발켜]로 발음된다.

④ 밟는[밤ː는]　　닦다[닥따]
　'밟는'은 자음군 단순화로 인해 [밥ː는]으로 바뀐 뒤 비음화에 의해 [밤ː는]으로 발음된다. '닦다'는 음절의 끝소리 규칙으로 인해 [닥다]로 바뀐 뒤, 된소리되기에 의해 [닥따]로 발음된다.

⑤ 젊어[절머]　　짧지[짤찌]
　'젊어'는 'ㅁ'이 뒤 음절로 연음되어 [절머]로 발음된다. 그리고 '짧지'는 자음군 단순화로 [짤지]로 바뀐 뒤, 된소리되기에 의해 [짤찌]로 발음된다.

---

14 단어 형성의 원리 　　　　　　　정답률 54% | 정답 ④

〈보기 1〉의 ㉠에 해당하는 것만을 〈보기 2〉에서 있는 대로 고른 것은?

〈보기 1〉
합성어는 명사와 명사의 결합, 용언의 관형사형과 명사의 결합, 부사와 용언의 결합처럼 어근과 어근의 연결이 우리말의 어순이나 단어 배열법과 일치하는 ㉠ 통사적 합성어와 용언의 어간과 명사의 결합, 용언의 어간에 용언의 어간이 직접 결합한 것처럼 우리말의 어순이나 단어 배열법과 일치하지 않는 비통사적 합성어로 나눌 수 있다.

〈보기 2〉
덮밥, 돌다리, 하얀색, 높푸르다, 잘생기다

① 돌다리, 높푸르다
　'돌다리'는 명사인 '돌'과 명사인 '다리'가 결합한 통사적 합성어, '높푸르다'는 용언의 어간인 '높-'과 용언의 어간인 '푸르-'가 결합한 비통사적 합성어이다.

② 덮밥, 돌다리, 하얀색
　'덮밥'은 용언의 어간인 '덮-'과 명사인 '밥'이 결합한 비통사적 합성어, '돌다리'는 명사인 '돌'과 명사인 '다리'가 결합한 통사적 합성어, '하얀색'은 용언의 관형사형인 '하얀'과 명사인 '색'이 결합된 통사적 합성어이다.

③ 덮밥, 하얀색, 높푸르다
　'덮밥'은 용언의 어간인 '덮-'과 명사인 '밥'이 결합한 비통사적 합성어, '하얀색'은 용언의 관형사형인 '하얀'과 명사인 '색'이 결합된 통사적 합성어, '높푸르다'는 용언의 어간인 '높-'과 용언의 어간인 '푸르-'가 결합한 비통사적 합성어이다.

✔ 돌다리, 하얀색, 잘생기다
　'돌다리'는 명사인 '돌'과 명사인 '다리'가 결합한 합성어, '하얀색'은 용언의 관형사형인 '하얀'과 명사인 '색'이 결합된 합성어, '잘생기다'는 부사인 '잘'과 용언인 '생기다'가 결합한 합성어에 해당한다. 따라서 〈보기 1〉의 내용을 볼 때, '돌다리', '하얀색', '잘생기다'는 통사적 합성어에 해당한다고 할 수 있다.

⑤ 돌다리, 하얀색, 높푸르다, 잘생기다
　'돌다리'는 명사인 '돌'과 명사인 '다리'가 결합한 통사적 합성어, '하얀색'은 용언의 관형사형인 '하얀'과 명사인 '색'이 결합된 통사적 합성어, '높푸르다'는 용언의 어간인 '높-'과 용언의 어간인 '푸르-'가 결합한 비통사적 합성어, '잘생기다'는 부사인 '잘'과 용언인 '생기다'가 결합한 통사적 합성어이다.

---

15 사전 활용의 적절성 파악 　　　　　정답률 65% | 정답 ⑤

〈보기〉는 '사전 활용하기 학습 자료'의 일부이다. 〈보기〉를 참고할 때, 밑줄 친 부분의 띄어쓰기가 적절하지 않은 것은?

〈보 기〉
데¹ 「의존 명사」
「1」 '곳'이나 '장소'의 뜻을 나타내는 말.
「2」 '일'이나 '것'의 뜻을 나타내는 말.

-데² 「어미」
　('이다'의 어간, 용언의 어간 또는 어미 '-으시-', '-었-', '-겠-' 뒤에 붙어) 해할 자리에 쓰여, 과거 어느 때에 직접 경험하여 알게 된 사실을 현재의 말하는 장면에 그대로 옮겨 와서 말함을 나타내는 종결 어미.

-는데 「어미」
　('있다', '없다', '계시다'의 어간, 동사 어간 또는 어미 '-으시-', '-었-', '-겠-' 뒤에 붙어) 뒤 절에서 어떤 일을 설명하거나 묻거나 시키거나 제안하기 위하여 그 대상과 상관되는 상황을 미리 말할 때에 쓰는 연결 어미.

---

①	밥은		있는데		반찬이		없소.		
②	지금		가는		데가		어디인가요?		
③	그		사람은		말을		아주		잘하데.
④	그는		의지할		데		없는		사람이다.
⑤	책을		다		읽는데만		이틀이		걸렸다.

① 밥은 있는데 반찬이 없소.
　'있는데'의 '-는데'는 〈보기〉를 통해 어미임을 알 수 있으므로 붙여 써야 한다.

② 지금 가는 데가 어디인가요?
　'가는 데'의 '데는 〈보기〉 '데'의 「1」에 해당하는, 즉 의존 명사이므로 띄어 써야 한다.

③ 그 사람은 말을 아주 잘하데.
　'잘하데'의 '-데'는 '-데²'에 해당하는 어미에 해당하므로 붙여 써야 한다.

④ 그는 의지할 데 없는 사람이다.
　'의지할 데'의 '데'는 '데'의 「1」에 해당하는, 즉 의존 명사이므로 띄어 써야 한다.

✔ 책을 다 읽는데만 이틀이 걸렸다.
　'책을 다 읽는데만 이틀이 걸렸다.'에서 '읽는데'의 '데'는 '데'의 「2」에 해당한다. 따라서 '데'는 의존 명사로 사용되었으므로 '읽는 데'처럼 띄어 써야 한다.

[16~45] 독서·문학

16~20 사회

그레이엄 앨리슨 외, 「결정의 본질」

해제 이 글은 국제 사회의 외교 정책 행위를 분석한 앨리슨의 정책 결정 모델에 대해 설명하고 있다. 허버트 사이먼은 합리적 행위와 관련하여 포괄적 합리성과 제한적 합리성이라는 두 가지 관점을 제시하였고, 그레이엄 앨리슨은 이러한 관점들을 바탕으로 국제 사회의 외교 정책 행위를 합리적 행위자 모델과 조직 과정 모델로 분석하였다. 합리적 행위자 모델은 포괄적 합리성을 바탕으로 정책 행위를 설명, 즉 결정된 정책 행위가 특정 목적에 대해 최대 효용을 갖는 방안이라고 상정하기 때문에 그 목적을 찾아냄으로써 행위자가 왜 그러한 방안을 선택했는지를 설명한다. 그리고 조직 과정 모델은 포괄적 합리성에서 벗어나는 외교 사례를 설명할 수 없다는 한계를 보완하기 위해 앨리슨이 제시한 것으로, 정책 행위가 제한적 정보만으로 결정된다고 보기 때문에, 정책 행위의 목적보다는 그 정책 행위가 어떻게 결정되었는지에 주목한다. 이러한 두 모델은 대립 관계에 있는 것이 아니라 외교 사건을 다각적으로 설명할 수 있게 해 준다는 점에서 의의를 지닌다.

주제 국제 사회의 외교 정책 행위를 분석한 앨리슨의 정책 결정 모델의 이해

문단 핵심 내용

1문단	포괄적 합리성과 제한적 합리성의 이해
2문단	국제 사회의 외교 정책 모델인 합리적 행위자 모델의 이해
3문단	국제 사회의 외교 정책 모델인 조직 과정 모델의 이해
4문단	앨리슨의 정책 결정 모델이 지니는 의의

---

16 글의 전개 방식 파악 　　　　　　정답률 61% | 정답 ③

윗글에 대한 설명으로 적절하지 않은 것은?

① 합리적 행위자 모델이 지닌 한계와 관련하여 조직 과정 모델이 갖는 의의를 제시하고 있다.
　3문단에서 합리적 행위자 모델이 지닌 한계와 관련하여 앨리슨이 이를 보완하기 위해 조직 과정 모델을 제시하였음을 알 수 있다. 그리고 3문단의 '하지만 조직 과정 모델은 ~ 외교 정책 행위를 설명할 수 있다.'를 통해 조직 과정 모델이 갖는 의의를 알 수 있다.

② 합리적 행위자 모델과 조직 과정 모델의 특징을 사이먼이 제시한 합리성과 관련지어 서술하고 있다.
　1문단에서 허버트 사이먼은 합리적 행위와 관련하여 포괄적 합리성과 제한적 합리성이라는 두 가지 관점을 제시했음을 알 수 있다. 그리고 2문단에서는 포괄적 합리성을 바탕으로 합리적 행위자 모델을, 3문단에서는 제한적 합리성에 기반을 둔 조직 과정 모델을 설명하고 있다. 따라서 합리적 행위자 모델과 조직 과정 모델의 특징을 사이먼이 제시한 합리성과 관련지어 서술하였다고 할 수 있다.

✔ 합리적 행위자 모델과 조직 과정 모델의 정책 행위 분석 단계를 구체적인 사례를 들어 설명하고 있다.
　이 글의 2문단에서 합리적 행위자 모델을 3문단에서 조직 과정 모델을 설명하고 있다. 하지만 2문단과 3문단을 통해 합리적 행위자 모델과 조직 과정 모델의 정책 행위 분석 단계를 구체적인 사례를 들어 설명하지는 않고 있다.

④ 합리적 행위자 모델과 조직 과정 모델에서 외교 정책 행위를 분석하는 방식을 비교하여 설명하고 있다.
　2문단에서는 국제 사회 외교 정책 행위를 분석한 합리적 행위자 모델에 대해, 3문단에서는 국제 사회 외교 정책 행위를 분석한 조직 과정 모델에 대해 설명하고 있다. 따라서 2, 3문단을 통해 합리적 행위자 모델과 조직 과정 모델에서 외교 정책 행위를 분석하는 방식을 비교하였음을 알 수 있다.

⑤ 합리적 행위자 모델과 조직 과정 모델에서 바라보는 국가의 성격을 바탕으로 각 모델의 분석 대상을 서술하고 있다.
　2문단을 통해 합리적 행위자 모델에서는 포괄적 합리성을 가지고 행동하는 단일한 의사 결정자로서의 국가를, 3문단을 통해 조직 과정 모델에서는 독자적인 여러 조직이 모인 연합체로서의 국가를 설정하여 서술하고 있음을 알 수 있다.

---

17 글의 핵심 내용의 이해 　　　　　　정답률 73% | 정답 ③

㉮에 대한 이해로 가장 적절한 것은?

① 합리적 행위자 모델은 규정된 절차에 따라 정책 행위가 결정된다고 보지만, 조직 과정 모델은 조직의 역량에 따라 정책 행위가 결정된다고 본다.
3문단을 통해 규정된 절차에 따라 정책 행위가 결정된다고 보는 것은 조직 과정 모델임을 알 수 있다.

② 합리적 행위자 모델은 정책 행위를 연합체로서의 국가가 선택한 결과로 보지만, 조직 과정 모델은 정책 행위를 단일체로서의 국가가 선택한 결과로 본다.
2문단을 통해 합리적 행위자 모델에서는 국가를 단일체로 보고 있음을, 3문단에서 조직 과정 모델에서는 국가를 연합체로 보고 있음을 알 수 있다.

☑ 합리적 행위자 모델은 정책 행위를 목적에 따른 행위자의 의도적 선택으로 보지만, 조직 과정 모델은 정책 행위를 조직의 수행에 따른 기계적 산출물로 본다.
2문단을 통해 합리적 행위자 모델은 정책 행위를 목적 달성을 위해 의도적으로 선택된 것으로 보고 있음을, 3문단을 통해 조직 과정 모델은 정책 행위를 조직의 업무 수행에 따른 기계적 산출물로 보고 있음을 알 수 있다.

④ 합리적 행위자 모델은 국가가 효용을 계산하여 정책 행위를 결정한다고 보지만, 조직 과정 모델은 국가가 조직을 완전히 통제하여 정책 행위를 결정한다고 본다.
3문단을 통해 조직 과정 모델에서는 국가가 조직의 모든 활동을 완전히 통제할 수는 없다고 하였음을 알 수 있다.

⑤ 합리적 행위자 모델은 정책 행위를 객관적 정보를 종합한 결과로 보지만, 조직 과정 모델은 정책 행위를 불확실한 미래를 추측하여 문제에 대한 새로운 해결책을 찾은 결과로 본다.
3문단을 통해 조직 과정 모델에서는 조직이 불확실한 미래를 추측하고 그에 맞게 행동하는 것을 매우 꺼리기 때문에 심각성이나 긴박성에 따른 새로운 해결책을 강구하기보다 일상적인 SOP에 의존하여 판단을 내리는 경향이 강함을 알 수 있다.

18 핵심 내용 파악   정답률 60% | 정답 ⑤

㉠과 ㉡에 대한 이해로 가장 적절한 것은?

① ㉠은 행위자의 지식이, ㉡은 행위자의 목적이 선택에 가장 큰 영향을 미치는 요소라고 본다.
포괄적 합리성에서는 어떤 방안을 선택함으로써 얻을 수 있는 효용이, 제한적 합리성에서는 행위자의 지식이나 인지 능력과 같은 특성이 선택에 영향을 미친다고 본다.

② ㉠은 ㉡과 달리 행위자가 어떤 방안을 선택할 때 자신이 달성하고자 하는 목적을 고려한다고 본다.
포괄적 합리성과 제한적 합리성은 모두 행위자가 선택 과정에서 목적을 고려하여 방안을 선택한다고 본다.

③ ㉠은 ㉡과 달리 행위자의 인지적 한계를 이유로 행위자가 처한 상황에 대한 분석이 중요하다고 본다.
행위자의 인지적 한계를 고려하는 것은 제한적 합리성의 관점이다.

④ ㉡은 ㉠과 달리 행위자가 어떤 방안을 선택했을 때 그 방안이 합리적인지 판단할 수 있다고 본다.
포괄적 합리성에서는 행위자가 효용을 극대화하는 방안을 의도적으로 선택한다고 하였으므로, 선택된 방안이 목적에 대해 갖는 효용을 따져 합리성 여부를 판단한다고 본다. 제한적 합리성에서는 행위자가 자신의 목적과 관련하여 가진 정보와 행위자의 특성을 바탕으로 합리성 여부를 판단한다고 하였다.

☑ ㉡은 ㉠과 달리 목적과 상황이 동일하더라도 행위자의 특성에 따라 결정이 달라질 수 있다고 본다.
㉠의 관점은 행위자의 특성과 상관없이 행위자는 언제나 효용을 극대화하는 방안을 선택한다고 하였으므로, 목적이나 상황 등이 일치한다면 행위자는 언제나 같은 결정을 내린다는 것을 알 수 있다. ㉡의 관점은 행위자가 자신이 처한 상황과 선택 가능한 방안, 선택의 결과 등을 정확하게 인지하지 못한다고 하였으므로, 행위자의 특성에 따라 결정이 달라질 수 있다고 보았음을 알 수 있다.

19 구체적인 사례에의 적용   정답률 57% | 정답 ②

윗글을 바탕으로 〈보기〉를 이해한 내용으로 적절하지 않은 것은? [3점]

〈보 기〉
A국과 B국은 군사적으로 대립 관계에 있는 인접 국가이다. A국은 B국보다 약한 군사력을 보완하기 위해 B국과의 국경 근처에 군대를 추가적으로 배치했다. 한편 B국의 정보 조직은 A국의 군대 배치 정보를 입수했지만, 일상적인 SOP에 따라 정보를 처리한 결과 이 정보가 상부에 전달되지 않았다. 결국 B국은 A국의 상황을 모른 채, A국에 대한 안보를 확보하기 위한 정책으로 군사력 강화와 평화 협정 체결 중 후자의 방안을 선택하게 되었다.
(단, A국과 B국은 독립 국가이며 국내외의 다른 정치 외교적 상황은 양국의 정책 행위에 영향을 미치지 않는다고 가정한다.)

① 합리적 행위자 모델의 관점에서 A국의 목적을 군사력 증강으로 분석했다면, 군대의 추가 배치가 이 목적에 대해 가장 큰 효용을 가졌다고 분석했기 때문이겠군.
2문단에서 합리적 행위자 모델은 분석하고자 하는 정책 행위가 가장 큰 효용을 갖게 되는 목적을 찾는다고 하였으므로 적절하다.

☑ 합리적 행위자 모델의 관점에서 B국의 정책 행위를 분석한다면, B국의 정보 조직이 파악한 정보가 상부에 전달되지 않은 과정에 주목하겠군.
2문단에서 합리적 행위자 모델은 정책 행위를 분석할 때 행위자의 목적과 그에 따라 선택된 방안의 효용을 고려한다고 하였으므로, 합리적 행위자 모델이 B국의 정보 조직이 파악한 정보가 상부에 전달되지 않은 과정에 주목한다는 내용은 적절하지 않다. 조직의 업무 수행 과정에 주목하는 것은 조직 과정 모델이다.

③ 합리적 행위자 모델의 관점에서 B국의 평화 협정 체결이 국가 안보 확보를 위한 최적의 방안이 아니라고 분석했더라도, 이 관점에서는 왜 B국이 평화 협정 체결을 정책 방안으로 선택했는지를 설명하지 못하겠군.
3문단에서 합리적 행위자 모델은 포괄적 합리성에서 벗어나는 외교 사례를 설명할 수 없다는 한계가 있다고 하였으므로 적절하다.

④ 조직 과정 모델의 관점에서 A국의 정책 행위를 분석한다면, 군대를 추가적으로 배치한 목적이 무엇인가보다는 어떻게 그 정책 행위가 선택되었는가를 분석하겠군.

3문단에서 조직 과정 모델은 정책 행위의 목적보다는 그 정책 행위가 어떻게 결정되었는지에 주목한다고 하였으므로 적절하다.

⑤ 조직 과정 모델의 관점에서 B국이 평화 협정 체결을 선택하게 된 과정을 분석한다면, 관련 조직들의 SOP 및 조직 간의 관계를 중심으로 B국의 정책 행위를 설명하겠군.
3문단에서 조직 과정 모델은 조직들의 SOP와 역량, 조직 간의 관계를 분석한다고 하였으므로 적절하다.

20 어휘의 문맥적 의미 파악   정답률 91% | 정답 ①

문맥상 ⓐ의 의미와 가장 가까운 것은?

☑ 기준을 어디에 두느냐가 중요하다.
ⓐ는 '행위의 준거점, 목표, 근거 따위를 설정하다.'의 의미로 사용되었으므로, ①의 '두느냐'가 문맥상 이와 가장 유사한 의미로 사용되었다고 할 수 있다.

② 주말에 바둑을 두는 것이 취미이다.
'바둑이나 장기 따위의 놀이를 하다.'의 의미로 사용되었다.

③ 앞의 사람과 간격을 두며 줄을 섰다.
'시간적 여유나 공간적 간격 따위를 주다.'의 의미로 사용되었다.

④ 위험물을 여기 그대로 두면 안 된다.
'어떤 대상을 일정한 상태에 있게 하다.'의 의미로 사용되었다.

⑤ 그 사건은 평생을 두고 잊을 수 없다.
'어떤 상황이 어떤 시간이나 기간에 걸치다.'의 의미로 사용되었다.

21~24 현대 소설

조세희, 「잘못은 신에게도 있다」

감상 이 작품은 연작 소설인 「난장이가 쏘아 올린 작은 공」에 들어 있는 소설로, 소외 계층을 대변해 주는 난쟁이가 가족의 삶을 통해 도시 빈민과 공장 노동자들의 비참한 삶을 파헤치고 있다. 작가는 이를 통해 당대의 열악한 삶의 현실과 자본주의 사회의 구조적 모순을 폭로하고 있다.

주제 도시 빈민의 비참한 삶과 좌절

작품 줄거리 '나'는 난쟁이의 큰아들로 아버지가 꿈꿨던 세상과, 아버지가 자신에게 남겨준 사랑이라는 말을 떠올린다. 난쟁이는 사랑을 갖지 않은 사람을 벌하기 위해 법을 제정해야 한다고 믿었고, 그것을 '나'는 못마땅해한다. 하지만 '나'는 은강에 온 후 호흡 장애와 기침·구토를 하며 계속 머리가 아프다는 어머니, 알루미늄 전극 제조 공장의 열처리 탱크가 폭발하며 몸이 잘린 채 희생된 노동자들, 잠을 쫓으며 일을 시키기 위해 옷핀으로 찌르는 반장, 노동 조합 지부장이 끌려가고 많은 해고자가 부당 해고를 당한 모습을 보게 된다. 결국 '나'는 아버지가 옳았다는 결론 끝에 자신의 생각을 수정하기로 한다. 모두 잘못을 저지르고 있었고, 은강에서는 신도 예외가 아니었다.

21 작품 내용의 이해   정답률 75% | 정답 ②

윗글에 대한 이해로 적절하지 않은 것은?

① 아버지는 의무만을 강요하는 시대에 불만을 품은 채 말년을 보냈다.
'그래서 말년의 자기 시대는 ~ 의무만 강요하는 것이었다.'를 통해, 아버지가 말년에 권리를 인정하지 않고 의무만 강요하는 시대에 불만을 품었음을 알 수 있다.

☑ 아버지는 자신이 난장이임을 나에게 자주 말하며 현실이 준 상처를 드러내곤 했다.
'아버지가 당신의 입으로 난장이라고 한 말을 나는 그래서 꼭 한 번 들었다.'를 통해, 아버지가 자신의 입으로 스스로를 난장이라 말한 적이 한 번밖에 없음을 알 수 있다.

③ 어머니는 영이에게 가족에 대한 전통적 의무에 대해 말하고 싶어 했다.
'어머니는 영희에게 했던 것처럼 ~ 이야기하고 싶어 했다.'를 통해, 어머니는 영이에게도 전통적 의무가 어떤 것인지에 대해 이야기하고 싶어 했음을 알 수 있다.

④ 나는 아버지를 놀린 아이와 관련된 일로 사흘 동안 밖에 나가 놀지 못했다.
'중략' 아래의 대사 내용과 '그래서, 나는 사흘 동안이나 밖에 나가 놀 수는 없었다.'를 통해, '나'는 아버지를 난장이라고 놀린 아이와 관련된 일로 인해 사흘 동안 밖에 나가 놀 수 없었음을 알 수 있다.

⑤ 영희는 나에게는 잘못이 없고 아버지를 놀린 아이에게 잘못이 있다고 생각했다.
'중략' 아래에 제시된 영희의 대사를 통해, 영희는 '나'에게는 잘못이 없고 아버지를 난장이라고 놀린 아이에게 잘못이 있다고 말했음을 알 수 있다.

22 구절의 의미 파악   정답률 81% | 정답 ④

ⓐ ~ ⓔ에 대한 이해로 적절하지 않은 것은?

① ⓐ는 아버지가 난장이로 태어나 고통을 겪었음을 드러내고 있다.
ⓐ 뒤의 내용을 통해, ⓐ는 난장이로 태어난 아버지가 살아가는 동안 고통을 겪었음을 드러낸 것이라 할 수 있다.

② ⓑ는 아버지가 성실히 살았음에도 인간다운 생활을 할 수 없었던 난장이 가족의 삶을 보여 주고 있다.
ⓑ는 아버지가 열심히 일했음에도 불구하고 영양 부족으로 일어나는 이상 증세를 경험한 가족의 모습을 드러내 주고 있으므로, 인간다운 생활을 할 수 없었던 우리 가족, 즉 난장이 가족의 고통스러운 삶을 보여 준다고 할 수 있다.

③ ⓒ는 아버지가 꿈꾸는 세상에서 지나치게 부를 축적해 벌을 받게 될 사람들이 사는 집의 모습을 보여 주고 있다.
아버지가 꿈꾼 세상에서는 지나친 부를 축적한 사람들은 벌을 받게 되는데 ⓒ는 그러한 집 뜰의 모습을 보여 준다고 할 수 있다.

☑ ⓓ는 근로자와 사용자의 잘못을 비교하여 잘못의 원인이 근로자에게 있음을 드러내고 있다.
ⓓ는 근로자가 어쩌다 하나의 잘못을 하지만, 사용자는 매일 열 조항의 법을 어기고 있다는 것으로, 이는 법을 어긴 횟수를 비교하여 근로자가 아니라 사용자에게 더 큰 잘못이 있음을 드러낸 것이라 할 수 있다.

⑤ ⓔ는 은강의 기상 상태를 통해 인물이 느끼는 심리적 압박감을 드러내고 있다.

    [문제편 p.143]

ⓔ는 전체가 저기압권에 들어간 '은강'이라는 무거운 분위기의 공간을 통해 인물이 느끼고 있는 압박감을 드러내는 것이라 할 수 있다.

문명을 상징하는 '개봉동'과 그곳에 종속되지 않고 순수한 생명력을 지키고 있는 '장미'의 대비를 통해, 현대 문명을 비판하면서 현대 문명 속에서도 본연의 모습을 잃지 않는 삶이 필요함을 드러내고 있다.

주제 순수한 생명을 통한 현대 문명의 비판

표현상의 특징

• 도치의 방식을 활용하여 시적 상황을 부각해 주고 있음.
• 명령형 어미를 사용하여 어조를 형성해 줌.
• 시적 대상을 의인화하여 표현함.

---

23 인물의 심리 및 태도 파악
정답률 79% | 정답 ①

㉠과 ㉡에 대한 이해로 가장 적절한 것은?

☑ ㉠과 ㉡은 모두 사랑을 기반으로 한 세상을 바라고 있다.
아버지는 사랑을 기반으로 한 세상을 꿈꾸며 법률을 제정해서, 사랑을 상실한 사람에게 벌을 주어 사람들이 사랑을 지키며 살아가기를 바란다. 반면, '나'(㉠)는 아버지가 꿈꾸는 세상을 이루기 위해 법률을 제정하는 대신 교육을 통해 사람들이 자유로운 이성으로 사랑을 갖고 살아가기를 바란다. 그러나 이후 '나'(㉡)는 이전의 생각을 수정해 아버지의 생각을 따르기로 한다. 따라서 ㉠과 ㉡이 바라는 세상의 공통점은 사랑을 기반으로 한다는 점을 알 수 있다.

② ㉠과 ㉡은 모두 교육을 통해 자신이 꿈꾼 세상을 이루려 한다.
교육을 통해 자신이 꿈꾼 세상을 이루려 하는 것은 ㉠에 해당하므로 적절하지 않다.

③ ㉠과 ㉡은 모두 법률을 제정하여 사람들이 사랑을 지키도록 하려 한다.
㉠의 '나'는 법률을 제정하여 사람들이 사랑을 지키도록 해야 한다는 아버지와 의견 차이를 보이고 있었으므로 적절하지 않다.

④ ㉠은 ㉡과 달리 자신의 생각을 바꾸고 아버지의 생각을 따르려 한다.
자신의 생각을 바꾸고 아버지의 생각을 따르려 하는 것은 ㉡에 해당하므로 적절하지 않다.

⑤ ㉡은 ㉠과 달리 사람들의 자유로운 이성에 대한 믿음을 지니고 있다.
사람들의 자유로운 이성에 대한 믿음을 지니고 있는 것은 ㉠에 해당하므로 적절하지 않다.

---

24 외적 준거에 따른 작품의 감상
정답률 58% | 정답 ③

〈보기〉를 바탕으로 윗글을 감상한 내용으로 적절하지 않은 것은? [3점]

─〈보 기〉─
이 작품에서는 시간적으로 거리가 먼 사건들이 하나의 단락 안에서 명확히 구분되지 않고 시제가 구별되지 않은 채 서술된다. 또한 서로 다른 공간에서 벌어지는 사건들이 유사한 장면으로 연결되기도 한다. 이러한 서술 방식들은 작품에 대한 독자의 이해를 지연시켜 독자로 하여금 사건의 이면에 숨겨진 의미를 파악하도록 노력하게 한다. 한편 이 작품은 주제 의식을 효과적으로 전달하기 위해 단어나 구절 등을 반복하거나 다른 갈래의 형식을 삽입하기도 하고, 비현실적 세계와 현실적 세계를 연결하기도 한다.

① '아버지가 꿈꾼 세상'의 모습이 '아버지가 그린 세상'의 모습에서 반복되어 서술되는데, 이는 인물이 바라는 이상적인 사회의 모습을 강조하는 것으로 볼 수 있겠군.
'아버지가 꿈꾼 세상'의 모습과 '아버지가 그린 세상'의 모습에서는 '지나친 부의 축적을 사랑의 상실로 공인하고, '사랑으로 평형을 이루고, 사랑으로 바람을 불러 작은 미나리아재비 꽃줄기에까지 머물게 한다'의 표현이 반복되고 있는데 이는 인물이 꿈꾸는 이상적 사회의 모습을 강조하기 위한 것으로 볼 수 있다.

② 근로자와 사용자의 대화 장면과 우리 가족의 대화 장면은 극의 형식으로 서술되고 있는데, 이는 다른 갈래의 형식을 삽입하여 작품의 주제 의식을 전달하는 것으로 볼 수 있겠군.
'중략' 아래에서 근로자와 사용자의 대화 장면, 우리 가족의 대화 장면을 극의 형식으로 서술한 것은, 〈보기〉에서 언급된 주제 의식을 효과적으로 전달하기 위해 다른 갈래의 형식을 삽입하였음을 보여 주는 것이라 할 수 있다.

☑ '달에 가서 천문대 일을 보겠다'는 비현실적인 꿈을 '누구나 고귀한 사랑을 갖도록 한다'는 실현 가능한 꿈과 관련지은 것은, 현실에서 실현된 이상 세계를 보여 주어 주제 의식을 드러낸 것으로 볼 수 있겠군.
'달에 가서 천문대 일을 보겠다'는 꿈을 이루지 못하고 아버지는 돌아가셨고, 교육을 통해 '누구나 고귀한 사랑을 갖도록 한다'는 '나'의 꿈은 희망 사항에 불과하므로 이상 세계가 현실에서 실현된 것으로 볼 수 없다.

④ '애들을 내보내면 안 돼요.'라는 사용자의 말과 '영수를 당분간 내보내지 말아요.'라는 아버지의 말을 연결한 것은, 서로 다른 공간에서 벌어지는 두 사건이 유사한 장면으로 연결되는 것으로 볼 수 있겠군.
'중략' 아래에서 '애들을 내보내면 안 돼요.'라는 사용자의 말과 '영수를 당분간 내보내지 말아요.'라는 아버지의 말이 연결되어 있는데, 이는 〈보기〉에서 언급한 서로 다른 공간에서 벌어지는 사건들이 유사한 장면으로 연결된다는 이 글의 특징을 보여 주는 것이라 할 수 있다.

⑤ 어머니가 '펌프가에 앉아 보리쌀을 씻다 말고 부엌으로 들어'가는 장면은 시간적으로 거리가 먼 두 사건 사이에 명확한 시간 구분 없이 삽입되어 해당 부분에 대한 독자의 이해를 지연시킬 수 있다고 볼 수 있겠군.
어머니가 보리쌀을 씻다 부엌으로 들어가는 장면은 '나'가 어릴 적 방죽에서 낚시질을 한 후 집에 돌아온 날의 사건과, '나'가 어른이 된 후 밤 늦게 집에 돌아온 날의 사건 사이에 명확한 시간 구분 없이 삽입되어 있다. 따라서 해당 장면은 독자들의 이해를 지연시킬 수 있다.

25~27 현대시

(가) 김춘수, 「겨울밤의 꿈」

감상 이 작품은 가난한 도시인들에 대한 연민과 화자의 소망을 드러내고 있다. 화자는 '연탄가스'에서 촉발된 상상력을 바탕으로, 연탄과 관련된 오래전 과거와 가난한 도시 사람들의 현재가 만나는 순간을 감각적으로 그려 내어 연민의 정서를 드러낸다. 그러면서 화자는 꿈에서 볼 수 있는 '시조새'를 통해, 가난한 시민들의 삶이 따뜻해지기를 바라는 바람을 드러내고 있다.

주제 가난한 시민들에 대한 연민과 소망

표현상의 특징

• 도치의 방식을 활용하여 시적 상황을 부각해 주고 있음.
• 시적 대상을 의인화하여 표현함.

(나) 오규원, 「개봉동과 장미」

감상 이 작품은 생명의 본질을 추구하며 현대 문명에 비판적인 태도를 보여 주고 있다. 화자는 현대

---

25 작품 간의 공통점 파악
정답률 68% | 정답 ①

(가)와 (나)의 공통점으로 가장 적절한 것은?

☑ 도치의 방식을 활용하여 시적 상황을 부각하고 있다.
(가)에서는 서술어의 목적어에 해당되는 '날개에 ~ 내려와 앉는 것을'이, '그날 밤 / 가난한 서울의 시민들은 / 꿈에 볼 것이다'의 서술어 '볼 것이다' 뒤에 제시되어 있다. 그리고 (나)에서는 서술어 '보라' 뒤에 목적어에 해당되는 '가끔 몸을 흔들며 / 잎들이 제 마음대로 시간의 바람을 일으키는 것을'이 제시되어 있고, 서술어 '말해 보라' 뒤에 목적어에 해당되는 '무엇으로 장미와 닿을 수 있는가를'이 제시되어 있다. 따라서 (가)와 (나)는 도치의 방식을 활용하여 시적 상황을 부각하였다고 할 수 있다.

② 명령형 문장을 활용하여 화자의 의지를 드러내고 있다.
(나)의 '보라 가끔 몸을 흔들며 / 잎들이 제 마음대로 시간의 바람을 일으키는 것을'과 '말해 보라 / 무엇으로 장미와 닿을 수 있는가를'을 통해 명령형 문장이 사용되었음을 알 수 있다. 하지만 (가)에서는 명령형 문장이 사용되지 않고 있다.

③ 감탄사를 사용하여 고조되는 화자의 감정을 나타내고 있다.
(가)와 (나) 모두 말하는 이의 본능적인 놀람·느낌·부름·응답 따위를 나타내는 감탄사는 사용되지 않고 있다.

④ 인격화된 대상을 청자로 설정하여 친근감을 드러내고 있다.
(가)의 '연탄가스'와 (나)의 '장미'는 모두 인격화된 대상이라 할 수 있지만, 시적 청자로 설정되지는 않고 있다.

⑤ 동일한 시행의 반복을 통해 대상이 지닌 속성을 강조하고 있다.
(가)와 (나) 모두 '연탄가스'와 '장미'의 속성을 엿볼 수 있지만, 동일한 시행 반복이 드러나지 않으므로 동일한 시행 반복을 통해 대상의 속성을 강조해 준다고 할 수 없다.

---

26 시어의 의미 및 기능 파악
정답률 71% | 정답 ④

㉠과 ㉡에 대한 이해로 가장 적절한 것은?

① ㉠과 ㉡은 모두 화자의 시선을 다른 인물의 시선으로 확장시키는 매개체이다.
㉠은 화자의 상상을 시각적으로 보여 주는 장치이므로 ㉠이 화자의 시선을 다른 인물의 시선으로 확장시키는 매개체라고 할 수 없다. 그리고 화자는 장미가 ㉡에 선다라고 말하고 있으므로, 화자의 시선을 다른 인물의 시선으로 확장시키는 매개체라고는 할 수 없다.

② ㉠과 ㉡은 모두 부정적 과거에서 벗어나 긍정적 미래로 향할 수 있게 해 주는 계기이다.
㉠에는 긍정적 미래에 대한 화자의 바람이 담겨지만 부정적 과거에서 벗어나 긍정적 미래로 향할 수 있게 해 주는 계기를 마련해 준다고는 할 수 없다. ㉡은 순수함을 지니고 있는 장미가 위치해 있는 공간에 해당하지만, 부정적 과거에서 벗어나 긍정적 미래로 향할 수 있게 해 주는 계기를 마련해 준다고 할 수 없다.

③ ㉠은 화자가 자신의 내면을 성찰하게 되는 동기이고, ㉡은 화자의 인식이 변화하게 되는 원인이다.
㉠을 통해 화자가 자신의 내면을 성찰하지는 않고 있으므로 적절하지 않다. 그리고 ㉡은 장미가 존재하는 공간에 해당하지만 화자의 인식을 변화하게 만드는 원인을 제공한다고 할 수 없다.

☑ ㉠은 화자의 상상을 시각적으로 나타내는 장치이고, ㉡은 대상이 이질적 속성을 지니고 있음을 보여 주는 공간이다.
(가)에서 화자는 연탄이 '가난한 서울의 시민들'의 일상 공간을 따뜻하게 데워 주는 것을 보며 '쥐라기의 새와 같은 새'가 '가난한 서울의 시민들'이 살고 있는 공간 위에 '내려와 앉는' 비현실적인 장면을 상상하고 있다. 그리고 이런 장면을 '가난한 서울의 시민들'이 '꿈에 보게 될 것이다'라고 말하고 있다. 따라서 ㉠은 화자의 비현실적 상상을 시각적으로 나타내는 장치라 할 수 있다. 그리고 (나)에서 '길 밖'은 '흔들리는 가지 그대로'의 '장미'가 서 있는 공간이다. '장미'는 현대 문명의 공간인 '개봉동'의 '길'에서 '빠져나'온, 현대 문명의 속성과는 대조되는 순수하고 아름다운 생명력을 가진 존재이다. 따라서 ㉡은 '장미'가 현대 문명과 대조되는 이질적 속성을 지니고 있음을 보여 주는 공간이라고 할 수 있다.

⑤ ㉠은 화자가 현실을 부정함으로써 상처를 극복하게 되는 원동력이고, ㉡은 대상이 현실의 상황과 마주하게 되는 장소이다.
㉠은 화자의 상상을 시각적으로 보여 주는 장치로 희망을 상징하는 시조새가 나타나는 꿈에 해당하므로, 화자가 현실을 부정함으로써 상처를 극복하게 되는 원동력이라고 할 수 없다. 그리고 장미는 현실 상황이 아닌 ㉡에 존재하고 있으므로 장미가 현실의 상황과 마주하게 되는 장소라고 할 수 없다.

---

27 외적 준거에 따른 작품의 감상
정답률 74% | 정답 ⑤

〈보기〉를 참고하여 (가)와 (나)를 감상한 내용으로 적절하지 않은 것은? [3점]

─〈보 기〉─
(가)와 (나)는 모두 비슷한 시기의 서울을 배경으로 하고 있으나 두 작품의 화자가 주목하고 있는 것은 다르다. (가)의 화자는 '연탄가스'에서 촉발된 상상력을 바탕으로, 연탄과 관련된 오래전 과거와 가난한 도시 사람들의 현재가 만나는 순간을 감각적으로 그려 내어 연민의 정서를 드러내고 있다. 한편 (나)의 화자는 현대 문명을 상징하는 '개봉동'과 그곳에 종속되지 않고 순수한 생명력을 지키고 있는 '장미'의 대비를 통해 현대 문명 속에서도 본연의 모습을 잃지 않는 삶이 필요함을 드러내고 있다.

① (가)에서 연탄이 '가난한 시민들의 / 살과 피를 데워' 준다는 것은 연탄이 가난한 사람들에게 온기를 줄 수 있음을 보여 주는 것이겠군.
(가)에서 '연탄'이 '가난한 사람들'의 '살과 피를 데워 주는' 것을 통해 '연탄'은 사람들을 따뜻하게 해 주는 대상임을 알 수 있다. 따라서 '연탄'은 가난한 사람들에게 따뜻한 온기를 줄 수 있는 대상이라 할 수 있다.

② (가)에서 '연탄가스'가 '쥐라기의 지층으로 내려간다'는 것은 화자가 연탄과 관련된 오래전 과거의 시간을 떠올리고 있음을 보여 주는 것이겠군.

(가)에서 화자가 '연탄가스'에서 '쥐라기의 지층'을 연상한 것은 연탄이 오래된 과거의 지층에서 비롯되었음을 떠올렸기 때문이라 할 수 있다.

③ (가)에서 '쥐라기의 새와 같은 새'가 '제일 낮은 지붕 위에 / 내려와 앉는'다는 것은 가난한 사람들이 따뜻해지길 바라는 화자의 바람을 감각적으로 드러낸 것이겠군.
(가)에서 '쥐라기의 새와 같은 새'는 '가난한 사람들'을 의미하는 것으로, 이러한 새가 '연탄가스에 그을린' '제일 낮은 지붕 위에 / 내려와 앉는' 것은 따뜻한 온기를 찾는 행위라 할 수 있다. 따라서 '쥐라기의 새와 같은 새'가 '제일 낮은 지붕 위에 / 내려와 앉는'에는 가난한 사람들이 따뜻해지기를 바라는 화자의 마음을 감각적으로 드러낸 것이라 할 수 있다.

④ (나)에서 '장미'의 '잎들이 제 마음대로 시간의 바람을 일으'킨다는 것은 현대 문명의 속성에 종속되지 않는 장미의 순수한 생명력을 드러낸 것이겠군.
'장미'가 '제 마음대로 시간의 바람을 일으'킨다는 것은 '장미'가 순수한 생명력을 바탕으로 현대 문명에 종속되지 않고 자신만의 시간을 주도해 나가고 있음을 보여 주는 것이라 할 수 있다.

☑ (나)에서 '개봉동 집들의 문'을 '두드려'도 '어느 곳이나 열리지 않는다'는 것은 현대 문명의 발전과 본연의 모습을 잃지 않고 살아가는 삶이 공존할 수 있음을 드러낸 것이겠군.
'개봉동 집들의 문'이 '열리지 않는다'는 것은 순수한 본질을 추구하지 못하고 있는 개봉동 사람들의 모습을 보여 주는 것이지, 현대 문명의 발전과 본연의 모습을 잃지 않고 살아가는 삶이 공존할 수 있음을 보여 주는 것이라고는 볼 수 없다.

28~32 기술

김은환 외, 「정보 통신과 컴퓨터 네트워크」

해제 이 글은 데이터 전송 오류 해결에 사용되는 자동 반복 요청 방식(ARQ)에 대해 설명하고 있다. 자동 반복 요청 방식(ARQ)은 수신 측에서 데이터 전송 오류가 발생한 것을 파악하고 오류가 발생한 데이터를 다시 전송해 주도록 송신 측에 요청할 때 주로 사용한다. ARQ는 정지-대기 ARQ, 고-백-앤 ARQ, 선택적 재전송 ARQ 등으로 그 유형을 나눌 수 있다. 정지-대기 ARQ는 가장 단순한 자동 반복 요청 방식이고, 고-백-앤 ARQ는 송신 측이 수신 측의 응답을 기다리지 않고 연속해서 순서 번호가 부여된 데이터를 전송하는 방식이다. 그리고 선택적 재전송 ARQ는 데이터 전송의 기본 원리가 고-백-앤 ARQ와 같지만, 오류가 발생할 경우 송신 측에서는 오류가 발생한 데이터만 재전송하는 방식이다. 송신 윈도우의 크기와 수신 윈도우의 크기는 데이터 통신 방식이 무엇이냐에 따라 차이가 난다. 한편 송신 윈도우에 저장된 데이터의 관리는 일반적으로 데이터의 전송이 순서 번호를 기반으로 이루어지는 '슬라이딩 윈도우 프로토콜'에 의해 진행된다.

주제 데이터 전송 오류 해결에 사용되는 자동 반복 요청 방식(ARQ)의 이해

문단 핵심 내용

1문단	데이터 송수신에 주로 사용되는 자동 반복 요청 방식(ARQ)
2문단	정지-대기 ARQ의 이해
3문단	고-백-앤 ARQ의 이해
4문단	선택적 재전송 ARQ의 이해
5문단	데이터 통신 방식에 다른 송신 윈도우와 수신 윈도우의 크기
6문단	슬라이딩 윈도우 프로토콜의 진행 과정

★★★ 등급을 가르는 문제!
28 세부 내용의 이해 정답률 40% | 정답 ②

윗글을 통해 알 수 있는 내용으로 가장 적절한 것은?

① 정지-대기 ARQ에서 수신 측은 NAK를 보낸 후에도 해당 데이터를 수신 윈도우에 저장한다.
2문단을 통해 정지-대기 ARQ는 오류 검사의 결과에 따라 ACK 또는 NAK를 전송한 후 해당 데이터를 수신 윈도우에서 삭제함을 알 수 있다.

☑ 고-백-앤 ARQ에서 수신 윈도우는 정지-대기 ARQ와 마찬가지로 데이터를 하나씩 저장한다.
3문단을 통해 고-백-앤 ARQ의 수신 측은 데이터를 수신 윈도우에 하나씩 저장함을 알 수 있다. 그리고 5문단을 통해 정지-대기 ARQ는 송신 측과 수신 측 모두 하나의 데이터와 그 데이터에 대한 응답 값을 주고받음을 알 수 있다. 따라서 고-백-앤 ARQ에서 수신 윈도우는 정지-대기 ARQ와 마찬가지로 데이터를 하나씩 저장한다고 할 수 있다.

③ 선택적 재전송 ARQ와 고-백-앤 ARQ 모두 송신 측은 ACK를 수신한 후에 다음 순번의 데이터를 전송한다.
3문단을 통해 고-백-앤 ARQ의 송신 측은 수신 측의 응답을 기다리지 않고 연속해서 순서 번호가 부여된 데이터를 전송함을 알 수 있다. 그리고 4문단을 통해 선택적 재전송 ARQ는 데이터 전송의 기본 원리가 고-백-앤 ARQ와 같음을 알 수 있다.

④ 송신 윈도우의 크기는 송신 측이 수신 측으로부터 동시에 받을 수 있는 ACK의 최대 개수에 따라 결정된다.
5문단을 통해 송신 윈도우의 크기는 송신 측이 수신 측으로부터 ACK를 받지 않고도 전송할 수 있는 데이터의 최대 개수를 의미함을 알 수 있다.

⑤ 데이터 전송 과정에서 송신 측이 보내는 데이터는 송신 윈도우 크기보다 큰 순서 번호부터 전송된다.
6문단을 통해 송신 측이 보내는 데이터는 송신 윈도우 크기와 상관 없이 낮은 순서 번호부터 전송됨을 알 수 있다.

★★ 문제 해결 꿀~팁 ★★

▶ 많이 틀린 이유는?
이 문제는 선택지에 제시된 내용이 글의 설명 대상을 비교하는 것이어서 둘을 비교하는 데 어려움을 겪어 오답률이 높았던 것으로 보인다. 또한 지문이 기술 지문이라서 상대적으로 어려움을 겪은 것도 오답률을 높였던 것으로 보인다.

▶ 문제 해결 방법은?
이 문제는 최근 수능의 내용 이해 문제의 전형, 즉 선택지를 글의 두 문단에 걸친 내용을 종합하여 만든 전형을 보여 주고 있다. 따라서 이 문제를 해결하기 위해서는 선택지에 제시된 설명 대상을 글의 어느 문단에 제시되어 있는지 파악해야 한다. 가령 정답인 ②의 경우, 설명 대상인 '고-백-앤 ARQ에서의 수신 윈도우'와 '정지-대기 ARQ'를 설명하고 있는 '고-백-앤 ARQ'를 설명하고 있는 3문단과 '정지-대기 ARQ'를 설명하고 있는 5문단을 통해 적절성을 판단하면 된다. 마찬가지로 오답률이 높았던 ③의 경우에도, 3문단을 통해 '고-백-앤 ARQ'에 대해 파악하고, 4문단을 통해 선택적 재전송 ARQ에 대해 이해하면 적절하지 않음을 알 수 있었을 것이다. 이처럼 기술 지문의 글이라 하더라도 선택지에 제시된 내용이 글의 어느 문단에 제시되어 있는지를 파악할 수 있으면 문제는 의외로 쉽게 해결할 수 있다. 따라서 글을 읽을 때 밑줄을 그어 가면서 글의 내용을 이해하는 데 정성을 기울이도록 한다.

★★★ 등급을 가르는 문제!
29 핵심 정보 파악 정답률 34% | 정답 ②

윗글을 바탕으로 〈보기〉의 '슬라이딩 윈도우 프로토콜'을 이해한 것으로 적절하지 않은 것은?

〈 보 기 〉

송신 측에서 수신 측에 전송하려는 데이터의 개수는 12개이다. 송신 측은 순서 번호의 최댓값을 5로 설정한 후, 슬라이딩 윈도우 프로토콜을 이용하여 데이터를 전송하였다. 아래는 데이터 전송 과정에서 송신 윈도우의 데이터 저장 상태를 도식화한 것이다.

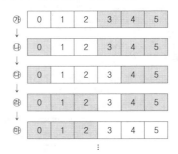

* ㉮ : 송신 윈도우의 최초 저장 상태
* ☐ : 윈도우에 저장되지 않은 데이터 / ▨ : 윈도우에 저장되지 않은 데이터

① ㉮를 통해 알 수 있는 송신 윈도우의 크기는 3이다.
㉮의 송신 윈도우에 저장된 데이터의 개수는 3개이다. 그런데 5문단에서 송신 측이 수신 측으로부터 ACK를 받지 않고도 전송할 수 있는 데이터의 최대 개수를 송신 윈도우의 크기라고 하였으므로, ㉮를 통해 알 수 있는 송신 윈도우의 크기는 3이라 할 수 있다.

☑ ㉰에서 순서 번호 '3'에 해당하는 데이터가 저장된 것은 ㉮에서 보낸 데이터의 ACK가 모두 도착했기 때문이다.
㉰에서 순서 번호 '3'에 해당하는 데이터가 저장된 것은 ㉮에서 보낸 순서 번호 '0'에 해당하는 데이터의 ACK가 도착했기 때문이다.

③ '㉯ → ㉰' 과정에서 송신 윈도우에 추가된 데이터의 수는 '㉱ → ㉲' 과정에서 송신 윈도우에 추가된 데이터의 수보다 적다.
'㉯ → ㉰' 과정에서 송신 윈도우에 추가된 데이터는 순서 번호 '3' 하나이다. 그런데 '㉱ → ㉲' 과정에서 송신 윈도우에 추가된 데이터는 순서 번호 '4', '5' 두 개이다. 따라서 '㉯ → ㉰' 과정에서 송신 윈도우에 추가된 데이터 수는 '㉱ → ㉲' 과정에서 송신 윈도우에 추가된 데이터 수보다 적다고 할 수 있다.

④ ㉲에서 전송한 데이터에 대한 ACK가 모두 도착했다면, 바로 다음에 전송되는 데이터의 순서 번호는 ㉮와 같다.
㉲에서 전송한 데이터에 대한 ACK가 모두 도착했다면, 순서 번호 '5' 다음, 즉 순서 번호 '0'에 해당하는 데이터부터 새롭게 송신 윈도우에 저장된다. 그런데 〈보기〉의 송신 윈도우 크기는 3이므로, 순서 번호 '0', '1', '2'에 해당하는 데이터가 저장된다. 결과적으로 이는 ㉮에 저장된 순서 번호와 같다고 할 수 있다.

⑤ '㉮ → ㉲'의 과정이 한 번 더 반복된 후 송신 측이 보낸 데이터의 ACK가 모두 도착했다면, 송신 측에 저장된 데이터의 수는 0개이다.
'㉮ → ㉲'의 과정이 두 번 반복된 후 송신 측이 보낸 데이터의 ACK가 모두 도착했다면 송신 측에게 전송하려는 데이터의 총 개수 12개가 전송 완료된 것이기 때문에 송신 윈도우에는 더 이상 저장된 데이터가 없다고 할 수 있다.

★★ 문제 해결 꿀~팁 ★★

▶ 많이 틀린 이유는?
이 문제는 글의 내용을 실제 사례에 적용하는 과정에서 어려움을 겪어 오답률이 높았던 것으로 보인다. 그리고 글의 내용을 정확히 이해하지 못한 것도 오답률을 높인 원인으로 보인다.

▶ 문제 해결 방법은?
이 문제를 해결하기 위해서는 '슬라이딩 윈도우 프로토콜'에 대해 설명하고 있는 마지막 문단을 정확히 읽은 다음, 이를 바탕으로 선택지의 적절성을 판단해야 한다. 가령 정답인 ②의 경우 글에 제시된 내용, 즉 '0번 데이터에 대한 ACK가 도착하면 0번 데이터는 송신 윈도우에서 삭제되고, 3번 데이터가 송신 윈도우에 저장되어 수신 측으로 전송된다.'는 내용을 이해했다면 ㉰에서 순서 번호 '3'에 해당하는 데이터가 저장된 것은 ㉮에서 보낸 순서 번호 '0'에 해당하는 데이터의 ACK가 도착했기 때문임을 알았을 것이다. 이처럼 구체적인 사례 적용 문제 해결의 열쇠는 글에 있으므로, 선택지에 해당하는 글의 내용을 찾아서 적절성을 판단할 수 있도록 한다.

▶ 오답인 ④를 많이 선택한 이유는?
이 문제의 경우 학생들이 ④가 적절하지 않다고 하여 오답률이 높았는데, 이는 선택지에 언급된 '㉲에서 전송한 데이터에 대한 ACK가 모두 도착한 상황'에 대한 이해 부족 때문으로 보인다. 그런데 이 역시 글에 제시된 내용을 바탕으로 해결할 수 있다. 즉 '이러한 방식으로 데이터를 전송하다 9번 데이터에 대한 ACK가 도착하면 다음에 전송되는 데이터는 순서 번호가 0이 되며'라는 내용과 '윈도우의 크기가 3인 데이터를 전송할 경우, 먼저 '0번', '1번', '2번' 3개의 데이터를 전송한다.'는 내용을 정확히 이해하면 적절하다고 판단할 수 있었을 것이다.

30 이유의 추론 정답률 57% | 정답 ④

㉠의 이유를 추론한 것으로 가장 적절한 것은?

① 먼저 도착한 데이터부터 순서대로 데이터 오류 검사를 실시하기 때문에
선택적 재전송 ARQ가 먼저 도착한 데이터부터 순서대로 오류 검사를 실시하는 것은 적절하지만, 이는 고-백-앤 ARQ에서도 마찬가지이다. 따라서 선택적 재전송 ARQ가 데이터를 더욱 빠르게 전송하는 이유로는 적절하지 않다.

② 오류 검사가 끝나면 수신 윈도우에 저장된 데이터가 모두 삭제되기 때문에
오류 검사가 끝나면 수신 윈도우에 저장된 데이터가 모두 삭제되는 것은 모든 ARQ에 해당한다. 따라서 선택적 재전송 ARQ가 데이터를 더욱 빠르게 전송하는 이유로는 적절하지 않다.

③ 수신 윈도우에 저장된 데이터의 순번과 상관없이 ACK를 보낼 수 있기 때문에
윈도우에 저장된 데이터의 순번에 따라 송신이 이루어지고 이에 대한 응답도 순서에 따라 이루어진다. 따라서 수신 윈도우에 저장된 데이터의 순번과 상관없이 ACK를 보낼 수 있다는 이유는 글의 내용과 어긋나므로 적절하지 않다.

✔ 순번이 빠른 데이터의 오류 검사가 끝나지 않아도 데이터의 수신이 가능하기 때문에
4문단을 통해 선택적 재전송 ARQ는 수신 윈도우 크기와 송신 윈도우 크기가 같아 수신 측은 먼저 도착한 데이터의 오류 검사가 끝나지 않았더라도 수신한 데이터를 모두 수신 윈도우에 저장할 수 있음을 알 수 있다. 따라서 선택적 재전송 ARQ는 순번이 빠른 데이터의 오류 검사가 끝나지 않아도 데이터의 수신이 가능하기 때문에 데이터를 더욱 빠르게 전송할 수 있음을 알 수 있다.

⑤ 데이터에 오류가 발생하면 해당 데이터가 재전송될 때까지 데이터 수신을 거부하기 때문에
데이터에 오류가 발생하면 해당 데이터가 재전송될 때까지 데이터 수신을 거부하는 것은 고-백-앤 ARQ에 대한 설명이므로 이유로 적절하지 않다.

---

31 구체적인 사례에의 적용 정답률 42% | 정답 ④

〈보기〉는 자동 반복 요청 방식을 이용한 데이터 전송 오류 제어 과정의 일부를 도식화한 것이다. 윗글을 참고하여 〈보기〉를 이해한 내용으로 적절하지 않은 것은? [3점]

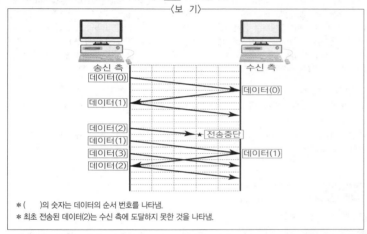

* ( )의 숫자는 데이터의 순서 번호를 나타냄.
* 최초 전송된 데이터(2)는 수신 측에 도달하지 못한 것을 나타냄.

① 데이터(1)을 재전송한 후 데이터(3)을 전송하는 것을 보니 〈보기〉의 오류 전송은 선택적 재전송 ARQ 방식에 해당하겠군.
4문단을 통해 선택적 재전송 ARQ는 수신 측의 응답을 기다리지 않고 연속해서 순서 번호가 부여된 데이터를 전송하며, 오류가 발생할 경우 송신 측에서는 오류가 발생한 데이터만 재전송함을 알 수 있다. 따라서 〈보기〉는 데이터(1)을 재전송한 이후 데이터(3)을 전송하고 있으므로 선택적 재전송 ARQ에 해당함을 알 수 있다.

② 처음 수신한 데이터(1)에 대한 응답 값을 수신 측이 전송하지 않은 것으로 보아 〈보기〉는 묵시적 방법에 해당하겠군.
3문단을 통해 수신 측이 송신 측으로부터 오류가 있는 데이터를 수신한 경우에, NAK를 보내는 명시적 방법을 사용하거나 무시하는 묵시적 방법을 사용하여 오류가 난 데이터를 다시 전송해 주도록 요청함을 알 수 있다. 〈보기〉에서 수신 측은 처음 수신한 데이터(1)에 대한 응답 값을 송신 측에 전송하지 않았으므로, 〈보기〉는 묵시적 방법에 해당함을 알 수 있다.

③ 데이터(1)을 전송한 후 데이터(1)을 재전송하는 데 걸린 시간은 '타임 아웃'으로 설정된 시간에 해당되겠군.
1문단을 통해 송신 측이 데이터를 전송한 후 일정 시간이 지나도 수신 측으로부터 아무런 응답이 없는 경우 '타임 아웃'으로 간주함을 알 수 있다. 또한 타임 아웃이 되면 송신 측이 오류가 발생한 데이터를 재전송함을 알 수 있다.

✔ 송신 측이 데이터(2)를 재전송한 이유는 최초 전송된 데이터 (2)에 대해 수신 측이 NAK를 보내지 않았기 때문이겠군.
〈보기〉는 송신 측이 수신 측의 응답을 기다리지 않고 데이터를 연속해서 전송하고 있으며, 오류가 난 데이터의 경우 해당 데이터만 재전송하고 있으므로 선택적 재전송 ARQ에 해당한다. 또한 오류가 발생한 데이터에 대해 수신 측이 따로 NAK를 보내고 있지 않으므로 오류가 있는 데이터를 무시하는 묵시적 방법을 선택하고 있다. 이를 통해 송신 측이 데이터(2)를 재전송한 이유는 처음 보낸 데이터(2)에 대해 수신 측의 ACK가 오지 않아 송신 측이 타임 아웃으로 간주했기 때문임을 알 수 있다. 따라서 송신 측이 데이터(2)를 재전송한 이유가 최초 전송된 데이터(2)에 대해 수신 측이 NAK를 보내지 않았기 때문이라는 것은 적절하지 않다.

⑤ 수신 측이 데이터(3)과 재전송된 데이터(2)에 대해 ACK를 보낸다면 데이터(2)와 데이터(3)은 순서 번호에 맞추어 다음 단계로 전달되겠군.
4문단을 통해 선택적 재전송 ARQ에서 수신 측은 오류가 발생한 이후 전달되는 데이터는 ACK를 보내지 않고 수신 측 버퍼에 저장함을 알 수 있다. 이후 재전송된 데이터가 도착한면 송신 측에 ACK를 보낸 후, 버퍼에 저장된 데이터와 함께 순서 번호를 맞추어 다음 단계로 전달함을 알 수 있다. 〈보기〉는 선택적 재전송 ARQ에 해당하므로 오류가 발생한 데이터(2) 이후 수신된 데이터(3)은 버퍼에 저장된다고 할 수 있다. 재전송된 데이터(2)와 데이터(3)에 대해 수신 측이 ACK를 보낸다면 이 데이터에 오류가 없는 것을 의미하므로, 데이터(2) - 데이터(3)의 순서 번호에 맞춰 다음 단계로 전달된다고 할 수 있다.

---

32 어휘의 문맥적 의미 파악 정답률 66% | 정답 ①

문맥상 @ ~ @의 단어와 가장 가까운 의미로 쓰인 것은?

✔ @ : 그들은 법에 따라 문제를 해결했다.
@와 '법에 따라'의 '따라' 모두 '어떤 경우, 사실이나 기준 따위에 의거하다.'의 의미로 사용되었다.

② ⓑ : 관중들은 선수들에게 응원을 보내느라 정신이 없었다.
ⓑ는 '사람이나 물건 따위를 다른 곳으로 가게 하다.'의 의미로, '보내느라는 '상대편에게 자신의 마음가짐을 느끼어 알도록 표현하다.'의 의미로 사용되었으므로 문맥적 의미가 같지 않다.

③ ⓒ : 여행을 할 때에는 신분증 같은 것을 가지고 다녀야 한다.
ⓒ는 '다른 것과 비교하여 그것과 다르지 않다.'의 의미로, '같은'은 '그런 부류에 속한다는 뜻을 나타내는 말'의 의미로 사용되었으므로 문맥적 의미가 같지 않다.

④ ⓓ : 수익은 공정하게 나누어야 불만이 생기지 않는다.
ⓓ는 '하나를 둘 이상으로 가르다.'의 의미로, '나누어야'는 '몫을 분배하다.'의 의미로 사용되었으므로 문맥적 의미가 같지 않다.

⑤ ⓔ : 열심히 노력했더니 소원이 이루어졌다.
ⓔ는 '어떤 대상에 의하여 일정한 상태나 결과가 생기거나 만들어지다.'의 의미로, '이루어졌다.'는 '뜻한 대로 되다.'의 의미로 사용되었으므로 문맥적 의미가 같지 않다.

33~37 인문

강신주, 『철학 대 철학』
(가) '의식에 대한 후설의 관점'

해제 이 글은 의식과 대상에 관한 후설의 관점을 설명하고 있다. 후설은 의식이 어떤 대상을 구체적으로 지향하는 것을 대상과의 관계에서 어떤 의미를 형성하는 성질의 의식의 '지향성'을 지닌다고 하였다. 그리고 이렇게 의식이 대상을 만나서 의미를 형성하는 과정이 반복되고 그것이 누적되면 자기만의 '지평'을 갖게 된다고 보았다. 주체가 대상을 객관적으로 파악함으로써 의미가 얻어진다고 본 전통 철학과 달리, 후설은 의미가 대상으로부터 객관적으로 얻어지는 것이 아니라 의식과 지평을 지닌 주체에서 비롯되었다고 보았다.

주제 의식과 대상에 관한 후설의 관점

문단 핵심 내용

1문단	의식에 대한 후설의 인식
2문단	후설이 말하는 '지평'의 이해
3문단	의미 획득에 관한 후설의 관점

(나) '의식에 대한 메를로퐁티의 관점'

해제 이 글은 몸과 의식에 대한 메를로퐁티의 관점에 대해 설명하고 있다. 메를로퐁티는 몸을 의식과 결합하여 있는 '신체화된 의식'이라고 규정하였는데, 후설의 지향성 개념을 수용하여 몸이 지향성을 지니고 있어 세상을 지각할 수 있다고 보았다. 메를로퐁티는 몸에 의한 지각이 이루어지는 과정을 '현실적 몸의 층'과 '습관적 몸의 층'으로 설명하였는데, 현실적 몸의 층은 몸이 새로운 세상을 지각하는 경험이고, 이런 경험이 우리 몸에 배면 습관적 몸의 층을 형성하게 된다. 그리고 이렇게 형성된 습관적 몸의 층은 우리를 다양한 상황에 적응할 수 있게 하는데, 지각 경험들이 시간이 흐르면서 누적됨으로써 형성되는 것이 '몸틀'이다. 메를로퐁티는 이러한 몸틀을 통해 몸의 지각 원리를 설명하면서, 몸을 지각의 주체로만 보지 않고 지각의 대상이 될 수도 있다고 보았다.

주제 몸과 의식에 대한 메를로퐁티의 관점

문단 핵심 내용

1문단	의식과 신체에 관한 메를로퐁티의 관점
2문단	'몸틀'을 통해 몸의 지각 원리를 설명한 메를로퐁티
3문단	지각 주체이면서 지각 대상으로 몸을 바라본 메를로퐁티

---

33 글의 구조 및 내용 전개 방식 파악 정답률 64% | 정답 ④

다음은 (가)와 (나)를 읽은 학생이 작성한 학습 활동지의 일부이다. ㄱ ~ ㅁ에 들어갈 내용으로 적절하지 않은 것은?

학습 항목	학습 내용 (가)	학습 내용 (나)
도입 문단의 내용 제시 방식 파악하기	ㄱ	ㄴ
⋮	⋮	⋮
글의 내용 전개 방식 이해하기	ㄷ	ㄹ
두 글을 통합적으로 비교하기	ㅁ	

① ㄱ : '인식'과 연관된 상황을 언급하며 이에 대한 특정 철학자의 주장을 제시하였음.
(가)의 1문단에서 같은 대상임에도 인식이 달라지는 상황을 예로 들면서, 후설이 이를 지향성이라는 개념을 통해 설명했음을 제시하고 있다.

② ㄴ : 일상의 경험을 바탕으로 의문을 제기하며 특정 철학자가 사용한 개념을 제시하였음.
(나)의 1문단에서는 자전거 타기를 배운 것이 의식인지, 몸인지에 대한 의문을 제기하며, '몸은 의식과 결합하여 있는 신체화된 의식'이라는 몸에 대한 메를로퐁티의 새로운 개념을 제시하고 있다.

③ ㄷ : '인식'과 관련하여 특정 철학자가 사용한 개념을 정의한 뒤 그 개념을 바탕으로 대상의 의미를 파악하는 과정을 제시하였음.
(가)의 1문단에서 후설이 제시한 '지향성', 2문단에서 '지평'이라는 개념을 정의한 후, 의식이 지평을 통해 '대상의 의미를 파악'하는 과정을 제시하고 있다.

✔ ㄹ : '지각'의 주체를 상반된 시각으로 바라보는 특정 이론들을 제시하고 각각의 이론이 지닌 한계와 의의를 제시하였음.

(나)의 1문단을 통해 전통 철학은 의식과 신체는 독립되어 있고 의식이 객관적 세계를 인식한다고 한 반면, 메를로퐁티는 의식과 결합하여 있는 신체화된 의식인 몸을 통해 세계를 지각할 수 있다고 하였음을 알 수 있다. 이렇게 볼 때, (나)는 지각의 주체를 상반된 시각으로 바라보는 특정 이론들을 제시하고 있음을 알 수 있다. 하지만 2문단부터 메를로퐁티의 몸에 의한 지각 과정을 서술하고 있지만, 전통 철학과 메를로퐁티 이론의 한계와 의의는 제시하지는 않고 있다.

⑤ ㅁ : 특정 철학자들의 주장에 나타나는 공통점과 그 주장이 전통 철학과 어떤 차이를 지니고 있는지를 파악할 수 있었음.
후설과 메를로퐁티는 모두 지향성의 개념을 공통적으로 활용하여 인식이나 지각에 대해 설명하고 있으며, (가)의 3문단에서는 인식에 대한 후설의 주장과 전통 철학의 관점과의 차이점을, (나)의 1문단에서는 신체에 대한 전통 철학의 관점과 메를로퐁티의 주장과의 차이점을 서술하고 있다.

34 인물의 관점에 따른 핵심 정보 이해 　　정답률 84% | 정답 ③

메를로퐁티의 관점에서 [몸]을 이해한 내용으로 적절하지 않은 것은?

① 의식과 결합하여 존재한다.
(나)의 1문단을 통해 메를로퐁티가 몸을 의식과 결합하여 있는 신체화된 의식이라 규정했음을 알 수 있다.

② 세상과 반응하여 의미를 형성한다.
(나)의 2문단을 통해 메를로퐁티는 몸이 세상과 반응하는 것을 지각이라 하면서, 몸이 지향함으로써 의미가 생기게 된다고 생각하였음을 알 수 있다.

✔ 지향성이 없더라도 세계를 지각할 수 있다.
(나)의 2문단을 통해 메를로퐁티가 몸이 대상을 '지향함으로써' 대상이 '지각되고 의미가 생기'게 된다고 제시하였음을 알 수 있다. 따라서 '몸'이 지향성이 없더라도 세계를 지각할 수 있다는 이해는 적절하지 않다.

④ 현실적 몸의 층과 습관적 몸의 층으로 이루어져 있다.
(나)의 2문단을 통해 메를로퐁티는 몸이 현실적 몸의 층과 습관적 몸의 층으로 이루어져 있다고 여겼음을 알 수 있다.

⑤ 지각의 주체가 되는 동시에 지각의 대상이 되기도 한다.
(나)의 3문단을 통해 메를로퐁티가 몸을 지각의 주체로만 보지 않고 지각의 대상이 될 수도 있다고 보았음을 알 수 있다.

35 핵심 정보의 파악 　　정답률 80% | 정답 ⑤

㉠, ㉡에 대한 이해로 가장 적절한 것은?

① ㉠은 대상으로부터 의미를 객관적으로 파악할 수 있게 한다.
(가)의 3문단을 통해 후설은 주체의 지평에 따라 대상에서 형성되는 의미가 달라지므로 대상을 객관적으로 파악하는 것은 불가능하다고 보았음을 알 수 있다.

② ㉡은 시간이 흐르더라도 변하지 않는다.
(나)의 2문단을 통해 '몸틀'은 지각 경험들이 시간이 흐르면서 누적됨으로써 형성됨을 알 수 있다.

③ ㉠은 ㉡과 달리 의미를 형성하는 과정에서 의식의 쓰임이 나타나지 않는다.
(가)의 2문단을 통해 '지평'은 의식이 대상을 만나서 의미를 형성하는 과정에서 만들어짐을 알 수 있고, (나)의 1문단을 통해 몸은 의식과 결합하여 있는 신체화된 의식임을 알 수 있다. 따라서 '지평'과 '몸틀'은 모두 의미 형성 과정에서 의식의 쓰임이 나타난다고 볼 수 있다.

④ ㉡은 ㉠과 달리 다양한 상황에 대해서도 그 의미를 파악할 수 있게 한다.
(가)의 2문단을 통해 인식의 주체는 지평을 바탕으로 다양한 상황에서 의미를 파악할 수 있음을 알 수 있고, (나)의 2문단을 통해 '몸틀'은 다양한 상황에 적응할 수 있게 하는 '몸의 대응 능력'임을 알 수 있다.

✔ ㉠과 ㉡은 모두 이전의 경험이 쌓이면서 형성된다.
(가)의 2문단을 통해 '지평'이 '의미를 형성하는 과정이 반복되고 그것이 누적'되면서 갖게 되는 것이며, '개인마다 경험이 다르기 때문에' 서로 다른 지평을 갖게 됨을 알 수 있다. 그리고 (나)의 2문단을 통해 '몸틀'은 '지각 경험들이 시간이 흐르면서 누적됨으로써 형성됨을 알 수 있다. 따라서 ㉠과 ㉡은 모두 이전의 경험이 쌓이면서 형성되는 것으로 볼 수 있다.

36 인물의 견해에 따른 이유 추리 　　정답률 82% | 정답 ②

ⓐ의 이유에 대한 메를로퐁티의 견해로 가장 적절한 것은?

① 몸의 경험은 연습의 양과 상관없이 누적되기 때문이다.
(나)의 2문단의 '자전거를 타는 연습이 반복되면 새로운 운동 습관을 익히며 몸틀을 재편하게 된다.'를 통해 적절하지 않음을 알 수 있다.

✔ 몸이 자전거 타기를 통해 습관적 몸의 층을 형성했기 때문이다.
(나)의 2문단을 통해 몸이 세상을 지각하는 경험이 '몸에 배면 습관적 몸의 층을 형성'하고, 이것이 '몸에 내재되어 세상과 반응할 때 다시 영향을 미'침을 알 수 있다. 그리고 자전거를 타는 연습이 반복되면 새로운 운동 습관을 익히며 몸틀을 재편하게 됨을 알 수 있다. 따라서 자전거 타기의 습관이 몸에 내재되어 자전거 타기를 오랫동안 쉬었다 하더라도 쉽게 다시 탈 수 있음을 알 수 있다.

③ 자전거를 배우기 전과 후의 몸틀에 변화가 없었기 때문이다.
(나)의 2문단의 '자전거 타기를 배우는 경우, 처음에는 자전거와 반응하며 현실적 몸의 층을 형성하게 되고, 자전거를 타는 연습이 반복되면 새로운 운동 습관을 익히며 몸틀을 재편하게 된다.'를 통해 적절하지 않은 진술임을 알 수 있다.

④ 몸의 지각은 현실적 몸이 의식과 독립적으로 작용한 결과이기 때문이다.
(나)의 1문단의 '메를로퐁티는 이를 비판하며 신체를 통해 세계를 지각할 수 있다고 말한다. 그에 의하면 신체, 즉 몸은 의식과 결합하여 있는 '신체화된 의식'이라고 규정한다.'를 통해 적절하지 않음을 알 수 있다.

⑤ 새로운 운동 습관이 내재될 경우 몸틀이 재편되어 자전거를 다시 배워야 하기 때문이다.
(나)의 2문단을 통해 새로운 운동 습관이 내재되면 몸틀이 재편됨을 알 수 있지만, 이 이유로 자전거를 다시 배워야 한다는 내용은 적절하지 않다.

37 다른 견해와의 비교 　　정답률 70% | 정답 ④

윗글을 바탕으로 〈보기〉를 이해한 내용으로 적절하지 않은 것은? [3점]

〈 보 기 〉

　어느 날 산속에 피어 있는 꽃을 가리키며 제자가 스승에게 물었다. "이 진달래꽃은 깊은 산속에서 저절로 피었다 지곤 하니 그것이 제 마음과 무슨 상관이 있습니까? 사물은 제 마음과 상관없이 존재한다고 생각합니다." 그러자 스승은 "그대가 이 꽃을 보기 전에 이 꽃은 그대의 마음에 없었지만, 그대가 와서 이 꽃을 보는 순간 이 꽃의 모습은 그대의 마음에서 일시에 분명해진 것이네."라고 말하였다.

① 후설은 '제자'가 꽃의 이름이 진달래꽃임을 알고 있는 것에 대해 그의 지평이 작용했다고 생각하겠군.
제자는 산속의 꽃을 가리키며 그 꽃의 이름을 진달래꽃이라고 말하고 있다. 이는 그 꽃에 대한 정보를 이미 알고 있다는 것이므로, 후설은 제자의 지평에 꽃에 대한 정보가 있다고 볼 것이다.

② 후설은 사물이 마음과 상관없이 존재한다고 말하는 '제자'와 달리 의식과 대상이 서로 독립적으로 존재하는 것은 아니라고 생각하겠군.
(가)의 1문단에서 후설은 지향성을 통해 대상이 인식된다고 주장하고 있다. 반면 제자는 의식의 지향성과 상관없이 대상이 존재한다고 생각하고 있다.

③ 메를로퐁티는 '제자'가 꽃을 지각하는 동시에 꽃으로 인해 그에게 변화가 생겼다는 '스승'의 말에 동의하겠군.
메를로퐁티는 몸의 지향성을 통해 대상을 지각하고 대상의 의미가 발생한다고 보았고, (나)의 3문단에서 지각의 상황에서 우리는 대상을 지각하면서 동시에 이에 영향을 받아 변화하는 모습을 보인다고 설명하고 있다. 따라서 메를로퐁티는 제자가 꽃을 지각하는 동시에 꽃으로 인해 그에게 변화가 생겼다는 스승의 말에 동의할 것이다.

✔ 메를로퐁티는 꽃을 봄으로써 꽃의 모습이 마음에서 분명해진 것이라고 생각하는 '스승'과 달리 몸의 지각과 상관없이 의식이 독립적으로 세계를 인식한다고 생각하겠군.
〈보기〉에서 제자는 마음이 꽃을 향하지 않더라도 마음과 상관없이 '산속에서 저절로 피었다 지곤 하'며 꽃이 존재할 수 있다고 말하고 있다. 이에 반해 스승은 마음이 꽃을 향하지 않았을 때는 '꽃은 그대의 마음에 없었지만' '꽃을 보는 순간 이 꽃의 모습은 그대의 마음에서 일시에 분명해진 것'이라고 말하고 있다. 즉 제자는 지향성을 인정하지 않고 의식과 독립적으로 대상이 존재할 수 있다고 본 것이며, 반대로 스승은 후설 및 메를로퐁티처럼 마음이 대상을 향하지 않으면 대상을 인식하지 못한다고 생각한 것이다. (나)의 1문단에서 메를로퐁티는 '몸은 의식과 결합하여' 있다고 하였고, (나)의 2문단에서 메를로퐁티는 '몸이 지향성을 지니고 있어 세상을 지각할 수 있다'고 했으며 '지향함으로써 지각되고 의미가 생기는 것'이라고 하였다. 따라서 몸의 지향성을 주장한 메를로퐁티가 〈보기〉의 스승과 달리 몸의 지각과 상관없이 의식이 독립적으로 세계를 인식한다고 생각했을 것이라는 이해는 적절하지 않다.

⑤ 후설과 메를로퐁티는 모두 꽃을 보기 전까지 꽃은 마음에 없었다고 말한 '스승'과 마찬가지로 주체가 대상을 지향하지 않으면 대상의 의미가 형성되지 않는다고 생각하겠군.
후설과 메를로퐁티는 지향성을 주장하고 있으므로, 대상을 보기 전에는 대상에 대한 의미가 형성되지 않는다고 볼 것이다.

38~41 고전 시가 + 수필

(가) 백광홍, 「관서별곡」

　감상 이 작품은 작가가 평안도 평사가 되었을 때, 평안도의 자연과 풍물을 두루 돌아다니며 보고 그 아름다움을 노래한 우리나라 최초의 기행 가사이다. 이 작품은 왕명을 받들어 임지로 떠나는 심정에서부터 부임하는 여정, 관서의 풍경과 시절의 태평무사, 부모와 임금에 대한 그리움 등을 읊고 있다. 이러한 점에서 이 작품은 정철의 「관동별곡」에 영향을 주었다고 알려져 있다.
　주제 관서 지방의 아름다움과 풍류

(나) 임춘, 「동행기」

　감상 이 작품은 고려 말 임춘이 쓴 기행문으로, 작가가 남쪽의 명승지를 돌고 난뒤, 동쪽으로 이동한 뒤 당진의 풍광을 보고 감탄하며 쓴 글이다. 이 작품에서는 당시의 고려 말 당시 귀족들의 삶을 엿볼 수 있는데, 당시 귀족들이 재력으로 서울 근교 산수가 좋은 곳의 땅을 사들여 그곳에서 노는 것을 즐겼음을 알 수 있다. 한편 이러한 귀족들과 달리 당시 백성들의 삶은 그리 넉넉하지 않았음도 엿볼 수 있다.
　주제 동쪽 지역에서 누리는 자연의 아름다움

38 구절의 의미 파악 　　정답률 70% | 정답 ④

㉠ ~ ㉤에 대한 이해로 적절하지 않은 것은?

① ㉠ : 자신이 맡은 직분이 왕명에 의한 것임을 언급하며 공적인 임무를 수행하기 위해 여정을 떠나는 상황을 나타내고 있다.
'왕명으로 보내시매'를 통해 자신이 맡은 직분이 왕명에 의한 것임을 알 수 있고, '행장을 꾸리고 칼 하나뿐이로다'를 통해 왕명으로 공적인 임무를 수행하기 위해 여정을 떠나는 상황임을 알 수 있다.

② ㉡ : 시간적 배경과 화자의 행동을 제시하여 여정을 서두르는 모습을 드러내고 있다.
'석양이 지거늘'에서 시간적 배경을, '채찍으로 재촉해 구현원을 넘어드니'를 통해 여정을 서두르고 있는 화자의 모습을 알 수 있다.

③ ㉢ : 물음의 형식을 활용하여 왕명을 따르는 것과 자연을 즐기는 것 사이의 내적 갈등을 드러내고 있다.
'어찌하리'를 통해 물음의 형식을 활용하고 있음을 알 수 있고, 이러한 물음의 형식을 통해 '나랏일 신경 쓰이'는 것과 '풍경'을 즐기는 것, 즉 왕명을 따르는 것과 자연을 즐기는 것 사이의 내적 갈등을 '슬프다'로 드러내고 있다.

✔ ㉣ : 풍경을 과장되게 묘사하며 자신의 지난 삶에 대한 회한을 드러내고 있다.
화자는 평양의 명승지를 돌아보고, 평양이 옛날처럼 화려한 태평문물을 지닌 고장임을 실감하며 단출한 차림에도 나그네의 흥이 일어난다고 말하고 있을 뿐, 풍경을 과장되게 묘사하거나 자신의 지난 삶에 대한 회한을 드러내고 있지 않다.

⑤ ㉤ : 계절적 배경을 나타내는 자연물을 언급한 후 경치를 즐길 수 있는 이유를 드러내고 있다.
'배꽃'과 '진달래'라는 계절적 배경을 나타내는 자연물을 언급하면서, '진영에 일이 없'다는 경치를 즐길 수 있는 이유를 드러내고 있다.

39 작품의 내용 이해 　정답률 53% | 정답 ③

(나)에 대한 설명으로 가장 적절한 것은?

① '산수'를 말하는 사람들의 말을 믿지 않았음에도 불구하고 '강동 지방'을 여행하게 된 이유를 제시하고 있다.
'강동 지방'을 여행하게 된 이유가 제시되어 있지 않다.

② '남쪽 지방'의 경치를 '강동 지방'에 비해 구체적으로 소개하며 '남쪽 지방'의 경치에 대한 만족감을 진술하고 있다.
'남쪽 지방'의 경치가 '강동 지방'에 비해 구체적으로 소개되어 있지 않다.

✓③ 과거에 자신이 다니며 보던 곳과 비교하여 '일천 봉우리와 일만 골짜기'의 풍경에 대한 감흥을 드러내고 있다.
'과거에 다니며 보던 곳은 마땅히 여기에 비하여 모두 모자라고 굴려 감히 겨룰 수가 없었다'고 '남쪽 지방'과 비교하며 '일천 봉우리와 일만 골짜기'의 빼어난 풍경에 대한 감흥을 드러내고 있다.

④ 더 이상 경치를 볼 수 없는 이유를 제시하며 '석벽이 있던 자리'로 배를 타고 떠나야 하는 아쉬움을 드러내고 있다.
'석벽이 있던 자리'로 배를 타고 떠나야 하는 것이 아니라, '석벽이 있던 자리'에서 배를 타고 떠나는 것이며, 배를 타고 떠나야 하는 아쉬움도 드러나 있지 않다.

⑤ '서울 부근'의 경치를 언급하며 '놀기 좋아하는 귀족들'과의 갈등이 여행을 통해 해소되길 바라는 마음을 드러내고 있다.
'놀기 좋아하는 귀족들'과의 갈등이 드러나 있지 않다.

★★★ 등급을 가르는 문제!
40 작품 간의 공통점, 차이점 파악 　정답률 39% | 정답 ④

[A]와 [B]를 비교한 내용으로 가장 적절한 것은?

① [A]와 [B]는 모두 자연의 광활함과 대비되는 인간의 유한성을 나타내고 있다.
[A]와 [B]는 모두 자연의 광활함과 대비되는 인간의 유한성이 나타나 있지 않다.

② [A]와 [B]는 모두 자연물에 감정을 이입하여 자연 속에서 느끼는 흥겨움을 나타내고 있다.
[A]와 [B]는 모두 감정이 이입된 자연물이 나타나 있지 않다.

③ [A]에서는 자연의 모습을 관조하고 있고, [B]에서는 자연을 통해 자신의 모습을 반성하고 있다.
[A]는 자연의 모습을 예찬하고 있으며, [B]는 자연을 통해 자신을 반성하고 있는 모습을 드러내고 있지 않다.

✓④ [A]는 동적인 자연물의 모습을, [B]는 정적인 자연물의 모습을 다른 대상에 빗대어 드러내고 있다.
[A]는 동적인 자연물인 '백두산 내린 물'을 '늙은 용'에 빗대어 표현하고 있다. [B]는 정적인 자연물인 '벼랑과 골짜기'를 '요철', '두둑', '굴'에 빗대어 표현하고 있다.

⑤ [A]는 지상에서 하늘로, [B]는 원경에서 근경으로 시선을 이동하며 다채로운 자연의 모습을 보여 주고 있다.
[A]는 약산동대 위에서 눈 아래 펼쳐진 풍경을 바라보며, [B]는 근경에서 원경으로 시선을 이동하며 다채로운 자연의 모습을 보여 주고 있다.

★★ 문제 해결 꿀~팁 ★★

▶ 많이 틀린 이유는?
이 문제는 [A]와 [B]에 제시된 표현상 특징을 정확히 파악하지 못하여 오답률이 높았던 것으로 보인다. 또한 표현 방법에 대한 정확한 이해 부족도 오답률을 높였던 것으로 보인다.

▶ 문제 해결 방법은?
이 문제 역시 [A]와 [B]의 표현상 특징을 비교하는 문제에 해당하므로, 일차적으로 [A]를 통해 선택지의 적절성 여부를 판단해야 한다. 이런 방법으로 하면 ①, ⑤는 선택지를 통해 명확히 적절하지 않음을 알 수 있으므로 [A]를 제외하면 ②, ③, ④의 적절치 않음을 알 수 있다. 따라서 ②와 ④에서 답을 찾으면 되는데, '감정 이입'은 화자의 감정이 자연물에 이입되는 것이므로 ② 역시 적절하지 않아 ④가 적절함을 알 수 있었을 것이다. 한편 ②가 적절하다고 한 학생들이 많았는데, 이는 감정 이입과 '다른 대상에 빗대어 표현'하는 비유법에 대해 정확히 이해하지 못했기 때문으로 보인다. 만일 [A]에서 자연물인 '백두산 내린 물'을 '늙은 용'으로, [B]에서 자연물인 '벼랑과 골짜기'를 '요철', '두둑', '굴'로 표현하고 있는 것을 파악했다면, [A]와 [B] 모두 자연물을 다른 대상에 빗대어 표현하고 있음을 알았을 것이다. 이처럼 문학에서 사용되는 기본적인 표현 방법을 정확히 숙지하지 않으면 잘못된 선택을 할 수 있으므로, 평소 구체적인 예시와 함께 충분히 익혀 두도록 한다.

41 외적 준거에 따른 작품의 감상 　정답률 48% | 정답 ③

〈보기〉를 참고하여 (가)와 (나)를 감상한 내용으로 적절하지 않은 것은? [3점]

〈보 기〉
다양한 공간을 비교적 긴 시간 동안 여행한 경험을 다루고 있는 사대부들의 기행 문학에서 각각의 장면은 여정이나 경치를 제시하는 경(景)과 경치에서 촉발된 흥취나 안타까움 등의 주관적 정서인 정(情), 그리고 경치에 대한 품평이나 자연 현상에 대한 해석과 같이 작가가 펼치는 평가나 주장이 논리적으로 드러나는 의(議)의 반복을 통해 단절되지 않고 유기적으로 연결된다. 이때 작가의 여행 경험을 효과적으로 드러내기 위해 특정한 장소와 관련된 '정'을 상세히 제시하거나 '정'과 '의'를 생략하기도 한다.

① (가)에서 '벽제'와 '임진', '천수원'을 언급할 때 '정'과 '의'를 생략하고 '경'만 제시한 것은 화자의 여행 경험을 속도감 있게 드러내기 위한 것이겠군.
'벽제에 말 갈아 임진에 배 건너 천수원 돌아드니'에는 '벽제 → 임진 → 천수원'으로 화자의 여정의 과정을 드러내고 있다. 이처럼 화자는 여정의 '경'만을 제시하여 자신의 여행 경험을 속도감 있게 드러내 주는 것이라 할 수 있다.

② (가)의 '청천강'을 바라보며 '장하기도 끝이 없다'라고 말하는 모습에서 여행 과정에서 화자가 마주한 '경'과 이에 대한 '정'이 연결되고 있음을 확인할 수 있겠군.
화자가 '백상루'에 올라앉아 바라보는 '청천강'은 화자가 여행 과정에서 마주한 '경'에 해당하는 것으로, 화자는 이러한 '경'에 대해 '장하기도 끝이 없다'고 '정'을 드러내고 있다. 따라서 '백상루에 올라앉아 청천

강 바라보니 / 세 갈래 물줄기는 장하기도 끝이 없다.'는 화자가 여정에서 화자가 마주한 '경'과 이에 대한 '정'이 연결되는 표현이라 할 수 있다.

✓③ (나)의 '시 한 편'에 담긴 정서는 아름다운 경치를 자랑하는 '당진'을 많은 사람들에게 소개할 수 없는 현실에 대한 안타까움을 드러내는 '정'에 해당하는 것이겠군.
(나)의 '시 한 편'은 '당진'의 화려한 경관을 형상화하며 배 위에서 이를 바라보는 화자의 모습을 나타내고 있을 뿐, 당진의 아름다운 경치를 사람들에게 소개할 수 없는 현실에 대한 안타까움을 드러내지는 않고 있다.

④ (나)의 글쓴이가 강동 지방에 대해 자신과 같은 사람들을 위해 '하늘이 장차 여기를 숨겨' 둔 곳이라 말하는 것은 뛰어난 경치를 예찬하는 '의'에 해당하는 것이겠군.
〈보기〉에서 '의'가 경치에 대한 품평이나 자연 현상에 대한 해석과 같이 작가가 펼치는 평가나 주장이 논리적으로 드러나는 것임을 알 수 있다. 따라서 글쓴이가 강동 지방에 대해 '하늘이 장차 여기를 숨겨' 둔 곳이라 말하는 것은 뛰어난 경치에 대해 품평하는 '의'에 해당한다고 할 수 있다.

⑤ (나)의 '조그마한 성'에서 바라본 풍경은 글쓴이로 하여금 고향에 대한 그리움과 쓸쓸한 감상을 야기한다는 점에서 '정'을 유발하는 '경'에 해당하는 것이겠군.
글쓴이는 '조그마한 성'에서 바라본 풍경, 즉 들녘이 가물거리는 '길 옆에 고기잡이하는 집'을 보며 고향을 그리워하면서 고장을 떠난 서글픔에 쓸쓸한 감상을 느끼고 있다. 이렇게 볼 때, '경'에 해당하는 '조그마한 성'에서 바라본 풍경은 글쓴이로 하여금 '정'을 유발해 준다고 할 수 있다.

42~45 고전 소설

작자 미상, 「왕경룡전」

감상 이 작품은 남녀 주인공의 결합을 방해하는 혼사 장애 모티프를 지닌 애정 소설이다. 이 작품은 부잣집 아들이 기녀에게 빠져서 가지고 있던 재물을 모두 탕진하여 냉대를 받아 쫓겨난 뒤, 다시 그 기녀를 만나 도움을 받게 된다는 점에서, 중국 당나라의 애정 소설인 「이와전(李娃傳)」의 영향을 많이 받았다.
주제 고난을 극복하고 이룬 사랑
작품 줄거리 왕경룡은 상인에게 빌려준 은자를 받아 절강으로 돌아가던 중 서주에서 기생 옥단을 사귀게 되면서 수만금을 탕진한다. 옥단이 돈이 떨어진 경룡을 쫓아 내라는 기생 어미의 말을 듣지 않자, 기생 어미는 집을 옮겨 경룡으로 하여금 길을 잃고 방황하게 한다. 쫓겨난 경룡은 기생 어미가 시킨 도적들에게 맞아 기절하였다가 마을 노인에게 구출된다. 우연히 전날 옥단을 소개하였던 주모를 만나 사정을 이야기하니, 주모는 경룡의 편지를 옥단에게 전해 주기로 한다. 편지를 받은 옥단은 기뻐하며 경룡을 만난 다음, 황금을 주면서 새 옷을 사 입고 다시 집으로 찾아오라고 일러 준다. 경룡은 옥단의 말대로 비단 옷을 사서 입고 빈 상자를 재물로 가장하여 그 집을 찾아가고, 기생 어미는 다시 반기며 이전의 잘못을 사과하면서 극진히 접대한다. 이날 밤 옥단과 경룡은 기생집의 보화를 훔쳐 집을 나오고, 이튿날 관가에 기생 어미를 고발하게 된다. 마침 기생 어미에게 돈을 주고 옥단을 첩으로 삼으려던 조모는 화가 나서 옥단을 자기 집으로 납치해 가고, 조모의 처는 옥단을 시기하여 남편과 옥단을 독살하려 하지만 남편만 죽는다. 관가에서는 남편을 죽인 죄로 본처와 옥단을 함께 옥에 가두게 된다. 한편, 경룡은 옥단을 잃은 뒤 그 길로 본가에 돌아가 부친으로부터 엄한 훈계를 받은 다음, 학업에 열중한 결과 장원급제를 하고 암행어사를 제수받는다. 옥단의 연락을 받은 경룡은 곧 암행어사로 출두하여 옥단을 구하고, 옥단과 행복하게 산다.

42 배경의 의미와 기능 파악 　정답률 45% | 정답 ②

윗글에 대한 설명으로 적절하지 않은 것은?

① '침방'은 옥단이 경룡의 무리에게 결박당했다고 기생 어미를 속이는 장소이다.
옥단은 경룡과 이별하고 '침방'에 돌아와 시비와 함께 손과 발을 묶고, 다음날 경룡의 무리들에게 결박당했다고 기생 어미를 속인다. 따라서 '침방'은 옥단이 기생 어미를 속이는 공간으로 볼 수 있다.

✓② '기생집'은 기생 어미가 부모를 잃은 옥단을 위해 난영을 시비로 내어 준 공간이다.
난영은 옥단이 '기생집'에 들어가기 전 '양가집'에서 데리고 온 시비'이다. 따라서 기생 어미가 부모를 잃은 옥단을 위해 난영을 시비로 내어 준 공간이 '기생집'이라는 것은 적절하지 않다.

③ '서주 관청'은 옥단이 기생 어미의 잘못을 사람들에게 알리기 위해 기생 어미를 유인하여 데리고 간 공간이다.
옥단은 경룡을 속여 재물을 빼앗으려고 했던 기생 어미의 잘못을 알리기 위해 '서주 관청'으로 기생 어미를 유인한다. 따라서 '서주 관청'은 옥단이 기생 어미를 유인해 데리고 간 공간으로 볼 수 있다.

④ '북루'는 옥단이 경룡에게 절개를 지키겠다고 했던 다짐을 실천하는 공간이다.
옥단은 경룡에게 절개를 더럽히는 지경에 이르면 죽겠다고 했던 다짐을 실천하기 위해 '북루'에서 지낸다. 따라서 '북루'는 옥단이 자신의 다짐을 실천하는 공간으로 볼 수 있다.

⑤ '서주의 경계'는 절강에서 경룡을 만날 수 있다는 옥단의 기대가 깨지는 공간이다.
옥단은 경룡을 만나기 위해 절강으로 가던 중 '서주의 경계'에서 조씨 상인이 보낸 무리에게 끌려간다. 따라서 '서주의 경계'는 경룡과의 만남을 바란 옥단의 기대가 깨지는 공간으로 볼 수 있다.

★★★ 등급을 가르는 문제!
43 작품 내용의 이해 　정답률 36% | 정답 ④

윗글에 대한 이해로 가장 적절한 것은?

① 난영은 이웃 사람과 더불어 사귀기를 좋아했다.
난영은 타인을 더불어 즐기는 것을 좋아하지 않았다.

② 서리들은 옥단이 작성한 문서에 증인으로 서명했다.
옥단은 서리를 청하여 문서를 쓰고 이웃 사람에게 서명하게 했다.

③ 조씨 상인은 자색이 있는 난영을 얻기 위해 무리를 보냈다.
조씨 상인은 난영이 아닌 옥단을 얻기 위해 무리를 보냈다.

✓④ 옥단은 관청에서 돌아온 뒤 난영이 빌어 온 양식으로 어렵게 살아갔다.
옥단은 관청에서 돌아온 뒤 기생 어미와 떨어져 북루에서 지내면서 난영에게 '쌀을 빌어 조석으로 바치게' 하며 어렵게 살아갔다.

⑤ 이웃 사람들은 노림의 일에 대한 사실을 알기 위해 옥단에게 송사를 권유했다.
이웃 사람들은 '노림'의 일을 다 알고 있었다.

▶ 많이 틀린 이유는?
이 문제는 작품 내용을 정확히 이해하지 못하여 오답률이 높았던 것으로 보인다. 또한 선택지에 제시된 내용이 글의 어느 부분에 해당하는지를 파악하지 못한 것도 오답률을 높였던 것으로 보인다.

▶ 문제 해결 방법은?
이 문제를 해결하기 위해서는 선택지에 제시된 내용이 글의 어느 부분에 제시되어 있는지를 파악해야 한다. 이때 유용하게 사용될 수 있는 것이 선택지에 제시된 인물이다(이는 글을 읽을 때 인물 부분에 별도 표시를 할 경우에만 유용하게 활용할 수 있다). 가령 정답인 ④의 경우 '옥단'과 관련된 부분을 찾으면 되는데, 옥단이 관청에서 돌아온 뒤 기생 어미와 떨어져 북루에서 지내면서 난영에게 '쌀을 빌어 조석으로 바치게' 하였다는 내용을 찾았다면 적절한 이해였음을 쉽게 알았을 것이다. 마찬가지로 오답률이 높았던 ③의 경우에도 '조씨 상인'에 대한 내용을 찾았다면, 조씨 상인이 난영이 아닌 옥단을 얻기 위해 무리를 보냈음을 알 수 있으므로 적절하지 않음을 알았을 것이다. 한편 학생들 중에는 고전 소설에 인물이 많이 제시되거나 인물이 다른 이름으로 제시되어 이해하는 데 어려움을 겪는 경우가 많은데, 이러한 어려움을 해결하기 위해서는 고전 소설을 읽을 때 같은 인물과 다른 인물을 별도 표시하여 두는 것이 좋다. 그럴 경우 이 문제처럼 내용 이해 문제는 비교적 쉽게 해결할 수 있을 뿐만 아니라, 작품 전체를 기억하는 데도 보다 유용할 수 있다.

---

44 | 인물의 말하기 방식 파악 | 정답률 63% | 정답 ⑤

[A], [B]에 대한 설명으로 가장 적절한 것은?

① [A]에서 화자는 자신의 불우한 처지를 언급하며 상대의 감정에 호소하고 있다.
[A]에서 이웃 사람들은 자신들이 기생 어미에 속아서 공자를 쫓았다고 언급하고 있지만, 이웃 사람들이 자신들의 불우한 처지를 언급하지는 않고 있다.

② [B]에서 화자는 감정을 절제하며 상대의 결정에 대해 비판적 태도를 드러내고 있다.
[B]에서 장사치 할미는 옥단을 속이기 위해 옥단의 절개 지킴을 어여쁘다 하고 있지만, 옥단에 대해 비판적 태도를 드러내지는 않고 있다.

③ [A]와 [B] 모두에서 화자는 상대의 과거 행적을 드러내며 상대의 미래를 예견하고 있다.
[A]와 [B]를 통해 상대의 과거 행적을 드러내며 상대의 미래를 예견한 내용은 찾아볼 수 없다.

④ [A]에서는 [B]에서와 달리, 화자가 고사를 인용하여 상대의 요구를 우회적으로 거절하고 있다.
[A]를 통해 이웃 사람들이 고사를 인용하지는 않고 있으므로 적절하지 않다.

☑ [A]에서 화자는 상대에게 자신이 현재 장소로 오게 된 이유를 밝히고 있고, [B]에서 화자는 상대에게 현재 장소를 떠날 것을 제안하고 있다.
[A]에서 이웃 사람들은 기생 어미가 '왕 공자가 재물을 훔쳐 도망갔다고 거짓말을 하여' 기생 어미를 따라 '서주 관청'에 왔다며 현재 장소로 온 이유를 밝히고 있고, [B]에서 장사치 할미는 옥단에게 경룡을 만나기 위해 현재 장소인 '서주'를 떠날 것을 제안하고 있다.

---

45 | 외적 준거에 따른 작품의 감상 | 정답률 45% | 정답 ①

〈보기〉를 바탕으로 윗글을 감상한 내용으로 적절하지 않은 것은? [3점]

〈보 기〉
이 작품은 남녀 주인공의 결합을 방해하는 혼사 장애 모티프를 지닌 애정 소설이다. 여자 주인공 옥단은 기생이지만 유교 사회에서 여성에게 요구되었던 정절을 지키려고 노력한다. 이런 옥단의 노력은 자신의 이익을 취하려 음모를 꾸미는 악인에 의해 방해를 받는다. 이 작품은 선인과 악인의 대립 구도가 드러나며, 악인의 음모로 인해 새로운 사건이 발생하거나 사건이 전환되기도 한다.

☑ 옥단을 쫓아낸 기생 어미와 쫓겨난 옥단에게 머물 곳을 제공한 장사치 할미가 대립하는 모습에서 선인과 악인의 대립 구도를 확인할 수 있군.
장사치 할미는 기생 어미에게 많은 재물을 받고 조씨 상인에게 옥단을 넘기려는 음모에 가담하기로 비밀리에 약속한 후, 쫓겨난 옥단에게 머물 곳을 제공한다. 따라서 장사치 할미는 선인이 아니라, 기생 어미의 음모에 협조하는 악인으로 볼 수 있다.

② 기생 어미가 경룡의 재산을 다시 빼앗고 죽이려 한 음모로 인해, 옥단이 기지를 발휘하여 경룡이 자신의 재물을 되찾는 새로운 사건이 발생하는군.
기생 어미에게 재산을 빼앗기고 노림에서 목숨의 위협을 받았던 경룡이 다시 재산을 가지고 기생집을 찾아오자, 기생 어미는 다시 경룡의 목숨과 재산을 노리게 된다. 하지만 옥단을 통해 기생 어미의 음모를 알게 된 경룡은 자신의 재물을 되찾아 달아난다.

③ 조씨 상인의 재물을 돌려주는 것을 아까워하는 기생 어미의 욕심은, 기생 어미가 조씨 상인의 무리들에게 옥단을 납치하도록 하는 음모를 꾸미는 원인이 되는군.
기생 어미는 조씨 상인에게 받은 재물을 돌려주는 것이 아까워 조씨 상인에게 옥단을 넘기려는 음모를 꾸미고, 조씨 상인은 무리를 보내 옥단을 납치하게 된다.

④ 옥단과 재회한 경룡이 생명의 위협을 느낀 후 해로하기로 한 옥단을 남겨둔 채 절강으로 떠나는 모습에서, 경룡과 옥단의 결합을 방해하는 혼사 장애 모티프를 확인할 수 있군.
옥단과 재회한 경룡이 기생 어미로부터 생명의 위협을 느껴, 옥단을 기생집에 남겨 두고 떠나는 모습에서 혼사 장애 모티프를 확인할 수 있다.

⑤ 옥단이 송사하지 않는다는 조건을 내세워 기생 어미에게 자신의 정절을 훼손하지 않겠다는 승낙을 받는 장면에서, 기생이지만 유교적 가치를 지키려 노력하는 모습을 확인할 수 있군.
옥단이 자신의 정절을 훼손하지 않겠다는 기생 어미의 승낙을 받고 송사를 포기하는 장면에서 기생이지만 정절을 지키려 노력하는 옥단의 모습을 확인할 수 있다.

• 정답 •
01 ⑤ 02 ⑤ 03 ④ 04 ⑤ 05 ① ★06 ⑤ 07 ⑤ 08 ③ ★09 ⑤ 10 ① 11 ③ 12 ① 13 ② ★14 ③ 15 ①
16 ⑤ 17 ④ 18 ② 19 ③ 20 ④ ★21 ③ 22 ② 23 ③ 24 ⑤ 25 ④ 26 ⑤ 27 ③ 28 ④ 29 ② 30 ①
31 ⑤ 32 ⑤ ★33 ⑤ 34 ④ 35 ④ ★36 ② 37 ① 38 ① 39 ③ 40 ① ★41 ④ 42 ① 43 ④ 44 ⑤ 45 ②

★ 표기된 문항은 [등급을 가르는 문제]에 해당하는 문항입니다.

[01~03] 화법

01 | 말하기 전략 파악 | 정답률 93% | 정답 ⑤

위 발표에 대한 설명으로 가장 적절한 것은?

① 발표 대상을 친숙한 소재에 빗대어 설명하고 있다.
발표 대상을 친숙한 소재에 빗대어 설명하고 있지 않다.

② 발표 중간중간에 자신이 말한 내용을 요약하고 있다.
발표 중간중간에 자신이 말한 내용을 요약하고 있지 않다.

③ 발표를 하게 된 소감을 밝히며 발표를 시작하고 있다.
발표를 하게 된 소감을 밝히며 발표를 시작하고 있지 않다.

④ 발표의 진행 순서를 제시하며 이어질 내용을 안내하고 있다.
발표의 진행 순서를 제시하며 이어질 내용을 안내하고 있지 않다.

☑ 발표 내용과 관련된 활동을 권유하며 발표를 마무리하고 있다.
4문단에서 발표자가 '□□박물관에 금속 활자로 인쇄된 책들이 ~ 방문해 보시는 게 어떨까요?'와 같이 발표 내용과 관련된 활동을 권유하며 발표를 마무리하고 있으므로 적절하다.

---

02 | 말하기 계획의 반영 | 정답률 84% | 정답 ⑤

다음은 발표를 하기 위해 작성한 메모와 발표 계획이다. 발표 내용에 반영되지 않은 것은?

	메모		발표 계획
①	청중이 조선 시대의 금속 활자에 대해 잘 알지 못할 것임.	→	조선 시대의 금속 활자에 대한 정보를 제공하는 것이 발표의 목적임을 밝혀야지.

1문단에서 '아는 분이 많지 않네요.'라고 하며 청중이 조선 시대 금속 활자에 대해 잘 알지 못할 것이라는 사실을 고려하여, 1문단에서 '오늘은 ~ 알려드리려고 합니다'라고 하며 발표 목적을 조선 시대 금속 활자에 대한 정보를 제공하는 것으로 밝히고 있으므로 적절하다.

	메모		발표 계획
②	청중이 주자소를 생소하게 여길 것임.	→	그림 자료를 보여 주며 주자소의 역할을 이해하기 쉽게 설명해야지.

청중이 주자소를 생소하게 여길 것임을 고려하여, 2문단에서 주자소를 그린 그림을 보여 주면서 '이 그림은 ~ 전문적으로 맡았습니다.'라고 하며 주자소의 역할을 이해하기 쉽게 설명하고 있으므로 적절하다.

	메모		발표 계획
③	국가 차원에서 서적 인쇄를 주도함.	→	국가가 책을 인쇄하는 관청을 만들었음을 알 수 있는 문헌 자료를 인용해야지.

국가 차원에서 서적 인쇄를 주도했다는 내용을 고려하여, 2문단에서 『태종실록』을 인용하며 국가가 책을 인쇄하는 관청을 만들었음을 설명하고 있으므로 적절하다.

	메모		발표 계획
④	세종 대에 이르러 조판 기술이 발달함.	→	사진 자료를 활용해 계미자와 갑인자의 글자 크기와 간격을 비교해야겠어.

세종 대에 이르러 조판 기술이 발달했다는 내용을 고려하여, 3문단에서 사진 자료를 활용해 계미자와 갑인자의 글자 크기와 간격을 비교하고 있으므로 적절하다.

	메모		발표 계획
☑	다양한 서적 인쇄에 금속 활자가 활용됨.	→	금속 활자로 인쇄된 책들의 사례를 시대에 따라 분류해 제시해야겠어.

다양한 서적 인쇄에 금속 활자가 활용되었다는 점을 고려하여, 4문단에서 '『대학연의』, 『효경』과 같은 유교 이념을 담은 책 외에도 ~ 다양한 분야의 책이 금속 활자로 인쇄되어'라고 하며 금속 활자로 인쇄된 책들의 사례를 제시하고 있을 뿐 시대에 따라 분류하고 있지는 않으므로 적절하지 않다.

---

03 | 청중의 반응 이해 | 정답률 95% | 정답 ④

〈보기〉는 위 발표를 들은 학생들의 반응이다. 발표 내용을 고려하여 학생의 반응을 이해한 것으로 적절하지 않은 것은?

〈보 기〉
학생 1 : 금속 활자는 한 가지뿐인 줄 알았는데 그렇지 않다는 걸 알게 되었어. 하지만 계미자와 갑인자에 대해서만 설명해서 아쉬워. 조선 시대에 주조된 다른 금속 활자에 대해 찾아봐야겠어.
학생 2 : 갑인자에 대한 기사를 본 적이 있어서 갑인자가 조선 시대 금속 활자라는 건 알고 있었어. 그런데 갑인자가 형태적 완성미를 갖추었다고 하는데 구체적으로 어떤 점이 그럴까?
학생 3 : 조선 시대 금속 활자의 발달 양상에 대해 알게 되어 유익했어. 세종 대에 금속 활자가 발전했다고 했는데 그렇게 될 수 있었던 당시의 사회 문화적 배경에 대해 조사해 봐야겠어.

① 학생 1은 발표에서 만족스럽지 않은 부분을 언급하며 아쉬움을 드러내고 있군.
학생 1은 '하지만 계미자와 갑인자에 대해서만 ~아쉬워.'라고 하며 발표에서 만족스럽지 않은 부분을 언급하면서 아쉬움을 드러내고 있으므로 적절하다.

② 학생 2는 발표 내용 일부를 언급하며 궁금한 점을 드러내고 있군.
학생 2는 발표에서 언급한 내용인 '갑인자'의 '형태적 완성미'를 언급하면서 '갑인자가 ~ 어떤 점이 그럴까?'라고 하며 궁금한 점을 드러내고 있으므로 적절하다.

③ 학생 3은 발표를 통해 알게 된 사실에 대해 긍정적으로 생각하고 있군.
학생 3은 '조선 시대 금속 활자의 발달 양상에 대해 알게 되어 유익했어.'라고 하며 발표를 통해 알게 된 사실에 대해 긍정적으로 생각하고 있으므로 적절하다.

✔ 학생 1과 학생 2는 모두 발표 내용을 통해 자신이 알고 있던 지식을 수정하고 있군.
학생 1은 '금속 활자는 한 가지뿐인 줄 알았는데 그렇지 않다는 걸 알게 되었어.'라고 하며 발표 내용을 통해 자신이 알고 있던 지식을 수정하고 있지만 학생 2는 '갑인자에 대한 기사를 ~ 알고 있었어.'라고 하며 자신이 알고 있던 지식을 언급하기만 할 뿐 수정하고 있지는 않으므로 적절하지 않다.

⑤ 학생 1과 학생 3은 모두 발표에서 언급된 정보에 대한 추가 정보를 탐색하려 하고 있군.
학생 1은 '조선 시대에 주조된 다른 금속 활자에 대해 찾아봐야겠어.'라고 하고 있고, 학생 3은 '세종 대에 금속 활자가 ~ 조사해 봐야겠어.'라고 하며 발표에서 언급된 정보에 대한 추가 정보를 탐색하려 하고 있으므로 적절하다.

[04~07] 화법과 작문

04 대화의 참여자 역할 파악 | 정답률 92% | 정답 ⑤

(가)에서 '학생 1'의 역할에 대한 설명으로 적절하지 않은 것은?

① 대화 이후 수행해야 할 일을 언급하고 있다.
'학생 1'의 여섯 번째 발화에서 '지금까지 이야기한 내용을 정리해서 나에게 보내줘'라고 하며 대화 이후에 수행해야 할 내용을 언급하고 있으므로 적절하다.

② 다른 참여자들의 발언을 정리해서 제시하고 있다.
'학생 1'의 세 번째 발화에서 '정리하자면 ~ 소개하자는 거구나.'라고 하며 앞선 '학생 3'과 '학생 2'의 발언을 정리해서 제시하고 있으므로 적절하다.

③ 대화의 목적을 밝히며 대화를 이끌어 나가고 있다.
'학생 1'의 첫 번째 발화에서 '교지 편집부에서 ~ 함께 이야기해 보자.'라고 대화의 목적을 밝히며, 대화를 이끌어 나가고 있으므로 적절하다.

④ 다른 참여자의 발언을 듣고 추가적인 설명을 요청하고 있다.
'학생 1'의 두 번째 발화에서 '봉사 활동 진행 과정 중에 ~ 좀 더 이야기해 줄래?'라며 '학생 3'의 발언을 듣고 추가적인 설명을 요청하고 있으므로 적절하다.

✔ 다른 참여자의 발언이 주제에서 벗어난 것을 지적하고 있다.
'학생 1'의 발화에서 다른 참여자의 발언이 주제에서 벗어난 것을 지적하는 부분을 확인할 수 없으므로 적절하지 않다.

05 말하기 전략 파악 | 정답률 90% | 정답 ①

[A]에 대한 설명으로 가장 적절한 것은?

✔ '학생 2'는 '학생 3'의 발화 내용을 수용하며 자신의 견해를 수정하고 있다.
'학생 2'는 '그렇겠다.'라고 '학생 3'의 발언 내용을 수용하며 '우리의 활동 ~ 언급하는 것이 좋겠'다고 자신의 견해를 수정하고 있으므로 적절하다.

② '학생 2'는 '학생 3'이 제시한 내용을 반박하며 자신이 제시했던 의견을 보완하고 있다.
'학생 2'는 '학생 3'이 제시한 내용을 반박하고 있지 않다.

③ '학생 3'은 자신의 의견을 여러 가지 제시하고 '학생 2'에게 선택을 요구하고 있다.
'학생 3'은 자신의 의견을 여러 가지 제시하고 선택을 요구하고 있지 않다.

④ '학생 3'은 '학생 2'가 제안을 하게 된 이유를 질문한 뒤 그 제안의 한계를 지적하고 있다.
'학생 3'은 '학생 2'가 제안을 하게 된 이유를 질문하고 있지 않다.

⑤ '학생 2'와 '학생 3'은 모두 상대의 발화를 재진술하며 자신이 이해한 내용이 정확한지 확인하고 있다.
'학생 3'은 상대의 발화를 재진술하고 있으나, '학생 2'는 상대의 발화를 재진술하고 있지 않다.

★★★ 등급을 가르는 문제! | 06 내용 조직 파악 | 정답률 23% | 정답 ⑤

(가)의 대화 내용이 (나)에 반영된 양상으로 적절하지 않은 것은? [3점]

① (가)에서 '학생 2'가 홍보 수단 선택의 이유에 대해 언급한 내용이, (나)에서 학생회 SNS가 학생들이 참여 의사를 밝히기 용이하다는 내용으로 반영되었다.
(가)의 '학생 2'의 두 번째 발화에서 '우리가 SNS로 홍보한 이유를 제시하면 좋겠어'라는 의견에 따라 (나)의 2문단에 '많은 학생들이 손쉽게 ~ 학생회 SNS에 게시하여 참가자를 모집하였다'라며 참여 의사를 밝히기 용이하다는 내용을 제시하고 있으므로 적절하다.

② (가)에서 '학생 2'가 가치 참여 펀딩의 정의에 대해 언급한 내용이, (나)에서 가치 펀딩과 가치 참여 펀딩의 의미를 비교하여 제시하는 방식으로 반영되었다.
(가)의 '학생 2'의 첫 번째 발화에서 '가치 참여 펀딩이라는 말이 ~ 좋을 것 같아.'라는 의견에 따라 (나)의 1문단에 '가치 펀딩이란 ~ 가치 참여 펀딩을 정의'하며 '가치 참여 펀딩'의 의미를 '가치 펀딩'과 비교하여 제시하고 있으므로 적절하다.

③ (가)에서 '학생 2'가 가치 참여 펀딩 자체에 대한 평가에 대해 언급한 내용이, (나)에서 같은 가치를 공유한 경험에 대해 만족감을 표하는 반응이 많았다는 내용으로 반영되었다.
(가)의 '학생 2'의 다섯 번째 발화에서 '그중에서 ~ 평가 내용을 넣어 보자.'라는 의견에 따라 (나)의 3문단에 '같은 가치에 공감하는 ~ 표하는 반응이 많았다'는 내용을 제시하고 있으므로 적절하다.

④ (가)에서 '학생 3'이 주제 선정 과정에 대해 언급한 내용이, (나)에서 회의를 통해 '지역 하천 쓰레기 줍기'가 주제로 결정되었다는 내용으로 반영되었다.
(가)의 '학생 3'의 두 번째 발화에서 '우리가 구체적인 ~ 제시해 주는 게 좋을 것 같아.'라는 의견에 따라 (나)의 2문단에 '먼저 학생회에서는 ~ 주제로 결정했다.'는 내용을 제시하고 있으므로 적절하다.

✔ (가)에서 '학생 3'이 참가자의 제안에 대해 언급한 내용이, (나)에서 '환경 보호'

외의 다른 가치를 중심으로 한 활동에 대한 요구가 있었음을 밝히는 내용으로 반영되었다.
(가)의 '학생 3'의 다섯 번째 발화에서 '환경 보호의 가치를 실현할 수 있는 ~ 제안한 참가자도 있었어'라며 다양한 주제의 봉사 활동을 운영해 달라는 참가자의 제안을 언급하고 있다. 그러나 (나)의 3문단에는 "'환경 보호'라는 가치 외에도 ~ 활동도 있으면 좋겠다는 의견도 있었다'라며 '환경 보호' 외의 다른 가치를 중심으로 기획된 활동에 대한 제안이 있을 뿐, '환경 보호'의 가치를 실현할 수 있는 다양한 주제의 봉사 활동에 대한 내용은 확인할 수 없으므로 적절하지 않다.

★★ 문제 해결 꿀~팁 ★★

▶ 많이 틀린 이유는?
이 문제는 (가)와 (나)에서 언급한 내용이 어떤 부분에서 갈라지고 있는지를 정확히 독해하지 못했기에 오답률이 높았던 것으로 보인다.

▶ 문제 해결 방법은?
이 문제를 해결하기 위해서는 (가)에서 언급된 대화 내용이 (나)에 어떻게 반영되었는지를 정확히 살펴야 한다. 같은 주제에 대해 이야기하고 있는 것처럼 보이더라도, 반영 과정에서 다른 양상으로 변형될 수 있기 때문이다. ⑤의 경우, (가)의 '학생 3'은 환경 보호의 가치를 실현할 수 있는 다양한 주제의 봉사활동을 운영해 달라는 참가자의 제안을 언급하고 있다. 그러나 (나)에서는 환경 보호 외의 다른 가치를 중심으로 한 활동에 대한 요구가 있었음을 밝히는 내용으로 반영되었다. 요컨대 (가)에서는 '환경 보호'라는 하나의 가치 안에서의 다양한 봉사활동을 언급하고 있고, (나)에서는 '환경 보호' 외의 다른 가치를 중심으로 한 봉사활동을 언급하고 있으므로 ⑤는 적절하지 않다. 이와 같은 문제를 해결하기 위해서는 (가)와 (나)에서 각각 어떤 것을 말하고 있는지 정확하게 독해하는 연습을 반복해야 한다.

07 조건에 따라 고쳐쓰기 | 정답률 63% | 정답 ⑤

〈보기〉에 제시된 학생들의 조언에 따라 (나)의 제목을 작성한 것으로 가장 적절한 것은?

〈보 기〉
학생 2 : 제목에 학생회가 제시한 가치와 가치 참여 펀딩의 의의를 직접적으로 드러내자.
학생 3 : 비유적인 표현을 사용하면 좋겠어.

① 환경 보호, 더 이상 미룰 수 없는 숙제
'환경 보호, 더 이상 미룰 수 없는 숙제'에서 학생회가 제시한 '환경 보호'라는 가치를 직접적으로 드러내고 있고 비유적 표현을 활용하고 있으나 가치 참여 펀딩의 의의인 '공감과 참여'는 직접적으로 드러내고 있지 않다.

② 나의 작은 행동이 환경의 위기를 막는 대안
'나의 작은 행동이 환경의 위기를 막는 대안'에서 학생회가 제시한 '환경 보호'라는 가치와 가치 참여 펀딩의 의의인 '공감과 참여'를 직접적으로 드러내고 있지 않으며 비유적 표현을 활용하고 있지 않다.

③ 내가 주운 쓰레기 하나, 환경을 위한 보물찾기
'내가 주운 쓰레기 하나, 환경을 위한 보물찾기'에서 비유적 표현을 활용하고 있으나 학생회가 제시한 '환경 보호'라는 가치와 가치 참여 펀딩의 의의인 '공감과 참여'를 직접적으로 드러내고 있지 않다.

④ 함께 하는 참여로 우리 모두의 소중한 가치를 지킨다
'함께 하는 참여로 우리 모두의 소중한 가치를 지킨다'에서 가치 참여 펀딩의 의의인 '참여'를 직접적으로 드러내고 있으나 학생회가 제시한 '환경 보호'라는 가치를 직접적으로 드러내고 있지 않고 비유적 표현을 활용하고 있지 않다.

✔ 푸른 내일을 향한 한 걸음, 공감과 참여로 보호하는 환경
'보호하는 환경'에서 학생회가 제시한 '환경 보호'라는 가치를 직접적으로 드러내고 있고, '공감과 참여'에서 가치 참여 펀딩의 의의인 '공감과 참여'를 직접적으로 드러내고 있으며, '푸른 내일을 향한 한 걸음'에서 비유적 표현을 활용하고 있으므로 적절하다.

[08~10] 작문

08 글쓰기 전략 파악 | 정답률 76% | 정답 ③

학생의 초고에 활용된 글쓰기 전략으로 가장 적절한 것은?

① 건의 내용에 대해 예상되는 반론을 제시하고 있다.
건의 내용에 대해 예상되는 반론을 제시하고 있지 않다.

② 건의 내용과 관련된 구체적인 수치를 제시하고 있다.
건의 내용과 관련된 구체적인 수치를 제시하고 있지 않다.

✔ 건의의 배경을 자신의 경험과 관련지어 제시하고 있다.
1문단에서 선사 유적 박물관을 방문했던 경험을 언급한 후 '역사적 가치가 큰 문화재가 많은데도 관람객이 적어서 아쉬웠'음을 건의의 배경으로 밝히고 있으므로 적절하다.

④ 건의 주체가 문제 해결 과정에 기여할 수 있는 바를 제시하고 있다.
건의 주체가 문제 해결 과정에 기여할 수 있는 바를 제시하고 있지 않다.

⑤ 건의 사항이 받아들여지지 않을 경우 발생할 수 있는 문제점을 제시하고 있다.
건의 사항이 받아들여지지 않을 경우 발생할 수 있는 문제점을 제시하고 있지 않다.

★★★ 등급을 가르는 문제! | 09 자료 활용 | 정답률 35% | 정답 ⑤

〈보기〉는 학생이 초고를 보완하기 위해 추가로 수집한 자료이다. 자료의 활용 방안으로 적절하지 않은 것은? [3점]

〈보 기〉

[자료 1] 통계 자료

㉮ ○○시 선사 유적 박물관 인지도

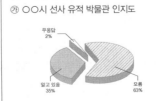

(조사 대상 : ○○시 시민)

㉯ 박물관 이용과 관련해 개선되기를 바라는 점

(조사 대상 : 박물관 관람객)

[자료 2] ○○시 시민 인터뷰
　"얼마 전 △△시 박물관에 방문했는데, 모바일 애플리케이션을 통해 연령에 맞게 다양한 체험 프로그램을 선택해 참여할 수 있어서 좋았습니다. 전에 가 보았던 우리 지역 선사 유적 박물관은 아이들을 위한 프로그램이 없고, 전시 해설만 있어서 아쉬웠거든요. 우리 지역에도 다채로운 프로그램이 마련되었으면 좋겠어요."

[자료 3] 신문 기사
　최근 ◇◇미술관의 관람객 수가 꾸준히 증가하고 있어 그간의 노력이 주목받고 있다. ◇◇미술관은 지역 내 고등학생을 대상으로 청소년 해설사 제도를 운영하고 지역 주민을 홍보 대사로 위촉하는 등 지역 사회와 연계된 홍보에 심혈을 기울여 왔다. 또한 실감 기술을 활용한 디지털 콘텐츠 프로그램을 통해 모든 연령대의 관람객이 참여할 수 있는 체험 프로그램을 운영하고 있으며, 효율적인 관람이 가능하도록 과학적 분석을 통해 관람 동선을 최적화하여 전시실을 재배치하는 등 디지털 기술을 적극 활용하고 있다.

① [자료 1-㉮]를 활용하여, 박물관이 잘 알려져 있지 않다는 것의 근거 자료로 제시해야겠군.
[자료 1-㉮]에 '○○시 선사 유적 박물관 인지도'가 '모름'이 63%로 나타나 있다. 따라서 [자료 1-㉮]를 활용하여 박물관이 잘 알려져 있지 않다는 것의 근거로 제시한다는 것은 적절하다.

② [자료 3]을 활용하여, 청소년 해설사 제도와 지역 주민 홍보 대사를 지역 연계 홍보의 구체적인 방안으로 제시해야겠군.
[자료 3]에 '지역 내 고등학생을 대상으로 청소년 해설사 제도를 운영하고 지역 주민을 홍보 대사로 위촉하고 있다는 내용이 나타나 있다. 따라서 [자료 3]을 활용하여 지역 연계 홍보의 구체적인 방안으로 제시한다는 것은 적절하다.

③ [자료 1-㉯]와 [자료 2]를 활용하여, 프로그램 개선에 대한 요구와 프로그램에 대한 평가를 우리 지역 박물관이 관람객의 흥미를 유발할 프로그램이 부족하다는 내용의 근거로 제시해야겠군.
[자료 1-㉯]의 '박물관 이용과 관련해 개선되기를 바라는 점'에 '프로그램 확충'이 45%로 나타나 있고, [자료 2]에 '우리 지역 선사 유적 박물관은 아이들을 위한 프로그램이 없고, 전시 해설만 있어서 아쉬워'다는 내용이 나타나 있다. 따라서 [자료 1-㉯]와 [자료 2]를 활용하여 관람객의 흥미를 유발할 프로그램이 부족하다는 내용의 근거로 제시한다는 것은 적절하다.

④ [자료 1-㉯]와 [자료 3]을 활용하여, 관람객의 이동 경로를 고려하여 전시 공간을 체계적으로 배치해야 한다는 내용을 구체화하는 자료로 제시해야겠군.
[자료 1-㉯]의 '박물관 이용과 관련해 개선되기를 바라는 점'에 '관람 동선 개선'이 25%로 나타나 있고, [자료 3]에 '과학적 분석을 통해 관람 동선을 최적화하여 전시실을 재배치'한다는 내용이 나타나 있다. 따라서 관람객의 이동 경로를 고려하여 전시 공간을 체계적으로 배치해야 한다는 내용을 구체화하는 자료로 [자료 1-㉯]와 [자료 3]을 활용하여 제시한다는 것은 적절하다.

✔ [자료 2]와 [자료 3]을 활용하여, 모바일 애플리케이션을 활용한 프로그램과 디지털 콘텐츠 프로그램을 연령별 맞춤 프로그램의 구체적인 예로 제시해야겠군.
[자료 2]에 '모바일 애플리케이션을 통해 연령에 맞게' 참여할 수 있는 체험 프로그램의 사례가 나타나 있지만 [자료 3]에는 '모든 연령대의 관람객이 참여할 수 있는' 디지털 콘텐츠 프로그램의 사례가 나타나 있을 뿐 연령별 맞춤 프로그램에 대한 내용은 나타나 있지 않다. 따라서 연령별 맞춤 프로그램의 구체적인 예로 [자료 2]와 [자료 3]을 활용하는 것은 적절하지 않다.

★★ 문제 해결 꿀~팁 ★★
▶ 많이 틀린 이유는?
이 문제는 선지가 요구하는 바에 근거하여 제시된 자료에서 어떤 정보를 얻을 수 있는지를 정확히 파악하지 못했기에 오답률이 높았던 것으로 보인다.
▶ 문제 해결 방법은?
이 문제를 해결하기 위해서는 선지가 요구하는 정보를 자료에서 정확히 찾을 수 있어야 한다. ⑤의 경우 [자료 2]와 [자료 3]을 활용하고 있다. 이때 [자료 2]에서는 모바일 애플리케이션을 활용한 프로그램을 연령별 맞춤 프로그램의 구체적인 예로 제시하고 있다고 볼 수 있다. 하지만 [자료 3]에서는 디지털 콘텐츠 프로그램을 언급하고 있긴 하지만, 연령별 맞춤 프로그램이 아닌 모든 연령대의 관람객이 참여할 수 있는 프로그램의 사례로 디지털 프로그램을 제시하고 있다. 따라서 연령별 맞춤 프로그램의 구체적인 예로 [자료 3]이 언급되는 것은 적절하지 않다. 이와 같은 문제는 선지에서 요구하는 정보를 자료에서 정확하게 가져올 수 있는 독해 능력이 핵심이다.

---

10 고쳐쓰기의 의도 파악　　　정답률 89% | 정답 ①

〈보기〉는 [A]를 고쳐 쓴 것이다. 그 과정에서 반영된 교사의 조언으로 가장 적절한 것은?
──〈 보 기 〉──
○○시 선사 유적 박물관은 옛 인류의 삶의 모습을 엿볼 수 있는 공간입니다. 박물관을 활성화하기 위한 방안을 다양하게 모색해 주시기 바랍니다. 그러면 박물관은 지역의 명소이자 지역 주민의 자랑이 될 것입니다.

✔ 제도적 지원의 필요성은 삭제하고, 박물관이 활성화되었을 때의 기대 효과는 추가해 보자.
〈보기〉에서 [A]에 있던 '그러므로 지역 기관의 ~ 뒷받침이 필요합니다.'라는 제도적 지원의 필요성에 대한 서술이 삭제되었으므로 적절하다. 그리고 [A]에는 박물관이 활성화되었을 때의 기대 효과가 언급되지 않았는데, 〈보기〉에 '그러면 박물관은 ~ 자랑이 될 것입니다.'가 추가되었으므로 적절하다.

② 제도적 지원의 필요성은 삭제하고, 박물관 활성화를 위한 방안의 실현 가능성은 추가해 보자.
〈보기〉에서 [A]에 있던 '그러므로 지역 기관의 ~ 뒷받침이 필요합니다.'라는 제도적 지원의 필요성에 대한 서술이 삭제되었으므로 적절하다. 그러나 박물관 활성화를 위한 방안의 실현 가능성은 추가되었다고 볼 수 없기에 적절하지 않다.

③ 선사 유적 박물관의 문화적 가치는 삭제하고, 박물관이 활성화되었을 때의 기대 효과는 추가해 보자.
[A]에는 박물관이 활성화되었을 때의 기대 효과가 언급되지 않았는데, 〈보기〉에 '그러면 박물관은 ~ 자랑이 될 것입니다.'가 추가되었으므로 적절하다. 그러나 선사 유적 박물관의 문화적 가치는 삭제했다고 볼 수 없기에 적절하지 않다.

④ 선사 유적 박물관의 문화적 가치는 삭제하고, 박물관 활성화를 위한 방안의 실현 가능성은 추가해 보자.

선사 유적 박물관의 문화적 가치를 삭제했다고 볼 수 없고, 박물관 활성화를 위한 방안의 실현 가능성을 추가했다고 볼 수 없기에 적절하지 않다.

⑤ 선사 유적 박물관의 문화적 가치는 삭제하고, 박물관 활성화를 위한 지역 차원의 지원을 촉구하는 내용은 추가해 보자.
선사 유적 박물관의 문화적 가치를 삭제했다고 볼 수 없고, 박물관 활성화를 위한 지역 차원의 지원을 촉구하는 내용을 추가했다고 볼 수 없기에 적절하지 않다.

[11~15] 문법

11 음운 변동과 음절 유형 이해　　　정답률 41% | 정답 ③

윗글에 대한 이해로 적절하지 않은 것은? [3점]

① '흙화덕[흐콰덕]'은 ㉠이 적용되며, ⓐ에 해당한다.
'흙화덕[흐콰덕]'은 '흙'에서 종성의 두 자음 중 하나가 탈락하여 [흑]으로 발음되므로 ㉠이 적용되었고, 축약으로 인해 첫 번째 음절 유형이 달라져 ⓐ에 해당하므로 적절하다.

② '낱알[나:달]'은 ㉡이 적용되며, ⓑ에 해당한다.
'낱알[나:달]'은 '낱'에서 종성이 교체되어 [낟]으로 발음되므로 ㉡이 적용되었고, 연음으로 모든 음절 유형이 달라져 ⓑ에 해당하므로 적절하다.

✔ '읊다[읍따]'는 ㉠과 ㉡이 모두 적용되며, ⓐ에 해당한다.
'읊다'의 '읊'은 종성에 오는 두 자음 중 하나가 탈락하고, 남은 자음은 교체되어 [읍]으로 발음되므로 ㉠과 ㉡이 모두 적용되었다. 그러나 음절 유형에는 변화가 없으므로 ⓐ에 해당한다는 설명은 적절하지 않다.

④ '솜이불[솜:니불]'은 ㉠과 ㉡ 중 어떤 것도 적용되지 않으며, ⓐ에 해당한다.
'솜이불[솜:니불]'은 종성에서 탈락과 교체가 일어나지 않으므로 ㉠과 ㉡ 중 어떤 것도 적용되지 않고, 'ㄴ' 첨가로 두 번째 음절 유형이 달라져 ⓐ에 해당하므로 적절하다.

⑤ '훑어[훌터]'는 ㉠과 ㉡ 중 어떤 것도 적용되지 않으며, ⓑ에 해당한다.
'훑어[훌터]'는 '훑'의 종성에서 탈락과 교체가 일어나지 않으므로 ㉠과 ㉡ 중 어떤 것도 적용되지 않고, 연음으로 두 번째 음절 유형이 달라져 ⓑ에 해당하므로 적절하다.

---

12 음운 변동 이해　　　정답률 63% | 정답 ①

다음은 [A]를 바탕으로 학생이 메모한 내용의 일부이다. ㉮와 ㉯에 해당하는 예로 적절한 것은?

┌─────────────────────────────┐
　자음의 공명도 차이에 따라 일어나는 음운 변동은 다음과 같이 분류할 수 있다. 앞 음절 종성의 공명도가 뒤 음절 초성의 공명도보다 낮을 때, ㉮ 앞 음절 종성의 공명도를 높이는 교체가 일어나거나, ㉯ 뒤 음절 초성의 공명도를 낮추는 교체가 일어난다.
└─────────────────────────────┘

　　㉮　　　　　　　㉯

✔ 삭막[상막]　　공론[공논]
'삭막[상막]'은 앞 음절 종성의 공명도가 뒤 음절 초성의 공명도보다 낮으므로 앞 음절 종성 'ㄱ'이 'ㅇ'으로 바뀌어 ㉮가 일어났고, '공론[공논]'은 앞 음절 종성의 공명도가 뒤 음절 초성의 공명도보다 낮으므로 뒤 음절 초성 'ㄹ'이 'ㄴ'으로 바뀌어 ㉯가 일어났으므로 적절하다.

② 능력[능녁]　　업무[엄무]
'능력[능녁]'은 자음의 공명도 차이에 따라 ㉮가 일어났다고 볼 수 없고, '업무[엄무]'는 자음의 공명도 차이에 따라 ㉯가 일어났다고 볼 수 없다.

③ 담론[담논]　　종로[종노]
'담론[담논]'은 자음의 공명도 차이에 따라 ㉮가 일어났다고 볼 수 없고, '종로[종노]'는 앞 음절 종성의 공명도가 뒤 음절 초성의 공명도보다 낮으므로 뒤 음절 초성 'ㄴ'이 'ㄹ'로 바뀌어 ㉯가 일어났다.

④ 신라[실라]　　밥물[밤물]
'신라[실라]'는 앞 음절 종성의 공명도가 뒤 음절 초성의 공명도보다 낮으므로 앞 음절 종성 'ㄴ'이 'ㄹ'로 바뀌어 ㉮가 일어났고, '밥물[밤물]'은 자음의 공명도 차이에 따라 ㉯가 일어났다고 볼 수 없다.

⑤ 국민[궁민]　　난리[날:리]
'국민[궁민]'은 앞 음절 종성의 공명도가 뒤 음절 초성의 공명도보다 낮으므로 앞 음절 종성 'ㄱ'이 'ㅇ'으로 바뀌어 ㉮가 일어났고, '난리[날:리]'는 자음의 공명도 차이에 따라 ㉯가 일어났다고 볼 수 없다.

★★★ 등급을 가르는 문제!

13 피동 표현과 사동 표현 파악　　　정답률 26% | 정답 ②

〈보기〉의 ㉠, ㉡에 해당하는 예끼리 묶은 것으로 적절한 것은?
──〈 보 기 〉──
선생님: 피동은 주어가 다른 주체에 의해 어떤 동작을 당하거나 영향을 받는 것이고, 사동은 주어가 다른 대상에게 어떤 동작을 하게 하는 것을 의미합니다. 피동 표현과 사동 표현은 접미사에 의해 실현되기도 하는데, 피동 접미사와 사동 접미사가 같은 형태인 경우 문장에서의 쓰임을 바탕으로 그 접미사가 피동 접미사인지 사동 접미사인지를 파악해야 합니다.
학생: 선생님, 그럼 ＿＿㉠＿＿는 피동 접미사가 쓰인 경우이고, ＿＿㉡＿＿는 사동 접미사가 쓰인 경우이겠군요.
선생님: 네, 맞습니다.

① ㉠: 욕심 많은 사람들은 제 배만 불렸다.
　㉡: 나는 아이들에게 돌아가며 노래를 불렸다.
㉠의 '불렸다'에서 '불리다'와 ㉡의 '불렸다'에서 '불리다'는 사동사로 사용되었으므로 사동 접미사가 사용된 경우이다.

✔ ㉠: 우리 직원들은 다른 부서에 약점을 잡혔다.
　㉡: 그는 마지못해 은행에 주택마저 담보로 잡혔다.
㉠의 '잡혔다'의 '잡히다'는 '말 따위가 문제로 삼아지다.'라는 의미를 지닌 피동사로 사용되었으므로 피동 접미사가 사용된 경우이고, ㉡의 '잡혔다'에서 '잡히다'는 '담보로 맡기다.'라는 의미를 지닌 사동사로 사용되었으므로 사동 접미사가 사용된 경우이다.

③ ㉠: 어머니는 집을 나서는 딸의 손에 책을 들렸다.
　㉡: 팔에 힘을 주니 무거운 가방이 번쩍 들렸다.
㉠의 '들렸다'에서 '들리다'는 사동사로 사용되었으므로 사동 접미사가 사용된 경우이고, ㉡의 '들렸다'에서 '들리다'는 피동사로 사용되었으므로 피동 접미사가 사용된 경우이다.

④ ⊙ : 저녁을 준비하던 형은 나에게 찌개 맛부터 보였다.
　　ⓒ : 그 일이 있고 난 뒤부터 그가 다시 예전처럼 보였다.
　⊙의 '보였다'에서 '보이다'는 사동사로 사용되었으므로 사동 접미사가 사용된 경우이고, ⓒ의 '보였다'에서 '보이다'는 피동사로 사용되었으므로 피동 접미사가 사용된 경우이다.

⑤ ⊙ : 직원이 일을 잘못 처리해서 회사에 손해만 안겼다.
　　ⓒ : 막냇동생은 자기가 들고 있던 짐마저 나에게 안겼다.
　⊙의 '안겼다'에서 '안기다'와 ⓒ의 '안겼다'에서 '안기다'는 사동사로 사용되었으므로 사동 접미사가 사용된 경우이다.

★★ 문제 해결 꿀~팁 ★★

▶ 많이 틀린 이유는?
이 문제는 피동 표현과 사동 표현을 정확히 이해하지 못했기에 오답률이 높았던 것으로 보인다.

▶ 문제 해결 방법은?
이 문제를 해결하기 위해서는 피동 표현과 사동 표현에 대한 이해가 선행되어야 한다. 피동 표현과 사동 표현을 구분하기 위해서는 의미의 차원에서 접근해야 한다. 피동 표현은 '–어지다'의 의미로 쓰이고, 사동 표현은 '–게 하다'의 의미로 쓰인다. 한편 해당 문제에서 제시한 바와 같이, 접미사의 쓰임으로 접근하는 방법이 있다. 그러나 피동 표현과 사동 표현의 접미사는 '–이–', '–히–', '–리–', '–기–'로 겹치는 지점이 있기에 접미사만으로 피동 표현과 사동 표현을 구분하기에는 어려움이 있다. 더해, 피동 표현은 대개 목적어가 없는 경우가 많으나, 사동 표현은 목적어가 있는 경우도 있다. 그러나 ②의 경우 ⊙은 목적어가 있는 피동 표현에 속하되, '–어지다'의 의미이므로 피동 표현이라 볼 수 있다. ⓒ은 '–게 하다'의 의미가 있으므로 사동 표현이라 볼 수 있다. 이처럼 피동 표현과 사동 표현의 경우 도식적으로 구분하기보다는, 의미의 쓰임을 고려하면서 문제를 풀어야 한다.

★★★ 등급을 가르는 문제!

14 | 형태소 유형 파악 | 정답률 40% | 정답 ③

〈보기〉는 학습지의 일부이다. [학습 활동]을 수행한 결과로 적절하지 않은 것은?

─〈보 기〉─
형태소는 자립성 여부에 따라 자립 형태소와 의존 형태소로 구분되고, 실질적인 의미를 갖느냐 문법적인 의미를 갖느냐에 따라 실질 형태소와 형식 형태소로 구분된다. 이러한 기준에 따라 형태소는 ⊙ 실질 형태소이자 자립 형태소인 것, ⓒ 실질 형태소이자 의존 형태소인 것, ⓒ 형식 형태소이자 의존 형태소인 것으로 나눌 수 있다.

[학습 활동]
다음 문장의 형태소를 분석해 보자.

　비로소 바라던 것을 이루자 형은 기쁨에 젖어 춤을 추었다.

① '비로소'와 '것'은 ⊙에 속한다.
　'비로소'와 '것'은 모두 실질 형태소이자 자립 형태소이므로 ⊙에 속한다.

② '바라던'의 '바라–'와 '이루자'의 '이루–'는 ⓒ에 속한다.
　'바라던'의 '바라–'와 '이루자'의 '이루–'는 모두 실질 형태소이자 의존 형태소이므로 ⓒ에 속한다.

✔③ '기쁨'과 '춤'에는 ⊙에 속하는 형태소만 있다.
　'기쁨'은 실질 형태소이자 의존 형태소인 '기쁘–'와 형식 형태소이자 의존 형태소인 '–ㅁ'이 결합한 것이고, '춤'은 실질 형태소이자 의존 형태소인 '추–'와 형식 형태소이자 의존 형태소인 '–ㅁ'이 결합한 것이다. 따라서 '기쁨'과 '춤'은 ⓒ과 ⓒ에 속하는 형태소로 이루어져 있으므로 적절하지 않다.

④ '형은'에는 ⊙, ⓒ에 속하는 형태소만 있다.
　'형은'의 '형'은 실질 형태소이자 자립 형태소이고, '은'은 형식 형태소이자 의존 형태소이므로 '형은'에는 ⊙, ⓒ에 속하는 형태소만 있다.

⑤ '젖어'와 '추었다'에는 ⓒ, ⓒ에 속하는 형태소만 있다.
　'젖어'는 실질 형태소이자 의존 형태소인 '젖–'이 형식 형태소이자 의존 형태소인 '–어'와 결합한 것이고, '추었다'는 실질 형태소이자 의존 형태소인 '추–'가 형식 형태소이자 의존 형태소인 '–었–', '–다'와 결합한 것이다. 따라서 '젖어'와 '추었다'에는 ⓒ과 ⓒ에 속하는 형태소만 있다.

★★ 문제 해결 꿀~팁 ★★

▶ 많이 틀린 이유는?
이 문제는 형태소 유형 파악에 어려움을 겪었기에 오답률이 높았던 것으로 보인다.

▶ 문제 해결 방법은?
이 문제를 해결하기 위해서는 실질 형태소, 형식 형태소, 자립 형태소, 의존 형태소를 구분할 수 있어야 한다. 실질 형태소는 실질적인 뜻을 가진 형태소이고, 형식 형태소는 문법적인 뜻을 가진 형태소이다. 자립 형태소는 단독으로 사용할 수 있는 형태소이고, 의존 형태소는 단독으로 사용할 수 없는 형태소이다. 모든 형태소는 실질 형태소 또는 형식 형태소이면서, 자립 형태소 또는 의존 형태소이다. ③의 경우 '기쁨'의 '기쁘–'는 실질 형태소이자 의존 형태소에 속한다. '–ㅁ'은 형식 형태소이자 의존 형태소에 속한다. '춤'의 '추–'는 실질 형태소이자 의존 형태소에 속한다. '–ㅁ'은 형식 형태소이자 의존 형태소에 속한다. 따라서 '기쁨'과 '춤'은 ⓒ과 ⓒ에 속하는 형태소로 이루어져 있다.

15 | 중세 국어의 특징 이해 | 정답률 45% | 정답 ①

〈보기〉를 바탕으로 중세 국어의 특징을 탐구한 내용으로 적절하지 않은 것은?

─〈보 기〉─
王왕이 드르시고 즉자히 南남堀굴애 가샤 더 仙션人신을 **보샤** 禮롕數숭ㅎ시고 니르샤더 탈룰 두겨시다 듣고 婚혼姻인ㅎ노라 求굴ㅎ노이다 仙션人신이 **솔보디** 내 혼 탈롤 뒤쇼더 져머 어리오 아히 삑브터 深심山산애 이셔 **사루미** 이리 설우르고 플옷 **닙고** 나못 여름 먹노니 王왕이 므슴 호려 져주시노니잇고

[현대어 풀이]
왕이 들으시고 즉시 남굴에 가시어 저 선인을 보시어, 예수하시고 이르시되 "딸을 두고 계시다 듣고 혼인을 구합니다." 선인이 사뢰되 "내가 한 딸을 두고 있되, 어려서 어리석고, 아이 때부터 심산에 있어서 사람의 일이 서투르고, 풀을 입고 나무의 열매를 먹나니, 왕이 무엇을 하려고 따져 물으십니까?"

✔① '보샤'를 보니, 현대 국어와 달리 객체를 높이기 위해 선어말 어미 '–샤–'가 사용되었음을 알 수 있군.
　'보샤'의 '–샤–'는 주체 높임 선어말 어미로 사용되었으므로 적절하지 않다.

② '솔보디'를 보니, 현대 국어와 달리 'ㆍ', 'ㅸ'이 표기에 사용되었음을 알 수 있군.
　'솔보디'에서 현대 국어와 달리 'ㆍ'와 'ㅸ'이 표기에 사용되었으므로 적절하다.

③ '어리오'를 보니, '어리다'가 현대 국어와 다른 의미로 쓰였음을 알 수 있군.
　'어리오'의 '어리다'는 현대 국어와 달리 '어리석다'라는 의미로 사용되었으므로 적절하다.

④ '사루미'를 보니, 현대 국어의 관형격 조사 '의'가 양성 모음 뒤에서 '이'의 형태로 쓰였음을 알 수 있군.
　'사루미'에서 현대 국어의 관형격 조사 '의'가 양성 모음 'ㆍ' 뒤에서 '이'의 형태로 쓰이고 있으므로 적절하다.

⑤ '닙고'를 보니, 현대 국어와 달리 단어의 첫머리에서 두음법칙이 적용되지 않았음을 알 수 있군.
　'닙고'는 현대 국어와 달리 두음법칙이 적용되지 않았으므로 적절하다.

[16~45] 독서 · 문학

16~21 | 인문

(가) 손화철, 「호모 파베르의 미래」

해제 고전적 기술철학은 포괄적인 기술 일반에 주목하면서 현대 기술에 대해 비판적으로 고찰하였다. 엘륄은 자율적 기술론의 관점을 취하며 불가역적으로 이루어지는 기술의 발달 앞에서 인간의 자율성은 상실되었다고 주장한다. 마르쿠제는 기술이 개인을 통제하는 방향으로 사용됨에 따라 인간은 비판적 사유를 하지 못하는 일차원적 인간으로 전락하게 되었음을 지적한다.

주제 현대 기술에 대해 비판적으로 고찰한 고전적 기술철학

문단 핵심 내용

1문단	고전적 기술철학의 특징
2문단	현대 기술에 대한 엘륄의 비판적 관점
3문단	일차원적 사회에 대한 마르쿠제의 비판적 관점

(나) 손화철, 「호모 파베르의 미래」

해제 실제 기술에 대한 경험적 연구를 수행해야 한다고 믿은 철학자들은 개별 기술들의 내용과 발전 과정들을 구체적으로 분석하는 자신들의 시도를 '경험으로의 전환'이라고 불렀다. 경험으로의 전환은 기술에 대한 서술적인 접근 방식과 규범적인 접근 방식으로 나눌 수 있다. 전자에 속하는 돈 아이디는 인간이 세계를 인식하는 틀에 미치는 기술의 영향을 분석하기 위해 인간과 기술의 관계를 체현 관계, 해석 관계, 배경 관계로 설명한다. 후자에 속하는 핀버그는 기술의 발달이 사회 집단의 상호 작용에 의해 무의식적이고 우연적으로 이루어진 것이라 보고, 기술의 민주화를 통해 기술의 발달 방향을 긍정적으로 바꿀 수 있음을 역설하였다.

주제 고전적 기술철학에 대한 비판과 실제 기술에 대한 경험적 연구의 강조

문단 핵심 내용

1문단	고전적 기술철학에 대한 비판과 경험으로의 전환
2문단	기술에 대한 서술적 접근 방식의 특징과 돈 아이디의 주장
3문단	돈 아이디가 분류한 인간과 기술의 관계
4문단	기술에 대한 규범적 접근 방식의 특징과 핀버그의 주장
5문단	핀버그가 제시한 기술 사회의 발전 방향

16 | 서술 방식 비교 | 정답률 76% | 정답 ⑤

(가)와 (나)에 대한 설명으로 가장 적절한 것은?

① (가)와 달리 (나)는 기술철학을 유형별로 분석하고 각각의 장단점을 평가하고 있다.
　(나)는 기술철학에 대해 이야기하고 있으나, 그것을 유형별로 분석하고 각각의 장단점을 평가하고 있지 않다.

② (가)와 달리 (나)는 특정 기술철학에 대한 상반된 평가를 소개한 후 절충된 견해를 제시하고 있다.
　(나)는 특정 기술철학에 대한 절충된 견해를 제시하고 있지 않다.

③ (나)와 달리 (가)는 특정 기술철학자의 견해가 지닌 한계를 지적하고 있다.
　(가)는 특정 기술철학자의 견해를 소개하고 있으나 그것의 한계를 지적하고 있지는 않다.

④ (가)와 (나)는 모두 기술을 바라보는 기술철학자의 논쟁을 소개하며 그 결과를 분석하고 있다.
　(가)와 (나)는 모두 기술을 바라보는 기술철학자들의 상반된 입장을 소개하고 있으나, 그들의 논쟁과 결과를 분석하고 있지는 않다.

✔⑤ (가)와 (나)는 모두 기술철학이 주목하는 측면을 제시하고 대표적인 학자들의 견해를 소개하고 있다.
　(가)는 '포괄적인 기술 일반'에 주목하였던 엘륄과 마르쿠제의 견해를 소개하고 있고, (나)는 '실제 기술에 대한 경험적 연구'와 '개별 기술들의 내용과 발전 과정'에 주목하였던 돈 아이디와 핀버그의 견해를 소개하고 있으므로 적절하다.

17 | 내용 이해 | 정답률 85% | 정답 ④

(가)에서 알 수 있는 내용으로 적절하지 않은 것은?

① 마르쿠제는 정치적 변화에 의해 기술의 변화가 가능하다고 보았다.

(가)의 3문단에서 마르쿠제는 '기술이 이미 사회를 ~ 정치적 변화가 필요하다'고 하였으므로 적절하다.

② 도구적 기술론에서는 인간의 의도와 목적이 기술의 사용 방향을 결정한다.
(가)의 2문단에서 '도구적 기술론에서 ~ 취급된다.'라고 하였으므로 적절하다.

③ 엘륄의 입장에서는 자율적인 기술 앞에서 인간의 자율성은 존재하지 않는다.
(가)의 2문단에서 엘륄은 '자율적인 기술 앞에서 ~ 존재하지 않'는다고 하였으므로 적절하다.

☑ 일차원적 사회에서는 개별 주체가 억압에서 벗어나 내면적 자유를 보장받는다.
(가)의 3문단에서 '일차원적 사회란 ~ 사회를 의미한다.'라고 하였으므로 적절하지 않다.

⑤ 엘륄과 마르쿠제 모두 기술에 대한 인간의 비판적 사고가 상실되는 것을 우려하였다.
(가)의 2문단에서 엘륄은 '인간이 기술의 지배에 ~ 경고하였다'고 하였고, 3문단에서 마르쿠제는 '일차원적 사회에 대한 ~ 위기 상황을 분석하였다'고 하면서 '인간이 비판적 사유를 ~ 전락한 것'이라고 하였으므로 적절하다.

---

18 내용 추론
정답률 67% | 정답 ②

(나)를 읽은 학생이 〈보기〉에 대해 보인 반응으로 적절하지 않은 것은?

〈보 기〉
자전거가 처음 개발되었을 때, 사용자와 기술자들이 자전거의 용도를 각기 다르게 파악하여 다양한 디자인의 자전거가 만들어 졌다. 앞바퀴가 큰 자전거는, 자전거를 스포츠용품으로 파악한 사람들이 선호했다. 앞뒤 바퀴의 크기가 같은 자전거는, 자전거를 장보기용이나 교통수단으로 본 사람들이 원했다. 그런데 시간이 지나면서 자전거를 장보기용이나 교통수단으로 더 선호하게 되었다. 결국 자전거의 디자인은 앞뒤 바퀴가 같은 크기로 고정되는 방식으로 발달하였다.

① 돈 아이디는 자전거가 사용자의 신체적 기능을 확장시키는 역할을 한다고 분석하겠군.
(나)의 3문단에서 돈 아이디는 체현 관계를 '기술이 인간의 ~ 역할을 하는 관계'라고 하였는데, 〈보기〉에서 자전거는 자전거를 사용하는 사람들이 스포츠나 장보기 등을 할 때 몸의 일부와 같이 기능하여 신체적 기능을 확장하는 역할을 할 것이므로 적절하다.

☑ 돈 아이디는 자전거 바퀴의 크기를 보이지 않는 세계를 해석할 수 있는 텍스트라고 보겠군.
(나)의 3문단에서 '해석 관계는 ~ 인간에게 제공하는 관계'라고 하였는데, 〈보기〉에 드러난 자전거 바퀴의 크기는 해석을 필요로 하는 텍스트라고 할 수 없고, 이를 해석하여 인간이 보이지 않는 세계에 대한 정보를 획득할 수 없으므로 적절하지 않다.

③ 사회구성주의자들은 앞뒤 바퀴의 크기가 같은 자전거로 디자인이 고정되어 가는 과정을 설명하는 데 초점을 두겠군.
(나)의 5문단에서 '사회구성주의자들이 ~ 주력'한다고 하였으며, 〈보기〉에 드러난 자전거의 디자인이 앞뒤 바퀴가 같은 크기로 고정되어 가는 과정은 개별 기술의 발달 방식이라고 할 수 있으므로 적절하다.

④ 핀버그는 자전거 앞뒤 바퀴의 크기, 자전거의 용도를 기술코드로 보겠군.
(나)의 5문단에서 핀버그는 '기술코드란 기술이 ~ 포괄하는 개념'이라고 하였는데, 〈보기〉의 자전거 앞뒤 바퀴의 크기, 자전거의 용도는 각각 디자인, 그것이 수행하는 역할에 해당되어 기술코드라 할 수 있으므로 적절하다.

⑤ 핀버그는 자전거의 디자인을 선택하는 과정이 사회적으로 공론화되어야 한다고 보겠군.
(나)의 5문단에서 핀버그는 '기술에 대한 ~ 끌어내'야 한다고 하였는데, 〈보기〉에서 자전거의 디자인이 선택되는 과정은 사회적 선택의 과정으로 볼 수 있으므로 적절하다.

---

19 관점 비교 및 적용
정답률 44% | 정답 ③

윗글을 바탕으로 〈보기〉에 대해 이해한 내용으로 적절하지 않은 것은? [3점]

〈보 기〉
ㄱ. 기술을 만드는 것은 인간의 본성이다. 그러나 역설적이게도 인간 본성의 산물인 기술이 인간 의식 내부에까지 변화를 일으킨다.
ㄴ. 기술의 의의는 자연과 맞서는 자유이다. 즉, 인간의 일상생활을 용이하게 하고 인간을 빈곤, 위협 등에서 벗어나게 하는 것이 기술의 의의이다. 기술은 동물처럼 자연에 속박되어 있는 상태로부터 인간을 해방시킨다.
ㄷ. 현대 기술 사회는 기술 통제를 스스로 포기한 '기술 표류'의 상태이다. 그러므로 시민들의 정치적 참여로 기술 발전의 과정 자체를 규제할 필요가 있다. 기술은 만든 이의 의도와 무관하게 사회 구성원들의 삶을 특정한 방향으로 이끌어 가는 정치적 영향력을 갖기 때문이다.

① ㄱ과 돈 아이디 모두, 기술이 인간의 의식에 영향을 미칠 수 있음을 인정하고 있다.
〈보기〉의 ㄱ은 '기술이 인간 ~ 일으킨다'고 하였다. 또한 (나)의 2문단에서 돈 아이디 역시 '인간이 세계를 ~ 기술의 영향을 분석'한다고 하였으므로 적절하다.

② ㄴ과 마르쿠제 모두, 기술이 인간의 편의를 위해 활용될 수 있다고 본다.
〈보기〉의 ㄴ은 기술이 '인간의 일상생활을 용이하게' 한다고 하였다. 또한 (가)의 3문단에서 마르쿠제 역시 '산업 혁명 초기에 인간은 ~ 스스로 해방되었다'고 하였으므로 적절하다.

☑ ㄴ은 엘륄과 달리, 기술이 초래한 결과를 바탕으로 기술의 의미를 파악하고 있다.
〈보기〉의 ㄴ은 '인간의 일상생활을 ~ 기술의 의의이다'라고 하며 기술이 인간에게 끼친 결과를 바탕으로 기술에 의의를 부여하고 있다. 또한 (나)의 1문단에서 고전적 기술철학자들은 '기술이 초래한 문제들에 집착'하였는데, (가)에서 엘륄은 '고전적 기술철학의 대표적인 철학자'로, (가)의 2문단에서 엘륄 역시 '기술이 인간의 통제를 ~ 되어 버렸다'고 하면서 기술이 초래한 결과를 바탕으로 기술의 의미를 파악하고 있으므로 적절하지 않다.

④ ㄷ과 핀버그 모두, 기술이 야기한 문제를 해결해야 할 과제로 인식하고 있다.
〈보기〉의 ㄷ은 현대 기술 사회가 '기술 표류'의 상태라고 하면서, '시민들의 정치적 참여로 ~ 규제할 필요가 있다'고 하였다. 또한 (나)의 5문단에서 핀버그가 '기술코드를 민주적으로 ~ 발전 방향을 제안'하였다고 한 것에서 핀버그 역시 기술이 야기한 문제를 해결해야 할 과제로 인식했다고 볼 수 있으므로 적절하다.

⑤ ㄷ은 엘륄과 달리, 인간이 기술의 발전을 정치적으로 제어할 수 있다고 본다.
〈보기〉의 ㄷ은 '기술은 만든 이의 ~ 정치적 영향력을 갖는다'고 하였다. 반면 (가)의 2문단에서 엘륄은 '인간이 취할 수 있는 태도는 ~ 뿐이라고 하였'으므로 적절하다.

---

20 핵심 개념의 이해
정답률 70% | 정답 ④

㉠의 의미로 가장 적절한 것은?

① 기술에 대해 관찰하여 실제 기술에 대한 경험적 연구를 수행한다.
기술에 대해 관찰하여 실제 기술에 대한 경험적 연구를 수행한 것은 (나)의 1문단에서 '경험으로의 전환'에 속한 철학자들의 입장이다.

② 기술 간의 상호 작용은 무시한 채 개별 기술의 분석에만 치중한다.
개별 기술의 분석에 치중한 것은 (나)의 1문단에서 '경험으로의 전환'에 속한 철학자들의 입장이다.

③ 기술을 막연한 것으로 인식하지 않고 실체를 가진 것으로 인식한다.
기술을 실체를 가진 것으로 인식하고 있지 않다.

☑ 기술 자체에 대해서 모르는 채 기술로 인해 생기는 상황에만 집착한다.
(나)의 1문단에서 '경험으로의 전환'에 속한 철학자들이 고전적 기술철학자들에 대해 '기술이 초래한 문제들에 집착 ~ 관찰이 가능한' 것으로 취급해 왔다고 비판하였으므로 적절하다.

⑤ 기술의 변화에 대한 두려움에 연연하여 기술에 대해 분석하기를 꺼린다.
기술의 변화에 대한 두려움에 연연하여 기술에 대해 분석하기를 꺼리고 있지 않다.

---

21 단어의 문맥적 의미
정답률 94% | 정답 ③

문맥상 ⓐ ~ ⓔ와 바꿔 쓰기에 적절하지 않은 것은?

① ⓐ : 이루기
ⓐ에서 '달성하다'는 '목적한 바를 성취하다'의 의미로 사용되고 있으므로 적절하다.

② ⓑ : 없앰으로써
ⓑ에서 '제거하다'는 '덜어서 없애다'의 의미로 사용되고 있으므로 적절하다.

☑ ⓒ : 빠르게
ⓒ에서 '세밀하다'는 '자세하고 꼼꼼하다'의 의미로 사용되고 있으므로 적절하지 않다.

④ ⓓ : 찾는
ⓓ에서 '모색하다'는 '방법이나 실마리를 더듬어 찾다'의 의미로 사용되고 있으므로 적절하다.

⑤ ⓔ : 힘써
ⓔ에서 '주력하다'는 '어떤 일에 온 힘을 기울이다'의 의미로 사용되고 있으므로 적절하다.

22~25 사회

이동식 외, 「행정법 총론」

해제 행정 기관의 선행조치에 법적 하자가 있더라도 일정한 요건을 충족한다면 행정에 대한 국민의 정당하고 합리적인 신뢰는 보호받아야 한다는 것을 신뢰보호원칙이라고 한다. 신뢰보호원칙이 적용되기 위한 요건은 다음과 같다. 우선 행정 기관의 선행조치로서 명시적이거나 묵시적으로 공적 견해 표명이 있어야 한다. 다음으로 행정 기관의 선행조치가 법적 하자를 갖게 된 것에 대해 국민에게 귀책 사유가 없어야 한다. 마지막으로 행정 기관의 선행 조치에 대한 국민의 신뢰와 국민이 행한 행위 사이에 인과 관계가 있어야 하며, 행정 기관이 선행조치에 반하는 다른 조치를 취함으로써 국민의 권익이 침해당한 경우여야 한다. 그러나 위와 같은 요건을 모두 충족하더라도 신뢰보호원칙이 적용되지 않는 경우가 있는데, 공익 및 제삼자의 정당한 이익을 보호할 필요성이 더 크다고 판단되는 경우나 행정 기관의 선행조치 이후 사실 관계나 법적 상황이 변경된 경우가 이에 해당한다. 법치주의의 근본정신이 국민의 정당하고 합리적인 신뢰를 보호하는 것이라고 할 때, 이러한 관점에서 신뢰보호원칙은 행정상 법치주의에 어긋나지 않는 원칙이다.
주제 신뢰보호원칙의 개념과 적용 요건

문단 핵심 내용

1문단	신뢰보호원칙의 개념
2문단	신뢰보호원칙이 적용되기 위한 첫 번째 요건
3문단	신뢰보호원칙이 적용되기 위한 두 번째 요건
4문단	신뢰보호원칙이 적용되기 위한 세 번째 요건
5문단	신뢰보호원칙이 적용될 수 없는 경우
6문단	행정상 법치주의 원리에 어긋나지 않는 신뢰보호원칙

---

22 내용 이해
정답률 92% | 정답 ②

윗글을 읽고 답을 찾을 수 있는 질문에 해당하지 않는 것은?

① 신뢰보호원칙이 필요한 이유는 무엇인가?
1문단의 '그런데 행정 기관의 ~ 신뢰보호원칙이라 한다.'를 보면, 신뢰보호원칙이 필요한 이유를 알 수 있으므로 적절하다.

☑ 신뢰보호원칙이 성립된 역사적 배경은 무엇인가?
신뢰보호원칙이 성립된 역사적 배경은 윗글을 통해 알 수 없으므로 적절하지 않다.

③ 신뢰보호원칙이 적용되기 위한 요건은 무엇인가?
2문단의 '신뢰보호원칙이 적용되기 위한 ~ 있어야 한다는 것이다.', 3문단의 '두 번째 요건은 ~ 있어야 한다는 것이다.', 4문단의 '세 번째 요건은 ~ 침해당한 경우여야 한다는 것이다.'를 보면, 신뢰보호원칙의 세 가지 적용 요건을 알 수 있으므로 적절하다.

④ 신뢰보호원칙의 적용이 제한되는 경우는 어떤 경우인가?
5문단의 '그런데 요건을 ~ 않을 수 있다.'를 보면, 신뢰보호원칙의 적용 요건을 모두 갖추었더라도 그 적용이 제한되는 경우를 알 수 있으므로 적절하다.

⑤ 신뢰보호원칙이 행정상 법치주의 원리에 어긋나지 않는 이유는 무엇인가?
6문단의 '하지만 국민의 ~ 할 수 있다.'를 보면, 국민의 정당하고 합리적인 신뢰를 보호하는 것이 법치주의의 근본정신에 부합한다는 관점에서 신뢰보호원칙이 행정상 법치주의에 어긋나지 않는다는 것을 알 수 있으므로 적절하다.

23 핵심 개념의 이해
정답률 86% | 정답 ③

공적 견해 표명에 관한 설명 중 적절하지 않은 것은?

① 행정권 행사에 대한 행정 기관의 의사를 공적으로 드러내는 것을 의미한다.
　2문단에서 '공적 견해 표명은 ~ 드러내는 것을 의미한다.'라고 하였으므로 적절하다.

② 행정 기관의 명시적 의사 표명뿐 아니라 묵시적인 의사 표명도 해당될 수 있다.
　2문단에서 '행정 기관이 명시적으로 ~ 공적 견해 표명이 될 수 있다.'라고 하였으므로 적절하다.

☑ 구체적 사안과 관계없이 법령의 해석에 대한 질의에 답변해 준 것도 포함될 수 있다.
　2문단에서 '공적 견해 표명은 ~ 해당하지 않는다.'고 하였으므로 적절하지 않다.

④ 국민이 신뢰를 갖게 되는 대상으로서 행정 기관의 말이나 행위를 통해 드러날 수 있다.
　1문단에서 '이처럼 행정 기관의 어떤 조치가 ~ 행정 기관의 선행조치라 한다.'라고 하였으므로 적절하다.

⑤ 국민의 신뢰가 형성된 공적 견해이더라도 법적 상황이 변경된 후에는 신뢰의 대상이 되지 못할 수 있다.
　5문단에서 '또 신뢰보호원칙은 ~ 적용되지 않을 수 있다.'라고 하였으므로 적절하다.

24 내용 추론
정답률 71% | 정답 ⑤

㉠의 이유로 가장 적절한 것은?

① 행정 기관이 선행조치와 다른 조치를 취한 경우이기 때문이다.
　㉠의 이유를 행정 기관이 선행조치와 다른 조치를 취한 경우로 볼 수 없기 때문에 적절하지 않다.

② 행정 기관의 선행조치가 법적 하자를 갖는 경우이기 때문이다.
　㉠의 이유를 행정 기관의 선행조치가 법적 하자를 갖는 경우로 볼 수 없기 때문에 적절하지 않다.

③ 행정 기관의 선행조치가 사실 관계에 바탕을 둔 것이 아니기 때문이다.
　㉠의 이유를 행정 기관의 선행조치가 사실 관계에 바탕을 둔 것이 아니라고 볼 수 없기 때문에 적절하지 않다.

④ 행정 기관의 선행조치가 국민의 잘못된 정보 제공으로 인해 행해진 것이기 때문이다.
　㉠의 이유를 행정 기관의 선행조치가 국민의 잘못된 정보 제공으로 인해 행해진 것이라고 볼 수 없기 때문에 적절하지 않다.

☑ 행정 기관의 선행조치에 대한 신뢰가 원인이 되어 국민의 행위가 이어진 것으로 볼 수 없기 때문이다.
　4문단에서 신뢰보호원칙의 적용 요건으로 '행정 기관의 선행조치에 대한 국민의 신뢰와 국민이 행한 행위 사이에 인과 관계가 있어야' 한다고 하였다. 그러나 ㉠에 언급된 '국민이 행정 기관의 선행조치가 있었음을 인식하지 못한' 경우와 '선행조치와 관련된 사항이 사후에 변경될 수 있는 가능성을 행정 기관이 국민에게 미리 알린 경우'는 행정 기관의 선행조치에 대한 국민의 신뢰가 원인이 되어 국민의 행동이 이어진 것이라 볼 수 없으므로 적절하다.

25 사례 적용
정답률 63% | 정답 ④

윗글을 참고할 때, 〈보기〉에 대한 반응으로 적절하지 않은 것은? [3점]

〈 보 기 〉
(가) A는 도시 계획 구역 안에 있는 농지에 복지 시설을 건립하기 위해 토지 개발 행위 허가가 가능한지를 ○○시에 문의했다. A는 담당 공무원으로부터 관련 법규상 토지 개발 행위가 허용된다는 회신을 받고 건축 준비를 했으나 ○○시는 해당 농지를 보전해야 할 공익적 필요가 있다는 사유를 들어 A가 신청한 토지 개발 행위를 불허가하였다. 법원은 ○○시의 토지 개발 행위 불허가 처분이 신뢰보호원칙에 위배된다고 판결하였다.
(나) B는 특정 대기 유해 물질 배출 시설의 설치가 금지된 △△시에 공장을 설립했다. 설립 당시 B는 특정 대기 유해 물질은 배출되지 않고 먼지와 배기가스만 배출될 것이라는 계획서를 제출하고 △△시로부터 설립 승인을 받아 배출 시설 설치 신고를 마친 후 공장을 운영했다. 그러나 그 이후 특정 대기 유해 물질이 검출됨에 따라 △△시는 시설 폐쇄 명령을 하였다. 법원은 B가 허위이거나 부실한 계획서를 제출해 착오를 유발하였으므로 △△시의 시설 폐쇄 명령은 신뢰보호원칙에 위배되지 않는다고 판결하였다.

① (가)에서 A가 신청한 토지 개발 행위에 대한 행정 기관의 불허가 처분은 법원에 의해 위법하다고 판결받은 것이겠군.
　〈보기〉의 (가)에서 '법원은 ○○시의 ~ 위배된다고 판결하였다.'고 하였고, 1문단에서 '행정 기관이 신뢰보호원칙에 ~ 대상이 된다.'라고 한 것에서 ○○시의 토지 개발 행위 불허가 처분은 법원에 의해 위법하다고 판결받은 것임을 알 수 있으므로 적절하다.

② (가)에서 A는 토지 개발 행위가 허용될 것이라는 담당 공무원의 회신을 행정 기관의 선행조치로 신뢰했다고 볼 수 있겠군.
　〈보기〉의 (가)에서 'A는 담당 공무원으로부터 ~ 건축 준비를 했다'고 하였고, 1문단에서 '이처럼 행정 기관의 ~ 선행조치라 한다.'라고 한 것에서 A가 담당 공무원으로부터 받은 회신을 행정 기관의 선행조치로 신뢰하였다고 볼 수 있으므로 적절하다.

③ (가)에서 법원은 행정 기관이 농지를 보전함으로써 얻는 공익이 A의 권익을 침해하면서까지 보호해야 할 만큼 크지는 않다고 판단한 것이겠군.
　〈보기〉의 (가)에서 '법원은 ~ 위배된다고 판결하였다.'라고 하였고, 5문단에서 '국민의 신뢰가 침해됨으로써 ~ 판단되는 경우'에 '신뢰보호원칙이 적용되지 못할 수도 있다'라고 한 것에서 농지를 보전함으로써 얻는 공익이 A의 권익을 침해하면서까지 보호해야 할 만큼 크지는 않다고 법원이 판단한 것으로 볼 수 있으므로 적절하다.

☑ (나)에서 행정 기관이 B의 공장 설립을 승인한 것은 위법 상태에 대해 행정적 권한을 행사하지 않음으로써 의사를 표명한 것이겠군.
　〈보기〉의 (나)에서 △△시는 B의 공장에 대해 '설립 승인'이라는 행정 권한을 행사한 것으로 볼 수 있으므로, 행정 기관이 B의 공장 설립을 승인한 것을 행정 기관이 위법 상태에 대해 행정 권한을 행사하지 않음으로써 의사를 표명한 것이라고 볼 수 없어 적절하지 않다.

⑤ (나)에서 법원은 공장 설립을 허가한 행정 기관의 선행조치가 법적 하자를 갖게 된 것에 대한 귀책 사유가 B에게 있다고 판단한 것이겠군.

〈보기〉의 (나)에서 '법원은 B가 허위이거나 부실한 계획서를 제출해' 행정 기관의 '착오를 유발하였다'고 하였고, 3문단에서 '행정 기관의 선행조치가 ~ 귀책 사유가 있는 것'이라고 한 것에서 법원이 행정 기관의 선행조치가 법적 하자를 갖는 것에 대해 B에게 귀책 사유가 있다고 판단하였음을 알 수 있으므로 적절하다.

26~30 과학·기술

한국추진공학회, 「항공우주 추진기관 개론」

해제 액체 추진제 로켓의 연소 과정에 기반하여 연소 불안정에 대해 서술한 글이다. 로켓 엔진 내 연소실에서 추진제가 연소될 때, 추진제는 연소 가스가 되면서 다양한 형태의 에너지가 방출된다. 이때 연소실 내에는 열 방출 진동이 존재하고, 연소실 내의 압력 역시 주기적으로 변화하며 진동한다. 연소 가스는 로켓 바깥으로 배출되어 그 반발력으로 로켓은 추진력을 얻는다. 한편 연소 과정에서 연소실과 추진제 공급 시스템 간의 상호 작용이나, 연소실 내 열 방출 진동과 소리 진동 간의 상호 작용으로 인해 연소 불안정이 발생할 수 있다. 전자의 경우 연소실의 압력 진동이 증폭되는 것으로 이러한 연소 불안정은 추진력의 크기를 변화시키고 로켓의 구조물에 손상을 줄 수 있다. 이를 제어하기 위해 공급 시스템의 압력 감쇄 장치를 설치하는 방법을 이용할 수 있다. 후자의 경우 연소실의 압력 진동이 비정상적으로 증폭되는 것으로 이러한 열음향 연소 불안정은 연소실 파손이나 폭발을 유발할 수 있다. 연소실에 배플이나 음향공을 장착하는 방법은 이를 제어하기 위한 방법이다. 이처럼 연소 불안정으로 인한 문제에 대비하기 위해 로켓 개발 과정에서는 실제 연소실과 유사한 조건에서 연소 불안정의 발생 여부나 발생 원인을 파악하고 판단하는 과정을 거친다.

주제 액체 추진제 로켓의 연소 과정과 연소 불안정

문단 핵심 내용

1문단	연소 불안정의 개념
2문단	액체 추진제 로켓이 추진력을 얻는 원리
3문단	연소 과정에서 연소 불안정이 발생하는 두 가지 원인
4문단	연소 불안정의 발생 여부와 발생 원인 판별 기준
5문단	연소 불안정 발생 원인에 따른 문제 제어 방법

26 내용 이해
정답률 72% | 정답 ⑤

윗글을 이해한 내용으로 적절하지 않은 것은?

① 연소실 내부의 소리 진동은 연소 가스 온도의 영향을 받는다.
　3문단에서 '소리의 주파수가 크기나 형상과 같은 연소실의 공간적 특성과 연소 가스의 온도 및 비열에 따라 결정'된다고 하였다.

② 액체 추진제 로켓의 추진제로는 산화제와 액체 연료가 쓰인다.
　2문단에서 '액체 추진제 로켓은 산화제와 액체 연료를 추진제로 사용한다.'고 하였다.

③ 로켓이 안정적으로 비행하려면 연소가 원활하게 이뤄져야 한다.
　1문단에서 '로켓의 안정적인 비행을 위해 연소 불안정은 반드시 해결해야 하는 문제'라고 하였다.

④ 로켓의 구조물은 연소 불안정으로 인해 손상을 입는 경우도 있다.
　3문단에서 연소 불안정이 '로켓의 구조물에 손상을 줄 수 있다'고 하였다.

☑ 추진제 공급 시스템의 압력 감쇄 장치는 연소 불안정을 일으킨다.
　5문단에서 '연소실과 추진제 공급 시스템 간의 상호 작용에 의한 것이라고 판별될 경우 공급 시스템의 압력 감쇄 장치를 설치하는 방법'을 이용한다고 하였으므로 적절하지 않다.

27 사례 적용
정답률 55% | 정답 ③

윗글을 참고하여 〈보기〉를 이해한 반응으로 적절하지 않은 것은? [3점]

〈 보 기 〉
다음은 서로 다른 연소실을 대상으로 한 가상의 연소 시험 결과이다. 최대 압력, 최소 압력, 주요 진동 주파수는 연소 반응이 일어날 때의 측정값이며, 연소실 A~C 모두 연소실 고유 주파수는 1,200Hz이다. (단, 표에 제시된 내용 이외의 요인은 고려하지 않는다.)

연소실	정상 압력 (psia*)	최대 압력 (psia)	최소 압력 (psia)	주요 진동 주파수 (Hz)
A	1,200	1,220	1,180	1,200
B	1,400	1,500	1,300	150
C	1,500	1,650	1,350	1,200

* psia : 압력의 단위.

① A는 B, C와 달리 연소실 내부 압력이 적정 범주 이내로 진동했군.
　4문단에서 '연소실 압력이 정상 압력을 기준으로 ±5% 범위 내에서 진동할 경우 연소가 안정하다고 판별'한다고 했는데, A의 압력 변화가 5% 이내이므로 A는 연소실 내부 압력이 적정 범주 이내로 진동했음을 알 수 있다. 반면 B와 C의 경우에는 모두 압력 변화가 5%를 초과하므로 적절하다.

② B는 A와 달리 연소실 압력과 추진제 공급량 간의 상호 작용으로 문제가 발생했겠군.
　4문단에서 연소실 압력 진동이 ±5% 범위를 초과하는 경우에는 연소 불안정 현상이 일어난 것으로 판별한다고 하였으므로 B는 연소 불안정임을 알 수 있다. B의 주요 진동 주파수는 150Hz로, 3문단에서 연소실과 추진제 공급 시스템 간의 상호 작용으로 인해 연소 불안정이 발생한 경우 '10~200Hz 사이의 주파수를 갖는다고 하였으므로 이를 통해 B에 나타난 연소 불안정의 원인을 추론할 수 있다. 반면 A는 연소실 내부 압력이 적정 범주 이내로 진동했으므로 적절하다.

☑ B는 C와 달리 소리가 연소실의 고유 주파수로 진동했음을 추론할 수 있겠군.
　3문단에서 '연소실 내부에서 연소 반응으로 발생하는' '소리의 진동'이고, 이때 소리는 '연소실의 고유 주파수로 진동'한다고 하였으므로 B와 C 모두 소리는 연소실의 고유 주파수로 진동했다.

④ C는 A와 달리 연소실 파손이나 폭발을 유발할 수 있겠군.
　4문단에서 연소실 압력 진동이 ±5% 범위를 초과하는 경우에는 연소 불안정 현상이 일어난 것으로 판별

한다고 하였으므로 C는 연소 불안정임을 알 수 있다. 또한 4문단에서는 '주요 진동 주파수를 측정하고 이를 연소실의 고유 주파수와 비교하여 연소 불안정의 원인을 판단한다'고 하였고, 열음향 연소 불안정인 경우 '연소실 압력 진동의 주파수는 일반적으로 1,000 ~ 2,000Hz 사이에 있다'고 하였는데, C의 주파수가 1,200Hz, 연소실 고유 주파수가 1,200Hz이므로 C는 열음향 연소 불안정임을 알 수 있다. 3문단에서 '열음향 연소 불안정은 연소실 파손이나 폭발을 유발할 수 있다.'고 하였고, A는 연소가 안정적인 경우이므로 적절하다.

⑤ C는 B와 달리 소리가 지닌 주파수와 열 방출 주파수가 일치하는 현상이 나타났겠군.
±5%를 초과하는 압력 진동을 고려할 때 B와 C는 연소 불안정임을 알 수 있고, 주요 진동 주파수와 연소실 고유 주파수를 비교해 볼 때 C에 열음향 연소 불안정이 발생했음을 알 수 있다. 3문단에서 열음향 연소 불안정은 '열 방출의 진동이 갖는 주파수와 소리의 진동이 갖는 주파수가 일치하'여 발생한다고 하였으므로 적절하다.

---

28 내용 이해 | 정답률 77% | 정답 ④

ⓐ, ⓑ에 대한 설명으로 적절하지 않은 것은?

① ⓐ는 연소실 고유 주파수를 변화시킨다.
5문단에서 ⓐ는 '기존의 연소실 고유 주파수를 변화'시킨다고 하였다.

② ⓐ는 연소실 내부의 공간적 특성을 변화시킨다.
5문단에서 ⓐ는 '연소실의 공간적 특성을 바꾼다'고 하였다.

③ ⓑ는 감소시킬 수 있는 주파수의 범위가 좁다.
5문단에서 ⓑ는 '감쇠할 수 있는 주파수의 범위가 좁다'고 하였다.

✔ ⓑ는 소리 에너지를 연소실 내부로 집중시킨다.
5문단에서 ⓑ는 '연소실 내부의 소리가 음향공 안에서도 진동하게 되어 소리 에너지가 분산된다'고 하였으므로 적절하지 않다.

⑤ ⓐ와 ⓑ는 모두 연소실 내의 소리 진동을 변화시킨다.
5문단에서 ⓐ와 ⓑ는 '연소실 내의 소리 진동을 변화시키는 기능을 한다'고 하였다.

---

29 내용 이해 | 정답률 75% | 정답 ②

액체 추진제 로켓의 연소 과정에 대해 이해한 내용으로 가장 적절한 것은?

① 분사기는 산화제와 액체 연료를 연소실 바깥으로 분사한다.
분사기는 산화제와 액체 연료를 연소실 내부로 분사한다.

✔ 연소 가스가 노즐을 통해 배출되어 로켓은 추진력을 얻는다.
2문단에서 '연소 가스는 노즐을 통과하여 로켓 바깥으로 배출되고, 그 반발력으로 로켓은 추진력을 얻을 수 있다'고 하였으므로 적절하다.

③ 연소가 진행되는 동안에는 추진제가 추가로 분사될 수 없다.
연소가 진행되는 동안에는 추진제가 지속적으로 분사되어야 한다.

④ 연료 탱크에 보관되어 있던 추진제는 산화제 탱크로 이동한다.
연료 탱크에 보관되어 있던 추진제는 연소실로 이동한다.

⑤ 추진제가 연소 반응을 거치면 연소 가스가 발생해 연소실의 압력은 낮아진다.
추진제가 연소 반응을 거치면 연소 가스가 발생해 연소실의 압력은 높아진다.

---

30 단어의 문맥적 의미 | 정답률 88% | 정답 ①

㉠의 문맥적 의미와 가장 유사한 것은?

✔ 봄이 되면 황사 현상이 자주 일어난다.
㉠은 '자연이나 인간 따위에게 어떤 현상이 발생하다.'라는 의미로 사용되었고, '봄이 되면 황사 현상이 자주 일어난다.'에서도 '자연이나 인간 따위에게 어떤 현상이 발생하다.'라는 의미로 사용되었으므로 적절하다.

② 그는 아침 일찍 일어나 공원을 산책했다.
'그는 아침 일찍 일어나 공원을 산책했다.'에서는 '잠에서 깨어나다.'라는 의미로 사용되었으므로 적절하지 않다.

③ 기쁨으로 환호성이 일어나자 모두 그쪽을 쳐다보았다.
'기쁨으로 환호성이 일어나자 모두 그쪽을 쳐다보았다.'에서는 '소리가 나다.'라는 의미로 사용되었으므로 적절하지 않다.

④ 모두 부지런히 일하여 가난하던 살림살이가 일어났다.
'모두 부지런히 일하여 가난하던 살림살이가 일어났다.'에서는 '약하거나 희미하던 것이 성하여지다.'라는 의미로 사용되었으므로 적절하지 않다.

⑤ 청렴한 사회를 이루기 위한 부패 추방 운동이 일어났다.
'청렴한 사회를 이루기 위한 부패 추방 운동이 일어났다.'에서는 '어떤 일이 생기다.'의 의미로 사용되었으므로 적절하지 않다.

31~33 현대시

(가) 박목월, 「하단에서」
감상 이 시는 자연물을 통해 인간의 삶에 대한 화자의 인식을 드러낸다. 시에서 화자는 자연물의 움직임을 통해 불안한 내면을 구체화하고, 소통이 단절된 상황에서 느끼는 고독감을 인간의 근원적 정서로 보편화하면서 수용하고 있다.
주제 인간의 근원적 고독에 대한 수용

(나) 함민복, 「감나무」
감상 이 시는 자연물을 통해 인간의 삶에 대한 화자의 인식을 드러낸다. 시에서 화자는 순환적 질서를 따르는 존재로 형상화된 자연물을 통해 인간의 모습을 발견하고, 이상을 추구하면서 자신을 엄격히 다스리는 삶의 태도를 보여 주고 있다.
주제 자신을 단호히 다스리며 이상을 추구하는 삶의 태도

---

31 표현상 특징 파악 | 정답률 70% | 정답 ⑤

(가), (나)의 표현상 특징으로 가장 적절한 것은?

① (가)는 직유법을 사용하여 대상을 선명하게 나타내고 있다.
(가)는 직유법을 사용하고 있지 않다.

② (가)는 수미상관의 방식을 통해 구조적 안정감을 얻고 있다.
(가)는 수미상관의 방식을 사용하고 있지 않다.

③ (나)는 감탄사를 활용하여 화자의 고조된 감정을 드러내고 있다.
(나)는 감탄사를 활용하고 있지 않다.

④ (가)와 (나)는 모두 명령형 어조를 사용하여 시적 긴장감을 높이고 있다.
(나)는 '보라'에서 명령형 어조를 사용하고 있지만, (가)는 명령형 어조를 사용하고 있지 않다.

✔ (가)와 (나)는 모두 동일한 종결 어미를 반복하여 리듬감을 형성하고 있다.
(가)와 (나) 모두 '-다'라는 동일한 종결 어미를 반복하여 리듬감을 형성하고 있으므로 적절하다.

---

32 시구의 의미와 기능 이해 | 정답률 87% | 정답 ⑤

㉠ ~ ㉤에 대한 이해로 적절하지 않은 것은?

① ㉠ : 간절함에서 비롯된 화자의 행동을 부각한다.
㉠의 '아무리'와 '불러도'는 '갈밭 속'에서 '동행을 잃은' 화자가 간절하게 '그'를 반복하여 부르는 행동을 부각하고 있으므로 적절하다.

② ㉡ : 원하는 행동을 할 수 없는 화자의 처지를 부각한다.
㉡의 '하지만'과 '이미'는 '젊은 시인'의 부름에 응답하고자 하는 행동을 할 수 없는 화자의 처지를 부각하고 있으므로 적절하다.

③ ㉢ : 곧게 뻗은 것 하나 없이 이리저리 구부러진 채 자란 가지의 모습을 부각한다.
㉢은 '함부로 곧게 뻗어 올린 가지 하나 없는' 감나무 가지의 모습을 구체적으로 형상화하여 부각하고 있으므로 적절하다.

④ ㉣ : 겉모습과 다르게 감나무가 굳은 열매를 가지고 있다는 특성을 부각한다.
㉣의 '애초부터'는 감나무의 겉모습이 '온몸이 부르터' '늙수그레'하지만 이와 다르게 감나무가 가진 '열매'는 처음부터 '단단하다'는 특성을 부각하고 있으므로 적절하다.

✔ ㉤ : 방황하는 존재에게 자신을 내어 주는 감나무의 특성을 부각한다.
㉤의 '새들'은 '둥지를 틀지 못하고' '앉아 있을' 쪼고 있으므로 '새'를 방황하는 존재로 볼 수도 있으나 감나무가 자신을 내어주는 특성을 지녔다고 보기는 어려우므로 적절하지 않다.

★★★ 등급을 가르는 문제!
33 외적 준거에 따른 감상 | 정답률 33% | 정답 ⑤

<보기>를 바탕으로 (가), (나)를 감상한 내용으로 적절하지 않은 것은? [3점]

─ 보 기 ─
시에서 자연은 인간의 삶에 대한 화자의 인식을 드러내는 데 활용되기도 한다. (가)에서 화자는 자연물의 움직임을 통해 불안한 내면을 구체화하고, 소통이 단절된 상황에서 느끼는 고독감을 인간의 근원적 정서로 보편화하면서 수용하고 있다. (나)에서 화자는 순환적 질서를 따르는 존재로 형상화된 자연물을 통해 인간의 모습을 발견하고, 이상을 추구하면서 자신을 엄격히 다스리는 삶의 태도를 보여 주고 있다.

① (가)에서는 '나는 혼자였다'며 소통이 단절된 상황을 인식한 화자가 '누구나' '동행을 잃기 마련'이라고 한 것에서 자신의 상황을 보편화하여 인식하고 있음을 알 수 있군.
(가)에서 '갈밭 속'을 '젊은 시인과 함께' 가던 화자가 자신이 '혼자였다'고 한 것은 소통이 단절된 것이라고 볼 수 있고 '누구나' '동행을 잃기 마련'이라 한 것은 화자가 그러한 상황을 모든 사람에게 당연히 일어나는 보편적인 것으로 인식한 것이라고 볼 수 있으므로 적절하다.

② (나)에서는 '가을'에 '열매를 매'단 후 '눈바람 치면 다시 알몸으로' '동안거에' 든다는 것에서 화자가 계절의 변화에 따른 자연의 순환적 속성을 인식하고 있음을 알 수 있군.
(나)에서 '가을'이 지난 후 '눈바람 치'는 것에서 계절의 변화를 알 수 있으며 감나무가 '열매를 매'단 후 '다시 알몸으로' '동안거'에 든다는 것에서 화자가 자연의 순환적 속성을 인식하고 있다고 볼 수 있으므로 적절하다.

③ (나)에서는 '하늘 길을 가면서' '태양에 대한 치열한 사유에 온몸이 부르'텄다는 것에서 화자가 자연물의 모습을 통해 이상에 도달하려는 자세를 보여 주고 있음을 알 수 있군.
(나)에서 '하늘 길을 가면서'는 감나무가 이상에 도달하려는 것으로 볼 수 있으며 '태양에 대한 치열한 사유에 온몸이 부르'텄다는 것에서 화자가 감나무를 통해 이상에 도달하려는 치열한 자세를 인식하고 있다고 볼 수 있으므로 적절하다.

④ (가)에서는 '갈대 안'에 있으면서 '바람이 부는 것도 아닌데' '갈밭'이 '흔들린다'고 느끼는 것에서 화자가 자연물의 움직임을 통해 불안한 내면을 드러내고 있음을, (나)에서는 '무슨 생각'이 '많았던지' '참 늙어 보인다'고 한 것에서 화자가 자연물을 통해 인간의 모습을 떠올리고 있음을 알 수 있군.
(가)에서 '갈대 안'에 있는 화자가 '갈밭'이 흔들린다고 느낀 것에서 갈밭에 있는 갈대의 흔들림을 통해 화자가 불안한 내면을 드러내고 있음을 알 수 있으며, (나)에서 화자가 감나무의 모습을 '참 늙어 보인다'고 하고 '무슨 생각'이 '많았던지'라고 그 이유를 짐작한 것에서 화자가 감나무를 통해 인간의 모습을 떠올리고 있다고 볼 수 있으므로 적절하다.

✔ (가)에서는 '음성'이 '내면으로 되돌아오고' '어쩔 수 없이' '흔들'린다는 것에서 화자가 고독감을 인간의 근원적 정서로 받아들이고 있음을, (나)에서는 '땡감을, 떨구'게 하는 시련을 겪지 않기 위해 '아니다 싶은 가지'를 '분질러 버린다'는 것에서 화자가 자연물을 통해 자신을 엄격히 다스리는 삶의 태도를 인식하고 있음을 알 수 있군.
(가)에서 화자의 '음성'이 '내면으로 되돌아오고' 화자가 '흔들'린다는 것에서 다른 사람과 소통할 수 없는 화자의 고독감을 알 수 있으며 그런 흔들림이 '어쩔 수 없다'는 것에서 화자가 고독감을 모든 사람이 지닌 인간의 근원적 정서로 받아들이고 있음을 알 수 있어 적절하다. (나)에서 감나무가 '땡감을, 떨구'는

[문제편 p.162]

것은 감나무가 자신을 다스리는 단호하고 엄격한 태도를 나타내는 것으로 '아니다 싶은 가지'를 '분질러 버린다'는 것과 유사한 의미로 사용되었으므로 적절하지 않다.

34~37 현대 소설

서영은, 「삼각돛」

감상 작품 속에서 억압적인 상황에 처한 인간은 현실과 타협함으로써 주체성이 결여된 모습을 보이기도 하지만, 상황에 굴복하지 않는 결연한 태도를 보이며 인간으로서의 존엄을 지키기도 한다. 이를 통해 작품은 직장 내 부조리한 상황에 처한 인물들을 중심으로 현실을 극복하고자 하는 실천적 대응 방식과 인간적 실존 회복에 대한 욕망을 드러내고 있다.

주제 부조리한 현실에 대응하는 방식과 인간적 실존 회복에 대한 욕망

---

34 서술상의 특징 파악 ｜정답률 89% ｜정답 ④

윗글의 서술상 특징으로 가장 적절한 것은?

① 방언의 활용을 통해 토속적 분위기를 드러내고 있다.
　방언의 활용을 통해 토속적 분위기를 드러내고 있지 않다.

② 시대적 배경에 대한 서술을 통해 갈등의 원인을 제시하고 있다.
　시대적 배경에 대한 서술을 통해 갈등의 원인을 제시하고 있지 않다.

③ 서술자가 교체되면서 인물 간의 갈등을 효과적으로 드러내고 있다.
　서술자가 교체되고 있지 않다.

✓④ 이야기 내부의 서술자가 다른 인물에 대한 자신의 생각을 드러내고 있다.
　이야기 내부의 서술자인 '나'가 명훈에 대한 자신의 생각을 '그럴 때조차 그는 ~ 능력 밖일 것이다.', '명훈은 우리가 ~ 우리의 몫까지.' 등과 같이 드러내고 있으므로 적절하다.

⑤ 현재와 과거의 사건을 빈번하게 교차하여 사건 해결의 실마리를 제시하고 있다.
　현재와 과거의 사건을 빈번하게 교차하여 사건 해결의 실마리를 제시하고 있지 않다.

---

35 내용 이해 ｜정답률 84% ｜정답 ④

서사의 흐름을 고려할 때 ㉠ ~ ㉤에 대한 설명으로 적절하지 <u>않은</u> 것은?

① ㉠ : 편집국 사람들이 명훈에 대해 부정적으로 생각하게 된 원인이 드러나 있다.
　'편집국 사람들은 횟수가 잦아짐에 따라 ~ 여기게 되었다'고 하였으므로 적절하다.

② ㉡ : 국장이 결과를 빌미로 명훈을 추궁하는 상황이 드러나 있다.
　국장이 '과정이야 어떻게 됐든 ~ 중요'하게 여기며 명훈을 '추궁'했다고 하였으므로 적절하다.

③ ㉢ : 명훈의 의자가 고장난 것을 몰랐던 '우리'의 상황이 드러나 있다.
　명훈의 의자가 '나사가 빠졌는지 ~ 기우뚱 쓰러'지는 상태였지만 '우리는 아무도' 그 사실을 몰랐다고 하였으므로 적절하다.

✓④ ㉣ : 이경숙이 '나'의 행동을 자제시키려 하는 모습이 드러나 있다.
　이경숙이 '내 옆구리를 꾹' 찌른 후 '라운지를 가리키는 듯', '눈을 찡긋'하였고 이후 라운지로 이동하여 '창가 자리에 앉아 있었다'는 것을 보아, '나'의 행동을 자제시키는 것이 아니므로 적절하지 않다.

⑤ ㉤ : 문화부 사람들이 명훈의 부재를 익숙하게 여기는 상황이 드러나 있다.
　명훈이 떠난 후 '빈 채로 남겨져' 있었던 명훈의 의자가 '손님이 올 때마다 ~ 사람에게 내돌리어'졌다고 하였으므로 적절하다.

---

36 공간의 의미 파악 ｜정답률 82% ｜정답 ②

라운지에 대한 설명으로 가장 적절한 것은?

① 인물들이 명훈과의 재회를 확신하는 공간이다.
　인물들은 '라운지'에서 명훈과의 재회를 확신하고 있지 않다.

✓② 인물들이 명훈을 매개로 동질감을 느끼는 공간이다.
　'라운지'는 '나'와 이경숙이 만나서 '가만히 있어도 ~ 느낄 수 있었'던 장소이므로 '나'와 이경숙이 명훈을 매개로 동질감을 느낀 공간이라는 진술은 적절하다.

③ 인물들이 명훈이 숨기고 있던 비밀을 밝혀내는 공간이다.
　인물들은 '라운지'에서 명훈이 숨기고 있던 비밀을 밝혀내고 있지 않다.

④ 인물들이 명훈과 자신들의 권위를 비교하고 있는 공간이다.
　인물들은 '라운지'에서 명훈과 자신들의 권위를 비교하고 있지 않다.

⑤ 인물들이 명훈과 다른 자신들의 처지에 만족감을 느끼는 공간이다.
　인물들은 '라운지'에서 명훈과 다른 자신들의 처지에 만족감을 느끼고 있지 않다.

---

37 외적 준거에 따른 감상 ｜정답률 60% ｜정답 ①

〈보기〉를 바탕으로 윗글을 감상한 내용으로 적절하지 <u>않은</u> 것은? [3점]

〈보기〉

억압적인 상황에 처한 인간은 현실과 타협함으로써 주체성이 결여된 모습을 보이기도 하지만, 상황에 굴하지 않는 결연한 태도를 보이며 인간으로서의 존엄을 지키는 모습을 보이기도 한다. 이 작품은 직장 내 부조리한 상황에 처한 인물들을 중심으로 현실을 극복하고자 하는 실천적 대응 방식과 인간적 실존 회복에 대한 욕망을 드러내고 있다.

✓① '명훈'이 '자기 담당'의 일에 '능력껏' '미봉책'을 마련해 두었던 것은 굴복을 강요하는 현실과 타협한 모습이겠군.
　'명훈'이 '자기 담당'의 일에 '능력껏 ~ 미봉책을 마련해 놓'았던 것은 문제가 생긴 상황에서 자신이 처한 현실 속에서 노력한 모습이지, 굴복을 강요하는 현실과 타협한 모습이라고 할 수 없으므로 적절하지 않다.

② '우리'가 국장 앞에서 '변명'하고 '남을 탓'하며 상황을 모면했다는 것에서 주체성을 상실한 인간의 모습을 엿볼 수 있군.
　국장이 '우리가 그랬던 것처럼 ~ 만들고 싶은지도 모른다'에서 국장 앞에서 변명하고 남을 탓하며 상황을 모면했던 우리의 모습을 짐작할 수 있고 이는 현실과 타협함으로써 주체성이 결여된 모습이라 할 수 있으므로 적절하다.

③ '나'가 떠나버린 명훈을 떠올리며 '가슴' '설레'하는 것에서 억압적인 상황에 처한 인물의 실존 회복에 대한 욕망을 엿볼 수 있군.
　'나'가 떠나버린 명훈을 '나의 새'로 비유하며 '자신의 새가 ~ 날아다니기를 바라'며 '사뭇 가슴이 설레였'다는 것에서 억압적인 상황에 처한 인물의 실존 회복에 대한 욕망을 확인할 수 있으므로 적절하다.

④ '명훈'이 '다시는' '되돌아오지' 않을 것처럼 자리를 정리하고 떠난 것은 부조리한 상황에 실천적으로 대응하는 인물의 모습이겠군.
　명훈이 '다시는 이 책상 앞으로 되돌아오지' 않을 것처럼 '책꽂이는 잘 ~ 깨끗이 치워진' 상태로 떠난 것에서 부조리한 상황에서 벗어나기 위해 실천적으로 대응하는 인물의 모습을 확인할 수 있으므로 적절하다.

⑤ '나'가 상상하는, '비바람' 속에서도 '끝내 그곳에 이를' '펠리컨 새'는 인간으로서의 존엄을 지키려는 결연한 의지를 상징하는 것이겠군.
　'나'가 '펠리컨 새는 ~ 그곳에 이를' 것이라 말하는 것에서 '나'가 상상한 펠리컨 새가 인간으로서의 존엄을 지키려는 결연한 의지를 상징한다고 할 수 있으므로 적절하다.

38~41 갈래 복합

(가) 정언유, 「탐라별곡」

감상 이 작품에는 지방관으로서 관할 지역을 순시했던 작가의 모습이 드러나 있다. 사대부들이 백성을 사랑해야 한다는 유교 윤리에 따라 그들을 교화해야 하는 책무를 지녔듯이, 이 작품은 백성들의 삶을 인식하고 백성들에게 도덕적인 삶을 권면하는 태도를 드러내고 있다.

주제 백성들의 현실적 삶에 대한 인식과 도덕적 삶에 대한 권면

(나) 채제공, 「안화설」

감상 이 작품에는 지방관으로서 관할 지역을 순시했던 작가의 모습이 드러나 있다. 사대부들이 임금에게 충성해야 한다는 유교 윤리에 따라 그에게 간언해야 하는 책무를 지녔듯이, 이 작품은 개인적인 경험을 바탕으로 임금이 유념해야 할 교훈을 제시하고자 하는 의도를 드러내고 있다.

주제 임금이 유념해야 할 교훈에 대한 제시

---

38 표현상의 공통점 파악 ｜정답률 66% ｜정답 ①

(가)와 (나)의 공통점으로 가장 적절한 것은?

✓① 설의적 표현을 통해 의미를 강조하고 있다.
　(가)는 '의식이 군색하니 흥미가 있을쏜가', '무엇으로 빚을 갚고 어디에서 꾸어 살아날꼬' 등에서, (나)는 '억조 백성의 목숨이 누구인들 임금 한 사람에게 달려 있지 않겠는가' 등에서 각각 설의적 표현을 통해 의미를 강조하고 있으므로 적절하다.

② 언어유희를 통해 분위기를 희화화하고 있다.
　(가)와 (나)에는 언어유희가 나타나지 않는다.

③ 연쇄적 표현을 통해 생동감을 드러내고 있다.
　(가)와 (나)에는 연쇄적 표현이 나타나지 않는다.

④ 불가능한 상황의 가정을 통해 주제 의식을 부각하고 있다.
　(가)와 (나)에는 불가능한 상황의 가정이 나타나지 않는다.

⑤ 자연물에 감정을 이입하는 방식을 통해 정서를 표현하고 있다.
　(가)와 (나)에는 자연물에 감정을 이입하는 방식이 나타나지 않는다.

---

39 표현 의도 파악 ｜정답률 75% ｜정답 ③

㉠ ~ ㉤에 대한 이해로 적절하지 <u>않은</u> 것은?

① ㉠ : 자신들이 처한 상황에 대해 호소하고자 하는 절박한 태도가 나타난다.
　㉠은 굶주린 백성이 지방관인 작가의 가마를 잡고 목숨이 나라에 달렸다고 호소하는 내용을 담고 있으므로 적절하다.

② ㉡ : 도움을 요청하기도 어렵고 요청하지 않기도 어려운 곤혹스러운 상황이 나타난다.
　㉡은 해마다 나라에서 구호미를 얻어 와 곡식을 더 청하기도 면목이 없고, 생계가 막연해 나라에 곡식을 청하지 않기도 어렵다는 의미를 담고 있으므로 적절하다.

✓③ ㉢ : 외부 세계와 소통하기 위해 노력했던 과거의 행적이 나타난다.
　㉢은 순풍의 힘으로 험한 바다라는 제약을 넘어 외부 세계에 민생의 실정을 알리며 소통하고 싶다는 의미를 담고 있을 뿐, 과거에 외부 세계와 소통하기 위해 노력했던 행적을 언급하고 있는 것이 아니므로 적절하지 않다.

④ ㉣ : 상대가 하는 말의 내용에 대해 의아하게 여기는 마음이 나타난다.
　㉣은 찬안의 꽃을 준비하지 못했다는 의주 부윤의 말을 마땅하지 않게 여기며 그 말의 이유를 궁금하게 여기는 의미를 담고 있으므로 적절하다.

⑤ ㉤ : 같은 대상의 비위를 맞추기 위해 다투어 노력하고 있는 상황이 나타난다.
　㉤은 여러 고을이 관찰사의 마음에 더 들기 위해 관찰사가 좋아한다고 알고 있는 꽃을 열심히 만들고 있다는 의미를 담고 있으므로 적절하다.

40 소재 기능 파악 　　　　정답률 64% | 정답 ①

ⓐ와 ⓑ에 대한 이해로 가장 적절한 것은?

☑ ① ⓐ는 대상을 이해하는 계기가 된 것이고, ⓑ는 대상에 대한 오해가 반영된 것이다.
ⓐ가 가리키는 내용은 지방관인 작가가 직접 파악한 현지 백성들의 어려운 생활 실정으로, 작가가 백성에 대해 이해하는 계기가 된 것이라고 할 수 있다. 그리고 ⓑ가 가리키는 내용은 관서의 여러 고을이 찬안을 올릴 때마다 늘 천박하게 꽃 장식을 더하여 비웃을 만하다는 것으로, 이는 작가가 각 고을이 자신의 비위를 맞추려고 어쩔 수 없이 꽃 장식을 하고 있음을 알지 못한 오해가 반영된 것이라고 할 수 있다. 따라서 이 진술은 적절하다.

② ⓐ는 대상에 대한 기대에 부합하는 것이고, ⓑ는 대상에 대한 예찬의 근거가 되는 것이다.
ⓐ는 대상에 대한 기대에 부합하는 것이라 볼 수 없고, ⓑ는 대상에 대한 예찬의 근거가 되는 것이라 볼 수 없다.

③ ⓐ는 대상에 대한 관조적 자세가 드러난 것이고, ⓑ는 대상에 대한 성찰적 자세가 드러난 것이다.
ⓐ는 대상에 대한 관조적 자세가 드러난다고 볼 수 없고, ⓑ는 대상에 대한 성찰적 자세가 드러난 것이라 볼 수 없다.

④ ⓐ는 대상과의 갈등이 해결된 이유가 되는 것이고, ⓑ는 대상에 대한 내적 갈등이 유발된 원인이 되는 것이다.
ⓐ는 대상과의 갈등이 해결된 이유가 되는 것이라 볼 수 없고, ⓑ는 대상에 대한 내적 갈등이 유발된 원인이 되는 것이라 볼 수 없다.

⑤ ⓐ는 대상의 상태가 지속되기를 바라는 마음이 담겨 있는 것이고, ⓑ는 대상의 형편이 나아지기를 바라는 마음이 들어 있는 것이다.
ⓐ는 대상의 상태가 지속되기를 바라는 마음이 담겨 있다고 볼 수 없고, ⓑ는 대상의 형편이 나아지기를 바라는 마음이 들어 있는 것이라 볼 수 없다.

41 외적 준거에 따른 감상 　　　　정답률 67% | 정답 ④

〈보기〉를 바탕으로 (가), (나)를 감상한 내용으로 적절하지 않은 것은? [3점]

───〈보 기〉───
조선 시대 관직에 오른 사대부들은 임금에게 충성하고 백성을 사랑해야 한다는 유교 윤리에 따라 백성을 교화하고 임금에게 간언해야 하는 책무가 있었다. (가)와 (나)에는 지방관으로서 관할 지역을 순시했던 작가의 모습이 드러나 있다. (가)에는 작가가 백성들의 삶을 인식하고 백성에게 도덕적인 삶을 권면하는 태도가, (나)에는 작가가 개인적인 경험을 바탕으로 임금이 유념해야 할 교훈을 제시하고자 하는 의도가 드러난다.

① (가)에서 '남은 이삭'조차 '빈 꺼풀뿐'인 '병마로 짓밟은 듯'한 '밭이랑'을 '돌아보'는 것에서 백성들의 어려운 삶을 살피는 작가의 모습을 확인할 수 있군.
(가)에서 악우천 때문에 농사를 망쳐 '병마로 짓밟은 듯'하게 되어 '남은 이삭'조차 '빈 꺼풀뿐'인 '밭이랑'을 '돌아보'는 것에서 백성들의 어려운 삶을 살피는 작가의 모습을 확인할 수 있으므로 적절하다.

② (가)에서 '천은을 잊지' 않고 '부자형제 상애'하며 '도리'를 다하면 '빈천을 벗어'날 것이라고 하는 것에서 백성들이 유교 이념에 따른 삶을 살도록 권면하는 작가의 태도를 확인할 수 있군.
(가)에서 살아가는 백성들에게 '천은을 잊지' 않고 '부자형제 상애'하며 '도리'를 지키면 빈천에서 벗어날 것이라고 하는 것에서 작가가 백성들에게 유교 이념에 따른 삶을 살도록 권면하는 태도를 확인할 수 있으므로 적절하다.

③ (나)에서 '말마다 아첨하며 일마다 좇'는 자들이 '나라를 좀먹고 백성을 해'쳐 '나라가 그에 따라 멸망'할 수도 있다고 하는 것에서 임금에게 교훈을 주고자 하는 작가의 의도를 확인할 수 있군.
(나)에서 작가가 '말마다 아첨하며 일마다 좇'는 자들이 '나라를 좀먹고 백성을 해'쳐 '나라가 그에 따라 멸망'할 수도 있다고 임금을 가까이에서 모시는 자들에 대해 경계하는 것에서 임금에게 교훈을 주고자 하는 작가의 의도를 확인할 수 있으므로 적절하다.

☑ ④ (가)에서 '우리 임금'이 '추우신'지 염려하는 모습과 (나)에서 '임금으로 하여금' '좋아하는 것을 손에서 놓지 못하게' 해야 한다는 것에서 임금에 대한 작가의 충성심을 확인할 수 있군.
(가)의 작가가 '우리 임금'이 추울까 염려하는 것은 임금에 대한 충성을 표하는 관직자의 모습으로 볼 수 있다. 그러나 (나)에서는 작가가 '임금의 처소 가까이에서 모시는 자들'이 임금이 '좋아하는 것'을 '손에서 놓지 못하게' 하는 것을 아첨하는 것으로 보고 이를 경계하고 있으므로, 임금이 '좋아하는 것'을 '손에서 놓지 못하게' 해야 한다는 것을 통해 임금에 대한 작가의 충성심을 확인할 수 있다는 진술은 적절하지 않다.

⑤ (가)에서 백성의 '간고'를 '어이 모르'겠느냐며 '슬프다'고 하는 것과 (나)에서 '억조 백성의 목숨'이 달린 '임금'의 역할을 강조하는 것에서 관직자로서 백성을 사랑해야 한다는 작가의 인식을 확인 할 수 있군.
(가)에서 작가가 백성의 '간고'를 '어이 모르'겠느냐며 '슬프다'고 아픈 마음을 표현하는 것과 (나)에서 '억조 백성의 목숨'이 달려 있기 때문에 '임금'의 '역할'이 중요하다고 강조하는 것에서 관직자로서 백성을 사랑해야 한다는 작가의 인식을 확인할 수 있으므로 적절하다.

42~45 고전 소설

작자 미상, 「음양옥지환」

　감상　이 작품은 영웅 소설의 구조를 따르면서 영웅적 주인공으로 남장을 한 여성을 등장시킨다. 작품에서 주인공은 비범한 능력을 발휘하여 국가적 차원의 위기를 극복하고 사회적 성취를 이루게 된다. 한편 두 남녀 주인공은 개인적, 국가적 차원의 고난을 극복하고, 옥가락지를 매개로 하늘이 정해 준 배필을 찾아 서로를 알아보게 된다.
　주제　국가적 차원의 위기 극복과 사회적 성취

42 서술상의 특징 파악 　　　　정답률 44% | 정답 ①

윗글에 대한 설명으로 가장 적절한 것은?

☑ ① 서술자가 개입하여 주관적 감정을 드러내고 있다.
'상이 방성대곡하시고 ~ 차마 보지 못할러라'에서 서술자가 개입하여 주관적 감정을 드러내고 있으므로 적절하다.

② 예화를 열거하는 방식으로 인물의 성격을 나타내고 있다.
예화를 열거하는 방식이 드러나지 않으므로 적절하지 않다.

③ 대화와 삽입된 노래를 통해 인물들의 심회를 나타내고 있다.
대화와 삽입된 노래가 드러나지 않으므로 적절하지 않다.

④ 인물의 외양을 과장되게 묘사하여 비극적 분위기를 드러내고 있다.
인물의 외양을 과장되게 묘사하고 있지 않으므로 적절하지 않다.

⑤ 우화적 기법을 활용하여 당대의 현실에 대한 비판을 드러내고 있다.
우화적 기법을 활용하고 있지 않으므로 적절하지 않다.

43 내용 이해 　　　　정답률 57% | 정답 ④

윗글의 내용에 대한 이해로 적절하지 않은 것은?

① 화소저의 부친은 유씨가 본래 선한 사람이 아니라는 것을 알고 있었다.
화소저의 부친이 유서에서 '너의 계모 유씨는 ~ 착하지 못한지라.'라고 했으므로 적절하다.

② 화소저와 춘매는 태화산에서 노파를 만나게 된다.
'화소저가 춘매를 데리고 ~ 태화산을 찾아'가다가 만난 '한 노파'가 '이 산이 곧 태화산'이라고 했으므로 적절하다.

③ 소낭자는 경태와의 싸움에서 이긴 후 명제의 항복을 요구한다.
소낭자가 경태와 '어우러져 싸워 ~ 좇아 떨어지니' 소낭자가 '명제는 빨리 ~ 잔명을 보전하라'라고 했으므로 적절하다.

☑ ④ 소낭자의 계교에 속아서 원수는 대동부 성하를 떠나게 된다.
원수가 '성'에서 탐마의 말을 듣고 '내 그릇 ~ 이곳에 왔는지라.'라고 하는 것에서 원수가 소낭자의 계교에 속아 대동부 성하로 온 것을 알 수 있으므로 적절하지 않다.

⑤ 소낭자와 엄담은 매총병의 군마가 나타난 뒤 물러나게 된다.
'문득 함성이 ~ 군을 거두어 돌아가거늘'이라고 했으므로 적절하다.

44 내용 이해 　　　　정답률 58% | 정답 ⑤

ⓐ, ⓑ에 대한 이해로 가장 적절한 것은?

① ⓐ에는 청자를 위협에 빠뜨리는 내용이 포함되어 있다.
ⓐ에는 청자인 원수를 위협에 빠뜨리는 내용이 포함되어 있지 않다.

② ⓑ에는 청자를 염려하는 내용이 포함되어 있다.
ⓑ에는 청자인 원수를 염려하는 내용이 포함되어 있지 않다.

③ ⓐ에는 ⓑ와 달리 청자가 원했던 결과가 포함되어 있다.
ⓐ에는 청자인 원수가 원했던 결과가 포함되어 있지 않다.

④ ⓑ에는 ⓐ와 달리 청자를 회유하려는 의도가 포함되어 있다.
ⓑ에는 청자인 원수를 회유하려는 의도가 포함되어 있지 않다.

☑ ⑤ ⓐ와 ⓑ에는 모두 청자가 알지 못했던 정보가 포함되어 있다.
ⓐ에는 유탁이 '방문을 열고 ~ 형영이 없다'는 데에서 소저가 '침소'에 없다는, 청자인 유씨가 알지 못했던 정보가 포함되어 있고, ⓑ에는 '천자가 서문을 나 백하로 가셨다'는 데에서 천자가 향한 곳이 '백하'라는, 청자인 원수가 알지 못했던 정보가 포함되어 있음을 확인할 수 있으므로 적절하다.

45 외적 준거에 따른 감상 　　　　정답률 46% | 정답 ②

〈보기〉를 참고하여 윗글을 감상한 내용으로 적절하지 않은 것은? [3점]

───〈보 기〉───
영웅의 일대기 구조를 따르는 영웅 소설에서 주인공은 두 번의 위기를 겪는다. 첫 번째 위기는 개인적 차원의 위기로 이를 극복하는 과정에서 주인공은 초월적 능력을 지닌 조력자를 만나게 된다. 두 번째로는 국가적 차원의 위기로서 주인공은 비범한 능력을 발휘해 이를 극복하고 사회적 성취를 이루게 된다. 「음양옥지환」은 이러한 영웅 소설의 구조를 따르면서 영웅적 주인공으로 남장을 한 여성이 등장한다는 점에서 특징적이다.

① 유씨가 소저를 무수히 구박하여 소저가 집을 떠나게 된다는 것에서 주인공의 개인적 위기가 계모에 의한 가족 내 갈등 때문임을 확인할 수 있군.
유씨가 '네 나의 좋은 말 ~ 장차 어찌할쏘냐?'라며 소저를 '무수히 구박하고 돌아'갔다는 것에서 주인공의 개인적 위기가 계모에 의한 가족 내 갈등 때문임을 확인할 수 있으므로 적절하다.

☑ ② 소저가 유택을 피하기 위한 방책으로 남장을 생각해 낸 것에서 주인공이 자신의 위기를 극복하는 과정에서 지혜를 발휘하고 있음을 확인할 수 있군.
소저는 '남복을 개착'하라는 '부친의 유서'를 보고 남장을 생각해 낸 것이지 소저가 지혜를 발휘해 남장을 생각해 낸 것은 아니므로 적절하지 않다.

③ 부친의 유서에 따라 찾아간 벽하선자가 이미 소저가 올 것을 알고 있다는 것에서 주인공이 초월적 능력을 지닌 조력자를 만나게 됨을 확인할 수 있군.
'태화산 숭녕관을 찾아가면 자연 구할 사람이 있으리라'는 부친의 유서에 따라 찾아간 '태화산'에서 여관이 '귀객 양인이 오리라'는 것을 선생이 말씀하셔서 알고 있었다는 것에서 주인공이 초월적 능력을 지닌 조력자를 만나게 됨을 확인할 수 있으므로 적절하다.

④ 원수가 적장과 적졸을 순식간에 무찌르고 천자를 구한다는 것에서 주인공이 비범한 능력을 바탕으로 영웅적 면모를 발휘함을 확인할 수 있군.
원수가 '자전금을 둘러 ~ 사면으로 흩어'지게 하여 '천자를 구'한다는 데에서 비범한 능력을 바탕으로 영웅적 면모를 발휘함을 확인할 수 있으므로 적절하다.

⑤ 천자가 하늘이 명실을 위하여 낸 사람이라며 원수에게 벼슬을 하사한다는 것에서 국가적 위기를 극복한 주인공이 사회적 성취를 얻게 됨을 확인할 수 있군.
엄담과 소낭자를 물리친 원수에게 천자가 '벼슬'을 하사했다는 데에서 국가적 위기를 극복한 주인공이 사회적 성취를 얻게 됨을 확인할 수 있으므로 적절하다.

• 정답 •

01 ① 02 ⑤ 03 ④ 04 ③ 05 ② 06 ③ 07 ③ 08 ① 09 ⑤ 10 ② 11 ② 12 ④ 13 ⑤ 14 ③ 15 ⑤
16 ③ 17 ⑤ 18 ④ 19 ④ 20 ⑤ 21 ① 22 ④ 23 ④ 24 ⑤ 25 ③ 26 ③ 27 ⑤ 28 ① 29 ③ 30 ③
31 ⑤ 32 ② 33 ① 34 ② 35 ③ 36 ③ 37 ④ 38 ④ 39 ④ 40 ④ 41 ⑤ 42 ③ 43 ② 44 ② 45 ④

★ 표기된 문항은 [등급을 가르는 문제]에 해당하는 문항입니다.

[01~03] 화법

01 말하기 방식 파악
정답률 79% | 정답 ①

발표자의 말하기 방식에 대한 설명으로 가장 적절한 것은?

☑ **화제를 선정한 이유를 밝히며 발표를 시작하고 있다.**
1문단의 '우리가 잘 모르는 이 기술이 일상에서 ~ 알려 드리고자 발표를 준비했습니다.'를 통해, 발표자는 화제를 선정한 이유를 밝히면서 발표를 시작하고 있음을 알 수 있다.

② 인용한 자료의 출처를 밝히며 발표를 마무리하고 있다.
이 발표에서 발표자는 인용한 자료의 출처를 밝히며 발표를 마무리하지 않고 있으므로 적절하지 않다.

③ 발표 대상의 종류를 열거하며 문제점을 제시하고 있다.
2문단에서 발표 대상인 '광용적맥파 측정 기술'의 의미와 구성에 대해 설명하고 있지만, '광용적맥파 측정 기술'의 종류를 열거하면서 문제점을 제시하지는 않고 있으므로 적절하지 않다.

④ 잘못된 통념을 지적하며 발표 내용의 의의를 제시하고 있다.
이 발표에서 '광용적맥파 측정 기술'과 관련된 잘못된 통념을 지적하면서 발표 내용의 의의를 제시하지는 않고 있으므로 적절하지 않다.

⑤ 화제와 관련된 구체적 수치를 언급하며 발표를 진행하고 있다.
이 발표에서 '광용적맥파 측정 기술'과 관련된 구체적 수치를 언급하며 발표를 진행하지 않고 있으므로 적절하지 않다.

02 발표 전략의 파악
정답률 61% | 정답 ⑤

다음을 바탕으로 위 발표가 진행되었다고 할 때, 발표자가 사용한 발표 전략으로 적절하지 않은 것은?

청중 분석
㉠ 광용적맥파 측정 기술에 대해 모르는 학생이 많음.
㉡ 빛의 일반적인 특성에 대해 배운 내용을 기억하지 못하는 학생이 있음.
㉢ 스마트 기기에서 나오는 빛이 왜 녹색인지 궁금해할 것임.

제재 분석
㉣ PPG 센서는 기능에 따라 두 가지 요소로 구성됨.
㉤ 광용적맥파 측정 기술은 혈류량에 따른 빛의 반사량의 차이를 이용함.

① ㉠을 고려하여, 광용적맥파 측정 기술이 흔히 사용되는 일상의 사례들을 동영상으로 제시하여 청중의 흥미를 유발해야지.
1문단에서 발표자는 동영상을 통해 광용적맥파 측정 기술이 일상에서 흔하게 사용되는 사례를 보여 주고 있다. 따라서 발표자는 ㉠을 고려하여 동영상을 통해 청중의 흥미를 유발하고 있음을 알 수 있다.

② ㉡을 고려하여, 빛이 물질을 만났을 때 나타나는 현상을 그림 2로 제시하여 청중의 배경지식을 활성화해야지.
2문단에서 '그림 2'를 통해 빛의 투과, 흡수, 산란, 반사 등의 특성을 설명하고 있다. 따라서 발표자는 ㉡을 고려하여 청중의 배경지식을 활성화하고 있음을 알 수 있다.

③ ㉢을 고려하여, 혈액 속 헤모글로빈의 붉은색이 녹색과 보색 관계임을 확인할 수 있는 색상환을 그림 3으로 제시하여 청중의 궁금증을 해소해야지.
2문단에서 '그림 3'을 통해 혈액 속 헤모글로빈이 붉은색이라서 보색인 녹색을 잘 흡수함을 설명하고 있다. 따라서 발표자는 ㉢을 고려하여 청중의 궁금증 해소를 돕고 있음을 알 수 있다.

④ ㉣을 고려하여, 빛을 내보내는 LED와 빛을 감지하는 광센서의 모습을 보여 주는 도식을 그림 1로 제시하여 제재의 특성을 분명하게 드러내야지.
2문단에서 PPG 센서의 구성을 설명하기 위해 '그림 1'을 제시하여 LED와 광센서의 모습을 보여 주는 도식을 제시하고 있다. 따라서 발표자는 ㉣을 고려하여 제재의 특성을 분명하게 드러내고 있음을 알 수 있다.

☑ **㉤을 고려하여, 빛의 반사량이 측정 부위의 혈류량에 비례함을 확인할 수 있는 측정 결과를 그래프로 제시하여 제재의 특성을 쉽게 설명해야지.**
2문단에서 '측정 부위의 혈류량이 많을 때는 빛의 흡수량이 늘어나 ~ 상대적으로 반사되는 빛이 많아집니다.'라는 내용을 설명하기 위해 그래프를 제시하였음을 알 수 있다. 하지만 빛의 반사량과 측정 부위의 혈류량은 반비례하므로 적절하지 않다.

03 청중 반응의 적절성 파악
정답률 86% | 정답 ④

〈보기〉는 위 발표를 들은 학생들의 반응이다. 학생의 반응을 이해한 내용으로 적절하지 않은 것은?

〈보 기〉

학생 1 : 평소에 스마트 기기를 통한 건강 정보 측정 원리에 대해 궁금했었는데, 발표를 들으면서 빛을 이용해 심장 박동에 따른 맥박을 측정하는 것임을 알 수 있어서 좋았어.
학생 2 : 예전에 스마트 손목시계로 맥박을 측정해 정확하지 않았던 적이 있었어. 그 이유를 설명해 주지 않아 아쉬웠는데, 발표자의 누리집에서 추가 자료를 확인해 봐야겠어.
학생 3 : 광용적맥파 측정 기술이 예술 분야에서는 어떻게 활용되고 있는 것이지? 좀 더 자세히 설명해 줬으면 좋을 것 같아.

① 학생 1은 발표를 통해 새롭게 알게 된 정보를 긍정적으로 받아들이고 있군.
학생 1의 '발표를 들으면서 ~ 알 수 있어서 좋았어.'를 통해, 학생 1은 발표를 통해 새롭게 알게 된 정보를 긍정적으로 받아들이고 있군.

② 학생 2는 발표 내용과 관련된 자신의 경험을 떠올리고 있군.
학생 2의 '예전에 스마트 손목시계로 ~ 정확하지 않았던 적이 있었어.'를 통해, 학생 2는 발표 내용과 관련된 자신의 경험을 떠올리고 있음을 알 수 있다.

③ 학생 3은 발표 내용으로 알 수 없는 정보에 대한 궁금증을 드러내고 있군.
학생 3의 '예술 분야에서는 어떻게 활용되고 있는 것이지?'를 통해, 학생 3은 발표 내용으로 알 수 없는 정보에 대해 자신의 궁금증을 드러내고 있음을 알 수 있다.

☑ **학생 1과 학생 2는 모두 발표 내용을 통해 자신의 궁금증이 해소되었음을 밝히고 있군.**
학생 1의 '평소에 스마트 기기를 통한 ~ 알 수 있어서 좋았어.'를 통해, 학생 1의 궁금증이 해소되었음을 알 수 있다. 하지만 학생 2의 '그 이유를 설명해 주지 않아 아쉬웠는데'를 통해, 학생 2의 궁금증이 해소되지 않았음을 알 수 있다.

⑤ 학생 2와 학생 3은 모두 발표 내용 중 자신의 기대에 충족되지 않은 부분을 언급하며 아쉬움을 드러내고 있군.
학생 2의 '그 이유를 설명해 주지 않아 ~ 추가 자료를 확인해 봐야겠어.'와, 학생 3의 '좀 더 자세히 설명해 줬으면 좋았을 것 같아.'를 통해, 학생 2와 학생 3 모두 아쉬움을 드러내고 있음을 알 수 있다.

[04~07] 화법과 작문

04 진행자의 역할 이해
정답률 80% | 정답 ③

(가)의 '학생 1'의 역할에 대한 이해로 적절하지 않은 것은?

① 지난 활동을 언급하며 토의 참여자들의 준비 상황을 확인하고 있다.
'학생 1'의 첫 번째 발화인 '지난 시간에 어르신들을 ~ 준비해 왔지?'를 통해, '학생 1'은 지난 활동의 내용을 언급하며 토의 참여자들의 준비 상황을 확인하고 있음을 알 수 있다.

② 토의 참여자들에게 논의할 내용을 안내하며 토의를 시작하고 있다.
'학생 1'의 첫 번째 발화인 '지금부터 준비해 온 ~ 계획을 세워 보자.'를 통해, '학생 1'은 토의 참여자들에게 논의할 내용을 안내하며 토의를 시작하고 있음을 알 수 있다.

☑ **토의 참여자의 의견을 들은 후 보충 설명을 요청하고 있다.**
(가)의 '학생 1'의 발화를 통해 토의에 참여한 학생들의 의견을 들은 후 보충 설명을 요청하는 부분을 확인할 수 없으므로 적절하지 않다.

④ 토의 내용을 확인하며 추가로 논의해야 할 사항을 제시하고 있다.
'학생 1'의 세 번째 발화인 '그러면 홍보 포스터를 ~ 기념회를 하자는 거지?'를 통해, 토의 내용을 확인하고 있음을 알 수 있다. 그리고 '그런데 이 활동은 ~ 이야기해 보자.'를 통해, 추가로 논의해야 할 사항을 제시하고 있음을 알 수 있다.

⑤ 토의 참여자들의 역할을 제안하며 토의를 마무리하고 있다.
'학생 1'의 네 번째 발화인 '그럼, 제안서 작성을 위해 ~ 찾아 주면 좋겠어.'를 통해, 토의 참여자들의 역할을 제안하였음을 알 수 있다. 그리고 '다음 시간에는 ~ 이만 마칠게.'를 통해, 토의를 마무리하고 있음을 알 수 있다.

05 말하기 방식 파악
정답률 85% | 정답 ②

[A]와 [B]에 대한 설명으로 가장 적절한 것은?

① [A]의 '학생 3'과 달리 [B]의 '학생 2'는 상대의 말을 재진술하면서 상대의 의견에 동의하고 있다.
[A]의 '학생 3'은 '학생 2'의 말을 재진술하면서 상대의 의견에 동의하고 있지만, [B]의 '학생 2'는 '학생 3'의 말을 재진술하면서 동의하지 않고 있다.

☑ **[A]의 '학생 3'과 달리 [B]의 '학생 2'는 상대가 제안한 내용에 대해 근거를 들어 수정 의견을 제시하고 있다.**
[A]의 '학생 3'은 상대가 제안한 내용에 대해 근거를 들어 수정 의견을 제시하지 않고 있다. 이와 달리 [B]의 '학생 3'의 '참가를 희망하시는 어르신을 세 번 정도 뵙자'는 제안에 대해, '학생 2'는 '그런데 자서전 ~ 뵙는 게 좋겠어.'라며 '자서전 분량이나 녹음 과정을 생각하면'을 근거로 '다섯 번' 정도 뵙는 게 좋겠다는 수정 의견을 제시하고 있으므로 적절하다.

③ [B]의 '학생 2'와 달리 [A]의 '학생 3'은 상대가 제시한 내용을 반박하며 자신이 제시했던 의견을 보완하고 있다.
[B]의 '학생 2'는 '학생 3'이 제시한 내용을 반박하며 자신이 제시했던 의견을 보완하고 있지만, [A]의 '학생 3'은 '학생 2'가 제시한 내용을 반박하며 자신이 제시했던 의견을 보완하지는 않고 있다.

④ [A]와 [B]의 '학생 2'는 모두 구체적인 사례를 들어 자신의 제안이 실현 가능함을 드러내고 있다.
[A]에서 '학생 2'는 구체적인 사례를 들고 있지만 자신의 제안이 실현 가능함을 드러내지는 않고 있다. 그리고 [B]에서 '학생 2'는 구체적인 사례를 들지는 않고 있다.

⑤ [A]와 [B]의 '학생 3'은 모두 권위자의 말을 인용하여 자신의 의견을 뒷받침하고 있다.
[A]와 [B]에서 '학생 3'은 권위자의 말을 인용하지는 않고 있다.

06 작문 계획의 반영 여부 파악
정답률 73% | 정답 ③

다음은 (가)를 반영하여 (나)를 작성하기 위한 작문 계획이다. (나)에 반영된 내용으로 적절하지 않은 것은? [3점]

1문단
○ 복지관에 글을 쓰게 된 이유를 제시해야겠어.

2문단
○ 토의에서 언급되지 않았던 사회적 문제를 바탕으로 봉사 활동을 계획한 취지를 제시해야겠어. ······························· ①

3문단
○ 토의에서 언급한 봉사 활동 계획을, 진행 순서에 따라 제시해야겠어. ··············· ②
○ 토의에서 언급한 요청 사항을 열거하며 이를 수용할 경우 복지관의 운영에도 도움이 될 것임을 제시해야겠어. ······································· ③

11회

○ 토의에서 언급한 봉사 활동의 의미를 활용하여 요청 사항이 수용되었을 때 기대되는 효과를 제시해야겠어. ·· ④

○ 토의에서 언급되지 않았던 연구 결과를 바탕으로 봉사 활동의 긍정적 의미를 제시해야겠어. ·· ⑤

5문단

○ 요청을 들어주기를 부탁하며 마무리해야겠어.

① 토의에서 언급되지 않았던 사회적 문제를 바탕으로 봉사 활동을 계획한 취지를 제시해야겠어.

(나)의 2문단의 '오늘날 지역 사회에서는 ~ 문제가 나타나고 있습니다.', '특히 세대 간 문화 단절 현상은 ~ 문제 중 하나입니다.', '그래서 저희는 ~ 봉사 활동을 계획했습니다.'는 (가)의 토의에서는 언급되지 않았던 우리 지역 문제 중 하나인 '세대 간 문화 단절 현상'을 바탕으로 봉사 활동을 계획한 취지를 제시한 것이므로 적절하다.

② 토의에서 언급한 봉사 활동 계획을, 진행 순서에 따라 제시해야겠어.

(가)의 '학생 1'의 세 번째 발화에서 학생들이 논의한 봉사 활동 계획을 요약하고 있다. 그리고 (나)의 3문단의 '먼저, 홍보 포스터를 만들어 ~ 참가 신청을 받으려고 합니다.', '이후에 어르신을 ~ 완성할 계획입니다.', '그리고 자서전이 ~ 진행하려고 합니다.'는, (가)의 토의에서 언급한 봉사 활동 계획을 진행 순서에 따라 제시한 것이므로 적절하다.

✔ 토의에서 언급한 요청 사항을 열거하며 이를 수용할 경우 복지관의 운영에도 도움이 될 것임을 제시해야겠어.

(나)의 3문단을 통해 토의에서 요청 사항을 수용할 경우 복지관의 운영에도 도움이 되는 부분을 확인할 수 없으므로 적절하지 않다.

④ 토의에서 언급한 봉사 활동의 의미를 활용하여 요청 사항이 수용되었을 때 기대되는 효과를 제시해야겠어.

(가)의 '학생 2'의 다섯 번째 발화에서 복지관의 도움을 요청하는 제안서에, '우리 세대와 어르신 세대가 소통하고 공감할 수 있는 기회를 강조하는 내용을 담자는 의견을 제시하고 있다. 그리고 (나)의 4문단의 '위와 같이 복지관에서 ~ 얻을 수 있으실 것입니다.'는, (가)의 토의에서 언급한 봉사 활동의 의미를 활용하여 요청 사항이 수용되었을 때 어르신들에게 기대되는 효과를 제시한 것이므로 적절하다.

⑤ 토의에서 언급되지 않았던 연구 결과를 바탕으로 봉사 활동의 긍정적 의미를 제시해야겠어.

(나)의 4문단의 '또한 저희가 찾은 ~ 도움이 된다고 합니다.'는, (가)의 토의에서는 언급되지 않았던 연구 자료를 바탕으로 자서전 쓰기의 긍정적 의미를 제시한 것이므로 적절하다.

★★★ 등급을 가르는 문제!

07 고쳐쓰기의 적절성 파악   정답률 43% | 정답 ③

㉠~㉢을 고쳐 쓰기 위한 의견으로 적절하지 않은 것은?

① ㉠ : 글의 흐름에 어긋나는 문장이므로 삭제해야겠어.

(나)의 2문단에서는 세대 간 갈등 문제가 있어 이를 해결하기 위해 봉사 활동을 계획했다는 내용이 드러나 있다. 따라서 ㉠의 '세대 간의 갈등 외에도 우리 학교에서는 선후배 간의 갈등도 문제가 되고 있습니다.'는 이러한 글의 흐름에 어긋나는 문장이므로 삭제하는 것이 적절하다.

② ㉡ : 피동 표현이 불필요하게 중복되었으므로 '완성되면'으로 고쳐야겠어.

㉡의 '완성되어지면'의 '되어지다'는 '-되다'와 '-어지다'의 피동 표현이 불필요하게 중복되므로 '완성되면'으로 고치는 것이 적절하다.

✔ ㉢ : 문장의 연결이 어색하므로 '그러므로'로 고쳐야겠어.

㉢의 앞 문장과 뒷 문장인 '이런 활동을 ~ 지원이 필요합니다.'와 '자서전 출판 ~ 지원을 요청드립니다.'는 병렬적으로 연결되므로, 앞의 내용과 뒤의 내용이 상반될 때 쓰는 접속 부사인 '그러나'를 사용하는 것은 적절하지 않다. 그런데 이를 수정하기 위해 앞의 내용이 뒤의 내용의 이유나 원인, 근거가 될 때 쓰는 접속 부사인 '그러므로'로 고치는 것도 적절하지 않다.

④ ㉣ : 의미상 중복된 표현이므로 '돌이켜'를 삭제해야겠어.

㉣의 '돌이켜'는 뒤에 오는 '지난가 일을 돌이켜 생각하다.'는 의미의 동사인 '회고하며'와 의미상 중복된 표현이므로 '돌이켜'를 삭제하는 것이 적절하다.

⑤ ㉤ : 문장의 호응 관계가 부적절하므로 '지역 주민에게 긍정적인 영향을 미치고 복지관의 발전을 추구할'로 고쳐야겠어.

㉤의 '지역 주민에게 긍정적인 영향과 복지관의 발전을 추구할'에서 '긍정적인 영향'에 호응하는 서술어가 없으므로 '미치다'라는 서술어를 추가하여, '지역 주민에게 긍정적인 영향을 미치고 복지관의 발전을 추구할'로 고치는 것이 적절하다.

★★ 문제 해결 꿀~팁 ★★

▶ 많이 틀린 이유는?

이 문제는 글의 흐름을 정확히 이해하지 못하여 오답률이 높았던 것으로 보인다. 또한 문장 호응 관계에 대한 이해 부족으로 오답률을 높였던 것으로 보인다.

▶ 문제 해결 방법은?

이러한 고쳐쓰기의 유형을 해결하기 위해서는 기본적으로 ㉠~㉤을 보고 글의 흐름을 바탕으로 어떤 잘못이 있는지 생각해 본 다음, 선택지에 고친 내용과 비교해 보아야 한다. 가령 ①의 경우에 (나)의 2문단의 내용을 살펴 ㉠이 글의 흐름에 맞는지 생각한 다음, 선택지에서 제시한 내용이 적절한지 판단해야 한다. 그리고 정답인 ③의 경우에도 글의 흐름을 통해 '그러나'가 적절한지 판단한 다음, '그러나'가 잘못되었으면 어떤 접속어가 적절한지 생각하여 선택지에서 고친 접속어가 타당한지 살펴야 한다. 이때 유의할 것은 접속어의 사용은 앞뒤 문장을 이어 주는 것이므로 앞 문장과 뒷 문장이 어떻게 연결되는지 파악해야 한다. 이렇게 볼 때, ㉢의 앞 문장과 뒷 문장은 대등한 내용을 나열한 것이므로 선택지에서 고친 '그러므로' 역시 적절하지 않음을 알 수 있다. 이처럼 고쳐쓰기 문제를 해결할 때는 반드시 글의 흐름을 고려하여 적절성을 판단할 수 있어야 한다.

▶ 오답인 ⑤를 많이 선택한 이유는?

이 문제의 경우 학생들이 ⑤가 적절하지 않다고 하여 오답률이 높았는데, 이는 문장의 호응 관계에 대해 정확히 이해하지 못했기 때문으로 보인다. 만일 목적어의 경우에는 그 목적어를 서술하는 서술어가 필요하다는 것, 즉 ㉤에 '긍정적인 영향'이라는 목적어의 서술어가 '추구할'로 제시되어 있으므로 적절하지 않고 '긍정적인 영향을 미치고'로 바꾸어야 한다. 한편 문장 호응과 관련해서는 주어와 서술어의 호응, 부사와 서술어의 호응 등도 있으므로 기본적인 호응 관계를 평소 익혀 두면 호응 관련 고쳐쓰기는 쉽게 해결할 수 있을 것이다.

[08~10] 작문

08 글쓰기 전략 파악   정답률 92% | 정답 ①

학생의 초고에 활용된 글쓰기 전략으로 가장 적절한 것은?

✔ 작문 주제를 고려하여 문제 해결 방안을 다양한 측면에서 제시한다.

작문 상황에서 이 글의 주제가 '청소년 칼슘 부족 문제와 이에 대한 해결 방안'에 대한 것임을 알 수 있다. 학생의 초고의 3문단에서 청소년들의 칼슘 부족 문제에 대한 해결 방안을 가정, 학교, 사회적 차원 등 다양한 측면에서 제시하고 있으므로 적절하다.

② 작문 주제를 고려하여 문제의 심각성을 자문자답의 방식을 통해 제시한다.

'학생의 초고'에서 자문자답의 방식을 통해 문제의 심각성을 제시한 부분은 찾아볼 수 없다.

③ 작문 목적을 고려하여 관심을 촉구하기 위해 전문가의 말을 인용하여 제시한다.

'학생의 초고'에서 전문가의 말을 인용하여 관심을 촉구하고 있는 부분은 찾아볼 수 없다.

④ 작문 목적을 고려하여 문제 상황을 알기 쉽게 보여 주기 위해 통계 자료를 제시한다.

'학생의 초고'에서 통계 자료를 제시하여 문제 상황을 알기 쉽게 보여 주는 부분은 찾아볼 수 없다.

⑤ 예상 독자를 고려하여 독자 입장에서 보일 수 있는 부정적 반응과 이에 대한 반론을 미리 제시한다.

'학생의 초고'에서 독자 입장에서 보일 수 있는 부정적 반응과 이에 대한 반론을 미리 제시한 부분은 찾아볼 수 없다.

09 자료 활용 방안의 적절성 판단   정답률 64% | 정답 ⑤

다음은 학생이 초고를 보완하기 위해 추가로 수집한 자료이다. 자료의 활용 방안으로 적절하지 않은 것은? [3점]

[자료 1] 통계 자료

⑦ 청소년의 영양소별 권장 섭취량 대비 실제 섭취량 비율

(단위: %)

- 나트륨: 169.5 (섭취 비율)
- 철: 83.5
- 칼슘: 58.9
- 권장 섭취량: 100

⑭ 학교 학생 대상 설문 조사 결과

칼슘 결핍의 문제점에 대한 인식		
항목	안다	모른다
뼈 성장 저해	71%	29%
기억력 및 집중력 저하	34%	66%
감정 조절 어려움	10%	90%

[자료 2] 신문 기사

카페인을 과다하게 섭취하는 청소년들이 크게 증가한 것으로 나타났다. 최근 발표된 자료에 따르면 고카페인 음료를 주 3회 이상 섭취하는 청소년의 비율은 최근 3년간 4배 이상 증가했다. 우리나라 청소년들은 나트륨 섭취량이 지나치게 높은 편인데, 카페인 섭취량까지 크게 증가한다면 칼슘 부족이 심해져 성장에 악영향을 받을 수 있다는 우려의 목소리가 나온다. 이는 카페인은 칼슘 흡수를 방해하고 나트륨은 칼슘 배출을 촉진하기 때문이다.

[자료 3] 전문가 인터뷰

현재 우리나라 청소년들은 칼슘과 같은 필수적인 영양소의 부족 현상을 겪고 있습니다. 이는 청소년들이 제대로 된 영양 정보를 제공받지 못하기 때문입니다. 이를 해결하기 위해서는 청소년들에게 올바른 영양 정보를 제공하고, 청소년들이 스스로 영양 관리를 할 수 있도록 돕는 애플리케이션 등을 활용하는 종합 관리 시스템이 필요합니다.

① [자료 1-⑦]를 활용하여 청소년들의 칼슘 섭취량 부족 문제가 심각하다는 것을 뒷받침하는 근거로 사용해야겠군.

[자료 1-⑦]에서 칼슘 섭취량이 권장 섭취량 대비 58.9%인 것을 확인할 수 있으므로, 이를 활용하여 청소년들의 칼슘 섭취 부족 문제가 심각하다는 것을 뒷받침하는 근거로 사용하는 것은 적절하다.

② [자료 2]를 활용하여 청소년의 고카페인 음료의 과다 섭취를, 칼슘의 흡수를 방해하는 음식을 선호하는 식습관의 사례로 제시해야겠군.

[자료 2]에서 청소년들의 고카페인 음료 섭취가 '최근 3년간 4배 이상 늘고 있다'는 것을 확인할 수 있으므로, 이를 활용하여 칼슘의 흡수를 방해하는 음식을 선호하는 청소년 식습관의 사례로 제시하는 것은 적절하다.

③ [자료 3]을 활용하여 청소년들이 올바른 영양 정보를 바탕으로 스스로 칼슘 섭취를 관리할 수 있도록 돕는 애플리케이션을 사회적 차원의 해결 방안을 구체화하는 예시로 제시해야겠군.

[자료 3]에서 '청소년들에게 올바른 영양 정보를 제공하고, 청소년들이 스스로 영양 관리를 할 수 있도록 돕는 애플리케이션 등을 활용하는 종합 관리 시스템이 필요'하다는 것을 확인할 수 있으므로, 사회적 차원의 해결 방안을 구체화하는 예시로 제시하는 것은 적절하다.

④ [자료 1-⑦]와 [자료 2]를 활용하여 청소년들이 칼슘 배출을 촉진하는 나트륨을 권장 섭취량 이상으로 섭취하고 있는 실태를 보여 주어, 잘못된 식습관이 칼슘 부족을 야기한다는 내용을 구체화해야겠군.

[자료 1-⑦]에서 청소년의 나트륨 섭취량은 권장 섭취 대비 169.5%로 나타난다는 것을, [자료 2]에서 나트륨 섭취가 칼슘 배출을 촉진하는 것을 확인할 수 있다. 따라서 [자료 1-⑦]와 [자료 2]를 활용하여 잘못된 식습관이 칼슘 부족을 야기하는 내용을 구체화하는 것은 적절하다.

✔ [자료 1-⑭]와 [자료 3]을 활용하여 청소년들이 칼슘 결핍에 따른 문제를 인식하지 못하는 현상을 해결하기 위해 학생 스스로 영양 정보를 선별할 수 있도록 가정과 학교에서 교육해야 한다는 내용을 해결 방안으로 추가해야겠군.

[자료 1-⑭]에서 청소년의 나트륨 섭취량이 권장 섭취량 대비 169.5%로 나타난다는 것을, [자료 3]에서 '청소년들이 제대로 된 영양 정보를 제공받지 못'하므로 '올바른 영양 정보를 제공'해야 한다는 것을 확인할 수 있다. 하지만 두 자료를 토대로 학생 스스로 영양 정보를 선별할 수 있도록 가정과 학교에서 교육해야 한다는 내용은 확인할 수 없으므로 적절하지 않다.

10 조건에 따른 글쓰기   정답률 61% | 정답 ②

〈조건〉에 따라 ㉠을 위한 캠페인 문구를 작성한다고 할 때, 가장 적절한 것은?

─〈조 건〉─
○ 글에 제시된 칼슘 결핍의 문제점을 드러낼 것.
○ 비유적 표현을 활용할 것.

① 충분한 칼슘 섭취, 청소년 뼈 건강의 열쇠입니다.
'청소년 뼈 건강의 열쇠'에서 비유적 표현이 사용되었음을 알 수 있지만, 칼슘 결핍의 문제점을 드러내지는 않고 있다.

✔ 나도 모르게 발끈한 내 마음, 범인은 칼슘 부족입니다.
'나도 모르게 발끈한 내 마음'에서 칼슘이 부족할 경우 '감정 조절에 어려움을 겪을 수도 있다'는 문제점을 드러내고 있다. 그리고 '범인은 칼슘 부족입니다'에서 비유적 표현을 활용하고 있으므로 적절하다.

③ 칼슘이 결핍되면 당신의 기억력과 집중력은 떨어집니다.
칼슘 결핍의 문제점을 드러내고 있지만 비유적 표현은 사용되지 않았다.

④ 신경 전달 물질 분비를 촉진하는 칼슘으로 내 건강을 지키자.
칼슘 결핍의 문제점을 드러내지 않았고, 비유적 표현도 사용되지 않았다.

⑤ 청소년기 건강의 만병통치약, 꾸준한 칼슘 섭취가 필요합니다.
'청소년기 건강의 만병 통치약'에서 비유적 표현이 사용되었음을 알 수 있지만, 칼슘 결핍의 문제점을 드러내지는 않고 있다.

[11~15] 문법

11 서술어의 자릿수 파악   정답률 74% | 정답 ②

㉠에 해당하는 예로 적절한 것은?

① 동생이 내 손을 꼭 잡았다.
'잡다'는 주어와 목적어를 요구하는 두 자리 서술어에 해당한다. 따라서 '동생이 내 손을 꼭 잡았다.'는 주어인 '동생이'와 목적어인 '손을'이 모두 갖추어져 있으므로 ㉠에 해당하는 예로 적절하지 않다.

✔ 선생님께서 제자로 삼으셨다.
'삼다'는 주어와 목적어, 필수적 부사어를 요구하는 세 자리 서술어에 해당한다. 그런데 '선생님께서 제자로 삼으셨다.'는 주어인 '선생님께서'와 필수적 부사어인 '제자로'는 있지만 목적어가 갖추어지지 않았으므로 ㉠에 해당하는 예로 적절하다.

③ 이 책의 내용은 생각보다 쉽다.
'쉽다'는 주어만을 요구하는 한 자리 서술어에 해당한다. 따라서 '이 책의 내용은 생각보다 쉽다.'에는 주어인 '내용은'이 갖추어져 있으므로 ㉠에 해당하는 예로 적절하지 않다.

④ 나는 밤새 보고서를 겨우 만들었다.
'만들다'는 주어와 목적어를 요구하는 두 자리 서술어에 해당한다. 따라서 '나는 밤새 보고서를 겨우 만들었다.'는 주어인 '나는'과 목적어인 '보고서를'이 모두 갖추어져 있으므로 ㉠에 해당하는 예로 적절하지 않다.

⑤ 그는 자신의 친구에게 나를 소개했다.
'소개하다'는 주어와 목적어, 필수적 부사어를 요구하는 세 자리 서술어에 해당한다. 따라서 '그는 자신의 친구에게 나를 소개했다.'는 주어인 '그는', 목적어인 '나를', 필수적 부사어인 '친구에게'가 모두 갖추어져 있으므로 ㉠에 해당하는 예로 적절하지 않다.

★★★ 등급을 가르는 문제! ★★★

12 서술어의 선택 제약 파악   정답률 28% | 정답 ④

윗글을 바탕으로 〈보기〉의 탐구 과제를 수행했을 때, [A]에 들어갈 내용으로 적절하지 않은 것은? [3점]

─〈보 기〉─
[탐구 과제]
다음 [탐구 자료]에 나타난 서술어의 특징에 대해 알아보자.

[탐구 자료]

살다「동사」
「1」생명을 지니고 있다.
　예 그 사람들은 백 살까지 ⓐ 살았다.
「2」[…에/에서] 어느 곳에 거주하거나 거처하다.
　예 그는 하루 종일 연구실에서 ⓑ 산다.
「3」[…을] 어떤 직분이나 신분의 생활을 하다.
　예 그는 조선 시대에 오랫동안 벼슬을 ⓒ 살았다.
「4」[(…과)] ('과'가 나타나지 않을 때는 여럿임을 뜻하는 말이 주어로 온다) 어떤 사람과 결혼하여 함께 생활하다.
　예 그녀는 사랑하는 남편과 잘 ⓓ 산다.
　　그 부부는 오순도순 잘 ⓔ 산다.

[탐구 결과]

[A]

① ⓐ는 「1」의 의미를 고려할 때, 주어에 '생명을 지닌 존재'만을 선택하여 결합해야 서술어의 의미가 온전하게 표현되겠군.
ⓐ는 '생명을 지니고 있다.'라는 의미를 고려할 때 주어에 '생명을 지닌 존재'를 선택하여 결합해야 서술어의 의미가 온전하게 표현됨을 알 수 있다.

② ⓑ와 ⓒ는 필수적으로 요구하는 문장 성분의 종류는 다르지만 개수는 동일하겠군.
ⓑ는 주어와 부사어를 요구하는 두 자리 서술어에 해당하고, ⓒ는 주어와 목적어를 요구하는 두 자리 서술어에 해당한다. 따라서 ⓑ와 ⓒ는 필수적으로 요구하는 문장 성분의 종류는 다르지만, 요구하는 문장 성분의 개수는 2개로 동일함을 알 수 있다.

③ ⓑ와 ⓓ는 각각 「2」와 「4」의 의미를 고려할 때, 필수적으로 요구되는 부사어 자리에 올 수 있는 체언은 한정되겠군.

ⓑ는 '어느 곳에 거주하거나 거처하다.'의 의미를 고려할 때 필수적으로 요구되는 부사어 자리에 '장소'를 의미하는 체언이 와야 함을 알 수 있다. 그리고 ⓓ는 '어떤 사람과 결혼하여 함께 생활하다.'의 의미를 고려할 때 필수적으로 요구되는 부사어 자리에 '결혼을 하여 함께 생활하는 사람'을 의미하는 체언이 와야 함을 알 수 있다. 따라서 ⓑ와 ⓓ는 필수적으로 요구되는 부사어 자리에 올 수 있는 체언은 한정된다고 할 수 있다.

✔ ⓒ는 「3」의 의미를 고려할 때, 목적어와 부사어 자리에 어떤 직분이나 신분을 의미하는 체언하고만 어울리는 선택 자질을 갖겠군.
ⓒ는 '어떤 직분이나 신분의 생활을 하다.'라는 의미를 고려할 때 주어와 목적어를 필요로 하는 두 자리 서술어이므로 부사어를 필수적으로 요구하지 않는다. 그리고 어떤 직분이나 신분을 의미하는 체언하고만 어울리는 선택 자질은 목적어 자리에 오는 단어에만 해당하므로 적절하지 않다.

⑤ ⓔ는 「4」의 의미를 고려할 때, 서술어의 자릿수가 ⓐ와 같겠군.
ⓔ는 '과'가 나타나지 않을 때 여럿임을 뜻하는 말이 주로 온 문장의 서술어이므로 한 자리 서술어에 해당한다. 따라서 ⓐ도 한 자리 서술어이므로 ⓐ와 서술어의 자릿수는 같다고 할 수 있다.

★★ 문제 해결 꿀~팁 ★★

▶ 많이 틀린 이유는?
이 문제는 탐구 자료의 내용을 정확히 분석하지 못하여 오답률이 높았던 것으로 보인다. 또한 서술어 자릿수를 실제 사례를 통해 확인하는 과정에서 어려움을 겪어 오답률이 높았던 것으로 보인다.

▶ 문제 해결 방법은?
이 문제를 해결하기 위해서는 기본적으로 탐구 자료를 글의 내용과 연관하여 정확히 이해하고, 이러한 이해를 바탕으로 선택지의 적절성을 판단해 보아야 한다. 가령 정답인 ④의 경우 탐구 자료에 제시된 [···을]이라는 의미, 즉 목적어만 사용된다는 의미를 정확히 이해하였으면, '목적어와 부사어 자리'의 '부사어 자리'가 적절하지 않음을 바로 알았을 것이다. 문법 문제에서는 이 선택지처럼 탐구 자료만 정확히 이해하면 풀 수 있는 문제들이 있으므로, 문법 문제를 풀 때에는 〈보기〉로 제시된 사례나 문법 지식 등을 충분히 이해할 수 있도록 한다.

▶ 오답인 ⑤를 많이 선택한 이유는?
이 문제의 경우 학생들이 ⑤가 적절하지 않다고 하여 오답률이 높았는데, 이 역시 탐구 자료를 정확히 이해하지 못했기 때문으로 보인다. 만일 「1」의 ⓐ가 다른 것과 달리 [···을], [···에서] 등이 없는 것을 알았다면 바로 주어만 요구되는 한 자리 서술어임을 알 수 있었을 것이다. 또한 ⓔ 역시 탐구 자료를 통해 '···과'가 나타나지 않을 때 여럿임을 뜻하는 말이 주어로 온 문장의 서술어임을 알 수 있으므로 한 자리 서술어에 해당함을 알았을 것이다.

13 관형사의 특징 파악   정답률 69% | 정답 ⑤

〈보기〉는 문법 수업의 일부이다. 선생님의 설명에 따라 밑줄 친 단어를 이해한 내용으로 적절하지 않은 것은?

─〈보 기〉─
선생님 : 관형사는 체언을 꾸며 주는 품사로 뒤에 오는 체언의 성질이나 상태를 분명하게 해 주는 성상 관형사, 구체적인 대상을 지시해 주는 지시 관형사, 수량을 나타내는 수 관형사로 구분할 수 있습니다. 이러한 관형사는 형태가 변하지 않고 어떤 조사와도 결합하지 않는 특징이 있습니다.

ㄱ. 이 상점, 두 곳에서는 헌 물건을 판다.
ㄴ. 우리 다섯이 새로 산 구슬을 나눠 가지자.
ㄷ. 나는 오늘 어머니께 드릴 새 옷 한 벌을 샀다.

① ㄱ에서 '이'는 '상점'을 꾸며 주는 지시 관형사이다.
ㄱ에서 '이'는 뒤에 오는 체언인 명사 '상점'을 꾸며 주는 지시 관형사이므로 적절하다.

② ㄱ에서 '헌'은 체언인 '물건'의 상태를 드러내 준다.
ㄱ에서 '헌'은 뒤에 오는 체언인 명사 '물건'의 상태를 드러내 주는 성상 관형사이므로 적절하다.

③ ㄴ의 '다섯'은 조사와 결합하는 것을 보니 관형사가 아니다.
ㄴ의 '다섯'은 수사로 주격 조사 '이'와 결합하고 있으므로 적절하다.

④ ㄱ의 '두'와 ㄷ의 '한'은 수량을 나타내는 수 관형사이다.
ㄱ의 '두'는 뒤에 오는 체언인 의존 명사 '곳'을 수식하고, ㄷ의 '한'은 뒤에 오는 체언인 의존 명사 '벌'을 수식하는 수 관형사이므로 적절하다.

✔ ㄴ의 '새로'와 ㄷ의 '새'는 형태가 변하지 않는 성상 관형사이다.
ㄴ의 '새로'는 동사 '사다'의 활용형인 '산'을 꾸며 주는 부사이므로 적절하지 않다. 한편 '새'는 뒤에 오는 '옷'을 꾸며 주는 성상 관형사에 해당한다.

14 음운 변동의 이해   정답률 68% | 정답 ③

다음은 음운 변동에 대해 학습하기 위한 활동지이다. 활동의 결과로 적절한 것은?

학습 활동지

1. 학습 자료
ㄱ. 목화솜[모콰솜]　　ㄴ. 흙덩이[흑떵이]　　ㄷ. 새벽이슬[새병니슬]

2. 학습 활동
ㄱ ~ ㄷ에 대한 질문에 대해 '예'는 'O', '아니요'는 '×'로 표시하시오.

질문	답변			
	ㄱ	ㄴ	ㄷ	
두 개의 음운 중 하나의 음운이 없어지는 현상이 일어났는가?	×	O	O	…… ⓐ
기존에 있던 음운이 다른 음운으로 바뀌는 현상이 일어났는가?	×	O	×	…… ⓑ
두 개의 음운이 하나의 음운으로 합쳐지는 현상이 일어났는가?	O	×	×	…… ⓒ
원래 없던 음운이 새로 더해지는 현상이 일어났는가?	O	×	O	…… ⓓ
음운 변동이 총 2번 일어났는가?	O	×	O	…… ⓔ

① ⓐ　　② ⓑ　　✔ ⓒ　　④ ⓓ　　⑤ ⓔ

질문	답변		
	ㄱ	ㄴ	ㄷ
ⓐ 두 개의 음운 중 하나의 음운이 없어지는 현상이 일어났는가?	×	○	○

두 개의 음운 중 하나의 음운이 없어지는 현상이 일어나는 것은 '흙덩이[흑떵이]'만 해당하므로 적절하지 않다.

| ⓑ 기존에 있던 음운이 다른 음운으로 바뀌는 현상이 일어났는가? | × | ○ | × |

기존에 있던 음운이 다른 음운으로 바뀌는 현상이 일어난 것은 '흙덩이[흑떵이]', '새벽이슬[새병니슬]'이므로 적절하지 않다.

| ⓒ 두 개의 음운이 하나의 음운으로 합쳐지는 현상이 일어났는가? | ○ | × | × |

〈보기〉의 학습 자료 ㄱ ~ ㄷ에 나타난 음운의 변동을 분석하면, '목화솜[모콰솜]'은 'ㄱ'과 'ㅎ'이 합쳐져 'ㅋ'이 되는 음운의 축약이 1회 나타나고, '흙덩이[흑떵이]'는 'ㄹㄱ'의 'ㄹ'이 탈락하는 음운의 탈락 1회와 'ㄷ'이 'ㄸ'으로 교체되는 음운의 교체 1회가 나타난다. 그리고 '새벽이슬[새병니슬]'은 'ㄴ'이 새로 첨가되는 음운의 첨가 1회, 'ㄱ'이 'ㅇ'으로 교체되는 음운의 교체 1회가 나타난다. 따라서 '두 개의 음운이 하나의 음운으로 합쳐지는 현상이 일어났는가?'라는 질문에 대한 답변으로 ㄱ에만 '예'라고 표시하였으므로 적절하다.

| ⓓ 원래 없던 음운이 새로 더해지는 현상이 일어났는가? | ○ | × | ○ |

원래 없던 음운이 새로 더해지는 현상이 일어난 것은 '새벽이슬[새병니슬]'만 해당하므로 적절하지 않다.

| ⓔ 음운 변동이 총 2번 일어났는가? | ○ | × | ○ |

음운 변동이 총 2번 일어난 것은 '흙덩이[흑떵이]', '새벽이슬[새병니슬]'이므로 적절하지 않다.

---

15 중세 국어의 특징 이해 정답률 59% | 정답 ⑤

〈보기 1〉을 참고하여 〈보기 2〉를 탐구한 내용으로 적절하지 **않은** 것은?

─〈보기 1〉─

중세 국어에서는 시제를 표현하기 위해 다음과 같이 선어말어미를 사용하였다. 과거 시제를 표현할 때는 동사와 형용사 모두 '-더-'를 사용하였고, 동사의 경우에는 아무런 선어말어미를 쓰지 않기도 했다. 현재 시제를 표현할 때는 동사의 경우 '-ㄴ-'를 사용하였고, 형용사의 경우 선어말어미를 쓰지 않았다. 미래 시제를 표현할 때는 동사와 형용사 모두 '-리-'를 사용하였다.

─〈보기 2〉─

㉠ 分明(분명)히 너 두려 닐오리라 [분명하게 너한테 말하겠다.]
㉡ 네 이제 또 묻ᄂ다 [네가 이제 또 묻는다.]
㉢ 나리 ᄒᆞ마 西(서)의 가니 어엿브다 [날이 벌써 서쪽으로 저무니 불쌍하다.]
㉣ 무ᅀᅳᆲ 사ᄅᆞᆷ이 우디 아니리 업더라 [마을 사람들이 울지 않는 이가 없었다.]
㉤ 네 겨집 그려 가던다 [네가 아내를 그리워하러 갔느냐?]

① ㉠을 보니 동사의 경우 '-리-'를 사용하여 미래 시제를 표현했음을 확인할 수 있군.
동사 '닐오리라'는 선어말어미 '-리-'를 사용하여 미래 시제를 표현하고 있으므로 적절하다.

② ㉡을 보니 동사의 경우 '-ㄴ-'를 사용하여 현재 시제를 표현했음을 확인할 수 있군.
동사 '묻ᄂ다'는 선어말어미 '-ㄴ-'를 사용하여 현재 시제를 표현하고 있으므로 적절하다.

③ ㉢을 보니 형용사의 경우 아무런 선어말어미도 사용하지 않는 방식으로 현재 시제를 표현했음을 확인할 수 있군.
형용사 '어엿브다'는 아무런 선어말어미를 쓰지 않고 현재 시제를 표현하고 있으므로 적절하다.

④ ㉣을 보니 형용사의 경우 '-더-'를 사용하여 과거 시제를 표현했음을 확인할 수 있군.
형용사 '업더라'는 선어말어미 '-더-'를 사용하여 과거 시제를 표현하고 있으므로 적절하다.

✔ ⑤ ㉤을 보니 동사의 경우 아무런 선어말어미도 사용하지 않는 방식으로 과거 시제를 표현했음을 확인할 수 있군.
㉤에서 동사 '가던다'는 선어말어미 '-더-'를 사용하여 과거 시제를 표현하고 있으므로, 아무런 선어말어미도 사용하지 않는 방식으로 과거 시제를 표현했다는 진술은 적절하지 않다.

[16~45] 독서·문학

16~21 인문

(가) 박정자, 「시뮬라크르의 시대」

해제 이 글은 플라톤의 예술관과 이를 비판한 들뢰즈의 예술관에 대해 설명하고 있다. 플라톤은 예술을 무가치한 것으로 바라보았는데, 이는 세계를 '가지적 세계'와 '가시적 세계'로 구분하는 그의 세계관과 밀접한 연관이 있다. 플라톤은 가시적 세계의 사물들인 에이돌론을 '에이콘'과 '판타스마'로 구분하면서, 판타스마를 에이돌론의 성질이 없는 가짜, 사이비라는 의미로 '시뮬라크르'라고 부르며 예술이 시뮬라크르에 해당한다고 말했다. 하지만 반플라톤주의 철학자 들뢰즈는 이러한 플라톤식 사유에는 주체가 이성을 통해 대상의 가치를 판단하고 재단하는 폭력성이 내재해 있다고 비판하였다. 시뮬라크르가 사물 그 자체라고 주장하는 들뢰즈는, 예술의 목표는 예술가가 플라톤식 사유에서 벗어나 가장 일상적인 반복에서도 서로 다른 의미를 지닌 예술 작품을 생성해 내는 것이라 하면서 "예술은 모방이 아니라 반복일 뿐이다."라고 선언하였다.

주제 시뮬라크르에 대한 플라톤의 관점과 이를 비판한 들뢰즈의 관점

문단 핵심 내용

1문단	플라톤의 예술관과 관련된 그의 세계관
2문단	예술을 시뮬라크르에 해당한다고 말한 플라톤
3문단	플라톤의 예술론을 비판한 들뢰즈
4문단	시뮬라크르를 사물 그 자체라고 주장한 들뢰즈

(나) 임영방, 「보드리야르 : 현대예술과 초미학」

해제 이 글은 장 보드리야르의 현대 사회의 예술에 대한 인식을 제시하고 있다. 장 보드리야르는 현대 사회에서는 실재보다 더 실재적이고 우월한 것이 된다는 의미에서 현대 사회의 이미지를 '초과실재', 즉 시뮬라크르라 불렀다. 시뮬라크르가 산출되는 과정을 '시뮬라시옹 현상'이라 부른 보드리야르는 시뮬라시옹 현상으로 모든 실재가 사라진다고 말하면서, 시뮬라시옹 현상이 끊임없이 일어나는 현대 사회에서 시뮬라크르는 그 자체로서 실재를 대신한다고 하였다. 보드리야르는 오늘날 예술 작품이 시뮬라시옹 현상에 의해 도처에서 증식하면서 예술이 가지고 있던 미적 가치가 사라지고 있다고 비판하면서, 이러한 현상을 '초미학'이라 불렀다.

주제 장 보드리야르의 현대 사회의 예술에 대한 인식

문단 핵심 내용

1문단	현대 사회의 이미지를 '초과실재'라 부른 장 보드리야르
2문단	시뮬라시옹 현상으로 모든 실재가 사라진다고 말한 장 보드리야르
3문단	시뮬라시옹 현상에 의해 예술의 미적 가치가 사라졌다고 비판한 장 보드리야르

---

16 내용 전개 방식 파악 정답률 78% | 정답 ③

(가)와 (나)에 대한 설명으로 가장 적절한 것은?

① (가)와 달리 (나)는 시뮬라크르가 지닌 오류를 증명하는 과정을 사고 실험을 통해 설명하고 있다.
(가)와 (나) 모두 시뮬라크르가 지닌 오류를 증명하는 과정을 사고 실험을 통해 설명하지는 않고 있다.

② (나)와 달리 (가)는 특정한 철학적 관점에서 파생된 예술관을 바탕으로 시뮬라크르가 사라지는 현상의 이유를 밝히고 있다.
(가)에서는 플라톤의 철학의 관점에서 파생된 시뮬라크르라는 예술관에 대해 언급하고 있지만, 이를 바탕으로 시뮬라크르가 사라지는 현상의 이유를 밝히지는 않고 있다.

✔ ③ (가)와 (나)는 모두 특정 철학자의 세계관을 바탕으로 해당 철학자의 시뮬라크르에 대한 관점을 소개하고 있다.
(가)는 플라톤의 철학적 세계관에 따른 시뮬라크르에 대한 관점을 제시하고 이에 대한 반플라톤주의 철학자 들뢰즈의 비판과 그의 시뮬라크르에 대한 관점을 소개하고 있다. (나)는 철학자 보드리야르의 세계관을 바탕으로 한 현대 시뮬라크르에 대한 관점을 시뮬라크르가 산출되는 과정과 초미학을 중심으로 소개하고 있으므로 적절하다.

④ (가)와 (나)는 모두 특정한 철학적 관점을 바탕으로 현대의 시뮬라크르가 지닌 문제점에 대한 극복 방법을 제시하고 있다.
(가)와 (나)는 모두 들뢰즈와 보드리야르의 철학적 관점을 바탕으로 시뮬라크르에 대해 서술하고 있지만, 현대의 시뮬라크르가 지닌 문제점에 대한 극복 방법을 제시하지는 않고 있다.

⑤ (가)와 (나)는 모두 시뮬라크르에 대한 다양한 예술관이 지닌 문제점을 지적하고 이에 맞서는 새로운 예술관을 모색하고 있다.
(가)와 (나) 모두 시뮬라크르에 대한 다양한 예술관이 지닌 문제점을 지적하지 않고 있고, 또한 이에 맞서는 새로운 예술관을 모색하지도 않고 있다.

---

17 핵심 정보의 이해 정답률 80% | 정답 ⑤

(가)의 **가지적 세계** 와 **가시적 세계** 에 대한 이해로 적절하지 않은 것은?

① 가지적 세계는 지성으로만 알 수 있는 세계이다.
1문단의 '플라톤에게 가지적 세계는 우리의 지성으로만 알 수 있는 세계이며'를 통해 알 수 있다.

② 가시적 세계는 눈으로 지각 가능한 현실 세계이다.
1문단의 '가시적 세계는 우리 눈으로 지각이 가능한 현실 세계로'를 통해 알 수 있다.

③ 가시적 세계의 사물들은 에이콘과 판타스마로 구분된다.
2문단의 '플라톤은 가시적 세계의 사물들을 '에이돌론'이라 부르며, 에이돌론을 에이도스의 성질을 얼마나 반영했는지에 따라 '에이콘'과 '판타스마'로 구분한다.'를 통해 알 수 있다.

④ 가시적 세계는 가지적 세계를 모방한 환영에 불과한 세계이다.
1문단의 '반면 가시적 세계는 우리 눈으로 지각이 가능한 현실 세계로, 이 세계는 가지적 세계를 모방하여 재현한 환영이자 이미지에 불과하다.'를 통해 알 수 있다.

✔ ⑤ 가지적 세계에 있는 본질은 에이도스와 에이돌론으로 구분된다.
1문단을 통해 플라톤이 가지적 세계와 가시적 세계를 구분하였고, 가지적 세계에는 결코 변하지 않는 본질, 즉 실재인 에이도스가 있음을 알 수 있다. 또한 2문단을 통해 에이돌론은 가시적 세계의 사물임을 알 수 있으므로 가지적 세계에 있는 본질은 에이도스와 에이돌론으로 구분된다는 진술은 적절하지 않다.

18~19

※ 윗글과 〈보기〉를 바탕으로 18번과 19번의 물음에 답하시오.

─〈보 기〉─

[자료 1]
음료 회사로부터 캐릭터 제작을 의뢰받은 A는 실제 상품을 베낀 초안을 그린 후 이를 변형한 첫 캐릭터를 그렸지만, 음료 회사는 첫 캐릭터에서 상품의 특징이 드러나지 않는다고 혹평했다. A는 첫 캐릭터를 의인화한 최종 캐릭터를 다시 그렸고, 음료 회사는 최종 캐릭터를 담은 광고를 반복하여 방영했다. 이후 최종 캐릭터는 설문 조사에서, 가장 영향력 있는 인물로 선정되는 등 실제 상품보다 사랑받는 인기 캐릭터가 되었다.

[자료 2]
가구 장인 B가 자신이 만든 의자를 본떠 직접 그린 '의자 1'은 예술성을 인정받아 미술관에 전시됐다. 화가 C는 '의자 1'을 보고 자신만의 방식으로 '의자 2'를 그린 후, 다시 이를 변형한 '의자 3'을 그려 전시했다. 그러자 B는 '의자 1'의 모델인 실제 의자를 '의자 0'으로 전시했고, 평론가들은 이것이야말로 진정한 원본이라고 극찬했다. 이후 예술가들이 깃발, 책상 등을 그대로 전시하고 예술을 논하는 현상이 각국 미술관에서 일어났다.

18 구체적인 사례에의 적용   정답률 62% | 정답 ④

다음은 윗글을 읽은 학생이 〈보기〉를 이해한 내용을 정리한 것이다. 적절하지 않은 것은?

[자료 1]	들뢰즈와 달리 플라톤은 A가 그린 '첫 캐릭터'를, 모방을 거듭한 가짜로 여길 것이다. ····· ㉠
	플라톤과 달리 들뢰즈는 '초안', '첫 캐릭터', '최종 캐릭터' 사이에 드러나는 차이를 실재로서 지닌 의미로 여길 것이다. ····· ㉡
	들뢰즈와 달리 보드리야르는 가장 영향력 있는 인물로 선정된 '최종 캐릭터'가 실재를 대신한다고 여길 것이다. ····· ㉢
[자료 2]	보드리야르와 달리 플라톤은 '의자 0'이 실재보다 우월해졌다고 여길 것이다. ····· ㉣
	플라톤과 달리 들뢰즈는 '의자 3'이 '의자 1'의 우위를 부정하는 힘이 있다고 여길 것이다. ····· ㉤

① ㉠ 들뢰즈와 달리 플라톤은 A가 그린 '첫 캐릭터'를, 모방을 거듭한 가짜로 여길 것이다.

(가)의 1문단과 2문단, 4문단을 통해 볼 때, 플라톤의 입장에서 〈보기〉의 [자료 1]에서 실제 상품을 베낀 초안을 그린 후 이를 변형한 '첫 캐릭터'는 시뮬라크르로 모방을 거듭하면서 본질에서 멀어진 가짜이다. 하지만 들뢰즈는 시뮬라크르를 사물 그 자체로 보고 있으므로 적절하다.

② ㉡ 플라톤과 달리 들뢰즈는 '초안', '첫 캐릭터', '최종 캐릭터' 사이에 드러나는 차이를 실재로서 지닌 의미로 여길 것이다.

(가)의 2문단과 4문단을 통해 볼 때, 플라톤의 입장에서 〈보기〉의 [자료 1]에서 A가 실제 상품을 베낀 '초안'과 이를 변형한 '첫 캐릭터', 그리고 다시 이를 의인화한 '최종 캐릭터'는 모방한 것을 다시 모방한 것이자, 실재하는 본질에서 멀어진 이미지에 불과한 것이라 볼 것이다. 하지만 들뢰즈의 입장에서는 '초안', '첫 캐릭터', '최종 캐릭터'는 반복을 통해 생성된 실재로서 지닌 의미 그 자체이므로 적절하다.

③ ㉢ 들뢰즈와 달리 보드리야르는 가장 영향력 있는 인물로 선정된 '최종 캐릭터'가 실재를 대신한다고 여길 것이다.

〈보기〉의 [자료 1]에서 '최종 캐릭터'는 광고로 반복하여 방영된 후 가장 영향력 있는 인물로 선정되며 실제 상품보다 사랑받는 인기 캐릭터가 되었음을 알 수 있다. 그리고 (나)의 1문단에서 보드리야르는 광고가 생산한 복제 이미지가 실재보다 더 실재적이고 우월한 것이 된 것을 시뮬라크르라고 말하였고, 2문단에서는 현대 사회에서 시뮬라크르는 그 자체로서 실재를 대신한다고 하였으므로 적절하다.

✔ ㉣ 보드리야르와 달리 플라톤은 '의자 0'이 실재보다 우월해졌다고 여길 것이다.

〈보기〉의 [자료 2]에서 '의자 0'은 가구 장인 B가 만든 의자를 본떠 직접 그린 '의자 1'의 모델로, 결국 가구 장인 B가 만든 현실 세계의 의자이다. 그런데 (가)의 1문단과 2문단에서 플라톤은 장인처럼 에이도스에 대한 지식을 가지고 만든 가시적 세계의 사물은 실재하는 본질인 에이도스가 있는 가지적 세계를 모방하여 재현한 이미지에 불과하다고 했으므로 적절하지 않다.

⑤ ㉤ 플라톤과 달리 들뢰즈는 '의자 3'이 '의자 1'의 우위를 부정하는 힘이 있다고 여길 것이다.

〈보기〉의 [자료 2]에서 '의자 3'은 화가 C가 '의자 1'을 보고 자신만의 방식으로 그린 '의자 2'를 다시 변형하여 그린 것임을 알 수 있다. 그리고 (가)의 4문단에서 플라톤이 시뮬라크르가 모방을 거듭하면서 본질에서 멀어진 가짜라고 주장하는 것과 달리 들뢰즈는 원본과 사본의 우위를 부정하는 역동적인 힘이 있는 사물 그 자체라고 주장한다고 하였으므로 적절하다.

★★★ 등급을 가르는 문제! ★★★

19 구체적인 사례에의 적용   정답률 38% | 정답 ④

윗글을 바탕으로 〈보기〉에 대해 보인 반응으로 적절하지 않은 것은? [3점]

① 플라톤은 [자료 2]의 B가 만든 의자와 달리 [자료 1]의 초안은 눈에 보이는 현상만을 모방한 나쁜 이미지라고 보겠군.

(가)의 1문단과 2문단을 볼 때, 〈보기〉의 [자료 2]에서 B가 만든 의자는 플라톤의 입장에서 에이도스에 대한 지식을 가진 장인이 만든 좋은 이미지인 것이라 할 수 있다. 이와 달리 〈보기〉의 [자료 1]의 실제 상품을 베껴 그린 초안은 에이도스에 대한 지식은 없이 눈에 보이는 현상만을 모방하여 재현한 나쁜 이미지라 여길 것이므로 적절하다.

② 플라톤은 [자료 1]의 A가 그린 캐릭터들과 [자료 2]의 C가 그린 그림들은 모두 사이비 기술로 그려진 것들이라고 보겠군.

(가)의 4문단을 볼 때, 플라톤의 입장에서 〈보기〉의 [자료 1]의 A가 그린 캐릭터들과 [자료 2]의 C가 그린 그림들은 모두 사이비 기술로 모방한 것을 모방한 가짜에 불과하므로 적절하다.

③ 들뢰즈는 [자료 1]에서 첫 캐릭터에 대해 음료 회사가 한 혹평과 [자료 2]에서 '의자 0'에 대해 평론가들이 한 극찬에는 모두 대상의 가치를 재단하는 폭력성이 내재해 있다고 보겠군.

(가)의 3문단을 볼 때, 들뢰즈의 입장에서 〈보기〉의 [자료 1]에서 음료 회사가 첫 캐릭터에 대해 한 혹평과 [자료 2]에서 평론가들이 '의자 0'에 대해 한 극찬은, 각각 첫 캐릭터는 상품의 특징을 드러낸 것에 따라, '의자 0'은 원본에 가까운 정도에 따라 위계적인 질서를 부여하고 있으므로 적절하다.

✔ ④ 보드리야르는 [자료 1]의 인기 캐릭터가 된 최종 캐릭터는 초과실재가, [자료 2]의 '의자 1'은 예술성을 인정받은 순간에 초미학 상태가 되었다고 보겠군.

(나)의 1문단을 통해 보드리야르는 현대 사회에서는 복제 이미지가 실재보다 더 실재적이고 우월한 것이 된다고 하였고, 이러한 현대 사회의 이미지를 '초과실재'라고 불렀음을 알 수 있다. 그러므로 보드리야르 입장에서 〈보기〉의 [자료 1]에서 실제 상품보다 사랑받는 인기 캐릭터가 된 '최종 캐릭터'는 현대 사회의 복제 이미지가 실재보다 더 실재적이고 우월한 것이 된 초과실재로 적절하다. 반면 (나)의 3문단을 통해 보드리야르는 예술이 가지고 있던 미적 가치가 사라지고 그 어떤 것도 더 이상 아름답거나 추하지 않게 된 상태를, 예술 그 자체가 내파되어 사라진 초미학이라고 불렀음을 알 수 있다. 이를 볼 때 보드리야르 입장에서 〈보기〉의 [자료 2]에서 B가 자신이 만든 의자를 본떠 직접 그린 '의자 1'이 예술성을 인정받은 순간은 예술 그 자체가 내파되어 사라진 상태가 아니므로 적절하지 않다.

⑤ 보드리야르는 [자료 1]의 설문 조사 결과를 보고 실제 상품과 광고 속 캐릭터 간의 경계가, [자료 2]의 각국 미술관에서는 일상 사물과 예술 작품 간의 경계가 내파된 현상이 일어났다고 보겠군.

(나)의 2문단과 3문단을 통해 볼 때, 보드리야르 입장에서 〈보기〉의 [자료 1]의 설문 조사 결과에서 '최종 캐릭터'가 가장 영향력 있는 인물로 선정되는 등 실제 상품보다 사랑받는 인기 캐릭터가 된 것은 실제 상품을 모델로 수정되며 그려진 최종 캐릭터가 광고에서 반복되면서 실제 상품보다 더 실재적이고 우월한 초과

실재가 된 것이다. 그리고 [자료 2]의 각국 미술관에서 예술가들이 깃발, 책상 등을 그대로 전시하고 예술을 논하는 현상은 일상적인 사물이 예술에 가까워지면서 모든 것이 미학적인 것이 되어 일상 사물과 예술 작품 간의 경계가 붕괴된 상태이므로 적절하다.

★★ 문제 해결 꿀~팁 ★★

▶ 많이 틀린 이유는?
이 문제는 글에 제시된 인물의 견해를 실제 사례에 적용하는 과정에서 어려움을 겪어 오답률이 높았던 것으로 보인다. 그리고 〈보기〉로 제시된 실제 사례를 정확히 이해하지 못한 것도 오답률을 높였던 것으로 보인다.

▶ 문제 해결 방법은?
이 문제를 해결하기 위해서는 선택지를 바탕으로 문제를 해결할 수 있어야 한다. 즉, 선택지에서 언급된 〈보기〉의 자료와 이와 관련된 인물이 누구인지 파악하여야 한다. 그런 다음 이를 바탕으로 글에 제시된 인물의 견해를 바탕으로 적절성을 판단해야 한다. 가령 정답인 ④의 경우, 선택지를 통해 '보드리야르'가 '최종 캐릭터'에 대해서는 '초과실재'로, '의자 1'에 대해서는 '초미학 상태'가 되었다는 내용을 파악해야 한다. 그런 다음 글을 통해 '초과실재'와 '초미학 상태'가 무엇인지 이해하여 적절성을 판단해야 한다. 그러면 보드리야르의 '초미학 상태'를 볼 때, B가 자신이 만든 의자를 본떠 직접 그린 '의자 1'이 예술성을 인정받은 순간은 예술 그 자체가 내파되어 사라진 상태가 아니므로 적절하지 않음을 알 수 있을 것이다. 마찬가지로 오답률이 높았던 ③의 경우에도 이런 과정을 거치면 들뢰즈가 〈보기〉의 [자료 1]의 음료 회사가 첫 캐릭터에 대해 한 혹평과 [자료 2]의 평론가들이 '의자 0'에 대해 한 극찬은 대상의 가치를 재단하는 폭력성이 내재되어 있다고 볼 것임을 알 수 있다. 이 문제처럼 선택지를 바탕으로 역으로 확인하며 적절성을 판단하는 방법이 효과적인 경우도 있으므로, 문제 풀이에 적절히 활용할 수 있도록 한다. 물론 문제 해결의 바탕은 글의 내용 이해와 자료에 대한 정확한 이해에 있음도 명심하도록 한다.

20 내용의 추론   정답률 54% | 정답 ⑤

㉮와 ㉯에 담긴 의미를 추론한 내용으로 가장 적절한 것은?

① ㉮에는 예술 작품이 사물 그 자체로서 존재 가치를 보존하는 방법이, ㉯에는 예술 작품이 예술로서 미적 가치를 선택하는 방법이 담겨 있다.

㉮에 예술 작품이 사물 그 자체로서 존재 가치를 보존하는 방법이 담겨 있다고 할 수 있지만, ㉯에 예술 작품이 예술로서 미적 가치를 선택하는 방법이 담겨 있다고 할 수 없다.

② ㉮에는 예술 작품을 사본의 사본으로 평가하는 입장에 대한 수용이, ㉯에는 모든 것이 미학적인 것이 되는 현상에 대한 비판이 담겨 있다.

예술 작품을 사본의 사본으로 평가하는 입장은 플라톤 입장이므로, ㉮에 이에 대한 수용이 담겨 있다고 볼 수 없다. 한편 ㉯에는 모든 것이 미학적인 것이 되는 현상에 대한 비판이 담겨 있다고 볼 수 있다.

③ ㉮에는 반복이 실현된 예술 작품은 본질에서 멀어진다는 의미가, ㉯에는 미적인 것과 비미적인 것의 변별성이 사라졌다는 의미가 담겨 있다.

반복이 실현된 예술 작품은 본질에서 멀어진다는 의미는 들뢰즈의 입장이라고 볼 수 없다. 한편 ㉯에는 미적인 것과 비미적인 것의 변별성이 사라졌다는 의미를 담고 있다고 할 수 있다.

④ ㉮에는 예술 작품을 주체의 판단에서 독립된 존재로 만들지 못하는 예술가의 한계가, ㉯에는 예술 자체를 부정하지 못하는 예술가의 한계가 담겨 있다.

㉮ 앞의 내용을 볼 때, ㉮에 예술 작품을 주체의 판단에서 독립된 존재로 만들지 못하는 예술가의 한계가 담겨 있다고 할 수 없다. 또한 ㉯는 예술 자체를 부정하지 못하는 예술가의 한계와는 거리가 있는 내용이므로 적절하지 않다.

✔ ⑤ ㉮에는 반복을 통해 위계적 질서에서 벗어난 예술에 대한 긍정적 태도가, ㉯에는 증식을 통해 그 어떤 것도 아름답거나 추하지 않게 된 예술에 대한 부정적 태도가 담겨 있다.

(가)의 마지막 문단에서 들뢰즈는 플라톤과 달리 예술은 모방이 아닌 반복을 통해 주체의 판단과 상관없는 독립된 존재로서 존재 가치를 보존한다고 언급하고 있다. 그리고 (나)의 마지막 문단에서 보드리야르는 시뮬라시옹 현상에 의해 도처에서 예술 작품이 증식하면서 예술이 가지고 있던 미적 가치가 사라져 모든 것이 미학적인 것이 되는 것을 보잘것없는 것이라고 언급했으므로 적절하다.

21 어휘의 문맥적 의미 파악   정답률 82% | 정답 ①

문맥상 ⓐ의 의미와 가장 가까운 것은?

✔ ① 사람들은 흔히 내 글을 관념적이라고 말한다.

ⓐ는 '평하거나 논하다.'라는 의미로 사용되었고, '사람들은 흔히 내 글을 관념적이라고 말한다.'에서도 '평하거나 논하다.'라는 의미로 사용되었으므로 적절하다.

② 청중들에게 자신의 감정을 말하는 일은 매우 어렵다.

'생각이나 느낌 따위를 말로 나타내다.'라는 의미로 사용되었으므로 적절하지 않다.

③ 힘센 걸로 말하면 우리 아버지를 따라갈 사람이 없다.

'확인·강조'의 뜻을 나타내는 의미로 사용되었으므로 적절하지 않다.

④ 경비 아저씨에게 아이가 오면 문을 열어 달라고 말해 두었다.

'무엇을 부탁하다.'라는 의미로 사용되었으므로 적절하지 않다.

⑤ 동생에게 끼니를 거르지 말라고 아무리 말해도 듣지를 않는다.

'말리는 뜻으로 타이르거나 꾸짖다.'라는 의미로 사용되었으므로 적절하지 않다.

22~25 기술

Metcalf & Eddy, 「폐수처리공학 I」

해제 이 글은 정수 처리 기술의 침전 과정에서의 약품 침전 방식에 대해 설명하고 있다. 정수 처리 기술의 침전 과정에서 부유물이 물보다 비중이 큰 경우와 달리 중력으로 침전시키기 어려운 콜로이드 물질들은 '약품 침전 방식'을 사용한다. 물속에서 부유하는 미세한 콜로이드 입자는 물속에서 균일하게 분산되어 안정성을 가지고 부유하게 되는데, 이런 입자의 안정성은 물의 탁도를 높이는 주요한 원인이 된다. 약품 침전 방식에서는 응집제를 주입하여 콜로이드 입자의 영향으로 발생한 물의 탁도를 낮추는 과정을 거치게 되는데, 이에는 전기적 중화 작용과 가교 작용이 있다. 한편 전기적 중화 작용과 가교 작용에서 반응하지 못한 응집제가 많이 남아 있게 되면 전하 역전 현상이 발생하는데, 이 상태에서 여분의 응집제는 침전성 금속 화합물을 형성하여 콜로이드 입자들을 흡착하면서 가라앉는 체 거름 현상이 일어난다.

주제 정수 처리 기술의 침전 과정에서의 약품 침전 방식

문단 핵심 내용

1문단	'약품 침전 방식'의 소개
2문단	물의 탁도를 높이는 주요한 원인이 되는 물의 안정성
3문단	약품 침전 방식에서 물의 탁도를 낮추는 과정
4문단	물의 탁도를 낮추는 과정 1–전기적 중화 작용
5문단	물의 탁도를 낮추는 과정 2–가교 작용
6문단	체 거름 현상의 이해

22 내용의 사실적 이해 정답률 83% | 정답 ④

윗글에서 알 수 있는 내용으로 적절하지 않은 것은?

① 급속 교반은 콜로이드 입자와 금속 화합물의 결합을 촉진한다.
4문단을 통해 급속 교반은 콜로이드 입자와 금속 화합물이 빠르게 결합하여 반응하게 하기 위해 하는 것임을 알 수 있다.

② 약품 침전 방식은 콜로이드 입자의 응집을 위해 화학 약품을 이용한다.
1문단을 통해 약품 침전 방식은 화학 약품을 이용하여 입자들을 응집시켜 가라앉히는 방식임을 알 수 있다.

③ 부유물의 비중이 물보다 큰 경우 중력만으로 부유물을 침전시킬 수 있다.
1문단을 통해 부유물이 물보다 비중이 큰 경우, 다른 물질과의 상호 작용 없이 중력만으로 가라앉힐 수 있음을 알 수 있다.

✔ ④ 물을 빠르게 저어 플록끼리 접촉할 시간을 늘리면 체 거름 현상이 나타난다.
5문단을 통해 플록과 다른 플록이 연결될 때 접촉 시간을 늘려 주기 위해서는 물을 천천히 저어 주어야 함을 알 수 있다. 그리고 이는 '가교 작용 과정'에서 침전에 용이한 큰 플록을 만들기 위한 것이므로 적절하지 않다.

⑤ 양이온계 응집제는 물과 화학 반응하여 다양한 종류의 화합물을 형성한다.
3문단을 통해 양이온계 응집제는 물과 화학 반응을 하면서 단계적으로 다양한 종류의 화합물을 형성함을 알 수 있다.

23 세부 내용의 이해 정답률 82% | 정답 ④

⊙, ⓒ에 대한 이해로 가장 적절한 것은?

① ⊙은 입자가 일정 거리 안에서 서로를 밀어내는 힘이라고 할 수 있다.
2문단의 내용을 통해 입자가 일정 거리 안에서 서로를 밀어내는 힘은 ⊙이 아니라 ⓒ이라 할 수 있다.

② ⊙은 입자가 물속에서 균일하게 분산할 수 있게 해 주는 힘이라고 할 수 있다.
입자가 물속에서 균일하게 분산할 수 있게 해 주는 힘은 ⊙이 아니라 ⓒ이라 할 수 있다.

③ ⓒ은 입자 간의 거리가 멀어지면 발생하는 힘이라고 할 수 있다.
ⓒ은 일정 거리 이하로 입자들의 거리가 좁혀지지 않는 힘이라 할 수 있으므로, 입자 간의 거리가 멀어지면 발생하는 힘이라 할 수 없다.

✔ ④ ⓒ은 입자가 띠고 있는 전하의 성질로 인해 작용하는 힘이라고 할 수 있다.
2문단을 통해 '콜로이드 입자들'은 물속에서 음(-) 전하를 띠고 있어 서로를 밀어내는 전기적 반발력의 영향을 받음을 알 수 있다.

⑤ ⊙과 ⓒ은 모두 입자가 이온과 결합할 때 형성되는 힘이라고 할 수 있다.
2문단의 내용을 통해 입자가 이온과 결합할 때 형성되는 힘은 ⓒ이라 할 수 있다.

★★★ 등급을 가르는 문제! ★★★

24 핵심 정보 파악 정답률 43% | 정답 ⑤

〈보기〉는 응집제의 투입에 따른 물의 탁도 변화를 설명하기 위한 그래프이다. 윗글을 읽은 학생들이 〈보기〉에 대해 보인 반응으로 적절하지 않은 것은? [3점]

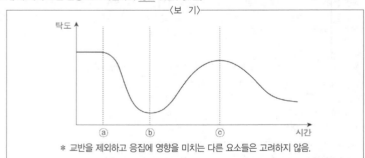

〈보 기〉

* 교반을 제외하고 응집에 영향을 미치는 다른 요소들은 고려하지 않음.

① ⓐ에서 주입된 응집제는 ⓐ와 ⓑ 사이에서 콜로이드 입자 간의 거리를 좁히는 작용을 하겠군.
3문단에서 응집제를 주입하여 '전기적 중화 작용과 가교 작용'으로 '물의 탁도를 낮'춘다고 하였고, 4문단에서 전기적 중화 작용으로 콜로이드 입자들이 '반데르발스 힘이 작용할 정도로 가까워지게 되면' '작은 플록을 형성'한다고 하였으므로 적절하다.

② ⓐ와 ⓑ 사이에서 형성된 고분자 화합물은 플록과 플록을 연결하여 침전에 용이한 큰 플록을 만들겠군.
5문단에서 '고분자 화합물은 플록과 플록을 연결'한다고 하였고, 이는 '침전에 용이한 큰 플록을 만들기 위해서'라고 하였으므로 적절하다.

③ ⓐ와 ⓑ 사이에서 탁도가 급속하게 낮아진 것은 가교 작용으로 형성된 플록의 침전 속도가 높아졌기 때문이라고 할 수 있겠군.
5문단에서 '가교 작용'의 목적이 '침전 속도를 높이기 위해서'라고 하였고, '연결된 여러 플록들은 하나의 큰 플록이 되어 중력의 영향을 받아 빠르게 침전한다'고 하였으므로 적절하다.

④ ⓑ와 ⓒ 사이에서 탁도가 다시 높아진 것은 ⓐ에서 주입된 응집제가 전기적 중화

작용과 가교 작용에서 반응하지 못하고 남아 있는 것이 원인으로 작용했기 때문이겠군.
6문단에서 '탁도가 낮아진 물에, 전기적 중화 작용과 가교 작용에서 반응하지 못한 응집제가 많이 남아 있게 되면' 콜로이드 입자들이 '양(+) 전하를 띠게 된다'고 하였으므로 적절하다.

✔ ⑤ ⓒ 이후 탁도가 낮아지는 것은 ⓑ에서 형성된 긴 사슬 형태의 화합물이 콜로이드 입자들과 흡착하여 침전했기 때문이겠군.
〈보기〉에서 ⓐ는 응집제가 주입된 지점, ⓐ와 ⓑ 사이는 전기적 중화 작용과 가교 작용으로 인해 콜로이드 입자들의 침전이 일어나는 구간, ⓑ와 ⓒ 사이는 전하 역전 현상이 일어나는 구간, ⓒ 이후는 체 거름 현상으로 인해 콜로이드 입자들의 침전이 일어나는 구간이다. 5문단에서 '응집제의 주입으로 형성된 화합물 중 긴 사슬 형태의 고분자 화합물'이 가교 작용에 쓰임을 알 수 있고, 6문단에서 '여분의 응집제'로 형성된 '침전성 금속 화합물'이 '콜로이드 입자들을 흡착하면서 가라앉는'다고 하였으므로 적절하지 않다.

★★ 문제 해결 꿀~팁 ★★

▶ 많이 틀린 이유는?
이 문제는 〈보기〉의 ⓐ~ⓒ와 이들 사이가 의미하는 것이 무엇인지 글을 통해 정확히 파악하지 못하여 오답률이 높았던 것으로 보인다.

▶ 문제 해결 방법은?
이 문제는 기본적으로 〈보기〉에 제시된 그래프, 특히 ⓐ~ⓒ와 이들 사이가 의미하는 것이 무엇인지 글을 통해 확인해야 한다. 즉 글의 3~6문단의 내용을 통해, ⓐ가 응집제가 주입된 지점, ⓐ와 ⓑ 사이가 전기적 중화 작용과 가교 작용으로 인해 콜로이드 입자들의 침전이 일어나는 구간, ⓑ와 ⓒ 사이는 전하 역전 현상이 일어나는 구간, ⓒ 이후는 체 거름 현상으로 인해 콜로이드 입자들의 침전이 일어나는 구간임을 알아야 한다. 그런 다음 이를 바탕으로 선택지의 적절성을 판단하면 되는데, 5문단과 6문단의 내용을 볼 때 ⑤는 적절하지 않음을 알았을 것이다. 마찬가지로 오답률이 높았던 ④의 경우에도, 이러한 정리를 바탕으로 5문단의 내용을 보면 적절함을 알았을 것이다. 이 문제처럼 간혹 과학, 기술 지문에는 그래프를 이해하는 문제가 제시되는 경우가 있는데, 이 역시 글의 내용을 바탕으로 하고 있으므로 글의 어느 부분과 관련이 있는지를 살펴 선택지의 적절성을 판단할 수 있도록 한다.

25 세부 내용의 이해 정답률 67% | 정답 ③

〈보기〉는 윗글을 읽은 학생이 정리한 내용의 일부이다. ㉮~㉰에 들어갈 말로 적절한 것은?

〈보 기〉

오염된 물에 존재하는 콜로이드 입자는 수산화 이온과의 결합 등의 원인으로 (㉮)된 상태에서 부유한다. 응집제를 주입하면 (㉯)이/가 일어나고 콜로이드 입자는 (㉰)된다. 응집제를 과다하게 주입하면 (㉱)이/가 나타난다.

	㉮	㉯	㉰	㉱
①	안정화	전하 역전	불안정화	전기적 중화
②	불안정화	전기적 중화	안정화	전하 역전
✔ ③	안정화	전기적 중화	불안정화	전하 역전
④	불안정화	전하 역전	안정화	전기적 중화
⑤	안정화	전기적 중화	불안정화	전기적 중화

2문단에서 '음(-) 전하를 띠고 있'는 콜로이드 입자들이 '안정성을 가지고 부유'한다고 하였으므로 ㉮는 '안정화'가 적절하다. 4문단에서 '전기적 중화 작용'은 '양(+) 전하의 금속 화합물'이 '콜로이드 입자와 결합'하면 나타난다고 하였고, 그 결과 '콜로이드 입자들이 불안정화'된다고 하였으므로 ㉯는 '전기적 중화'가, ㉰는 '불안정화'가 적절하다. 6문단에서 전기적 중화 작용과 가교 작용에서 반응하지 못한 응집제가 많이 남아 있게 되면 전기적으로 중화되었던 콜로이드 입자들이 오히려 양(+) 전하를 띠게 된다고 하였으므로 ㉱는 '전하 역전'이 적절하다.

26~30 사회

이준구, 「미시경제학」

해제 이 글은 립시와 랭카스터의 '차선의 이론'을 사회무차별곡선을 통해 설명하고 있다. 립시와 랭카스터는 차선의 의미에 대해 새로운 관점을 보여 주는 '차선의 이론'을 제시했다. '차선의 이론'에서는 최적의 결과를 얻기 위한 여러 조건 중 한 가지 이상의 조건이 충족되지 못하는 상황이라면 나머지 조건들이 모두 충족되더라도 그 결과는 차선이 아닐 수 있다고 본다. 차선이 아닌지를 입증하기 위해서는 공평성을 함께 고려해야 하는데, 한 사회가 어떤 것을 공평하다 여기는지는 사회무차별곡선을 통해 확인할 수 있다. 사회무차별곡선의 모양은 원점에 대해 볼록한 곡선으로, 우하향할수록 기울기는 완만해지는데, 이에는 공평성이라는 가치판단이 반영되어 있다.
주제 사회무차별곡선을 통해 본 차선의 이론

문단 핵심 내용

1문단	'차선의 이론'을 제시한 립시와 랭카스터
2문단	'차선의 이론'에서 차선이 아니라고 여기는 경우
3문단	차선이 아닌지를 입증하기 위한 공평성
4문단	사회무차별곡선의 모양에 반영된 가치 판단
5문단	차선의 이론의 예를 보여 주는 그림에 대한 설명

26 세부 내용의 이해 정답률 71% | 정답 ③

윗글을 읽고 답을 찾을 수 없는 질문은?

① 차선의 이론이 갖는 의미는 무엇인가?
이 글은 최적의 결과를 얻기 위한 여러 조건 중 한 가지 이상의 조건이 충족되지 못하는 상황이라면 나머지 조건들이 모두 충족되더라도 그 결과는 차선이 아닐 수 있다는 '차선의 이론'을 설명하며 차선의 의미에 대해 새로운 관점을 보여 주고 있으므로 적절하다.

② 생산가능곡선 위의 점들이 의미하는 것은 무엇인가?
5문단을 통해 생산가능곡선 CD는 원점에 대해 오목한 모양으로 이 곡선 위의 점들은 생산의 효율성을 충족한다는 것을 의미함을 알 수 있다.

☑ 립시와 랭카스터가 입증한 차선의 이론의 한계는 무엇인가?
1문단을 통해 립시와 랭카스터가 차선의 이론을 제시한 것은 확인할 수 있지만, 이 글을 통해 이들이 입증한 차선의 이론의 한계는 제시되어 있지 않으므로 적절하지 않다.

④ 경제 주체들이 차선의 선택을 고민하게 되는 이유는 무엇인가?
1문단을 통해 최적의 결과를 얻기 어려운 상황에 놓인다면 경제 주체들은 일반적으로 효율성을 고려하여 차선의 선택을 고민하게 됨을 알 수 있다.

⑤ 사회무차별곡선의 모양이 우하향할수록 기울기가 완만해지는 이유는 무엇인가?
4문단의 '일반적으로 사회무차별곡선의 모양은 ~ 공평하다는 가치판단이 반영된 결과'를 통해 알 수 있다.

---

27 | 세부 내용의 이해 　　　　　정답률 69% | 정답 ⑤

[사회무차별곡선]에 대한 이해로 적절하지 않은 것은?

① 사회무차별곡선 위의 모든 점은 동일한 사회후생수준을 나타낸다.
4문단을 통해 사회무차별곡선 위의 모든 점은 동일한 사회후생수준을 나타냄을 알 수 있다.

② 사회무차별곡선은 일반적으로 원점에 대해 볼록한 곡선 모양이다.
4문단을 통해 일반적으로 사회무차별곡선의 모양은 원점에 대해 볼록한 곡선임을 알 수 있다.

③ 사회무차별곡선을 통해 공평성에 대한 사회의 가치판단을 확인할 수 있다.
3문단의 '사회무차별곡선의 모양을 보면 그 사회가 개인의 효용수준에 대한 평가를 통해 공평성에 대해 어떠한 가치판단을 하고 있는지 확인할 수 있다.'를 통해 알 수 있다.

④ 사회무차별곡선은 개별 경제 주체의 효용수준을 종합한 사회후생수준을 보여 준다.
3문단의 '사회무차별곡선은 개별 경제 주체가 경제 활동을 통해 얻은 주관적 만족감인 효용수준을 종합한 사회후생수준을 보여 준다.'를 통해 알 수 있다.

☑ 사회무차별곡선에는 높은 효용수준을 누리는 사람들의 주관적 만족감이 반영되어 있지 않다.
3문단의 '사회무차별곡선은 개별 경제 주체가 경제 활동을 통해 얻은 주관적 만족감인 효용수준을 종합한 사회후생수준을 보여 준다.'와 4문단의 '일반적으로 사회무차별곡선의 모양은 ~ 공평하다는 가치판단이 반영된 결과'를 통해, 사회무차별곡선에는 높은 효용수준을 누리는 사람들의 주관적 만족감이 반영되어 있지 않다는 진술은 적절하지 않다.

★★★ 등급을 가르는 문제!
28 | 핵심 정보의 이해 　　　　　정답률 42% | 정답 ①

차선의 이론을 통해 ㉠의 이유를 설명한 것으로 가장 적절한 것은?

☑ 효율성과 다른 기준도 함께 고려할 필요가 있기 때문이다.
3문단에서 '왜 효율성을 달성하기 위한 10개의 조건 중 9개의 조건이 충족되는 것이 차선이 아닌지를 입증하기 위해서는 공평성을 함께 고려해야 한다'한다고 하였으므로, 효율성과 다른 기준도 함께 고려할 필요가 있기 때문이라고 ㉠의 이유를 설명하는 것은 적절하다.

② 경제 주체들이 스스로 자신의 효용수준에 대해 평가하기 때문이다.
3문단의 '사회무차별곡선의 모양을 보면 그 사회가 개인의 효용수준에 대한 평가를 통해'를 볼 때, 경제 주체들의 효용수준에 대해 평가하는 것은 사회임을 알 수 있다.

③ 효율성을 달성하기 위한 조건들의 중요도가 서로 다르기 때문이다.
이 글의 내용을 통해 효율성을 달성하기 위한 조건들의 중요도가 서로 다르다는 언급은 제시되어 있지 않으므로 적절하지 않다.

④ 낮은 효용수준을 누리는 사람의 효용에는 가중치를 적용할 수 없기 때문이다.
4문단의 '낮은 효용수준밖에 누리지 못하는 사람들의 효용에는 높은 가중치를 적용해 사회후생을 계산하는 것이 공평하다는 가치판단이 반영된 결과이다.'를 통해, 낮은 효용수준을 누리는 사람의 효용에도 가중치를 적용할 수 있음을 알 수 있다.

⑤ 효율성을 달성하기 위한 모든 조건이 충족되지 않는다면 개별 주체의 효용수준에 영향을 미치지 못하기 때문이다.
3, 4문단을 통해 효율성을 달성하기 위한 모든 조건이 충족되지 않는다 하더라도 개별 주체의 효용수준에 영향을 미침을 알 수 있다.

★★ 문제 해결 꿀팁 ★★

▶ 많이 틀린 이유는?
이 문제는 ㉠의 의미를 정확히 이해하지 못하였거나, 이유와 관련된 내용을 파악하지 못해 오답률이 높았던 것으로 보인다.

▶ 문제 해결 방법은?
이유를 추론하는 문제의 경우 문제 해결의 핵심은 밑줄 친 부분에 한 이해를 바탕으로, 밑줄 친 내용의 앞이나 이어지는 내용을 바탕으로 추론할 수 있어야 한다. 정답인 ①의 경우, 이어지는 내용인 '여기서 왜 효율성을 달성하기 위한 10개의 조건 중 9개의 조건이 충족되는 것이 차선이 아닌지를 입증하기 위해서는 공평성을 함께 고려해야 한다.'를 볼 때, 효율성뿐만 아니라 공평성도 고려해야 하기 때문에 ㉠이라고 할 수 있음을 알 수 있다. 이처럼 이유 추론 문제는 밑줄 친 내용의 앞과 뒤를 바탕으로 추론하면 되는데, 간혹 글 전체를 바탕으로 추론하는 경우도 있으므로 유의해야 한다. 글 전체를 바탕으로 추론할 때는 이유와 관련된 핵심 내용(이 경우 주로 핵심어를 바탕으로 추론하는 경우가 많다.)이 제시된 부분이 글의 어느 부분에 제시되어 있는지를 찾아서 이유의 적절성을 판단하면 된다. 한편 이유 추론 문제에서 오답률이 높았던 ③처럼 글의 내용을 통해 찾을 수 없거나 글의 내용과 어긋나는 선택지도 제시되므로, 이러한 선택지는 과감히 먼저 지워 버리는 것이 문제 해결에 도움이 된다.

---

29 | 세부 내용의 추론 　　　　　정답률 51% | 정답 ③

다음은 윗글을 읽고 〈그림〉에 대해 경제 동아리 학생들이 나눈 대화이다. 적절하지 않은 것은? [3점]

동아리 회장 : 오늘 살펴본 경제 자료 속 그래프에 대해 더 하고 싶은 얘기가 있으면 해 보자.
부원 1 : 나는 H가 생산가능곡선 위에 있기 때문에 그렇지 않은 I보다 생산의 효율성이 높다고 생각해.
부원 2 : 선분 FG와 같은 제약이 있는 상황에서 H가 아닌 I가 차선으로 선택되었다면 그 이유는 사회후생수준을 고려했기 때문이라고 생각해.

부원 3 : I의 위치를 고려하면 생산이 가능하지 않아 비효율적인 지점이라고 생각해.
부원 4 : 선분 FG와 같은 제약이 있는 상황에서 생산가능곡선을 고려하면 K도 H와 마찬가지로 생산의 효율성을 충족하는 지점이라고 생각해.
부원 5 : SIC₃은 SIC₁과 SIC₂보다 사회후생수준이 높다고 생각해.

① 부원 1의 생각
5문단에서 '생산가능곡선 CD는 원점에 대해 오목한 모양으로 이 곡선 위의 점들은 생산의 효율성을 충족하는 것을 의미'한다고 하였고, '곡선의 안쪽은 생산은 가능하나 비효율적임을 나타낸다'고 하였다. 〈그림〉에서 H는 생산가능곡선 위의 한 점이고, I는 생산가능곡선 안쪽에 위치하고 있으므로 H가 생산가능곡선 위에 있어 그렇지 않은 I보다 생산의 효율성이 높다고 생각한다는 진술은 적절하다.

② 부원 2의 생각
5문단에서 '제약하에서 사회후생수준을 고려하면 I 지점이 차선의 선택이 된다'고 하였으므로, 선분 FG와 같은 제약이 있는 상황에서 H가 아닌 I가 차선으로 선택되었다면 그 이유는 사회후생수준을 고려했기 때문이라고 생각한다는 진술은 적절하다.

☑ 부원 3의 생각
5문단에서 생산가능곡선의 '안쪽은 생산은 가능하나 비효율적임을 나타낸다'고 하였고, 〈그림〉에서 I는 생산가능곡선의 안쪽에 위치하고 있음을 확인할 수 있다. 따라서 I의 위치를 고려하면 생산이 가능하지 않아 비효율적인 지점이라고 생각한다는 진술은 적절하지 않다.

④ 부원 4의 생각
5문단에서 'H 지점은 제약하에서도 생산가능곡선 CD 위에 위치하기에 생산의 효율성이나마 충족하고 있다'고 하였고, 〈그림〉에서 선분 FG와 같은 제약이 있는 상황에서 H와 K는 모두 생산가능곡선 위에 있으므로 선분 FG와 같은 제약이 있는 상황에서 생산가능곡선을 고려하면 K도 H와 마찬가지로 생산의 효율성을 충족하는 지점이라고 생각한다는 진술은 적절하다.

⑤ 부원 5의 생각
4문단에서 사회무차별곡선은 '원점에서 멀리 위치할수록 사회후생수준이 높다는 것을 나타낸다'고 하였고, 〈그림〉에서 사회무차별곡선의 위치를 보면 SIC₃이 SIC₁과 SIC₂보다 원점에서 멀리 위치하고 있으므로 SIC₃은 SIC₁과 SIC₂보다 사회후생수준이 높다고 생각한다는 진술은 적절하다.

---

30 | 어휘의 사전적 의미 파악 　　　　　정답률 61% | 정답 ⑤

ⓐ ~ ⓔ의 사전적 의미로 적절하지 않은 것은?

① ⓐ : 균형이 맞게 바로 잡음.
② ⓑ : 생각하고 헤아려 봄.
③ ⓒ : 일정한 분량을 채워 모자람이 없게 함.
④ ⓓ : 어떤 증거 따위를 내세워 증명함.

☑ ⓔ : 일정한 조건이나 환경 따위에 맞추어 응하거나 알맞게 됨.
'적용'의 사전적 의미는 '알맞게 이용하거나 맞추어 씀.'이다. '일정한 조건이나 환경 따위에 맞추어 응하거나 알맞게 됨.'의 의미를 지닌 단어는 '적응'이므로 적절하지 않다.

31~34 | 고전 시가 + 수필

(가) 이긍익, 「죽창곡」

감상 이 작품은 작자가 아버지의 귀양살이를 뒷바라지하던 28세(1763년) 경에 지은 가사이다. 이 작품에서는 타인의 잘못으로 인해 유배 생활을 하는 작가의 상황이 임을 그리워하는 여성 화자의 모습으로 형상화되어 있다. 이 작품의 화자는 자신이 처한 부정적 상황의 원인을 임이나 자기 자신에게서 찾지 않고 외부의 탓으로 돌리고 있으며, 임과 함께하지 못하는 안타까움과 임에 대한 변치 않는 마음을 노래하고 있다.

주제 임에 대한 그리움과 변치 않는 절개

현대어 풀이

죽창(대나무로 만든 창)에 병이 깊고 이부자리가 차가운데
돌미나리 한 줌으로 저녁 반찬을 하자 하더니
상 위에 (반찬을) 그저 놓고 님 생각하는 뜻은
아리따운 님의 거동 친한 적이 없건마는
관계없는 이 내 몸이 님을 조차 삼기오니
월하노인이 실을 매었는가 연분이 크게 중하고
조물주의 시샘인가 복이 없고 팔자가 사나움도 그지없다
〈중략〉
꽃다운 열여섯 나이 손꼽아 다다르니
십 리 밖의 벽도화(碧挑花)에 구름이 험한 곳에
내 소식은 님은 모르고 님의 집을 내가 모를 제
세사 일을 방애하는 장애물이 생겨 고운 얼굴이 복이 없어
하룻밤 놀란 우레 비바람조차 섞여서 치니
뜰 앞에 심은 해바라기 못 피어 시들었네
고기 하나 흐린 물이 온 연못을 더럽힌다
가시덤불에 떨어진 불이 난초와 혜초 무더기에 붙으니
내 얼굴 고운 줄을 님이 어찌 아시겠는가.
화공의 붓 끝으로 그려 내어 올릴 것인가.
임의 장수를 비는 노래로 띄워다가 돋울까?
대 같이 곧은 절개 임은 더욱 모르거든.

(나) 홍우원, 「노마설」

감상 이 작품은 말과의 대화 구조와 말을 의인화하여 주인에게 깨달음을 주고 이기적인 세태에 대한 성찰을 유도하고 있는 고전 수필이다. 이 글에서는 이제는 늙어서 더 이상 쓸모없는 말을 버리려는 주인과 이러한 주인의 처사에 대한 부당함을 호소하는 말과의 대화 형식을 통해, 자신의 이익만을 따지는 이기적인 인간의 모습을 비판하고 있다.

주제 이익에 따라 대상을 대하는 세태 비판

(가)와 (나)의 공통점으로 가장 적절한 것은?

① 역설적 표현을 통해 주제의 의미를 부각하고 있다.
(가), (나) 모두 역설적 표현은 사용되지 않고 있다.

② 명암의 대비를 통해 대상의 특성을 나타내고 있다.
(가), (나) 모두 명암을 대비하는 표현은 찾아볼 수 없다.

③ 공간의 이동에 따라 심리 변화의 양상을 드러내고 있다.
(가), (나) 모두 공간의 이동은 드러나지 않고 있다.

④ 음성 상징어를 사용하여 생동감 있게 상황을 제시하고 있다.
(가), (나) 모두 음성 상징어가 사용되지 않고 있다.

✔ ⑤ 의문형 어미를 사용하여 전달하고자 하는 내용을 강조하고 있다.
(가)에서는 '화공의 붓긋흐로 그려 내여 울닐 손가' 등의 의문형 형식을 사용하여 소망을 이루지 못한 화자의 안타까움을 강조하고 있다. 그리고 (나)에서는 '말에게 무슨 죄가 있는가?' 등의 의문형 형식을 사용하여 '말'에게는 잘못이 없음을 강조하고 있다. 따라서 (가), (나) 모두 의문형 어미를 사용하여 전달하고자 하는 내용을 강조하고 있음을 알 수 있다.

---

32 외적 준거에 따른 작품의 감상   정답률 68% | 정답 ②

〈보기〉를 바탕으로 (가)를 이해한 내용으로 적절하지 않은 것은? [3점]

〈보 기〉
이 작품에는 타인의 잘못으로 인해 유배 생활을 하는 작가의 상황이 임을 그리워하는 여성 화자의 모습으로 형상화되어 있다. 화자는 자신이 처한 부정적 상황의 원인을 임이나 자기 자신에게서 찾지 않고 외부의 탓으로 돌리고 있으며, 임과 함께하지 못하는 안타까움과 임에 대한 변치 않는 마음을 노래하고 있다.

① '병이 깁고'와 '돌미나리 흔줌으로 석찬을 ᄒ쟈터니'를 통해 부정적 상황에 놓인 화자의 처지를 알 수 있겠군.
'병이 깁고'와 '돌미나리 흔줌으로 석찬을 ᄒ쟈터니'는 화자의 힘들고 곤궁한 상황을 드러내고 있다. 이를 통해 부정적 상황에 놓인 화자의 처지를 알 수 있으므로 적절하다.

✔ ② '님의 거동 친 흔적 업건마ᄂ'과 '이 내 몸이 님을 조차 삼기오니'를 통해 화자가 타인의 잘못으로 현재 상황에 처하게 됐음을 알 수 있겠군.
'님의 거동 친 흔적 업건마ᄂ'은 임과 함께한 적이 없는 상황을 드러내는 것이고, '이 내 몸이 님을 조차 삼기오니'는 화자와 임이 운명적으로 연결된 사이라는 것을 의미한다. 따라서 화자가 타인의 잘못으로 현재 상황에 처하게 됐음을 알 수 있다는 내용은 적절하지 않다.

③ '조믈이 새오던가'와 '셰스의 마히 고하'를 통해 화자가 처한 상황의 원인을 외부의 탓으로 돌리고 있음을 알 수 있겠군.
'조믈이 새오던가'는 조물주의 시샘을, '셰스의 마히 고하'는 세상일을 방해하는 장애물이 생겼음을 의미한다. 이를 통해 화자가 자신이 처한 상황의 원인을 외부의 탓으로 돌리고 있음을 알 수 있으므로 적절하다.

④ '뜰알피 심근 규화 못피여 시들거다'를 통해 임과 함께하지 못하는 화자의 안타까운 마음을 형상화했음을 알 수 있겠군.
'규화'는 화자를 의미하고 '못피여 시들거다'에는 임과의 만남이 실현되지 못한 화자의 안타까움이 나타난다. 이를 통해 임과 함께하지 못하는 화자의 안타까운 마음을 형상화했음을 알 수 있으므로 적절하다.

⑤ '대가티 고든 졀은 님이 더욱 모르려든'을 통해 임에 대한 화자의 변치 않는 마음을 알 수 있겠군.
'대가티 고든 졀'은 임에 대한 화자의 절개를 의미한다. 이를 통해 임에 대한 화자의 변치 않는 마음을 알 수 있으므로 적절하다.

---

33 소재의 의미 파악   정답률 65% | 정답 ①

㉠과 ㉡에 대한 설명으로 가장 적절한 것은?

✔ ① ㉠은 '나'와 '님'의 관계가 소원함을 드러내는 소재이고, ㉡은 '말'과 '주인'의 관계가 밀접했음을 드러내는 소재이다.
(가)에서 ㉠의 '님의 집'은 화자가 '님의 집'을 모르고 있다는 점에서 화자와 임의 관계가 소원함을 드러내 준다고 할 수 있다. 그리고 (나)에서 ㉡의 '주인집'은 '여러 식구의 목숨이 나로 인해 완전할 수 있었다'는 점에서 늙은 말과 주인의 관계가 밀접했음을 드러내 준다고 할 수 있다.

② ㉠은 '나'와 '님'의 역할이 바뀌었음을 드러내는 소재이고, ㉡은 '말'과 '주인'의 역할이 확정되었음을 드러내는 소재이다.
(가)에서 화자는 ㉠을 모르고 있으므로, ㉠이 '나'와 '님'의 역할이 바뀌었음을 드러내는 소재라 보기 어렵다. 그리고 (나)에서 '말'이 노동을 해서 여러 식구의 목숨을 완전하게 해 주었다는 점에서 ㉡은 '말'과 '주인'의 역할이 확정되어 있음을 보여 준다고도 볼 수 있다.

③ ㉠은 '나'와 '님'의 갈등이 해소되었음을 드러내는 소재이고, ㉡은 '말'과 '주인'의 갈등이 심화되었음을 드러내는 소재이다.
(가)에서 화자는 임을 그리워하고 있지만, 임과 갈등하고 있는지는 알 수 없으므로 ㉠이 '나'와 '님'의 갈등이 해소되었음을 드러내는 소재라 보기 어렵다. 그리고 (나)에서 ㉡은 여러 식구의 목숨이 '말'로 인해 완전할 수 있었다는 점에서 '말'과 '주인'의 갈등이 심화되었음을 드러낸다고 보기 어렵다.

④ ㉠은 '나'와 '님'의 상황이 변화되었음을 드러내는 소재이고, ㉡은 '말'과 '주인'의 상황이 유지되고 있음을 드러내는 소재이다.
(가)에서 화자는 임을 그리워하고 있으므로 ㉠이 '나'와 '님'의 상황이 변화되었음을 드러내는 소재라 할 수 없다. 그리고 (나)에서 '주인'은 '말'의 말을 듣고 버리지 않고 ㉡이 '말'과 '주인'의 상황이 유지되고 있음을 드러내는 소재라고 볼 수 있다.

⑤ ㉠은 '나'와 '님'의 현실 인식이 긍정적임을 드러내는 소재이고, ㉡은 '말'과 '주인'의 현실 인식이 부정적임을 드러내는 소재이다.
(가)와 (나)에서 현실 인식은 잘 드러나지 않으므로, ㉠이 '나'와 '님'의 현실 인식이 긍정적임을 드러내는 소재이고, ㉡이 '말'과 '주인'의 현실 인식이 부정적임을 드러내는 소재라 할 수 없다.

---

34 구조도를 통한 작품의 감상   정답률 52% | 정답 ②

〈보기〉는 (나)에 나타난 대화를 구조화한 것이다. 이에 대한 이해로 적절하지 않은 것은?

〈보 기〉

A		B		C		D
'주인'의 명령	⇒	'말'의 변론	⇒	'주인'의 수긍	⇒	'주인'의 실천

① A에서 '주인'은 '말'의 현재 상태를 근거로 '말'이 더 이상 쓸모가 없다고 판단하고 있다.
A에서 '주인'은 '말'이 '나이도 이제 많아졌고 힘도 쇠하여졌'으므로 더 이상 쓸모가 없다고 판단하고 있으므로 적절하다.

✔ ② B에서 '말'은 과거 행적을 나열하여 자신의 능력이 변하지 않았음을 근거로 A에서 '주인'이 내린 처분이 부당함을 주장하고 있다.
B에서 '말'은 과거 자신의 공로를 나열하여 A에서 '주인'이 말에게 나가라고 한 것이 부당함을 주장하고 있다. 하지만 '나이가 아직 어려 힘이 왕성할 때'와 노쇠해진 지금의 능력에 차이가 있음을 인정하고 있으므로 자신의 능력이 변하지 않았음을 근거로 한다는 내용은 적절하지 않다.

③ B에서 '말'은 자신을 기르고 쓸 수 있는 구체적인 방안을 제시하며 '주인'을 설득하고 있다.
B에서 '말'은 자신을 기르는 데 있어 '동쪽 교외의 무성한 풀'과 '남쪽 산골짜기의 맑은 물' 정도면 충분하고, 자신을 사용하는 데 있어 '힘'과 '재주'를 헤아려 일을 시키면 된다는 구체적인 방안을 제시해 '주인'을 설득하고 있으므로 적절하다.

④ C에서 '주인'은 늙은 말도 쓰임이 있다는 내용의 고사를 인용하여 '말'에 대한 자신의 생각이 잘못되었음을 밝히고 있다.
C에서 '주인'은 '관자'가 늙은 말 덕분에 길을 찾을 수 있었던 고사를 인용하여 '말'에 대한 자신의 생각이 잘못되었음을 밝히고 있으므로 적절하다.

⑤ D에서 '주인'은 A에서 '말'에게 내린 자신의 처분을 번복하여 노비에게 '말'을 잘 보살필 것을 당부하고 있다.
D에서 '주인'은 A에서 '말'에게 나가라고 했던 자신의 처분을 번복하고 노비에게 '말'을 '잘 먹이'고 '욕 당함이 없도록 하라'고 당부하고 있으므로 적절하다.

35~38 현대 소설

염상섭, 「효풍」

감상 이 작품은 해방된 조국의 새로운 진로를 모색해야 할 책임을 진 젊은 세대들의 사랑과 새로운 국가관이 어떻게 모색되어야 하는가를 형상화하고 있다. 이 작품에서는 해방 직후의 혼란한 사회를 사는 인물들의 다양한 현실 대응 방식을 보여 준다. 부도덕한 인물들이 득세하는 현실 속에서 양심을 지키기 위해 노력하는 인물들은 기존의 삶의 방식을 바꾸거나 의도적으로 은둔자적인 삶을 살지만, 자신의 처지에 자괴감을 느끼기도 한다. 반면, 혼탁한 현실을 기회로 여겨 사회 변화에 기민하게 대응하는 인물들은 자신의 이익을 위해 세력을 규합하려 노력한다.

주제 해방 직후의 혼란스러운 시대를 극복하고자 하는 희망

작품 줄거리 병직은 일제 강점기에 도의원을 지냈고 해방 후에도 양조장을 하면서 미국과의 사업을 통해 돈을 버는 동시에 정계에 손을 뻗쳐 한몫 잡으려는 정상배 박종렬의 아들이다. 그는 아버지가 걷는 길과 다르게 남북 좌우의 분열을 막고 우리 민족이 단결하여 외세의 영향력에서 벗어나 통일 국가를 수립해야 한다고 생각한다. 그는 여름까지만 해도 미군정을 비판하여 좌익으로 알려진 신문사에 근무하였으나 지금은 좌우 합작을 지지하는 신문사로 옮겨 기자 생활을 하면서 애인인 혜란과 더불어 새생활을 꿈꾼다. 하지만 좌파에서 완전히 떼지 못하고 못하고 있는 탓에 확신에 차서 좌파의 길을 걷고 있는 화순과 애정 문제로까지 얽혀 갈등한다. 이미 약혼한 혜란과 통일 후 행복하게 살겠다는 생각을 하면서도, 화순에 대해서는 동지애 이상의 무엇으로 끌리는 것이다. 그러나 병직은 화순의 이북행과 자신의 감옥행을 계기로 이전의 혼란을 정리하고 새로운 길에 나설 것을 결심한다. 병직은 국수주의는 반대하면서도 애국주의를 지지함으로써 남북 좌우의 혼선 속에서 외세에 빌붙지 않고 민족적 자결성을 유지하면서 외국과의 협조하에 자주적 통일 국가를 세우려는 의지를 공고히 한다.

---

35 서술상 특징 파악   정답률 59% | 정답 ③

윗글에 대한 설명으로 가장 적절한 것은?

① 장면에 따라 달라지는 서술자가 사건을 여러 각도에서 조명하고 있다.
서술자가 장면에 따라 달라지고 있지 않으므로 적절하지 않다.

② 외부 이야기의 서술자가 자신이 겪은 내부 이야기의 의미를 밝히고 있다.
외부 이야기와 내부 이야기로 나누어져 서술되고 있지 않으므로 적절하지 않다.

✔ ③ 이야기 밖의 서술자가 등장인물이 특정한 말과 행동을 하는 이유를 설명하고 있다.
이 글의 '그러나 영감은 처음부터 안하무인인 그 태도가 아니꼽게 보여서 말대꾸도 아니 해 준다.', '마주 앉았던 청년은 노인네들 객담만 언제까지 듣고 있을 수 없어서 ~ 자기의 용건을 꺼낸다.' 등을 통해, 이야기 밖의 서술자가 등장인물이 특정한 말과 행동을 하는 이유를 설명하고 있음을 알 수 있다.

④ 서술자가 서술의 초점이 되는 특정 인물의 시선으로 사건을 관찰하여 전달하고 있다.
서술자가 특정 인물의 시선으로 사건을 관찰하여 전달하고 있지 않으므로 적절하지 않다.

⑤ 등장인물로 설정된 서술자가 자신의 관점에서 다른 인물들에 대한 견해를 제시하고 있다.
서술자가 등장인물로 설정되어 있지 않으므로 적절하지 않다.

---

36 공간의 의미 파악   정답률 62% | 정답 ③

'김관식'을 중심으로 ㉠과 ㉡을 이해한 내용으로 가장 적절한 것은?

① ㉠은 자신의 의지를 관철하는 공간이고, ㉡은 타인의 입장에 공감하는 공간이다.
㉠에서 김관식이 자신의 의지를 관철하는 모습은 찾아볼 수 없고, ㉡에서 박종렬의 제안에 김관식이 냉소를 보이고 있으므로 ㉡이 타인의 입장에 공감하는 공간이라 할 수 없다.

② ㉠은 경제적인 피해를 회복하는 공간이고, ㉡은 정신적인 상처를 치유하는 공간이다.
㉠은 김관식이 영락하여 찾은 공간이므로 경제적인 피해를 회복하는 것과는 관련이 없다. 그리고 ㉡은

'이 세상'에 대해 부정적 인식을 가지고 들어앉은 공간이므로 정신적인 상처를 치유하는 공간이라 할 수 없다.

✓ ㉠은 유사한 처지의 타인에게 동정을 받는 공간이고, ㉡은 상반된 처지의 타인에게 제안을 받는 공간이다.
'빈대떡집'은 처지가 영락했다는 면에서 자신과 비슷한 처지인 남원으로부터, 김관식이 빈대떡집에 앉아 있는 것이 가엾어 보인다는 동정을 받는 공간이다. 그리고 '서재'는 부지런히 정치 현실에서 활동한다는 면에서 자신과 상반된 처지인 박종렬로부터, 김관식이 정치 운동에 참여하라는 제안을 받는 공간이다.

④ ㉠과 ㉡ 모두 개인적인 문제에 대한 조언을 구하는 공간이다.
㉠과 ㉡에서 김관식이 개인적인 문제에 대한 조언을 구하고 있는 모습은 찾아볼 수 없다.

⑤ ㉠과 ㉡ 모두 자신의 상황을 설명하며 타인의 환심을 사려는 공간이다.
㉠과 ㉡에서 김관식이 자신의 상황을 설명한다고는 할 수 있지만, 김관식이 타인의 환심을 사는 모습은 찾아볼 수 없다.

---

37 인물의 심리 파악 　　정답률 63% | 정답 ④

ⓐ ~ ⓔ에 대한 설명으로 적절하지 <u>않은</u> 것은?

① ⓐ : 상대를 평가하는 말을 담아 상대를 설득하고자 하는 의도가 담겨 있다.
ⓐ에는 '제일선에서 '지도'를 해 줘야 할 사람이라고 상대를 긍정적으로 평가하는 말을 담아, 정치에 참여하라고 상대를 설득하고자 하는 의도가 담겨 있으므로 적절하다.

② ⓑ : 상대를 찾아온 목적을 달성하기 위해 자신이 원하는 화제로 전환하려는 의도가 담겨 있다.
ⓑ에는 '노인네들 객담만 언제까지 듣고 있을 수 없어서 ~ 자기의 용건을 꺼낸다.'에서 보듯이, 상대를 정치에 참여하도록 설득하겠다는 방문 목적을 달성하기 위해 이 목적과 무관해 보이는 화제를 상대의 정치 참여와 관련된 화제로 전환하려는 의도가 담겨 있으므로 적절하다.

③ ⓒ : 상대의 부정적인 반응에 대한 감정을 누르고 상대의 생각을 반박하려는 심리가 담겨 있다.
ⓒ에는 '이 영감의 말이 ~ 불쾌하건마는 지긋이 참았다.'에서 보듯이, 상대에게 면박을 당한 것에 대한 불쾌감을 누르고 자신이 시작하려는 사업이 신통치 않은 것일 거라는 상대의 생각을 반박하려는 심리가 담겨 있으므로 적절하다.

✓ ⓓ : 상대의 반응을 보고 상대에게 더 많은 것을 기대할 수 있다는 심리가 담겨 있다.
ⓓ에는 '정 못겠거든 고문으로라도 이름을 걸어 달라는 것이다.'에서 보듯이 자신의 제안에 대한 상대의 반응을 본 뒤 처음보다 기대 수준을 낮추어 수정 제안을 해야겠다는 심리가 담겨 있으므로 적절하지 않다.

⑤ ⓔ : 상대와 동일한 생각을 가진 사람들이 많을 경우를 가정하여 상대의 가치관을 비판하고자 하는 의도가 담겨 있다.
ⓔ에는 실제 사회 현실과 거리를 두고 '방' 안에 머무르겠다는 상대의 생각과 동일한 생각을 '삼천만이 모두' 가진다는 경우를 가정하여 그와 같은 가치관이 잘못된 것이라고 비판하고 있으므로 적절하다.

---

38 외적 준거에 따른 작품의 감상 　　정답률 55% | 정답 ④

〈보기〉를 바탕으로 윗글을 감상한 내용으로 적절하지 <u>않은</u> 것은? [3점]

─〈보 기〉─
　이 작품은 해방 직후의 혼란한 사회를 사는 인물들의 다양한 현실 대응 방식을 보여 준다. 부도덕한 인물들이 득세하는 현실 속에서 양심을 지키기 위해 노력하는 인물들은 기존의 삶의 방식을 바꾸거나 의도적으로 은둔자적인 삶을 살지만, 자신의 처지에 자괴감을 느끼기도 한다. 반면, 혼탁한 현실을 기회로 여겨 사회 변화에 기민하게 대응하는 인물들은 자신의 이익을 위해 세력을 규합하려 노력한다.

① '신진 작가로 이름을 날리'며 활약하다 '붓대를 던지'고 '지짐을 부치'는 모습에서 기존의 삶의 방식을 바꾼 인물의 상황을 확인할 수 있군.
남원이 오래 전에 잡지를 경영하고 '신진 작가로 이름을 날리'던 지식인이었지만 '붓대를 던지'고 빈대떡집의 주인이 되어 '지짐을 부치'고 있는 것은, 인물이 기존의 삶의 방식을 바꾼 모습이라고 할 수 있으므로 적절하다.

② '선경'과 '쓰레기통'에 빗대어 '한 칸 방'의 안과 밖에 대한 생각을 말하는 모습에서 인물이 의도적으로 은둔자적 삶을 사는 이유를 확인할 수 있군.
김관식이 '한 칸 방'의 안을 '선경'으로, 밖을 '쓰레기통'으로 비유하여 방 밖의 현실이 부정적이기 때문에 현실과 구별되는 공간인 방 안에 머물고 싶다는 뜻을 드러낸 것은, 인물이 세상과 거리를 두고 의도적으로 은둔자적 삶을 사는 이유라고 할 수 있으므로 적절하다.

③ 'UN단도 오기 전'에 '××당 성북지구분회'를 조직하려는 모습에서 사회 변화에 기민하게 대응하는 인물들의 면모를 확인할 수 있군.
박종렬과 청년이 'UN단도 오기 전'인 이른 시기에 '××당 성북지구분회' 조직을 위해 분주하게 움직이며 세력 확장을 꾀하고 있는 것은, 인물들이 사회 변화에 기민하게 대응하는 면모라고 할 수 있으므로 적절하다.

✓ '나 같은 사람'은 '정당'에 참여하는 것이 '당치 않'다고 말하는 모습에서 초라한 자신의 처지에 자괴감을 느끼는 인물의 심리를 확인할 수 있군.
김관식이 '나 같은 사람'은 '정당'에 참여하는 것이 '당치 않'다고 하며 거부한 것은 정당에 입후보하라는 상대의 제안에 대한 거부의 뜻을 표한 것일 뿐, 초라한 자신의 처지에 자괴감을 표한 것이라고 할 수 없으므로 적절하지 않다.

⑤ '정치 운동하는 사람'이 따로 있냐며 함께 할 것을 '또 권해'보는 모습에서 자신의 이익을 위해 세력을 규합하려는 의도를 확인할 수 있군.
박종렬이 김관식에게 정당에 참여할 것을 권한 뒤 '정치 운동하는 사람'이 따로 있냐고 말하며 정치 참여를 '또 권해' 보는 것은, 자신의 이익을 위해 세력을 규합하려는 의도에 의한 것이라고 할 수 있으므로 적절하다.

39~41 현대시

(가) 김춘수, 「부재」
감상　이 작품에서는 유한한 존재가 지닌 부재의 의미를, 삶과 죽음의 순환적 공존이 일어나는 자연

현상에 대한 정서적 반응을 통해 감각적으로 드러내고 있다. 자연물에서 인간으로의 시상 확장을 통해 유한적 존재의 소멸과 부재를 강조해 주고 있다.
주제　유한한 존재들의 소멸과 부재

표현상의 특징

• 자연물에 인격을 부여하여 시적 의미를 부여하고 있음.
• 종결 어미 '-었다'의 반복을 통해 운율을 형성함.
• 자연 현상의 속성을 활용하여 관념적 주제를 형상화함.

(나) 황동규, 「삶을 살아낸다는 건」
감상　이 작품에서는 삶의 의미를, 소멸하는 자연물이 지닌 생의 감각과 자연과 교감하며 깨닫는 일상적인 경험을 세세하게 표현함으로써 드러내고 있다. 의인법, 음성 상징어, 다양한 감각적 이미지를 활용하여 자연의 소멸을 그려 내면서, 자연과의 교감을 통해 소멸해가는 속에서도 피어나는 새로운 생명력을 인식하며 삶의 의미에 대한 깨달음을 드러내고 있다.
주제　자연과의 교감을 통해 깨달은 삶의 의미

표현상의 특징

• 자연물에 인격을 부여하여 시적 의미를 나타내고 있음.
• 시행을 말줄임표로 끝내며 여운을 주고 있음.
• 영탄적 어조를 활용하여 화자의 정서를 전달하고 있음.

---

39 표현상 특징 파악 　　정답률 75% | 정답 ④

(가), (나)에 대한 설명으로 가장 적절한 것은?

① (가)는 과거와 현재를 대비하며 시상을 전개하고 있다.
(가)는 과거와 현재를 대비하며 시상을 전개하고 있지 않으므로 적절하지 않다.

② (나)는 상승과 하강의 이미지를 반복하여 주제를 강조하고 있다.
(나)는 '마지막 잎들이' 지고 있는 모습에서 하강의 이미지가 나타나 있지만 상승과 하강의 이미지를 반복하고 있지 않으므로 적절하지 않다.

③ (가)와 (나)는 모두 말 줄임표로 끝내는 시행을 사용하여 여운을 주고 있다.
(가)에서는 말줄임표로 끝내는 시행이 없으므로 적절하지 않다, 반면에 (나)에서는 '이런! 삶, 삶을 살아낸다는 건……'에서 시행을 말줄임표로 끝내며 여운을 주고 있다.

✓ (가)와 (나)는 모두 자연물에 인격을 부여하여 시적 의미를 나타내고 있다.
(가)에서는 '외롭게 햇살'이 '낮잠을 졸다 갔다'라고 자연물에 인격을 부여하여 시적 의미를 부여하고 있고, (나)에서는 '나무'가 '기침' 소리를 내며 감추었던 것들을 내놓는 모습에서 자연물에 인격을 부여하여 시적 의미를 나타내고 있으므로 적절하다.

⑤ (가)는 명령적 어조를 활용하여, (나)는 영탄적 어조를 활용하여 화자의 정서를 전달하고 있다.
(가)에서는 명령적 어조가 드러나 있지 않으므로 적절하지 않다. 반면에 (나)에서는 '괜찮은 삶도 있었다니!'에서 영탄적 어조를 활용하여 화자의 정서를 전달하고 있다.

---

40 시어의 의미 이해 　　정답률 81% | 정답 ④

㉠ ~ ㉤에 대한 이해로 적절하지 <u>않은</u> 것은?

① ㉠은 규칙적이지 않고 우연한 어떤 시간에 현상이 나타났음을 드러낸다.
㉠은 규칙적이지 않고 우연한 어떤 시간에 '바람'이 나타났음을 드러내고 있으므로 적절하다.

② ㉡은 대상이 주어진 환경 속에서 홀로인 상태임을 표현한다.
㉡은 '햇살'이 한겨울에 쓸쓸하게 홀로인 상태임을 표현하고 있으므로 적절하다.

③ ㉢은 대상의 행위가 혼자만의 행동이 아님을 나타낸다.
㉢은 '투덜대다'라는 행위가 혼자가 아닌 여럿이 하는 행동임을 나타내고 있으므로 적절하다.

✓ ㉣은 대상이 규칙적으로 떨어지고 있는 모습을 시각적으로 형상화한다.
㉣은 '낙엽'이 이쪽, 저쪽으로 아무렇게나 돌아다니고 있는 모습을 형상화한 것이므로 적절하지 않다.

⑤ ㉤은 대상의 변화를 이끌어 내는 과정이 끝나지 않고 지속되고 있음을 드러낸다.
㉤은 햇빛이 닿아서 '피라칸사 열매'의 변화를 이끌어 내는 과정이 끝나지 않고 지속되고 있음을 드러내고 있으므로 적절하다.

---

41 외적 준거에 따른 작품의 감상 　　정답률 60% | 정답 ⑤

〈보기〉를 참고하여 (가), (나)를 감상한 내용으로 적절하지 <u>않은</u> 것은? [3점]

─〈보 기〉─
　시인은 관념적 주제를 자연 현상의 속성을 활용하여 형상화한다. (가)에서는 유한한 존재가 지닌 부재의 의미를, 삶과 죽음의 순환적 공존이 일어나는 자연 현상에 대한 정서적 반응을 통해 감각적으로 드러낸다. (나)에서는 삶의 의미를, 소멸하는 자연물이 지닌 생의 감각과 자연과 교감하며 깨닫는 일상적인 경험을 세세하게 표현함으로써 드러낸다.

① (가)에서 '사람들'이 '꿈결같이' 살다 죽'는 모습에서 존재의 유한함을 형상화하고 있음을 알 수 있겠군.
〈보기〉에서 (가)가 유한한 존재가 지닌 부재의 의미를 드러낸다고 하였으므로, '사람들'이 '꿈결같이' 살다 죽'는 모습은 존재의 유한함을 형상화한다고 할 수 있다.

② (가)에서 '바람'이 '흔들'면 '울타리'가 '슬픈 소리'로 우는 모습에서 자연 현상에 대한 정서적 반응을 알 수 있겠군.
〈보기〉에서 (가)가 자연 현상에 대한 정서적 반응을 통해 감각적으로 드러낸다고 하였으므로, '바람'이 '흔들'면 '울타리'가 '슬픈 소리'로 우는 모습은 자연 현상에 대한 정서적 반응을 드러낸 것이라 할 수 있다.

③ (나)에서 '눈인사하듯 똑똑해'진 '피라칸사 열매'가 '더 똑똑해지면 사라'질 것이라고 하는 모습에서 자연과 교감하며 얻은 깨달음이 드러나 있음을 알 수 있겠군.
〈보기〉에서 (나)가 자연과 교감하며 깨닫는 일상적인 경험을 세세하게 표현하였다고 하였으므로, '눈인사하듯 똑똑해'진 '피라칸사 열매'가 '더 똑똑해지면 사라'질 것이라고 하는 모습은 자연과 교감하며 얻은 깨달음을 드러낸 것이라 할 수 있다.

④ (가)에서 '햇살'이 '낮잠을 졸다' 사라지는 모습과, (나)에서 '바싹 말'라버린 '나무'의 상태를 '괜찮은 삶'이라고 하는 모습에서 자연현상의 속성을 활용하여 관념적 주제를 형상화하고 있음을 알 수 있겠군.

〈보기〉에서 시인은 관념적 주제를 자연 현상의 속성을 활용하여 형상화한다고 하면서, (가), (나)에 대해 설명하고 있다. 따라서 (가)에서 '햇살'이 '낮잠을 졸다' 사라지는 모습과, (나)에서 '바싹 말'라 버린 '나무'의 상태를 '괜찮은 삶'이라고 하는 모습은 자연 현상의 속성을 활용하여 관념적 주제를 형상화한 것이라 할 수 있다.

☑ (가)에서 '맨드라미' 같은 꽃들이 '철마다 피'고는 '져 버'리는 모습에서 삶과 죽음의 순환적 공존을, (나)에서 '마른기침 소리'를 내던 나무가 새롭게 '가지와 둥치'를 내놓는 모습에서 생의 감각이 소멸한다는 것을 알 수 있겠군.

(가)에서 '맨드라미', 나팔꽃, 봉숭아 같은 꽃들이 '철마다 피'고는 '져 버'리는 모습에서 삶과 죽음의 순환적 공존을 알 수 있다. 반면에 (나)에서 '마른기침 소리'를 내던 나무가 새롭게 '가지와 둥치'를 내놓는 모습에서 소멸하는 자연물이 지닌 생의 감각을 알 수 있지만, 생의 감각이 소멸한다는 것은 알 수 없으므로 적절하지 않다.

42~45 고전 소설

작자 미상, 「두껍전」

감상 이 작품은 우화 소설로, 천상에서 쫓겨난 인물이 지상의 삶을 살아간다는 내용의 적강 모티프와 사위가 처가에서 인정받지 못한다는 내용의 사위 박대담이 결합되어 나타나 있다. 초월적 존재에게 볼품없는 외양을 부여받은 주인공은 지상에서 가족들에게 소외되는 등의 박대를 당하며 속죄의 과정을 거친다. 이 과정에서, 정체를 숨긴 채 뛰어난 능력을 발휘하던 주인공은 정체를 밝힌 후 가족들의 인정을 받고 다시 천상으로 돌아가게 된다.

주제 두꺼비 사위의 시련 극복 과정

42 서술상 특징 파악 　　　정답률 59% | 정답 ③

윗글에 나타난 서술상의 특징으로 적절한 것은?

① 섬세한 배경 묘사를 통해 작중 상황을 희화화하고 있다.
이 글을 통해 섬세한 배경 묘사는 찾아볼 수 없고, 작중 상황을 희화화하지도 않고 있다.

② 시간의 역전을 통해 인물의 심리 변화를 보여 주고 있다.
이 글에서는 시간의 흐름에 따라 사건을 전개하고 있지, 시간의 역전은 드러나지 않고 있다.

☑ 대화를 통해 이전에 일어난 사건의 정황을 드러내고 있다.
'두 사위'와 '장인'의 대화에서 '사냥 갔을 때에 두꺼비 동서를 만나'서 일어난 사건의 정황을 드러내고 있고, 두꺼비와 '장인'의 대화에서 두꺼비가 '선관이었'다가 '인간에 내쳐'져 일어난 사건의 정황을 드러내고 있으므로 적절하다.

④ 꿈과 현실의 교차를 통해 앞으로 일어날 사건을 암시하고 있다.
이 글에서 꿈과 현실의 교차는 드러나지 않고 있다.

⑤ 현실 세태와 자연물의 대비를 통해 당대 사회상을 비판하고 있다.
이 글에서 현실 세태와 자연물의 대비를 통해 당대 사회상을 비판한 부분은 찾아볼 수 없다.

43 작품 내용의 이해 　　　정답률 60% | 정답 ②

〈보기〉는 윗글의 내용을 공간을 중심으로 도식화한 것이다. 이에 대한 설명으로 적절하지 않은 것은?

〈보 기〉

㉠	㉡	㉢	㉣
길	윗문	집	천상

① ㉠에서 두꺼비는 동서들의 부탁을 들어주고 있다.
㉠에서 '두 동서'가 '사냥한 것'을 달라고 하자 '두꺼비가' '허락'한 것에서 두꺼비는 동서들의 부탁을 들어주고 있음을 알 수 있으므로 적절하다.

☑ ㉡의 안쪽에서 분노한 두꺼비는 하인들을 불러 ㉠에서 있었던 일에 대해 문책을 하고 있다.
㉡의 안쪽에서 '하늘에서' 내려온 '하인들'은 ㉠의 '하인들'이 아니고 두꺼비가 하인들을 불러 ㉠에서 있었던 일에 대해 문책을 하고 있는 것이 아니므로 적절하지 않다.

③ ㉡에서 ㉢으로 이동한 두꺼비를, 대감은 자신의 사위라고 인식하지 못하고 있다.
㉡에서 ㉢으로 이동한 두꺼비를 보고 '대감'이 '뉘 댁 사람입니까?'라고 하는 것에서 대감은 자신의 사위라고 인식하지 못하고 있음을 알 수 있으므로 적절하다.

④ ㉢에서 부인은 두꺼비에 대한 생각을 바꾸게 된다.
㉢에서 '부인'이 두꺼비의 '좋은 풍채'를 '반기며 좋아하'는 것에서 부인이 두꺼비에 대한 생각을 바꾸게 됨을 알 수 있으므로 적절하다.

⑤ ㉢에서 ㉣로 가기 전에 두꺼비는 장인에게 간직할 물건을 주고 있다.
㉢에서 ㉣로 가기 전에 '선관'이 '빈 상자'를 '장인'에게 주며 '잘 간수하'라고 말하는 것에서 두꺼비는 장인에게 간직할 물건을 주고 있음을 알 수 있으므로 적절하다.

44 소재의 의미 파악 　　　정답률 58% | 정답 ②

ⓐ와 ⓑ에 대한 이해로 가장 적절한 것은?

① ⓐ는 인물이 칭찬을 받기 위한 수단이고, ⓑ는 인물이 벌을 내리기 위한 수단이다.
ⓐ는 두꺼비가 계획한 일을 실현하기 위한 수단이므로 인물이 칭찬을 받기 위한 수단이라 할 수 없다. 그리고 ⓑ를 타고 선관이 하늘로 올라가므로 인물이 벌을 내리기 위한 수단이라 할 수 없다.

☑ ⓐ는 계획한 일을 실현하기 위한 수단이고, ⓑ는 명령을 이행하는데 쓰이는 수단이다.
두꺼비가 '두 동서'의 '등에다 도장을' 찍고 '회갑 날' '그대들은 나를 ~ 욕을 보였노라.'라고 하는 것을 보면 ⓐ는 계획한 일을 실현하기 위한 수단임을 알 수 있다. 그리고 '천상에서' '옥으로 된 가마'가 내려오'자

두꺼비가 '장인장모에게' '천명을 이기지 못하고 천상으로 올라'간다고 하는 것을 보면 ⓑ는 명령을 이행하는 데 쓰이는 수단임을 알 수 있다.

③ ⓐ는 과거의 부귀했던 처지를 드러내는 수단이고, ⓑ는 현재의 곤궁한 처지를 밝히는 수단이다.
이 글의 내용을 통해 ⓐ를 과거의 부귀했던 처지를 드러내는 수단이라 할 수 없고, ⓑ를 현재의 곤궁한 처지를 밝히는 수단이라 할 수 없다.

④ ⓐ는 위기 상황을 알리기 위한 수단이고, ⓑ는 위험 상황에서 벗어났음을 알려 주기 위한 수단이다.
이 글의 내용을 통해 ⓐ를 위기 상황을 알리기 위한 수단이라 할 수 없고, ⓑ를 위험 상황에서 벗어났음을 알려 주기 위한 수단이라 할 수 없다.

⑤ ⓐ는 상대방에 대한 경계심을 나타내는 수단이고, ⓑ는 상대방에 대한 거부감을 드러내기 위한 수단이다.
ⓐ는 두꺼비가 계획한 일을 실현하기 위한 수단이므로 상대방에 대한 경계심을 나타내는 수단이라 할 수 없다. 그리고 ⓑ는 선관이 하늘로 올라가는 수단에 해당하므로 상대방에 대한 거부감을 드러내기 위한 수단이라 할 수 없다.

45 외적 준거에 따른 작품의 감상 　　　정답률 54% | 정답 ④

〈보기〉를 참고하여 윗글을 감상한 내용으로 적절하지 않은 것은? [3점]

〈보 기〉

이 작품은 천상에서 쫓겨난 인물이 지상의 삶을 살아간다는 내용의 적강 모티프와 사위가 처가에서 인정받지 못한다는 내용의 사위 박대담이 결합되어 나타난다. 초월적 존재에게 볼품없는 외양을 부여받은 주인공은 지상에서 가족들에게 소외되는 등의 박대를 당하며 속죄의 과정을 거친다. 이 과정에서, 정체를 숨긴 채 뛰어난 능력을 발휘하던 주인공은 정체를 밝힌 후 가족들의 인정을 받고 다시 천상으로 돌아가게 된다.

① 두꺼비가 진언을 외워 하늘에서 하인이 내려오는 장면에서, 숨기고 있었던 주인공의 정체를 확인할 수 있겠군.
두꺼비가 '진언'을 외워 '허물'을 벗으니 '하늘에서' '하인들'이 내려오는 장면에서 두꺼비가 '선관의 의복'을 제대로 갖춘 것을 보면 숨기고 있었던 주인공의 정체를 확인할 수 있으므로 적절하다.

② 부인이 마음을 진정치 못하며 두꺼비의 외양을 언급하는 장면에서 가족들에게 인정받는 모습을 확인할 수 있겠군.
'부인'이 두꺼비에게 '흉한 허물을 쓰고 있었다'고 언급하는 장면에서 두꺼비를 '좋은 풍채'라고 하며 '반기며 좋아하'는 것을 보면 가족들에게 인정받는 모습을 확인할 수 있으므로 적절하다.

③ 회갑 날 두꺼비 내외를 못 오게 한 장면에서 가족 구성원으로부터 박대를 당하는 주인공의 모습을 확인할 수 있겠군.
'회갑 날' '두꺼비 내외'를 '못 오게 하는 장면에서 '그네들이' 두꺼비를 '미워하기 때문이'라고 한 것을 보면 가족 구성원으로부터 박대를 당하는 주인공의 모습을 확인할 수 있으므로 적절하다.

☑ 동서들에게 자신이 사냥한 것을 주는 장면에서 속죄를 위해 뛰어난 능력을 발휘하는 주인공의 모습을 확인할 수 있겠군.
'두 동서'가 '사냥한 것'을 달라고 하자 두꺼비가 허락하는 장면에서 두꺼비가 뛰어난 능력을 발휘하는 것이 속죄를 위한 것임을 확인할 수 없으므로 적절하지 않다.

⑤ 두꺼비가 장인에게 자신의 죄에 대해 이야기하는 장면에서 주인공이 천상에서 쫓겨나 지상의 삶을 살게 된 이유를 확인할 수 있겠군.
'두꺼비가 장인에게' 자신이 '천상에서 비를 내려 주는 선관이었'다고 말하는 장면에서 '인간에 비를 잘못 내린 죄로' 지상에 내려왔다고 말하는 것을 보면 주인공이 천상에서 쫓겨나 지상의 삶을 살게 된 이유를 확인할 수 있으므로 적절하다.

★ 표기된 문항은 [등급을 가르는 문제]에 해당하는 문제입니다.

[01~03] 화법

01 말하기 방식 파악
정답률 88% | 정답 ③

발표자의 말하기 방식에 대한 설명으로 가장 적절한 것은?

① 자료의 출처를 밝혀 발표 내용의 신뢰성을 높이고 있다.
　이 발표에서 학생은 동영상, 사진을 제시하고 있지만, 이러한 자료들의 출처를 밝히지는 않고 있다. 한편 자료의 출처를 밝히게 되면 청중에게 발표 내용의 신뢰성을 높일 수가 있다.

② 전문가의 말을 인용하여 정보의 객관성을 확보하고 있다.
　이 발표를 통해 전문가의 말을 인용한 부분은 찾아볼 수 없으므로 적절하지 않다.

☑ 발표 내용과 관련된 질문을 하여 청중의 주의를 환기하고 있다.
　2문단의 '이처럼 성돌의 모양이 다양하게 나타나는 이유가 무엇인지 궁금하지 않으신가요?', 3문단의 '그렇다면 각자성석에는 어떤 내용이 새겨져 있을까요?'를 통해, 발표자는 발표 내용과 관련된 질문을 하며 청중의 주의를 환기하고 있음을 알 수 있다.

④ 청중의 이해도를 점검하며 발표를 마무리하여 주제를 강조하고 있다.
　이 발표의 마지막에서 발표자는 청중에게 관심을 가지기를 바라면서 발표를 마무리하고 있지, 청중의 이해도를 점검하며 발표를 마무리하지 않고 있다.

⑤ 청중의 요청에 따라 발표 내용에 대한 정보를 추가하여 청중의 이해를 돕고 있다.
　이 발표를 통해 청중이 발표자에게 요청한 내용은 찾아볼 수 없으므로 적절하지 않다.

02 매체 활용 계획의 반영 여부 파악
정답률 85% | 정답 ⑤

다음은 학생이 발표를 하기 위해 작성한 발표 계획서의 일부이다. 발표 내용에 반영되지 않은 것은?

발표 계획서		
발표 상황 분석		**매체 활용 계획**
청중 분석	주제에 대한 관심이 부족할 것임.	흥미를 유발하기 위해 옛 성벽의 형태를 유지하고 있는 한양도성의 모습을 담은 동영상 자료를 활용해야지. … ①
	성벽을 이루고 있는 성돌의 모양이 다양한 이유를 궁금해할 것임.	거듭된 보수로 인해 성벽의 한 구간에 다양한 모양의 성돌이 나타남을 알려 주기 위해 사진 자료를 제시하며 시기별 성벽의 특징을 언급해야지. … ②
	각자성석에 대해서 사전에 들어 본 적이 없을 것임.	각자성석이 무엇인지 알려 주기 위해 사진 자료를 확대하여 성돌에 글자가 새겨진 것을 보여 줘야지. … ③
제재 분석	각자성석에 여러 가지 정보가 담겨 있음.	한양도성의 축성에 대한 기록이 담긴 각자성석의 사진 자료를 시대별로 차례차례 설명해야지. … ④
	한양도성 성벽 중 일부 훼손된 구간이 있음.	훼손된 성벽을 사진 자료로 제시하며 오늘날 한양도성을 복원하기 위한 방안을 제시해야지. … ⑤

① 흥미를 유발하기 위해 옛 성벽의 형태를 유지하고 있는 한양도성의 모습을 담은 동영상 자료를 활용해야지.
　1문단에서 발표자는 옛 성벽의 형태를 유지하고 있는 한양도성의 모습을 담은 동영상을 제시하고 있는데, 발표 처음에 이러한 동영상을 제시하게 되면 청중의 관심을 유발할 수 있다.

② 거듭된 보수로 인해 성벽의 한 구간에 다양한 모양의 성돌이 나타남을 알려 주기 위해 사진 자료를 제시하며 시기별 성벽의 특징을 언급해야지.
　2문단에서 발표자는 실제 한양도성 성벽의 한 구간을 촬영한 사진을 제시한 뒤, 이 사진을 활용하여 태조 때부터 숙종 때까지의 성벽의 특징을 시기별로 설명하고 있다.

③ 각자성석이 무엇인지 알려 주기 위해 사진 자료를 확대하여 성돌에 글자가 새겨진 것을 보여 줘야지.
　3문단에서 발표자는 '각자성석에 대해서는 처음 들어보실 텐데요.'라고 말하며 각자성석의 사진을 확대하여 청중에게 성돌에 글자가 새겨진 것을 보여 주고 있다.

④ 한양도성의 축성에 대한 기록이 담긴 각자성석의 사진 자료를 시대별로 차례차례 설명해야지.
　3문단에서 발표자는 '각자성석에는 도성의 ~ 기록되어 있습니다.'라고 말하며, 축성 구간 구분 등 여러 정보가 담겨 있는 각자성석의 사진 자료를 제시하여 시대별로 설명하고 있다.

☑ 훼손된 성벽을 사진 자료로 제시하며 오늘날 한양도성을 복원하기 위한 방안을 제시해야지.
　4문단을 통해 발표자가 훼손된 성벽의 사진을 제시하였음을 알 수 있지만, 이를 통해 오늘날 한양도성을 복원하기 위한 방안은 제시하지 않고 있다.

03 청자의 반응 이해
정답률 90% | 정답 ⑤

다음은 위 발표를 들은 두 학생의 메모이다. '학생 1'과 '학생 2'의 메모를 분석한 것으로 적절하지 않은 것은?

학생 1	학생 2
○ 당시 도성의 관리에 심혈을 기울였다는 것을 각자성석을 통해 알 수 있다는 점이 매우 흥미로웠어.	○ 지난번 한양도성에 갔을 때도 각자성석에 대한 지식을 알고 갔으면 좋았을 텐데.
	○ 조선 건국 초기 한양도성을 축성하는 과정

○ 다른 나라는 도시에 옛 성벽의 형태가 잘 유지되고 있지 않다고 하는데 실제 사례가 없어서 이해하기 어려웠어.
○ 한양도성이 옛 모습에 가깝게 정비되었다고 했는데 현대에는 어떤 기술로 복원하였을까.

중에 겪었던 어려움에는 어떤 것들이 더 있었을까.
○ 태조, 세종, 숙종 때 외에 다른 시기의 축성에 대한 언급이 없어서 조선시대의 전반적인 축성 기술에 대해 알기 어려웠어.

① '학생 1'은 발표에서 새롭게 알게 된 정보를 긍정적으로 생각하고 있군.
　'학생 1'은 첫 번째 메모에서 도성의 관리에 심혈을 기울였다는 사실을 각자성석을 통해 알게 된 것을 흥미로웠다 하고 있으므로, 새로 알게 된 정보를 긍정적으로 생각하였음을 알 수 있다.

② '학생 2'는 발표 내용을 자신의 경험과 관련지어 생각하고 있군.
　'학생 2'는 첫 번째 메모에서 '지난번 한양도성에 갔을 때' 각자성석에 대한 지식을 알고 갔으면 좋았을 것이라 하고 있으므로, 각자성석의 발표 내용을 자신의 경험과 관련지어 생각하였음을 알 수 있다.

③ '학생 1'과 '학생 2'는 모두, 발표에서 제시된 정보가 부족하다고 생각하고 있군.
　'학생 1'은 두 번째 메모에서 다른 나라 도시의 옛 성벽의 형태가 잘 유지되지 않은 사례에 대한 정보가 없어서 이해하기 어려웠다 하고 있다 그리고 '학생 2'는 세 번째 메모에서 태조, 세종, 숙종 때 외에 다른 시기의 축성에 대한 언급이 없어서 조선시대의 전반적인 축성 기술에 대해 알기 어려웠다 하고 있다. 따라서 '학생 1'과 '학생 2'는 발표에서 제시된 정보가 부족하다 생각하였음을 알 수 있다.

④ '학생 1'과 '학생 2'는 모두, 발표에서 들은 내용과 관련된 궁금한 점을 드러내고 있군.
　'학생 1'은 세 번째 메모에서 어떤 기술로 한양도성을 복원했는지 궁금해 하고 있고, '학생 2'는 두 번째 메모에서 조선 초기 한양도성 축성 과정 중에 겪었던 어려움에는 어떤 것들이 더 있었을지 궁금해 하고 있다.

☑ '학생 1'과 '학생 2'는 모두, 발표에서 제시된 자료를 언급하면서 기존 지식을 수정하고 있군.
　'학생 1'과 '학생 2'의 메모를 통해, 두 학생 모두 발표에서 제시된 자료를 언급하며 기존 지식을 수정하는 내용은 찾아볼 수 없다.

[04~07] 화법과 작문

04 토론 입론의 쟁점 이해
정답률 64% | 정답 ⑤

(가)의 입론을 쟁점별로 정리한 내용으로 적절하지 않은 것은?

[쟁점 1] 디지털 교과서는 편리한가?
▶ 찬성 1 : 디지털 교과서가 휴대하기 쉽고, 연동된 멀티미디어 자료나 인터넷 자료를 활용해 심화 학습이 용이함을 밝히고 있다.
▶ 반대 1 : 디지털 교과서 활용에 필요한 여건들을 제시하며 그러한 여건이 충족되지 않을 경우 학습에 제약이 있을 수 있음을 밝히고 있다. ……………………………… ①

[쟁점 2] 디지털 교과서는 경제적인가?
▶ 찬성 1 : 서책 교과서 제작에 들어가는 비용을 절감할 수 있다는 것을 근거로 들어 디지털 교과서가 경제적이라는 자신의 주장을 강조하고 있다. ……………… ②
▶ 반대 1 : 디지털 교과서가 경제적이지 않다는 것을 서책 교과서와 비교하며 강조하고 있다. … ③

[쟁점 3] 디지털 교과서는 환경을 보호하는가?
▶ 찬성 1 : 디지털 교과서는 종이를 사용하지 않아, 나무를 베는 일이 줄어들어 환경 보호의 효과가 있음을 밝히고 있다. …………………………………………… ④
▶ 반대 1 : 디지털 교과서를 사용할 때 이산화탄소가 배출되는 원리를 설명하여 디지털 교과서가 환경에 유해함을 밝히고 있다. ……………………… ⑤

① 반대 1 : 디지털 교과서 활용에 필요한 여건들을 제시하며 그러한 여건이 충족되지 않을 경우 학습에 제약이 있을 수 있음을 밝히고 있다.
　'반대 1'의 입론인 '디지털 교과서는 ~ 학습에 불편을 줄 수 있습니다.'를 통해, '반대 1'이 디지털 교과서 활용에 필요한 여건을 제시하고, 그 여건들이 충족되지 않을 경우 학습에 제약이 있음을 밝혔음을 알 수 있다.

② 찬성 1 : 서책 교과서 제작에 들어가는 비용을 절감할 수 있다는 것을 근거로 들어 디지털 교과서가 경제적이라는 자신의 주장을 강조하고 있다.
　'찬성 1'의 입론인 '또 서책을 만드는 데 ~ 아낄 수 있어 경제적입니다.'를 통해, '찬성 1'이 서책 교과서 제작에 들어가는 비용을 절감할 수 있어 디지털 교과서가 경제적이라는 주장을 강조하고 있음을 알 수 있다.

③ 반대 1 : 디지털 교과서가 경제적이지 않다는 것을 서책 교과서와 비교하며 강조하고 있다.
　'반대 1'의 입론인 '서책 교과서와 달리 ~ 경제적이지 않습니다.'를 통해, '반대 1'이 디지털 교과서가 경제적이지 않다는 것을 서책 교과서와 비교하고 있음을 알 수 있다.

④ 찬성 1 : 디지털 교과서는 종이를 사용하지 않아, 나무를 베는 일이 줄어들어 환경 보호의 효과가 있음을 밝히고 있다.
　'찬성 1'의 입론인 '종이 생산을 위한 ~ 보호할 수 있습니다.'를 통해, '찬성 1'이 디지털 교과서가 종이 생산을 위한 벌목을 하지 않아 환경 보호에 효과가 있음을 밝혔음을 알 수 있다.

☑ 반대 1 : 디지털 교과서를 사용할 때 이산화탄소가 배출되는 원리를 설명하여 디지털 교과서가 환경에 유해함을 밝히고 있다.
　'반대 1'의 입론인 '디지털 기기는 서책에 비해 ~ 환경에 더 유해합니다.'를 통해, '반대 1'이 디지털 교과서가 서책 교과서에 비해 많은 이산화탄소를 배출하여 환경에 유해함을 밝혔음을 알 수 있다. 하지만 '반대 1'의 입론을 통해 이산화탄소가 배출되는 원리에 대해서는 찾아볼 수 없다.

05 토론의 반대 신문 이해
정답률 82% | 정답 ④

[A]~[C]에 대한 설명으로 가장 적절한 것은?

① [A]의 반대 2는 진술 내용에 이의를 제기하며 실현 가능한 방안을 추가하고 있다.
　[A]에서 반대 2는 '찬성 1'의 입론과 관련된 내용에 대해 질문을 던지고 있지만, '찬성 1'의 입론 내용에 대해 이의를 제기하거나 실현 가능한 방안을 추가하지는 않고 있다.

② [B]의 반대 2는 상대측이 제시한 자료에 대해 의문을 제기하며 수치의 명확성을 확인하고 있다.

[B]에서 '반대 2'는 독일과 미국의 환경 단체 자료를 근거로 제시하며 '찬성 1'의 생각에 반박하고 있고, '찬성 1'이 입론에서 자료를 제시하지 않고 있다. 따라서 '반대 1'이 상대측이 제시한 자료에 대해 의문을 제기하면서 수치의 명확성을 확인하였다고 할 수 없다.

③ [B]의 찬성 1은 상대측의 발언 내용이 공정하지 못함을 지적하며 자신의 주장이 타당함을 강조하고 있다.
　[B]에서 '찬성 1'은 '반대 1'의 지적에 대해 디지털 기기를 오래 사용할수록 환경 보호에 도움이 된다는 자신의 생각을 드러내고 있을 뿐, 상대측의 발언 내용이 공정하지 못함을 지적하지는 않고 있다.

✔ [C]의 찬성 1은 다른 나라들의 현황을 예로 들며 자신의 논지를 강화하기 위해 질문하고 있다.
　[C]에서 '찬성 1'은 반대 신문에서 '미국, 캐나다 등 여러 나라에서는 ~ 교육 환경을 조성하고 있습니다.'라고 다른 나라들의 현황을 예로 들면서, 자신의 논지를 강화하기 위해 '우리 사회도 ~ 생각하지 않으십니까?'라고 질문하고 있다.

⑤ [C]의 반대 1은 상대측의 의견에 일부 동조하며 사실 관계를 확인할 수 있는 자료를 추가로 요구하고 있다.
　[C]에서 '반대 1'은 '저도 장기적인 ~ 동의합니다.'라고 상대측의 의견에 일부 동조하고 있지만, 상대측에게 사실 관계를 확인할 수 있는 자료를 추가로 요구하지는 않고 있다.

---

06 글쓰기 계획의 반영 여부 판단　　정답률 73% | 정답 ③

(가)를 바탕으로 (나)를 쓰기 위해 세운 글쓰기 계획 중, (나)에 반영되지 <u>않은</u> 것은? [3점]

① 토론의 논제와 관련된 사회적 배경을 떠올리며 변화된 사회상을 제시해야겠어.
　(나)의 1문단의 '이들은 태어나서부터 ~ 더 익숙하다.'를 통해, (가)에서 '사회자'가 발언한 '서책 교과서를 디지털 교과서로 교체하는 것이 바람직하다.'라는 논제와 관련된 변화된 사회상을 제시하고 있음을 알 수 있다.

② 토론에서 언급되지 않은, 디지털 환경에 익숙한 세대를 지칭하는 용어를 제시해야겠어.
　(가)에서는 디지털 환경에 익숙한 세대를 지칭하는 용어인 '디지털 네이티브'가 언급되지 않았지만, (나)의 1문단에는 언급되어 있음을 알 수 있다.

✔ 토론에서 언급된, 디지털 교과서로 키울 수 있는 정보처리 역량에 대한 구체적 예를 추가로 제시해야겠어.
　(나)의 3문단의 내용을 통해, (가)에 언급된 서책 교과서 도입으로 인해 정보처리 역량을 키울 수 있다는 내용이 반영되었음을 알 수 있다. 하지만 (나)를 통해 디지털 교과서가 정보처리 역량을 키울 수 있다는 내용은 언급되지 않았으므로 적절하지 않다.

④ 토론에서 언급된, 디지털 교과서를 도입하여 사용자가 얻게 되는 교육적 효과를 확장하여 제시해야겠어.
　(가)에서 '찬성 1'은 손쉽게 심화 학습하는 것이 디지털 교과서 도입으로 학습자가 얻게 되는 효과라고 말하고 있고, (나)의 2문단에서는 협력 학습과 개별화 학습도 할 수 있다고 언급하고 있다. 따라서 (나)에서는 디지털 교과서 도입으로 사용자가 얻게 되는 효과를 확장하여 제시했다고 할 수 있다.

⑤ 토론에서 언급되지 않은, 디지털 교과서의 성공적 도입을 위한 양질의 콘텐츠 개발이 필요함을 제시해야겠어.
　(나)의 4문단에서 '학생들의 다양한 ~ 것이라 생각한다.'라고 (가)에서 언급되지 않은 디지털 교과서의 성공적 도입을 위한 양질의 콘텐츠 개발이 필요함을 제시한 것을 확인할 수 있으므로 적절하다.

---

07 조건에 맞는 글쓰기　　정답률 85% | 정답 ④

다음은 초고를 읽은 선생님의 조언이다. 이를 반영하여 ⊙을 작성한 내용으로 가장 적절한 것은?

> "디지털 교과서 도입의 기대 효과를 비유적 표현을 활용하여 제시하면서 글을 마무리하면 어떨까요?"

① 철저히 준비하여 디지털 교과서를 도입해야 변화하는 시대에 적합한 인재를 양성할 수 있다.
　디지털 교과서 도입을 통한 기대 효과는 확인할 수 있으나, 비유적 표현은 확인할 수 없으므로 적절하지 않다.

② 서책 교과서만이 옳다는 생각에서 벗어나 거스를 수 없는 물결인 디지털 교과서 도입에 모든 역량을 모아야 한다.
　'거스를 수 없는 물결'에서 비유적 표현을 확인할 수 있으나, 디지털 교과서 도입을 통한 기대 효과는 확인할 수 없으므로 적절하지 않다.

③ 디지털 교과서의 도입은 동전의 양면과 같다는 것을 기억하며 이를 보완하기 위한 노력을 게을리하지 말아야 한다.
　'동전의 양면과 같다'에서 비유적 표현은 확인할 수 있으나 디지털 교과서 도입을 통한 기대 효과를 확인할 수 없으므로 적절하지 않다.

✔ 디지털 교과서의 성공적인 도입은 4차 산업혁명 시대를 이끌어 갈 인재 양성의 길을 찾아가는 디지털 나침반이 될 것이다.
　선생님의 조언이 '디지털 교과서 도입의 기대 효과를 비유적 표현을 활용하여 제시'하는 것이므로, 이러한 조언이 잘 반영된 것은 ④이다. ④에서는 '디지털 나침반'과 같은 비유적 표현을 활용하여 디지털 교과서 도입의 기대 효과를 드러내고 있다.

⑤ 디지털 교과서를 도입하면 디지털 기기 활용에 익숙한 학생들이 능동적으로 학습에 참여할 수 있는 교육 환경이 조성될 수 있다.
　디지털 교과서 도입을 통한 기대 효과를 확인할 수 있지만, 비유적 표현은 확인할 수 없으므로 적절하지 않다.

[08~10] 작문

08 글쓰기 계획의 반영 여부 파악　　정답률 87% | 정답 ②

(가)를 바탕으로 세운 글쓰기 계획 중 (나)에 활용된 것은?

① 글의 목적을 분명히 하기 위해 환경 문제에 대한 상반된 견해를 비교하여 제시해야겠어.
　(나)의 내용을 통해 환경 문제에 대한 상반된 견해는 찾아볼 수 없으므로 적절하지 않다.

✔ 글의 목적을 강조하기 위해 아이스 팩이 일으키는 환경 오염 문제를 유형별로 분류하여 제시해야겠어.
　(가)를 통해 (나) 글의 목적이 아이스 팩으로 인해 발생하는 환경 문제에 대한 관심을 촉구하는 것임을 알 수 있다. 그리고 (나)의 2문단을 통해 아이스 팩으로 인해 발생하는 환경 오염 문제를 대기 오염, 토양 오염, 수질 오염의 3가지 유형으로 분류하고 있음을 알 수 있다. 따라서 글의 목적을 강조하기 위해 아이스 팩이 일으키는 환경 오염 문제를 유형별로 분류하여 제시해야겠다는 글쓰기 계획이 (나)에 반영되었음을 알 수 있다.

③ 글의 주제를 부각하기 위해 아이스 팩 수거 체계의 운영 현황을 제시해야겠어.
　(나)의 내용을 통해 아이스 팩 수거 체계를 구축해야 한다고 언급하고 있지만, 수거 체계의 운영 현황은 찾아볼 수 없으므로 적절하지 않다.

④ 예상 독자의 실천을 촉구하기 위해 친환경 아이스 팩의 구매 방법에 대하여 제시해야겠어.
　(나)의 내용을 통해 아이스 팩으로 인한 환경 문제를 해결하기 위해 정부, 기업, 가정으로 나누어 실천 방안을 제시하고 있지만, 예상 독자의 실천을 촉구하기 위해 친환경 아이스 팩의 구매 방법은 제시되어 있지 않으므로 적절하지 않다.

⑤ 예상 독자의 흥미를 유발하기 위해 우리 학교 학생을 대상으로 한 설문 조사 결과를 제시해야겠어.
　(나)의 내용을 통해 우리 학교 학생을 대상으로 한 설문 조사 결과는 찾아볼 수 없으므로 적절하지 않다.

★★★ 등급을 가르는 문제!
09 자료 활용 방안의 적절성 판단　　정답률 53% | 정답 ④

다음은 학생이 (나)를 보완하기 위해 추가로 수집한 자료이다. 자료의 활용 방안으로 적절하지 <u>않은</u> 것은? [3점]

[자료 1] 통계 자료

㉮ 연간 아이스 팩 생산량

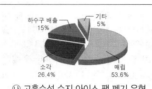
㉯ 고흡수성 수지 아이스 팩 폐기 유형

[자료 2] 신문 기사
　아이스 팩에 사용되는 고흡수성 수지는, 미세 플라스틱의 일종이기 때문에 땅에 묻었을 때 자연 분해되는 데만 무려 500년 이상 걸린다. 이런 문제를 해결하고자 친환경 아이스 팩을 사용하는 기업도 있다. 업체 관계자에 따르면 친환경 아이스 팩 사용은 친환경 마케팅의 일환으로, 기업의 사회적 책임을 보여 준다는 점에서 고객 만족도를 향상시켜 매출 증대로 이어지는 효과가 나타나고 있다고 한다.

[자료 3] 환경 단체 인터뷰
　"아이스 팩을 버릴 경우 현재 분리배출 규정에 따르면, 아이스 팩은 일반 쓰레기로 분류되기 때문에 종량제 봉투에 버리는 것이 바람직합니다. 하지만 다 쓴 아이스 팩을 버리지 않고 가정 내에서 재활용하는 방법도 있습니다. 바로 토양 보수제로 활용하는 방법인데요. 화분에 물을 충분히 준 뒤에 아이스 팩의 내용물을 올려 두면 고흡수성 수지가 수분의 증발을 막으면서 물을 공급해 오랫동안 물을 주지 않아도 화분이 촉촉한 상태로 유지됩니다."

① [자료 1-㉮]를 활용하여 최근 아이스 팩의 생산량이 급증하고 있다는 내용을 뒷받침하는 근거로 제시해야겠어.
　[자료 1-㉮]에서 아이스 팩 생산량이 매년 증가하고 있다는 내용을 확인할 수 있으므로, 이를 아이스 팩 생산량이 급증하고 있다는 내용을 뒷받침하는 근거로 활용하는 것은 적절하다.

② [자료 2]를 활용하여 친환경 아이스 팩으로의 대체가 기업에 이익이 된다는 것을 기업의 노력을 강조하는 내용으로 사용해야겠어.
　[자료 2]에서 친환경 아이스 팩으로의 대체가 기업의 매출 증대로 이어진다고 제시되어 있으므로, 이를 활용하여 기업의 노력을 강조하는 내용으로 사용하는 것은 적절하다.

③ [자료 3]을 활용하여 아이스 팩을 이용한 생활용품을 만들 수도 있다는 것을 가정에서의 해결 방안으로 추가해야겠어.
　[자료 3]에서 다 쓴 아이스 팩으로 토양 보수제를 만든다는 내용을 확인할 수 있으므로, 가정에서 아이스 팩을 이용한 생활용품을 만들 수도 있다는 내용은 해결 방안으로 적절하다.

✔ [자료 1-㉯]와 [자료 2]를 활용하여 고흡수성 수지 아이스 팩을 매립하여 폐기하는 경우가 있다는 것과 미세 플라스틱이 자연 분해되는 데 소요되는 기간을 제시하며 대기 오염 문제의 심각성을 강조해야겠어.
　[자료 1-㉯]에서 고흡수성 수지 아이스 팩을 매립하여 폐기하는 경우가 53.6%로 나타난다는 것을 확인할 수 있고, [자료 2]에서 고흡수성 수지가 자연 분해되는 데 소요되는 기간이 무려 500년 이상 걸린다는 것을 확인할 수 있다. 두 자료를 바탕으로 도출할 수 있는 내용이 대기 오염이 아니라 토양 오염과 관련된 것이므로 적절한 자료 활용 방안이라 할 수 없다.

⑤ [자료 1-㉯]와 [자료 3]을 활용하여 아이스 팩을 버리는 방법을 잘못 알고 있던 사람들을 위해 올바른 분리수거 규정을 홍보해야 한다는 내용을 정부에서의 해결 방안으로 추가해야겠어.
　[자료 3]에서 아이스 팩을 버릴 때 종량제 봉투에 버리는 것이 바람직함을, [자료 1-㉯]에 아이스 팩을 하수구 배출로 버리는 비율이 15%라는 것을 알 수 있다. 이를 근거로 규정을 잘못 알고 있던 사람들에게 정부가 올바른 분리수거 규정을 홍보해야 한다는 내용은 해결 방안으로 적절하다.

★★ 문제 해결 꿀~팁 ★★

▶ 많이 틀린 이유는?
　이 문제는 글의 내용과 자료, 선택지를 정확하게 읽지 못해 오답률이 높았던 것으로 보인다. 또한 선택지 내용을 정확하게 읽지 못한 것도 오답률을 높였던 것으로 보인다.

▶ 문제 해결 방법은?
　이 문제를 해결하기 위해서는 글의 내용, 즉 '학생의 초고'와 주어진 자료를 정확히 이해하여야 한다. 가령

[문제편 p.187]

정답인 ④의 경우, '학생의 초고'에서 아이스 팩을 소각할 경우 대기 오염이 발생함을 정확히 이해했다면, 선택지에 제시된 아이스 팩을 매립하여 폐기하는 경우와 미세 플라스틱의 자연 분해 소요 시간은 대기 오염이 아니라 토양 오염과 관련이 있으므로 적절하지 않음을 알 수 있었을 것이다. 오답률이 높았던 ⑤의 경우에도 글에 제시된 정부의 노력과 [자료 3]의 내용을 이해한다면 적절한 자료 활용임을 알았을 것이다. 이처럼 글의 내용이나 자료뿐만 아니라 선택지 내용을 정확히 이해하지 못할 경우 잘못된 선택을 할 수 있으므로 집중해서 글의 내용이나 자료, 선택지를 정확히 읽어야 한다.

---

10 고쳐쓰기의 적절성 파악 | 정답률 81% | 정답 ③

〈보기〉는 [A]를 고쳐 쓴 글이다. [A]를 고쳐 쓰기 위해 친구들이 조언한 내용 중 〈보기〉에 반영되지 않은 것은?

〈보 기〉
아이스 팩이 우리 생활에 많은 편의를 주고 있음은 분명하다. 하지만 이를 폐기하는 과정에서 발생하는 문제점을 해결하지 않는다면 환경에 심각한 악영향을 끼칠 것이다. 그러므로 문제 해결을 위해 정부, 기업, 가정이 함께 손에 손을 잡고 협력할 필요가 있다.

① 서술어와의 호응을 고려하여 생략된 주어를 밝혔으면 좋겠어.
[A]와 〈보기〉를 비교해 보면, [A]의 '우리 생활에 많은 편의를 주고 있음은 분명하다.'에서 생략된 주어인 '아이스 팩'이 반영되어 있음을 알 수 있다.

② 글의 전체적인 흐름과 어울리지 않는 문장은 삭제했으면 좋겠어.
[A]의 '아이스 팩 없이는 신선 식품이 생산되기 힘들다.'는 내용은 글의 목적과 주제를 고려하였을 때 글의 흐름에 어울리지 않는다. 그리고 〈보기〉에는 이 문장이 삭제되어 있으므로 친구의 조언이 반영되었다고 할 수 있다.

③ 설득력을 높이기 위해 제재가 가지고 있는 장점을 추가했으면 좋겠어.
[A]와 〈보기〉를 비교해 보면, [A]와 〈보기〉 모두 아이스 팩이 우리 생활에 많은 편의를 주고 있음이 분명하다고 제재인 아이스 팩이 가지고 있는 장점에 대해 서술하고 있다. 이렇게 볼 때, 설득력을 높이기 위해 제재가 가지고 있는 장점을 추가했으면 좋겠다는 조언은 〈보기〉에 새롭게 반영된 것이라 할 수 없으므로 적절하지 않다.

④ 관용적 표현을 활용하여 각 주체들의 협력을 강조하는 방식으로 글을 마무리했으면 좋겠어.
[A]와 〈보기〉를 비교해 보면, [A]에는 관용적 표현이 사용되지 않았지만, 〈보기〉에는 '손에 손을 잡고'라는 관용적 표현을 사용하여 협력의 필요성을 밝히고 있음을 알 수 있다.

⑤ 문제 상황에 대한 가정과 예상되는 결과를 추가로 언급하여 상황의 심각성을 부각했으면 좋겠어.
[A]와 〈보기〉를 비교해 보면, [A]에는 문제 상황에 대한 가정과 예상되는 결과를 언급하고 있지 않지만, 〈보기〉에서는 '문제점을 해결하지 ~ 끼칠 것이다.'가 추가되었음을 알 수 있다.

[11~15] 문법

11 부사어의 이해 | 정답률 79% | 정답 ②

윗글을 바탕으로 〈보기〉를 이해한 내용으로 적절하지 않은 것은?

〈보 기〉
엄마: 민수야, ㉠ 아침에 ㉡ 친구와 싸웠다며?
민수: 엄마, ㉢ 설마 제가 잘못했다고 생각하시는 거예요?
엄마: 아니야. ㉣ 결코 그렇지 않아. 민수가 무엇 ㉤ 때문에 그랬는지 알고 싶어서 그래.
민수: 죄송해요. 제가 오해했어요. ㉥ 그런데 생각해보니 제가 친구를 너무 ㉦ 편하게 대했던 것 같아요.

① ㉠과 ㉤은 같은 형태의 부사격 조사가 서로 다른 의미로 사용되었군.
㉠의 '에'는 '아침'과 결합하여 '시간'의 의미를 나타내고, ㉤의 '에'는 '때문'과 결합하여 '원인'의 의미를 나타낸다. 따라서 ㉠의 '에'와 ㉤의 '에'를 통해 같은 형태의 부사격 조사라도 문장에서 서로 다른 의미로 사용되고 있음을 알 수 있다.

② ㉡과 ㉢은 서술어가 필수적으로 요구하는 성분이겠군.
㉡의 '친구와'가 없으면 '아침에 싸웠다며?'가 되어 '싸운' 주체가 누구인지 잘 드러나지 않는 불완전한 문장이 된다. 따라서 ㉡의 '친구와'는 '싸우다'가 필수적으로 요구하는 문장 성분이라 할 수 있다. 이와 달리 ㉢의 '설마'는 없어도 문장의 성립에 영향을 미치지 않으므로, ㉢의 '설마'는 수의적 성분에 해당하는 부사어라 할 수 있다.

③ ㉣은 문장 전체를 수식하며 특정 표현과 호응 관계를 이루고 있군.
㉣의 '결코'는 문장에서 '그렇지 않아'를 수식하고 있으므로, '결코'는 문장 전체를 수식하면서 특정 표현인 부정 표현과 호응을 이룬다고 할 수 있다.

④ ㉥은 문장과 문장을 이어 주는 기능을 하고 있군.
㉥의 '그런데'는 앞 문장과 뒤 문장을 이어 주는 접속 부사어에 해당한다.

⑤ ㉦은 용언의 어간에 부사형 어미가 붙어 특정한 성분을 꾸며 주고 있군.
㉦의 '편하게'는 뒤에 오는 관형어 '대했던'을 수식하고 있음을 알 수 있으므로 부사어라 할 수 있다. 따라서 '편하게'는 어간 '편하–'에 부사형 어미 '–게'가 붙어 특정 성분인 관형어를 꾸며 준다고 할 수 있다.

---

12 중세 국어의 부사격 조사 이해 | 정답률 73% | 정답 ④

[A]를 참고할 때, 〈보기〉의 ⓐ ~ ⓔ에 들어갈 내용으로 적절하지 않은 것은? [3점]

〈보 기〉
[탐구 주제]
○ 중세 국어의 부사격 조사에 대해 탐구해 보자.

[탐구 자료]

예	성분 분석	탐구 결과
내히 이러 바르래 가느니 (내가 이루어져 바다에 가나니)	→ 바를 + 애	→ ⓐ

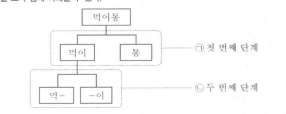

뎌 지븨 가려 ᄒᆞ시니 (저 집에 가려 하시니)	→ 집 + 의	→ ⓑ
貪欲앳 ᄇ리 이 블라와 더으니라 (탐욕의 불은 이 불보다 더한 것이다)	→ 블 + 라와	→ ⓒ
거부븨 터리 ᄀᆞᆮ고 (거북의 털과 같고)	→ 털 + 이	→ ⓓ
이에서 사던 저그로 오ᄂᆞᆳ낤 ᄀᆞ장 (여기에서 살던 때로부터 오늘날까지)	→ 적 + 으로	→ ⓔ

① ⓐ : '애'는 선행 체언의 끝음절 모음이 양성 모음이기 때문에 사용된 것이겠군.
'바르래'는 '바를 + 애'로 성분이 분석되므로, 부사격 조사 '애'는 선행 체언 '바를'의 끝음절 모음이 양성 모음에 사용된 것이라 할 수 있다.

② ⓑ : '의'는 특정 체언 뒤에 붙어 장소를 나타내는 부사격 조사로 사용된 것이겠군.
'지븨'는 '집 + 의'로 성분이 분석되므로, 부사격 조사 '의'는 '집'이라는 특정 체언 뒤에 붙어 장소를 나타내는 조사로 사용된 것이라 할 수 있다.

③ ⓒ : '라와'는 현대 국어에서 쓰이지 않는 부사격 조사가 비교의 의미로 사용된 것이겠군.
'블라와'의 현대어 풀이가 '불보다'이고, '블 + 라와'로 성분 분석이 됨을 알 수 있다. 따라서 '블라와'의 '라와'는 현대 국어와 달리 비교의 의미를 가지고 있는 부사격 조사로 사용된 것이라 할 수 있다.

✓④ ⓓ : '이'는 현대 국어와 달리 'ㅣ' 모음 뒤에서 부사격 조사로 사용된 것이겠군.
'거부븨 터리 ᄀᆞᆮ고'의 현대어 풀이가 '거북의 털과 같고'이므로 '터리'의 '이'는 현대 국어와 달리 비교의 의미를 가지고 있는 부사격 조사로 사용되었음을 알 수 있다. 하지만 '털 + 이'를 통해 'ㅣ' 모음 뒤에서 사용된 것이 아님을 알 수 있으므로 ⓓ에 제시될 탐구 결과 내용은 적절하지 않다.

⑤ ⓔ : '으로'는 현대 국어에서의 의미와 달리 출발점의 의미로 사용된 것이겠군.
'저그로'의 현대어 풀이가 '때로부터'이고 '적 + 으로'로 성분 분석이 됨을 알 수 있다. 따라서 '저그로'의 '으로'는 현대 국어와 달리 출발점의 의미로 사용된 것이라 할 수 있다.

★★★ 등급을 가르는 문제!

13 단어의 구조 파악 | 정답률 59% | 정답 ①

〈보기〉에 따라 탐구한 내용으로 적절한 것은?

〈보 기〉
직접 구성 요소란 어떤 말을 둘로 나누었을 때 나누어진 두 구성 요소 각각을 일컫는다. '먹이통'과 같이 세 개의 구성 요소로 이루어진 단어의 직접 구성 요소 분석은 아래의 그림과 같이 두 단계를 통해 이루어진다. 첫 번째 단계에서는 어근 '먹이'와 어근 '통'으로 나눌 수 있고, 두 번째 단계에서는 '먹이'를 어근 '먹–'과 접사 '–이'로 나눌 수 있다. 이를 통해 복잡하게 이루어진 단어의 짜임을 보다 쉽게 이해할 수 있다.

```
            먹이통
          ┌───┴───┐
        먹이      통    ┄┄ ㉠ 첫 번째 단계
      ┌──┴──┐
     먹–    –이         ┄┄ ㉡ 두 번째 단계
```

✓① '울음보'는 ㉠에서 어근과 접사로 분석되고, ㉡에서 어근과 접사로 분석된다.
'울음보'는 ㉠에서 어근 '울음'과 접사 '–보'로 분석되고, ㉡에서 어근 '울–'과 접사 '–(으)ㅁ'으로 분석되므로 적절한 탐구 내용이라 할 수 있다.

② '헛웃음'은 ㉠에서 어근과 어근으로 분석되고, ㉡에서 어근과 접사로 분석된다.
'헛웃음'은 ㉠에서 접사 '헛–'과 어근 '웃음'으로 분석되고 ㉡에서 어근 '웃–'과 접사 '–(으)ㅁ'으로 분석되므로, ㉠에서 어근과 어근으로 분석된다는 탐구 내용은 적절하지 않다.

③ '손목뼈'는 ㉠에서 어근과 접사로 분석되고, ㉡에서 어근과 어근으로 분석된다.
'손목뼈'는 ㉠에서 어근 '손목'과 어근 '뼈'로 분석되고 ㉡에서 어근 '손'과 어근 '목'으로 분석되므로, ㉠에서 어근과 접사로 분석된다는 탐구 내용은 적절하지 않다.

④ '얼음길'은 ㉠에서 어근과 접사로 분석되고, ㉡에서 어근과 어근으로 분석된다.
'얼음길'은 ㉠에서 어근 '얼음'과 어근 '길'로 분석되고 ㉡에서 어근 '얼–'과 접사 '–(으)ㅁ'으로 분석되므로, ㉠에서 어근과 접사로 분석되고, ㉡에서 어근과 어근으로 분석된다는 탐구 내용은 적절하지 않다.

⑤ '물놀이'는 ㉠에서 어근과 어근으로 분석되고, ㉡에서 어근과 어근으로 분석된다.
'물놀이'는 ㉠에서 어근 '물'과 어근 '놀이'로 분석되고 ㉡에서 어근 '놀–'과 접사 '–이'로 분석되므로, ㉡에서 어근과 어근으로 분석된다는 탐구 내용은 적절하지 않다.

★★ 문제 해결 꿀~팁 ★★

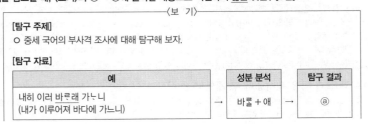

▶ 많이 틀린 이유는?
이 문제는 제시된 합성어나 파생어를 직접 구성 요소로 나누지 못했고, 어근과 접사(파생 접사)에 대한 정확한 문법 지식이 없어서 오답률이 높았던 것으로 보인다.

▶ 문제 해결 방법은?
이 문제를 해결하기 위해서는 제시된 단어를 직접 구성 요소로 나눌 수 있어야 하며, 이를 바탕으로 나눈 구성 요소를 분석할 수 있어야 한다. 가령 정답인 '울음보'의 경우, '울'과 '음보'로 나누면 어색함을 바로 알 수 있으므로, '울음'과 '–보'로 나눌 수 있음을 알 수 있다. 그리고 이를 분석하게 되면 '울음'은 명사에 해당하고, '–보'는 '그것을 특성으로 지닌 사람'의 뜻을 더하는 접미사에 해당함을 알 수 있으므로 어근과 접사로 분석됨을 알 수 있다. 그리고 '울음'은 '울다'에 명사형 접미사 '–음'으로 나눌 수 있으므로 어근과 접사에 해당함을 알 수 있다. 마찬가지로 오답률이 높았던 ②의 경우, 접사 '헛–'에 명사 '웃음'으로 분석되므로 접사와 어근으로 분석되어 적절하지 않음을 바로 알 수 있었을 것이다.
이 문제에서 알 수 있듯이 문법 문제에서는 기본적인 배경지식, 즉 이 문제에서는 어근이나 접사에 대한 배경지식을 요구하고 있으므로, 평소에 문법에서 기본이 되는 배경지식은 충분히 숙지해 두도록 한다.

12회

〈보기〉의 ㉠ ~ ㉤을 수정하고자 할 때, 적절하지 않은 것은?

─〈보 기〉─
㉠ (아들이 아버지에게) 아버지, 무슨 고민이 계신가요?
㉡ (형이 동생에게) 삼촌께서 할머니를 데리고 식당으로 가셨어.
㉢ (사원이 다른 사원에게) 부장님이 이제 회의실로 온다고 하셨어.
㉣ (손녀가 할아버지에게) 언니가 할아버지한테 안경을 갖다 주라고 했어요.
㉤ (학생이 다른 학생에게) 문제를 풀다가 어려운 것이 있으면 선생님한테 물어봐.

① ㉠ : '아버지'를 간접적으로 높이도록 '아버지, 무슨 고민이 있으신가요?'로 수정한다.
㉠과 수정한 내용인 '아버지, 무슨 고민이 있으신가요?'를 비교해 보면 '계신가요'를 '있으신가요'로 수정하였음을 알 수 있다. 따라서 '있으신가요?'로 수정한 것은 주체인 아버지를 간접적으로 높이기 위한 것이라 할 수 있으므로 적절하다.

② ☑ ㉡ : '삼촌'을 간접적으로 높이도록 '삼촌께서 할머니를 모시고 식당으로 가셨어.'로 수정한다.
㉡과 수정한 내용인 '삼촌께서 할머니를 모시고 식당으로 가셨어.'를 비교해 보면 '데리고'를 '모시고'로 수정하였음을 알 수 있다. 따라서 '모시고'라고 수정한 것은 객체인 할머니를 직접적으로 높이기 위한 것이므로 '삼촌'을 간접적으로 높이기 위해 수정하였다는 내용은 적절하지 않다.

③ ㉢ : '부장님'을 직접적으로 높이도록 '부장님께서 이제 회의실로 오신다고 하셨어.'로 수정한다.
㉢과 수정한 내용인 '부장님께서 이제 회의실로 오신다고 하셨어.'를 비교해 보면 '이'를 '께서'로, '온다고'를 '오신다고'로 수정하였음을 알 수 있다. 따라서 '께서', '오신다고'로 수정한 것은 주체인 부장님을 직접적으로 높이기 위한 것이라 할 수 있으므로 적절하다.

④ ㉣ : '할아버지'를 직접적으로 높이도록 '언니가 할아버지께 안경을 갖다 드리라고 했어요.'로 수정한다.
㉣과 수정한 내용인 '언니가 할아버지께 안경을 갖다 드리라고 했어요.'를 비교해 보면 '한테'를 '께'로, '주라고'를 '드리라고'로 수정하였음을 알 수 있다. 따라서 '께', '드리라고'로 수정한 것은 객체인 할아버지를 직접적으로 높이기 위한 것이라 할 수 있으므로 적절하다.

⑤ ㉤ : '선생님'을 직접적으로 높이도록 '문제를 풀다가 어려운 것이 있으면 선생님께 여쭤봐.'로 수정한다.
㉤과 수정한 내용인 '문제를 풀다가 어려운 것이 있으면 선생님께 여쭤봐.'를 비교해 보면 '한테'를 '께'로, '물어봐'를 '여쭤봐'로 수정하였음을 알 수 있다. 따라서 '께', '여쭤봐'로 수정한 것은 객체인 선생님을 직접적으로 높이기 위한 것이라 할 수 있으므로 적절하다.

★★★ 등급을 가르는 문제!

〈보기〉의 선생님의 설명을 바탕으로 ㉠ ~ ㉢에 대해 학생이 발표한 내용으로 적절한 것은?

─〈보 기〉─
선생님 : 음운의 변동은 한 음운이 다른 음운으로 바뀌는 교체, 한 음운이 없어지는 탈락, 새로운 음운이 생기는 첨가, 두 음운이 하나의 음운으로 합쳐지는 축약으로 구분됩니다. 음운의 변동이 일어날 때 음운의 개수가 늘어나기도 하고 줄어들기도 합니다. 다음 예시에 나타난 음운의 변동에 대해 발표해 봅시다.

㉠ 꽃잎 → [꼰닙]
㉡ 맑지 → [막찌]
㉢ 막힘없다 → [마키멉따]

① ㉠과 ㉡은 첨가 현상이 일어났습니다.
② ㉠과 ㉢은 탈락 현상이 일어났습니다.
③ ㉡과 ㉢은 축약 현상이 일어났습니다.
④ ㉠과 ㉡은 음운의 개수가 늘었습니다.

⑤ ☑ ㉡과 ㉢은 음운의 개수가 줄었습니다.
㉠의 '꽃잎'은 [꼳닙]으로 바뀐 후, [꼰닙], [꼰닙]으로 이어서 발음되므로, 교체와 첨가가 일어나서 음운의 개수는 늘었다고 할 수 있다. 그리고 ㉡의 '맑지'는 [막지]로 바뀐 후 [막찌]로 발음되므로 탈락과 교체가 일어나서 음운의 개수는 줄었다고 할 수 있다. 또한 ㉢의 '막힘없다'는 [막힘업다]로 바뀐 후, 이어서 [마킴업다], [마키멉따]로 발음되므로 축약과 탈락과 교체가 일어나서 음운의 개수는 줄었다고 할 수 있다. 따라서 ㉠은 음운의 개수가 늘어났지만, ㉡과 ㉢은 음운의 개수가 줄었다고 할 수 있다.

★★ 문제 해결 꿀~팁 ★★

▶ 많이 틀린 이유는?
이 문제는 음운 변동 과정과 음운 변동의 종류에 대한 정확한 이해 부족. 그리고 겹받침의 경우 음운이 두 개라는 기본적인 지식이 부족하여 어려움을 겪었던 것으로 보인다.
▶ 문제 해결 방법은?
이 문제를 해결하기 위해서는 각 단어의 음운 변동 과정을 정확히 이해하여야 한다. 가령 '꽃잎'은 '[꼳잎 → 꼰닙]'으로, '맑지'는 [막지 → 막찌]로, '막힘없다'는 [마킴없다 → 마킴업다 → 마킴업따]의 과정을 이해해야 한다. 즉 〈보기〉에 제시된 마지막으로 발음되는 것뿐만 아니라 그 중간 과정도 정확하게 이해해야 한다. 이렇게 볼 때, ㉡과 ㉢에서는 본래 단어보다 발음된 음운의 개수는 줄어들었음을 알 수 있다. 이때 겹자음의 경우 두 개의 자음으로 이루어졌지만 음절의 끝소리 규칙에 따라 하나의 자음으로만 소리 나므로 음운 개수가 줄어든다. 한편 음운 개수의 변동 여부를 본래 단어(겹받침은 두 개의 자음임. 아, 어, 오, 우 등은 한 개의 모음임.)와 소리 나는 음운의 개수를 비교해 보면 되는데, 이 경우 〈보기〉를 통해 음운 개수를 세어 보면 바로 알 수 있다. 이처럼 문법 문제를 풀 때에는 〈보기〉에서 사례로 제시된 것을 정확히 파악하는 것도 문제 해결에 도움이 될 수 있다.
▶ 오답인 ③을 많이 선택한 이유는?
이 문제의 경우 학생들이 ③이 적절하지 않다고 하여 오답률이 높았는데, 이는 음운 변동 과정 및 축약과 탈락 등의 기본적인 문법 지식이 부족했기 때문으로 보인다. 만일 ㉡과 ㉢의 음운 변동 과정과 문법 지식을 정확히 알았다면 ㉡은 축약이 일어나지 않고 된소리되기가 일어났음을 알 수 있어서 적절하지 않음을 알았을 것이다. 이 문제에서처럼 음운 변동과 관련된 문제는 음운 변동에 대한 정확한 이해, 즉 음운 교체, 첨가, 탈락, 축약에 대한 정확한 이해가 필요하므로 평소 정확하게 숙지해 두도록 한다.

[16~45] 독서·문학

16~19 기술

이준신 외, 「디스플레이공학 개론」

해제 이 글은 터치스크린 패널의 작동 방식 중 정전용량방식에 대해 설명하고 있다. 정전용량방식의 종류에는 표면정전방식과 투영정전방식이 있는데, 표면정전방식은 패널의 네 모서리에 있는 각각의 감지회로가 동시에 정전용량의 변화를 감지하여 전도성 물체의 접촉 위치를 파악하는 방식이다. 투영정전방식에는 자기정전방식과 상호정전방식이 있는데, 자기정전방식은 정전용량을 측정하는 방식이라는 점에서 그 원리가 표면정전방식과 유사하지만 하나의 층에 여러 개의 행과 열의 형태로 배치된 각각의 센서들을 활용한다는 차이점이 있다. 그리고 상호정전방식은 가로축으로 배열된 센서인 구동 라인과 세로축으로 배열된 센서인 감지 라인을 통해 패널에 접촉된 물체의 위치를 파악하는 방식으로, 측정 시간이 많이 소요되지만 두 지점을 접촉하는 멀티 터치가 가능하다.
주제 정전용량방식의 종류와 각각의 작동 원리 및 장단점

문단 핵심 내용

1문단	터치스크린 패널의 작동 방식인 정전용량방식의 종류
2문단	표면정전방식의 작동 원리와 장단점
3문단	자기정전방식의 작동 원리와 장단점
4문단	상호정전방식의 작동 원리
5문단	상호정전방식의 장단점

윗글의 내용과 일치하지 않는 것은?

① 터치스크린 패널은 직접적인 접촉을 통한 직관적 조작이 가능하다.
1문단의 '터치스크린 패널은 스크린의 특정 지점을 직접 접촉하면 ~ 직관적으로 조작할 수 있도록 설계된 장치를 말한다.'를 통해, 터치스크린 패널은 특정 지점의 직접적인 접촉을 통해 해당 기능을 직관적으로 조작할 수 있음을 알 수 있다.

② 자기정전방식은 접촉점에 해당하는 행과 열의 교차점을 터치 지점으로 인식한다.
3문단의 '센서가 특정 지점의 접촉을 인식하면 센서의 각 행과 열의 끝에 배치된 감지회로가 접촉 지점에서 일어난 정전용량의 변화를 감지하고, 이를 바탕으로 행과 열의 교차점인 접촉 위치를 정교하고 빠르게 파악할 수 있다.'를 통해, 자기정전방식에서는 접촉점에 해당하는 행과 열의 교차점을 터치 지점으로 인식함을 알 수 있다.

③ ☑ 표면정전방식을 실현하기 위해서는 스크린에 전도성이 없는 투명 필름을 입혀야 한다.
2문단의 '표면정전방식에서는 패널의 표면에 덮인 전도성 투명 필름이 전도성 물체의 접촉을 인식하는 센서 역할을 한다.'를 통해, 표면정전방식 패널에는 전도성이 있는 투명 필름이 사용됨을 알 수 있다. 따라서 표면정전방식을 실현하기 위해 스크린에 전도성이 없는 투명 필름을 입혀야 한다는 내용은 적절하지 않다.

④ 상호정전방식에서는 수집된 행과 열의 정보가 터치 컨트롤러에서 이미지로 처리된다.
4문단에서 상호정전방식이 가로축으로 배열된 센서인 구동 라인과 세로축으로 배열된 센서인 감지 라인이 두 개의 층을 이루고 있다고 하였으므로, 상호정전방식은 행과 열로 이루어졌음을 알 수 있다. 또한 4문단을 통해 구동 라인과 감지 라인의 교차점이 터치좌표쌍임을 알 수 있으므로, 수집된 행과 열의 정보는 터치좌표쌍임을 알 수 있다. 그리고 5문단을 통해 터치좌표쌍의 정보를 터치 컨트롤러가 디지털 신호로 변환해 이미지로 처리함을 알 수 있다. 따라서 상호정전방식에서는 수집된 행과 열의 정보인 터치좌표쌍이 터치 컨트롤러에서 이미지로 처리된다고 할 수 있다.

⑤ 투영정전방식은 표면정전방식보다 구조가 복잡하지만 더욱 정교한 좌표 인식이 가능하다.
2문단을 통해 표면정전방식은 투영정전방식에 비해 구조가 단순하지만, 접촉된 위치를 대략적으로만 파악할 수 있어 정확도가 낮음을 알 수 있다. 따라서 투영정전방식은 표면정전방식보다 구조가 복잡하지만 더욱 정교한 좌표 인식이 가능함을 알 수 있다.

㉠ ~ ㉢에 대해 이해한 내용으로 적절하지 않은 것은?

① ㉠ ~ ㉢은 모두 전도성 물체의 접촉에 따른 정전용량의 변화를 측정한다.
1문단을 통해 정전용량방식의 패널은 전기가 통하는 전도성 물체를 스크린에 접촉했을 때 발생하는 정전용량의 변화를 측정하여 접촉된 위치를 파악함을 알 수 있고, 이러한 정전용량방식에는 표면정전방식과 투영정전방식이 있음을 알 수 있다.

② ㉠ ~ ㉢은 모두 패널에 있는 센서를 이용하여 접촉 부분의 위치를 알아내는 방식이다.
2문단을 통해 표면정전방식에서는 전도성 투명 필름이 물체의 접촉을 인식하는 센서 역할을 함을 알 수 있고, 3문단을 통해 자기정전방식은 접촉을 감지할 수 있는 센서를 구역마다 배치하였음을 알 수 있다. 그리고 4문단을 통해 상호정전방식에서는 가로축으로 배열된 센서인 구동 라인과 세로축으로 배열된 센서인 감지 라인을 활용함을 알 수 있다.

③ ☑ ㉠과 달리 ㉡은 하나의 접촉점을 인식하기 위해 두 개 이상의 감지회로를 활용하는 방식이다.
2문단의 '표면정전방식은 패널의 네 모서리에 있는 각각의 감지회로가 동시에 정전용량의 변화를 감지하여'를 통해, 그리고 3문단의 '자기정전방식은 표면정전방식과 달리 하나의 층에 여러 개의 행과 열의 형태로 배치된 각각의 센서들을 활용'과 '센서의 각 행과 열의 끝에 배치된 감지회로가 접촉 지점에서 일어난 정전용량의 변화를 감지하고'를 통해, 자기정전방식에서 감지회로는 행과 열 각각에 센서가 있음을 알 수 있다. 따라서 표면정전방식이나 자기정전방식 모두 하나의 접촉점을 인식하기 위해 두 개 이상의 감지회로를 활용하는 방식임을 알 수 있다.

④ ㉡과 달리 ㉢은 센서층이 두 개의 층을 이루고 있다.
3문단을 통해 자기정전방식에서는 센서들이 하나의 층에 배치되어 있음을 알 수 있고, 4문단을 통해 상호정전방식에서는 구동 라인과 감지 라인이 두 개의 층을 이루고 있음을 알 수 있다.

⑤ ⓒ과 달리 ⓛ은 접촉 부분에서 증가하는 정전용량을 감지하는 방식이다.
3문단을 통해 자기정전방식은 증가하는 정전용량을 측정하는 방식임을 알 수 있고, 4문단을 통해 상호 정전방식은 구동 라인과 감지 라인사이의 상호 정전용량이 감소함을 알 수 있다. 따라서 상호정전방식과 달리 자기정전방식은 접촉 부분에서 증가하는 정전용량을 감지하는 방식임을 알 수 있다.

윗글을 읽고 〈보기〉를 이해한 반응으로 적절하지 않은 것은? [3점]

〈보 기〉

다음은 터치스크린 패널의 작동 원리를 이해하기 위해 설정된 자료이다. 〈자료 1〉은 터치스크린 패널의 한 종류를 도식화한 것이고, 〈자료 2〉는 〈자료 1〉의 ⓐ~ⓒ 지점에 형성된 전기장의 크기를 나타낸 그래프이다.

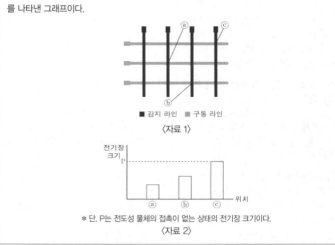

■ 감지 라인 ■ 구동 라인
〈자료 1〉

전기장
크기
P
ⓐ ⓑ ⓒ 위치
* 단, P는 전도성 물체의 접촉이 없는 상태의 전기장 크기이다.
〈자료 2〉

① ⓐ에서 접촉된 물체가 흡수한 전기장의 크기는 ⓑ에서 접촉된 물체가 흡수한 전기장의 크기보다 크겠군.
4문단을 통해 상호정전방식에서는 패널에 전도성 물체가 접촉하게 되면 일정한 크기를 유지하던 전기장의 일부가 접촉된 물체로 흡수됨을 알 수 있고, '자료 2'를 통해 ⓐ가 ⓑ보다 전기장의 크기가 더 작음을 알 수 있다. 따라서 ⓐ에서 접촉된 물체가 흡수한 전기장의 크기가 ⓑ에서 접촉된 물체가 흡수한 전기장의 크기보다 크다고 할 수 있다.

② 전기장의 크기로 보아 ⓑ보다 ⓐ에서 더 정확한 접촉이 이루어진 것으로 볼 수 있겠군.
4문단을 통해 상호정전방식에서는 접촉이 정확하게 일어날수록 해당 지점에 전기장이 더 많이 줄어듦을 알 수 있고, '자료 2'를 통해 ⓐ가 ⓑ보다 전기장의 크기가 더 작음을 알 수 있다. 따라서 전기장의 크기가 더 많이 줄어든 ⓐ가 더 정확한 접촉이 일어났음을 알 수 있다.

③ ⓒ에서는 구동 라인에서 발생한 전기장의 크기와 감지 라인으로 들어가는 전기장의 크기가 일치하겠군.
4문단을 통해 상호정전방식에서는 패널에 전도성 물체와의 접촉이 없을 때 구동 라인에서 형성된 전기장이 모두 감지 라인으로 들어가 일정한 크기의 전기장을 유지함을 알 수 있고, '자료 2'를 통해 ⓒ는 전도성 물체와의 접촉이 없는 상태를 의미함을 알 수 있다. 따라서 ⓒ에서는 구동 라인에서 발생한 전기장의 크기와 감지 라인으로 들어가는 전기장의 크기가 일치함을 알 수 있다.

④ ⓒ와 달리 ⓑ에서는 감지 라인으로 들어가야 할 전기장의 일부가 접촉된 물체로 흘러들어 갔겠군.
4문단을 통해 상호정전방식에서는 패널에 전도성 물체가 접촉하게 되면 일정한 크기를 유지하던 전기장의 일부가 접촉된 물체로 흡수됨을 알 수 있고, '자료 2'를 통해 전도성 물체와의 접촉이 없는 상태인 ⓒ와 달리 ⓑ에서는 전기장의 크기가 줄어들었음을 알 수 있다. 따라서 ⓑ에서는 ⓒ와 달리 감지 라인으로 들어가야 할 전기장의 일부가 접촉된 물체로 흘러들어 갔음을 알 수 있다.

✓ ⓐ와 ⓒ에서는 구동 라인과 감지 라인 사이에서 형성된 상호 정전용량이 감소했겠군.
〈보기〉의 '자료 1, 2'를 통해 〈보기〉는 상호정전방식에 해당함을 알 수 있다. 4문단을 통해 상호정전방식에서는 패널에 전도성 물체가 접촉하게 되면 일정한 크기를 유지하던 전기장의 일부가 접촉된 물체로 흡수되어, 구동 라인과 감지 라인 사이에서 형성된 상호 정전용량이 감소하여 전기장의 크기가 줄어듦을 알 수 있다. 그리고 '자료 2'를 볼 때, ⓐ에서 전기장의 크기가 줄어들었으므로 ⓐ에서는 전도성 물체의 접촉에 의해 구동 라인과 감지 라인 사이에서 형성된 상호 정전용량이 감소한 것이라 할 수 있다. 그런데 4문단을 통해 패널에 전도성 물체와의 접촉이 없을 때는 구동 라인에서 형성된 전기장이 모두 감지 라인으로 들어가 일정한 크기의 전기장을 유지함을 알 수 있고, '자료 2'의 ⓒ에서는 전기장의 크기가 P와 같음을 알 수 있다. 따라서 ⓒ는 전도성 물체의 접촉이 없는 상태에 해당하므로 구동 라인과 감지 라인 사이의 상호 정전용량의 변화는 없다고 할 수 있다.

Ⓐ에 대한 이유를 추론한 것으로 가장 적절한 것은?

① 교차점의 위치를 빠르게 측정할 수 있기 때문이다.
5문단을 통해 상호정전방식은 구동 라인과 감지 라인의 교차점을 개별적으로 인식하는 과정을 거치기 때문에 많은 시간이 소요됨을 알 수 있으므로 위치를 빠르게 측정할 수 없다.

② 중앙처리장치가 행과 열의 정보를 분할하기 때문이다.
5문단을 통해 터치좌표쌍의 정보를 터치 컨트롤러가 디지털 신호로 변환해 이미지로 처리하여 중앙처리장치(CPU)에 전달함으로써 해당 터치스크린 패널은 전도성 물체의 접촉 여부 및 접촉한 위치를 최종적으로 판단하게 됨을 알 수 있다. 하지만 중앙처리장치가 행과 열의 정보를 분할하는지 알 수 없으므로 이유로 적절하지 않다.

③ 센서의 행과 열 끝에 감지회로가 배치되어 있기 때문이다.
멀티 터치가 가능하지 않은 자기정전방식에 대한 설명이므로 이유로 적절하지 않다.

✓ 구동 라인과 감지 라인의 교차점이 개별적으로 인식되기 때문이다.
4문단의 '이때 터치좌표쌍은 구동 라인과 감지 라인이 개별적으로 인식된 교차점이기에 하나의 패널에서 여러 개의 터치좌표쌍이 만들어질 수 있다.'를 통해, 터치좌표쌍은 구동 라인과 감지 라인이 개별적으로 인식하여 여러 개를 만들 수 있음을 알 수 있다. 따라서 상호정전방식에서는 두 지점을 접촉할 때 구동

라인과 감지 라인의 교차점을 개별적으로 인식할 수 있기 때문에 두 지점을 접촉하는 멀티 터치가 가능하다고 할 수 있다.

⑤ 하나의 패널에서 한 개의 터치좌표쌍만 만들어질 수 있기 때문이다.
4문단을 통해 상호정전방식에서는 하나의 패널에서 여러 개의 터치 좌표쌍이 만들어질 수 있음을 알 수 있으므로 이유로 적절하지 않다.

20~22 현대시

(가) 이용악, 「항구」

감상 이 작품은 과거 회상 속 항구의 모습을 감각적으로 형상화하며 주제 의식, 즉 미래에의 희망과 의지를 드러내 주고 있다. 이 작품의 공간적 배경인 항구는 부두의 인부들과 어린 노동자인 화자가 고달픈 삶을 이어가는 공간으로, 이 항구에서 과거의 화자(어린 화자)는 이상을 잃은 채 살아가는 다른 노동자들과 달리 방황하는 마음을 다잡아 삶의 의지를 다지고 미래의 희망을 꿈꾸는 모습이 드러나 있다. 그리고 이러한 과거 자신의 모습은 현재의 화자에게 '그날의 나진이여'를 통해 알 수 있듯이 그리움의 대상이 되고 있다.

주제 귀항에 대한 감회

표현상의 특징
• 색채 이미지의 대비를 통해 시적 상황을 보여 주고 있음.
• 현재의 화자가 과거를 회상하는 방식으로 시상이 전개됨.
• 직유법을 사용하여 대상의 외양을 드러내 줌.

(나) 이정록, 「희망의 거처」

감상 이 작품은 옥수수와 버드나무라는 자연물을 의인화하여 생에 대한 인식을 담고 있다. 자신의 상처로 인해 고통을 견뎌 내고 상처를 새로운 시작으로 삼는 모습을 형상화하면서, 생이 자신의 상처에서 버팀목을 꺼내는 것이라는 인식을 이끌어 내고 있다. 즉 화자는 스스로 상처를 극복하는 옥수수와 버드나무의 모습에서 절망도 희망일 수 있다는 역설적 깨달음을 전달하고 있다.

주제 자연물을 통해 깨달은 인생의 인식

표현상의 특징
• 직유법을 사용하여 대상의 외양을 드러내 줌.
• 자연물을 의인화하여 상처의 역설적 의미를 이끌어 냄.
• 음성 상징어를 활용하여 역동적 이미지를 보여 줌.
• 자연물의 모습을 통해 역설적 인식을 드러내 줌.

(가)와 (나)의 공통점으로 가장 적절한 것은?

① 반어적 표현을 통해 현실을 우회적으로 제시하고 있다.
(가), (나) 모두 반어적 표현을 사용하지 않고 있고, 현실을 우회적으로 제시하지도 않고 있다.

② 의문형 진술을 반복적으로 사용해 문제의식을 드러내고 있다.
(가), (나) 모두 의문형 진술을 반복적으로 사용하지는 않고 있다.

③ 영탄적 어조를 사용하여 화자의 의지적 태도를 부각하고 있다.
(가)를 통해 어린 화자의 의지적 태도는 알 수 있지만, 이러한 의지적 태도를 영탄적 어조를 사용하여 부각하지는 않고 있다. (나)에서도 영탄적 어조는 찾아볼 수 없다.

④ 점층적 시상 전개를 통해 화자의 고조된 감정을 강조하고 있다.
(가), (나) 모두 점층적 시상 전개는 찾아볼 수 없다.

✓ 직유적 표현으로 대상의 외양에 드러나는 특성을 나타내고 있다.
(가)에서는 '바늘 끝으로 쏙 찔렀다 / 솟아나올 한 방울 붉은 피도 없을 것 같은'이라는 직유적 표현을 사용하여 '얼굴'을 나타내고 있고, '흙을 씹고 자라난 듯'이라는 직유적 표현을 사용하여 '꺼머티티'한 '부두의 인부꾼들'의 모습을 나타내고 있다. 그리고 (나)에서는 '부젓가락 같은'이라는 직유적 표현을 사용하여 '뿌리'의 모습을 나타내고 있다.

〈보기〉를 바탕으로 (가)를 감상한 내용으로 적절하지 않은 것은? [3점]

〈보 기〉

(가)는 화자의 과거 회상 속 항구의 모습을 감각적으로 형상화하고 있다. 이 작품에서 항구는 부두의 인부들과 어린 노동자인 화자가 고달픈 삶을 이어가는 공간이다. 한편으로는 육지와 바다를 연결하는 곳으로, 새로운 세계로 나아가기 위한 출발점이라는 의미를 갖기도 한다. 이런 항구에서 다른 노동자들이 이상을 잃은 채 살아가는 것과 달리 화자는 방황하는 마음을 다잡고 삶의 의지를 다지고 미래의 희망을 꿈꾸게 된다. 그리고 화자에게 이러한 과거 자신의 모습은 그리움의 대상이 되고 있다.

① '검은 기선'이 '입항'하고 '희머얼건 얼굴'이 '상륙하는' 것은, 화자의 시선에서 바라본 항구의 모습을 감각적으로 형상화한 것이겠군.
'검은 기선', '희머얼건 얼굴'은 배가 입항하고 '얼굴들'이 상륙하는 항구의 모습을 시각적 이미지를 통해 감각적으로 형상화한 것이라 할 수 있다.

② '푸른 하늘을 처다본 적이 없는 것 같은' '인부꾼들'은, 이상을 잃어 버린 모습으로 표현되어 고달픈 생활 현장으로서의 항구를 보여 주는 것이겠군.
'푸른 하늘'은 이상을 상징하는 소재로 볼 수 있으므로, '푸른 하늘을 처다본 적이 없는 것 같다'는 것은 인부꾼들이 생활 현장으로서의 항구에서 이상을 잃고 고달프게 살아가는 모습을 형상화한 것이라 할 수 있다.

③ '날마다 바다의 꿈을 꾸'며 자신을 '믿고'자 했던 화자의 모습은, '시금트레한 눈초리'와 대비되며 새로운 미래에 대한 화자의 희망적 태도를 나타내는 것이겠군.
화자가 '날마다 바다의 꿈'을 꾸며 자신을 믿고'자 한 것은 미래에 대한 희망적 태도로 볼 수 있다. 반면에 '시금트레한 눈초리'는 인부꾼들의 열정을 잃은 모습을 표현한 것이므로, 이는 화자의 희망적 태도와 대비된다고 할 수 있다.

✔ '마음'이 '흩어졌다'가도 '작대기처럼 꼿꼿해'졌다는 것은, 방황하는 마음을 다잡으려 하다가도 바다로 가로막힌 공간에서 좌절하곤 했던 화자의 모습을 드러낸 것이겠군.

'마음'이 '흩어졌다'가도 '작대기처럼 꼿꼿해'졌다는 〈보기〉에 제시된 것처럼 방황하다가도 마음을 다잡는 의지를 다지는 모습을 나타낸 것이라 할 수 있다. 따라서 '마음'이 '흩어졌다'가도 '작대기처럼 꼿꼿해'졌다는 것을 바다로 가로막힌 공간에서 좌절하곤 했던 모습을 드러낸 것이라는 감상은 적절하지 않다.

⑤ '여러 해 지난 오늘' '마음'이 '항구로 돌아간다'는 것은, 화자가 '그날의 나진'에서 자신이 가졌던 마음에 대해 느끼는 그리움을 표현한 것이겠군.

'여러 해 지난 오늘' '마음'이 '항구로 돌아간다'는 것은 화자가 힘겨운 삶 속에서도 의지와 희망을 잃지 않았던 '그날의 나진'에서의 자신의 마음을 그리워하는 것으로 볼 수 있다.

---

22 | 시어 및 시구를 통한 작품 이해 | 정답률 85% | 정답 ②

(나)를 이해한 내용으로 적절하지 않은 것은?

① '들이민다'는 '헛발일지라도'와 연결되어 실패를 두려워하지 않고 시도하는 의지를 드러내고 있다.

'헛발일지라도' 뿌리를 '들이민다'는 것은 마디로부터 뿌리를 뻗어 땅을 디디려는 옥수숫대의 모습을 나타낸 것이라 할 수 있다.

✔ '키우는 것이다'는 '맨발의 근성'과 연결되어 옥수숫대가 다른 존재와의 교감을 통해 성장하게 됨을 드러내고 있다.

'키우는 것이다'는 '맨발의 근성'과 연결되어 옥수숫대가 곁뿌리를 내밀어 스스로의 힘으로 땅을 딛고 서는 모습을 나타낸 것이라 할 수 있다. 따라서 옥수숫대가 다른 존재와의 교감을 통해 성장하게 됨을 드러내고 있다는 이해는 적절하지 않다.

③ '박는다'는 '흠집'과 연결되어 버드나무가 고통을 인내하는 모습을 드러내고 있다.

'흠집'에 뿌리를 '박는다'는 것은 버드나무가 자신의 고통스러운 상처인 '흠집'에 뿌리를 내리고 고통을 인내하고 상처를 새로운 시작으로 삼는 모습을 나타낸 것이라 할 수 있다.

④ '세운다'는 '스스로'와 연결되어 버드나무가 자신의 힘으로 상처를 극복하는 모습을 드러내고 있다.

'스스로' 기둥을 '세운다'는 것은 '버드나무'가 스스로 상처를 극복하는 모습을 나타낸 것이라 할 수 있다.

⑤ '꺼내는 것이라고'는 '생이란'과 연결되어 자연의 모습으로부터 생에 대한 깨달음을 유추하고 있음을 드러내고 있다.

'생이란' 자신의 상처에서 '버팀목'을 '꺼내는 것이라고'는 옥수수와 버드나무의 모습을 통해 깨닫게 된 생에 대한 인식을 나타낸 것이라 할 수 있다.

23~27 | 사회

박찬호 외, 「국제해양법」

| 해제 | 이 글은 유엔해양법협약에 따른 해결 절차에 대해 서술하고 있다. 유엔해양법협약은 해양의 이용을 둘러싸고 발생하는 국가 간의 상대된 이익을 절충하고 갈등을 해결하는 규범의 역할을 담당한다. 이러한 유엔해양법협약에 따르면 해양을 둘러싼 국가 간 분쟁이 발생하였을 때, 분쟁 당사국들은 평화적 수단을 통해 분쟁 해결을 위해 노력해야 하는데, 이러한 방법으로 분쟁이 해결되지 않을 경우 강제 절차에 들어가게 된다. 이러한 강제 절차 분쟁 해결 기구에는 중재재판소와 국제해양법재판소 등이 있다. 본안 소송을 거쳐 최종 판결이 내려지기까지의 시간 동안 당사국이나 해양 환경의 중대한 피해가 우려되는 경우, 관할 재판소 및 관할권을 갖게 될 가능성이 큰 재판소는 분쟁 당사국의 요청으로 잠정조치를 명령할 수 있다. |

| 주제 | 유엔해양법협약에 따른 해결 절차 |

문단 핵심 내용

1문단	유엔해양법협약의 역할
2문단	해양협약에 대한 국가 간 분쟁 발생 시의 절차
3문단	강제 절차 분쟁 해결 기구의 이해
4문단	본안 소송의 절차
5문단	잠정조치의 개념과 효력
6문단	잠정조치 요청 조건 및 잠정조치 관할 재판소 선정 방법
7문단	잠정조치 관할 재판소 선정 구체적 사례

---

23 | 세부 정보의 확인 | 정답률 84% | 정답 ①

윗글에서 알 수 있는 내용으로 적절하지 않은 것은?

✔ 잠정조치 재판에서 내려진 결정은 구속력이 없는 임시 조치이다.

7문단을 통해 잠정조치가 잠정조치 재판을 통해 내려진 결정임을 알 수 있고, 5문단을 통해 이러한 잠정조치가 구속력 있는 임시 조치임을 알 수 있으므로 적절하지 않다.

② 분쟁 당사국들은 자국의 이익을 고려하여 분쟁 해결 기구를 선택할 수 있다.

3문단의 '당사국들은 자국의 이익이나 분쟁 내용 등을 고려해 분쟁 해결 기구를 선택할 수 있는데'를 통해 알 수 있다.

③ 유엔해양법협약에 따른 분쟁 해결 원리는 각 국가의 동의를 바탕으로 적용된다.

2문단을 통해 분쟁 해결의 원리는 기본적으로 각 국가의 동의를 바탕으로 적용되는 국제법인 유엔해양법협약을 따름을 알 수 있다.

④ 국제해양법재판소는 유엔해양법협약에 의해 설립된 국제적인 분쟁 해결 기구이다.

3문단을 통해 국제해양법재판소는 유엔해양법협약에 의해 설립된 분쟁 해결 기구임을 알 수 있다.

⑤ 유엔해양법협약은 분쟁 당사국들에게 분쟁 해결에 대한 신속한 의견 교환 의무를 부과하고 있다.

2문단을 통해 유엔해양법협약은 분쟁 당사국에 분쟁 해결에 관하여 신속히 의견을 교환해야 하는 의무를 부과하였음을 알 수 있다.

---

24 | 구체적 상황에의 적용 | 정답률 82% | 정답 ②

〈보기〉는 '유엔해양법협약에 대한 모의재판' 수업에 사용된 사례이다. 윗글을 참고할 때 〈보기〉에 대한 반응으로 적절하지 않은 것은? [3점]

〈보 기〉

유엔해양법협약에 가입된 A국과 B국 간에 해양을 둘러싼 분쟁이 발생하였다. A국은 B국의 공장 건설로 인하여 자국의 인근 바다에 해양 오염 물질이 유출될 것을 우려하여, B국과 교섭을 시도하였으나 B국은 이에 응하지 않았다. 추후 A국은 국제해양법재판소를, B국은 중재재판소를 통한 재판을 원하였으나 합의를 이루지 못했다. 이후 절차에 따라 양국이 제기한 소송은 재판에 회부되었다. A국은 판결이 내려지기까지 오랜 시일이 걸릴 것을 염려하여 잠정조치를 바로 요청하였다. 이를 받아들여 재판소는 잠정조치를 명령하였다.

① A국이 잠정조치를 요청할 수 있었던 것은 B국과의 사건이 재판에 회부되었기 때문이겠군.

6문단을 통해 잠정조치는 분쟁 당사국의 소송 제기 후 재판소에 사건이 회부되면서 소송 절차가 개시되면 언제든 요청될 수 있음을 알 수 있다.

✔ A국이 요청한 결과 잠정조치 명령이 내려졌으므로 B국과의 본안 소송 재판은 종결되겠군.

〈보기〉를 통해 A국이 요청한 잠정조치가 받아들여져서 재판소는 잠정조치를 명령하였음을 알 수 있다. 그리고 4문단을 통해 본안 소송을 담당하는 재판소가 최종 판결을 내림을 알 수 있고, 5문단을 통해 잠정조치는 최종 판결 전에 내려짐을 알 수 있다. 따라서 잠정조치 명령이 내려져서 본안 소송 재판이 종결되었다고는 할 수 없다.

③ A국이 B국에게 교섭을 시도한 것은 분쟁 당사국들에게 평화적 해결 수단을 거쳐야 할 의무가 있기 때문이겠군.

2문단을 통해 분쟁 당사국들은 의무적으로 교섭이나 조정 절차 등 국가 간 합의에 의한 평화적 수단을 통해 분쟁 해결을 위해 노력해야 함을 알 수 있다.

④ A국과 B국은 동일한 분쟁 해결 기구를 선택하지 않았으므로 두 국가 간 분쟁은 중재재판소를 통해 해결되겠군.

〈보기〉를 통해 A국은 국제해양법재판소를 통한, B국은 중재재판소를 통한 재판을 원하였음을 알 수 있다. 그리고 3문단을 통해 이렇게 분쟁 당사국들이 동일한 분쟁 해결 기구를 선택하지 않을 경우 별도의 합의를 하지 않는 한 사건은 중재재판소에 회부됨을 알 수 있다.

⑤ A국이 재판에 사건이 회부된 후 바로 잠정조치를 요청한 것은 B국으로 인한 자국의 해양 오염을 시급히 막기 위함이겠군.

5문단을 통해 잠정조치는 긴급한 상황에서 해양 환경의 중대한 피해를 방지하는 등의 목적으로 내려짐을 알 수 있다.

---

25 | 핵심 정보의 이해 | 정답률 76% | 정답 ②

다음은 윗글에 제시된 분쟁 해결 절차를 도식화한 것이다. 이를 이해한 것으로 적절하지 않은 것은?

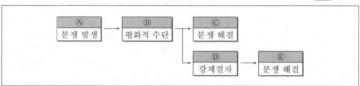

① Ⓐ는 유엔해양법협약의 해석과 적용에 대하여 국가 간 다툼이 있다는 것을 의미한다.

2문단을 통해 유엔해양법협약에 따른 분쟁 해결 절차 중 Ⓐ는 유엔해양법협약에 대한 해석이나 적용에 관해 국가 간 분쟁이 발생하였다는 것을 의미함을 알 수 있다.

✔ Ⓓ를 진행하는 모든 분쟁 해결 기구는 분쟁이 발생하기 전에 재판소가 구성되어 있다.

3문단에서 Ⓓ를 진행하는 분쟁 해결 기구 중 중재재판소는, 재판관 임명이나 재판소 조직 등이 사전에 결정되어 있는 국제해양법재판소와 달리, 필요할 때마다 분쟁 당사국 간의 합의를 통해 구성된다고 하였으므로 적절하지 않다.

③ Ⓑ를 통해 Ⓒ로 가는 과정은 분쟁 당사국 간 합의에 따라 진행된 것이다.

2문단을 통해 교섭이나 조정 절차 등 Ⓑ를 통한 분쟁 해결(Ⓒ)이 여의치 않은 경우 Ⓓ로 들어가게 됨을 알 수 있다.

④ Ⓓ를 통해 Ⓔ로 가는 과정은 국제적 분쟁 해결 기구의 구속력 있는 결정을 통해 이루어진 것이다.

2문단을 통해 Ⓓ는 구속력 있는 결정을 수반함을 알 수 있고, 3문단을 통해 Ⓓ는 분쟁 당사자들이 국제적인 분쟁 해결 기구를 통해 분쟁을 해결하는 절차임을 알 수 있다.

⑤ Ⓓ를 통해 Ⓔ로 가는 과정에서 잠정조치 명령이 내려졌다면 그 효력은 최종 판결 전까지만 유효하다.

5문단의 '잠정조치는 효력이 임시적이므로 본안 소송의 최종 판결이 내려지면 효력이 종료된다.'를 통해, Ⓓ와 Ⓔ 사이에 내려진 잠정조치 명령은 최종 판결 전까지만 유효함을 알 수 있다.

---

26 | 개념 간의 관계 파악 | 정답률 80% | 정답 ①

⊙, ⓒ에 대한 이해로 가장 적절한 것은?

✔ ⊙의 존재 가능성이 예측되어야 ⓒ은 인정된다.

7문단에서 ⊙을 심리한 결과, 본안 소송을 담당하는 중재재판소가 관할권을 갖게 될 가능성, 즉 ⊙의 존재 가능성이 예측되어야 국제해양법재판소가 ⓒ을 가질 수 있다고 하였다.

② ⊙에 대한 판단에 앞서 ⓒ의 존재 여부를 판단한다.

7문단을 통해 ⊙을 심리한 이후에 국제해양법재판소가 ⓒ을 가질 수 있다고 하였으므로, ⊙에 앞서 ⓒ의 존재 여부를 판단한다는 것은 적절하지 않다.

③ ⓒ이 확정되지 않으면 ⊙은 인정되지 않는다.

7문단을 통해 본안 소송을 담당하는 중재재판소의 관할권, 즉 ⊙이 확정되지 않았더라도 중재재판소가 관할권을 갖게 될 가능성이 예측되면 잠정조치를 담당하는 국제해양법재판소가 ⓒ을 가질 수 있음을 알 수 있다.

[문제편 p.192]

④ 본안 소송의 최종 판결 이후 ㉠이 확정된다.
4문단에서 본안 소송을 담당하는 재판소가 분쟁에 대한 최종 판결을 내리기 위해서는 먼저 ㉠을 확정해야 한다고 하였다. 따라서 제시된 선택지는 선후 관계가 뒤바뀌었으므로 적절하지 않다.

⑤ 본안 소송의 개시 시점은 ㉡의 인정 시점과 일치한다.
6문단을 통해 본안 소송의 개시 시점은 분쟁 당사국이 소송을 제기하여 재판소에 사건이 회부된 때를 의미하고, 소송 절차가 개시된 후 잠정조치가 요청될 수 있음을 알 수 있다. 그리고 7문단을 통해 ㉠을 심리하는 절차를 거친 후 ㉡의 인정 여부를 확정할 수 있음을 알 수 있다. 따라서 본안 소송의 개시 시점이 ㉡의 인정 시점과 일치한다는 것은 적절하지 않다.

---

27 단어의 문맥적 의미 파악 정답률 92% | 정답 ③

문맥상 @ ~ @와 바꿔 쓰기에 적절하지 않은 것은?

① @ : 생겨나는
@는 문맥상 '어떤 일이나 사물이 생겨나다.'의 의미로 사용되었으므로 바꿔 쓰기에 적절하다.

② ⓑ : 주고받아야
ⓑ는 문맥상 '서로 주고받고 하다.'의 의미로 사용되었으므로 바꿔 쓰기에 적절하다.

✔③ ⓒ : 짧아지기
ⓒ는 문맥상 '필요로 되거나 요구되다.'의 의미로 사용되었으므로, '짧아지기'로 바꿔 쓰는 것은 적절하지 않다.

④ ⓓ : 맡지만
ⓓ는 문맥상 '어떤 일을 맡다.'의 의미로 사용되었으므로 바꿔 쓰기에 적절하다.

⑤ ⓔ : 막기
ⓔ는 문맥상 '어떤 일이나 현상이 일어나지 못하게 막다.'의 의미로 사용되었으므로 바꿔 쓰기에 적절하다.

28~33 인문

(가) 박영욱, 「보고 듣고 만지는 현대사상」

해제 이 글은 소쉬르의 언어학에 대한 생각을 설명하고 있다. 소쉬르는 언어에 대한 전통적인 견해에 대해서 의문을 제기하면서, 사람들이 그들의 언어 체계에 맞춰 현실 세계를 새롭게 인식한다고 주장하였다. 소쉬르는 언어를 현실 세계를 묘사하는 것이 아니라 근본적으로 자의적인 체계라 인식하면서, 사람들이 언어 체계에 맞춰 현실 세계를 새롭게 인식한다는 것을 설명하기 위해 '랑그'와 '파롤'이라는 개념을 제시하였다. 이러한 소쉬르의 언어학은 언어가 현실 세계를 구성한다는 생각을 함축한 것이라 할 수 있다.

주제 소쉬르의 언어학에 대한 이해

문단 핵심 내용

1문단	사람들이 언어 체계에 맞춰 현실 세계를 인식한다고 주장한 소쉬르
2문단	언어를 자의적인 기호 체계로 인식한 소쉬르
3문단	소쉬가 제시한 언어 체계에서의 '랑그'와 '파롤'
4문단	언어가 현실 세계를 구성한다고 생각한 소쉬르

(나) 이병덕, 「표상의 언어에서 추론의 언어로」

해제 이 글은 비트겐슈타인의 '의미사용이론'을 통해 언어에 비트겐슈타인의 관점을 설명하고 있다. 비트겐슈타인은 언어를 이해하는 것은 그것이 어떻게 사용될 수 있는지를 이해하는 것이라는 '의미사용이론'을 제시하였는데, 이를 설명하기 위해 언어를 게임에 비유하였다. 이는 언어는 그것을 사용하는 사람들의 구체적인 활동과 관련해서만 의미가 있다는 것과 언어가 사람들의 삶과 엉켜 있으면서 사람들의 삶을 반영해 준다는 비트겐슈타인의 언어에 대한 인식을 보여 주는 것이라 할 수 있다. 이렇게 볼 때, 비트겐슈타인에게 있어 언어는 현실 세계를 재현하는 것이 아니라, 언어를 사용하는 사람들의 소통에 의해서 만들어지는 것이라고 할 수 있다.

주제 비트겐슈타인의 '의미사용이론'의 이해

문단 핵심 내용

1문단	비트겐슈타인이 제시한 '의미사용이론'
2문단	언어를 게임에 빗대어 설명한 비트겐슈타인
3문단	언어의 모호성에 대한 비트겐슈타인의 인식
4문단	언어가 지닌 개념에 대한 비트겐슈타인의 생각

---

28 서술상 공통점 파악 정답률 82% | 정답 ①

(가)와 (나)의 서술상의 공통점으로 가장 적절한 것은?

✔① 언어에 대한 특정한 이론을 관련 사례를 들어 소개하고 있다.
(가)에서는 소쉬르의 언어 이론을 제시하면서, 이러한 소쉬르 이론과 관련된 기표와 기의, 랑그와 파롤의 구체적인 사례를 들고 있다. 그리고 (나)에서는 비크겐슈타인의 언어 이론을 제시하면서, 비트겐슈타인이 언급한 의미사용이론과 관련된 구체적인 사례 및 게임 이론을 구체적인 사례로 들고 있다. 따라서 (가), (나) 모두 언어에 대한 소쉬르와 비트겐슈타인의 이론을 관련 사례를 들어 소개하였다고 할 수 있다.

② 언어에 대한 상반된 주장을 제시하여 절충 방안을 모색하고 있다.
(가)와 (나)에서 소쉬르와 비트겐슈타인의 견해가 전통적인 견해와 다름을 언급하고 있지만, 이 둘의 견해와 전통적인 견해와의 절충 방안을 모색하지는 않고 있다.

③ 언어에 대한 관점들이 통합되어 가는 역사적 과정을 부각하고 있다.
(가)와 (나)를 통해 언어에 대한 관점들이 통합되어 가는 역사적 과정은 찾아볼 수 없다.

④ 언어에 대한 이론들을 시대순으로 나열하여 공통적인 특성을 도출하고 있다.
(가)와 (나)를 통해 언어에 대한 이론들을 시대순으로 나열하여 공통적 특성을 도출하는 내용은 찾아볼 수 없다.

⑤ 언어에 대한 다양한 이론을 소개하며 각 이론이 지닌 의의와 한계를 설명하고 있다.

(가)에서는 소쉬르의 이론만, (나)에서는 비트겐슈타인의 언어에 대한 이론을 설명하고 있을 뿐, 언어에 대한 다양한 이론을 소개하지는 않고 있다. 또한 소쉬르의 이론과 비트겐슈타인의 이론이 지닌 한계를 설명하지는 않고 있다.

---

29 핵심 정보의 이해 정답률 84% | 정답 ④

랑그, 파롤에 대한 이해로 가장 적절한 것은?

① 랑그는 현실 세계를 재현하는 수단이다.
(가)의 3문단의 '랑그의 차이에 따라 사람들이 현실 세계를 인식하는 방식이 달라진다는 것을 의미하는 것이다.'를 통해, 랑그에 따라 사람마다 현실 세계를 다르게 바라볼 수 있음을 알 수 있으므로, 랑그가 현실 세계를 재현하는 수단이라고 할 수 없다.

② 파롤은 언어의 추상적 체계를 지칭한다.
(가)의 3문단의 '랑그란 언어가 갖는 추상적인 체계이고'를 통해, 언어의 추상적인 체계를 지칭하는 것은 랑그임을 알 수 있다. 파롤은 랑그에 바탕을 두고 개인이 실현하는 구체적인 발화라 할 수 있다.

③ 랑그는 개인이 실현하는 구체적인 발화이다.
(가)의 3문단의 '파롤은 랑그에 바탕을 두고 개인이 실현하는 구체적인 발화이다.'를 통해, 개인이 실현하는 구체적인 발화는 랑그가 아닌 파롤임을 알 수 있다.

✔④ 파롤의 표현 방식은 랑그에 의해서 제약을 받는다.
(가)의 3문단의 '소쉬르는 어떤 사람이 어떠한 발화를 하더라도 그 발화의 표현 방식이나 범위는 사실상 그가 사용하는 언어 체계에 지배되거나 제약받는다고 주장한다.'를 통해, 개인이 실현하는 구체적 발화인 파롤의 표현 방식은 랑그에 의해서 제약을 받는다는 것을 알 수 있다.

⑤ 랑그는 파롤을 바탕으로 발화자가 주체임을 드러낸다.
(가)의 4문단의 '하지만 소쉬르는 발화의 진정한 주체는 발화자가 아닌 랑그라는 사실을 전제하고 있다.'를 통해, 랑그가 파롤을 바탕으로 발화자가 주체임을 드러내지 않음을 알 수 있다.

---

30 구체적인 사례에의 적용 정답률 79% | 정답 ③

다음은 온라인 수업 게시판의 일부이다. 윗글을 바탕으로 학생들이 과제를 수행했다고 할 때, ㉮ ~ ㉰에 들어갈 말로 가장 적절한 것은?

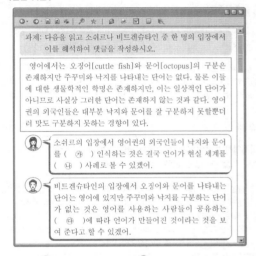

	㉮	㉯	㉰
①	다르게	구성한다는	삶의 양식
②	다르게	묘사한다는	높은 수준의 명확성

✔③ 비슷하게 구성한다는 삶의 양식
〈보기〉에서는 영어권의 외국인들이 오징어와 문어는 구분하지만 낙지와 문어를 잘 구분하지 못함을 언급하고 있다. 그리고 (가)의 3문단의 '이는 결국 랑그의 차이에 따라 사람들이 현실 세계를 인식하는 방식이 달라진다는 것을 의미하는 것이다.'와 4문단의 '오히려 언어가 현실 세계를 구성한다는 생각을 함축하고 있는 것이다.'를 통해, 소쉬르의 입장에서 영어권 외국인들이 낙지와 문어를 구분하지 못한 것은 그들의 언어에 맞게 현실 세계를 구성하였다고 생각할 것이다. 따라서 첫 번째 학생 댓글의 ㉮에는 '비슷하게', ㉯에는 '구성한다는'이 들어가기에 적절하다고 할 수 있다. 또한 〈보기〉에서는 영어에 주꾸미와 낙지를 구분하는 단어가 없음이 언급되어 있다. 그리고 (나)의 4문단의 '이는 결국 언어가 그것을 사용하는 사람들의 삶과 맞물려 있어 삶의 양식이 다양한 만큼 언어 역시 다양하기 때문이다.'를 통해, 비트겐슈타인의 입장에서 영어에 주꾸미와 낙지를 구분하는 단어가 없다는 것은 영어를 사용하는 사람들이 공유하는 삶의 양식에 맞게 영어가 만들어졌기 때문이라 생각할 것이다. 따라서 두 번째 학생의 댓글의 ㉰에는 '삶의 양식'이 들어가기에 적절하다고 할 수 있다.

④ 비슷하게 구성한다는 높은 수준의 명확성
⑤ 비슷하게 묘사한다는 삶의 양식

31~32

〈보기〉는 윗글을 읽은 학생의 독서 활동 과정이다. 31번과 32번 물음에 답하시오.

― 〈 보 기 〉 ―

읽기 전	기존에 가지고 있던 '언어'에 대한 자신의 생각을 말해 보기
읽기 중	(가), (나)를 읽고 글의 내용에 대한 이해를 점검하는 질문에 응답하기
읽기 후	(가), (나)와는 다른 관점을 지닌 글을 찾아서 공통점과 차이점을 설명하기

---

31 글의 내용에 대한 이해와 점검 정답률 68% | 정답 ④

다음은 '읽기 중' 단계에서 학생이 수행한 활동지의 일부이다. 학생의 응답으로 적절하지 않은 것은?

질문	학생의 응답	
	예	아니요
① 소쉬르는 언어가 현실 세계의 대상을 지칭하는 것이라고 주장하고 있나요?		✓

(가)의 1문단을 통해 언어가 현실 세계를 있는 그대로 묘사한다는 소쉬르 이전의 사람들과 달리, 소쉬르는 언어가 현실 세계를 있는 그대로 묘사하는 것은 아니라고 생각했음을 알 수 있다. 따라서 소쉬르는 언어가 현실 세계의 대상을 지칭하는 것으로 보고 있지 않으므로, 질문에 '아니요'라고 한 학생의 응답은 적절하다.

| ② 비트겐슈타인은 언어에 존재하는 많은 불명확성에 대해 긍정하고 있나요? | ✓ | |

(나)의 3문단을 통해 비트겐슈타인은 언어에 존재하는 많은 불명확성이 오히려 단점이 아닌 장점이 될 수 있다고 생각하였음을 알 수 있다. 따라서 비트겐슈타인은 언어에 존재하는 많은 불명확성에 대해 긍정하고 있으므로, 질문에 '예'라고 한 학생의 응답은 적절하다.

| ③ 소쉬르와 비트겐슈타인은 모두, 언어에 대한 전통적인 입장을 고수하고 있나요? | | ✓ |

(가)의 1문단을 통해 소쉬르는 언어에 대한 전통적인 견해에 대해서 의문을 제기하고 이를 뒤집었음을 알 수 있고, (나)의 4문단을 통해 비트겐슈타인은 개념을 사용할 때 그것의 적용 사례들에 어떤 공통 요소가 반드시 있어야 한다는 강박 관념을 버려야 한다고 강조하였음을 알 수 있다. 따라서 소쉬르와 비트겐슈타인은 모두 언어에 대한 전통적인 입장을 고수하지 않았음을 알 수 있으므로, 질문에 '아니요'라고 한 학생의 응답은 적절하다.

| ✓④ 소쉬르는 비트겐슈타인과 달리, 언어가 사람들의 약속에 의해 형성된다는 것을 비판하고 있나요? | | ✓ |

(가)의 2문단의 '소쉬르에 따르면 기표와 기의의 관계는 필연적이지 않고 자의적이며, 단지 그 기호를 사용하는 사람들의 사회적 약속일 뿐이다.'를 통해, 소쉬르는 언어가 사람들의 약속에 의해 형성된다는 것을 인정하고 있지, 이를 비판하고 있지 않음을 알 수 있다. 한편 (나)의 2문단의 '게임의 규칙은 절대 불변의 법칙이 아니라 ~ 게임을 수행할 수 있도록 만드는 형식에 불과하다.'를 통해, 비트겐슈타인 역시 언어가 사람들의 약속에 의해 형성된다는 것을 인정하고 있음을 알 수 있다. 따라서 질문 내용에 대해 '예'라고 한 학생의 응답은 적절하지 않다.

| ⑤ 비트겐슈타인은 소쉬르와 달리, 언어가 사용하는 사람들의 맥락에 따라 다르게 사용될 수도 있다는 것을 부정하고 있나요? | | ✓ |

(나)의 1문단을 통해 비트겐슈타인은 언어가 삶의 다양한 맥락에 따라 서로 다르게 혹은 유사한 모습으로 존재한다고 인식하였음을 알 수 있다. 따라서 비트겐슈타인은 언어가 사용하는 사람들의 맥락에 따라 다르게 사용될 수도 있다는 것을 부정하지 않고 있으므로, 질문에 '아니요'라고 한 학생의 응답은 적절하다.

32 자료를 바탕으로 한 이해
정답률 66% | 정답 ④

다음은 '읽기 후' 단계에서 학생이 찾은 다른 학자들의 견해이다. 윗글을 바탕으로 주제 통합적 읽기를 수행한 학생의 이해로 적절하지 않은 것은? [3점]

ⓐ 말소리와 지시물 간에는 직접적인 관계가 없으며 개념이 말소리와 직접적으로 연결된다. 지시물은 개념을 통해 말소리와 간접적으로 연결되어 언어는 일정한 의미를 형성하게 된다.
ⓑ 언어란 현실 세계를 재현하기 위한 수단으로 언어의 의미는 곧 언어가 구체적으로 지시하는 대상이다. 세계가 먼저 있고 그 세계를 재현하기 위해서 언어가 존재하는 것이다.
ⓒ 언어에서 사물의 이름은 임의적으로 붙여진 것이 아니다. 사물은 자연의 일부로서 자연을 닮고 서로 유사함을 나누어 가지며, 사물의 이름은 이런 자연의 법칙에 따라 지어진 것이다.

① 개념이 말소리와 직접적으로 연결된다는 ⓐ의 입장과 유사하게, 소쉬르는 언어가 기표와 기의의 대응을 통해 이루어진다고 주장하고 있다.
(가)의 2문단을 통해 소쉬르는 언어의 소리 측면을 지칭하는 기표에 소리가 지칭하는 의미를 나타내는 기의가 대응한다고 생각하고 있음을 알 수 있고, 〈보기〉의 ⓐ는 개념이 말소리와 직접적으로 연결된다 생각하고 있음을 알 수 있다. 따라서 소쉬르는 ⓐ의 입장과 유사하게 언어가 기표와 기의의 대응을 통해 이루어진다고 주장하였다고 할 수 있다.

② 언어는 일정한 의미를 형성하게 된다는 ⓐ의 입장과 달리, 비트겐슈타인은 언어가 사람들의 소통에 의해서 만들어진다고 주장하고 있다.
(나)의 1문단을 통해 비트겐슈타인은 언어가 삶의 다양한 맥락에 따라 서로 다르게 혹은 유사한 모습으로 존재한다 생각하고 있음을 알 수 있다. 그리고 〈보기〉의 ⓐ는 지시물이 개념을 통해 말소리와 간접적으로 연결되어 언어가 일정한 의미를 형성하게 된다 생각하고 있음을 알 수 있다. 따라서 비트겐슈타인은 ⓐ의 입장과 달리 언어가 사람들의 소통에 의해서 만들어진다고 주장하였음을 알 수 있다.

③ 언어란 현실 세계를 재현하기 위한 수단이라는 ⓑ의 입장과 달리, 소쉬르는 언어가 자의적인 성격을 지닐 뿐이며 현실 세계를 재현하는 것이 아니라고 주장하고 있다.
(가)의 1문단을 통해 소쉬르는 언어가 현실 세계를 있는 그대로 묘사하는 것이 아니라 생각하였고, 2문단을 통해 언어가 자의적인 체계를 지녔다고 생각하였음을 알 수 있다. 그리고 〈보기〉의 ⓑ는 언어가 현실 세계를 재현하기 위한 수단이라 생각하고 있음을 알 수 있다. 따라서 소쉬르는 ⓑ의 입장과 달리 언어가 자의적인 성격을 지닐 뿐이며 현실 세계를 재현하는 것이 아니라고 주장하였음을 알 수 있다.

✓④ 세계가 먼저 있고 그 세계를 재현하기 위해서 언어가 존재한다는 ⓑ의 입장과 유사하게, 비트겐슈타인은 언어가 먼저 있고 절대 불변의 법칙에 따라 세계가 존재한다고 주장하고 있다.
(나)의 4문단을 통해 비트겐슈타인은 언어가 현실 세계를 재현하는 것이 아니라, 언어를 사용하는 사람들의 소통에 의해서 만들어지는 것이라 생각하고 있음을 알 수 있고 〈보기〉에서 ⓑ는 세계가 먼저 있고 그 세계를 재현하기 위해서 언어가 존재한다는 입장임을 알 수 있다. 따라서 비트겐슈타인은 ⓑ의 입장과 유사하게 언어가 먼저 있고 절대 불변의 법칙에 따라 세계가 존재한다고 주장한다고 볼 수 없다.

⑤ 언어에서 사물의 이름은 임의적으로 붙여진 것이 아니라는 ⓒ의 입장과 달리, 소쉬르는 기표와 기의의 관계가 필연적이지 않다고 주장하고 있다.
(가)의 2문단을 통해 소쉬르는 기표와 기의의 관계는 필연적이지 않고 자의적이라 생각하였음을 알 수 있다. 그리고 〈보기〉에서 ⓒ는 언어에서 사물의 이름은 임의적으로 붙여진 것이 아니라 자연의 법칙에 따라 지어진 것이라 생각하였음을 알 수 있다. 따라서 소쉬르는 ⓒ의 입장과 달리 기표와 기의의 관계가 필연적이지 않다고 주장하였음을 알 수 있다.

---

33 어휘의 문맥적 의미 파악
정답률 91% | 정답 ④

문맥상 ㉠~㉤의 단어와 가장 가까운 의미로 쓰인 것은?

① ㉠ : 그녀는 약속 장소에 이르며 친구에게 전화를 걸었다.
㉠은 '어떤 대상을 무엇이라고 이름 붙이거나 가리켜 말하다.'의 의미로, '이르며'는 '어떤 장소나 시간에 닿다.'의 의미로 사용되었다.

② ㉡ : 우리 회사는 세계 곳곳에 많은 지점을 두고 있다.
㉡은 '행위의 준거점, 목표, 근거 따위를 설정하다.'의 의미로, '두고'는 '직책이나 조직, 기구 따위를 설치하다.'의 의미로 사용되었다.

③ ㉢ : 예전에 어머니를 따라 시장 구경을 갔던 기억이 났다.
㉢은 '어떤 경우, 사실이나 기준 따위에 의거하다.'의 의미로, '따라'는 '다른 사람이나 동물의 뒤에서, 그가 가는 대로 같이 가다.'의 의미로 사용되었다.

✓④ ㉣ : 탁자 위에 쌓인 여러 책들 중에 한 권을 골라 주었다.
㉣은 '여럿 중에서 가려내거나 뽑다.'의 의미로 사용되었으므로, '골라'가 이와 가까운 의미로 사용되었다고 할 수 있다.

⑤ ㉤ : 그의 입술은 굳게 맞물려 떨어질 줄을 몰랐다.
㉤은 '무엇이 서로 밀접한 관련을 맺으며 어우러지다.'의 의미로, '맞물려'는 '아래윗니나 입술, 주둥이, 부리 따위가 마주 물리다.'의 의미로 사용되었다.

34~37 고전 소설

작자 미상, 「유씨전」

감상 이 작품은 여성에게 정절이 요구되던 시대를 살아가는 한 여인의 삶을 그린 고전 소설이다. 이 작품에서는 유씨 부인의 열행(烈行)을 널리 알리고, 그로 인한 사회적 보상 심리로서 재생을 통한 행복한 결말을 그리고 있다. 이를 위해 '염라국'이라는 비현실계를 설정하고 있는데, 이러한 '염라국'은 현실적인 속성을 띠면서 현실에서 지켜야 할 규범을 강조하는 공간으로서의 의미를 지닌다고 할 수 있다. 한편 현실의 고난을 견디고 죽음마저 불사하는 유씨의 열행은 적극적으로 사랑을 실현하고자 하는 주체적인 여인상을 보여 준다고 할 수 있다.

주제 죽음을 초월한 사랑과 정절

작품 줄거리 광흥에 사는 이춘매는 일찍 아버지를 여의고 어머니 양씨를 모시고 산다. 15세가 되어 같은 고을에 사는 유여락의 딸과 혼인하고 유여락이 죽자, 삼년상을 마치고 상경하여 과거에 장원급제하여 한림학사가 된다. 하지만 이춘매를 시기하는 무리의 참소로 유배를 가게 되고 병을 얻어 죽는다. 이 사실을 전해 들은 유씨는 주위의 만류를 무릅쓰고 백골이라도 수습하려고 길을 가던 중, 태수가 유씨의 미모를 탐하여 겁탈하려 하자, 태수의 팔을 칼로 내리쳐 간신히 위기를 모면한다. 화가 난 태수는 유씨를 옥에 가두지만 천자가 보낸 사관이 진상을 파악하고 태수의 목을 벤다. 유씨는 유배지에 이르러 한림의 시체를 붙들고 통곡하다가 설움에 겨워 죽게 된다. 죽은 유씨의 혼백이 염라대왕 앞에 이르러, 여필종부는 인간제일의 정절이므로 남편을 따라왔다고 한다. 염라대왕은 유씨의 정절과 의리를 가상히 여겨서 춘매와 유씨를 다시 세상으로 내보낸다. 유씨는 자기들의 초상을 정성껏 치르고 있던 정양옥을 오라버니로 삼는다. 천자는 해평에서 돌아온 사관의 이야기와 절도 첨사의 장문을 보고 감동하여 이춘매에게는 좌승상, 정양옥에게는 우승상, 유씨에게는 정숙부인의 직첩을 내린다. 승상 부부는 부귀영화를 누리다가 백세의 명을 다한 뒤에 함께 죽는다.

---

34 서술상 특징 파악
정답률 83% | 정답 ③

윗글에 대한 설명으로 가장 적절한 것은?

① 시간의 역전을 통해 사건의 진상을 밝히고 있다.
이 글에서는 사건이 발생한 순서대로 이야기가 진행되고 있으므로 적절하지 않다.

② 꿈의 삽입을 통해 환상적 분위기를 조성하고 있다.
이 글에서는 꿈이 삽입되어 나타난 것이 아니라 염라국이라는 비현실계만 나타나 있으므로 적절하지 않다.

✓③ 인물 간의 대화를 통해 갈등 상황을 구체화하고 있다.
염왕은 유씨에게 이승으로 돌아가도록 말하지만 유씨는 이를 거절하고 남편인 춘매와 함께 저승에 남게 해 달라고 말한다. 이에 염왕은 이승의 유씨 모친에 대해 언급하며 유씨에게 다른 배필을 정해 주겠다고 말하지만, 유씨는 이에 얼굴색을 바꾸며 염왕을 꾸짖는다. 이렇게 볼 때, 이 글은 유씨와 염왕과의 대화를 통해 갈등 상황을 구체화하였다고 할 수 있다.

④ 서술자를 교체하여 사건을 새로운 국면으로 전환하고 있다.
이 글은 작품 밖 서술자가 일관되게 사건을 전개하고 있지, 서술자가 교체되어 나타나지는 않고 있다.

⑤ 동시에 벌어진 사건을 병치하여 사건의 흐름을 지연시키고 있다.
이 글에서 동시에 벌어진 사건을 나란히 전개시키는 사건의 병치는 나타나 있지 않다.

---

35 작품 내용의 이해
정답률 77% | 정답 ④

윗글의 내용에 대한 이해로 적절하지 않은 것은?

① 염왕은 사신에게 명하여 춘매를 잡아오게 하였다.
'염라왕이 말하기를 / "춘매는 인간에게 가서 시한을 어기었다." / 하고, 사신을 명하여 / "급히 잡아들이라."'를 통해 확인할 수 있다.

② 춘매는 구천으로 자신을 따라오는 유씨를 만류했다.
'이때 유씨 혼백이 한림을 붙들고 구천을 급히 따라오거늘 한림이 돌아보니 유씨 오거늘 급히 위로하여 말하기를 / "그대는 어찌 오는가. 바삐 가옵소서."'를 통해 확인할 수 있다.

③ 양옥은 유씨가 온다는 소식을 듣고 유씨를 기다리고 있었다.
'정양옥께 유씨 오심을 전하니 양옥이 놀라 칭찬하되 / "여자의 몸으로 이곳 만 리 길을 헤매고 이르렀으니 남자라도 어려웠으리라." / 하고는, 십 리 밖에 나와 기다렸다.'를 통해 확인할 수 있다.

✓④ 유씨는 춘매를 죽음에 이르게 했다는 이유로 양옥을 원망했다.
유씨의 말인 '그간 중에도 위문하러 나오시다니 실로 미안하여이다. 한 많은 말씀은 종후에 논하소이다.'를 통해, 유씨가 자신을 위문하러 나온 양옥에게 미안한 감정을 표현하고 있음을 알 수 있다. 하지만 이 글을 통해 유씨가 춘매를 죽음에 이르게 했다는 이유로 양옥을 원망했다는 내용은 찾아볼 수 없다.

⑤ 춘매는 유씨로 인하여 저승으로 돌아갈 시한을 어기게 되었다.
'춘매가 / "내 돌아오는 길에 아내의 혼백을 만나 다시 돌아가라 만류하다가 시한을 어기어 하는 수 없이 데리고 들어가노라."'를 통해 확인할 수 있다.

36 인물의 말하기 방식 파악 　　　　　　　　　　정답률 77% | 정답 ②

[A]와 [B]에 나타난 말하기 방식에 대한 설명으로 가장 적절한 것은?

① [A]와 [B]는 모두 상대방의 행동을 질책하며 상대방에게 사죄를 요구하고 있다.
　[A]에서는 죽은 춘매를 향해, [B]에서는 염왕을 향해 원망의 어조로 말하고 있지만, 질책하며 사죄를 요구하지는 않고 있다.

☑ [A]와 [B]는 모두 자신과 타인의 불행한 처지를 들어 자신의 감정을 토로하고 있다.
　[A]에서 유씨는 남편을 잃어 '기댈 곳 없는' 자신과 자식을 잃은 '백발 노친'의 불행한 처지를 들어 자신의 지극한 슬픔을 토로하고 있다. 그리고 [B]에서 유씨는 '젊은 인생 배필 없고' '의탁할 곳 없는' 자신과 '부모 자식 간에 사랑을 이리도 일찍 저버'린 남편 춘매의 불행한 처지를 들어 남편과 함께하고픈 자신의 절실한 마음을 토로하고 있다. 따라서 [A]와 [B] 모두 유씨가 자신과 타인의 불행한 처지를 들어 자신의 감정을 토로하고 있음을 알 수 있다.

③ [A]는 [B]와 달리 상대방의 약점을 공격하며 자신의 주장을 강조하고 있다.
　[A]와 [B]에서는 상대방의 약점을 공격하고 있는 부분이 나타나 있지 않으므로 적절하지 않다.

④ [B]는 [A]와 달리 자신의 직책을 언급하며 상대방에게 협조를 요청하고 있다.
　[B]에서 유씨는 자신의 직책을 언급하거나 염왕에게 협조를 요청하는 모습은 보이지 않고 있다.

⑤ [A]는 과거의 경험을 회상하며, [B]는 미래의 상황을 가정하며 상대방을 위로하고 있다.
　[A]와 [B]에서 상대방을 위로하는 모습은 찾아볼 수 없으므로 적절하지 않다.

---

37 외적 준거에 따른 작품의 감상 　　　　　　　정답률 78% | 정답 ②

〈보기〉를 참고하여 윗글을 감상한 내용으로 적절하지 않은 것은? [3점]

― 〈보 기〉 ―
「유씨전」은 여성에게 정절이 요구되던 시대를 살아가며 적극적으로 사랑을 실현하는 여인의 삶을 그린 작품이다. 비현실계에서 주어지는 시험과 현실계로 이어지는 보상은 시대가 바랐던 여성으로서의 규범을 더욱 강조한다. 한편 현실 세계의 고난을 견뎌 내고, 죽음마저 불사하는 유씨의 열행에는 주체적인 여인상이 드러난다. 특히 초월적 존재 앞에서도 의지를 굽히지 않는 당당한 모습, 다른 유교적 가치에 앞서 사랑을 택하는 모습은 주목할 만하다.

① 염왕이 유씨와 춘매를 저승에서 이승으로 돌려보내려는 장면에서, 현실계로 이어지는 염왕의 보상을 확인할 수 있군.
　염왕이 유씨의 '백설 같은 정절과 절의에 탄복하여 이에 대한 보상으로 유씨와 춘매를 저승에서 이승으로 '함께 도로 내려보내'려는 것은 비현실계인 저승에서 현실계인 이승으로 이어지는 염왕의 보상이라고 할 수 있다.

☑ 염왕이 유씨에게 춘매의 원명이 다하여 잡아 왔다고 말하는 장면에서, 춘매의 능력을 알아보기 위한 염왕의 시험을 확인할 수 있군.
　염왕이 유씨에게 '춘매는 제 원명으로 잡아 왔'다고 말한 것은 춘매의 수명이 다하였음을 드러내기 위한 것이지 춘매의 능력을 알아보기 위한 염왕의 시험이라고는 할 수 없다.

③ 유씨가 모친을 봉양하는 것보다 춘매와의 정이 중요하다고 말하는 장면에서, 다른 유교적 가치에 앞서 사랑을 택하는 적극적 모습을 확인할 수 있군.
　유씨가 모친에 대하여 묻는 염왕의 질문에 대하여 '공방 독침 혼자 누워 무슨 봉양하며', '부부지정은 끊지 못하겠'다고 말하는 것은 다른 유교적 가치인 효에 앞서 사랑을 택하는 적극적 모습이라고 할 수 있다.

④ 유씨가 불측한 일을 당하고도 먼 길을 거쳐서 춘매의 관 앞에 당도한 장면에서, 남편에 대한 사랑으로 현실 세계의 고난을 견뎌 내는 모습을 확인할 수 있군.
　유씨가 '불측한 일을 당하여 목숨을 겨우 부지하'며 '천 리 밖에' 둔 '낭군'을 찾아, 춘매의 '관 앞에 당도한' 것은 남편에 대한 사랑으로 현실 세계의 고난을 견뎌 내는 모습이라고 할 수 있다.

⑤ 유씨가 다른 배필을 정하여 준다는 염왕을 책망하는 장면에서, 초월적 존재 앞에서도 당당하게 자신의 의지를 굽히지 않는 주체적인 여인의 모습을 확인할 수 있군.
　'다른 배필을 정하여 줄 것이니 네 여연을 다 살고 돌아오라'는 염왕을 유씨가 '꾸짖'는 것에서 초월적 존재 앞에서도 당당하게 자신의 의지를 굽히지 않는 주체적인 여인의 모습을 확인할 수 있다.

38~41 현대 소설

김원우, 「아득한 나날」

감상　이 작품은 현실적인 삶을 살아가는 중산층 인물들의 모습을 사실적으로 드러내고 있다. 특히 삶에 매몰된 채, 속물적 사고로 인해 신의를 저버리거나 현실 세계의 문제를 외면하며 살아가는 인물들의 부도덕함을 반성적으로 폭로하고 있다. 또한 원칙과 상식이 통하는 사회에 대한 갈망과 함께 평범한 삶의 의미를 찾아 일상을 회복하는 과정을 보여 주고 있다.
주제　이기적이고 속물적인 삶에 대한 반성

---

38 서술상 특징 파악 　　　　　　　　　　　　정답률 79% | 정답 ②

[A]와 [B]의 서술상 특징에 대한 설명으로 가장 적절한 것은?

① [A]에서는 내적 독백을 통해 서술자의 판단을, [B]에서는 풍자적 서술을 통해 서술 대상의 행위를 비판하고 있다.
　[A]에서 서술자인 '나'의 내적 독백은 드러나지만 '나'의 판단을 통해 서술 대상의 행위를 비판하지는 않고 있다. 그리고 [B]에서 풍자적 서술이 사용되었다고 할 수 없다.

☑ [A]에서는 예상되는 행위의 나열을 통해 서술자의 심리를, [B]에서는 특정 인물의 관점에서 서술 대상에 대한 주관적 판단을 제시하고 있다.
　[A]에서 '나'는 남편이 실직한 사실에 대해 이웃에게 말하기 싫을 것이며, 친지나 친구들에게도 먼저 연락하지 않고 날을 근황을 물으면 얼버무릴 심산이라 말하고 있다. 이렇게 볼 때, [A]에서 '나'는 남편의 실직 이후 예상되는 자신의 행위를 나열함으로써 초라해지기 싫고 동정받기 싫은 자신의 심리를 제시하였다고 할 수 있다. 그리고 [B]에서 '나'는 일에 지쳐 무력감을 느끼는 남편에 대해 단지 만사에 흥미를 잃은 것이라 하면서, 이것이 각성의 계기가 될 것이라는 주관적 판단을 내리고 있다.

③ [A]에서는 시간의 흐름에 따라 변화되는 서술자의 생각을, [B]에서는 공간적 배경에 대한 묘사를 통해 서술 대상이 처한 상황을 드러내고 있다.
　[A]에서는 서술자의 생각이 드러나 있지만, 시간의 흐름에 따라 변화되는 서술자의 생각이 드러나지는 않고 있다. 그리고 [B]를 통해 공간적 배경에 대한 묘사는 찾아볼 수 없다.

④ [A]에서는 반복되는 사건을 제시하여 서술자와 주변 인물 간의 관계를, [B]에서는 인물 간의 대화를 중심으로 서술 대상과의 갈등을 나타내고 있다.
　[A]에서는 반복되는 사건을 제시하지는 않고 있고, 또한 인물 간의 갈등도 찾아볼 수 없다. 그리고 [B]에서는 인물 간의 대화는 드러나지 않고 있다.

⑤ [A]에서는 과거와 현재 사건의 대비를 통해 서술자가 세상을 바라보는 관점을, [B]에서는 과거의 사건을 나열하며 서술 대상에 대한 적대적 감정을 강조하고 있다.
　[A]에서는 과거와 현재 사건의 대비가 드러나지 않고 있다. [B]에서는 '그'에 대한 '나'의 생각이 드러나 있지만, 과거의 사건을 나열하지도 않고 있고 '그'에 대한 적대적 감정을 강조하지도 않고 있다.

★★★ 등급을 가르는 문제!
39 인물의 심리 파악 　　　　　　　　　　　　정답률 57% | 정답 ⑤

㉠ ~ ㉤에 대한 설명으로 적절하지 않은 것은?

① ㉠ : 취재 현장에서 기자로서 당연히 해야 할 일을 하지 못한 것에 대한 그의 모멸감이 내재되어 있다.
　'그는 자신의 직업에 대한 어떤 모멸감을 느꼈다.'와 '나아가서 모멸은 ~ 했던 터이라.'를 통해 ㉠에는 그의 모멸감이 내재되어 있음을 알 수 있다.

② ㉡ : 의식 없이 반복적으로 주어진 일을 수행하는 것에 대한 그의 분노를 엿볼 수 있다.
　'기계적인 일련의 직무 수행'에 대해 '이 시덥잖은 것들아 ~ 고함을 지르고 싶었다.'라고 여긴 것을 통해 ㉡에 그의 분노가 담겨 있다고 할 수 있다.

③ ㉢ : 부당한 무력 앞에서 정당한 권리를 내세우지 못하는 것에 대한 그의 멸시가 드러나 있다.
　'모든 먹물들은 ~ 모르는 까막눈이다.'와 '총 앞에서만 와들와들 떠는 ~ 까막눈이다.'를 통해 ㉢에는 '그'의 멸시가 드러나 있음을 알 수 있다.

④ ㉣ : 남편과 자신이 지나온 삶을 되돌아보며 앞으로의 삶을 생각하는 시기로 접어드는 것에 대한 나의 쓸쓸함을 엿볼 수 있다.
　'지나온 날'을 '관조기'라고 여기며 '조금 쓸쓸해'하는 것을 통해 ㉣에는 나의 쓸쓸함이 담겨 있다고 할 수 있다.

☑ ㉤ : 갑작스럽고도 엉뚱하게 제시된 남편의 진지한 말에 대한 나의 의심이 내재되어 있다.
　㉤에는 '노인네보다 먼저 죽으면 안 되는데 말이야.'라는 갑작스럽고 엉뚱한 남편의 진지한 말에 대해 '안 죽어요. 죽긴 누가 죽어요?'라고 확신을 드러내고 있다. 따라서 남편의 말에 대한 의심이 내재되어 있다는 진술은 적절하지 않다.

★★ 문제 해결 꿀~팁 ★★

▶ 많이 틀린 이유는?
이 문제는 각 인물의 말에 담긴 인물의 심리를 정확히 파악하지 못하여 오답률이 높았던 것으로 보인다.
▶ 문제 해결 방법은?
이 문제처럼 각 구절에 담긴 인물의 심리를 파악하기 위해서는 인물의 말이 제시된 전후 내용과 인물의 말을 정확히 이해할 수 있어야 한다. 가령 오답인 ②의 경우, ㉡ 앞에 제시된 '그런 기계적인 일련의 직무 수행을 문득문득 되돌아보면'을 통해, "그'가 의식 없이 반복적으로 주어진 일을 수행'하고 있음을 알 수 있다. 그리고 ㉢에서 '그'가 '시덥잖은 것들에 대해 '고함을 지르고 싶'어 함을 알 수 있다면, '그'가 의식 없이 반복적으로 주어진 일을 수행하는 것에 대해 분노하고 있음을 짐작할 수 있다. 마찬가지로 정답인 ⑤의 경우 ㉤ 뒤의 '안 죽어요. 죽긴 누가 죽어요?'를 통해 의심하기보다는 확신을 드러내고 있음을 알 수 있다. 이처럼 인물의 말에 담긴 심리를 파악할 때는, 주어진 인물의 말뿐만 아니라 전후 사건 맥락이나 내용을 바탕으로 해야 정확하게 파악할 수 있음을 잊지 않도록 한다.

---

40 소재의 의미 파악 　　　　　　　　　　　　정답률 63% | 정답 ①

나사, 악을 중심으로 윗글을 이해한 내용으로 적절하지 않은 것은?

☑ 남편은 아내가 '나사'가 풀려서 이런저런 잔걱정이 많아진 것이라고 여기고 있다.
　아내는 '당신은 지금 너무 편하고 걱정이 없어서 이런저런 잔걱정이 많은 거예요.'라며 남편에게 '나사'를 조이라 말하고 있다. 이를 통해 아내는 남편이 나사가 풀려 잔걱정이 많아진 것이라 여기고 있음을 알 수 있다.

② '악'과 관련지어 편한 삶을 바라보는 관점은 남편과 아내가 서로 차이를 보이고 있다.
　'당신은 악이 없어졌어요.'라는 아내의 말에 대해 '언제는 내가 악이 있었나? ~ 악만으로 어떻게 살아.'와 '내가 편하다고? 웃기고 있네'라고 남편이 말하고 있으므로 적절하다.

③ 아내는 고생을 실컷 해보고 싶다는 남편을 현재 삶이 너무 편해 '나사'가 풀린 것으로 이해하고 있다.
　'일 년쯤 어디 ~ 고생이나 실컷 했으면 좀 살 것 같애.'라는 남편의 말에 대해 '다들 너무 편하니 나사가 풀린 거예요.'라고 아내가 말하고 있으므로 적절하다.

④ 아내는 남편이 궤변을 늘어놓고 있다고 여기며 '악'이 없어졌으니 '나사'를 다시 조여 보라고 말하고 있다.
　'언제는 내가 ~ 무쇠처럼 살았어.'라고 말하는 남편에게 '궤변 늘어놓지 마시고 나사를 좀 조여 보세요.'라고 아내가 말하고 있으므로 적절하다.

⑤ 직장을 못 구했지만 '악'이 살아 있을 것이라고 여겨지는 친구들과 달리 남편은 자신의 삶에 대해 무력감을 느끼고 있다.
　'해직 기자 ~ 사람도 있다면서요?'라는 아내의 말에 대해 '그 친구들은 ~ 이런 무력감 같은 것도 모를 거야.'라고 남편이 말하고 있으므로 적절하다.

★★★ 등급을 가르는 문제!
41 외적 준거에 따른 작품의 감상 　　　　　　정답률 58% | 정답 ⑤

〈보기〉를 참고하여 윗글을 감상한 내용으로 적절하지 않은 것은? [3점]

― 〈보 기〉 ―
이 작품은 현실적 삶을 살아가는 중산층 인물들의 모습을 사실적으로 드러내고 있다. 특히 삶에 매몰된 채, 속물적 사고로 인해 신의를 저버리거나 현실 세계의 문제를 외면하며 살아가는 인물들의 부도덕함을 반성적으로 폭로하고 있다. 또한 원칙과 상식이 통하는 사회에 대한 갈망과 함께 평범한 삶의 의미를 찾아 일상을 회복하는 과정을 보여 주고 있다.

① '사태를 훤히 알고 있으면서도 눈만 껌벅거리'며 '유행가 가사만을 읊조리는' 동료들의 모습에서 현실 세계의 문제를 외면하며 살아가는 인물들의 부도덕함을 알 수 있겠군.
동료들이 '다들 사태를 훤히 알고 있으면서도 눈만 껌벅거리'고, 까닭이나 필요 없이 전화를 하며 '유행가 가사만을 읊조리는' 모습에서 현실 세계 문제를 외면하며 살아가는 인물들의 부도덕함을 알 수 있으므로 적절하다.

② '그를 따랐지만 '안 찍히려'고 '적당한 핑계'를 만들어 그를 피하려는 후배 기자의 모습에서 삶에 매몰되어 속물적 사고로 인해 신의를 저버리는 중산층의 일면을 확인할 수 있겠군.
'그를 따'랐던 후배 기자가 '안 찍히려'면 '적당한 핑계'를 하나 만들어 놓겠다고 말하며 부서 회식을 피하려는 모습에서 삶에 매몰되어 속물적 사고로 인해 믿음과 의리를 저버리는 중산층의 모습을 확인할 수 있으므로 적절하다.

③ '기계'와 '로봇'처럼 살아가는 '괴물의 집단'이 '기자로서의 사명감'을 잊었다고 여기는 그의 모습에서 현실적 삶을 반성적으로 인식하고 있는 모습을 확인할 수 있겠군.
기자인 그가 자신이 속해 있는 방송국을 '기계'와 '로봇'처럼 살아가는 '괴물의 집단'이라고 여기며 '이놈의 동네'가 '기자로서의 사명감'이 없어진지 오래다고 여기는 모습에서 현실적 삶을 반성적으로 인식하고 있는 모습을 확인할 수 있으므로 적절하다.

④ '정신없이 바쁘게 살'며 '진기가 다 빠'졌다는 그의 상태를 '각성의 계기'이며 '축복'이라고 여기는 나의 모습에서 평범한 일상의 회복에 대한 기대를 알 수 있겠군.
'정신없이 바쁘게 살'아오며 '진기가 다 빠'져버린 그의 상태를 '각성의 계기'이며 '축복'이라고 여기는 나의 모습에서 평범한 일상의 회복에 대한 기대를 알 수 있으므로 적절하다.

☑ 나의 말을 '교과서 같은 소리'라고 여기며 남들이 '무슨 욕을 하'더라도 '열심히 살아'가겠다는 그의 모습에서 원칙과 상식이 통하는 사회를 부정하는 태도를 알 수 있겠군.
해직된 후 직장을 구하지 못한 동료들을 생각해서라도 열심히 살아야 한다는 '나'의 말을 '교과서 같은 소'리라고 여기며, 자신과 뜻이 맞는 사람이 있다면 누가 '무슨 욕을 하'더라도 '열심히 살아'야겠다는 남편의 모습은 원칙과 상식이 통하는 사회를 살아가려는 모습을 보여 준다고 할 수 있다.

★★ 문제 해결 꿀~팁 ★★

▶ 많이 틀린 이유는?
이 문제는 작품 내용을 정확하게 이해하지 못하여 〈보기〉를 바탕으로 감상하는 데 어려움을 겪어 오답률이 높았던 것으로 보인다.

▶ 문제 해결 방법은?
이 문제를 해결하기 위해서는 선택지를 통해 작품 내용과 〈보기〉 내용을 어떻게 연관시키고 있는지를 정확히 이해하여야 한다. 그런 다음 글의 내용을 바탕으로 선택지에 제시된 내용이 적절한지를 판단할 수 있어야 한다. 가령 정답인 ⑤의 경우, 남편은 현실 세계의 문제를 외면하지 않으면서 자신과 뜻이 맞는 사람이 있다면 누가 '무슨 욕을 하'더라도 '열심히 살아'야겠다 하고 있다. 이러한 남편의 모습은 긍정적으로 평가할 수 있으므로 '원칙과 상식이 통하는 사회를 부정'하는 것이 아닌 원칙과 상식이 통하는 사회를 살아가려는 모습이라 할 수 있다. 이 문제처럼 〈보기〉를 바탕으로 한 소설 감상 문제 해결의 핵심은 작품의 정확한 이해에 있으므로, 인물의 모습을 바탕으로 작품 내용을 정확히 읽을 수 있도록 한다.

42~45 고전 시가 + 수필

(가) 조우인, 「매호별곡」

감상 이 작품은 작자가 만년에 경상도 상주의 매호리에서 자연에 묻혀 한가로이 생활할 때의 정경을 노래한 가사이다. 이 작품의 서사에서는 벼슬을 버리고 자연속에 묻혀 살아가는 뜻을 노래하고 있고, 본사에서는 낙동강 서안에 있는 매호 마을에 들어가 임호정과 어풍대를 짓고 거기서 바라보는 산천의 아름다움을 유려한 필치로 묘사하고 있다. 그리고 결사에서는 옛 성현의 마음가짐을 배우는 한편 거문고와 술을 벗삼아 울적한 심정을 달래며 아름다운 자연을 마음껏 즐기는 흥겨운 삶을 노래하고 있다.
주제 자연과 더불어 살아가는 한가로운 삶

(나) 어유봉, 「양저설」

감상 이 작품은 '양저', 즉 가죽나무와 관련된 경험과 이를 통한 깨달음을 담고 있는 고전 수필이다. 글쓴이는 가죽나무의 특성을 열거하면서 가죽나무와 자신을 동일시하고 있다. 이를 통해 '쓰여짐'이 없는 것의 귀한 바라는 깨달음을 전달하면서, 자연 속에서의 한가롭고 여유로운 삶에 대한 지향을 드러내 주고 있다.
주제 선입견을 벗어난 본질 파악의 중요성

---

42 구절의 의미 파악   정답률 75% | 정답 ⑤

㉠~㉺에 대한 이해로 적절하지 않은 것은?

① ㉠에는 자신의 능력에 대한 인식이, ㉣에는 타인의 행동에 대한 인식이 나타난다.
㉠에는 '공명부귀'를 '구하기에 재주'가 없다고 했으므로 자신의 능력에 대한 인식이 나타나고, ㉣에는 '그대가 '더러움과 고상함을 섞어서 취하고자'한다고 했으므로 타인의 행동에 대한 인식이 나타나는 것이 적절하다.

② ㉡에는 가난한 삶의 모습이, ㉺에는 벼슬을 구하고자 했던 삶의 모습이 나타난다.
㉡에는 '빈천기한'을 '일생'동안 겪었다고 하고 있으므로 가난한 삶의 모습이 나타나고, ㉺에는 '얕은 재주와 기능'으로 '벼슬아치의 뜨락'에서 '구하고자 시도하기'를 하고 있었으므로 벼슬을 구하고자 했던 삶의 모습이 나타나는 것이 적절하다.

③ ㉢에는 자연과 조화를 이루려는 태도가, ㉤에는 자연물을 가꾸며 살아가는 태도가 나타난다.
㉢에는 '백구'와 '벗을 삼고자' 하고 있으므로 자연과 조화를 이루려는 태도가 나타나고, ㉤에는 '내'가 '기국원'을 가꾸어 '이름난 풀과 아름다운 나무들을' '갖추'고 있으므로 자연물을 가꾸며 살아가는 태도가 나타나는 것이 적절하다.

④ ㉣에는 자연에서 즐기는 흥취가, ㉥에는 자연물을 아끼는 마음이 나타난다.
㉣에는 '술동이를 기울여'서 취하도록 마시고 있으므로 자연에서 즐기는 흥취가 나타나고, ㉥에는 자연물을 '자르지 말'게 하고 '흙을 북돋우 주어' '곁으로 널려 퍼지게' 하고 있으므로 자연물을 아끼는 마음이 나타나는 것이 적절하다.

☑ ㉦에는 현재의 삶이 지속되기를 바라는 심정이, ㉧에는 현재의 삶에서 벗어나고 싶은 심정이 나타난다.
㉦에는 '두어라'라고 하며 현재의 삶의 상태로 '종로한들 어이하리'라고 하고 있으므로 현재의 삶이 지속되기를 바라는 심정이 나타난다는 것은 적절하다. 하지만 ㉧에는 글쓴이가 지향하는 바를 드러내고 있으므로 현재의 삶에서 벗어나고 싶은 심정이 나타난다는 것은 적절하지 않다.

---

43 외적 준거에 따른 작품의 감상   정답률 74% | 정답 ③

〈보기〉를 바탕으로 (가)를 감상한 내용으로 적절하지 않은 것은? [3점]

〈보 기〉
「매호별곡」은 자연을 벗하며 한가로이 살아가는 모습을 노래한 사대부 가사이다. 화자는 자신이 이익이나 공명과 같은 세상사에 밝지 않다고 생각하며 분수를 지키는 삶을 살고자 자연에 은거하고 있다. 속세를 떠나 마음껏 자연을 누리며 풍류를 즐기는 화자의 모습, 자연 속에서 바라본 속세에 대한 화자의 인식 등이 다양한 표현 방법을 통해 생생하게 드러나고 있다.

① 세상 물정에 어두운 스스로에 대한 인식을, '영욕을 어이 알며'와 '출척을 어이 알까'와 같은 반복과 변주를 통해 드러냈군.
세상의 이익이나 공명을 잘 알지 못하는 화자 자신에 대한 인식을 '영욕을 어이 알며'와 '출척을 어이 알까'로 반복과 변주를 통해 드러내고 있다.

② 속세를 떠나 한가롭게 살아가는 모습을, '기대어 앉아 보며'와 '베고도 누워 보며'와 같은 행동 묘사를 통해 드러냈군.
'기대어 앉아 보며'와 '베고도 누워 보며'는 자연을 벗하며 한가로이 살아가는 모습을 행동 묘사를 통해 드러낸 것이라 할 수 있다.

☑ 속세가 자연에서 멀지 않은 곳에 있다는 인식을, '망망속물'을 '안중에 티끌'에 비유하여 드러냈군.
'망망속물'을 '안중에 티끌'로 비유하고 있지만, 망망속물은 속세가 자연에서 멀지 않은 곳에 있다는 인식을 드러내는 것이 아니라 속세가 아득하다는 것을 표현한 것이다.

④ 자연 속에서 운치 있게 즐기는 상황을, '만강풍류'를 '실어 오니'와 같은 추상적 관념의 구체화를 통해 드러냈군.
자연 속에서 풍류를 즐기는 모습을 추상적인 '만강풍류'를 배에 '실어 오는' 것과 같이 구체화되는 것을 통해 드러내고 있다.

⑤ 거침없이 자연을 누리는 상황을, '걸린 것이 무엇이랴'라는 설의적 표현으로 드러냈군.
마음껏 자연을 누리는 모습을 '걸린 것이 무엇이랴'라는 설의적 표현을 통해 드러내고 있다.

---

44 인물의 말하기 방식 파악   정답률 65% | 정답 ②

ⓐ와 ⓑ에 대한 설명으로 가장 적절한 것은?

① ⓐ는 ⓑ의 의견에 끝내 동의하지 않고 항의한다.
ⓐ는 '나'의 말을 듣고 '고개를 끄덕끄덕 하'고 있으므로, ⓐ는 ⓑ의 의견에 동의한다고 볼 수 있다.

☑ ⓐ는 ⓑ에게 역사적 인물의 말을 인용하여 자신의 의견을 강조한다.
ⓐ는 ⓑ에게 '주부자(朱夫子)'가 한 말, 즉 '한 그릇 속에 향내와 악취가 섞이면 깨끗함을 구하기는 어렵다.'를 인용하여, '더러움'과 '고상함'을 섞어서 '고상함'을 취하기 어렵다는 자신의 의견을 강조하고 있다.

③ ⓑ는 ⓐ에게 자신의 기구한 사연을 말하며 도움을 요청한다.
이 글을 통해 ⓑ가 ⓐ에게 자신의 잘못을 말하고는 있지만 기구한 사연을 말하지는 않고 있고, 도움을 요청하지도 않고 있다.

④ ⓑ는 ⓐ의 주장에 명분이 없음을 지적하고 불쾌함을 나타낸다.
'그렇다! 그대의 말이 참으로 옳다.'를 통해, ⓑ가 ⓐ의 주장에 명분이 없음을 지적하면서 불쾌함을 나타낸다고 할 수 없다.

⑤ ⓑ는 ⓐ에게 대상을 보는 자신의 관점을 설명하고 상황의 급박함을 드러낸다.
이 글에서 ⓑ는 ⓐ에게 대상을 보는 자신의 관점을 설명하고 있다고는 할 수 있지만, 이를 통해 상황의 급박함을 드러내지는 않고 있다.

---

45 소재의 의미 파악   정답률 67% | 정답 ①

(가)의 산수와 (나)의 정원에 대한 설명으로 가장 적절한 것은?

☑ '산수'는 지향하는 삶의 모습이 실현된 공간이고, '정원'은 지향해야 할 삶의 모습을 깨닫게 된 공간이다.
(가)의 '산수'는 자연에 대해 즐기는 버릇이 있는 화자가 자연 속에 들어와 즐기며 지내는 공간이므로 지향하는 삶의 모습이 실현된 공간이라고 할 수 있다. 또한 (나)의 '정원'에서 '가죽나무'를 통해 '쓰여짐 없는 것의 귀한 바'를 깨닫고 '한가롭고 여유 있게 놀다가 늙어서 숲과 풀 사이에 죽을 것'이라는 삶의 모습을 지향하게 되었으므로, 지향해야 할 삶의 모습을 깨닫게 된 공간이라 할 수 있다.

② '산수'는 궁핍한 생활을 해결하고자 노력하는 공간이고, '정원'은 궁핍한 생활에 대해 한탄하는 공간이다.
화자가 '산수'에서 궁핍한 생활을 한다고는 볼 수 있지만, 이를 해결하려 노력하는 모습은 찾아볼 수 없으므로 적절하지 않다. 그리고 (나)에서 글쓴이가 궁핍한 생활에 대해 한탄하지는 않으므로 적절하지 않다.

③ '산수'는 현실에서의 고뇌가 이어지는 괴로운 공간이고, '정원'은 현실과 이상의 조화가 실현된 평화로운 공간이다.
화자는 '산수'에서 부귀공명을 잊고 있으므로 현실에서의 고뇌가 이어지는 괴로운 공간이라 할 수 없다. 그리고 (나)에서 '정원'은 현실적인 공간이라 할 수 있지만 현실과 이상의 조화가 실현된 공간이라 할 수 없다.

④ '산수'는 자연 속에서도 현실로의 복귀를 염원하는 공간이고, '정원'은 자연 속에서도 현실에 대한 미련을 표출하는 공간이다.
(가)의 화자가 현실로 복귀하기 위해 염원하지는 않고 있고, (나)의 글쓴이가 현실에 대한 미련을 드러내지 않고 있으므로 적절하지 않다.

⑤ '산수'는 세속적 삶에서의 불만을 해소하려는 의지가 드러난 공간이고, '정원'은 세속적 가치를 추구하려는 의지가 드러난 공간이다.
⑤ (가)를 통해 화자가 세속적 삶에서의 불만을 해소하려는 의지를 찾아볼 수 없고, (나)를 통해 글쓴이가 세속적 가치를 추구하려는 의지는 찾아볼 수 없으므로 적절하지 않다.

SPEED 정답 체크 — 전국연합학력평가 3개년 기출 모의고사 [12회] 고2·국어

01회 2024학년도 3월 전국연합학력평가
01② 02④ 03④ 04① 05④ 06③ 07③ 08② 09① 10②
11④ 12④ 13① 14④ 15③ 16⑤ 17④ 18① 19① 20⑤
21④ 22③ 23① 24⑤ 25⑤ 26① 27⑤ 28① 29⑤ 30④
31⑤ 32③ 33③ 34② 35⑤ 36① 37⑤ 38② 39② 40⑤
41⑤ 42③ 43② 44③ 45④

02회 2023학년도 3월 전국연합학력평가
01④ 02⑤ 03③ 04③ 05③ 06⑤ 07③ 08② 09② 10①
11① 12① 13③ 14④ 15② 16② 17① 18⑤ 19⑤ 20②
21② 22③ 23② 24⑤ 25④ 26⑤ 27① 28④ 29⑤ 30④
31① 32③ 33④ 34② 35① 36⑤ 37④ 38② 39③ 40④
41② 42④ 43① 44② 45③

03회 2022학년도 3월 전국연합학력평가
01① 02④ 03② 04③ 05③ 06① 07④ 08① 09④ 10①
11⑤ 12⑤ 13① 14② 15② 16⑤ 17⑤ 18④ 19⑤ 20③
21② 22② 23③ 24④ 25② 26① 27① 28③ 29① 30②
31③ 32⑤ 33⑤ 34④ 35① 36⑤ 37③ 38③ 39④ 40⑤
41④ 42② 43④ 44① 45④

04회 2024학년도 6월 전국연합학력평가
01⑤ 02④ 03⑤ 04① 05⑤ 06④ 07③ 08① 09④ 10①
11② 12⑤ 13④ 14⑤ 15④ 16④ 17① 18④ 19① 20③
21③ 22④ 23⑤ 24⑤ 25① 26② 27③ 28② 29② 30②
31② 32③ 33④ 34② 35③ 36① 37② 38① 39③ 40②
41③ 42④ 43⑤ 44② 45①

05회 2023학년도 6월 전국연합학력평가
01⑤ 02④ 03⑤ 04① 05③ 06③ 07④ 08② 09④ 10①
11④ 12② 13② 14⑤ 15② 16① 17② 18② 19④ 20③
21④ 22③ 23⑤ 24④ 25③ 26① 27⑤ 28⑤ 29⑤ 30①
31⑤ 32① 33④ 34⑤ 35② 36① 37④ 38① 39② 40①
41④ 42① 43④ 44③ 45⑤

06회 2022학년도 6월 전국연합학력평가
01⑤ 02⑤ 03④ 04⑤ 05⑤ 06⑤ 07① 08② 09④ 10②
11④ 12④ 13⑤ 14① 15③ 16④ 17③ 18⑤ 19⑤ 20⑤
21⑤ 22④ 23② 24③ 25② 26① 27③ 28② 29⑤ 30④
31① 32② 33③ 34① 35① 36④ 37③ 38④ 39① 40④
41⑤ 42① 43④ 44③ 45③

07회 2024학년도 9월 전국연합학력평가
01① 02③ 03② 04④ 05③ 06③ 07④ 08⑤ 09⑤ 10③
11② 12① 13① 14② 15① 16② 17② 18④ 19④ 20④
21② 22④ 23⑤ 24① 25④ 26⑤ 27④ 28④ 29② 30③
31⑤ 32② 33② 34⑤ 35③ 36④ 37③ 38① 39⑤ 40①
41⑤ 42③ 43① 44⑤ 45⑤

08회 2023학년도 9월 전국연합학력평가
01⑤ 02① 03① 04① 05③ 06④ 07② 08④ 09③ 10⑤
11② 12④ 13③ 14① 15① 16④ 17① 18④ 19② 20③
21⑤ 22① 23② 24④ 25⑤ 26⑤ 27② 28④ 29④ 30④
31③ 32② 33⑤ 34② 35⑤ 36② 37② 38⑤ 39③ 40⑤
41② 42② 43③ 44③ 45①

09회 2022학년도 9월 전국연합학력평가
01② 02⑤ 03④ 04③ 05① 06① 07⑤ 08② 09③ 10③
11② 12⑤ 13① 14④ 15① 16③ 17③ 18⑤ 19② 20①
21② 22④ 23① 24③ 25① 26④ 27⑤ 28② 29② 30④
31④ 32① 33④ 34③ 35⑤ 36② 37④ 38④ 39③ 40④
41⑤ 42② 43④ 44⑤ 45①

10회 2023학년도 11월 전국연합학력평가
01⑤ 02④ 03④ 04⑤ 05⑤ 06⑤ 07⑤ 08③ 09⑤ 10⑤
11③ 12① 13② 14③ 15① 16⑤ 17④ 18② 19③ 20④
21③ 22② 23③ 24⑤ 25④ 26⑤ 27③ 28④ 29② 30①
31⑤ 32⑤ 33⑤ 34④ 35④ 36② 37① 38① 39③ 40①
41④ 42① 43④ 44⑤ 45②

11회 2022학년도 11월 전국연합학력평가
01① 02⑤ 03④ 04③ 05② 06③ 07③ 08① 09⑤ 10②
11② 12④ 13⑤ 14③ 15⑤ 16③ 17⑤ 18④ 19④ 20⑤
21① 22④ 23④ 24⑤ 25③ 26③ 27⑤ 28① 29③ 30⑤
31⑤ 32④ 33① 34② 35③ 36③ 37④ 38④ 39④ 40④
41⑤ 42③ 43② 44② 45④

12회 2021학년도 11월 전국연합학력평가
01③ 02⑤ 03⑤ 04⑤ 05④ 06③ 07④ 08② 09④ 10③
11② 12④ 13① 14② 15⑤ 16③ 17③ 18⑤ 19④ 20⑤
21④ 22② 23① 24② 25② 26① 27③ 28① 29④ 30③
31④ 32④ 33④ 34③ 35④ 36② 37② 38② 39⑤ 40①
41⑤ 42⑤ 43③ 44② 45①

〈빠른 정답 보기〉 활용 안내

① 문제집에서 〈정답과 해설〉 분리
② 뒷장 속표지 앞면에 〈빠른 정답 보기〉 수록
③ 절취 후 편리하게 빠른 〈정답 확인〉

정답을 빨리 확인하고 채점할 수 있도록 〈빠른 정답 보기〉를 제공합니다.
❶ 문제집에서 책속의 책 〈정답과 해설〉을 분리하세요.
❷ 뒷장 속표지 앞면에 〈빠른 정답 보기〉가 있습니다.
❸ 절취선을 따라 자른 후 정답 확인할 때 사용하고, 책갈피처럼 사용하시면 분실을 예방할 수 있습니다.

REAL
리얼 오리지널 BOOK LIST

예비 [고1] 전과목
고등학교 첫 시험 & 3월 대비
- 반 배치 + 3월 [전과목]
- 3월 전국연합 [전과목]

[고1] 전과목
학력평가 & 중간·기말 대비
- 6월 학평+기말고사
- 9월 학평+기말고사
- 11월 학평+기말고사

[고1] 3개년 | 16회
3년 전국연합 12회+실전 4회
- 국어 영역
- 영어 영역
- 수학 영역

[고1] 3개년 | 12회
3개년 전국연합 모의고사 12회
- 국어 영역
- 영어 영역

[고2] 3개년 | 16회
3년 전국연합 12회+실전 4회
- 국어 영역
- 영어 영역
- 수학 영역

[고2] 3개년 | 12회
3개년 전국연합 모의고사 12회
- 국어 영역
- 영어 영역

[고3] 3개년
3개년 교육청+평가원 [총17회]
- 국어(공통+화작·언매)
- 영어 영역
- 수학(공통+확통·미적)

영어 독해 [빈·순·삽]
하루 20분 20일 완성 빈·순·삽
- 기본(고1)
- 완성(고2)
- 실전(고3)

[고3] 5개년
6·9·수능 평가원 기출만 15회
- 국어(공통+화작·언매)
- 영어 영역
- 수학(공통+확통·미적)

[고3] 사탐·과탐
기출 최다 문항 1000제 50회 수록
- 사회·문화
- 생활과 윤리
- 지구과학 I
- 생명과학 I

영어 독해
영어 독해 문제만 회차별 구성
- 고1 영어 독해
- 고2 영어 독해
- 고3 영어 독해

영어 듣기
영어 듣기 문제만 회차별 구성
- 고1 영어 듣기
- 고2 영어 듣기
- 고3 영어 듣기

[고1·2] 미니 모의고사
하루 20분 30일 완성 모의고사
- 고1 국어 영역
- 고1 영어 영역
- 고2 국어 영역
- 고2 영어 영역

[고3] 미니 모의고사
하루 20분 30일 완성 모의고사
- 고3 독서
- 고3 문학
- 고3 영어

We are all of us star and deserve to twinkle.

우리는 모두 별이고 반짝일 권리가 있다.

리얼 오리지널 | 전국연합 학력평가 3개년 기출 모의고사 12회 [고2 국어]

발행처 수능 모의고사 전문 출판 입시플라이 **발행일** 2024년 11월 18일 **등록번호** 제 2017-0022호
홈페이지 www.ipsifly.com **대표전화** 02-433-9979 **구입문의** 02-433-9975 **팩스** 02-433-9905
발행인 조용규 **편집책임** 양창열 김유 이혜민 임명선 김선영 **물류관리** 김소희 이혜리 **주소** 서울특별시 중랑구 용마산로 615 정민빌딩 3층

※ 페이지가 누락되었거나 파손된 교재는 구입하신 곳에서 교환해 드립니다. ※ 발간 이후 발견되는 오류는 입시플라이 홈페이지 정오표를 통해서 알려드립니다.

하루 20분
루틴으로 1등급 Fix!
30일 완성
[미니 모의고사]

하루 20분! 30일 완성으로 국어·영어 1등급 Fix!

┤ 하루 20분 30일 완성 | 수능기출 미니 모의고사 ├

고1 국어 **고2 국어**   **고1 영어** **고2 영어** **고3 영어**

가볍게 '하루 20분'
하루 12문제씩 20분을 학습하는
매일 루틴(Routine)은 수능에 대한 감을 잡아주기 때문에
꾸준한 '수능 대비'가 가능합니다.

● **수능기출 미니 모의고사 [30일 완성] 특징**

- 고1 국어, 고2 국어 | 고1 영어, 고2 영어, 고3 영어
- 최근 **7개년 수능기출** 학력평가 문제 중 [우수 문항 선별] 후 총 360문항 수록
- 매일 정기적인 학습으로 **수능의 감을 잡는 꾸준한 연습**
- 하루 12문제를 20분씩 학습하는 효율적인 **30일 완성 PLAN**
- 과목별로 매일 전 유형을 골고루 풀어 볼 수 있는 **체계적인 문항 배치**
- **A4 사이즈로 제작**해 간편한 휴대와 편리한 학습